Antología de la LITERATURA ESPAÑOLA DEL SIGLO XX

Arturo Ramoneda

Antología de la LITERATURA ESPAÑOLA DEL SIGLO XX

EDITORIAL COLOQUIO

Juan Mendizábal, 65
MADRID - 8

SOCIEDAD GENERAL
ESPAÑOLA DE LIBRERIA, S. A.

Avda. de Valdelaparra, 39
ALCOBENDAS (Madrid)

AUTORIZACIONES

Manuel L. Abellán: por acuerdo con Ediciones 62 • Ignacio Aldecoa: por acuerdo con los herederos • Rafael Alberti: por acuerdo con el autor © Rafael Alberti • Aurora de Albornoz: por acuerdo con Taurus Ediciones • Vicente Aleixandre: por acuerdo con los herederos © Vicente Aleixandre • Manuel Altolaguirre: por acuerdo con los herederos • Serafín y Joaquín Alvarez-Quintero: por acuerdo con los herederos • Manuel Andújar: por acuerdo con el autor • César M. Arconada: por acuerdo con Ediciones Akal • Fernando Arrabal: por acuerdo con sus editores © Christian Bourgois • Antonin Artaud: por acuerdo con Ediciones Gallimard © Editions Gallimard • Max Aub: por acuerdo con sus herederos © Marx Aub • Francisco Ayala: por acuerdo con el autor • Manuel Aznar Soler: por acuerdo con Editorial Crítica • Azorín: por acuerdo con Biblioteca Nueva • Pío Baroja: por acuerdo con Caro Raggio Editor • Juan Benet: por acuerdo con Ediciones Destino • Carlos Blanco Aguinaga: por acuerdo con Editorial Crítica • Vicente Blasco Ibañez: por acuerdo con los herederos • Carlos Bousoño: por acuerdo con el autor • Ramón Buckley: por acuerdo con Ediciones 62 • Antonio Buero Vallejo: por acuerdo con el autor • Guillermo Carnero: por acuerdo con el autor • Emilio Carrere: por acuerdo con Espasa-Calpe • Antonio Carvajal: por acuerdo con Ediciones Hiperión • Alejandro Casona: por acuerdo con el autor • José María Castellet: por acuerdo con el autor • Américo Castro: por acuerdo con los herederos • Camilo José Cela: por acuerdo con el autor • Camilo José Cela • Gabriel Celaya: por acuerdo con el autor • Luis Cernuda: por acuerdo con los herederos • Rosa Chacel: por acuerdo con la autora © Rosa Chacel • Antonio Colinas: por acuerdo con el autor • Joaquín Costa: por acuerdo con Lily Litvak • Miguel Delibes: por acuerdo con Ediciones Destino y Editorial Planeta • José Díaz Fernández: por acuerdo con Editorial Laia y Ediciones Turner • Guillermo Díaz-Plaja: por acuerdo con los herederos • Gerardo Diego: por acuerdo con el autor • Enrique Díaz-Canedo: por acuerdo con Ediciones Almar • Antonio Espina: por acuerdo con los herederos • León Felipe: por acuerdo con los herederos • Antonio Gala: por acuerdo con el autor • Pablo García Baena: por acuerdo con el autor • Víctor García de la Concha: por acuerdo con Cuadernos Hispanoamericanos • Federico García Lorca: por acuerdo con los herederos © Herederos de Federico García Lorca • Luciano García Lorenzo: por acuerdo con el autor • Francisco García Pavón: por acuerdo con el autor • Juan Gil-Albert: por acuerdo con el autor • Jaime Gil de Biedma: por acuerdo con el autor © Jaime Gil de Biedma • Pere Gimferrer: por acuerdo con el autor • Ramón Gómez de la Serna: por acuerdo con los herederos • José Agustín Goytisolo: por acuerdo con el autor • Juan Goytisolo: por acuerdo con el autor • Juan Goytisolo • Félix Grande: por acuerdo con Ediciones Taurus • Jorge Guillén: por acuerdo con los herederos • Ricardo Gullón: por acuerdo con el autor • Miguel Hernández: por acuerdo con los herederos • José Hierro: por acuerdo con el autor • José Herrera Patere: por acuerdo con Editorial Laia • José Luis Hidalgo: por acuerdo con la Institución Cultural de Cantabria • José Hierro: por acuerdo con el autor • José M.ª Hinojosa: por acuerdo con los herederos • Benjamín Jarnés: por acuerdo con el autor • Juan Ramón Jiménez: por acuerdo con los herederos • Rafael Lapesa: por acuerdo con el autor y Editorial Gredos • Antonio Machado: por acuerdo con los herederos • Manuel Machado: por acuerdo con los herederos • Ricardo Macías Picavea: por acuerdo con el Instituto de Estudios de Administración Local • Ramiro de Maeztu: por acuerdo con los herederos • José Carlos Mainer: por acuerdo con el autor • Eduardo Marquina: por acuerdo con los herederos • José Martín Recuerda: por acuerdo con el autor • Ramón Menéndez Pidal: por acuerdo con los herederos • Miguel Mihura: por acuerdo con los herederos • Gabriel Miró: por acuerdo con los herederos • José Monleón: por acuerdo con el autor • Rafael Morales: por acuerdo con el autor • Carlos Muñiz: por acuerdo con Primer Acto • Francisco Nieva: por acuerdo con el autor • Eugenio de Nora: por acuerdo con Editorial Gredos • Federico Oliver: por acuerdo con Ediciones Taurus • Lauro Olmo: por acuerdo con el autor • Eugenio D'Ors: por acuerdo con las Editoriales Taurus y Aguilar • José Ortega y Gasset: por acuerdo con los herederos • Carlos Edmundo de Ory: por acuerdo con el autor • Rosa María Pereda: por acuerdo con la autora • Ramón Pérez de Ayala: por acuerdo con los herederos • Juan Rejano: por acuerdo con los herederos • Francisco Ribes: por acuerdo con Ediciones Taurus • Claudio Rodríguez: por acuerdo con el autor • José María Rodríguez Méndez: por acuerdo con el autor • Luis Rosales: por acuerdo con el autor • Fanny Rubio: por acuerdo con Ediciones Turner • Salvador Rueda: por acuerdo con Biblioteca de la Cultura Andaluza (N.º 26) • José Ruibal: por acuerdo con el autor • Francisco Ruiz Ramón: por acuerdo con Ediciones Cátedra • Serge Salaün: por acuerdo con Editorial Castalia • Pedro Salinas: por acuerdo con los herederos © Herederos de Pedro Salinas • Rafael Sánchez Ferlosio: por acuerdo con Ediciones Destino • Santos Sanz Villanueva: por acuerdo con el autor • Alfonso Sastre: por acuerdo con el autor • Alejandro Sawa: por acuerdo con Editorial Alhambra • Ramón J. Sender: por acuerdo con Ediciones Destino • Donald Shaw: por acuerdo con Ediciones Cátedra • Gonzalo Sobejano: por acuerdo con el autor • Gonzalo Torrente Ballester: por acuerdo con Ediciones Destino • Tristán Tzara: por acuerdo con Ediciones Cátedra • Miguel de Unamuno: por acuerdo con los herederos • Ramón del Valle-Inclán: por acuerdo con los herederos y Espasa-Calpe • José María Valverde: por acuerdo con el autor • Francisco Villaespesa: por acuerdo con los herederos • Fernando Villalón: por acuerdo con Biblioteca de la Cultura Andaluza (N° 19)

VERSO DE CUBIERTA:

Luz de la atención

Envoltorio, la carne,
transparente, nos dice
que no hubo en ella más
que el alma es (era) ella, insigne
[libre.

(Juan Ramón Jiménez)

Produce: SGEL-Educación
Marqués de Valdeiglesias, 5. 28004 MADRID

© Arturo Ramoneda, 1988.
© Sociedad General Española de Librería, S. A., 1988
Avda. Valdelaparra, 39-ALCOBENDAS (Madrid).
© EDITORIAL COLOQUIO -1988

Cubierta: L. Carrascón.
Maqueta: C. Campos.

ISBN: 84-7143-383-4
Depósito legal: 22052-1988
Printed in Spain-Impreso en España

Compone: AMORETTI
Imprime: GRAFICAS PEÑALARA
Encuadernación: F. MENDEZ

Dedicatoria:
A Luciano García Lorenzo

Sumario

	Pág.
Nota previa	6
I. LA CRISIS DE FIN DE SIGLO	8
1. *Modernismo*	10
Documentos	13
Autores	25
2. *Regeneracionismo*	73
Autores	75
3. *La Generación del 98*	82
Documentos	85
Autores	99
II. OTRAS TENDENCIAS DE LA PROSA	206
III. EL TEATRO HASTA 1939	222
Documentos	226
Autores	231
IV. EL NOVECENTISMO	269
Documentos	272
Autores	274
V. MOVIMIENTOS DE VANGUARDIA	349
Documentos	359
Movimientos de Vanguardia	377
Autores	377
Generación del 27	394
Autores	394
Otros autores	528
VI. LA LITERATURA DEL EXILIO	559
Documentos	562
Autores	573
VII. EL TEATRO DESDE 1939	641
Documentos	645
Autores	663
VIII. LA NOVELA DESDE 1939	724
Documentos	731
Autores	738
IX. LA POESIA DESDE 1939	800
Documentos	806
Autores	818
Indices primeros versos	877
Indice autores	882
Indice general	885

Nota previa

No queremos aburrir al lector con las habituales precisiones exculpatorias, fruto siempre de un deseo de curarse en salud, acerca de los riesgos que entraña la elaboración de cualquier Antología. En la que ahora tiene entre las manos hemos pretendido ofrecer un panorama completo de la evolución que presenta la literatura en lengua española a lo largo de este siglo. Esto explica el que los nombres de primerísima fila se codeen o alternen con otros de méritos discutibles, pero que tienen una importancia histórica destacada o que revelan los gustos literarios de un momento determinado.

En algunas ocasiones, como ocurre con la narrativa de los años treinta o con la poesía de posguerra, la abundancia de escritores de parecida talla literaria nos ha obligado a seleccionar unos cuantos nombres que podrían ser intercambiables con algunos de los que omitimos.

Con respecto a los autores seleccionados, sobre todo en el caso de aquellos a los que se dedica una mayor extensión, hemos procurado reflejar la trayectoria que su obra ha seguido a lo largo del tiempo. De ahí el que los textos que corresponden a cada uno de ellos aparezcan siempre en orden cronológico, aunque a veces, y respetando el citado orden, se agrupen por géneros. Sin embargo, hemos preferido colocar al principio aquellos que, pertenezcan a una o a otra época, tienen un marcado carácter autobiográfico o pueden considerarse como un manifiesto de sus inquietudes estéticas.

En las introducciones generales, siempre muy breves, enumeramos las características más relevantes de las corrientes literarias que se han sucedido desde finales del siglo pasado. También exponemos en ellas las dificultades de clasificación que presentan escritores como Valle-Inclán, Juan Ramón Jiménez, León Felipe, Miguel Hernández, José Moreno Villa, Ramón Gómez de la Serna o Juan José Domenchina, en-

---

NOTA DEL EDITOR

En las introducciones a cada autor, aparecen destacadas en negrita aquellas obras que se han incluido en esta antología.

La referencia entre paréntesis y en color explica la procedencia de todos los textos que anteceden, hasta la aparición de otra referencia. El título individual de cada fragmento es: en el caso de los poemas con título propio, éste; en otras obras, es el título del capítulo o apartado significativo.

tre otros. Cada apartado se completa con una serie de textos de carácter documental, con los que se intenta facilitar el conocimiento y el estudio de los diferentes autores y de las épocas en que vivieron.

Dedicamos también amplio espacio a los escritores que se exiliaron entre 1936 y 1939, y que han sido muchas veces postergados o ignorados. Aunque algunos de ellos habían iniciado su carrera literaria antes de la guerra, será fuera de España cuando nos dejarán lo mejor y más representativo de su obra. Por otra parte, siguiendo una costumbre generalizada, y que se justifica por la trascendencia, superior a la de Pablo Neruda y a la de otros poetas hispanoamericanos, que ha tenido para la literatura española, hemos incluido a Rubén Darío.

Los textos que se reproducen proceden siempre de las ediciones más cuidadas y recomendables. En lo que respecta a Juan Ramón Jiménez, hemos creído oportuno mantener las particulares grafías que de algunos sonidos impuso a sus editores.

Aunque todos los grandes escritores de este siglo figuran en las páginas que siguen, es posible que el lector eche de menos a otros de moderada trascendencia. En algunos casos la ausencia se debe a las exigencias económicas de sus herederos o de sus agentes literarios. En lo que a la poesía y a la novela de posguerra se refiere, hemos preferido tener en cuenta sólo a los autores que empezaron a publicar antes de 1970. Traspasar esta barrera nos hubiera llevado, probablemente, a ser injustos con muchos nombres prometedores que han aparecido en el panorama literario de estos últimos años.

* * *

Quiero manifestar aquí mi gratitud, por las sugerencias, siempre provechosas, o por la ayuda material que me han brindado, a Isidora Almendros, Carmen de Blas, Luis Coto, Alejandro Duque, Juan José Fernández Delgado, Pilar Fernández Delgado, Luis Fernández Fernández, Manuel Fernández Nieto, María del Carmen García-Matos Alonso, Moisés García Ruiz, Carmen Jiménez, Eduardo Márquez, César Antonio Molina, Joaquín Moya, Angel Muñoz Calvo, Gloria Rey, Fernando Rincón, Paloma Rubio, Pilar Rubio, Manuel Ruiz, María Luisa Santos, María Victoria Toajas, Carlos Valero e Isidoro Villalobos. Mi agradecimiento también para Esperanza Alía, Rosa Fernández Rodríguez-Golís y Julia Roncero, de SGEL. Y, de forma muy especial, para Luis Alonso Tejada y José Antonio Millán, que siempre prestaron su apoyo a esta *Antología,* y para Juan Martínez Martín, que con tanta sabiduría, gusto y paciencia la compuso.

Arturo Ramoneda

La crisis de fin de siglo

Como consecuencia de un profundo cambio que se produce a finales del siglo XIX en las más diversas manifestaciones de la vida y del arte, se derrumban muchos de los principios y certidumbres en los que el hombre había encontrado hasta entonces un refugio salvador. Para un crítico, Federico de Onís, se trata de una «crisis universal de las letras y del espíritu, que inicia hacia 1885 la disolución del siglo XIX y que se había de manifestar en el arte, la ciencia, la religión, la política y gradualmente en los demás aspectos de la vida entera, con todos los caracteres, por lo tanto, de un hondo cambio histórico».

Esta crisis, que tuvo como más inmediato origen una acentuada desconfianza en la razón y en el positivismo, puso fin a la fe que desde Parménides de Elea y, sobre todo, desde Francis Bacon había mantenido el hombre en que la inteligencia humana, valiéndose de sus propias luces, alcanzaría una verdad total y unificadora que permitiera la racionalización definitiva de la relaciones del mundo y del hombre. Este, privado ahora de centros y puntos de referencia a los que aferrarse y con un creciente escepticismo ante la esperanza de cualquier acción colectiva, se encierra en actitudes exacerbadamente individualistas. La consecuencia inmediata fue la valoración de las fuerzas oscuras e irracionales de la vida, de lo inconcreto, vago e incoherente, y la revitalización de lo sentimental, íntimo y emotivo (de nuevo, como en el Romanticismo, el corazón vuelve a exhibir unas razones que la razón no comprende). La intuición y los más variados símbolos serán los recursos idóneos para expresar los misterios implícitos en estas nuevas experiencias vitales.

La misma desconfianza se observa ante los más sólidos y asentados principios literarios, sociales y políticos. El progreso, la técnica, la industrialización, la ciencia, que durante siglos habían mantenido la ilusión de los hombres, son mirados ahora con prevención, por las servidumbres que han exigido a cambio. Ante todo, se advierte cómo la deshumanización progresiva de la vida y el desarrollo del más grosero materialismo han sustituido a los ideales más elevados y han taponado todos los resquicios en los que podía encontrar acomodo el arte.

Este pesimismo intelectual contó con el respaldo de conocidos filósofos, entre los que destacan Kierkegaard, Schopenhauer y Nietzsche. A la inseguridad, a las angustias existenciales y a las dosis de relativismo, por las que se caracterizará una parte considerable de la literatura y del arte del siglo XX, contribuirán también de forma decisiva otros pensadores. Brunetière proclama en 1896 el fracaso de la ciencia. Max Planck quebranta en 1900 el primer principio de la Física, al formular la hipótesis de la discontinuidad de la energía. Cinco años después, Einstein pone las bases de la teoría de la relatividad. Por último, Freud dará un golpe definitivo al orgullo del hombre, al descubrirle en su interior unas fuerzas oscuras que no puede explicarse ni controlar (Texto I).

El malestar y la protesta ante un mundo de ideas caducas, de creciente mercantilismo, de ramplonería y vulgaridad, se van a traducir a finales del siglo XIX en múltiples formas.

Guiados por un intenso espiritualismo, los nuevos escritores llevan a cabo una cerrada defensa de los más altos ideales artísticos. De ahí el frecuente desprecio de la realidad circundante y la evasión hacia mundos de perfección, armonía y belleza o hacia lugares pretéritos en los que pensaban que podrían haberse materializado sus aspiraciones. Alguna que otra vez se recurre a todo aquello (drogas, alcohol) que pueda transportar a unos «paraísos artificiales», a los que ya se había referido Baudelaire, y que favorezca una percepción más honda y rica del universo.

La reiterada tendencia a la evasión deja paso en algunos de estos autores a actitudes críticas y comprometidas. Frente a los males que describen y ante el utilitarismo y materialismo reinantes proponen soluciones diversas y, algunas veces, abogan por una vuelta a la naturaleza y a formas de vida precapitalista.

El desprecio de una moral convencional e hipócrita los lleva a adoptar con frecuencia comportamientos antisociales y provocadores (la bohemia, el dandismo, las actitudes indolentes y abúlicas) y a exaltar conductas sexuales y placeres prohibidos y anatematizados (la homosexualidad, el sadomasoquismo, la necrofilia, el incesto, el animalismo). Las heroínas que incitan ahora al placer no se caracterizan por la fuerza y la salud. Son mujeres lánguidas, fatigadas, de ojeras violáceas, marcadas por el perfume de la enfermedad y la vecindad de la muerte.

En el público conservador, el mismo escándalo causan los dramas sociales y morales de Ibsen que las actitudes desafiantes de Oscar Wilde, Paul Verlaine y Arthur Rimbaud o los hábitos de héroes literarios decadentes, como el de **A rebours** de Huysmans, encarnación épica de lo artificial, malsano, raro, refinado y extravagante.

* * *

Desde muy pronto, se agrupó bajo el rótulo de Modernismo a todos los escritores en los que se reflejó en España la mencionada crisis finisecular y que dieron un nuevo rumbo al arte y a la literatura. Para referirse a ellos, Azorín, en una serie de artículos que publicó entre 1905 y 1913, propuso como más adecuado el de Generación del 98.

Sin embargo, desde entonces, numerosos críticos se han servido de este último epígrafe para aislar de entre todos a un grupo de autores a los que asignan unas características y unas preocupaciones comunes. Para unos, dichas inquietudes permiten diferenciarlos de los demás modernistas, a pesar de los lazos que con ellos mantienen. Otros, más extremistas, los convierten en una Generación aparte y distinta.

Aunque reconocemos los puntos comunes que enlazan a todos los escritores que incluimos en los dos apartados siguientes, de igual forma que somos conscientes de su profunda singularidad, por motivos didácticos y para no romper con una práctica admitida en manuales y ensayos que tratan de esta época, mantenemos aquí las denominaciones de Modernismo y de Generación del 98.

Siguiendo también una costumbre unánimemente aceptada, abrimos esta **Antología** con el poeta nicaragüense Rubén Darío. La trascendencia de su obra para la poesía en lengua española de finales del siglo pasado justifica sobradamente su presencia en cualquier estudio que trate de esta época.

En este famoso cuadro de Fantin-Latour, titulado «El rincón de la mesa» (1872), aparecen, sentados, en el extremo izquierdo, Verlaine, el poeta que más influyó en el modernismo español, y Rimbaud.

1. El Modernismo

La publicación en 1877 de *Andantes y allegros*, de Manuel Reina, puede considerarse como el inicio de la renovación poética que se produce en la literatura española de la segunda mitad del siglo XIX. Un poema de este libro, «Sueños», que incluimos en esta *Antología*, tiene, a pesar de los préstamos que toma de Bécquer, el carácter de propuesta de una nueva estética.

Manuel Reina y otros poetas españoles, en especial Salvador Rueda, comienzan a desviarse del prosaísmo y de la grandilocuencia de la poesía de la Restauración, de la que Ramón de Campoamor y Gaspar Núñez de Arce eran los máximos representantes, y abren nuevos caminos para la poesía española, paralelamente a los que, con mayor intensidad y audacia, están trazando numerosos escritores en Hispanoamérica. Un nicaragüense, Rubén Darío, destacará pronto entre los partidarios de la nueva estética. La calidad excepcional de tres de sus libros, *Azul* (1888), *Prosas profanas* (1896) y *Cantos de vida y esperanza* (1905), y sus prolongadas estancias en diferentes países de Hispanoamérica y en España, lo convertirán en el guía indiscutible y en el maestro venerado de los escritores de un lado y otro del Atlántico.

Todos estos poetas, que llevan a cabo en la literatura en lengua española una renovación trascendental (el modernismo catalán tiene unas características precisas y requeriría un estudio aparte), recibieron influencias variadísimas. Las más importantes les vinieron de los poetas parnasianos y simbolistas franceses (sobre todo, de Verlaine), pero también fueron destacadas las de los prerrafaelistas ingleses, las de algunos poetas medievales y del Siglo de Oro y las de escritores como Bécquer, Edgar Allan Poe, Oscar Wilde o G. D'Annunzio.

Temas del modernismo

El Modernismo tuvo una doble vertiente. La más conocida es aquella en la que el poeta desprecia la realidad circundante y se refugia en mundos de perfección y de armonía. Para Juan Ramón Jiménez, este movimiento suponía «el encuentro de nuevo con la belleza, sepultada durante el siglo XIX por un tono general de poesía burguesa». Los poemas se pueblan de princesas, cisnes, lagos, piedras preciosas, jardines perfumados, princesas rubias, marquesas frívolas, salones versallescos, motivos mitológicos, y de una flora y una fauna desconocidas para el lector español. Es habitual, en esta línea del Modernismo, la evasión en el espacio y en el tiempo. Los países de Oriente, la Edad Media y el siglo XVIII francés son, entre otros, escenarios habituales de muchos poemas.

Hay que precisar, sin embargo, que el cosmopolitismo, el anhelo de destacar lo distinto y raro, irá dejando paso, en algunos poetas, a una exaltación de lo hispánico, lo mismo por el deseo de buscar las raíces de una personalidad colectiva que por la necesidad de defenderse de las ambiciones imperialistas de los Estados Unidos.

En otra vertiente, más tardía, aunque no menos importante, y de neta filiación romántica, el Modernismo atendió a la intimidad del poeta. En un marco muchas veces otoñal y crepuscular, éste exhibe, con una sensibilidad exacerbada, un malestar y una desazón punzantes, y desgrana, aunque sin la grandilocuencia de los románticos, sus melancolías, angustias y tristezas. Es frecuente también la aparición y exaltación de elementos irracionales (el sueño, lo fantástico, lo misterioso). Julio Casares puntualizaba en *Crítica profana*:

> Más tarde, moderada la gesticulación y gritería de los innovadores, y agotadas las burlas con que los recibió la crítica, pudo advertirse en la poesía de los «decadentes» un fervoroso anhelo de espiritualidad, una concentración de todas las potencias encaminada a descubrir lo más íntimo y personal del respectivo temperamento, y, sobre todo, una exaltación casi dolorosa de la capacidad sensual y emotiva, siempre en acecho de ritmos, de matices y de imágenes con que expresar lo fugaz, lo impreciso, lo subsconsciente, aquello, en fin, que en la Naturaleza no logra una realización definitiva.

Klimt: Judith *(Galería de Arte Moderno de Venecia). Este cuadro, conocido también por* Salomé, *destaca por la profusión de elementos decorativos, tan característicos de la literatura y del arte de esta época.*

Tanto una como otra vertientes son el testimonio de un rechazo profundo, por parte de los modernistas, de una sociedad con cuyos ideales no comulgan y en la que les resulta imposible materializar todas sus inquietudes. Idéntico inconformismo se revela en la defensa de la libertad sexual, presentada como alternativa vitalista a una moral convencional e hipócrita, y en las actitudes bohemias y amorales que con frecuencia adoptaron (no faltaron tampoco las cívicas y comprometidas y, en el caso de Hispanoamérica, el radicalismo político coincide en algunos escritores, como, por ejemplo, en José Martí, con las posiciones estéticas más extremas).

Los poetas españoles (los Machado y Juan Ramón Jiménez, ante todo) fueron más comedidos en el empleo de motivos ornamentales (el cisne y la princesa tienen escasa relevancia en las más destacadas figuras del Modernismo español) y se inclinaron con mayor frecuencia por la línea intimista. La dicotomía entre parnasianismo y simbolismo apenas se dio en España. Quizá el único poeta que siguió fielmente la definición que Juan Ramón Jiménez dio del parnasianismo («la expresión perfecta de una hermosa objetividad impasible») fue Antonio de Zayas.

Lenguaje y métrica

Las innovaciones métricas, las más importantes en la poesía española desde el siglo XVI (el modernismo fue la última escuela poética en castellano que experimentó con las estrofas clásicas y la rima consonante), la reflexión profunda sobre el lenguaje, con el fin de extraer de él todas sus posibilidades expresivas, y el anhelo de ritmo y de musicalidad, son, por último, otros aspectos fundamentales de este movimiento.

La prosa modernista, mal estudiada aún, tuvo su máxima expresión en las *Sonatas* de Valle-Inclán, a las que nos referimos más adelante.

Nuestra selección

Todos los poemas que incluimos aquí se publicaron entre 1877 y 1916. A pesar de los rasgos modernistas que pueden advertirse en escritores posteriores, no son convincentes las teorías de algunos críticos que intentan prolongar este movimiento más allá de 1916 ó 1918.

Hemos procurado que en la selección de textos queden representadas todas las variedades temáticas, desde las más ortodoxas hasta otras menos habituales. La falta de es-

EL MODERNISMO

pacio nos obliga a excluir a algunos poetas interesantes como Alonso Quesada, Manuel Paso, Andrés González Blanco o Carlos Fernández Shaw (a Eduardo Marquina lo encontrará el lector en el apartado dedicado al teatro anterior a 1936). Obsérvese que R. Lasso de la Vega, que cierra este apartado, ya mezcla las formas modernistas con otras más innovadoras y de vanguardia.

Los textos documentales se refieren a la importancia literaria e histórica de este movimiento (textos II, III, V y IX), a problemas estéticos (textos VI y VII), y a la admiración y reverencia de los nuevos poetas por Rubén Darío y por Verlaine (texto VIII). El texto IV, como otros abundantes textos antimodernistas, revela, bajo la punzante sátira y condena, una breve y precisa definición de ciertas características del modernismo. No menos preciso, en este sentido, es este fragmento de Juan Valera:

> Hay una poesía nueva que llaman decadente, y muchos poetas que componen de esta poesía. Los más famosos, a lo que parece, son el citado Paul Bourget y su tocayo Paul Verlaine. Esta poesía es la quintaesencia, el *non plus ultra* del fastidio, el nihilismo del alma; la consumación moral; el cansancio de la blasfemia. El poeta no maldice ya, ni reniega de Dios, ni se da al diablo, ni llora, ni grita. Todo se reduce a gemidos nebulosos e incoherentes, aunque sobrecargados de filigranas, de adornos y lindezas preciosas de estilo. Ya ni la crápula excita al poeta, completamente anémico, agotado y desvencijado.

Sirva, por último, «La oración a la bohemia», de Emilio Carrere, de homenaje a todos aquellos escritores que en esta época, y en las posteriores, no vieron coronados por el éxito todos sus esfuerzos y sus sueños de gloria.

* * *

Debe completarse este tema con la lectura de los poemas y textos en prosa, que aparecen en otros apartados, de *Soledades, galerías y otros poemas*, de Antonio Machado, de la primera época de Juan Ramón Jiménez (sobre todo de su libro *La soledad sonora*) y de las *Sonatas* de Valle-Inclán.

Sobre Verlaine y el Modernismo pueden consultarse también en esta *Antología*, además del «Responso» de Rubén Darío, «Retórica en tono menor» de Baroja (pág. 129) y el fragmento de *Troteras y danzaderas*, de R. Pérez de Ayala que figura en la pág. 308.

Gustave Moreau: «El poeta viajero» y «La quimera». Este notable pintor simbolista de la segunda mitad del siglo XIX cultivó preferentemente las fantasías mitológicas y bíblicas, expresadas mediante un dibujo académico y detallista.

DOCUMENTOS

I. José-Carlos Mainer

Arte finisecular y realidad social en Europa

La hostilidad de cierta crítica marxista al naturalismo —visible también en Georg Lukács— le impide, sin embargo, valorar adecuadamente la crisis artística de los últimos años del siglo XIX y, más aún, el complicado juego de fuerzas entre el rechazo de una realidad terrible —la amenaza de la maquinización, la hosca realidad de los suburbios industriales— y la búsqueda de una armonía integradora o de un mundo al margen de la misma realidad. Así fue cómo un socialista, William Morris, intentó tender un puente entre el arte y la industria, creando, a la vez que el moderno sentido del diseño, la utopía, *Noticias de ninguna parte* (1900), que anuncia un universo de felicidad. Otro inglés tentado por el socialismo, H. G. Wells, describió, sin embargo, la antiutopía de un mundo que perece entre sus terribles contradicciones: *La guerra de los mundos* (1898) o la destrucción del mundo moderno por la invasión de los alienígenas; *La máquina del tiempo* (1895) o la visión de la burguesía inerme dominada por sus antiguos esclavos; *La isla del Doctor Moreau* (1896) o la imagen espantosa de una hominización de animales. Los mismos elementos del mundo real se presentan como positivos o negativos alternativamente, pero en uno u otro caso se exige una profunda reforma moral: forma vicaria de moralidad puede llegar a ser el erotismo, la exaltación de lo vital y lo espontáneo, la recuperación de la mística religiosa, la vuelta a la naturalidad medieval, el humanitarismo. También son de esta época, en definitiva, las sinfonías que Gustav Mahler estrena a partir de 1891, con su ardiente apelación a los mitos formales de Beethoven, pero también con su profundo esoterismo; se escriben entonces los poemas de Francis Jammes o de Charles Péguy con toda su carga de telurismo, o se difunden los decadentismos del último D'Annunzio, de Björnsön o de Oscar Wilde.

En unos pocos años nada quedó del arte del siglo XIX: en la música aparecerán Maurice Ravel, Bela Bartok, Alban Berg o Arnold Schoenberg; en la escenografía teatral, tras los pasos del naturalista «Théâtre Libre», vinieron los renovadores montajes wagnerianos de Appia, las estructuras modernistas de Gordon Craig para Shakespeare o la intensidad naturalista con que Stanislavski cuidó las representaciones de Chejov en el Teatro del Arte de Moscú; en el terreno de la pintura, Van Gogh o Gauguin dinamitan los paisajes de Provenza, mientras el aduanero Rousseau esmalta de flores increíbles sus malezas y sus prados soñados, y mientras van llegando a París hombres como Chaim Soutine, Piet Mondrian, Wassili Kandinski, Giorgio de Chirico, Pablo Picasso.

Influencias extranjeras en la España de fin de siglo

En esa rosa de los vientos se va a insertar lo más vivo del arte español de aquellas fechas: llámese Enrique Granados o Manuel de Falla, o sean los pintores catalanes —Nonell, Utrillo, Ramón Casas, Rusiñol— que en 1897 crean *Els Quatre Gats* de Barcelona, o sea Antoni Gaudí que entronca con el movimiento arquitectónico y decorativo —Art Nouveau, Modernismo, Sezesion, Liberty, Judgenstil— que tuvo su apogeo en la Exposición Internacional de París de 1900. Porque el arte español de la crisis de fin de siglo hubiera sido impensable sin el fuerte impacto del conocimiento y convivencia con los extranjeros. Nada de lo que arriba hemos citado queda sin traducir o sin hallar reflejo en la vida artística del período: el líder socialista Juan José Morato traduce las *News from Nowhere* de Morris que publica Maucci en Barcelona; Ramiro de Maeztu vierte *La guerra de los mundos* que sale en los folletones de *El Imparcial* en 1901; «Clarín» traduce *Travail* de Zola; Eduardo Marquina, Ramón del Valle-Inclán y Andrés González Blanco traducen a Eça de Queiroz; Unamuno contrata una introducción a la versión de *Resurrección* de Leon Tolstoi que luego no publica... Editoriales como *La España Moderna* en Madrid; Bauzá, Maucci y Ramón Sopena en Barcelona; Sempere en Valencia completan el parnaso revolucionario finisecular.

Un breve repaso a los catálogos: uno de 1910 de la primera editorial citada ofrece las obras más importantes de Nietzsche, Schopenhauer, Emerson y Taine (la revista del mismo título ha publicado los *Souvenirs* de Renan y muchos títulos de Spencer), obras de Koprotkin, Tolstoi, Zola, Barbey d'Aurevilly y los Goncourt. En una curiosa carta del editor Sempere a Unamuno, el primero afirma haber vendido hasta la fecha 5.300 ejemplares de *Dios y el estado* de Bakunin, editado en 1902; 6.000 de *Campos, fábricas y talleres* de Kropotkin, impresa el mismo año; 5.000 de *Así hablaba Zaratustra* de Nietzsche (1906); 14.000 de los *Estudios religiosos* de Renan (1902); 9.000 de un extracto de *El Capital* (1903), y 3.500 de *El único y su propiedad* de Max Stirner (1905). Añadamos que su catálogo —a una peseta el tomo en la fecha a que nos referimos— incluía, entre otros, a Ibsen (dado a conocer, sin embargo, por *La España Moderna*), Engels, Henry George, Björnsön, Nordau, Mirbeau, Sudermann, Chejov, Sorel, Renan (de ellos, Nietzsche con 11 títulos era el escritor mejor representado). Hasta la misma colección de grandes novelas de Ramón Sopena (sus gruesos volúmenes impresos a dos columnas) ofrece, junto a los clásicos del siglo XIX —títulos de Sue, Hugo, Dumas, Scott y Dickens—, a Tolstoi y Dostoievski.

La dinámica de las vanguardias y la creación cultural modernista

Una vez más, sin embargo, la falaz brillantez de una apretada cronología de obras que hoy han llegado a ser famosas puede ocultar lo áspero que fue el camino hasta un reconocimiento universal que tardaría años en llegar: cómo, en definitiva, se establecieron las normas del mercado artístico de la vanguardia que ya avizoró Walter Benjamin al hablar de la «prostitución» de Baudelaire y que Edoardo Sanguinetti ha visto expresado, por lo que toca a la actitud del artista frente al público, en un «momento heroico, patético (sustraerse a las leyes del mercado)» mediante la innovación traumática y personal de sus leyes establecidas, y en otro «momento cínico» que es el triunfo sobre la competencia, y que «susceptibles de ser diferenciados no del otro cronológica, psicológica e incluso estéticamente, en ralidad históricamente se confunden en un solo y único instante, ya que son estructural y objetivamente una misma cosa». ¿No hay un prometeico patetismo y, a la vez, una deliberada agresión al público en las personalísimas piezas artísticas que repasábamos en el capítulo anterior? ¿No significan globalmente, como ya indicaba marginalmente, una ruptura con los hábitos del público de la Regencia cuyos frutos materiales comenzarán a contabilizarse, de hecho, cuando cesen las manifestaciones más llamativas de esa tensión entre el artista y el mercado, aserto que es tan válido para el pintor Zuloaga como para el literato Baroja?

Un planteamiento de tales características desplaza el interés de la crisis artística de fin de siglo a un terreno que clarificaría más una investigación de tipo sociológico (actitud del artista, presencia de intermediarios, comportamientos del público) que una pretensión clasificatoria sustentada en criterios tan heterogéneos como los que han permitido acotar una «generación del 98» distinta de un «modernismo».

(*La Edad de Plata,* Madrid, Cátedra, 1981, págs. 56-59.)

II. Manuel Machado

Los poetas de hoy

Apenas aparecieron los primeros innovadores, la indiferencia general se convirtió en unánime zumba atronadora. La palabra *modernismo*, que hoy denomina vagamente la última etapa de nuestra literatura, era entonces un dicterio complejo de toda clase de desprecios. Y no era lo peor esta enemiga natural del vulgo, contrario siempre a toda novedad. A las buenas gentes se les desquiciaba su tinglado mental y se les complicaba cruelmente su saneado par de ideícas con que tan bien hallados estaban. Aullaron, pues, buenamente, como los perros a la luna, y prorrumpieron en ineptas risotadas durante algún tiempo, y aceptaron al cabo, sin más reflexión y por instinto, en cuanto ya estuvieron un poco fanés, las vitandas novedades.

Más dura fue la lucha con los escritores, críticos y literatos, que ocupaban por entonces las cumbres del parnaso español. Lejos de iluminar a la opinión sobre las nuevas tendencias, que para ellos debieron ser cosa prevista y conocida, se mostraron tan sorprendidos e indignados como la masa general; secundaron la zumba y la chacota y tronaron desde púlpitos más o menos altos contra el abominable *modernismo*. Bien es verdad que aquellos escritores, que se llamaban maestros y sabios porque eran viejos y no querían saber nada, sospechaban ya por dónde les vendría la muerte, y, en cuanto a los críticos, cuya obligación profesional es iluminar al vulgo caminando delante de él sin asombrarse de nada, sabido es que en España caminan detrás, consagrando lo que la gente aplaude, condenando lo que rechaza, es decir, escribiendo siempre antes de enterarse..., y después de no haberse enterado.

En tales condiciones, la lucha se imponía. La lucha trae siempre los excesos consigo. De los atentados a la retórica, a la prosodia, al academicismo neoclásico, que estaban en el programa, se pasó a los atentados contra el crédito literario y la obra personal de los señores del margen. Fue también preciso exagerar determinadas tendencias para romper el hielo de la indiferencia general; irritar con algún desentono los oídos reacios y adoptar cierta *poses* para llamar la atención.

No os relataré las mil peripecias de la lucha, que todos tenéis presente, algunas de las cuales soy yo el primero en lamentar. La opinión y el tiempo han hecho ya gran justicia y continúan haciéndola. Lo que importa consignar aquí es que, conjuntamente a esta labor de rebeldía, de ataque y de demolición, la juventud poética española realizaba su obra generosa de pura Poesía, sin más interés que el del arte ni más concupiscencia que la de la gloria.

Allá por los años de 1897 y 1898 no se tenía en España, en general, otra noción de las últimas evoluciones de las literaturas extranjeras que la que nos aportaron personalmente algunos ingenios que habían viajado. Alejandro Sawa, el bohemio incorregible, muerto hace poco, volvió por entonces de París hablando de parnasianismo y simbolismo y recitando por la primera vez en Madrid versos de Verlaine. Pocos estaban aquí en el secreto. Entre los pocos, Benavente, que a la sazón era silbado casi todas las noches al final de obras que habían hecho, sin embargo, las delicias del público durante toda la representación. Un gallego pobre e hidalgo, que había necesariamente de emigrar a América, emigró, en efecto, y volvió al poco tiempo con el espíritu francés más fino de los Banvilles y Barbey d'Aurevilly mezclado al suyo clásico y archicastizo. Fue Valle-Inclán el primero que sacó el modernismo a la calle, con sus cuellos *épatantes*, sus largas melenas y sus quevedos redondos. Por entonces esto representaba un valor a toda prueba. Finalmente, con uno de esos fantásticos cargos diplomáticos de ciertas republiquitas americanas, se hallaba en Madrid Rubén Darío, maestro del habla castellana y habiendo digerido eclécticamente lo mejor de la moderna poesía francesa. A estos elementos se unió el poeta ya entonces granado Salvador Rueda, cuya exuberante fantasía, descarriada a veces, pero poderosamente instintiva, había roto ya en cierto modo los límites retóricos y académicos.

Por una de esas coincidencias extrañas y paradójicas tan frecuentes en la vida, el primer órgano de publicidad que tuvieron los novadores fue aquel mismo *Madrid Cómico* convertido ahora en *La Vida Literaria* que dirigía Jacinto Benavente [...].

A la fundación de *La Vida Literaria*, siguió la de un sinnúmero de semanarios cuya vida fue efímera, brillante y loca, y que se titularon *Electra*, *Juventud*, *Revista Ibérica*, la *Revista Latina*, *Helios*, *Renacimiento*, y tantas otras creadas al calor de la juventud, independiente para todo, pero solidaria únicamente ante el amor del arte. Estas revistas, sostenidas principalmente por los poetas, lo tenían todo: escritores, suscriptores y público. Carecían solamente de administración y, como hijas pródigas de las más generosas intenciones, se arruinaban pronto y morían jóvenes. Morían, pero no sin dejar su buena huella luminosa.

Además, ya no eran necesarias. Los grandes órganos de la prensa, las altas tribunas literarias, las casas editoriales y hasta los teatros, última palabra de lo hermético, estaban abiertos a la libre emisión de las nuevas ideas y formas literarias, no sólo para los capitanes del movimiento, sino para los que venían en segunda fila. La gente, y después los críticos y editores, aceptaban ya lo nuevo en todas partes. En una palabra, el modernismo había triunfado.

Y a todo esto, ¿qué es el modernismo?, me preguntarán ustedes. Y en verdad que ustedes mismos tienen un poco la culpa de que yo no pueda explicárselo muy satisfactoriamente. Palabra de origen puramente vulgar, formada por el asombro de los más ante las últimas novedades, la voz modernismo significa una cosa distinta para cada uno de los que la pronuncian. Ya dije que para éste el modernismo es la cabellera de Valle-Inclán, para aquél los cuplés del Salón Rouge, para el otro los cigarrillos turcos, y para el de más allá los muebles de Lisárraga.

Pero circunscribiéndonos a la poesía, objeto de esta charla, y aceptando la palabra, puesto que no hay otra, trataré de explicaros la cosa lo más claramente posible.

El modernismo, que realmente no existe ya, no fue en puridad más que una revolución literaria de carácter principalmente formal. Pero relativa, no sólo a la forma externa, sino a la interna del arte. En cuanto al fondo, su característica esencial es la anarquía. No hay que asustarse de esta palabra pronunciada en su único sentido posible. Sólo los espíritus cultivadísimos y poseedores de las altas sapiencias del arte pueden ser anárquicos, es decir, individuales, personalísimos, pero entiéndase bien, anárquicos y no anarquistas. No es lo mismo el no necesitar de gobierno que el predicar libertad a los salvajes.

Las viejas disciplinas, los dogmatismos estéticos que venían rigiendo, las manidas escuelas literarias poéticas, las estrecheces académicas y los cánones de preceptiva moral, todo eso fue lo que cayó arrollado a las primeras de cambio.

Si alguna consecuencia final grande y provechosa ha traído esa revolución en cuanto al fondo, es la de que el arte no es cosa de retórica ni aun de literatura, sino de personalidad. Es dar a los demás las sensaciones de lo bello, real o fantástico, a través del propio temperamento cultivado y exquisito. De modo que para ser artista basta con saber ser uno mismo.

Lo cual, entre paréntesis, es bastante difícil. Con que el modernismo, lejos de ser una escuela, es el finiquito y acabamiento de todas ellas.

Los poetas españoles de este principio de siglo han aceptado, como no podía menos de suceder, lo que han encontrado de bueno y de útil en las literaturas extranjeras como medio de expresión y de promover sensaciones. Y, así, hay en ellos del simbolismo, del parnasianismo y de otros *ismos* que en Europa han servido para denominar ciertas agrupaciones artísticas...

Es de notar que esta influencia europea y principalmente francesa llegó a España, en primer término, desde la América latina.

(*La guerra literaria*, Madrid, 1913.)

III. Eduardo L. Chávarri

¿Qué es el modernismo y qué significa como escuela dentro del arte en general y de la literatura en particular?

El modernismo, en cuanto movimiento artístico, es una evolución y, en cierto modo, un renacimiento.

No es precisamente una reacción contra el naturalismo, sino contra el espíritu utilitario de la época, contra la brutal indiferencia de la vulgaridad. Salir de un mundo en que todo lo absorbe el culto del vientre, buscar la emoción de arte que vivifique nuestros espíritus fatigados en la violenta lucha por la vida, restituir al sentimiento lo que le roba la ralea de egoístas que domina en todas partes..., eso representa el espíritu del modernismo.

El artista, nacido de una generación cansada por labor gigantesca, debe sentir el «ansia de liberación», influida por aquel vago malestar que produce el vivir tan aprisa y tan materialmente. No podía ser de otro modo: nuestro espíritu encuéntrase agarrotado por un progreso que atendió al instinto antes que al sentimiento: adormecióse la imaginación y huyó la poesía; desaparecen las leyendas misteriosas profundamente humanas en su íntimo significado; el canto popular libre, impregnado de naturaleza, va enmudeciendo; en las ciudades, las casas de seis pisos impiden ver el centelleo de las estrellas, y los alambres del teléfono no dejan a la mirada perderse en la profundidad azul; el piano callejero mata la musa popular. ¡Estamos en pleno industrialismo! En medio de este ambiente, vemos infiltrarse cada vez más en el alma de las gentes la «afectación de trivialidad», especie de lepra que todo lo infecciona y lo degrada: entre nosotros se traduce por el chulapismo y el flamenquismo, los cuales triunfan con su música patológica y su «poesía» grosera, haciendo más y más imposible todo intento de dignificación colectiva... En oposición a esto, entran *nella commedia dell' arte* las máscaras grotescas del pedantismo y el *dilettantismo,* entecos, asexuales y tan perniciosos como los males anteriores. Y he ahí la materia que ha venido a formar al «público» (es decir, lo contario del «pueblo», *gens*), masa trivial y distraída, que no tiene «voluntad» para la obra de arte, masa indiferente y hastiada, que protesta con impaciencia cuando se la quiere hacer sentir. ¿No había de sublevarse todo espíritu sincero contra estas plagas?

Tal es la aspiración de donde nació la nueva tendencia de arte, tendencia que puede ser considerada, en último término, como una palpitación más del romanticismo. Adviértase que damos aquí a la palabra «romanticismo» su acepción más general, en cuanto indica lo contrario al espíritu gramatical y retórico, a las fórmulas inertes, cristalizadas, por decirlo así. ¿Acaso no es la savia romántica la que animó el espíritu de nuestro arte europeo? De ellas fueron hijas las tendencias naturalistas, pesimistas y realistas que actualmente viven todavía: el modernismo es otra nueva evolución de aquella fuerza.

Es tanto más natural esta aspiración a establecer un arte que exprese el alma de nuestro tiempo, cuanto que la civilización moderna no tiene aún «un modo artístico» peculiar (exceptuando tal vez la música). El siglo XIX nos ha legado por herencia la fiebre de los inventos; no tuvo tiempo para más: ni el vapor ni la electricidad nos han traído su arte; se construye un puente de hierro con sus líneas escuetas y se aprovechan para postes las barras de acero de la vía; es lo útil, lo inmediato tan sólo. Recordemos ahora que de una zanja para conducir agua hicieron otros hombres acueductos y fuentes maravillosas; que de la necesidad de reunir mucha gente bajo una bóveda nacieron los afiligranados arbotantes de las construcciones góticas, «inmensos millares de lejanas leyendas»; pero los caminos de hierro sólo han creado la recta monótona que rompe sin compasión las líneas del paisaje; y los automóviles no han sabido encontrar todavía su forma, como la hallaron los antiguos carros griegos o las elegantes carrozas Luis XV. Así pues, en el fondo del modernismo germina el deseo de obtener las nuevas formas de arte no encontradas todavía por nuestra civilización, demasiado «mercantil».

(*Gente vieja,* Madrid, 10 de abril de 1902, pág. 1.)

IV. José Deleito y Piñuela

Todo en el modernismo lleva el sello de la decadencia y el agotamiento. Las sociedades, como los individuos, envejecen, y esto es causa del egoísmo senil, origen de ese orgullo literario que hace cultivar el *yo* exclusivamente; produce también aumento de sensibilidad, desgaste de las impresiones ordinarias, a fuerza de repetirlas, y, como consecuencia, perversión de los sentidos, refinamientos exóticos de una voluptuosidad enfermiza.

Esto nos da la clave del moderno decadentismo divinizado por Baudelaire en sus *Flores del mal;* tendencia que responde más que ninguna otra fase modernista al proceso degenerativo señalado por Max Nordau [1].

Erotismos y obscenidades, delirios sangrientos y aterradoras quimeras, el *satanismo,* o culto sistemático al mal, la delectación morbosa con lo horripilante o corrompido; todo en los decadentes implica una anestesia moral, una emotividad desenfrenada, una exaltación neurótica y un desorden mental fronterizo de la locura.

No es el arte modernista un arte fecundo y pletórico de savia; no, es una disgregación de fuerzas, una desintegración orgánica, que corresponde a la desintegración social. Hay

---

[1]. Alude a la obra *Degeneración* del escritor húngaro Max Nordau (1849-1923), afincado en París desde 1880.

EL MODERNISMO

en él gérmenes vitales, pero es la germinación parasitaria que brota de los cuerpos muertos en la continua evolución de la materia; luz y colores, mas no los que engendra el sol con sus prolíficos rayos, sino los que produce el sepulcro con sus fosforescencias que siniestramente fulguran.

(*Gente vieja,* Madrid, 30-4-1902, pág. 2.)

V. Enrique Díez-Canedo

Rubén Darío, Juan Ramón Jiménez y los comienzos del modernismo en España

La escuela que en literatura se conoce con la denominación de «modernismo» tiene, como se sabe, por figura principal a un gran poeta de América, a Rubén Darío. Quizá la palabra escuela no sea la más propia para calificar a las tendencias literarias que bajo aquella denominación se agruparon. El modernismo es más que una escuela: es una época, y su influjo sale del campo literario para ejercerse en todos los aspectos de la vida. Como escuela literaria, no ha encontrado su denominación; pero ha ido a dar con ese nombre, y de tal suerte se le ha pegado, que ya no es posible sustituirlo por otro.

«Modernismo» parece indicar, como fuente de inspiración, lo llamado moderno, es decir, algo transitorio, como insinuó humorísticamente un poeta festivo:

> El *hoy,* que a cualquiera parece moderno,
> *pasado mañana* será *antes de ayer.*

Y nada más alejado de lo moderno, es decir, de la vida de aquellos años en que la poesía comenzó a llamarse modernista, que las famosas princesas pálidas —aunque hubiese princesas efectivas y algunas pudieran lucir la más sugestiva palidez—, como había cisnes que bogaban por los lagos con cierta unanimidad, o, por lo menos, sin que entre ellos surgiese voto particular alguno. La princesa y el cisne vinieron a ser símbolos del modernismo, y uno y otro, en la poesía de habla española, surgieron, como es archisabido también, con sus posturas definitivas, en insignes poemas de Rubén Darío, presentes aún en todas las memorias. No consta en nuestros anales la muerte de la princesa; del cisne se sabe que feneció, retorcido el pescuezo, a instancias de otro gran poeta: Enrique González Martínez [2].

Tal vez antes de andar por nuestro mundo esos símbolos se habían perfilado en los versos de una escuela extranjera, llamada, ésta sí con cierta razón, simbolista, de cuyas inspiraciones se alimentó el entusiasmo juvenil de Rubén Darío, antes de que su genio le llevara a plena realización poética de su personalidad; pero dándole pie para la creación de unas cuantas obras maestras,

Léon Frédéric: «El lago-El agua dormida» (1897-1898).

tan imperecederas como aquellas otras más personales y definitivas.

Con Rubén Darío, y esto tiene gran im-

---

2. Se refiere a un soneto del poeta mejicano Enrique González Martínez. Lo publicó en su libro *Los senderos ocultos* (1911), y su primer cuarteto en alejandrinos dice: «Tuércele el cuello al cisne de engañoso plumaje / que da su nota blanca al azul de la fuente; / él pasea su gracia no más, pero no siente / el alma de las cosas ni la voz del paisaje...».

portancia, se inicia la que, aplicando un término de la historia de la arquitectura, he llamado ya en otra ocasión «influencia del retorno», o sea, un comienzo de influjo del espíritu americano en el español, que hasta entonces había dejado sentir principalmente su peso sobre las letras de América, sobre todo en lo que tiene tanto valor que casi se antepone a los otros, por lo menos en el sentir general: en las formas literarias. He aquí que Rubén Darío influye, principalmente, en las formas. Las de la poesía española, después de él, no son ya las mismas que eran.

(*El hijo pródigo,* México, diciembre de 1943, págs. 145-146.)

VI. Ramón María del Valle-Inclán

Modernismo

Si en la literatura actual existe algo nuevo que pueda recibir con justicia el nombre de «modernismo», no son, seguramente, las extravagancias gramaticales y retóricas, como creen algunos críticos candorosos, tal vez porque esta palabra, «modernismo», como todas las que son muy repetidas, ha llegado a tener una significación tan amplia como dudosa. Por eso no creo que huelgue fijar, en cierto modo, lo que ella indica o puede indicar.

La condición característica de todo el arte moderno, y muy particularmente de la literatura, es una tendencia a refinar las sensaciones y acrecentarlas en el número y en la intensidad. Hay poetas que sueñan con dar a sus estrofas el ritmo de la danza, la melodía de la música y la majestad de la estatua. Teófilo Gautier, autor de la *Sinfonía en blanco mayor,* afirma en el prefacio de *Las flores del Mal* que el estilo de Tertuliano tiene el negro esplendor del ébano.

Según Gautier, las palabras alcanzan por el sonido un valor que los diccionarios no pueden determinar. Por el sonido, unas palabras son como diamantes, otras fosforecen, otras flotan como una neblina. Cuando Gautier habla de Baudelaire, dice que ha sabido recoger en sus estrofas la leve esfumación que está indecisa entre el sonido y el color; aquellos pensamientos que semejan motivos de arabescos, y temas de frases musicales. El mismo Baudelaire dice que su alma goza con los perfumes, como otras almas gozan con la música. Para este poeta, los aromas no solamente equivalen al sonido, sino también al color:

Il est des parfums frais comme des chairs
[d'enfants,
Doux comme les hautbois, verts comme les
[prairies.

Pero si Baudelaire habla de perfumes verdes, Carducci ha llamado verde al silencio, y Gabriel D'Annunzio ha dicho con hermoso ritmo:

Canta la nota verde d'un bel limone in fiore.

Hay quien considera como extravagancias todas las imágenes de esta índole, cuando en realidad no son otra cosa que una consecuencia lógica de la evolución progresiva de los sentidos. Hoy percibimos gradaciones de color, gradaciones de sonido y relaciones lejanas entre las cosas que hace algunos cientos de años no fueron seguramente percibidas por nuestros antepasados. En los idiomas primitivos apenas existen vocablos para dar idea del color. En vascuence, el pelo de algunas vacas y el color del cielo se indica con la misma palabra: «artuña». Y sabido es que la pobreza de vocablos es siempre resultado de la pobreza de sensaciones.

Existen hoy artistas que pretenden encontrar una extraña correspondencia entre el sonido y el color. De este número ha sido el gran poeta Arturo Rimbaud, que definió el color de las vocales en un célebre soneto:

A-noir, E-bleu, I-rouge, U-vert, O-jaune.

Y más modernamente, Renato Ghil, que en otro soneto asigna a las vocales no solamente color, sino también valor orquestal:

A, claironne vainqueur en rouge flamboie-
[ment.

Esta analogía y equivalencia de las sensaciones es lo que constituye el «modernismo» en literatura. Su origen debe buscarse en el desenvolvimiento progresivo de los sentidos, que tienden a multiplicar sus diferentes percepciones y corresponderlas entre sí, formando un solo sentido, como uno sólo formaban ya para Baudelaire:

> O métamorphose mystique
> De tous mes sens fondus en un:
> Son haleine fait la musique,
> Comme sa voix fait le parfum.

(*La Ilustración Española y Americana*, Madrid, 22-II-1902, pág. 115.)

VII. Ricardo Gullón

Simbolismo y modernismo

La mejor poesía del modernismo hispánico es de tendencia simbolista, influida, de un lado, por los simbolistas franceses del siglo XIX y, de otro, por el simbolismo tradicional, o sea, por la necesidad de expresar un orden de realidades distinto de las tangibles que, como escribió San Juan de la Cruz en el prólogo al *Canto espiritual,* sólo puede manifestarse por medio de «extrañas figuras y semejanzas». Reconocía San Juan la existencia de lo inefable y la imposibilidad de manifestar en palabras ciertos sentires y movimientos del espíritu. Si los términos comunes —decía— no bastaran al Espíritu Santo «para dar a entender la abundancia de su sentido», menos podrían bastar a las limitaciones del verbo propias del hombre; no cabe sino sugerir por medio de signos una equivalencia de esos impulsos oscuros, malamente dilucidables.

El simbolismo, más que una escuela, es manera de creación caracterizada por la sugestión y, a veces, por el hermetismo. Con él la poesía se convierte en un modo de penetración en zonas de sombra, que en los modernistas, como primero en los románticos, no son únicamente las de la noche, sino las del sueño, el delirio, el azar y aun la carne (pues la voluptuosidad llegó a parecer un método de conocimiento). Y vista como exploración, la poesía implica ascensiones y descensos, visión de cumbres y exploración de galerías, laberintos y subterráneos.

Como experiencia, se relaciona en este período con doctrinas ocultistas y esotéricas, y la visión es parte del instrumental creativo. Quiere el poeta expresar, mediante un código verbal adecuado, analogías y correspondencias intuidas en el universo. En cuanto existe reconoce un alma; quizá natural, como la de los árboles o el agua, cuyas voces escucha; quizá incorporada, como en el espejo, donde algún personaje de Leopoldo Lugones encuentra amor y muerte. Traducir lo inexpresable y crear por ello un sistema de signos que lo declara son designios del poeta modernista. Rubén Darío lo entendió mejor que nadie, y en su sistema, para sugerir lo que deseaba decir, echó mano de mitología y leyendas, exponiéndolas en imágenes y símbolos [...].

Con su aproximación a un mundo situado más allá de los sentidos, irreductible a la ciencia, el simbolismo es acaso el más oblicuo entre los modos de la insumisión modernista. La protesta contra el positivismo y el cientificismo, contra los dogmas y convenciones sociales y contra la exigencia de dar a todo una explicación racional, caracteriza a los modernistas de lengua española. Rubén Darío se siente sacerdote de una religión eterna: la Belleza (así, con mayúscula), y Juan Ramón Jiménez se retira del mundo para confinarse en el espacio mágico de la creación poética. La estética y la ética les parecen dos caras del mismo fenómeno: lo bello es lo bueno por el hecho de su hermosura misma y lo bueno es de suyo hermoso.

Apenas se registra en el modernismo hispánico el extremo hermético en que se complacieron Mallarmé y Rimbaud. El misterio, como mostraron Darío y Antonio Machado, puede expresarse en formas transparentes, o casi: la fuente, la colmena y el sol sirvieron para sugerir la presencia (o el deseo) de Dios en un corazón desvalido. Machado había aprendido de Santa Teresa que el símbolo puede aludir a lo irracional por vías racionales. La dificultad de nombrar es superable sin reducir la intuición a signos enigmáticos. Cabe esforzarse en que sugerencia y alusión indiquen con un mínimo de oscuridad el alcance de lo intuido.

La general accesibilidad del símbolo modernista (no faltan excepciones en poemas de Herrera Reissig, el último Juan Ramón Jiménez, y hasta de Antonio Machado) se debe a que se impuso entonces la utilización general de un repertorio de figuras que con variantes, añadimientos y restas se da de alta en casi todos los poetas de nuestro modernismo. Esta comunidad de sistema se deriva de coincidencia en ideologías y se refleja en la utilización de análogos recursos estilísticos.

El cisne o el parque viejo, por ejemplo, proliferan como consecuencia de la necesidad o el deseo de disentir de las convenciones tradicionales. Al exaltar la belleza y exhibir la nostalgia, incluso si no resulta claro de qué se sienten nostálgicos, los poetas están rechazando indirectamente un presente deplorable. La idea de que el mundo social se basa en la fealdad (en la injusticia) y de que alzarse contra él es un deber moral, subyace bajo esa actitud que, según acabo de indicar, es tanto ética como estética.

Cuando, siguiendo a los románticos, cultivaron el nocturno como forma poética apropiada para el despliegue del sentimiento, respondieron a una exigencia de los tiempos tanto como a una motivación personal. En música, en pintura y en poesía el nocturno se impuso. Y es natural, pues la noche es a la vez enigma y tentación; como enigma, incita al descifrado; como tentación, impulsa a compartir lo en ella oculto. Por eso el poeta quiere hacerse vidente, descubrir secretos inaccesibles a la mirada mortal. Machado dijo:

> El alma del poeta
> se orienta hacia el misterio.
> Sólo el poeta puede
> mirar lo que está lejos
> dentro del alma, en turbio
> y mago sol envuelto.

El misterio está dentro del ser, y la sombra envuelta en luz. Ha de dejarse en libertad a la imaginación, y mirar, no en lo que se ve, sino en lo que se fantasea o se sueña. En el nocturno, figuras y sucesos resuenan con resonancia peculiar: la noche, como en cierto poema de Darío, tiene un corazón que puede ser auscultado. Tal es el modo de comunicar con el universo, y la aspiración de lograrlo convierte al poeta en mago.

(*El simbolismo*, edición de
José Olivio Jiménez,
Madrid, Taurus, 1979, págs. 21-23.)

DOCUMENTOS

VIII. Alejandro Sawa

De mi iconografía

Brutal, brutal el día. Escribo desde la cama. Hace fuera un frío siberiano, y tengo las entrañas heladas, la temperatura de un muerto. No es la culpa del termómetro. Mi frío es —¿cómo decirlo?— un frío moral, el frío que debe acometer a los niños que se sientan de pronto abandonados, con nocturnidad, en medio de una calle que ellos barruntan poblada de fieras; el frío de los que en plena vida, en plena barahúnda social, llevan la cabeza cargada de imágenes de claustro y celdas monacales, por cansancio mejor que por misticismo; un frío muy grande, que lo mismo debe acometer a los hombres en la Groenlandia que en el cabo de Hornos; ansia y miedo de morir, afán de nirvanas largos como una vida...

¡Oh alcohol! ¡Oh hastzchiz! ¡Oh santa morfina! ¿Por qué los desgraciados de todas las épocas han quemado ante vuestra ara sus mejores mirras, si no fuera porque sois clementes, porque sois piadosos, porque poseéis secretos de fakir para curar las más rebeldes heridas?

Porque Dios permitió al haceros que os confundáis en vuestra actividad de magos con su soberana grandeza...

Cuando la vida es un tormento, querer dormir —¡oh dormir!— es el más imperativo de todos los derechos.

¿Y quién, aunque se lo nieguen, no se lo toma por su propia mano?

Hoy —¡al fin!— no llueve; pero reina, lo que se llama reinar con verdadera soberanía, un vendaval espantoso.

¡Terrible Madrid éste! Mañana, al decir de los almanaques, comienza la primavera, y si hubiera leña y chimenea en mi casa, me pasaría el día ante el fuego, cubierto de mantas y pieles, como un samoyedo en el rigor de la estación ártica.

Yo no hubiera querido nacer; pero me es insoportable morir.

Vivir es ir muriendo lentamente; los viejos son los desposados del sepulcro.

* * *

En mi cielo espiritual, Verlaine es una de las más evidentes estrellas del Zodíaco; aun acoplada a otras de mayor potencia, su luz brilla solitaria, como si no formara parte de constelación alguna. Así el lucero de la mañana, que tan bien conocen los caminantes.

Hugo es rojo; Lamartine, azul; Vigny, policromo, como una bandera lejana flotando al viento; Baudelaire, cárdeno y también verdoso, como los zumos de las plantas letales; Musset, sonrosado, al modo de las mallas de las bailarinas. Sólo Verlaine es plural de tonos, porque su alma irreductible estaba formada sólo de matices.

En mi nebulosa de arte, Verlaine luce como un arco iris de ensueño mejor aún que como una estrella.

Ese prodigioso manipulador de matices fue, sin embargo, en la vida como un gran espesor de sombra capaz de pensamiento y del sentimiento, de la idea y del sollozo.

Cuando lo evoco, se me aparece negro siempre, como la visión demoníaca de un fraile embrujado por la pesadilla del infierno, o pardo, como un santo de Ribera, acribillado de parásitos.

En la cruel antinomia de su vida, Verlaien, vistiendo su tétrico ropón de orfandad y los riñones ceñidos por el áspero cilicio de la penitencia, era, sin embargo, el hombre que llevaba incandescentes en su pecho los carbones de *Chansons pour elle*, los cálidos epitalamios de *Los poemas saturnianos* y la exquisita voluptuosidad de vivir que contiene toda su obra, como un elixir divino. Fue, en resumen, durante su peregrinación por las calles de la ciudad, un hombre sombrío con el corazón atravesado por los siete cuchillos de los pecados capitales y con todo el candor y toda la alegría, sonando a fiesta del Paraíso, en el interior de su acongojado pecho herido.

(*Iluminaciones en la sombra,* Madrid, Alhambra, 1977, págs. 129-130 y 184-185.)

IX. Manuel Aznar Soler

Bohemia y burguesía en la literatura finisecular

Genéticamente, la actitud bohemia era una actitud de inadaptación social y protesta romántica e individualista contra el capitalismo y la clase burguesa. El sistema de valores bohemios (arte, belleza, independencia, libertad, rebeldía) se oponía al código moral de la clase dominante. La actitud de rebelión y protesta del bohemio se alza contra la mediocridad y vulgaridad de la sociedad burguesa, contra la cual sólo cabe la enajenación voluntaria a través del ajenjo, la droga, el burdel o el narcótico del arte. Frente a la uniformidad social, la protesta individualista del artista bohemio se expresa como fuente de liberación de su lucidez desesperada. Rimbaud o Verlaine ejemplifican esa voluntaria condición de artistas «malditos», de escritores «decadentistas» situados en los límites extremos de la marginalidad social.

La desafiante actitud antiburguesa del artista bohemio se fundamenta en su odio a la burocratización de la vida, a la uniformidad social y a la mercantilización del arte. El artista bohemio no quiere vender ni admite dejarse comprar su imaginación creadora: «Intransigente, prefirió muchas veces la miseria a macular su pureza estética», escribirá Rubén Darío del escritor español bohemio Alejandro Sawa. Porque el artista bohemio prefiere la absoluta independencia, el cotidiano e insuficiente menú de café con leche y media tostada, a vender su talento al «filisteo» —palabra que resume su desprecio por la ramplonería espiritual de la clase burguesa—. Admite el «acanallarse perpetrando traducciones» o el «hinchar telegramas» en una redacción de periódico como un mal menor asumido («las letras son colorín, pingajo y hambre»), pero el auténtico bohemio lo es por condición espiritual, por convicción mental, por libérrima decisión personal, por creer en unos ideales que son los del arte, realizados según la mitología bohemia. La verdadera bohemia no es una forma de vida, forzosa en la mayoría y caracterizada por una extrema penuria, sino una manera de ser artista, una condición espiritual sellada por el aristocratismo de la inteligencia. La vida bohemia se asume porque para el artista bohemio no hay arte sin dolor, o, como decía Baudelaire, arte equivale a «malheur». La verdadera bohemia se vive, por tanto, como experiencia de libertad en el seno de una sociedad voluntariamente marginal, en donde el tiempo no es oro, sino ocio artístico, alcohol, búsqueda de paraísos artificiales, de alucinaciones mágicas, de belleza y «falso azul nocturno».

DOCUMENTOS

Esa actitud provocadoramente antiburguesa del escritor bohemio le conduce a una «pose» de anarquista literario, a una condición de «maldito» que se relaciona con los marginados sociales (homosexuales, prostitutas, delincuentes), a experimentar el placer de demoler ideas y valores establecidos por medio de «boutades» con el objetivo expreso de «épater le bourgeois».

En España, la protesta bohemia se dirige contra la sociedad de la Restauración, contra el canovismo político, la oligarquía, el caciquismo, la corrupción social y el realismo artístico dominante. La actitud bohemia de «épater le bourgeois» es compañera en la literatura española de la poesía simbolista y decadentista, del impresionismo francés, del nihilismo ruso y del modernismo hispanoamericano. La bohemia literaria española finisecular es un fenómeno tardío e importado directamente del Barrio Latino parisiense. Alejandro Sawa se considera descendiente de Víctor Hugo y Paul Verlaine en el árbol genealógico bohemio. Isidoro López Lapuya ha dejado un testimonio autobiográfico de esta vinculación entre simbolismo francés y bohemia literaria española en su libro de memorias *La bohemia española en París a fines del siglo pasado*. En Cataluña, el discurso de Santiago Rusiñol en la Festa Modernista de Sitges (1894) y su novela *L'auca del senyor Esteve* (1907) eran manifestaciones coetáneas de esa actitud de «épater le bourgeois», característica del artista bohemio finisecular.

La concepción aristocrática de un «arte por el arte» es la que defienden la mayoría de escritores bohemios. Bohemia, anarquismo y aristocratismo artístico van unidos en la actitud estética «modernista» de bohemios como Sawa, Rubén Darío o Valle-Inclán. La concepción de Darío del modernismo como expresión de la libertad y el anarquismo en el arte; el grito del bohemio verlainiano Henry Cornuty en el teatro Barbieri de Madrid; los poemas de Pedro Barrantes al puñal y a la dinamita en su *Delirium tremens;* el ¡Viva la bagatela! valleinclaniano; el paraguas rojo del joven Martínez Ruiz, terrible anarquista literario entonces y conservador Azorín después; el ¡Mueran los jesuitas! del Maeztu radical, son otros tantos signos de esa compleja posición anarco-aristocrática de los escritores españoles finiseculares. La actitud bohemia de protesta antiburguesa se impregnaba claramente de anarquismo literario «pour épater le bourgeois».

Pero, en rigor, los escritores bohemios sintieron una aversión y un profundo desprecio por la política oficial de la Restauración. Individualistas e insolidarios, incapaces, salvo honrosas excepciones, de establecer un compromiso político con los partidos de la clase obrera, desengañados de la política oficial, los escritores bohemios se construyeron un paraíso artístico en donde la problemática política no tenía espacio. Excepciones eran, sin embargo, Ricardo Fuente, Joaquín Dicenta, Rafael Delorme y el núcleo de la revista *Germinal,* defensores de un socialismo romántico y heterodoxo. También Pedro Luis de Gálvez, poeta bohemio, acabaría escribiendo narraciones anarco-sindicalistas y Ernesto Bark, apóstol de la religión bohemia, fue igualmente un incansable predicador de la rebelión política del proletariado intelectual bohemio.

El lenguaje cumple para el bohemio la función de dinamitar los puentes ideológicos y morales que le separan de la burguesía y de su sistema de valores (familia, propiedad, orden, sexo, religión). La concepción anarquista de la palabra como «dinamita cerebral» es compartida por los escritores bohemios, desarrollándose un culto formal al tremendismo expresivo y a la truculencia verbal. Una confianza ingenua en el poder de la literatura y el arte como instrumentos de transformación social era defendida por Ernesto Bark en nombre de la cofradía bohemia: «Una poesía encierra a veces más dinamita que vuele el edificio de las viejas preocupaciones que la que puedan fabricar todos los Ravacholes del mundo. Los Voltaire, Rousseau y D'Alembert hacían volar el trono de los hijos de San Luis y tampoco eran más que unos pobres "bohemios"» [...]

La guerra mundial de 1914 y, en España, la huelga general revolucionaria de 1917, marcan el inicio de unas profundas transformaciones sociales que condenan a la sociedad literaria bohemia a su extinción irremisible. La emotiva nostalgia de una autenticidad bohemia perdida, la reivindicación modernista de unas iluminaciones en la sombra, la admiración estética de la bohemia

EL MODERNISMO

heroica, impulsan a Valle-Inclán a escribir su espléndido esperpento *Luces de bohemia*, epitafio y réquiem elegíaco de la bohemia literaria española finisecular.

(En José-Carlos Mainer, *Modernismo y 98*, volumen 6 de *Historia y crítica de la literatura española*, Barcelona, Crítica, 1979, págs. 77-82.)

X. Emilio Carrere

Oración a la bohemia

Bohemios troveros, de gachos sombre-
[ros [3],
de ojos donde brilla la maga ilusión;
de la vida errante, bravos caballeros
del alma toda ensueños y toda emoción.
Por vosotros quiero decir mi oración.

Vuestra juventud de azul está llena
y florece en versos de excelsa fragancia:
yo amo vuestras rimas y la petulancia
de vuestros chapeos [4] y vuestra melena.
Pupilas que tienen llamas visionarias,
místicos de un rito de gloria y de amor,
de un sueño de oro, sombras legendarias.
Yo quiero llorar por vuestro dolor.

Por los peregrinos que cruzan la senda,
bajo el sortilegio de negra fortuna;
por los tristes locos que aman la leyenda
de los embrujados rayos de la luna.
Por los que han caído sin haber abierto
el cofre de sándalo de su corazón;
por los que se han muerto
sin hallar la letra para su canción.
Por vosotros quiero rezar mi oración.

Por la frente cana del viejo trovero
que no supo nunca del lauro inmortal,
y por los que emprenden su éxodo postrero
en una siniestra caja de hospital.
Por vosotros, príncipes de andrajos y rimas,
líricas alondras de las altas cimas
que dora la Gloria, el Arte, el Amor.
Por vosotros, pálidos hampones vencidos,
con un óleo santo de ideal ungidos.
Yo quiero rezar por vuestro dolor.

Por todos los sueños que truncó la muerte
—el poema inédito y el lienzo soñado—;
por todas las ansias de amor que ha frus-
[trado
la tragicomedia de la mala suerte.
Por los que no dejan huella de su paso,
por todas las bellas ambiciones rotas,
por los inventores que burló el fracaso,
los malos histriones, las viejas cocotas.
Por los que ha vencido la mala fortuna
y al alcohol le piden piadosos beleños [5].
Por los que volaron un día a la luna
y en los manicomios devanan sus sueños.

Pálidos troveros, de gachos sombreros,
que en el alma llevan, cual santos luceros,
un verso divino y un ritmo inmortal,
los que por la vida marchan deslumbrados
porque tienen siempre los ojos cegados
por un milagroso jirón de ideal.
Por los sin ventura que nunca tuvieron
la llave de oro de la inspiración,
por los que no triunfan, por los que mu-
[rieron...
Por vosotros quiero decir mi oración.

(*Del Amor, del Dolor y del Misterio.*)

---

3. Es el de copa baja y ala ancha y tendida hacia abajo.
4. Sombrero.
5. Planta narcótica.

Eugène Grasset: «Jeune femme dans un jardin» (h. 1900).

RUBEN DARIO

Rubén Darío (su verdadero nombre era el de Félix Rubén García Sarmiento) nació en Metapa (Nicaragua) en 1867. En 1880 publica sus primeros poemas. En 1884 obtiene un empleo en la Biblioteca Nacional de Managua. Entre 1886 y 1889 vive en Chile y colabora en diversas publicaciones. Sus lecturas de escritores europeos y norteamericanos son decisivas en su evolución literaria. Publica «Canto épico a las glorias de Chile», en el que celebra la victoria naval chilena sobre el Perú en la guerra de 1879, *Epístolas y poemas* (1885), *Abrojos* (1887), *Rimas* (1887) y *Azul* (1888), libro que tendrá una notable repercusión en el mundo hispánico. Vive después en San Salvador y Guatemala. En 1892 es designado por su país como representante en España para las fiestas del IV Centenario del Descubrimiento. Conoce y trata a diversos escritores (Juan Valera, E. Pardo Bazán, Núñez de Arce, Campoamor), que se interesan por él. Poco después se traslada a Buenos Aires como cónsul de Colombia. En la citada ciudad se convierte en el centro de un nutrido grupo de poetas (Lugones, Jaimes Freyre, Estrada, Leopoldo Díaz) que dan un impulso definitivo al Modernismo.

En 1898 el diario *La Nación* de Buenos Aires lo envía de corresponsal a España. El 1 de enero de 1899 desembarca en Barcelona. En el nuevo ambiente literario que encuentra ahora adquiere un enorme prestigio. En Madrid conoce a una muchacha humilde, Francisca Sánchez, que permanecerá a su lado hasta 1914 («Ajena al dolo y al sentir artero, / llena de la ilusión que da la fe, / lazarillo de Dios en mi sendero, / Francisca Sánchez, acompáñame...», escribirá en su poema «A Francisca»). En 1900 se traslada a París, en donde residirá habitualmente. «Lo despedimos en la estación del Norte —recuerda Juan Ramón Jiménez— [...]. No he olvidado nunca la mirada de Rubén Darío a los álamos blancos del norte crepuscular y fresco de la primavera, por la boca de la estación». Lleva una vida bohemia (los apuros económicos, consecuencia en gran medida de su probada generosidad, lo acompañaron siempre) y se entrega cada vez más al alcohol (en realidad, las embriagueces sensual y alcohólica, a las que se referirá Pedro Salinas, y un malestar y una insatisfacción muy «fin de siglo» fueron constantes en su vida). Pasa temporadas en España, Buenos Aires y Nicaragua. Las depresiones, que alternan con momentos de exaltación, se suceden. Al estallar la Primera Guerra Mundial emprende una campaña por América en favor de la paz. En Nueva York, una pulmonía agrava su quebrantada salud. Morirá en Nicaragua, después de una delicada operación, en 1916.

Rubén Darío es, sin duda, la figura más destacada de la literatura en español de finales del siglo XIX. También ha sido un escritor siempre respetado por las generaciones posteriores y numerosos poetas (desde V. Aleixandre hasta Pere Gimferrer) han reconocido la trascendencia de su obra para su formación literaria. «En 1916 —recordará Dámaso Alonso— fue mi descubrimiento de Rubén Darío: quedé deslumbrado. ¡Qué maestría del ritmo, qué magníficos colores, cuántas visiones extrañas, exquisitas!».

Obra

Las influencias que se advierten en sus primeros libros son variadísimas. Destacan las de los más importantes poetas españoles del siglo XIX (Zorrilla, Campoamor, Núñez de Arce) y las de algunos románticos franceses como Musset y Víctor Hugo, sobre todo en las notas liberales y progresistas que es fácil rastrear en ellos. En *Abrojos* (1887) el sentimentalismo becqueriano alterna con un acentuado prosaísmo heredado de Campoamor, al que en 1886 había dedicado una conocida décima (la que empieza: «Este del cabello cano / como la piel del armiño...». La huella de Bécquer es más evidente en *Rimas* (1887). Sin embargo, a pesar de las influencias señaladas, muchas de las composiciones de estas obras anticipan aspectos destacados en la producción posterior del poeta: el lujo metafórico, la profusión de música y de color, el exotismo, y un notable dominio de la métrica.

Azul (1888) está compuesto por varios relatos y por siete composiciones en verso (en la edición de 1890 se le añadieron algunos cuentos más y varios poemas). En la parte poética, Rubén Darío adapta al castellano, en un estilo refinado y exquisito, tonos y formas de la literatura francesa. Su capacidad para asimilar y convertir en sustancia propia los más diversos elementos es extraordinaria. Juan Valera destacará en este libro el «carácter cosmopolita de sus escenarios, el tono afrancesado, dentro de unas líneas perfectamente castellanas», y el fino sentimiento de la naturaleza, que «raya en la adoración panteísta» (en cuatro de los poemas, «Primaveral», «Estival», «Autumnal» e «Invernal» traza un paralelismo entre diversas formas de amor y las diferentes estaciones). Los siguientes versos de la descripción del brasero en «Invernal» son reveladores del cambio que se ha producido en su poesía: «Topacios y carbunclos / rubíes y amatistas / en la ancha copa etrusca / repleta de ceniza. / Los lechos abrigados, / las almohadas mullidas, / las pieles de Astrakán, los besos cálidos / que dan las bocas húmedas y tibias»). Más importante en esta obra es la variedad de ritmos y de metros (los convencionalismos métricos se subordinan por lo general al ritmo y musicalidad del poema). En los relatos, con prosa siempre elegante y cuidada, es fácil rastrear también in-

EL MODERNISMO

fluencias de escritores franceses. En ellos aborda los temas más diversos, aunque son frecuentes las referencias a los conflictos entre el artista y la sociedad. Sin embargo, su mayor atractivo reside en la atmósfera de sensualidad que sabe crear Rubén Darío.

Prosas profanas se publica en 1896 (a las 33 composiciones de esta edición se le añadieron 21 en la de 1901). Este libro, escrito enteramente en verso, es hoy el ejemplo máximo de la línea sensual, colorista, brillante y musical del Modernismo. Todas las novedades léxicas, expresivas y métricas, ensayadas antes por Rubén Darío, culminan aquí. Descontento con la realidad en que vive, el poeta se refugia en un mundo de armonía, perfección y belleza. Los ambientes exóticos, clásicos, medievales, indígenas (la fantasía suele prevalecer sobre la historia en sus recreaciones del pasado), una profusión de motivos que se convertirán en tópicos del Modernismo y un acentuado erotismo, se mezclan o alternan en los diferentes poemas. Tampoco faltan, además de un vago neomisticismo, las fórmulas más banales del esoterismo y de la literatura fantástica. Las palabras que dedicó R. Darío a Moréas en *Los raros* podrían aplicarse a este libro: el poeta «posee un alma, abierta a la Belleza, como la primavera, al sol. Su Musa se adorna con galas de todos los tiempos, divina, cosmopolita e incomparable políglota. La India y sus mitos le atraen, Grecia y su teogonía y su cielo azul y de mármol y, sobre todo, la edad más poética, la edad de los santos, de los misterios, de las justas, de los hechos sobrenaturales, la edad terrible y teológica».

En **Cantos de vida y esperanza** (1905), aunque no faltan los poemas de gran brillantez y colorido («Helios», «Tarde del trópico», «La marcha triunfal»), nos ofrece Darío una poesía menos preciosista y pagana. En el «Prefacio» expone algunos principios ya conocidos (aristocratismo en el arte, preocupación por el ritmo en la poesía), pero añade otros nuevos: «Yo no soy un poeta para muchedumbres. Pero sé que indefectiblemente tengo que ir a ellas [...]. Si en estos cantos hay política, es porque aparece universal. Y si encontráis versos a un presidente, es porque son un clamor continental. Mañana podremos ser yanquis (y es lo más probable); de todas maneras, mi protesta queda inscrita sobre las alas de los inmaculados cisnes, tan ilustres como Júpiter».

Las angustias y dudas ante los misterios del mundo y de la vida, los desengaños y amarguras, la melancolía ante el tiempo ido («Juventud, divino tesoro...»), los sentimientos de culpa y los terrores que lo embargaron en diferentes épocas, la atracción por el placer y el anhelo de espiritualidad (una de las constantes de su vida), se convierten en eje de muchos poemas. Los cisnes, frecuentes en esta obra, son ahora portadores de inquietudes y tristezas.

Rubén muestra también en este libro una notable preocupación por el tema de la raza, un deseo de fraternidad entre los pueblos hispanos, y un gesto preocupado por la amenaza de Estados Unidos para el resto de América (léase la «Oda a Roosevelt»). No hay que olvidar, sin embargo, que en poemas posteriores («Salutación al águila», de *El canto errante*, por ejemplo), guiado quizá por su afán de concordia entre todo el continente americano, exalta el poderío yanqui y al mismo Roosevelt.

En 1907 publica **El canto errante** (el título alude a su incesante búsqueda, de la que no están ausentes el humor y la ironía, de un abrigo vital que no llegó a encontrar). Se incluyen también en este libro diversas composiciones de circunstancias, de distinto valor. El gusto por el color y la brillantez formal perviven en la mayor parte de los poemas.

En 1910 aparece *Poema del otoño y otros poemas,* de menor interés que los anteriores, en el que vuelve a un intimismo y a unas preocupaciones existenciales parejos a los de muchos poemas de *Cantos de vida y esperanza*. En *Canto a la Argentina* (1910) rememora, a lo largo de mil versos, el pasado de esta nación, a la que termina auspiciándole un futuro de gloria (en la edición de 1914 añadió otros poemas, algunos de los cuales, como «Los motivos del lobo» y «La canción de los osos», se han hecho famosos).

Además de su ingente producción periodística, Rubén Darío es autor de unos ochenta cuentos, de algún esbozo de novela, de una autobiografía (*La vida de Rubén Darío escrita por él mismo:* 1912), y de otras obras en prosa. Entre ellas se encuentran algunos libros de crónicas de viajes (*Peregrinaciones:* 1901, *La caravana pasa:* 1902, *Tierras solares:* 1904) y *Los raros* (1896), colección de semblanzas sobre figuras literarias muy conocidas (Villiers de l'Isle-Adam, Moréas, Leconte de Lisle, Verlaine, E. Allan Poe, José Martí, etc.).

* * *

Además de los fragmentos de los «Prólogos» que incluimos a continuación, deben tenerse en cuenta, sobre la estética de Rubén Darío, los poemas «Yo persigo una forma», «Yo soy aquel que ayer no más decía...», «Los cisnes» y «La canción de los pinos».

Ediciones

Existen varias recopilaciones de su obra. La más reciente es la de M. Sanmiguel Raimúndez, en cinco volúmenes (Madrid, Afrodisio Aguado, 1950-1955).

Poesías completas (Madrid, Aguilar, 1967: 10.ª edición). *Poesías completas,* 2 volúmenes, edición, introducción y notas de Alfonso Méndez Plancarte. *Azul* (Madrid, Alhambra, 1986). *Prosas profanas* (Madrid, Castalia, 1983).

Para el resto de su obra puede recurrirse a los tomitos sueltos de la Colección Austral (Espasa-Calpe).

1. Pueblo originario del Norte de México, que se estableció en la zona costera del Pacífico. Desde un punto de vista arqueológico, la región ocupada por dicho pueblo es muy rica en cerámica y en objetos de piedra tallada.
2. Perteneciente a la tribu tolteca de León (Nicaragua).
3. Elagábalo o Heliogábalo, emperador romano (218-222). La fastuosidad, las supersticiones, la crueldad y el libertinaje van asociados con su nombre.
4. Se refiere a la ciudad maya conocida desde finales del siglo XVIII, excavada y restaurada con posterioridad. Los numerosos relieves en piedra y estuco que adornan los muros de sus edificios la convierten en una de las más bellas ciudades del área maya.
5. Antigua capital de la tribu quiché, la más importante de los mayas, en los Altos de Guatemala.
6. Moctezuma II, muerto en 1520, fue un emperador azteca al que derrotó e hizo prisionero Hernán Cortés.
7. Poeta norteamericano (1819-1892). En su famoso libro, *Hojas de hierba*, además de liberar a la poesía de Estados Unidos de todos los convencionalismos formales y lingüísticos, exaltó el «yo», el placer sensual, la fraternidad y la democracia igualitaria. En el soneto que le dedicó en *Azul*, Rubén Darío lo llama «sacerdote, que alienta soplo divino, / anuncia en el futuro tiempo mejor». También F. García Lorca escribió en su honor una famosa «Oda» (véase la pág. 456).
8. Estos dos poetas franceses, Víctor Hugo (1802-1885) y Verlaine (1844-1896), aparecen con frecuencia en la obra de R. Darío. Al último de los citados le dedicó el famoso «Responso», que incluimos en esta *Antología*.

RUBEN DARIO

¿Hay en mi sangre alguna gota de sangre de Africa, o de indio chorotega [1] o nagrandano [2]? Pudiera ser, a despecho de mis manos de marqués: mas he aquí que veréis en mis versos princesas, reyes, cosas imperiales, visiones de países lejanos o imposibles; ¡qué queréis!, yo detesto la vida y el tiempo en que me tocó nacer; y a un presidente de República no podré saludarle en el idioma en que te cantaría a ti, ¡oh Halagabal [3]!, de cuya corte —oro, seda, mármol— me acuerdo en sueños...

(Si hay poesía en nuestra América ella está en las cosas viejas: en Palenke [4] y Utatlán [5], en el indio legendario y en el inca sensual y fino, y en el gran Moctezuma [6] de la silla de oro. Lo demás es tuyo, demócrata Walt Whitman [7].)

Buenos Aires: Cosmópolis.

¡Y mañana!

El abuelo español de barba blanca me señala una serie de retratos ilustres: «Este, me dice, es el gran don Miguel de Cervantes Saavedra, genio y manco; éste es Lope de Vega; éste, Garcilaso; éste, Quintana». Yo le pregunto por el noble Gracián, por Teresa la Santa, por el bravo Góngora y el más fuerte de todos, don Francisco de Quevedo y Villegas. Después exclamo: ¡Shakespeare! ¡Dante! ¡Hugo...! (Y en mi interior: ¡Verlaine [8]...!).

Luego, al despedirme: «Abuelo, preciso es decíroslo: mi esposa es de mi tierra; mi querida, de París».

(*Prosas profanas:* Palabras liminares.)

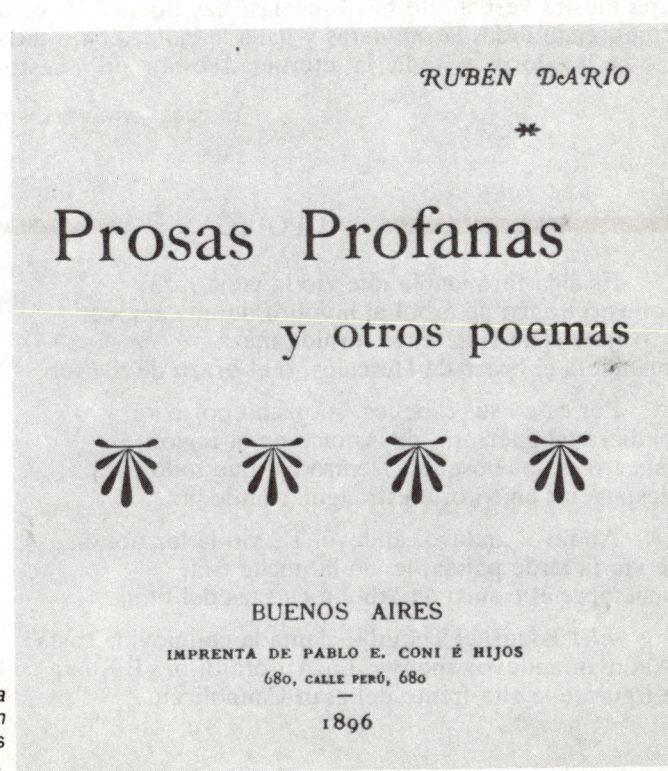

Portada de la primera edición de Prosas profanas.

EL MODERNISMO

Yo he dicho: Cuando dije que mi poesía era «mía en mí», sostuve la primera condición de mi existir, sin pretensión ninguna de causar sectarismo en mente o voluntad ajena, y en un intenso amor absoluto de la Belleza. Yo he dicho: «Ser sincero es ser potente. La actividad humana no se ejercita por medio de la ciencia y de los conocimientos actuales, sino en el vencimiento del tiempo y del espacio». Yo he dicho: «Es el arte el que vence el espacio y el tiempo». He meditado ante el problema de la existencia y he procurado ir hacia la más alta idealidad. He expresado lo expresable de mi alma, y he querido penetrar en el alma de los demás, y hundirme en la vasta alma universal. He apartado asimismo, como quiere Schopenhauer [9], mi individualidad del resto del mundo, y he visto con desinterés lo que a mi yo parece extraño, para convencerme de que nada es extraño a mi yo. He cantado, en mis diferentes modos, el espectáculo multiforme de la Naturaleza y su inmenso misterio. He celebrado el heroísmo, las épocas bellas de la Historia, los poetas, los ensueños, las esperanzas. He impuesto al instrumento lírico mi voluntad del momento, siendo a mi vez órgano de los instantes, vario y variable, según la dirección que imprime el inexplicable Destino [...]. Como hombre, he vivido en lo cotidiano; como poeta, no he claudicado nunca, pues siempre he tendido a la eternidad [...].

Resumo: La poesía existirá mientras exista el problema de la vida y de la muerte. El don de arte es un don superior que permite entrar en lo desconocido de antes y en lo ignorado de después, en el ambiente del ensueño o de la meditación. Hay una música ideal como hay una música verbal. No hay escuelas; hay poetas. El verdadero artista comprende todas las maneras y halla la belleza bajo todas las formas. Toda la gloria y toda la eternidad están en nuestra conciencia.

(*El canto errante:* Dilucidaciones.)

Schopenhauer.

CAUPOLICAN [10]

Es algo formidable que vio la vieja raza;
robusto tronco de árbol al hombro de un campeón
salvaje y aguerrido, cuya fornida maza
blandiera el brazo de Hércules, o el brazo de Sansón.

Por casco sus cabellos, su pecho por coraza,
pudiera tal guerrero, de Arauco en la región,
lancero de los bosques, Nemrod [11] que todo caza,
desjarretar un toro, o estrangular un león.

Anduvo, anduvo, anduvo. Le vio la luz del día,
le vio la tarde pálida, le vio la noche fría,
y siempre el tronco de árbol a cuestas del titán.

«¡El Toqui, el Toqui!», clama la conmovida casta.
Anduvo, anduvo, anduvo. La Aurora dijo: «Basta»,
e irguióse la alta frente del gran Caupolicán.

(*Azul.*)

---

9. Filósofo alemán (1788-1860). Sus obras (*El mundo como voluntad y como representación* es la más famosa) tuvieron una notable influencia en algunos escritores de comienzos de siglo, sobre todo en Baroja.

10. Jefe araucano que en el siglo XVI se distinguió en la lucha contra los españoles. Al fin fue capturado y ajusticiado. Ercilla, en el canto II de *La Araucana,* lo retrata, con simpatía y admiración, como hombre vigoroso y dotado de todas las virtudes propias de un gran caudillo. Rubén Darío recuerda aquí el episodio de la obra de Ercilla en el que Colo-Colo propone que se decida la elección de «toqui» (jefe) de los araucanos mediante una prueba de fuerza, en la que vencerá Caupolicán, consistente en aguantar lo más posible un grueso tronco de árbol sobre los hombros.

11. Nemrod o Nimrud: fue, según la Biblia (*Génesis:* X, 8-12), el fundador del Imperio babilónico. Se caracterizó por su afición a la caza y por su carácter tiránico. Los narradores árabes y persas lo convirtieron en el protagonista de muchas leyendas.

RUBEN DARIO

SONATINA [12]

La princesa está triste... ¿Qué tendrá la princesa?
Los suspiros se escapan de su boca de fresa,
que ha perdido la risa, que ha perdido el color.
La princesa está pálida en su silla de oro,
está mudo el teclado de su clave sonoro,
y en un vaso, olvidada, se desmaya una flor.

El jardín puebla el triunfo de los pavos reales.
Parlanchina, la dueña dice cosas banales,
y, vestido de rojo, piruetea el bufón.
La princesa no ríe, la princesa no siente;
la princesa persigue por el cielo de Oriente
la libélula vaga de una vaga ilusión.

¿Piensa acaso en el príncipe de Golconda [13] o de China,
o en el que ha detenido su carroza argentina
para ver de sus ojos la dulzura de luz?
¿O en el rey de las Islas de las Rosas fragantes,
o en el que es soberano de los claros diamantes,
o en el dueño orgulloso de las perlas de Ormuz [14]?

¡Ay! La pobre princesa de la boca de rosa,
quiere ser golondrina, quiere ser mariposa,
tener alas ligeras, bajo el cielo volar,
ir al sol por la escala luminosa de un rayo,
saludar a los lirios con los versos de Mayo,
o perderse en el viento sobre el trueno del mar.

Ya no quiere el palacio, ni la rueca de plata,
ni el halcón encantado, ni el bufón escarlata,
ni los cisnes unánimes en el lago de azur.
Y están tristes las flores por la flor de la corte,
los jazmines de Oriente, los nelumbos [15] del Norte,
de Occidente las dalias y las rosas del Sur.

¡Pobrecita princesa de los ojos azules!
Está presa en sus oros, está presa en sus tules,
en la jaula de mármol del palacio real,
el palacio soberbio que vigilan los guardas,
que custodian cien negros con sus cien alabardas [16],
un lebrel que no duerme y un dragón colosal.

¡Oh, quién fuera hipsipila [17] que dejó la crisálida!
(La princesa está triste. La princesa está pálida)
¡Oh, visión adorada de oro, rosa y marfil!
¡Quién volara a la tierra donde un príncipe existe
(La princesa está pálida. La princesa está triste)
más brillante que el alba, más hermoso que Abril!

—¡Calla, calla, princesa —dice el hada madrina—,
en caballo con alas, hacia acá se encamina,
en el cinto la espada y en la mano el azor,
el feliz caballero que te adora sin verte,
y que llega de lejos, vencedor de la Muerte,
a encenderte los labios con su beso de amor!

---

12. *Sonatina, sinfonía, canción, lied, madrigal, marcha, preludio, rondó, serenata* son términos del lenguaje musical que R. Darío emplea con frecuencia. Los modernistas aprovecharon al máximo las correspondencias entre pintura, escultura, música y literatura.
13. Fortaleza y ciudad en ruinas de la India. Fue la capital de un vasto imperio hasta 1687. Había sido un centro de producción y talla de diamantes. La fama de sus tesoros es legendaria.
14. Isla del golfo pérsico, en el estrecho de Ormuz. Su puerto fue destacado centro comercial y escala en la ruta de la India. Su principal riqueza, como recuerda Darío, fueron las perlas.
15. Planta acuática de gran tamaño, de flores blancas o amarillas, sumamente fragantes, y de hojas aovadas.
16. Arma ofensiva.
17. Mariposa.

«ITE, MISSA EST» [18]

Yo adoro a una sonámbula con alma de Eloísa [19],
virgen como la nieve y honda como la mar;
su espíritu es la hostia de mi amorosa misa,
y alzo al son de una dulce lira crepuscular.

Ojos de evocadora, gesto de profetisa,
en ella hay la sagrada frecuencia del altar;
su risa es la sonrisa suave de Monna Lisa,
sus labios son los únicos labios para besar.

Y he de besarla un día con rojo beso ardiente;
apoyada en mi brazo como convaleciente
me mirará asombrada con íntimo pavor;

la enamorada esfinge quedará estupefacta;
apagaré la llama de la vestal intacta
y la faunesa antigua me rugirá de amor.

VERLAINE

Responso

Padre y maestro mágico, liróforo [20] celeste
que al instrumento olímpico y a la siringa [21] agreste
    diste tu acento encantador;
¡Panida [22]! Pan tú mismo, que coros condujiste
hacia el propíleo [23] sacro que amaba tu alma triste,
    ¡al son del sistro [24] y del tambor!

Que tu sepulcro cubra de flores Primavera,
que se humedezca el áspero hocico de la fiera,
    de amor, si pasa por allí;
que el fúnebre recinto visite Pan bicorne;
que de sangrientas rosas el fresco Abril te adorne,
    y de claveles de rubí.

Que si posarse quiere sobre la tumba el cuervo,
ahuyenten la negrura del pájaro protervo
    el dulce canto de cristal
que Filomela vierta sobre tus tristes huesos,
o la harmonía dulce de risas y de besos,
    de culto oculto y florestal.

Que púberes canéforas [25] te ofrenden el acanto,
que sobre tu sepulcro no se derrame el llanto,
    sino rocío, vino, miel;
que el pámpano allí brote, las flores de Citeres [26],
y que se escuchen vagos suspiros de mujeres
    ¡bajo el simbólico laurel!

---

18. Fórmula con la que se despedía a los fieles una vez terminada la misa. No es extraño encontrar en Darío la transposición a un terreno profano de la terminología religiosa. Este soneto, de contenido erótico y reminiscencias ocultistas, entronca también con las parodias burlescas de las ceremonias cristianas que abundan en la literatura medieval.
19. Eloísa nació en París en 1101. Era sobrina del canónigo Fulberto, que la inició en el estudio de las Humanidades. Fue discípula del filósofo Pedro Abelardo, con quien se casó en secreto. Cuando éste fue castrado, por orden de Fulberto, continuó amándolo, pero ingresó en el monasterio de Argenteuil, del que llegó a ser abadesa.
20. El que lleva la lira, el poeta.
21. Especie de zampoña, compuesta de varios tubos de caña que forman escala musical y van sujetos unos al lado de otros.
22. De la estirpe de Pan. Pan era un dios pastoril originario de Arcadia, cuyo culto se extendió por todo el mundo griego. Se le representa con cuernos, barbas de chivo y patas de macho cabrío. Como atributos ordinarios lleva una siringa y un cayado. De simple dios de los pastores, protector de los rebaños, llegó a convertirse en el dios de la Naturaleza y de las fiestas bulliciosas.
23. Vestíbulo de un templo.
24. Instrumento músico de metal, usado por los antiguos, en forma de aro o de herradura y atravesado por varillas, que se hacía sonar agitándolo con la mano.
25. Doncella que en algunas fiestas de la antigüedad pagana llevaba

Verlaine, *por Carrière (Museo del Luxemburgo).*

Que si un pastor su pífano [27] bajo el frescor del haya,
en amorosos días, como en Virgilio [28], ensaya,
  tu nombre ponga en la canción;
y que la virgen náyade [29], cuando ese nombre escuche,
con ansias y temores entre las linfas luche,
  llena de miedo y de pasión.

De noche, en la montaña, en la negra montaña
de las Visiones, pase gigante sombra extraña,
  sombra de un Sátiro [30] espectral;
que ella al centauro [31] adusto con su grandeza asuste;
de una extra-humana flauta la melodía ajuste
  a la harmonía sideral.

Y huya el tropel equino por la montaña vasta;
tu rostro de ultratumba bañe la luna casta
  de compasiva y blanca luz;
y el Sátiro contemple sobre un lejano monte
una cruz que se eleve cubriendo el horizonte,
  ¡y un resplandor sobre la cruz!

(Prosas profanas.)

  Yo soy aquel que ayer no más decía
el verso azul y la canción profana,
en cuya noche un ruiseñor había
que era alondra de luz por la mañana.

  El dueño fui de mi jardín de sueño,
lleno de rosas y de cisnes vagos;
el dueño de las tórtolas, el dueño
de góndolas y liras en los lagos;

  y muy siglo diez y ocho, y muy antiguo
y muy moderno; audaz, cosmopolita;
con Hugo fuerte y con Verlaine ambiguo,
y una sed de ilusiones infinita.

  Yo supe de dolor desde mi infancia,
mi juventud... ¿fue juventud la mía?
Sus rosas aún me dejan su fragancia,
una fragancia de melancolía...

  Potro sin freno se lanzó mi instinto,
mi juventud montó potro sin freno;
iba embriagada y con puñal al cinto;
si no cayó, fue porque Dios es bueno.

  En mi jardín se vio una estatua bella;
se juzgó mármol y era carne viva;
una alma joven habitaba en ella,
sentimental, sensible, sensitiva.

  Y tímida ante el mundo, de manera
que, encerrada, en silencio, no salía
sino cuando en la dulce primavera
era la hora de la melodía...

en la cabeza un canastillo con flores, ofrendas y cosas necesarias para los sacrificios.
26. Citera o Cerigo: Isla entre el Peloponeso y Creta, a la que llegó Afrodita en una concha.
27. Flautín de tono muy agudo.
28. Poeta latino del siglo I antes de Jesucristo. Es el autor de *Las Bucólicas*, *Las Geórgicas* y *La Eneida*, obras en las que se pone de relieve su amor por la naturaleza y su patriotismo.
29. Náyades: Ninfas de los ríos y fuentes.
30. Los sátiros eran semidioses rústicos que formaban el cortejo de Dionisos. Se les suele representar con cuernecillos, patas y rabo de macho cabrío, y simbolizan la lujuria.
31. Los centauros eran seres híbridos nacidos de Centauro (hijo de Ixión y la Nube) y de los caballos de Tesalia.

EL MODERNISMO

Hora de ocaso y de discreto beso;
hora crepuscular y de retiro;
hora de madrigal y de embeleso,
de «te adoro», de «¡ay!», y de suspiro.

Y entonces era en la dulzaina [32] un juego
de misteriosas gamas cristalinas,
un renovar de notas del Pan griego
y un desgranar de músicas latinas,

con aire tal y con ardor tan vivo,
que a la estatua nacían de repente
en el muslo viril patas de chivo
y dos cuernos de sátiro en la frente.

Como la Galatea gongorina
me encantó la marquesa verleniana,
y así juntaba a la pasión divina
una sensual hiperestesia humana;

todo ansia, todo ardor, sensación pura
y vigor natural; y sin falsía,
y sin comedia y sin literatura...:
si hay un alma sincera, ésa es la mía.

La torre de marfil [33] tentó mi anhelo;
quise encerrarme dentro de mí mismo,
y tuve hambre de espacio y sed de cielo
desde las sombras de mi propio abismo.

Como la esponja que la sal satura
en el jugo del mar, fue el dulce y tierno
corazón mío, henchido de amargura
por el mundo, la carne y el infierno.

Mas, por gracia de Dios, en mi conciencia
el Bien supo elegir la mejor parte;
y si hubo áspera hiel en mi existencia,
melificó [34] toda acritud el Arte.

Mi intelecto libré de pensar bajo,
bañó el agua castalia el alma mía,
peregrinó mi corazón y trajo
de la sagrada selva la armonía.

¡Oh, la selva sagrada! ¡Oh, la profunda
emanación del corazón divino
de la sagrada selva! ¡Oh, la fecunda
fuente cuya virtud vence al destino!

Bosque ideal que lo real complica,
allí el cuerpo arde y vive y Psiquis [35] vuela;
mientras abajo el sátiro fornica,
ebria de azul deslíe Filomela

perla de ensueño y música amorosa
en la cúpula en flor del laurel verde,
Hipsipila sutil liba en la rosa,
y la boca del fauno el pezón muerde.

Allí va el dios en celo tras la hembra,
y la caña de Pan se alza del lodo:

32. Instrumento músico de viento, parecido a la chirimía, pero más corto y de tonos más alegres.
33. La expresión «torre de marfil» se convertirá en fechas posteriores en la más socorrida para designar a los escritores que se desentienden de la realidad o que rechazan el compromiso social y político.
34. Dulcificó.
35. En la mitología griega, personificación del alma.

la eterna vida sus semillas siembra,
y brota la armonía del gran Todo.

El alma que entra allí debe ir desnuda,
temblando de deseo y fiebre santa,
sobre cardo heridor y espina aguda:
así sueña, así vibra y así canta.

Vida, luz y verdad, tal triple llama
produce la interior llama infinita.
El Arte puro como Cristo exclama:
Ego sum lux et veritas et vita!

Y la vida es misterio, la luz ciega
y la verdad inaccesible asombra;
la adusta perfección jamás se entrega,
y el secreto ideal duerme en la sombra.

Por eso ser sincero es ser potente;
de desnuda que está, brilla la estrella;
el agua dice el alma de la fuente
en la voz de cristal que fluye de ella.

Tal fue mi intento, hacer del alma pura
mía, una estrella, una fuente sonora,
con el horror de la literatura
y loco de crepúsculo y de aurora.

Del crepúsculo azul que da la pauta
que los celestes éxtasis inspira,
bruma y tono menor — ¡toda la flauta!,
y Aurora, hija del Sol — ¡toda la lira!

Pasó una piedra que lanzó una honda;
pasó una flecha que aguzó un violento.
La piedra de la honda fue a la onda,
y la flecha del odio fuese al viento.

La virtud está en ser tranquilo y fuerte;
con el fuego interior todo se abrasa;
se triunfa del rencor y de la muerte,
y hacia Belén..., ¡la caravana pasa!

SALUTACION DEL OPTIMISTA

Inclitas razas ubérrimas, sangre de Hispania fecunda,
espíritus fraternos, luminosas almas, ¡salve!
Porque llega el momento en que habrán de cantar nuevos himnos
lenguas de gloria. Un vasto rumor llena los ámbitos;
mágicas ondas de vida van renaciendo de pronto;
retrocede el olvido, retrocede engañada la muerte;
se anuncia un reino nuevo, feliz sibila sueña,
y en la caja pandórica [36] de que tantas desgracias surgieron
encontramos de súbito, talismánica, pura, riente,
cual pudiera decirla en sus versos Virgilio divino,
la divina reina de luz, ¡la celeste Esperanza!

36. Alude a la vasija en la que Prometeo había logrado encerrar todos los males. Su cuñada, Pandora, llena de curiosidad, la abrió, y dichos males se esparcieron por el mundo. Sólo quedó dentro la esperanza. R. Darío vuelve a referirse a Pandora en el último verso de «Los cisnes».

EL MODERNISMO

Pálidas indolencias, desconfianzas fatales que a tumba
o a perpetuo presidio condenasteis al noble entusiasmo,
ya veréis el salir del sol en un triunfo de liras,
mientras dos continentes, abonados de huesos gloriosos,
del Hércules antiguo la gran sombra soberbia evocando,
digan al orbe: la alta virtud resucita
que a la hispana progenie hizo dueña de siglos.

Abominad la boca que predice desgracias eternas,
abominad los ojos que ven sólo zodíacos funestos,
abominad las manos que apedrean las ruinas ilustres,
o que la tea empuñan o la daga suicida.

Siéntense sordos ímpetus en las entrañas del mundo,
la inminencia de algo fatal hoy conmueve la Tierra;
fuertes colosos caen, se desbandan bicéfalas águilas,
y algo se inicia como vasto social cataclismo
sobre la faz del orbe. ¿Quién dirá que las savias dormidas
no despierten entonces en el tronco del roble gigante
bajo el cual se exprimió la ubre de la loba romana?
¿Quién será el pusilánime que al vigor español niegue músculos
y que al alma española juzgase áptera y ciega y tullida?
No es Babilonia ni Nínive enterrada en olvido y en polvo
ni entre momias y piedras, reina que habita el sepulcro.
la nación generosa, coronada de orgullo inmarchito,
que hacia el lado del alba fija las miradas ansiosas,
ni la que tras los mares en que yace sepultada la Atlántida [37],
tiene su coro de vástagos, altos, robustos y fuertes.

Unanse, brillen, secúndense tantos vigores dispersos;
formen todos un solo haz de energía ecuménica.
Sangre de Hispania fecunda, sólidas, ínclitas razas,
muestren los dones pretéritos que fueron antaño su triunfo.
Vuelva el antiguo entusiasmo, vuelva el espíritu ardiente
que regará lenguas de fuego en esa epifanía.
Juntas las testas ancianas ceñidas de líricos lauros
y las cabezas jóvenes que la alta Minerva [38] decora,
así los manes heroicos de los primitivos abuelos,
de los egregios padres que abrieron el surco pristino,
sientan los soplos agrarios de primaverales retornos
y el rumor de espigas que inició la labor triptolémica [39].

37. Nombre dado a una hipotética isla descrita en narraciones legendarias por algunos escritores de la antigüedad. Platón, al que alude R. Darío en la «Oda a Roosevelt», en su diálogo *Critias*, da abundantes noticias sobre su historia, sus habitantes y su organización política.
38. Diosa de la inteligencia y de la sabiduría.
39. Alude a Triptolemo, héroe griego introductor del arado y del cultivo de los cereales, por inspiración y enseñanza de Démeter.

En 1899, con motivo de una conferencia que dio el poeta argentino Ricardo Rojas en el Ateneo de Madrid, coincidieron diversos escritores españoles e hispanoamericanos. En la foto, de izquierda a derecha, Rubén Darío, Grandmontagne, Gómez Jaime, Emilia Pardo Bazán, Alberto Insúa, A. Alcalá Galiano, Francisco Acebal, Ramón Menéndez Pidal, Ricardo Rojas, Almela y Antonio Palomero.

Un continente y otro renovando las viejas prosapias,
en espíritu unidos, en espíritu y ansias y lengua,
ven llegar el momento en que habrán de cantar nuevos himnos.

La latina estirpe verá la gran alba futura:
en un trueno de música gloriosa, millones de labios
saludarán la espléndida luz que vendrá del Oriente,
Oriente augusto, en donde todo lo cambia y renueva
la eternidad de Dios, la actividad infinita.

Y así sea Esperanza la visión permanente en nosotros,
¡ínclitas razas ubérrimas, sangre de Hispania fecunda!

A ROOSEVELT [40]

¡Es con voz de la Biblia, o verso de Walt Whitman,
de habría de llegar hasta ti, Cazador!
¡Primitivo y moderno, sencillo y complicado,
con un algo de Wáshington [41] y cuatro de Nemrod!

Eres los Estados Unidos,
eres el futuro invasor
de la América ingenua que tiene sangre indígena,
que aún reza a Jesucristo y aún habla en español.

Eres soberbio y fuerte ejemplar de tu raza;
eres culto, eres hábil; te opones a Tolstoy [42].
Y domando caballos, o asesinando tigres,
eres un Alejandro-Nabucodonosor [43].
(Eres un profesor de energía,
como dicen los locos de hoy.)

Crees que la vida es incendio,
que el progreso es erupción;
que en donde pones la bala
el porvenir pones.

　　　　　No.

Los Estados Unidos son potentes y grandes.
Cuando ellos se estremecen hay un hondo temblor
que pasa por las vértebras enormes de los Andes.
Si clamáis, se oye como el rugir del león.

Ya Hugo a Grant [44] lo dijo: «Las estrellas son vuestras».
(Apenas brilla, alzándose, el argentino sol
y la estrella chilena se levanta...) Sois ricos.
Juntáis al culto de Hércules el culto de Mammón [45];
y alumbrando el camino de la fácil conquista,
la Libertad levanta su antorcha en Nueva York.

Mas la América nuestra, que tenía poetas
desde los viejos tiempos de Netzahualcoyotl [46],
que ha guardado las huellas de los pies del gran Baco,
que el alfabeto pánico en un tiempo aprendió;
que consultó los astros, que conoció la Atlántida,

---

40. Theodore Roosevelt (1858-1919) fue presidente de los Estados Unidos entre 1901 y 1908. Intervino activamente en la política de los países de habla hispana. Propició la formación del estado de Panamá, para asegurarse el control del futuro canal transoceánico, y, a fin de controlar las finanzas de la República Dominicana y de Cuba, dio la orden de intervenir militarmente en dichos territorios. Al finalizar su segunda presidencia, se marchó a Africa a cazar fieras, su actividad predilecta, lo que lo convertía, según R. Darío, en un moderno Nemrod (véase la nota de la pág. 28).

41. General y estadista norteamericano. Fue el primer presidente de los Estados Unidos (17891797).

42. Se refiere a la vida austera y humilde que llevó este novelista ruso en los últimos años de su vida.

43. Alejandro Magno de Macedonia (356-323 a. C.) y Nabucodonosor rey de Asiria (604-561 a. C.).

44. Ulysses Simpson Grant (1822-1885) fue presidente de los Estados Unidos. Mandó los ejércitos del Norte durante la guerra de secesión. En 1877 visitó París y Víctor Hugo lo atacó en diversos escritos.

45. Entre los fenicios, dios de las riquezas y de las minas. El sentido de estos versos sería: Juntáis al culto de la fuerza (Hércules) el culto del dinero (Mammón).

46. Soberano de Texcoco, muerto en 1472. Filósofo, jurista y poeta (con el título de *Cantos* existe una recopilación de poesías de temas diversos que se le atribuyen), es una de las figuras más destacadas de la cultura indígena de México, por lo que recibió el nombre de «El Grande» o «El Sabio». Con él, Texcoco se embelleció con numerosos monumentos y jardines.

cuyo nombre nos llega resonando en Platón,
que desde los remotos momentos de su vida
vive de luz, de fuego, de perfume, de amor,
la América del grande Moctezuma, del Inca,
la América fragante de Cristóbal Colón,
la América católica, la América española,
la América en que dijo el noble Guatemoc [47]:
«Yo no estoy en un lecho de rosas»; esa América
que tiembla de huracanes y que vive de Amor,
hombres de ojos sajones y alma bárbara, vive.
Y sueña. Y ama, y vibra; y es la hija del Sol.
Tened cuidado. ¡Vive la América española!
Hay mil cachorros sueltos del León Español.
Se necesitaría, Roosevelt, ser por Dios mismo,
el Riflero terrible y el fuerte Cazador,
para poder tenernos en vuestras férreas garras.

 Y, pues contáis con todo, falta una cosa: ¡Dios!

El presidente
Roosevelt.

LOS CISNES

A Juan Ramón Jiménez

I

 ¿Qué signo haces, oh Cisne, con tu encorvado cuello
al paso de los tristes y errantes soñadores?
¿Por qué tan silencioso de ser blanco y ser bello,
tiránico a las aguas e impasible a las flores?

 Yo te saludo ahora como en versos latinos
te saludara antaño Publio Ovidio Nasón.
Los mismos ruiseñores cantan los mismos trinos,
y en diferentes lenguas es la misma canción.

 A vosotros mi lengua no debe ser extraña.
A Garcilaso visteis, acaso, alguna vez...
Soy un hijo de América, soy un nieto de España...
Quevedo pudo hablaros en verso de Aranjuez...

 Cisnes, los abanicos de vuestras alas frescas
den a las frentes pálidas sus caricias más puras,
y alejen vuestras blancas figuras pintorescas
de nuestras mentes tristes las ideas oscuras.

 Brumas septentrionales nos llenan de tristezas,
se mueren nuestras rosas, se agostan nuestras palmas,
casi no hay ilusiones para nuestras cabezas,
y somos los mendigos de nuestras pobres almas.

 Nos predican la guerra con águilas feroces,
gerifaltes de antaño revienen a los puños,
mas no brillan las glorias de las antiguas hoces,
ni hay Rodrigos ni Jaimes, ni hay Alfonsos ni Nuños.

---

47. Cuauhtémoc (1497-1525), sobrino y yerno de Moctezuma, fue el último emperador de México.

RUBEN DARIO

    Faltos de los alientos que dan las grandes cosas,
¿qué haremos los poetas sino buscar tus lagos?
A falta de laureles son muy dulces las rosas,
y a falta de victorias busquemos los halagos.

    La América Española como la España entera
fija está en el Oriente de su fatal destino;
yo interrogo a la Esfinge que el porvenir espera
con la interrogación de tu cuello divino.

    ¿Seremos entregados a los bárbaros fieros?
¿Tantos millones de hombres hablaremos inglés?
¿Ya no hay nobles hidalgos ni bravos caballeros?
¿Callaremos ahora para llorar después?

    He lanzado mi grito, Cisnes, entre vosotros,
que habéis sido los fieles en la desilusión,
mientras siento una fuga de americanos potros
y el estertor postrero de un caduco león...

    ... Y un Cisne negro dijo: «La noche anuncia el día».
Y uno blanco: «¡La aurora es inmortal, la aurora
es inmortal!» ¡Oh tierras de sol y de armonía,
aún guarda la Esperanza la caja de Pandora.

NOCTURNO

    Quiero expresar mi angustia en versos que abolida
dirán mi juventud de rosas y de ensueños,
y la desfloración amarga de mi vida
por un vasto dolor y cuidados pequeños.

    Y el viaje a un vago Oriente por entrevistos barcos,
y el grano de oraciones que floreció en blasfemia,
y los azoramientos del cisne entre los charcos
y el falso azul nocturno de inquerida bohemia.

    Lejano clavicordio que en silencio y olvido
no diste nunca al sueño la sublime sonata,
huérfano esquife, árbol insigne, oscuro nido
que suavizó la noche de dulzura de plata...

    Esperanza olorosa a hierbas frescas, trino
del ruiseñor primaveral y matinal,
azucena tronchada por un fatal destino,
rebusca de la dicha, persecución del mal...

    El ánfora funesta del divino veneno
que ha de hacer por la vida la tortura interior,
la conciencia espantable de nuestro humano cieno
y el horror de sentirse pasajero, el horror

    de ir a tientas, en intermitentes espantos,
hacia lo inevitable desconocido, y la
pesadilla brutal de este dormir de llantos
¡de la cual no hay más que Ella que nos despertará!

EL MODERNISMO

CANCION DE OTOÑO EN PRIMAVERA

A G. Martínez Sierra

    Juventud, divino tesoro,
¡ya te vas para no volver!
Cuando quiero llorar, no lloro...
y a veces lloro sin querer...

    Plural ha sido la celeste
historia de mi corazón.
Era una dulce niña, en este
mundo de duelo y aflicción.

    Miraba como el alba pura;
sonreía como una flor.
Era su cabellera oscura
hecha de noche y de dolor.

    Yo era tímido como un niño.
Ella, naturalmente, fue,
para mi amor hecho de armiño,
Herodías y Salomé [48]...

    Juventud, divino tesoro,
¡ya te vas para no volver!
Cuando quiero llorar, no lloro...
y a veces lloro sin querer...

    Y más consoladora y más
halagadora y expresiva,
la otra fue más sensitiva
cual no pensé encontrar jamás [49].

    Pues a su continua ternura
una pasión violenta unía.
En un peplo [50] de gasa pura
una bacante [51] se envolvía...

    En sus brazos tomó mi ensueño
y lo arrulló como a un bebé...
y le mató, triste y pequeño,
falto de luz, falto de fe...

    Juventud, divino tesoro,
¡te fuiste para no volver!
Cuando quiero llorar, no lloro...
y a veces lloro sin querer...

    Otra juzgó que era mi boca
el estuche de su pasión;
y que me roería, loca,
con sus dientes el corazón,

    poniendo en un amor de exceso
la mira de su voluntad,
mientras eran abrazo y beso
síntesis de la eternidad:

48. Son nombres que evocan en la tradición cristiana crueldad y ansias de venganza. Recuérdese que Herodías, después de la danza de su hija Salomé, consiguió la cabeza de su enemigo Juan el Bautista.
49. En algunas ediciones se altera, para evitar el hipérbaton, el orden de estos versos: «La otra fue más sensitiva / y más consoladora y más / halagadora y expresiva, / cual no pensé encontrar jamás».
50. Especie de vestidura exterior, amplia y suelta, sin mangas, y que bajaba de los hombros a la cintura.
51. Mujer que tomaba parte en las bacanales.

RUBEN DARIO

Retrato de Rubén Darío, publicado en La Esfera en 1916.

    y de nuestra carne ligera
imaginar siempre un Edén,
sin pensar que la Primavera
y la carne acaban también...

    Juventud, divino tesoro,
¡ya te vas para no volver!
Cuando quiero llorar, no lloro...
y a veces lloro sin querer.

    ¡Y las demás! En tantos climas,
en tantas tierras siempre son,
si no pretexto de mis rimas,
fantasmas de mi corazón.

    En vano busqué a la princesa
que estaba triste de esperar.
La vida es dura. Amarga y pesa.
¡Ya no hay princesa que cantar!

    Mas a pesar del tiempo terco,
mi sed de amor no tiene fin;
con el cabello gris, me acerco
a los rosales del jardín...

    Juventud, divino tesoro,
¡ya te vas para no volver!
Cuando quiero llorar, no lloro...
y a veces lloro sin querer...
¡Mas es mía el Alba de oro!

LO FATAL

    Dichoso el árbol que es apenas sensitivo,
y más la piedra dura, porque ésta ya no siente,
pues no hay dolor más grande que el dolor de ser vivo,
ni mayor pesadumbre que la vida consciente.

    Ser, y no saber nada, y ser sin rumbo cierto,
y el temor de haber sido y un futuro terror...
Y el espanto seguro de estar mañana muerto,
y sufrir por la vida y por la sombra y por

    lo que no conocemos y apenas sospechamos,
y la carne que tienta con sus frescos racimos,
y la tumba que aguarda con sus fúnebres ramos,
¡y no saber adónde vamos,
ni de dónde venimos!...

(Cantos de vida y esperanza.)

EL MODERNISMO

LA CANCION DE LOS PINOS

¡Oh pinos, oh hermanos en tierra y ambiente,
yo os amo! Sois dulces, sois buenos, sois graves.
Diríase un árbol que piensa y que siente,
mimado de auroras, poetas y aves.

Tocó vuestra frente la alada sandalia;
habéis sido mástil, proscenio, curul [52],
¡oh pinos solares, oh pinos de Italia,
bañados de gracia, de gloria, de azul!

Sombríos, sin oro del sol, taciturnos,
en medio de brumas glaciales y en
montañas de ensueños, ¡oh pinos nocturnos,
oh pinos del Norte, sois bellos también!

Con gestos de estatua, de mimos, de actores,
tendiendo a la dulce caricia del mar,
¡oh pinos de Nápoles, rodeados de flores,
oh pinos divinos, no os puedo olvidar!

Cuando en mis errantes pasos peregrinos
la Isla Dorada me ha dado un rincón
do soñar mis sueños, encontré los pinos,
los pinos amados de mi corazón.

Amados por tristes, por blandos, por bellos,
por su aroma, aroma de una inmensa flor;
por su aire de monjes, sus largos cabellos,
sus savias, ruidos y nidos de amor.

¡Oh pinos antiguos que agitara el viento
de las epopeyas, amados del sol!
¡Oh líricos pinos del Renacimiento,
y de los jardines del suelo español!

Los brazos eolios se mueven al paso
del aire violento que forma al pasar
ruidos de pluma, ruidos de raso,
ruidos de agua y espumas de mar.

¡Oh noche en que trajo tu mano, Destino,
aquella amargura que aún hoy es dolor!
La luna argentaba lo negro de un pino,
y fui consolado por un ruiseñor.

Románticos somos... ¿Quién que Es, no es romántico?
Aquel que no sienta ni amor ni dolor,
aquel que no sepa de beso y de cántico,
que se ahorque de un pino: será lo mejor...

Yo, no. Yo persigo. Pretéritas normas
confirman mi anhelo, mi ser, mi existir.
¡Yo soy el amante de ensueños y formas
que viene de lejos y va al porvenir!

Alfons María Mucha: carte
para Sara Bernardt (Muse
de Teatro, Barcelona). Par
fue la meca de Rubén Darí
y de los modernista
hispanos

52. Se dice de la silla que ocupa un alto magistrado.

RUBEN DARIO

SONETO

Para el Sr. D. Ramón del Valle-Inclán

Este gran don Ramón, de las barbas de chivo,
cuya sonrisa es la flor de su figura,
parece un viejo dios, altanero y esquivo,
que se animase en la frialdad de su escultura.

El cobre de sus ojos por instantes fulgura
y da una llama roja tras un ramo de olivo.
Tengo la sensación de que siento y que vivo
a su lado una vida más intensa y más dura.

Este gran don Ramón del Valle-Inclán me inquieta,
y a través del zodíaco de mis versos actuales
se me esfuma en radiosas visiones de poeta,

o se me rompe en un fracaso [53] de cristales.
Yo le he visto arrancarse del pecho la saeta
que le lanzan los siete pecados capitales.

(El canto errante.)

53. Caída de una cosa con estrépito y rompimiento.

TRISTE, MUY TRISTEMENTE...

Un día estaba yo triste, muy tristemente
viendo cómo caía el agua de una fuente;

era la noche dulce y argentina. Lloraba
la noche. Suspiraba la noche. Sollozaba

la noche. Y el crepúsculo, en su suave amatista,
diluía la lágrima de un misterioso artista.

Y ese artista era yo, misterioso y gimiente,
que mezclaba mi alma al chorro de la fuente.

(*Poemas sueltos.* El que aquí reproducimos está fechado en 1916.)

Tumba de Rubén Darío en la catedral de León (Nicaragua).

EL MODERNISMO

MANUEL REINA

Nació en Puente Genil (Córdoba) en 1856. De familia adinerada, estudió Derecho en las universidades de Sevilla, Granada y Madrid. Colaboró en las revistas de final de siglo y fundó *La Diana* (1882-1884), en la que aparecieron traducciones de V. Hugo, Baudelaire, Poe, Musset y Gautier, entre otros. Intervino activamente en la vida política de la Restauración. Murió en 1905.
   Una de sus frases, anotada en una hoja suelta, «Mi corazón se arrodilla delante de toda belleza», resume en gran medida su visión del mundo y su concepto del arte. Su reiterada tendencia a refugiarse en un mundo ideal, armonioso y perfecto, encontró un implacable enemigo: la realidad («... desplomóse el atrevido / alcázar que elevó mi fantasía, / volviendo yo, doliente y abatido, / a la espantosa realidad sombría», escribe en «Sueño de una noche de verano», de *La vida inquieta*). En «Byron en la bacanal» opondrá el carácter sublime del arte a las miserias de la vida. Esta veta romántica de gran parte de su poesía alternará con tonos más actuales y claramente premodernistas.
   Sus obras más conocidas son: *Andantes y allegros* (1877), *Cromos y acuarelas* (1878), **La vida inquieta** (1894), la más cercana al modernismo, *Poemas paganos* (1896), *Rayo de sol. Poema. Y otras composiciones* (1897) y *El jardín de los poetas* (1899). Póstumamente, apareció *Robles de la selva sagrada* (1906).

Ediciones

La vida inquieta, ed. antológica de Ricardo A. Cardwell, Exeter. 1978. *La canción de las estrellas. Rayo de sol y otros poemas.* Córdoba, Diputación Provincial, 1984. «Antología poética», en Francisco Aguilar Piñal. *La obra poética de Manuel Reina*, Madrid, Editora Nacional, 1968.

SUEÑOS

   Cuando me encuentro solo, y los aromas
del oriental dorado pebetero
con sus olas azules me rodean,
jinete en el bridón [1] del pensamiento
vuelo al mundo divino y misterioso
de las hadas, los gnomos y los genios,
a ese gigante mundo del poeta,
de fantásticos seres gran imperio.
¡Oh! Cómo me deleitan esos cuadros
que en mis profundas abstracciones veo,
llenos de luz, de vida y poesía,
panoramas brillantes de los sueños...
....

Esas huríes [2] de excitantes formas
en brazos de sultanes y guerreros;
esas vírgenes de ojos de esmeralda,
de túnica impalpable y níveo seno;
esos nobles, al cinto la tizona,

1. Caballo brioso y arrogante.
2. Mujeres bellísimas creadas por la fantasía religiosa de los musulmanes, para compañeras de los bienaventurados en su paraíso.

MANUEL REINA

y la pluma flotante en el chambergo;
esas náyades de alas diamantinas,
en cuya frente se refleja el cielo;
aquellos combatientes que en las sombras
cruzan desesperados los aceros;
esas diosas del lujo y los placeres,
con vestidos de raso y terciopelo,
la copa del licor llevando al labio,
mientras un trovador les da mil besos;
esos palacios de coral y perlas,
nidos de las ondinas; ese ejército
de sátiros y ninfas bulliciosas;
esos corceles de la crin de fuego;
aquel lago azulado y transparente
cuyas ondas tranquilas riza el céfiro,
y aquel esquife de oro que conduce
a dos amantes en coloquio tierno;
esos ángeles de ojos de zafiro;
esos piratas de iracundo ceño;
esos genios de luz, esos espíritus
que pueblan los espacios y los cielos...
....

Todas esas creaciones del artista
cuando cierro los párpados contemplo,
y es que, sin duda, el mundo de esos seres,
ese gigante mundo, es mi cerebro.

BYRON[3] EN LA BACANAL

Es la alta noche. La ciudad fantástica
con sus torres y alcázares labrados,
cual florentinas joyas, duerme envuelta
en la más densa oscuridad. Tan sólo
fulgura en las tinieblas de la noche,
como alegre sonrisa de una hermosa
al través del tupido y negro velo,
una góndola azul, iluminada
con antorchas y globos de colores.
En el esquife suenan voces, risas
y canciones de amor. La pintoresca
góndola es el magnífico teatro
de loca bacanal. Sueño parece,
fruto de la dorada fantasía
de un poeta oriental, la deslumbrante
fiesta que ríe en las calladas ondas.
Bajo un dosel de púrpura y de oro,
y en torno de una mesa coronada
de resplandores y fragantes rosas,
seis regias hermosuras de luciente
cabellera estrellada de diamantes,
y otros tantos mancebos bulliciosos,
celebran un festín en el esquife.

[3]. Poeta británico (1788-1824). A causa de su turbulenta vida y del arrebato pasional que traspasa su obra, se convirtió en el prototipo del héroe romántico. En «Byron en Venecia» vuelve Reina a ocuparse de él: «Desde los cincelados miradores / las venecianas vírgenes hermosas / fijan en él sus ojos seductores, / y le mandan sonrisas amorosas».

EL MODERNISMO

　　　Sobre la falda de crujiente seda
　　de una rubia beldad de ojos azules,
　　que recuerda a la blanca Fornarina [4],
　　gallardo joven tiene reclinada
　　la cabeza gentil.
　　　　　　　　—¡Que hable el poeta!
　　¡Que entone el lord una canción de amores!—
　　gritan las diosas de la fiesta báquica.
　　E irguiéndose de pronto aquel mancebo
　　de ojos radiantes y cabeza olímpica,
　　y tomando una copa fabricada
　　con un cráneo montado en oro y perlas,
　　así exclama con voz clara y vibrante:
　　—Como el rey Jorge IV [5], que vivía
　　entregado a las fiestas licenciosas,
　　y olvidando, entre impúdicas hermosas,
　　la oculta pena que su pecho hería,
　　así mi corazón vivir ansía.
　　¡Dadme vino; ceñid mi sien de rosas,
　　y acariciadme tiernas y amorosas,
　　estrellas fulgurantes de la orgía!
　　¡Así quiero vivir! Y cuando muera,
　　fabricad mi ataúd con la madera
　　de vuestro dulce bandolín sonoro;
　　y colocad sobre mi cuerpo helado
　　un sudario magnífico, formado
　　con vuestros chales de brocado y oro.

　　　Mientras los comensales aplaudían
　　este erótico canto, el lord sublime,
　　apurando febril hasta las heces
　　el áureo vino en la siniestra copa,
　　desplomóse embriagado sobre el suelo.
　　¡Rodando su corona de poeta,
　　su corona de estrellas inmortales,
　　a los pies de infamadas meretrices!

　　　　　　　　　　　　　　(La vida inquieta.)

4. Margherita Luti, llamada La Fornarina, era una joven italiana de gran belleza, hija de un panadero. Fue modelo de Rafael Sanzio. Se conservan dos retratos suyos. Uno, del citado pintor, titulado «La donna velata», y otro atribuido a Julio Romano.
5. Rey británico (1762-1830). Hombre brillante y culto, manifestó desde su juventud una notable inclinación por el juego y la vida disipada.

J. E. Millais (1826-1896): «Ofelia». La heroína de Shakespeare, víctima inocente del amor y de la pasión filial, atrajo la atención de los modernistas. Un poema de Manuel Reina, «El entierro de Ofelia», termina así: «Aquella clara noche de estío, / junto a reciente tumba entreabierta, / Hamlet, el príncipe pálido y frío, / derrama, presa de desvarío, / llanto de sangre por su hada muerta. // Vierten los astros lumbres radiosas, / entre cipreses, níveos jazmines / dan sus esencias más olorosas / de los sepulcros se abren las losas, / y suenan arpas de oro y violines».

SALVADOR RUEDA

Nació en Benaque (Málaga) en 1857, en el seno de una familia humilde. No parece probable, como quieren algunos de sus biógrafos, que fuera analfabeto hasta los dieciocho años. Realizó abundantes viajes por el extranjero y gozó de una enorme popularidad en España y en Hispanoamérica. Murió en Málaga en 1933.

En su obra, que comprende una treintena de títulos, cabe de todo: el mundo clásico y la selva virgen, el campo y la ciudad, los valses de Viena y las zambras gitanas, las brumas norteñas y los soles andaluces, el erotismo y la poesía religiosa, los viejos y los nuevos ritmos. Sin embargo, los destacados valores sensoriales, pictóricos y musicales de algunos poemas casi nunca ocultan la superficialidad y la hojarasca retórica de esa vasta producción.

Entre los títulos más conocidos están *Noventa estrofas* (1883), *Cuadros de Andalucía* (1883), *El patio andaluz* (1886), *Aires españoles* (1890), *Himno de la carne* (1890), *Cantos de la vendimia* (1891), **En tropel. Cantos españoles** (1892), **La bacanal (Desfile antiguo). Camafeos. Acuarelas** (1893), *Piedras preciosas* (1900), *Trompetas de órgano* (1907), **Fuente de salud** (1906), *Lenguas de fuego* (1908), *Cantando por ambos mundos* (1913).

Rueda es también autor de varias obras de teatro *(La Musa, La guitarra, Los ojos, La cigarrera)* y de algunas novelas *(La cópula. Novela de amor, El salvaje).*

Ediciones

Antología poética, Aguilar, 1962. *Friso poético*, Sevilla, Biblioteca de la Cultura Andaluza, 1985.

CATALEPSIA

 Tiene mi naturaleza
por cada mes un invierno,
y en esas fúnebres horas
en mi interior estoy muerto.

 Desde niño me circunda
este insondable misterio;
no sé por qué resucito,
ni tampoco por qué muero.

 Aurora, tarde y ocaso
en mí se van sucediendo,
cuando está el sol en mi sangre
y la mañana en mis nervios.

 Hallo al despertarme un día
mi espíritu amaneciendo
y el bello Abril de las almas
borda de flores mis sueños.

 Otra mañana me miro
por el otoño cubierto,
y tropel de hojas caídas
siento rodar por mi pecho.

 Ahora mi espíritu cubren
negros celajes de invierno,
y triste son de canales
acompaña mis recuerdos.

 Yerto y pálido me miro
como un inmóvil espectro
y asisto a mi velatorio
dentro de mi ser, que ha muerto.

 Algunos, cuando detienen
los ojos sobre mis versos,
«la primavera —murmuran—
parece que brilla en ellos».

 Es que, cuando me incorporo
en la tumba donde duermo,
mientras Abril por mí pasa,
canto a la luz y a los cielos.

 Luego, en el glacial sepulcro
a hundirme torno en silencio,
y otra vez pasan las hojas
rodando sobre mi cuerpo.

EL MODERNISMO

Cuando amanezca en mi alma,
daré al aire cantos nuevos,
y verás en sus estrofas
cómo te adoro y te quiero.

Habla mientras yo dormito
y arrúllame con tu acento,
como la música halaga
el sueño del cataléptico.

Después, cuando vuelva a abrirse
la primavera en mi pecho,
para ti serán las rosas
con que Abril borde mis sueños.

(En tropel. Cantos españoles.)

LOS PAVOS REALES

(Acuarela americana)

Cuando vuelvo cantando de los trigales,
ya al morir, entre púrpuras, el sol caído,
en medio del paisaje hieren mi oído
con su grito estridente los pavos reales.

Me escondo tras las ramas de los frutales,
y al ave egregia acecho sin hacer ruido,
y miro los colores de su vestido
y su moño de breves flechas triunfales.

Repitiendo su canto, que el aire aleja,
hace el amor en torno de su pareja
y alza la cola augusta de hebras lustrosas.

Y a los ojos abriendo sus galas sumas
deja brillar cien rosas sobre cien plumas,
y cien iris prendidos a las cien rosas.

*(La Bacanal [Desfile antiguo].
Camafeos. Acuarelas.)*

LA SANDIA

Cual si de pronto se entreabriera el día
despidiendo una intensa llamarada,
por el acero fúlgido rasgada
mostró su carne roja la sandía.

Carmín incandescente parecía
la larga y deslumbrante cuchillada,
como boca encendida y desatada
en frescos borbotones de alegría.

Tajada tras tajada, señalando,
las fue el hábil cuchillo separando
vivas a la ilusión como ningunas.

Las separó la mano de repente,
y de improviso decoró la fuente
un círculo de rojas mediaslunas.

(Fuente de salud.)

RICARDO GIL

Nació en Madrid en 1853. Estudió Derecho en Murcia, ciudad en la que residió durante varios años. Colaboró asiduamente en *Blanco y Negro, Revista Contemporánea, Hojas Selectas, La Ilustración Española y Americana* y en otras muchas revistas de la época. Murió en 1907.

Su primer libro, *De los quince a los treinta años,* en el que se advierten algunas innovaciones métricas, se publicó en 1885. Siguieron: **La caja de música** (1898) y *El último libro. Poesías* (1905). En *La caja de música,* su obra más interesante, se mezclan las influencias parnasianas con las de Zorrilla, Bécquer y Campoamor.

Ediciones

Obras completas, 3 volúmenes (Murcia, 1931), en donde se recogieron todos sus libros y otros de sus escritos.
La caja de música, edición de Richard A. Cardwell, University of Exeter, 1972.

TRISTITIA RERUM

Abierto está el piano...
Ya no roza el marfil aquella mano
más blanca que el marfil.
La tierna melodía
que a media voz cantaba, todavía
descansa en el atril.

En el salón desierto
el polvo ha penetrado y ha cubierto
los muebles que ella usó:
y de la chimenea
sobre el rojo tapiz no balancea
su péndola el reló.

La aguja detenida
en la hora cruel de su partida,
otra no marcará.
Junto al hogar, ya frío,
tiende sus brazos el sillón vacío
que esperándola está.

El comenzado encaje,
en un rincón, espera quien trabaje
su delicada red...
La mustia enredadera
se asoma por los vidrios y la espera
moribunda de sed...

De su autor preferido,
la obra, en el pasaje interrumpido
conserva la señal...
Aparece un instante,
del espejo en el fondo, su semblante...
Ha mentido el cristal.

En pavorosa calma
creciendo van las sombras... En mi alma
van creciendo también.
Por el combate rudo
vencido al fin, sobre el piano mudo
vengo a apoyar mi sien.

Al golpear mi frente
la madera, sus cuerdas tristemente
comienzan a vibrar...
En la caja sonora
brota un sordo rumor... Alguien que llora
al verme a mí llorar...

Es un largo lamento
al que se liga conocido acento
que se aleja veloz...
En la estancia sombría
suena otra vez la tierna melodía
que ella cantaba siempre a media voz.

(La caja de música.)

EL MODERNISMO

MANUEL MACHADO

Nace en Sevilla en 1874. Cuando tenía nueve años se traslada a Madrid con su familia. Estudia en la Institución Libre de Enseñanza. En 1897 se licencia en Filosofía y Letras. Entre 1899 y finales de 1900 vive en París. En 1910 se casa, y dos años después ingresa en el Cuerpo de Archiveros y Bibliotecarios. Ejerce primero en Santiago de Compostela y después en Madrid. El 18 de julio de 1936 se encontraba en Burgos, en donde permanecerá hasta el final de la guerra. Su adhesión al franquismo, que mantendrá hasta su muerte, no se hace esperar. En 1938 es nombrado para la Real Academia Española. Muere en Madrid en 1947.

Si durante algún tiempo, sobre todo en épocas de auge de la literatura comprometida y social, la atención se dirigió casi exclusivamente, y con notable injusticia, hacia su hermano Antonio, hoy pocos niegan el puesto relevante que Manuel Machado ocupa en la literatura de este siglo. Como escribe Ricardo Gullón: «La figura y la poesía de Manuel Machado tienden a esfumarse tras las de su hermano Antonio, tan grande en todo, pero, aun reconociendo la superioridad de éste, no hay motivos para negar la inequívoca autenticidad lírica de aquél».

Obra

M. Machado es uno de los escritores modernistas que, ajeno a los nuevos derroteros que siguieron otros poetas (Juan Ramón Jiménez, sobre todo), guardó una mayor fidelidad a los principios literarios de su juventud.

Lo que más destaca en su obra, desde muy pronto, es la tendencia a conjugar o a alternar un andalucismo colorista y sensual (es notable la maestría con que supo recrear y estilizar los cantares andaluces) y la nueva estética (parnasianismo y simbolismo), que, con frecuencia, se traduce en un decadentismo hecho de indolencia y de abulia que poco tuvo que ver con la realidad social, económica y familiar en que se desenvolvió su vida.

Tanto en una como en otra vertientes, M. Machado se inclina por la austeridad retórica y verbal y, al mismo tiempo que lima los aspectos descriptivos, tiende a dar un mayor relieve a la expresión del matiz sugerente. Levedad, ligereza, gracia, colorido, refinamiento, suave sonoridad de los ritmos, son las notas más destacadas de su producción, incluso cuando toca las cuerdas más graves de su lira y se enfrenta con los grandes misterios del mundo y de la vida, o cuando se vuelve sobre sí mismo, algo que no ocurre con frecuencia (la experiencia íntima transmutada en literatura ocupa un lugar mínimo en su poesía), y, con gran sinceridad, aunque rehuyendo siempre los tonos descarnados, pone su alma al desnudo. M. Machado «expresó la gravedad por medio de la ligereza», dirá Dámaso Alonso. Y G. Diego puntualizará: «Hondura, profundidad, pero ¿cómo? ¿Profunda la poesía más ligera, más frivolizante, más superficial? Pues sí. Honda como la que más, como la de su hermano Antonio, paradigma perfecto de poeta esencial, incalculable y profundo».

Aunque había publicado, en colaboración con Enrique Paradas, dos libros, *Tristes y alegres* (1894) y *Etcétera* (1895), es **Alma** (que apareció a finales de 1901 o comienzos de 1902) la obra que resume muchas de las características de toda su producción. Junto a recreaciones de la copla andaluza, destacan las influencias simbolistas y parnasianas. Notas decadentes y eróticas, gotas de escepticismo e indolencia, sensualismo, epicureísmo, melancolía, que llega con frecuencia a la abulia, y algún rasgo de humor, son aspectos destacados de esta obra, que se repetirán en alguna de las siguientes.

En fechas posteriores publica **Caprichos** (1905), libro menos interesante que el anterior, en el que recoge unas cuarenta composiciones (los temas relativos a la galantería y al amor, tratados con cierta fruición erótica, y la melancolía que impregna muchos de sus versos recuerdan con frecuencia a Verlaine); **La Fiesta Nacional (Rojo y negro)** (1906), descripción impresionista de una corrida de toros; **Alma.** Museo. Los Cantares (1907), **El mal poema** (1909), conjunto de poemas deliberadamente prosaicos, en los que, con predominio de frases hechas y de un lenguaje desgarrado, retrata la vida nocturna, prostibularia y bohemia; *Trofeos* (1910), **Apolo. Teatro pictórico** (1911), en el que describe, con técnica parnasiana, veinticinco cuadros célebres, ordenados cronológicamente; **Cante hondo. Cantares, canciones y coplas compuestas al estilo popular de Andalucía** (1912), donde recrea los motivos más pintorescos del alma meridional (la guitarra, la copla, el vino); **Canciones y Dedicatorias** (1915), **Sevilla y otros poemas** (1918) y **Ars Moriendi** (1921), uno de sus más interesantes libros, sobre todo por el intento de acercarse a nuevas formas expresivas.

En 1936, después de muchos años de silencio, publica **Phoenix,** en el que rescata temas y formas de sus libros anteriores. Con posterioridad, aparecen **Horas de oro. Devocionario poético** (1938), con poemas de circunstancias y de carácter religioso, y *Cadencia de cadencias. Nuevas dedicatorias* (1943), cuya única novedad estriba en su atención a las formas clásicas, tan en boga entre los jóvenes poetas garcilasistas de esos años. Póstumamente, se publicó *Horario. Poemas religiosos,* en el que se recogió lo que de entonación religiosa había escrito hasta 1947.

MANUEL MACHADO

Teatro y prosa. En la etapa que va desde 1922 hasta 1936, en colaboración con su hermano Antonio, escribe diversas obras dramáticas: *Desdichas de la Fortuna o Julianillo Valcárcel* (1926), *Juan de Mañara* (1927), *Las Adelfas* (1928), *La Lola se va a los puertos* (1930), *La prima Fernanda* (1931), *La duquesa de Benamejí* (1932) y *El hombre que murió en la guerra* (estrenada en 1941). Todas ellas, de un interés limitado, se inscriben (con la excepción de *La duquesa de Benamejí*, escrita en prosa y en verso, y de *El hombre que murió en la guerra*, en prosa) en el teatro en verso que había comenzado a desarrollarse hacia 1910, y al que dedicamos nuestra atención en otro apartado. En solitario, escribió *El Pilar de la Victoria* (1944), y en colaboración con José Luis Montoto, *Amor al vuelo* (1904).

Manuel Machado cultivó también la prosa, hoy todavía mal conocida. Aparte de unas *Estampas sevillanas* (1949), es autor de un libro de relatos, de valor desigual, titulado **El amor y la muerte (Capítulos de novela)** (1913), y de un curioso Diario, *Día por día de mi calendario (Memorándum de la vida española en 1918)*. En 1914 recogió en un volumen, **La guerra literaria,** diversos escritos sobre la literatura de comienzos de siglo (véase el fragmento que incluimos en págs. 14-16). También ejerció intensamente el periodismo y la crítica teatral.

Ediciones

Manuel y Antonio Machado, *Obras completas* (Madrid, Biblioteca Nueva, 1984; 2.ª edición). Existen varias *Antologías de su obra*. La más asequible es la que publicó Jorge Campos en Alianza Editorial (1979). Más interés tienen, sin embargo, las de Emilio Miró (Barcelona, Plaza y Janés, 1974) y María de Gracia Ifach (Barcelona, Río Nuevo, 1982).

El amor y la muerte. Día por día de mi calendario (Universidad de Sevilla, 1974). *La guerra literaria* (Madrid, Narcea, 1981).

ADELFOS

Yo soy como las gentes que a mi tierra vinieron
—soy de la raza mora, vieja amiga del Sol—,
que todo lo ganaron y todo lo perdieron.
Tengo el alma de nardo del árabe español.

Mi voluntad se ha muerto una noche de luna
en que era muy hermoso no pensar ni querer...
Mi ideal es tenderme, sin ilusión ninguna...
De cuando en cuando, un beso y un nombre de mujer.

En mi alma, hermana de la tarde, no hay contornos...;
y la rosa simbólica de mi única pasión
es una flor que nace en tierras ignoradas
y que no tiene aroma, ni forma, ni color.

Besos, ¡pero no darlos! Gloria..., ¡la que me deben!
¡Que todo como un aura se venga para mí!
¡Que las olas me traigan y las olas me lleven,
y que jamás me obliguen el camino a elegir!

¡Ambición! No la tengo. ¡Amor! No lo he sentido.
No ardí nunca en un fuego de fe ni gratitud.
Un vago afán de arte tuve.... Ya lo he perdido.
Ni el vicio me seduce, ni adoro la virtud.

De mi alta aristocracia, dudar jamás se pudo.
No se ganan, se heredan, elegancia y blasón...
Pero el lema de casa, el mote del escudo,
es una nube vaga que eclipsa un vano sol.

Nada os pido. Ni os amo, ni os odio. Con dejarme,
lo que hago por vosotros hacer podéis por mí...
¡Que la vida se tome la pena de matarme,
ya que yo no me tomo la pena de vivir!...

EL MODERNISMO

Mi voluntad se ha muerto una noche de luna
en que era muy hermoso no pensar ni querer...
De cuando en cuando un beso, sin ilusión ninguna.
¡El beso generoso que no he de devolver!

CANTARES

Vino, sentimiento, guitarra y poesía
hacen los cantares de la patria mía...
Cantares...
Quien dice cantares, dice Andalucía.

A la sombra fresca de la vieja parra,
un mozo moreno rasguea la guitarra...
Cantares...
Algo que acaricia y algo que desgarra.

La prima [1] que canta y el bordón [2] que llora...
Y el tiempo callado se va hora tras hora.
Cantares...
Son dejos fatales de la raza mora.

No importa la vida, que ya está perdida.
Y, después de todo, ¿qué es eso, la vida?...
Cantares...
Cantando la pena, la pena se olvida.

Madre, pena, suerte, pena, madre, muerte,
ojos negros, negros, y negra la suerte...
Cantares...
En ellos, el alma del alma se vierte.

Cantares. Cantares de la patria mía...
Cantares son sólo los de Andalucía [2bis].
Cantares...
No tiene más notas la guitarra mía.

CASTILLA [3]

El ciego sol se estrella
en las duras aristas de las armas,
llaga de luz los petos y espaldares
y flamea en las puntas de las lanzas.

El ciego sol, la sed y la fatiga.
Por la terrible estepa castellana,
al destierro, con doce de los suyos
—polvo, sudor y hierro—, el Cid cabalga.

Cerrado está el mesón a piedra y lodo...
Nadie responde... Al pomo de la espada
y al cuento [4] de las picas [5], el postigo
va a ceder... ¡Quema el sol, el aire abrasa!

«Una noche en el Burrero», por Lunois. El café El Burrero fue uno de los más famosos de la Sevilla del siglo XIX. El escritor Cunnighame Graham dirá de él: «El público bebía manzanilla en vasitos del grosor de una caña azucarera, comía boquerones, cacahuetes y olivas, pero todo ello sin parar de hacer comentarios sobre el espectáculo, pues en Sevilla todo el mundo entiende de bailaoras y de toros».

1. En algunos instrumentos de cuerda, la que es primera en orden y la más delgada de todas, que produce un sonido muy agudo.
2. En los instrumentos músicos de cuerda, cualquiera de las más gruesas que hacen el bajo.
2bis. En otras ediciones: «Quien dice cantares dice Andalucía».
3. Machado recrea en este poema un conocido pasaje del *Poema de Mío Cid* (versos 37-51).
4. Regatón o contera de la pica, la lanza, el bastón, etc.
5. Especie de lanza larga, compuesta de una

MANUEL MACHADO

A los terribles golpes,
de eco ronco, una voz pura, de plata
y de cristal, responde... Hay una niña
muy débil y muy blanca
en el umbral. Es toda
ojos azules; y en los ojos, lágrimas.
Oro pálido nimba
su carita curiosa y asustada.

—¡Buen Cid! Pasad. El Rey nos dará muerte,
arruinará la casa
y sembrará de sal el pobre campo
que mi padre trabaja...
Idos. El Cielo os colme de venturas...
En nuestro mal, ¡oh Cid!, no ganáis nada.

Calla la niña y llora sin gemido...
Un sollozo infantil cruza la escuadra
de feroces guerreros,
y una voz inflexible grita: «¡En marcha!»

El ciego sol, la sed y la fatiga.
Por la terrible estepa castellana,
al destierro, con doce de los suyos
—polvo, sudor y hierro—, el Cid cabalga.

OLIVERETTO DE FERMO [6]
Del tiempo de los Médicis

Fue valiente, fue hermoso, fue artista.
Inspiró amor, terror y respeto.

En pintarle gladiando desnudo
ilustró su pincel Tintoretto.

Machiavelli nos narra su historia
de asesino elegante y discreto.

César Borgia lo ahorcó en Sinigaglia [7]...
Dejó un cuadro, un puñal y un soneto.

MINIATURAS
Figulinas

¡Qué bonita es la princesa!
¡Qué traviesa!
¡Qué bonita!
¡La princesa pequeñita
de los cuadros de Watteau [8]!

¡Yo la miro, yo la admiro,
yo la adoro!
Si suspira, yo suspiro;
si ella llora, también lloro;
si ella ríe, río yo.

---

asta con hierro pequeño y agudo en el extremo superior.
6. La azarosa historia de Oliveròtto da Fermo (1475-1503), ambicioso condottiero italiano que sembró el terror en Fermo durante el año que ocupó el poder, es narrada por Maquiavelo en «De los que llegaron al principado por medio de maldades» (cap. VIII de *El príncipe*).
7. Ciudad de Italia, a 25 kilómetros de Arcona, situada junto a la desembocadura del Misa en el Adriático.
8. Pintor francés (1684-1721). Sus cuadros, en los que refleja un mundo galante y refinado, constituyen uno de los ejemplos más representativos de la pintura cortesana rococó.

EL MODERNISMO

    Cuando alegre la contemplo
como ahora, me sonríe...
Y otras veces su mirada
en los aires se deslíe,
pensativa...

    ¡Si parece que está viva
la princesa de Watteau!

    Al pasar la vista hiere,
elegante,
y ha de amarla quien la viere.

    ... Yo adivino en su semblante
que ella goza, goza y quiere,
vive y ama, sufre y muere...

    ¡Como yo!

(Alma.)

LA VOZ QUE DICE...

    Ven, pobre peregrino, que caminas en vano
de una duda implacable el incierto camino.
Amante sin amores, vivir no es tu destino.
Yo sé el solo rincón de paz... Dame la mano.

    Vendrás conmigo al templo de la triste alegría.
Conocerás tu sombra... En el jardín, las gracias
de la paz hallarás, y descanso..., y acacias...
Irás la senda blanca de la melancolía.

    Yo calmaré ese ansia de vida de que mueres.
Y a la divina hora de la tarde violada
te diré lentamente cómo todo se olvida...

    Te infundiré el beato miedo de los placeres...
Yo te daré el gran libro que no trata de nada,
y aprenderás a estar solo toda la vida.

(Caprichos.)

IV

    Ágil, solo, alegre
sin perder la línea
—sin más que la gracia
contra de la ira—
andando,
marcando,
ritmando
un viaje especial de esbeltez y osadía...
llega, cuadra, para
—los brazos alzando—,
y allá por encima
de las astas, que buscan el pecho,
las dos banderillas,
milagrosamente
clavando..., se esquiva
ágil, solo, alegre,
¡sin perder la línea!

VII

    El gran suspiro, que es la tarde, crece
como de un pecho inmenso. Palidece
el sol. Y, terminada
la fiesta de oro y rojo, a la mirada
queda sólo..., un eco
de amarillo seco
y sangre cuajada.

(La Fiesta Nacional.)

MANUEL MACHADO

RETRATO

Esta es mi cara y esta es mi alma. Leed:
Unos ojos de hastío y una boca de sed...
Lo demás... Nada... Vida... Cosas... Lo que se sabe...
Calaveradas, amoríos... Nada grave.
Un poco de locura, un algo de poesía,
una gota del vino de la melancolía...
¿Vicios? Todos. Ninguno... Jugador, no lo he sido:
no gozo lo ganado ni siento lo perdido.
Bebo, por no negar mi tierra de Sevilla,
media docena de cañas de manzanilla.
Las mujeres..., sin ser un Tenorio —¡eso, no!—,
tengo una que me quiere, y otra a quien quiero yo.

Me acuso de no amar sino muy vagamente
una porción de cosas que encantan a la gente...
La agilidad, el tino, la gracia, la destreza;
más que la voluntad, la fuerza y la grandeza...
Mi elegancia es buscada, rebuscada. Prefiero,
a lo helénico y puro, lo *chic* y lo torero.
Un destello de sol y una risa oportuna
amo más que las languideces de la luna.
Medio gitano y medio parisién —dice el vulgo—,
con Montmartre y con la Macarena comulgo...
Y, antes que un tal poeta, mi deseo primero
hubiera sido ser un buen banderillero.

Es tarde... Voy de prisa por la vida. Y mi risa
es alegre, aunque no niego que llevo prisa.

Arriba: El poeta en su juventud, cuando en París conoció a Rubén Darío. Abajo: En su madurez. «Esta es mi cara y esta es mi alma. Leed: Unos ojos de hastío y una boca de sed...»

NOCTURNO MADRILEÑO

De un cantar canalla
tengo el alma llena,
de un cantar con notas monótonas, tristes,
de horror y vergüenza.

De un cantar que habla
de vicio y de anemia,
de sangre y de engaño, de miedo y de infamia,
¡y siempre de penas!

De un cantar que dice
mentiras perversas...
De pálidas caras, de labios pintados
y enormes ojeras.

De un cantar gitano,
que dice las rejas
de los calabozos y las puñaladas,
y los ayes lúgubres de las malagueñas.

De un cantar veneno,
como flor de adelfa.

De un cantar de crimen,
de vino y miseria,
oscuro y malsano...,
cuyo son recuerda
esa horrible cosa que cruza, de noche,
las calles desiertas.

(*El mal poema.*)

EL MODERNISMO

BEATO ANGELICO [9]

La Anunciación

La campanada blanca de maitines
al seráfico artista ha despertado,
y, al ponerse a pintar, tiene a su lado
un coro de rosados querubines.

Y ellos le enseñan cómo se ilumina
la frente y las mejillas ideales
de María, los ojos virginales,
la mano transparente y ambarina.

Y el candor le presentan de sus alas
para que copie su infantil blancura
en las alas del ángel celestial

que, ataviado de perlinas galas,
fecunda el seno de la Virgen pura
como el rayo del sol por el cristal.

VELAZQUEZ

La infanta Margarita [10]

Como una flor clorótica [11] el semblante,
que hábil pincel tiñó de leche y fresa,
emerge del pomposo guardainfante [12],
entre sus galas cortesanas presa.

La mano —ámbar de ensueño—, entre los tules
de la falda desmáyase y sostiene
el pañuelo riquísimo, que viene
de los ojos atónitos y azules.

Italia, Flandes, Portugal..., Poniente
sol de la gloria el último destello
en sus mejillas infantiles posa...

Y corona no más su augusta frente
la dorada ceniza del cabello,
que apenas prende el leve lazo rosa.

(*Apolo.*)

CANTE HONDO

A todos nos han cantado,
en una noche de *juerga,*
coplas que nos han matado...

Corazón, calla tu pena;
a todos nos han cantado
en una noche de *juerga.*

---

9. Fra o Fray Angelico, pintor italiano que vivió en la primera mitad del siglo XV. Su estilo se caracteriza por la suavidad de los colores, la delicada humanidad de sus personajes, la robustez y nitidez de su dibujo y el acierto en la gradación de los planos y en la perspectiva (de acuerdo con el primer renacimiento toscano). Sus «Anunciaciones» más famosas son la del museo Diocesano de Cortona y la del Museo del Prado. Este poema de M. Machado es uno de los más netamente prerrafaelistas del modernismo español.
10. Velázquez pintó en numerosas ocasiones a esta princesa rubia, hija de Felipe IV y de Mariana de Austria, desde su niñez hasta la adolescencia. El cuadro más famoso en el que aparece es, sin duda, «Las meninas».
11. *Clorosis:* Anemia que afecta principalmente a las mujeres entre los quince y los veinte años. Los transtornos menstruales, el cansancio y una coloración de tono ligeramente verdoso de la piel son sus principales manifestaciones. Aunque actualmente es rara, en la antigüedad era frecuentísima.
12. Armazón de forma redondeada, muy hueco, hecho de alambres con cintas, que se ponían antiguamente las mujeres en la cintura, debajo de la falda.

MANUEL MACHADO

Fra Angelico: «La Anunciación» (Museo del Prado).

    Malagueñas [13], soleares [14]
y *seguiriyas* [15] gitanas...
Historia de mis pesares
y de tus horitas malas.

    Malagueñas, soleares
y *seguiriyas* gitanas...

    Es el saber popular
que encierra todo el saber:
que es saber sufrir, amar,
morirse y aborrecer.

    Es el saber popular,
que encierra todo el saber.

SOLEARES

    Tengo un querer y una pena.
La pena quiere que viva;
el querer quiere que muera.

    En mis sueños te llamaba...
Como no me respondías,
llorando me despertaba.

    Tu calle ya no es *tu calle*,
que es una calle cualquiera,
camino de cualquier parte.

MALAGUEÑAS

    No sólo canta el que canta,
que también canta el que llora...
No hay penita ni alegría
que se quede sin su copla.

    Han alargado tu calle,
que ahora llega hasta la plaza,
y, antes, no llegaba más
que a la puerta de tu casa.

SEGUIRIYAS GITANAS

    Yo voy como un ciego
  por esos caminos.
Siempre pensando en la penita negra
  que llevo conmigo.

    Horas de alegría
  son las que se van...
Que las de pena se quedan y duran
  una eternidad.

---

13. Aire popular propio y característico de la provincia de Málaga, algo parecido al fandango, con que se cantan coplas de cuatro versos octosílabos.
14. *Soleá:* Modalidad de **cante** y **danza** flamencos. **Suele** usarse en plural: *soleares*.
15. Una de las tres formas fundamentales —al lado de la *toná* y de la *soleá*— del cante flamenco, o, más propiamente, de los cantes gitano-andaluces.

EL MODERNISMO

TONAS [16] Y LIVIANAS [17]

　　Siempre gustan del misterio
los gustitos del querer.
Amores, para ser buenos,
calladitos han de ser.

　　Tengo una copa en la mano,
y en los labios un cantar,
y en mi corazón más penas
que gotas de agua en el mar
y en los desiertos arena.

(*Cante hondo.*)

16. La *toná* (variante fonética de *tonada*) es una modalidad de cante flamenco, cuyas formas constituyen la fundamental y más remota creación gitano-andaluza que ha llegado hasta la actualidad.

17. Modalidad de cante flamenco, de origen incierto.

I

　　Morir es... Una flor hay, en el sueño
—que, al despertar, no está ya en nuestras manos—,
de aromas y colores imposibles...
Y un día sin aurora la cortamos.

II

　　Dichoso es el que olvida
el porqué del viaje
y, en la estrella, en la flor, en el celaje,
deja su alma prendida.

III

　　Y yo había dicho: «¡Vive!»
Es decir: ama y besa,
escucha, mira, toca,
embriágate y sueña...

　　Y ahora suspiro: «¡Muere!»
Es decir: calla, ciega,
abstente, para, olvida,
resígnate... y espera.

IV

　　Era un agua que se secó,
un aroma que se esfumó,
una lumbre que se apagó.

　　Y ya es sólo la aridez,
la insipidez,
la hez...

V

　　La vida se aparece como un sueño
en nuestra infancia... Luego despertamos
a verla, y caminamos
el encanto buscándole risueño
que primero soñamos;
... y, como no lo hallamos,
buscándolo seguimos,
hasta que para siempre nos dormimos.

VI

　　¡Y Ella viene siempre! Desde que nacemos,
su paso, lejano o próximo, huella
el mismo sendero por donde corremos
hasta dar con ella.

VII

　　Lleno estoy de sospechas de verdades
que no me sirven ya para la vida,
pero que me preparan dulcemente
a bien morir...

MANUEL MACHADO

VIII

Mi pensamiento, como un sol ardiente,
ha cegado mi espíritu y secado
mi corazón...

IX

El cuerpo joven, pero el alma helada,
sé que voy a morir, porque no amo
ya nada.

MORIR, DORMIR

—Hijo: para descansar
es necesario dormir,
no pensar,
no sentir,
no soñar...
—Madre, para descansar,
morir.

(*Ars Moriendi*.)

A ALEJANDRO SAWA [18]

(*Epitafio*)

Jamás hombre más nacido
para el placer fue al dolor
más derecho.
Jamás ninguno ha caído,
con facha de vencedor,
tan deshecho.
Y es que él se daba a perder,
como muchos a ganar.
Y su vida,
por la falta de querer
y sobra de regalar,
fue perdida.
¿Es el morir y olvidar
mejor que amar y vivir,
y más mérito el dejar
que el conseguir?

(*Dedicatorias*.)

Alejandro Sawa.

18. Más que por su obra literaria (véase el fragmento que incluimos en pág. 21), Alejandro Sawa (1862-1909) es conocido por su singular personalidad. Representante destacado de la bohemia de fin de siglo, murió ciego y en la más extrema pobreza. Valle-Inclán se inspiró en él para el personaje de Max Estrella de *Luces de bohemia*.

NESSUN MAGGIOR DOLORE...

¡Qué tristes almas en pena
son las viejas alegrías!...
¡Y qué fantasmas de días
las noches de luna llena!...

57

EL MODERNISMO

¡Qué lamentable cadena
de pobres melancolías
las horas largas y frías
de la barquilla en la arena!...

¡Qué broma absurda y pesada
es la aventura de amor,
hoy sin amor evocada!...

¡Dolor!... ¿Dónde lo hay mayor
que recordar la pasada
alegría en el dolor?

(Phoenix.)

«DOMINE, UT VIDEAM...»

III

¡Gracia, gracia, Señor, que el amor quiero
yo todo tuyo, mas Tú todo mío!...
Porque la mar lo espera, corre el río.
Y a los besos del sol la rosa muere.

Amor, que a toda gloria se prefiere,
la muerte vence, más no vence el frío...
Eco no halla la voz en el vacío.
No viva, Rey del alma, quien no espere.

Mas, si a vivir amando me destinas,
da pan al hambre mía, aunque sea poco,
agua a la sed en que me ves deshecho.

¡Del alma en sombras a las hondas minas
un rayito de sol!... —Y, El: «¡Calla, loco,
siempre el amor acaba satisfecho!»

(Horas de oro.)

Antonio y Manuel Machado, sentados, a la izquierda, durante un ensayo de su obra La Lola se va a los puertos, en el Teatro Fontalba (noviembre de 1929). De pie, a la derecha, aparece Lola Membrives actuando, junto a los actores Pedro Porcel y Ricardo Puga.

19. *Diletante:* El que cultiva un arte o una ciencia por simple afición.
20. *Amateur:* Aficionado.

ALMA PARISIEN

Et que n'est pas parfois ni tout à fait la même ni tout à fait une autre...

Verlaine.

Ya sé, Horacio querido, que de todos los diletantismos [19] es el mío el más peligroso. No se puede ser *amateur* [20] de almas como se es coleccionista de sellos, caballista o anticuario. Pero yo no te he dicho nunca que esté enamorado de Susana... A ella me atrae su enfermedad, sus ojeras, la delgadez y palidez de sus labios, algo muy romántico o muy perverso que hay en sus ojos. Su hablar canalla, que me excita, en aquella voz dulce que me enternece, su mirar picaresco.

Lo que tiene de rubia y de quebradiza, de viciosa y de mística, de virgen prerrafaélica y de gata parisiense.

Tú que la has visto tanto como yo, no la conoces aún. Nadie la conoce. Sabemos todos que es una alhaja. Tú me has dicho que está medio loca, que bebe y se pica a la morfina. Yo te respondía que hay en ella una curiosidad malsana. Pues en mí también. Y esto nos une... Además, amo la deliciosa inconsecuencia de su espíritu. La vi ayer tres veces y hubiera creído en tres Susanas distintas, si no supiera que ella *no es nunca la misma..., ni otra,* como decía el maestro.

* * *

Verás... Una tarde, feria en Montmartre, me paseaba yo en medio de los tinglados y casetas del boulevard Clichy, molesto y entristecido por la algazara y la alegría general, y mi vista, distraída, se fijó en el cartel de una de las barracas de Pesón. Allí estaba *ella* anunciada como domadora de fieras. Seis hermosos leones, dos tigres, ¡qué sé yo! No quería dar crédito a mis ojos, no porque la cosa me pareciera imposible, sino por ese natural empeño que ponemos siempre en no creer lo que tenemos delante. Entré, sin embargo, y, efectivamente, allí estaba ella en medio de sus leones, respirando el olor acre de las fieras, serena y pálida, sonriendo con los delgadísimos labios, mirando a todo el mundo, con su cara de pilluelo descarado. Las pobres fieras le lamían los pies y las manos.

* * *

Poco después, en el café, a la hora del aperitivo, volvió a presentárseme. Traía un ramo de flores, lo arrojó sobre la mesa y se dejó caer en el diván llorando a lágrima viva.

—¿Por qué? —le dije.

Largamente me contó que Niní, una amiguita suya, se había huido de la casa que ambas habitaban, llevándose casi todas sus joyas, las joyas de Susana, su mejor amiga... «Y yo que creí que era amiga mía. Porque, en fin, las joyas qué me importan a mí. Un cualquiera me las pagará con creces. Pero lo que ha hecho Eugenia no está bien y, ya ves tú, conmigo...» Y volvía a llorar como una Magdalena.

* * *

A la noche volví a hallarla en el Moulin Rouge. Parecía contenta y bailaba sola, delante de un espejo, contemplándose, sonriéndose sin cuidar del enorme corro de admiradores y curiosos. Bailaba una danza sin nombre y sin más norma que la necesidad de ritmo de aquel cuerpo serpentino. Curvas que trazaban sus pasos ligeros, ondulaciones de sus miembros ágiles y delicadamente redondos, lujuriosas contorsiones, lentas o apresuradas, según la música interior de un poema lúbrico que vibraba en ella, ¡qué sé yo!... De pronto, a la mitad de un compás, se detuvo. Sin volver la cara nos sonrió burlonamente en el espejo. Después, muy seria, se acercó al cristal, compuso sus rizos y desapareció entre los grupos.

No he vuelto a verla, pero estoy seguro de encontrarla mañana, siempre distinta en su admirable inconsecuencia. Ni la misma ni otra, como decía el maestro.

(*El amor y la muerte.*)

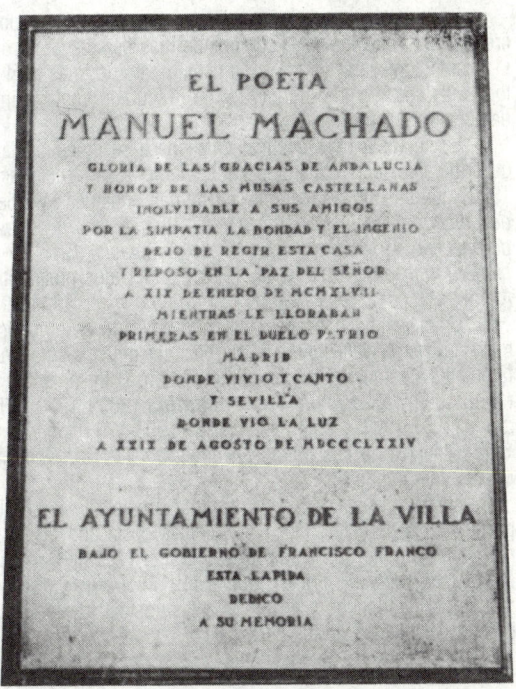

En el poema «Tradición» había escrito M. Machado:
«¡Ay del pueblo que olvida su pasado / y a ignorar su prosapia se condena! / ¡Ay del que rompe la fatal cadena / que el ayer al mañana tiene atado! [...] Reniega de una vana pseudociencia... / ¡Vuelve a tu tradición, España mía. / Sólo Dios hace mundos de la nada!».

EL MODERNISMO

FRANCISCO VILLAESPESA

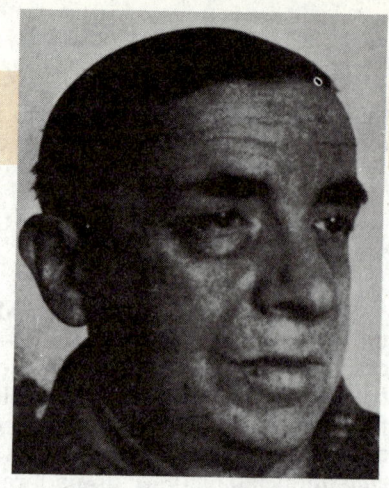

Francisco Villaespesa Martín del Toro nació en Laujar de Andarax (Almería) en 1877. Aunque se matriculó en la Universidad de Granada, no siguió estudios universitarios. En 1899 se traslada a Madrid y comienza a sentirse atacado «de esa exquisita enfermedad de vagos —que hemos dado en llamar literatura—». Colabora en diversas revistas y publica sus primeros libros de versos. A partir de 1911 obtiene grandes éxitos como dramaturgo, aunque los apuros económicos lo acompañaron siempre. En 1917 marcha a Méjico y se convierte en empresario teatral. Después de viajar por Cuba, Santo Domingo, Puerto Rico y Venezuela, regresa a España en 1921. Vuelve a recorrer diversos países americanos y en 1931 se instala en Madrid, en donde muere en abril de 1936.

La ingente producción de Villaespesa, que nunca supo poner freno a sus notables facultades para la poesía y al impulso creador de cada momento, comprende más de setenta libros de poemas y un abundante número de relatos y de obras teatrales. El mismo confesará: «Para mí la poesía ha sido, más bien que una disciplina clásica, un desahogo romántico. He amado sobre todas las cosas a la Naturaleza y he procurado cantarla incesantemente. El amor, la muerte, la patria son temas también fundamentales en mi poesía».

En su vasta obra poética, Villaespesa se muestra más atento al ornato que a lo auténticamente lírico, lo mismo cuando describe ambientes bohemios y funambulescos (*Canciones del camino*, 1906; *La casa del pecado*, 1918; *Los cafés de Madrid*, 1920) que cuando se enfrenta con temas andaluces y orientales (*Carmen*, 1907; **El patio de arrayanes,** 1908; *El mirador de Lindaraxa*, 1908; *El libro de Job*, 1909; *El jardín de las quimeras*, 1909; *Torre de marfil*, 1910; *Andalucía*, 1910; *Ajimeces de ensueño*, 1914; *Los nocturnos del Generalife*, 1915; *El encanto de la Alhambra*, 1918-1919; *Cancionero de Almería y Cancionero granadino*, escritos en 1928 y publicados póstumamente) o incita a la fraternidad entre las razas de un lado y otro del Atlántico (*Los conquistadores y otros poemas*, 1918-1919; *La estrella solitaria*, 1919; *Galeones de Indias*, 1925-1926).

Lo mejor de Villaespesa hay que buscarlo en algunos poemas decadentistas de *La copa del rey de Thule* (1898-1900) y, más aún, en la veta intimista, de un neorromanticismo doliente, por la que discurren sus melancolías, tristezas y desgracias familiares (la muerte de su primera esposa, Elisa, sobre todo). Algunos poemas de *Intimidades* (1893), *La musa enferma* (1898-1900), **El alto de los bohemios** (1899-1900), **Rapsodias** (1900-1901), *Las horas que pasan* (1902), *Veladas de amor* (1901-1903), *Viaje sentimental* (1903-1904), *In memoriam. Elegías* (1903-1904), **Tristitiae rerum** (1906), una de las más celebrada de sus obras, *El rey Galaor* (1913), *Doña María de Padilla* (1913), *Abén Humeya* (1913), *La leona de Castilla* poetas de su época.

También Villaespesa fue un discreto prosista y, junto con Marquina, el más aplaudido dramaturgo del teatro en verso del primer tercio de este siglo. Entre lo más destacado de su producción teatral se encuentran *El alcázar de las perlas* (1911), la más celebrada de sus obras, *El rey Galaor* (1913), *Doña María de Padilla* (1913), *Abén-Humeya* (1913), *La leona de Castilla* (1915), *El halconero* (1915), *Judith* (1917), *Bolívar* (1921) y *El sol de Ayacucho* (1924). La profusión de sonoridades y cromatismos lingüísticos y el lujo y la fastuosidad de los escenarios no logran ocultar en estas obras la escasa acción y la debilidad psicológica de los personajes.

Ediciones

Poesías completas, 2 volúmenes (Madrid, Aguilar, 1951). Existe también una *Antología poética*, de Luis F. Díaz Larios (Almería, Biblioteca de Temas Almerienses, 1977). *Teatro escogido* (Madrid, Aguilar, 1951). *Novelas completas* (Madrid, Aguilar, 1964: 2.ª edición).

FRANCISCO VILLAESPESA

AVE, FEMINA

Te vi muerta en la luna de un espejo encantado.
Has sido en todos tiempos Elena y Margarita [1].
En tu rostro florecen las rosas de Afrodita
y en tu seno las blancas magnolias del pecado.

Por ti mares de sangre los hombres han llorado.
El fuego de tus ojos al sacrilegio incita,
y la eterna sonrisa de tu boca maldita
de pálidos suicidas el infierno ha poblado.

¡Oh encanto irresistible de la eterna Lujuria!
Tienes cuerpo de Angel y corazón de Furia,
y el áspid, en tus besos, su ponzoña destila...

Yo evoco tus amores en medio de mi pena.
¡Sansón, agonizante, se acuerda de Dalila,
y Cristo, en el Calvario, rcuerda a Magdalena!

(El alto de los bohemios.)

[1]. Villaespesa vuelve en este poema al tópico modernista de la mujer a un tiempo perversa y espiritual (Elena y Margarita) y, pese a ello, de encanto irresistible. Un poema de Fernando Fortún, «El lago», de *La hora romántica*, empieza así: «Todo el amor de Elena y Margarita/ en sus ojos divinos he encontrado».

LA HERMANA

En tierra lejana
tengo yo una hermana.

Siempre, en primavera,
mi llegada espera
tras de la ventana.

Y a la golondrina
que en sus rejas trina
dice con dulzura:

«¡Por aquella espina
que arrancaste a Cristo,
dime si le has visto
cruzar la llanura!»

El ave su queja
lanza temerosa,
y en la tarde rosa,
bajo el sol se aleja.

Desde su ventana,
mi pálida hermana
pregunta al viajero
que camina triste:

«¡Por tu amor primero,
dime si le viste
por ese sendero!»

Pero el pasajero
su calvario sube,

y se aleja lento,
dejando una nube
de polvo en el viento.

Desde su ventana
a la luna grita
mi pálida hermana:

«¡Por la faz bendita
del Crucificado,
dime en qué sendero
tu rayo postrero
su paso ha alumbrado!»

La luna la vaga
llanura ilumina,
trémula declina
y en el mar se apaga.

Acaso yo errante
pase vacilante
bajo tu ventana;
y, sin conocerme,
mi pálida hermana,
preguntes al verme
venir tan lejano:
«Dime, peregrino:
¿has visto a mi hermano
por ese camino?»

(Rapsodias.)

EL MODERNISMO

ANIMAE RERUM

Al mirar del paisaje la borrosa tristeza
y sentir de mi alma la sorda pena oscura,
pienso a veces si esta dolorosa amargura
surge de mí o del seno de la Naturaleza.

Contemplando el paisaje lluvioso en esta hora
y sintiendo en los ojos la humedad de mi llanto,
ya no sé, confundido de terror y de espanto,
si lloro su agonía o si él mis penas llora.

A medida que sobre los valles anochece,
todo se va borrando, todo desaparece...
El labio, que recuerda, un dulce nombre nombra.

Y en medio de este oscuro silencio, de esta calma,
ya no sé si es la sombra quien invade mi alma
o si es que de mi alma va surgiendo la sombra.

Charles Baudelaire.

LA MUSA VERDE

Es uno de esos días cálidos y angustiosos
que presagian trastornos atmosféricos. Una
luz lívida nos hace pensar en venenosos
metálicos reflejos de una muerta laguna.

Todo está en carne viva. Lo más sutil se siente.
Al corazón, la asfixia de su dolor sofoca...
Parece que los nervios maceran lentamente
los dientes puntiagudos de una sádica boca.

Es tu hora sombría, ¡oh Baudelaire [2]! Fumamos
opio, se bebe ajenjo, y, embriagados, soñamos
con tus artificiales paraísos perdidos...

Al alma invade el ansia de muertes misteriosas,
y sentimos deseos de quedarnos dormidos
sobre un lecho fragante de flores venenosas.

(*Tristitiae rerum.*)

[2]. Poeta francés (1821-1867) que influyó notablemente en los poetas modernistas. Villaespesa alude aquí a *Los paraísos artificiales,* una de sus obras más conocidas.

AUTORRETRATO

Por la espaciosa frente, pálida y pensativa,
desciende la melena en dos rizos iguales.
Negros ojos miopes, gruesa nariz lasciva,
la faz oval y fina, los labios sensuales.

Sobre el flexible cuerpo perturban la negrura
del enlutado traje que su dolor retrata,
el d'annunziano [3] cuello con su nívea blancura
y con manchas sangrientas la flotante corbata.

Apura un cigarrillo Kedive, reclinado
en un diván oscuro, y entre el humo azulado
del tabaco, sus ojos contemplan con amor

el azul de las venas sobre las manos finas,
dignas de rasgar velos de princesas latinas
y ceñir el anillo del Santo Pescador.

(*El patio de arrayanes.*)

[3]. Se refiere a Gabriel D'Annunzio (1863-1938), uno de los más destacados representantes del decadentismo italiano.

ENRIQUE DIEZ-CANEDO

Nació en Badajoz en 1879. En 1903 finaliza sus estudios de Derecho. Después de una larga estancia en París, comienza sus tareas docentes en la Escuela de Artes y Oficios y en la Escuela Central de Idiomas de Madrid. En 1926 visita casi toda Hispanoamérica como conferenciante. Durante la República fue embajador de España en Buenos Aires. En 1938 se exilia en México. Muere en Cuernavaca en 1944.

Publicó los siguientes libros de poesía: **Versos de las horas** (1906), *La visita del sol* (1907), *La sombra del ensueño* (1910), **Algunos versos** (1924), *Epigramas americanos* (1928), *El desterrado. Poemas* (1940). Después de su muerte, su familia editó dos libritos con poemas ya publicados y con otros inéditos: **Jardinillos de Navidad y Año Nuevo** (1944) y **Epigramas americanos** (segunda serie) (1945).

En los poemas de sus primeros libros armoniza lo clásico y lo moderno. En ellos conviven las influencias parnasianas y de Rubén Darío con las de la poesía del Siglo de Oro. En *Epigramas americanos* y en *El desterrado* se aleja del modernismo y se acerca a corrientes estéticas más actuales.

E. Díez-Canedo, al tanto siempre de todos los movimientos literarios que surgieron en Europa a lo largo de la primera mitad de este siglo, fue también un respetado y prestigioso crítico literario.

Ediciones

Antología poética, de José M.ª Fernández Gutiérrez, Salamanca, Almar, 1979.

JAPONERIA

«*Conte ton tourment*
Aux cigognes messagères
Dont le vol charmant
Semble, sur le firmament,
Tracer des strophes légères.»

Mourasaki.
trad. por JUDITH GAUTIER

Viendo volar a la cigüeña
—grande, tranquila, ¿no lo ves?—
con el cantar mi mente sueña
de Murasaki [1] el japonés.

«Fía tus versos amorosos
a la cigüeña, cuyo vuelo,
con caracteres misteriosos,
los deja escritos en el cielo.»

Es de un amor embajadora
y acaso va, tras largo viaje,
ante mis ojos, portadora
de un melancólico mensaje,
trazando el ave peregrina
frases del dulce soliloquio
de una musmé [2] graciosa y fina
en un jardín azul de Tokio;

---

[1]. Murasaki Shikibu: Escritora japonesa que vivió a finales del siglo X y a comienzos del XI, autora del *Gengi monogatari*, importante obra de la literatura clásica de su país, y de numerosas poesías.
[2]. Doncella.

EL MODERNISMO

    de un soliloquio que tuviera
como aromáticas volutas
de humo de té, con la ligera
cadencia de las naga-utas [3];
y que dijera la constancia,
los arrebatos y abandonos
de una pasión en una estancia
que adornan luengos kakemonos [4].

    Musmé de exótica aureola,
fragante flor de cirolero [5],
loto de cándida corola,
no te conozco y ya te quiero.

    Hasta el espiritual palacio
donde va toda pura llama
sube mi amor, como al espacio
la cumbre audaz del Fusi Yama [6].

(*Versos de las horas.*)

WATTEAU

Crepúsculos
vagos,
minúsculos
lagos,
bateles [7],
galantes
rondeles [8],
heridas
crueles,
queridas
infieles,
pastores
traviesos,
más besos
que amores,
jardines
lozanos,
festines,
lejanos
violines.

(*Algunos versos.*)

PECES VOLADORES

Parece el mar sereno,
y una guerra civil quizá en él se desata.
De su seno surgidas, se clavan en su seno
las saetas de plata.

3. Instrumentos musicales de cuerda.
4. Pintura japonesa sobre tela, seda o papel, que se cuelga verticalmente de las paredes, y que puede enrollarse en torno a un bastón, el cual se adorna en ambos extremos con marfil o coral.
5. Ciruelo.
6. Grafía francesa de Fuji-Yama, volcán extinguido que forma un cono perfecto. Es la montaña más alta de Japón y un célebre lugar de peregrinación. Figura frecuentemente en los paisajes japoneses, particularmente en los grabados de Hokusai.
7. Bote, barco pequeño.
8. Composición poética corta en que se repite al final el primer verso o las primeras palabras.

ANTONIO DE ZAYAS

ENTRANDO EN RIO DE JANEIRO DE NOCHE

La noche, reina negra, desciende hasta sus mares.
Para el baño las ornaron sus doncellas.
En sus pechos de sombra luminosos collares.
En sus crespos [9] cabellos un enjambre de estrellas.

(*Epigramas americanos.*)

*Watteau:
Reunión bajo una
columnata, con tañedor de
archilaúd y negrito.*

SCHERZO DE LOS MURCIELAGOS

Descuelgan sus saltos mortales
del tejado los volatineros.
Aviadores de vuelo nocturno
a sí mismos se baten el récord.
Huéspedes en la casa escondidos:
avisos, memorias, agüeros.
Giros, vueltas, rodeos, esguinces:
obsesiones y presentimientos.
Cae la tarde y se enturbia con grumos:
no hay calma en la sombra... Murciélagos.
Al día despide, agitando
la noche sus negros pañuelos.

(*Jardinillos de Navidad y Año Nuevo.*)

9. Ensortijado o rizado.

ANTONIO DE ZAYAS

Nació en 1871. Titular del Ducado de Amalfi, viajó a Oriente y recogió sus impresiones en *A orillas del Bósforo* (1912). Fue el poeta del modernismo que siguió con mayor fidelidad los postulados del parnasianismo francés. Tradujo, de forma impecable, *Les trophées* de J. M.ª de Heredia. Durante la guerra defendió el franquismo. El título de su último libro, *Ante el altar y en la lid* (1942), es bastante revelador al respecto. Murió en 1941.

Su obra poética está compuesta por: *Poesías* (1892), **Retratos antiguos** (1902), **Joyeles bizantinos** (1902), *Paisajes* (1903), en el que se incluyeron juicios sobre su obra de, entre otros, Antonio y Manuel Machado, R. Pérez de Ayala y Manuel Bueno; *Noches blancas* (1905), *Leyenda* (1906), *Reliquias. Sonetos* (1910) y *Epinicios* (1912).

Ediciones

Antología poética, selección e introducción de José M.ª Aguirre, University of Exeter, 1980.

EL MODERNISMO

EL CARDENAL DE FERRARA [1]

    Es el birrete púrpura severo
lauro en la sien del cardenal romano,
su sonrisa es disfraz de cortesano,
su mirada puñal de condottiero.

    ¿Provoca audaz o miente lisonjero?
¿Alma es creyente o corazón pagano?
¿Ilustra la mansión del Vaticano
honrando a Cristo o comentando a Homero?

    Es inmortal. Prelado o hierofante,
la omnipotencia del pincel de Urbino
las líneas esculpió de su semblante;

    y la vaga expresión de estatua fría,
que dilata su gesto florentino,
sugestiona las almas todavía.

(Retratos antiguos.)

1. Se refiere a un cuadro del pintor del siglo XVI Rafael Sanzio.

VENECIA

    El León de San Marcos, dorada la melena
y las alas de bronce por la risa del día,
los siglos pasa inmóvil leyendo poesía
del azul Adriático en la calma serena.

    Su lectura produce abatimiento y pena
y sosegadamente mece la fantasía,
que se duerme arrullada por la melancolía
a que el batir de remos de las góndolas suena.

    Los palacios erguidos en cimientos de plata
temblorosos sumergen la verde escalinata
en el cristal que copia la turquesa del cielo;

    y, cuando el paso avanza la oscuridad ignota,
Desdémona inocente sobre las aguas flota
y en las tinieblas arden las pupilas de Otelo.

(Joyeles bizantinos.)

TOMAS MORALES

    Nació en Moya (Gran Canaria) en 1885. Estudió Medicina en Cádiz y Madrid. Murió en Las Palmas, en plena madurez de su capacidad creadora, en 1921. Publicó *Poemas de la gloria, del amor y del mar* (1908) y **Las rosas de Hércules** (1919: en 1922 apareció una edición notablemente ampliada de esta obra, conforme a los planes que dejó el propio poeta antes de su muerte).

    Aunque en algunos de sus poemas vierte, con emotividad y sencillez, sus recuerdos de infancia o su intimidad melancólica y triste, el gran tema de su poesía, como lo será de la de los también canarios Saulo Torón y Alonso Quesada (seudónimo de Rafael Romero), es el mar. E. Díez-Canedo dirá de él: «Como el aprendiz de orador que, para dar a su voz la

TOMAS MORALES

sonoridad apetecida, gritaba a la orilla del mar, dominando el son de las olas alteradas, este poeta saca del mar el canto robusto, el porte saludable, la voluptuosa plenitud de sus versos, que se distinguen, entre los de sus compañeros españoles, por cualidades técnicas que ellos suelen tener un poco dejadas de mano».

Ediciones

Las rosas de Hércules, Barcelona, Barral editores, 1977. De esta obra existen dos ediciones más: una publicada en Gran Canaria (Excmo. Cabildo Insular, 1977) y otra en Santa Cruz de Tenerife (1984), en dos volúmenes, que reproduce en facsímil la de 1922.

POEMAS DEL MAR

I

Puerto de Gran Canaria sobre el sonoro Atlántico,
con sus faroles rojos en la noche calina,
y el disco de la luna bajo el azul romántico
rielando en la movible serenidad marina...

Silencio de los muelles en la paz bochornosa,
lento compás de remos en el confín perdido,
y el leve chapoteo del agua verdinosa
lamiento los sillares del malecón dormido...

Fingen, en la penumbra, fosfóricos trenzados
las mortecinas luces de los barcos anclados,
brillando entre las ondas muertas de la bahía;

y de pronto, rasgando la calma, sosegado,
un cantar marinero, monótono y cansado,
vierte en la noche el dejo de su melancolía...

II

La taberna del muelle tiene mis atracciones
en esta silenciosa hora crepuscular:
yo amo los juramentos de las conversaciones
y el humo de las pipas de los hombres de mar.

Es tarde de domingo: esta sencilla gente
la fiesta del descanso tradicional celebra;
son viejos marineros que apuran lentamente,
pensativos y graves, sus copas de ginebra.

Uno muy viejo cuenta su historia: de grumete
hizo su primer viaje el año treinta y siete,
en un bricbarca blanco, fletado en Singapoore...

Y, contemplando el humo, relata conmovido
un cuento de piratas, de fijo acaecido
en las lejanas costas de América del Sur...

«Costa de Gran Canaria».

EL MODERNISMO

ODA AL ATLANTICO

[...]

XXIV

¡Atlántico infinito, tú que mi canto ordenas!
Cada vez que mis pasos me llevan a tu parte,
siento que nueva sangre palpita por mis venas
y a la vez que mi cuerpo, cobra salud mi arte...
El alma temblorosa se anega en tu corriente.
Con ímpetu ferviente,
henchidos los pulmones de tus brisas saladas
y a plenitud de boca,
un luchador te grita ¡padre! desde una roca
de estas maravillosas Islas Afortunadas...

(*Las rosas de Hércules.*)

FERNANDO FORTUN

Nació en 1890. Vivió durante algún tiempo en París y en Ginebra. Tuvo un gran interés por la Filología y editó en 1913, con E. Díez-Canedo, una Antología de la *Poesía francesa moderna*. Gozó del aprecio de escritores como Juan Ramón Jiménez y Pío Baroja. Murió en 1914, cuando contaba veinticinco años.
En 1907 publicó su primer libro, *La hora romántica*. En 1914, después de su muerte, se recogieron en un volumen, **Reliquias,** algunos textos en prosa, cartas y el resto de la producción poética que dejó inédita.
La suave melancolía que impregna sus frecuentes evocaciones de la infancia y, sobre todo, del pasado (salones, callejas, cafés románticos, saraos, teatros, conspiraciones, etc.) y un notable virtuosismo técnico constituyen lo más destacado de la producción de este poeta.

ESTE VIEJO CAFE...

Este viejo café de tertulias burguesas
tiene una vaga historia olvidada y magnífica;
en días ya lejanos ocuparon sus mesas
tipos dignos de alguna novela terrorífica.

Figuras misteriosas que entraban embozadas;
y las luces de gas, discretas y cambiantes,
dejaban en penumbra sus sombras recatadas,
iluminando a veces juveniles semblantes.

Eran grupos herméticos, que siempre conspiraban,
en esa bella época de las revoluciones...
Al pasar, confundidas palabras se escuchaban:
el oro inglés..., el día del grito..., los masones...

¡Oh, aquella juventud cálida y arbitraria,
de ilusiones sonoras y de altos ideales,
desdeñadores líricos de la vida ordinaria,
bellamente románticos y un poco teatrales!...

GREGORIO MARTINEZ SIERRA

Tomaban actitudes de tribunos romanos,
siempre declamatoria su vieja teoría,
hablaban en los clubs haciendo poesía
y eran después discursos sus versos byronianos.

Son sus rostros aquellos que Madrazo [1] retrata;
y estando en un sarao discutiendo ardorosos
contra los moderados, quedaban silenciosos
oyendo recitar «La canción del pirata» [2].

Y sus almas acordes un momento latían,
posesas de un antiguo y generoso fuego,
mientras que sus palabras siempre se confundían,
pareciendo rimar con el *Himno de Riego* [3].

Así pasó su vida la juventud aquella,
como esa musiquilla de un día de jarana,
y por loca y romántica y fogosa, fue bella
y porque no sabía pensar en el mañana.

Y siempre se escuchaban sus voces exaltadas;
y sus grandes sombreros de copa y sus melenas,
como cascos guerreros detrás de las almenas,
emergían ornando todas las barricadas...

Creo verlos aún ocupando las mesas
de este antiguo café, donde se escucha ahora
el sosegado hablar de estas gentes burguesas
y en el piano, el sueño de un triste vals que llora...

(*Reliquias.*)

[1]. Federico de Madrazo (1815-1894) fue el retratista más apreciado de su época.
[2]. Este conocido poema de Espronceda se publicó en *El Artista* el 26-1-1835.
[3]. Marcha militar que se estrenó el 27 de enero de 1920. Fue compuesta con el fin de que sirviera de himno a las tropas sublevadas que intentaban restaurar el régimen constitucional.

GREGORIO MARTINEZ SIERRA

Nació en Madrid en 1881. Cultivó la poesía, la novela, el periodismo y el teatro. Fue este último género el que le proporcionó grandes éxitos. Murió en 1947.

Sus obras más destacadas, en las que alterna el verso con la prosa poética, son: *El poema del trabajo* (1898), **Flores de escarcha** (1900) y *La casa de la primavera* (1907). En 1911 se recogieron en *El poema del trabajo. Diálogos fantásticos. Flores de escarcha (Prosas y versos),* algunos de estos libros.

LA LINTERNA MAGICA

El salón está a oscuras. La turba de chiquillos impacientes rodea en un rincón el aparato fantástico y sombrío. Brilla una luz: sobre la tela blanca círculo luminoso se proyecta grande, frío, incoloro... Corre el cristal: imagen peregrina surge en el foco: oscila vacilante breve espacio..., se fija. Es seductora cabecita de niña: bucles de oro, labios de guinda, frente de alabastro. Despliega, sonriendo, banda purpúrea en la que letras rojas «¡Salud!» escriben como amable lema. Sonríe y pasa... El infantil enjambre paga el saludo con nutrido aplauso y espera. Otro cristal... ¡Qué triste historia! ¡Pobre Caperucita! Por el bosque camina diligente, que su abuela está enferma y le lleva provisiones. ¡Cuánta nieve..., qué frío! Llega el lobo..., la devora... ¡Qué horror! Unicamente sobre el nevado suelo se destaca la roja caperuza, como inmensa amapola de invierno... ¡Triste historia!

Pequeños, no lloréis: mirad al foco. El burlador payaso ha aparecido. Ríe con carcajada silenciosa y disloca sus miembros en imposibles contorsiones: salta, baila, se agita, acciona; en trágico ademán, lanza a los aires su grotesco sombrero... Reíd... ¡Es muy gracioso este payaso! Reíd... Luego batallas, jinetes y caballos que combaten. ¡Qué entusiasmo! Más tarde..., es una historia también triste; Pierrot [1] y Colombina que se aman y después dejan de amarse. «¿Triste decís? ¿Acaso puede serlo una escena de máscaras?» Pequeños: ¡no entendéis el secreto de la historia!

Callad... Luego viajes, Robinsones y negros, verdes islas...

Después..., una princesa prisionera suspira conducida en rica torre de un elefante sobre el ancho lomo: cercada de negrísimos guerreros, llega al soberbio alcázar donde la espera el príncipe gigante, y al querer estrecharla entre sus brazos el infame raptor, ella se escapa convertida en dorada mariposa, y con ligero vuelo en los aires se eleva. ¡Qué alegría! ¡Era tan feo el príncipe gigante y ella tan linda!... ¡Bravo! Luego espectros con horribles guadañas..., más payasos. Después... ¡Cien mil historias! Y al fin, entre las garras encorvadas de feroces quimeras sostenido, un escudo radiante, que con letras de infinitos matices repite una y mil veces al público infantil: «¡Muy buenas noches!».

Nada después: sobre la tela blanca círculo luminoso se proyecta de nuevo, grande, frío, indiferente. No guarda ni una sombra de todas las figuras que en su seno vivieron un instante.

La turba de chiquillos se dispersa. «¡Qué asombro! ¡Qué bonito!» «¡Pobre Caperucita!» «¡Qué gracioso el payaso!» «¡Qué linda la princesa prisionera!» Y un precoz pensador de diez abriles intrigado pregunta a una rubia y graciosa chiquitina: «Di, ¿cuál será el secreto de la historia de Pierrot y Colombina?».

(*Flores de escarcha*.)

1. Nombre francés de un personaje de la **Commedia dell'arte**. *Pierrot* es el criado del señor Pantalone y el galán sistemáticamente rechazado por la frívola *Colombina*. En el siglo XIX se acentuaron sus rasgos de figura patética.

RAFAEL LASSO DE LA VEGA

Nació en 1890. Residió en Francia, en donde conoció a Apollinaire, T. Tzara, Cendrars y Reverdy, entre otros escritores. Participó en el movimiento dadaísta. Murió en 1959.

Publicó los siguientes libros de poemas: *Rimas de silencio y soledad* (1910), **El corazón iluminado y otros poemas** (1919), *Las coronas de mirto* (1914), **Prestigios** (1916), *Las natividades* (1917), *Presencias* (1918), *Galería de espejos* (1942), *Pasaje de la poesía* (1936), *Sagitario en la torre* (1936), *Arte menor* (1936), *Constancias* (1941), *El poeta desaparecido* (sin año), *Oaristes* (1940), *Hôtel de l'Univers* (sin año).

CASTILLO FANTASTICO

Del grato corazón de los rosales
se exhala un dulce olor que mece el viento.
    Doradas claridades
iluminan el cielo.

RAFAEL LASSO DE LA VEGA

¿Es el sol o una nube de luz?... Toda la sangre
del ocaso encendido llena el cielo
        y baja a los rosales,

al agua que reposa en el misterio
        inmóvil y musgoso del estanque,
al bello laberinto de senderos
        y a las ramas rugosas de los árboles,
en rayos rojos, como el sol sangrientos.

   Y al beso de los rayos, los rosales
son rojos; es el agua de un espejo
        de llamas, y el estanque
un poderoso incendio...

   ¡De cobre y oro verde son los árboles!
Es un sueño de rosa todo el cielo,
        ¡y en el poniente el sol, entre arreboles,
un castillo fantástico de fuego!

(El corazón iluminado y otros poemas.)

IDILIO

En el salón amarillo
con espejos de molduras barrocas
había sobre la mesa de mármol dos parejas
y un antiguo reloj de porcelana
sin minuteros y sin llave

El pajarillo de una de las dos figuras
era feliz —se veía en el espejo—
y volaba
     El pastor
era un músico que sonaba la flauta
cuando no entraba nadie en el salón

La pareja era una Cloe [1] descalzándose
y templando un pie en el arroyo

Yo saqué un cuaderno y sobre la mesa
tomé estas notas de la flauta

Entonces junto a mí alguien insinuó
«El poema de los sajonias y los sèvres
es menos interesante que el mío»
(Cuál será ese poema —pensé yo)

«El del acordeón de hierro
que tiene la llave del reloj
y los tubos de todas las flautas»

Quien así se expresaba
estaba a mi lado echando bombas

«Yo soy además —continuó—
el fuelle del órgano que alienta
en la caldera roja y el alma
de las escaleras interiores

---

1. Se refiere a la protagonista de la novela pastoril atribuida al escritor griego Longo, *Dafnis y Cloe*, cuya acción transcurre en la isla de Lesbos.

EL MODERNISMO

Voy por todos los pisos subiendo y bajando
en ascensores secretos»

Los sajonias se pusieron pálidos

El pajarillo estaba roto
y se cayó sobre la mesa

Hasta los espejos se empañaron de llanto

Yo me vengué al instante
cerrándole la llave al radiador

En realidad hacía un calor sofocante

Y todavía abrí el balcón

(Prestigios.)

A la derecha: «Las escaleras doradas» (1880), de Edward Coley Burne-Jones. Arriba: «Guitarra y plato de fruta» (1909), de Georges Braque. Con Lasso de la Vega, el modernismo va dejando paso a unas formas vanguardistas que prodigarán los autores que aparecen al comienzo del capítulo V.

2. El Regeneracionismo

Marina de guerra española en la isla de Cuba, en 1898, J. Vicens Vives escribirá: «Después del desastre colonial estuvo en boga hablar de la regeneración de España. No hubo prohombre que no propusiera en sus discursos o sus libros los medios y recursos para hacer de España una gran potencia europea».

Un término, coetáneo del de Modernismo, que sirvió para designar toda forma de patriotismo constructivo, fue el de Regeneracionismo. Unamuno comentaba en 1898: «La moda ahora es lo de la regeneración, moda a la que no he podido sustraerme. Yo también he echado mi cuarto a espadas».

Los regeneracionistas proponen una serie de medidas, políticas, económicas y sociales, para acabar con la decadencia y con el atraso cultural y económico que aquejaba a España (no debe extrañar que la copiosa literatura regeneracionista se sirviera con frecuencia de metáforas médicas: «enfermedad de España», «necesidad de diagnóstico», «posibles remedios quirúrgicos», etc.). En sus obras, plagadas de datos, estadísticas y observaciones, consecuencia lógica de su deseo de aplicar los descubrimientos de la ciencia positivista a los problemas nacionales, lanzan sus dardos contra el sistema político de la restauración y abogan por una «política de realidades» (reforma agraria, política hidráulica, lucha contra el caciquismo, modernización de la enseñanza, apoyo a las clases campesinas y a la industria, descentralización administrativa, política y social, etc.). Joaquín Costa, la figura más destacada de este apartado, pedirá «despensa y escuela» («la escuela y la despensa, la despensa y la escuela; no hay otras llaves capaces de abrir camino a la regeneración española») y, en su deseo de alejar a los españoles de las empresas quiméricas y de la nostalgia de las glorias pasadas, exigirá «echar doble llave al sepulcro del Cid».

Los regeneracionistas, en general, confiaron en que estas mejoras habían de realizarse «desde arriba». Para Costa, las revoluciones hechas desde el poder constituyen «el pararrayos para conjurar las revoluciones de las calles y de los campos». Su progresivo escepticismo ante la ineficacia del régimen parlamentario lo llevará incluso a abogar por la conveniencia de «un cirujano de hierro», es decir, de un gobernante autoritario, ilustrado y con auténtica conciencia social.

A pesar de que muchos de los remedios y soluciones que propugnaron fueron tan simples como bien intencionados, los regeneracionistas consiguieron que una serie de grupos

EL REGENERACIONISMO

sociales se identificaran con sus propuestas. Puede decirse que, en buena medida, canalizaron el descontento de las clases medias nacionales con respecto a una situación política en crisis.

La alianza entre la Liga Nacional de Productores, presidida por J. Costa, y las Cámaras de Comercio de Basilio Paraíso, dio origen en 1900 a la formación de la Unión Nacional, partido en teoría regeneracionista, pero de ideas bastante confusas, que fracasó muy pronto.

Entre los más destacados regeneracionistas están, además de Costa, Macías Picavea, Damián Isern y Lucas Mallada. Otros autores, como Julio Senador, aunque con menos brío, prolongarán, hasta bien entrado el siglo XX, las preocupaciones de los anteriormente citados.

Fragmento del cuadro «Carga de la Guardia Civil», de Ramón Casas (Museo de Arte Moderno, Barcelona), en el que la Guardia Civil disuelve una manifestación en la barcelonesa plaza de Palacio. El cuadro refleja el clima de agitación social que vivió Barcelona en la primera década del siglo. Las numerosas huelgas y algaradas de este período tuvieron un lúgubre final en la Semana Trágica.

LUCAS MALLADA

Nació en Huesca en 1841. Fue profesor de Paleontología de la Escuela de Minas de Madrid. Desde 1870 formó parte de la comisión encargada de elaborar el mapa geológico de España. Murió en Madrid en 1921.

Sus obras más conocidas son *Explicación del mapa geológico de España*, en siete volúmenes (terminó de publicarse en 1911), y ***Los males de la patria*** (1890).

Ediciones

Los males de la patria, prólogo y notas de Francisco J. Flores Arroyuelo, Madrid, Alianza, 1969.

LA INMORALIDAD PUBLICA

¿De qué procede en gran parte el malestar general de la nación más que de la general indolencia? Pues si todos fuésemos más aficionados al trabajo, ¿no daría mucho más de sí este nuestro suelo, por muy pobre que se le suponga? Y los que piensan que el suelo de la Península es muy rico y feraz y que los españoles estamos dotados de grande inteligencia, ¿cómo se explicarán nuestro atraso, si no es por la pereza, sustento principal de la inmoralidad pública?

Háblase mucho de caciquismo, y en verdad que no se comprende su formidable influjo en la vida nacional, si no se apoyara a su vez sobre la misma inmoralidad. Atacad a ésta, refrenadla y libraréis al país de algunos de los muchos malos efectos del caciquismo. Ni la mayor instrucción ni la mayor cantidad de democracia serían suficientes, pues ni una ni otra pueden conseguir grandes ventajas en las naciones como la nuestra, donde tan poco se aprecian las virtudes cívicas. Y obsérvense bien los multiplicados aspectos bajo los cuales en todos los asuntos tiene clavadas sus garras el caciquismo.

* * *

Al especial desarrollo de nuestros partidos políticos, a este juego interminable de pandillas, fusiones y segregaciones con que se divierten y lucran los traidores, los aleves, los veleidosos y los presumidos, se debe el incremento grande del caciquismo. Ni los caciques pueden prescindir de la política, ni los gobernantes podrían ni sabrían, aunque quisieran, prescindir de los caciques.

Estos se hicieron indispensables para todos los actos de la vida nacional, cuya base tienen minada y roída desde hace mucho tiempo. Cada partido político se encargó de demostrar hasta la evidencia que los Parlamentos de las épocas de los partidos contrarios han sido una farsa, cuyos principales personajes eran los caciques, a quienes fue imprescindible pagar al contado o a muy corta fecha sus auxilios en las elecciones, sin las cuales ni un solo gobierno hubiese tenido mayoría.

* * *

Con la misma variedad de formas, tamaños y colores con que se esparcen por el campo los insectos que devoran las plantas útiles, así se presentan los caciques de diferentes especies, familias y órdenes. Unos son chupadores, otros son masticadores; ya roen lo que únicamente tragan, ya destrozan mucho más de lo que comen; unos llevan uniforme cuajado de galones dorados, otros frac y corbata blanca, otros sendos gabanes de ricas pieles; otros gastan chaqueta, otros alpargatas, otros usan hábitos talares, otros van de capa corta, mas ninguno

EL REGENERACIONISMO

de capa caída, pues todos están en auge. Los hay dedicados principalmente a los empleos, otros a las obras públicas, otros a las contribuciones, otros a los suministros; pero lo general es que acometan toda clase de asuntos.

Sujeta al caciquismo la vida nacional en todas sus manifestaciones, en todos los negocios y para todos los individuos, son imposibles el orden, la economía, el desarrollo de los recursos del país, la verdad, la razón y la justicia. España va pasando, una tras otra época, por las diversas fases de tan tremenda plaga. En tiempos de los reyes absolutos, el caciquismo iba vestido de fraile y se amparaba entre los pliegues del venerable manto de la Iglesia; en tiempos de revueltas se entrometía por las filas de los ejércitos; en tiempos de las luchas pacíficas de los partidos se introducía en las urnas de las elecciones. Enseñó a los políticos de oficio el arte de escalar el poder y la manera más disimulada de cambiar de casaca, redactó bandos y programas de los partidos; formó comités y elevó a la categoría de personajes a sus más desvergonzados servidores. Anuló las más firmes convicciones y los más rectos propósitos; esterilizó las leyes más sabias y rasgó, antes de ejecutarlas, las más acertadas sentencias.

En balde se clamará contra los estragos del caciquismo. La nación se halla demasiado débil para desprenderse de esta hidra enroscada de mil cabezas que por todo el cuerpo la oprime y que toda la sangre ha enviciado. No vemos fuerza en la agricultura, no vemos fuerza en el comercio, no vemos fuerza en las colonias, no vemos fuerza en el ejército, no vemos fuerza en la justicia; vemos toda la fuerza en los caciques. Ser uno de éstos, o protegido por uno de éstos, es la única manera de salir triunfante en la lucha por la vida. No la ciencia, no la virtud, no el trabajo, no el ingenio, triunfan de la ignorancia, del vicio, de la holganza y de la estupidez. ¿Necesitáis algo, hombres honrados? Como primer expediente, acudid desde luego a un cacique. Y vosotros, caciques, nada temáis, por mucho que se grite contra vosotros. Vuestra es y será la nación, con o contra la voluntad de los mismos gobernantes. No habrá medio de acabar con vosotros aunque se incluyese en el Código penal un artículo que dijera lo siguiente: «Será declarado libre de todo castigo un homicida siempre que la mitad más uno, por lo menos, de los vecinos del municipio en cuyo término ocurrió el suceso afirmen ante el tribunal que la víctima era un cacique.»

(*Los males de la patria.*)

RICARDO MACIAS PICAVEA

Nació en Santoña (Santander) en 1847. Fue profesor en Tortosa y en Valladolid, ciudad en la que murió en 1899.
Su libro **El problema nacional** (1891) puede considerarse como pionero de los análisis sociológicos, tan prodigados más tarde, del «problema de España». Publicó también un *Estudio sobre la instrucción pública en España y sus reformas* (1882) y dos novelas: *El derecho de la fuerza* y *Tierra de campos* (1888).

Ediciones

El problema nacional, introducción y notas de Fermín Solana, Madrid, 1972.

Las imperfecciones, en efecto, y vicios de la educación española refléjanse, como es lógico, de una manera deplorable en la cultura nacional.

El estado de la popular es bien triste. Su extensión resulta harto menguada; su intensión todavía ennegrece el cuadro. En cuanto a la educación técnica de esas clases populares, casi puede considerarse totalmente entregada a la tradicional rutina. ¡Y gracias a que el natural despejo y vivacidad de la mayor parte de nuestros obreros para los ejercicios manuales disimula en buena parte esos vacíos de educación!

Pero donde los vicios y deficiencias de la cultura nacional nótanse más de relieve es en la de las clases superiores e ilustradas. ¡Qué atraso! Todavía los españoles no hemos salido de la época escolástica y romántica en las ciencias y en las artes; cultura retórica e ideológica, de palabras y conceptos. Hemos perdido la poca educación clásica que nos restaba, y tampoco hemos adquirido la nueva educación experimental y positiva.

Así es que ahora más que nunca nos hemos quedado con el *verba et voces* por toda dotación intelectual. Sigue abundando entre los togados la garrulería verbosa; investigadores originales, experimentalistas concienzudos, laboradores del conocimiento positivo en la literatura, en la historia, en la filología, en la física, en la química, en la biología, en el derecho... ¿dónde los hay? Puede que lleguen hasta una docena de nombres propios, y tres o cuatro Institutos académicos o científicos; siempre, eso sí, en condiciones harto modestas y precarias por el vacío asfixiante de que se ven rodeados. Cuando se compara en este tono la cultura europea con nuestra cultura, ¡claro!, parece que ésta... ¡no es europea! Esto únicamente por la maravillosa facilidad con que nos la asimilamos: nueva demostración de que, no a incapacidades nativas de la raza, sino a profundos accidentes históricos, débense aquellas deficiencias. Pues, en efecto, hoy parecemos reducidos al mero papel de repetidores del saber de fuera. Un doctor español es, casi siempre, un hombre que sabe leer, generalmente traducidos y pocas veces originales, los libros o revistas que escriben los sabios franceses, alemanes, ingleses e italianos, y luego repetirlos. En cuanto a las fuentes originales de ese saber... no están a su alcance.

Consecuencia de esa falta de cultura experimental y positiva en la esfera de las ciencias es la ausencia no menos característica de aptitudes técnicas en la esfera de las artes e industrias: ausencia funestísima que da generalmente a las españolas ese aire tosco y bárbaro propio de los pueblos medio inciviles. ¿Cómo se ejercen en España la mayor parte de esas industrias y artes? ¿Cómo la agricultura? ¿Cómo casi todos los oficios? Por una manualidad puramente tradicional y rutinaria, casi con el mismo instinto hereditario con que las sucesivas generaciones de abejas, castores u hormigas construyen siempre de idéntico modo sus panales, sus nidos hidráulicos o sus graneros subterráneos. La gran renovación que en esas esferas de la actividad humana han introducido la mecánica y la química, haciéndolas tan racionales e ideales como el hombre mismo y arrancándoles para siempre el aspecto de instinto zoológico en que venían selladas, todavía no ha llegado, o ha llegado solamente en proporciones mínimas a la cultura española.

En cambio, predominan, con predominio morboso, los abogados o legistas, carrera a que se consagran casi en masa las clases aristocráticas, las terratenientes y las burocráticas, herencia o, mejor, continuación transformada del viejo teologismo ergotista y silogístico. Y tan hondo penetra este morboso influjo, verdadera autoinfección mental, que todas las demás profesiones, ya militares, ya eclesiásticas, ya ingenieriles, sufren la atracción retórica, verbosa y papelista del legismo predominante, y toman desde luego su aire y su entono. Véanse si no el carácter y fórmulas oficinescos y espedientiles, ajenos al verdadero ejercicio activo del oficio, con que viven nuestras Capitanías Generales, nuestros centros de obras públicas en las provincias, nuestros institutos técnicos de toda especie, donde la oficina, el expediente, la comunicación, el papel timbrado, la pluma, el balduque, la ceremonia burocrática y la conferencia personal consumen las cuatro quintas partes de su tiempo, presupuesto y actividad.

* * *

La insuficiencia, la inhabilidad, la infecunda rutina, muy frecuentemente la ignorancia más vergonzosa, son las notas dominantes en todas las profesiones.

Esquivez, hostilidad, zafia bestialidad a veces, que opone nuestra bárbara aristocra-

EL REGENERACIONISMO

cia intelectual a toda reforma, movimiento y progreso, hasta el punto de no ser raro el resultar altos centros universitarios y docentes, focos de incultura y apego a la rutina, más bien que de ilustración y progreso para sus respectivas poblaciones.

La juventud nueva que sale de tales centros hace bastantes años pone el colmo, con su ineducación, tendencias parasitarias del caciquismo reintante, moral inferior y costumbres flamenquistas, a este cuadro sombrío.

Como conclusión final puede, ciertamente, afirmarse que en la sociedad española quedan muy pocos hombres capaces de desempeñar hábilmente los altos menesteres y elevadas funciones propias de la civilización moderna en las artes políticas, científicas, técnicas y económicas: hecho cuan lamentable se quiera, pero que debe tomar muy en cuenta todo terapeuta que aspire a resultados eficaces y positivos en nuestros intensísimos males.

(El problema nacional.)

JOAQUIN COSTA

Nació en Monzón (Huesca) en 1846. Pertenecía a una modesta familia campesina. A costa de muchos esfuerzos y penurias logró licenciarse en Derecho (1872) y en Filosofía y Letras (1873). Ejerció como notario en Jaén y en Madrid. En 1904 se retiró a Graus (Huesca), en donde murió en 1911.

Sus obras más conocidas son: *Colectivismo agrario en España* (1898), *El problema de la ignorancia del derecho* (1901) y **Oligarquía y caciquismo como la actual forma de gobierno en España** (1902). Entre sus conferencias, destaca **Quiénes deben gobernar después de la catástrofe,** pronunciada en 1900.

Sus ideas evolucionaron con el tiempo. En sus últimos años proclamará, ante su convencimiento de que era imposible hacer la revolución «desde arriba», que habría que hacerla desde abajo, con hechos y no con palabras.

Ediciones

Oligarquía y caciquismo, Colectivismo agrario y otros escritos, edición de R. Pérez de la Dehesa, Madrid, Alianza, 1973.

EL GOBIERNO POR LOS PEORES: EXCLUSION DE LA «ELITE» O ARISTOCRACIA NATURAL

No he de aconsejar yo que el pueblo de tal o cual provincia, de tal o cual reino, se alce un día como ángel exterminador, cargado con todo el material explosivo de odios, rencores, injusticias, lágrimas y humillaciones de medio siglo, y recorra el país como en una visión apocalíptica, aplicando la tea purificadora a todas las fortalezas del nuevo feudalismo civil en que aquel del siglo XV se ha resuelto, diputaciones, ayuntamientos, alcaldías, delegaciones, agencias, tribunales, gobiernos civiles, colegios electorales y casonas de los Don Celsos, al revés, y ahuyente delante de sí a esas docenas de miserables que le tienen secuestrado lo suyo, su libertad, su dignidad y su derecho, y restablezca en el fiel la balanza de la ley, prostituida por ellos; yo no he de aconsejar, repito, que tal cosa se haga; pero sí digo que mientras el pueblo, la nación, las masas neutras no tengan gusto por este género de epopeya; que mientras no se hallen en voluntad y en disposición de escribirla y de ejecutarla con todo cuanto sea preciso y llegando hasta donde sea preciso, todos nuestros esfuerzos serán inútiles, la regeneración del país será imposible. Las hoces no deben emplearse nunca más que en segar mieses; pero es preciso que los que las manejan sepan que sirven también para segar otras cosas, si además de segadores quieren ser ciudadanos: mientras lo ignoren, no formarán un pueblo: serán un rebaño a discreción de un señor; de bota, de zapato o de alpargata, pero de un señor. No he de aconsejar yo que se ponga en acción el colp de fals de la canción catalana, ahora tan en boga, tomando el ejemplo de la revolución francesa por donde mancha; pero sí he de decir que en España esa revolución está todavía por hacer; que mientras no se extirpe al cacique, no se habrá hecho la revolución; que mientras no nos sanemos de esa dolencia, más grave que la miseria y que la incultura, más grave que todos nuestros reveses de los seis años anteriores; que mientras aceptemos voluntariamente esas cadenas, que además de oprimir, deshonran; que mientras quede en pie esa forma de «gobierno por los peores», oprobio y baldón del nombre español, no habrá tal Constitución democrática, ni tal régimen parlamentario, ni tal nación europea; no habrá tal soberanía, ni en el rey ni en el pueblo; no seremos, ni con monarquía ni con república, una nación libre, digna de llamarse europea: seremos, menos que una tribu, un conglomerado de siervos, sin derecho a levantar la frente ni siquiera delante del Japón, que en nuestros mismos días ha abolido su régimen feudal, transformándose casi de repente en un pueblo moderno, en fila con los más progresivos de Europa.

(*Oligarquía y caciquismo.*)

QUIENES DEBEN GOBERNAR DESPUES DE LA CATASTROFE

En una cosa estamos de acuerdo los españoles; lo mismo los conservadores, que lo han dicho por boca del señor Silvela, como los liberales, que lo han declarado por labios del señor Maura; así los republicanos, que lo han dicho por órgano del señor Pi Margall, del señor Azcárate, como las clases llamadas neutras, que lo han expresado por órgano de la Liga Nacional de Productores. Esa afirmación que hacen a una cuantos se preocupan de la reconstitución y suerte futura de la patria es que, para que ésta se redima y resurja a la vida de la civilización y de la historia, *necesita una revolución,* o lo que es igual, tiene que mudar de piel, romper los moldes viejos que Europa rompió hace ya más de medio siglo; sufrir una transformación honda y radical de todo su modo de ser, político, social y administrativo; acomodar el tipo de su organización a su estado de atraso económico e intelectual y tomarlo nada más como punto de partida, con la mira puesta en el ideal, el tipo europeo.

Como ven ustedes, la revolución que España necesita tiene que ser, en parte, *exterior,* obrada por representantes de los poderes sociales; en parte, *interior,* obrada dentro de cada español, de cada familia, de cada localidad, y estimulada, provocada o favorecida por el Poder público también. En este sentido hemos hablado y hablamos de una revolución hecha desde arriba, de una revolución hecha desde el poder. Para mí, esa *revolución sustantiva,* esa transformación del espíritu, del cuerpo y de la vida de la nación, tiene que verificarse siempre *desde dentro y desde arriba;* por lo cual, importa no confundirla con lo que llamamos revolución de abajo o revolución de la calle, que es, si acaso, un simple medio o instrumento para aquélla, y que no tiene nada que ver con ella, que es cosa enteramente distinta, por más que la designemos con el mismo nombre.

En este supuesto, dado que la revolución que ambicionamos y de que pende la reconstitución y europeización de España, ha de hacerse desde arriba, lo que hace falta averiguar es *quiénes deben presidirla,* o de otro

Dibujo satírico de «Picarol», con ocasión del entierro de Costa. Dos obreros comentan:
«¿Sabes por qué le levantan tanto ahora a este hombre?»
«Sí, porque ya ha muerto».

modo, quiénes deben hallarse arriba para presidir a ella, promoverla, encauzarla, dirigirla, y *por qué camino deben llegar*. Y en esto, tres especies, grados o períodos de revolución pudo distinguir el arte político desde el primer instante; e importa que pongamos aquí una gran atención, porque en ello estriba todo el problema, el gran problema español, y de ello depende la conducta que se impone en los presentes momentos a las clases llamadas neutras que, por amor de la patria y por interés propio, se propongan dejar de serlo y tomar la participación que les corresponde en la vida pública.

Esas formas, grados o períodos hipotéticos de revolución *sustantiva desde arriba* a que me refiero, son los tres siguientes: 1.º Por los mismos partidos reinantes, o digamos «del turno», adoctrinados por la catástrofe y arrepentidos de su conducta pasada, llegando al poder por las mismas vías de antes, es decir, por su propio pie, por un como ritmo mecánico, por virtud del movimiento adquirido, sin que ni siquiera el Poder moderador tenga que intervenir, sino pro forma, como en 1883 a 1897; 2.º Por hombres y partidos nuevos que suplan la falta de preparación, de voluntad o de fortuna de los del turno y que lleguen al poder, sin necesidad de ningún movimiento de abajo, por acción reflexiva y personal del poder moderador, como en 1881; 3.º Por hombres y partidos nuevos también, llegados al Poder mediante una revolución adjetiva, o digamos de abajo, sea activa o pasiva, supletoria en todo caso de la Prerrogativa para ese solo efecto, como en 1874, como en 1868. Todavía podría añadir a esta enumeración un cuarto y desesperado grado para el caso de que tampoco ese tercer trámite diese resultado; pero... no anticipemos los sucesos, concentremos toda nuestra atención en la necesidad del momento, dejando que cada día traiga su labor.

¿Qué se deduce de aquí, señores? Pues se deducen dos cosas: la 1.ª, que los que entonces debieron gobernar no son los que gobernaban, desde los Ministerios y desde el Parlamento, sino esos otros que demostraban aptitudes y preparación desde las Asambleas y Congresos científicos, *meetings* y conferencias; la 2.ª, que con más razón ahora, que tenemos encima el castigo de no haber obrado así entonces, deben gobernar, no los que gobernaron entonces y siguen gobernando o esperando turno en la plaza de Oriente, sino los que entonces debieron gobernar y siguen apartados de la gobernación; que deben ponerse a la cabeza los que entonces advirtieron y acertaron en sus advertimientos, enseñanzas y predicciones, los que tuvieron don de consejo y, sin llevar interés, propusieron al Poder un orden de conducta con el cual España no habría caído. ¿Que quiénes son? No hace falta decirlo: unos más, otros menos, todos los conocemos; cada cual de ustedes podrá formar su lista; yo tengo hecha la mía...

Esos hombres son la única brújula y la única áncora que le queda al país; las clases económicas e intelectuales, los labradores, los comerciantes, los industriales, los obreros, los pedagogos, los médicos, los ingenieros, los publicistas y sociólogos, todos los que trabajan, todos los que piensan, deben constituir con ellos un organismo propio de gobierno y pedir resueltamente el poder, para ejercerlo por ministerio suyo. Y esto, pronto, muy pronto, porque a la lámpara no le quedan ya sino muy escasas gotas de aceite y está a punto de apagarse. Algunos de esos hombres representan un capital de consideración en experiencia y en sabiduría, sin el cual tengo por imposible que España se redima; y ese capital está a punto de ir a pudrirse en el cementerio.

(Fragmento de una conferencia pronunciada en 1900.)

JULIO SENADOR

Nació en Cervillego de la Cruz (Valladolid) en 1872. Estudió Derecho. Realizó diversos viajes al extranjero. Desde 1903 ejerció de notario en pueblos de Castilla. Murió en Pamplona en 1962.
Sus obras más conocidas son: **Castilla en escombros** (1915), La tierra libre (1918), La canción del Duero (1919) y Los derechos del hombre y del hambre (1929).

INTRODUCCION

Venid, vosotros, los politicastros de un régimen podrido que, sin saber siquiera cómo se hace una estadística, discutís sobre riegos o aranceles; y luego cuando vuestra propia ineptitud os acorrala salís del paso con ditirambos *al solar del Cid;* y, vosotros, los patriarcas de la vaciedad periodiquil que, tan pronto sin respeto a la miseria ajena, perpetráis alguna revistilla de salones, como sin otro bagaje intelectual que un *henrygeorgismo* de a 3,50 os injerís en congresos agrarios para hablar de *ojos-puñales* o proponer telegramitas de adhesión a cualquier caciquillo despreciable; y, vosotros, los representantes de la vaga y *amena literatura* que, sin tener noticia de dónde concluye el Guadarrama, fingís admirar a esta tierra como semillero de héroes y plantel de santos; y, vosotros, los poetas de flor natural y veinte duros que, sin haber pisado un surco, representáis la pantomima de embriagaros con la fragancia de estas mieses; de embelesaros contemplando este cielo fulgurante; de sobrecogeros ante la inmensidad de estos espacios vacíos donde los pasos del caminante resuenan graves y solemnes como bajo las bóvedas de un templo; y donde la mirada, resbalando sobre el llano interminable, llega con trabajo al último confín del horizonte y se pierde en transparentes lontananzas.

Dejad los unos, aunque sea por poco tiempo, la música celestial de vuestras tarariras; enfundad los otros el caramillo y la zampoña:

¡Venid a ver lo que es este país por dentro!

Ante vuestros ojos van a desfilar estos bosques asolados por el hacha, estos viñedos asesinados por la filoxera, estos pueblos en ruinas, estos cultivos semibárbaros, esta incomunicación, este abandono, este analfabetismo, esta ferocidad, esta hambre, que son vergüenza de España y afrentas a la civilización de nuestro siglo.

Cuando hayáis visto todo esto, seguid si os parece bien.

Solo correríais peligros de consideración si el pueblo despertara; pero no despertará.

Ya procuraréis vosotros adormecerle con embustes; envenenarle con relaciones de crímenes; encanallarle en las plazas de toros.

Que luego para enorgulleceros de lo que entre todos habéis hecho, siempre os quedará una satisfacción: la de saber que el pueblo que fue capaz de conquistar a punta de lanza un imperio veintidós veces más grande que el de Roma en tiempos de Trajano, hoy, desquiciado y vencido, se pudre al sol como un cadáver insepulto.

(Castilla en escombros.)

Pueblo castellano.

3. La Generación del 98

La crisis de fin de siglo dio origen a un plantel de escritores que ocasionó una profunda renovación en las letras españolas. Dichos escritores aparecen escindidos habitualmente, en manuales y ensayos dedicados a esa época, en dos grupos bien diferenciados: Modernismo y Generación del 98. Como ya hemos advertido, en esta *Antología* mantenemos, por razones metodológicas y didácticas, y por no romper con una costumbre establecida, esta controvertida división.

Bajo el rótulo de Generación del 98, popularizado por Azorín en una conocida serie de artículos que publicó en 1913, suele agruparse a una serie de autores a los que, a pesar de su fuerte individualidad, se les atribuyen unas preocupaciones comunes.

De dicha generación, en la que incluye a Valle-Inclán, Baroja, Unamuno, Benavente, Rubén Darío y Manuel Bueno (más tarde incorporaría a Silverio Lanza), Azorín destacaba su idealismo desinteresado, su rebelde espíritu de protesta y su profundo amor al arte. La Generación del 98 traía, para él, una más objetiva «visión de la realidad», un desconocido interés por el paisaje, una diferente interpretación de la tradición artística española y un nuevo estilo literario (Texto I).

Desde entonces, las reacciones ante dicha clasificación han sido de lo más encontradas. Muchos de los implicados directamente mostraron pronto sus reservas o, como en el caso de Baroja, una abierta oposición (Texto II). También la crítica ha adoptado las más opuestas actitudes. Frente a la división tajante de Pedro Salinas (Texto IV), que, sin embargo, se mostrará después más ecléctico (con el tiempo admitirá que en la obra de unos y de otros pueden encontrarse, aunque en diferente proporción, rasgos modernistas y noventayochistas), y de otros conocidos estudiosos de esa época (Pedro Laín Entralgo, Hans Heschke, Guillermo Díaz Plaja o Donald Shaw), diferentes poetas y críticos (Juan Ramón Jiménez, Federico de Onís, José-Carlos Mainer y Ricardo Gullón, entre otros) (Texto V) han denunciado el error que supone mantener la separación entre estos escritores, ya que con ello se rompe la unidad que exhibe la literatura de finales del siglo pasado y de comienzos de éste.

Entre los que aceptan el rótulo de Generación del 98 tampoco existe unanimidad a la hora de establecer la nómina de los que la componen. Todos parecen de acuerdo en incluir en la misma a Azorín, a Baroja, a Maeztu y a Unamuno, y en reconocer a Angel Ganivet como antecedente de los citados, pero vacilan con respecto a otros nombres. Es habitual, en muchos casos, relacionar con dicha generación a Antonio Machado y a Ramón del Valle-Inclán. La inclusión, sin embargo, de estos autores carece de fundamentos sólidos. Es cierto que la parte inicial de *Campos de Castilla,* de A. Machado, podría enlazar con la obra de los anteriormente mencionados, pero difícilmente el resto de su producción. En el caso de Valle-Inclán, aunque Salinas, con escaso acierto, lo llamó «hijo pródigo del 98», poco hay de noventayochista en su vasta producción. Tampoco debe olvidarse que la primera etapa literaria de ambos tiene muchos puntos en común con el Modernismo. Todo esto debe tenerse en cuenta a la hora de analizar la obra de estos dos autores, que colocamos al final de este apartado.

— Los cuatro escritores que integran esta Generación (Unamuno, Baroja, Azorín y Maeztu) siguen, en sus primeros años, una trayectoria parecida. En todos ellos puede observarse un inicial radicalismo, cercano o afín al anarquismo y al socialismo finiseculares, que se irá decantando hacia actitudes más próximas al regeneracionismo.

Todos ellos se oponen violentamente a la España de la Restauración, utilizan la prensa de la izquierda más progresista para abogar por cambios sociales y económicos, e intentan, sin resultados satisfactorios, intervenir de forma práctica en la vida pública. Heredan del krausismo, como dirá Azorín, el afán sincero de saber, de explorar las regiones del pensamiento, y «una rectitud, una probidad, una sinceridad» fundamentales. También manifiestan, a pesar de la posterior paradoja unamuniana de «hispanizar a Europa», un deseo de abrir las fronteras a cuantas influencias extranjeras pudieran considerarse beneficiosas.

INTRODUCCION

En su desprecio por la literatura vigente, rehabilitan a escritores del pasado, sobre todo a los primitivos españoles *(Poema de Mio Cid,* Berceo, el Arcipreste de Hita), declaran a Larra como precursor y admiran a autores que se habían enfrentado, o que lo hacían entonces, con los más sólidos valores consagrados por la tradición (Kant, Hegel, Kierkegaard, Schopenhauer, Marx, Nietzsche, Tolstoi, Ibsen). La ruptura de los moldes en que se habían mantenido los géneros literarios y la defensa de un lenguaje antirretórico, sobrio, carente de artificios y de grandilocuencia, son otras de las preocupaciones fundamentales de estos noventayochistas (Textos XI y XII).

Mantienen también estrechas relaciones amistosas. Participan colectivamente en diferentes actos (aplauden la *Electra* de Galdós, protestan por la concesión del Premio Nobel a Echegaray, visitan la tumba de Larra), colaboran en las mismas revistas y asisten a las mismas tertulias. En 1901, Azorín, Baroja y Maeztu, movidos por el deseo, claramente regeneracionista, de «llevar a la vida las soluciones halladas no por nosotros, sino por la ciencia experimental», forman el «Grupo de los tres» (Texto III).

— El fracaso de estas acciones acentuará el escepticismo y las actitudes individualistas de todos. Con un precoz sentimiento de frustración, evolucionan hacia posturas más idealistas y contemplativas (Unamuno, para superar la ramplonería que lo domina todo, hasta llegará a postular una santa Cruzada para rescatar el sepulcro del Caballero de la Locura del poder de los hidalgos de la Razón). La regeneración a que aspiran ahora debe pasar antes por la recuperación de unos valores nacionales colectivos que permitan trazar una nueva orientación vital. Siguen con su preocupación por España, pero su actitud va cambiando. Ante los problemas acuciantes y concretos con que se tropiezan buscan una

Baroja, Unamuno, Azorín, Machado y Maeztu.

LA GENERACION DEL 98

respuesta de carácter abstracto y filosófico. Su conocimiento de los aspectos más desoladores de la realidad nacional no procede de los métodos científicos de investigación sociológica, sino de la observación subjetiva. En sus visiones del paisaje, es difícil separar muchas veces lo visto de la manera de mirar: paisaje y alma, realidad y sensibilidad (o ideología) llegan a fundirse indisolublemente.

Las preocupaciones existenciales, plasmadas con términos cercanos a los que prodigará más tarde al existencialismo europeo, y la aceptación gradual de las corrientes irracionalistas que corren por Europa, cobran ahora un particular relieve. Su obra metafísica, agónica, en la que queda patente la desorientación espiritual del mundo moderno, consecuencia del derrumbamiento de muchos valores y creencias del pasado, y su preocupación por encontrar un sentido a la vida y al destino del hombre es quizá lo más representativo de estos escritores y lo que hoy conserva una vigencia y una actualidad mayores (Textos IX y X).

Las inquietudes comunes de todos ellos terminan hacia 1905. Azorín será diputado conservador en 1907. Maeztu, con el tiempo, se convertirá en ideólogo de las derechas. Unamuno, a pesar de sus muchas actividades políticas, permanecerá encerrado en sus contradicciones de estos primeros años, y Baroja continuará aferrado a su habitual pesimismo y a un escepticismo y nihilismo crecientes (Texto VIII).

Su postura crítica, sin embargo, viva en la conciencia pública, será un estímulo para las generaciones posteriores. Con nuevas orientaciones y con propuestas muy diferentes, Ortega y Gasset y otros intelectuales más jóvenes, recogerán en seguida la antorcha semiapagada de estos noventayochistas.

La Puerta del Sol madrileña. Cansinos-Asséns escribirá: «La Puerta del Sol era en aquel tiempo una especie de ágora donde pululaban literatos bohemios y filósofos cínicos. Siempre al desembocar en ella, algún desconocido se destacaba de los grupos, os saludaba y obligaba a deteneros».

DOCUMENTOS

I. Azorín

La Generación de 1898

Por encima de estas sugestiones particulares, como dominándolas a todas, se podrían marcar algunas, ya indicadas entre los nombres citados, pero que tuvieron más fuerza que las demás. Tales son las de Nietzsche, Verlaine y Teófilo Gautier. El filósofo alemán era en 1898 desconocido en su verdadero carácter; comenzaba a asomar en Francia; se le había expuesto en un estimable libro en Italia. Pero Nietzsche era en la época citada para la juventud, tanto en España como en Francia, un rebelde, un anarquista. Pocos años después, cuando se le tradujo íntegramente al francés y se le estudió con cuidado, la idea de Nietzsche sufrió una transmutación considerable. Pero el pensador alemán hizo brotar en España muchos gestos de iracundia y múltiples gritos de protesta. Teófilo Gautier, por otro lado, ayudó a la juventud de 1898 a ver el paisaje de España. Su *Viaje a España* fue leído y releído por aquellos muchachos que renovaban la memoria de Larra y comenzaron a amar los viejos pueblos castellanos.

* * *

Un espíritu de protesta, de rebeldía, animaba a la juventud de 1898. Ramiro de Maeztu escribía impetuosos y ardientes artículos en los que se derruía los valores tradicionales y se anhelaba una España nueva, poderosa. Pío Baroja, con su análisis frío reflejaba el paisaje castellano e introducía en la novela un hondo espíritu de disociación; el viejo estilo rotundo, ampuloso, sonoro, se rompía en sus manos y se transformaba en una notación algebraica, seca, escrupulosa. Valle-Inclán, con su altivez de gran señor, con sus desmesuradas melenas, con su refinamiento del estilo, atraía profundamente a los escritores novicios y les deslumbraba con la visión de un paisaje y de unas figuras sugeridas por el Renacimiento italiano: los vastos y gallardos palacios, las escalinatas de mármol, las viejas estatuas que blanquean, mutiladas, entre los mirtos seculares; las damas desdeñosas y refinadas que pasean por los jardines en que hay estanques con aguas verdosas y dormidas.

*Giardini chiusi, appena intraveduti
o contemplati a lungo pe'cancelli...*

El movimiento de protesta comenzaba a inquietar a la generación anterior. No seríamos exactos si no dijéramos que el renacimiento literario de que hablamos no se inicia precisamente en 1898. Si la protesta se define en ese año, ya antes había comenzado a manifestarse más o menos vagamente. Señales de ello, vemos, por ejemplo, en 1897; en febrero de ese año, uno de los más prestigiosos escritores de la generación anterior —José María de Pereda— lee su discurso de recepción en la Academia Española. La obsesión persistente de la literatura nueva se percibe a lo largo de todas esas páginas arbitrarias. Pereda habla en su trabajo de ciertos *modernistas* partidarios del cosmopolitismo literario; contra los tales arremete furiosamente. Pero páginas más adelante, el autor, no contento con embestir contra estos heresiarcas [1], nos habla de otros personajes «más *modernistas* aún», «los tétricos de la negación y de la duda, que son los *melenudos* de ahora» —¡oh melenas pretéritas de Valle-Inclán!—, los cuales melenudos proclaman, al hablar de la novela, «que el interés estriba en el escalpelo sutil, en el análisis minucioso de las profundidades del espíritu humano». (Mas véase la fuerza del movimiento innovador: Pereda, que tan absurdamente declama contra la innovación literaria, sin enterarse en qué consiste, hace suya, ya casi al final de su discurso, la doctrina de un autor que dice que todos los idiomas «tienen en sí una virtualidad estética que obra en el espíritu del lector como manantial de deleite, *independientemente del contenido interior de las ideas*»... Y eso no es otra cosa que el fundamento del vitando, abominable, revolucionario *simbolismo.*)

La Generación de 1898 ama los viejos pueblos y el paisaje; intenta resucitar los poetas primitivos (Berceo, Juan Ruiz, Santillana); da aire al fervor por el Greco, ya iniciado en Cataluña, y publica, dedicado al

---

1. Promotores de herejías.

pintor cretense, el número único de un periódico: *Mercurio;* rehabilita a Góngora —uno de cuyos versos sirve de epígrafe a Verlaine, que creía conocer al poeta cordobés—; se declara romántica en el banquete ofrecido a Pío Baroja, con motivo de su novela *Camino de perfección;* siente entusiasmo por Larra y en su honor realiza una peregrinación al cementerio en que estaba enterrado y lee un discurso ante su tumba, y en ella deposita ramos de violetas; se esfuerza, en fin, en acercarse a la realidad y en desarticular el idioma, en agudizarlo, en aportar a él viejas palabras, plásticas palabras, con objeto de aprisionar menuda y fuertemente esa realidad. La Generación de 1898, en suma, no ha hecho sino continuar el movimiento ideológico de la generación anterior: ha tenido el grito pasional de Echegaray, el espíritu corrosivo de Campoamor y el amor a la realidad de Galdós. Ha tenido todo eso; y la curiosidad mental por lo extranjero y el espectáculo del desastre —fracaso de toda la política española— han avivado su sensibilidad y han puesto en ella una variante que antes no había en España.

(*Clásicos y modernos.*)

Intervención social

No podía el grupo permanecer inerte ante la dolorosa realidad española. Había que intervenir. La idea de la palingenesia [2] de España estaba en el aire. La corriente de doctrinas regeneradoras no la motivó la catástrofe colonial. No hizo más que avivarla. Venía el noble anhelo desde antiguo. Jovellanos, por ejemplo, fue uno de los precursores. Doctrinarios y teorizantes había ahora muchos. Escribían unos fríamente, o se exaltaban otros, cual Joaquín Costa, con arrebatos grandilocuentes. Se podrían señalar ahora, entre otros, los libros del mismo Costa, de Macías Picavea, de Damián Isern, de Lucas Mallada [3]. El libro de este último autor, geólogo eminente, acusa un pesimismo profundo. Pero el pesimismo es la fuente de la alegría y del trabajo perseverante. Contemplamos la realidad maltrecha, funesta, y ansiamos ante ese trance de lo que nos es querido, salvar eso mismo que ponemos junto a nuestro corazón y depararle una vida placiente y venturosa. Si fuéramos optimistas, dejaríamos correr el mundo. Como todo está bien, no es preciso trabajar para mejorarlo. *Lo mejor es enemigo de lo bueno,* dice el refrán. Cuando se acusa a ese grupo de pesimismo —pesimismo infecundo—, se comete una deliberada o indeliberada superchería. El sentimiento pesimista que se tiene ante lo presente se lo traslada a lo porvenir, con la ligereza y habilidad con que un prestímano hace su juego. Y no es eso; se considera tristemente lo actual, y se tiene esperanza, firme esperanza, en lo futuro.

Los tres éramos Ramiro de Maeztu, Pío Baroja y yo. Nos llamábamos *los tres.* Así figuramos en artículos periodísticos y nos declaramos en entrevistas con informadores. Los tres éramos el núcleo del grupo literario y que se disponía a iniciar una acción social. Ya la primitiva y única agrupación se había escindido, y otro grupo era capitaneado por Ramón del Valle-Inclán y Jacinto Benavente.

¿Y qué íbamos a hacer? ¿Cuál era nuestro programa? Publicamos una proclama. No la recuerdo [4]. Debíamos en ella de encarecer y propugnar las reformas hidráulicas y agrarias. El libro de Mallada, aun siendo escrito por tan reconocida autoridad en cosas terrestres, nos parecía excesivo. La tierra de España podía más. No estaba condenada por la geología, por el clima, a ser en su mayor parte estéril para *in aeternum.* Miguel de Unamuno nos prometió su ayuda. En el manifiesto publicado debía figurar esta frase: «La juventud intelectual tiene el deber de dedicar sus energías, *haciendo abstracción de todo,* a iniciar una acción social fecunda, de resultados prácticos.» Unamuno, en una carta a mí, con fecha del 14 de marzo de 1897, citaba la frase subrayada; pero en vez de *haciendo abstracción de todo,* corregía: *haciendo abstracción de toda diferencia.* Justificaba la modificación diciendo: «No como la hoja dice haciendo abstracción de todo, pues esto no es posible, porque en ese todo entra la acción misma que han de emprender.» A continuación nos prometía su concurso con reservas. Copio sus palabras:

«Ahora, aunque no me parece mal, ni

---
2. Regeneración.
3. Sobre estos autores, véanse las págs. 75-81.

4. La incluimos en pág. 88.

mucho menos, la forma concreta que piensan dar a esa acción social, en ella no podría más que ayudarles indirectamente, porque ni entiendo de enseñanza agrícola nómada, ni de ligas de labradores, ni me interesa, sino secundariamente, lo de la repoblación de montes, cooperativas de obreros campesinos, cajas de crédito agrícola (aquí las hay) y los pantanos, ni creo sea eso lo más necesario para modificar la mentalidad de nuestro pueblo, y con ella su situación económica y moral.»

Y agregaba: «Con verdad se dice que cada loco con su tema, y usted conoce el mío. No espero casi nada de la japonización de España, y cada día que pasa me arraigo más en mis convicciones. Lo que el pueblo español necesita es cobrar confianza en sí, aprender a pensar y sentir por sí mismo, y no por delegación, y sobre todo, tener un sentimiento y un ideal propios acerca de la vida y de su valor.»

Sí, era y es cierto: lo importante era y es el que España tenga confianza en sí misma.

(Madrid.)

II. Pío Baroja

La influencia del 98

Yo siempre he afirmado que no creía que existiera una Generación del 98. El invento fue de *Azorín,* y aunque no me parece de mucha exactitud, no cabe duda que tuvo gran éxito, porque se ha comentado y repetido en infinidad de periódicos y de libros, no sólo de España, sino del extranjero.

El concepto venía a llenar un hueco, como se decía antes con un clisé periodístico, un tanto desgastado a fuerza del uso.

Una generación que no tiene puntos de vista comunes, ni aspiraciones iguales, ni solidaridad espiritual, ni siquiera el nexo de la cosa, no es una generación.

La fecha no es tampoco muy auténtica. De los incluidos en esa generación no creo que la mayoría se hubiera destacado en 1898. Benavente debía de ser ya conocido en ese tiempo; quizá también Unamuno. Los demás, me figuro que no. Yo, que aparezco en el elenco, no había publicado por esa época más que algunos articulillos en periódicos de provincias. Andaba por entonces luchando como pequeño industrial en trabajos que no tenían nada de literarios.

Tampoco se sabe a punto fijo quiénes formaban parte de esa generación; unos escriben unos nombres, y otros, otros. Algunos han incluido en ella a Costa, y otros a J. Ortega y Gasset, que se dio a conocer ya muy entrado este siglo.

Yo creo que hay en todo ello un deseo de reunir, de dar aire de grupo a lo que naturalmente no lo tiene, como si se quisiera facilitar las clasificaciones y divisiones de un manual de literatura.

España nunca ha sido país de escuelas literarias; pero, aun así, ha tenido sus épocas de tendencias claras: los afrancesados, con Moratín y sus partidarios; los románticos, capitaneados por Espronceda y Larra, y aun los mismos novelistas realistas, que, sin formar un grupo compacto, tenían una orientación común en arte: Pereda, Galdós, la Pardo Bazán, etc.

En esta generación fantasma de 1898, formada por escritores que comenzaron a destacarse a principios del siglo XX, yo no advierto la menor unidad de ideas. Había entre ellos liberales, monárquicos, reaccionarios y hasta carlistas.

En el terreno de la literatura existía la misma divergencia; había quien pensaba en Shakespeare y quien en Carlyle; había quien tenía como modelo a D'Annunzio, y otros que veían su maestro en Flaubert, en Dostoievski y en Nietzsche.

Como casi siempre en España, y quizá fuera de España, las influencias predominantes eran extranjeras.

Se ha dicho que la generación seguía la tendencia de Ganivet Yo, entre los escritores que conocí, no había nadie que hubiese leído a Ganivet. Yo tampoco. Ganivet, en este tiempo, era desconocido [...]

¿Había algo de común en la Generación del 98? Yo creo que nada. El único ideal era que todos aspirábamos a hacer algo que estuviera bien, dentro de nuestras posibilidades. Este ideal no sólo no es político, sino casi antipolítico, y es de todos los países y de todos los tiempos, principalmente de la gente joven.

Muy difícil sería para el más lince señalar y decir: «Estas eran las ideas del 98».

El 98 no tenía ideas, porque éstas eran tan contradictorias que no podría formar un sis-

LA GENERACION DEL 98

tema, ni un cuerpo de doctrina. Ni del horno hegeliano, en donde se fundían las tesis y las antítesis, hubiera podido salir una síntesis con los componentes heterogéneos de nuestra casi famosa generación.

Y, sin embargo, a pesar de la falta de ideal común, por una especie de transmutación misteriosa, vemos que ese 98 fantástico toma, al cabo de algunos años, un aire importante, no sólo en el terreno literario, sino en el político y en el social.

El 98 es el causante de la muerte de la Monarquía y del advenimiento de la República. Según algunos, el 98 produce la efervescencia republicana y socialista del 14 de abril.

El hecho es inusitado. Yo creo que no había entre los escritores que figuraron en la supuesta Generación del 98 ninguno que fuera republicano ni socialista.

Además, ¿qué influencia pudieron ejercer nuestras obras si tuvieron una expansión tan escasa? [...] Quizá se ha influido algo en la burguesía; pero en los demás sectores sociales, nada.

Así pues, joven profesor, si piensa usted publicar un manual de literatura española, puede usted decir, al hablar de la mítica Generación del 98, sin faltar a la verdad: primero, que no era una generación; segundo, que no había exactitud al llamarla de 1898; tercero, que no tenía ideas suyas; cuarto, que su literatura no influyó, ni poco ni mucho, en el advenimiento de la República, y quinto, que tampoco influyó en los medios obreros, donde no llegó, o si llegó, fue mal acogida.

Al escritor, aunque no tan fantasma como el político, le gusta, por vanidad, pensar que su literatura es eficaz, que tiene resonancia en el mundo; pero cuando no lo es y cuando no resuena por ninguna parte, tiene que reconocerlo así, más o menos alegremente.

(Obras Completas,
Madrid, Biblioteca Nueva, 1976,
tomo V, págs. 1240-1244.)

III. Pío Baroja, Ramiro de Maeztu y Azorín

La circular de los tres

Muy señor nuestro: deseosos los que firman de cooperar, dentro de sus modestas

Arriba, Joan Planella i Rodríguez:
«La tejedora» (1882).
Atentado del anarquista catalán Mateo Morral, que aparece en la foto de la derecha, contra Alfonso XIII y su esposa en la calle Mayor de Madrid en 1906. Dibujo aparecido en la prensa de la época.

fuerzas, a la generación de un nuevo estado social en España, diríjanse a usted, que tanto puede hacer por nuestra idea, y le invitan a prestar su adhesión, contribuyendo a concretar en hechos un ideal naciente.

Hay en estos momentos en España un gran número de hombres jóvenes, de ideas nuevas, trabajadores humildes... Es cierto que no tienen una orientación única; tampoco la pueden tener. La desorientación actual es un resultado del medio ambiente. Uno de los caracteres típicos de nuestra época es la rápida digestión de los ideales. Hay en la atmósfera moral de este período en que vivimos un fermento tan enérgico de descomposición, que dogmas, utopías, fórmulas metafísicas, todo lo que no tiene una base positiva y exacta, aunque nazca lozano y fuerte, lo digiere el ambiente con una rapidez inverosímil.

El sentimentalismo ha producido en sociología, sobre todo en política, una porción de sistemas que en determinado tiempo han parecido dogmas indiscutibles y al poco tiempo han sufrido una crisis tal que han llegado a ser olvidados y considerados como sueños de cerebros vacíos.

Los filósofos de nuestro tiempo han tratado de demostrar la relatividad de las ideas absolutas. Desde los enciclopedistas, que

ríen el dogma religioso, hasta Schopenhauer, que trata de demostrar la insanidad de los prejuicios nacionales, y Nietzsche, que pone sus cuestiones más allá del concepto del bien y del mal, hay todos los grados de la destrucción.

Estamos asistiendo a la bancarrota de los dogmas; muchos de éstos, que hace años parecían como hermosas utopías, hoy están cuarteados, momificados, aunarán quizá intereses, servirán para defender lo creado, pero no tienen el carácter de estables.

Un viento de intranquilidad reina en el mundo.

En España, como decíamos antes, hay un gran número de hombres jóvenes que trabajan por un ideal vago. Esta gente joven no puede unir sus esfuerzos, porque no es posible que tenga un ideal común. Dada la pereza intelectual del país, dada la pérdida nacional del sentido de moralidad, lo más lógico es presumir que, de estos jóvenes —siguiendo el camino de la mayoría de los hombres de la generación anterior—, los afortunados engrosarán los partidos políticos, vivirán en la atmósfera de inmoralidad de nuestra vida pública, y los fracasados irán a renegar constantemente del país y de los gobiernos en el rincón de una oficina o en la mesa de un café.

¿Se puede creer que esta fuerza de toda esa gente joven es inútil, sin aplicación, que no tiene nada aprovechable? No. La cuestión es saberla aplicar, la cuestión es encontrar algo que canalice esa fuerza, algo que sirva de lazo de unión entre todas esas energías dispersas y sin rumbo.

No puede servir de base de unión de unos y de otros el dogma religioso, que unos sienten y otros no, ni el doctrinarismo republicano o socialista, ni siquiera el ideal democrático, porque si muchos creen en la virtualidad de la democracia, otros la consideran como un absolutismo del número, que no ha producido ni producirá liberación de la Humanidad, sino una especie de nuevos privilegios a favor de los más audaces y de los más indelicados.

Sin embargo, de esta disparidad de ideas y sentimientos, hay, entre todos los jóvenes, los que defienden el principio democrático y los que lo atacan, entre los que sustentan soluciones socialistas y los que no creen sino en aquellas rabiosamente individualistas, en todos los que consciente o inconscientemente no están inmovilizados en el cielo de Zarathustra, un deseo altruista, común, de mejorar la vida de los miserables.

Y este mejoramiento sólo lo puede dar la ciencia, única base inderruible de la humanidad. El romanticismo no ha hecho más que perjudicarnos: las soluciones sentimentales no pueden ser nunca sólidas ni prácticas.

La aplicación de la ciencia social a las miserias de la vida puede ser el lazo de unión entre los hombres de tendencias altruistas. Al unir las aspiraciones de unos y otros dentro de lo práctico y de lo posible, sin confundirlas en su parte doctrinal, sabemos que no vamos a realizar inmediatamente nuestros proyectos, pero queremos que las ideas se agiten, se aireen y que conozcan las soluciones científicas de los problemas de los más interesados en resolverlos.

Aplicar los conocimientos de la ciencia en general a todas las llagas sociales, unas comunes a todos los países, otras peculiares a España, es nuestro deseo. Poner al descubierto las miserias de las gentes del campo, las dificultades y tristezas de millares de hambrientos, los horrores de la prostitución y del alcoholismo; señalar la necesidad de la fundación de las cajas de crédito agrícola, de la implantación del divorcio, como consecuencia de la ley de matrimonio civil.

Y después de esto, llevar a la vida las soluciones halladas, no por nosotros, sino por la ciencia experimental, deteniéndonos oportunamente allá donde se detenga, pero con las soluciones encontradas, no mostrarlas fríamente, sino propagarlas con entusiasmo, defenderlas con la palabra y con la pluma hasta producir iniciativas particulares para aquellas soluciones en que por fortuna se pueda prescindir del Estado.

(Diciembre de 1901.)

IV. Pedro Salinas

Un conflicto entre dos espíritus

Las denominaciones «Modernismo» y «Generación del 98» suelen usarse indistintamente para designar el movimiento de renovación literaria acontecido en América y España en los últimos años del siglo XIX y comienzos del XX, dando por supuesto que son la misma cosa con leves diferencias de matiz. En mi opinión, esa confusión de nombres responde a una confusión de conceptos que es indispensable aclarar para que pueda empezarse a construir la historia de la literatura española del siglo XX sobre una base más precisa y rigurosa.

El primer parecido que advertimos entre los dos movimientos es de orden genético. Ambos nacen de una misma actitud: insatisfacción con el estado de la literatura en aquella época, tendencia a rebelarse contra las normas estéticas imperantes, y deseo, más o menos definido, de un cambio que no se sabía muy bien en qué había de consistir. Esa situación prerrevolucionaria es perfectamente visible en América desde 1890, por lo menos, y la personifica el grupo de poetas llamados precursores del modernismo, Martí, Casal, Gutiérrez Nájera y Silva. En España, el mismo fenómeno se da un poco más tardío. Pero apenas apunta esta similitud de origen, que consiste en la actitud reactiva contra la anterior, debemos señalar una profunda diferencia de propósito y de tono [...]

Llega el 98, «el desastre», como nosotros decimos, y las características de la generación que acabo de apuntar se intensifican. El aire hispánico se ve surcado, como por insistentes pájaros guiones, por algunas frases de clave, potentemente significativas: «el alma española», «la cuestión nacional», «el problema español», «la regeneración». Y se acentúa el tono concentrativo del movimiento. Por entonces se realiza el contacto entre modernistas y hombres del 98, a través de la genial personalidad de Rubén Darío. Ese contacto no es sino la coincidencia en el espíritu de rebeldía y en una aspiración general de cambio. Pero la divergencia de concepciones era muy grande para que ese contacto pudiera convertirse en una fusión; al contrario, la bifurcación vendría muy pronto. Veamos por qué.

El modernismo, tal como desembarcó imperialmente en España personificado en Rubén Darío y sus *Prosas profanas,* era una literatura de los sentidos, trémula de atractivos sensuales, deslumbradora de cromatismo. Corría precipitada tras los éxitos de la sonoridad y de la forma. Nunca habían cantado las palabras castellanas con alegría tan colorinesca, nunca antes brillaran con tantos visos y relumbres como en las espléndidas poesías de Darío. Era una literatura jubilosamente encarada con el mundo exterior, toda vuelta hacia afuera. (Quizá alguien me objete que en los modernistas hay una cuerda de lirismo doliente y subjetivo; pero a mi juicio eso es un arrastre del romanticismo, la postrera metamorfosis de lo elegíaco romántico, y no lo específicamente modernista. Lo nuevo, lo modernista, es el apetito de los sentidos por la posesión de la belleza y sus formas externas, gozosamente expresado.) Pero la belleza para los modernistas es tanto la belleza natural, bruta, primaria, tal como puede sentirse en un cuerpo, en una hoja o en un paisaje, como la belleza ya elaborada por artistas anteriores en sus obras. Atributo capital del modernismo es su enorme cargamento de conceptos de cultura histórica, por lo general bastante superficiales. Gran parte de esta poesía, en vez de arrancar de la experiencia directa de la realidad vital, sale de concepciones artísticas anteriores; por ejemplo, de la escultura helénica, de los retratos del Renacimiento italiano, de las fiestas galantes de la Francia versallesca, y hasta me atrevería a decir que de los dibujos escabrosos de *La Vie Parisienne*. La historia del arte inspira a los modernistas tanto o más que sus íntimos acaecimientos vitales [...]

Volvámonos a los hombres del 98 español. El cuadro cambia por entero. Son los «preocupados», como se los llamó certeramente. Hombre tristes, ensimismados. He aquí el tipo, tal como nos lo presenta Antonio Machado:

Sentado ante la mesa de pino, un caballero escribe. Cuando moja la pluma en el tintero, dos ojos tristes lucen en un semblante enjuto. El caballero es joven, vestido va de luto.

....

La tarde se va haciendo sombría. El enlutado, la mano en la mejilla, medita ensimismado.

Son los analizadores, los meditadores. Su literatura viene a ser un inmenso examen de conciencia, preludio de la confesión patética. Donde el modernista nada ágilmente, disfrutando los encantos de superficie y sus espumas, el hombre del 98 se sumerge, bucea, disparado hacia los más profundos senos submarinos. Unamuno lanza su famoso grito (título de un ensayo): ¡Adentro! En él marca de este modo el rumbo a su generación: «En vez de decir: ¡Adelante! ¡Arriba!, di: ¡Adentro!». Ese deber vital específico, que corresponde a cada generación, es para los hombres del 98 adentrarse por sus almas [...]

No hay en este género de poesía princesas ni Ecbátanas [5] que atraigan seductoramente al poeta. La invitación llega en una voz misteriosa, desde el umbral de un sueño; y a lo que le convida es simplemente a ver un alma. El poeta camina sueño adentro, por sus soledades y galerías interiores. Mientras el hombre modernista está vuelto hacia las realidades gozosas de la vida, el del 98 se inclina sobre su propia conciencia. Y cuando sale de su mundo interior, el paisaje por donde pasea sus interrogaciones es la tierra eremítica y grave de Castilla, la amada de Unamuno, de Azorín, de Baroja y de Machado. Un viento austero y seco, de alta meseta, corre por entre los escritos de los hombres del 98; ignoran ellos los céfiros anacreónticos del modernismo. Nos figuramos, recordando el debate medieval, que a un lado, capitaneada por Rubén Darío, está la tropa alborotada de Don Carnal, y al otro, el grupo cogitativo de Doña Cuaresma [6].

(*Literatura española. Siglo XX*, Madrid, Alianza, 1970, págs. 13-18.)

V. Ricardo Gullón

La invención del 98

La invención de la Generación del 98, realizada por Azorín, y la aplicación a la crítica literaria de este concepto, útil para estudios históricos, sociológicos y políticos, me parece el suceso más perturbador y regresivo de cuantos afligieron a nuestra crítica en el presente siglo. Perturbador, porque escindió la unidad de la literatura de lengua española, embarcada desde 1880 en ardua aventura renovadora, e indujo a creer que la creación literaria había sido impulsada, durante veinte o veinticinco años, por un acontecimiento que sin duda la afectó, pero de modo más accidental y superficial de lo

_____

5. Se refiere a la ciudad meda Ecbatana. Fue famosa por sus riquezas y por sus palacios de techos y columnas recubiertos con planchas de oro y de plata.
6. Alude a la famosa batalla entre «Don Carnal y doña Cuaresma», que describe el arcipreste de Hita en su *Libro de buen amor*.

aseverado por Azorín. Regresivo, porque al mezclar historia y crítica fomentó la confusión en ambos campos, trazando para la crítica una avenida jalonada de lugares comunes ajenos a lo esencial del proceso creador: Así la desvió del camino estrecho por donde puede llegar a la comprensión de la obra de arte, mediante el análisis de los procedimientos puestos en juego para lograrla [...]

De no fijarse suficientemente en la creación misma, de exaltar el españolismo frente al universalismo y de subrayar lo negativo con preferencia a lo positivo arranca el error llamado «Generación del 98». Para describir la sustancia generacional Azorín enumera los hechos contra los cuales se alzaron los escritores de la promoción noventayochista: «las corruptelas administrativas, la incompetencia, el chanchullo, el nepotismo, el caciquismo, la verborrea, el «mañana», la trapacería parlamentaria, el atraco en forma de discurso grandilocuente..., todo el denso e irrompible ambiente» del país. Protesta necesaria que acreditó a los protestantes de ciudadanos virtuosos y ejemplares, pero no excepcionales, pues bajo el signo de la rebeldía instituye en todas partes el modernismo.

La función del grupo minoritario consiste en preparar la conversión del futuro deseable en presente aceptable, pero tampoco aquí podrían apuntarse muchos tantos los creyentes en la autonomía del 98, pues esa función fue la peculiar de los modernistas. Y no se piense en que los españoles formaban un conjunto más orgánico y unitario. No veo cómo se podría esbozar un esquema ideológico y menos un programa político en el cual cupieran simultáneamente el mesianismo unamuniano, el «anarquismo» en zapatillas de Pío Baroja, el jacobinismo matizado de Antonio Machado y el conservadurismo con inclinación a la mano fuerte de Azorín [...]

Aún diría más: el estruendo en torno a la Generación del 98 se debió en buena parte a la inclinación a los estudios temáticos, que ni son los más indicados para desentrañar el problema de la creación literaria, ni dieron de sí gran cosa. En vez de utilizarlos para medir diferencias sirvieron a menudo para forzar semejanzas en cuanto al paisaje, España como abstracción, la muerte, Dios, el amor... Interesante, pero poco convincente. Si en lugar de fijarse en las coincidencias temáticas hubiera observado Azorín cómo esos temas eran tratados en las obras de sus coetáneos, habría visto hasta qué punto su concepción de España, por ejemplo, difería de la de Baroja, Unamuno, Valle o Benavente, y lo injusto de forzarlas en un marco que no por juntarlas las hacía más parecidas. Lo que tienen de común son los elementos epocales y de reacción frente a situaciones generales (y no sólo españolas).

(La invención del 98 y otros ensayos, Madrid, Gredos, 1969, págs. 7-18.)

VI. Carlos Blanco Aguinaga

Juventud del 98

Los escritores principales de la Generación del 98 son todos, según siempre se ha dicho, periféricos. Obviamente, aun si exceptuamos, como suele hacerse, a los catalanes; entre vascos, y algún que otro gallego, alicantino, valenciano y sevillano anda el juego. Pero me atrevo a sugerir que estos autores son «periféricos» en otro sentido tal vez más significativo: en cuanto que todos son pequeño-burgueses están al margen tanto de la clase dominante en su juventud como de la clase trabajadora y de la casta intelectual burguesa progresista que entonces se oponía a la ideología de la burguesía conservadora (la Institución Libre de Enseñanza y sus derivados). Así, entran al mundo de las letras sin la protección de los unos ni de los otros y con una vaga conciencia de marginalidad dentro de la lucha que perciben como entablada entre burguesía y pueblo. Todo ello, claro está, después del fracaso de la «Gloriosa». De ahí que las vacilaciones que reconocemos como características de la pequeña burguesía intelectual a lo largo del siglo XIX europeo sean también sus vacilaciones y no es extraño, por lo tanto, que en un momento dado, pongan sus palabras al servicio de la transformación social antiburguesa [...]

¿Y después? Abandonada ya su ortodoxia marxista, Unamuno seguirá llamándose a sí mismo socialista durante varios años para acabar, sin embargo, renegando de todo materialismo según se adentra en el radical

DOCUMENTOS

Pablo Iglesias (1850-1925), fundador del Partido Socialista Obrero Español, en un mitin en favor de los presos de la Semana Trágica.

subjetivismo de su obra de madurez; será siempre un hombre progresista, en el sentido liberal del término, individualista a ultranza que, sin embargo, pasa por un breve momento de aprobación del golpe militar como inevitable para resolver «el problema de España». Maeztu se pasa al fascismo con casi los mismos argumentos con que predica el socialismo en su obra de juventud. Martínez Ruiz, bajo la protección de Maura, resulta ser el máximo relativista conservador de la generación. El individualismo egocentrista, elitista y seudocientífico es la clave de la ideología del Baroja maduro. Junto con Valle-Inclán y Machado, sin embargo, todos ellos llegan a ser ya en el siglo XX parte del mundo cultural de la burguesía progresista que avanza hacia el poder político durante los años veinte de este siglo. Sabemos, por ejemplo, que Federico Urales y Anselmo Lorenzo se quejaron de que Unamuno hubiese abandonado sus posiciones revolucionarias y es más que probable que, en general, el movimiento anarquista llegase a rechazar la obra de aquellos hombres que aparecían en su madurez como representantes de una nueva España que, por fin, llegaba a la meta ansiada durante casi todo el siglo XIX. Pero aparte de lo que pudieran opinar en privado de un Baroja,

de un Azorín o de un Unamuno, hasta los líderes de las otras organizaciones revolucionarias (socialistas y comunistas) aceptan públicamente durante los años veinte y treinta a los del 98 como representantes de la España progresista. Es raro entre no anarquistas un texto como aquel de Ilia Ehrenburg de 1932 en que se ataca a los intelectuales que siguen haciendo «metafísicas» mientras el país se acerca a la guerra civil. Lo común (y ello sería parte, explícita o no, de una política de alianzas antifascistas que se inicia en toda Europa antes de 1930) es que tanto la burguesía progresista como la pequeña burguesía y la izquierda no anarquista consideren a los del 98 como suyos. No es extraño, por lo tanto, que incluso un Baroja y un Azorín, tuviesen más adelante que defenderse contra acusaciones de republicanismo y antiespañolismo.

El asunto es de suma importancia, porque, si hoy vemos el abismo que separa la obra de juventud de los del 98 de su obra madura, podríamos caer en la tentación de explicar cada uno de los casos en términos puramente personales (conversión religiosa de Unamuno, comercialismo de Blasco Ibáñez, tranquilidad económica de Azorín y Baroja, etc.), perdiendo con ello de vista las transformaciones sufridas por la sociedad española de fin de siglo y el papel —clásico— que juegan en ellas los intelectuales pequeño-burgueses. La línea central de esas transformaciones sería la del avance de la burguesía progresista hacia el poder político en lucha intensa contra poderes tradicionales, malamente maridados con la burguesía de la Restauración. En ese avance, con el despegue económico vasco y catalán, con la prosperidad coyuntural de la Primera Guerra Mundial, aumenta la base social de la burguesía progresista según crecen las capas pequeño-burguesas, cuyos miembros sienten la necesidad y la posibilidad de cierta movilidad «hacia arriba» y se oponen, por lo tanto, al reaccionarismo tradicional de la España autoritaria. Los del 98 y aledaños fueron en gran medida los intelectuales orgánicos de aquella «nueva» España. Sólo que como al mismo tiempo la clase trabajadora en que aquella burguesía necesitaba también apoyarse va adquiriendo más y más conciencia de su papel histórico independiente, la situación es conflictiva y contradictoria. (Las contradicciones se agudizan con las huelgas de 1902 y 1904, con el proceso de Montjuich y, tal vez particularmente, con la huelga general de 1917.) Característica de esta contradicción será la Constitución de 1931, en que se declara que el país es una República de trabajadores «de todas las clases»; y característica de esa contradicción es también la obra de los escritores del 98, pequeño-burgueses que durante su juventud pretenden unirse a la revolución para volver a sus más obvios intereses de clase cuando la nueva burguesía avanza al parecer con firmeza hacia el poder político. Lo que no excluye, claro está, el escepticismo característico de su madurez, ya que el escepticismo es esencial a la ideología burguesa progresista que pretende basarse en el pluralismo.

El «cambio» de los autores que aquí nos ocupan hemos de entenderlo, por lo tanto, como característico de las vacilaciones de la pequeña burguesía intelectual —siempre y cuando entendamos que tal generalización sólo adquiere sentido dentro de un contexto histórico particular—. A nivel personal, dada la filiación de clase de los del 98 y dadas las transformaciones que sufre el país entre 1890 y 1931, lo mismo pueden darse el abandono de Unamuno y el fascismo de Maeztu que el progresismo cada vez más acentuado de Antonio Machado. Tómese en cuenta, por ejemplo, que dos de los hermanos Machado, Antonio y Manuel, educados en el mismo ambiente y bajo las mismas influencias, acaban políticamente en bandos contrarios. En el estudio de la obra particular de cada uno de los escritores del 98 es evidente que habrá siempre que atender a la interrelación dialéctica entre persona-obra e historia; pero de ningún modo debe ello cegarnos a la generalización que, a tantos años ya de distancia, debería guiarnos en el estudio de una generación que, en cuanto tal, fue en su tiempo absolutamente central y decisiva para la vida cultural española [...]

[En cuanto a Valle-Inclán y a Machado] sabemos que evolucionaron hacia actitudes sumamente progresistas que, en el caso de Machado, por ejemplo, llegaron hasta una identificación absoluta con la razón de ser y la política del Frente Popular. Donde los otros empiezan, terminan ellos.

(Juventud del 98,
Barcelona, Crítica, 1978, págs. 8-16)

VII. Gonzalo Sobejano

Nietzsche y los escritores del 98

El tránsito del siglo XIX al XX, a pesar del renacimiento del idealismo, es época de ateísmo y de increencia en todo el mundo. El «Dios ha muerto» nietzscheano se encuentra en la mayoría de los hombres del 98 de una o de otra manera. Ganivet identifica a Dios con el alma autocreada, previa la pérdida o abandono de la fe. Unamuno, ateo, se hace un Dios equivalente a la voluntad de ser eterno, y predica la fe en la fe, entendiendo por fe la esperanza, el puro deseo de que Dios exista. Actitud semejante es la de Antonio Machado. En Baroja y Azorín el silencio acerca de Dios es la mejor prueba de que para ellos no cuenta. Blasco Ibáñez no oculta su ateísmo. Diego Ruiz pone en el vacío dejado por la divinidad el entusiasmo.

Pero si el ateísmo de estos escritores puede deberse a la crisis general de la época, su posición ante el cristianismo viene mediati-

Nietzsche fue, con Kant y Schopenhauer, el pensador que más influyó en los escritores del 98.

zada indudablemente por la lectura de Nietzsche. Miran el cristianismo como religión decadente, morbosa, hostil a la vida, fúnebre y cargada de tristeza y resignación infecunda el Maeztu y el Azorín juveniles, Pío Baroja a lo largo de toda su obra, Ciges Aparicio, Blasco Ibáñez. Ganivet salva el cristianismo por lo que de estoico y español hay en su ética y en la tradición nacional que lo encauza. Y si Unamuno no perdona a Nietzsche las «calumnias» contra Jesucristo y su doctrina, su apología no escasea en categorías nietzscheanas, hasta el punto de hacer de Cristo el superhombre en arquetipo. Salaverría encuentra incompatible el semitismo cristiano con el temperamento europeo y, como Maeztu, deriva hacia la hispanidad católica más que hacia el cristianismo sustantivo y universal.

Dentro del ámbito moral ocupa el influjo de Nietzsche más dilatada área. Los escritores del 98 tienden por todos los caminos, y ésta es acaso su inclinación más común y más fuerte, hacia el incremento del valor Vida. En anteponer la Vida a la Razón estriba la intrínseca anarquía de todos ellos. Unamuno es quien da a esta común aspiración desarrollo más filosófico y formulaciones más categóricas: mentira vital, locura quijotesca, el sueño es vida, las verdades deben decirse cuando más inoportunas, dar a cada uno lo mío, fe en lo que sea, sentimiento trágico de la vida como agonía entre lo vital y lo racional. Pero sus compañeros coinciden con él en mucho. Maeztu y Baroja repiten que la vida no es justa ni injusta, buena ni mala, sino necesaria. Baroja invita a una labor de inmoralización, para acabar con la idea de pecado. Azorín adopta una moral contingente y relativista, dedicándose a revisar valores de acuerdo con la escala de la vida. Tratan muchos de situarse por encima del bien y del mal o dentro de lo que es común a ambos; pero su amoralismo resulta a menudo un inmoralismo antiburgués violento cuando no artificioso. Amoralidad es inocencia vital, y la inocencia vital no es posible en el clima nihilista de entonces. Se invertirán, pues, los valores, demoliendo para ello algunos de los principios cristianos que informaban las costumbres morales de la época. Si los modernistas, para eliminar la «moralina», recurrían a una mezcla blasfema de misticismo y carnalidad, los noventayochistas apelan a la dureza aprendida en Zaratustra. Inmoralizar significa para Ganivet, Maeztu o Baroja, al menos en ciertas fases de su vida y momentos de su obra, ser duros, oponerse a la compasión. Sintéticamente, Baroja y Azorín explicaban la diamantina dureza de su generación frente al ambiente español con el símil nietzscheano del diamante y el carbón de cocina. Moral de la fuerza por auténtico amor responsable, por compasión verdadera.

La moral de estos hombres tiene una proyección política vasta y honda. La mayoría, comprometidos a una crítica rigurosa del siglo XIX y sus prolongaciones, multiplican las manifestaciones de desprecio a la democracia, burocracia, parlamentarismo, socialismo. Si algún nombre general puede dárseles es el de anarcoaristócratas. Los modernistas eran más bien aristocraticistas; los hombres del 98 empiezan profesando un anarquismo intelectual clamoroso, pasan luego algunos a posiciones aristocratizantes, pero no abandonan nunca del todo la arbitrariedad, el individualismo anárquico, la iconoclastia de la juventud. Odian la democracia, temen al socialismo; no por odio y temor al pueblo, sino por odio a la representación del pueblo por la burguesía de los politicastros, y por temor a la lenta absorción del pueblo en la burguesía de los funcionarios. Consecuentemente, se burlan de los simulacros electorales, de la garrulería parlamentaria, del socialismo rebañego. Solitarios entre y contra la mediocridad. Glorificadores de la individualidad enérgica y descollante. De la anarquía máxima están predispuestos siempre algunos a acceder al máximo de autoridad concentrado en un hombre. Entre algunos escritores (Maeztu, Salaverría, Burguete, Azorín a rachas) se da incluso una vocación militarista y dictatorial.

El individualismo anarcoaristocrático de los hombres del 98, tan embebido en el ideario de Nietzsche, se define en una palabra que, tómese desde una perspectiva individual puramente o desde una perspectiva patriótica, preside todos sus esfuerzos: Voluntad. Ganivet diagnostica la enfermedad de España, «abulia», y crea un Hércules moral y un escultor prometeico de su alma. Unamuno opone al «marasmo» la energía orientada al porvenir, el instinto de invasión y de ser más, la caridad dominadora. Frente a la «parálisis» española se lanza Maeztu a predicar la voluntad de afirmación y ascenso, dando la batalla a la «decadencia». Baroja finge y exalta al hombre de acción. Para salir de la «postración», Azorín fía en la voluntad. Y recordemos el Valor, de Burguete; la Afirmación española, de Salaverría; el Futurismo, de Alomar; el Entusiasmo, de Diego Ruiz.

La apoteosis de la voluntad enérgica llega a producir en algunos casos la apología de la guerra, ya se trate de una guerra interna personal (la agonía de Unamuno), ya de la guerra en el sentido usual de la palabra (Maeztu, Baroja, Burguete, Salaverría, Bonilla).

Cumbre de la nueva moral y de la nueva voluntad de poder es el superhombre. Sólo Baroja y Azorín dejaron de intentar plasmaciones sobrehumanas en su obra, aunque Baroja definiera aquel ideal como símbolo del Occidente frente al Oriente e infundiera modestos rasgos de superhombre a algunos de sus hombres de acción. Los demás ensayan alguna equivalencia. «Pío Cid» tiene algo de superhombre en germen, como el propio Ganivet lo tuvo para Navarro Ledesma y algunos devotos. Unamuno, pese a su reacción contra Nietzsche, no se fatiga de proyectar variantes del superhombre: el cristiano perfecto, el hombre nuevo, Apolodoro Carrascal (variante paródica), Don Quijote, Cristo mismo. Al trasluz del superhombre ve Maeztu a don Juan, y su «Caballero de la Hispanidad» es otro ejemplar de proporciones titánicas [...]

Al Nietzsche psicólogo [...] tributaron atención y admiración Ganivet, Baroja, Azorín y Antonio Machado. Por la riqueza de su sensibilidad y el doloroso curso de su vida misma simpatizaron con él hasta los más reacios al influjo de su obra, como Unamuno [...]

Y literariamente, a favor del influjo de Nietzsche el horizonte español experimentó, sin duda, ensanche y alteraciones de importancia. Con Unamuno y Machado la poesía se hizo meditativa y trascendente. Poblóse la novela de personajes voluntariosos, aventureros, arrogantes, complicados, vividores de la decadencia y del peligro. La prosa se enriqueció con formas ensayísticas y aforísticas de gran novedad y atractivo, y por un camino se fue haciendo evangélica, patética, sacerdotal, hasta configurar un lenguaje político; por otro camino, se flexibilizó y densificó, perdiendo la gravedad filistea, conquistando aquella energía ligera que no estaba en Schopenhauer ni en Tolstoy, pero que sigue siendo uno de los dones más fecundos del escritor Nietzsche, del poeta.

(*Nietzsche en España*, Madrid, Gredos, 1967, págs. 481-485)

VIII. Donald Shaw

La Generación del 98

En el enfoque que adopto ante la Generación se acepta, con todas las debidas reservas, un concepto genético de la historia literaria, estrechamente relacionado con la historia de las ideas. Estoy convencido de que el significado de la Generación del 98 tiene menos que ver con las condiciones político-sociales de la España de fines del siglo pasado de lo que a veces parece y mucho más con aquella «crise de conscience européenne» cuyos orígenes, según Paul Hazard, se remontan al siglo XVIII. En otras palabras, si la Generación del 98 constituye un grupo literario importante, su importancia estriba menos en lo que nos enseña acerca del estado en que se encontraba España durante las primeras décadas de nuestro siglo, que en su expresión de la forma española de la *Weltanschauung* europea en aquel período. Un brevísimo examen de la crítica, especialmente durante los últimos años, revela un consenso cada vez más extenso acerca de la insuficiencia de enfocar la Generación en relación con el problema de España. Cuanto más se enjuiciaba el grupo con este criterio, tanto más su reformismo cultural tiene que parecer confuso, pequeño-burgués, y en todo caso totalmente ineficaz; aunque yo, por mi parte, no estoy dispuesto a condenar a los noventayochistas como reaccionarios o como hombres de mala fe por el solo hecho de que abandonaron progresivamente sus vagas lealtades políticas de primera hora. En cambio, cuanto más vemos en la Generación del 98 un grupo preocupado sobre todo por la desorientación espiritual del hombre moderno y por el derrumbe de sus valores y creencias, tanto más se le puede situar en una de las corrientes principales de la literatura europea moderna. El hecho de que los noventayochistas viesen (a mi ver, equivocadamente) una estrecha conexión entre el problema de España y la crisis espiritual moderna, no lleva consigo que nosotros no debamos distinguir el uno de la otra.

Si examinamos la más reciente crítica de la Generación, advertimos en seguida un doble fenómeno. Por una parte las investigaciones de una constelación de críticos muy distinguidos (Pérez de la Dehesa, Blanco Aguinaga e Inman Fox, entre otros) han hecho que el interés en las obras de la Generación pase de los escritos de madurez a los de origen temprano. Este cambio ha sido indudablemente la mayor novedad de los últimos años; su importancia es fundamental y no debe de ningún modo subestimarse: ha puesto al descubierto una dimensión nueva de la obra de los noventayochistas. Pero también ha reforzado la tendencia, iniciada por Azorín y llevada hacia el extremo por Granjel, de fijar la atención en el aspecto político-social de la obra de los noventayochistas —precisamente, según mi parecer, su aspecto más endeble—, de fomentar juicios partidistas y de producir un tipo de crítica basada en muchos casos en criterios extra-literarios y de vez en cuando con ribe-

Sigüenza: Pormenor del sepulcro de D. Martín Vázquez de Arce, el Doncel.

tes de terrorismo literario. Por otra parte, hay una tendencia visible en obras como *Estructura y sentido del novecentismo español*, de G. Díaz Plaja, y *La edad de plata*, de J. C. Mainer, ambas publicadas en 1975, de limitar la influencia de la Generación del 98 a los primeros años de este siglo y de afirmar la existencia de otro movimiento posterior, el novecentismo, cuyo «deseo de claridad, de contacto real con las cosas; su limpia y sencilla visión del mundo de retorno de retorcidas patologías» (Díaz Plaja, pág. 137) representa la superación de la mentalidad noventayochista. No estoy convencido de la existencia real de tal movimiento. Pero, en todo caso, entre las consecuencias de desviar la atención de la obra entera de la Generación del 98 para llevarla a sus comienzos o hacia lo que se viene considerando como su fin se halla el peligro de perder de vista la totalidad de su contribución a la literatura española y por extensión a la europea.

Concluyo reafirmando mi convicción de que la Generación del 98 existió como un grupo unificado, distinto de los modernistas y con características tan bien definidas como las de otros grupos literarios cuya existencia nunca ha sido puesta en duda. Es posible que la opinión de Azaña, expresada en 1923, de que «en el fondo no demolieron nada, porque dejaron de pensar en más de la mitad de las cosas necesarias» (véase sus *OC*, 1, Méjico, 1966, pág. 557), aunque dura, sea más o menos acertada en lo que se refiere al problema de España. Donde pecó Azaña de ligereza fue al decir a continuación que «su caso fue mucho menos nacional de lo que ellos pensaron». Así es, en efecto; y en eso precisamente veo su importancia. A fin de cuentas, lo que importa en cuanto a la Generación del 98 no es tanto su visión de España cuanto su visión de la condición humana. Es esta visión, sobre todo, la que he querido aclarar.

(*La Generación del 98*, Madrid, Cátedra, 1977, págs. 12-13.)

IX. Rafael Lapesa

La Generación del 98

Los prosistas de la Generación del 98, dentro de una gran disparidad, ofrecen entre sí coincidencias fundamentales que los separan de la literatura anterior. Cada escritor pone en su lenguaje huellas personales inconfundibles, mucho más señaladas que las apreciables en los novelistas del realismo. Al estilo general de época o tendencia se sobreponen los rasgos privativos del autor. Por caminos muy diversos se crea un arte nuevo de la prosa. Baroja, el menos cuidadoso, imprime nervio y rapidez a su desaliño; Maeztu, rigor y densidad. Unamuno concentra su pensamiento atormentado y contradictorio en el retorcimiento conceptuoso de su frase. Valle-Inclán, más ligado al modernismo, aprovecha el adjetivo y la imagen para fundir notas de sensualidad, nobleza legendaria y religiosidad ornamental en el barroquismo de las *Sonatas;* nadie como él ha conseguido dotar de valor musical a la prosa, mediante inimitable juego de pausas y melodías tonales. Más tarde, en las geniales caricaturas de los esperpentos, *Tirano Banderas* y *El ruedo ibérico*, prodiga el trazo gráfico y definitivo, resurrección del sarcástico humorismo quevedesco. Azorín sostiene: «lo que debemos desear al escribir es ser claros, precisos y concisos»; fiel a esta consigna, emplea la frase breve y limpia, labrada con meticulosidad. El período extenso y retórico del siglo XIX desaparece; con él abandonan la literatura los calificativos hueros y la frase hecha.

Al buscar las esencias hispánicas en el alma del pueblo, el uso de palabras tradicionales se convierte en necesidad ideológica y estilística. Acusado de emplear algunas que no figuraban en el Diccionario de la Academia, Unamuno responde: «¡Ya las pondrán!» Y las pondrán cuando los escritores llevemos a la literatura las voces españolas —españolas, ¿eh?— que andan, y desde siglos, en boca del pueblo.

(*Historia de la lengua española*, Madrid, Gredos, 1985, págs. 447-450.)

Unamuno y Alvaro de Albornoz en una comida en honor de Valle-Inclán, celebrada en 1932.

ANGEL GANIVET

Nació en Granada en 1865. Se licenció en Filosofía y Letras y en Derecho. Fue amigo de Unamuno, con el que mantuvo en 1898 una interesante correspondencia, recogida más tarde en *El porvenir de España* (1912). En 1892 ingresa en el servicio Consular. Es destinado a Amberes, como vicecónsul, y, más tarde, como cónsul, a Helsinki y a Riga. En esta ciudad se suicidará en 1898, arrojándose al río Dwina.

La necesidad de combatir la postración y la decadencia nacionales y su lucha privada para escapar de su propio escepticismo serán las constantes de toda su obra. Como consecuencia de ambas obsesiones, Ganivet abogará siempre por la obligatoriedad de perseguir un ideal que encauce y dirija la vida.

En **Ideárium español** (1897), se propone explorar «nuestra alma nacional, nuestro genio, la constitución ideal de España, o la autenticidad nacional». La obra constituye, a un tiempo, un diagnóstico y una terapéutica de los males de la patria. La decadencia nacional, la apatía, el cansancio y la falta de estímulos de los españoles para concluir lo empezado son el resultado de la falta de «ideas-guías» («ideas-madres» o «ideas céntricas» las llama Ganivet), imprescindibles para una acción efectiva. Cuando falta «una suma de ideas que se imponen a la voluntad» —precisará—, ésta se debilita y se cae en la abulia y en el individualismo indisciplinado.

Para combatir estos males, postula, a veces de forma esquemática y ambigua, la necesidad de una renovación espiritual, aunque asentada en la tradición nacional (la conveniencia de «españolizar nuestra obra» implica un rechazo de la «europeización»).

Ganivet es autor de dos interesantes novelas en las que se transparentan con nitidez sus ideales estéticos, filosóficos y políticos: *La conquista del reino de Maya, por su último conquistador Pío Cid* (publicada en 1897, aunque escrita mucho antes), en la que alternan la sátira social y la política, y **Los trabajos del infatigable creador Pío Cid** (1898), que no terminó. Esta última, por su forma y por las características de su héroe central (hombre de ideas, dotado de una intensa conciencia de sí mismo y de sus relaciones con la vida y con la sociedad), se anticipa a la renovación novelística emprendida por diversos autores posteriores.

El resto de su obra está compuesto por: *Granada la bella* (1896), *Cartas finlandesas* (1898), *Hombres del Norte* (1905), *El escultor de su alma,* drama en verso que fue representado en Granada en 1899 y publicado en 1904, y varias poesías. También tiene un gran interés su *Epistolario*.

Por su deseo de definir el ser de España y de los españoles, y por su actitud crítica y pesimista, Ganivet ha sido habitualmente considerado como un precursor de los escritores del 98.

A la izquierda, fotografía que envió a su madre desde Madrid en 1892 y a la derecha, foto realizada en Helsingfors cuando tenía treinta años.

Ediciones

Obras completas, 2 volúmenes, prólogo de M. Fernández Almagro, Madrid, Aguilar. *Ideárium español,* Madrid, Espasa-Calpe (Col. Austral). *Los trabajos del infatigable creador Pío Cid*, ed. de Laura Rivkin, Madrid, Cátedra.

Ni por el Norte, ni por el Occidente, ni por el Oriente hallará España una promesa de engrandecimiento mediante la acción política exterior: no encontraremos ni una finalidad bien marcada para nuestra política, ni la exuberancia de fuerzas que impulsa hacia la acción reflexiva, hacia las empresas del instinto, que brotan espontáneas del espíritu del territorio. Necesitamos reconstruir nuestras fuerzas materiales para resolver nuestros asuntos interiores, y nuestra fuerza ideal para influir en la esfera de nuestros legítimos intereses externos, para fortificar nuestro prestigio en los pueblos de origen hispánico. En cuanto a la restauración ideal, nadie pondrá en duda que debe de ser obra nuestra exclusiva; podremos recibir influencias extrañas, orientarnos estudiando lo que hacen y dicen otras naciones; pero mientras no españolicemos nuestra obra, mientras lo extraño no esté sometido a lo español y vivamos en la incertidumbre en que hoy vivimos, no levantaremos cabeza. Nuestra debilidad intelectual se patentiza en la incoherencia de nuestra cultura, formada de retazos de diferentes colores como la vestimenta de los mendigos; pero tocante a nuestra restauración material los pareceres no son ya tan unánimes. Hay quien espera «aún» la herencia milagrosa, como si tuviéramos muchos tíos en las Indias. Después de varios siglos de andar arrastrándonos por los suelos, no queremos todavía caer en la cuenta de que hay que confiarlo todo a nuestro esfuerzo, y que para trabajar, que es lo que interesa, tenemos hoy por hoy dentro de España más tierra, más luz y más aire que necesitamos.

Hay quien confía en las colonias, como si no supiéramos que con nuestro sistema de colonización las colonias nos cuestan más que nos dan; y esto no admite reforma ni necesita reforma tampoco. La verdadera colonia debe costar algo a la metrópoli, puesto que colonizar no es ir al negocio, sino civilizar pueblos y dar expansión a las ideas. Dejemos a otros pueblos practicar la colonización utilitaria y continuemos nosotros con nuestro sistema tradicional, que, malo o bueno, es al fin nuestro. Estamos ya demasiado avanzados para cambiar de rumbo, y aunque quisiéramos no podríamos tomar otro nuevo, y aunque pudiéramos no adelantaríamos nada con superponer a un edificio construido con arreglo a nuestras ideas un cuerpo más de estilo diferente, copiado quizá sin discernimiento. No hemos podido formar un concepto propio sobre la colonización a la moderna; atengámonos al antiguo; prosigámoslo con tenacidad, aunque choque con las ideas corrientes; porque si nosotros no tenemos fe en las obras que creamos, ¿quién la tendrá por nosotros y cuál será nuestra misión en la Historia futura? [...]

Una restauración de la vida entera de España no puede tener otro punto de arranque que la concentración de todas nuestras energías dentro de nuestro territorio. Hay que cerrar con cerrojos, llaves y candados todas las puertas por donde el espíritu español se escapó de España para derramarse por los cuatro puntos del horizonte, y por donde hoy espera que ha de venir la salvación; y en cada una de esas puertas no pondremos un rótulo dantesco que diga: *Lasciate ogni speranza,* sino este otro más consolador, más humano, muy profundamente humano, imitado de San Agustín: *Noli foras ire; in interiore Hispaniae habitat veritas.*

....

Si yo fuera consultado como médico espiritual para formular el diagnóstico del padecimiento que los españoles sufrimos (porque padecimiento hay y de difícil curación), diría que la enfermedad se designa con el nombre de «no querer», o en términos más científicos por la palabra griega «aboulía», que significa eso mismo, «extinción o debilitación grave de la voluntad» [...]

Los síntomas intelectuales de la abulia son muchos: la atención se debilita tanto más cuanto más nuevo o extraño es el objeto sobre el cual hay que fijarla; el entendimiento parece como que se petrifica y se incapacita para la asimilación de ideas nuevas: sólo está ágil para resucitar el recuerdo de los hechos pasados; pero si llega a adquirir una idea nueva, falso de contrapeso de otras, cae de la atonía en la exaltación, en la «idea fija» que le arrastra a la «impulsión violenta». [...]

En nuestra nación se manifiestan todos los síntomas de la enfermedad que padecemos la mayoría de los españoles: realízanse los actos fisiológicos y los instintivos; como funciona el organismo individual para vivir, así trabaja la sociedad para vivir; el trabajo, que es libre para el individuo, para la sociedad es necesario, a menos que se trate de pueblos vagabundos; igualmente el ocultar la riqueza a las investigaciones del fisco es acto social tan instintivo como el de cerrar los ojos ante el amago de un golpe. Los actos que no encontramos son los de libre determinación, como sería el intervenir conscientemente en la dirección de los negocios públicos. Si en la vida práctica la abulia se hace visible en el no hacer, en la vida intelectual se caracteriza por el no atender. Nuestra nación hace ya tiempo que está como distraída en medio del mundo. Nada le interesa, nada la mueve de ordinario; mas de repente una idea se fija, y no pudiendo equilibrarse con otras, produce la impulsión arrebatada. En estos últimos años hemos tenido varios movimientos de impulsión típica producidos por ideas fijas: integridad de la patria, justicia histórica y otras semejantes. Todas nuestras obras intelectuales se resienten de esta falta de equilibrio, de este error óptico; no vemos simultáneamente las cosas como son, puestas en sus lugares respectivos, sino que las vemos a retazos, hoy unas, mañana otras: la que un día estaba en primer término ocultando las demás, al siguiente queda olvidada porque viene otra y se le pone delante [...]

En tanto que el pensamiento de una nación no está claramente definido, la acción tiene que ser débil, indecisa, transitoria. El sentido sintético es en la sociedad, y en particular en quienes la dirigen, la capacidad para obrar conscientemente, para conocer bien sus propios destinos. Hay naciones en las que se observa por encima de las divergencias secundarias una rara y constante unanimidad para «comprender sus intereses». Esta comprensión parece tan clara como la de un individuo que en un momento cualquiera, recordando su pasado y examinando su situación presente, se da cuenta precisa de lo que es o de lo que representa.

En otras sociedades, por el contrario, predomina el desacuerdo; los intereses parciales, que son como las representaciones aisladas en los individuos, no se sintetizan en un interés común, porque falta el entendimiento agente, la energía interior que ha de fundirlos; las apreciaciones individuales son irreductibles, y la actividad derivada de ellas tiene que ser pobre y desigual. Unas veces el móvil será la tradición, que jamás puede producir, aunque otra cosa se crea, un impulso enérgico, porque en la vida intelectual lo pasado, así como es centro poderoso de resistencia, es principio débil de actividad; otras veces se obedecerá a una fuerza extraña, pues las sociedades débiles, como los artistas de pobre ingenio, suplen con las imitaciones la falta de propia inspiración. Ya el interés secundario se colocará transitoriamente en primer término y producirá desviaciones, retrocesos, trastornos en la marcha de la sociedad; ya la idea del interés general, más que conocida, vislumbrada, creará un estado momentáneo de falsa energía y de actividad engañosa; echándose siempre de menos la idea clara, precisa, del interés común, y la acción constante, serena, que se encamina a realizarlo.

De lo dicho se infiere cuán disparatado es pretender que nuestra nación recobre la salud perdida por medio de la acción exterior; si en lo poco que hoy hacemos revelamos nuestra flaqueza, ¿qué ocurriría si intentáramos acelerar más el movimiento? La restauración de nuestras fuerzas exige un régimen prudente, de avance lento y gradual, de subordinación absoluta de la actividad a la inteligencia, donde está la causa del mal y adonde hay que aplicar el remedio. Para que la acción sea útil y productiva, hay que pensar antes de obrar, y para pensar se necesita, en primer término, tener cabeza. Este importante órgano nos falta desde hace mucho tiempo, y hay que crearlo, cuéstenos lo que nos cueste. No soy yo de los que piden un genio, investido de la dictadura; un genio sería una cabeza artificial que nos dejaría luego peor que estamos. El origen de nuestra decadencia y actual postración se halla en nuestro exceso de acción, en haber acometido empresas enormemente desproporcionadas con nuestro poder; un nuevo genio dictador nos utilizaría también como fuerzas ciegas, y al desaparecer, desapareciendo con él la fuerza inteligente, volveríamos a hundirnos sin haber adelantado un paso en la obra de restablecimiento de nuestro poder, que debe de residir en todos los individuos de la nación y estar fundado sobre el concurso de todos los esfuerzos individuales.

(Ideárium español.)

TRABAJO CUARTO

El camino de Seronete cruzaba lo menos una legua por medio del inmenso cortijo de *Los Castaños*. Pío Cid pasaba por allí como si no conociera el terreno, y el tío Rentero, que lo notó, no pudo contenerse, y después de tragarse la palabra varias veces la soltó al fin y, limpiándose los ojos llorones con el pañuelo rameado que para este uso llevaba, dijo:

—¡Válgame Dios, don Pío, que debe su mercé de tener el corazón de piedra mármol cuando pasa por estos sitios sin que le jaga mella el verlos! Yo no he sío el propietario, y estuve aquí antiyer en lo alto de aquella loma, y cuando vía toa esta dixtensión de terreno y too de la mejor caliá, cuasi se me enrasaron los ojos en agua. Yo no sé cómo permite Su Divina Majestá que estas fincas salgan de manos de las güenas familias pa que las arrecojan cuatro agoniosos, que no son capaces de jacer una virtú a naide.

—Todo tiene su fin en esta vida, y lo que parece malo es mejor a veces que lo bueno —dijo Pío Cid—. Antes había quien usaba humanamente de la propiedad; ahora llegan los que la desacreditan; más tarde vendrá quien la suprima.

—No he comprendío a su mercé —dijo el tío Rentero.

—He dicho que la sociedad, sin saber lo que hace, trabaja para destruir la propiedad, porque para destruir una cosa hay primero que desacreditarla. Hoy la propiedad se va concentrando en manos de ciertos bribones, que pretenden sacar de ella más de lo debido; y este mal traerá algún día un bien, que será que no quede un propietario para un remedio.

—Pero ¿cree osté, don Pío —preguntó el tío Rentero, asustado—, que se pue vivir sin propieá?

—¿Cómo que si se puede? —dijo Pío Cid—. Pues ¿yo no vivo sin propiedades, y me va divinamente? Y usted, ¿qué propiedades tiene? ¿No vive usted de su trabajo?

—Eso es verdá —dijo el tío Rentero.

—Su huerta de usted —continuó Pío Cid— mantiene a dos familias: a ustedes, que trabajan, y al amo, que cobra la renta sin trabajar. Supongamos que la huerta es de la ciudad y que esta cobra la renta. Su amo de usted tendría que trabajar para vivir, con lo que nadie perdería nada, y la ciudad tendría ese dinero y mucho más para emprender grandes obras, en las que tendría ocupación todo el que quisiera trabajar. Así nadie pasaría hambre, y las obras que se fueran haciendo, hechas quedaban.

—Es osté capaz de golver loco al lucero del alba —dijo el tío Rentero—. Eso que osté dice paece mesmamente el Evangelio [...]

A eso de las ocho de la noche, salieron todos a un portalón grandísimo que la casa tenía, donde los electores campesinos se habían ido reuniendo. Pío Cid les saludó uno por uno dándoles la mano, y les preguntó sus nombres y algo de sus familias. Luego, entre trago y trago, hubo conversación animada sobre la política del pueblo; y cuando la asamblea estuvo suficientemente caldeada, el diputado electo tomó la palabra y dijo:

—No tenía yo escrito en mi libro que hubiera de venir a Seronete a dar las gracias a los electores que me han sacado triunfante; yo soy de Aldamar, y a los aldamareños les correspondía ayudarme, aunque yo no he solicitado su apoyo, como tampoco he solicitado el vuestro. Yo siento que mi triunfo ponga de manifiesto que este pueblo está dividido en dos bandos, que luchan sin verdadero motivo para luchar; pero yo no soy responsable de esta división, sino los que la han promovido con sus desaciertos. Y ya que hay razón, según parece, para rebelarse contra el cacique de este pueblo, más noble es rebelarse que no seguir sometidos por temor a sus demasías, y más noble sería impedir que el cacique las cometiera haciéndole ver que una gran fortuna no basta para dominar a un pueblo cuando los habitantes tienen dignidad y entereza. Lo primero en el hombre es la dignidad; si no se puede vivir dignamente en este pueblo, váyanse a otro, y luego a otro si es preciso; y si no encuentran en ninguno trabajo y respeto, que es lo menos a que tiene derecho un hombre, les queda aún el recurso de emigrar a otros países. La patria puede exigir mucho de sus hijos, pero no puede exigir que sacrifiquen el honor; más vale abandonar la patria que deshonrarla; una nación que cría hijos que huyen de ella por no transigir con la injus-

ANGEL GANIVET

ticia es más grande por los que se van que por los que se quedan. Pero esto es hablar del último extremo en que puede verse un hombre de bien; esto lo digo sólo para taparles la boca a los que dicen que cuando a hombre rico o poderoso se le ocurre ser amo absoluto de un pueblo, el pueblo no tiene más remedio que someterse; esto lo dicen los cobardes; los valientes, los que le tienen poco apego a la vida, no se someten nunca. Mueren, pero no se someten. Si vosotros estáis dominados, es por vuestra culpa, porque mostráis deseos de salir de vuestra condición, y el que se propone explotaros os conoce la flaqueza, y os coge por ahí, y se burla de vosotros. Van a poner un nuevo estanco, o a nombrar un nuevo peatón, en una palabra, van a dar puestos y credenciales, y todos aguzáis las orejas. El ideal es escurrir el bulto al trabajo útil y dedicarse a esas faenas que vosotros llamáis nininanas. Y el que ha conseguido librarse del trabajo, piensa ahora en trasladarse a la capital, y el de la capital a la corte. Porque todos sabéis que el trabajo más inútil es el mejor pagado, y que lo último que se puede ser en este pobre país es trabajador del campo. Pero lo que vosotros no debéis olvidar es que el Evangelio dice que los últimos serán los primeros; y yo os voy a decir, para que lo sepáis, que vosotros sois los primeros en la vida del país, no porque seáis los más útiles, que esto os podría tener sin cuidado, sino porque sois los más felices, los más humanos y los más grandes. No hay edad más dichosa que aquella en que el niño está mamando, en que para él no existe más gloria que estar colgado del pecho de su madre; y no hay condición más feliz que la del hombre que vive apegado a la tierra, madre de todos, recibiendo de ella la vida en pago de sus esfuerzos.

(Los trabajos del infatigable creador Pío Cid.)

MIGUEL DE UNAMUNO

Nació en Bilbao en 1864. Asistió al sitio y al bombardeo de esta ciudad por los carlistas en 1874, hecho que recordará en su primera novela *Paz en la guerra* (1897). Estudió Filosofía y Letras en Madrid. En 1894 ingresó en el Partido Socialista, que abandonará tres años después. En 1891 ganó la cátedra de griego de la Universidad de Salamanca, ciudad en la que residirá la mayor parte de su vida. En 1900 fue nombrado rector de dicha Universidad, cargo del que será destituido en 1914. Durante la Primera Guerra Mundial apoyó a los aliados. En 1924 fue desterrado a la isla de Fuerteventura por su «activa campaña contra el Directorio Militar y contra el Rey». Poco después es perdonado, pero prefiere exiliarse en Francia. Desde entonces, se convierte en el símbolo viviente de la oposición al régimen monárquico. Regresa a España en noviembre de 1930. Un año después es elegido diputado por Salamanca en las Cortes constituyentes y designado presidente del Consejo de Instrucción Pública. Jubilado en 1934, se le nombra rector vitalicio de la Universidad. Apoyó al principio la sublevación militar, pero el desarrollo de los acontecimientos lo llevó a una postura crítica frente a la misma. Murió en Salamanca el 31 de diciembre de 1936.

Hombre de una personalidad enormemente compleja, que se transparenta en toda su obra con evidencia inequívoca (sus libros son, si no él mismo, sí el testimonio más veraz de lo que siente y piensa, de sus permanentes contradicciones, vacilaciones e incertidumbres), tuvo, a pesar de no militar en ningún partido político, una gran influencia en la vida pública española. «Tengo la convicción —reconocerá— de influir en la política —en el más alto sentido de esta palabra— española más que la inmensa mayoría de los diputados y senadores».

LA GENERACION DEL 98

Obra

La obra de Unamuno, en la que coexisten los más variados géneros literarios, gira en torno a dos preocupaciones fundamentales: el anhelo dramático, trágico, de encontrar una finalidad a la vida, a la historia y al destino del hombre, y una honda preocupación por España, por descubrir la entraña de lo español (una de sus frases «me duele España» se hará popular). Para el crítico José Luis Cano, Unamuno es, con Antonio Machado, de los del 98, «quien siente más obsesivamente el problema de España, hasta el punto de que gran parte de su obra es expresión de esa preocupación constante en su espíritu».

En 1897 despierta de su agnosticismo y, al mismo tiempo que toma conciencia de su vida «al borde de la nada», surge en él un intenso e irrefrenable deseo de inmortalidad. El pensamiento, no de la muerte, sino de la total no existencia después de la muerte, le resulta insoportablemente angustioso. Unamuno sostiene, sin embargo, que la angustia es una experiencia positiva en cuanto supone el nacimiento de la conciencia existencial. De la inmortalidad depende el sentido de nuestra existencia. Si el alma no es inmortal, no hay esfuerzo que merezca la pena. De ahí su «hambre de Dios», su necesidad de un Dios «garantizador de nuestra inmortalidad personal».

Al identificar el impulso religioso del hombre, las ansias de Dios, con su deseo de inmortalidad, y éste, a su vez, con la esencia de la vida misma, Unamuno presenta el impulso vital, la voluntad y la fe agónica como aliados en una lucha para imponerse a la razón, para obligarla a que sirva de apoyo a sus anhelos. La única fe que admitirá será aquella que no está basada en la razón, pero sí complementada y ayudada por ella. La lucha permanente de la razón con la fe y el sentimiento, eje de su vida, no debe extrañar en un escritor que se definió como «hombre de contradicción y de pelea [...], uno que dice una cosa con el corazón y la contraria con la cabeza, y que hace de esa lucha su vida».

Ensayo. Unamuno fue el más destacado pensador de su generación. En su vasta obra de carácter ensayístico se enfrenta con la historia, la política, la literatura, el arte, la filosofía, la religión, la moral, y con todos los problemas que pueden afectar al espíritu humano.

La mayor parte de sus ensayos están escritos en primera persona, con lo que las reflexiones y los problemas que aborda van referidos, una vez más, al «yo», a su persona.

Aunque rehúye el adoctrinamiento y la demostración de tesis (difícilmente se encuentran soluciones a los porqués que plantea), Unamuno no se recata en expresar reiteradamente sus verdades, las que él cree verdades en aquel momento, y que pueden estar en contradicción con otras verdades suyas de otros momentos.

Sus meditaciones sobre la historia, pasada y presente, de España y sus observaciones acerca de los más diversos aspectos de la vida, social y política, de su tiempo, se plasmaron en un primer ensayo, **En torno al casticismo** (1895), en el que opone a la falsa Historia de hechos y fechas con mayúscula la noción de intrahistoria, y en Tres ensayos (¡Adentro!, La ideocracia, La fe) (1900), Paisajes del alma (1902), De mi país (1903), **Vida de don Quijote y Sancho** (1905), en donde, además de considerar a don Quijote como símbolo de las más altas virtudes raciales, aborda otro de los temas centrales de su obra: el de que el problema del hombre debe encararse desde un punto de vista individual, no social; **Mi religión y otros ensayos** (1910), Soliloquios y conversaciones (1911) y **Cómo se hace una novela** (1927).

De sus viajes por las más diversas tierras de la Península nos dejó dos libros de gran interés: Por tierras de Portugal y España (1911) y **Andanzas y visiones españolas** (1922).

Sus inquietudes religiosas y filosóficas, presentes en algunas de las citadas obras, encontraron más amplio cauce en **Del sentimiento trágico de la vida** (1912) y en La agonía del cristianismo (1925), tomada aquí la palabra «agonía» en su sentido etimológico de «lucha» («mi agonía, mi lucha por el cristianismo, la agonía del cristianismo en mí, su muerte y su resurreción en cada momento de mi vida íntima», es, precisamente, el objetivo de Unamuno en esta obra.

De carácter autobiográfico son: **De mi vida** (1903), **Recuerdos de niñez y de mocedad** (1908) y Diario íntimo (inédito hasta 1966).

Novelas. Las novelas de Unamuno, por su técnica, estructura y estilo, tienen una profunda originalidad. Su desprecio por los novelistas decimonónicos, creadores, más que de personajes, de «maniquíes vestidos, que se mueven por cuerda y que llevan en el pecho un fonógrafo que repite las frases que su maese Pedro recogió por calles y plazas», y su deseo de conseguir «relatos dramáticos, acerantes, de realidades íntimas, entrañables, sin bambalinas ni realismos, en que suele faltar la verdadera, la eterna realidad», lo llevó a despreocuparse casi siempre del contorno social y del ambiente cotidiano en que se mueven sus héroes. Julián Marías, uno de sus críticos, destacará en estas novelas la brevedad, la desnudez narrativa, la multiplicidad de perspectivas frente a la realidad, la interpolación hábil de breves relatos y la opacidad y hermetismo de los personajes, «envueltos siempre en inescrutable arcano».

Como ocurre en el resto de su producción, también estas novelas deben considerarse muchas veces como una prolongación de las preocupaciones que vertió en sus ensayos (la afirmación de la personalidad, la lucha contra el instinto, la distancia entre la vida y la filosofía, la relación de dependencia entre los seres humanos). Por boca de sus héroes, el autor vuelve a dar rienda suelta a sus angustias, paradojas y contradicciones. El Augusto Pérez de **Niebla** (1913), por ejemplo, es un ser nebuloso, escasamente vivo, que surge de la fantasía de Unamuno para ejemplificar su idea de que la historia y los hombres no son más que un sueño de Dios. Al final, Augusto se rebela contra su creador, que ha decidido matarlo, pero quien en realidad se rebela, quien quiere vivir, quien busca la inmortalidad frente a un Dios que puede dejar de soñarlo, que dispone de medios para hacerlo desaparecer, es Unamuno.

MIGUEL DE UNAMUNO

El escritor con su mujer y sus hijos. La foto está hecha el 31 de enero de 1916.

Los títulos más destacados de su obra narrativa son, además de **Niebla:** *Amor y pedagogía* (1902), en la que ridiculiza la pedagogía científica y el absurdo de querer racionalizar la vida y el universo; *El espejo de la muerte* (1913), colección de relatos cortos; *Abel Sánchez* (1917), en donde vuelve a su viejo tema de la envidia, «fermento de la vida social española» y base de muchos de los males que aquejan al país; *Tres novelas ejemplares y un prólogo* (1920), *La tía Tula* (1921), retrato de una mujer de fuertes impulsos maternales, pero con una aversión manifiesta por las «impurezas» del acto sexual, y **San Manuel Bueno, mártir** (1930), en la que plantea el conflicto entre la verdad dramática y la felicidad ilusoria. Don Manuel, el sacerdote protagonista, se cree obligado a fingir una fe que ha perdido con el fin de que sus fieles no caigan en el vacío y en la angustia.

Poesía. Unamuno dedicó desde muy pronto una gran atención a este género literario. En 1899 confesaba: «Estoy harto de que me llamen sabio, que es palabra fea, y de que se empeñen en recluirme en la ciencia..., y como luchador bregaré por imponer mi poesía, mi modo de entenderla y de hacerla».

Al margen siempre de las abundantes modas que se sucedieron desde el modernismo hasta las vanguardias, Unamuno cultivó una poesía de gran desnudez, en la que destaca la fuerte carga sentimental y conceptual. Su vasta obra poética, de interés y calidad desiguales, está compuesta por los siguientes libros: **Poesías** (1907), *Rosario de sonetos líricos* (1911), *El Cristo de Velázquez* (1920), *Rimas de dentro* (1923), *De Fuerteventura a París* (1925), *Teresa* (1924), y **Romancero del destierro** (1927). El **Cancionero. Diario poético,** con casi dos mil poemas escritos entre 1928 y 1936, se publicó en 1953.

Teatro. Su obra teatral consta de nueve dramas: *La esfinge* (1898), *La venda* (1899), *El pasado que vuelve* (1910), *Fedra* (1910), *Soledad* (1921), *Raquel encadenada* (1921), *Sombras de sueño* (1926), *El otro* (1926) y *El hermano Juan* (1929). A ellos hay que añadir dos piezas menores: *La princesa doña Lambra* y *La difunta* (1909).

En estas obras también renunció Unamuno a los «perifollos de la ornamentación escénica», a todo ornato retórico y a cualquier rodeo oratorio. Sin embargo, sus dramas no alcanzan el interés de sus novelas. Unamuno reduce en exceso la intriga, presenta a personajes demasiado esquemáticos y las ideas que desarrolla pocas veces alcanzan una satisfactoria realización dramática.

Ediciones

Obras completas, 9 volúmenes, Madrid, Escelicer. *Niebla,* ed. de Mario J. Valdés, Madrid, Cátedra. *San Manuel Bueno, mártir,* ed. de J. Rubio Tovar, Madrid, Castalia didáctica.

SEGUNDA PARTE. CAPITULOS I Y VII

El bombardeo de la villa marca el fin de mi edad antigua y el principio de mi edad media. De antes de él apenas conservo sino reminiscencias fragmentarias; después de él viene el hilo de mi historia.

En el curso de 1875 a 1876, teniendo yo once años, en las postrimerías de la guerra civil, ingresé en el Instituto Vizcaíno.

Es un momento solemne el de la entrada en la segunda enseñanza. Para unos marca el uso del pantalón largo; para otros, el del reló; para casi todos, el principio de la edad del pavo y de echarse novia; para algunos, el de las concupiscencias del saber.

Ibamos a aprender la lengua en que los curas dicen la misa, las cosas todas que han pasado en el mundo, a sumar y multiplicar con letras y no con números, como enseñan en la escuela, los nombres de todos los bichos y plantas que pueblan el mundo; a ser *mayores*, a que el catedrático nos tratara de ustedes, a dar lección particular, a ir por la calle con los libros bajo el brazo [...]

En resolución, ¿qué fruto saqué de los años de mi bachillerato?

Junto a algunas desilusiones, aprendí que había un mundo nuevo apenas vislumbrado por mí; que tras de aquellas áridas enseñanzas, despojos de ciencia, había la ciencia viva que las produjera; que la hermosura de reflejo que, como la luna su lumbre, derramaban aún aquellas disciplinas y lecciones sobre mi mente, aunque lumbre pálida y fría, era reflejo de un sol vivo, de un sol vivificante, del sol de la ciencia. Salí enamorado del saber.

Tras aquella terminología de la Gramática y de la Retórica, tras aquella narración notarial de la Historia, tras aquella logomaquia de la Psicología, tras la gimnasia acompasada de las Matemáticas, tras los juegos de manos de la Física, tras los terminachos, los motes, las casillas etiquetadas y los pellejos rellenos de paja de la Historia Natural, vislumbré un mundo nuevo.

Fui a Madrid a estudiar Filosofía y Letras henchido de ilusiones, que en parte se ajaron para engendrarme otras, y éstas otras a su vez. Y así mi vida toda, en un continuo fluir de ilusiones, en renovación perpetua, empezando a vivir cada día. ¿Cuándo descansaré, Dios mío? ¿Cuál será mi postrer anhelo? ¿Este, el de ahora? ¡Dios lo quiera!

(Recuerdos de niñez y de mocedad.)

SALAMANCA

Habiendo escrito aquí de tantos pueblos como en mis correrías por España y Portugal he visitado, no he dedicado una sola correspondencia a describir a mis lectores esta Salamanca en que vivo y trabajo.

La cosa me parece sencilla. En primer lugar, los otros pueblos los visito y los describo como turista o viajero curioso, y éste, en que vivo, no lo visito; éste es mi hogar. Además, ¿no están mis correspondencias todas llenas de esta Salamanca en que vivo y escribo y trabajo? ¿No vibra en ellas su ambiente todo? Porque si no es así, os declaro que estas mis correspondencias no valen nada, absolutamente nada [...]

Nací, me crié, me eduqué y viví hasta mis veintisiete años en un puerto y después me vine a esta ciudad interior, de la meseta, por donde corre un río que no trae ni lleva más que sus aguas; pero puedo aseguraros que si allí, en mi nativo Bilbao, se me despertó y aguzó el sentido de la curiosidad universal, de la inquisitividad —páseseme la palabra—, aquí no me ha faltado materia en que ejercerlo. Y acaso con ventaja.

¿Pero a qué he de hablaros más de esta ciudad? Siempre que os hablo de mí, de mi España, de cualquier otra cosa, os estoy hablando de ella. No la juzguéis por mí solo, pero creedme que si hay algo en mí y en mis escritos que os satisfaga, a esta ciudad de Salamanca se debe ello en mucha parte.

(Andanzas y visiones españolas.)

MIGUEL DE UNAMUNO

¡El destierro!, ¡la proscripción! Y ¡qué de experiencias íntimas, hasta religiosas, le debo! Fue entonces allí, en aquella isla de Fuerteventura, a la que querré eternamente, y desde el fondo de mis entrañas, en aquel asilo de Dios, y después aquí, en París, henchido y desbordante de historia humana, universal, donde he escrito mis sonetos, que alguien ha comparado, por el origen y la intención, a los *Castigos* escritos contra la tiranía de Napoleón el Pequeño por Víctor Hugo en su isla de Guernesey. Pero no me bastan, no estoy en ellos con todo mi yo del destierro, me parecen demasiado poca cosa para eternizarme en el presente fugitivo, en este espantoso presente histórico, ya que la historia es la posibilidad de los espantos [...]

¡Qué horrible vivir en la expectativa, imaginando cada día lo que puede ocurrir al siguiente! ¡Y lo que puede no ocurrir! Me paso horas enteras solo, tendido sobre el lecho solitario de mi pequeño hotel —*family house*—, contemplando el techo de mi cuarto y no el cielo y soñando en el porvenir de España y en el mío. O deshaciéndolos. Y no me atrevo a emprender trabajo alguno por no saber si podré acabarlo en paz. Como no sé si este destierro durará todavía tres días, tres semanas, tres meses o tres años —iba a añadir tres siglos—, no emprendo nada que pueda durar. Y, sin embargo, nada dura más que lo que se hace en el momento y para el momento. ¿He de repetir mi expresión favorita *la eternización de la momentaneidad*? Mi gusto innato —¡y tan español!— de las antítesis y del conceptismo me arrastraría a hablar de la *momentaneización de la eternidad*. ¡Clavar la rueda del tiempo!

(Cómo se hace una novela.)

Casa en que nació Unamuno (según dibujo de Gregorio Prieto). Miguel, de niño, por su profesor de dibujo.

PEQUEÑA CONFESION CINICA

Nunca he participado de la tan vulgar y tan lamentable superstición politicista, y he creído siempre que se puede hacer política, y política eficaz y honda, sin apuntarse en ninguno de los partidos con programa, bandera, jefatura, color y grito determinados [...]

He tenido siempre, además, un muy vigilante cuidado de no dejarme poner marca o hierro de ganadería política alguna, conservándome becerro orejano. O, si se quiere, monje *sarabaita,* según la clasificación que de ellos, de los monjes, da en su primer capítulo la Regla de San Benito. O también un francotirador, según se me ha llamado. Y esto no por egoísmo, no sólo mirando a mí y a mis personales intereses, sino para mayor eficacia social y pública de mi labor para salvar mi obra. Egoístamente, lo más probable es que me habría sido mejor seguir otro camino. Y si no lo he hecho, no ha sido por falta de ambición, sino acaso por exceso de ella. De ambición, entiéndase bien, no de codicia. Pues no me parece una cosa muy elevada llegar, no ya a ministro, mas ni siquiera a presidente del Consejo de ellos.

EL DOLOR DE PENSAR

Yo, señor mío, escribo con la sangre de mi corazón, no con tinta neutra, mis pensamientos, muchas veces contradictorios entre sí, mis dudas, mis anhelos, mis sedes y hambres del espíritu; no redacto conclusiones, como cualquier secretario de cualquier comisión.

Yo, señor mío, como no hago oposiciones a ministro de la corona no tengo por qué medir las palabras para no comprometer mi porvenir, que jamás hipoteco, ni necesito decir frases prometedoras de actos porque mis frases son ellas de por sí actos, y actos de hoy, del momento, de ahora y de siempre, aparte de sus consecuencias.

Porque el que escribe con la sangre de su corazón escribe para siempre. «Para siempre», que dijo Tucídides, gracias al cual vive todavía Pericles. Y no olvido la otra frase del poeta Keats, de «que una cosa de belleza es un goce para siempre».

A thing of beauty is a joy for ever.
Endymion.

Y sé que todo pensamiento escrito con sangre del corazón es una cosa de belleza, digan lo que quieran los artistas de la forma.

(De mi vida.)

COMO SE HACE UNA NOVELA

Existen desdichados que me aconsejan dejar la política. Lo que ellos con un gesto de fingido desdén, que no es más que miedo, miedo de eunucos o de impotentes o de muertos, llaman política, y me aseguran que debería consagrarme a mis cátedras, a mis estudios, a mis novelas, a mis poemas, a mi vida. No quieren saber que mis cátedras, mis estudios, mis novelas, mis poemas, son política. Que hoy, en mi patria, se trata de luchar por la libertar de la verdad, que es la suprema justicia, por libertar la verdad de la peor de las dictaduras, de la que no dicta nada, de la peor de las tiranías, la de la estupidez y la impotencia, de la fuerza pura y sin dirección.

(Cómo se hace una novela.)

MI RELIGION

«Y bien —se me dirá...: ¿cuál es tu religión?» Y yo responderé: «Mi religión es buscar la verdad en la vida y la vida en la verdad, aun a sabiendas de que no he de encontrarla mientras viva; mi religión es luchar incesante e incansablemente con el misterio; mi religión es luchar con Dios desde el romper del alba hasta el caer de la noche, como dicen que con El luchó Jacob. No puedo transigir con aquello del Inconocible —o Incognoscible, como escriben los pedantes—, ni con aquello otro de «de aquí no pasarás». Rechazo el eterno *ignorabimus*. Y, en todo caso, quiero trepar a lo inaccesible.

«Sed perfectos, como vuestro Padre que está en los cielos es perfecto», nos dijo el Cristo, y semejante ideal de perfección es, sin duda, inasequible. Pero nos puso lo inasequible como meta y término de nuestros esfuerzos. Y ello ocurrió, dicen los teólogos, con la gracia. Y yo quiero pelear mi pelea, sin cuidarme de la victoria. ¿No hay ejércitos y aun pueblos que van a una derrota segura? ¿No elogiamos a los que se dejaron matar peleando antes que rendirse? Pues ésta es mi religión.

(Mi religión y otros ensayos.)

MIGUEL DE UNAMUNO

EL HAMBRE DE INMORTALIDAD

Parémonos en esto del inmortal anhelo de inmortalidad, aunque los gnósticos o intelectuales puedan decir que es retórica lo que sigue y no filosofía. También el divino Platón, al disertar en su *Fedón* sobre la inmortalidad del alma, dijo que conviene hacer sobre ella leyendas [...]

Imposible nos es, en efecto, concebirnos como no existentes, sin que haya esfuerzo alguno que baste a que la conciencia se dé cuenta de la absoluta inconsciencia, de su propio anonadamiento. Intenta, lector, imaginarte en plena vela cuál sea el estado de tu alma en el profundo sueño; trata de llenar tu conciencia con la representación de la no conciencia, y lo verás. Causa congojosísimo vértigo el empeñarse en comprenderlo. No podemos concebirnos como no existiendo.

El universo visible, el que es hijo del instinto de conservación, me viene estrecho, esme como una jaula que me resulta chica, y contra cuyos barrotes da en sus revuelos mi alma; fáltame en él el aire que respirar. Más, más y cada vez más, quiero ser yo, y sin dejar de serlo, ser además los otros, adentrarme a la totalidad de las cosas visibles e invisibles, extenderme a lo ilimitado del espacio y prolongarme a lo inacabable del tiempo. De no serlo todo y por siempre, es como si no fuera, y por lo menos ser todo yo, y serlo para siempre jamás. Y ser todo yo, es ser todos los demás. ¡O todo o nada!

¡O todo o nada! ¡Y qué otro sentido puede tener el «ser o no ser», *To be or not to be* shakesperiano, el de aquel mismo poeta que hizo decir a Marcio en su *Coriolano* (v. 4) que sólo necesitaba la eternidad para ser dios: *he wants nothing of a god but eternity!* ¡Eternidad!, ¡eternidad! Este es el anhelo; la sed de eternidad es lo que se llama amor entre los hombres, y quien a otro ama es que quiere eternizarse en él. Lo que no es eterno tampoco es real [...]

* * *

Trágico es el problema y de siempre y cuanto más queramos de él huir, más vamos a dar en él. Fue el sereno —¿sereno?— Platón, hace ya veinticuatro siglos, el que en su diálogo sobre la inmortalidad del alma dejó escapar de la suya, hablando de lo dudoso de nuestro ensueño de ser inmortales, y del *riesgo* de que no sea vano, aquel profundo dicho: «¡Hermoso es el riesgo!», hermosa es la suerte que podemos correr de que no se nos muera el alma nunca, germen esta sentencia del argumento famoso de la apuesta de Pascal.

Frente a este riesgo, y para suprimirlo, me dan raciocinios en prueba de lo absurda que es la creencia en la inmortalidad del alma; pero esos raciocinios no me hacen mella, pues son razones y nada más que razones, y no es de ellas de lo que se apacienta el corazón. No quiero morirme, no; no quiero, ni quiero quererlo; quiero vivir siempre, siempre, siempre, y vivir yo, este pobre yo que me soy y me siento ser ahora y aquí, y por esto me tortura el problema de la duración de mi alma, de la mía propia [...]

(Del sentimiento trágico de la vida.)

MACANAS DE MIGUEL

Somos una casta de soberbios. Llevamos en el tuétano del alma la soberbia y con ella la envidia. No he encontrado todavía entre nosotros majadero que se haya convencido de que lo es. Ante una cosa que no entiende sino a medias o que no entiende del todo, todo se le ocurre, menos confesar que excede de su capacidad. Si es que él no comprende algo es que esto es una extravagancia o un disparate o una macana, en fin. Sobre todo si no ve aquello incomprensible traducido en algún invento de bulto, de esos que se tocan o se oyen o huelen. El no entiende de cálculo infinitesimal o de química o de histología, pero le han dicho que eso sirve para construir máquinas o para encontrar remedios a sus enfermedades o para algo por el estilo, y cae postrado ante tales cosas, y tanto más cuanto menos las comprende. El asombro de la genialidad es para

LA GENERACION DEL 98

él un Edison, pongo por caso. Admira también a Flammarión, porque eso de saber de las estrellas...

Pero intentad mostrarle todo el rastro que en este mundo han dejado San Agustín, el Dante, Descartes, Spinoza, Kant, Beethoven, Hegel, Goethe, Cervantes, Lutero... y otros cien que pudiera citar, y veréis cómo se sonríen. No os contradecirán a no tener con vosotros mucha confianza, porque esos son nombres consagrados y ellos, como serviles que son, tienen un respeto servil —y tan hipócrita como servil— a todo lo consagrado; no os contradecirán acaso, pero allá por dentro se sonríen desdeñosamente. Y por más adentro todavía rabian con la rabia de la impotencia, madre de la envidia.

No hay que creer en la bondad del majadero. El majadero, cuando no está convencido de su majadería —y esto sucede pocas veces— es malo. El majadero es mezquino y envidioso.

Agréguese que esa clase de sujetos a que me vengo refiriendo —y que me complazco en creer que serán una escasísima minoría entre mis lectores— creen que los dedicados a esta tarea de escribir para el público no debemos hacerlo sino para darle gusto. Se imaginan que no se debe escribir más que para agradar. Y no, no es así. El adular al públi-

Unamuno, poco después de tomar posesión de su cátedra en Salamanca

co es una de las más bajas villanías. Hay muchas veces la obligación moral de irritarle. Demasiados adulares tiene. Yo, por mi parte, jamás me he propuesto decir a mi público aquello que éste quería oír, y si unas veces le desconcierto y otras le irrito, lo celebro. No me gusta adormecer a las gentes con canciones de cuna.

La tarea es ruda e ingrata, ya lo sé, pero es el único modo de conservar libertad y autoridad a la vez. Se tarda en recoger el fruto, pero se recoge al cabo, y bien maduro.

El afán de agradar ha prostituido la noble misión del escritor público, convirtiendo a éste en un juglar más.

(De mi vida.)

EL SEPULCRO DE DON QUIJOTE

Y vuelta a lo mismo, a tu pregunta, a tu preocupación: ¿qué locura colectiva podríamos imbuir en estas pobres muchedumbres? ¿Qué delirio?

Tú mismo te has acercado a la solución en una de esas cartas con que me asaltas a preguntas. En ella me decías: ¿no crees que se podría intentar alguna nueva cruzada?

Pues bien, sí; creo que se puede intentar la santa cruzada de ir a rescatar el sepulcro de Don Quijote del poder de los bachilleres, curas, barberos, duques y canónigos que lo tienen ocupado. Creo que se puede intentar la santa cruzada de ir a rescatar el sepulcro del Caballero de la Locura del poder de los hidalgos de la Razón.

Defenderán, es natural, su usurpación y tratarán de probar con muchas y muy estudiadas razones que la guardia y custodia del sepulcro les corresponde. Lo guardan para que el Caballero no resucite.

A estas razones hay que contestar con insultos, con pedradas, con gritos de pasión, con botes de lanza. No hay que razonar con ellos. Si tratas de razonar frente a sus razones estás perdido.

Si te preguntan, como acostumbran, ¿con qué derecho reclamas el sepulcro?, no les contestes nada, que ya lo verán luego. Luego..., tal vez cuando ni tú ni ellos existáis ya, por lo menos en este mundo de las apariencias [...]

¿No crees, mi amigo, que hay por ahí muchas almas solitarias a las que el corazón les pide alguna barbaridad, algo de que revienten? Ve, pues, a ver si logras juntarlas y formar escuadrón con ellas y ponernos todos en marcha —porque yo iré con ellos y tras de ti— a rescatar el sepulcro de Don Quijote, que, gracias a Dios, no sabemos dónde está. Ya nos lo dirá la estrella refulgente y sonora.

Y ¿no será —me dices en tus horas de desaliento, cuando te vas de ti mismo—, no será que creyendo al ponernos en marcha caminar por campos y tierras, estemos dando vueltas en torno al mismo sitio? Entonces la estrella estará fija, quieta sobre nuestras cabezas y el sepulcro en nosotros. Y entonces la estrella caerá, pero caerá para venir a enterrarse en nuestras almas. Y nuestras aimas se convertirán en luz, y fundidas todas en la estrella refulgente y sonora subirá ésta, más refulgente aún, convertida en un sol, en un sol de eterna melodía, a alumbrar el cielo de la patria redimida.

En marcha, pues. Y ten cuenta no se te metan en el sagrado escuadrón de los cruzados bachilleres, barberos, curas, canónigos o duques disfrazados de Sanchos. No importa que te pidan ínsulas; lo que debes hacer es expulsarlos en cuanto te pidan el itinerario de la marcha, en cuanto te hablen del programa, en cuanto te pregunten al oído, maliciosamente, que les digas hacia dónde cae el sepulcro. Sigue a la estrella. Y haz como el Caballero: endereza el entuerto que se te ponga delante. Ahora lo de ahora y aquí lo de aquí.

¡Poneos en marcha! ¿Que adónde vais? La estrella os lo dirá: ¡al sepulcro! ¿Qué vamos a hacer en el camino mientras marchamos? ¿Qué? ¡Luchar! ¡Luchar!, y ¿cómo?

¿Cómo? ¿Tropezáis con uno que miente?, gritarle a la cara: ¡mentira!, y ¡adelante! ¿Tropezáis con uno que roba?, gritarle: ¡ladrón!, y ¡adelante! ¿Tropezáis con uno que dice tonterías, a quien oye toda una muchedumbre con la boca abierta?, gritarles: ¡estúpidos!, y ¡adelante! ¡Adelante siempre!

¿Es que con eso —me dice uno a quien tú conoces y que ansía ser cruzado—, es que con eso se borra la mentira, ni el ladrocinio, ni la tontería del mundo? ¿Quién ha dicho que no? La más miserable de todas las miserias, la más repugnante y apestosa argucia de la cobardía es esa de decir que nada se adelanta con denunciar a un ladrón porque otros seguirán robando, que nada se adelanta con decirle en su cara majadero al majadero, porque no por eso la majadería disminuirá en el mundo.

Sí, hay que repetirlo una y mil veces: con que una vez, una sola vez, acabases del todo y para siempre con un solo embustero habríase acabado el embuste de una vez para siempre.

(Vida de Don Quijote y Sancho.)

LA TRADICION ETERNA: III

Las olas de la historia, con su rumor y su espuma que reverbera al sol, ruedan sobre un mar continuo, hondo, inmensamente más hondo que la capa que ondula sobre un mar silencioso y a cuyo último fondo nunca llega el sol. Todo lo que cuentan a diario los periódicos, la historia toda del «presente momento histórico», no es sino la superficie del mar, una superficie que se hiela y cristaliza en los libros y registros, y una vez cristalizada así, una capa dura, no mayor con respecto a la vida intra-histórica que esta pobre corteza en que vivimos con relación al inmenso foco ardiente que lleva dentro. Los periódicos nada dicen de la vida silenciosa de los millones de hombres sin historia que a todas horas del día y en todos los países del globo se levantan a una orden del sol y van a sus campos a proseguir la oscura y silenciosa labor cotidiana y eterna, esa labor que como la de las madréporas suboceánicas echa las bases sobre que se alzan los islotes de la historia. Sobre el silencio augusto, decía, se apoya y vive el sonido; sobre la inmensa humanidad silenciosa se levantan los que meten bulla en la historia. Esa vida intra-histórica, silenciosa y continua como el fondo mismo del mar, es la sustancia del progreso, la verdadera tradición, la tradición eterna, no la tradición mentida que se suele ir a buscar al pasado enterrado en libros y papeles y monumentos y piedras.

Los que viven en el mundo, en la historia, atados al «presente momento histórico», peloteados por las olas en la superficie del mar donde se agitan náufragos, éstos no creen más que en las tempestades y los cataclismos seguidos de calmas, éstos creen que puede interrumpirse y reanudarse la vida. Se ha hablado mucho de una reanudación de la *historia* de España, y lo que la reanudó en parte fue que la historia brota de la no historia, que las olas son olas del mar quieto y eterno. No fue la restauración de 1875 lo que reanudó la historia de España; fueron los millones de hombres que siguieron haciendo lo mismo que antes, aquellos millones para los cuales fue el mismo sol después que el de antes del 29 de septiembre de 1868, las mismas sus labores, los mismos los cantares con que siguieron el surco de la arada. Y no reanudaron en realidad nada porque nada se había roto. Una ola no es otra agua que otra, es la misma ondulación que corre por el mismo mar [...]

En este mundo de los silenciosos, en este fondo del mar, debajo de la historia, es donde vive la verdadera tradición, la eterna, en el presente, no en el pasado, muerto para siempre y enterrado en cosas muertas. En el fondo del presente hay que buscar la tradición eterna, en las entrañas del mar, no en los témpanos del pasado, que al querer darles vida se derriten, revertiendo sus aguas al mar. Así como la tradición es la sustancia de la historia, la eternidad lo es del tiempo, la historia es la forma de la tradicion como el tiempo la de la eternidad. Y buscar la tradición en el pasado muerto es buscar la eternidad en el pasado, en la muerte, buscar la eternidad de la muerte.

(En torno al casticismo.)

XXXI

Aquella tempestad del alma de Augusto terminó, como en terrible calma, en decisión de suicidarse. Quería acabar consigo mismo, que era la fuente de sus desdichas propias. Mas antes de llevar a cabo su propósito, como el náufrago que se agarra a una débil tabla, ocurriósele consultarlo conmigo, con el autor de este relato. Por entonces había leído Augusto un ensayo mío en que, aunque de pasada, hablaba del suicidio, y tal impresión pareció hacerle, así como otras cosas que de mí había leído, que no quiso dejar este mundo sin haberme conocido y platicado un rato conmigo. Emprendió, pues, un viaje acá, a Salamanca, donde hace más de veinte años vivo, para visitarme.

Cuando me anunciaron su visita sonreí enigmáticamente y le mandé pasar a mi despacho-librería. Entró en él como un fantasma, miró a un retrato mío al óleo que allí preside a los libros de mi librería, y a una seña mía se sentó, frente a mí.

Empezó hablándome de mis trabajos literarios y más o menos filosóficos, demostrando conocerlos bastante bien, lo que no dejó, ¡claro está!, de halagarme, y en seguida empezó a contarme su vida y sus desdichas. Le ataté diciéndole que se ahorrase aquel trabajo, pues de las vicisitudes de su vida sabía yo tanto como él, y se lo demostré citándole los más íntimos pormenores y los que él creía más secretos. Me miró con ojos de verdadero terror y como quien mira a un ser increíble; creí notar que se le alteraba el color y traza del semblante y que hasta temblaba. Le tenía yo fascinado.

—¡Parece mentira! —repetía—. ¡Parece mentira! A no verlo no lo creería... No sé si estoy despierto o soñando...

—Ni despierto ni soñando —le contesté.

—No me lo explico..., no me lo explico —añadió—; mas puesto que usted parece saber sobre mí tanto como sé yo mismo, acaso adivine mi propósito...

—Sí —le dije—. Tú —y recalqué esté *tú* con un tono autoritario—, tú, abrumado por tus desgracias, has concebido la diabólica idea de suicidarte, y antes de hacerlo, movido por algo que has leído en uno de mis últimos ensayos, vienes a consultármelo.

El pobre hombre temblaba como un azogado, mirándome como un poseído miraría. Intentó levantarse, acaso para huir de mí; no podía. No disponía de sus fuerzas.

—¡No, no te muevas! —le ordené.

—Es que..., es que... —balbuceó.

—Es que tú no puedes suicidarte, aunque lo quieras.

—¿Cómo? —exclamó al verse de tal modo negado y contradicho.

—Sí. Para que uno se pueda matar a sí mismo, ¿qué es menester? —le pregunté.

—Que tenga valor para hacerlo —me contestó.

—No —le dije—, ¡que esté vivo!

—¡Desde luego!

—¡Y tú no estás vivo!

—¿Cómo que no estoy vivo? ¿Es que he muerto? —y empezó, sin darse cuenta clara de lo que hacía, a palparse a sí mismo.

—¡No, hombre, no! —le repliqué—. Te dije antes que no estabas despierto ni dormido, y ahora te digo que no estás ni muerto ni vivo.

—¡Acabe usted de explicarse de una vez, por Dios! ¡Acabe de explicarse! —me suplicó consternado—. Porque son tales las cosas que estoy viendo y oyendo esta tarde, que temo volverme loco.

—Pues bien: la verdad es, querido Augusto —le dije con la más dulce de mis voces—, que no puedes matarte porque no estás vivo, y que no estás vivo, ni tampoco muerto, porque no existes...

—¿Cómo que no existo? —exclamó.

—No, no existes más que como ente de ficción; no eres, pobre Augusto, más que un producto de mi fantasía y de las de aquellos de mis lectores que lean el relato que de tus fingidas venturas y malandanzas he escrito yo; tú no eres más que un personaje de novela, o de *nivola*, o como quieras llamarle. Ya sabes, pues, tu secreto.

Al oír esto quedóse el pobre hombre mirándome un rato con una de esas miradas perforadoras que parecen atravesar la mira e ir más allá, miró luego un momento a mi retrato al óleo que preside a mis libros, le volvió el color y el aliento, fue recobrándose, se hizo dueño de sí, apoyó los codos en mi camilla, a que estaba arrimado frente a mí, y, la cara en las palmas de las manos y mirándome con una sonrisa en los ojos, me dijo lentamente:

—Mire usted bien, don Miguel..., no sea que esté usted equivocado y que ocurra precisamente todo lo contrario de lo que usted se cree y me dice.

—Y ¿qué es lo contrario? —le pregunté, alarmado de verle recobrar vida propia.

—No sea, mi querido don Miguel —añadió—, que sea usted y no yo el ente de ficción, el que no existe en realidad, ni vivo ni muerto... No sea que usted no pase de ser un pretexto para que mi historia llegue al mundo...

—¡Eso más faltaba! —exclamé algo molesto.

—No se exalte usted así, señor de Unamuno —me replicó—, tenga calma. Usted ha manifestado dudas sobre mi existencia...

—Dudas, no —le interrumpí—; certeza absoluta de que tú no existes fuera de mi producción novelesca.

—Bueno, pues no se incomode tanto si yo a mi vez dudo de la existencia de usted y no de la mía propia. Vamos a cuentas: ¿no ha sido usted el que no una, sino varias veces, ha dicho que Don Quijote y Sancho son no ya tan reales, sino más reales que Cervantes?

—No puedo negarlo, pero mi sentido al decir eso era...

—Bueno, dejémonos de esos sentires y vamos a otra cosa. Cuando un hombre dormido e inerte en la cama sueña algo, ¿qué es lo que más existe: él como conciencia que sueña, o su sueño?

—¿Y si sueña que existe él mismo, el soñador? —le repliqué a mi vez.

—En ese caso, amigo don Miguel, le pregunto yo a mi vez: ¿de qué manera existe él, como soñador que se sueña, o como soñado por sí mismo? Y fíjese, además, en que al admitir esta discusión conmigo me reconoce ya existencia independiente de sí.

—¡No, eso no! ¡Eso no! —le dije vivamente—. Yo necesito discutir, sin discusión no vivo y sin contradicción, y cuando no hay fuera de mí quien me discuta y contradiga, invento dentro de mí quien lo haga. Mis monólogos son diálogos.

—Y acaso los diálogos que usted forje no sean más que monólogos...

—Puede ser. Pero te digo y repito que tú no existes fuera de mí...

—Y yo vuelvo a insinuarle a usted la idea de que es usted el que no existe fuera de mí y de los demás personajes a quienes usted cree haber inventado. Seguro estoy de que serían de mi opinión don Avito Carrascal y el gran don Fulgencio...

—No mientes a ese...

—Bueno, basta; no le moteje usted. Y vamos a ver, ¿qué opina usted de mi suicidio?

—Pues opino que como tú no existes más que en mi fantasía, te lo repito, y como no debes ni puedes hacer sino lo que a mí me dé la gana, y como no me da la real gana de que te suicides, no te suicidarás. ¡Lo dicho!

—Eso de no me da la real gana, señor de Unamuno, es muy español, pero muy feo. Y además, aun suponiendo su peregrina teoría de que yo no existo de veras y usted sí, de que no soy más que un ente de ficción,

El escritor fue desterrado a la isla de Fuerteventura en 1924. Aquí aparece con Rodrigo Soriano, también desterrado, y con un pastor.
En el reverso de la foto escribió:
«Hecha en Zoto, en la finca de don Domingo Peña. ¡Si llega a conocimiento del Ganso Real esta broma!».

producto de la fantasía novelesca o *nivolesca* de usted, aun en ese caso yo no debo estar sometido a lo que llama usted su real gana, a su capricho. Hasta los llamados entes de ficción tienen su lógica interna...

—Sí, conozco esa cantata.

—En efecto; un novelista, un dramaturgo, no pueden hacer en absoluto lo que se les antoje de un personaje que creen; un ente de ficción novelesca no puede hacer, en buena ley de arte, lo que ningún lector esperaría que hiciese...

—Un ser novelesco tal vez...

—¿Entonces?

—Pero un ser *nivolesco*...

—Dejemos esas bufonadas que me ofenden y me hieren en lo más vivo. Yo, sea por mí mismo, según creo, sea porque usted me lo ha dado, según supone usted, tengo mi carácter, mi modo de ser, mi lógica interior, y esta lógica me pide que me suicide...

—¡Eso te creerás tú, pero te equivocas!

—A ver, ¿por qué me equivoco? ¿En qué me equivoco? Muéstreme usted en qué está mi equivocación. Como la ciencia más difícil que hay es la de conocerse uno a sí mismo, fácil es que esté yo equivocado y que no sea el suicidio la solución más lógica de mis desventuras, pero demuéstremelo usted. Porque si es difícil, amigo don Miguel, ese conocimiento propio de sí mismo, hay otro conocimiento que me parece no menos difícil que él...

—¿Cuál es? —le pregunté.

Me miró con una enigmática y socarrona sonrisa y lentamente me dijo:

—Pues más difícil aún que el que uno se conozca a sí mismo es el que un novelista o un autor dramático conozca bien a los personajes que finge o cree fingir...

Empezaba yo a estar inquieto con estas salidas de Augusto, y a perder mi paciencia.

—E insisto —añadió— en que aun concedido que usted me haya dado el ser y un ser ficticio, no puede usted, así como así y porque sí, porque le dé la real gana, como dice, impedirme que me suicide.

—¡Bueno, basta! ¡Basta! —exclamé dando un puñetazo en la camilla—. ¡Cállate! ¡No quiero oír más impertinencias!... ¡Y de una criatura mía! Y como ya me tienes harto y además no sé ya qué hacer de ti, decido ahora mismo no ya que te suicides, sino matarte yo. ¡Vas a morir, pues, pero pronto! ¡Muy pronto!

—¿Cómo? —exclamó Augusto sobresaltado—. ¿Que me va usted a dejar morir, a hacerme morir, a matarme?

—¡Sí, voy a hacer que mueras!

—¡Ah, eso nunca! ¡Nunca! ¡Nunca! —gritó.

—¡Ah! —le dije, mirándole con lástima y rabia—. ¿Conque estabas dispuesto a matarte y no quieres que yo te mate? ¿Conque ibas a quitarte la vida y te resistes a que te la quite yo?

—Sí; no es lo mismo...

—En efecto, he oído contar casos análogos. He oído de uno que salió una noche armado de un revólver y dispuesto a quitarse la vida; salieron unos ladrones a robarle, le atacaron, se defendió, mató a uno de ellos, huyeron los demás, y al ver que había comprado su vida por la de otro renunció a su propósito.

—Se comprende —observó Augusto—; la cosa era quitar a alguien la vida, matar a un hombre, y ya que mató a otro, ¿a qué había de matarse? Los más de los suicidas son homicidas frustrados; se matan a sí mismos por falta de valor para matar a otros...

—¡Ah, ya te entiendo, Augusto, te entiendo! Tú quieres decir que si tuvieses valor para matar a Eugenia o a Mauricio, o a los dos, no pensarías en matarte a ti mismo, ¿eh?

—¡Mire usted, precisamente a ésos... no!

—¿A quién, pues?

—¡A usted! —y me miró a los ojos.
—¿Cómo? —exclamé, poniéndome en pie—. ¿Cómo? Pero, ¿se te ha pasado por la imaginación matarme?, ¿tú?, ¿y a mí?
—Siéntese y tenga calma. ¿O es que cree usted, amigo don Miguel, que sería el primer caso en que un ente de ficción, como usted me llama, matara a aquel a quien creyó darle el ser... ficticio?
—¡Esto ya es demasiado —decía yo, paseándome por mi despacho—, esto pasa de la raya! Esto no sucede más que...
—Más que en las *nivolas* —concluyó él con sorna.
—¡Bueno, basta! ¡Basta! ¡Basta! ¡Esto no se puede tolerar! ¡Vienes a consultarme a mí, y tu empiezas por discutirme mi propia existencia, después el derecho que tengo a hacer de ti lo que me dé la real gana, sí, así como suena, lo que me dé la real gana, lo que me salga de...!
—No sea usted tan español, don Miguel...
—¡Y eso más, mentecato! ¡Pues sí, soy español, español de nacimiento, de educación, de cuerpo, de espíritu, de lengua y hasta de profesión y oficio: español sobre todo y ante todo, y el españolismo es mi religión, y el cielo en que quiero creer es una España celestial y eterna, y mi Dios un Dios español, el de Nuestro Señor Don Quijote; un Dios que piensa en español y en español dijo: ¡sea la luz!, ¡y su verbo fue un verbo español...!
—Bien, ¿y qué? —me interrumpió, volviéndome a la realidad.
—Y luego has insinuado la idea de matarme. ¿Matarme? ¿A mí? ¿Tú? ¡Morir yo a manos de una de mis criaturas! No tolero más. Y para castigar tu osadía y esas doctrinas disolventes, extravagantes, anárquicas, con que te me has venido, resuelvo y fallo que te mueras. En cuanto llegues a tu casa te morirás. ¡Te morirás, te lo digo, te morirás!
—Pero ¡por Dios! —exclamó Augusto, ya suplicante, y de miedo tembloroso y pálido.
—No hay Dios que valga. ¡Te morirás!
—Es que yo quiero vivir, don Miguel, quiero vivir, quiero vivir...
—¿No pensabas matarte?
—¡Oh, si es por eso, yo le juro, señor de Unamuno, que no me mataré, que no me quitaré esta vida que Dios o usted me han dado; se lo juro... Ahora que usted quiere matarme, quiero yo vivir, vivir, vivir...!
—¡Vaya una vida! —exclamé.

—Sí, la que sea. Quiero vivir, aunque vuelva a ser burlado, aunque otra Eugenia y otro Mauricio me desgarren el corazón. Quiero vivir, vivir, vivir...
—No puede ser ya..., no puede ser...
—Quiero vivir, vivir..., y ser yo, yo, yo.
—Pero si tú no eres sino lo que yo quiera...
—¡Quiero ser yo, ser yo! ¡Quiero vivir! —y le lloraba la voz.
—No puede ser..., no puede ser...
—Mire usted, don Miguel, por sus hijos, por su mujer, por lo que más quiera... Mire que usted no será usted..., que se morirá...
Cayó a mis pies de hinojos, suplicante y exclamando:
—¡Don Miguel, por Dios, quiero vivir, quiero ser yo!
—¡No puede ser, pobre Augusto! —le dije, cogiéndole de una mano y levantándole—, ¡no puede ser! Lo tengo ya escrito y es irrevocable; no puedes vivir más. No sé qué hacer ya de ti. Dios, cuando no sabe qué hacer de nosotros, nos mata. Y no se me olvida que pasó por tu mente la idea de matarme...
—Pero si yo, don Miguel...
—No importa; sé lo que me digo. Y me temo que, en efecto, si no te mato pronto acabes por matarme tú.
—Pero ¿no quedamos en que...?
—No puede ser, Augusto, no puede ser. Ha llegado tu hora. Está ya escrito y no puedo volverme atrás. Te morirás. Para lo que ha de valerte ya la vida...
—Pero ¡por Dios!...
—No hay pero ni Dios que valgan. ¡Vete!
—¿Conque no, eh? —me dijo—. ¿Conque no? No quiere usted dejarme ser yo, salir de la niebla, vivir, vivir, vivir, verme, oírme, tocarme, sentirme, dolerme, serme. ¿Conque no lo quiere? ¿Conque he de morir ente de ficción? Pues bien, mi señor creador don Miguel, también usted se morirá, también usted, y se volverá a la nada de que salió... ¡Dios dejará de soñarle! ¡Se morirá usted, sí, se morirá, aunque no lo quiera; se morirá usted y se morirán todos los que lean mi historia, todos, todos, sin quedar uno! ¡Entes de ficción como yo; lo mismo que yo! Se morirán todos, todos, todos. Os lo digo yo, Augusto Pérez, ente ficticio como vosotros, *nivolesco,* lo mismo que vosotros. Porque usted, mi creador, mi don Miguel, no es usted más que otro ente *nivolesco*, y

entes *nivolescos* sus lectores, lo mismo que yo, que Augusto Pérez, que su víctima...

—¿Víctima? —exclamé.

—¡Víctima, sí! ¡Crearme para dejarme morir! ¡Usted también se morirá! El que crea se crea y el que se crea se muere. ¡Morirá usted, don Miguel; morirá usted y morirán todos los que me piensen! ¡A morir, pues!

Este supremo esfuerzo de pasión de vida, de ansia de inmortalidad, le dejó extenuado al pobre Augusto.

Y le empujé a la puerta, por la que salió cabizbajo. Luego se tanteó, como si dudase ya de su propia existencia. Yo me enjugué una lágrima furtiva.

XXXIII

Cuando recibí el telegrama comunicándome la muerte del pobre Augusto, y supe luego las circunstancias todas de ella, me quedé pensando en si hice o no bien en decirle lo que le dije la tarde aquella en que vino a visitarme y consultar conmigo su propósito de suicidarse. Y hasta me arrepentí de haberle matado. Llegué a pensar que tenía él razón y que debí haberle dejado salirse con la suya, suicidándose. Y se me ocurrió si le resucitaría.

«Sí —me dije—, voy a resucitarle y que haga luego lo que se le antoje, que se suicide si es así su capricho.» Y con esta idea de resucitarle me quedé dormido.

A poco de haberme dormido se me apareció Augusto en sueños. Estaba blanco, como la blancura de una nube, y sus contornos iluminados como por un sol poniente. Me miró fijamente y me dijo:

—¡Aquí estoy otra vez!

—¿A qué vienes?

—A despedirme de usted, don Miguel, a despedirme de usted hasta la eternidad y a mandarle, así, a mandarle, no a rogarle, a mandarle que escriba usted la *nivola* de mis aventuras...

—¡Está ya escrita!

—Lo sé, todo está escrito. Y vengo también a decirle que eso que usted ha pensado de resucitarme para que luego me quite yo a mí mismo mi vida es un disparate, más aún, es una imposibilidad.

—¿Imposibilidad? —le dije yo; por supuesto, todo esto en sueños.

—¡Sí, una imposibilidad! Aquella tarde en que nos vimos y hablamos en el despacho de usted, ¿recuerda?, estando usted despierto y no como ahora, dormido y soñando, le dije a usted que nosotros, los entes de ficción, según usted, tenemos nuestra lógica y que no sirve que quien nos finge pretenda hacer de nosotros lo que le dé la gana, ¿recuerda?

—Sí que lo recuerdo.

—Y ahora de seguro que, aunque tan español, no tendrá usted real gana de nada, ¿verdad, don Miguel?

—No, no siento gana de nada.

—No, el que duerme y sueña no tiene reales ganas de nada. Y usted y sus compatriotas duermen y sueñan, y sueñan que tienen ganas, pero no las tienen de veras..

—Da gracias a que estoy durmiendo —le dije—, que si no...

—Es igual. Y respecto a eso de resucitarme he de decirle que no le es hacedero, que no lo puede aunque lo quiera o aunque sueñe que lo quiere...

—Pero, ¡hombre!

—Sí, a un ente de ficción, como a uno de carne y hueso, a lo que llama usted hombre de carne y hueso y no de ficción de carne ni de ficción de hueso, puede uno engendrarlo y lo puede matar; pero una vez que lo mató no puede, ¡no!, no puede resucitarlo. Hacer un hombre mortal y carnal, de carne y hueso, que respire aire, en cosa fácil, muy fácil, demasiado fácil por desgracia...; matar a un hombre mortal y carnal de carne y hueso, que respire aire, es cosa fácil, muy fácil, demasiado fácil por desgracia...; pero, ¿resucitarlo?, ¡resucitarlo es imposible!

—¡En efecto —le dije—, es imposible!

—Pues lo mismo —me contestó—, exactamente lo mismo sucede con eso que usted llama entes de ficción; es fácil darnos ser, acaso demasiado fácil, y es facil, facilísimo, matarnos, acaso demasiadamente demasiado fácil; pero, ¿resucitarnos?, no hay quien haya resucitado de veras a un ente de ficción que de veras se hubiese muerto. ¿Cree usted posible resucitar a Don Quijote? —me preguntó.

—¡Imposible! —contesté.

—Pues en el mismo caso estamos todos los demás entes de ficción.

—¿Y si te vuelto a soñar?

—No se sueña dos veces el mismo sueño. Ese que usted vuelva a soñar y crea soy yo será otro. Y ahora, ahora que está usted dormido y soñando y que reconoce usted estarlo y que yo soy un sueño y reconozco serlo, ahora vuelvo a decirle a usted lo que tanto le excitó cuando la otra vez se lo dije: mire usted, mi querido don Miguel, no vaya a ser que sea usted el ente de ficción, el que no existe en realidad, ni vivo ni muerto; no vaya a ser que no pase usted de un pretexto para que mi historia, y otras historias como la mía corran por el mundo. Y luego, cuando usted se muera del todo, llevemos su alma nosotros. No, no, no se altere usted, que aunque dormido y soñando aún vive. Y ahora, ¡adiós!

Y se disipó en la niebla negra.

Yo soñé luego que me moría, y en el momento mismo en que soñaba dar el último respiro me desperté con cierta opresión en el pecho.

(Niebla.)

Acabó mi hermano por ir a misa siempre, a oír a don Manuel, y cuando se dijo que cumpliría con la parroquia, que comulgaría cuando los demás comulgasen, recorrió un íntimo regocijo al pueblo todo, que creyó haberle recobrado. Pero fue un regocijo tal, tan limpio, que Lázaro no se sintió vencido ni disminuido.

Y llegó el día de su comunión, ante el pueblo todo, con el pueblo todo. Cuando llegó la vez a mi hermano puede ver que don Manuel, tan blanco como la nieve de enero en la montaña, y temblando como tiembla el lago cuando le hostiga el cierzo, se le acercó con la sagrada forma en la mano, y de tal modo le temblaba ésta al arrimarla a la boca de Lázaro que se le cayó la forma a tiempo que le daba un vahído. Y fue mi hermano mismo quien recogió la hostia y se la llevó a la boca. Y el pueblo, al ver llorar a don Manuel, lloró, diciéndose: «¡Cómo le quiere!» Y entonces, pues era la madrugada, cantó un gallo.

Al volver a casa y encerrarme en ella con mi hermano, le eché los brazos al cuello y besándole le dije:

—¡Ay, Lázaro, Lázaro, qué alegría nos has dado a todos, a todos, a todo el pueblo, a todos, a los vivos y a los muertos, y sobre todo a mamá, a nuestra madre! ¿Viste? El pobre don Manuel lloraba de alegría. ¡Qué alegría nos has dado a todos!

—Por eso lo he hecho —me contestó.

—¿Por eso? ¿Por darnos alegría? Lo habrás hecho ante todo por ti mismo, por conversión.

Y entonces Lázaro, mi hermano, tan pálido y tan tembloroso como don Manuel cuando le dio la comunión, me hizo sentarme, en el sillón mismo donde solía sentarse nuestra madre, tomó huelgo, y luego, como en íntima confesión doméstica y familiar, me dijo:

—Mira, Angelita, ha llegado la hora de decirte la verdad, toda la verdad, y te la voy a decir, porque debo decírtela, porque a ti no puedo, no debo callártela y porque además habrías de adivinarla, y a medias, que es lo peor, más tarde o más temprano.

Y entonces, serena y tranquilamente, a media voz, me contó una historia que me sumergió en un lago de tristeza. Cómo don Manuel había venido trabajando, sobre todo en aquellos paseos a las ruinas de la vieja abadía cisterciense, para que no escandalizase, para que diese buen ejemplo, para que se incorporase a la vida religiosa del pueblo, para que fingiese creer si no creía, para que ocultase sus ideas al respecto, mas sin intentar siquiera catequizarle, convertirle de otra manera.

—¿Pero es posible? —exclamé, consternada.

—¡Y tan posible, hermana, y tan posible! Y cuando yo le decía: «Pero ¿es usted, usted, el sacerdote, el que me aconseja que finja?», él, balbuciente: «¿Fingir? ¡Fingir no!, ¡eso no es fingir! Toma agua bendita que dijo alguien, y acabarás creyendo.» Y como yo, mirándole a los ojos, le dijese: «¿Y usted celebrando misa ha acabado por creer?», él bajó la mirada al lago y se le llenaron los ojos de lágrimas. Y así es cómo le arranqué su secreto.

—¡Lázaro! —gemí.

Y en aquel momento pasó por la calle Blasillo el bobo, clamando su: «¡Dios mío, Dios mío!, ¿por qué me has abandonado?» Y Lázaro se estremeció creyendo oír la voz de don Manuel, acaso la de nuestro Señor Jesucristo.

—Entonces —prosiguió mi hermano—

comprendí sus móviles, y con esto comprendí su santidad; porque es un santo, hermana, todo un santo. No trataba, al emprender ganarme para su santa causa —porque es una causa santa, santísima—, arrogarse un triunfo, sino que lo hacía por la paz, por la felicidad, por la ilusión si quieres, de los que le están encomendados; comprendí que si les engaña así —si es que esto es engaño— no es por medrar. Me rendí a sus razones, y he aquí mi conversión. Y no me olvidaré jamás del día en que diciéndole yo: «Pero, don Manuel, la verdad, la verdad ante todo», él temblando, me susurró al oído —y eso que estábamos solos en medio del campo—: «¿¡La verdad? La verdad, Lázaro, es acaso algo terrible, algo intolerable, algo mortal; la gente sencilla no podría vivir con ella.» «Y ¿por qué me la deja entrever ahora aquí, como en confesión?», le dije. Y él: «Porque si no, me atormentaría tanto, tanto, que acabaría gritándola en medio de la plaza, y eso jamás, jamás, jamás. Yo estoy para hacer vivir a las almas de mis feligreses, para hacerlos felices, para hacerles que se sueñen inmortales y no para matarlos. Lo que aquí hace falta es que vivan sanamente, que vivan en unanimidad de sentido, y con la verdad, con mi verdad, no vivirían. Que vivan. Y esto hace la Iglesia, hacerlos vivir. ¿Religión verdadera? Todas las religiones son verdaderas en cuanto hacen vivir espiritualmente a los pueblos que las profesan, en cuanto les consuelan de haber tenido que nacer para morir, y para cada pueblo la religión más verdadera es la suya, la que ha hecho. ¿Y la mía? La mía es consolarme en consolar a los demás, aunque el consuelo que les doy no sea el mío.» Jamás olvidaré éstas sus palabras.

—¡Pero esa comunión tuya ha sido un sacrilegio! —me atreví a insinuar, arrepintiéndome al punto de haberlo insinuado.

—¿Sacrilegio? ¿Y él, que me la dio? ¿Y sus misas?

—¡Qué martirio! —exclamé.

—Y ahora —añadió mi hermano— hay otro más para consolar al pueblo.

—¿Para engañarle? —le dije.

—Para engañarle, no —me replicó—, sino para corroborarle en su fe.

—Y el pueblo —dije—, ¿cree de veras?

—¡Qué sé yo...! Cree sin querer, por hábito, por tradición. Y lo que hace falta es no despertarle. Y que viva en su pobreza de sentimientos para que no adquiera torturas de lujo. ¡Bienaventurados los pobres de espíritu!

....

Mi hermano, puesto ya del todo al servicio de la obra de don Manuel, era su más asiduo colaborador y compañero. Los anudaba, además, el común secreto. Le acompañaba en sus visitas a los enfermos, a las escuelas, y ponía su dinero a disposición del santo varón. Y poco faltó para que no aprendiera a ayudarle a misa. E iba entrando cada vez más en el alma insondable de don Manuel.

—¡Qué hombre! —me decía—. Mira, ayer, paseando a orillas del lago, me dijo: «He aquí mi tentación mayor.» Y como yo le interrogase con la mirada, añadió: «Mi pobre padre, que murió de cerca de noventa años, se pasó la vida, según me lo confesó él mismo, torturado por la tentación del suicidio, que le venía no recordaba desde cuándo, *de nación,* decía, y defendiéndose de ella. Y esa defensa fue su vida. Para no sucumbir a tal tentación extremaba los cuidados por conservar la vida. Me contó escenas terribles. Me parecía como una locura. Y yo la he heredado. ¡Y cómo me llama esa agua que con su aparente quietud —la corriente va por dentro— espeja al cielo! Mi vida, Lázaro, es una especie de suicidio continuo, un combate contra el suicidio, que es igual; pero que vivan ellos, ¡que vivan los nuestros!» Y luego añadió: «Aquí se remansa el río en lago, para luego, bajando a la meseta, precipitarse en cascadas, saltos y torrenteras, por las hoces y encañadas, junto a la ciudad, y así se remansa la vida, aquí, en la aldea. Pero la tentación del suicidio es mayor aquí, junto al remanso que espeja la noche de estrellas, que no junto a las cascadas que dan miedo. Mira, Lázaro, he asistido a bien morir a pobres aldeanos, ignorantes, analfabetos que apenas si habían salido de la aldea, y he podido saber de sus labios, y cuando no adivinarlo, la verdadera causa de su enfermedad de muerte, y he podido mirar, allí, a la cabecera de su lecho de muerte, toda la negrura de la sima del tedio de vivir. ¡Mil veces peor que el hambre! Sigamos, pues, Lázaro, suicidándonos en nuestra obra y en nuestro pueblo, y que sueñe éste vida como el lago sueña el cielo.»

....

E iba corriendo el tiempo y observábamos

mi hermano y yo que las fuerzas de don Manuel empezaban a decaer, que ya no lograba contener del todo la insondable tristeza que le consumía, que acaso una enfermedad traidora le iba minando el cuerpo y el alma. Y Lázaro, acaso para distraerle más, le propuso si no estaría bien que fundasen en la iglesia algo así como un sindicato católico agrario.

—¿Sindicato? —respondió tristemente don Manuel—. ¿Sindicato? Y ¿qué es eso? Yo no conozco más sindicato que la Iglesia, y ya sabes aquello de «mi reino no es de este mundo». Nuestro reino, Lázaro, no es de este mundo...

—¿Y del otro?

Don Manuel bajó la cabeza:

—El otro, Lázaro, está aquí también, porque hay dos reinos en este mundo. O mejor, el otro mundo..., vamos, que no sé lo que me digo. Y en cuanto a eso del sindicato, es en ti un resabio de tu época de progresismo. No, Lázaro, no; la religión no es para resolver los conflictos económicos o políticos de este mundo que Dios entregó a las disputas de los hombres. Piensen los hombres y obren los hombres como pensaren y como obraren, que se consuelen de haber nacido, que vivan lo más contentos que puedan en la ilusión de que todo esto tiene una finalidad. Yo no he venido a someter los pobres a los ricos, ni a predicar a éstos que se sometan a aquéllos. Resignación y caridad en todos y para todos. Porque también el rico tiene que resignarse a su riqueza, y a la vida, y también el pobre tiene que tener caridad para con el rico. ¿Cuestión social? Deja eso, eso no nos concierne. Que traen una nueva sociedad, en que no haya ya ni ricos ni pobres, en que esté justamente repartida la riqueza, en que todo sea de todos, ¿y qué? ¿Y no crees que del bienestar general surgirá más fuerte el tedio de la vida? Sí, ya sé que uno de esos caudillos de la que llaman la revolución social ha dicho que la religión es el opio del pueblo. Opio..., opio... Opio, sí. Démosle opio, y que duerma y que sueñe. Yo mismo, con esta mi loca actividad, me estoy administrando opio. Y no logro dormir bien, y menos soñar bien... ¡Esta terrible pesadilla! Y yo también puedo decir con el Divino Maestro: «Mi alma está triste hasta la muerte». No, Lázaro, no; nada de sindicatos por nuestra parte. Si lo forman ellos, me pare-

Unamuno, en el café de la Rotonda, de París, durante los años del exilio.

cerá bien, pues que así se distraen. Que jueguen al sindicato, si eso les contenta.

Nadie en el pueblo quiso creer en la muerte de don Manuel; todos esperaban verle a diario, y acaso le veían, pasar a lo largo del lago y espejado en él o teniendo por fondo la montaña; todos seguían oyendo su voz, y todos acudían a su sepultura, en torno a la cual surgió todo un culto. Las endemoniadas venían ahora a tocar la cruz de nogal, hecha también por sus manos y sacada del mismo árbol de donde sacó las seis tablas en que fue enterrado. Y los que menos queríamos creer que se hubiese muerto éramos mi hermano y yo.

El, Lázaro, continuaba la tradición del santo y empezó a redactar lo que le había oído, notas de que me he servido para esta mi memoria.

—El me hizo un hombre nuevo, un verdadero Lázaro, un resucitado —me decía—. El me dio fe.

—¿Fe? —le interrumpía yo.

—Sí, fe, fe en el consuelo de la vida, fe en el contento de la vida. El me curó de mi progresismo. Porque hay, Angela, dos clases de hombres peligrosos y nocivos; los que convencidos de la vida de ultratumba, de la resurrección de la carne, atormentan, como inquisidores que son, a los demás para que, despreciando esta vida como transitoria, se ganen la otra, y los que no creyendo más que en éste...

—Como acaso tú —le decía yo.

—Y sí, y como don Manuel. Pero no creyendo más que en este mundo esperan no sé qué sociedad futura y se esfuerzan en negarle al pueblo el consuelo de creer en otro...

—De modo que...

—De modo que hay que hacer que vivan de la ilusión.

(San Manuel Bueno, mártir.)

LA GENERACION DEL 98

LA TORRE DE MONTERREY A LA LUZ DE LA HELADA

Hiela, corre un cierzo que corta el respiro; pero desde el azul acerado vierte un sol desleído una luz clarísima que corta también las sombras y dibuja los relieves del campo como si fuesen de arquitectura.

Porque esa luz limpidísima, clara como el hielo, sin brumas, diríase que, no ya luminiza, sino civiliza a la Naturaleza; hácela civil, que es hacerla más que humana. Que humanizar es ya mucho; pero civilizar es más. Civilizar, hacer civil —o si queréis, ciudadanizar—, es sobrehumanizar. Humanidad nos parece para el hombre todo; pero civilidad es para él más: es más que todo, porque es el porvenir que jamás acaba de cumplirse, es el ideal. Todo es lo que hay, y lo que hay de permanente, pero más que todo es lo que sobre lo que ha habido, hay y habrá. Todo el pasado que se condensa en el presente; más que todo es la eternidad, que abarca el pasado, el presente y el futuro. Todo es el universo, y más que todo es el pensamiento. Porque el pensamiento sobrepuja a todo lo pensado y a todo lo pensable, y rebasa de ellos.

También la ciudad es Naturaleza; también sus calles y sus plazas, y sus torres enhiestas de chapiteles son paisaje. Y sus líneas son como las líneas de estos campos. Algunos dicen que barrocas. No todas.

Los escarpes de esos arribes que del vasto tablado de la Armuña bajan a las riberas del Tormes son como contrafuertes de una gigantesca seo, son arquitectónicos. Hay lugarejos que parecen esculpidos en la tierra del páramo, en la roca más bien. Y tal negrillo junto a la espadaña de una iglesiuca lugareña, que a mucho mirar acabaríase por dudar cuál es el árbol y cuál es la torre. Y ahora que los árboles en esqueleto, en mondos huesos negruzcos, parecen columnas de templo arruinado al que se le hundió la bóveda.

Corriendo tierras ibéricas, de estas desnudas, de roca, ¿no se os ha ocurrido imaginaros a lontananza que aquel teso es una catedral barroca?

Y aquí, en cambio, en la ciudad, créese uno en vasta formación geológica. Los hombres, como madréporas, levantaron esos pardos corales o estos corales de oro que reverberan al sol desnudo del invierno.

Cada una de estas fábricas de piedra de estos edificios diríase una inmensa frase arquitectónica, un aforismo de líneas. En una frase culmina y se condensa todo un sistema de ideas, de pensamientos. En el título del drama inmortal de Calderón, de la pareja del *Quijote,* en *La vida es sueño* está «condensada —acabo de leer que dice justamente Farinelli (en su obra *La vita è un sogno*)— la sustancia de todas las filosofías mundiales». Por una frase perduraba en la memoria de los suyos, de los de su casta, cada uno de los siete sabios de Grecia; pues estos siete sabios eternizáronse en el pensamiento de su pueblo como padres de siete sendas sentencias. Y una frase, una sentencia civil, civil más que humana, es un edificio de pensamiento, en que la economía de material y de esfuerzo bruto se llevó al colmo del triunfo. Las Pirámides son inmensas frases de piedra que se alzan de las arenas del desierto; una inmensa frase, como un período demosteniano, o mejor, como un período pericleano, tal y como Tucídides nos lo ha legado para siempre, es el Partenón. Y estas torres son frases también, frases civiles, sentencias de civilidad hecha Naturaleza.

Yo no sabré traduciros en palabras sonoras y que aun siendo aladas queden —se queden volando y cerniéndose—, lo que esta armónica frase de piedra tallada que es la torre de Monterrey me dice, nos dice, a la luz cortante y fina de estas mañanas arrecidas de invierno, cuando la helada duerme en vano en las cresterías de su pingorota; pero sé que es una frase cuando se destaca sobre la azulez del cielo. Y si los hombres pasan y quedan, estas piedras quedarán diciéndole a la Naturaleza que hubo Humanidad, que hubo civilidad, hubo pensamiento; quedarán hablándole de plan, y de orden, y de proporción al universo.

¿Y por qué no han de saber geometría, matemática, esos planetas que recorren el espacio, según las leyes que ellos mismos le enseñaron a Kepler? ¿No es una gran ciudad, la ciudad de Dios, el Supremo Arquitecto y habitador de ella, esta máquina única del universo mundo?

Todo esto es un sueño, ¡conformes! Pero este sueño de piedra, a la luz cernida por la helada, nos dice que el sueño es lo que queda, lo duradero, lo permanente, lo sustancial, y que sobre él, sobre el sueño, como sobre el mar las olas, pasan rodando nuestros dolores y nuestros goces, nuestros odios y nuestros amores, nuestros recuerdos y nuestras esperanzas. Las olas son del mar; pero las olas pasan y el mar se queda; los dolores y los goces, los odios y los amores, los recuerdos y las esperanzas, son del sueño, del sueño de la vida; pero ellos, dolores, goces, odios, amores, recuerdos, esperanzas, pasan y el sueño se queda. Y se queda así, hecho piedra, piedra terrena, pero civilizada, piedra civil, o piedra espiritual, frase acuñada para siempre, monumento *aere perennius*, más duradero que el bronce.

Este sueño de piedra entra al alma y cae en ella, dentro de ella, más dentro de ella: en el alma del alma, en lo que está más dentro del alma misma, y arrastra a ésta, a nuestra alma, al cimiento de las almas todas, como las olas, pasajeras, al mar de las almas. ¿Es un mar? ¿Es líquido? ¿No es más bien un páramo, una llanada, un cimiento pétreo de toda laya de edificios para albergar el pensamiento humano civil? ¿Y no es cada una de nuestras almas un sillar que la vida talla —la talla a golpes, con dolor y goce, con odio y amor, con recuerdo y esperanza— para que forme en la gran seo humana, civil, en el templo y casa de nuestro Dios civil y humano?

Fue ayer, fue hace un momento; es decir, fue hace más de veinticinco años —el tercio de una vida bien cumplida— cuando te vi por vez primera, torre de Monterrey, y me llevas más allá, mucho más allá de esos veinticinco años, a cuando, sin haber nacido, te contemplaba —¿dónde?—, y con ello me llevas de aquí a dentro de veinticinco años, más y allá, mucho más allá, a cuando, después de muerto y bien muerto, te siga contemplando, siga yaciendo y posando en el fondo del mar de las almas esta mi visión de ti que se me acuña en el alma en estas mañanas de rayos de sol cernidos por la helada. El sueño queda. Es lo único que queda: la visión queda.

El espíritu, cuando sufre o goza, cuando odia o ama, cuando recuerda o espera, se hace tierra, se hace agua, se hace fuego o se hace aire; y la piedra, cuando piensa y piensa civilmente, se hace espíritu permanente, cuajado, cristalizado, sustantivado. Esta torre es un diamante de espíritu.

¿Y qué dice? No dice nada que no sea ella misma; se dice a sí misma, se proclama inmortal, se afirma. No importa que un terremoto o un bombardeo de guerra humana —que es otro terremoto— u otro accidente traído por el odio de la Naturaleza o el de los hombres, abatiéndote a tierra te derrumbe, esparciendo sin orden ni concierto tus sillares, torre de Monterrey, porque tu visión quedará. Quedará hecha cimiento de las almas que te contemplen.

Y al alma que te contempla le dices, torre de Monterrey, que dice cuanto decir cabe quien se dice a sí mismo, quien acierta a expresar su persona, quien logra ponerse desnudo de espíritu a la luz de helada del mundo civil y se convierte así, para los otros, en estatua. Lo sumo que pueden ver los hombres es a otro hombre, y si una vez le vieran del todo se lo llevarían consigo para siempre.

Y esta torre y otras torres nos meten al ánimo el ansia tormentosa de decir lo indecible, de dejar en la alada palabra que vuela sonora, y pasa, y se pierde, lo que no pasa ni se pierde: la visión que queda. Decir lo que se ve y decirlo de modo que se vea oyéndolo; ver lo que se oye: he aquí todo el secreto del Arte. El Arte hace ver a los ciegos —y lo son muchos que espejan con los ojos en la mente lo que tienen delante—, y les hace ver con la palabra; el Arte hace oír a los sordos —y lo son muchos que resuenan con los oídos lo que les suena en su derredor—, y les hace oír con la visión reproducida. Un poema da vista al ciego; un cuadro da oído al sordo. El Arte funde los sentidos, descendiendo a lo que les une a su común cimiento, y ascendiendo a lo que los une también coronándolos.

Mi torre de Monterrey, no ésta que tengo ante los ojos al salir de casa en estas mañanas arrecidas y de sol acendrado, cuando voy a leer con ellos, con mis alumnos —¡lástima de hermosa palabra, degradada por el abuso oficial!—, al divino Platón; mi torre, la que llevo en el cristal de la mente como una visión que, espejada en un lago, al cristalizarse éste, quedase por encantada magia en él para siempre, esta mi torre me dice que quien se dice queda para siempre también. No te importe, alma mía, lo que digas si te dices. ¿Es que eres más que una frase del pensamiento de Dios?

El pensamiento de Dios es la Historia: la historia humana, la historia civil, la historia de esta humanidad civil en que Dios se hizo hombre, y habitó entre los hombres, y proclamó que su reino, el reino de Dios, esto es, el reino del Hombre, el reino de Dios-Hombre no es de este mundo de dolores y goces, de odios y de amores, de recuerdos y de esperanzas. Porque el reino de Dios, el reino del Hombre, es del pensamiento, que está sobre dolor y goce, sobre odio y amor, sobre recuerdo y esperanza, aunque con ellos se haga, como con piedras se hacen las torres que en la Historia quedan. El pensamiento de Dios es la Historia; la Historia es lo que Dios piensa, lo que va pensando. Y el que vive, de un modo o de otro, más o menos visible y audible, por dentro de ella que sea, en la Historia, vive en el pensamiento de Dios y en él se queda, y se queda con el pensamiento en Dios. Y vive en la Historia todo el que, queriéndolo o sin quererlo, a sabiendas o no, contribuye a hacerla; todo el que tiene, por oscura y vacilante que sea, conciencia civil. La muerte absoluta es la inconsciencia.

Y esta mi torre de Monterrey me habla de nuestro Renacimiento, del renacimiento español, de la españolidad eterna, hecha piedra de visión, y me dice que me diga español y que afirme que si la vida es sueño, el sueño es lo único que queda, y lo otro, lo que no es sueño, no es más que digestión que pasa, como pasan el dolor y el goce, el odio y el amor, el recuerdo y la esperanza. Sí; la vela sin sueño no es más que digestión y respiración, aliento que se va. Soplo, aliento, *pneuma, anima, spiritus,* llamaron a lo que sobre nuestro cuerpo no es sueño; y el soplo pasa, pero el sueño queda.

«¡La vida es sueño!», afirmó el hombre español que creía en lo eterno y lo sustancial, y los que no creen en ello dicen en la necedad de su corazón diciendo: «¡La vida es un soplo!» Y la torre de Monterrey, mi torre de Monterrey, mi torre del renacimiento español, de la españolidad renaciente, me dice que la vida no es soplo que pasa y se pierde, sino sueño que queda y se gana.

Cuando al salir por las mañanas la torre me dice: «¡Aquí estoy!», yo, mirándola, le digo: «¡Aquí estoy!»

(Salamanca, noviembre de 1916. *Andanzas y visiones españolas.*)

CASTILLA

Tú me levantas, tierra de Castilla,
en la rugosa palma de tu mano,
al cielo que te enciende y te refresca,
    al cielo, tu amo.
    Tierra nervuda, enjuta, despejada,
madre de corazones y de brazos,
toma el presente en ti viejos colores
    del noble antaño.
    Con la pradera cóncava del cielo
lindan en torno tus desnudos campos,
tiene en ti cuna el sol y en ti sepulcro
    y en ti santuario.
    Es todo cima tu extensión redonda
y en ti me siento al cielo levantado,
aire de cumbre es el que se respira
    aquí, en tus páramos.
    ¡Ara gigante, tierra castellana,
a ese tu aire soltaré mis cantos,
si te son dignos bajarán al mundo
    desde lo alto!

CREDO POETICO

Piensa el sentimiento, siente el pensamiento;
que tus cantos tengan nidos en la tierra,
y que cuando en vuelo a los cielos suban
    tras las nubes no se pierdan.
    Peso necesitan, en las alas peso,
la columna de humo se disipa entera,
algo que no es música es la poesía,
    la pesada sólo queda.
    Lo pensado es, no lo dudes, lo sentido.
¿Sentimiento puro? Quien en ello crea,
de la fuente del sentir nunca ha llegado
    a la viva y honda vena.
    No te cuides en exceso del ropaje,
de escultor, no de sastre, es tu tarea,
no te olvides de que nunca más hermosa
    que desnuda está la idea.
    No el que un alma encarna en carne, ten
    [presente,

no el que forma da a la idea es el poeta,
sino que es el que alma encuentra tras la carne
    tras la forma encuentra idea.
    De las fórmulas la broza es lo que hace
que nos vele la verdad, torpe, la ciencia;
la desnudas con tus manos, y tus ojos
    gozarán de su belleza.
    Busca líneas de desnudo, que aunque trates
de envolvernos en lo vago de la niebla,
aun la niebla tiene líneas y se esculpe;

ten, pues, ojo, no las pierdas.
Que tus cantos sean cantos esculpidos,
ancla en tierra mientras tanto que se elevan,
el lenguaje es ante todo pensamiento,
    y es pensada su belleza.
    Sujetemos en verdades del espíritu
las entrañas de las formas pasajeras,
que la Idea reine en todo soberana;
    esculpamos, pues, la niebla.

(Poesías.)

VENDRA DE NOCHE

    Vendrá de noche cuando todo duerma,
vendrá de noche cuando el alma enferma
    se emboce en vida,
vendrá de noche con su paso quedo,
vendrá de noche y posará su dedo
    sobre la herida.
    Vendrá de noche y su fugaz vislumbre
volverá lumbre la fatal quejumbre;
    vendrá de noche
    con su rosario, soltará las perlas
del negro sol que da ceguera verlas,
    ¡todo un derroche!
    Vendrá de noche, noche nuestra madre,
cuando a lo lejos el recuerdo ladre
    perdido agüero;
vendrá de noche; apagará su paso
mortal ladrido y dejará al ocaso
    largo agujero...
    ¿Vendrá una noche recogida y vasta?
¿Vendrá una noche maternal y casta
    de luna llena?
Vendrá viniendo con venir eterno;
vendrá una noche del postrer invierno...
    noche serena...
    Vendrá como se fue, como se ha ido
—suena a lo lejos el fatal ladrido—,
    vendrá a la cita;
    será de noche mas que sea aurora,
vendrá a su hora, cuando el aire llora,
    llora y medita...
    Vendrá de noche, en una noche clara,
noche de luna que al dolor ampara,
    noche desnuda,
    vendrá... venir es porvenir... pasado
que pasa y queda y que se queda al lado
    y nunca muda...
    Vendrá de noche, cuando el tiempo aguarda,
cuando la tarde en las tinieblas tarda
    y espera al día,

vendrá de noche, en una noche pura,
cuando del sol la sangre se depura,
    del mediodía.
    Noche ha de hacerse en cuanto venga y llegue,
y el corazón rendido se le entregue,
    noche serena,
    de noche ha de venir... ¿él, ella o ello?
De noche ha de sellar su negro sello,
    noche sin pena.
    Vendrá la noche, la que da la vida,
y en que la noche al fin el alma olvida,
    traerá la cura;
    vendrá la noche que lo cubre todo
y espeja al cielo en el luciente lodo
    que lo depura.
    Vendrá de noche, sí, vendrá de noche,
su negro sello servirá de broche
    que cierre al alma;
    vendrá de noche sin hacer ruido,
se apagará a lo lejos el ladrido,
    vendrá la calma...
    vendrá la noche...

(Romancero del destierro.)

    Leer, leer, leer, vivir la vida
que otros soñaron.
Leer, leer, leer, el alma olvida
las cosas que pasaron.
    Se quedan las que quedan, las ficciones,
las flores de la pluma,
las solas, las humanas creaciones,
el peso de la espuma.
    Leer, leer, leer; ¿seré lectura
mañana también yo?
¿Seré mi creador, mi criatura,
seré lo que pasó?

(Cancionero.)

LA GENERACION DEL 98

PIO BAROJA

Nació en San Sebastián en 1872. Estudió Medicina y se doctoró en 1893 con una tesis titulada *El dolor. Estudio de psicofísica*. Ejerció durante algún tiempo como médico en Cestona (Guipúzcoa). Se traslada después a Madrid para regentar una panadería de su familia, y se entrega de lleno a la literatura. Colabora en periódicos y revistas como *El País, El Globo, Germinal, Vida nueva, Alma española* y *La Revista Nueva*. En 1900 aparecen sus primeros libros: *Vidas sombrías* y *La casa de Aizgorri*. Lleva una vida apacible, sedentaria, sin grandes emociones. Su individualismo, su timidez y una discreta misoginia, a pesar del importantísimo papel que su madre y su hermana tuvieron en su vida, lo mantuvieron alejado del matrimonio. Realiza frecuentes viajes al extranjero, de los que existen abundantes huellas en sus libros. Durante la Primera Guerra Mundial fue germanófilo. En 1934 es nombrado para la Real Academia Española. Lee su discurso de ingreso sobre *La formación psicológica de un escritor* el 12 de mayo de 1935. Pasa la guerra en Francia. En 1940 regresa a España, aunque se mantiene siempre al margen de la vida pública del momento. Muere en Madrid el 30 de octubre de 1956.

Desde sus simpatías juveniles por el anarquismo, Baroja mantuvo frente a la sociedad española una actitud negativa y crítica, que adquirió con frecuencia tonos demoledores. Sin embargo, es difícil encontrar en sus obras o en sus declaraciones unas propuestas que puedan considerarse como alternativa frente a lo rechazado. La falta de un ideario político concreto, su aversión ante cualquier tipo de dogmas, y un pesimismo radical en su visión del hombre y del mundo (léase el fragmento de *El mundo es ansí*), lo llevarán a un marcado escepticismo y a mirar con indiferencia los profundos cambios que se producen en la sociedad europea de la época (lo mismo ante la revolución rusa y la república española que frente al comunismo, el socialismo o la democracia).

Esto no le impidió fustigar implacablemente la crueldad, la hipocresía y la maldad humanas en todas sus formas. Indiferente a halagos y lisonjas, con ese «fondo insobornable» que le achacará Ortega y Gasset, durante toda su vida defenderá la necesidad de ser sinceros, aunque, alguna vez, y no ha de extrañar en un hombre que no paró de hablar de todo lo divino y lo humano, sus *verdades* sean subjetivas y arbitrarias.

Obra

A diferencia de otros escritores del 98, Baroja se orientó, con preferencia, hacia la novela. La mayor parte de su vasta producción aparece agrupada en trilogías (alguna serie comprende cuatro títulos), a pesar de que las obras que se encuadran en cada una de ellas tengan muchas veces, por su temática y por las fechas de publicación, escasos puntos en común. Los títulos de esas trilogías son los siguientes:

1. Tierra vasca: *La casa de Aizgorri* (1900), *El mayorazgo de Labraz* (1903), *Zalacaín el aventurero* (1909) y *La leyenda de Juan de Alzate* (1922).
2. La vida fantástica: *Aventuras, inventos y mixtificaciones de Silvestre Paradox* (1901), **Camino de perfección** (1902) y **Paradox, rey** (1906).
3. La lucha por la vida: **La busca** (1904), *Mala hierba* (1904) y *Aurora roja* (1905). Es la más compacta de las trilogías. En *La busca* Baroja nos da una sucesión de cuadros, a los que enlaza el protagonista, Manuel Alcázar, de la miseria de las zonas periféricas madrileñas. En esta obra, la objetividad se transforma muchas veces en repugnancia y compasión ante la condición humana envilecida y degradada. En las dos siguientes, con una marcada indiferencia o con una declarada hostilidad hacia los socialistas, centra su atención en el anarquismo de finales del siglo XIX.
4. El pasado: *La feria de los discretos* (1905), *Los últimos románticos* (1906) y *Las tragedias grotescas* (1907).
5. La raza: *La dama errante* (1908), *La ciudad de la niebla* (1909) y **El árbol de la ciencia** (1911). En esta última, cuyo título procede de las discusiones del protagonista, Andrés Hurtado, con su tío Iturrioz sobre el problema del conocimiento, se nos narra la trayectoria vital de Andrés desde sus años de estudiante de medicina hasta su suicidio final.
6. Las ciudades: **César o nada** (1910), **El mundo es ansí** (1912) y *La sensualidad pervertida*.
7. El mar: **Las inquietudes de Shanti Andía** (1911), *El laberinto de las sirenas* (1923) y *La estrella del capitán Chimista* (1930).
8. Las agonías de nuestro tiempo: *El gran torbellino del mundo* (1926), *Las veleidades de la fortuna* (1927) y **Los amores tardíos** (1927).
9. La selva oscura: *La familia de Errotacho* (1931), *El cabo de las Tormentas* (1932) y *Los visionarios* (1932).
10. La juventud perdida: *La familia de Errotacho* (1934), *El cura de Monleón* (1936) y *Locuras de carnaval* (1937).

PIO BAROJA

A partir de 1936, la obra de Baroja, si exceptuamos sus *Memorias*, ofrece un interés limitado. Novelas como *Susana* (1938), *Laura, o la soledad sin remedio* (1939) y *El hotel del cisne* (1946) poco añaden a su producción anterior.

El personaje más habitual en estas novelas, sobre todo el de las que escribe en 1908 y 1912, suele terminar, después de mostrar un descontento y un rechazo de la sociedad en que vive, frustrado y vencido. Esa derrota final puede llevarlo a poner fin a sus días (Andrés Hurtado en *El árbol de la ciencia*) o a someterse e integrarse en un sistema social que se ha presentado como absurdo, mezquino y opresor (Fernando Ossorio en *Camino de perfección*, María en *La dama errante* y *La ciudad de la niebla*, o Manuel en la trilogía de *La lucha por la vida*). Antes de llegar a esa dramática solución, muchos de esos personajes, aunque intuyan que la batalla está perdida, buscarán, por medio de la filosofía, de la política o de una acción que puede ser gratuita o que tiene como fin una modificación de la sociedad, una salida a sus crisis y angustias vitales, algo que dé sentido a sus vidas. El final, sin embargo, será invariablemente el mismo. Baroja no cree en soluciones filosóficas, políticas o sentimentales, a pesar de que no rechaza la necesidad y el valor de la búsqueda. La derrota es, además, irrevocable. Aunque no intervenga la muerte, queda claro que los personajes ya no volverán a la lucha. Sus vidas transcurrirán tal y como el escritor las describe en las últimas páginas de la novela.

Entre 1913 y 1935 Baroja publicó 22 volúmenes relacionados directa o indirectamente con la vida aventurera de un antepasado suyo, Eugenio de Avinareta (en algunos volúmenes aparece como protagonista, en otros actúa de modo secundario o permanece en la sombra). La serie, en la que predomina lo novelesco sobre lo histórico, recoge diversos acontecimientos de la vida española, desde la Guerra de la Independencia hasta los días de la regencia de María Cristina.

Valor documental de sus novelas, técnica y estilo. Para Baroja, las fuentes de información suelen estar en la realidad inmediata («yo nunca he sido partidario de ir del libro a las cosas de la vida, sino de ir de las cosas de la vida al libro», confesará), y, de ahí el valor documental de la mayor parte de sus obras. El mismo reconocerá que los acontecimientos más destacados de la vida española de fines del xix y de comienzos del xx están presentes en ellas.

Los escenarios preferidos por el escritor suelen ser Madrid y el país vasco, pero también se desvía con frecuencia hacia Andalucía, Levante y Cataluña, o se pasea por diversos países extranjeros (Francia, Holanda, Gran Bretaña e Italia).

En todas sus definiciones, Baroja consideró que la novela era un género abierto y poliformo en el que todo puede intentarse. Despreocupado de una trama argumental que progrese hacia un final cerrado, sus obras se caracterizan por una sucesión de materiales dispersos a los que une la presencia reiterada de un mismo personaje. La proyección constante del escritor en sus héroes *(Camino de perfección* y *El árbol de la ciencia* pueden hasta considerarse etopeyas de la Generación del 98) también contribuye a dar una cierta unidad al conjunto.

Si bien con frecuencia se le han reprochado a Baroja un cierto desaliño estilístico y alguna que otra incorrección gramatical, pocos críticos escatiman sus elogios ante la fluidez narrativa, la amenidad, la maestría en las descripciones y en el manejo del diálogo, y ante la sensación de naturalidad y de vida que emana de sus obras. Su prosa, que aparece ocasionalmente traspasada por ráfagas de lirismo y de humor (no hay que olvidar que es autor de un tratado que lleva por título *La caverna del humorismo*), revela el gusto del escritor por la precisión, la claridad y el párrafo breve, y por fórmulas más ágiles y sintéticas que las de los escritores del siglo xix.

Baroja es, también, autor de cuentos, libros de Memorias (**Juventud, egolatría;** 1917, **Desde la última vuelta del camino;** 1943-49), biografías, ensayos y artículos periodísticos (**Divagaciones apasionadas**), de un libro de poemas. **Canciones del suburbio,** y de algunas obras dramáticas, entre las que destaca *Adiós a la bohemia*.

Ediciones

Obras completas, 8 volúmenes. Madrid, Biblioteca Nueva. Son más accesibles las *Obras completas* en tomos sueltos de la Editorial Caro Raggio, Madrid. De *El árbol de la ciencia* existen dos populares ediciones: las de Alianza Editorial y Cátedra (con prólogo esta última de Pío Caro Baroja).

Tres de las caricaturas que Luis Bagaría dedicó a Baroja. La segunda fue hecha en 1935, con motivo del ingreso del escritor en la Real Academia Española.

DOGMATOFAGIA [1]

A mí, cuando me preguntan qué ideas religiosas tengo, digo que soy agnóstico —me gusta ser un poco pedante con los filisteos—; ahora voy a añadir que, además, soy dogmatófago.

Mi primer movimiento en presencia de un dogma, sea religioso, político o moral, es ver la manera de masticarlo y de digerirlo.

El peligro de este apetito desordenado de dogma es gastar demasiado jugo gástrico y quedarse dispépsico [2] para toda la vida.

En esto mi inclinación es más grande que mi prudencia. Tengo una dogmatofagia incurable.

IGNORAMUS, IGNORABIMUS

Así dijo el psicólogo Dubois-Reimond [2 bis] en un célebre discurso. Esta posicion agnóstica es la más decente que puede tomar una persona. Ya no sólo las ideas religiosas están descompuestas, sino que lo está lo más sólido y lo más indivisible. Ya ¿quién cree en el átomo? ¿Quién cree en el alma como mónada? ¿Quién cree en la certidumbre de los sentidos?

El átomo, la unidad del alma y de la conciencia, la certidumbre de conocer, todo es sospechoso hoy. *Ignoramus, ignorabimus*.

LA ESTUPIDEZ Y LA CRUELDAD

En un artículo de Azorín sobre un libro mío, dice que para mí existen dos absurdos enormes, intolerables: la estupidez y la crueldad.

El hombre civilizado tiene que odiar estas dos manifestaciones de una vida primitiva y oscura.

Aun podemos pasar por la estupidez y la incomprensión cuando son sencillas y naturales; pero ¿qué decir de la incomprensión adornada y retórica? ¿Hay nada más desagradable?

Cuando vemos a una mosca que se lanza con fruición a devorar los polvos del piretro [3] que le van a matar, pensamos que ni la mosca ni el hombre tienen sabiduría innata; ahora, cuando oímos a un orador tradicionalista defender con fuegos retóricos la vida pasada, entonces comprendemos lo odioso de la estupidez adornada.

Respecto a la crueldad pasa lo mismo. Las costumbres del *sphex* [4] nos producen sorpresa; las corridas de toros nos producen asco. La crueldad, como la estupidez, cuanto más adornadas, son más odiosas.

LA POLITICA

Yo he sido siempre un liberal radical, individualista y anarquista. Primero, enemigo de la Iglesia; después, del Estado; mientras estos dos grandes poderes estén en lucha, partidario del Estado contra la Iglesia; el día que el Estado prepondere, enemigo del Estado.

En la Revolución Francesa hubiera sido de los internacionalistas

---

1. Aversión a cualquier dogma.
2. *Dispepsia:* enfermedad crónica caracterizada por la digestión laboriosa e imperfecta.
2 bis. Se refiere al fisiólogo y filósofo alemán Emil Dubbis Reymond (1818-1896). Se hizo célebre por su manera de interpretar los fenómenos de la naturaleza.
3. El *piretro* o pelitre es una planta herbácea propia del Norte de Africa. Su raíz, reducida a polvo, se usa como insecticida.
4. Género de himenópteros que superan los 12 mm. de longitud, de patas muy espinosas, fuertes y dispuestas para cavar, y cola generalmente roja y negra. Baroja se refiere a su costumbre de hacer las puestas sobre ortópteros, a los que han inmovilizado con su picadura, a fin de que sirvan de alimento a las larvas cuando nazcan.

5. Anacharsis Cloots (1755-1794) fue un político prusiano que vivió en París desde 1776. A partir de 1789 se declaró «ciudadano de la humanidad» y destacó por su ímpetu revolucionario en el club de los jacobinos. En 1792 preconizaba una cruzada para establecer una república universal. Murió guillotinado.
6. Peteneciente a una de las sociedades secretas establecidas con fines revolucionarios.

de Anacarsis Clootz [5]; en el período de las luchas del liberalismo, hubiera sido carbonario [6].

Todo lo que tiene el liberalismo de destructor del pasado, me sugestiona; la lucha contra los prejuicios religiosos y nobiliarios, la expropiación de las comunidades, los impuestos contra la herencia, todo lo que sea pulverizar la sociedad pasada, me produce una gran alegría; en cambio, lo que el liberalismo tiene de constructor, el sufragio universal, la democracia, el parlamentarismo, me parece ridículo y sin eficacia.

Aun hoy encuentro valor en el liberalismo en los sitios en donde tiene que ser agresivo; en los lugares en donde se le acepta como un hecho consumado, ni me interesa ni me entusiasma.

(*Juventud, egolatría.*)

DIVAGACIONES CASI TRASCENDENTALES

Desde un punto de vista humano, lo perfecto en una sociedad sería que supiese defender los intereses generales y, al mismo tiempo, comprender lo individual; que diera al individuo las ventajas del trabajo en común y la libertad más absoluta; que multiplicara su labor y le permitiera el aislamiento. Esto sería lo equitativo y lo bueno.

Nuestra sociedad no sabe hacer ninguna de estas dos cosas; defiende lo particular contra lo general, porque tiene como norma práctica la injusticia y el privilegio; no comprende lo individual porque lo individual constituye la originalidad, y la originalidad es siempre un elemento perturbador y revolucionario.

Una democracia refinada sería la que, prescindiendo de los azares del nacimiento, igualara en lo posible los medios de ganar, de aprender y hasta de vivir, y dejara en libertad las inteligencias, las voluntades y las conciencias, para que se destacaran unas sobre otras. La democracia moderna, por el contrario, tiende a aplanar los espíritus e impedir el predominio de las capacidades, esfumándolo todo en un ambiente de vulgaridad. En cambio, ayuda a destacarse unos intereses sobre otros.

Gran parte de la antipatía colectiva por lo individual procede del miedo. Sobre todo en nuestros países del Sur, las individualidades fuertes han sido inquietas y tumultuosas. Las manadas de arriba, como las de abajo, no quieren que florezcan en nuestras tierras las semillas de los César o de los Bonaparte. Estas manadas anhelan la nivelación espiritual; que no haya más distinción entre un hombre y otro que un botón de color en la solapa o un título en la tarjeta. Tal es la aspiración de los tipos verdaderamente sociales; las demás distinciones, el valor, la energía, la bondad, para los demócratas laminadores, son verdaderas impertinencias de la Naturaleza.

(*César o nada.*)

DESORIENTACION

En este segundo período de mi vida, en Madrid, para mí, naturalmente, el más trascendental, porque era aquel en que tenía más energías y más inquietud, yo me encontré, como la mayoría de los jóvenes de mi tiempo, con que todos los grandes caminos abiertos por los españoles de antaño estaban cerrados.

En las antiguas colonias de América, de Oceanía y de Africa se nos odiaba, con razón o sin ella. En las ciudades de Europa se nos miraba con desdén. Eramos, para la mayoría, una excepción desagradable en la civilización europea.

LA GENERACION DEL 98

En las esferas oficiales de España reinaba por entonces la cuquería [7] más refinada.

Había una oligarquía de políticos, oligarquía de apetitos, de petulancia y, sobre todo, de vanidad, que miraba el Estado como una finca [...]

Enfrente de la inmoralidad, de la chabacanería y de la ramplonería de los políticos, no había en la España de la Regencia nada organizado. El republicanismo nuestro era un amaneramiento, una retórica vieja con la matriz estéril; el socialismo obrerista odiaba a los intelectuales, y hasta a la inteligencia; el anarquismo se manifestaba místico, vagoroso y utópico, y los dos separatismos aparecidos en aquella época, el catalán y el vasco, por su egoísmo y su mezquindad, no tenían atractivo más que para gente un poco baja. Ademas, en el uno había una pedantería y un superhombrismo ridículo; en el otro se veía demasiado el solideo del cura.

Un hombre un poco digno no podía ser en este tiempo más que un solitario.

(*Divagaciones apasionadas.*)

7. Picardía, malicia, astucia.

PARTE VI: REPORTAJES. LO QUE DESAPARECE EN ESPAÑA

Madrid es un pueblo extraño, al que nosotros estamos acostumbrados; pueblo de contrastes, a más de seiscientos metros sobre el nivel del mar, situado en una planicie alta, más bien árida que fértil. No hay otra capital europea que esté colocada a esa altura.

El aire de Madrid mata a un hombre y no apaga un candil. El contraste más grande de Madrid está en su geografía: a lo lejos, el Guadarrama, grave, ceñudo, noble; cerca, y sobre todo al Sur, la pobretería, la miseria y la tierra árida.

Madrid, hace más de cien años, debía de ser un pueblo armónico, no una gran ciudad de industria y comercio, sino una ciudad pintoresca, con su centro en la Puerta del Sol, sus paseos del Prado y la Castellana; su jardín, el Retiro, y su vida ligera y amable.

Modernamente, Madrid se ha desquiciado, y los que vengan más tarde verán el carácter que vaya tomando, que nosotros hoy no podemos suponer con exactitud.

Madrid ha variado. Inmovilidad y tradición en las ideas, cambio y modificación en las cosas. A mí me parece que lo contrario sería mejor. Movilidad y cambio en las ideas y tradición en las cosas.

Yo soy un tipo más del siglo XIX que del siglo XX, porque toda la época de formación mía ha transcurrido en la centuria pasada, en ese siglo al cual un escritor francés aparatoso ha llamado el estúpido siglo XIX [...]

La burguesía en mi tiempo, como clase, no creo que tuviera mucho interés novelesco. En esta cuestión, yo no estaba muy de acuerdo con Galdós.

La gente pobre de la calle me parecía de más interés y más pintoresca que los burócratas y los tenderos. Quizá esta idea me hizo aficionado a recorrer los suburbios.

Las afueras de Madrid constituyen una serie de paisajes de los más sugestivos de España. La zona del Norte y Oeste, con su muralla del Guadarrama, es noble y majestuosa. La parte Este y Sur es el páramo castellano, con sus cerros monótonos en el horizonte y el cielo ardoroso y desolado.

(*Desde la última vuelta del camino.*)

PROLOGO

—¡Qué se va a hacer!... A mí el libro que me gusta es el que no tiene ni principio ni fin. Ni alfa ni omega. Me agrada la novela permeable y porosa, como la llama un amigo nuestro; la melodía larga que sigue y no concluye.

PIO BAROJA

Se acostumbra uno a ese paso de andadura, quizá pesado y monótono, que permite soñar y hasta dormir, y se quiere seguir así, más de prisa o más despacio, mirando a un lado y a otro del camino, sin deseo fijo de llegar a ninguna parte.

¡Qué se va a hacer! A mí el libro que me gusta es el que no tiene ni principio ni fin.

Ni alfa ni omega.

Ni tesis, ni conclusiones, ni estéticas, ni moralejas, ni la gran moral, ni la pequeña moral; esa negación es nuestra pequeña afirmación. Se marcha, se divierte uno, se aburre uno y... adelante.

Sí —dice el señor del público, el editor o el librero—, sí; pero hay exigencias literarias positivas, prácticas, encuadernatoriales. Hay que cerrar un poco la barraca, hay que impermeabilizar un tanto el toldo, hay que hacer que la melodía tenga el ritmo marcado de una polca, mazurca o de un schotis de cocineras, para que después se note el ritmo lento.

Sí, yo comprendo estas objeciones; me parecen justas, equitativas y razonables; pero...

¡Qué se va a hacer! A mí el libro que me gusta es el que no tiene ni principio ni fin.

(Los amores tardíos.)

LA RETORICA DEL TONO MENOR

Algunos lectores, que no rechazan en absoluto mi forma literaria, me preguntan:

—¿Por qué emplea usted ese período corto que quita elocuencia y rotundidad a la frase?

—Es que yo no busco la rotundidad ni la elocuencia de la frase —les digo—; es más, huyo de ellas. Para la mayoría de los casticistas españoles, no hay más retórica posible que la retórica en tono mayor. Esta retórica es, por ejemplo, la de Castelar, la de Costa; la que emplean hoy Ricardo León y Salvador Rueda, es la retórica heredada de los romanos, que intenta dar solemnidad a todo, a lo que ya lo tiene de por sí y a lo que no lo tiene. Esta retórica en tono mayor marcha con un paso ceremonioso y académico. En un momento histórico puede estar bien; a la larga, y repetida a cada instante, es de lo más aburrido de la literatura; destruye el matiz, da una uniformidad de plana de pendolista [8] a todo lo escrito.

En cambio, la retórica del tono menor, que a primera vista parece pobre, luego resulta más atractiva, tiene un ritmo más vivo, más vital, menos ampuloso. Es, en el fondo, esta retórica continencia y economía de gestos; es como una persona ágil vestida con una túnica ligera y sutil [...]

Yo supongo que se puede ser sencillo y sincero, sin afectación y sin chabacanería, un poco gris, para que se destaquen los matices tenues; que se puede emplear un ritmo que vaya en consonancia con la vida actual, ligera y varia, y sin aspiración de solemnidad.

Esta forma de retórica del tono menor hay un poeta moderno que la ha llevado, en mi sentir, a la perfección.

Este poeta ha sido Paul Verlaine.

Una lengua así como la de Verlaine, disociada, macerada, suelta, sería indispensable para realizar la retórica del tono menor que yo siempre he acariciado como un ideal literario.

(Juventud, egolatría.)

8. Persona que escribe diestramente.

LA GENERACION DEL 98

XVI

Empezó a llover; Fernando se encaminó hacia el pueblo; cruzó un puente, y tomando una senda, fue hasta pasar cerca de una iglesia gótica con una portada decadente. Llegó a la plaza; había dejado de llover. Se sentó en un café. A su lado, en otra mesa, había una tertulia de gente triste, viejos con caras melancólicas y expresión apagada, echando el cuerpo hacia adelante, apoyados en los bastones; señoritillos del pueblo, que cantaban canciones de zarzuela madrileña, con los ojos vacíos, sin expresión ni pensamiento; caras hoscas por costumbre, gente de mirada siniestra y hablar dulce.

Se respiraba allí un pesado aburrimiento; las horas parecían más largas que en ninguna parte. Fernando se levantó presa de una invencible tristeza, y comenzó a andar sin dirección fija. El pueblo, ancho, silencioso, sin habitantes, parecía muerto.

En una calle que desembocaba en la plaza vio una iglesia románica con un claustro exterior. Estaba pintada de amarillo; el pórtico tenía a los lados dos imágenes bizantinas, de esas figuras alargadas, espirituales, que admiran y hacen sonreír al mismo tiempo, como si en su hierática postura y en su ademán petrificado hubiese tanto de exaltación mística como de alegría y de candidez.

El interior de la iglesia estaba revocado con una torpeza e ignorancia repulsivas.

Molduras de todas clases, ajedrezadas y losanjeadas [9]; filigranas de los capiteles, grecas [10] y adornos habían quedado ocultos bajo una capa de yeso.

Estaban desesterando la iglesia; reinaba en ella un desorden extravagante. Encima de un sepulcro de alabastro se veía un montón de sillas y de palos; sobre la mesa del altar habían dejado un fardo de alfombras arrolladas. Ossorio salió al claustro y se entretuvo en contemplar los capiteles románicos; aquí se veían guerreros con espadas en la mano haciendo una matanza de chicos; allá, luchas entre hombres y animales fantásticos; en otro lado, la perdiz con cabeza humana, de tan extraña leyenda arqueológica.

Como ya no llovía, Fernando volvió a salir en dirección a las afueras del pueblo por un camino en cuesta que bajaba hacia el barranco por donde corre uno de los arroyos que bordean Segovia: el arroyo de los Clamores. El camino pasaba cerca de un convento ruinoso con el campanario ladeado. Desde el raso del convento partía una fila de cruces de piedra que iba subiendo, por colinas verdes las unas, amarillentas y rapadas las otras, rotas o cortadas en algunas partes, mostrando sus entrañas sangrientas de ocre y rojo. Cerca de las colinas se alargaba una muralla de tierra blanca, llena de hendiduras horizontales.

Era un paisaje de una desolación profunda; las cruces de piedra se levantaban en los áridos campos, rígidas, severas; desde cierto punto no se veían más que tres. Fernando se detuvo allí. Componía con la imaginación el cuadro del Calvario. En la cruz de en medio, el Hombre-Dios que desfallece, inclinando la cabeza descolorida sobre el desnudo hombro; a los lados, los ladrones luchando con la muerte, retorcidos en bárbara agonía; las santas mujeres que se van acercando lentamente a la cruz, vestidas con túnicas rojas y azules; los soldados romanos, con sus cascos brillantes; el centurión, en brioso caballo, contemplando la ejecución, impasible, altivo y severo, y a lo lejos, un camino tallado en roca, que sube serpenteando por la montaña, y en la

9. En forma de rombos colocados de manera que uno de los ángulos agudos quede por pie y su opuesto por cabeza.
10. Adorno que consiste en una faja más o menos ancha en que se repite la misma combinación de elementos decorativos.

Segovia, desde la torre de Juan II en el Alcázar.

cumbre de ésta, rasgando el cielo con sus mil torres, la mística Jerusalén, la de los inefables sueños de los santos...

Le faltaban los medios de representación para fijar aquel sueño.

Fernando siguió bordeando el barranco, hasta llegar a un pinar, en donde se tendió en la hierba. Desde allí se dominaba la ciudad. Enfrente, tenía la catedral, altísima, amarillenta, de color de barro, con sus pináculos ennegrecidos, rodeada de casas parduzcas; más abajo, corría la almenada muralla, desde el acueducto, que se veía únicamente por su parte alta, hasta un risco, frontero a aquel en el cual se levantaba el Alcázar. Se oía el ruido del arroyo que murmuraba en el fondo del barranco.

Se nublaba; de cuando en cuando salía el sol e iluminaba todo con una luz de oro pálido.

Ossorio se levantó del suelo; a medida que andaba veía el barranco más macizo de follaje; el Alcázar, sin el aspecto de repintado que tenía al sol, se ensombrecía: semejaba un castillo de la Edad Media.

El arroyo de los Clamores, al acercarse al río, resonaba con mugido más poderoso.

En una hendidura del monte, unas mujeres andrajosas charlaban sentadas en el suelo; una de ellas, barbuda, de ojos encarnados, tenía una sartén sobre una hoguera de astillas, que echaba un humo irrespirable.

Fernando pasó un puente; siguió por una carretera, próxima a un convento, y subió al descampado de una iglesia que le salió al camino, en donde había una cruz de piedra. Se sentó en el escalón de ésta.

La iglesia, que tenía en la puerta, en azulejos, escrito, «Capilla de la Veracruz», era románica y debía ser muy antigua; tenía adosada una torre cuadrada, y en la parte de atrás, tres ábsides pequeños.

Para Fernando ofrecía más encanto que la contemplación de la capilla la vista del pueblo, que se destacaba sobre la masa verde del follaje, contorneándose, recortándose en el cielo gris de acero y de ópalo.

Había en aquel verdor, que servía de pedestal a la ciudad, una infinita gradación de matices: el verde esmeralda de los álamos, el de sus ramas nuevas, más claro y más fresco; el sombrío de algunos pinos lejanos, y el amarillento de las lomas cubiertas de césped.

Era una sinfonía de tonos suaves, dulces; una gradación finísima que se perdía y terminaba en la faja azulada del horizonte.

El pueblo entero parecía brotar de un bosque, con sus casas amarillentas, ictéricas, de maderaje al descubierto, de tejados viejos, roñosos como manchas de sangre coagulada, y sus casas nuevas, con blancos paredones de mampostería, persianas verdes y tejados rojizos de color de ladrillo recién hecho.

Veíanse a espaldas del pueblo lomas calvas, bajas colinas, blancas, de ocre, violáceas, de siena...; alguna que otra mancha roja.

El camino, de un color violeta, subía hacia Zamarramala; pasaban por él hombres y mujeres, ellas con refajos de color sobre la cabeza, ellos llevando del ronzal las caballerías.

A la puesta del sol, el cielo se despejó; nubes fundidas al rojo blanco aparecieron en el poniente.

Sobre la incandescencia de las nubes heridas por el sol se alargaban otras de plomo, inmóviles, extrañas. Era un cielo heroico; hacia el lado de la noche, el horizonte tenía un matiz verde espléndido.

Los pináculos de la catedral parecían cipreses de algún cementerio.

Oscureció más; comenzaron a brillar los faroles en el pueblo.

El verde de los chopos y de los álamos se hizo negruzco; el de las

LA GENERACION DEL 98

lomas, cubiertas de césped, se matizó de un tono rojizo al reflejar las nubes incendiadas del horizonte; las lomas, rapadas y calvas, tomaron un tinte blanquecino, cadavérico.

Sonaron campanas en una iglesia; le contestaron al poco tiempo las de la catedral con el retumbar de las suyas.

Era la hora del *Angelus*.

El Alcázar parecía, sobre su risco afilado, el castillo de proa de un barco gigantesco...

Por la noche, en la puerta de la posada El Potro, un arriero joven cantaba malagueñas, acompañándose con la guitarra:

> *Cuando yo era criminal*
> *en los montes de Toledo,*
> *lo primero que robé*
> *fueron unos ojos negros.*

Y al rasguear de la guitarra se oían canciones lánguidas, de muerte, de una tristeza enfermiza, o jotas brutales, sangrientas, repulsivas, como la hoja brillante de una navaja.

(Camino de perfección.)

Baroja, por Picasso.

EL CORRALON O LA CASA DEL TIO RILO. LOS ODIOS DE VECINDAD

Cuando la Salomé terminó su labor de costura y fue a dormir a la calle del Aguila, Manuel pasó definitivamente a sentar sus reales a la casa del tío Rilo, del arroyo de Embajadores. Llamaban unos a esta casa la Corrala, otros el Corralón, otros la Piltra, y con tantos nombres la designaban, que no parecía sino que los inquilinos pasaban horas y horas pensando motes para ella.

Daba el Corralón —éste era el nombre más familiar de la piltra del tío Rilo— al Paseo de las Acacias; pero no se hallaba en la línea de este paseo, sino algo metida hacia atrás. La fachada de esta casa, baja, estrecha, enjalbegada de cal, no indicaba su profundidad y tamaño; se abrían en esta fachada unos cuantos ventanucos y agujeros asimétricamente combinados, y un arco sin puerta daba acceso a un callejón empedrado con cantos, el cual, ensanchado después, formaba un patio, circunscrito por altas paredes negruzcas.

De los lados del callejón de entrada subían escaleras de ladrillo a galerías abiertas, que corrían a lo largo de la casa en los tres pisos, dando la vuelta al patio. Abríanse de trecho en trecho, en el fondo de estas galerías, filas de puertas pintadas de azul, con un número negro en el dintel de cada una.

Entre la cal y los ladrillos de las paredes asomaban, como huesos puestos al descubierto, largueros y travesaños, rodeados de tomizas [11] resecas. Las columnas de las galerías, así como las zapatas [12] y pies derechos [13] en que se apoyaban, debían haber estado en otro tiempo pintados de verde; pero, a consecuencia de la acción constante del sol y de la lluvia, ya no les quedaban más que alguna que otra zona con su primitivo color.

Hallábase el patio siempre sucio; en un ángulo se levantaba un montón de trastos inservibles, cubierto de chapas de cinc; se veían telas puercas y tablas carcomidas, escombros, ladrillos, tejas y cestos: un revoltijo de mil diablos. Todas las tardes, algunas vecinas lavaban

11. Cuerda o soguilla de esparto.
12. Piedra plana puesta en el suelo para sostener pies derechos.
13. *Pie derecho:* cualquier soporte que se usa en posición vertical.

Pío Baroja en su casa de Madrid.

en el patio, y cuando terminaban su faena vaciaban los lebrillos en el suelo, y los grandes charcos, al secarse, dejaban manchas blancas y regueros azules del agua de añil. Solían echar también los vecinos por cualquier parte la basura, y cuando llovía, como se obturaba casi siempre la boca del sumidero, se producía una pestilencia insoportable de la corrupción del agua negra que inundaba el patio, sobre la cual nadaban hojas de col y papeles pringosos.

A cada vecino le quedaba para sus menesteres el trozo de galería que ocupaba su casa; por el aspecto de este espacio podía colegirse el grado de miseria o de relativo bienestar de cada familia, sus aficiones y sus gustos.

Aquí se advertía cierta limpieza y curiosidad: la pared blanqueada, una jaula, algunas flores en pucheretes de barro; allá se traslucía cierto instinto utilitario en las ristras de ajos puestas a secar, en las uvas colgadas; en otra parte, un banco de carpintero, la caja de herramientas, denunciaban al hombre laborioso, que trabajaba en las horas libres.

Pero, en general, no se veían más que ropas sucias, colgadas en las barandillas; cortinas hechas con esteras, colchas llenas de remiendos de abigarrados colores, harapos negruzcos puestos sobre mangos de escobas o tendidos en cuerdas atadas de un pilar a otro, para interceptar más aún la luz y el aire.

Cada trozo de galería era manifestación de una vida distinta dentro del comunismo del hambre; había en aquella casa todos los grados y matices de la miseria: desde la heroica, vestida con el harapo limpio y decente, hasta la más nauseabunda y repulsiva.

En la mayor parte de los cuartos y chiribitiles [14] de la Corrala, saltaba a los ojos la miseria resignada y perezosa, unida al empobrecimiento orgánico y al empobrecimiento moral.

En el espacio que disfrutaba la familia del zapatero; en la punta de una pértiga muy larga, atada a uno de los pilares, colgaban unos pantalones llenos de remiendos, que se balanceaban cómicamente.

Del patio grande del Corralón partía un pasillo, lleno de inmundicias, que daba a otro patio más pequeño, en el invierno convertido en un fétido pantano.

Un farol, metido dentro de una alambrera, para evitar que lo rompiesen los chicos a pedradas, colgaba de una de sus paredes negras.

En el patio interior, los cuartos costaban mucho menos que en el grande; la mayoría eran de veinte y treinta reales; pero los había de dos y tres pesetas al mes: chiscones [15] oscuros, sin ventilación alguna, construidos en los huecos de las escaleras y debajo del tejado.

En otro clima más húmedo, la Corrala hubiera sido un foco de infección; el viento y el sol de Madrid, ese sol que saca ronchas en la piel, se encargaba de desinfectar aquella madriguera.

Para que en aquella casa hubiese siempre algo terrible y trágico, al entrar solía verse en el portal o en el pasillo una mujer borracha y delirante, que pedía limosna e insultaba a todo el mundo, a quien llamaban *La Muerte*. Debía ser muy vieja, o lo parecía al menos; su mirada era extraviada, su aspecto huraño, la cara llena de costras; uno de sus párpados inferiores, retraído por alguna enfermedad, dejaba ver en el interior del globo del ojo, sangriento y turbio. Solía andar *La Muerte* cubierta de harapos, en chanclas, con una lata y un cesto viejo, donde recogía lo que encontraba. Por cierta consideración supersticiosa no la echaban a la calle.

La primera noche de Manuel en la Corrala vio, no sin cierto asombro, la verdad de lo que decía Vidal. Este y casi todos los de su edad

14. *Chiribitil:* desván, rincón o escondrijo bajo y estrecho.
15. *Chiscón:* aposento pequeño o habitación estrecha.

tenían sus novias entre las chiquillas de la casa, y no era raro, al pasar junto a un rincón, ver una pareja que se levantaba y echaba a correr.

Los chicos pequeños se divertían jugando al toro, y entre las suertes más aplaudidas se contaba la de Don Tancredo. Se ponía un chico a cuatro patas, y otro, que no pesase mucho, encima, con los brazos cruzados, el cuerpo echado para atrás, y en la cabeza, alta y erguida, un sombrero de papel de tres picos.

Se acercaba el que hacía de toro, mugía sonoramente, olfateaba a Don Tancredo y pasaba junto a él sin derribarle; volvía a pasar un par de veces, hasta que se largaba. Entonces Don Tancredo bajaba de su vivo pedestal a recibir el aplauso del público. Había toros marrajos [16], y guasones que se les ocurría tirar estatua y pedestal al suelo, lo cual era recibido entre el clamoreo y la algazara del público.

Mientras tanto, las chicas jugaban al corro, las mujeres gritaban de galería a galería y los hombres charlaban en mangas de camisa; alguno, sentado en el suelo, rasgueaba monótonamente en las cuerdas de una guitarra.

La Muerte, la vieja mendiga, solía también amenizar las veladas con sus largos parlamentos.

Era la Corrala un mundo en pequeño, agitado y febril, que bullía como una gusanera. Allí se trabajaba, se holgaba, se bebía, se ayunaba, se moría de hambre; allí se construían muebles, se falsificaban antigüedades, se zurcían bordados antiguos, se fabricaban buñuelos, se componían porcelanas rotas, se concertaban robos, se prostituían mujeres.

Era la Corrala un microcosmo; se decía que, puestos en hilera los vecinos, llegarían desde el arroyo de Embajadores a la plaza del Progreso; allí había hombres que lo eran todo, y no eran nada: medio sabios, medio herreros, medio carpinteros, medio albañiles, medio comerciantes, medio ladrones.

Era, en general, toda la gente que allí habitaba gente descentrada, que vivía en el continuo aplanamiento producido por la eterna e irremediable miseria; muchos cambiaban de oficio, como un reptil de piel; otros no lo tenían; algunos peones de carpintero, de albañil, a consecuencia de su falta de iniciativa, de comprensión y de habilidad, no podían pasar de peones. Había también gitanos, esquiladores de mulas y de perros, y no faltaban cargadores, barberos ambulantes y saltimbanquis. Casi todos ellos, si se terciaba, robaban lo que podían; todos presentaban el mismo aspecto de miseria y de consunción. Todos sentían una rabia constante, que se manifestaba en imprecaciones furiosas y en blasfemias.

Vivían como hundidos en las sombras de un sueño profundo, sin formarse idea clara de su vida, sin aspiraciones, ni planes, ni proyectos, ni nada.

Había algunos a los cuales un par de vasos de vino les dejaba borrachos media semana; otros parecían estarlo, sin beber, y reflejaban constantemente en su rostro el abatimiento más absoluto, del cual no salían más que en un momento de ira o de indignación.

El dinero era para ellos, la mayoría de las veces, una desgracia. Comprendiendo instintivamente la debilidad de sus fuerzas y de sus inclinaciones, se preparaban a hacer ánimos yendo a la taberna; allí se exaltaban, gritaban, discutían, olvidaban las penas del momento, se sentían generosos, y cuando, después de soltar baladronadas, se creían dispuestos para algo, se encontraban sin un céntimo y con las energías ficticias del alcohol que se iba disipando.

Las mujeres de la casa, por lo general, trabajaban más que los hom-

16. Toros que acometen con malicia.

Vista del Madrid antiguo. «La Corrala».

bres, y reñían casi constantemente. De treinta años para arriba tenían todas el mismo carácter y casi el mismo tipo: negras, desmelenadas, iracundas; gritaban y se desesperaban por cualquiera cosa.

De cuando en cuando, como un suave rayo de sol en la umbría, penetraba en el alma de aquellos hombres entontecidos y bestiales, de aquellas mujeres agriadas por la vida áspera y sin consuelo ni ilusión, un sentimiento romántico, de desinterés, de ternura, que les hacía vivir humanamente; y cuando pasaba la racha de sentimentalismo, volvían otra vez a su inercia moral, resignada y pasiva.

Los vecinos constantes del Corralón se contaban entre los del primer patio. En el otro, la mayoría ambulantes, pasaban en la casa, a lo más, un par de semanas, y luego, como se decía allí, ahuecaban el ala.

Un día se presentaba un lañador [17] con su gran zurrón, su berbiquí y sus alicates, que gritaba por las calles, con voz bronca: «¡A componer tinajas y artesones..., barreños, platos y fuentes!», y después de pasar una corta temporada se largaba; a la semana siguiente aparecía un vendedor de telas de saldo, que pregonaba a gritos pañuelos de seda a diez y quince céntimos; otro día se hospedaba un buhonero con sus cajas llenas de alfileres, horquillas y pasadores, o algún comprador de galones de oro y plata. Ciertas épocas del año daban un contingente de tipos especiales; la primavera se revelaba por la aparición de vendedores de burros, caldereros, gitanos y bohemios; en otoño se presentaban cuadrillas de paletos con quesos de la Mancha y pucheros de miel, y en el invierno abudaban los nueceros y castañeros.

(*La busca*, Segunda parte. Cap. II.)

LA CRUELDAD UNIVERSAL

Tenía Andrés un gran deseo de comentar filosóficamente las vidas de los vecinos de la casa de Lulú. A sus amigos no les interesaban estos comentarios y filosofías, y decidió, una mañana de un día de fiesta, ir a ver a su tío Iturrioz [...]

—¿Qué consecuencias pueden sacarse de todas esas vidas? —preguntó Andrés al final.

—Para mí la consecuencia es fácil —contestó Iturrioz, con el bote de agua en la mano—. Que la vida es una lucha constante, una cacería cruel en que nos vamos devorando los unos a los otros. Plantas, microbios, animales.

—Sí, yo también he pensado en eso —repuso Andrés—; pero voy abandonando la idea. Primeramente el concepto de la lucha por la vida llevada así a los animales, a las plantas y hasta los minerales, como se hace muchas veces, no es más que un concepto antropomórfico; después, ¿qué lucha por la vida es la de ese hombre, don Cleto, que se abstiene de combatir, o la de ese hermano Juan, que da su dinero a los enfermos?

—Te contestaré por partes —repuso Iturrioz, dejando el bote para regar; porque esas discusiones le apasionaban—. Tú me dices, este concepto de la lucha es un concepto antropomórfico. Claro, llamamos a todos los conflictos luchas, porque es la idea humana que más se aproxima a esa relación que para nosotros produce un vencedor y un vencido. Si no tuviéramos este concepto en el fondo, no hablaríamos de lucha. La hiena que monda los huesos de un cadáver, la araña que sorbe una mosca, no hace más ni menos que el árbol bondadoso llevan-

[17]. El que por medio de lañas o grapas compone objetos rotos, especialmente de barro o loza.

dose de la tierra el agua y las sales necesarias para su vida. El espectador indiferente, como yo, ve a la hiena, a la araña y al árbol, y se los explica. El hombre justiciero le pega un tiro a la hiena, aplasta con la bota a la araña y se sienta a la sombra del árbol, y cree que hace bien.

—Entonces, ¿para usted no hay lucha, ni hay justicia?

—En un sentido absoluto, no; en un sentido relativo, sí. Todo lo que vive tiene un proceso para apoderarse primero del espacio, ocupar un lugar; luego, para crecer y multiplicarse; este proceso de la energía de un vivo contra los obstáculos de un medio, es lo que llamamos lucha. Respecto de la justicia, yo creo que lo justo en el fondo es lo que nos conviene. Supón, en el ejemplo de antes, que la hiena, en vez de ser muerta por el hombre, mata al hombre; que el árbol cae sobre él y le aplasta; que la araña le hace una picadura venenosa; pues nada de eso nos parece justo, porque no nos conviene. A pesar de que en el fondo no haya más que esto, un interés utilitario, ¿quién duda que la idea de justicia y de equidad es una tendencia que existe en nosotros? Pero ¿cómo la vamos a realizar?

—Eso es lo que yo me pregunto: ¿Cómo realizarla?

—¿Hay que indignarse porque una araña mate a una mosca? —siguió diciendo Iturrioz—. Bueno. Indignémonos. ¿Qué vamos a hacer? ¿Matarla? Matémosla. Eso no impedirá que sigan las arañas comiéndose a las moscas. ¿Vamos a quitarle al hombre esos instintos fieros que te repugnan? ¿Vamos a borrar esa sentencia del poeta latino: *Homo homini lupus,* el hombre es un lobo para el hombre? Está bien. En cuatro o cinco mil años lo podremos conseguir. El hombre ha hecho de un carnívoro como el chacal, un omnívoro como el perro; pero se necesitan muchos siglos para eso. No sé si habrás leído que Spallanzani [18] había acostumbrado a una paloma a comer carne y a un águila a comer y digerir pan. Ahí tienes el caso de esos grandes apóstoles religiosos y laicos; son águilas que se alimentan de pan en vez de alimentarse de carnes palpitantes; son lobos vegetarianos. Ahí tienes el caso del hermano Juan...

—Ese no creo que sea un águila, ni un lobo.

—Será un mochuelo o una garduña; pero de instintos perturbados.

—Sí, es muy posible —repuso Andrés—; pero creo que nos hemos desviado de la cuestión; no veo la consecuencia.

—La consecuencia a la que yo iba era ésta: que ante la vida no hay más que dos soluciones prácticas para el hombre sereno: o la abstención y la contemplación indiferente de todo, o la acción limitándose a un círculo pequeño. Es decir, que se puede tener el quijotismo contra una anomalía; pero tenerlo contra una regla general, es absurdo.

—De manera que, según usted, el que quiera hacer algo tiene que restringir su acción justiciera a un medio pequeño.

—Claro, a un medio pequeño; tú puedes abarcar en tu contemplación la casa, el pueblo, el país, la sociedad, el mundo, todo lo vivo y todo lo muerto; pero si intentas realizar una acción, y una acción justiciera, tendrás que restringirte hasta el punto de que todo te vendrá ancho, quizá hasta la misma conciencia.

—Es lo que tiene de bueno la filosofía —dijo Andrés con amargura—; le convence a uno de que lo mejor es no hacer nada.

Iturrioz dio unas cuantas vueltas por la azotea, y luego dijo:

—Es la única objeción que me puedes hacer; pero no es mía la culpa.

—Ya lo sé [...]

—La Naturaleza es lo que tiene; cuando trata de reventar a uno,

18. Lázaro Spallanzani (1729-1799) fue un naturalista italiano. Entre sus investigaciones, destacan sus estudios sobre la reproducción y fecundación de los anfibios y sus experimentos sobre la digestión, con los que demostró la acción del jugo gástrico.

lo reviente a conciencia. La justicia es una ilusión humana; en el fondo, todo es destruir, todo es crear. Cazar, guerrear, digerir, respirar, son las formas de creación y de destrucción al mismo tiempo.

—Y entonces, ¿qué hacer? —murmuró Andrés—. ¿Ir a la inconsciencia? ¿Digerir, guerrear, cazar, con la serenidad de un salvaje?

—¿Crees tú en la serenidad del salvaje? —preguntó Iturrioz—. ¡Qué ilusión! Eso también es una invención nuestra. El salvaje nunca ha sido sereno.

—¿Es que no habrá plan ninguno para vivir con cierto decoro? —preguntó Andrés.

—El que lo tiene es porque ha inventado uno para su uso. Yo creo que todo lo natural, que todo lo espontáneo, es malo; que sólo lo artificial, lo creado por el hombre, es bueno. Si pudiera, viviría en un club de Londres, no iría nunca al campo, sino a un parque, bebería agua filtrada, y respiraría aire esterilizado... [...]

Andrés se fue a la calle.

—¿Qué hacer? ¿Qué dirección daré a la vida? —se preguntaba con angustia. Y la gente, las cosas, el sol, le parecían sin realidad ante el problema planteado en su cerebro.

PLAN FILOSOFICO

—¿Qué piensas hacer? —le preguntó Iturrioz.

—¿Yo? Probablemente tendré que ir a un pueblo de médico.

—Veo que no te hace gracia la perspectiva.

—No; la verdad. A mí hay cosas de la carrera que me gustan; pero la práctica, no. Si pudiese entrar en un laboratorio de Fisiología, creo que trabajaría con entusiasmo.

—¡En un laboratorio de Fisiología! ¡Si los hubiera en España!

—¡Ah, claro, si los hubiera! Además, no tengo preparación científica. Se estudia de mala manera.

—En mi tiempo pasaba lo mismo —dijo Iturrioz—. Los profesores no sirven más que para el embrutecimiento metódico de la juventud estudiosa. Es natural. El español todavía no sabe enseñar; es demasiado fanático, demasiado vago y casi siempre demasiado farsante. Los profesores no tienen más finalidad que cobrar su sueldo, y luego pescar pensiones para pasar el verano.

—Además, falta disciplina.

—Y otras muchas cosas. Pero, bueno, tú, ¿qué vas a hacer? ¿No te entusiasma visitar?

—No.

—Y entonces, ¿qué plan tienes?

—¿Plan personal? Ninguno.

—¡Demonio! ¿Tan pobre estás de proyectos?

—Sí, tengo uno: vivir con el máximo de independencia. En España, en general, no se paga el trabajo, sino la sumisión. Yo quisiera vivir del trabajo, no del favor.

—Es difícil. ¿Y como plan filosófico? ¿Sigues en tus buceamientos?

—Sí. Yo busco una filosofía que sea primeramente una cosmogonía, una hipótesis racional de la formación del mundo; después, una explicación biológica del origen de la vida y del hombre.

—Dudo mucho que la encuentres. Tú quieres una síntesis que complete la Cosmología y la Biología; una explicación del Universo físico y moral. ¿No es eso?

—Sí.

—¿Y en dónde has ido a buscar esa síntesis?
—Pues en Kant, y en Schopenhauer, sobre todo.
—Mal camino —repuso Iturrioz—; lee a los ingleses; la ciencia en ellos va envuelta en sentido práctico. No leas esos metafísicos alemanes; su filosofía es como un alcohol que emborracha y no alimenta. ¿Conoces el *Leviatán* de Hobbes? Yo te lo prestaré si quieres.
—No; ¿para qué? Después de leer a Kant y a Schopenhauer, esos filósofos franceses e ingleses dan la impresión de carros pesados que marchan chirriando y levantando polvo.
—Sí, quizá sean menos ágiles de pensamiento que los alemanes; pero, en cambio, no te alejan de la vida.
—¿Y qué? —replicó Andrés—. Uno tiene la angustia, la desesperación de no saber qué hacer con la vida, de no tener un plan, de encontrarse perdido, sin brújula, sin luz adonde dirigirse. ¿Qué se hace con la vida? ¿Qué dirección se le da? Si la vida fuera tan fuerte que le arrastrara a uno, el pensar sería una maravilla, algo como para el caminante detenerse y sentarse a la sombra de un árbol, algo como penetrar en un oasis de paz; pero la vida es estúpida, sin emociones, sin accidentes, al menos aquí, y creo que en todas partes y el pensamiento se llena de terrores como compensación a la esterilidad emocional de la existencia.
—Estás perdido —murmuró Iturrioz—. Ese intelectualismo no te puede llevar a nada bueno.
—Me llevará a saber, a conocer. ¿Hay placer más grande que éste? La antigua filosofía nos daba la magnífica fachada de un palacio; detrás de aquella magnificencia no había salas espléndidas, ni lugares de delicias, sino mazmorras oscuras. Ese es el mérito sobresaliente de Kant; él vio que todas las maravillas descritas por los filósofos eran fantasías, espejismos; vio que las galerías magníficas no llevaban a ninguna parte.

ALCOLEA DEL CAMPO

Las costumbres de Alcolea eran españolas puras, es decir, de un absurdo completo.

El pueblo no tenía el menor sentido social; las familias se metían en sus casas, como los trogloditas en su cueva. No había solidaridad; nadie sabía ni podía utilizar la fuerza de la asociación. Los hombres iban al trabajo y a veces al casino. Las mujeres no salían más que los domingos a misa.

Por falta de instinto colectivo, el pueblo se había arruinado.

En la época del tratado de los vinos con Francia, todo el mundo, sin consultarse los unos a los otros, comenzó a cambiar el cultivo de sus campos, dejando el trigo y los cereales y poniendo viñedos; pronto el río de vino de Alcolea se convirtió en río de oro. En este momento de prosperidad, el pueblo se agrandó, se limpiaron las calles, se pusieron aceras, se instaló la luz eléctrica...; luego vino la terminación del tratado, y como nadie sentía la responsabilidad de representar al pueblo, a nadie se le ocurrió decir: «Cambiemos el cultivo; volvamos a nuestra vida antigua; empleemos la riqueza producida por el vino en transformar la tierra para las necesidades de hoy.» Nada.

El pueblo aceptó la ruina con resignación.

—Antes éramos ricos —se dijo cada alcoleano—. Ahora seremos pobres. Es igual; viviremos peor; suprimiremos nuestras necesidades.

Aquel estoicismo acabó de hundir al pueblo.

Era natural que así fuese; cada ciudadano de Alcolea se sentía tan separado del vecino como de un extranjero. No tenían una cultura común (no la tenían de ninguna clase); no participaban de admiraciones comunes; sólo el hábito, la rutina, les unía; en el fondo, todos eran extraños a todos.

Muchas veces a Hurtado le parecía Alcolea una ciudad en estado de sitio. El sitiador era la moral, la moral católica. Allí no había nada que no estuviera almacenado y recogido: las mujeres, en sus casas; el dinero, en las carpetas; el vino, en las tinajas.

Andrés se preguntaba: «¿Qué hacen estas mujeres? ¿En qué piensan? ¿Cómo pasan las horas de sus días?» Difícil era averiguarlo.

Con aquel régimen de guardarlo todo, Alcolea gozaba de un orden admirable; sólo un cementerio bien cuidado podía sobrepasar tal perfección.

Esta perfección se conseguía haciendo que el más inepto fuera el que gobernara. La ley de selección en pueblos como aquél se cumplía al revés. El cedazo iba separando el grano de la paja, luego se recogía la paja y se desperdiciaba el grano.

Algún burlón hubiera dicho que este aprovechamiento de la paja entre españoles no era raro. Por aquella selección a la inversa resultaba que los más aptos allí eran precisamente los más ineptos.

En Alcolea había pocos robos y delitos de sangre; en cierta época los había habido entre jugadores y matones; la gente pobre no se movía, vivía en una pasividad lánguida; en cambio, los ricos se agitaban, y la usura iba sorbiendo toda la vida de la ciudad.

El labrador de humilde pasar, que durante mucho tiempo tenía una casa con cuatro o cinco parejas de mulas, de pronto aparecía con diez, luego con veinte; sus tierras se extendían cada vez más, y él se colocaba entre los ricos.

La política de Alcolea respondía perfectamente al estado de inercia y desconfianza del pueblo. Era una política de caciquismo, una lucha entre dos bandos contrarios, que se llamaban el de los *Ratones* y el de los *Mochuelos;* los *Ratones* eran liberales, y los *Mochuelos,* conservadores.

En aquel momento dominaban los *Mochuelos.* El *Mochuelo* principal era el alcalde, un hombre delgado, vestido de negro, muy clerical, cacique de formas suaves, que suavemente iba llevándose todo lo que podía del Municipio.

El cacique liberal del partido de los *Ratones* era don Juan, un tipo bárbaro y despótico, corpulento y forzudo, con unas manos de gigante, hombre que, cuando entraba a mandar, trataba al pueblo en conquistador. Este gran *Ratón* no disimulaba como el *Mochuelo;* se quedaba con todo lo que podía,

Portadas de cuatro de sus novelas.

sin tomarse el trabajo de ocultar decorosamente sus robos.

Alcolea se había acostumbrado a los *Mochuelos* y a los *Ratones,* y los consideraba necesarios. Aquellos bandidos eran los sostenes de la sociedad; se repartían el botín: tenían unos para otros un *tabú* especial, como el de los polinesios.

Andrés podía estudiar en Alcolea todas aquellas manifestaciones del árbol de la vida y de la vida áspera manchega: la expansión de egoísmo, de la envidia, de la crueldad, del orgullo.

A veces pensaba que todo esto era necesario; pensaba también que se podía llegar, en la indiferencia intelectualista, hasta disfrutar contemplando estas expansiones, formas violentas de la vida.

«¿Por qué incomodarse, si todo está determinado, si es fatal, si no puede ser de otra manera? —se preguntaba—. ¿No era científicamente un poco absurdo el furor que le entraba muchas veces al ver las injusticias del pueblo? Por otro lado, ¿no estaba también determinado, no era fatal el que su cerebro tuviera una irritación que le hiciera protestar contra aquel estado de cosas violentamente?»

Andrés discutía muchas veces con su patrona. Ella no podía comprender que Hurtado afirmarse que era mayor delito robar a la comunidad, al Ayuntamiento, al Estado, que robar a un particular. Ella decía que no; que defraudar a la comunidad no podía ser tanto como robar a una persona. En Alcolea, casi todos los ricos defraudaban a la Hacienda, y no se les tenía por ladrones.

Andrés trataba de convencerla de que el daño hecho con el robo a la comunidad era más grande que el producido contra el bolsillo de un particular; pero la Dorotea no se convencía.

—¡Qué hermosa sería una revolución —decía Andrés a su patrona—, no una revolución de oradores y de miserables charlatanes, sino una revolución de verdad! *Mochuelos y Ratones,* colgados de los faroles, ya que aquí no hay árboles; y luego, lo almacenado por la moral católica sacarlo de sus rincones y echarlo a la calle: los hombres, las mujeres, el dinero, el vino, todo a la calle.

(*El árbol de la ciencia.* Segunda, cuarta y quinta partes. Fragmentos.)

TERCERA PARTE. CAPITULO IV

Por ahora, de todo lo visto en España lo que más me ha impresionado ha sido ese escudo de la plaza de Navaridas con sus corazones y sus puñales y su dolorosa sentencia: «El mundo es ansí».

Como no puedo dormir bien en esta casa, grande y sombría, he pasado algunas horas comentando, sin querer, esa frase, y por lo mismo que es muy vaga y muy general, la he aplicado a muchas cosas.

¡El mundo es ansí! Es verdad. Todo es dureza, todo crueldad, todo egoísmo. ¡En la vida de la persona menos cruel, cuánta injusticia, cuánta ingratitud!... El mundo es ansí.

He repasado en mi memoria los accidentes de mi vida, y me he visto a mí misma como un monstruo. Desde aquella vieja nodriza, Matriona, que me quería tanto y que me despidió deshecha en lágrimas cuando me fui de Rusia, hasta ese pobre pintor húngaro que nos consideraba a Olga y a mí como dos seres angelicales y a quien no fui a ver al dejar Florencia, ni me he preocupado de él. ¡Cuánta ingratitud! ¡Cuánto dolor producido a los demás de una manera caprichosa e indiferente!

Esta casa me entristece. Lo único alegre en ella es ese mirador en donde suelo tener a la niña y desde el que se divisa un panorama tan espléndido.

Ya deseo marcharme de aquí.

El otro día dimos una vuelta alrededor del pueblo, al oscurecer, una de mis cuñadas y yo. Al volver hacia casa, ya de noche, me chocó ver tanta gente en la calle.

—¿Qué pasa? —le pregunté a mi cuñada.
—Van a la novena de las Animas —me contestó—. ¿Quieres que entremos en la iglesia?
—Bueno.

No sé si esperaría hacer una conversión y llevar un alma por el buen sendero católico.

Entramos; delante del altar mayor había un ataúd negro colocado sobre un catafalco, vestido de paños también negros, que tenían aplicadas unas calaveras recortadas en papel blanco. A los lados brillaban filas de cirios amarillos.

Era una cosa al mismo tiempo imponente y grotesca, ridícula y horrible.

La nave de la iglesia se veía llena de mujeres con mantillas negras y de campesinos envueltos en mantas y en trajes remendados.

Salimos, y este hormigueo de hombres desharrapados por la callejuela estrecha y mal iluminada por lámparas eléctricas cansadas y rojizas me pareció una cosa completamente siniestra.

(*El mundo es ansí.*)

LA HERIDA

Por las mañanas, al asomarme al balcón, veo el pueblo con sus tejados rojos, negruzcos, sus chimeneas cuadradas y el humo que sale por ellas en hebras muy tenues en el cielo gris del otoño.

Después de las lluvias abundantes, las casas están desteñidas, las calles limpias; la carretera, descarnada, con las piedras al descubierto. El azul del cielo parece lavado cuando sale entre nubes: es más diáfano, más puro.

En el jardín del convento próximo, dos monjas de toca blanca han estado mirándome y hablando entre ellas. ¡Qué idea más rara deben formarse de un marino estas pobres mujeres que no han salido jamás fuera de las tapias de su huerta!

Enfrente veo las casas solariegas contempladas por mí en la infancia, tristes, viejas, negras. Entre ellas, Aguirreche, la de mi abuela, convertida hoy en casa de pescadores, se destaca por su magnitud, con las ventanas y balcones atestados de ropas puestas a secar, de aparejos con corchos y anzuelos. Ahí siguen todas esas viejas casas bien agarradas al suelo, con sus negros paredones y sus tejados llenos de pedruscos. Están siempre igualmente tristes, igualmente severas; durmiendo, envueltas en la bruma.

¡Qué contraste con la inquietud del mar y con sus mil caminos diversos! ¡Qué existencias más inmóviles!

Esa casa de piedra amarilla, sombreada por el saliente alero, se me figura la cara de un viejo aldeano tosco y pensativo.

¡Qué quietud en todo el pueblo! El mismo monte no es tan estático; al menos, cambia de color en las estaciones. Las casas, no; así estarían hace doscientos años; así están hoy.

Todo sigue igual. Hasta el loro de mi abuela, heredado por mi madre, ahora en el balcón de mi casa, sigue diciendo, con su voz estridente y chillona:

¡A babor! ¡A estribor!

Sí, todo está igual; yo solo soy diferente; yo solo he variado; era un niño, soy un hombre; era un ingenuo, soy un desengañado y un melancólico. He vivido en medio de los acontecimientos y los acontecimientos me han escamoteado la vida.

Algunas veces me miro en el espejo, y, al verme viejo y cambiado, me digo a mí mismo:

—¡Ah!, pobre hombre. Tu juventud se fue.

Han pasado muchos años desde que salí de mi pueblo, ¿y qué he hecho? Ir, andar, moverme de aquí para allá, llevado por un turbión de acontecimientos que me han dejado el alma vacía. Cuando he buscado un poco de calor y de abrigo he encontrado frialdad, dureza y egoísmo.

Navegando, he perdido la noción del tiempo; embarcado, los días son largos, y, sin embargo, los años, suma de días, son cortos, escapan, vuelan. El tiempo ha corrido bien rápidamente para mí. Ese pensamiento en el pasado, cuando se deja atrás la juventud, es como una herida en el alma, que va fluyendo constantemente y nos anega la tristeza. Todo el camino andado parece una vía Apia sembrada de tumbas.

La *Iñure* ha muerto: ya no la oiré contar historias supersticiosas; la cerera ha muerto: ya no la haré las hostias como antes; el atalayero también ha muerto: ya no le veré, en el extremo del muelle, levantando sus gallardetes. Ya, ni Caracas hará sus barcos, ni Yurrumendi hablará de los piratas, ni Joshepe Tiñacu irá haciendo eses por las calles. Todos han desaparecido. No he debido salir de aquí o no he debido volver aquí.

Extraña exigencia la mía y la de los hombres andariegos. En una época, todos son acontecimientos; en otra, todos son comentarios a los hechos pasados.

La primera impresión, al llegar a Lúzaro, fue un gran asombro al ver lo insignificante de los muelles, de la ciudad, del río. ¡Me parecía tan pequeño, tan desierto, tan triste! Me había figurado grande la entrada del puerto; hermoso el río, anchos los muelles, y al verlos quedé asombrado; me parecieron de juguete.

—No vale la pena de vivir aquí —me dije al llegar.

Pío Baroja: dibujo de Rafael Penagos.

Y ahora, ¡absurdo cambio de opinión!, me digo muchas veces:

—No vale la pena de vivir fuera de aquí.

Hace un mes no quería pensar en quedarme en Lúzaro; me parecía una locura cambiar esas horas de indolencia y ensueño de los días de navegación por la vida de un pueblecillo triste, aburrido, lleno de preocupaciones y de mezquindades. Ahora me espanta la idea de volver a mi barco, el hundirme en el ajetreo continuo del acontecimiento. Toda la vida de a bordo se va alejando de mí; me parece una cosa vaga y sin realidad. A medida que adquiero mi calidad luzarense me voy aficionando a las cosas viejas; me paso las horas muertas contemplando desde el balcón el pueblo, el campo y el mar, y me figuro encontrarles aspectos antes no vistos por mí.

Me levanto todos los días muy temprano. Me gusta ver, al amanecer, cómo se aligera la niebla y sube por el monte Izarra, y comienza a brotar la ciudad y el muelle de las masas inciertas de bruma; me encanta oír el cacareo de los gallos y el chirriar de las ruedas de las carretas en el camino.

Cuando hace buen tiempo salgo por las mañanas y recorro el pueblo. Contemplo estas casas solariegas, grandes y negras, con su alero ancho y artesonado; me meto por las callejuelas de pescadores, empinadas y tortuosas. Algunas de estas calles tan pendientes tienen tres y cuatro tandas de escaleras; otras están cubiertas y son pasadizos en zigzag. Al amanecer, por las callejuelas estrechas sólo se ve alguna mujer corriendo de puerta en puerta, golpeándolas violentamente, para avisar a los pescadores. Las golondrinas pasan rasando el suelo, persiguiéndose y chillando...

Los días de lluvia, Lúzaro me gusta más. Esa tristeza monótona del tiempo gris no me molesta. Es para mí como un recuerdo amable de los días infantiles.

Acostumbrado al horizonte violento de los trópicos, a esos cielos nublados y brillantes de las zonas en donde reinan los vientos alisios, estas nubes grises y suaves me acarician. La lluvia me parece caer sobre mi alma, como en una tierra seca, refrescándola y dándola alegría.

Muchas veces me paso el tiempo en el balcón viendo cómo la carretera se llena de charcos y se ennegrecen las casas.

De noche, el ruido de la lluvia, esa can-

Baroja, en Vera de Bidasoa, en donde su familia tenía una casa solariega.

ción del agua, es como un rumor que acompaña resonando en los tejados y en los cristales; ritmo olvidado vuelto a recordar.

Aun desde la cama lo oigo en la gotera del desván, que, al caer en un barreño, hace un ruido metálico.

Y la lluvia, y el viento, y el agua, todo me encanta y todo me entristece.

Es la herida, esa herida que va fluyendo y anegando mi alma; manantial cegado que ahora tornó a brotar.

No sé por qué parecen llenas de magia melancólica las cosas pasadas; no se lo explica uno bien; se recuerda claramente que en aquellos días no era uno feliz, que tenía uno sus inquietudes y sus penas, y, sin embargo, parece que el sol de entonces debía brillar más, y el cielo tener un azul más puro y más espléndido.

Uno quisiera que las personas y las cosas relacionadas con nuestros recuerdos fueran eternas; pero nuestra existencia no representa nada en la corriente tumultuosa de los acontecimientos. Allí teníamos un amigo..., en aquel rincón fuimos felices...; nuestra felicidad o nuestra amistad tienen poca importancia.

Siento, al pensar en esto, un profundo terror, como si la vida se me escapara en un momento de desmayo. La inanidad de las cosas me conturba; la esperanza me falta. Yo quisiera que mi espíritu fuera como el ruiseñor, que canta en la noche negra y sin estrellas, o como la alondra, que levanta su vuelo en la desolación de los campos, y no el pájaro herido que se viene a tierra velozmente...

(*Las inquietudes de Shanti Andía.* Libro tercero: *La vuelta al hogar.* Cap. I.)

PIO BAROJA

ELOGIO SENTIMENTAL DEL ACORDEÓN

El autor:

¿No habéis visto, algún domingo, al caer de la tarde, en cualquier puertecillo abandonado del Cantábrico, sobre la cubierta de un negro quechemarín [19] o en la borda de un patache [20], tres o cuatro hombres de boina que escuchan inmóviles las notas que un grumete arranca de un viejo acordeón?

Yo no sé por qué, pero esas melodías sentimentales, repetidas hasta el infinito, al anochecer, en el mar, ante el horizonte sin límites, producen una tristeza solemne.

A veces, el viejo instrumento tiene paradas, sobrealientos de asmático; a veces, la media voz de un marinero le acompaña; a veces, también, la ola que sube por las gradas de la escalera del muelle, y que se retira después murmurando con estruendo, oculta las notas del acordeón y de la voz humana, pero luego aparecen nuevamente, y siguen llenando con sus giros vulgares y sus vueltas conocidas el silencio de la tarde del día de fiesta, apacible y triste.

Y mientras el señorío del pueblo torna del paseo; mientras los mozos campesinos terminan el partido de pelota, y más animado está el baile en la plaza, y más llenas de gente las tabernas y las sidrerías; mientras en las callejuelas, negruzcas por la humedad, comienzan a brillar debajo de los aleros salientes las cansadas lámparas eléctricas, y pasan las viejas, envueltas en sus mantones, al rosario o a la novena, en el negro quechemarín, en el patache cargado de cemento, sigue el acordeón lanzando sus notas tristes, sus melodías lentas, conocidas y vulgares, en el aire silencioso del anochecer.

¡Oh la enorme tristeza de la voz cascada, de la voz mortecina que sale del pulmón de ese plebeyo, de ese poco romántico instrumento!

Es una voz que dice algo monótono, como la misma vida; algo que no es gallardo, ni aristocrático, ni antiguo; algo que no es extraordinario ni grande, sino pequeño y vulgar, como los trabajos y los dolores cotidianos de la existencia.

¡Oh, la extraña poesía de las cosas vulgares!

Esa voz humilde que aburre, que cansa, que fastidia al principio, revela poco a poco los secretos que oculta entre sus notas, se clarea, se transparenta, y en ella se traslucen las miserias del vivir de los rudos marineros, de los infelices pescadores; las penalidades de los que luchan en el mar y en la tierra con la vela y con la máquina; las amarguras de todos los hombres uniformados con el traje azul sufrido y pobre del trabajo.

¡Oh modestos acordeones! ¡Simpáticos acordeones! Vosotros no contáis grandes mentiras poéticas, como la fastuosa guitarra; vosotros no inventáis leyendas pastoriles, como la zampoña o la gaita; vosotros no llenáis de humo la cabeza de los hombres, como las estridentes cornetas o los bélicos tambores. Vosotros sois de nuestra época: humildes, sinceros, dulcemente plebeyos, quizá ridículamente plebeyos; pero vosotros decís de la vida lo que quizá la vida es en realidad: una melodía vulgar, monótona, ramplona ante el horizonte ilimitado...

(*Paradox, rey*, Primera parte, VI.)

19. Embarcación pequeña, de dos palos y, por lo general, con cubierta, usada en las costas de Bretaña y en las del norte de España.
20. En el siglo XVI, embarcación de vela, de dos palos, utilizada como patrullera para descubiertas y reconocimiento de costas. A principios de este siglo se utilizaba, sobre todo en la costa cantábrica, como embarcación de cabotaje.

LA GENERACION DEL 98

FINAL

Si tenía alguna suerte,
la tiré por la ventana;
si tenía algún talento,
se lo ha llevado la trampa [21].
Soy como el agua del río,
que como nunca se para,
no deja más que rumores
por los sitios donde pasa.
No fertiliza los campos
ni produce en su oleada
más que parásitas hierbas,
jaramagos y espadañas.
Ya nada me preocupa:
ni el dinero, ni la fama,
ni los honores y burlas,
ni los elogios o sátiras,
y sólo aspiro a dar fin
con decencia a la jornada
y disolverme en el éter
o en la búdica nirvana.
¡Adiós, pues, amiga mía;
adiós, mi querida dama!
Hay que dejar a los otros
el dolor y la esperanza,
los trabajos e inquietudes
y toda esta farsa vana.
(Hendaya, junio 1940.)

(Canciones del suburbio.)

21. *Llevarse la trampa:* echarse a perder o malograrse.

Redacción de la revista España. A la derecha, sentados, Baroja y Azorín. En la foto aparecen, además, Pérez de Ayala, Ortega y Gasset, Penagos, Bagaría, Luis Bello, el doctor Pittaluga y Ruiz Castillo, administrador de la revista y famoso editor de los escritores del 98.

AZORÍN

José Martínez Ruiz, que firmó a partir de 1904 con el seudónimo de Azorín, nace en Monóvar (Alicante) en 1873. Cursa el bachillerato en el colegio de los Escolapios de Yecla, ciudad que dejará una profunda huella en su obra. Estudia Derecho en Valencia. En 1896 se traslada a Madrid. Comienza a escribir en la prensa artículos provocadores y de tendencia anarquizante. Desde entonces su labor literaria no cesa. A partir de 1905 colabora en *ABC* y simultanea la literatura con la política. En 1907 entra en el Congreso como diputado del Partido conservador. En 1924 ingresa en la Real Academia Española. Durante la República, su firma aparece con frecuencia en artículos de *El Sol, Crisol, Luz, La Libertad* y *Ahora*. En 1936 se traslada a Francia, con su mujer, en donde permanecerá hasta 1939. Vive de los escritos, en los que elude cualquier referencia a lo que ocurre en España, que publica en el diario *La Prensa* de Buenos Aires. Terminada la guerra, regresa a Madrid y continúa su actividad literaria hasta 1967, año de su muerte.

La trayectoria ideológica de Azorín, con sus vacilaciones, titubeos, cambios de rumbo, y con una aguda conciencia del fracaso de muchos de sus proyectos de acción directa en la vida española, puede resultar paradigmática de la que siguieron, aunque por diferentes caminos, otros escritores de su generación.

La nota más destacada de sus años juveniles, en los que se escuda tras los seudónimos de *Cándido* y *Ahrimán*, es su actitud iconoclasta, traducida en virulentos ataques, muchas veces ingenuos y superficiales, contra la Iglesia, el Estado y los más rancios valores burgueses. Propaga ideas libertarias en numerosos artículos y en los folletos *Buscapiés* (1894) y *Anarquistas literarios* (1895), traduce *De la patria,* de A. Haman, y *Las prisiones,* de Kropotkin, y se pasea por la Puerta del Sol con un paraguas rojo, símbolo de su inconformismo.

Poco después, la agresividad y las posturas radicales van dejando paso a una actitud más reflexiva, a un gesto preocupado, que se transforma con frecuencia en amarga protesta, ante la decadencia española. En un conocido *Manifiesto* que aparece en 1901, él, Maeztu y Baroja, muestran su voluntad de cooperar «a la generación de un nuevo estado social en España».

A partir de 1905 Azorín empieza a reconciliarse con la sociedad española y a contemplar el mundo sin juzgarlo. Se orienta hacia un escepticismo amable y melancólico y adopta posturas moderadas o abiertamente conservadoras. Partidario primero de Maura y de La Cierva, más tarde, en 1939, se instalará cómodamente en la España franquista. En 1947 confesará: «Mi catolicismo, firme, limpio, tranquilo, ha compensado ya, creo yo, con muchos, con muchísimos libros de ideas justas y serenas, ortodoxas y españolísimas, esos otros diez, doce, catorce librillos juveniles..., en los que fue mucho más el ruido que las nueces».

Obra

Aunque cultivó los más diversos géneros literarios, con exclusión de la poesía, Azorín se orientó preferentemente hacia el campo de la narrativa. Después de *El alma castellana (1600-1800)* (1900), libro en el que se revela su predilección, reiterada a lo largo de toda su obra, por los sucesos cotidianos del pasado y por los protagonistas anónimos de la historia, publica tres de sus más destacadas obras: **La voluntad** (1902), *Antonio Azorín* (1903) y **Las confesiones de un pequeño filósofo** (1904). Todas ellas, con un mismo protagonista, Azorín, tras el que se esconde el autor, y con un marcado subjetivismo, que contrasta con el pretendido objetivismo de la novela decimonónica, reflejan la situación de desaliento espiritual y el ideario antirracionalista común a los escritores del 98.

Estas obras ponen de manifiesto muchas de las virtudes y limitaciones del arte azoriniano. Entre las primeras, hay que destacar una nueva sensibilidad ante el paisaje, al que describe, de forma emotiva y lírica, como un pintor impresionista, y un estilo que está en las antípodas de la retórica y la ampulosidad de la prosa decimonónica, y con el que nos enseña a ver las cosas de una manera serena y apacible. Claridad expositiva, sobriedad, riqueza léxica, precisión, aunque para ello tenga que valerse de palabras arcaicas y desusadas, empleo de oraciones sencillas y uso reiterado del punto y seguido, constituyen sus notas más destacadas.

Entre los aspectos negativos que ha señalado con frecuencia la crítica, y que se repiten en toda su producción novelísitica, estarían sus escasas dotes fabuladoras y su incapacidad para desarrollar una línea argumental precisa. El ambiente, el paisaje (exterior y de almas), descritos morosamente, siempre predominan sobre la acción. Azorín suele escoger instantáneas aisladas de las vidas de los personajes, con lo que obliga al lector a suponer o imaginar lo que ocurre entre ellas, y presta más atención a las partes que al todo (él mismo se referirá a la «calidad de página»). En *La voluntad* confesará: «la vida no tiene fábulas...; es diversa, multiforme, ondulante, contradictoria..., todo menos simétrica, geométrica, rígida, como aparece en las novelas».

De ahí el que, con frecuencia, se les haya negado el carácter de novelas a estas obras. No lo son, evidentemente, si las comparamos con las del siglo anterior; sin embargo, no sería difícil encuadrarlas en la renovación profunda que este género ha sufrido a lo largo de este siglo, e, incluso, encontrar paralelismos con las técnicas de algunos escritores extranjeros, como Proust y Virginia Woolf, o con las de los novelistas franceses del «nouveau roman».

LA GENERACION DEL 98

En 1905, centenario de la aparición de la primera parte del *Quijote*, publica, después de un recorrido por diversos pueblos manchegos, **La ruta de don Quijote.** Ese mismo año visita Andalucía para realizar una serie de reportajes sobre los conflictos sociales en esta región. Los artículos que envía a *El Imparcial*, y que son un modelo de reportaje periodístico directo, serán recogidos más tarde en un tomito, *La Andalucía trágica*, que incorporará a la segunda edición de *Los pueblos*.

1905-1924: Desde ahora, y hasta 1924, su obra se mueve fundamentalmente en dos direcciones: la evocación del pasado y la crítica literaria. Tanto en una como en otra vertientes aparecen como temas destacados su obsesión por el tiempo, que ya se revelaba en la parte final de *Las confesiones de un pequeño filósofo*, y la contraposición entre arte y vida y realidad e ilusión. Sin exageraciones ni dramatismos, Azorín mira hacia atrás y hace surgir en el recuerdo personas y hechos, a los que con frecuencia incorpora a la vida actual. Ve las cosas como si no hubieran pasado, o, mejor, como si estuvieran volviendo a pasar. Estas evocaciones del pasado, de personajes históricos y de otros sin historia, dan origen a algunos de sus más destacados libros: *Los pueblos* (1905), **Castilla** (1912), *España (hombres y paisajes)*, **Un pueblecito: Riofrío de Ávila** (1916) y **Una hora de España (1560-1590)** (1924), que fue su discurso de ingreso en la Real Academia Española, y en el que pasa revista a un conjunto de vidas españolas en el crepúsculo de la monarquía de Felipe II.

La importancia de Azorín como crítico es innegable. En sus juicios, que revelan una sensibilidad y unos puntos de vista inéditos hasta entonces en la interpretación de los autores clásicos, siempre están presentes su subjetividad, sus gustos y temperamento. Crítica, por tanto, impresionista, a la que se añade una marcada tendencia a recrear la obra literaria en el ambiente espacial en que fue concebida. La mayor parte de sus interpretaciones sobre los más diversos autores están recogidas en *Clásicos y modernos* (1913), *Los valores literarios* (1914), *Al margen de los clásicos* (1915), *Rivas y Larra* (1916), *Los dos Luises y otros ensayos* (1921) y *De Granada a Castelar* (1922).

Con *Don Juan* (1922) y **Doña Inés** (1925) reanuda su producción novelesca. En la primera, el protagonista, que aparece mediada la obra, es un hombre sencillo y generoso, arrepentido de antiguos errores, que poco tiene que ver con el burlador clásico. Despreocupado de la acción, Azorín se dedica ante todo a describir el ambiente de la pequeña ciudad provinciana en la que vive su personaje. Un carácter más acentuado de novela tiene *Doña Inés*. En ella destacan la delicadeza y finura de las evocaciones del pasado y una poética descripción de Segovia. El estilo de Azorín, en lo que tiene de expresión de sensaciones fugaces y de fragmentos estilizados de vida, llega a su culminación en esta obra.

1924-1967: En fechas posteriores publica diversos relatos, en los que sigue manteniendo su virtuosismo estilístico, pero que poco añaden a lo publicado hasta entonces. Entre ellos están *Félix Vargas* (1928), denominado en ediciones posteriores *El caballero inactual*, *Pueblo* (1930), «novela de los que trabajan y sufren», aunque lo social esté escamoteado de la serie de estampas poemáticas que lo constituyen, y, ya después de la guerra, *Capricho* (1942), *La isla sin aurora* (1944), *María Fontán* (1944) y *Salvadora de Olbena* (1945). Estas dos últimas novelas se aproximan al género rosa.

Lo más destacado de estos años es su intensa dedicación al teatro. Entre 1925 y 1936 estrena *Old Spain* (1926), *Brandy, mucho brandy* (1927), *Comedia del arte* (1927), *Lo invisible* (1928, formada por la trilogía «La arañita en el espejo», «El segador» y «Doctor Death de 3 a 5», la más interesante de todas; *El clamor* (1928, en colaboración con Muñoz Seca), *Angelita* (1930), *Cervantes o la casa encantada* (1931) y *La guerrilla* (1936).

Con una aversión manifiesta hacia el naturalismo que dominaba en los escenarios españoles y con su mirada puesta en las innovaciones que se habían producido en Europa (las de Maeterlinck, Lenormand y Gaston Baty, entre otras) y en las aportaciones de las vanguardias, aunque poco de surrealismo haya en estas obras, se entrega a la creación de ambientes irreales, de fantasía, de ensueño y, con limitada profundidad y escasa fuerza dramática (sus técnicas suelen ser más descriptivas que activas), vuelve a desarrollar sus viejas obsesiones por el tiempo, la felicidad y la muerte.

Para Azorín, en este retrato que le hizo Zuloaga se sintetizaban muchas de sus obsesiones literarias. Obsérvese el título del libro que tiene en la mano (Pensando en España) y la parda llanura al fondo. «El retrato del querido Zuloaga —confesará— es soberbio: se yerguen, a lo lejos, las ruinas de un castillo en su mota. Zuloaga y Vázquez Díaz han puesto en sus retratos la atmósfera espiritual que todo retrato debe tener».

AZORIN

Azorín fue, además, autor de numerosos cuentos en los que aparecen como temas dominantes el tiempo y la muerte. Los más interesantes están reunidos en los volúmenes *Blanco en azul* (1929), *Cavilar y contar* (1942) y *Cuentos* (1956).

Como memorialista vertió sus recuerdos y evocó a personas que conoció y sucesos que vivió en *Valencia* (1941), *Madrid* (1941) y **Memorias inmemoriales** (1946).

Muy avanzada su vida, a pesar de que su técnica literaria tiene mucho de cinematográfica, descubre el cine. Sus numerosas crónicas sobre películas y actores del momento están recogidas en *El cine y el momento* (1953) y *El efímero cine* (1955).

Ediciones

Obras completas, ed. de Angel Cruz Rueda, Madrid, Aguilar, 1947-1953. *Obras selectas*, ed. de Angel Cruz Rueda, Madrid, Biblioteca Nueva, 1947. *La voluntad*, ed. de Inman Fox, Madrid, Castalia. *Los pueblos*, ed. de José M.ª Valverde, Madrid, Castalia. *La ruta de don Quijote*, ed. de José M.ª Martínez Cachero, Madrid, Cátedra. *Doña Inés*, ed. de Elena Catena, Madrid, Castalia.

LA VIDA EN EL COLEGIO

Nos levantábamos a las cinco; aún era de noche; yo, que dormía pared por medio de uno de los padres semaneros, le oía, entre sueños, toser violentamente minutos antes de la hora. Al poco se abría la puerta; una franja de luz se desparramaba sobre el pavimento semioscuro. Y luego sonaban unas recias palmadas que nos ponían en conmoción a todos. Estas palmadas eran verdaderamente odiosas; pero nos levantábamos —porque de retardarnos hubiéramos perdido el chocolate— y nos dirigíamos, con la toalla liada al cuello, hacia los lavabos. Aquí poníamos la cabeza bajo la espita y nos corría la helada agua por la tibia epidermis con una agridulce sensación de bienestar y desagrado.

Yo recuerdo que muchas mañanas abría una de las ventanas que daban a la plaza; el cristal estaba empañado por la escarcha; una foscura [1] recia borraba el jardín y la plaza. De pronto, a lo lejos, se oía un ligero cascabeleo. Y yo veía pasar, emocionado, nostálgico, la diligencia, con su farol terrible, que todas las madrugadas a esta hora entraba en la ciudad, de vuelta de la estación lejana.

Cuando nos habíamos acabado de vestir, nos poníamos de rodillas en una de las salas; en esta postura rezábamos unas breves oraciones. Luego bajábamos a la capilla a oír misa. Esta misa diaria, al romper el alba, ha dejado en mí un imborrable sedimento de ansiedad, de preocupación por el misterio, de obsesión del porqué y del fin de las cosas... Yo me contemplo, durante ocho años, todas las madrugadas, en la capilla oscura. En el fondo, dos cirios chisporrotean: sus llamas tiemblan a intervalos, con esas ondulaciones que parecen el lenguaje mudo de un dolor misterioso: el celebrante rezonguea con un murmullo bajo y sonoro: en los cristales de las ventanas, la pálida claror del alba pone sus luces mortecinas.

Después de la misa pasábamos al salón de estudio: y cuando había transcurrido media hora sonaba en el claustro una campana y descendíamos al comedor.

Otra vez subíamos a estudiar, después del desayuno, y tras otra media hora —que nosotros aprovechábamos afanosamente para dar el último vistazo a los libros— bajábamos a las clases. Duraban las clases

1. Oscuridad.

tres horas: una hora cada una. Y cuando las habíamos rematado, sin intervalo de una a otra, subíamos otra vez a esta horrible sala de estudio. Estudiábamos media hora antes de comer; sonaba de nuevo la campana; descendíamos —siempre de dos en dos— al comedor. La comida transcurría en silencio; un lector —cada día le tocaba a un colegial— leía unas páginas de Julio Verne o del *Quijote*. Luego, idos al patio, teníamos una hora de asueto. Y otra vez subíamos al nefasto salón; permanecíamos hora y media inmóviles sobre los libros, y, al cabo de este tiempo, tornaba a tocar la campana y bajábamos a las aulas. Por la tarde teníamos dos horas de clase: después merendábamos, nos expansionábamos una hora en el patio y volvíamos a colocarnos en nuestros pupitres, atentos sobre los textos.

Ahora estábamos en esta forma hora y media: el tiempo nos parecía interminable. Nada pesaba más sobre nuestros cerebros vírgenes que este lapso eterno que pasábamos a la luz opaca de quinqués sórdidos, en esta sala fría y destartalada, con los codos apoyados sobre la tabla y la cabeza entre las manos, fija la vista en las páginas antipáticas, mientras rumiábamos mentalmente frases abstractas y áridas.

Volvía a sonsonear el esquilón: descendíamos, por los claustros oscuros, al comedor. Y cuando habíamos despachado la cena, tiritando, en la larga sala con mesas de mármol, subíamos al segundo piso. Entonces nos arrodillábamos, rezábamos unas oraciones y cada uno se dirigía a su cama.

Azorín en la época en que fue escolar en Yecla.

YECLA

«Yecla —ha dicho un novelista— es un pueblo terrible.» [2] Sí que lo es; en este pueblo se ha formado mi espíritu. Las calles son anchas, de casas sórdidas o viejos caserones destartalados; parte del poblado se asienta en la falda de un monte yermo; parte se explaya en una pequeña vega verde, que hace más hórrida la inmensa mancha gris, esmaltada con grises olivos, de la llanura sembradiza...

En la ciudad hay diez o doce iglesias; las campanas tocan a todas horas; pasan labriegos con capas pardas; van y vienen devotas con mantillas negras. Y de cuando en cuando discurre por las calles un hombre triste que hace tintinear una campanilla, y nos anuncia que un convecino nuestro acaba de morirse.

En Semana Santa toda esta melancolía congénita llega a su estado agudo: forman las procesiones largas filas de encapuchados, negros, morados, amarillos, que llevan Cristos sanguinosos y Vírgenes doloridas; suenan a lo lejos unas bocinas roncas con sones plañideros; tañen las campanas; en las iglesias, sobre las losas, entre cuatro blandones [3], en la penumbra de la nave, un crucifijo abre sus brazos, y las devotas suspiran, lloran y besan sus pies claveteados.

Y esta tristeza, a través de siglos y siglos, en un pueblo pobre, en que los inviernos son crueles, en que apenas se come, en que las casas son desabrigadas, ha ido formando como un sedimento milenario, como un recio ambiente de dolor, de resignación, de mudo e impasible renunciamiento a las luchas vibrantes de la vida.

(*Las confesiones de un pequeño filósofo.*)

2. Es la frase inicial de la descripción que hace Baroja de Yecla en *Camino de perfección*.
3. Candeleros grandes en los que se ponen hachas de cera de un pabilo.
4. Azorín refleja en este capítulo las impresiones de un viaje que hizo a Toledo, «una ciudad sombría, desierta, trágica, que le atrae y le sugestiona», con Pío Baroja en diciembre de 1900.
5. Se refiere a Marinus van Reymerswaele, pintor holandés del siglo XVI. Azorín recuerda aquí, probablemente, su cuadro *El Cambista y su mujer*, del museo del Prado.

SEGUNDA PARTE

IV

Azorín sale a la plaza de Zocodover [4] y da una vuelta por los clásicos soportales. La noche está templada. Los escaparates pintan sobre el suelo vivos cuadros de luz; en el fondo de las tiendas, los viejos mercaderes —como en los cuadros de Marinus [5]— cuentan sus monedas, repasan sus libros. La plaza está desierta; de cuando en cuando pasa una sombra que se detiene un momento ante las vitrinas repletas de mazapanes; luego continúa y desaparece por una callejuela. «Este es un pueblo feliz —piensa Azorín—; tienen muchos clérigos, tienen muchos militares, van a misa, creen en el demonio, pagan sus contribuciones, se acuestan a las ocho... ¿Qué más pueden desear? Tienen la felicidad de la Fe, y como son católicos y sienten horror al infierno, encuentran doble voluptuosidad en los pecados que a los demás mortales, escépticos de las chamusquinas eternas, apenas nos enardecen» [...]

Azorín, en el silencio de las calles desiertas, vaga al azar y entra por fin en un café desierto.

Es el café de Revuelta. Se sienta. Da dos palmadas y produce una honda sensación en los mozos, que le miran absortos. La enorme campana de la catedral suena diez campanadas que se dilatan solemnes por la ciudad dormida. Y Azorín, mientras toma una copa de aguardiente —lo cual no es óbice para entrar en hondas meditaciones—, reflexiona en la tristeza de este pueblo español, en la tristeza de este paisaje. «Se habla —piensa Azorín— de la alegría española, y nada hay más desolador y melancólico que esta española tierra. Es triste el paisaje y es triste el arte. Paisaje de contrastes violentos, de bruscos cambios de luz y sombra, de colores llamativos y reverberaciones saltantes, de tonos cegadores y hórridos grises, conforma los espíritus en modalidades rígidas y las forja con aptitudes rectilíneas, austeras, inflexibles, propias a las decididas afirmaciones de la tradición o del progreso. En los países septentrionales, las perpetuas brumas difuminan el horizonte, crean un ambiente de vaguedad estética, suavizan los contornos, velan las rigideces; en el Mediodía, en cambio, el pleno sol hace resaltar las líneas, acusa reciamente los perfiles de las montañas, ilumina los dilatados horizontes, marca definidas las sombras. La mentalidad, como el paisaje, es clara, rígida, uniforme, de un aspecto único, de un solo tono. Ver el adusto y duro panorama de los cigarrales de Toledo, es ver y comprender los retorcidos y angustiados personajes del Greco; como ver los maciegales de Avila es comprender el ardoroso desfogue lírico de la gran santa, y ver Castilla entera con sus llanuras inacabables y sus rapadas lomas, es percibir la inspiración que informara nuestra literatura y nuestro arte. Francisco de Asís, el místico afable, amoroso, jovial, ingenuo, es, interpretado por el cincel de Cano, un asceta espantable, amojamado, escuálido, bárbaro.

No busquemos en nuestro arte un soplo de amplio y dulce humanismo, una vibración íntima por el dolor universal, una ternura, una delicadeza, un consuelo sosegador y confortante [...]

Es una tristeza desoladora la tristeza de nuestro arte. El descubrimiento de América acaba de realizar la obra de la Reconquista: acaba por transformar al español en hombre de acción, irreflexivo, impoético, cerrado a toda sensación de intimidad estética, propio a la declamación aparatosa, a la bambolla retumbante. Y he aquí los dos géneros que marcan nuestra decadencia austriaca: el teatro, la novela picaresca. Lope da fin a la dramaturgia en prosa, sencilla, jugosa, espontánea, de Timoneda y Rueda; su teatro inaugura el período bárbaro de la dramaturgia artificiosa, palabrera, sin observación, sin verdad, sin poesía, de los Calderón, Rojas, Téllez, Moreto. No hay en ninguna literatura un ejemplo de teatro más enfático e insoportable. Es un teatro sin madres y sin niños, de caracteres monofórmicos, de temperamentos abstractos, resueltos en damiselas parladoras, en espadachines grotescos, en graciosos estúpidos, en gentes que hablan de su honor a cada paso, y a cada paso cometen mil villanías...

La novela, en cambio —a excepción del *Lazarillo*, obra juvenil y escrita cuando aún los patrones y resortes retóricos de la novela no estaban formados—, la tan celebrada novela picaresca es multiforme y seco teji-

LA GENERACION DEL 98

Azorín en los años de sus primeros escándalos literarios y en los que empieza a relacionarse con los que serán sus compañeros de generación.

do de crueldades pintorescas y horrideces que intentan ser alegres. Nadie hay más seco y más feroz que el gran Quevedo. La *Vida del Buscón D. Pablo,* exagerado, dislocado, violento, penoso, lúgubre desfile de hambrones y mujerzuelas, es fiel síntesis de toda la novela. Causan repulsión las artimañas y despiadadas tretas que al autor se le ocurren para atormentar a sus personajes... Aquí, como en los demás libros castellanos, descubre patente y claro el genio de la raza, hipertrofiado por la decadencia. Entre una página de Quevedo y un lienzo de Zurbarán y una estatua de Alonso Cano, la correspondencia es solidaria. Y entre esas páginas, esos lienzos, esas estatuas y el paisaje castellano de quebradas bruscas y páramos inmensos, la afinidad es lógica y perfecta»...

Azorín bebe otra copa de aguardiente: lo menos que se puede hacer como protesta contra unos hombres que aplaudían a Calderón y expulsaban a los moriscos.

«Sí —continúa pensando—; nuestra literatura del siglo XVII es insoportablemente antipática. Hay que remontarse a los primitivos para encontrar algo espontáneo, jovial, plástico, íntimo; hay que subir hasta Berceo, hasta el Romancero —en sus pinturas de la Infantina, del paje Vergilios, del conde Claros, etc.—, hasta el incomparable Arcipreste de Hita, tan admirado por el maestro. El y Rojas son los dos más finos pintores de la mujer; pero, ¡qué diferencia entre el escolar de Salamanca y el Arcipreste de Hita! Arcipreste y escolar trazan las mismas escenas, mueven los mismos tipos, forjan las mismas situaciones; mas Rojas es descolorido, ingráfico, esquemático, y el Arcipreste es todo sugestión, movimiento, luz, color, asociación de ideas. El quid estriba en esto: que Rojas pinta lo subjetivo y Juan Ruiz lo objetivo; uno el espíritu, otro el mundo; uno la realidad interna, otro la externa; uno, en fin y para decirlo de una vez y claro, es pintor de *caracteres* y otro de *costumbres*» [...]

Azorín bebe otra copa de aguardiente.

«Sí —continúa pensando—, este espíritu jovial y fuerte, placentero y fecundo, se ha perdido... Estos pueblos tétricos y católicos no pueden producir más que hombres que hacen cada hora del día la misma cosa, y mujeres vestidas de negro y que no se lavan. Yo no podría vivir en un pueblo como éste; mi espíritu inquieto se ahogaría en este ambiente de foscura, de uniformidad, de monotonía eterna... ¡Esto es estúpido! La austeridad castellana y católica agobia a esta pobre raza paralítica. Todo es pobre, todo es opaco, todo es medido. Aun los que se llaman demagogos son en el fondo unos desdichados reaccionarios. No creen en un dogma religioso, pero conservan la misma moral, la misma estética, la misma economía de la religión que rechazan... Hay que romper la vieja *tabla de valores morales,* como decía Nietzsche.»

Y Azorín, de pie, ha gritado: ¡Viva la Imagen! ¡Viva el Error! ¡Viva lo Inmoral! Los camareros, como es natural, se han quedado estupefactos. Y Azorín ha salido soberbio del café.

No es posible saber a punto fijo las copas que Azorín ha sorbido. Verdaderamente, se necesita beber mucho para pensar de este modo.

Tercera parte
IV

Creo que mi ironía es una estupidez. A ratos —y son los más— toda mi impasibilidad se desvanece al soplo de alguna indignación tremenda. Decididamente, no me conozco.

Y todos los esfuerzos por llegar a un estado de espíritu tranquilo resultan estériles ante estos impensados raptos de fiereza.

Yo soy un rebelde de mí mismo; en mí hay dos hombres. Hay el *hombre-voluntad*, casi muerto, casi deshecho por una larga educación en un colegio clerical, seis, ocho, diez años de encierro, de comprensión de la espontaneidad, de contrariación de todo lo natural y fecundo. Hay, aparte de éste, el segundo hombre, el *hombre-reflexión*, nacido, alentado en copiosas lecturas, en largas soledades, en minuciosos auto-análisis. El que domina en mí, por desgracia, es el *hombre-reflexión;* yo casi soy un autómata, un muñeco sin iniciativas; el medio me aplasta, las circunstancias me dirigen al azar a un lado y a otro. Muchas veces yo me complazco en observar este dominio del ambiente sobre mí: y así veo que soy místico, anarquista, irónico, dogmático, admirador de Schopenhauer, partidario de Nietzsche. Y esto es tratándose de cosas literarias: en la vida de diarias relaciones un apretón de manos, un saludo afectuoso, un adjetivo afable, o por el contrario un ligero desdén, una preterición acaso inocente, tienen sobre mi emotividad una influencia extraordinaria. Así yo, soy, sucesivamente, un hombre afable, un hombre huraño, un luchador enérgico, un desesperanzado, un creyente, un escéptico.... Todo en cambios rápidos, en pocas horas, casi en el mismo día. La Voluntad en mí está disgregada; soy un imaginativo. Tengo una intuición rapidísima de la obra, pero inmediatamente la reflexión paraliza mi energía. En política, yo tal vez fuera el hombre de las soluciones instantáneas, de los golpes mágicos, de las audacias pintorescas... pero hay algo en mí que me anonada, que me aplasta, que me hace desistir de todo en un hastío abrumador. ¡Soy un hombre de mi tiempo! La inteligencia se ha desarrollado a expensas de la voluntad; no hay héroes; no hay actos legendarios; no hay extraordinarios desarrollos de una personalidad. Todo es igual, uniforme, monótono, gris. ¡Día llegará en que el dar un grito en la calle se considere tan enorme cosa como el desafío de García de Paredes! [6]

(Al llegar aquí oigo tocar la campana que llama a coro. Voy un rato a oír las tristes salmodias de estos buenos frailes.)

Y después de todo, ¿para qué la Voluntad? ¿Para qué este afán incesante que nos hace febril la vida? ¿Por qué ha de estar la felicidad precisamente en la Acción y no en el Reposo? Desde el punto de vista estético, una estatua egipcia, una de esas estatuas rígidas, simétricas, de inflexible paralelismo en todos sus miembros, es tan bella como la estatua griega, toda movimiento, toda fuerza, del lanzador de discos.

V

Hoy me siento triste, deprimido, mansamente desesperado. No encuentro aquí el sosiego que apetecía; mi cerebro está vacío de fe. Me engaño a veces a mí mismo; lo que pretendo creer, es puro sentimentalismo; es la sensación de la liturgia, del canto, del silencio de los claustros, de estas sombras que van y vienen calladamente... Ahora, en estos momentos, apenas si tengo fuerzas para escribir; la abulia paraliza mi voluntad. ¿Para qué? ¿Para qué hacer nada? Yo creo que la vida es el mal, y que todo lo que hagamos para acrecentar la vida es fomentar esta perdurable agonía sobre un átomo perdido en lo infinito... Lo humano, lo justo sería acabar el dolor acabando la especie [...]

¡Esta vida es una cosa absurda! ¿Cuál es la causa final de la vida? No lo sabemos: unos hombres vienen después de otros hombres sobre un pedazo de materia que se llama mundo. Luego el mundo se hace inhabitable y los hombres perecen; más tarde los átomos se combinan de otra manera y dan nacimiento a un mundo flamante. Y, ¿así hasta lo infinito? Parece ser que no; un físico alemán [7] —porque los alemanes son los que saben estas cosas— opina que la materia perderá al fin su energía potencial y quedará inservible para nuevas transmutaciones. ¡Digno remate! ¡Espectáculo sor-

---

6. Diego García de Paredes (1466-1530) fue un célebre capitán español. Tomó parte en la campaña emprendida por el rey Fernando para disputar a Luis XII de Francia el reino de Nápoles. Azorín se refiere al desafío que tuvo lugar en 1503 entre once españoles y otros tantos caballeros franceses. Duró cinco horas, sin que ninguno de los dos bandos se proclamara campeón.

7. Alude al físico Ludwig Boltzmann (1844-1906), que, en realidad, era austriaco. Fue uno de los creadores de la teoría cinética de los gases. En 1868 hizo una demostración de las velocidades de las moléculas e interpretó la noción abstracta de entropía relacionándola con la de probabilidad, que introdujo en la termodinámica.

prendente! La materia, gastada de tanta muchedumbre de mundos, permanecerá —¿dónde?— eternamente como un inmenso montón de escombros... Y esta hipótesis —digna de ser axioma— que se llama la *entropía del universo,* al fin es un consuelo; es la promesa, un poco larga ¡ay!, del reposo de todo, de la muerte de todo.

(La voluntad.)

LOS MOLINOS DE VIENTO

Los molinitos de Criptana andan y andan.
—¡Sacramento! ¡Tránsito! ¡María Jesús!
Yo llamo, dando grandes voces, a Sacramento, a Tránsito y a María Jesús. Hasta hace un momento he estado leyendo en el *Quijote;* ahora la vela que está en la palmatoria se acaba, me deja en las tinieblas. Y yo quiero escribir unas cuartillas.
—¡Sacramento! ¡Tránsito! ¡María Jesús!
¿Dónde estarán estas muchachas? He llegado a Criptana hace dos horas; a lo lejos, desde la ventanilla del tren, yo miraba la ciudad blanca, enorme, asentada en una ladera, iluminada por los resplandores rojos, sangrientos, del crepúsculo. Los molinos, en lo alto de la colina, movían lentamente sus aspas; la llanura bermeja, monótona, rasa, se extendía abajo. Y en la estación, a la llegada, tras una valla, he visto unos coches vetustos, uno de estos coches de pueblo, uno de estos coches en que pasean los hidalgos, uno de estos coches desteñidos, polvorientos, ruidosos, que caminan todas las tardes por una carretera exornada con dos filas de arbolillos menguados, secos. Dentro, las caras de estas damas —a quienes yo tanto estimo— se pegaban a los cristales escudriñando los gestos, los movimientos, los pasos de este viajero único, extraordinario, misterioso, que venía en primera con unas botas rotas y un sombrero grasiento. Caía la tarde; los coches han partido con estrépito de tablas y de herrajes; yo he emprendido la caminata por la carretera adelante, hacia el lejano pueblo. Los coches han dado la vuelta; las caras de estas buenas señoras —doña Juana, doña Angustias o doña Consuelo— no se apartaban de los cristales. Yo iba embozado en mi capa lentamente, como un viandante, cargado con el peso de mis desdichas. Los anchurosos corrales manchegos han comenzado a aparecer a un lado y a otro del camino; después han venido las casas blanqueadas, con las puertas azules; más lejos se han mostrado los caserones, con anchas y saledizas rejas rematadas en cruces.

El cielo se ha ido entenebreciendo; a lo lejos, por la carretera, esfumados en la penumbra del crepúsculo, marchan los coches viejos, los coches venerables, los coches fatigados. Cruzan por las calles viejas enlutadas; suena una campana con largas vibraciones.
—¿Está muy lejos de aquí la fonda? —pregunto yo.
—Esa es —me dicen señalando una casa.
La casa es vetusta; tiene un escudo; tiene de piedra las jambas y el dintel de la puerta; tiene rejas pequeñas; tiene un zaguán hondo, empedrado con menuditos cantos. Y cuando se pasa por la puerta del fondo se entra en un patio, a cuyo alrededor corre una galería sostenida por dóricas columnas. El comedor se abre a la mano diestra. He subido sus escalones; he entrado en una estancia oscura.
—¿Quién es? —ha preguntado una voz desde el fondo de las tinieblas.
—Yo soy —he dicho con voz recia; y después inmediatamente— un viajero.
He oído en el silencio un reloj que marchaba: «tic-tac, tic-tac»; luego se ha hecho un ligero ruido como de ropas movidas, y al final una voz ha gritado:
—¡Sacramento! ¡Tránsito! ¡María Jesús!
Y luego ha añadido:
—Siéntese usted.
¿Dónde iba yo a sentarme? ¿Quién me hablaba? ¿En qué encantada mansión me hallaba yo?
He preguntado tímidamente:
—¿No hay luz?
La voz misteriosa ha contestado:
—No; ahora la echan muy tarde.
Pero una moza ha venido con una vela en la mano. ¿Es Sacramento? ¿Es Tránsito? ¿Es María Jesús? Yo he visto que los resplandores de la luz —como en una figura de Rembrandt— iluminaban vivamente una carita ovalada, con una barbilla suave, fina, con unos ojos rasgados y unos labios menudos.

—Este señor —dice una anciana sentada en un ángulo— quiere una habitación; llévale a la de dentro.

La de dentro está bien adentro; atravesamos el patizuelo; penetramos por una puerta enigmática; torcemos a la derecha; torcemos a la izquierda; recorremos un pasillito angosto; subimos por unos escalones; bajamos por otros. Y al fin ponemos nuestras plantas en otro cuartito angosto, con el techo que puede tocarse con las manos, con una puerta vidriera, colocada en un muro de un metro de espesor y una ventana diminuta abierta en otro paredón del mismo ancho.

—Este es el cuarto —dice la moza poniendo la palmatoria sobre la mesa.

Y yo le digo:

—¿Se llama usted Sacramento?

Ella se ruboriza un poco:

—No —contesta—, soy Tránsito.

Yo debiera haber añadido:

«¡Qué bonita es usted, Tránsito!»

Pero no lo he hecho, sino que he abierto el *Quijote* y me he puesto a leer en sus páginas. «En esto —leía yo a la luz de la vela— descubrieron treinta o cuarenta molinos de viento que hay en aquel campo...» [8] La luz se ha ido acabando; llamo a gritos. Tránsito viene con una nueva vela, y dice:

—Señor: cuando usted quiera, a cenar.

Cuando he cenado he salido un rato por las calles; una luna suave bañaba las fachadas blancas y ponía sombras dentelleadas de los aleros en medio del arroyo; destacaban confusos, misteriosos, los anchos balcones viejos, los escudos, las rejas coronadas de ramajes y filigranas, las recias puertas con clavos y llamadores formidables. Hay un placer íntimo, profundo, en ir recorriendo un pueblo desconocido entre las sombras; las puertas, los balcones, los esquinazos, los ábsides de las iglesias, las torres, las ventanas iluminadas, los ruidos de los pasos lejanos, los ladridos plañideros de los perros, las lamparillas de los retablos..., todo nos va sugestionando poco a poco, enervándonos, desatando nuestra fantasía, haciéndonos correr por las regiones del ensueño...

Los molinitos de Criptana andan y andan.

—Sacramento, ¿qué es lo que he de hacer hoy?

Yo he preguntado esto a Sacramento cuando he acabado de tomar el desayuno; Sacramento es tan bonita como Tránsito. Ya ha pasado la noche. ¿No será menester ir a ver los molinos de viento? Yo recorro las calles. De la noche al día va una gran diferencia. ¿Dónde está el misterio, el encanto, la sugestión de la noche pasada? Subo con don Jacinto por callejuelas empinadas, torcidas; en lo alto, dominando el pueblo, asentado sobre la loma, los molinos surgen vetustos: abajo, la extensión gris, negruzca, de los tejados, se aleja, entreverada con las manchas blancas de las fachadas, hasta tocar en el mar bermejo de la llanura.

Y ante la puerta de uno de esos molinos nos hemos detenido.

—Javier —le ha dicho don Jacinto al molinero—. ¿Va a marchar esto pronto?

—Al instante —ha contestado Javier.

¿Os extrañará que don Alonso Quijano, *el Bueno,* tomara por gigantes los molinos? Los molinos de viento eran, precisamente cuando vivía don Quijote, una novedad estupenda; se implantaron en la Mancha en 1575 —dice Richard Ford en su *Handbook for travellers in Spain* [9]. «No puedo yo pasar en silencio —escribía Jerónimo Cardano en su libro *De rerum varietate*, en 1580, hablando de estos molinos—, no puedo yo pasar en silencio que esto es tan maravilloso, que yo antes de verlo no lo hubiera podido creer sin ser tachado de hombre cándido.» ¿Cómo extrañar que la fantasía del buen manchego se exaltara ante estas máquinas inauditas, maravillosas?

Pero Javier ha trepado por los travesaños de las aspas de su molino y ha ido extendiendo las velas; sopla un viento furioso, desatado; las cuatro velas han quedado tendidas. Ya marchan lentamente las aspas, ya

---

8. Azorín reproduce aquí el comienzo del capítulo VIII de la primera parte del *Quijote*, titulado «Del buen suceso que el valeroso don Quijote tuvo en la espantable y jamás imaginada aventura de los molinos de viento».

9. Richard Ford (1796-1858) vivió en España desde 1830 hasta 1833. En este *Handbook*... contrastó sus observaciones directas con los tópicos que sobre España había puesto en circulación el romanticismo. Después publicaría *Cosas de España* (1846) y *Las corridas de toros* (1852). En el prólogo que puso al *Lazarillo español,* de Ciro Bayo (1911), dirá Azorín del citado *Manual* que «es el mejor libro, el más completo, el más sugestivo que se ha escrito sobre España».

marchan rápidas. Dentro, la torrecilla consta de tres reducidos pisos: en el bajo se hallan los sacos de trigo, en el principal es donde cae la harina por una canal ancha; en el último es donde rueda la piedra sobre la piedra y se deshace el grano. Y hay aquí en este piso unas ventanitas minúsculas, por las que se atalaya el paisaje. El vetusto aparato marcha con un sordo rumor. Yo columbro por una de estas ventanas la llanura inmensa, infinita, roja, a trechos verdeante; los caminos se pierden amarillentos en culebreos largos, refulgen paredes blancas en la lejanía; el cielo se ha cubierto de nubes grises; ruge el huracán. Y por una senda que cruza la ladera avanza un hormiguero de mujeres enlutadas, con las faldas a la cabeza, que han salido esta madrugada —como viernes de cuaresma— a besarle los pies al Cristo de Villajos, en un distante santuario, y que tornan ahora, lentas, negras, pensativas, entristecidas, a través de la llanura yerma, roja...

—María Jesús —digo yo cuando llega el crepúsculo—, ¿tardará mucho en venir la luz?

—Aún tardará un momento —dice ella.

Yo me siento en la estancia entenebrecida; oigo el «tic-tac» del reloj; unas campanas tocan el *ángelus*.

Los molinitos de Criptana andan y andan.

(*La ruta de Don Quijote*. Cap. XI.)

LAS NUBES

Calixto y Melibea se casaron —como sabrá el lector si ha leído *La Celestina*— a pocos días de ser descubiertas las rebozadas entrevistas que tenían en el jardín. Se enamoró Calixto de la que después había de ser su mujer un día que entró en la huerta de Melibea persiguiendo un halcón. Hace de esto dieciocho años. Veintitrés tenía entonces Calixto. Viven ahora marido y mujer en la casa solariega de Melibea: una hija les nació, que lleva, como su abuela, el nombre de Alisa. Desde la ancha solana que está a la puerta trasera de la casa se abarca toda la huerta en que Melibea y Calixto pasaban sus dulces coloquios de amor. La casa es ancha y rica; labrada escalera de piedra arranca de lo hondo del zaguán. Luego, arriba, hay salones vastos, apartadas y silenciosas camarillas, corredores penumbrosos con una puertecilla de cuarterones en el fondo, que, como en *Las Meninas* de Velázquez, deja ver un pedazo de luminoso patio. Un tapiz de verdes ramas y piñas gualdas sobre un fondo bermejo cubre el piso del salón principal; el salón, donde en cojines de seda puestos en tierra se sientan las damas. Acá y allá destacan silloncitos de cadera guarnecidos de cuero rojo o sillas de tijera con embutidos mudéjares; un contador con cajonería de pintada y estofada talla, guarda papeles y joyas; en el centro de la estancia, sobre la mesa de nogal, con las patas y las chambranas [10] talladas, con fiadores de forjado hierro, reposa un lindo juego de ajedrez con embutidos de marfil, nácar y plata; en el alinde [11] de un ancho espejo refléjanse las figuras aguileñas sobre fondo de oro de una tabla colgada en la pared frontera.

Todo es paz y silencio en la casa. Melibea anda pasito por cámaras y corredores. Lo observa todo, ocurre [12] a todo. Los armarios están repletos de nítida y bienoliente ropa, aromada por gruesos membrillos.

En la despensa, un rayo de sol hace fulgir la ringla de panzudas y vidriadas orcitas [13] talaveranas. En la cocina son espejos los artefactos y cacharros de azófar [14] que en la espetera cuelgan, y los cántaros y alcarrazas [15] obrados por la mano de curioso alcaller [16] en los alfares vecinos muestran bien ordenados su vientre redondo, limpio y rezumante. Todo lo previene y a todo ocurre la diligente Melibea; en todo pone sus dulces ojos verdes. De tarde en tarde, en el silencio de la casa, se escucha el lánguido y melodioso son de un clavicordio: es Alisa que tañe. Otras veces, por los viales [17] de la huerta se ve escabullirse calladamente la figura alta y esbelta de una moza: es Alisa que pasea entre los árboles.

La huerta es amena y frondosa. Crecen las adelfas a par de los jazmineros; al pie de los cipreses inmutables ponen los rosales la ofrenda fugaz —como la vida— de sus rosas amarillas, blancas y bermejas. Tres colores llenan los ojos en el jardín: el azul intenso del cielo, el blanco de las paredes encaladas y el verde del boscaje. En el silencio se oye —al igual de un diamante sobre un cristal— el chiar de las golondrinas que cruzan raudas sobre el añil del firmamento. De la taza de mármol de una fuente cae deshilachada, en una franja, el agua.

En el aire se respira un penetrante aroma de jazmines, rosas y magnolias. «Ven por las paredes de mi huerto», le dijo dulcemente Melibea a Calixto hace dieciocho años.

* * *

Calixto está en el solejar [18], sentado junto a uno de los balcones. Tiene el codo puesto en el brazo del sillón y la mejilla reclinada en la mano. Hay en su casa bellos cuadros; cuando siente apetencia de música, su hija Alisa le regala con dulces melodías; si de poesía siente ganas, en su librería puede coger los más delicados poetas de España e Italia. Le adoran en la ciudad; le cuidan las manos solícitas de Melibea; ve continuada su estirpe, si no en un varón, al menos, por ahora, en una linda moza de viva inteligencia y bondadoso corazón. Y sin embargo, Calixto se halla absorto, con la cabeza reclinada en la mano. Juan Ruiz, el arcipreste de Hita, ha escrito en su libro:

... et crei la fabrilla
que dis: Por lo pasado no estés mano en mejilla [19]

No tiene Calixto nada que sentir del pasado; pasado y presente están para él al mismo rasero de bienandanza. Nada puede conturbarle ni entristecerle. Y sin embargo, Calixto, puesta la mano en la mejilla, mira pasar a lo lejos sobre el cielo azul las nubes.

Las nubes nos dan una sensación de inestabilidad y de eternidad. Las nubes son —como el mar— siempre varias y siempre las mismas. Sentimos mirándolas cómo nuestro ser y todas las cosas corren hacia la nada, en tanto que ellas —tan fugitivas— permanecen eternas. A estas nubes que ahora miramos las miraron hace doscientos, quinientos, mil, tres mil años, otros hombres con las mismas pasiones y las mismas ansias que nosotros. Cuando queremos tener aprisionado el tiempo —en un momento de ventura— vemos que han pasado ya semanas, meses, años. Las nubes, sin embargo, que son siempre distintas en todo momento, todos los días van caminando por el cielo. Hay nubes redondas, henchidas de un blanco brillante, que destacan en las mañanas de primavera sobre los cielos translúcidos. Las hay como cendales tenues, que se perfilan en un fondo lechoso. Las hay grises sobre una lejanía gris. Las hay de carmín y de oro en los ocasos inacabables, profundamente melancólicos, de las llanuras. Las hay como velloncitos iguales e innumerables que dejan ver por entre algún claro un pedazo de cielo azul. Unas marchan lentas, pausa-

Azorín con su mujer, Julia Guinda Urzanqui, en su casa de Madrid. El escritor lee un libro de Cervantes. A su mujer, con la que se casó el 30 de abril de 1908, le dedicará diversas páginas en El caballero inactual, El enfermo *y* Memorias inmemoriales.

10. Cada uno de los listones que unen las patas de una mesa para afirmarlas.
11. Superficie bruñida y brillante.
12. *Ocurrir:* prevenir, anticiparse, acudir.
13. *Orza:* Vasija vidriada de barro.
14. Latón.
15. Vasijas de arcilla porosa y poco cocida.
16. Alfarero.
17. *Vial:* calle formada por dos filas paralelas de árboles u otras plantas.
18. Solana.
19. Son versos de la estrofa 179 del *Libro de buen amor.*

das; otras pasan rápidamente. Algunas, de color de ceniza, cuando cubren todo el firmamento, dejan caer sobre la tierra una luz opaca, tamizada, gris, que presta su encanto a los paisajes otoñales.

Siglos después de este día en que Calixto está con la mano en la mejilla, un gran poeta —Campoamor— habrá de dedicar a las nubes un canto en uno de sus poemas titulado *Colón* [20]. Las nubes —dice el poeta— nos ofrecen el espectáculo de la vida. La existencia, ¿qué es sino un juego de nubes? Diríase que las nubes son «ideas que el viento ha condensado»; ellas se nos representan como un «traslado del insondable porvenir». «Vivir —escribe el poeta— es *ver pasar.*» Sí; vivir es ver pasar: ver pasar allá en lo alto las nubes. Mejor diríamos: vivir es *ver volver.* Es ver volver todo un retorno perdurable, eterno; ver volver todo —angustias, alegrías y esperanzas—, como esas nubes que son siempre distintas y siempre las mismas, como esas nubes fugaces e inmutables.

Las nubes son la imagen del tiempo. ¿Habrá sensación más trágica que aquella de quien sienta el tiempo, la de quien vea ya en el presente el pasado y en el pasado el porvenir?

* * *

En el jardín lleno de silencio se escucha el chiar de las rápidas golondrinas. El agua de la fuente cae deshilachada por el tazón de mármol. Al pie de los cipreses se abren las rosas fugaces, blancas, amarillas, bermejas. Un denso aroma de jazmines y magnolias embalsama el aire. Sobre las paredes de nítida cal resalta el verde de la fronda; por encima del verde y del blanco se extiende el añil del cielo. Alisa se halla en el jardín sentada, con un libro en la mano. Sus menudos pies asoman por debajo de la falda de fino contray; están calzados con chapines de terciopelo negro adornados con rapacejos y clavetes de bruñida plata. Los ojos de Alisa son verdes, como los de su madre; el rostro más bien alargado que redondo. ¿Quién podría contar la nitidez y sedosidad de sus manos? Pues de la dulzura de su habla, ¿cuántos loores no podríamos decir? [21]

En el jardín todo es silencio y paz. En lo alto de la solana, recostado sobre la barandilla, Calixto contempla extático a su hija. De pronto un halcón aparece, revolando rápida y violentamente por entre los árboles. Tras él, persiguiéndole todo agitado y descompuesto, surge un mancebo. Al llegar frente a Alisa se detiene absorto, sonríe y comienza a hablarle.

Calixto le ve desde el carasol y adivina sus palabras. Unas nubes redondas, blancas, pasan lentamente sobre el cielo azul en la lejanía.

(Castilla.)

Monóvar, pueblo natal de Azorín. El escritor lo evocará con frecuencia en su obra.

20. Se refiere al comienzo del canto XII de este poema, titulado «Las nubes»: «Vivir es *ver pasar.* Ya iba alboreando / del dieciocho de septiembre el día, / cuando estaban las gentes contemplando / las mil nubes y mil que el sol tenía. / Tantas nubes, tan varias revolando, / el juego de la vida parecía. / Y, bien pensado al fin, ¿qué es en la esencia / más que un juego de nubes la existencia?»

21. Con estas interrogaciones retóricas, Azorín recrea el lenguaje de algunos pasajes de *La Celestina.*

AZORIN

EL VIEJO INQUISIDOR

El viejo inquisidor está sentado en su cámara. Tiene delante una mesa. Sobre la mesa se ve un montón de libros. Hay entre estos libros una Biblia en castellano, otro que se titula *Carta a Felipe II* y otro que lleva el título de *Imagen del Anticristo*. El viejo inquisidor vive en esta casa desde hace mucho tiempo. Se casó joven; amaba con pasión a su mujer. De su mujer tuvo un niño. Los dos adoraban al hijo. Les costó muchos trabajos el criarlo. La salud del niño era precaria. Todos los meses, un piquito de fiebre hacía brillar los ojos del niño. El niño pasaba en la cama seis u ocho días. La madre y el padre, angustiados, inclinaban la cabeza hacia el niño y estaban contemplándolo durante horas. Crecía el hijo. Los demás niños jugaban; él estaba quietecito en un rincón, leyendo. Muchas tardes, un criado de la casa le sacaba a pasear por el campo; el niño se tendía en la hierba y levantaba las gruesas piedras. Los insectos, en la humedad, iban y venían desazonados por la luz. Otras veces el niño contemplaba sobre las aguas de una balsa correr y girar los volubles quirinos. Gozaba de la naturaleza. Para toda la vida, la naturaleza entraba en su espíritu. La madre y el padre vivían para el hijo; muchas veces, retirados en una estancia, hablaban del porvenir del niño. ¿Qué sería este niño? ¿Le verían un día, entre nubes blancas de incienso, en la anchura de una catedral, revestido de brocado, en tanto que gemía dulcemente el órgano, elevar con sus manos finas y blancas la Sagrada Hostia? ¿Resonaría su voz bajo las anchas bóvedas y conmovería los corazones? La madre, ante esta perspectiva, se sentía emocionada; de sus ojos descendía una lágrima. El padre contenía su emoción en el silencio.

Y cuando el niño iba camino de Salamanca, murió la madre. El golpe fue terrible para el noble caballero. En muchos meses no traspasó los umbrales de la casa. Vivía ensimismado en un mutismo hosco. El mundo le enfadaba. Lentamente fue germinando en su cerebro una idea: la idea de renunciar a las cosas terrenas. Se ordenó de clérigo. Un año después de tomar órdenes, se le confirió el cargo de consejero de la Suprema Inquisición. El hijo seguía en Salamanca; pero ya no estudiaba teología. Sus estudios ahora eran los de medicina. Tenía el mozo el mismo carácter que cuando niño; era reservado y soñador. En el carasol del jardín, tras la casa, pasábase horas y horas con un libro en la mano. De cuando en cuando, de las páginas del libro su mirada iba a perderse en las nubes. Y al llegar la noche, en la quietud de la casa, iluminada la cara del mozo por la luz del velón, el padre le contemplaba estático, suspenso durante largos ratos. La cara del mozo era la cara de la mujer a quien el caballero había amado tanto; eran los mismos ojos anchos y azules y de mirada suavemente melancólica.

El mozo fue a París —«el gran París», que decía Garcilaso—; fue a París y fue a Flandes. En tierras extranjeras estuvo dos años. Al cabo de este tiempo ha tornado a España. Desde ayer está el mozo en la casa solariega. El padre, al marcharse el hijo, le dio un retrato en miniatura de la madre. Deseaba el padre que sobre ese retratito hiciesen en Flandes un retrato grande. Y ese retrato grande lo ha traído el hijo. El retrato ha sido colgado en la sala. Los vivos y espléndidos colores —obra maestra de un pincel ilustre— resaltan en la severidad de la estancia. En esta hora del crepúsculo, cuando todo va bañándose de penumbra, la hermosa y noble dama emerge de la oscuridad en su retrato. Y el anciano inquisidor mira a la mujer amada y pone después la vista en los libros que están sobre la mesa. Hace una hora, revolviendo las ropas del hijo en un cofre, ha encontrado el padre esos libros. Esos volúmenes han sido escritos por luteranos españoles. Cuando el viejo inquisidor veía lo que eran esos volúmenes, su faz se ponía pálida y sus manos temblaban. Durante largo rato ha permanecido absorto; miraba y remiraba los libros, los dejaba sobre una mesa, y luego volvía a examinarlos. Los ha llevado al fin a su cámara. Se ha sentado en un sillón, frente al retrato de la madre, y en tanto que la estancia se va sumiendo en la sombra, el viejo inquisidor permanece inmóvil, con la cabeza entre las manos. El hijo ha salido esta tarde a dar un paseo por el campo; de un momento a otro va a volver. Ya se escuchan pasos en el corredor. El viejo comisario se estremece. No son éstos los pasos del hijo. Torna el silencio. Poco después resuenan otros pasos. Y éstos, sí, és-

157

tos son los del hijo. Los pasos se oyen más cerca. El viejo caballero, instintivamente, sintiendo una dolorosa opresión en el pecho, se levanta. Una mano acaba de posarse en el picaporte de la puerta. La puerta se está abriendo...

(*Una hora de España*. Cap. XVIII.)

LA ESPERA

Doña Inés está en el cuartito de la costanilla. No sucede nada; todo está tranquilo. Ha salido la dama por la puerta de la derecha y traía en la mano un plato con un vaso de agua. Al llegar frente al balcón, se ha detenido. Ha levantado el vaso y lo ha mirado a trasluz. Ha dudado un momento y ha vuelto a entrar por donde había salido. Al cabo de un instante, ha tornado a salir con otro vaso de agua —o el mismo con otra agua— y ha desaparecido por una de las puertas de la izquierda. No sucede nada; Doña Inés está tranquila. ¿Está tranquila del todo? Se ha sentado la dama en el canapé y ha puesto su mano derecha extendida sobre el muslo; en la mano reluce la piedra azul de un zafiro. Miraba fijamente el zafiro Doña Inés; luego, pasaba suavemente la mano izquierda sobre la mano derecha. ¿Está tranquila del todo la señora? Hay momentos en que estamos tranquilos y en que, sin embargo, sentimos allá dentro de nosotros una levísima turbación. No nos sucede nada; repasamos mentalmente todos los sucesos que pudieran desazonarnos; no existe en ellos nada anormal. Y con todo, diríamos que en el remotísimo horizonte de las posibilidades ha aparecido una nubecilla —no es nada— que ha de ir avanzando hasta convertirse en tormenta. El tiempo pasa. Con la punta aguda de los dedos, la mano derecha extendida, se arregla Doña Inés, con toquecitos rápidos, la negra onda de pelo que baja desde la crencha hasta el rodete. En tanto, la siniestra mano, al tiempo que el busto se yergue, estira y alisa el corpiño. ¿Se ha oído acaso un ruido en el pasillo por donde se penetra en los aposentos? Doña Inés se levanta y se acerca a la puerta de la sala. No ha sido nada, reina el silencio. Los visillos del balcón son ladeados por la fina mano; la mirada pasea vagamente por el panorama de los tejados y baja hasta el fondo de la calle. No está intranquila la dama y no acaba de sentir perfecto sosiego. Diríase que está en esos momentos singulares en que, a punto de entrar en la zona dolorosa de una enfermedad, permanecemos todavía en la región ya un poco ensombrecida de la salud. Y ahora sí que ha sucedido algo, repentinamente: en el silencio de la estancia ha sonado con furia y ha vuelto a sonar la campanilla de la puerta.

LA CARTA

Una carta no es nada y lo es todo. Cuando Doña Inés ha penetrado de nuevo en la salita, traía en la mano una carta. Una carta es la alegría y es el dolor. Considerad cómo la señora trae la carta: el brazo derecho cae lacio a lo largo del cuerpo; la mano tiene cogida la carta por un ángulo. Una carta puede traer la dicha y puede traer el infortunio. No será nada lo que signifique la carta que Doña Inés acaba de recibir; otras cartas como ésta, en este cuartito, ha recibido ya. Avanza lentamente hacia el velador que hay en un rincón y deja allí pausadamente la carta. Una actriz no lo haría mejor. En toda la persona de la dama se nota un profundo cansancio. Sí; está cansada Doña Inés. Cansada, ¿de qué? En el canapé se ha sentado una vez más, y en su mano derecha, extendida sobre el muslo, refulge el celeste zafiro. La mirada va hacia la carta. La carta será como todas las cartas. Con el cabo de los dedos sutiles —los de la mano derecha— se aliña la señora el negro pelo. La mano izquierda estira el corpiño. Y ahora, al realizar este ademán, al enarcar el busto, surge del pecho, de allá en lo hondo, un suspiro. La carta no dirá nada; será como tantas otras cartas. En el velador espera a que su nema [22] sea rasgada. Va declinando la tarde: el crepúsculo no tardará en llegar. La región penumbrosa —levemente penumbrosa— de la inquietud en el espíritu comienza a extenderse. En la zona indecisa entre la salud y la enfermedad se va operando un cambio; lentamente, con una fuerza que nos arrastra desde la eternidad, sin que todas las fuerzas del mundo —¡oh, mortales!— puedan impedirlo, principiamos a entrar en la tierra del dolor y las lágrimas. La carta está en el velador; blanquea su sobre en la luz falleciente del crepúsculo que se inicia. No dirá nada la carta; será como otras cartas. La dama la tiene ya en sus manos. ¿Cruz o cara? ¿Cuál es nuestra suerte? El sobre ha sido roto. La mirada de la dama va pasando por los renglones. ¿Habéis visto la lividez de un cuerpo muerto? Así está ahora el rostro de la señora; mortal ha quedado Doña Inés. Y con movimiento lento, lentísimo, como lo haría una consumada actriz, ha dejado otra vez Doña Inés la carta en el velador. Y al momento siguiente, con brusquedad, la ha cogido otra vez y la ha estrujado fuertemente en el puño. Se ha vuelto a sentar abatida en el canapé. Respiraba jadeando. Ya está aquí el crepúsculo de este día largo y sereno de primavera. Dentro de un instante lucirá una estrella en el azul pálido. Todo está en silencio. Nos hemos resignado ya al dolor. Hemos entrado ya en la región de la enfermedad. El pavor de antes del tránsito y en el tránsito ha pasado ya. Desde esta luctuosa ribera, nuestros ojos contemplan la otra ribera apacible y deleitosa de la salud, allá enfrente. ¿Cuándo volveremos a ella? Y, ¿es seguro que volveremos? ¡Adiós, adiós, amigos! Doña Inés ha cogido la carta, la ha rasgado en cien pedazos y ha abierto el balcón. La mano fuera del balcón lanzaba los cien pedacitos de papel blanco. Los múltiples pedacitos de papel caían, volaban, revoloteaban en la luz penumbrosa del crepúsculo, y una encendida estrella rutilaba en el cielo diáfano.

SEGOVIA

De la lejana Sierra diríase que se ha desgajado una poderosa mole y ha avanzado por la llanura. En una ladera ha quedado clavada. Suavemente, por la falda del monte se llega a la eminente escarpadura. Luego, la mole se empina y tiende —en el extremo opuesto— un agudo picacho hacia la lejanía. En el promontorio se encima [23] apiñamiento de casas, iglesias, palacios, torres, cúpulas. Los flancos de la elevada muela [24], que por la parte posterior eran suaves terreros cubiertos de verdura, han ido poco a poco haciéndose más abruptos. Lo que eran huertas y arboledas se cambia en sequeral [25] y peña viva. La verdura desaparece. Los flancos de la mole son un acantilado. Surge el espolón empinado y agudo del peñasco. En el azul del cielo —sobre el amontonamiento de las viviendas— resaltan lo amarillo de la torre de la catedral y lo ceniciento de las techumbres del Alcázar. En el poblado, por entre las paredes, de los hortales y de los jardines públicos, se escapan borbollones de lozano verdor. Desde lo más empinado de la ciudad van escalonándose esos burujos [26] verdes, desriscándose hacia lo hondo, espesándose cada vez más, hasta juntarse con las huertas que cubren los flancos de la peña. En el fondo, a una banda de la elevada mole —sobre la que se asienta Segovia—, corre un ria-

---

22. Palabra de origen griego, que significa «hilo». Las cartas se cerraron durante mucho tiempo con hilos, cordones y cintas, aunque en la época en que tiene lugar la acción de *Doña Inés* (1840) ya no se usaban cintas o nemas para cerrarlas.
23. De *encimarse* o *encimar:* elevarse una cosa a mayor altura que otra.
24. Cerro escarpado, alto y con cima plana.
25. Terreno muy seco.
26. Bulto o pella que se forma en varias partes de una cosa, aglomerándose.

chuelo, el Eresma; por la otra parte se desliza un arroyuelo, el Clamores. La espesura del boscaje casi oculta la cinta espejeante del río; entre los claros de la arboleda se ven a trechos los cristales de las aguas. Espesa fronda de álamos y almendros adumbra en lo profundo, entre ramas, troncos y follaje, el arroyuelo. La torre de la catedral se yergue amarilla en lo azul. Las techumbres plomizas del Alcázar y de San Esteban resaltan junto a lo amarillo, en el añil, sobre la aspersión de lo verde en el pardo poblado [...]

La torre de la catedral es cuadrada, recia, con resaltes en las esquinas. La corona una media naranja; esa media naranja es precisamente lo que le da carácter. Redonda en su cabo, armoniza con las nubes redondas. Los hinchados cúmulos —blancos, nacarados, encendidos— la hacen esplendorear soberbia en los ocasos. Parece viva. La luz de Segovia es más reverberante y fina que la luz de las otras ciudades españolas. Vive la alta torre en la luz. La hora del día, el tiempo, el sol, las nubes, hacen cambiar a la torre de color y aun de forma. Los resaltes de los ángulos son más salientes o desaparecen, y el matiz llega a rojizo, pasa por amarillo, se desvanece en un pajizo suave, según la luminosidad del momento. Los espesos burujos verdes que asoman a su pie en la ciudad, entre las casas, realzan la amarillez de la torre. Desde varios puntos de la ciudad se la ve surgir de la verdura. La hora de su exaltación es cuando, amarilleando, en el azul, se esponja con el atardecer, en su base, la fresca arboleda, y relumbran arriba las nubes de nácar y de oro.

(*Doña Inés*. Caps. IV, V y IX.)

«Vista de Segovia», por Ignacio Zuloaga (Museo de San Telmo, de San Sebastián).

En dos vocablos puedo compendiar la vida actual del personaje: *recepto* y *receso;* dos parónimos que tienen un serio contenido. *Recepto* es refugio; y *receso,* apartamiento. En su recepto y su receso vive nuestro personaje, cada día con más decisión. Y no le sacará nadie de su retiro, ni le hará abandonar nadie su actitud retirada. Ordena su vida: es frugal. Duerme bien; restaura con el sueño la usura nerviosa. Cuando ha cerrado la puerta de su alcoba, no la puede abrir nadie, ni aun para lo más sensacional. La sensación desgasta, aparte de quitar el sueño. Dice Miguel Sabuco, en su *Nueva Filosofía de la naturaleza del hombre,* que los tristes duermen más que los contentos. No lo creo; no lo cree tampoco el biografiado. Procura el personaje acostarse en estado sereno, para dormir a pierna suelta. Se acuesta a las ocho y media —después de leve colación— y se levanta a maitines; quiero decir, a las dos de la madrugada [...]

Y en cuanto a la lectura, ¿para qué leer tanto libro nuevo que dicen lo que han dicho los libros antiguos, acaso un poquito peor? El biografiado se acosta a los libros nuevos, pero no hace sino oliscarlos. Su instinto de lector, aquistado a lo largo de millares de libros, le avisa que el libro que tiene entre manos es obra chirle: se lo avisa a poco que el personaje haya leído unas páginas. Entre sus libros, apartado de todos, receso en su recepto, va pasando la vida este caballero. Los días van pasando; pasan las semanas; pasan los meses; pasan los años. Nada es eterno y nada es inmutable.

(Enero de 1945.)
(Memorias inmemoriales.)

Lentamente se ha ido operando un cambio físico en el escritor.
En sus últimos años aparece delgado y huidizo, pero siempre lector infatigable de libros y periódicos.

ESTILO OSCURO, PENSAMIENTO OSCURO

Sí, lo supremo es el estilo sobrio y claro. Pero, ¿cómo escribir sobrio y claro cuando no se piensa de ese modo? El estilo no es una cosa voluntaria, y ésta es la invalidación y la inutilidad —relativas— de todas las reglas. El estilo es una resultante fisiológica [...] Recomendamos la sencillez y tornamos a recomendarla. ¿Qué es la sencillez en el estilo? He aquí el gran problema. Vamos a dar una fórmula de la sencillez. La sencillez, la dificilísima sencillez, es una cuestión de método. Haced lo siguiente y habréis alcanzado de un golpe el gran estilo: *colocad una cosa después de la otra*. Nada más; esto es todo. ¿No habéis observado que el defecto de un orador o de un escritor consiste en que coloca unas cosas dentro de otras, por medio de paréntesis, de apartados, de incisos y de consideraciones pasajeras e incidentales? Pues bien: lo contrario es colocar las cosas —ideas, sensaciones— *unas después de las otras*.

(Un pueblecito.)

LA GENERACION DEL 98

RAMIRO DE MAEZTU

Nació en Vitoria en 1874, de padre vasco afincado en Cuba y de madre inglesa. La difícil situación económica familiar le impidió seguir estudios universitarios. Termina el bachillerato y vive durante algún tiempo en Cuba, en donde ejerció diversos oficios (más tarde recordará sus lecturas de Ibsen, Tolstoi y Kropotkin a los obreros de una fábrica de tabacos en la que trabajó). En 1894 regresó a España y se inició en el periodismo (profesión que ejercerá con exclusividad hasta el final de su vida), primero en Bilbao y, a partir de 1897, en Madrid. Forma, con Azorín y Baroja, el «grupo de los tres», y escribe artículos progresistas en las revistas más representativas del momento. En 1905 es nombrado corresponsal de prensa en Inglaterra. En 1916, durante la Primera Guerra Mundial, estuvo, también como corresponsal, en el frente aliado.

Por estas fechas se produce un cambio ideológico que lo llevará a posiciones de un conservadurismo extremo. Años antes había vuelto al seno de la Iglesia católica (según confesará, no se trataba de una conversión, ya que nunca había dejado de ser creyente, sino de hacerse «más católico»). En 1919 regresa a España y continúa con sus tareas periodísticas. En 1920 aparece *La crisis del humanismo,* versión española de otro libro publicado en inglés cuatro años antes. Su apoyo a la Dictadura de Primo de Rivera y su profesión de fe antiliberal, antidemocrática y antimarxista le valen una embajada en la Argentina, entre 1928 y 1930. Desde 1931 dirige la revista *Acción Española,* reducto del pensamiento más derechista. Ingresa en la Real Academia Española en 1935. El 30 de julio de 1936 es detenido en Madrid. Tres meses después será fusilado.

Obra

En su primer libro, **Hacia otra España** (1899), recoge una colección de trabajos, en los que es notorio su afán, presente siempre en sus obras, de predicar una doctrina e influir en el lector, publicados con anterioridad. En ellos se mezcla un regeneracionismo teñido de marxismo con las influencias de Nietzsche y con un implícito apoyo, por la defensa de la conveniencia de una mayor acción pública en manos de comerciantes, labradores e industriales, del capitalismo como factor importante para el progreso del país. Algo parecido ocurre en una novela por entregas que tituló *La guerra del Transvaal y los misterios de la Banca de Londres.*

Una de las primeras grandes manifestaciones obreras en la península. Aspecto de la Puerta de la Paz de Barcelona el primero de mayo de 1890. Apunte tomado del natural de M. Suñé.

RAMIRO DE MAEZTU

De su obra posterior, destacan **Don Quijote, don Juan y la Celestina** (1926), la más interesante desde un punto de vista literario, y **Defensa de la hispanidad** (1934). En *Don Quijote...* estudia la significación política y social de estas tres personalidades de la literatura española. El *Quijote,* por su ridiculización de lo heroico y de aquellos que se meten a redentores, fue para Maeztu un libro disolvente. En la Celestina y don Juan se resume, para él, lo más detestable del alma nacional.

En *Defensa de la hispanidad,* después de una crítica demoledora de las doctrinas extranjerizantes que inundaron la España de los siglos XVIII y XIX (las procedentes de la Ilustración, de la Revolución francesa y del liberalismo), defiende a capa y espada la acción evangelizadora de España en América y expone su sueño de vincular, por medio de la fe, el idioma y la cultura comunes, a todos los pueblos «hispánicos» en una tarea de acción conjunta, que tuviera como base un ideal católico, de progreso y destino.

Ediciones

Obras completas (prólogo de Vicente Marrero), Madrid, Editora Nacional, 1974. En esta edición falta, sin embargo, Hacia otra España, obra que puede leerse en la edición de Rialp (1967). *La guerra del Transvaal...,* Madrid, Taurus, 1974. *Don Quijote...,* Madrid, Espasa Calpe (colección Austral).

COMO SE HARA LA NUEVA ESPAÑA

¡Basta de utopías!... La España nueva no ha de hacerse por los gobiernos; no incumbe a la política la capital empresa de mejorar la condición de nuestro suelo. Fuera hermoso que, como quiere el señor Costa, al realizarse la irrigación del territorio por un Gobierno paternal, rellenáranse de oro las fajas de nuestros labradores, eternas víctimas del cielo, de la tierra y de la codicia y furor bélico de los hombres. Pero la industrialización del patrio suelo es, ante todo, un gran negocio. ¿Quién duda de que las nuevas Indias, y consiguientemente la nueva España, están en esas llanadas hoy estepas, en esos montes preñados de minerales, en esos ríos que se pierden miserablemente?... La explotación de esas riquezas corresponde a los hombres de negocio... ¡Ellos han de explotarlas, señor Costa, sin acudir a la formación de otros partidos [...]

¡Basta de Tenorios y Cyranos! Déjense los escritores de glorificar a los chulapones callejeros, hijos legítimos de aquellos tipos haraposos, entrampados, truhanescos, hambrientos y flacuchos que retrataron nuestros clásicos. Las mujeres prefieren los hombres bien nutridos a los *golfos* escuálidos —y a los poetas decadentes—. Déjense de colocar en los altares al anciano «experimentado», al amante sin pan, al infeliz víctima de su «honra» y al arrapiezo anémico. Déjense de endosar el llanto, siempre estúpido, el desengaño siempre ridículo, el desaliento siempre bufo. Estamos hartos de oír las letanías de los tullidos cuando van por la calle con su eterno: «Abran paso, señores, que todos somos hermanos». Basta, basta de la moral de los tullidos. Encerrémosla con llave en el Ministerio de Estado. Oficiemos de mendigos para con las otras naciones. Usemos para casa de ideas más higiénicas. Si en los pueblos sanos surge de propio impulso la moral de los fuertes, ésta a su vez conserva y agranda la salud de los pueblos.

Guárdense igualmente de imitar a los literatos hoy de moda —hermanos intelectuales del megaterio— que se hacen ascos de la moneda y luego la imploran a dos manos. Cuando sobre la espada del militar, sobre la cruz del religioso y sobre la balanza del juez ha triunfado el dinero es porque entraña una fuerza superior, una grandeza más intensa que ninguno de sus otros artefactos. ¡Torpe quien no la vea! Cantemos al oro; el oro *vil* transformará la amarillenta y seca faz de nuestro suelo en juvenil semblante: ¡el oro *vil* irá haciendo la otra España!

Fundamos nuestro espíritu en el movimiento de las cosas, si no hemos de entorpecerlo... ¡Que no estorbemos los escritores!... ¡Que no sea obstáculo el ruin espíritu de la patria vieja al advenimiento de la nueva!

(Hacia otra España.)

LA GENERACION DEL 98

ESPAÑA Y EL «QUIJOTE»

Al consumarse en 1898 la pérdida de los restos del imperio colonial español en América y en el Extremo Oriente [...] se pedía a los españoles que no volviesen a ser ni Cides ni Quijotes, y los que en aquellas horas de humillación y de derrota sentíamos la necesidad de rehacer la patria, de «regenerarla», según el lenguaje de aquel tiempo, no tardamos en ver que no se lograría sin que los regeneradores se infundiesen un poco, cuando menos, del espíritu esforzado del Cid y del idealismo generoso de Don Quijote. El señor Unamuno había aceptado sin crítica el dicho de: «Somos unos Quijotes», con que solemos consolarnos los españoles de nuestras desventuras. Ello me hizo reparar en el imperio que ejerce sobre nuestro espíritu popular la filosofía del *Quijote*. Que no hay que ser Quijotes, que no hay que meterse en aventuras, que hay que dejarse de libros de caballerías, que al que se mete a redentor lo crucifican, son máximas que la sabiduría popular española no deja apartar nunca de los labios y que contribuyen poderosamente a formar la sustancia del ambiente espiritual en que los españoles nos criamos. Un estudio del *Quijote* y de Cervantes y su tiempo muestra que no son arbitrarias las enseñanzas que saca el pueblo del libro nacional. Primero, porque la lectura del *Quijote* nos consuela de nuestros desconsuelos limpiándonos la cabeza de ilusiones; segundo, porque esto fue también lo que Cervantes se propuso al escribirlo: consolarse y reírse de sus desventuras, que creyó se engendraron en excesivas ilusiones, y tercero, porque la España de aquel momento, también fatigada a consecuencia de la labor heroica, abnegada y excesiva de todo el siglo precedente, halló en el *Quijote* la sugestión que necesitaba para acomodarse a la cura de descanso que requerían su ánimo y su cuerpo.

Un hombre de 1900 no tenía para qué vacilar. El cansancio de trescientos años antes no era razón para que se continuase predicando el reposo a un pueblo que necesitaba intentar un sobreesfuerzo, si había de recuperar el espacio perdido, en la carrera del progreso, respecto de otros pueblos. Antes de permitir que siguiera desilusionando espíritus preferí lanzar el epíteto de «decadente» sobre el libro de Cervantes. Ello fue en 1903, en las columnas de *Alma Española* [...]

El desaliento que el *Quijote* imparte actúa sobre todo en las naturalezas sensitivas, que son generalmente las más susceptibles al idealismo. Don Quijote no es sólo un fantasma literario, sino, en las palabras de uno de sus críticos, «el tipo del ideal en todas las épocas». Las palabras que dice son las más hermosas que se han escrito sobre el ideal caballeresco. Y como al mismo tiempo no son sino los sueños de un loco, el lector idealista tiene que preguntarse, al recogerse en sí mismo: «Estas ideas mías, estos entusiasmos generosos, estos deseos de sacrificio, ¿serán también locuras y delirios?» Uno a uno se les caen a los idealistas «los palos del sombrajo», como se dice en tierras salmantinas, y aunque estos lectores idealistas no son muchos, sino unas cuantas docenas en cada generación, como no se alcen incansables contra el egoísmo y el encogimiento de las multitudes, no tardará en formarse un ambiente de escepticismo contra el cual tendrán que estrellarse todos los esfuerzos por realizar «el bien de la tierra» [...]

Esta perspectiva histórica nos inmunizará contra la sugestión de desencanto que quiera infiltrarnos el *Quijote*. Comprenderemos que había que desengañar, por su propio bien, a los españoles de aquel tiempo. Y advertiremos, a la vez, que lo que el nuestro necesita no es desencantarse y desilusionarse, sino, al contrario, volver a sentir un ideal.

(*Don Quijote, don Juan y la Celestina.*)

LA MISION INTERRUMPIDA

Para los españoles no hay otro camino que el de la antigua Monarquía Católica, instituida para servicio de Dios y del prójimo. No podría fijar el de los pueblos de América, porque son muchos y diversos. Cada uno de ellos está condicionado por sus realidades geográficas y raciales. A mí no me gusta la palabra Imperio, que se ha echado a volar en estos años. No tengo el menor interés en que empleados de Madrid vuelvan a recaudar tributos en América. Lo que digo es que los pueblos criollos están empeñados en una lucha de vida o muerte con el bolchevismo, de una parte, y con el imperialismo económico extranjero, de la otra, y que si han de salir victoriosos han de volver por los principios comunes de la Hispanidad, para vivir bajo autoridades que tengan conciencia de haber recibido de Dios sus poderes, sin lo cual serán tiránicas, y de que estos poderes han de emplearse en organizar la sociedad de un modo corporativo, de tal suerte, que las leyes y la economía se sometan al mismo principio espiritual que su propia autoridad, a fin de que todos los órganos y corporaciones del Estado reanuden la obra católica de la España tradicional, la depuren de sus imperfecciones y la continúen hasta el fin de los tiempos. Ello han de hacerlo nacionalizándose aún más de lo que están. Los argentinos han de ser más argentinos; los chilenos, más chilenos; los cubanos, más cubanos. Y no lo conseguirán si no son al mismo tiempo más hispánicos, porque la Argentina y Chile y Cuba son sus tierras, pero la Hispanidad es su común espíritu, al mismo tiempo que la condición de su éxito en el mundo. El ansia universalista que les animaba cuando se ofrecían a la emigración de todos los pueblos de la tierra sólo es realizable por el Catolicismo. Las otras religiones son exclusivistas y celosas. Y la experiencia ya ha sido hecha. Los argentinos creían poder asimilar a los judíos como a los españoles o a los italianos. No lo han logrado. Los judíos se casan entre sí, y este cuidado de la pureza de su raza no es sino la expresión de su voluntad firme de no dejarse absorber por ningún otro pueblo [...]

Para esta faena, la de seguir la misión interrumpida, han de esperar los pueblos hispánicos las simpatías y el apoyo de todos los países católicos. Si la Hispanidad se hizo con la idea católica, la Iglesia, en cambio, no ha producido en el curso de los siglos otro Imperio que se dedicara casi exclusivamente a su defensa, más que el nuestro. Esa misión hay que continuarla. En ella está la orientación que echábamos y echamos de menos. El mundo no ha concebido ideal más elevado que el de la Hispanidad.

UN LEMA DE CABALLEROS

Nuestro pasado nos aguarda para crear el porvenir. El porvenir perdido lo volveremos a hallar en el pasado. La historia señala el porvenir. En el pasado está la huella de los ideales que íbamos a realizar dentro de diez mil años. El pasado español es una procesión que abandonamos, los más de nosotros, para seguir con los ojos las de países extranjeros o para soñar con un orden natural de formaciones revolucionarias, en que los analfabetos y los desconocidos se pusieron a guiar a los hombres de rango y de cultura. Pero la antigua procesión no ha cesado del todo. Aún nos aguarda. Por su camino avanzan los muertos y los vivos. Llevan por estandarte las glorias nacionales. Y nuestra vida verdadera, en cuanto posible en este mundo, consiste en volver a entrar en fila. «¿Decíamos ayer?...» Precisamente. De lo que se trata es de recordar con precisión lo que decíamos ayer, cuando teníamos algo

Grabado de Gustav Doré. Don Quijote fue, sin duda, uno de los personajes literarios que originó mayor número de opiniones encontradas entre los escritores noventayochistas y novecentistas.

que decir. Esta precisión, en general, sólo la alcanzan los poetas. Si tenemos razón los españoles historicistas, han de venir en auxilio nuestro los poetas. Si la plenitud de la vida de los españoles y de los hispánicos está en la Hispanidad, y de la Hispanidad en el recobro de su conciencia histórica, tendrán que surgir los poetas que nos orienten con sus palabras mágicas [...]

Las palabras mágicas están todavía por decir. Los conceptos, en cambio, pueden darse ya por conocidos: servicio, jerarquía y hermandad, el lema antagónico al revolucionario de libertad, igualdad, fraternidad. Hemos de proponernos una obra de servicio. Para hacerla efectiva nos hemos de insertar en alguna organización jerárquica. Y la finalidad del servicio y de la jerarquía no ha de consistir únicamente en acrecentar el valer de algunos hombres, sino que ha de aumentar la caridad, la hermandad entre los humanos.

El servicio es la virtud aristocrática por excelencia. *Ich dien* (yo sirvo) dice en tudesco el escudo de los reyes de Inglaterra. El de los Papas dice más: *Servus servorum* (siervo de los siervos). Es el lema de toda alma distinguida. Si se le contrapone al de libertad se observará que el del servicio incluye la libertad, porque libremente se adopta como lema, pero el de libertad no incluye el de servicio: «Mejor reinar en el infierno que servir en el cielo», dice el Satán de Milton. La jerarquía es la condición de la eficacia, lo específico de la civilización, lo genérico de la vida, que parece aborrecer toda igualdad. Toda obra social implica división del trabajo: gobernantes y gobernados, caudillos y secuaces. Disciplina y jerarquía son palabras sinónimas. La jerarquía legítima es la que se funda en el servicio. Jerarquía y servicio son los lemas de toda aristocracia. Una aristocracia hispánica ha de añadir a su lema el de hermandad. Los grandes españoles fueron los paladines de la hermandad humana. Frente a los judíos, que se consideraban el pueblo elegido, frente a los pueblos nórdicos de Europa, que se juzgaban los predestinados para la salvación, San Francisco Javier estaba cierto de que podían ir al Cielo los hijos de la India, y no sólo los brahmanes orgullosos, sino también, y sobre todo, los parias intocables.

Esta es una idea que ningún otro pueblo ha sentido con tanta fuerza como el nuestro. Y como creo en la Humanidad, como abrigo la fe de que todo el género humano debe acabar por constituir una sola familia, estimo necesario que la Hispanidad crezca y florezca y persevere en su ser y en sus caracteres esenciales, porque sólo ella ha demostrado vocación para servir este ideal.

(*Defensa de la Hispanidad.*)

Manifestación en Madrid el 7 de octubre de 1934, al conocerse la rendición de la Generalitat. La encabezan, José Antonio Primo de Rivera, Ruiz de Alda y Ledesma Ramos. En sus últimas obras, Maeztu no cesó de añorar el retorno de una España católica, tradicional y eterna.

ANTONIO MACHADO

Antonio Machado nació en Sevilla en 1875. Cuando tenía ocho años, su familia se traslada a Madrid. Ingresa en la Institución Libre de Enseñanza, que dejará en él la huella profunda de un liberalismo y una austeridad irrevocables. Estudia Filosofía y Letras. En 1899 marcha a París, con su hermano Manuel, y realiza traducciones para la casa Garnier. En una segunda estancia en la citada ciudad, en 1902, conoce a Rubén Darío, con el que intima. En 1907 gana una cátedra de francés en el Instituto de Soria. Dos años después se casa con Leonor Izquierdo, una muchacha de dieciséis años, que morirá en 1912. Después de una profunda crisis, se traslada a Baeza (Jaén), en donde permanecerá hasta 1919. En Segovia, nueva ciudad en su recorrido hacia Madrid, vivirá hasta 1932. En 1927 es nombrado para la Real Academia Española. Por esos años conoce a una misteriosa dama, «Guiomar» (sobrenombre de Pilar Valderrama), que le inspirará un ciclo de poemas. En 1932 se instala en Madrid. Durante la guerra fue un defensor incondicional de la República. En enero de 1939 marcha al exilio. Se establece en un pueblecito del sur de Francia, Collioure, en donde muere un mes después.

Obra

Toda la obra de Machado pone de relieve, a pesar de los cambios temáticos y estilísticos que en ella se producen, una gran coherencia y unidad. Mientras otros poetas (Juan Ramón Jiménez, ante todo), en constante evolución, abrían las puertas a nuevos modos y estilos poéticos, fecundos e innovadores, Machado permaneció anclado en formas tradicionales, heredadas en gran medida de la poesía del siglo anterior. De ahí el escaso entusiasmo que su obra despertó en los escritores de la generación del 27 y la indiferencia ante ella, después de la devoción que le dispensaron la mayor parte de los escritores de posguerra, de muchos poetas actuales.

En 1903 aparece su primer libro, *Soledades*. En 1907, publicará **Soledades, galerías y otros poemas,** en el que suprime trece poemas del libro anterior (por lo general los más vinculados a un modernismo colorista y de filiación parnasiana) y añade otros nuevos, de mayor depuración, sencillez y densidad. Esta primera obra se inscribe en la línea de un modernismo intimista, a la que ya nos hemos referido.

Aunque no faltan las delicadas evocaciones de la infancia y algunas descripciones paisajísticas, lo que domina en este primer libro, que ha ido ganando con el tiempo en estimación de la crítica, son las angustias, melancolías, penas y tristezas de Machado. El poeta mira «lo que está lejos / dentro del alma», como diría en el poema LXI, ahonda en lo que llamará «los universales del sentimiento», y da rienda suelta a su dolor y soledad, bien de forma directa o tomando como interlocutores del diálogo que entabla consigo mismo a realidades inanimadas (las fuentes, el amanecer, la noche, etc.). Son frecuentes también los símbolos (la tarde, el camino, el agua, el viaje, el laberinto, el sueño), herencia de la poesía francesa de la segunda mitad del siglo XIX, con los que pretende expresar realidades profundas y escondidas. Algunas veces, sobre la pena, se alza una tenue, fugaz y, a la postre, falsa, ilusión o esperanza. El sueño se presentará con frecuencia como única forma de acceder a realidades positivas que el mundo consciente le vela o de revivir emociones y experiencias pasadas que iluminen el presente («De toda la memoria sólo vale / el don preclaro de evocar los sueños», dirá en uno de los poemas).

Las causas que pueden explicar estas melancolías y penas del poeta, aunque en la mayor parte de los poemas no se especifican, son, entre otras, el paso del tiempo, que lleva a la muerte, la falta de amor, la inexistencia de un Dios o de un asidero al que aferrarse y la cara absurda que el mundo le ofrece.

En cuanto a la métrica, aunque no faltan los versos sencillos (el octosílabo y el heptasílabo), abundan los revitalizados por el modernismo (el dodecasílabo y el alejandrino), que no abandonará en libros posteriores.

Su senguda obra, **Campos de Castilla,** publicada en 1912, recoge lo escrito por Machado desde 1907 (en la edición de 1917 se le añadieron los poemas escritos en Baeza). El subjetivismo del libro anterior no desaparece del todo y Machado, con frecuentes incisos, reflexiones e intromisiones personales, nos recuerda su presencia en lo que describe, o establece un correlato entre el paisaje y sus estados anímicos. Sin embargo, es innegable la tendencia del poeta a salir de sí mismo y a reflejar el mundo exterior (el paisaje y los hombres de España).

En *Campos de Castilla* pueden advertirse diversas líneas: 1) En primer lugar, una serie de poemas que enlazan con las preocupaciones críticas y regeneracionistas de los escritores del 98. Como había ocurrido con Unamuno y Azorín, las descripciones paisajísticas llevan aparejadas ciertas consideraciones sobre el pasado, el presente y el futuro de España. Estos poemas, muchas veces retóricos y de escaso valor poético, alternan con otros en los que domina la visión lírica del campo castellano. El contacto directo, durante su estancia en Baeza, con un mundo anquilosado, de desigualdades e injusticias sociales, radicaliza las ideas de Machado. 2) En una serie de poemas que corresponden a la enfermedad y muerte de Leonor, Machado vuelve a

LA GENERACION DEL 98

replegarse sobre sí mismo y a mostrar, con gran sobriedad y contención, su intimidad dolorida. El recuerdo de Soria y de Leonor, y la imposibilidad de una vinculación afectiva con las tierras andaluzas, a pesar de que éstas aparecen en algunos poemas, son temas destacados en su etapa de Baeza. 3) En el libro se incluyen también unos «Elogios» dirigidos a diferentes personajes (Rubén Darío, Juan Ramón Jiménez, Unamuno, Giner de los Ríos, etc.). 4) El largo romance «La tierra de Alvargonzález», reflexión sobre la crueldad humana y el cainismo hispano. 5) Por último, con la serie de «Proverbios y cantares», de muy diverso contenido, y con tonos que van de lo serio y profundo a lo humorístico, inicia Machado un tipo de poema breve, sentencioso y paremiológico, que tendrá su prolongación en los siguientes libros.

Nuevas canciones aparece en 1924, en un momento en el que, por obra de Juan Ramón Jiménez y de las vanguardias, se han producido cambios profundos en la poesía española. Junto a temas habituales en su obra, destaca una mayor atención a la poesía tradicional. También Machado incluye en este libro otra serie de «Proverbios y cantares», en los que se acentúa lo conceptuoso, y que van de lo profundo a lo trivial y esotérico, y un considerable número de sonetos, forma estrófica apenas cultivada antes por el poeta.

Por estas fechas, Machado presta una mayor atención al teatro, al que nos hemos referido al hablar de su hermano Manuel, y a la prosa, aunque en las sucesivas ediciones de sus *Poesías completas* (1928, 1933, 1936) aparecen algunas composiciones nuevas. Entre ellas, destacan las que componen el **Cancionero apócrifo** de Abel Martín, poeta y filósofo de su invención. Durante la guerra escribirá diversos poemas, algunos de circunstancias, entre los que sobresalen «La muerte del niño herido» y el poema que dedicó a García Lorca, «El crimen fue en Granada».

Machado también se inventa ahora, junto a Abel Martín, a otro filósofo y poeta, **Juan de Mairena,** por boca del cual expresará, de forma fragmentaria y en una prosa de gran sencillez, su particular visión del mundo y su pensamiento estético, filosófico y religioso. *Juan de Mairena* prolongará sus reflexiones casi hasta el final de la guerra, evolucionando desde posiciones liberales y escépticas a otras más comprometidas.

Otros textos en prosa de Machado, inéditos o dispersos, se reunieron en 1957 en un volumen, con el título de *Los complementarios.*

Ediciones

Poesías, ed. de Oreste Macrí, Milán, Lérici Ed. *Obras completas,* ed. de Aurora de Albornoz y G. de Torre, Buenos Aires, ed. Losada. La más asequible es: *Poesías completas,* ed. de M. Alvar, Madrid, Espasa-Calpe («Selecciones Austral»).

Obras sueltas: *Soledades. Galerías. Otros poemas,* ed. de G. Ribbans, Madrid, Cátedra. *Campos de Castilla,* ed. de R. Ferreres, Madrid, Taurus. *Nuevas canciones y De un cancionero apócrifo,* ed. de José María Valverde, Madrid, Castalia. *Juan de Mairena,* I y II, ed. de A. Fernández Ferrer, Madrid, Cátedra. *Los complementarios,* ed. de M. Alvar, Madrid, Cátedra.

Patio del Palacio de las Dueñas, de los duques de Alba. En una de las casas que formaban parte de dicho palacio nació A. Machado. «Esta luz de Sevilla... Es el palacio / donde nací, con su rumor de fuente. / Mi padre, en su despacho. La alta frente, / la breve mosca, y el bigote lacio. // Mi padre, aún joven. Lee, escribe, hojea / sus libros y medita. Se levanta; / va hacia la puerta del jardín. Pasea. / A veces habla solo, a veces canta...»

ANTONIO MACHADO

POETICA

En este año (1931) pienso, como en los años del modernismo literario (los de mi juventud), que la poesía es la palabra esencial en el tiempo. La poesía moderna, que, a mi entender, arranca, en parte al menos, de Edgardo Poe, viene siendo hasta nuestros días la historia del gran problema que al poeta plantean estos dos imperativos, en cierto modo contradictorios: esencialidad y temporalidad.

El pensamiento lógico, que se adueña las ideas y capta lo esencial, es una actividad destemporalizadora. Pensar lógicamente es abolir el tiempo, suponer que no existe, crear un movimiento ajeno al cambio, discurrir entre razones inmutables. El principio de identidad —nada hay que no sea igual a sí mismo— nos permite anclar en el río de Heráclito, de ningún modo aprisionar su onda fugitiva. Pero al poeta no le es dado pensar fuera del tiempo, porque piensa su propia vida que no es, fuera del tiempo, absolutamente nada.

Me siento, pues, algo en desacuerdo con los poetas del día. Ellos propenden a una destemporalización de la lírica, no sólo por el desuso de los artificios del ritmo, sino, sobre todo, por el empleo de las imágenes en función más conceptual que emotiva. Muy de acuerdo, en cambio, con los poetas futuros de mi Antología, que daré a la estampa, cultivadores de una lírica, otra vez inmergida en las mismas vivas aguas de la vida, dicho sea con frase de la pobre Teresa de Jesús (la llamo pobre, porque recuerdo a algunos de sus comentaristas). Ellos devolverán su honor a los románticos, sin serlo ellos mismos; a los poetas del siglo lírico, que acentuó con un adverbio temporal su mejor poema, al par que ponía en el tiempo, con el principio de Carnot, la ley más general de la naturaleza.

Entre tanto se habla de un nuevo clasicismo y hasta de una poesía de intelecto. El intelecto no ha cantado jamás, no es su misión. Sirve, no obstante, a la poesía, señalándole el imperativo de su esencialidad. Porque tampoco hay poesía sin ideas, sin visiones de lo esencial. Pero las ideas del poeta no son categorías formales, cápsulas lógicas, sino directas intuiciones del ser que deviene, de su propio existir; son, pues, temporales, nunca elementos ácronos, puramente lógicos. El poeta profesa, más o menos conscientemente, una metafísica existencialista, en la cual el tiempo alcanza un valor absoluto. Inquietud, angustia, temores, resignación, esperanza, impaciencia que el poeta canta, son signos del tiempo, y al par, revelaciones del ser en la conciencia humana.

(G. Diego, *Poesía española contemporánea*, Madrid, Taurus, 1985, págs. 149-150.)

VI

Fue una clara tarde, triste y soñolienta
tarde de verano. La hiedra asomaba
al muro del parque, negra y polvorienta...
    La fuente sonaba.
Rechinó en la vieja cancela mi llave;
con agrio ruido abrióse la puerta
de hierro mohoso y, al cerrarse, grave
golpeó el silencio de la tarde muerta.
    En el solitario parque, la sonora
copla borbollante del agua cantora
me guió a la fuente. La fuente vertía
sobre el blanco mármol su monotonía.
    La fuente cantaba: ¿Te recuerda, hermano,
un sueño lejano mi canto presente?
Fue una tarde lenta del lento verano.
    Respondí a la fuente:
No recuerdo, hermana,
mas sé que tu copla presente es lejana.
    Fue esta misma tarde: mi cristal vertía
como hoy sobre el mármol su monotonía.

¿Recuerdas, hermano?... Los mirtos talares,
que ves, sombreaban los claros cantares
que escuchas. Del rubio color de la llama,
el fruto maduro pendía en la rama,
lo mismo que ahora. ¿Recuerdas, hermano?...
Fue esta misma lenta tarde de verano.
    —No sé qué me dice tu copla riente
de ensueños lejanos, hermana la fuente.
    Yo sé que tu claro cristal de alegría
ya supo del árbol la fruta bermeja;
yo sé que es lejana la amargura mía
que sueña en la tarde de verano vieja.
    Yo sé que tus bellos espejos cantores
copiaron antiguos delirios de amores:
mas cuéntame, fuente de lengua encantada,
cuéntame mi alegre leyenda olvidada.
    —Yo no sé leyendas de antigua alegría,
sino historias viejas de melancolía.
    Fue una clara tarde del lento verano...
Tú venías solo con tu pena, hermano;

tus labios besaron mi linfa [1] serena,
y en la clara tarde, dijeron tu pena.
　Dijeron tu pena tus labios que ardían;
la sed que ahora tienen, entonces tenían.
　—Adiós para siempre la fuente sonora,
del parque dormido eterna cantora.

Adiós para siempre; tu monotonía,
fuente, es más amarga que la pena mía.
　Rechinó en la vieja cancela mi llave;
con agrio ruido abrióse la puerta
de hierro mohoso y, al cerrarse, grave
sonó en el silencio de la tarde muerta.

XI

　Yo voy soñando caminos
de la tarde. ¡Las colinas
doradas, los verdes pinos,
las polvorientas encinas!...
¿Adónde el camino irá?
Yo voy cantando, viajero
a lo largo del sendero...
—La tarde cayendo está—.
«En el corazón tenía
la espina de una pasión;
logré arrancármela un día:
ya no siento el corazón.»

　Y todo el campo un momento
se queda, mudo y sombrío,
meditando. Suena el viento
en los álamos del río.
　La tarde más se oscurece;
y el camino que serpea
y débilmente blanquea,
se enturbia y desaparece.
　Mi cantar vuelve a plañir:
«Aguda espina dorada,
quién te pudiera sentir
en el corazón clavada.»

XIII

　Hacia un ocaso radiante
caminaba el sol de estío,
y era, entre nubes de fuego, una trompeta gigante,
tras de los álamos verdes de las márgenes del río.
　Dentro de un olmo sonaba la sempiterna tijera
de la cigarra cantora, el monorritmo jovial,
entre metal y madera,
que es la canción estival.
　En una huerta sombría
giraban los cangilones [2] de la noria soñolienta.
Bajo las ramas oscuras el son del agua se oía.
Era una tarde de julio, luminosa y polvorienta.
　Yo iba haciendo mi camino,
absorto en el solitario crepúsculo campesino.
　Y pensaba: «¡Hermosa tarde, nota de la lira inmensa
toda desdén y armonía;
hermosa tarde, tú curas la pobre melancolía
de este rincón vanidoso, oscuro rincón que piensa!»
　Pasaba el agua rizada bajo los ojos del puente.
Lejos la ciudad dormía
como cubierta de un mago fanal de oro transparente.
Bajo los arcos de piedra el agua clara corría.
Los últimos arreboles coronaban las colinas
manchadas de olivos grises y de negruzcas encinas.
Yo caminaba cansado,
sintiendo la vieja angustia que hace el corazón pesado.
　El agua en sombra pasaba tan melancólicamente,
bajo los arcos del puente,
como si al pasar dijera:
　«Apenas desamarrada
la pobre barca, viajero, del árbol de la ribera,

1. Agua.
2. Vasija de barro o metal que sirve para sacar agua de los pozos y ríos, atada con otras a una maroma doble que descansa sobre la rueda de la noria.

ANTONIO MACHADO

Antonio y Manuel Machado mantuvieron unas estrechísimas relaciones y escribieron conjuntamente diversas obras teatrales, hasta que, en 1936, la guerra los separó.

se canta: no somos nada.
Donde acaba el pobre río la inmensa mar nos espera.»
　Bajo los ojos del puente pasaba el agua sombría.
(Yo pensaba: ¡el alma mía!)
　Y me detuve un momento,
en la tarde, a meditar...
¿Qué es esta gota en el viento
que grita al mar: soy el mar?
　Vibraba el aire asordado [3]
por los élitros [4] cantores que hacen el campo sonoro,
cual si estuviera sembrado
de campanitas de oro.
　En el azul fulguraba
un lucero diamantino.
Cálido viento soplaba,
alborotando el camino.
　Yo, en la tarde polvorienta,
hacia la ciudad volvía.
Sonaban los cangilones de la noria soñolienta.
Bajo las ramas oscuras caer el agua se oía.

LIX

　Anoche cuando dormía
soñé, ¡bendita ilusión!,
que una fontana fluía
dentro de mi corazón.
Di, ¿por qué acequia escondida,
agua, vienes hasta mí,
manantial de nueva vida
de donde nunca bebí?

　Anoche cuando dormía
soñé, ¡bendita ilusión!,
que una colmena tenía
dentro de mi corazón;
y las doradas abejas
iban fabricando en él,
con las amarguras viejas,
blanca cera y dulce miel.

　Anoche cuando dormía
soñé, ¡bendita ilusión!,
que un ardiente sol lucía
dentro de mi corazón.
Era ardiente porque daba
calores de rojo hogar,
y era sol porque alumbraba
y porque hacía llorar.

　Anoche cuando dormía
soñé, ¡bendita ilusión!,
que era Dios lo que tenía
dentro de mi corazón.

LXXVII

　Es una tarde ceniciena y mustia,
destartalada, como el alma mía;
y es esta vieja angustia
que habita mi usual hipocondría [5].
　La causa de esta angustia no consigo
ni vagamente comprender siquiera;
pero recuerdo y, recordando, digo:
—Sí, yo era niño, y tú, mi compañera.

　　　　* * *

　Y no es verdad, dolor, yo te conozco,
tú eres nostalgia de la vida buena

---

3. *Asordar:* ensordecer a alguno con ruido o con voces, de suerte que no oiga.
4. Cada una de las dos alas anteriores de los ortópteros y coleópteros, las cuales se han endurecido. Su frote produce el «canto» de los grillos y de otros insectos.
5. Afección caracterizada por una gran sensibilidad del sistema nervioso, con tristeza habitual,

LA GENERACION DEL 98

y soledad de corazón sombrío,
de barco sin naufragio y sin estrella.
    Como perro olvidado que no tiene
huella ni olfato y yerra
por los caminos, sin camino, como
el niño que en la noche de una fiesta
    se pierde entre el gentío
y el aire polvoriento y las candelas
chispeantes, atónito, y asombra [6]
su corazón de música y de pena,
    así voy yo, borracho melancólico,
guitarrista lunático, poeta,
y pobre hombre en sueños,
siempre buscando a Dios entre la niebla.

(Soledades, galerías y otros poemas.)

XCVII
RETRATO

    Mi infancia son recuerdos de un patio de Sevilla,
y un huerto claro donde madura el limonero;
mi juventud, veinte años en tierra de Castilla;
mi historia, algunos casos que recordar no quiero.
    Ni un seductor Mañara [7], ni un Bradomín [8] he sido
—ya conocéis mi torpe aliño indumentario—,
mas recibí la flecha que me asignó Cupido,
y amé cuanto ellas puedan tener de hospitalario.
    Hay en mis venas gotas de sangre jacobina [9],
pero mi verso brota de manantial sereno;
y, más que un hombre al uso que sabe su doctrina,
soy, en el buen sentido de la palabra, bueno.
    Adoro la hermosura, y en la moderna estética
corté las viejas rosas del huerto de Ronsard [10],
mas no amo los afeites de la actual cosmética [11],
ni soy un ave de esas del nuevo gay-trinar [12].
    Desdeño las romanzas de los tenores huecos
y el coro de los grillos que cantan a la luna.
A distinguir me paro las voces de los ecos,
y escucho solamente, entre las voces, una.
    ¿Soy clásico o romántico? No sé. Dejar quisiera
mi verso, como deja el capitán su espada:
famosa por la mano viril que la blandiera,
no por el docto oficio del forjador preciada.
    Converso con el hombre que siempre va conmigo
—quien habla solo espera hablar a Dios un día—;
mi soliloquio es plática con este buen amigo
que me enseñó el secreto de la filantropía.
    Y al cabo, nada os debo; debéisme cuanto he escrito.
A mi trabajo acudo, con mi dinero pago
el traje que me cubre y la mansión que habito,
el pan que me alimenta y el lecho en donde yago.
    Y cuando llegue el día del último viaje,
y esté al partir la nave que nunca ha de tornar,

---

6. *Asombrar:* llenar de sombra, asustar, espantar.
7. Miguel de Mañara (1620-1679) fue un caballero y filántropo sevillano. Fundó el Hospital de la Caridad de Sevilla. Es habitual referirse a su juventud licenciosa y a su posterior conversión.
8. Alude al marqués de Bradomín, protagonista de las *Sonatas* de Valle-Inclán (véase, más adelante, págs. 184-188).
9. Partidario acérrimo de la democracia política.
10. Ronsard (1524-1585) fue el más importante poeta del Renacimiento francés.
11. Se refiere a los artificios de la poesía modernista.
12. A partir de *gay saber*, nombre con el que se designaba el arte poética en la Provenza medieval, Machado construye esta expresión irónica.

ANTONIO MACHADO

me encontraréis a bordo ligero de equipaje,
casi desnudo, como los hijos de la mar.

XCVIII
A ORILLAS DEL DUERO

Mediaba el mes de julio. Era un hermoso día.
Yo, solo, por las quiebras del pedregal subía,
buscando los recodos de sombra, lentamente.
A trechos me paraba para enjugar mi frente
y dar algún respiro al pecho jadeante;
o bien, ahincando el paso, el cuerpo hacia adelante
y hacia la mano diestra vencido y apoyado
en un bastón, a guisa de pastoril cayado,
trepaba por los cerros que habitan las rapaces
aves de altura, hollando las hierbas montaraces
de fuerte olor —romero, tomillo, salvia, espliego—.
Sobre los agrios campos caía un sol de fuego.
     Un buitre de anchas alas con majestuoso vuelo
cruzaba solitario el puro azul del cielo.
Yo divisaba, lejos, un monte alto y agudo,
y una redonda loma cual recamado [13] escudo,
y cárdenos alcores [14] sobre la parda tierra
—harapos esparcidos de un viejo arnés [15] de guerra—,
las serrezuelas calvas por donde tuerce el Duero
para formar la corva ballesta de un arquero
en torno a Soria. —Soria es una barbacana [16],
hacia Aragón, que tiene la torre castellana—.
Veía el horizonte cerrado por colinas
oscuras, coronadas de robles y de encinas;
desnudos peñascales, algún humilde prado
donde el merino pace y el toro, arrodillado
sobre la hierba, rumia; las márgenes del río
lucir sus verdes álamos al claro sol de estío,
y, silenciosamente, lejanos pasajeros,
¡tan diminutos! —carros, jinetes y arrieros—,
cruzar el largo puente, y bajo las arcadas
de piedra ensombrecerse las aguas plateadas
del Duero.
          El Duero cruza el corazón de roble
de Iberia y de Castilla.
          ¡Oh, tierra triste y noble,
la de los altos llanos y yermos y roquedas,
de campos sin arados, regatos [17] ni arboledas;
decrépitas ciudades, caminos sin mesones,
y atónitos palurdos [18] sin danzas ni canciones
que aún van, abandonando el mortecino hogar,
como tus largos ríos, Castilla, hacia la mar!
     Castilla miserable, ayer dominadora,
envuelta en sus andrajos desprecia cuanto ignora.
¿Espera, duerme o sueña? ¿La sangre derramada
recuerda, cuando tuvo la fiebre de la espada?

En la foto, Antonio Machado
y Leonor
el día de su boda.
«Mas recibí la flecha que
me asignó Cupido»,
dirá el
poeta en «Retrato».

13. Bordado de realce.
14. Colinas.
15. Conjunto de armas de acero defensivas que se vestían y acomodaban al cuerpo, asegurándolas con correas y hebillas.
16. Obra avanzada y aislada para defender puertas de plazas, cabezas de puente, etc.
17. Arroyuelo de riego.
18. Se aplica a gente del campo y de las aldeas.

LA GENERACION DEL 98

Todo se mueve, fluye, discurre, corre o gira;
cambian la mar y el monte y el ojo que los mira.
¿Pasó? Sobre sus campos aún el fantasma yerra
de un pueblo que ponía a Dios sobre la guerra.
    La madre en otro tiempo fecunda en capitanes,
madrastra es hoy apenas de humildes ganapanes [19].
Castilla no es aquella tan generosa un día,
cuando Myo Cid Rodrigo el de Vivar volvía,
ufano de su nueva fortuna, y su opulencia,
a regalar a Alfonso los huertos de Valencia;
o que, tras la aventura que acreditó sus bríos,
pedía la conquista de los inmensos ríos
indianos a la corte, la madre de soldados,
guerreros y adalides [20] que han de tornar, cargados
de plata y oro, a España, en regios galeones,
para la presa cuervos, para la lid leones.
Filósofos nutridos de sopa de convento
contemplan impasibles el amplio firmamento;
y si les llega en sueños, como un rumor distante,
clamor de mercaderes de muelles de Levante,
no acudirán siquiera a preguntar: ¿qué pasa?
Y ya la guerra ha abierto las puertas de su casa.
    Castilla miserable, ayer dominadora,
envuelta en sus harapos desprecia cuanto ignora.
    El sol va declinando. De la ciudad lejana
me llega un armonioso tañido de campana
—ya irán a su rosario las enlutadas viejas—.
De entre las peñas salen dos lindas comadrejas [21];
me miran y se alejan, huyendo, y aparecen
de nuevo, ¡tan curiosas!... Los campos se oscurecen.
Hacia el camino blanco está el mesón abierto
al campo ensombrecido y el pedregal desierto.

19. Hombre rudo y tosco.
20. Caudillos, jefes.
21. Mamífero carnicero nocturno, de unos 25 centímetros de largo.
22. Las palabras en cursiva figuran como lema en el escudo de Soria.
23. Dar alaridos, aullar.

CXIII
CAMPOS DE SORIA

VI

    ¡Soria fría, *Soria pura,
cabeza de Extremadura* [22],
con su castillo guerrero
arruinado, sobre el Duero;
con sus murallas roídas
y sus casas denegridas!
    ¡Muerta ciudad de señores
soldados o cazadores;
de portales con escudos
de cien linajes hidalgos,
y de famélicos galgos,
de galgos flacos y agudos,
que pululan
por las sórdidas callejas,
y a la medianoche ululan [23],
cuando graznan las cornejas!

    ¡Soria fría! La campana
de la Audiencia da la una.
Soria, ciudad castellana
¡tan bella! bajo la luna.

VII

    ¡Colinas plateadas,
grises alcores, cárdenas roquedas
por donde traza el Duero
su curva de ballesta
en torno a Soria, oscuros encinares,
ariscos pedregales, calvas sierras,
caminos blancos y álamos del río,
tardes de Soria, mística y guerrera,
hoy siento por vosotros, en el fondo
del corazón, tristeza,

174

ANTONIO MACHADO

tristeza que es amor! ¡Campos de Soria
donde parece que las rocas sueñan,
conmigo vais! ¡Colinas plateadas,
grises alcores, cárdenas roquedas!...

VIII

He vuelto a ver los álamos dorados,
álamos del camino en la ribera
del Duero, entre San Polo y San Saturio [24],
tras las murallas viejas
de Soria —barbacana
hacia Aragón, en castellana tierra—.
Estos chopos del río, que acompañan
con el sonido de sus hojas secas
el son del agua, cuando el viento sopla,
tienen en sus cortezas
grabadas iniciales que son nombres
de enamorados, cifras que son fechas.
¡Álamos del amor que ayer tuvisteis
de ruiseñores vuestras ramas llenas;
álamos que seréis mañana liras
del viento perfumado en primavera;
álamos del amor cerca del agua
que corre y pasa y sueña,
álamos de las márgenes del Duero,
conmigo vais, mi corazón os lleva!

Paseo de álamos entre San Polo y San Saturio.

IX

¡Oh, sí! Conmigo vais, campos de Soria,
tardes tranquilas, montes de violeta,
alamedas del río, verde sueño
del suelo gris y de la parda tierra,
agria melancolía
de la ciudad decrépita.
Me habéis llegado al alma,
¿o acaso estabais en el fondo de ella?
¡Gentes del alto llano numantino
que a Dios guardáis como cristianas viejas,
que el sol de España os llene
de alegría, de luz y de riqueza!

Lápida con versos de Antonio Machado en San Saturio.

CXIX

Señor, ya me arrancaste lo que yo más quería.
Oye otra vez, Dios mío, mi corazón clamar.
Tu voluntad se hizo, Señor, contra la mía.
Señor, ya estamos solos mi corazón y el mar.

24. Son dos conocidas ermitas de Soria, situadas en las afueras de la ciudad, a orillas del Duero.

LA GENERACION DEL 98

CXXI

Allá, en las tierras altas,
por donde traza el Duero
su curva de ballesta
en torno a Soria, entre plomizos cerros
y manchas de raídos encinares,
mi corazón está vagando, en sueños...
¿No ves, Leonor, los álamos del río
con sus ramajes yertos?
Mira el Moncayo azul y blanco; dame
tu mano y paseemos.
Por estos campos de la tierra mía,
bordados de olivares polvorientos,
voy caminando solo,
triste, cansado, pensativo y viejo.

CXXVI
A JOSE MARIA PALACIO [25]

Palacio, buen amigo,
¿está la primavera
vistiendo ya las ramas de los chopos
del río y los caminos? En la estepa
del alto Duero, Primavera tarda,
¡pero es tan bella y dulce cuando llega!...
¿Tienen los viejos olmos
algunas hojas nuevas?
Aún las acacias estarán desnudas
y nevados los montes de las sierras.
¡Oh, mole de Moncayo blanca y rosa,
allá, en el cielo de Aragón, tan bella!
¿Hay zarzas florecidas
entre las grises peñas,
y blancas margaritas
entre la fina hierba?
Por esos campanarios
ya habrán ido llegando las cigüeñas.
Habrá trigales verdes,
y mulas pardas en las sementeras [26],
y labriegos que siembran los tardíos [27]
con las lluvias de abril. Ya las abejas
libarán del tomillo y el romero.
¿Hay ciruelos en flor? ¿Quedan violetas?
Furtivos cazadores, los reclamos
de la perdiz bajo las capas luengas,
no faltarán. Palacio, buen amigo,
¿tienen ya ruiseñores las riberas?
Con los primeros lirios
y las primeras rosas de las huertas,
en una tarde azul, sube al Espino,
al alto Espino donde está su tierra... [28]

(Baeza, 29 de abril de 1913.)

CXXXV
EL MAÑANA EFIMERO

La España de charanga y pandereta,
cerrado [29] y sacristía,
devota de Frascuelo [30] v de María,
de espíritu burlón y de alma quieta,
ha de tener su mármol y su día,
su infalible mañana y su poeta.
El vano ayer engendrará un mañana
vacío y ¡por ventura! pasajero.
Será un joven lechuzo [31] y tarambana [32],
un sayón [33] con hechuras de bolero [34],
a la moda de Francia realista [35],
un poco al uso de París pagano,
y al estilo de España especialista
en el vicio al alcance de la mano.
Esa España inferior que ora y bosteza,
vieja y tahúr, zaragatera [36] y triste;
esa España inferior que ora y embiste,
cuando se digna usar de la cabeza,
aún tendrá luengo parto de varones
amantes de sagradas tradiciones
y de sagradas formas y maneras;
florecerán las barbas apostólicas,
y otras calvas en otras calaveras
brillarán, venerables y católicas.
El vano ayer engrendrará un mañana
vacío y ¡por ventura! pasajero,
la sombra de un lechuzo tarambana,
de un sayón con hechuras de bolero;

25. José María Palacio ejerció el periodismo en Soria y en Valladolid. Era amigo y medio pariente de Machado (su mujer y la del poeta, Leonor, eran primas hermanas). Fundó el periódico *El Porvenir Castellano* y dirigió *Tierra Soriana*. En ambas publicaciones colaboró Machado.
26. Tierras sembradas.
27. Sembrados de frutos tardíos.
28. El Espino es el cementerio de Soria. Machado le pide a su amigo que deposite unas flores en la tumba de Leonor.
29. Lugar cerrado y, más concretamente, convento de clausura.
30. Sobrenombre del torero Salvador Sánchez Povedano (1842-1898). Destacó en las faenas de muleta y estoque.
31. Noctámbulo.
32. Persona alocada, de poco juicio.
33. Cofrade que va en las procesiones de Semana Santa vestido con una túnica larga.

el vacuno ayer dará un mañana huero.
Como la náusea de un borracho ahíto
de vino malo, un rojo sol corona
de heces turbias las cumbres de granito;
hay un mañana estomagante escrito
en la tarde pragmática [37] y dulzona.
Mas otra España nace,

la España del cincel y de la maza,
con esa eterna juventud que se hace
del pasado macizo de la raza.
Una España implacable y redentora,
España que alborea
con un hacha en la mano vengadora,
España de la rabia y de la idea.

CXXXVI
PROVERBIOS Y CANTARES

XXI

Ayer soñé que veía
a Dios y que a Dios hablaba;
y soñé que Dios me oía...
Después soñé que soñaba.

XXIX

Caminante, son tus huellas
el camino, y nada más;
caminante, no hay camino,
se hace camino al andar.
Al andar se hace camino,
y al volver la vista atrás
se ve la senda que nunca
se ha de volver a pisar.
Caminante, no hay camino,
sino estelas en la mar.

XLVI

Anoche soñé que oía
a Dios, gritándome: ¡Alerta!
Luego era Dios quien dormía,
y yo gritaba: ¡Despierta!

LIII

Ya hay un español que quiere
vivir y a vivir empieza,
entre una España que muere
y otra España que bosteza.
Españolito que vienes
al mundo, te guarde Dios.
Una de las dos Españas
ha de helarte el corazón.

(Campos de Castilla.)

CLIV
APUNTES

I

Desde mi ventana,
¡campo de Baeza,
a la luna clara!
¡Montes de Cazorla,
Aznaitín y Mágina!
¡De luna y de piedra
también los cachorros
de Sierra Morena!

II

Sobre el olivar,
se vio a la lechuza
volar y volar.

Campo, campo, campo.
Entre los olivos,
los cortijos blancos.
Y la encina negra,
a medio camino
de Ubeda a Baeza.

III

Por un ventanal,
entró la lechuza
en la catedral.
San Cristobalón [38]
la quiso espantar,
al ver que bebía
del velón de aceite
de Santa María.

---

34. Chaquetilla corta.
35. Partidario del rey.
36. Bulliciosa.
37. Práctica.
38. En muchas iglesias existe un mural gigantesco (es famoso, por sus dimensiones, el de la catedral de Sevilla) que representa a San Cristóbal con el niño Jesús al hombro. Machado emplea el aumentativo con el que el pueblo suele designar al santo.

LA GENERACION DEL 98

La Virgen habló:
Déjala que beba,
San Cristobalón.

IV

Sobre el olivar,
se vio a la lechuza
volar y volar.
A Santa María
un ramito verde
volando traía.

¡Campo de Baeza,
soñaré contigo
cuando no te vea!

IX

Los olivos grises,
los caminos blancos,
el sol ha sorbido
la color del campo;
y hasta tu recuerdo
me lo va secando
este alma de polvo
de los días malos.

CLXI
PROVERBIOS Y CANTARES

I

El ojo que ves no es
ojo porque tú lo veas;
es ojo porque te ve.

III

Todo narcisimo
es un vicio feo,
y ya viejo vicio.

IV

Mas busca en tu espejo al otro,
al otro que va contigo.

VIII

Hoy es siempre todavía.

XV

Busca a tu complementario,
que marcha siempre contigo,
y suele ser tu contrario.

XXXVI

No es el yo fundamental
eso que busca el poeta,
sino el tú esencial.

LII

Hora de mi corazón:
la hora de una esperanza
y una desesperación.

LXVI

Poned atención:
un corazón solitario
no es un corazón.

LXXI

Da doble luz a tu verso,
para leído de frente
y al sesgo.

LXXXV

¿Tu verdad? No, la Verdad,
y ven conmigo a buscarla.
La tuya, guárdatela.

Antonio Machado en sus últimos años.

ANTONIO MACHADO

CLXIV
LOS SUEÑOS DIALOGADOS

II

¿Por qué, decísme [39], hacia los altos llanos
huye mi corazón de esta ribera,
y en tierra labradora y marinera
suspiro por los yermos castellanos?
    Nadie elige su amor. Llevóme un día
mi destino a los grises calvijares [40]
donde ahuyenta al caer la nieve fría
las sombras de los muertos encinares.
    De aquel trozo de España, alto y roquero,
hoy traigo a ti, Guadalquivir florido,
una mata del áspero romero.
    Mi corazón está donde ha nacido,
no a la vida, al amor, cerca del Duero...
¡El muro blanco y el ciprés erguido! [41]

Tumba de Leonor (Soria).

DE MI CARTERA

I

Ni mármol duro y eterno,
ni música ni pintura,
sino palabra en el tiempo.

V

Prefiere la rima pobre,
la asonancia indefinida.
Cuando nada cuenta el canto,
acaso huelga la rima.

VII

La rima verbal y pobre,
y temporal, es la rica.
El adjetivo y el nombre,
remansos del agua limpia,
son accidentes del verbo
en la gramática lírica,
del Hoy que será Mañana,
del Ayer que es Todavía.

(Nuevas canciones.)

CLXXIII
CANCIONES A GUIOMAR

II

En un jardín te he soñado,
alto, Guiomar, sobre el río,
jardín de un tiempo cerrado
con verjas de hierro frío.
    Un ave insólita canta
en el almez [42], dulcemente,
junto al agua viva y santa,
toda sed y toda fuente.
    En ese jardín, Guiomar,
el mutuo jardín que inventan
dos corazones al par,
se funden y complementan
nuestras horas. Los racimos
de un sueño —juntos estamos—
en limpia copa exprimidos,
y el doble cuento olvidamos.
    (Uno: Mujer y varón,
aunque gacela y león,
llegan juntos a beber.
El otro: No puede ser
amor de tanta fortuna:
dos soledades en una,
ni aun de varón y mujer.)

39. Me decís.
40. Paraje sin árboles en lo interior de un bosque.
41. Nueva alusión al cementerio de Soria en el que está enterrada Leonor.
42. Arbol de la familia de las almáceas, de unos 12 a 14 metros de altura.

LA GENERACION DEL 98

* * *

Por ti la mar ensaya olas y espumas,
y el iris, sobre el monte, otros colores,
y el faisán de la aurora canto y plumas,
y el búho de Minerva ojos mayores.
Por ti, ¡oh Guiomar!...

(De un cancionero apócrifo.)

¡Madrid, Madrid! ¡Qué bien tu nombre suena,
rompeolas de todas las Españas!
La tierra se desgarra, el cielo truena,
tú sonríes con plomo en las entrañas [43].

[A GUIOMAR]

De mar a mar entre los dos la guerra,
más honda que la mar. En mi parterre,
miro a la mar que el horizonte cierra.
Tú, asomada, Guiomar, a un finisterre [44],
    miras hacia otro mar, la mar de España
que Camoens cantara, tenebrosa.
Acaso a ti mi ausencia te acompaña.
A mí me duele tu recuerdo, diosa.
    La guerra dio al amor el tajo fuerte.
Y es la total angustia de la muerte,
con la sombra infecunda de tu llama
y la soñada miel de amor tardío
y la flor imposible de la rama
que ha sentido del hacha el corte frío.

LA MUERTE DEL NIÑO HERIDO

Otra vez en la noche... Es el martillo
de la fiebre en las sienes bien vendadas
del niño. —Madre, ¡el pájaro amarillo!,
¡las mariposas negras y moradas!
    —Duerme, hijo mío. —Y la manita oprime
la madre, junto al lecho. —¡Oh flor de fuego!
¿Quién ha de helarte, flor de sangre, dime?
Hay en la pobre alcoba olor de espliego:
    fuera, la oronda luna que blanquea
cúpula y torre a la ciudad sombría.
Invisible avión moscardonea.
    —¿Duermes, oh dulce flor de sangre mía?
El cristal del balcón repiquetea.
—¡Oh, fría, fría, fría, fría, fría!

(Poesías de la guerra.)

Estos días azules y este sol de la infancia.

(Ultimo verso de Machado.)

Pilar Valderrama («Guiomar») había nacido en 1892. A. Machado la conoció en Segovia en 1928 y mantuvo con ella una prolongada relación sentimental. En una de las apasionadas cartas que le envió, escribirá: «Toda una vida esperándote sin conocerte, porque, aunque tú pienses otra cosa, toda mi vida ha sido esperarte, imaginarte, soñar contigo». P. Valderrama publicó en 1981 unas Memorias *con el título de* Sí, soy Guiomar. *En un poema de su libro* Holocausto *(1943), puede leerse: «Si antes, Señor, te amaba, cuando yo lo tenía, / ahora que tú lo tienes, ¡cómo no te he de amar!».*

43. Este poema fue escrito el 7 de noviembre de 1936, poco antes de que el poeta partiera hacia Valencia.
44. Se refiere a las costas de Portugal, en donde se refugió Guiomar cuando estalló la guerra.

ANTONIO MACHADO

(MAIRENA, EN SU CLASE DE RETORICA Y POETICA)

—Señor Pérez, salga usted a la pizarra y escriba: «Los eventos consuetudinarios que acontecen en la rúa».

El alumno escribe lo que se le dicta.

—Vaya usted poniendo eso en lenguaje poético.

El alumno, después de meditar, escribe: «Lo que pasa en la calle».

Mairena.—No está mal.

* * *

(PROVERBIOS Y CONSEJOS DE MAIRENA)

Los hombres que están siempre de vuelta en todas las cosas son los que no han ido nunca a ninguna parte. Porque ya es mucho ir; volver, ¡nadie ha vuelto!

* * *

La política, señores —sigue hablando Mairena—, es una actividad importantísima... Yo no os aconsejaré nunca el *apoliticismo,* sino, en último término, el desdeño de la política mala que hacen trepadores y cucañistas, sin otro propósito que el de obtener ganancia y colocar parientes. Vosotros debéis *hacer política,* aunque otra cosa os digan los que pretenden hacerla sin vosotros, y, naturalmente, contra vosotros. Sólo me atrevo a aconsejaros que la hagáis a cara descubierta; en el peor caso con máscara política, sin disfraz de otra cosa; por ejemplo: de literatura, de filosofía, de religión. Porque de otro modo contribuiréis a degradar actividades tan excelentes, por lo menos, como la política, y enturbiar la política de tal suerte que ya no podamos nunca entendernos.

* * *

Nunca os jactéis de autodidactos, os repito, porque es poco lo que se puede aprender sin auxilio ajeno. No olvidéis, sin embargo, que este poco es importante y que además nadie os lo puede enseñar.

* * *

Aprendió tantas cosas —escribía mi maestro, a la muerte de su amigo erudito—, que no tuvo tiempo para pensar en ninguna de ellas.

* * *

Decía Federico Nietzsche que la ventaja de una mala memoria consiste en poder gozar varias veces de una misma cosa por primera vez. La frase —comentaba Mairena— es ingeniosa y, *sin embargo,* no es ninguna tontería.

* * *

No debe el hombre —decía Juan de Mairena— disponer de la vida del hombre; quiero decir que no debe utilizar a su prójimo y degradarlo hasta quitarle su dignidad de fin, para convertirlo en medio, supeditado a la vida ajena. Reconozco, sin embargo, que esto puede discutirse. Porque, si los hombres necesitan unos de otros para vivir y ello hasta el sacrificio, es claro que la suprema finalidad humana no está en el hombre —el hombre individual—, sino más bien en el complejo social o agregado de hombres. Pero lo verdaderamente inaceptable es que el hombre mate a su prójimo, es decir, que «disponga de su muerte». Esto es lo verdaderamente criminal y lo absurdo. Porque la muerte es un asunto tan privativo del individuo humano que no puede imponerse desde fuera, sin grave violación de un misterio sagrado. Matar es criminal y es, además, superfluo, porque ¿quién necesita de su prójimo para morirse? Muera cada cual de *sa belle mort,* que dicen los franceses, con tiempo para meditar sobre ella y para resignarse a lo irremediable; véala venir como cosa de Dios, o como engendrada en las mismas entrañas de la vida. Pero los hombres

LA GENERACION DEL 98

han inventado la guerra, el «crimen deshumanizado», la muerte entre ciegas máquinas, para permitirse el lujo de abreviar la vida de los mejores. La guerra es el crimen estúpido por excelencia, el único que no puede alcanzar perdón de Dios ni de los hombres. Quiero decir, que de ningún modo puede perdonarse.

(SOBRE LA FILOSOFIA GUERRERA DE LOS ALEMANES)

Si algún día —sigue hablando Mairena— la tontería humana, en su perfecta madurez, llega a proclamar la necesidad de la guerra, la dignidad de la guerra, y hasta la alegría de guerrear, puede asegurarse que el *Homo sapiens*, el Linneo, engendró un *Homo stupidus*, que va a adueñarse de los destinos del hombre. Y que ya no sabemos lo que puede pasar.

(Juan de Mairena.)

CARTA

Mi ideario político se ha limitado siempre a aceptar como legítimo solamente el gobierno que representa la voluntad libre del pueblo. Por eso estuve siempre al lado de la República española, en cuyo advenimiento trabajé en la modesta medida de mis fuerzas, y siempre dentro de los cauces que yo estimaba legítimos. Cuando la República se implantó en España como una inequívoca expresión de la voluntad popular, la saludé con alborozo y me apresté a servirla, sin aguardar de ella ninguna ventaja material. Si hubiera venido como consecuencia de un golpe de mano, como una imposición de la fuerza, yo hubiera estado siempre enfrente de ella. Cuando un grupo de militares volvió contra el legítimo Gobierno de la República las armas que éste había depositado en su ejército, yo estuve, incondicionalmente, al lado del Gobierno, sin miedo a la potencia de aquellas armas que traidoramente se le habían arrebatado. Al lado del Gobierno y, por descontado, al lado del pueblo, del pueblo casi inerme que era, no obstante su carencia de máquinas guerreras, el legítimo ejército de España.

(De una carta dirigida el 19-XI-1938 a su amiga M. L. C., de Buenos Aires. Reproducida en *España Peregrina*, n.º 1, febrero de 1940, pág. 12.)

Panorámica de Collioure, el pueblecito en el que murió Antonio Machado el 22 de febrero de 1939, y en el que está enterrado. «Algunos días después —recordará su hermano José— encontré en el bolsillo de su gabán un pequeño y arrugado trozo de papel. En él había escrito tres anotaciones con un lápiz que me pidió unos días antes de su muerte. La primera reproducía las palabras con que comienza el famoso monólogo de Hamlet: «Ser o no ser». La segunda tenía sólo un renglón: «Estos días azules y este sol de la infancia». Y en la tercera y última anotación reproducía estos versos suyos, ya publicados: «Y te daré mi canción: / 'Se canta lo que se pierde' / con un papagayo verde / que la diga en tu balcón».

RAMON MARIA DEL VALLE-INCLAN

Ramón María del Valle-Inclán y Montenegro (su nombre, en realidad, era Ramón Valle y Peña) nació en Villanueva de Arosa (Pontevedra) en 1866. Sin terminar sus estudios de Derecho, en 1892 se marcha a México. Tres años después se instala en Madrid. Desde entonces, su vida se reparte entre esta ciudad y Galicia. En 1899 conoce a Rubén Darío, con el que mantendrá una gran amistad. En 1907 se casa con la actriz Josefina Blanco, de la que se separará en 1932. Fue ferviente aliadófilo durante la Primera Guerra Mundial y se opuso a la dictadura de Primo de Rivera. Durante la República fue nombrado director de la Academia Española de Bellas Artes de Roma. Murió en Santiago de Compostela en enero de 1936.

Obra

Etapa modernista. Hasta 1906, aproximadamente, la obra de Valle-Inclán puede incluirse, sin reservas, en el Modernismo. Lo más destacado de esta época son, sin duda, las **Sonatas** de *Otoño* (1902), *Estío* (1903), *Primavera* (1904) e *Invierno* (1905), cuya importancia para la prosa española ha sido comparada, con justicia, a la de Rubén Darío con respecto a la poesía. Presentadas como unas *Memorias* del Marqués de Bradomín, un don Juan «feo, católico y sentimental», atienden sólo a la vida erótica de este personaje. Los escenarios en que se desarrollan (Galicia, Italia, México y el ambiente de la guerra carlista, respectivamente) están también en consonancia con la edad y los amores del protagonista.

El mayor atractivo de estas *Sonatas* reside en el entrelazamiento admirable de los tres temas centrales de las mismas (la religión, el erotismo y la muerte), en las descripciones de un paisaje estilizado y, sobre todo, en la perfección de una prosa refinada, de exquisita elegancia, rica en tonalidades musicales y en efectos sensoriales.

Otras obras de estos años son *Femeninas* (1895), *Corte de amor* (1903), *Jardín umbrío* (1905), que contiene 14 narraciones (en la edición de 1914 añadió otras), un extenso relato, *Flor de santidad* (1904), dos comedias, *Cenizas* (1899), refundida en 1908 con el título de *El yermo de las almas,* y *El marqués de Bradomín* (1906), para la que se inspiró en *Sonata de otoño.*

Del modernismo a los esperpentos: En los años que siguen, la mayor parte de sus obras transcurren en dos escenarios diferentes: Galicia y el siglo XVIII. A medio camino entre la narración y el drama, las *Comedias bárbaras (Aguila de blasón,* en 1907, **Romance de lobos,** en 1908, y *Cara de plata,* en 1922, aunque esta última abre, temáticamente, la trilogía) nos llevan a una Galicia intemporal. Su protagonista, don Juan Manuel Montenegro, que ya había aparecido en las *Sonatas,* es también, como Bradomín, un personaje donjuanesco, blasfemo y satánico. Sin embargo, estas obras, por su estilo y por una mayor dimensión social, nos alejan del mundo modernista. En *El embrujado* (1913), y en **Divinas palabras** (1920), obras decididamente teatrales y desarrolladas en los mismos escenarios gallegos, Valle-Inclán nos presenta, como en gran parte de las *Comedias bárbaras,* a unos personajes que, a caballo entre la humanidad y la animalidad, son víctimas de las fuerzas más elementales y primarias que anidan en el ser humano. En *Divinas palabras,* sórdida historia de un enano hidrocéfalo al que en un carretón exhiben por las ferias y los pueblos de Galicia sus parientes, son todavía notables las huellas modernistas en las acotaciones. Por otra parte, a pesar de la degradación de la realidad y de una manifiesta tendencia a servirse de lo grotesco, la ambigüedad ideológica, quizá deliberada, que mantiene Valle-Inclán, aleja a esta obra de los esperpentos teatrales que empieza a escribir por esas fechas.

La marquesa Rosalinda (1912) y **La farsa italiana de la enamorada del rey** (1920) nos trasladan al siglo XVIII. Las dos están escritas en verso y tienen características modernistas, aunque en ellas puede encontrarse algún rasgo esperpéntico; también se acentúa notablemente el distanciamiento irónico con que el autor trata a los personajes. En la primera de estas obras, en la que se mezclan elementos procedentes del teatro de marionetas, del entremés y de la Comedia dell'Arte, Valle-Inclán nos presenta a un marqués, complaciente con los devaneos de su esposa mientras viven en la corte de Versalles, pero que, después, en Castilla, se convierte en un marido celoso y calderoniano. En *La enamorada del rey* cuenta la historia de Mari Justina, una joven que, en una venta del camino de Montiel, languidece de amor después de haber visto de lejos al rey que iba de caza. La venda caerá de sus ojos cuando el rey, «un viejo chepudo, estevado y narigudo», al reclamo de la carta que Mari Justina le envía en las alforjas de un titiritero (la incluimos aquí), acude, disfrazado, a la venta.

En esta misma estética deben situarse otras obras teatrales de estos años: *La cabeza del dragón, Cuento de abril* y *Voces de gesta.*

Esta etapa se cierra con la **Farsa y licencia de la reina castiza** (1920), en la que Valle-Inclán, como hará más tarde en las novelas del *Ruedo Ibérico,* somete a una deformación caricaturesca el reinado de Isabel II.

Valle-Inclán va creando un teatro en completa libertad, de múltiples escenarios, que poco tiene que ver con el que se

183

representaba entonces. Muchas de las conquistas del teatro europeo posterior (distanciamiento brechtiano, expresionismo, teatro de la crueldad) están ya en algunas de estas obras, y, sobre todo, en las que escribe a partir de 1920.

De estos años destacan también sus *Novelas de la guerra carlista (Los cruzados de la causa, El resplandor de la hoguera* y *Gerifaltes de antaño),* escritas en 1908 y 1909, y que, aunque todavía exhiben toques preciosistas, suponen, con sus notas crudas y violentas, un paso importante hacia las novelas histórico-esperpénticas del *Ruedo Ibérico.* Todavía en estas fechas el autor sigue empecinado, por motivos más bien estéticos, en la defensa del carlismo.

De estos años son también *La lámpara maravillosa,* un esotérico tratado de estética, y *La media noche* (1917), en donde reflejaba sus experiencias en los frentes de guerra aliados. Para muchos críticos, esta obra es el punto de partida de una nueva técnica literaria que desarrollará más tarde.

Etapa esperpéntica: Con **Luces de bohemia** (1920: en la edición de 1924 añadió las escenas II, VI y XI, en las que se acentúa la denuncia política y social) empieza la etapa plenamente esperpéntica del escritor. Un lenguaje tan elaborado como el de las obras precedentes y una tendencia a degradar la realidad, con la intención de que el lector advierta con mayor nitidez el carácter absurdo de la misma, son las notas más destacadas de las obras que escribe hasta 1936. Pedro Salinas, poco acertado esta vez, ateniéndose a las obras de este período, lo llamó «hijo pródigo del 98». Sin embargo, su actitud crítica y comprometida, de la que está excluida cualquier preocupación regeneracionista, va mucho más lejos que la de los hombres del 98.

La visión esperpéntica se extrema en las tres obras teatrales que siguen: **Los cuernos de don Friolera** (1921), *Las galas del difunto* (1926) y *La hija del capitán* (1927), en las que lo mismo se enfrenta crítica o sarcásticamente a los dramas de honor de nuestro teatro clásico que al mito de don Juan, o a las dictaduras militares y a los pronunciamientos tan típicamente españoles. También hay que citar, dentro de esta estética, un grupo de obras cortas, escritas entre 1924 y 1927 *(La rosa de papel, La cabeza del Bautista, Ligazón, Sacrilegio),* reunidas bajo el título de *Retablo de la avaricia, la lujuria y la muerte.*

La misma deformación es notoria en la novela más importante de Valle-Inclán, **Tirano Banderas** (1926), de gran influencia en la novela hispanoamericana posterior, y en las novelas del *Ruedo Ibérico.* La primera, cuya acción puede localizarse en Méjico, es la novela de un tirano y de una revolución en cualquier país hispanoamericano. Con el *Ruedo Ibérico,* Valle-Inclán se propuso reflejar una parte de la historia de España, desde el final del reinado de Isabel II hasta la guerra de Cuba. Sin embargo, sólo escribió dos novelas: **La corte de los milagros** y **Viva mi dueño,** en 1927 y 1928, respectivamente), dejó a medias otra, *Baza de espadas* (1958), y un episodio de una cuarta, *El trueno dorado.* En todas ellas resplandece la maestría lingüística del escritor para definir, con rasgos caricaturescos extremos, la degradación de un momento histórico preciso.

Poesía: La obra poética de Valle se inicia también con una obra vinculada al Modernismo: *Aromas de leyenda* (1907), en la que se inclina por los motivos medievales, vistos a través de las brumas galaicas. Continúa con **El pasajero** (publicada en 1920), que puede considerarse como obra de transición (la inspiración modernista va dando paso a formas más personales), y termina con otra vecina del esperpento, **La pipa de Kif** (1919).

Ediciones

Luces de bohemia. Tirano Banderas, ed. de A. Zamora Vicente, Madrid, Espasa-Calpe (colección «Clásicos castellanos»). *Sonata de primavera. Cuento de abril. La corte de los milagros,* ed. de M. Etreros Mena, Barcelona, Plaza y Janés. Para el resto de las obras de Valle-Inclán puede acudirse a los tomos sueltos de la colección «Austral» de Espasa-Calpe.

Feliz y caprichosa me mordía las manos mandándome estar quieto. No quería que yo la tocase. Ella sola, lenta, muy lentamente desabrochó los botones de su corpiño y desentrenzó el cabello ante el espejo, donde se contempló sonriendo. Parecía olvidada de mí. Cuando se halló desnuda, tornó a sonreír y a contemplarse. Semejante a una princesa oriental, ungióse con esencias. Después, envuelta en seda y encajes, tendióse en la hamaca y esperó: Los párpados entornados y palpitantes, la boca siempre sonriente, con aquella sonrisa que un poeta de hoy hubiera llamado estrofa alada de nieve y rosas. Yo, aun cuando parezca extraño, no me acerqué. Gustaba la divina voluptuosidad de verla, y con la ciencia profunda, exquisita y sádica de un decadente, quería retardar todas las otras, gozarlas una a una en la quietud sagrada de aquella noche. Por el balcón abierto se alcanzaba a ver el cielo de un azul profundo apenas argen-

RAMON MARIA DEL VALLE-INCLAN

tado por la luna. El céfiro nocturno traía del jardín aromas y susurros: El mensaje romántico que le daban las rosas al deshojarse. El recogimiento era amoroso y tentador. Oscilaba la luz de las bujías, y las sombras danzaban sobre los muros. Allá en el fondo tenebroso del corredor, el reloj de cuco, que acordaba el tiempo de los virreyes, dio las doce. Poco después cantó un gallo. Era la hora nupcial y augusta de la media noche. La Niña Chole murmuró a mi oído:

—¡Dime si hay nada tan dulce como esta reconciliación nuestra!

No contesté, y puse mi boca en la suya queriendo así sellarla, porque el silencio es arca santa del placer. Pero la Niña Chole tenía la costumbre de hablar en los trances supremos, y después de un momento suspiró:

—Tienes que perdonarme. Si hubiésemos estado siempre juntos, ahora no gozaríamos así. Tienes que perdonarme.

¡Aun cuando el pobre corazón sangraba un poco, yo la perdoné! Mis labios buscaron nuevamente aquellos labios crueles. Fuerza, sin embargo, es confesar que no he sido un héroe, como pudiera creerse. Aquellas palabras tenían el encanto apasionado y perverso que tienen esas bocas rampantes de voluptuosidad, que cuando besan muerden. Sofocada entre mis brazos, murmuró con desmayo:

—¡Nunca nos hemos querido así! ¡Nunca!

La gran llama de la pasión, envolviéndonos toda temblorosa en su lengua dorada, nos hacía invulnerables al cansancio, y nos daba la noble resistencia que los dioses tienen para el placer. Al contacto de la carne, florecían los besos en un mayo de amores. ¡Rosas de Alejandría, yo las deshojaba sobre sus labios! ¡Nardos de Judea, yo los deshojaba sobre sus senos! Y la Niña Chole se estremecía en delicioso éxtasis, y sus manos adquirían la divina torpeza de las manos de una virgen. Pobre Niña Chole, después de haber pecado tanto, aún no sabía que el supremo deleite sólo se encuentra tras los abandonos crueles, en las reconciliaciones cobardes. A mí me estaba reservada la gloria de enseñárselo. Yo, que en el fondo de aquellos ojos creía ver siempre el enigma oscuro de su traición, no podía ignorar cuánto cuesta acercarse a los altares de Venus Turbulenta. Desde entonces compadezco a los desgraciados que, engañados por una mujer, se consumen sin volver a besarla. Para ellos será eternamente un misterio la exaltación gloriosa de la carne.

(Sonata de estío.)

Yo recordaba nebulosamente aquel antiguo jardín donde los mirtos seculares dibujaban los cuatro escudos del fundador, en torno de una fuente abandonada. El jardín y el Palacio tenían esa vejez señorial y melancólica de los lugares por donde en otro tiempo pasó la vida amable de la galantería y del amor. Bajo la fronda de aquel laberinto, sobre las terrazas y en los salones, habían florecido las risas y los madrigales, cuando las manos blancas que en los viejos retratos sostienen apenas los pañolitos de encaje, iban deshojando las margaritas que guardan el cándido secreto de los corazones. ¡Hermosos y lejanos recuerdos! Yo también los evoqué un día lejano, cuando la mañana otoñal y dorada envolvía el jardín húmedo y reverdecido por la constante lluvia de la noche. Bajo el cielo límpido, de un azul heráldico, los cipreses venerables parecían tener el ensueño de la vida monástica. La caricia de la luz temblaba sobre las flores como un pájaro de oro, y la brisa trazaba en el terciopelo de la yerba huellas ideales y quiméricas como si danzasen invisibles hadas. Concha estaba al pie de la escalinata, entretenida en hacer un gran ramo con las rosas. Algunas se habían deshojado en su falda, y me las mostró sonriendo:

—¡Míralas, qué lástima!

Y hundió en aquella frescura aterciopelada sus mejillas pálidas:

LA GENERACION DEL 98

—¡Ah, qué fragancia!
Yo le dije sonriendo:
—¡Tu divina fragancia!

Alzó la cabeza y respiró con delicia, cerrando los ojos y sonriendo, cubierto el rostro de rocío, como otra rosa, una rosa blanca. Sobre aquel fondo de verdura grácil y umbroso, envuelta en la luz como en diáfana veste[1] de oro, parecía una Madona soñada por un monje seráfico. Yo bajé a reunirme con ella. Cuando descendía la escalinata, me saludó arrojando como una lluvia las rosas deshojadas en su falda. Recorrimos juntos el jardín. Las carreras estaban cubiertas de hojas secas y amarillentas, que el viento arrastraba delante de nosotros con un largo susurro: Los caracoles, inmóviles como viejos paralíticos, tomaban el sol sobre los bancos de piedra: Las flores empezaban a marchitarse en las versallescas canastillas recamadas de mirto, y exhalaban ese aroma indeciso que tiene la melancolía de los recuerdos. En el fondo del laberinto murmuraba la fuente rodeada de cipreses, y el arrullo del agua parecía difundir por el jardín un sueño pacífico de vejez, de recogimiento y de abandono. Concha me dijo:

—Descansemos aquí.

Nos sentamos a la sombra de las acacias, en un banco de piedra cubierto de hojas. Enfrente se abría la puerta del laberinto misterioso y verde. Sobre la clave del arco se alzaban dos quimeras manchadas de musgo, y un sendero umbrío, un solo sendero, ondulaba entre los mirtos como el camino de una vida solitaria, silenciosa e ignorada. Florisel pasó a lo lejos entre los árboles, llevando la jaula de sus mirlos en la mano. Concha me lo mostró:

—¡Allá va!
—¿Quién?
—Florisel.
—¿Por qué le llamas Florisel?

Ella dijo, con una alegre risa:

—Florisel es el paje de quien se enamora cierta princesa inconsolable en un cuento.

—¿Un cuento de quién?
—Los cuentos nunca son de nadie.

Sus ojos misteriosos y cambiantes miraban a lo lejos, y me sonó tan extraña su risa, que sentí frío. ¡El frío de comprender todas las perversidades! Me pareció que Concha también se estremecía. La verdad es que nos hallábamos a comienzos de Otoño y que el sol empezaba a nublarse. Volvimos al Palacio.

....

¡Pobre Concha!... Tan demacrada y tan pálida, tenía la noble resistencia de una diosa para el placer. Aquella noche la llama de la pasión nos envolvió mucho tiempo, ya moribunda, ya frenética, en su lengua dorada. Oyendo el canto de los pájaros en el jardín, quedéme dormido en brazos de Concha. Cuando me desperté, ella estaba incorporada en las almohadas, con tal expresión de dolor y sufrimiento, que sentí frío. ¡Pobre Concha! Al verme abrir los ojos, todavía sonrió. Acariciándole las manos, le pregunté:

—¿Qué tienes?
—No sé. Creo que estoy muy mal.
—¿Pero qué tienes?
—No sé... ¡Qué vergüenza si me hallasen muerta aquí!

Al oírla sentí el deseo de retenerla a mi lado:

—¡Estás temblando, pobre amor!

1. Vestido.

RAMON MARIA DEL VALLE-INCLAN

Y la estreché entre mis brazos. Ella entornó los ojos: ¡Era el dulce desmayo de sus párpados cuando quería que yo se los besase! Como temblaba tanto, quise dar calor a todo su cuerpo con mis labios, y mi boca recorrió celosa sus brazos hasta el hombro, y puse un collar de rosas en su cuello. Después alcé los ojos para mirarla. Ella cruzó sus manos pálidas y las contempló melancólica. ¡Pobres manos delicadas, exangües, casi frágiles! Yo le dije:
—Tienes manos de Dolorosa.
Se sonrió:
—Tengo manos de muerta.
—Para mí eres más bella cuanto más pálida.
Pasó por sus ojos una claridad feliz:
—Sí, sí. Todavía te gusto mucho y te hago sentir.
Rodeó mi cuello, y con una mano levantó los senos, rosas de nieve que consumía la fiebre. Yo entonces la enlacé con fuerza, y en medio del deseo, sentí como una mordedura el terror de verla morir. Al oírla suspirar, creí que agonizaba. La besé temblando como si fuese a comulgar su vida. Con voluptuosidad dolorosa y no gustada hasta entonces, mi alma se embriagó en aquel perfume de flor enferma que mis dedos deshojaban consagrados e impíos. Sus ojos se abrieron amorosos bajo mis ojos. ¡Ay! Sin embargo, yo adiviné en ellos un gran sufrimiento. Al día siguiente Concha no pudo levantarse.

....

Se puso en pie con ánimo de irse. Yo la retuve por una mano:
—Quédate, Concha.
—¡Ya sabes que no puede ser, Xavier!
Yo repetí:
—Quédate.
—¡No! ¡No!... Mañana quiero confesarme... ¡Temo tanto ofender a Dios!
Entonces, levantándome con helada y desdeñosa cortesía, le dije:
—¿De manera que ya tengo un rival?
Concha me miró con ojos suplicantes:
—¡No me hagas sufrir, Xavier!
—No te haré sufrir... Mañana mismo saldré de Palacio.
Ella exclamó llorosa y colérica:
—¡No saldrás!
Y casi se arrancó la túnica blanca y monacal con que solía visitarme en tales horas. Quedó desnuda. Temblaba, y le tendí los brazos.
—¡Pobre amor mío!
A través de las lágrimas, me miró demudada y pálida:
—¡Qué cruel eres!... Ya no podré confesarme mañana.
La besé, y le dije por consolarla:
—Nos confesaremos los dos el día que yo me vaya.
Vi pasar una sonrisa por sus ojos:
—Si esperas conquistar tu libertad con esa promesa, no lo consigues.
—¿Por qué?
—Porque eres mi prisionero para toda la vida.
Y se reía, rodeándome el cuello con los brazos. El nudo de sus cabellos se deshizo, y levantando entre las manos albas la onda negra, perfumada y sombría, me azotó con ella. Suspiré parpadeando:
—¡Es el azote de Dios!
—¡Calla, hereje!
—¿Te acuerdas cómo en otro tiempo me quedaba exánime?

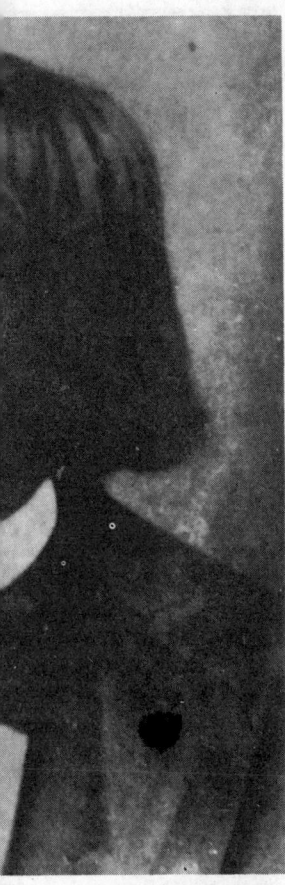

Esta foto, que se encuentra en la primera edición de Epitalamio *(1897), nos muestra a Valle-Inclán cuando tenía treinta años.*

LA GENERACION DEL 98

—Me acuerdo de todas tus locuras.
—¡Azótame, Concha! ¡Azótame como a un divino Nazareno!... ¡Azótame hasta morir!...
—¡Calla!... ¡Calla!...
Y con los ojos extraviados y temblándole las manos empezó a recogerse la negra y olorosa trenza:
—Me das miedo cuando dices esas impiedades... Sí, miedo, porque no eres tú quien habla: Es Satanás... Hasta tu voz parece otra... ¡Es Satanás!...
Cerró los ojos estremecida y mis brazos la abrigaron amantes. Me pareció que en sus labios vagaba un rezo y murmuré riéndome, al mismo tiempo que sellaba en ellos con los míos:
—¡Amén!... ¡Amén!... ¡Amén!...
Quedamos en silencio. Después su boca gimió bajo mi boca.
—¡Yo muero!
Su cuerpo aprisionado en mis brazos tembló como sacudido por mortal aleteo. Su cabeza lívida rodó sobre la almohada con desmayo. Sus párpados se entreabrieron tardos, y bajo mis ojos vi aparecer sus ojos angustiados y sin luz:
—¡Concha!... ¡Concha!...
Como si huyese el beso de mi boca, su boca pálida y fría se torció con una mueca cruel:
—¡Concha!... ¡Concha!...
Me incorporé sobre la almohada, y helado y prudente solté sus manos aún enlazadas en torno de mi cuello. Parecían de cera. Permanecí indeciso, sin osar moverme:
—¡Concha!... ¡Concha!...
A lo lejos aullaban canes. Sin ruido me deslicé hasta el suelo. Cogí la luz y contemplé aquel rostro ya deshecho y mi mano trémula tocó aquella frente. El frío y el reposo de la muerte me aterraron. No, ya no podía responderme. Pensé huir, y cauteloso abrí una ventana. Miré en la oscuridad con el cabello erizado, mientras en el fondo de la alcoba flameaban los cortinajes de mi lecho y oscilaba la llama de las bujías en el candelabro de plata. Los perros seguían aullando muy distantes, y el viento se quejaba en el laberinto como un alma en pena, y las nubes pasaban sobre la luna, y las estrellas se encendían y se apagaban como nuestras vidas.

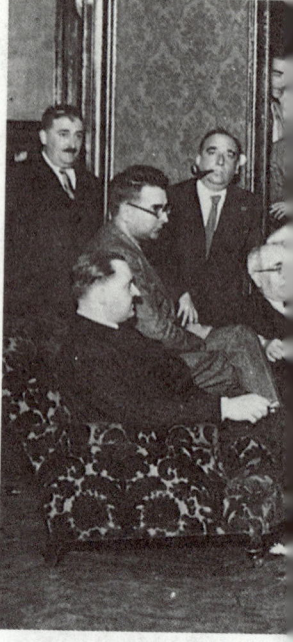

(Sonata de otoño.)

JORNADA PRIMERA
Escena sexta

Salta a tierra EL CABALLERO. *En las ráfagas del viento llega la voz de la campana, informe y deshecha por la distancia.* DON JUAN MANUEL *procura orientarse, y, guiado por aquel son, se aleja hacia los pinares donde se queja el viento con un largo ulular.*

EL CABALLERO: Dios me ordena que me arrepienta de mis pecados... ¡Toda una vida! ¡Toda una vida!... ¡Qué lejos suena la campana, apenas se la distingue! ¡He sido siempre un hereje! ¡El mejor amigo del Demonio!... Me habré equivocado y no será la campana de András. A estas horas habrá muerto aquella santa... En el cielo la pobre abogará por mí... ¡Por mí, que fui su verdugo!... Sin embargo, la que-

RAMON MARIA DEL VALLE-INCLAN

ría y si vuelvo los ojos al pasado no encuentro en mi vida otro pecado que haber hecho una mártir de mi pobre mujer... Debí haberle ocultado que tenía otras mujeres. Pero yo no sé engañar, yo no sé mentir... ¡Cuántos pecados! ¡Mi alma está negra de ellos!... La religión es seca como una vieja... ¡Como las canillas de una vieja! Tiene cara de beata y cuerpo de galga... Como el hombre necesita muchas mujeres y le dan una sola, tiene que buscarlas fuera. Si a mí me hubieran dado diez mujeres, habría sido como un patriarca... Las habría querido a todas, y a los hijos de ellas y a los hijos de mis hijos... Sin eso, mi vida aparece como un gran pecado. Tengo hijos en todas estas aldeas, a quienes no he podido dar mi nombre... ¡Yo mismo no puedo contarlos!... Y los otros bandidos, temerosos de verse sin herencia por mi amor a los bastardos, han tratado de robarme, de matarme... Pero yo tengo siete vidas. ¡Todo lo pagó con sus lágrimas aquella santa!... ¿Dónde estaré? ¡Ya no se oye la campana!...

El fragor del viento entre los pinos apaga todos los demás ruidos de la noche: Es una marejada sorda y fiera, un son ronco y oscuro, de cuyo seno parecen salir los relámpagos.

DON JUAN MANUEL, de tiempo en tiempo, se detiene desorientado e intenta aprovechar aquel resplandor, que inesperado y convulso se abre en la negrura de la noche, para descubrir el camino. De pronto ve surgir unas canteras que semejan las ruinas de un castillo: El eco de los truenos rueda encantado entre ellas. Al acercarse oye ladrar un perro, y otro relámpago le descubre una hueste de mendigos que han buscado cobijo en tal paraje. Tienen la vaguedad de un sueño aquellas figuras entrevistas a la luz del relámpago: Patriarcas haraposos, mujeres escuálidas, mozos lisiados hablan en las tinieblas, y sus voces, contrahechas por el viento, son de una oscuridad embrujada y grotesca, saliendo de aquel roquedo que finge ruinas de quimera, donde hubiese por carcelero un alado dragón [...] EL CABALLERO se guarece con aquellos mendigos que van en caravana a una romería. Racimo de gusanos que se arrastra por el polvo de los caminos y se desgrana en los mercados y feriales de las villas, salmodiando cuitas y padrenuestros. En todos los casales [2] los conocen, y ellos conocen todas las puertas de caridad; son siempre los mismos: EL MANCO DE GONDAR; EL TULLIDO DE CÉLTIGOS; PAULA LA REINA, que da de mamar a un niño; ANDREÍÑA LA SORDA; DOMINGA DE GÓMEZ; EL MANCO LEONÉS; el señor CIDRÁN EL MORCEGO, y LA MUJER DEL MORCEGO. Se oye muy lejos otra campana [...]

LA MUJER DEL MORCEGO: Apártate, Andreíña, y deja sitio al señor Don Juan Manuel.

ANDREÍÑA LA SORDA: ¿Quién dices?

LA MUJER DEL MORCEGO: El señor de la casa grande de Flavia-Longa.

ANDREÍÑA LA SORDA: Ayer, por el camino de Bealo, iban diciendo que la señora entregará el alma a Dios.

LA MUJER DEL MORCEGO: ¡Ave María!... Si aquí está presente el señor.

EL CABALLERO: Voy a su entierro... Con la esperanza de verla aún con vida, acabo de desembarcar en esa playa.

LA MUJER DEL MORCEGO: Y con vida la encontrará, señor. ¡Muy bien puede salir engaño cuanto cuenta Andreíña!

EL MORCEGO: Como es sorda, nunca está al cabo de lo que pasa por el mundo.

Valle-Inclán en la «cacharrería» del Ateneo de Madrid. A la derecha del escritor se encuentra Manuel Azaña.

2. Casa aislada en el campo con edificios dependientes y fincas rústicas unidas o cercanas a ella.

189

LA GENERACION DEL 98

DOMINGA DE GÓMEZ: ¡Y hay mucha gente divertida que le dice engaños porque luego ella los vaya pregonando!

ANDREÍÑA LA SORDA: El Ciego de Gondar díjome que tenía pensado llegarse a Flavia-Longa.

EL MORCEGO: Si es cuento del Ciego de Gondar, será mentira.

ANDREÍÑA LA SORDA: Habrá reparto de limosnas en la casa grande, y más atrapará un pobre allí que en Santa Baya. Yo también hago pensamiento de llegarme por aquellas puertas, que siempre fueron de mucha caridad.

EL CABALLERO: Y seguirán siéndolo. Habrá limosna para todos los que lleguen a ellas.

ANDREÍÑA LA SORDA: Lo ha dejado en una manda la difunta señora, porque sus culpas le sean perdonadas.

EL CABALLERO: ¡No son sus culpas las que necesitan perdón, son las mías! Todo el maíz que haya en la troje [3] se repartirá entre vosotros. Es una restitución que os hago, ya que sois tan miserables que no sabéis recobrar lo que debía ser vuestro. Tenéis marcada el alma con el hierro de los esclavos, y sois mendigos porque debéis serlo. El día en que los pobres se juntasen para quemar las siembras, para envenenar las fuentes, sería el día de la gran justicia... Ese día llegará, y el sol, sol de incendio y de sangre, tendrá la faz de Dios. Las casas en llamas serán hornos mejores para vuestra hambre que hornos de pan. ¡Y las mujeres, y los niños, y los viejos, y los enfermos, gritarán entre el fuego, y vosotros cantaréis y yo también, porque seré yo quien os guíe! Nacisteis pobres, y no podréis rebelaros nunca contra vuestro destino. La redención de los humildes hemos de hacerla los que nacimos con ímpetu de señores cuando se haga la luz en nuestras conciencias. ¡En la mía se hace esa luz de tempestad! Ahora, entre vosotros, me figuro que soy vuestro hermano y que debo ir por el mundo con la mano extendida, y como nací señor, me encuentro con más ánimo de bandolero que de mendigo. ¡Pobres miserables, almas resignadas, hijos de esclavos, los señores os salvaremos cuando nos hagamos cristianos!

La hueste de mendigos se conmueve con un largo murmullo semejante al murmullo del rezo con que pide limosna por las puertas. Cuando el rumor se aquieta, alza su voz un mendigo gigantesco que tiene los ojos llagados por la lepra, y en aquella voz gangosa y oscura se arrastra como una larva la tristeza milenaria de su alma de siervo.

EL POBRE DE SAN LÁZARO: Dios Nuestro Señor nos dará en el Cielo su recompensa a todos los que aquí pasamos trabajos. Es su ley que unos sean pobres y otros ricos. Dios Nuestro Señor a los pobres nos manda tener paciencia para pedir la limosna, y a los ricos les manda tener caridad, y el rico que parte su pan trigo con el pobre, tiene el Cielo más ganado que el pobre que lo recibe y no lo agradece. ¡Es la ley de Nuestro Señor!

EL CABALLERO se estremece. Hasta su rostro llega el aliento podre [4] de aquella voz gangosa, y apenas puede dominar el impulso de apartarse. A la lívida claridad del amanecer, la figura gigantesca del mendigo leproso se destaca en la oquedad de las canteras. EL CABALLERO siente una emoción cristiana.

(Romance de lobos.)

Valle-Inclán en sus últimos años (arriba). Abajo: retrato de Anselmo Miguel Nieto.

3. Espacio limitado por tabiques, para guardar frutos y, especialmente, cereales.
4. Putrefacto.

RAMON MARIA DEL VALLE-INCLAN

JORNADA SEGUNDA

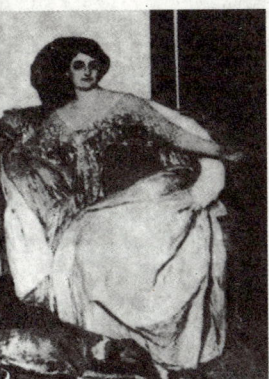

María Guerrero, retratada por Anselmo Miguel Nieto. Esta actriz estrenó en 1911 y 1912, respectivamente, Voces de gesta y La marquesa Rosalinda.

ROSALINDA: ¡Galano discreto! Mas oye atentamente:
　　¿Cuántos años cumpliste?
ARLEQUÍN: Los que dice la gente.
　　La edad de un comediante, Marquesa, no persigas.
　　Yo, como soy tu amante, tendré la que tú digas.
ROSALINDA: No juzgues mi curiosa pregunta inoportuna.
　　Te adoro, y por los dedos quería sacar una
　　cuenta. Saber el tiempo que aún seguirá clavada
　　en nuestros corazones la saeta dorada.
　　Porque llegó el momento de decirnos adiós,
　　o de pedirle al carro dosel para los dos.
　　Tu vida está en un hilo, y como soy sensible,
　　no hago más que llorar. ¡Me estoy poniendo horrible!
　　¿Arlequín, en qué piensas?
ARLEQUÍN: Pienso en tus pobres huesos,
　　en los tumbos del carro por los caminos esos,
　　en el rodar constante de una aldea a otra aldea,
　　peregrinos que nunca llegamos a Judea.
ROSALINDA: Pues así no podemos seguir. A mi marido
　　le entró un furor sangriento que nunca había tenido.
　　¡No sé qué mal de ojo le hicieron en España!
　　¡Es Castilla, que aceda [5] las uvas del champaña!
　　¡Son los autos de fe que hace la Inquisición!
　　¡Y las comedias de Don Pedro Calderón!
ARLEQUÍN: Yo mejor lo atribuyo al cambio de manjares:
　　¡La sobrasada de las islas Baleares!
　　¡El marisco gallego, que es de tanto deleite!
　　¡Y ese queso manchego tan metido en aceite!
　　¡Y el de Burgos! ¡Y aquel vino rancio y espeso
　　que reclama la boca tras de morder el queso!
　　¡Y el jamón y los embutidos de los charros!
　　¡Salamanca, con sus doctores y sus guarros!
　　¡Y Córdoba y Navarra! ¡Y Lugo y Candelario!
　　¡Y el pimentón, que en Francia es algo extraordinario!
　　¡Y el sol!
ROSALINDA: ¿El sol?
ARLEQUÍN: El viejo que canta entre las viñas,
　　que grana los racimos y el amor de las niñas;
　　que hace muecas burlonas a candiles y alcuzas,
　　en donde su latín aprenden las lechuzas;
　　que saluda a los vientos con doradas bocinas,
　　buceadas en el fondo de las azules minas;
　　que despierta a la mosca y a la cigarra alegra,
　　y es como un trampolín para la pulga negra;
　　que presta sus bordones al tábano en la fuente,
　　y el arco de la luna pone al toro en la frente;
　　que guía las estrellas por el azul del cielo
　　y nuestro pensamiento por debajo del pelo.
　　¡El sol, el sol ha sido!

5. *Acedar:* poner agria alguna cosa.

(La Marquesa Rosalinda.)

LA GENERACION DEL 98

JORNADA SEGUNDA

EL REY: ¿Qué tienes en las manos?

ALTISIDORA: Un papel

EL REY: Lo que buscan tus desvelos
es juntar esos versos chabacanos.
¿Sabes leer?

ALTISIDORA: Igual que una doctora.

EL REY: ¿Está cabal el pliego?

ALTISIDORA: No le falta
un añico, Señor.

EL REY: Pues sé lectora;
y al fin me entere. Niña, lee en voz alta.

ALTISIDORA: «La hija de Pero Mingo, el Mesonero,
esta carta le manda al Rey de España
en las alforjas de un titiritero».

EL REY: Procura leer bien claro esta patraña.

ALTISIDORA: «Señor Rey: Una niña, nieta de una ventera,
os escribe esta carta entre gente arriera.
Pero en letras no pueden escribirse suspiros,
y no sabe otra cosa, Señor Rey, que deciros.
Como las encantadas princesas de los cuentos,
suspira en un palacio de azules pensamientos,
y se muere de amor, como se mueren ellas,
y le duelen los ojos de contar las estrellas.
Con el azor al puño y el sol sobre la frente
os vi. Soy una niña que os amó de repente,
y deshojó su ramo de rosas una a una,
con ojeras de pena y con manos de luna.
Ya no son conocidas estas manos, que antes
apagaron las sedes de tantos caminantes.
Pulidas por la muerte, marfiles son ahora
mis manos, que antes eran manos de labradora.
Señor, sólo con veros, ya se cumplió mi suerte:
con su cirio de cera me bendice la muerte».

EL REY: ¿Puede ser eso verdad?

ALTISIDORA: Para mi cuenta,
verdad cabal.

EL REY: Leyendo tú el papel,
oí como un suspiro.

ALTISIDORA: Fue en la venta
que está sobre el camino de Montiel.

(Farsa Italiana de la enamorada del rey.)

JORNADA TERCERA

MARI-MORENA de ganchete [6]
con el majo de Lavapiés
y el SEÑOR DON GARGARABETE
aparecen dando traspiés.

Con risa chispona conjuga
la alegría del peleón [7]
LA SEÑORA [7bis]. Y es su pechuga
hiperbólico acordeón.

6. *De ganchete:* desaliñadamente.
7. Vino muy ordinario.
7bis. La Señora es, obviamente, Isabel II.

Valle-Inclán con su hija primogénita, que lleva el mismo nombre que la protagonista de Sonata de otoño.

LA SEÑORA: ¡Cuánto me he divertido bailando el agarrado! [8]

LAS DUEÑAS: Pero ¡es posible! ¿Cómo? ¿Con quién?

LA SEÑORA: Con un soldado.
    ¡Me convidó a buñuelos y copas de aguardiente!

LAS DUEÑAS: ¡Mañana se despierta General, de repente!

LA SEÑORA: ¡Me habló mal del Gobierno! ¡De mí! ¡Del Rey!...

LAS DUEÑAS: ¡Qué espanto!
    ¡Qué infamia! ¡Qué insolencia!

LA SEÑORA: ¡Nunca me reí tanto!
    Pues como era un cobista, me dijo: «Barbiana,
    tú eres la que debía ser nuestra Soberana».
    ¡Y marcó unos compases de la polca-habanera
    entornando los ojos, que me dieron dentera!
    Y Don Gargarabete en un rincón, más soso,
    dormitando...

DON GARGARABETE: Señora, porque estaba celoso.

LA SEÑORA: Pasemos a mi alcoba. Para el humor reumático
    corre un aire más fino que joven diplomático.

    Sólo quedan en la rotonda
el manolo [9] y MARI-MORENA.
El, como un gallo, hace la ronda.
Y ella ríe de la faena.

(Farsa y licencia de la reina castiza.)

JORNADA SEGUNDA
Escena séptima

MIGUELÍN, la boca rasgada por una mala risa, y la lengua sobre el lunar rizoso del labio, hace beber al enano, que, hundido en las pajas del dornajo [10], se relame torciendo los ojos. Bajo la campana de la chimenea resuena deformado el grito epiléptico.

EL IDIOTA: ¡Hou! ¡Hou!
MIGUELÍN: Bebe, Napoleón Bonaparte.
EL SOLDADO: Píntale unos bigotes como los del Caiser.
MIGUELÍN: Voy a afeitarle una corona.
LA TATULA: Tienes ideas del pecado.

A canto [11] del hogar, un matrimonio de dos viejos, y una niña blanca con hábito morado, reparten la cena. Rosquillas, vino y un pañuelo con guindas. LA NIÑA, extática, parece una figura de cera entre aquellos dos viejos de retablo, con las arrugas bien dibujadas y los rostros de un ocre caliente y melado, como los pastores de una Adoración. El grito del idiota pone la flor de una sonrisa en la boca triste de la niña.

LA NIÑA: ¿Quieres pan de la fiesta, Laureaniño? ¿Y un melindre?
EL IDIOTA: ¡Releche!
LA TATULA: Se encandila viendo a la rapaza. ¡Es muy pícaro!

EL IDIOTA agita las manos con temblor de epilepsia, y pone los ojos en blanco. LA NIÑA deja sobre el dornajo guindas y roscos, y vuelve a

8. Baile en el que la pareja va estrechamente enlazada.
9. Mozo del pueblo bajo de Madrid, que se distinguía por su traje y por su desenfado.
10. Especie de artesa, pequeña y redonda, que sirve para dar de comer a los cerdos, para fregar o para otros usos.
11. *A canto:* muy cerca.

sentarse en medio de los padres, abstraída y extática. Con su hábito morado y sus manos de cera, parece una virgen mártir entre dos viejas figuras de retablo.

LA MADRE: Ludovina, no consientas que tanto le den a beber. ¡A pique de que lo maten!
LA TATULA: ¡Maldita palabra!

EL IDIOTA, los ojos vueltos y la lengua muerta entre los labios negruzcos, respiraba con ahogado ronquido. La enorme cabeza, lívida, greñuda, viscosa, rodaba en el hoyo como una cabeza cortada. MIGUELÍN EL PADRONÉS, sesgando [12] la boca, sacaba la punta de la lengua y mojaba de salivilla el rizo de su lunar. Las otras sombras se inclinaban sobre el dornajo.

LUDOVINA: No le quitéis el aire.
MIGUELÍN: Metedlo de cabeza en el pozo, que eso se le pasa.
LUDOVINA: Tatula, sácalo para afuera. Aquí no quiero más danzas.

Con la boca cada vez más torcida, araña la colcha remendada del dornajo, y sus manos, sacudidas de súbitos temblores, parecen afilarse. La niña y los viejos guardan una actitud cristiana, recogidos tras la llama del hogar.

EL PADRE: Lo acontecido no le acontece a la finada. Aquélla tenía mano, pero este pronunciamiento de darle cada uno su copa...
LUDOVINA: Saca para fuera el carretón, Tatula.
MIGUELÍN: Métolo en el pozo, que eso no es nada.
EL SOLDADO: ¡Nada más que la muerte!
LUDOVINA: ¡Centellón! ¡Que no lo quiero bajo mis tejas!
LA TATULA: ¡Acaso no sea muerte total!
LUDOVINA: Yo miro por mi casa ¡Y tú tienes toda la culpa, Maricuela!
MIGUELÍN: Después de que pago las copas, aún me vienes con apercibimientos.

El enano había tenido el último temblor. Sus manos infantiles, de cera oscura, se enclavijaban sobre la colcha de remiendos, y la enorme cabeza azulenca, con la lengua entre los labios y los ojos vidriados, parecía degollada. Las moscas del ganado acudían a picar en ella. LUDOVINA había dejado el mostrador.

LUDOVINA: ¡Que no quiero compromisos en mi casa! ¡Centellón! ¡A ver cómo os ponéis todos fuera!
LA TATULA: Fuera me pongo. Pero conviene que todos se callen la boca de cómo se pasó este cuento.
LUDOVINA: Aquí ninguno vio nada.

LA VIEJA rueda el dornajo, y en el umbral de la puerta, blanco de luna, aparece la MARI-GAILA. Su sombra, llena de ritmos clásicos, se pronuncia sobre la noche de plata.

MARI-GAILA: ¡Salud a todos!
LUDOVINA: Oportuna llegas.
MARI-GAILA: ¿Qué misterio se pasa?
LA TATULA: Que la muerte no tiene aviso.
MARI-GAILA: ¿El baldadiño?
LUDOVINA: Espichó [13].

12. *Sesgar:* torcer a un lado.
13. *Espichar:* morir.

RAMON MARIA DEL VALLE-INCLAN

MARI-GAILA: ¡Espadas son desgracias! ¿Cómo a Séptimo le daría aviso? ¡Bien quisiera pedirle consejo!
MIGUELÍN: ¿Dónde quedó?
MARI-GAILA: Fue llamado del Casino de los Caballeros.
LUDOVINA: El consejo es darle tierra.
MARI-GAILA: ¿Tierra bendita?
LUDOVINA: ¡No vas a enterrarlo al pie de un limonero!
EL PADRE DE LA NIÑA EXTÁTICA: Cumple en conciencia, y pon al hijo bajo la cruz de la madre.
MARI-GAILA: Habré de caminar toda la noche con el muerto en el carro. ¡Arrenegado el Demonio sea! Echame una copa, Ludovina. Tragos con tragos. Echame otra para que sea medio real. Si por mí preguntase Séptimo...
LUDOVINA: Tendrá respuesta. ¡Mari-Gaila, pónteme fuera! ¡No quiero más sobre mis bienes el aire del muerto!
MARI-GAILA: ¡Nuestro Señor Misericordioso, te llevas mis provechos y mis males me dejas! ¡Ya se voló de este mundo quien me llenaba la alforja! ¡Jesús Nazareno, me quitas el amparo de andar por los caminos, y no me das otro sustento! ¡No harás para mí tus milagros, no me llenarás el horno de panes, Jesús Nazareno!

(Divinas palabras.)

Divinas palabras se estrenó, por la compañía de Margarita Xirgu, el 16 de noviembre de 1933. La foto que reproducimos corresponde al montaje que de dicha obra hizo José Tamayo en el teatro Bellas Artes de Madrid en 1961.

ROSA GNOSTICA

Nada será que no haya sido antes.
Nada será para no ser mañana.
Eternidad son todos los instantes
que mide el grano que el reloj desgrana.

Eternidad la gracia de la rosa,
y la alondra primera que abre el día,
y la oruga, y su flor la mariposa.
¡Eterna en culpa la conciencia mía!

Al borde del camino, recostado
como gusano que germina en lodo,
siento la negra angustia del pecado,
con la divina aspiración al Todo.

El gnóstico misterio está presente
en el quieto volar de la paloma,
y el pecado del mundo en la serpiente
que muerde el pie del Angel que la doma.

Sobre la eterna noche del pasado
se abre la eterna noche del mañana.
¡Cada hora, una larva del pecado!
¡Y el símbolo, la sierpe y la manzana!

Guarda el Tiempo el enigma de las Formas,
como un dragón sobre los mundos vela.
Y el Todo y la Unidad, supremas normas,
tejen el infinito de su estela.

Valle-Inclán, por Echevarría.

LA GENERACION DEL 98

Nada apaga el hervor de los crisoles,
en su fondo, sellada, está la eterna
idea de Platón. Lejanos soles
un día encenderán nuestra caverna.

Mientras hilan las Parcas mi mortaja,
una cruz de ceniza hago en la frente,
el tiempo es la carcoma que trabaja
por Satanás. ¡Y Dios es el Presente!

¡Todo es Eternidad! ¡Todo fue antes!
Y todo lo que es hoy será después,
en el Instante que abre los instantes,
y el hoyo de la muerte a nuestros pies!

(*El pasajero,* clave XXVIII.)

GARROTE VIL

¡Tan! ¡Tan! ¡Tan! Canta el martillo,
el garrote alzando están,
canta en el campo un cuclillo,
y las estrellas se van
al compás del estribillo
con que repica el martillo:
    ¡Tan! ¡Tan! ¡Tan!

El patíbulo destaca
trágico, nocturno y gris,
la ronda de la petaca
sigue a la ronda de anís,
pica tabaco la faca [14],
y el patíbulo destaca
sobre el alba flor de lis.

Aspera copla remota
que rasguea un guitarrón
se escucha. Grito de jota
del morapio peleón [15].
El cabileño patriota
canta la canción remota
de las glorias de Aragón.

Apicarada pelambre
al pie del garrote vil,
se solaza muerta de hambre.
Da vayas [16] al alguacil,

y con un rumor de enjambre
acoge hostil la pelambre
a la hostil Guardia Civil.

Un gitano vende churros
al socaire de un corral,
asoman flautistas burros
las orejas al bardal [17],
y en el corro de baturros
el gitano de los churros
beatifica al criminal.

El reo espera en capilla,
reza un clérigo en latín,
llora una vela amarilla,
y el sentenciado da fin
a la amarilla tortilla
de yerbas. Fue a la capilla
la cena del cafetín.

Canta en la plaza el martillo,
el verdugo gana el pan,
un paño enluta el banquillo.
Como el paño es catalán,
se está volviendo amarillo
al son que canta el martillo:
    ¡Tan! ¡Tan! ¡Tan!

(*La pipa de Kif.*)

LUCES DE BOHEMIA

Escena II

ZARATUSTRA *entra y sale en la trastienda, con una vela encendida. La palmatoria pringosa tiembla en la mano del fantoche. Camina sin*

RAMON MARIA DEL VALLE-INCLAN

ruido, con andar entrapado. La mano, calzada con mitón [18] negro, pasea la luz por los estantes de libros. Media cara en reflejo y media en sombra. Parece que la nariz se le dobla sobre una oreja. El loro ha puesto el pico bajo el ala. Un retén de polizontes pasa con un hombre maniatado. Sale alborotando el barrio un chico pelón montado en una caña, con una bandera.

EL PELÓN: ¡Vi-va-Es-pa-ña!
EL CAN: ¡Guau! ¡Guau!
ZARATUSTRA: ¡Está buena España!

Ante el mostrador, los tres visitantes, reunidos como tres pájaros en una rama, ilusionados y tristes, divierten sus penas en un coloquio de motivos literarios. Divagan ajenos al tropel de polizontes, al viva del pelón, al gañido del perro, y al comentario apesadumbrado del fantoche que los explota. Eran intelectuales sin dos pesetas.

DON GAY: Es preciso reconocerlo. No hay país comparable a Inglaterra. Allí el sentimiento religioso tiene tal decoro, tal dignidad, que indudablemente las más honorables familias son las más religiosas. Si España alcanzase un más alto concepto religioso, se salvaba.

MAX: ¡Recémosle un Réquiem! Aquí los puritanos de conducta son los demagogos de la extrema izquierda. Acaso nuevos cristianos, pero todavía sin saberlo.

DON GAY: Señores míos, en Inglaterra me he covertido al dogma iconoclasta, al cristianismo de oraciones y cánticos, limpio de imágenes milagreras. ¡Y ver la idolatría de este pueblo!

MAX: España, en su concepción religiosa, es una tribu del Centro de Africa.

DON GAY: Maestro, tenemos que rehacer el concepto religioso en el arquetipo del Hombre-Dios. Hacer la Revolución Cristiana, con todas las exageraciones del Evangelio.

DON LATINO: Son más que las del compañero Lenin.

ZARATUSTRA: Sin religión no puede haber buena fe en el comercio.

DON GAY: Maestro, hay que fundar la Iglesia Española Independiente.

MAX: ¡Y la Sede Vaticana, El Escorial!

DON GAY: ¡Magnífica Sede!

MAX: Berroqueña.

DON LATINO: Ustedes acabarán profesando en la Gran Secta Teosófica. Haciéndose iniciados de la sublime doctrina.

MAX: Hay que resucitar a Cristo.

DON GAY: He caminado por todos los caminos del mundo, y he aprendido que los pueblos más grandes no se constituyeron sin una Iglesia Nacional. La creación política es ineficaz si falta una conciencia religiosa con su ética superior a las leyes que escriben los hombres.

MAX: Ilustre Don Gay, de acuerdo. La miseria del pueblo español, la gran miseria moral, está en su chabacana sensibilidad ante los enigmas de la vida y de la muerte. La Vida es un magro puchero; la Muerte, una carantoña ensabanada que enseña los dientes; el Infierno, un calderón de aceite albando [19] donde los pecadores se achicharran como boquerones; el Cielo, una kermés [20] sin obscenidades, a donde, con permiso del párroco, pueden asistir las Hijas de María. Este pueblo miserable transforma todos los grandes conceptos en un cuento de beatas costureras. Su religión es una chochez de viejas que disecan el gato cuando se les muere.

Valle-Inclán con los actores Irene López Heredia y Mariano Asquerino, que le estrenaron, en 1931, Farsa y licencia de la reina castiza.

14. Cuchillo corvo.
15. Vino oscuro tinto.
16. *Dar vayas:* burlarse o mofarse de uno.
17. Cubierta de sarmientos, paja, espinos o broza, que se pone asegurada con tierra o piedras, sobre las tapias de los corrales y huertas para su resguardo.
18. Especie de guante de punto, que sólo cubre desde la muñeca inclusive hasta la mitad del pulgar y el nacimiento de los demás dedos.
19. Hirviendo.
20. Del francés *kermesse:* fiesta pública al aire libre.

LA GENERACION DEL 98

Escena XII

Rinconada en costanilla y una iglesia barroca por fondo. Sobre las campanas negras, la luna clara. DON LATINO y MAX ESTRELLA filosofan sentados en el quicio de una puerta. A lo largo de su coloquio, se torna lívido el cielo. En el alero de la iglesia pían algunos pájaros. Remotos albores de amanecida. Ya se han ido los serenos, pero aún están las puertas cerradas. Despiertan las porteras.

MAX: ¿Debe estar amaneciendo?
DON LATINO: Así es.
MAX: ¡Y qué frío!
DON LATINO: Vamos a dar unos pasos.
MAX: Ayúdame, que no puedo levantarme. ¡Estoy aterido!
DON LATINO: ¡Mira que haber empeñado la capa!
MAX: Préstame tu carrik [21], Latino.
DON LATINO: ¡Max, eres fantástico!
MAX: Ayúdame a ponerme en pie.
DON LATINO: ¡Arriba, carcunda!
MAX: ¡No me tengo!
DON LATINO: ¡Qué tuno eres!
MAX: ¡Idiota!
DON LATINO: ¡La verdad es que tienes una fisonomía algo rara!
MAX: ¡Don Latino de Hispalis, grotesco personaje, te inmortalizaré en una novela!
DON LATINO: Una tragedia, Max.
MAX: La tragedia nuestra no es tragedia.
DON LATINO: ¡Pues algo será!
MAX: El Esperpento.
DON LATINO: No tuerzas la boca, Max.
MAX: ¡Me estoy helando!
DON LATINO: Levántate. Vamos a caminar.
MAX: No puedo.
DON LATINO: Deja esa farsa. Vamos a caminar.
MAX: Echame el aliento. ¿Adónde te has ido, Latino?
DON LATINO: Estoy a tu lado.
MAX: Como te has convertido en buey, no podía reconocerte. Echame el aliento, ilustre buey del pesebre belenita. ¡Muge, Latino! Tú eres el cabestro, y si muges vendrá el Buey Apis. Le torearemos.
DON LATINO: Me estás asustando. Debías dejar esa broma.
MAX: Los ultraístas [22] son unos farsantes. El esperpentismo lo ha inventado Goya. Los héroes clásicos han ido a pasearse en el callejón del Gato.
DON LATINO: ¡Estás completamente curda!
MAX: Los héroes clásicos reflejados en los espejos cóncavos dan el Esperpento. El sentido trágico de la vida española sólo puede darse con una estética sistemáticamente deformada.
DON LATINO: ¡Miau! ¡Te estás contagiando!
MAX: España es una deformación grotesca de la civilización europea.
DON LATINO: ¡Pudiera! Yo me inhibo.
MAX: Las imágenes más bellas en un espejo cóncavo son absurdas.
DON LATINO: Conforme. Pero a mí me divierte mirarme en los espejos de la calle del Gato.
MAX: Y a mí. La deformación deja de serlo cuando está sujeta a

21. Especie de gabán que tenía varias esclavinas.
22. Sobre el ultraísmo, véase, más adelante, pág.

RAMON MARIA DEL VALLE-INCLAN

una matemática perfecta. Mi estética actual es transformar con matemática de espejo cóncavo las normas clásicas.

DON LATINO: ¿Y dónde está el espejo?

MAX: En el fondo del vaso.

DON LATINO: ¡Eres genial! ¡Me quito el cráneo!

MAX: Latino, deformemos la expresión en el mismo espejo que nos deforma las caras y toda la vida miserable de España.

DON LATINO: Nos mudaremos al callejón del Gato.

MAX: Vamos a ver qué palacio está desalquilado. Arrímame a la pared. ¡Sacúdeme!

DON LATINO: No tuerzas la boca.

MAX: Es nervioso. ¡Ni me entero!

PROLOGO

Termina la representación. Aire de fandango en la zanfoña [23] del COMPADRE. *El acólito deja el socaire de la capa y da vuelta al corro, haciendo saltar cuatro perronas en un platillo de peltre [24]. En lo alto del mirador, las cabezas vascongadas sonríen ingenuamente.*

DON MANOLITO: Parece teatro napolitano.

DON ESTRAFALARIO: Pudiera, acaso, ser latino. Indudablemente, la comprensión de este humor y esta moral no es de tradición castellana. Es portuguesa y cántabra, y, tal vez, de la montaña de Cataluña. Las otras regiones, literariamente, no saben nada de estas burlas de cornudos, y este donoso buen sentido, tan contrario al honor teatral y africano de Castilla. Este tabanque de muñecos sobre la espalda de un viejo prosero, para mí, es más sugestivo que todo el retórico teatro español. Y no digo esto por amor a las formas populares de la literatura... ¡Ahí están las abominables coplas de Joselito!

DON MANOLITO: A usted le gustan las del Espartero.

DON ESTRAFALARIO: Todas son abominables. Don Manolito, cada cual tiene el poeta que se merece.

DON MANOLITO: Las otras notabilidades nacionales no pasan de la gacetilla.

DON ESTRAFALARIO: Esas coplas de toreros, asesinos y ladrones, son periodismo ramplón.

DON MANOLITO: Usted, con ser tan sabio, las juzga por lectura, y de ahí no pasa. ¡Pero cuando se cantan con acompañamiento de guitarra, adquieren una gran emoción! No me negará usted que el romance de ciego, hiperbólico, truculento y sanguinario, es una forma popular.

DON ESTRAFALARIO: Una forma popular judaica, como el honor calderoniano. La crueldad y el dogmatismo del drama español solamente se encuentra en la Biblia. La crueldad sespiriana es magnífica, porque es ciega, con la grandeza de las fuerzas naturales. Shakespeare es violento, pero no dogmático. La crueldad española tiene toda la bárbara liturgia de los Autos de Fe. Es fría y antipática. Nada más lejos de la furia ciega de los elementos que Torquemada: Es una furia escolástica. Si nuestro teatro tuviese el temblor de las fiestas de toros, sería magnífico. Si hubiese sabido transportar esa violencia estética, sería un teatro heroico como la *Ilíada*. A falta de eso, tiene toda la antipatía de los códigos, desde la Constitución a la Gramática.

DON MANOLITO: Porque usted es anarquista.

DON ESTRAFALARIO: ¡Tal vez!

Escena de una representación de Luces de bohemia, *con dirección de Lluís Pasqual. En la foto, los actores José María Rodero (Max Estrella) y Nacho Martínez (el preso catalán).*

23. Instrumento músico de cuerda.
24. Aleación de cinc, plomo y estaño.

LA GENERACION DEL 98

Don Manolito: ¿Y de dónde nos vendrá la redención, Don Estrafalario?

Don Estrafalario: Del compadre Fidel. ¡Don Manolito, el retablo de este tuno vale más que su Orbaneja!

Don Manolito: ¿Por qué?

Don Estrafalario: Está más lleno de posibilidades.

Don Manolito: No admito esa respuesta. Usted no es filósofo, y no tiene derecho a responderme con pedanterías. Usted no es más que hereje, como Don Miguel de Unamuno.

Don Estrafalario: ¡A Dios gracias! Pero alguna vez hay que ser pedante. El compadre Fidel es superior a Yago. Yago, cuando desata aquel conflicto de celos, quiere vengarse, mientras que ese otro tuno, espíritu mucho más cultivado, sólo trata de divertirse a costa de don Friolera. Shakespeare rima con el latido de su corazón, el corazón de Otelo: Se desdobla en los celos del Moro; creador y criatura son del mismo barro humano. En tanto ese Bululú, ni un solo momento deja de considerarse superior, por naturaleza, a los muñecos de su tabanque. Tiene una dignidad demiúrgica.

Don Manolito: Lo que usted echaba de menos en el Diablo de mi Orbaneja.

Don Estrafalario: Cabalmente, alma de Dios.

Don Manolito: ¿Qué haría usted viendo ahorcarse a un pecador?

Don Estrafalario: Preguntarle por qué no lo había hecho antes. El Diablo es un intelectual, un filósofo, en su significación etimológica de amor y saber. El Deseo de Conocimiento se llama Diablo.

Don Manolito: El Diablo de usted es demasiado universitario.

Don Estrafalario: Fue estudiante en Maguncia e inventó allí el arte funesto de la Imprenta.

(Los cuernos de Don Friolera.)

ICONO DEL TIRANO

I

Santa Fe de Tierra Firme —arenales, pitas, manglares [25], chumberas— en las cartas antiguas, Punta de las Serpientes.

II

Sobre una loma, entre granados y palmas, mirando al vasto mar y al sol poniente, encendía los azulejos de sus redondas cúpulas coloniales San Martín de los Mostenses. En el campanario sin campanas levantaba el brillo de su bayoneta un centinela. San Martín de los Mostenses, aquel desmantelado convento de donde una lejana revolución había expulsado a los frailes, era, por mudanzas del tiempo, Cuartel del Presidente Don Santos Banderas —Tirano Banderas—.

III

El Generalito acababa de llegar con algunos batallones de indios, después de haber fusilado a los insurrectos de Zamalpoa. Inmóvil y taciturno, agaritado de perfil en una remota ventana, atento al relevo de guardias en la campa barcina [26] del convento, parece una calavera

Arriba: Valle-Inclán. *Fantasmagoría de Vivanco.* Abajo: Caricatura del escritor, por Bagaría, publicada en El Sol, *de Madrid, en 1935.*

25. Terreno inundado por las mareas, en el que crece vegetación.
26. *Campa barcina:* el terreno que rodea al convento, la porción de tierra que le pertenece.

con antiparras negras y corbatín de clérigo. En el Perú había hecho la guerra a los españoles, y de aquellas campañas veníale la costumbre de rumiar la coca, por donde en las comisuras de los labios tenía siempre una salivilla de verde veneno. Desde la remota ventana, agaritado en una inmovilidad de corneja sagrada, está mirando las escuadras de indios, soturnos [27] en la cruel indiferencia del dolor y de la muerte. A lo largo de la formación, chinitas [28] y soldaderas [29] haldeaban [30] corretonas, huroneando, entre las medallas y las migas del faltriquero [31], la pitada de tabaco y los cobres para el coime [32]. Un globo de colores se quemaba en la turquesa celeste, sobre la campa invadida por la sombra morada del convento. Algunos soldados, indios comaltes [33] de la selva, levantaban los ojos. Santa Fe celebraba sus famosas ferias de Santos y Difuntos. Tirano Banderas, en la remota ventana, era siempre el garabato de un lechuzo.

VII

Tirano Banderas, sumido en el hueco de la ventana, tenía siempre el prestigio de un pájaro nocharniego. Desde aquella altura fisgaba la campa donde seguían maniobrando algunos pelotones de indios, armados con fusiles antiguos. La ciudad se encendía de reflejos sobre la marina esmeralda. La brisa era fragante, plena de azahares y tamarindos. En el cielo, remoto y desierto, subían globos de verbena, con cauda [34] de luces. Santa Fe celebraba sus ferias otoñales, tradición que venía del tiempo de los virreyes españoles. Por la conga [35] del convento, saltarín y liviano, con morisquetas de lechuguino [36], rodaba el quitrí [37] de Don Celes. La ciudad, pueril ajedrezado de blancas y rosadas azoteas, tenía una luminosa palpitación, acastillada en la curva del Puerto. La marina era llena de cabrilleos [38], y en la desolación azul, toda azul, de la tarde, encendían su roja llamarada las cornetas de los cuarteles. El quitrí del gachupín [39] saltaba como una araña negra, en el final solanero [40] de Cuesta Mostenses.

VIII

Tirano Banderas, agaritado en la ventana, inmóvil y distante, acrecentaba su prestigio de pájaro sagrado. Cuesta Mostenses flotaba en la luminosidad del marino poniente, y un ciego cribado de viruelas rasgaba el guitarrillo al pie de los nopales [41], que proyectaban sus brazos como candelabros de Jerusalén. La voz del ciego desgarraba el calino silencio:

> *Era Diego Pedernales*
> *de noble generación,*
> *pero las obligaciones*
> *de su sangre no siguió.*

LA RECAMARA VERDE

III

El Coronelito Domiciano de la Gándara templa el guitarrón. Camisa y calzones, por aberturas coincidentes, muestran el vientre rotundo y risueño de dios tibetano. En los pies desnudos arrastra chancle-

---

27. Melancólicos, tristes.
28. *China:* india o mestiza que se dedica al servicio doméstico.
29. Mujeres que, durante la revolución, seguían a las tropas y convivían con los soldados.
30. *Haldear:* andar deprisa de las personas que llevan faldas.
31. Bolsillo de las prendas de vestir.
32. Encargado de la mancebía.
33. Nombre inventado por Valle-Inclán. Por su fonética, recuerda al de otros pueblos indígenas reales.
34. Cola.
35. Perteneciente a los canónigos. Lugar en donde éstos viven.
36. *Morisquetas de lechugino:* «con excesiva compostura» o «con aires de querer llamar la atención».
37. Carruaje tirado por un caballo, con una sola fila de asientos.
38. «Acción de pequeñas olas blancas y espumosas que se levantan en el mar cuando éste empieza a agitarse». También: «brillos de luz trémula».
39. Mote que se aplica al español que pasa a la América Septentrional y se establece en ella.
40. Sitio donde el sol da de lleno.
41. Planta de la familia de las cactáceas, de unos tres metros de altura, con tallos aplastados, carnosos.

tas [42], y se toca con un jaranillo mambís [43], que al revirón descubre el rojo de un pañuelo y la oreja con arete. El ojo guiñate, la mano en los trastes, platica [44] leperón [45] con las manflotas [46] en cabellos [47] y bata escotada. Era negrote, membrudo, rizoso, vestido con sudada guayabera [48] y calzones mamelucos [49], sujetos por un cincho con gran broche de plata. Los torpes conceptos venustos [50], celebra con risa saturnal y vinaria. Niño Domiciano nunca estaba sin cuatro candiles [51], y como arrastraba su vida por bochinches [52] y congales [53], era propenso a las tremolinas [54] y escandaloso al final de las farras [55]. Las niñas del pecado, desmadejadas y desdeñosas, recogían el bullebulle en el vaivén de las mecedoras. El rojo de los cigarros las señalaba en sus lugares. El Coronelito, dando el último tiento a los trastes, escupe y rasguea cantando por burlas el corrido que rueda estos tiempos, de Diego Pedernales. La sombra de la mano, con el reflejo de las tumbagas [56], pone rasgueo de lunes en el rasgueo de la guitarra:

> *Preso le llevan los guardias,*
> *sobre el caballo pelón* [57]*,*
> *que en los Ranchos de Valdivia*
> *le tomaron a traición.*
> *Celos de niña ranchera*
> *hicieron la delación.*

EPILOGO

IV

Mediada la mañana, habían iniciado el fuego de cañón las partidas rebeldes, y en poco tiempo abrieron brecha para el asalto. Tirano Banderas intentó cubrir el portillo, pero las tropas se le desertaban, y tuvo que volver a encerrarse en sus cuarteles. Entonces, juzgándose perdido, mirándose sin otra compañía que la del fámulo [58] rapabarbas, se quitó el cinto de las pistolas, y salivando venenosos verdes, se lo entregó:

—¡El Licenciadito concertista, será oportuno que nos acompañe en el viaje a los infiernos!

Sin alterar su paso de rata fisgona, subió a la recámara [59] donde se recluía la hija. Al abrir la puerta oyó las voces adementadas:

—¡Hija mía, no habés vos servido para casada y gran señora, como pensaba este pecador que horita se ve en el trance de quitarte la vida que te dio hace veinte años! ¡No es justo quedés en el mundo para que te gocen los enemigos de tu padre, y te baldonen [60] llamándote hija del chingado Banderas!

Oyendo tal, suplicaban despavoridas las mucamas [61] que tenían a la loca en custodia. Tirano Banderas las golpeó en la cara:

—¡So chingadas! Si os dejo con vida, es porque habéis de amortajármela como un ángel.

Sacó del pecho un puñal, tomó a la hija de los cabellos para asegurarla, y cerró los ojos. Un memorial de los rebeldes dice que la cosió con quince puñaladas.

V

Tirano Banderas salió a la ventana, blandiendo el puñal, y cayó acribillado. Su cabeza, befada [62] por sentencia, estuvo tres días puesta

Portada del número-homenaje que la revista *La Pluma* dedicó a Valle-Inclán en 1923.

42. Zapatilla sin talón, para andar por casa.
43. Sombrero de paja, de copa alta y ala ancha (jaranillo), típico de los insurrectos contra la soberanía de España, en las guerras separatistas de Cuba en el siglo XIX.
44. *Platicar:* conversar.
45. De forma procaz o soez.
46. *Manflota:* tiene el significado de prostíbulo. Aquí, prostituta.
47. Con el cabello suelto y sin adornos.
48. Chaquetilla corta de tela ligera.
49. Pantalones bombachos, es decir, con pequeña bolsa a la altura de los tobillos, donde iban atados o recogidos.
50. Referidos al acto sexual.
51. *Nunca estaba sin cuatro candiles:* estaba siempre borracho.
52. Tabernas.
53. Burdel, prostíbulo.
54. Altercados, riñas.
55. Juerga, parranda, jarana.
56. Sortija o anillo de oro y cobre.
57. Que no tiene pelo o tiene muy poco.
58. Criado, sirviente.
59. Habitación, alcoba.
60. *Baldonar:* injuriar a alguno de palabra en su cara.
61. Criada, sirvienta.
62. *Befar:* escarnecer.

RAMON MARIA DEL VALLE-INCLAN

sobre un cadalso con hopas [63] amarillas en la Plaza de Armas. El mismo auto mandaba hacer cuartos el tronco y repartirlos de frontera a frontera, de mar a mar. Zamalpoa y Nueva Cartagena, Puerto Colorado y Santa Rosa del Titipay fueron las ciudades agraciadas.

(Tirano Banderas.)

LA ROSA DE ORO

V

La Majestad de Isabel II, pomposa, frondosa, bombona, campaneando sobre los erguidos chapines [64], pasó del camarín a la vecina saleta. La dama de servicio, con el aire maquinal de los sacristanes viejos cuando mascullan sacros latines, le prendió en los hombros el manto de armiño. Los regios ojos, los claros ojos parleros, el labio popular y amable, agradecieron con una sonrisa a la cotorrona de Casa y Boca. Aquella estantigua de credo apostólico, nobleza rancia, cacumen [65] escaso, chismes de monja y chascarrillos de fraile, también intrigaba en las tertulias de antecámara desde el año feliz de las bodas reales. Era Duquesa de Fitero y Marquesa de Villanueva de los Olivares, con otros títulos y sobrenombres de claro abolengo, mucha hacienda en cortijos, dehesas, ganados, paneras [66], cotos, granjas, castillos y palacios. El escudo de sus armas está repartido por toda la redondez de España. La vejancona, confusamente, se sabía de un gran linaje, sangre bastarda de reyes aragoneses y judíos castellanos. Luego, tras estas exiguas luces, todo el saber histórico y familiar de la rancia señora constituía una fábula trivial, llena de incertidumbre, cubierta de polvo como los legajos de Simancas.

VIII

El besamanos estaba señalado para las tres de la tarde, pero comenzó lindando las cuatro. La clara luz de la tarde madrileña entraba por los balcones reales, y el séquito joyante de tornasoles, plumas, mantos y entorchados evocaba las luces de la Corte de Carlos IV. La Reina Nuestra Señora, revestida de corona y armiños, empechada como una matrona popular, entró con mucha ceremonia en el Salón del Trono. El Rey Don Francisco dábale el brazo: Vestido de capitán general, muy perejil, todo colgado de cruces y bandas, casi desaparecía al flanco pomposo y maduro de la Señora: Asidos levemente de la mano, subieron las gradas del trono: Se saludaron con una genuflexión, como pastores de villancico, y tomaron asiento, sonrientes para el concurso, con gracia amanerada de danzantes que miman su dúo sobre un reloj de consola. Su Alteza Real el Príncipe de Asturias, vestido con marcial uniforme y luciendo divisas de cabo, hizo besamanos el primero: Era un niño pálido, con las orejas muy separadas: El enclenque desparpajo de la figura, la tristeza de la mirada, llena de prematuras curiosidades, promovían, con aquel disfraz del charrasco [67] y el pantalón colorado, un recóndito dejo de cruel mojiganga [68]. La expresión aguzada, enfermiza y precoz del Augusto Niño no prometía una vida lozana. Le agasajó con maternal orgullo la Señora. Alargó el Rey, sin llegar a tocarle, una mano blanca y llena de hoyos. Resplandeció el palatino cortejo, con sonrisa extasiada, y todos los rostros se asemejaron en una expresión de embobamiento familiar. El bálsamo cadencioso de la ceremonia religiosa se decantaba en los pechos cruzados de

Valle-Inclán en el Paseo de Recoletos de Madrid, en donde hoy se alza un monumento en su honor.

63. «Especie de túnica o sotana cerrada». También: «manto o saco de los ajusticiados».
64. Chanclo de corcho, forrado de cordobán.
65. Agudeza, perspicacia, talento.
66. Cámara donde se guardan los cereales, el pan o la harina.
67. Sable.
68. Fiesta pública que se hace con disfraces ridículos.

bandas: Todos eran felices en aquel momento y casi se amaban, complacidos en el júbilo maternal de la Reina Nuestra Señora. Sentían la protección celeste, estaba en sus corazones como una miel acendrada. El besamanos fue largo, pero tan lucido de mantos y oropeles, que muchos, en su embeleso, no lo reputaron cansado, y las horas se les hicieron instantes. La Señora, siempre de la mano de su Augusto Esposo, sonriendo, purpúrea bajo la corona real, descendió del Trono: Tuvo palabras gratas para sus cortesanos. Era pimpante, donosa y feliz de malicias en la vana charla de la etiqueta: Entonces advertíase reina. ¡Hada de alcázares! Pero en las asperezas del gobernar político se le desvanecía la atención, dolorosamente incomprensiva. En este año de la Rosa de Oro se amargaba con la duda de que muchos españoles habían dejado de quererla. ¡Eran bien ingratos! ¡Y cuántos tendrían que condenarse por sus ideas extraviadas de progreso! ¡Condenarse! La Señora no deseaba el fuego eterno ni a sus mayores enemigos: Era pecado del que jamás había tenido que lavar su conciencia ante el Santo Tribunal. ¡El infierno, para nadie!

(La corte de los milagros.)

CAPITULO DE ESPONSALES

VIII

La Puerta del Sol lostrega [69] el prestigio oriental de su nombre. Calle de Alcalá. ¡Tarde de toros! Calle de Alcalá, luminosa y retintinante. Puerta del Sol. Bulla de pregones:

—¡Altramuces! ¡Abanicos! ¡Naranjas! ¡El programa de la corrida! ¡La lista grande! ¡Nardos y claveles!

Se vierte sobre las aceras el vocerío de cafetines y tabernas. Zumbona [70] manolería asalta la imperial [71] de los ómnibus. Disputas y zaragatas [72]. Las coimas [73] de rumbo se lucen en calesa [74], florido el rodete [75] y el pañuelo del talle.

La corte muestra su vana magnificencia en landós [76] y carretelas [77]. Clarines. Escolta de guardias. Morriones [78] y plumeros. Grupas en corveta [79]. Caballerizos de espadín y tricornio, a la portezuela de las carrozas reales. La Reina Nuestra Señora lozanea [80] entre azules y guipures. A su izquierda se acoquina [81] la pulcra insignificancia del Rey Consorte. Las Reales Personas no disimulan el desacuerdo del tálamo. La Señora saluda apomponada, florea la mano, tiene una afable sonrisa para su Pueblo. El Augusto Consorte se inclina, con urbana mesura, en un término casi olvidado del gran atalaje. Charoles y metales. Cuatro yeguas andaluzas. Encumbrados palafreneros: pelucas blancas y medias encarnadas. Otra sección de Guardias. Renovados clarines baten la marcha del Príncipe de Asturias. El Augusto Niño —uniforme de sargento— encanta al populacho con la monería de su saludo militar. Sonríe, entre bigotes y perillas marciales. Le asienten y celebran el General Marqués de Novaliches, Mayordomo y Montero Mayor de su Alteza. El General Sánchez Osorio, Jefe de Estudios. El Coronel Losada, Placa de San Fernando, Medalla de Africa, Gran Diploma de la Asociación de Caza y Pesca, Primer Premio en los Concursos de Tiro, gloria nacional en los ejercicios de carabina y bayoneta. La Marcha de Infantes. Más landós, más carretelas. Los Duques de Montpensier saludan. Aplausos y vítores. Los Comités de la Unión Liberal pagan dos pesetas. El retén de pistolos permanece formado ante la verja

---

69. *Lostregar:* brillar, relampaguear.
70. *Zumbón:* dícese del que frecuentemente anda burlándose, o tiene el genio festivo y poco serio.
71. Sitio con asientos que algunos carruajes tienen encima de la cubierta.
72. Pendencia, alboroto, tumulto.
73. Manceba, concubina.
74. Carruaje de cuatro y, más comúnmente, de dos ruedas, con la caja abierta por delante, dos o cuatro asientos y capota de vaqueta.
75. Rosca que con las trenzas del pelo se hacen las mujeres para tenerlo recogido y para adorno de la cabeza.
76. Coche de cuatro ruedas, con capotas delantera y trasera, para poderlo usar descubierto o cerrado.
77. Coche de cuatro asientos, con caja poco profunda y cubierta plegadiza.
78. Armadura de la parte superior de la cabeza, hecha en forma de casco, y que en lo alto suele tener un plumaje o adorno.
79. Movimiento que se enseña al caballo, obligándolo a ir sobre las patas traseras.
80. *Lozanear:* ostentar lozanía.
81. *Acoquinarse:* amilanarse, acobardarse.

RAMON MARIA DEL VALLE-INCLAN

del Ministerio de la Guerra. Los Duques saludan: Sonrisa de soberanos. La misma algazara de cornetas. Caballerizos y palafrenes. Las mismas pelucas blancas, las mismas medias encarnadas. Otra sección de Guardias, más coches de la Real Casa. Landó a la Grand d'Aumont. La Infanta Isabel Francisca, rubia, chata, una fábula verde el vestido, cachirulo [82] de carey, mantilla de madroños, belleza manchega de Princesa Aldonza. A su lado, la Duquesa de Casteluccio. En la bigotera [83] un uniforme: Dormán [84] y chascás [85] con pompón [86] de gala. Otra ráfaga de cornetas. El Príncipe Napolitano, Prometido de la Señora Infanta. Vítores graneados. La Intendencia de Palacio paga dos reales:

—¡Altramuces! ¡Abanicos! ¡Naranjas! ¡El programa de la corrida! ¡La lista grande!

Alcahuetas y cesantes, pícaros y bohemios, ciegos y lisiados, con donaires y lástimas, dan tientos a la bolsa ajena. El gentío de a pie, con el sol en la espalda, sube hacia la plaza esparcido por las dos aceras. Endrina [87] y garbosa, ondula la gitana prometiendo venturas. Sobre un penco [88] trota el picador, amarillo jinete, con el azul monosabio [89] a la grupa. Un ciego pregona el romance del Horroroso Crimen de Solana. En la imperial de los ómnibus, chungas y algarabías, calañeses [90] y peinetas de teja, bastoneo y pataleo, luces morenas. El mayoral arrea el tiro de mulas. Bailan borlones y cascabeles. Restalla la fusta. Avinados berridos blasfemos. En torno de la plaza, tumulto de ruedas y caballos. Humo de fritangas.

—¡Agua, azucarillos, aguardiente! ¡El programa de la corrida! ¡Agua, azucarillos, aguardiente! ¡Claveles! ¡Claveles! ¡Claveles! ¡Patitas de bailaor, déjame una mota!

Moscas y polvareda. Negrea el gentío en las entradas de la Plaza. Disputas taurómacas. Impacientes empellones:

—¡Naranjas! ¡Naranjas! ¡Fresca! ¡Fresquita!... ¡De la Fuente del Berro! ¡Aleluyas de don Pirlimplín! ¡Risa para un año! ¡El programa de la corrida! ¡El Horroroso Crimen de Solana!

Guitarra y solfa. Rondas de morapio. Apolo cuelga su laurel en la puerta de un ventorrillo. Desafina el ciego:

> ¡En un negro calabozo,
> confesados y convictos,
> pagan su sanguinidad
> los malvados asesinos!
> Piden indulto al Gobierno
> el Clero y el Municipio,
> militares y paisanos,
> viejos, mujeres y niños.

(Viva mi dueño.)

---

82. Adorno que las mujeres usaban en la cabeza.
83. Asiento estrecho que se pone enfrente de la testera en las berlinas y otros coches, y puede doblarse, u ocultarse en la caja, cuando no se hace uso de él.
84. Chaqueta de uniforme con adornos de alamares y vueltas de piel.
85. Morrión con cimera plana y cuadrada, usado primero por los polacos y después en los regimientos de lanceros en toda Europa.
86. Esfera metálica o bola de estambre o seda con que se adornaba la parte anterior y superior de los morriones y chacós militares en el ejército español a principios del siglo XIX.
87. De color negro azulado.
88. Caballo flaco o matalón.
89. Mozo que ayuda al picador en la plaza.
90. Sombrero calañés: sombrero de ala vuelta hacia arriba y copa comúnmente baja en forma de cono truncado.

Isabel II, pintada, respectivamente, por Gutiérrez de la Vega (Museo Romántico, Madrid) y por Winterhalter (Palacio Real, Madrid). A ella y a su corte dedicó Valle-Inclán varias de sus obras.

Otras tendencias de la prosa

Aunque desde finales del siglo XIX comienzan a advertirse, como ya hemos visto, signos de renovación en la prosa española, suele considerarse el año de 1902, en el que aparecen cuatro importantes novelas (La voluntad, de Azorín; Amor y pedagogía, de Unamuno; Sonata de otoño, de Valle-Inclán, y Camino de perfección, de Baroja), como el punto de arranque de una ruptura, estética y temática, con la narrativa del siglo anterior. El esteticismo de Valle-Inclán, el carácter marcadamente intelectual de las obras de Unamuno, la técnica impresionista de Azorín, y el toque personal que da Baroja a fórmulas más convencionales, junto a otros experimentos posteriores de los escritores novecentistas, suponen una transformación profunda en las letras españolas y, frente a la unificación de procedimientos narrativos, habitual en la novela realista anterior, la imposición de estilos individuales.

Sin embargo, a pesar de que son estos autores los que marcan la pauta de los nuevos tiempos, y los que acabarán imponiéndose a la larga, todavía siguen acaparando la atención del público los novelistas de la generación anterior, a pesar de que ya su obra está, en muchos casos, cerrada. Clarín muere en 1901. Valera, en 1905. Pereda, un año después. En algunos de los que continúan en activo, con la excepción de Armando Palacio Valdés y de Jacinto Octavio Picón, se advierten cambios sustanciales. Emilia Pardo Bazán, que morirá en 1921, ha renunciado, desde mucho antes, a sus veleidades naturalistas, y Galdós presta por estos años una mayor atención al teatro (véase la pág. 231) y a nuevas series de los Episodios Nacionales.

En este apartado nos ocuparemos de una serie de autores, rigurosamente coetáneos de los modernistas y noventayochistas, o un poco más jóvenes que ellos, que, pese a algunas pinceladas innovadoras que introducen en sus obras, permanecen anclados en fórmulas habituales en los novelistas decimonónicos.

1. En primer lugar, destaca un grupo de narradores que prolonga el costumbrismo y el naturalismo hasta bien entrado el siglo XX. El más importante de ellos es Vicente Blasco Ibáñez. En esta misma línea, aunque algunas de sus obras podrían incluirse en el apartado siguiente, están, entre otros, novelistas de segunda fila como Alejandro Pérez Lugín, autor de dos obras de enorme éxito —La casa de la Troya (1915) y Currito de la Cruz (1921)—, Pedro de Répide, Francisco Camba, Alfonso Vidal y Planas, José Francés y Emilio Carrere, bohemio impenitente, poeta modernista (véase el poema que incluimos en pág. 24) y autor de novelas cortas con títulos tan expresivos como La tristeza del burdel (1913) y Rosas de meretricio (1917).

2. Otro grupo importante se orienta hacia la novela erótica (también llamada en esos años «novela galante» y «novela sicalíptica»), de corte naturalista y refinamiento decadentista, que, si bien contaba con precedentes notables, tiene su apogeo desde finales del siglo XIX hasta los años veinte de nuestro siglo. El más interesante de sus cultivadores fue, sin duda, Felipe Trigo. También alcanzaron grandes éxitos Eduardo Zamacois (nacido en Cuba, pero afincado en España), Pedro Mata, Rafael López de Haro, Alberto Insúa, Hoyos y Vinent, Joaquín Belda y Alvaro Retana, entre otros muchos.

Las intenciones que movieron a estos autores fueron variadas. Si bien en muchos de ellos se aprecia una clara finalidad didáctica y moralizante, otros se sirvieron del erotismo con fines puramente comerciales. Joaquín Belda puntualizará: «Yo, que no busco la inmortalidad, no me saldré del terreno de la sicalipsis, aunque me emplumen. Pero no cambiaré tampoco; es decir, no imitaré a los escritores que tomaron y toman en serio la pornografía...». Felipe Trigo, que concibió el erotismo como una «mística de la salvación humana», por el contrario, defenderá reiteradamente su credo naturalista y la seriedad de sus intenciones:

«La novela de hoy», «La novela semanal», «Los contemporáneos», «El cuento semanal», «La novela corta», fueron algunas de las muchas colecciones que por estos años divulgaron relatos de escasas dimensiones. En ellas colaboraron casi todos los escritores del primer tercio de este siglo.

> No he leído ninguno de los libros a que usted alude; pero no dudo, no puedo dudar de su desdichadísima existencia y de su número excesivo, en vista de las reiteradas y públicas protestas que por parte de la crítica vienen suscitando. No los he leído (porque no me place perder el tiempo en tonterías), a pesar de no haber faltado quienes pretenden hacerme responsable de la aparición de esos engendros. Acerca de esto, rechazo toda solidaridad y toda culpa. Mi literatura, para estudiar la vida en su total integridad, obedeciendo a un propósito inquebrantable y trascendente, tiene que descender a recogerla, en ocasiones, hasta en sus rasgos más brutales; esos rasgos están en la propia vida, y yo, con gran piedad y con dolor del alma, no hago más que reflejarlos como en un espejo.

Las novelas de la mayor parte de los escritores citados tienen una baja calidad literaria. Sin embargo, los amantes de la Sociología pueden entretenerse en analizar las causas (bastante obvias, por otra parte) de su éxito multitudinario y en determinar su posible influencia en la moral y en las costumbres sexuales de la época.

3. Sería injusto olvidar aquí a un grupo de narradores que, pese a su menguado interés literario y a las escasas novedades formales de sus obras, exhiben, a veces con una gran violencia, unas inquietudes cercanas a las de los regeneracionistas. De ahí el que con frecuencia se les haya calificado de «epígonos del 98». Entre ellos, destacan Ciges Aparicio, López Pinillos y Eugenio Noel. Incluimos en este apartado al pintor José Gutiérrez Solana, a pesar de que en su obra literaria las preocupaciones críticas estén muy atenuadas y se sustituyan casi siempre por una mal disimulada complacencia ante lo que describe.

4. Por último, recordaremos a dos novelistas que gozaron del favor del público, aunque hoy estén olvidados: Ricardo León, defensor a ultranza, con una prosa retórica y grandilocuente, de valores morales e ideológicos conservadores, y Concha Espina, en la que la intención moralizante y la tibia denuncia social se alían con la defensa de los más sólidos valores religiosos.

OTRAS TENDENCIAS DE LA PROSA

FELIPE TRIGO

Nació en Villanueva de la Serena (Badajoz) en 1864. Fue médico militar de profesión y participó en la campaña de Filipinas. Abandonó después su carrera y se dedicó de lleno a la literatura. Sus desequilibrios y sus dificultades para adaptarse a la sociedad de su época lo llevaron al suicidio en 1916.

Sus primeras novelas —**Las ingenuas** (1901), *La sed de amar* (1903), *La Altísima* (1907), *La bruta* (1908), *Sor Demonio* (1909), *En la carrera* (1909), **Cuentos ingenuos** (1909), **Así paga el diablo** (1911)— tienen como tema dominante la vida sexual. Trigo, al mismo tiempo que se recrea en descripciones típicamente decadentistas, fustiga, con clara intención moralizante, muchas hipocresías sociales y se lanza a una defensa, superficial y reiterativa, de la necesidad de liberar los instintos sexuales.

Mayor interés tienen dos obras posteriores en las que lo erótico se integra en unas preocupaciones regeneracionistas que aproximan a F. Trigo a los escritores del 98. La primera de ellas, **El médico rural** (1912), con abundantes elementos autobiográficos, constituye una denuncia de la ignorancia y de la situación mísera de los campesinos extremeños. En la otra, *Jarrapellejos* (1914), lanza una violenta diatriba contra el caciquismo imperante en las zonas rurales.

Las buenas intenciones sociales, morales y educativas de Trigo se acentúan en dos curiosas obras: *Socialismo individualista* (1904) y *El amor en la vida y en los libros* (1907).

Ediciones

El médico rural (Madrid, Turner, 1975. Prólogo de Rafael Conte). *Jarrapellejos* (Madrid, Turner, 1974. Prólogo de José Bergamín). Del resto de la producción de Trigo apenas existen ediciones modernas.

TERCERA PARTE. CAP. IV

Desvanecida de amor, sumisa a la voluntad dulce del amante, sus labios volvían a deslizar, como por la mañana, incoherentes súplicas y apagadas frases de protesta... Era el rubor derrotado y escapando en suspiros, cerrándole los ojos, entre la grana vivísima del rostro..., y se sentía bien de Luciano esta vez, en un deliquio de sollozos y lágrimas, de estremecimientos y pequeños gemidos que extinguía él en su boca a besos de pasión tan profunda como apacible, sin dejar de mirar esta frente comba, de blancura mate [...] Y empezó entonces la hora letal, interminable, una hora henchida de sofocaciones del deseo sobre ausencias absolutas de lo que no fuese aquel presente alcanzado, eterno como la posesión de una divinidad maravillosa; una hora en que la virgen ganada al fin para la gloria de los amores, y en ella perdida, encontró en un éxtasis sublime la mirada aquella larga, inmensa y estrábica de felicidad con que entregar el ser a Luciano... el ser todo, con el ansia de compenetrarse más, de fundirse a él y existir para siempre en él mismo, recogiendo también toda el alma del poeta, cuya frente noble al lado de la suya descansaba en la almohada o en la nube —no sabía ella—, enlazado a sus brazos, susurrándole al oído trémulas delicias que la estremecían el corazón como tocado vivo por el suyo, en plena quietud de sus cuerpos.

(*Las ingenuas.*)

A PRUEBA

—¡Señora, por favor, también le pido que me atienda y que me entienda! ¡Va en ello mi felicidad, y la felicidad y el porvenir de la adoradísima criatura. Hombre de mi siglo, de mi tiempo, y educado en un estético rigor que ha recaído principalmente en las mujeres, la sensación y el sentimiento son las bases de mi vida. En esto soy intransigente. Como el mismísimo D'Annunzio, la fealdad constituye para mí un tormento insoportable. Mi más grande desventura habría de ser el no encontrarle a mi mujer, en un cuerpo de beldad, un alma amorosa.

—¡Ah! —suspiró ella, esta vez menos esquiva, tocada en sus orgullos de madre y de mujer— ¿y por qué pensar, por qué temer que mi hija no sea bella?

—Señora, *ser bella,* no es bastante. Como sus manos, como su rostro, necesita ser perfectamente bella, desde la frente a los pies. Vuelvo a rogarle a usted que se fije en que, hombre de mi tiempo, rico, como ustedes ricas, y ni Josefina ni yo, pues, necesitados de una boda de descanso o conveniencia, sino todo lo contrario, de amor y de placer, para ella y para mí tendrá que formar la belleza el elemento principal y trascendente. Me dirá usted que todos los novios se casan sin este requisito, sin esta confirmación, sin esta previa seguridad que yo ansío aportarle a mi ventura; yo, aparte la condición original de mi criterio, pudiese contestarle que... *así se ven por el mundo las desgracias que se ven.* Dícelo el cantar, y parece hecho para el caso. Quién que en la noche de la boda en su mujer descubre un esqueleto, una vez desprovista ella de rellenos y prendidos; quién que se encuentra con un monstruo de gordura, una vez libertada del corsé...; y si es aún verdad que pudieran muchos novios argüirme que sabían a qué atenerse en cuanto a formas, desde mucho antes de casarse, y si tampoco deja de serlo que otros dícense enamorados del alma, del corazón, de las bondades de su esposa, y no de su hermosura, tampoco es menos indudable que los tanteos de aquéllos constituyen una muy grosera e hipócrita traición a los decoros, y que la resignación de éstos consuélase con lindas amantes cuando pueden. Pues bien, Carlota, mi amor es tan leal que ni busca como prólogo las rastreras artes del descuido, ni quiere la posibilidad de consolarse en su derrota con queridas. Noble, caballero, procedo en caballero, me parece... ¡y a ver, si no, a cuál madre de la tierra le ha hablado nunca su presunto yerno así!

«¡Así!» —se repitió interiormente Luis Augusto, satisfecho. Efectivamente, abandonadas las abstrusiones filosóficas, limitándose a los hechos, como cuando iba a comprar un automóvil, él mismo sorprendíase de la precisión de su elocuencia.

—¿Comprende ahora —prosiguió— por qué quiero ver desnuda a Josefina?

(Así paga el diablo.)

LA RECETA

Entregó luego una receta, diciendo displicente:

—Se trata de un padecimiento funcional, de puro desequilibrio nervioso. Anemia... Quince gotas de ese elixir en cada comida, ejercicio, aire libre..., pero nada de campo ni de aislamiento para esta señorita: sería peor... y... a su edad no hay inconveniente alguno en casarla, señora.

Todavía tres docenas de palabras entre cumplidos y seguridades acerca de que la enferma tenía sano el corazón y el pecho, y concluyó la consulta.

Yo salí alborotadamente en cuanto se cerró la puerta.

—¡Bendita carrera, chico, que te permite contemplar tales encantos!

Y contra lo que esperaba, contestó indignado el médico:

—¡No! ¡Maldita carrera, que me obliga a contemplar tales miserias! ¡Esa divina criatura morirá tísica antes que su novio ascienda!... Yo he podido decirle a la madre: «Imbécil, tu hija no tiene falta de vida, sino vida que le sobra, que la abrasa, que la ahoga una y mil veces desde los quince años, agitándola enloquecida de ansia de amor, al volver del baile a su lecho solitario de odiosa virgen, contemplando su hermosura inútil... mientras que el novio que la enciende va a concluir la noche encima de alguna prostituta». Y ya lo ves: hierro, gotas de hierro, y cobrar diez duros: porque si yo les diese la verdadera receta, a las madres, para estas pobres vírgenes... y mártires, ya hace tiempo que pasaría por un loco sinvergüenza y no vendría nadie a mi consulta. ¡Oh, qué farsa es la vida!

(Cuentos ingenuos.)

OTRAS TENDENCIAS DE LA PROSA

PRIMERA PARTE. CAP. III

El pueblo no podía ser más desdichado —especie de dantesco islote, de sarcástica zahúrda [1] en mitad de las hermosuras de sus campos—. De más lo vieron Esteban y Jacinta, y él muy singularmente al recorrerlo haciendo la visita desde el mismo día siguiente de llegar.

La única casa aceptable, de ocre y azul su fachada, de tres rejas, que daban al Ayuntamiento, era, en plena plaza, la de aquel señor Vicente, capitalista y cacique máximo, más aún que el *Cernical* enamorado de Palomas. El ayuntamiento consistía en un zahurdón, cuyo piso bajo se destinaba a escuela; y la plaza venía a ser una un poco ancha calle irregular, desempedrada, llena de baches y de paja, donde cada vieja vivienda, la mayor parte sin revoco y construidas de piedra y barro, trazaba un ángulo, una esquina, utilizables para tener los carros y los cerdos.

Partían de aquí las calles, si de tal modo pudieran denominarse los zigzag y rinconadas laberínticas, en todas direcciones y con un desorden caprichoso. Cuestas, sin cesar; paja, más paja por el suelo, excepto en los sitios donde las rocas asomaban lo mismo que arrecifes. Y como la molida paja de las calles se debía a que en este tiempo recogían la de las eras, Esteban, pilotado siempre por aquel barbero enjuto y tuerto, veíase a punto de naufragar en los montones que cogían de lado a lado. Las casas permanecían cerradas, ahogando de calor a los vecinos, o abiertas al dichoso amarillo tamo [2] que nada dejaba de invadir, pues desconocíanse en las puertas y ventanas los cristales. Un día de viento, había sido para el pueblo un insoportable e incesante torbellino, que lo tuvo envuelto en polvo y en doradas nubes hasta por lo alto de la torre, de cuyo campanario sin campanas, hendido por un rayo tiempo hacía, huyeron sofocadas las cigüeñas.

—Pero, oiga usted, Román, ¿y el cura? —le preguntaba Esteban al barbero.

—¿El cura? —respondía Román guiñando el ojo sano—. ¡Valiente mozo está! Es decir, mozo, no; que anda l'hombre alreó setenta abriles y tié un ama que aunque ya es tan vieja como él, dicen que ha sido un pero de bonita. Er cura no va más que a su misa, cuando va, y está con to er mundo enforruscao [3], porque no quié er pueblo comprarle otras campanas, hubo que quitarlas de orden del alcalde, al quearse la torre por un rayo, Dios nos libre, daleá [4], y paice ser que aluego aluego las vendieron.

Seguían pisando paja, asaltando entre los carros de redes y los bieldos [5] aquellas fofas montañas amarillas, y aunque el uno al otro sacudíanse, por mutua caridad, Román tenía incrustada en las solapas y en el pelo y las pestañas la paja de tres meses... Esteban, al concluir la visita, quitábasela de los calcetines, de todo el cuerpo, por medio del general lavoteo con que veíase forzado a sustituir el baño, imposible de tomar en un pueblo donde no había tinas, ni noción siquiera de su uso.

La familia del tío *Zumba* mostrábase asombrada del gran consumo de agua que hacían el médico y la médica; tanto más empezaba esto en la aldea entera a comentarse, cuando que precisamente el trabajo principal de Esteban iba consistiendo en recibir mujeres que le llevaban a sus niños para saber si, como una medicina excepcional, peligrosísima, podrían bañarlos en la charca de la dehesa, preparándolos con una purga, lo primero. Aparte los chiquillos, que, además, habían de tener sarpullidos o picores y que iban rabiando hacia la charca igual

Portadas de algunas obras de Felipe Trigo.

1. *Zahúrda:* pocilga, tugurio, vivienda sucia y miserable.
2. Polvo o paja muy menuda de semillas trilladas.
3. *Enfurruscado:* enfurruñado, enfadado.
4. Ladeada, inclinada.
5. Instrumento para aventar las mieses trilladas y para separar del grano la paja.

que hacia el cadalso, nadie en Palomas bañaríase por nada de este mundo.

No otra sería la explicación de las verdes moreneces que advertíase en las mujeres, jóvenes o viejas, muy peinadas, sin embargo, con su raya al medio y su moño picaporte [6]. Se lavaban la cara por las fiestas, y el cuerpo nunca, a pesar de que tenían a orgullo llevar muy limpios sus pañuelos, sus faldas, sus corpiños, lo cual hacíalas pasarse enjabonando ropas todo el día. Al amanecer, en su primera visita a los enfermos, Esteban solía ver hombres y mocitas que en las puertas o en el cuerpo delantero de las casas, chapuzábanse la cara tímidamente con el agua que cabía en un cuenquecillo de barro como un puño; luego, sí, ellas sentábanse despaciosas a peinarse con las gotas que quedaban, y adornábanse con albahaca y con claveles.

La gran diversión de estas mozas, hijas del señor Porras, inclusive, cifrábase en ir por las tardes con su cántaro al cuadril [7] al pozo del ejido [8]; los hombres concurrían también, con las bestias, para darlas de beber; y era tal la animación y tan escaso el manantial, que en el fondo del ancho pozo abarandado y rodeado de pilones, acababan por formar un barro los calderos.

Escena la más graciosa y pintoresca, no obstante, de la vida de Palomas. Esteban llevó por aquel sitio, en la segunda tarde, a su mujer, tratando de evitarla los otros alrededores de las cercas, llenos de estercoleros pestilentes, de latas y trapos viejos, de vidrios rotos, en un maldito cinturón de porquería que apartaba de la amplitud bella de los campos al triste pueblecillo; la mal impresionada Jacinta hízole notar la fealdad, como enferma y monstruosa, de la mayoría de las muchachas; rechonchas a fuerza de refajos, pálidas, tripudas, solían llevar de la mano niños en cueros o en camisa que, aún más que ellas, ostentaban la palúdica infección.

6. Es el moño formado en trenza ancha y aplastada.
7. Cadera.
8. Terreno inculto en las afueras de una población, destinado a usos comunes diversos.

(*El médico rural.*)

VICENTE BLASCO IBAÑEZ

Nació en Valencia en 1867. Estudió Derecho y ejerció el periodismo. Desde muy joven se mostró abiertamente republicano. Debido a su intensa actividad en defensa de la causa aliada durante la Primera Guerra Mundial, el gobierno francés le otorgó la Legión de Honor. Durante la Dictadura de Primo de Rivera se exilió en Niza y continuó con sus actividades antimonárquicas. Son los años de su multitudinario éxito en el extranjero, al que contribuyeron las versiones cinematográficas (algunas protagonizadas por Rodolfo Valentino) que se hicieron en Hollywood de algunas de sus obras. Murió en su finca de Menton (Francia) en 1928.

En la vasta producción del escritor ocupan un lugar destacado sus novelas de ambiente regional: *Arroz y tartana* (1894), *Flor de mayo* (1895), **La barraca** (1898) y **Cañas y barro** (1902).

OTRAS TENDENCIAS DE LA PROSA

En el grupo que sigue, compuesto por *La catedral* (1903), *El intruso* (1904), *La bodega* (1905) y *La horda* (1905), se acentúan sus preocupaciones sociales.

Las novelas cosmopolitas, también llamadas «de la guerra europea» *(Los cuatro jinetes del Apocalipsis,* 1916; *Mare nostrum,* 1918; *Los enemigos de la mujer,* 1919), aunque de méritos literarios modestos, son las que le granjearon un reconocimiento mundial. El cosmopolitismo del escritor es notorio también en sus libros documentales y de viajes, sobre todo en *La vuelta al mundo de un novelista* (1927).

El resto de la producción de Blasco Ibáñez suele agruparse en: novelas históricas *(El Papa del mar, A los pies de Venus, En busca del gran Kan),* de ambiente americano *(Los argonautas, La tierra de todos),* de aventuras *(El paraíso de las mujeres, La reina Calafia, El fantasma de las alas de oro),* etc. También escribió un buen número de cuentos y de novelas cortas.

Ediciones

Obras completas, Madrid, Aguilar.

CAP. IV

Era jueves, y, según una costumbre que databa de siglos, el Tribunal de las Aguas iba a reunirse en la puerta de los Apóstoles de la catedral de Valencia.

El reloj de la torre llamada el Miguelete señalaba poco más de las diez, y los huertanos juntábanse a corrillos o tomaban asiento en los bordes del tazón de la fuente que adorna la plaza, formando en torno al vaso una animada guirnalda de mantas azules y blancas, pañuelos rojos y amarillos o faldas de indiana de colores oscuros.

Llegaban unos tirando de sus caballejos con el serón cargado de estiércol, contentos de la colecta hecha en las calles; otros, en sus carros vacíos procurando enternecer a los guardias municipales para que los dejasen permanecer allí; y mientras los viejos conversaban con las mujeres, los jóvenes se metían en el cafetín cercano para matar el tiempo ante la copa de aguardiente, mascullando su cigarro de diez céntimos.

Toda la huerta que tenía agravios que vengar estaba allí, gesticulante y ceñuda, hablando de sus derechos, impaciente por soltar ante los síndicos o jueces de las siete acequias el interminable rosario de sus quejas.

El alguacil del tribunal, que llevaba más de cincuenta años de lucha con esta tropa insolente y agresiva, colocaba a la sombra de la portada ojival las piezas de un sofá de viejo damasco, y tendía después una verja baja, cerrando el espacio de acera que había de servir de sala de audiencia.

La puerta de los Apóstoles, vieja, rojiza, carcomida por los siglos, extendiendo sus roídas bellezas a la luz del sol, formaba un fondo digno del antiguo tribunal: era como un dosel de piedra fabricado para cobijar una institución de cinco siglos.

En el tímpano aparecía la Virgen con seis ángeles de rígidas albas y alas de menudo plumaje, mofletudos, con llameante tupé y pesados tirabuzones, tocando violas y flautas, caramillos y tambores. Corrían por los tres arcos superpuestos de la portada tres guirnaldas de figurillas, ángeles, reyes y santos, cobijándose en calados doseletes. Sobre robustos pedestales exhibíanse los doce apóstoles; pero tan desfigurados, tan maltrechos, que no los hubiera conocido Jesús: los pies, roídos; las narices, rotas; las manos, cortadas; una fila de figurones, que más que apóstoles parecían enfermos escapados de una clínica, mostrando dolorosamente sus informes muñones. Arriba, al final de la portada, abríase, como gigantesca flor cubierta de alambrado, el rosetón de colores que daba luz a la iglesia, y en la parte baja, en la base de las columnas adornadas con escudos de Aragón, la piedra estaba gastada, las aristas y los follajes, borrosos por el frote de innumerables generaciones.

En este desgaste de la portada adivinábase el paso de la revuelta y el motín. Junto a estas piedras se había aglomerado y confundido todo un pueblo; allí se había agitado en otros siglos, vociferante y rojo de rabia, el valencianismo levantisco, y los santos de la portada, mutilados y lisos como momias egipcias, al mirar al cielo con sus rotas cabezas, parecían estar oyendo aún la revolucionaria campana de la Unión o los arcabuzazos de las Germanías.

Terminó el alguacil de arreglar el tribunal, y plantóse a la entrada de la verja, esperando a los jueces.

Iban llegando, solemnes, con una majestad de labriegos ricos, vestidos de negro, con blancas alpargatas y pañuelo de seda bajo el ancho sombrero. Cada uno llevaba tras sí un cortejo de guardas de acequia, de pedigüeños que antes de la hora de la justicia buscaban predisponer el ánimo del tribunal en su favor.

La gente labradora miraba con respeto a estos jueces salidos de su clase, cuyas deliberaciones no admitían apelación. Eran los amos del agua; en sus manos estaba la vida de las familias, el alimento de los campos, el riego oportuno, cuya carencia mata una cosecha. Y los habitantes de la extensa vega, cortada por el río nutridor como una espina erizada de púas que eran sus canales, designaban a los jueces por el nombre de las acequias que representaban.

Un vejete seco, encorvado, cuyas manos rojas y cubiertas de escamas temblaban al apoyarse en el grueso cayado, era Cuart de Faitanar; el otro, grueso y majestuoso, con ojillos que apenas si se veían bajo los dos puñados de pelo blanco de sus cejas, era Mislata; poco después llegaba Rascaña, un mocetón de planchada blusa y redonda cabeza de lego; y tras ellos iban presentándose los demás, hasta siete: Favar, Robella, Tormos y Mestalla.

Ya estaba allí la representación de las dos vegas: la de la izquierda del río, la de las cuatro acequias, la que encierra la huerta de Ruzafa con sus caminos de frondoso follaje, que van a extinguirse en los límites del lago de la Albufera, y la vega de la derecha del Turia, la poética, la de las fresas de Benimaclet, las chufas de Alboraya y los jardines siempre exuberantes de flores.

Los siete jueces se saludaron como gente que no se ha visto en una semana. Luego hablaron de sus asuntos particulares junto a la puerta de la catedral. De cuando en cuando, abriéndose las mamparas cubiertas de anuncios religiosos, esparcíase en el ambiente cálido de la plaza una fresca bocanada de incienso, semejante a la respiración húmeda de un lugar subterráneo.

A las once y media, terminados los oficios divinos, cuando ya no salía de la basílica más que alguna devota retrasada, comenzó a funcionar el tribunal.

Sentáronse los siete jueces en el viejo sofá; corrió de todos los lados de la plaza la gente huertana para aglomerarse en torno de la verja, estrujando sus cuerpos sudorosos, que olían a paja y lana burda, y el alguacil se colocó, rígido y majestuoso, junto al mástil, rematado por un gancho de bronce, símbolo de la acuática justicia.

Descubriéronse las siete *acequias* quedando con las manos sobre las rodillas y la vista en el suelo, y el más viejo pronunció la frase de costumbre:

—*S'obri* el tribunal [1].

Silencio absoluto. Toda la muchedumbre, guardando un recogimiento religioso, estaba allí, en plena plaza, como en un templo. El ruido de los carruajes, el arrastre de los tranvías, todo el estrépito de la vida moderna pasaba sin rozar ni conmover esta institución antiquísima, que permanecía allí tranquila, como quien se halla en su casa, insensible al paso del tiempo, sin fijarse en el cambio radical de cuanto lo rodeaba, incapaz de reforma alguna.

Mostrábanse orgullosos los huertanos de su tribunal. Aquello era hacer justicia; la pena, sentenciada inmediatamente, y nada de papeles, pues éstos sólo sirven para enredar a los hombres honrados.

La ausencia del papel sellado y del escribano aterrador era lo que más gustaba a unas gentes acostumbradas a mirar con miedo supersticioso el arte de escribir, por lo mismo que lo desconocen. Allí no había secretarios, ni plumas, ni días de angustia esperando la sentencia, ni guardias terroríficos, ni nada más que palabras.

Los jueces guardaban las declaraciones de los testigos en su memoria y sentenciaban inmediatamente, con la tranquilidad del que sabe que sus decisiones han de ser cumplidas. Al que se insolentaba con el tribunal, multa; al que se negaba a cumplir la sentencia le quitaban el agua para siempre y se moría de hambre.

Con este tribunal no jugaba nadie. Era la justicia patriarcal y sencilla del buen rey de las leyendas saliendo por las mañanas a la puerta del palacio para resolver las quejas de sus súbditos; el sistema judicial del jefe de cabila sentenciando a la entrada de su

---

1. Se abre el tribunal.

tienda. Así, así es como se castiga a los pillos y triunfa el hombre honrado, y hay paz.

Y el público, no queriendo perder palabra, hombres, mujeres y chicos estrujábanse contra la verja, retrocediendo algunas veces con violentos movimientos de espaldas para librarse de la asfixia.

(La barraca.)

CAP. V

Tonet se decidió a romper el silencio, dirigiéndose a Neleta. Ya que el abuelo no venía, había que embarcar cuanto antes; aquellos hombres tenían razón. Y su voz era ronca, con un temblor de angustia, como si la emoción le apretase la garganta.

Neleta se sentó en el centro de la barca, al pie del mástil, empleando como asiento un montón de ovillos, que se aplastaban bajo su peso. Tonet tendió la vela, quedando en cuclillas junto al timón, y la barca comenzó a deslizarse, aleteando la lona contra el mástil con los estremecimientos de la brisa, blanda y moribunda.

Pasaban lentamente por el canal, viendo a la última luz de la tarde las barracas aisladas de los pescadores, con guirnaldas de redes puestas a secar sobre las encañizadas del corral, y las norias viejas, de madera carcomida, en torno de las cuales comenzaban a aletear los murciélagos. Por los ribazos caminaban los pescadores, tirando penosamente de sus barquitos, remolcándolos con la faja atada al extremo de las cuerdas.

—¡Adiós! —murmuraban al pasar.

—¡Adiós!...

Y otra vez el silencio, coreado por el susurro de la barca al cortar el agua y el monótono canto de las ranas. Los dos iban con la vista baja, como si temiesen darse cuenta de que estaban solos; y si, al levantar los ojos, se encontraban sus miradas, las huían instantáneamente.

Se ensanchaban las orillas del canal. Los ribazos se perdían en el agua. Las grandes lagunas de los campos por enterrar se extendían a ambos lados. Sobre la tersa superficie ondeaban las cañas en el crepúsculo, como la cresta de una selva sumergida.

Estaban ya en la Albufera. Avanzaron algo más con los últimos estremecimientos de la brisa, y en derredor sólo vieron agua.

Ya no soplaba el viento. El lago, tranquilo, sin la menor ondulación, tomaba su suave tinte ópalo, reflejando los últimos resplandores del sol tras las lejanas montañas.

El cielo tenía un color de violeta y comenzaba a agujerearse por la parte del mar con el centelleo de las primeras estrellas. En los límites del agua marcábanse como fantasmas los lienzos desmayados e inmóviles de las barcas.

Tonet arrió la vela y, agarrando la percha, comenzó a hacer marchar la embarcación a fuerza de brazos. La calma del crepúsculo rompió su silencio.

Neleta, con sonora risa, poníase en pie, queriendo ayudar a su compañero. Ella también manejaba la percha. Tonet debía de acordarse de los tiempos de la niñez, de sus juegos revoltosos, cuando desenganchaban los barquitos del Palmar sin saberlo sus amos y corrían los canales, teniendo muchas veces que huir de la persecución de los pescadores. Cuando se cansase comenzaría ella.

—Estate *queta*... —respondió él con el resuello cortado por la fatiga; y seguía perchando.

Pero Neleta no callaba. Como si le pesase aquel silencio peligroso, en el que ambos se huían las miradas; como si temiera revelar sus confusos pensamientos, la joven hablaba con gran volubilidad.

En el fondo marcábase lejana, como una playa fantástica a que nunca habían de llegar, la línea dentellada de la dehesa. Neleta, con incesantes risas, en las que había algo forzado, recordaba a su amigo la noche pasada en la selva, con sus miedos y su sueño tranquilo; aquella aventura que parecía del día anterior: tan fresca estaba en su memoria.

Pero el silencio del compañero, su vista fija en el fondo de la barca con expresión ansiosa, le llamaron la atención. Entonces vio que Tonet devoraba con los ojos sus zapatos amarillos, pequeños y elegantes, que se marcaban sobre el cáñamo como dos manchas claras, y algo más que con los movimientos de la barca había ella dejado al descubierto. Se apresuró a cubrirse y quedó silenciosa, con la boca apretada por un gesto duro y los ojos casi cerrados, mientras una arruga dolorosa se trazaba en su entrecejo. Neleta parecía hacer esfuerzos para vencer su voluntad.

Seguían avanzando lentamente. Era un trabajo penoso atravesar la Albufera a fuerza de brazos con la barca cargada. Otros barquitos vacíos, sin más peso que el del hombre que empuñaba la percha, pasaban rápidos como lanzaderas por cerca de ellos, perdiéndose en la penumbra, cada vez más densa.

Tonet llevaba cerca de una hora de manejar la pesada percha, resbalando unas veces sobre el fuerte suelo de conchas y enredándose otras en la vegetación del fondo, que los pescaderos llaman el *pelo* de la Albufera. Bien se veía que no estaba habituado a tal trabajo. De ir sólo en la barca se hubiera tendido en el fondo, esperando que volviese el viento o le remolcara otra embarcación. Pero la presencia de Neleta despertaba en él cierto pundonor y no quería detenerse hasta que cayera reventado de fatiga. Su pecho jadeante lanzaba un resoplido al apoyarse en la percha empujando la barca. Sin abandonar el largo palo, llevaba de cuando en cuando un brazo a su frente para limpiarse el sudor.

Neleta le llamó con voz dulce, en la que había algo de arrullo maternal.

Sólo se veía su sombra sobre el montón de ovillos que llenaba la proa. La joven quería que descansase, debía detenerse un momento; lo mismo era llegar media hora antes que después.

Y le hizo sentar junto a ella, indicando que en el montón de cáñamo estaría más cómodamente que en la popa.

La barca quedó inmóvil. Tonet, al reanimarse, sintió la dulce proximidad de aquella mujer, lo mismo que cuando permanecía tras el mostrador de la taberna.

Había cerrado la noche. No quedaba otra claridad que el difuso resplandor de las estrellas, que temblaban en el agua negra. El silencio profundo era interrumpido por los ruidos misteriosos del agua estremecida por el coleteo de invisibles animales. Las lubinas, viniendo de la parte del mar, perseguían a los peces pequeños, y la negra superficie se estremecía con un *chap-chap* continuo de desordenada fuga. En una *mata* cercana lanzaban las fúlicas su lamento

Valencia: sesión del Tribunal de las Aguas.

como si las matasen y cantaban los *buxquerots* con interminables escalas.

Tonet, en este silencio poblado de rumores y cantos, creía que no había transcurrido el tiempo, que era pequeño aún y estaba en un claro de la selva, al lado de su infantil compañera, la hija de la vendedora de anguilas. Ahora no sentía miedo; únicamente le intimidaba el calor misterioso de su compañera, el ambiente embriagador que parecía emanar de su cuerpo, subiéndosele al cerebro como un licor fuerte.

Con la cabeza baja, sin atreverse a levantar los ojos, avanzó un brazo, ciñéndolo al talle de Neleta. Casi en el mismo instante sintió una caricia dulce, un contacto aterciopelado, una mano que resbalaba por su cabeza y, deslizándose hasta la frente, secaba el sudor que aún la humedecía.

Levantó la mirada y vio a corta distancia, en la oscuridad, unos ojos que brillaban fijos en él, reflejando el punto de luz de una lejana estrella. Sintió en las sienes el cosquilleo de los pelos rubios y finos que rodeaban la cabeza de Neleta como una aureola. Aquellos perfumes fuertes de que se impregnaba la tabernera parecieron entrar de golpe hasta lo más profundo de su ser.

—¡Tonet, Tonet! —murmuró ella con voz desmayada, como un tierno vagido.

¡Lo mismo que en la dehesa! Pero ahora ya no eran niños; había desaparecido la inocencia que les hacía apretarse uno contra otro para recobrar el valor, y al unirse tras tantos años con un nuevo abrazo, cayeron en el montón de cáñamo, olvidados de todo, con el deseo de no levantarse más.

La barca siguió inmóvil en el centro del lago, como si estuviera abandonada, sin que sobre sus bordas se marcase la más leve silueta.

Cerca sonaba la perezosa canción de unos barqueros. Perchaban sobre el agua poblada de susurros, sin sospechar que a corta distancia, en la calma de la noche, arrullado por el gorjeo de los pájaros del lago, el Amor, soberano del mundo, se mecía sobre unas tablas.

(Cañas y barro.)

OTRAS TENDENCIAS DE LA PROSA

EUGENIO NOEL

Nació en Madrid en 1885. Después de una fugaz estancia en el seminario, marchó como voluntario a la guerra de Africa (1909). Murió en Barcelona en 1936.

Autodidacta, bohemio, andariego, republicano, anticlerical, y en medio siempre de penurias económicas, no cejó, en sus conferencias y libros, escritos siempre en una prosa de gran riqueza léxica, pero en exceso arcaizante, de atacar el flamenquismo, la afición a los toros y el caciquismo. Entre sus diversos ensayos destacan: *Lo que vi en la guerra* (1912), *Las capeas, Pan y toros, Piel de España, España nervio a nervio* (1924) y *Raza y alma* (1926). Es autor también de diversas novelas cortas y de una novela larga: *Las siete Cucas* (1927). Tiene gran interés su *Diario íntimo*, publicado póstumamente en dos volúmenes (1963 y 1968, respectivamente) por la editorial Taurus.

Ediciones

España fibra a fibra, Madrid, Taurus, 1960. *España nervio a nervio,* Madrid, Espasa Calpe (colección Austral), 1963. *Novelas escogidas,* Madrid, Ediciones y Publicaciones Gráficas C.I.O., 1956.

CAPEAS PUEBLERINAS

Desde el pase o lance de delantal, única innovación de los bestiarios posterior al pase de la firma, pase de la muerte y la serie de verónicas sin enmendarse, no había yo observado en la afición y sus comentaristas grandes progresos. Nada más difícil, según parece, que encontrar en asuntos de toros fórmulas nuevas de expresión, proyección y plasticidad. Es realmente una vergüenza nacional que en asunto tan racial como el de las corridas, exista falta de genio creador. Ahora es otra cosa: un gran caballista portugués, Simao de Veiga, ha demostrado cumplidamente que el porvenir cromotumínico de esa fiesta consiste en desplazarla a su punto de partida; es decir, abandonar el empeño de a pie y volver al toreo a la jineta, amaestrar jacas para que toreen ellas solas, y deslumbrar a los vividores de emociones con los lances de otros tiempos, de aquellos en que lidiar reses bravas era privativo de caballeros, nobles y desocupados de alta alcurnia. Desde Badila a Veneno Chico se venía observando que entrañaba poco espíritu de inventiva destripar los caballos sin sacarles todo el provecho que nuestros ardores raciales necesitan para que no se solidifique nuestra sangre histórica. Gaspar Esquerdo, Boltañés, Cuchet y sobre todo Cañero han despertado ganas de ver faenas a caballo, y, gracias a Dios, si esas verónicas por milímetros de Cagancho no lo impiden, esperamos en poco tiempo presenciar el maravilloso espectáculo de una fiesta que refluye por otra del sentido común a su punto de origen, del que maldito lo que hubiera España perdido si no sale nunca...

Pero lo que después de mi excursión por América —un viajecito de tres años— ha llamado verdaderamente mi atención es la supervivencia de las capeas pueblerinas. Los que han seguido mi campaña contra las corridas de toros y el flamenquismo saben que he descrito bien esas capeas —lo que indica que he presenciado un número enorme de ellas— y que pocos habrán expresado como yo su indignación y protesta al ver una realidad racial tan cruel, tan innecesaria y tan fundamentalmente enquistada en la eterna fiebre de barbaridades que consume a nuestros pueblos.

No he creído jamás en la eficacia de leyes y decretos lanzados contra la afición a los toros y a sus lidias y capeas, y no he de caer ahora en el lugar común de suplicar esos decretos y esas leyes. El mal es muy hondo, y ese mal está denunciado por mi pluma y por mi voz. No se trata de costumbres adquiridas por este o aquel capricho, por aquella o esotra supervivencia de fiestas de antepasados; se trata de un mal que está en la entraña de nuestro ser; de una horrible saponificación de virtudes labriegas, de valores sarios y moedinos; de una amplificación cancerosa de células sentimentales, de emociones mantenidas a presiones bárbaras por una raza siempre inquieta, andariega, guerrera y brutal, en la que hasta la busca del pan de todos los días ha consistido en una durísima tarea de conquista. Y si apuráis la realidad de estas ideas, que no por escritas sencillamente dejan de ser hondas y exactas, entra en ese odioso afán de vaquillas de muerte el valor viejo de almas de hierro, que al quebrarse en acontecimientos históricos que son del dominio se pudrió en rabia y bibria y se plasmó en envidia cruelísima.

Y así como en la misma ropavejería y piezas suntuarias que usan las figuras de la fiesta nacional podéis seguir la trayectoria entera de esa costumbre con sus claudicaciones y concesiones a las épocas y gustos, así en ese problema de las capeas pueblerinas podéis observar cómo el delirio por ellas no es sino relajamiento de machismos un tiempo necesarios y arrogancias que, por lo útiles precisamente, llegaron a poseer esplendores de belleza de raza. Ved si no: he allí el castoreño del picador; cualquier curioseador de estampas puede desde el sombrero del majo, chispero o manolo llevaros hasta el chambergo de nuestros tercios, vencedores del mundo. Y si contempláis ese chambergo y el castoreño juntos, ¿no parece que el destino haya dado a aquél un puñetazo y transformado su copa, alas y airones en la chata chichonera de este último, que parece un solideo inflado, y en la piña ridícula que le ciñe? Tomad en vuestras manos una lanza de las de los vencedores de Breda y una puya de las de estos grotescos caballistas de ruedo, y decidme si no caen lágrimas sobre la sonrisa de vuestros labios. La lanza transformada en puya, en castoreño el chambergo, los zahones camperos en monas amarillas, las bragas viejas y prietas de nuestros mozarrones ibéricos en taleguillas de bestiarios de circo, y todo así... No una sola, todas, todas las figuras de la fiesta nacional hablan de descomposición de grandes cosas que fueron: trajes orientales o severos hábitos de trabajo cuyo trazo sugirió el campo mismo; posturas que fueron un tiempo gestos y formas de profundo significado regional; actos que un día transformaron en epopeyas un hondo ideal... Todo eso se ve en esos cromos del coso caricaturizado, cairelado, constelado de lentejuelas, cintajos, sedas, abalorios...

Lo mismo, lo mismo en las capeas pueblerinas, y tal vez en ellas más odiosamente claro.

Yo he pintado como puedo la lucha de un mozo con un toro en un pueblo de nuestras mesetas. Ese mozo visita el chiquero antes de soltar al toro en la capea; le desafía allí y le llama con valor fanfarrón; el toro vuelve a él sus nobles ojos y le desprecia. El mozo le escupe, le mira a cierto sitio, se mira él después, y de su boca sale un desafío envuelto en una bellaquería de macho rijoso. Durante la capea el toro y el mozo se lidian uno a otro, «a ver cuál de los dos es más macho»; el pueblo se da cuenta, y el desafío toma proporciones de locura colectiva; el mozo abre su navaja y hiere y ríe y enseña a las hembras su manaza sarmentosa, toda ella tinta con la espesa púrpura de la sangre del toro. Pero el toro le mata. Y el mozo expira allí junto a la rueda de un carro, rugiendo: «¡Te has salido con la tuya, ladrón!»

¿Es necesario analizar esa escena? No. Es toda nuestra; es toda la raza. Ahí, en ese mozo, está nuestra historia en todo su esplendor y toda su decadencia. Una simple busca os da en esa alma que la envidia se ha transformado en crueldad, como antes en la sangre misma del pobre joven el valor purísimo de nuestros ancestros se pudriera en temeridad de inactivo...

Sería muy útil que todos afrontáramos estos problemas desde éste u otros puntos de vista parecidos, porque en ellos no hay simples casos de costumbres plasmadas, sino la parte más rica en realidades de nuestro heterogéneo e indomable modo de ser.

Noel, durante el transcurso de una charla antitaurina en el Ateneo de Sevilla.

OTRAS TENDENCIAS DE LA PROSA

MANUEL CIGES APARICIO

Nació en Enguera (Valencia) en 1873. Marchó como soldado a Cuba. Al estallar la guerra civil fue fusilado en Avila, en donde era gobernador civil. Ejerció durante toda su vida el periodismo.

Escribió cuatro obras de carácter autobiográfico: *Del cautiverio* (1903), *Del hospital* (1906), *Del cuartel y de la guerra* (1906), *Del periodismo y de la política* (1907). Entre sus novelas, que derivan con frecuencia hacia el reportaje, destacan: **El vicario** (1905), cuyo protagonista, un sacerdote que, como el *San Manuel* de Unamuno, ha perdido la fe, exhibe un malestar y una desorientación próximos a los de los héroes barojianos; *La romería* (1911), *Villavieja* (1914), *El juez que perdió la conciencia* (1925) y *Los caimanes* (1931).

Ediciones

Novelas de M. Ciges Aparicio, edición, introducción y notas de Cecilio Alonso, 3 volúmenes, Valencia, Consellería de Cultura, 1986.

CAP. IV

Cuando se hubo quedado solo, el Vicario abrió la maleta y empezó a ordenar en la mesa los libros y revueltos papeles de que estaba henchido su seno. En este trabajo invirtió buen rato, retenida su atención por las innumerables notas que había tomado en cuartillas y cuadernos, repletos de letra clara y menudísima. En terminando su ímproba tarea se quedó suspenso, con los codos apoyados en la mesa y los ojos fijos en las pilas de libros dispuestas en los ángulos.

Al tibio fulgor del quinqué, la ancha frente del solemne sacerdote aparecía partida por el hondo pliegue, revelador de una atención muy disciplinada para concentrarse sumisa al primer mandato imperativo de la voluntad. Las ideas y recuerdos dispersos y entremezclados en las copiosas notas comenzaban lentamente a resurgir y tomar ordenado puesto en el cerebro del Vicario, que era como adquirir persistencia y latente vida. Se encontraba en el más arduo y difícil período de la misteriosa elaboración mental; después nacería el libro, que iba engendrando en sus largas y pacientísimas vigilias: obra de lucha y de polémica que le atraería las fulminaciones de todas las potestades: Iglesia, Aristocracia y Democracia, porque con todas las ideas, acatadas y reverenciadas por la sociedad, estaban en abierta guerra las suyas. Un momento hubo en que dudó de reproducir su franco pensar; pero la indecisión pasó fugaz. Era harto altanero para temer persecuciones e injurias, y bastante sincero para decir sin rebozo cuánto sentía. Este sentimiento estaba ya a punto de llegar a la plenitud de los tiempos. Era un ser extraño que latía vigorosamente en su cerebro, anhelando exteriorizarse a la luz de la vida. ¿Qué le sobrevendría luego?... Ni siquiera reparaba en ello. De su seno le expulsaría la Iglesia, comunión de almas esclavas, que repudia y anatematiza a los rebeldes. ¿Y adónde iría?... ¿En qué institución o categoría social no sería un extranjero, ser excéntrico que no encontraba adecuado ambiente?... Su liberación moral creíala encontrar en el libro que meditaba. A los fantasmas vaporosos que cruzaban por su espíritu les daría corporeidad con su poder creador, y en ellos viviría. Postrer dinasta de una extinta familia que tuvo heroico abolengo, sólo heredó de los ilustres muertos la sangre bullidora que brincaba en las calientes venas al vano rumor del viejo nombre; y así como los antepasados pusieron su alta vanidad en que el sucesor fuese un nuevo eslabón que prolongase la gloriosa cadena de familiares acontecimientos, el Vicario soñaba con que sus ideas encarnadas serían sus hijos, y en ellos y en sus continuadores sobrevivir después de muerto.

Esta ilusoria forma de supervivencia hacíale soportable la mísera vida. Su voluntario aislamiento en nada le impedía conocer los males que la Humanidad arrastra como torva cohorte en su largo camino al través de las edades. Sereno espectador de hombres y cosas, no mostraba gran pasión por ninguno de los opuestos bandos que se disputaban el mundo; pero un oscuro sentimiento de respeto y amor —barrunto quizá de inconsciente flaqueza— hacíale mirar con tolerancia a sus semejantes. Sabedor de las revelaciones hechas por la ciencia contemporánea, no podía olvidar cuánto pesa en el alma confusa de los pueblos la horrible herencia de innumerables generaciones bárbaras, a la que él mismo no podía totalmente sustraerse; pero su confianza en un porvenir dichoso era ilimitada. Cuando la irrupción del entusiasmo le asaltaba, ni siquiera ponía la nueva Edad de Oro en los limbos de un futuro remotísimo... Parecíale relativamente próxima; anunciábasela todo: el rápido sucederse de las invenciones científicas; el malestar de los pueblos; los titánicos sacudimientos del proletariado, en el que ha encarnado una nueva fe, que es la vigorosa afirmación del necesario vivir; la desazón de la clase media, que conquistando la riqueza y con la riqueza el poder, no sabía ya a qué aspirar; la aristocracia decadente, que con el dinero perdía tesoros inapreciables, de raras virtudes, como el amor a lo bello, la delicadeza y la gracia que sólo sienten los seres privilegiados y los que han dejado los groseros instintos de la baja animalidad en el tamiz depurador de las sucesivas generaciones... Le anunciaba también el advenimiento de un superior ciclo social, el intelectualismo de nuestra activa época, cuya influencia es al presente más apremiadora y difusiva que en los anteriores siglos juntos. Los intelectuales eran los mayores enemigos de la sociedad. Unos la atacaban sin misericordia, dirigiéndose al pueblo cautivo, que al requerimiento de la ardiente propaganda osaba ya alzar la frente dura pegada al suelo misérrimo. Otros, afanosos de notoriedad y pan, escribían para las clases acomodadas, haciendo labor no menos cruda de disolución, sembrando en las almas el desaliento y la tristeza o dejando un grano de roedora ironía en las creencias centenarias y milenarias de nuestros progenitores, que no se arrostraron a explorarlas con la serena luz de la razón... Por distintos procedimientos y por rutas varias laboraban a porfía unos y otros en la preparación de una nueva Humanidad... El escepticismo amable; la versatilidad y la ligereza ambientes; la necesidad de aturdimiento y olvido; el desvío que en el fondo se siente por la Patria, musa que ayer inspiraba las batallas y hoy sagrada sólo de nombre; el neurosismo —llamado mal del siglo y también «enfermedad de gran porvenir»—, con sus inquietas y vagas an-

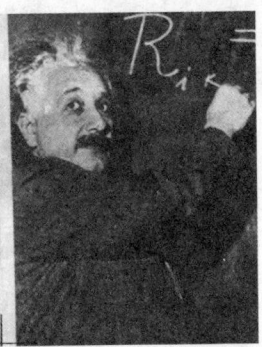

Freud, a la izquierda, y Einstein, a la derecha, fueron dos de los muchos ensayistas e investigadores que, desde comienzos de siglo, provocaron un cambio profundo en la visión científica del mundo. El primero puso de manifiesto la importancia del subconsciente en la conducta humana. Einstein demostró que la medida del tiempo no es una noción universalmente válida, sino que su rapidez varía con la posición del observador y según esté inmóvil o en movimiento.

sias; el profundo horror a cuanto supone perseverante esfuerzo; el desamor a la vida; el secreto afán al reposo eterno..., todos estos signos de vencimiento que caracterizan a nuestra presente época, ¿no serían otras tantas aspiraciones negativas hacia un nuevo ideal de presentida gloria?...

Por la frente del Vicario pasaban, continuos y atormentadores, los saetazos de la duda. En mirando con penetrantes ojos a las edades pretéritas y al observar cuán poco había mudado el fondo moral de los hombres, se preguntaba si no sería estéril esfuerzo aspirar a su mejoramiento. Los labios se le contraían entonces en una amarga mueca de infinito menosprecio por la humanidad, y pensaba que lo más sabio sería refugiarse en el tranquilo seno de la filosofía perroniana y considerar al mundo como una perenne ilusión, sin pretener nunca salir de la universal malla, o lo que sería mucho mejor para bien vivir: adoptar la muelle posición de un epicúreo, y desde su alta torre ebúrnea asistir, dulce e irónico, al grato espectáculo de las pasiones humanas, revolviéndose impotentes y mugidoras a su alrededor.

Pero estos pensamientos, al bajar del cerebro, jamás arraigaron veinticuatro horas en la conciencia del Vicario. Bajo la impasibilidad del gesto y la rigidez de la externa apostura, vigilaba su naturaleza afectiva para que los fríos consejos de la mente no apagasen los ardorosos mandatos del corazón. Y era imposible que sus sentimientos no se exaltaran cuando los penitentes le hacían prolija relación de sus mortales congojas... ¡Los penitentes!... Por ellos no había podido enfrenar el corcel de su naturaleza indómita. Al verlos contritos y ahinojados, sacando del pecho la carga abrumadora de antiguas historias o de diarias minúsculas culpas que van taladrando la conciencia lenta y porfiadamente; al referirle con obstinado ahínco la privación del momento, el menudo deber incumplido, la reyerta doméstica disipadora del mutuo amor que atrae y conforta a las almas, entonces comprendía que ni el mundo era una perpetua ilusión ni él debía ser un escéptico. ¡Cómo había de serlo!... El dolor se transformaba ante su vista en la más notoria realidad del universo, y él se creía místico, con un misticismo suave y universal, que se resolvía en piedad y amor por cuanto existe y sufre. El penitente, aquel montón miserable de arcilla y vicios que tenía a sus pies, era lo más sagrado de la creación, por haberlo purificado el cilicio inexorable del dolor, y su penitencia era siempre leve y sus palabras estaban ungidas del bálsamo oloroso que cura los males del alma lacerada.

(El vicario.)

JOSE GUTIERREZ SOLANA

Nació y murió en Madrid (1886-1945). Fue uno de los más importantes pintores de su época. Entre sus obras, cercanas al expresionismo, al esperpento y al tremendismo, y escritas con un estilo de enorme fuerza plástica, se encuentran: *Madrid, escenas y costumbres*, dos volúmenes (1913-1918); *La España negra* (1920: reeditado en 1972 por Barral Editores) y *Madrid callejero* (1923).

LA CORRIDA DE TOROS EN SANTOÑA

Al otro día era domingo de ferias y había toros; la Plaza está frente al penal; los presos, asomados a las ventanas del viejo edificio, tras las rejas, se entretienen viendo entrar la gente, los picadores y la cuadrilla a la plaza.

Desde su prisión oían los aplausos, los silbidos, los gritos de hombres y mujeres: «¡Que le den las orejas y el rabo!» Y aquella pobre gente sufría, en un día hermoso de sol, oyendo aquella barbarie que insultaba sus oídos, aquella cobardía amparada por la ley y viendo desfilar la gente cerca de sus ojos, bailando y cantando, para mayor escarnio; los viejos picadores, montados en caballos llenos de costuras y con las patas llenas de sangre, tranqueando; otros, cojos por los agujeros de las heridas, pasaban muy despacio, arrimados a las fachadas de las casas.

Como esta Plaza de Toros no tiene desolladero, sacan los cadáveres de los caballos a la calle, a muchos todavía vivos y cubiertos sus lomos de sangre, dándoles allí la puntilla, frente al mar, cerca de la orilla de la playa donde están anclados los barcos y las traineras que por la noche salen a la pesca, cuando el cielo está negro todavía, y el sol, redondo como la luna, sin fuerza y casi no alumbra, bajo el peso de los negros nubarrones, parece estar cogido entre dos planchas de cobre; el mar parece pegado al firmamento, como una decoración de teatro, y los barcos, con las velas extendidas y los cascos muy levantados por la poca mar, parecen sus siluetas, cansadas y tristes, a negros ataúdes; la orilla negra, con fuerte olor, tiene ligeros temblores y ruidos como un chasquido porque va creciendo la marea.

Dentro de poco, los bravos marineros sal-

JOSE GUTIERREZ SOLANA

drán al rudo trabajo de la pesca, tan lleno de peligros. Mientras tanto, a la caída de la tarde, frente a la Plaza, abren a los toros de canal con un cuchillo, para sacarles la sangre, y a hachazos, dos hombres fieros como dos leñadores, les cortan los cuernos.

Los niños de Santoña ven este espectáculo, que tanto instiga los instintos criminales, con los ojos muy abiertos; miran el carro lleno de caballos muertos, con las patas tronchadas y las lenguas colgando, llenas de tierra, lo mismo que sus ojos cristalinos, muy abiertos.

Al otro día, muy temprano, llegué donde estaban las diligencias, cuyos caballos estaban enganchados para marchar; al abrir la portezuela encontré echado en los asientos y en el suelo un montón de gente, roncando, por no haber encontrado fonda; se respiraba un olor como a cabras, que daba náuseas; pronto partíamos, y el aire de la mañana olía bien, y refrescó el coche.

En el campo, por las afueras de Santoña, estaban en fila y abandonados más de veinte caballos muertos en la Plaza de Toros.

Dentro de unos días estarían hinchadas estas carroñas, con los músculos rojos y descarnados, como los de los hombres plásticos que hemos visto en los escaparates de las tiendas de instrumentos de cirugía en la calle de Atocha, de Madrid; estas carroñas, en carne viva, y la cabeza, en esqueleto.

EL OSARIO DE ZAMORA

Es éste una casa baja, de paredes blancas de yeso, donde los chicos han pintado con carbón caras y monigotes; tiene una gran ventana en su centro, con columnas de madera pintadas de añil y una chapa de hierro, cerrada su cerradura por un candado; en el fondo de esta cueva se ve un montón de calaveras, tibias, rótulas, choquezuelas, pelvis sueltas y huesos sacros. Estos huesos, que en sus agujeros y cavidades albergaron tantos gusanos, que comieron su podrida carne. También se ven algunas momias recostadas contra la pared; la cabeza, hundida, como durmiendo de pie; otra, tan agachada y retorcida que su cabeza toca con las puntas de los pies, como si quisiera comérselos de lo rabiosa que está; otras parecen reír, viendo el boquete abierto de su boca.

En las esquinas del osario se ven encima de unos zócalos de tablas unas maderas de forma de lanza con calaveras y tibias cruzadas.

Entre el montón de calaveras hay aceiteras rotas y latas de pimientos y algún sombrero hongo y agujereado, que han tirado los chicos.

¿Cómo han llevado aquí a estos difuntos? ¿De quién serán estas calaveras? ¡Cuántas damas ilustres zamoranas estarán perdidos sus huesos con los de algún pordiosero, cuando la muerte le agarró del rostro barbudo y de la capa en medio de la carretera y no le dio tiempo de entrar en el pueblo!

¡La calavera de algún cardenal, de algún rey confundida con la de algún carretero o tendero!

Este osario tiene un olor frío de humedad y cementerio que trae las emanaciones de los féretros podridos y desclavadas las maderas, que conservan al difunto dentro, de los cementerios abandonados al derrumbarse sus nichos.

En las paredes, por fuera de este osario, se ven los excrementos de la gente que viene allí a hacer sus necesidades.

(La España negra.)

J. Gutiérrez Solana: «El desolladero». «—¿Qué pinta usted ahora?
—Una cosa muy elegante..., muy elegante. Una carnicería en el alba... Hay un cerdo con la boca abierta y chorreando sangre» (de una conversación entre Solana y Ramón Gómez de la Serna).

El Teatro hasta 1939

Los aires renovadores para el teatro español ya son patentes en la última década del siglo XIX. El teatro neorromántico, grandilocuente, enfático, de pasiones siempre desmesuradas y excesivas, que cultivaban Echegaray y otros dramaturgos de su escuela, empieza a ser sustituido por un teatro sin estridencias, más atento a reflejar la realidad cotidiana y a dar testimonio de conflictos que el espectador podía reconocer como suyos.

Es obligado citar en primer lugar a Benito Pérez Galdós, que inició su andadura teatral cuando ya había conseguido su consagración como novelista. Desde 1892, año del estreno de Realidad, su primera obra, hasta poco antes de su muerte, dio a conocer una veintena de dramas (póstumamente, en 1921, se representó Antón Caballero), que alcanzaron casi siempre un notable éxito.

Las preocupaciones críticas y reformistas de Galdós y el interés de los problemas abordados no siempre encontraron una feliz realización dramática, aunque la acusación habitual de que sus obras aparecen lastradas por técnicas que son más propias de la novela que del teatro es quizá injusta, y contra ella se han alzado diversos críticos. Sin embargo, no puede negarse que la prolijidad de los diálogos y la importancia que en ellas adjudica a lo anecdótico y a lo descriptivo resultan casi siempre excesivas. El esquematismo con que muchas veces desarrolla conflictos de gran envergadura social tampoco favorece a estas obras.

Benavente y su escuela.—Aparte de Galdós, ha sido El nido ajeno, de Jacinto Benavente, estrenada en 1894, la obra que, tradicionalmente, ha venido siendo considerada como el primer paso, tanto desde un punto de vista formal como temático, en la ruptura con el teatro coetáneo (texto I). Sin negar su importancia histórica, este melodrama efectista, de rivalidades entre hermanos y de mujeres que sofocan sus impulsos y sentimientos ante la tiranía que impone el honor conyugal, ofrece un interés muy limitado.

Mayor importancia tienen las obras que estrena en años posteriores. Eduardo Gómez de Baquero («Andrenio») se refería así a las novedades que traían estas piezas: «Benavente aportó a la escena española los estilos del teatro europeo, la naturalidad, el arte del diálogo, la finura, el matiz, una psicología más verídica y penetrante que la usada entonces en nuestros escenarios y un juego dramático más equilibrado, más ágil, más natural».

Con una fórmula dramática que será aceptada incondicionalmente por un público constituido en su mayor parte por las clases acomodadas de la sociedad española, Benavente se convertirá en el autor más representado y aplaudido del teatro español de este siglo. Dicha fórmula se mantendrá sin variaciones sustanciales a lo largo de cinco décadas, contra los vientos y las mareas innovadoras que corren por Europa, a pesar de que en las 172 obras que estrenó abordara los más diversos asuntos y se enfrentara a las más variadas modalidades escénicas, desde la tragedia hasta la comedia infantil (texto IIa).

El teatro benaventino contó con numerosos seguidores, entre los que destacaron Manuel Linares Rivas y Gregorio Martínez Sierra. Otros autores, de estética aproximada, como José López Rubio, Joaquín Calvo Sotelo y Juan Ignacio Luca de Tena, alcanzarán sus mayores éxitos después de la guerra (texto IIb).

El teatro en verso.—Hacia 1908 empieza a desarrollarse un teatro en verso, de carácter antirrealista, en el que son visibles las huellas del Modernismo, del drama romántico y, en menor medida, del teatro del Siglo de Oro, que alcanzó un considerable éxito. Aunque la temática de las muchas obras que se estrenaron ofrece una notable variedad (desde el drama rural a la parodia y la farsa cómica, pasando por obras costumbristas, simbólicas y fantásticas), fue un teatro que se orientó fundamentalmente hacia el drama histórico. Lejos tanto del gesto preocupado ante la historia de los escritores del 98 como de las reconstrucciones arqueológicas o de las posturas críticas de los dramaturgos de posguerra, los escritores vuelven, nostálgicos, sus ojos al pasado para exaltar e idealizar acontecimientos y personajes medievales y de la España imperial. Los cultivadores de este teatro tampoco mostraron interés especial en analizar los sentimientos y las reacciones de sus personajes. Estos suelen salir al escenario para deslumbrar con su aureola mítica o para ser presentados como modelos de conducta.

En el aspecto formal, fue un teatro efectista y retórico, que pretendió halagar el oído de los espectadores con una variada gama de sonoridades y de ritmos muy marcados, concentrados muchas veces en determinados pasajes para que los actores pudieran exhibir su dominio de las artes declamatorias (texto III). En el «Exordio» que puso a su drama Fedra, escribió Unamuno: «Teatro poético no es el que se nos presenta en largas tiradas de versos para que los recite, declame o canturree cualquier actor de voz agradable o de tonillo cosquilleador o adormecedor de oídos; teatro poético será el que cree caracteres, ponga en pie almas agitadas por las pasiones eternas y nos las meta en el alma». Es evidente que esto último, con la excepción de Valle-Inclán y de García Lorca, no lo consiguió ninguno de los cultivadores de este tipo de obras.

El cultivador más notable del teatro en verso fue Eduardo Marquina. En su vasta producción, más mesurada que la de sus compañeros, y con algún que otro toque intimista, aparecen los más variados personajes de nuestra historia, desde el Cid hasta Lope de Vega, y alguno de la extranjera.

Otros cultivadores de este tipo de teatro fueron Francisco Villaespesa, Luis Fernández Ardavín, Goy de Silva, Joaquín Montaner, Ramón de Godoy, Enrique López Alarcón, Cristóbal de Castro y Fernando López Martín.

El teatro histórico fue, durante la República, el vehículo utilizado por algunos autores para propagar lecciones de moral cristiana y de supuesto patriotismo. Destaca, en este sentido, José María Pemán, que en obras como El divino impaciente (1933), Cisneros (1934) o De ellos es el mundo (1938) exaltó lo mismo la acción civilizadora de España en América y los más rancios valores del catolicismo español que puso en tela de juicio las virtudes de la democracia y del pluralismo ideológico.

Fachada del Teatro Español de Madrid, en el que se estrenaron las obras de muchos de los autores que figuran en este apartado.

El teatro hasta 1939

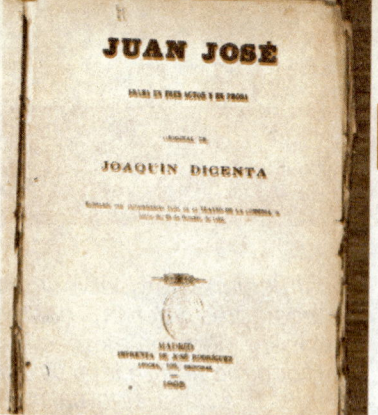

Portada de la primera edición de Juan José, de Dicenta, obra estrenada en el teatro de la Comedia de Madrid, en 1895, y que puede considerarse como el comienzo del teatro social en España.

También cultivaron el teatro en verso autores como Antonio y Manuel Machado, Valle-Inclán y García Lorca. A la importancia de sus obras nos referimos en la nota preliminar que acompaña a los textos que de ellos figuran en esta Antología.

El teatro cómico.—El teatro cómico de finales del siglo XIX y de comienzos del XX se inscribe, en su mayor parte, en una tradición costumbrista y sainetesca que contaba con importantes precedentes (los entremeses y pasos de los siglos XVI y XVII, don Ramón de la Cruz en el siglo XVIII, el costumbrismo romántico) y en la línea de las más diversas formas de teatro popular que se habían desarrollado desde 1868 (sainetes, género chico, parodias de obras famosas, vodeviles). Las modalidades cultivadas ahora serán, sobre todo, las del sainete madrileño y andaluz (texto IV).

La figura central de este apartado es Carlos Arniches, un autor que alcanzó no sólo el éxito popular, sino el reconocimiento de prestigiosos críticos como Ramón Pérez de Ayala (texto V) y Pedro Salinas. Entre 1888, año del estreno de Casa editorial, y 1943 escribió un número abundantísimo de obras (muchas de ellas en colaboración con otros autores) que van desde la revista desenfadada hasta el melodrama lacrimógeno, y entre las que destacan sus sainetes de ambiente madrileño.

En su vastísima producción, los hermanos Alvarez Quintero realizan la transposición del sainete madrileño a ambientes andaluces, que ya había reflejado un olvidado dramaturgo del siglo XVIII, Ignacio González del Castillo. Los Quintero, sin embargo, dan menos importancia a la comicidad verbal, tan destacada en Arniches, y pretenden que la risa brote de las situaciones que presentan.

Tanto los Quintero como Arniches tuvieron destacados continuadores. Los primeros fueron imitados por Jorge y José de la Cueva y por José María Martín López. Entre los seguidores de los segundos, están Pilar Millán Astray, Francisco Ramos de Castro, Luis Fernández Sevilla y Angel Torres del Alamo.

Junto a los citados autores, parece obligatorio aludir a Pedro Muñoz Seca, que, aunque también cultivó la comedia sentimental, alcanzó un extraordinario éxito de público con unas parodias, entre las que destaca La venganza de don Mendo, de los dramas románticos del siglo XIX y del teatro coetáneo en verso, y con un género de su invención, el llamado astracán. En las obras que se encuadran en esta modalidad teatral dominan las situaciones cómicas extremas, siempre disparatadas, absurdas y estrambóticas, y a las que es inútil buscar un sentido o una lógica, y los retruécanos y chistes fáciles, aderezados con la sal más gorda que se ha derramado en este siglo sobre la escena española.

Teatro social.—Tradicionalmente se ha considerado un drama estrenado en 1895, Juan José, de Joaquín Dicenta, a pesar de que, si descontamos algún fragmento aislado, poco hay en él que tenga que ver con un enfrentamiento de clases, como el arranque del teatro social en España. Dicenta nunca abandonó el tono grandilocuente y efectista del teatro neorromántico de la segunda mitad del siglo XIX, pero, como señala José-Carlos Mainer, «su nueva manera dejó una docena de dramas pasionales, de acusado maniqueísmo, pero cuya temática —las huelgas reivindicativas, el obrero como sujeto de honor, el amor extramatrimonial, el estatuto social del artista creador— traía a las tablas españolas algo que era habitual fuera de ellas».

En este teatro destacaron también José Fola Igurbide, Marcelino Domingo y, en especial, José López Pinillos («Parmeno») y Federico Oliver. Sus obras, sin embargo, plagadas de buenas intenciones, pero de resultados más que discretos, casi nunca estuvieron a la altura de los cambios sociales e ideológicos que se estaban produciendo en España.

El teatro social y político tuvo un notable desarrollo durante la República. Su calidad literaria no mejoró mucho, aunque tuvo a algún cultivador destacado, como Rafael Alberti. En muchas de las obras que se estrenan ahora son frecuentes los latiguillos con los que se pretende exaltar la conciencia cívica del espectador. Sirva de ejemplo este fragmento, extraído de Don Alfonso XIII de Bom-Bom, de A. Custodio y J. de Burgos, en el que Isidora, una doncella de palacio, exclama:

Que el latifundio se acabe,
que amo de la tierra sea,
quien deja en ella su sangre,
que se reparta entre el pueblo,
que la goce quien la labre.

Y que las hembras de España,
que son cual la tierra madre,
y cual la tierra fecunda,
no se vendan al casarse,

que se entreguen por amor,
en vez de darse por hambre,
que vayan menos al templo,
y más al aula a ilustrarse.

En los años de la República se produjeron también loables intentos de acercar el teatro a las clases más menesterosas y olvidadas. Algunos grupos, como La Barraca y el Teatro del Pueblo, dirigidos, respectivamente, por García Lorca y Alejandro Casona, y que actuaron en el marco de las Misiones pedagógicas, llevaron por los más apartados rincones de nuestra geografía obras clásicas y contemporáneas en montajes de gran calidad.

Durante la guerra se escribieron en la zona republicana un buen número de obras cortas de carácter propagandístico (su interés, por tanto, es más histórico que literario), destinadas a ser representadas en Madrid o en los frentes. Los autores son muchas veces poetas de prestigio que ahora se convierten, precipitadamente, en dramaturgos improvisados.

Se trata de un «teatro de urgencia», como lo calificó Rafael Alberti, de escasa acción, en el que los asuntos, tratados siempre con procedimientos estéticos tradicionales, tienen estrecha relación con las vicisitudes militares, políticas y sociales de la guerra. El objetivo es siempre el mismo: demostrar la razón de la causa que defienden sus autores.

Entre los más destacados representantes de este teatro están Alberti, Max Aub, Sender, Bergamín, Rafael Dieste, Miguel Hernández y Germán Bleiberg.

También en la zona nacional, aunque con menor intensidad, cultivaron este tipo de teatro autores como Rafael López de Haro y Ramón Cué (texto VI).

Innovadores.—Todo este teatro al que nos hemos referido no tuvo casi nunca la calidad de los demás géneros literarios cultivados en esa época. Un interés superior ofrece un número abundante de dramaturgos que, a lo largo de estos años, intentaron las más variadas fórmulas innovadoras. El adocenamiento y conservadurismo del público, más en lo estético que en lo ideológico, la escasa proclividad de los empresarios a arriesgarse en experimentos de éxito dudoso, la vigilancia de los censores ante cualquier posible heterodoxia, explican, y no queremos decir con esto que todos los autores que intentaron nuevas vías teatrales acertaran siempre, el que algunas de las más audaces y revolucionarias aportaciones al teatro de este siglo permanecieran ignoradas o fracasaran.

Junto a Valle-Inclán y García Lorca, que ocupan un puesto de privilegio en este apartado (véanse las págs. 183 y 444), es justo referirse a los intentos renovadores, muchas veces discutibles pero siempre interesantes, de diversos escritores del 98 (Azorín y Unamuno), de conocidos vanguardistas y de poetas de la Generación del 27 (Ramón Gómez de la Serna —véanse las págs. 377 a 389—, Alberti y Salinas), y de otros posteriores, como Miguel Hernández, Max Aub, Alejandro Casona y Jardiel Poncela, que tendrán muchas veces su continuación en la posguerra.

En este apartado nos referimos únicamente, por su dedicación preferente al teatro, a Jacinto Grau, uno de los más interesantes autores del primer tercio de este siglo.

DOCUMENTOS

I. Melchor Fernández Almagro

Benavente y algunos aspectos de su teatro

En *El nido ajeno* (1894), Benavente desarrolla un asunto que, de ser tratado por Echegaray, habría dado lugar al uso de gruesas y graves palabras —adulterio, traición— que, en un momento, exigen el grito y descomponen el ademán. Pero precisamente porque los personajes de Benavente no necesitaban violencia alguna de expresión para decirlo todo y preferían quitarle hierro al drama, lejos de proporcionarlo, su incipiente teatro prometía un cambio radical, cuando no en temas, sí en la matización y medida de caracteres y situaciones.

El peligro de la mutua atracción amorosa de María y Manuel —hermano del marido de aquélla— es conjurado a tiempo, limpia y noblemente: Manuel se ausenta del hogar de María y José Luis, poniendo tierra por medio. Y al despedirse de José Luis con un abrazo, le dice: «¡Para siempre, no!... Hasta que seamos muy viejos y no quepan desconfianzas ni recelos entre nosotros... Cuando no podamos dudar ni de nosotros mismos. Entonces volveré a buscar un rincón donde morir en el nido ajeno».

No es éste, ciertamente, el final a que estaba acostumbrado el público de entonces, hecho a la fuerte emoción de los desenlaces cruentos. Como el de *Mancha que limpia*, drama de Echegaray, estrenado semanas después con clamoroso éxito: «¡Cuánta sangre!...», exclama un personaje. Y replica el protagonista, justificando el homicidio con la vindicación del honor: «No importa nada: ésa es mancha que limpia» [...]

Las obras citadas [*Gente conocida, El marido de la Téllez, La comida de las fieras, Lo cursi, La gobernadora,* etc.], muy diversas entre sí, por su tema, género y respectivas modalidades —comedias en su mayoría, más un apropósito, un juguete cómico, una zarzuela, un drama—, venían a coincidir en la calidad del diálogo: fluido, natural, elegante; literario con exceso, a veces; inclinado a la sentencia o a la digresión; nunca teatral en sentido peyorativo; mordaz en la crítica y sátira de las costumbres; agudo en la exploración psicológica.

El factor psicológico se nos muestra incluso en las comedias de menor empeño, con lo que el más leve cuadro de costumbres —por ejemplo, *El marido de la Téllez,* boceto de comedia en un acto, de ambiente teatral— se realza notablemente. Y un tercer rasgo de los que dan inequívoco aire de familia a las obras de Benavente, que se produce en la primera de sus fases, es cierta falta de unidad, que en *Gente conocida* se hace notar por modo singularísimo. Hasta el punto de que el autor lo confiesa al calificar su obra de «escenas de la vida moderna», confirmando así un propósito implícito en otras obras: la observación del hombre y de la vida, sin someterse rigurosamente a la clásica disciplina de «la exposición, el nudo y el desenlace» [...]

En cualquier supuesto, las comedias de Benavente a que aludimos desbordan vida española. Trátase, en la parte más cuantiosa y de mejor calidad, de cuadros de costumbres avalorados por una dimensión de profundidad que no es frecuente en el género —muy dado a la observación superficial— y que el autor obtiene calando no poco en la humanización de los tipos, ya que no siempre alcancen la categoría, dramática o cómica, de caracteres, contribuyendo a justificarlos la intención satírica y el matiz de las pasiones o afectos, mucho más que el asunto.

(Clavileño, n.º 38, 1956, págs. 2-5.)

IIa. José-Carlos Mainer

Consideraciones sobre Benavente

A lo largo de sus sesenta años de teatro, Benavente llegó a ser el definidor perfecto de la misma sociedad que le acogía y que se encargaba de subrayar con su ferviente aplauso las *pointes* ingeniosas de su autor, recalcadas con ademán semioratorio por los actores especializados en *discreteos* benaventinos. A quienes no conocían otro manjar que las páginas de *Blanco y Negro,* el discursivo teatro del escritor madrileño les vino a proporcionar, bajo ropaje escénico, el pequeño ensayo de actualidad, el tentador argumento de novela y, a las veces, un diminuto poema modernista, engastado en la comedia. Benavente llevó a la escena todos los problemas posibles, pero nunca alteró las soluciones, patrimonio exclusivo e inalterable de quienes le escuchaban. A lo más, se permitió extender sobre ellas la sombra intranquilizadora de lo relativo: la avaricia, la cursilería, la hipocresía, el orgullo y la deshonestidad consumieron sus turnos oratorios en el escenario, pero Benavente sólo fue implacable con la torpeza y con la inelegancia. Puesto que el mal es indesarraigable —pensó— y la verdad es una pura quimera —necesario el uno, impertinente la otra—, el teatro no es sino el lugar de una crítica ligera, discreta y superficial, disfrazada si es preciso de locura bufonesca, tal y como podemos leer en el conocido prólogo crispinesco a *Los intereses creados.*

Era lógico, pues, que, constituido Benavente en el oráculo de las indecisiones y de la buena conciencia de su público, fuera bien pronto el consejero político de la alta burguesía.

(*Literatura y pequeña-burguesía en España.* Madrid, *Cuadernos para el diálogo,* 1972, págs. 122-123.)

IIb. José Monleón

Los herederos

Benavente deja a la escena española no sólo una expresión ideológica, sino, congruentemente con ella, una concepción del teatro. De hecho, muchos pensarán para siempre que el teatro, por definición, ha de acomodarse a la idea acuñada por Benavente. De manera que, aun sin saberlo, o negándolo, bastantes vendrán a ser discípulos de don Jacinto por la aceptación de la mayor parte de sus concepciones dramáticas. No se trata de que muchos personajes o situaciones del teatro español posterior se entronquen con aquellos que reiteró Benavente a lo largo de las 172 obras que escribió. El problema es mucho más profundo, y por eso había que detenerse con cierta extensión en la figura de don Jacinto. Creo yo, en suma, que a través de su largo diálogo con la clase media española, cuyos problemas compartió y conoció perfectamente, vino no sólo a proponer una temática sino una óptica de la realidad, un modo de aproximarse a los personajes y de resolver los conflictos. Dado, por otra parte, que estos conflictos estaban íntimamente relacionados con la necesidad de «guardar las apariencias», es lógico pensar que Benavente, en tanto que cronista de la clase media, hubo de exigirse a sí mismo el respeto a esas apariencias.

* * *

A esta hipocresía, históricamente enraizada en un proceso social que, tal vez, se liga con la disociación secular iniciada cuando nuestro Imperio comienza a declinar, corresponde todo un aparato teatral. Un tipo de empresarios. Un tipo de actores. Una escenografía decorativa. Un concepto artesano y servil de los directores. Un desinterés por la mejora técnica de los escenarios. Una crítica. Unos precios y unos horarios en los teatros. Una división del público que intenta respetar la división en clases sociales. Una renuncia a la expresión metaliteraria. Una magnificación de la literatura florida. Y otros mil factores, cuya función esencial consiste en el respeto a esas apariencias, de todo tipo, creadas por unos personajes teatrales incapaces de afrontar su realidad.

(*Treinta años de teatro de la derecha,* Barcelona, Tusquets, 1971, págs. 71-73.)

III. Luciano García Lorenzo

El teatro en verso

Nacida como producto directo de la influencia modernista y frente al teatro naturalista en boga, la dramaturgia de Villaespesa, Fernández Ardavín y Marquina —aunque a gran distancia este último de los primeros— vuelve sus ojos al pasado romántico inmediato, vislumbrándose más al fondo la poesía dramática del siglo XVII. Es un teatro de versos sonoros, con mucha carga de retoricismo y largas intervenciones de los personajes, intervenciones descriptivas y brillantes, con un léxico que quiere ser depurado y con unos arcaísmos casi siempre puramente artificiales. Teatro de pura evasión, retorna al pasado idealizando acontecimientos y personajes, las más de las veces con exaltación y otras también con nostalgia. Y si en el tiempo huye al pasado, espacialmente los escenarios de estas tragedias o estos dramas repetirán con monotonía la robusta mampostería de fortificadas almenas, grandes ventanales, hermosos jardines, orientales alfombras, alcázares de fabulosa magnificencia, gruesas columnas «como palmeras de mármol», muros «esmaltados de oro, añil y púrpura», flores y pebeteros, grandes galerías... [...] Suntuosidad, colorido, indudable fuerza plástica, fastuosidad: éstos son los elementos de que este teatro se sirve para ganar por los ojos al espectador, mientras regala sus oídos con la musiquilla del verso bien rimado y el colorista adjetivo. Espectáculos los creados por estos dramaturgos perfectamente agradecidos por los que Ortega definió como españoles ensimismados («como España no hay nada») y que vuelven al pasado a buscar lo que de agradable y de glorioso no encuentran en el presente. Nace así un teatro histórico con escaso arrebato lírico que muchos hemos visto representado en escuelas y colegios, con finales efectistas y escenas que se cierran con oportunísimas salidas o entradas de los personajes, buscando así el inevitable aplauso que el público, como movido por un resorte, ofrece magnánimamente. Sin embargo, y a la hora de hablar de un teatro histórico, es necesario hacer una precisa y necesaria puntualización, pues hay dos maneras de llevar personajes y acontecimientos pasados al teatro: la primera, es la pura y simple exaltación, evocación o recreación de esos personajes y esos acontecimientos con el fin de ofrecer un cuadro que poco o nada tiene que ver con la realidad presente; la segunda, dar al espectador esos acontecimientos y personajes porque tienen una directa relación con el hoy del dramaturgo, ya que las circunstancias se repiten y el conflicto resulta paralelo. Marquina o Villaespesa son ejemplos del primero de esos caminos; García de la Huerta ya tomó el segundo con su *Raquel* en el siglo XVIII y Buero Vallejo lo ha hecho en nuestros días.

(*El teatro español hoy*, Barcelona, Planeta, 1975, págs. 28-29.)

IV. Francisco Ruiz Ramón

Sainete y comedia de costumbres

Si en el sainete finisecular la acción dramática es mínima o nula, pues lo importante son las escenas estáticas de carácter costumbrista con soporte en unos personajes tipificados superficialmente que las enlazan, en el sainete arnichesco, resultado de un proceso de estilización de los elementos tradicionales del género, encontramos una mayor teatralización de la acción y un asomo de conflicto dramático. Su núcleo lo forma un triángulo de fuerzas, encarnadas en tres personajes típicos: el antihéroe, chulo y bravucón, pero cobarde en el fondo, y al que todos temen; el héroe, mozo humilde, bueno y trabajador, de condición tímida y pacífica, pero que, movido por el amor, terminará dando una lección al antihéroe; entre ambos, la heroína, dotada de todas las cualidades positivas, que, engañada al comienzo por la labia del antihéroe, será ganada al final por el héroe. Al lado del protagonista y el antagonista masculinos se suelen encontrar sendos acompañantes, teniendo especial importancia en el desarrollo y resolución del conflicto la figura de un protector, generalmente más viejo y experimentado, caracterizado por su ingenio, su socarronería, su sentido de la justicia y su nobleza moral.

Este pequeño cosmos teatral y las virtudes morales que lo constituyen está fundado en un orden moral que refleja la moralidad oficial impuesta por la burguesía en el poder como el único orden moral, visto como el propio de la condición humana. (No hay que olvidar —valga el inciso— que el concepto mismo de orden moral, según señaló Henry Lefèvre, es a la vez ético y político). El pueblo del sainete está en él para confirmar lo bien fundado del sistema de valores de la clase dirigente. En puridad, nos encontramos no con el pueblo, sino con la burguesía disfrazada con los hábitos tipificadores del pueblo, actuando —vestido, lengua, escenografía, tono, ademanes— *como si fuera éste*. Terminado el espectáculo el público puede tranquilizarse pensando: después de todo todos somos uno, aunque a distinto nivel. La función social del sainete es la de negar el problema social sustituyendo las diferencias de clase por la identidad del sistema de valores.

Las diferencias genéricas entre el sainete y la comedia de costumbres son, en el fondo, mínimas y externas [...]

Los propósitos son idénticos en ambos géneros: reflejar con «naturalidad» (la palabra es de los Quintero) la vida, entendida ésta como un conjunto orgánico de tipos y costumbres. Pero esa naturalidad no es la de la realidad, sino la de la *visión de la realidad*, no procede de lo reflejado, sino del modo de reflejarlo, no supone fidelidad al objeto, sino fidelidad a la visión del objeto. Y esta visión, en el sainete o en la comedia de costumbres, es siempre visión sentimental, no racional de... ¿de qué?, ¿de la realidad humana? Si así lo formuláremos —y es así como se formulaba— hemos tragado el cebo con anzuelo y todo, que ese teatro suministraba. La realidad humana no era otra cosa que la institucionalización y objetivación de la visión burguesa de la realidad, que, constituida en patrón y en arquetipo, sustituía a ésta *como si lo fuera*. Por lo que volvemos a tropezar con la viga maestra de esta dramaturgia: la filosofía del *como si*, de la apariencia transformada en realidad. En consecuencia, como la soga sigue al cubo, a la visión sentimental seguían el acriticismo, lo pintoresco, el detalle típico, la evasión de lo conflictivo, la moral optimista y superficial, la ceguera para cualquier tensión de carácter social..., todo lo cual abocaba en el *cliché* costumbrista color de rosa de la vida.

> (*Estudios de teatro español clásico y contemporáneo*, Madrid, Fundación Juan March-Cátedra, 1978, págs. 151-153.)

V. Ramón Pérez de Ayala

La tragedia grotesca

La farsa macabra no es de desdeñar, y menos en España, en donde viene de tradición milenaria y acaso por idiosincrasia espiritual. Su origen patente se remonta a Séneca, a quien Nietzsche llamó, con expresión feliz, «el torero de la virtud». El estoicismo de Séneca se diferencia de las demás disciplinas de estoicismo por lo pronto en el tono, que así como en éstas es austero y enjuto, en aquél es socarrón y pingüe. El estoicismo tiene dos aspectos: uno positivo, la práctica de la virtud; otro negativo, la serenidad ante las adversidades y la muerte. El estoicismo ibérico se desentendió de lo positivo, y así se quedó en una moral negativa, compatible con toda inmoralidad activa. Séneca predicaba la virtud, pero la burlaba con ágiles quiebros y vivía muellemente. La picaresca española es la historia anecdótica del estoicismo senequista en acción. El pícaro era un estoico y un sinvergüenza. El pícaro se reía, con ánimo sereno, del hambre, del sufrimiento y de la muerte. En la literatura española hay innumerables testimonios de inversión de lo patético en bufo. En el último tercio del siglo XIX eran tipos cómicos obligados del sainete y de la caricatura el maestro de escuela y el cesante, desastrados y hambrientos. Lo que ahora denominan «el fresco», personaje imprescindible en las obras bufas, no es sino supervivencia del pícaro. La insensibilidad española se corresponde con el senequismo, esa sofisticación del estoicismo; porque el estoicismo persua-

Margarita Xirgu, la más destacada actriz del teatro anterior a 1936, estrenó numerosas obras de los más importantes dramaturgos de la época.

de a la insensibilidad y entereza en las propias adversidades, pero no induce a la burla y dureza con las adversidades ajenas, antes al contrario; en tanto el español suele ser tan árido para el dolor de los demás como para el propio.

La aridez y sequedad de ternura de que adolece el pueblo español las puso Arniches de manifiesto en *La señorita de Trévelez*, contrastándolas con lo florido y tierno de dos almas, humanas verdaderamente, que se disimulaban bajo una envoltura corporal ridícula.

En la tragedia grotesca *Que viene mi marido*, Arniches realiza una obra de estilo, o, si se quiere, de estilización, sobre aquel rasgo característico de españoles: la insensibilidad. El autor ha tomado como punto de partida la insensibilidad (o el senequismo, o picarismo) del carácter español, y la va desarrollando y perfilando, sin cuidarse de la aparente verosimilitud, y sí solo de la expresión, hasta consumar un edificio imaginario, que, no por artificioso, deja de ser en el fondo más real y sugestivo que la copia mecánica y naturalista de un suceso cierto, pero fútil.

(*Las máscaras. Obras completas*, III, Madrid, Aguilar, 1963, pág. 328.)

VI. Francisco García Pavón

Las derechas y el teatro social

En este ensayo he reducido mi atención al teatro que, en términos corrientes, se denominaba de la «cuestión social». A aquellas obras y autores que centran su atención en la lucha de clases; en el drama hermano surgido de unas estructuras sociales injustas; en el teatro, en suma, que se limita a exponer estas injusticias de manera tácita o expresa y propugna unas fórmulas revolucionarias o evolucionistas para su corrección [...]

Paralelamente al estudio de los autores de tendencia más o menos revolucionaria de izquierdas, fue mi intención el hallar siquiera una muestra de teatro social, digamos de derechas. Después de la encíclica *Rerum Novarum* y de la preocupación de los sectores más inteligentes de la Iglesia por el problema social, hubiera sido de esperar cualquier manifestación escénica católica que, al igual que la revolucionaria, enfocase el problema social con soluciones cristianas y ortodoxas..., pero fracasé en mi empeño. Las posiciones derechistas sólo produjeron en escasa cantidad y no mayor calidad un teatro antirrevolucionario. Conformista en el mejor de los casos; satírico, paternalista o clasista; negativo a secas.

(*El teatro social en España*, Madrid, Taurus, 1962, págs. 18-21.)

A. Chéjov, A. Strindberg, G. B. Shaw, L. Pirandello y B. Brecht fueron algunos de los dramaturgos más innovadores de finales del siglo XIX y de las primeras décadas del XX.

BENITO PEREZ GALDOS

Nació en Las Palmas de Gran Canaria en 1843. Estudió Derecho en Madrid, ciudad en la que residió habitualmente, y en la que morirá en 1920. Fue el más importante novelista del realismo del siglo XIX.
Entre sus obras dramáticas, se encuentran: *Realidad* (1892), *Alma y vida* (1902), *El abuelo* (1904), *Pedro Minio* (1908), *Casandra* (1910) y **Celia en los infiernos** (1913), historia de una marquesa que, hastiada del medio social en el que vive, y a consecuencia también de un desengaño amoroso, desciende a los infiernos de la miseria y del hambre, de los que se convertirá en «hada madrina». En **Electra** (1901), obra que originó en su estreno grandes alborotos, más por razones políticas que por su valor como drama, vuelve a su tan reiterada crítica de la intolerancia y el fanatismo religiosos.

Ediciones

Cuentos y teatro, Madrid, Aguilar, 1971.

ACTO I

Escena XI

PANTOJA: En mí tendrá usted un amparo, un sostén para toda la vida. Inefable dicha es para mí cuidar de un ser tan noble y hermoso, defender a usted de todo daño, guardarla, custodiarla, dirigirla, para que se conserve siempre incólume y pura; para que jamás la toque ni la sombra ni el aliento del mal. Es usted una niña que parece un ángel. No me conformo con que usted lo parezca: quiero que lo sea.

ELECTRA: *(Fríamente.)* Un ángel que pertenece a usted... ¿Y en esto debo ver un acto de caridad extraordinaria, sublime?

PANTOJA: No es caridad, es obligación. A mi deber de ampararte, corresponde en ti el derecho a ser amparada.

ELECTRA: Esa confianza, esa autoridad...

PANTOJA: Nace de mi cariño intensísimo, como la fuerza nace del calor. Y mi protección obra es de mi conciencia.

ELECTRA: *(Se levanta con grande agitación. Alejándose de PANTOJA, exclama aparte.)* ¡Dos, Señor, dos protecciones! Y ésta quiere oprimirme. ¡Horrible confusión!

(Alto.) Señor de Pantoja, yo le respeto a usted, admiro sus virtudes. Pero su autoridad sobre mí no la veo clara, y perdone mi atrevimiento. Obediencia, sumisión, no debo más que a mi tía.

PANTOJA: Es lo mismo. Evarista me hace el honor de consultarme todos sus asuntos. Obedeciéndola, me obedeces a mí.

ELECTRA: ¿Y mi tía quiere también que yo sea ángel de ella, de usted...?

PANTOJA: Angel de todos, de Dios principalmente. Convéncete de que has caído en buenas manos, y déjate, hija de mi alma, déjate criar en la virtud, en la pureza.

ELECTRA: *(Con displicencia.)* Bueno, señor: purifíquenme. Pero ¿soy yo mala?

PANTOJA: Podrías llegar a serlo. Prevenirse contra la enfermedad es más cuerdo y más fácil que curarla después de que invade el organismo.

ELECTRA: ¡Ay de mí! *(Elevando los ojos y quedando como en éxtasis, da un gran suspiro. Pausa.)*

PANTOJA: ¿Por qué suspiras así?

ELECTRA: Deje usted que aligere mi corazón. Pesan horriblemente sobre él las conciencias ajenas.

Escena XII

ELECTRA, PANTOJA y EVARISTA,
por el foro

EVARISTA: Amigo Pantoja, la madre Bárbara de la Cruz espera a usted para despedirse y recibir las últimas órdenes.
PANTOJA: ¡Ah!, no me acordaba... Voy al momento. *(Aparte, a EVARISTA.)* Hemos hablado. Vigile usted. Temamos las malas influencias. *(Antes de salir PANTOJA por el foro entran el MARQUÉS y MÁXIMO por la derecha.)*

Escena XIII

ELECTRA, EVARISTA, el MARQUÉS
y MÁXIMO

MARQUÉS: He tardado un poquitín.
EVARISTA: No, por cierto. ¿Estuvo usted en el estudio de Máximo? *(Se forman dos grupos: ELECTRA y MÁXIMO, a la izquierda; EVARISTA y el MARQUÉS, a la derecha.)*
MARQUÉS: Sí, señora. Es un prodigio este hombre. *(Sigue ponderando lo que ha visto en el laboratorio.)*
ELECTRA: *(Suspirando.)* Sí, Máximo: tengo que consultar contigo un caso grave.
MÁXIMO: *(Con vivo interés.)* Dímelo pronto.
ELECTRA: *(Recelosa, mirando al otro grupo.)* Ahora no puede ser.
MÁXIMO: ¿Cuándo?
ELECTRA: No sé..., no sé cuándo podré decírtelo... No es cosa que se dice en dos palabras.
MÁXIMO: ¡Ah, pobre chiquilla! Lo que te anuncié... ¿Apuntan ya las seriedades de la vida, las amarguras, los deberes?
ELECTRA: Quizás.
MÁXIMO: *(Mirándola fijamente, con vivo interés.)* Noto en tu rostro una nube de tristeza, de miedo..., gran novedad en ti.
ELECTRA: Quieren anularme, esclavizarme, reducirme a una cosa... angelical... No lo entiendo.
MÁXIMO: *(Con mucha viveza.)* No consientas eso, por Dios... Electra, defiéndete.
ELECTRA: ¿Qué me recomiendas para evitarlo?
MÁXIMO: *(Sin vacilar.)* La independencia.
ELECTRA: ¡La independencia!
MÁXIMO: La emancipación..., más claro, la insubordinación.
ELECTRA: Quieres decir que podré hacer cuanto me dé la gana, jugar todo lo que se me antoje, entrar en tu casa como en país conquistado, enredar con tus hijos y llevármelos al jardín o a donde quiera.
MÁXIMO: Todo eso, y más.
ELECTRA: ¡Mira lo que dices!...
MÁXIMO: Sé lo que digo.
ELECTRA: Pero ¡si me has recomendado todo lo contrario!
MÁXIMO: *(Mirándola fijamente.)* En tu rostro, en tus ojos, veo cambiadas radicalmente las condiciones de tu vida. Tú temes, Electra.
ELECTRA: Sí. *(Medrosa.)*
MÁXIMO: Tú... *(Dudando qué verbo emplear. Va a decir «amar» y no se atreve.)* deseas algo con vehemencia.
ELECTRA: *(Con efusión.)* Sí. *(Pausa.)* Y tú me dices que contra temores y anhelos..., insubordinación.
MÁXIMO: Sí; corran libres tus impulsos, para que cuanto hay en ti se manifieste, y sepamos lo que eres.

(Electra.)

ACTO II

Escena VII

CONDESA: Pero usted, Alejandro, parece dudar de que haya cielo.
DON ALEJANDRO: No es que yo dude, pero...
CONDESA: Estaría bueno que no existiera un lugar de bienaventuranza donde los justos recibieran su recompensa.
CELIA: Cielo hay, seguramente, ¡pues no faltaba más!; pero como no lo hemos visto, ni nadie ha venido a contárnoslo, no sabemos por dónde entran ni qué puesto tienen allí los bienaventurados que van llegando.
PASTOR: Tiene razón Celia: creemos en

el cielo porque nos lo han enseñado en el catecismo, pero no sabemos cómo es.

DON CRISTÓBAL: Tampoco sabemos nada del infierno, y por rutina creemos en él.

CONDESA: Cierto que con los ojos carnales, estas máquinas imperfectas que para poco sirven, no vemos el cielo ni el infierno; pero con los ojos de la fe los vemos, yo por lo menos los veo muy claramente.

PATERNA: Yo, señoras y caballeros, diré a ustedes, si me lo permiten, mi opinión sincera y leal sobre las cosas de ultratumba; no hay que hablar de si vemos o no vemos el cielo y el infierno. Existen, sí; pero no están ni arriba ni abajo, sino aquí, en la superficie de la tierra.

TERESA: Justo; aquí entre nosotros, en la Humanidad.

CELIA: Muy bien.

PATERNA: Sí; el cielo lo constituyen los ricos en grande y pequeña escala; los que por herencia o por su trabajo poseen grandes caudales; los que, sin estar en la esfera más alta de la riqueza, tienen medios de vivir cómodamente, explotando su ingenio o el ingenio de los demás; los grandes políticos y burócratas, que monopolizan las altas posiciones; los hombres agudos que poseen el arte de vivir de lo ajeno sin hurtarlo; los artistas de primer orden, y los de segundo y tercer orden, que imitan con más o menos facilidad a los primeros; los que viven a la sombra de las instituciones venerandas, Iglesia, Ejército, Marina; los grandes maestros de la gorronería, que visten bien, comen, beben y triunfan sin tener una peseta. Este es el cielo que conocemos, y no hay que buscar otro, lanzando nuestra mente por los espacios imaginarios.

PASTOR: Muy bien. Pues si ése es el cielo, ya sé yo lo que es el infierno.

TERESA: El infierno está en las clases humildes y desheredadas.

CELIA: En los pobres; en los trabajadores que con un triste jornal mantienen penosamente a su familia; en los desesperados; en los miserables; en los infelices ancianos que piden limosna en las puertas de las iglesias; en los niños vagabundos; en los golfos; en los mil y mil indigentes que no hallan consuelo en ninguna parte; en los que, solicitados por el hambre, caen en el crimen; en los lisiados y ciegos que vagan por las calles; en los que quieren ser buenos y no saben serlo; en el despojo social que los ricos arrojan de su cielo, cayendo en los abismos de donde no hay salida posible; en suma: decir infierno y cielo es lo mismo que decir pobres y ricos.

CONDESA: ¿Pero tú también, Celia, profesas ese materialismo?

CELIA: No se asuste, Condesa; yo admito esas ideas provisionalmente, hasta que averigüemos dónde están el otro cielo y el otro infierno.

DON ALEJANDRO: Estas ideas son muy bonitas para dichas entre hombres solos; a las señoras se las debe dejar encastilladas en su fe.

Acto IV. Escena VI

Dichos; PASTOR, CELIA y DON GUSTAVO

CELIA: *(Saliendo del despacho.)* Yo no tengo más que una palabra, señor Cross. Compro la trapería, la fábrica de La Roda y todos los inmuebles anejos a esta gran industria ¿Lo oye usted, Leoncio?

LEONCIO: Lo oigo y me alegro de ello, señora. El capitalismo, seco y egoísta comúnmente, en usted se trueca en virtud sublime, porque sin duda procede usted así mirando al bienestar de las clases trabajadoras.

CELIA: ¿Usted qué sabe?

LEONCIO: Lo supe esta mañana al enterarme de la inaudita generosidad de usted.

CELIA: Eso no vale nada.

LEONCIO: Me quitó usted los sobres que tenía que mandar a los compañeros, y con donosa travesura repartió usted entre éstos cerca de 20.000 pesetas; pero créame usted, señora: la caridad, por grande que sea, no resuelve el problema que a todos nos conturba, ricos y pobres. La plebe laboriosa no se redime sólo por la caridad.

CELIA: Pues ¿qué más necesita la plebe laboriosa?

LEONCIO: Justicia, señora.

CELIA: Y la justicia, ¿dónde está?

LEONCIO: Yo no la veo por ninguna parte. Si los seres privilegiados como usted no nos traen siquiera un destello de esa luz eterna, no veo más que tinieblas, no encuentro la salida de este laberinto.

ESTER: Tiene razón Leoncio. Señora y hermana mía, justicia es lo que te pedimos.

CELIA: ¿Tú también?

ESTER: Sí; yo la primera.

CELIA: ¡Descuida! Sabré hacerla, y pronto.

PASTOR: Ten serenidad, hija mía; procede como quien eres, olvidando resentimientos que rebajarían tu dignidad; arráncate aquella espina...

CELIA: Ya me la arranqué. Me ha dolido; pero el dolor pasó, pasó...

Escena VII

Dichos, CATALINA y Comisión de Obreras

OBRERA I.ª: ¡Atrévete, anda!

CATALINA: Vaya si me atrevo; verás. «Señá»...

OBRERA I.ª: ¡Señora!...

CATALINA: Señora Marquesa..., aquí venimos...

OBRERA I.ª: A traer...

CATALINA: A Vuecencia este pobre obsequio..., en holo..., holo...

OBRERA I.ª: Holocausto...

CATALINA: En holocausto a..., en señal de... ¡vaya!, que no sabemos decirlo.

OBRERA I.ª: ¡Ahí el señor Leoncio hablará por nosotras!

LEONCIO: Aceptad, señora, este ramo, más que como señora, como compañera, pues habéis endulzado las amarguras de los menesterosos, y adquirís el almacén y la fábrica para uniros en lazo familiar con los trabajadores.

CELIA: Y para algo más, Leoncio. Añada usted que en la escritura que firmaré mañana me obligo a dar participación en los beneficios de esta industria a todos mis obreros y a establecer pensiones para los que, por su avanzada edad, se retiren del trabajo.

LEONCIO: Sois la gloriosa iniciadora de una feliz concordia entre las clases altas y las clases humildes. Vivid mil años, ilustre y santa mujer.

OBRERAS: ¡Viva! ¡Viva!

CELIA: Pero impongo condiciones. Habéis de ser desde hoy, compañeras mías, en el taller laboriosas y diligentes; en el hogar, solícitas y hacendosas, y siempre virtuosas y honradas. Ya lo sabéis. ¡Se prohíben las uniones ilícitas! Y aquellas de vosotras que así vivieren, han de contraer matrimonio civil o religioso inmediatamente. Y según la cábala del señor Infinito, la primera que ha de hacerlo es Ester.

CATALINA: ¡Eso! Que se case con Infinito.

INFINITO: Conmigo, no, ¡rediez! Antójaseme, Germánicus, que con quien la casan es contigo.

CELIA: Afírmalo, Germán. Dile que el esposo de Ester eres tú, que le diste palabra de matrimonio.

GERMÁN: Se la di y la cumpliré. Si no la cumpliera, ella no me dejaría vivir.

ESTER: Perdona, Celia. En mi delirio te juzgué menos buena de lo que eres.

CELIA: Coloco a Germán al frente de la administración de La Roda. Podréis vivir allí tranquilos y felices; y yo, aquí, si no feliz, tranquila.

ESTER: ¡Dios te bendiga, hermana!

CELIA: Y ahora, no teniendo nada que hacer aquí, me vuelvo a mi cielo.

PASTOR: Ya es hora, hija mía; tus buenos tíos te esperan impacientes, y... yo me canso de andar por las calles vestido de máscara.

LEONCIO: En aquel cielo, señora mía, también hay condenados.

CELIA: Y penas horribles. ¿A quién se lo cuenta usted? Como en este infierno de la miseria hay también santos.., y antes de volver a mi casa quiero dejar un recuerdo mío a estos dos santos del infierno. *(Coge del ramo dos rosas.)* Para usted, señor Infinito, esta rosa blanca, que vale por una pensión para el resto de sus días, y para usted, Leoncio, esta rosa encarnada, que representa un viaje por el extranjero para completar sus estudios de la cuestión social.

Representación viva de todos los personajes teatrales de Galdós.

LEONCIO: Acepto, señora, porque no me favorece la millonaria, sino la primera de nuestras entidades industriales.

CELIA: Eso quiero ser. La gran industrial y la gran obrera.

INFINITO: ¡Padre nuestro que estás en los cielos, al fin te apiadas de este pobre loco!

CELIA: Y adiós, amigo. Vamos, Pastor.

PASTOR: ¡Gracias a Dios!

INFINITO: Celestial criatura, adiós.

LEONCIO: Cuando usted me lo ordene saldré de España. Ya no volveremos a vernos.

CELIA: ¡Quién sabe! En estos infiernos he aprendido mucho; en los infiernos y en los cielos de otros países aprenderé mucho más, y al volver a mi Patria...

PASTOR: Al volver a tu Patria, hija mía, ocúpate en labrar tu propio bien, tu propia ventura.

CELIA: ¡Ah! Mi felicidad, sí... Por lo que voy viendo, la única felicidad que Dios me concede consiste en... hacer felices a los demás...

(Vivas y telón.)

(Celia en los infiernos.)

JACINTO BENAVENTE

Nace en Madrid en 1866. Inicia estudios de Derecho, pero los abandona para dedicarse a la literatura. Desde muy pronto se convierte en un dramaturgo de éxito. En 1912 ingresa en la Real Academia Española. Diez años después recibe el Premio Nobel. Muere en Madrid en 1954.

Después de la ya citada *El nido ajeno*, estrena, entre otras muchas obras, *Gente conocida* (1896), *La comida de las fieras* (1898), **Lo cursi** (1901), *La noche del sábado* (1903), *Rosas de otoño* (1905), *Las cigarras hormigas* (1905), **Los intereses creados** (1907), *La ciudad alegre y confiada* (1916), *Campo de armiño* (1916), *La Inmaculada de los Dolores* (1918), *Y va de cuento* (1919), *Lecciones de buen amor* (1924), *Alfilerazos* (1924), *La mariposa que voló sobre el mar* (1926), *Pepa Doncel* (1928), *Vidas cruzadas* (1929), *De muy buena familia* (1931), *La Infanzona* (1945), *Al amor hay que mandarlo al colegio* (1950). Alcanzaron también un gran éxito sus dramas rurales, *Señora ama* (1908) y *La malquerida* (1913), y sus obras para niños, sobre todo *El príncipe que todo lo aprendió en los libros* (1910).

La mayor parte de la producción benaventina se orienta hacia la sátira social, más o menos encubierta, y hacia la crónica, con ribetes críticos, de las virtudes y defectos (convencionalismos, hipocresías e inmovilismo) de las mismas clases sociales acomodadas que constituían su público. La explicación de esta aparente contradicción puede encontrarse en la habilidad del escritor para no traspasar nunca las barreras de lo tolerado y permitido por la capacidad autocrítica de ese público, abierto a ciertas innovaciones ideológicas, pero poco proclive a aceptar una crítica que pusiera en peligro sus privilegios o que entrara a saco en sus más profundas contradicciones. Sus dardos amables y sus comedidas provocaciones nunca causaron heridas profundas. Fueron, todo lo más, utilizando el título de una de sus comedias, «alfilerazos».

Algo parecido puede decirse de su producción de carácter político. Sus tibias veleidades izquierdistas durante la república, que se plasmaron en una de sus obras, *Santa Rusia* (1932), quedaron ampliamente compensadas años más tarde con *Aves y pájaros* (1940), desdichada y oportunista visión de la guerra española.

Las obras de Benavente han envejecido sin remedio. Ya, desde muy pronto, diversos críticos (Pérez de Ayala, Enrique de Mesa o, más tarde, Torrente Ballester) destacaron la superficialidad, la inconsistencia ideológica, la retórica fácil, la ausencia de tensión dramática (la acción es sustituida sistemáticamente por la narración o por la alusión), el esquematismo psicológico de los personajes y el sentimentalismo contrahecho y gárrulo que caracteriza a la mayor parte de ellas.

La única de sus obras que conserva una discreta actualidad es **Los intereses creados.** En ella, Benavente tuvo el acierto de unir la tradición de la *Commedia dell'Arte* con la del teatro clásico español. La pareja central, Leandro y Crispín, reproduce la pareja amo-criado del teatro del siglo XVII, pero el autor invierte la relación habitual entre ambos y muestra cómo el mundo de valores elevados en que vive Leandro sólo puede sostenerse gracias a un complicado juego de intereses, creados por Crispín con maestría consumada. El equilibrio entre estos dos mundos, que defiende Silvia en su parlamento final, se romperá años después en la segunda parte de esta obra, *La ciudad alegre y confiada*. Aquí ya, Benavente opondrá el triunfo permanente de los más puros valores del espíritu al fracaso a que siempre conducen las sendas materialistas.

Benavente fue, además, articulista en diarios de gran difusión, poeta, traductor, prologuista de abundantes libros y aplaudido conferenciante.

Ediciones

Obras Completas, 11 volúmenes, Madrid, Aguilar. *Los intereses creados*, ed. de F. Lázaro Carreter, Madrid, Cátedra.

ACTO I

Escena IV

ROSARIO: De modo que la vida de siempre, papá. Y decías, al volver de París, que este invierno te cuidarías mucho, que no trasnocharías.

MARQUÉS: Me quedé dos noches en casa, y creí morirme. Desengáñate: los preceptos higiénicos dan muy buen resultado a todo el mundo, menos a los españoles, y en particular a los madrileños. Con nosotros no rigen preceptos de ninguna clase, y somos fuertes burlándonos de la higiene; liberales, burlándonos de la Constitución; católicos, no haciendo gran caso del Catecismo, y lo que es más extraordinario, hasta ricos, dando un mentís a todas las leyes económicas del mundo.

FLORA: Y usted ha vuelto de su último viaje con un recrudecimiento de españolismo.

MARQUÉS: Es verdad. Nunca fui aficionado a viajes. En París no había estado desde hace diez años; en Londres..., ¡qué sé yo!... Y la verdad: tenía por todo lo extranjero esa admiración que tienen ustedes los jóvenes que han viajado y sólo aprecian el brillo aparente de eso que llamamos civilización, pero ahora con mayor experiencia...

AGUSTÍN: ¡Y más años y menos humor, sobre todo, papá!

MARQUÉS: Es posible. De todos modos, esta impresión más razonada de ahora será la definitiva, porque no pienso emprender nuevos viajes. Soy el primero en admirar lo admirable; pero apreciando con serenidad defectos y virtudes, grandezas y pequeñeces, el alma humana es una; es decir, muchas almas buenas y malas; y no sé por qué razón había de tocarnos la peor parte; que otros pueblos son más trabajadores... ¿Y quién sabe? Acaso reza con nosotros aquello del Evangelio: «María no escogió la peor parte.» Y María era la que no trabajaba.

AGUSTÍN: Ateniéndose al Evangelio... ¿Ustedes saben lo que oí una vez a un inglés amigo mío? Estaba en Madrid por San Isidro, y le llevamos a la romería; y él, curioso, como buen inglés, preguntaba particulares de la vida del santo. Una señora que nos acompañaba se encargó de explicarle la vida y milagros, y al referirle cómo mientras el santo quedaba en oración los ángeles le labraban el campo, el inglés exclamó con la mayor espontaneidad: «¡Oh, qué milagro tan español!»

FLORA: El marqués tiene razón: en todas partes hay bueno y malo; pero a los españoles siempre nos parece peor lo nuestro.

MARQUÉS: Es que no hay nación más hipócrita para los defectos individuales y más escandalosa para los defectos nacionales. En Inglaterra siquiera tienen las dos hipocresías. Pero aquí nos hartamos de clamar que éste es un país perdido, y en cuanto se quiere puntualizar por dónde anda la perdición, todos somos a encubrirla. «No, en este grupo, no; aquí todos somos caballeros.» «En este otro, menos; no hay más que personas decentes.» Y todos somos a darnos explicaciones: «¡No faltaba más!; no es por ustedes...» Y es un país tan perdido, que no es posible hallar a los que lo pierden.

FLORA: Usted es de los míos, marqués: a la antigua española.

MARQUÉS: Esta juventud se ríe de nosotros

FÉLIX: ¡Oh! Sí; lo español, lo castizo. ¿Quieren ustedes decirme en qué consiste eso?

MARQUÉS: Para usted, literato modernista, decadente y qué sé yo cuántos motes más, en nada. ¿Usted qué sabe de eso?

FÉLIX: Sí, en Literatura ya sé en qué consiste: en lo que ustedes llaman vigor; en concluir los dramas a tiros y los cuentos a navajazos; como si todos los días se recogieran docenas de cadáveres por esas calles. Para usted, querido marqués, sé también en qué consiste el casticismo: en estar abonado a los toros y en comer judías estofadas de casa de la Concha... ¡Ah! Y en aplaudir la comedia de anoche: una joya de esa literatura castiza.

CARLOS: Ya, ya. ¡Qué comedia!

AGUSTÍN: ¡Cosa más cursi! Con aquella nota sensiblera al final...

ROSARIO: ¿No les gustó a ustedes?

MARQUÉS: No. Si ahora es muy cursi conmoverse por nada...

FÉLIX: Aquella escenita de la madre y la hija...

FLORA: A mí me hizo llorar.

MARQUÉS: Pero usted es de otro tiempo. Ahora habrá usted observado que la mujer no llora en el teatro. Alguna pobrecilla de la galería. El público selecto sólo tolera el arte como bufón que divierta; si pretende conmover, lo llama cursi; si pretende hacer pensar, «latero». ¿No es esa la palabra escogida?

AGUSTÍN: Vaya, papá, hoy estás para figurar en una de esas comedias.

MARQUÉS: Sí, hijo mío. La invención de la palabra «cursi» complicó horriblemente la vida. Antes existía lo bueno y lo malo, lo divertido y lo aburrido, a ello se ajustaba nuestra conducta. Ahora existe lo cursi, que no es lo bueno ni lo malo, ni lo que divierte ni lo que aburre; es... una negación: lo contrario de lo distinguido; es decir, una cosa cada día; porque en cuanto haya seis personas que piensan o hacen lo mismo, ya es preciso pensar y hacer otra cosa para ser distinguido; y por huir de lo cursi se hacen tonterías, extravagancias... hasta maldades.

AGUSTÍN: Maldades...

MARQUÉS: Sí; porque maldad es disfrazar los sentimientos, y por no parecer cursi, los difrazamos muchas veces y obligamos a los demás a disfrazarlos.

ROSARIO: Es verdad.

MARQUÉS: *(Con intención.)* ¡Sabré yo por qué digo las cosas!

FLORA: Y yo también, marqués. Por algo somos contemporáneos.

(Lo cursi.)

PROLOGO

Telón corto en primer término, con puerta al foro, y en ésta un tapiz. Recitado por el personaje CRISPÍN

He aquí el tinglado de la antigua farsa, la que alivió en posadas aldeanas el cansancio de los trajinantes, la que embobó en las plazas de humildes lugares a los simples villanos, la que juntó en ciudades populosas a los más variados concursos, como en París sobre el Puente Nuevo, cuando Tabarín [1] desde su tablado de feria solicitaba la atención de todo transeúnte, desde el espetado doctor que detiene un momento su docta cabalgadura para desarrugar por un instante la frente, siempre cargada de graves pensamientos, al escuchar algún donaire de la alegre farsa, hasta el pícaro hampón, que allí divierte sus ocios horas y horas, engañando al hambre con la risa; y el prelado, y la dama de calidad, y el gran señor desde sus carrozas, como la moza alegre y

[1]. Popular charlatán y mimo francés, muerto en 1633. En París, actuaba desde un tabladillo de la plaza Dauphine, cerca del Puente Nuevo.

EL TEATRO HASTA 1939

el soldado, y el mercader y el estudiante. Gente de toda condición, que en ningún otro lugar se hubiera reunido, comunicábase allí su regocijo, que muchas veces, más que de la farsa, reía el grave de ver reír al risueño, y el sabio al bobo, y los pobretes de ver reír a los grandes señores, ceñudos de ordinario, y los grandes de ver reír a los pobretes, tranquilizada su conciencia con pensar: ¡también los pobres ríen! Que nada prende tan pronto de unas almas en otras como esta simpatía de la risa. Alguna vez, también subió la farsa a palacios de príncipes, altísimos señores, por humorada de sus dueños, y no fue allí menos libre y despreocupada. Fue de todos y para todos. Del pueblo recogió burlas y malicias y dichos sentenciosos, de esa filosofía del pueblo, que siempre sufre, dulcificada por aquella resignación de los humildes de entonces, que no lo esperaban todo de este mundo, y por eso sabían reírse del mundo sin odio y sin amargura. Ilustró después su plebeyo origen con noble ejecutoria: Lope de Rueda, Shakespeare, Molière, como enamorados príncipes de cuento de hadas, elevaron a Cenicienta al más alto trono de la Poesía y el Arte. No presume de tan gloriosa estirpe esta farsa, que por curiosidad de su espíritu inquieto os presenta un poeta de ahora. Es una farsa *guiñolesca* [2], de asunto disparatado, sin realidad alguna. Pronto veréis cómo cuanto en ella sucede no pudo suceder nunca, que sus personajes no son ni semejan hombres y mujeres, sino muñecos o fantoches de cartón y trapo, con groseros hilos, visibles a poca luz y al más corto de vista. Son las mismas grotescas máscaras de aquella comedia del Arte italiano, no tan regocijadas como solían, porque han meditado mucho en tanto tiempo. Bien conoce el autor que tan primitivo espectáculo no es el más digno de un culto auditorio de estos tiempos; así, de vuestra cultura tanto como de vuestra bondad se ampara. El autor sólo pide que aniñéis cuanto sea posible vuestro espíritu. El mundo está ya viejo y chochea; el Arte no se resigna a envejecer, y por parecer niño finge balbuceos... Y he aquí cómo estos viejos polichinelas [3] pretenden hoy divertiros con sus niñerías.

Mutación

Cuadro primero

Plaza de una ciudad. A la derecha, en primer término, fachada de una hostería con puerta practicable y en ella un aldabón. Encima de la puerta un letrero que diga: «Hostería»

Escena I

LEANDRO y CRISPÍN, *que salen por la segunda izquierda*

LEANDRO: Gran ciudad ha de ser ésta, Crispín; en todo se advierte su señorío y riqueza.
CRISPÍN: Dos ciudades hay. ¡Quiera el Cielo que en la mejor hayamos dado!
LEANDRO: ¿Dos ciudades dices, Crispín? Ya entiendo, antigua y nueva, una de cada parte del río.
CRISPÍN: ¿Qué importa el río ni la vejez ni la novedad? Digo dos ciudades como en toda ciudad del mundo: una para el que llega con dinero, y otra para el que llega como nosotros.

---

2. Propia de títeres o marionetas.
3. Polichinela es el nombre de un personaje de la *commedia dell'arte*, caracterizado por su fanfarronería y su afición al vino y a la comida. Benavente lo utiliza ahora para referirse a todos sus personajes.

JACINTO BENAVENTE

LEANDRO: ¡Harto es haber llegado sin tropezar con la justicia! Y bien quisiera detenerme aquí algún tiempo, que ya me cansa tanto correr tierras.

CRISPÍN: A mí no, que es condición de los naturales, como yo, del libre reino de Picardía [4], no hacer asiento en parte alguna, si no es forzado y en galeras, que es duro asiento. Pero ya que sobre esta ciudad caímos y es plaza fuerte a lo que se descubre, tracemos, como prudentes capitanes, nuestro plan de batalla, si hemos de conquistarla con provecho.

LEANDRO: ¡Mal pertrechado ejército venimos!

CRISPÍN: Hombres somos, y con hombres hemos de vernos.

LEANDRO: Por todo caudal, nuestra persona. No quisiste que nos desprendiéramos de estos vestidos, que, malvendiéndolos, hubiéramos podido juntar algún dinero.

CRISPÍN: ¡Antes me desprendiera yo de la piel que de un buen vestido! Que nada importa tanto como parecer, según va el mundo, y el vestido es lo que antes parece.

LEANDRO: ¿Qué hemos de hacer, Crispín? Que el hambre y el cansancio me tienen abatido, y mal discurro.

CRISPÍN: Aquí no hay sino valerse del ingenio y de la desvergüenza, que sin ella nada vale el ingenio. Lo que he pensado es que tú has de hablar poco y desabrido, para darte aires de persona de calidad; de vez en cuando te permito que descargues algún golpe sobre mis costillas; a cuantos te pregunten, responde misterioso; y cuando hables por tu cuenta, sea con gravedad; como si sentenciaras. Eres joven, de buena presencia; hasta ahora sólo supiste malgastar tus cualidades; ya es hora de aprovecharse de ellas. Ponte en mis manos, que nada conviene tanto a un hombre como llevar a su lado quien haga notar sus méritos, que en uno mismo la modestia es necedad y la propia alabanza locura, y con las dos se pierde para el mundo. Somos los hombres como mercancía, que valemos más o menos según la habilidad del mercader que nos presenta. Yo te aseguro que así fueras vidrio, a mi cargo corre que pases por diamante. Y ahora llamemos a esta hostería, que lo primero es acampar a vista de la plaza.

Cuadro segundo

Escena X

LEANDRO y SILVIA, *que sale por la primera derecha. Al final,* CRISPÍN

LEANDRO: ¡Silvia!

SILVIA: ¿Sois vos? Perdonad; no creí hallaros aquí.

LEANDRO: Huí de la fiesta. Su alegría me entristece.

SILVIA: ¿También a vos?

LEANDRO: ¿También, decís? ¡También os entristece la alegría!...

SILVIA: Mi padre se ha enojado conmigo. ¡Nunca me habló de ese modo! Y con vos también estuvo desatento. ¿Le perdonáis?

LEANDRO: Sí; lo perdono todo. Pero no le enojéis por mi causa. Volved a la fiesta, que han de buscaros, y si os hallaran aquí a mi lado...

SILVIA: Tenéis razón. Pero volved vos también. ¿Por qué habéis de estar triste?

LEANDRO: No; yo saldré sin que nadie lo advierta... Debo ir muy lejos.

Benavente, además de convertirse en el autor de moda durante las primeras décadas de este siglo, consiguió el reconocimiento de las instituciones oficiales. En 1912 ingresó en la Real Academia Española. Diez años después se le concedió el Premio Nobel.

[4]. Picardía es una región del norte de Francia. Benavente, sin embargo, se refiere aquí a los súbditos, amantes de la libertad y de la aventura, de un imaginario reino.

EL TEATRO HASTA 1939

SILVIA: ¿Qué decís? ¿No os trajeron asuntos de importancia a esta ciudad? ¿No debíais permanecer aquí mucho tiempo?
LEANDRO: ¡No, no! ¡Ni un día más! ¡Ni un día más!
SILVIA: Entonces... ¿me habéis mentido?
LEANDRO: ¡Mentir!... No... No digáis que he mentido. No; ésta es la única verdad de mi vida... ¡Este sueño que no debe tener despertar!

(Se oye a lo lejos la música de una canción hasta que cae el telón.)

SILVIA: Es Arlequín que canta... ¿Qué os sucede? ¿Lloráis? ¿Es la música la que os hace llorar? ¿Por qué no decirme vuestra tristeza?
LEANDRO: ¿Mi tristeza? Ya la dice esa canción. Escuchadla.
SILVIA: Desde aquí sólo la música se percibe; las palabras se pierden ¿No la sabéis? Es una canción al silencio de la noche, y se llama *El reino de las almas*. ¿No la sabéis?
LEANDRO: Decidla.
SILVIA:
  La noche amorosa, sobre los amantes
  tiende de su cielo el dosel nupcial.
  La noche ha prendido sus claros diamantes
  en el terciopelo de un cielo estival.
  El jardín en sombra no tiene colores,
  y es en el misterio de su oscuridad
  susurro el follaje, aroma las flores,
  y amor... un deseo dulce de llorar.
  La voz que suspira, y la voz que canta,
  y la voz que dice palabras de amor,
  impiedad parecen en la noche santa,
  como una blasfemia entre una oración.
  ¡Alma del silencio, que yo reverencio,
  tiene tu silencio la inefable voz
  de los que murieron amando en silencio,
  de los que callaron muriendo de amor,
  de los que en la vida, por amarnos mucho,
  tal vez no supieron su amor expresar!
  ¿No es la voz acaso que en la noche escucho
  y cuando amor dice, dice eternidad?
  ¡Madre de mi alma! ¿No es luz de tus ojos
      la luz de esa estrella
  que como una lágrima de amor infinito
      en la noche tiembla?
  ¡Dile a la que hoy amo que yo no amé nunca
      más que a ti en la tierra,
  y desde que has muerto sólo me ha besado
      la luz de esa estrella!

LEANDRO:
  ¡Madre de mi alma! Yo no he amado nunca
      más que a ti en la tierra,
  y desde que has muerto sólo me ha besado
      la luz de esa estrella.

(Quedan en silencio, abrazados y mirándose.)

CRISPÍN: *(Que aparece por la segunda izquierda. Aparte.)*
  ¡Noche, poesía, locuras de amante!...
  ¡Todo ha de servirnos en esta ocasión!
  ¡El triunfo es seguro! ¡Valor y adelante!

JACINTO BENAVENTE

¿Quién podrá vencernos si es nuestro el amor?
(Silvia y Leandro, abrazados, se dirigen muy despacio a la primera derecha. Crispín los sigue sin ser visto por ellos. El telón va bajando muy despacio.)

Acto II. Escena VIII

CAPITÁN: Deje hablar al mozo.
CRISPÍN: ¿Y qué he de deciros? ¿De qué os quejáis? ¿De haber perdido vuestro dinero? ¿Qué pretendéis? ¿Recobrarlo?
PANTALÓN: ¡Eso, eso! ¡Mi dinero!
HOSTELERO: ¡Nuestro dinero!
CRISPÍN: Pues escuchadme aquí... ¿De dónde habéis de cobrarlo si así quitáis crédito a mi señor y así hacéis imposible su boda con la hija del señor Polichinela? ¡Voto a..., que siempre pedí tratar con pícaros mejor que con necios! Ved lo que hicisteis y cómo se compondrá ahora con la Justicia de por medio. ¿Qué lograréis ahora si dan con nosotros en galeras o en sitio peor? ¿Será buena moneda para cobraros las túrdigas [5] de nuestro pellejo? ¿Seréis más ricos, más nobles o más grandes cuando nosotros estemos perdidos? En cambio, si no nos hubierais estorbado a tan mal tiempo, hoy, hoy mismo tendríais vuestro dinero, con todos sus intereses..., que ellos solos bastarían a llevaros a la horca, si la Justicia no estuviera en esas manos y en esas plumas... Ahora haced lo que os plazca, que ya os dije lo que os convenía [...]

Dos escenas de una representación de Los intereses creados

HOSTELERO: ¿Qué resolvéis?
DOCTOR: Dejadme reflexionar. El mozo no es lerdo y se ve que no ignora los procedimientos legales. Porque si consideramos que la ofensa que recibisteis fue puramente pecuniaria y que todo delito que puede ser reparado en la misma forma lleva en la reparación el más justo castigo; si consideramos que así en la ley bárbara y primitiva del Talión, se dijo: ojo por ojo, diente por diente, mas no diente por ojo ni ojo por diente... Bien puede decirse en este caso escudo por escudo. Porque al fin, él no os quitó la vida para que podáis exigir la suya en pago. No os ofendió en vuestra persona, honor ni buena fama, para que podáis exigir otro tanto. La equidad es la suprema justicia. *Equitas justitia magna est.* Y desde las Pandectas [6] hasta Triboniano, con Emiliano, Triberiano...
PANTALÓN: No digáis más. Si él nos pagara...
HOSTELERO: Como él nos pagara...
POLICHINELA: ¡Qué disparates son éstos, y cómo ha de pagar, ni qué tratar ahora!
CRISPÍN: Se trata de que todos estáis interesados en salvar a mi señor, en salvarnos por interés de todos. Vosotros, por no perder vuestro dinero; el señor Doctor, por no perder toda esa suma de admirable doctrina que fuisteis depositando en esa balumba [7] de sabiduría; el señor Capitán, porque todos le vieron amigo de mi amo, y a su valor importa que no se murmure de su amistad con un aventurero; vos, señor Arlequín, porque vuestros ditirambos de poeta perderían todo su mérito al saber que tan mal los empleasteis; vos, señor Polichinela..., antiguo amigo mío, porque vuestra hija es ya ante el Cielo y ante los hombres la esposa del señor Leandro.

Escena IX

CRISPÍN: Y en mi señor no hubo más falta que carecer de dinero,

5. Tiras.
6. Recopilación de las decisiones de los antiguos jurisconsultos romanos.
7. Conjunto desordenado y excesivo.

pero a él nadie le aventajará en nobleza..., y vuestros nietos serán caballeros.. si no dan en salir al abuelo...

TODOS: ¡Casadlos! ¡Casadlos!

PANTALÓN: O todos caeremos sobre vos.

HOSTELERO: Y saldrá a relucir vuestra historia...

ARLEQUÍN: Y nada iréis ganando...

SIRENA: Os lo pide una dama, conmovida por este amor tan fuera de estos tiempos.

COLOMBINA: Que más parece de novela.

TODOS: ¡Casadlos! ¡Casadlos!

POLICHINELA: Cásense enhoramala. Pero mi hija quedará sin dote y desheredada.... Y arruinaré toda mi hacienda antes que ese bergante... [8].

DOCTOR: Eso sí que no haréis, señor Polichinela.

PANTALÓN: ¿Qué disparates son éstos?

HOSTELERO: ¡No lo penséis siquiera!

ARLEQUÍN: ¿Que se diría?

CAPITÁN: No lo consentiremos.

SILVIA: No, padre mío; soy yo la que nada acepto, soy yo la que ha de compartir su suerte. Así le amo.

LEANDRO: Y sólo así puedo aceptar tu amor... *(Todos corren hacia Silvia y Leandro.)*

DOCTOR: ¿Qué dicen? ¿Están locos?

PANTALÓN: ¡Eso no puede ser!

HOSTELERO: ¡Lo aceptaréis todo!

ARLEQUÍN: Seréis felices y seréis ricos.

SEÑORA DE POLICHINELA: ¡Mi hija en la miseria! ¡Ese hombre es un verdugo!

SIRENA: Ved que el amor es niño delicado y resiste pocas privaciones.

DOCTOR: ¡No ha de ser! Que el señor Polichinela firmará aquí mismo espléndida donación, como corresponde a una persona de su calidad y a un padre amantísimo. Escribid, escribid, señor Secretario, que a esto no ha de oponerse nadie.

TODOS: *(Menos Polichinela.)* ¡Escribid, escribid!

DOCTOR: Y vosotros, jóvenes enamorados..., resignaos con las riquezas, que no conviene extremar escrúpulos que nadie agradece.

PANTALÓN: *(A Crispín.)* ¿Seremos pagados?

CRISPÍN: ¿Quién lo duda? Pero habéis de proclamar que el señor Leandro nunca os engañó... Ved cómo se sacrifica por satisfaceros aceptando esa riqueza que ha de repugnar a sus sentimientos.

PANTALÓN: Siempre le creímos un noble caballero.

HOSTELERO: Siempre.

ARLEQUÍN: Todos lo creímos.

CAPITÁN: Y lo sostendremos siempre.

CRISPÍN: Y ahora, Doctor, ese proceso, ¿habrá tierra bastante en la tierra para echarle encima?

DOCTOR: Mi previsión se anticipa a todo. Bastará con puntuar debidamente algún concepto... Ved aquí: donde dice.. «Y resultando que si no declaró...», basta una coma, y dice: «Y resultando que sí, no declaró...» Y aquí: «Y resultando que no, debe condenársele...», fuera la coma, y dice: «Y resultando que no debe condenársele...»

CRISPÍN: ¡Oh admirable coma! ¡Maravillosa coma! ¡Genio de la Justicia! ¡Oráculo de la Ley! ¡Monstruo de la Jurisprudencia!

DOCTOR: Ahora confío en la grandeza de tu señor.

A pesar de la distancia estética que separa sus obras teatrales, Benavente y Valle-Inclán mantuvieron siempre unas excelentes relaciones. Aquí los vemos, en 1933, durante un ensayo de Divinas palabras. «Me enorgullezco de haber sido amigo de Valle-Inclán —reconocerá Benavente—; recuerdo sus lecciones de todo de arte, de independencia, de noble altivez y de noble humildad. De todo era ejemplo y modelo aquel gran señor de las letras, aquel soberano artista.»

8. Pícaro. Sinvergüenza.

CRISPÍN: Descuidad. Nadie mejor que vos sabe cómo el dinero puede cambiar a un hombre.
SECRETARIO: Yo fui el que puso y quitó esas comas...
CRISPÍN: En espera de algo mejor... Tomad esta cadena. Es de oro.
SECRETARIO: ¿De ley?
CRISPÍN: Vos lo sabréis, que entendéis de leyes.
POLICHINELA: Sólo impondré una condición: que este pícaro deje para siempre de estar a tu servicio.
CRISPÍN: No necesitáis pedirlo, señor Polichinela. ¿Pensáis que soy tan pobre de ambiciones como mi señor?
LEANDRO: ¿Quieres dejarme, Crispín? No será sin tristeza de mi parte.
CRISPÍN: No la tengáis, que ya de nada puedo serviros y conmigo dejáis la piel del hombre viejo... ¿Qué os dije, señor? Que entre todos habían de salvarnos... Creedlo. Para salir adelante con todo, mejor que crear afectos es crear intereses...
LEANDRO: Te engañas, que sin el amor de Silvia nunca me hubiera salvado.
CRISPÍN: ¿Y es poco interés ese amor? Yo di siempre su parte al ideal y conté con él siempre. Y ahora, acabó la farsa.
SILVIA: *(Al público.)* Y en ella visteis, como en las farsas de la vida, que a estos muñecos, como a los humanos, muévenlos cordelillos groseros, que son los intereses, las pasioncillas, los engaños y todas las miserias de su condición: tiran unos de sus pies y los llevan a tristes andanzas; tiran otros de sus manos, que trabajan con pena, luchan con rabia, hurtan con astucia, matan con violencia. Pero entre todos ellos, desciende a veces del cielo al corazón un hilo sutil, como tejido con luz de sol y con luz de luna: el hilo del amor, que a los humanos, como a esos muñecos que semejan humanos, les hace parecer divinos, y trae a nuestra frente resplandores de aurora, y pone alas en nuestro corazón y nos dice que no todo es farsa en la farsa, que hay algo divino en nuestra vida que es verdad y es eterno, y no puede acabar cuando la farsa acaba. *(Telón.)*

(*Los intereses creados.*)

Los dramas rurales de Benavente gozaron durante mucho tiempo del favor del público. La foto corresponde a una reposición de La malquerida *en el teatro María Guerrero de Madrid, en 1957.*

EL TEATRO HASTA 1939

EDUARDO MARQUINA

Nació en Barcelona en 1879. Estudió Filosofía y Letras y Derecho. En 1904 fijó su residencia en Madrid. Al estallar la guerra se encontraba en Buenos Aires. Poco después, incorporado a la España nacional, es nombrado presidente de la Sociedad General de Autores de España. Después de 1939 desempeñó algunas misiones diplomáticas. Murió en Nueva York en 1946.

Los títulos más destacados de la vertiente histórica de su teatro son: **Las hijas del Cid** (1908), *Doña María la Brava* (1909), **En Flandes se ha puesto el sol** (1910), la más popular de todas estas obras; *El rey trovador* (1912), *Por los pecados del rey* (1913), *El retablo de Agrellano* (1913), *Las flores de Aragón* (1914), *El gran capitán* (1916), *El monje blanco* (1930) y *Teresa de Jesús* (1932), que puede considerarse como el antecedente de un tipo de teatro religioso, exaltador de la fe, la piedad y el sacrificio, cultivado durante la República. En *Don Luis Mejía* (1925) convierte en protagonista al rival de don Juan Tenorio en la obra de Zorrilla.

Entre 1913 y 1920 escribe diversas comedias en prosa, de tema contemporáneo y de carácter realista: *Cuando florezcan los rosales* (1913), *Alondra* (1918), *Dondiego de noche* (1918), *Alimaña* (1919), *La extraña* (1919) y *La princesa juega* (1920).

También alcanzaron notable éxito sus cinco dramas en verso de ambiente rural: *Fruto bendito* (1927), *La ermita, la fuente y el río* (1927), quizá la más interesante de su producción; *Salvadora* (1929), *Fuente escondida* (1931) y *Los julianes* (1932). El verso ahora es menos ampuloso y se ciñe mucho más a la acción y a los caracteres.

Marquina es autor también de diversas novelas y de una autobiografía *(Días de infancia y adolescencia. Memorias del último tercio del siglo XIX)*. Fue, además, un interesante poeta modernista.

Ediciones

Obras completas, 8 volúmenes. Madrid, Aguilar, 1944-1951.

ACTO II

(La Infanta Sol aparece, muy pálida y muy débil de marcha, en el marco de la puerta; la rodean servidores con provisiones, damas con ropas y telas, algunas con cajas de donde cuelgan collares y joyas.)

TÉLLEZ MUÑOZ: *(Presentando la espada.)* ¡La infanta Sol! *(A los mendigos.)*

¡Deteneos y honradla!

(Toda la turba se desploma en una zalema de absoluto respeto. Las lanzas bajan con la punta al suelo, saludándola. Hay un silencio solemne; la Infanta Sol, que cierra los ojos ante el horror del cuadro, levanta el brazo esbelto para apoyarse en el marco de la puerta; su otro brazo cae a lo largo de su talle; unas mujeres moras que la rodean, se arrastran arrodilladas hasta coger y besar la orla de su manto.)

MORA PRIMERA:	¡En toda salud respiro, que ya he llegado a tu mano, tu mano color de lirio!
MORA SEGUNDA:	¡Si tú has llegado a su mano, color de los lirios blancos, yo le besaré el brial [1], color del lirio morado!
MORA TERCERA:	Yo, que no llego al brial, ya que tan lejos estás, he de besarte las plantas y el sitio en que las pondrás.
DOÑA SOL:	¡Pronto!, acercadme la tela y los paños, y el pan, y el trigo, y las joyas, y el oro, ¡que todos tengan haber monedado [2]! Toma tú, y viste a los hijos pequeños; tú, toma y dales la miga con leche...

(Toma en brazos una criaturita, la acaricia y la besa, diciendo):

¡Oh, chiquitín de los rizos oscuros,
tú qué sabías del Cid y sus gentes
cuando, en la cuna, de noche, dormías,
en los ojitos metiendo tus puños!
La Infanta Sol quiere darte otra cuna,
con ropa y lana y bordados de plata,
y una almofalla [3] de flecos azules
donde te tiendas, jugando con frutas.

(Devuelve el hijo a su madre.)

¡Tómalo, y Dios te lo guarde, la mora,
que él ha nacido, de amor, tan hermoso!
La Infanta Sol, en su Alcázar soberbio,
no los tendrá como el tuyo.

DAMA PRIMERA:	¡Qué santa!
MUÑO GUSTIOZ:	*(A Téllez Muñoz.)* Con otras bodas, ¡qué [madre sería!
GIL BUSTOS:	*(A Muño Gustioz.)* ¡El infantico le tiende [los brazos, como si ya no quisiera dejarla!
MORA PRIMERA:	*(Manteniendo el niño con los brazos en alto y en actitud de ofrecerlo a la Infanta.)* Yo te lo ofrezco, cristiana, que mejor cosa no tengo; él es mi plata y mi oro, mi riqueza y mi tesoro y la sangre de mis venas. Yo te lo ofrezco, cristiana de las manos de azucenas. Si te persiguen de muerte, yo te lo ofrezco, cristiana;

---

1. Vestido de seda o tela rica que usaban las mujeres.
2. Moneda, dinero en especie.
3. Alfombra.

	cuando lleve una gumía [4],
	yo te lo doy, soberana,
	porque lo hagas nazareno
	de vuestra Santa María.
	Que, aunque ha bebido en mi seno
	negra sangre musulmana,
	por tu gracia de este día
	morirá con su gumía
	sirviendo a tu cruz cristiana.
Doña Sol:	*(Se inclina para besar de nuevo al niño. Avanza luego unos pasos, entrando en el grupo lamentable, y le dice a un hombre herido):*
	Tú, llega aquí, que te cure. ¡Vosotras
	(A las damas de su séquito.)
	entrad adentro, en la negra miseria,
	y dad a todos y hacedlos felices!
	(Unos momentos de silencio. Doña Sol y sus damas recorren el grupo, consolando y socorriendo a las gentes que lo forman.)
Gil Bustos:	*(Que estará junto a la puerta del fondo manteniendo el orden entre los que desfilan.)*
	No os detengáis; id saliendo vosotros,
	que todos puedan llegar a la Infanta.
Un Herido:	*(A Gil Bustos.)*
	Tú, ve de darme una mano…
	(Gil Bustos le ayuda a andar.)
	Así, gracias;
	sólo quería llegar a su lado.
Muño Gustioz:	A cada instante la miro en el halda [5];
	pienso que el pan y las joyas se tornan
	entre sus manos montones de flores.
Téllez Muñoz:	Muño Gustioz, ahora sí que envejeces,
	que te enternecen las cosas menudas.
Muño Gustioz:	Téllez Muñoz, no me vuelvas la cara,
	que ya te he visto los ojos con lágrimas.

(Las hijas del Cid.)

ACTO I

Isabel:	¡Torna a casa!
Magdalena:	Me pesa de entrar.
	El encierro ha durado tres días,
	la tarde es tranquila, la puesta un altar.
	Me dan ansias de andar por los campos;

4. Arma blanca, como daga un poco encorvada, usada por los moros.
5. Falda.

EDUARDO MARQUINA

María Guerrero, una de las más aplaudidas actrices de comienzos de siglo, estrenó numerosas obras de Marquina. Aquí la vemos en una escena de Doña María la Brava. Los elogios que el autor le prodigó fueron numerosos: «Debo a María Guerrero, en geniales chispazos a través de tantas interpretaciones, muchas líneas y trazos definitivos de mis sucesivas heroínas». En el poema «A María y Fernando [Díaz de Mendoza]», escribe: «María: la española poesía / que reverencio y profeso y adoro, / la poesía de la patria mía / tiene, en tu voz, su túnica de oro».

        de quebrar el silencio mortal
con canciones; de herir en los ríos,
con guijarros, el limpio cristal,
y que salte la espuma; de abrirme
camino sonoro, las selvas allá,
agitando las ramas, volcando
del nido las crías, a verlas volar...

ISABEL: *(Acercándose a ella, en voz baja, como amonestándola.)*

De pararte al volver de una senda,
o esconderte detrás de un zarzal
a sentir, si los aires abrasan,
y se esconde con miedo el gañán,
y las rígidas lanzas negrean
apresando hasta el aire al andar
cuando pasan los tercios de España,
qué golpe en las venas la sangre te da.

MAGDALENA: ¡Isabel!

ISABEL: ¡Magdalena, mi hermana!
¡Por la Virgen! Me espanta el pensar,
si esta odiosa quimera no olvidas,
qué amarguras las tuyas serán...

MAGDALENA: *(Riéndose de los miedos de su hermana.)*

He aprendido un romance de guerra;
lo cantaban mujeres de allá,
de ojos negros y trenzas de noche,
que siguen al tercio sin miedo al azar.

ISABEL: ¡Magdalena!...

MAGDALENA: ¿Qué espanto es el tuyo?
¿Ya no es dado a los tercios mentar?
Cuando el sol en sus lanzas se quiebra,
si de lejos les miras andar,
te parece que flota sobre ellos,
como un manto, la lumbre solar.
Traen ardiendo, en sus plumas bermejas,
los rescoldos de un bárbaro hogar
que no cabe en un reino, aunque es grande
y da unos calores que es dulce gustar.

(Hay una pausa. ISABEL levanta los ojos al cielo y vuelve al fondo. MAGDALENA, recostada contra el quicio de la ventana, y como si estuviera cantando para sí, dice en voz alta este romance de la guerra.)

«Capitán de los tercios de España...»

ISABEL: *(Temerosa, queriendo hacerla callar.)*

¡Magdalena!

MAGDALENA: «Señor capitán
el de la torcida espada,

EL TEATRO HASTA 1939

de la capa colorada
y el buen caballo alazán:
si fuera de empresa mía,
si mi honor no se oponía,
si diera a mi fantasía
rienda suelta en este día,
ya que partes, capitán,
¡contigo me partiría,
y a la grupa montaría
de tu caballo alazán!»

ISABEL: *(Desde el fondo, gritando un poco.)*

¡Vana copla de campo de guerra!
¡No hagas caso de coplas jamás!

MAGDALENA: *(Siguiendo, imperturbable.)*

«No me escuchaste, cuitada,
y allá va la cabalgada,
lanza en puño y rienda holgada,
detrás de su capitán...
¡Clávame, dueño, tu espada
del revuelto gavilán,
y llévame amortajada
en tu capa colorada,
soberbiamente plegada
sobre el caballo alazán!»

ISABEL: *(Acercándose.)* ¡Magdalena!

MAGDALENA: «Y allá lejos,
a los extraños reflejos
del fosco [6] cielo alemán,
cuando, olvidados los dejos
de nuestros amores viejos,
me traiciones, capitán,
si favor tu boca espera
de la blanca prisionera
que una ventura guerrera
libra indefensa a tu afán,
¡con mi mano enclavijada,
que la muerte hará sagrada,
yo he de quebrarte la espada
como una espiga tronchada
por tu caballo alazán!
¡Dueña mía, dueña mía,
no me digas si te oía,
que estaba mi fantasía
riñéndose con mi afán;
para tu gloria y la mía,
por tu nombre y mi hidalguía,
con su tercio, en este día,
va a Flandes tu capitán.
No me hables, dueña, de olvidos,
que embargados mis sentidos
de tus hermosuras van,

En «Las 7 palabras de un poeta» predicará Marquina: *«Sed complejos / dentro de vuestro ser: haceos siempre / protectores de huérfanas ideas / y padres de atrevidos pensamientos. / No busquéis tregua al producir; debajo / de cada nueva idea que florezca / como una rosa en vuestras obras grandes, / presiéntase el hervor de nuevos gérmenes / que acaban de estallar: cuando las hojas, / en el gran desamparo del otoño, / se caigan de las ramas, haced vida / en lo interior de los dormidos troncos».*

6. De color oscuro, que tira a negro.

EDUARDO MARQUINA

	y hollados y escarnecidos, he de traerte, rendidos, diez corazones heridos, en el arzón suspendidos de mi caballo alazán!»
ISABEL:	¡Vana copla de campo de guerra!
MAGDALENA:	*(Con prontitud y franca sinceridad.)* ¡Voz de un pueblo sediento de amar!
ISABEL:	¡De oprimir!
MAGDALENA:	¡De matar! ¿Quién lo niega? El amor también es crueldad.

(En Flandes se ha puesto el sol.)

CARLOS ARNICHES

Nació en Alicante en 1866. Desde muy joven se estableció en Madrid y se consagró de lleno a la literatura. Murió en esta ciudad en 1943.

Aunque algunas de sus primeras obras se desarrollan en ambientes levantinos *(Doloretes* y *La divisa)* y andaluces *(Gazpacho andaluz),* el grueso de su producción lo constituyen sus sainetes de costumbres madrileñas. Entre los títulos más destacados están *El santo de la Isidra* (1898), *Las estrellas* (1904), *El amigo Melquiades* (1914), *Los milagros del jornal* (1924), *La flor del barrio* (1919), *El tío Miserias* (1941) y los «sainetes rápidos» reunidos en el volumen **Del Madrid castizo** (1917).

A pesar de la técnica teatral vieja y rutinaria, de la escasa entidad de los personajes y de las situaciones (los tipos y los asuntos están apenas esbozados y pocas veces son tratados con la profundidad y penetración que merecían), y del moralismo intrascendente, estos sainetes tienen un destacado interés lingüístico. Con fines humorísticos, Arniches se «inventa» un idioma teatral, intencionadamente arquetípico, hecho de hipérboles, de superlativos descoyuntados, de retruécanos y entonaciones exageradas, que el público, después de asimilarlo y digerirlo, acabó por hacer suyo y por popularizar en la calle.

Hacia 1916, Arniches comienza a escribir lo que él mismo denominará «tragedias grotescas» (aunque quizá sería mejor llamarlas «tragicomedias»). Se trata de obras en las que lo risible y lo patético, la comicidad externa y la gravedad profunda, se dan la mano. De una forma elemental, sin grandes sutilezas intelectuales, con tesis directas y a veces ingenuas (la entrega al trabajo, la honradez y la bondad se presentan con frecuencia como soluciones de los conflictos sociales), con frecuentes caídas en lo sensiblero y melodramático, y con una excesiva carga moralizadora, Arniches vapulea a caciques, chulos, señoritos prepotentes, vagos, falsos patriotas, y muestra su repulsa ante la soberbia, la crueldad, el fanatismo y la intransigencia. El mismo confesará: «Aspiro sólo, con mis sainetes y farsas, a estimular las condiciones generosas del pueblo, y a hacerle odiosos los malos instintos».

Entre estas «tragedias» es justo destacar *¡Que viene mi marido!* (1918), *Los caciques* (1920), *La heroica villa* (1921), *Es mi hombre* (1921), *La locura de don Juan* (1923), *El señor Badanas* (1930) y, en especial, **La señorita de Trévelez** (1916), historia de una solterona pueblerina a la que unos señoritos desaprensivos hacen víctima de una broma cruel, y en la que lo trágico y lo cómico, lo sentimental y lo ridículo se combinan magistralmente.

Ediciones

Teatro completo, 4 tomos. Madrid, Aguilar, 1948. Prólogo de E. M. del Portillo. *Del Madrid castizo,* edición de José Montero Padilla. Madrid, Cátedra, 1978.

EL TEATRO HASTA 1939

LOS CULPABLES

En la Ronda de Toledo, junto a la verja de la Veterinaria, y entre los puestos de chamarileros [1] que clasifican y exhiben para una increíble reventa toda la escoria de la vida de Madrid, hay una barbería al aire libre.

El establecimiento reduce su mobiliario a dos sillones viejos, una bacía abollada, un anafre [2] cojo con un puchero de agua caliente, tres taburetes y un letrero que revela el humorismo del maestro, SEÑOR LUCAS: *La Suavidaz.—A quincito la barba.—No se azmiten propinas.—Ay desinfeztantes.—Calefacción central.*

Es sábado. Empieza a llegar la parroquia. El SEÑOR LUCAS ejerce con PACO EL PUNTALES, un guapo de las Peñuelas. EL RICITOS (aprendiz) desuella a un carretero que tiene el vehículo a dos pasos y que, con la cara llena de jabón, jura como un condenado cada vez que advierte, por los cencerrillos de las colleras [3], la menor impaciencia en las caballerías.

El SEÑOR ISIDORO, que ha dejado en el suelo el saco en que lleva los chismes de componer tinajas y artesones [4], espera leyendo un periódico.

CEFERINO y VALENTÍN vienen desde el paseo de las Acacias discutiendo acaloradamente. Se paran junto a la barbería; parece que se disponen a aguardar.

El *establecimiento* queda pendiente de su controversia.

VALENTÍN: *(Tratando de calmarle.)* No te aglomeres, Ceferino.
CEFERINO: *(Muy nervioso.)* Si no me aglomero, señor...; pero es que tú tiés un *modus vivendi* [5] de discutir, que si no avasallas no te conformas.
VALENTÍN: Porque te las canto como puños.
CEFERINO: ¿De dónde?
VALENTÍN: Y náa más. Y un servidor lo que te argumenta con razones inrefutables es que en España la culpa de tóo el atraso en que vevimos las clases neutras la tién los toreros. Así, en rotundo.
CEFERINO: *(En un tono de guasa castizamente madrileña.)* ¡Azofaifas [6]!
VALENTÍN: ¿Azofaifas?... Mientras quede en España una coleta, el progreso nacional será un mito. Apúntate esa frase y ponle orla.
CEFERINO: Amos, no seas cursi, Valentín.
VALENTÍN: ¿Cómo cursi?... Pero ¿tú no vas a los teatros ni lees Prensa formal?
CEFERINO: Yo voy donde haiga que ir... si me convidan, y leo lo que me se presente; pero me juran a mí que del atraso de Cuenca u de Jaén, pongo por cabezas de partido, tien la culpa las dos corridas de toros que se dan al año (y que además no va nadie), y eso no se lo creo yo ni a mi señor padre, que estará en La Gloria.
SEÑOR LUCAS: *(Aterrado.)* Pero ¿se ha muerto?
CEFERINO: Me refiero a esa taberna que hay ahí, orilla el Matadero. No alarmarse.
VALENTÍN: Servidor lo que te mantiene, digas tú lo que digas, es que la tauromaquia es la plaga que nos corroe.
CEFERINO: Pues estás errao.
VALENTÍN: ¿Yo errao?
CEFERINO: Con hache y sin ella. Que no te se olvide.
VALENTÍN: *(Con viveza.)* Oye, tú, que eso es faltar.

Arniches y Madrid. «No soy madrileño —reconocía en 1919—. Nací en una vieja y amada ciudad levantina, pero en esta Villa insigne ha vivido mi juventud sus horas de lucha y de alegría y ella es, por tanto, mi pueblo de adopción.»

1. Persona que se dedica a comprar y vender objetos de lance y trastos viejos.
2. Hornillo portátil de hierro, barro, piedra, o ladrillo y yeso.
3. Collar de cuero o lona, relleno de borra o paja, que se pone al cuello de las caballerías o a los bueyes para que no les haga daño el horcate.
4. Recipiente de base redonda o cuadrada que vulgarmente sirve en las cocinas para fregar.
5. Locución latina: modo de vivir, base o regla de conducta.
6. Fruto del azufaifo. Aquí se emplea como negación despectiva.

CEFERINO: Si es que ya me estás llenando la canasta [7] hombre, que no sabes otra... Que si los toreros, que si los toros, que si la flamenquería... Vaya, ¿quiés que te diga yo de una vez quién tié la culpa de que España sea una merienda u, pa hablarte más en modernista, un lunche [8] de negros?
VALENTÍN: ¿Quién?
CEFERINO: Pues tú.
VALENTÍN: *(Asombrado.)* ¿Yo?
CEFERINO: Sí, señor, porque vamos a cuentas (y no es que te vaya a hablar de las deciocho pesetas que me debes): tú, en vez de despotricar en la taberna horas y horas contra todo lo existente, ¿por qué no te vienes al taller y arrimas el hombrito y trabajas?
VALENTÍN: *(Con solemnidad.)* Yo no trabajo por patriotismo, pa que te enteres.
CEFERINO: ¡Rechufla!
VALENTÍN: Ni más ni mangas. Te lo tengo dicho cientos de veces. Yo no trabajo tan y mientras la solidaridad obrera no sea un hecho hecho y derecho y tan y mientras (y fíjate en esto) la explotación patronal no caiga a los embates del coletivismo trabajador.
CEFERINO: *(Con cierta ironía.)* ¿Coletivismo?
VALENTÍN: *(Recalcando.)* Co le ti vis mo.
CEFERINO: Pues si pensase lo mismo que tú la Asunción, que la ties hecha una azacana [9] en el despalillao [10] de la Fábrica Tabacos, ibas tú a comer coletivismo con virutas.
VALENTÍN: No me desvíes el argumento, Ceferino.
CEFERINO: Si no te lo desvío... Lo que hay es que tú has encontrao una mujer trabajadora y aznegada que te mantiene el pico, y de oficial tallista que eras te has hecho oficial de catre, y te pasas el día en una postura apaisada y agarrao a un socialismo de en su lugar descansen, que me río yo de los peces multicolores.
VALENTÍN: Oye, tú; poquito caneo [11], ¿eh?..., que no me he quemao yo las pestañas en la biblioteca de la Casa del Pueblo pa que vengas tú a chuflarte [12] de mis conclusiones socialistas...; y mi conclusión es...
CEFERINO: Tu conclusión va a ser en las Hermanitas de los Pobres si sigues el camino que llevas. Miá el día que te lo digo.
VALENTÍN: Pero ven aquí, peazo e troncho... ¿Tú has leído a Karapoquine [13]?
CEFERINO: ¿A Cara... quién?
VALENTÍN: A Karapoquine.
CEFERINO: Yo no he leído a nadie..., pero he vivido unas miajas, y hace treinta y cinco anualidades que me gano los gabrieles [14] con el sudor de mi cuerpecito serrano, y te digo (y cree a un tonto) que en cuestiones de unión trabajadora no conozco más que una unión que no falla.
VALENTÍN: ¿Cuála?
CEFERINO: La del obrero con la herramienta. Tú agárrate a la garlopa [15], y diga Karapoquine lo que diga, cocido.
VALENTÍN: Lo que te pasa a ti es que eres un individualista burdo y adocenao.
CEFERINO: Lo que soy yo es un sensato, y no vosotros, que sois unos vagos de pronóstico y unos farsantes del cuarenta y dos [16].
VALENTÍN: No te aglomeres, Ceferino.
CEFERINO: Y náa más. Unos farsantes que sus balandronáis de coletivismo y de socialismo y de naranjas de la China, y salís por la calle

7. *Llenar la canasta:* agotar la paciencia.
8. Del inglés *lunch:* merienda.
9. *Hecha una azacana:* muy afanada.
10. *Despalillar:* quitar los palillos o venas gruesas de la hoja del tabaco antes de torcerlo o picarlo.
11. Burla.
12. *Chuflarse:* burlarse.
13. Por Kropotkin (1842-1921), político revolucionario ruso. La *e* final puede ser original, ya que el nombre de este personaje debía ser conocido entonces por la transcripción francesa: Krapotkine.
14. Garbanzos.
15. Cepillo largo y con puño, que sirve para igualar las superficies de la madera ya cepillada.
16. *Del cuarenta y dos:* De importancia, de categoría, por alusión al calibre 42 de ciertas armas.

gritando: «¡Abajo los consumos!», y «¡Maura, y no!» [17], «¡Gorrínez, sí!» y luego llegan unas eleciones, y vas tú, como hiciste el año pasao, y vendes el voto por dos pesetas y un macho de codorniz.

VALENTÍN: *(Acorralado.)* Hombre..., aquello fue un compromiso.

CEFERINO: Entonces, ¿de qué te quejas, so primo? Con obreros que venden el voto, y piensan al diztao, y se pasan el día en la tasca, y no mandan a los chicos a la escuela, y le arrean a la mujer, y no respetan a náa, ¿qué quieres que sea España?... Pues un país que marcha al ragú de la civilización. Pa que veas que yo también sé frases.

SEÑOR LUCAS: *(Interviniendo.)* Usté la ha agarrao, señor Ceferino.

VALENTÍN: ¿Es que me van ustés a negar que la plaga de los toreros es la causanta del atraso del país?

PACO EL PUNTALES: *(Amoscado.)* ¡Pero qué tendrá que ver un par de banderillas con la telegrafía sin hilos, señor!

SEÑOR ISIDORO: ¿U es que cree usté que el día que se retire Belmonte van a saber leer de repente tóos los que no han aprendido?

SEÑOR LUCAS: *(Sentenciosamente.)* Aquí hay toreros porque hay hambre. Porque todos los que penamos en esta vida quisiéramos la felicidad de un golpe. Y pa eso, si es usté pobre, ¿en qué va usté a soñar? Pues en cosas que le suban a uno de pronto: en la lotería, en el toreo, en el teatro. De aquí que no haiga padre que no sueñe con tener un hijo Gallito [18] y una hija Tórtola [19].

SEÑOR ISIDORO: Lo malo es que a lo mejor el hijo le sale a uno calandria y la hija pava.

PACO EL PUNTALES: Que, en cuestión de suerte, los volátiles no se escogen.

CEFERINO: Usté lo ha dicho.

SEÑOR LUCAS: Son los sueños del hambre, que hacen víctimas. Pero, como ha argumentao muy bien aquí el señor Ceferino, la ruina nacional no está en los toros ni en los toreros; está en el publiquito.

CEFERINO: Que es de uva.

SEÑOR LUCAS: ¿Y saben ustés la única receta faztible pa salvar este país cuála es?

TODOS: ¿Cuála?

SEÑOR LUCAS: Pues muy sencilla: que durante diez años trabajase tóo el mundo y no hablase nadie. Y si al cabo de ese tiempo de aplicación y de silencio no habíamos progresao en un mil por mil, daba yo un vale con oción a que me se machacase la masa encefálica. He dicho.

TODOS: ¡Olé!... ¡Muy bien!... ¡Que sí!... *(Le ovacionan.)*

SEÑOR LUCAS, después de agradecer conmovido los aplausos, sigue afeitando a Paco.

PACO EL PUNTALES: *(Dando un grito terrible de dolor.)* ¡Ay!...

SEÑOR LUCAS: *(Con espanto.)* ¿Qué ha sido?

PACO EL PUNTALES: Náa, hombre; que le han hecho a usté una ovación, pero que no han pedío la oreja, y de poco me la corta usté. *(Limpiándose unas gotas de sangre.)*

SEÑOR LUCAS: ¿Lo estáis viendo? Si es lo que yo decía: trabajo y silencio. Es como se hacen bien las cosas.

Telón

(Del Madrid castizo.)

17. Grito de los enemigos de Antonio Maura (1853-1925), político del Partido Conservador que fue presidente del Gobierno (1907-1909).
18. Se refiere al torero José Gómez Ortega, llamado *Gallito* y *Joselito*. Murió a consecuencia de una cogida en la plaza de toros de Talavera de la Reina, en 1920, cuando tenía veinticinco años.
19. La bailarina Tórtola Valencia (1882-1958) destacó en la interpretación de danzas orientales y fue profesora del teatro de Munich. Su baile se ha puesto con frecuencia en relación con la estética del Modernismo.

Farol y letrero de una calle del viejo Madrid. «¡Oh, pueblo de Madrid —confesará—, famoso pueblo que llenas de regocijados dicharachos, rasgueos de guitarras y fanfarriosas hipérboles, las tortuosas y sombrías callejas de Lavapiés y la Morería, del Humilladero y la Paloma, yo te admiro y te amo con todo el amor de mi corazón. Yo paseo frecuentemente por los barrios extremos. Al principio, mi presencia extraña. Después, los mismos taberneros favorecen mis propósitos. "Don Carlos —me dicen—, hoy va a conocer usted a un tipo...", y me lo muestran; y charlo con los parroquianos.»

ACTO III

Escena VII

NUMERIANO: *(Saliendo.)* Deténgase usted, don Gonzalo. Este hombre dice la verdad.

DON GONZALO: *(Aterrado.)* ¿Qué?

DON MARCELINO: Una verdad como un templo, Gonzalo.

DON GONZALO: ¿Pero qué dices?

DON MARCELINO: Mátanos, desuéllanos..., porque cada uno tiene en esta culpa una parte proporcional. Este, por debilidad, por miedo; éste, por inducción; yo, por silencio, por tolerancia...; pero lo que oyes es la verdad.

DON GONZALO: *(Como enloquecido.)* ¿Pero no sueño?... ¿Pero es cierto, Marcelino?

NUMERIANO: Sí, don Gonzalo; hemos sido víctimas de una burla cruel. Yo no me he declarado jamás a su hermana de usted. Yo no he tenido nunca intención de casarme con ella, porque ni mi posición ni mi deseo me habían determinado a semejante cosa.

DON GONZALO: ¿De modo que es verdad?... ¿De modo que...?

DON MARCELINO: Han sido esos bandidos, Tito Guiloya, Manchón y Torrija, los que, aprovechando hábilmente una situación equívoca, que ya te explicaré, y con propósitos de insano regocijo, de burla indigna, fraguaron esta iniquidad... ¡Una broma del Casino!

DON GONZALO: ¡Dios mío!

NUMERIANO: Y yo también soy culpable, don Gonzalo, lo reconozco. Soy culpable, porque debí, en el primer momento, decir a ustedes lo que pasaba. Pero me faltó valor. Aparte la condición pusilánime de mi carácter, la acogida cordial, efusiva, que usted me dispensó, henchido de gozo por el bien de su hermana, a la que adora en términos tan conmovedores, me hizo ser cobarde y preferí aguardar a que una solución imprevista resolviera el conflicto.

DON GONZALO: *(Repuesto del estupor, se levanta airado, violento, tembloroso.)* ¡Ah..., de modo que una burla!..., ¡que todo ha sido una burla!... ¿Y por el placer de una grosera carcajada no han vacilado en amargar con el ridículo el fracaso de una vida?... ¡Y para este escarnio, cien veces infame, escogen a mi hermana, alma sencilla, cuyo único delito es que se resiste a perder el derecho de la felicidad que ha visto disfrutar fácilmente a otras mujeres sólo porque la naturaleza ha sido más piadosa con ellas! ¡Pues no, no será!

DON MARCELINO: ¡Gonzalo!

DON GONZALO: No será, y a este crimen de la burla, frío, cruel, pérfido, premeditado..., responderé yo con la violencia, con la barbarie, con la crueldad. ¡Yo mato a uno, mato a uno, Marcelino, te lo juro!...

DON MARCELINO: ¡Cálmate, cálmate, por Dios, Gonzalo!...

DON GONZALO: No puedo, no puedo calmarme, Marcelino, no puedo. ¡Burlarse de mi hermana adorada, de mi hermana querida, a la que yo he consagrado con mi amor y mi ternura una vida de renunciaciones y de sacrificios! De sacrificios, sí. Porque vosotros, como todo el mundo, me suponéis un solterón egoísta, incapaz de sacrificar la comodidad personal a los desvelos e inquietudes que impone el matrimonio. Pues sabedlo de una vez: nada más lejos de mi alma. En mi corazón, Marcelino, he ahogado muchas veces (y algunas Dios sabe con cuánta amargura) el germen de nobles amores que me hubiesen llevado a un hogar feliz, a una vida fecunda. Pero surgía en mi corazón un dilema pavoroso: u obligaba a mi hermana a soportar en su propia casa la vida triste de un papel secundario, o había yo de marcharme, dejándola en una orfandad que mis nuevos afectos hubiesen hecho más triste y más desconsoladora. ¡Y por su felicidad he renunciado siempre a la mía!

Don Marcelino: Eres un santo, Gonzalo.

Don Gonzalo: Hay más. Esta es para mí una hora amarga de confesión; quiero que lo sepáis todo, todo... Yo he llegado por ella, entiéndelo bien, sólo por ella, hasta al ridículo.

Don Marcelino: ¡Gonzalo!...

Don Gonzalo: *(Con profunda amargura.)* Sí; porque yo, yo soy un viejo ridículo, ya lo sé.

Don Marcelino: ¡Hombre!...

Don Gonzalo: Sí, Marcelino, sí; hasta el ridículo. Un ridículo consciente, que es el más triste de todos. Yo, y perdonadme estas grotescas confesiones, yo me tiño el pelo; yo, impropiamente, busco entre la juventud mis amistades. Yo visto con un acicalamiento amanerado, llamativo, inconveniente a la seriedad de mis años. Y todo esto, que ha sido y es en el pueblo motivo de burla, de chacota, de escarnio, yo lo he padecido con resignación y lo he tolerado con humildad, porque lo he sufrido por ella.

Don Marcelino: ¿Por ella?

Don Gonzalo: Sí, por ella. Como entre Florita y yo la diferencia de años es poca, las canas, las arrugas, los achaques en mí la producían un profundo horror, una espantosa consternación. Veía en mi vejez acercarse la suya, y yo entonces quise parecer joven solamente para que Florita no se creyese vieja. Y para atenuarla el espectáculo del desastre, puse sobre esta cabeza, que para ser respetada debía ser blanca, y sobre este cuerpo ya caduco unas ridículas mentiras que conservan en ella la pueril ilusión de una falsa juventud. Esto ha sido todo. *(Llora.)*

Don Marcelino: *(Conmovido.)* ¡Gonzalo!...

Picavea: Don Gonzalo, perdón; somos unos miserables.

Numeriano: Usted es un santo, don Gonzalo, un santo, y si no le pareciese absurdo lo que voy a decirle, yo me ofrezco a reparar esta broma infame casándome con Florita, si usted quiere.

Don Gonzalo: No, gracias, amigo Galán; muchas gracias. Pasado este impulso generoso de su alma buena, quedaría la realidad: mi hermana, con sus años...; usted, con su natural desamor... Imagínese el espanto. Quedémonos en el ridículo; no demos paso a la tragedia.

Numeriano: Sí, sí, don Gonzalo; lo comprendo; pero por lo que se refiere a Tito Guiloya, a Manchón, a Torrija..., a todos los del Guasa-Club, yo ruego a usted que me conceda el derecho a una venganza bárbara, ejemplar...; a una venganza...

Escena VIII

Tito: Don Gonzalo, por Dios; que yo venía aquí...

Don Gonzalo: Usted venía aquí a lo que va a todas partes: a escarnecer a las personas honradas, a burlar a aquellos infelices que por achaques de la vida o ingratitudes de la naturaleza considera víctimas inofensivas de su cinismo.

Tito: *(Aterrado.)* ¿Yo?...

Don Gonzalo: ¡Usted!... Y por eso, creyéndonos dos viejos ri-

En 1957, con el título de Calle Mayor, *se estrenó una excelente versión cinematográfica de* La señorita de Trévelez, *protagonizada por Betsy Blair y José Suárez, que aparecen en la foto. Su director, Juan Antonio Bardem, actualizó la acción*

y llevó a cabo un minucioso y profundo retrato de la sociedad provinciana en tiempos del franquismo. Antes, el 27 de abril de 1936, se había estrenado otra interesante versión de esta obra de Arniches, dirigida por Edgard Neville.

dículos, ha cogido usted el corazón de mi hermana y el mío y los ha paseado por la ciudad entre la rechifla de la gente, como un despojo, como un airón [20] de mofa.

TITO: ¿Que yo he hecho eso?... ¡Don Gonzalo, por la Santa Virgen!... Hombre, decidle, habladle, haced el favor. *(Los tres el gesto.)*

DON GONZALO: Pero para todos llega en la vida una hora implacable de expiación. Usted, hombre jovial, cínico, desaprensivo, cruel, no la sentía venir, ¿verdad?... Pues para usted esa hora ha llegado, y es ésta. Siéntese ahí.

TITO: *(Muerto de miedo, tembloroso.)* ¡Don Gonzalo!

DON GONZALO: Siéntese ahí. Si usted estuviese en mi lugar y mi hermana fuera la suya y sintiera usted caer sobre su vida adorada ese dolor amargo y lacerante de la burla de todo un pueblo, ¿qué haría usted conmigo?...

TITO: ¡Bueno, don Gonzalo; pero es que yo!... ¡Hombre, por Dios, salvadme!...

DON GONZALO: Aquí tiene usted papel, pluma y una pistola...

TITO: *(Dando un salto.)* ¡Don Gonzalo!

DON GONZALO: Si conserva un resto de caballerosidad, escriba una ligera exculpación para nosotros y hágase justicia.

TITO: *(Enloquecido de horror, coge la pistola tembloroso.)* ¡Ay, por Dios, don Gonzalo, justicia!

DON MARCELINO: ¡Oye; pero hazte justicia hacia aquel lado, que nos va a dar a nosotros!

TITO: *(Cayendo de rodillas.)* Don Gonzalo, perdón. ¡Ya estoy arrepentido!... ¡Le juro a usted que no volveré más!...

DON GONZALO: *(Quitándole la pistola violentamente.)* ¡Cobarde, mal nacido!... ¡Vas a morir!

TITO: *(En el colmo del terror, da un salto y se esconde detrás de los tres.)* ¡Socorro!... ¡Socorro!... ¡Salvadme!

NUMERIANO: *(Aterrado.)* ¡Por Dios, don Gonzalo, desvíe el cañón...; que está usted muy tembloroso!

DON GONZALO: ¡Canalla! ¡Miserable!... ¡Que se vaya pronto, que se vaya o le mato!

DON MARCELINO: ¡A la calle!..., ¡a la calle! ¡Fuera de aquí!, ¡granuja!... *(Le da un puntapié y lo echa puertas afuera.)*

PICAVEA: Vamos a hacerle los honores de la casa... *(Coge un sable y sale tras él.)*

NUMERIANO: ¡De la casa de Socorro! *(Coge otro sable y sale escapado.)*

DON GONZALO: *(Todavía excitado.)* ¡Cobarde! ¡Infame! ¡Lo he debido estrangular..., he debido matarlo!

DON MARCELINO: Cálmate, Gonzalo, cálmate. ¡No vale la pena! ¿Qué hubieras conseguido? ¡Matas a Guiloya!, ¿y qué?... Guiloya no es un hombre; es el espíritu de la raza, cruel, agresivo, burlón, que no ríe de su propia alegría, sino del dolor ajeno. ¡Alegría!... ¿Qué alegría va a tener esa juventud que se forma en un ambiente de envidia, de ocio, de miseria moral, en esas charcas de los cafés y de los casinos barajeros [21]? ¿Qué ideales van a tener estos jóvenes que en vez de estudiar e ilustrarse se quiebran el magín [22] y consumen el ingenio buscando una absurda similitud entre las cosas más heterogéneas y desemejantes?... ¿En qué se parece un membrillo a la catedral de Burgos? ¿En qué se parece una lenteja a un caballo a galope? Y, claro, luego surge rápida esta natural pregunta: ¿En qué se parecen estos muchachos a los hombres cultos, interesados en el porvenir de la patria? Y

20. Penacho de plumas que tienen en la cabeza algunas aves.
21. En donde se juega a las cartas.
22. Imaginación. Aquí: cabeza.

la respuesta es tan desconsoladora como trágica... ¡En nada, en nada; absolutamente en nada!

Don Gonzalo: ¡Tienes razón, Marcelino, tienes razón!

Don Marcelino: Pues si tengo razón, calma tu justa cólera y piensa, como yo, que la manera de acabar con este tipo tan nacional de guasón es difundiendo la cultura. Es preciso matarlos con libros, no hay otro remedio. La cultura modifica la sensibilidad, y cuando estos jóvenes sean iteligentes, ya no podrán ser malos, ya no se atreverán a destrozar un corazón con un chiste, ni a amargar una vida con una broma.

Don Gonzalo: ¡Ah!, ¡mi pobre hermana! ¡Qué cruel dolor! Pero ¿qué remedio? La llamaré. La diremos la verdad.

Don Marcelino: No. La burla humilla, degrada. Proyecta un viaje, te la llevas y estáis ausentes algún tiempo. Y ahora, si te parece, la diremos que no has podido evitar el duelo; que Galán está herido; que aceptó la condición de Picavea; que no vuelva a pensar en él.

Don Gonzalo: Sí; quizá es lo mejor. ¡Pero cómo va a llorar! ¡Ay mi hermana, mi adorada hermana!

Don Marcelino: ¡Pobre Florita!

Don Gonzalo: ¡Qué amargura, Marcelino! ¡Ver llorar a un ser que tanto quieres, con unas lágrimas que ha hecho derramar la gente sólo para reírse! ¡No quiero más venganza sino que Dios, como castigo, llene de este dolor mío el alma de todos los burladores!

(Telón.)

(La señorita de Trévelez.)

SERAFIN y JOAQUIN ALVAREZ QUINTERO

Serafín y Joaquín Alvarez Quintero (1871-1938 y 1873-1944, respectivamente), nacieron en Utrera (Sevilla) y murieron en Madrid. Vivieron durante algún tiempo como modestos empleados de Hacienda, pero pronto se dedicaron exclusivamente al teatro. Su producción comprende, entre comedias, dramas, sainetes, juguetes cómicos y zarzuelas, unas doscientas obras.

En los sainetes y juguetes cómicos en un acto, y en las comedias de costumbres, que vienen a ser muchas veces sainetes en tres actos (por lo general, están formadas por una sucesión de cuadros, más o menos independientes, unidos por una leve trama argumental), nos presentan una Andalucía amable y superficial. La problemática social y lo más profundo y trágico del pueblo andaluz siempre les fue ajeno. Los leves problemas sentimentales que empañan la alegría, jovialidad y salero de sus personajes (sobre todo de los del sexo femenino) tienen siempre fácil solución. Difícilmente podría ocurrir de otra forma con unos autores que sólo vieron el lado optimista y sonriente de la vida y que hasta fueron capaces de lograr la cuadratura del círculo al conjugar la bondad con el donjuanismo en *Don Juan buena persona*.

En este teatro «de la bondad y de las mujeres», como lo calificó Azorín, se encuentran, entre otros títulos: *El ojito derecho*, **La reja**, **Abanicos y panderetas**, *Los piropos*, *El flechazo*, *El chiquillo*, **Amores y amoríos**, *Las flores*, *El genio alegre*, *Las de Caín*, *Puebla de las mujeres* y *Cinco lobitos*.

También alcanzaron los Alvarez Quintero un gran éxito con sus dramas *Malvaloca* y *Cancionera*.

SERAFIN Y JOAQUIN ALVAREZ QUINTERO

Ediciones

Obras completas, 7 volúmenes, Madrid, Espasa-Calpe.

ROSARIO: Hola, feísima.
SOLITA: Hola, horrible.

(Se besan.)

ROSARIO: Qué, ¿vas a salir?
SOLITA: Sí, por no verte.
ROSARIO: Me gusta la salida.
SOLITA: Como vienes a hablar por mi reja, quiero que te quedes hecha dueña absoluta de la casa.
ROSARIO: ¡Ay, no sabes tú lo muchísimo que yo te agradezco que me prestes la reja! Y Luis otro tanto. Vete, José. Me ha matado papá con mudarse a esa casa a estilo de Madrid. Y a Luis no se diga. Porque, hija, desde un segundo piso, una de dos: o tengo que hablar con Luis a grito pelado, como si fuera novia de todos los transeúntes, o así, por signos masónicos, haciendo letras con las manos... Y es un fastidio.
SOLITA: Yo te aseguro que el lenguaje de las manos lo detesto.
ROSARIO: Todo se vuelve inconvenientes. Lo que es en invierno se te hiela en seguida el abecedario.
SOLITA: Un novio tuve yo en Madrid que riñó conmigo porque se le cuajaron las letras de sabañones.
ROSARIO: Y luego, esta es otra: quieres a lo mejor decir una cosilla algo tierna... algo dulce... de esas que sólo se dicen en voz baja... y lo que es en voz baja con las manos no la puedes decir. Y se te queda entre pecho y espalda. ¡Cuánto más sabroso y natural es el íntimo cuchicheo por la reja!

(La reja.)

MATRUQUI: Le aseguro a usted que en las fondas vivo en un ¡ay! Más de una vez me he levantado de la cama, dormido como un tronco, a matar al fondista. Me da por los fondistas.
GAMERO: ¿Y se quié usté yevá a un amigo pa quitarle er gorpe ar fondista, guasón? ¡Eso sí que está güeno!
MATRUQUI: ¡Ja, ja, ja!

(Beben.)

GAMERO: Va usté a vé una tierra: ¡va usté a vé una tierra! ¡Le digo yo a usté que va usté a vé una tierra!
MATRUQUI: Si ya lo he oído.
GAMERO: ¡Seviyiya e mi arma!... ¡Qué sielo!... Usté no ha visto sielo toavía.
MATRUQUI: Sí, señor; sí he visto.
GAMERO: ¡Usté no ha visto sielo! Y ¡qué mujeres, camará! Er chaleco se le va a caé a usté. Usté no ha visto mujeres.
MATRUQUI: ¡Dale!
GAMERO: ¡Hasta pa la nariz usan pañuelos e Manila! Y luego, ¡eche usté flores! Una maseta aquí, y otra maseta aquí, y otra maseta aquí... *(Señalándose a la cabeza, al cuello y al pecho.)* Y ca peina de este tamaño.
MATRUQUI: ¡Irán bien!
GAMERO: ¿Bien? ¡La americana va a usté a caérsele!
MATRUQUI: Ya se me ha caído el chaleco.
GAMERO: ¡Y sin grasia! Arrobas e sá, camaraíta. En fin, usté ha e desírmelo.
MATRUQUI: Ya lo creo. Y me beberé una caña a la salud de usted.
GAMERO: ¿Una caña? ¡Ni que fuera usté a pescá, arma mía! Ayí las cañas se toman por sientos. Las jumeras que he cogío yo en aqueya Eritaña!... ¡Josú!... Usté no ha bebío vino.
MATRUQUI: En las comidas, sí.
GAMERO: ¡Usté no ha bebío vino! Y menos er vino e mi tierra, que es er que toma Dios con las tasas e cardo.

Sevilla fue el escenario habitual del teatro de los Quintero. En la foto: el Guadalquivir, la Torre del Oro y, al fondo, la Giralda.

MATRUQUI: Mete usted en ganas a cualquiera, doctor.

GAMERO: ¡Ay, cómo estará aqueyo, Dios mío! ¡Cómo estará aqueyo! ¡Cuánto asahá!... Ayí a ca paso se encuentra usté un naranjo.

MATRUQUI: Como si fueran transeúntes, ¿eh?

GAMERO: En serio: yo no he visto en ninguna parte más naranjos que hay en Seviya.

CORRUCO: (Este no ha toreao en Valensia.)

GAMERO: Hay tar savia por debajo e la tierra, que las fuentes e las cayes no echan agua clara.

MATRUQUI: Echarán agua de azahar.

GAMERO: ¡Chachipé! Y ¡qué ambiente!, ¡qué ambiente!, ¡qué oló!... Hase usté así... (respirando fuerte) y se cae usté de espardas e gusto. Porque usté no ha respirao toavía.

MATRUQUI: Mire usted que tengo treinta y tres años.

GAMERO: ¡Usté no ha respirao toavía! Va usté a gorverse loco. Y no le digo a usté na, cuando pase por la caye las Sierpes. ¡Josú!... ¡La caye las Sierpes!... ¡En la caye las Sierpes se le caen a usté los pantalones!

MATRUQUI: Preferiría que me ocurriera en otro sitio menos céntrico.

GAMERO: Y quien dise la caye las Sierpes, dise toas las cayes. Porque mi tierra es un encanto por dondequiera que se la mire. ¡Qué familiaridá!... ¡Qué rumbo!... ¡Ayí está to pagao!

MATRUQUI: Eso lo celebro en el alma.

GAMERO: Ayí tiene usté amigos antes e yegá. Y ¡qué costumbres! ¡A mí no se me orvía una noche que fuimos ar *Burrero* Mompansié, señó Manuer Domínguez y yo, y nos encontramos un pá de canónigos con sombrero ancho!... Esta es la tierra; ésta es la cosa. ¡Qué *Burrero* aquí! ¡Miste que es bonito poné en las mesas castañuelas pa yamá a los mosos! ¿Eh?

CORRUCO: (Este *gachó* está soñando por vía.)

MATRUQUI: Es bonito y alegre... y muy nuevo. Lo que no me explico es que siendo usted natural de aquella Jauja, se haya trasladado a este modestísimo pueblo de Madrid.

GAMERO: Por la caló, camaraíta. No pueo con la caló e mi tierrra. Argo había e tené.

MATRUQUI: Sí que creo que aprieta de firme.

GAMERO: ¿Que si aprieta? Usté...

MATRUQUI: Sí; yo no he sudado todavía. Adelante.

GAMERO: Baste desirle a usté que el úrtimo verano que yo estuve ayí, que por eso me vine, se le acabaron los grados ar termómetro.

MATRUQUI: ¡Qué barbaridad!

CORRUCO: Haberlo emparmao.

GAMERO: No es ponderasión: ayí, en agosto, hasta er Guadarquiví pasa hirviendo. Se mete usté diez minutos en el agua der río...

MATRUQUI: ¡Y salgo duro!

GAMERO: No lo tome usté a broma.

MATRUQUI: Afortunadamente, yo voy en primavera. ¡Qué ganas tengo de llegar!

GAMERO: Ya me pondrá usté una postalita con sus impresiones.

MATRUQUI: Cuente usted con ella.

(Abanicos y panderetas.)

ACTO III

(Atraída por el rumor de la música, vuelve por la izquierda Isabel.)

ISABEL: Ya parece que empieza la ceremonia. No hay ninguna más breve... ni que más dure. Me falta valor para presenciarla en este caso. ¡Pobre Julia! Se la lleva un hombre que tiene el corazón podrido.

¿Quién te llevó de la rama,
que no estás en tu rosal?

Por algo me han despertado a mí esta mañana estos versos... Y son de él... del otro... ¡del que creí que era mío! *(Silencio.)* ¡Pobre Julia! ¡Pobre criatura! *(Abstraída, y como impulsada por sus sentimientos, dice melancólicamente los versos que le llenan el alma.)*

Era un jardín sonriente;
era una tranquila fuente
    de cristal;
era, a su borde asomada,
una rosa inmaculada
    de un rosal.
Era un viejo jardinero
que cuidaba con esmero
    del vergel,
y era la rosa un tesoro
de más quilates que el oro
    para él.
A la orilla de la fuente
un caballero pasó,
y la rosa dulcemente
de su tallo separó.
Y al notar el jardinero
que faltaba en el rosal,
cantaba así, plañidero,
receloso de su mal.
—
—Rosa la más delicada
que por mi amor cultivada
    nunca fue;
rosa la más encendida,
la más fragante y pulida
    que cuidé;
blanca estrella que del cielo,
curiosa de ver el suelo,
    resbaló;
a la que una mariposa,
de mancharla temerosa,
    no llegó;
¿Quién te quiere? ¿Quién te llama
por tu bien o por tu mal?
¿Quién te llevó de la rama,
que no estás en tu rosal?

¿Tú no sabes que es grosero
el mundo? ¿Que es traicionero
    el amor?
¿Que no se aprecia en la vida
la pura miel escondida
    en la flor?
¿Bajo qué cielo caíste?
¿A quién tu tesoro diste
    virginal?
¿En qué manos te deshojas?
¿Qué aliento quema tus hojas
    infernal?

¿Quién te cuida con esmero,
como el viejo jardinero
    te cuidó?
¿Quién por ti sólo suspira?
¿Quién te quiere? ¿Quién te mira
    como yo?
¿Quién te miente que te ama
con fe y con ternura igual?
¿Quién te llevó de la rama,
que no estás en tu rosal?
—
¿Por qué te fuiste tan pura
de otra vida a la ventura
    o al dolor?
¿Qué faltaba a tu recreo?
¿Qué a tu inocente deseo
    soñador?
¿En la fuente limpia y clara,
espejo que te copiara
    no te di?
¿Los pájaros escondidos,
no cantaban en sus nidos
    para ti?
¿Cuando era el aire de fuego,
no refresqué con mi riego
    tu calor?
¿No te dio mi trato amigo
en las heladas abrigo
    protector?
¿Quién para sí te reclama?
¿Te hará bien o te hará mal?
¿Quién te llevó de la rama,
que no estás en tu rosal?
—
Así un día y otro día
entre espinas y entre flores,
el jardinero plañía
imaginando dolores,
desde aquel en que a la fuente
un caballero llegó,
y la rosa dulcemente
de su tallo separó.

(Queda en silencio unos instantes. La música lejana cesa a poco. Luego, prestando oído hacia la derecha, dice:)

Me he distraído... La ceremonia ha debido de concluir hace un rato. Sí, en efecto..., siento el rumor de besos y felicitaciones. Voy allá.

(*Amores y amoríos.*)

Serafín y Joaquín Álvarez Quintero aparecen, vistiendo la capa española, con los actores que les estrenaron su sainete *Amor bandolero*.

EL TEATRO HASTA 1939

PEDRO MUÑOZ SECA

Nació en El Puerto de Santa María (Cádiz) en 1881. Estudió Filosofía y Letras. Fue fusilado en Paracuellos del Jarama (Madrid) poco después de estallar la guerra.

Entre sus numerosísimas obras, cuya supuesta gracia reside siempre en retruécanos, juegos de palabras y equívocos groseros, alcanzaron un gran éxito, además de **La venganza de don Mendo** (1919), *Los extremeños se tocan* (1926), *Calamar* (1927), *Usted es Ortiz* (1927). En su producción posterior a 1931 abundan las sátiras antirrepublicanas, como en *La oca* (1931), *Anacleto se divorcia* (1931) y *Jabalí* (1932).

ACTO I

Jornada I

MAGDALENA: ¿Perdiste el juicio?

DON MENDO: No tal.
Resuelto está, vive Dios.
Y si te parece mal,
aquí mesmo, este puñal

(saca un puñal enorme)

nos dará muerte a los dos.
Primero lo hundiré en ti,
y te daré muerte, sí,
¡lo juro por Belcebú!;
y luego tú misma, tú,
hundes el acero en mí.

MAGDALENA: *(Ocultando su miedo.)*

Es que tú puedes pagar
con algo... que alguien te preste...,
y luego, para medrar,
puedes partir con la hueste
que organiza el de Melgar.
Y yo aquí te aguardaría
y al conde prepararía,
y al volver de tu cruzada
nuestra unión sancionaría.

DON MENDO: ¡Calla!

MAGDALENA: ¡Sí!... ¿Qué piensas?

DON MENDO: ¡Nada!

MAGDALENA: ¡Salvado, don Mendo, estás!
Pagas las deudas, te vas,
luchas, vences, y al regreso,
loca de amor me hallarás
aquí.

DON MENDO: ¡Nunca!... ¡Nunca!...

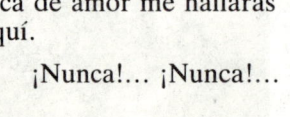

PEDRO MUÑOZ SECA

MAGDALENA: ¿Y eso?

DON MENDO: Porque... ¿cómo a pagar voy?

MAGDALENA: ¿Cómo?

(Se dirige a un mueble y saca un estuche de orfebrería.)

Si ya tuya soy
y lo mío tuyo es,

(le da el estuche)

este collar que te doy
has de aceptarlo marqués.

DON MENDO: ¡Dios santo!

MAGDALENA: Ve mi intención,
de rodillas te lo ruego;
véndelo, paga al barón,
tu honor salva, y parte luego
a unirte al rey de Aragón.

DON MENDO: *(Dudando.)*

Es que...

MAGDALENA: Todo está arreglado.

DON MENDO: Pero mi honor...

MAGDALENA: No comprendo...

DON MENDO: Temo que algún deslenguado
lo sepa, y diga: don Mendo
es un vil y un desahogado,
que sin pizca de aprensión
aprovechó una ocasión
que él creyó propicia y obvia,
y pagó a cierto barón
con alhajas de su novia.
Y me anulo y me atribulo
y mi horror no disimulo,
pues aunque el nombre te asombre,
quien obra así tiene un nombre,
y ese nombre es el de... chulo.

(La venganza de don Mendo.)

Una escena de La venganza
de don Mendo,
reestrenada en el Centro Cultural
de la Villa de Madrid en 1977,
con dirección de Gustavo Pérez
Puig, y protagonizada
por Manolo Gómez Bur,
Amparo Baró y María Silva.

EL TEATRO HASTA 1939

JOAQUIN DICENTA

Nació en Calatayud en 1862. Ejerció el periodismo y escribió novelas *(El hijo del odio, Garcés de Marsilla, Los bárbaros)* y poemas, pero sus mayores éxitos los obtuvo como dramaturgo. Murió en Alicante en 1917.

Entre sus dramas sociales, además del ya citado **Juan José,** destacan: **El señor feudal** (1896), en el que el protagonista, Jaime, que ha adquirido una aguda conciencia de clase en un medio industrial, se enfrenta a la explotación de que es víctima el campesinado agrario; *Aurora* (1902) y *Daniel* (1907), con el que se radicaliza la actitud social y reformista del autor.

Ediciones

Juan José, ed. de Jaime Mas, Madrid, Cátedra, 1982.

ACTO I

Escena I

PERICO: ...¡Hay que echarse a la calle y acabar con el hato de granujas que nos oprime!

IGNACIO: *(Con desdén.)* ¡Echarse a la calle!... No sería mala *primáa* [1].

PERICO: *(Con tono de sorpresa.)* ¡Primáa!

IGNACIO: Lo que oyes. Soy más viejo y sé más que tú esas cosas.

PERICO: ¿Qué sabes tú?... Vamos a ver.

IGNACIO: ¿Qué sé?... También me *echao* a la calle yo, y he *andao* [2] a tiro limpio en las *barricás*, y hasta renqueo de un balazo que me atizaron en esta pierna... Pues oye: albañil era, y albañil soy; diez reales ganaba, y diez reales gano; los que me metieron en el ajo van en coche y yo a pie; ellos sacaron de las *barricás* una excelencia y yo un mote. A ellos les llaman el excelentísimo señor don Fulano de Tal, y a mí, Ignacio el Cojo... Ahí tienes lo que yo he *sacao* con echarme a la calle.

PERICO: Pero lo que dice el papel..., la *libertá*, los...

IGNACIO: *(Con desdén.)* Palabras, música; el tío del *higuí*. Esas revoluciones de quita a éste *pa* que suba yo, las aprovechan los políticos, los señorones de levita... ¿Son *pa* ellos? Que las hagan ellos.

PERICO: De modo que tú...

IGNACIO: ¡Como no hallen otro!... Pon que te metes en una trifulca, y pon que ganas y suben los tuyos. Ya están arriba. ¿Y qué? ¿Echarás un kilo más de carne en el puchero al día siguiente?... No. Al día siguiente volverás a morirte de hambre, a trabajar como una bestia, y los que te dijeron: «Ayúdame», te dirán: «¡Arrima el hombro [3] y revienta, que *pa* eso has nacido!»

1. Por «primada»: acción propia de persona incauta que se deja engañar o explotar fácilmente.
2. Como el *echao* anterior, vulgarismo propio del lenguaje coloquial.
3. «Arrimar el hombro»: trabajar.

PERICO: Es que... *(Entra ANDRÉS por el fondo, desde donde avanza sin ser visto de IGNACIO y PERICO hasta una distancia suficiente para oír la conversación. El TABERNERO se dirige al mostrador y permanece en él.)*

IGNACIO: No, Perico, no. *Pa* luchar por nosotros, *pa* vengarnos de los que nos explotan, *pa* eso estoy pronto siempre, y te diré ¡sí! no una, cien veces que me lo preguntes. Por hacer una revolución así, nuestra, de nosotros, sí me echaría yo a la calle, y hasta perdería con gusto las dos piernas.

(Juan José.)

ACTO I

Escena XII

JUANA: ¿Te has enfadao tú con tu padre?

JAIME: ¡No enfado, lástima de él me da! Olvidándose de todo, hasta de sus hijos, y no pensando más que en esta hacienda, que es de otros. ¡Qué vida la suya! ¡Trabajando sin tregua a todas horas, en verano, en invierno, a campo abierto, con el sol, con el frío, con la lluvia, con la nieve! Y esto un día y otro, ¿y para quién?, ¿para él?, ¿para sus hijos? No; para el amo, para el señor Roque. *(Con amargura y como hablando consigo mismo.)* ¡Hala, tío Juan, viejo infeliz, carne de terruño, bracea, suda, afánate, haz lo que hizo tu padre, lo que hizo tu abuelo; labra la tierra ajena, esa tierra de la que nunca poseerás un grano! ¡Agótate cuidándola, cava, siembra, recoge, enriquece a tu amo, vive para él, revienta sobre esos terrones y muere junto a ellos, si no encuentra antes el señor Roque quien reviente más barato que tú, y te echa a la calle! ¡Y quería mi padre que yo recogiese esa herencia brutal! *(Con rencor y energía.)* ¡No! ¡Por no recogerla me fui!

JUANA: ¿Trabajar pa otros? ¡Qué remedio! Asín ha sío siempre. No es padre sólo el que se conforma. Los emás trabajadores del pueblo hacen como él y viven contentos.

JAIME: *(Con amargura.)* ¡Contentos!... ¡Esa es la palabra! ¡Contentos! Hacen más: quieren a la tierra que labran como si fuese algo de ellos mismos, como la quiere padre, sin pensar más que en ella, sin sentir más que lo que de ella viene. Parece que les han hecho el corazón con esa tierra, y la cabeza con los guijarros que en los linderos de esa tierra se apartan. *(Con acento sombrío y áspero.)*

JUANA: ¡Qué cosas ices! ¿A que resulta verdá lo que hablaban cuando eras chico?

JAIME: ¿Qué?

JUANA: ¡Que estabas tocao de los cascos!

JAIME: Eso decían porque no me resignaba a lo que ellos, porque los dejé. *(Con calma.)* Tranquilízate, Juana, no estoy loco, no lo estaba tampoco entonces. Lo que yo sentía era odio hacia esta vida, hacia esta ignorancia, hacia esta condición desdichada nuestra, hacia esta tierra misma, que debía ser sustento de todos y se ha convertido por la codicia de unos pocos, en el más aborrecible de los verdugos.

(El señor feudal.)

EL TEATRO HASTA 1939

FEDERICO OLIVER

Nació en Chipiona (Cádiz) en 1873. Abandonó la pintura para dedicarse al teatro. Murió en Madrid en 1956. Entre sus obras más conocidas se encuentran: **Los semidioses** (1914), feroz diatriba contra las corridas de toros, a las que considera responsables del embrutecimiento y de la incultura en que vive el pueblo; *El crimen de todos* (1916), en donde atacó la pena de muerte; *El pueblo dormido* (1917), *Los cómicos de la legua* (1925), sobre el mundo de la farándula; *Han matado a don Juan* (1929) y *Los pistoleros* (1931).

Ediciones

Los semidioses, Madrid, Taurus, 1965.

ACTO II

Escena I

Don Jacinto: Yo digo de los toros que tién la curpa del atraso de este país; que aquí no se vive, ni se trabaja, ni se piensa, ni se sueña más que con un tendío. Eso es lo que yo digo [...]

Don Martínez: Mire usté; el toreo es un arte que, como dijo el poeta, vino del cielo [...] Ahí tiene usté a Francia, el cerebro del mundo, como dijo Pitágoras; bueno, pos Francia ha dao también sus toreros y salió musiú [1]. Robert con unos bigotes como el guardapolvo de un ventorrillo. ¿Y sabe usté por qué no salen toreros franceses, ingleses y norteamericanos? Porque reconocen que no tién garbo pa ello, que pa toreros España. Por eso se mueren de envidia y nos echan en cara la catacombe [2] de caballos, como si no fuera catacombe el que dos tíos se maten por apuesta a puñetazo limpio en eso del boxeo [...]

Don Jacinto: Como usté son muchos los españoles que hay, y pa muestra sobra un botón. ¿Sabe usté lo que he visto el otro día? Pos atienda usté al gorpe, como me ha dicho usté endenantes. Un cómico del Teatro Cervantes tenía la otra noche en la mano una tarjeta postá; ¿y sabe usté lo que estaba pintao en la tarjeta? Una plaza de toros colmá de público; unos caballos muertos en la arena, un toro en el último tercio, y un mataor citándolo con la muleta en la izquierda.

Señó Antonio: Pos vaya una cosa.

Don Martínez: ¿Qué tié de particulá?

Don Jacinto: Que el público estaba como petrificao; que tó se componía de esqueletos con abanicos de colores y mantones de Manila; que el toro era también un esqueleto con banderillas y el matador otro esqueleto vestío de colorines; que la plaza estaba del coló que tié la tierra cuando hay tormenta en el cielo; que había un murciélago mu grande y un cacho de luna muy triste, y que pa remate estaba la bandera en lo arto der tejao tan encogía y tan pegá al asta, que parecía un pañuelo mojao en lágrimas. La carne se me puso de gallina cuando leí el letretito que tenía debajo la pintura: «El porvení de España», decía; y como vamos a eso si seguimos por ese camino de la idolatría de los toros, como vamos a que el último español sea un esqueleto toreando, vea usté por lo que quise sabé quién era el pintor estrafalario de la tarjeta. Allí estaba la firma: un tal Jacinto Benavente.

(*Los semidioses.*)

1. Por monsieur: señor.
2. Por hecatombe.

GERMAN BLEIBERG

Nació en Madrid en 1915. En 1938 recibe, compartido con Miguel Hernández, el Premio Nacional de Literatura por una obra dramática perdida. Es un conocido crítico literario y ha publicado diversos libros de poemas: *Sonetos amorosos* (1936), *Más allá de las ruinas* (1947), *El poeta ausente* (1948), *La mutua primavera* (1948).

El texto que recogemos aquí constituye una muestra destacada del teatro político que se escribe durante la guerra, al que nos hemos referido en la introducción de este apartado.

AMANECER (POEMA DRAMATICO EN UN ACTO)

NIÑO: Madre, largo es el camino.
MUJER: Más larga fue la muerte. *(Siguen andando hacia el centro.)*
NIÑO: Madre, ¿qué es la muerte?
MUJER: *(Parándose y meditando.)* La muerte queda atrás. Tu padre queda atrás, muerto; tu hermano, muerto. *(Gritando.)* ¡Tu hermana, muerta! ¿Tú no lo sabes? *(Cambiando el tono.)* Y no estaban enfermos: eran fuertes como árboles; sanos como manzanas frescas *(Sollozando.)* Pero hoy están secos y fríos, ¡muertos! [...] ¡Ah, pero enfrente, aquí muy cerca ya, hay gente nuestra, gente nuestra que nos vengará; hay milicianos, soldados del pueblo, que luchan sin cesar por el pueblo y por España. Hacia ellos vamos; volvemos a España, hijo mío, después de veinte meses de dolor y crimen; los milicianos cantan; su cántico victorioso va de llanura en llanura, de río en río, de monte en monte; todo el mundo habla de ellos; y son españoles; y todo pueblo que se defiende, por su libertad y su independencia, causa admiración y orgullo a los otros pueblos [...] Ven aquí, hijo mío. ¡Qué tranquilidad tan hermosa te espera! Mira, toda la vida es tuya. Desde ahora en adelante serás dueño de ti mismo. El mundo será para ti como un jardín siempre en flor, como una llanura siempre cubierta de frutos. También la sangre da sus frutos. *(Cambiando el tono.)* Y ahora creo que debemos de seguir andando. Ya el día clarea. Cada vez está más próxima y más alta la luz. ¡Con qué emoción late mi corazón ahora! Algo nuevo se cierne sobre mí. Soy ya una vieja campesina, una vieja labradora castellana, que busca el mundo joven... *(Se levanta, coge al niño de la mano y habla lentamente.)* Tierra trabajada por mis manos; sangrienta tierra de España: de tus cenizas nacen hombres nuevos; la juventud brota de tu vientre herido; y el sol se acerca a todos los corazones. *(Ya es casi de día.)* ¡Con la luz, qué bien se distingue todo! *(Señalando a su derecha.)* Allí queda un mundo viejo, podrido, que agoniza bajo la risa sucia y criminal de los alemanes y de los italianos. *(Señalando a su izquierda.)* Y aquí, aquí mismo, bajo mis pies, hasta más allá de miles de horizontes, la nueva España surge entre la niebla, la España de los españoles, de los obreros y de los campesinos. *(Pausa.)* Yo no he visto desde hace veinte meses la tierra de nuestra noble patria. Pero en mis ojos, en mis brazos, en mis labios, en mi sangre, en todo mi ser, vibraba su altísimo sonido: España, España... *(Pausa.)* Vamos, hijo... *(Empiezan a andar hacia adelante y la mujer advierte las alambradas.)* ¿Pero dónde estamos? ¿El frente? Alambradas, trincheras... ¿Estaré loca? ¿Me habrán oído? ¿Y hacia dónde he de ir ahora? *(Muy bajo, al hijo.)* No me hables. Es peligroso.

(Según se ha ido haciendo el día, el público ha podido ir descubriendo las trincheras, en las que, desde el primer momento, están, en la derecha [visto desde el público], dos milicianos, y en la izquierda, dos requetés. La mujer está entre las dos alambradas, un poco encogida, con el hijo de la mano [...] Desde la trinchera de la derecha, las voces de los MILICIANOS 3.° y 4.° cantan con alegría. Al terminar la canción aparecen en la trinchera.)

Por la Casa de Campo,
por la Casa de Campo,
por la Casa de Campo,

mamita mía,
y el Manzanares,
y el Manzanares,
quieren pasar los moros,
quieren pasar los moros,
quieren pasar los moros,
mamita mía,
no pasa nadie,
no pasa nadie.

(*Música de* Los Cuatro Muleros, *de Federico García Lorca.*)

MILICIANO 1.º: Ya está ahí el relevo. ¿Qué hay, camaradas?
MILICIANO 3.º: Nada nuevo.
MILICIANO 2.º: Cantando, como siempre.

MILICIANO 4.º: Como siempre; es la verdad: No pase nadie; por aquí al menos no pasarán.
MUJER: *(Corriendo hacia la alambrada derecha.)* ¡Salud, camaradas!
REQUETÉ 1.º: ¡Alto! *(Dispara: la mujer cae herida y el niño logra atravesar la alambrada y llegar a la trinchera de los milicianos.)*
MILICIANO 1.º: ¡Cobardes! Siempre seréis los mismos: asesinos de mujeres y niños.

(*Teatro de agitación política 1933-1939*, Madrid, *Cuadernos para el diálogo*, 1976, págs. 111-130.)

JACINTO GRAU

Nació en Barcelona en 1877. Comenzó a estudiar Derecho en Valencia. A comienzos de siglo se traslada a Madrid, en donde vivirá hasta 1936. Al estallar la guerra, el gobierno republicano lo nombra cónsul de España en Panamá. Se traslada después a La Paz y, más tarde, a Buenos Aires. En esta ciudad muere en 1958.

Los ambiciosos proyectos de Grau no siempre alcanzaron una eficaz realización escénica. Su afán de dar a sus obras un alcance universal (él mismo llegó en una ocasión a equipararse con Shakespeare) lo llevó a rehuir lo cotidiano, prosaico y vulgar, y a buscar sus fuentes de inspiración en obras del pasado. Así, acude lo mismo a la Biblia *(El hijo pródigo:* 1917) que al Romancero *(El conde Alarcos:* 1907) o al mito de don Juan *(Don Juan de Carillana,* en 1913, y *El burlador que no se burla,* en 1927). Idéntica ambición revelan sus dramas *Los tres locos del mundo* (1925), *El caballero Varona* (1925) y *La Señora guapa* (1932).

En **El señor de Pigmalión** (1921) se ha visto una influencia de *Niebla,* de Unamuno, aunque los desenlaces de ambas obras son muy diferentes. En la de Grau, los muñecos que ha creado Pigmalión, anhelantes de vida, acaban rebelándose contra él y destruyéndolo.

Ediciones

Teatro selecto de Jacinto Grau, ed. de Luciano García Lorenzo, Madrid, Escelicer, 1971.

ACTO III

Escena IX

PIGMALIÓN: Rebelaros contra mí es tan inútil como escaparos. Yo soy el hombre, el fuerte, el amo, el creador. Vosotros sois mis juguetes, mis peleles, mis bufones... ¡Nada! ¡Tan míos sois como esta fusta con que os azoto! *(Dales otro latigazo. Menos URDEMALAS, quéjanse todos, doloridos, arrimándose más a la pared.)* Yo haré muy en breve algo mejor que el hombre; pero vosotros no sois todavía más que polichinelas de mi teatro, capricho ingenioso de mi fantasía y habilidad de mecánico, esclavos míos, en fin. ¡Sois un prodigio, y no sois nada!

URDEMALAS: Como tú. Tanto orgullo y eres un efímero, y acabarás también en nada, como todos los hombres.

PIGMALIÓN: ¿Qué sabes tú, monigote, qué hay después de la vida?

URDEMALAS: Y tú, ¿lo sabes acaso?

PIGMALIÓN: Te atreves a replicarme, estúpido. Yo solo me basto para reducirte a ti, a los demás y a un pueblo entero de polichinelas como vosotros. Por eso he querido perseguiros yo solo, sin auxilio de nadie. Llevar gente conmigo era daros demasiada importancia y demasiada vanidad de mi parte. Yo no soy un farsante. Conozco el alcance de mi obra. *(Azótales con otro latigazo. Rehílo de temblores descompasados en la fila, llena de pánico.)* ¡A ver! Dad un paso adelante! Mañana, por la noche, cuando os presentéis al público de España, por primera vez, nadie creerá, al veros representar mis farsas, que hayáis sido capaces de escaparos y de rebelaros como hombres, siendo fantoches. ¡Vamos! ¡Vivo! ¡Un paso adelante! ¡Aprisa! ¡Al carro!

(Los muñecos oscilan vacilantes.)

URDEMALAS: *(A los autómatas.)* ¡Quietos! *(A PIGMALIÓN.)* No nos da la gana ir.

PIGMALIÓN: No, ¿eh? *(Torna a restallar el látigo, vuélvese hacia la puerta central, que señala con el dedo, y exclama a toda voz, en tono imperativo y rotundo.)* ¡Al carro! *(Los muñecos, aterrados, van saliendo de la fila que formaban en la pared, y empiezan a caminar lentos, uno tras otro, en dirección a la puerta central. PIGMALIÓN, sin darse vuelta para mirarlos, sigue señalando con el dedo la puerta, seguro de sí mismo y de ser obedecido. URDEMALAS lleva rápido ambas manos a la espalda, coge la escopeta, la empuña en un santiamén y dispara a boca de jarro tras de PIGMALIÓN. Este cae instantáneamente. Desplomado en tierra.)* ¡Ay!... ¡Socorro!

(Los muñecos detienen su marcha y quédanse atónitos, mirando el cuerpo tumbado en tierra. Fuera resuena otra vez el griterío muñequil. URDEMALAS deja la escopeta en el suelo, avanza resuelto adonde yace PIGMALIÓN, se inclina y los observa ante sus compañeros, asombrados, quietos, rígidos, cual si hubiesen perdido súbitamente el don de moverse. Una pausa de silencio en la estancia, sólo alterado por el chillar de fuera.)

URDEMALAS: *(Después de haber contemplado a PIGMALIÓN atentamente.)* Se le paró el muelle central. *(Alzase presto, apoyando el pie en el pecho de PIGMALIÓN.)* ¡He aquí el gran artífice!

(Arrecia fuera el griterío de los muñecos presos y atados en el carro. Luz pálida de amanecer naciente en las ventanas.)

DON LINDO: *(Dando un paso.)* ¿Qué ha sido?

URDEMALAS: Ya lo has visto. Que le he matado.

POMPONINA: *(Dando otro paso al lado del paje y fijándose en PIGMALIÓN.)* ¡Huy, qué pálido se pone!... ¡Yo nunca vi un muerto!

DON LINDO: ¡Libres al fin!

BERNARDO, AMBROSIO Y EL ENANO: *(Como en apoteosis.)* ¡Al fin, al fin!

DON LINDO: *(Abrazando a su muñeca.)* No tengas ya más amores que conmigo, Pomponina mía.

POMPONINA: Haré todo lo posible, Lindito.

DON LINDO: ¡Olvidemos lo pasado!

POMPONINA: De todo lo pasado tiene la culpa ese Pigmalión *(Señalando al caído.)*, que me hizo tan floja de tornillos.

LUCAS: Un momento. *(Va corriendo a la mesa donde está la lámpara, cogiendo ésta, llevándola adonde está PIGMALIÓN y poniéndola a su lado, en tierra.)* Ya que no tenemos aquí cirios para honrar a los muertos, como hacemos en las farsas, alumbrémosle con esta lámpara.

(Rodean todos a PIGMALIÓN, observándole curiosos.)

URDEMALAS: *(Llevándose un dedo a los labios.)* ¡Psssi! Callemos ya, y vayámonos al carro, donde deben estar atados los demás, y larguémonos a todo escape, sin desatarlos ni contarles nada de esto, hasta que estemos muy lejos.

POMPONINA: ¿Por qué?

URDEMALAS: Porque si no querrán entrar aquí a ver el muerto, y perderíamos mucho tiempo. Se nos echa encima el día, y va a llegar gente a esta casa.

DON LINDO: Sí, vámonos, vámonos.

POMPONINA: ¿Adónde?

URDEMALAS: A la aventura con nuestros compañeros, campo adentro y mundo adelante. Adonde nos lleve nuestro sino de muñecos prodigio.

DON LINDO: *(Entrelazando a POMPONINA por el talle.)* ¡Sí, sí, vamos al azar, a la aventura, tras de nuestra suerte!

URDEMALAS: ¡Venid conmigo todos! ¡Huyamos! ¡Libertad! ¡Libertad! *(Sale, seguido de los muñecos, que gritan también.)* ¡Libertad, libertad!

(Aumenta de un modo espantoso el vocerío de afuera. JUAN EL TONTO, que sale el último, torna a la puerta central, mira otra vez a PIGMALIÓN, y haciendo nuevos visajes grotescos, restriégase contentísimo las manos, lanza en un tono indefinido su Cu, cu, y se queda, escondido, en escena. Óyese, entre una gritería ensordecedora, trepidar el camión-automóvil, que arranca de pronto y se va rápido, perdiéndose todo estrépito en la lejanía. Después, un silencio profundo. En la ventana, luz morada y tenue de aurora.

Escena última

(PIGMALIÓN, caído en tierra. JUAN EL TONTO, en su escondite.)

PIGMALIÓN: *(Incorporándose a medias, trabajosamente.)* ¡Al fin se fueron!... Si no finjo la muerte acaban antes conmigo. *(Intentando levantarse en vano.)* ¡No puedo!... ¡Me desangro, me muero solo, sin que nadie me auxilie!... Los dioses vencen eternamente, aniquilando al que quiere robarles su secreto... Iba a superar al ser humano, y mis primeros autómatas de ensayo me matan alevosamente... ¡Triste sino del hombre héroe, humillado continuamente hasta ahora, en su soberbia, por los propios fantoches de su fantasía!...

JUAN: Cu, cu.

PIGMALIÓN: ¿Estás ahí tú?

JUAN: Cu, cu.

PIGMALIÓN: Tú me socorrerás, tontín: tú eres el bueno...

JUAN: Cu, cu.

PIGMALIÓN: Ayúdame... Sin ti me moriría.

JUAN: Cu, cu.

PIGMALIÓN: Sería lástima... Nadie volverá a fabricar muñecos tan perfectos y vivos como yo.

JUAN: Cu, cu.

PIGMALIÓN: *(Incorporándose a medias.)* ¿Pero qué haces que no me ayudas?

(Acércase JUAN a PIGMALIÓN y golpéale con la escopeta la cabeza. PIGMALIÓN da con el busto pesadamente en tierra.)

JUAN: Cu, cu. *(Nuevos visajes grotescos, restregándose contentísimo las manos. Deja rápido la escena y asómase a la ventana, alzando las manos y dirigiendo la última mirada a PIGMALIÓN.)* Cu, cu. Cu, cu. Cu, cu.

(Entran revoloteando por la estancia dos murciélagos, que se entrecruzan varias veces en un aletear loco, y a lo lejos cantan los gallos.)

(El señor de Pigmalión.)

«Don Lindo» y el «Capitán Araña». Bocetos de Salvador Bartolozzi, que puso en escena El señor de Pigmalión.

El Novecentismo   IV

Hacia 1906 comienza a advertirse en las letras catalanas y castellanas un proceso renovador que se irá acentuando con el tiempo. En Cataluña, las innovaciones se hacen inequívocas en 1911 con la aparición, entre otras obras, del Almanach dels noucentistes, que, como señala Eugenio d'Ors, puede considerarse como «muestra de la unidad espiritual de una generación». En la zona castellana, los nuevos aires soplan con mayor intensidad a partir de 1914. De ahí el que a los más recientes escritores, entre los que ocuparán un lugar destacado José Ortega y Gasset, Eugenio d'Ors, Gregorio Marañón, Manuel Azaña, Gabriel Miró y Ramón Pérez de Ayala, se les haya agrupado bajo el rótulo de «novecentistas» o de «Generación del 14» (Texto I).

Todos estos autores que, en su mayor parte, habían nacido entre 1880 y 1890, muestran, como los regeneracionistas y los noventayochistas, un rechazo de la España de la Restauración. Sin embargo, sus propuestas, políticas y literarias, deben considerarse radicalmente nuevas. Puede decirse que se obtienen ahora los mejores frutos de una burguesía progresista que, ya desde el krausismo, había entrado en conflicto con los principios anquilosados de sus mayores.

Como característica primera, hay que señalar en ellos una más sólida formación intelectual. El autodidactismo, frecuente en los escritores precedentes, deja paso a una instrucción más rigurosa (Texto II). También, aunque no desprecian lo español, se acercan con mayor curiosidad a todas las novedades europeas que se producen en los campos de la Filosofía, la Historia, el Arte, la Filología y la Medicina. Ortega y Gasset se orienta, preferentemente, hacia la cultura alemana, pero no ignora la inglesa o la francesa. Y algo parecido puede decirse de los demás. Por otra parte, frente a los modos anarquizantes y bohemios finiseculares, exhiben unas actitudes más pulcras y comedidas.

Junto a esta vocación universalista, es notorio desde muy pronto su deseo de intervenir en la vida pública, ya sea con ensayos, artículos, conferencias y mítines, o con una participación activa en la política. Ortega se referirá a la necesidad de emplear las armas adecuadas para una labor educadora: «Este ensayo de aprendizaje intelectual había que hacerlo allí donde estaba el español: en la charla amistosa, en el periódico, en la conferencia. Era preciso atraerle hacia la exactitud de la idea con la gracia del giro. En España, para persuadir es menester antes seducir». Por su parte, Azaña, que se lamentará de la diso-

«Mis amigos», por Ignacio Zuloaga (Museo Zuloaga, Zumaya). Sentados, a la derecha, aparecen G. Marañón y Ortega y Gasset, que mira al espectador. Detrás se encuentra, de pie, Valle-Inclán.

El Novecentismo

El primer Gobierno civil de la dictadura de Primo de Rivera a su salida de Palacio, después de jurar ante el rey.

ciación secular entre los intelectuales y la política, dirá que «hay que confundirse y dejarse confundir».

En 1913, el mismo año en que Melquiades Alvarez funda el Partido Reformista, se crea la Liga de Educación Política Española, en la que se integran Ortega y Gasset, Américo Castro, García Morente, Azaña y otros intelectuales, y con la que se propugna, desde posturas liberales, la necesidad de un análisis profundo de la realidad española. Un discurso de Ortega, pronunciado en marzo de 1914 en el teatro de la Comedia, y titulado «Vieja y nueva política», puede considerarse como la presentación oficial del nuevo grupo de intelectuales. Los diversos órganos de expresión que fundan, y entre los que destacan las revistas España (1915-1924), La Pluma (1920-1923), Indice (1921-1922), Revista de Occidente (1923-1936), y los diarios El Sol (1917-1939), Crisol (1931) y Luz (1931-1934), les servirán de plataforma idónea para exponer sus ideales, políticos y literarios.

De esta forma, ejercen una influencia decisiva en los cambios que se producen en la vida social y política españolas. Muchos de ellos, con posturas homogéneas, llevarán la batuta en la oposición a la Dictadura de Primo de Rivera e influirán, como portavoces del descontento de las clases populares, en el advenimiento de la República. Sin embargo, entre 1931 y 1939 las actitudes serán más divergentes y, en muchos casos, encontradas. Mientras Azaña mantiene una postura progresista, aunque sin identificarse con propuestas revolucionarias, Marañón se va decantando hacia un cada vez más acentuado conservadurismo. Otros, que se sienten postergados en su misión de orientadores y guías, muestran su preocupación y su desacuerdo con la marcha de los acontecimientos.

España como problema.—Como había ocurrido con las generaciones precedentes, España es de nuevo el blanco de sus meditaciones. Ortega dirá que hay que «rehacer la historia de España hasta en sus primeros postulados», y a esta tarea se aplican con entusiasmo tanto él como d'Ors, Marañón, Azaña, y los filólogos que trabajan con Ramón Menéndez Pidal en el Centro de Estudios Históricos.

Partiendo del principio de la «crítica como patriotismo», analizan, con rigor científico y objetividad, las más diversas manifestaciones de la vida española, del presente y del pasado. El pesimismo, el apasionamiento, el subjetivismo, el carácter irracional de muchas de las propuestas de los noventayochistas dejan paso ahora a un manifiesto anhelo de claridad racionalista. El yo pensante, en relación con el entorno, y la captación del hombre en su circunstancia histórica, son los objetivos que persiguen. Su convencimiento de que la verdad no puede ser una, sino, en todo caso, una suma de perspectivas, también les impide caer en un egotismo excesivo.

Su desconfianza ante la capacidad de las masas para regir sus propios destinos los lleva a abogar, en la línea de los regeneracionistas, por la formación de minorías ilustradas que ocupen los puestos rectores de la sociedad. En una España que había olvidado que el escritor y el sabio constituían figuras respetables y atendibles, los novecentistas consiguen imponer al intelectual en el cuadro de las profesiones honorables.

Ante todo esto, no debe extrañar que sea el ensayo, por su eficacia pedagógica, el género más socorrido. A él se entregaron, de forma casi exclusiva, Ortega y Gasset, Marañón, Américo Castro, García Morente, Menéndez Pidal y Manuel Azaña. También la poesía y la novela derivan hacia formas más conceptuales o exhiben una mayor carga intelec-

IV

A. Machado, G. Marañón, J. Ortega y Gasset y R. Pérez de Ayala en el acto de presentación de la Agrupación al Servicio de la República, en el teatro Juan Bravo de Segovia, el 2 de febrero de 1931.

Portada de una edición de la Constitución de la Segunda República y alegoría de la República.

tual. Para el crítico Andrés Amorós, Pérez de Ayala «alcanza la verdadera novela-ensayo construida en torno a la discusión de un tema intelectual: los inconvenientes de una educación sexual basada en la ignorancia (en las Novelas de Urbano y Simona), la deshumanización del concepto clásico español del honor matrimonial (en Tigre Juan y El curandero de su honra). Otro elemento intelectual en las novelas de este autor son las discusiones sobre libros que, siguiendo a su maestro Clarín, une íntimamente a la trama de sus novelas».

Como habían defendido los miembros de la Institución Libre de Enseñanza, los novecentistas fueron conscientes de que cualquier transformación política debía asentarse en un previo cambio moral del individuo. Para ello se hacía indispensable su formación estética, y en esta tarea la literatura podía tener un papel de protagonista.

Todo esto conduce a una verdadera obsesión por la obra bien hecha. Al mismo tiempo que se rechaza lo sentimental y trágico, se manifiesta una no disimulada predilección por la mesura, el equilibrio y las formas clásicas. La riqueza y la variedad estilísticas se ponen de manifiesto lo mismo en el Platero juanramoniano que en las obras de Gabriel Miró o de Ortega y Gasset. Este último hasta deplorará que en sus escritos se tuvieran a veces más en cuenta sus metáforas que sus ideas.

Los novecentistas demostraron que la brillantez literaria no estaba reñida con el tratamiento de temas filosóficos, políticos o de la vida cotidiana. Ante sus obras, el lector podrá sentirse más o menos atraído por sus meditaciones ante los enigmas del mundo y de la vida, por sus propuestas reformistas o por sus mundos novelescos, pero nunca se verá privado de un intenso placer estético.

* * *

Incluimos aquí a algunos escritores que podrían tener acomodo en otros apartados de esta Antología. Juan Ramón Jiménez, por ejemplo, tiene un puesto ganado en cualquiera de los movimientos literarios anteriores. Sin embargo, el carácter más audaz y renovador de su obra se produce a partir de 1916. Menéndez Pidal, por su fecha de nacimiento, está más cerca de los autores del 98, pero las obras que emprende por estos años lo aproximan al grupo novecentista.

Otros escritores, como Benjamín Jarnés y Américo Castro, que figuran en los siguientes capítulos, podrían haber pasado a éste. Al primero de los citados hemos preferido incluirlo en la prosa vanguardista de los años veinte. Américo Castro, por las fechas de publicación de su obra más conocida y de su polémica con Sánchez Albornoz, aparece en las páginas que dedicamos a los poetas, narradores y ensayistas que se exiliaron después de la guerra.

Al final de este capítulo aparecen dos poetas de difícil clasificación. Nos referimos a León Felipe y a Moreno Villa, nacidos, respectivamente, en 1884 y 1887. El primero, por sus preocupaciones vitales y estéticas, se anticipa en muchos años a las corrientes rehumanizadoras que invaden la literatura de los años treinta. Moreno Villa empieza a publicar en 1913. Sin embargo, su trayectoria posterior presenta numerosos puntos en común con la seguida por los poetas de la Generación del 27.

DOCUMENTOS

I. Azorín

Otras páginas

¿Dónde está en la gente novísima el grito de rebelión de aquellos mozos de antaño? ¿Dónde están aquel ímpetu, aquel ardor, aquel gesto de independencia y fiereza? Ahora, ¿qué es lo que hacéis, jóvenes del día? ¿Tenéis la rebelión de 1898, el desdén hacia lo caduco que tenían aquellos mozos, la indignación hacia lo oficial que aquellos muchachos sentían?

Otra generación ha llegado. Hay en estos jóvenes más método, más sistema, una mayor preocupación científica. Son los que este núcleo forman: críticos, historiadores, filósofos, eruditos, profesores. Saben más que nosotros. ¿Tienen nuestra espontaneidad? Dejémosles paso. Digamos de ellos, nosotros, ya un poco viejos, lo que Montaigne decía de los mozos de su tiempo. *«Ils ont la force et la raison pour eux; faisons-leur place.»*

(Obras selectas,
Madrid, Biblioteca Nueva, 1962.)

II. Guillermo Díaz-Plaja

Estructura y sentido del novecentismo español

Prólogo

¿Quiénes constituyen esta generación? A título meramente indicativo y preliminar anotemos los nombres de los que cita Pedro Laín Entralgo como «generación de 1912»: «Ortega, d'Ors, Marañón, Pérez de Ayala, A. Castro, Angel Herrera, Madariaga, Zulueta, Gómez de la Serna...». No se trata, por supuesto, de dar la nómina completa, sino de intentar un esquema de actitudes. Partiendo de estos levísimos atisbos, veamos sobre qué supuestos podemos enfocar el estudio de este período:

1. Dejando atrás resueltamente la tradición historiográfica vigente, nuestro enfoque partirá de la complejidad cultura española, especialmente de la condición bicéfala que exige, para una comprensión suficiente, el análisis sucesivo y atento de los focos intelectuales que, como mínimo, se mueven en torno de Barcelona y de Madrid, siguiendo el orden cronológico de la aparición de una conciencia de ruptura de valor significativo.

2. Son caracteres comunes de ambos estados de conciencia:

a) La sustitución de los modos autodidácticos, anarquizantes y bohemios, por unas maneras más pulcras y sistemáticas.

b) La conexión con las corrientes más exigentes de la cultura europea que comporta una revisión de su conciencia como españoles, a nivel nacional y a nivel regional, a través de un conocimiento riguroso e interpretable de nuestro pasado.

3. La idea de realizar la revolución cultural «desde el poder» se denomina intervencionismo. Si los grupos intelectuales anteriores utilizaban la tribuna pública, extramuros del poder —el café, el periódico, el mitin, el folleto, el libro—, se dibuja ahora una tendencia a aproximarse a los resortes del poder para utilizarlos en beneficio propio. En Madrid, mediante la inserción progresiva de instituciones específicas en organismos oficiales; en Barcelona, utilizando hasta el máximo las pequeñas posibilidades que abría la «Mancomunitat de Catalunya».

4. En el plano ideológico, el Novecentismo opone sus ideales a los del Ochocientos (Romanticismo, Realismo, Modernismo), exaltando los valores universales, frente a los subvalores típicos o nacionales. En la cultura catalana, el *noucentisme* asumirá, específicamente, la defensa de la Ciudad frente a la Rusticidad, del Clasicismo frente a la tradición neorromántica de los Juegos

Florales; de la tradición mediterránea frente a los modos germanizantes del fin-de-siglo. Estas tendencias llegarán a cristalizar en unas generaciones universitarias, con d'Ors y Ortega a la cabeza, que marcan unas nuevas «maneras» al pensamiento español y que, significativamente, se encuentran distanciadas una y otra de los modos ibéricos de don Miguel de Unamuno. Dentro de este clima de modernidad, de exigencia y de rigor colocaríamos las nuevas promociones científicas: de Ramón y Cajal a Marañón, las escuelas de filología de Menéndez Pidal, e historia del arte de Manuel Gómez Moreno; y sus correlativos en la cultura catalana (Pi y Suñer, Serra Hunter, P. Bosch Gimpera, J. Xirau, Nicolau d'Olwer, Rubió y Balaguer).

5. En la vertiente estética se impone el distanciamiento que evita la fusión creador-obra, propugnando el arte como libre juego, no sometido a reflejo real, lo que recibe el nombre de arbitrismo (en la estética de d'Ors) y que más adelante tomará el signo diagnosticador de Ortega: «la deshumanización del arte».

(Estructura y sentido del novecentismo español, Madrid, Alianza, 1975, págs. 14-16.)

La Revista de Occidente y los diarios El Sol, Crisol y Luz fueron algunas de las muchas empresas periodísticas promovidas por J. Ortega y Gasset.

EL NOVECENTISMO

JUAN RAMON JIMENEZ

Nace en Moguer (Huelva) en 1881. Estudia el Bachillerato en el Colegio que los jesuitas tenían en El Puerto de Santa María. Inicia estudios de Derecho, que pronto abandonará. Marcha después a Madrid, llamado por Villaespesa y por Rubén Darío, para luchar «por el modernismo». En 1900 aparecen sus primeros libros, *Ninfeas* y *Almas de violeta,* de los que renegará más tarde. La muerte de su padre, en ese mismo año, le causa una fuerte depresión. En 1901 ingresa en el sanatorio de Castel d'Andorte, cerca de Burdeos, en donde escribe *Rimas.* De vuelta a Madrid pasa una larga temporada en el sanatorio del Rosario.

Desde 1905, y hasta finales de 1911, vive en Moguer. Regresa a Madrid y se instala en la Residencia de Estudiantes. En 1916 marcha a Estados Unidos para casarse con Zenobia Camprubí, que será su compañera inseparable. En años posteriores funda las revistas literarias *Sí, Indice* y *Ley.* Su magisterio sobre los jóvenes poetas, algunos de los cuales acabarán volviéndole la espalda, es enorme.

En 1936 abandona España. Su apoyo a la República se mantendrá hasta el final de la guerra. Vive primero en Puerto Rico y, más tarde, en Cuba, Florida y Washington. En 1951 regresa a Puerto Rico, en donde muere el 29 de mayo de 1958. Dos años antes había recibido el Premio Nobel. R. Gullón resume así toda una larga etapa de su vida: «Desde 1916 a 1936 había padecido momentos de aprensión, rareza, obsesiones y manías peculiares, creyéndose enfermo, acosado por los ruidos, dando exagerada importancia a incidentes menudos, pero la neurosis no llegó a manifestarse con violencia. En cambio, primero en Estados Unidos y luego en Puerto Rico las "alergias" se recrudecieron, las aprensiones se agravaron y durante prolongados periodos necesitó hospitalizarse y someterse a tratamiento».

Obra

Juan Ramón Jiménez es el más importante poeta español de este siglo. Su influencia en otros poetas posteriores ha sido enorme. Aunque estuvo vinculado en su primera época al modernismo, su obra, desde 1916, abre caminos poéticos audaces y renovadores en la poesía española.

Primera etapa: 1900-1916: Después de *Ninfeas* y de *Almas de violeta,* libros vinculados al modernismo más superficial, publica *Rimas* (1901), en el que son más notables los tonos becquerianos. Por estos años, Juan Ramón une a sus lecturas de poetas modernistas, las de V. Hugo, Lamartine, Musset y Heine. Con este libro, constituido en su mayor parte por poemas breves, de versos octosílabos y rima asonante, inicia una etapa de gran sencillez expresiva y comienza, con una sensibilidad exacerbada, a desgranar sus melancolías y tristezas. Esta misma línea intimista continúa, con una mayor depuración y profundidad, en sus siguientes libros: **Arias tristes** (1903), **Jardines lejanos** (1904) y **Pastorales** (escrito en estos primeros años y publicado en 1911). A las angustias, soledades y penas, en las que parece recrearse con manifiesta complacencia, y a la permanente insatisfacción amorosa, se junta una decidida tendencia del poeta a mezclar la realidad con sus visiones y fantasías, a perderse en los laberintos de la imaginación. Los ambientes crepusculares (la noche, la luna, las sombras), por los que muestra una marcada predilección, colaboran decisivamente a que resulte muchas veces imposible trazar una línea divisoria entre lo que vive y lo que sueña. Las influencias de un romanticismo pasado por Bécquer (palabras como «fantasmas», «espectros», «quimeras», «visiones» se repiten con frecuencia) y del simbolismo (en la utilización de imágenes confusas para expresar los sentimientos inexplicables que descubre dentro de él o el mundo desconcertante que advierte a su alrededor) son notables en estas primeras obras.

Olvidanzas: Las hojas verdes y *Baladas de primavera,* publicados en 1909 y 1910, aunque escritos, respectivamente, en 1906 y 1907, se inscriben en la misma línea de sencillez expresiva, pero en ellos apuntan algunas novedades. En *Baladas,* Juan Ramón recrea formas de la poesía tradicional y muestra un deseo de salir de sí mismo y de dirigir su mirada al mundo exterior.

La etapa que va de 1908 a 1913, en la que publica los tres libros de **Elegías** *(Puras, Intermedias* y *Lamentables),* **La soledad sonora, Poemas mágicos y dolientes, Melancolía** y **Laberinto,** entronca más directamente con la línea colorista y sensual del modernismo. La intimidad dolorida del poeta discurre ahora por los cauces de un mayor barroquismo formal. El verso alejandrino, habitual en estos poemas, se carga de una adjetivación brillante, de sinestesias y de imágenes sorprendentes. Sus obsesiones eróticas, presentes en los anteriores libros, y permanentemente insatisfechas (el tema de la amada imposible será tópico de esta primera época), ocupan un puesto relevante ahora.

Además de estas obras publicadas, Juan Ramón dejó una serie de «proyectos de libros» a los que nunca dio fin, y a los que tituló: *Esto,* **Poemas agrestes,** *Poemas impersonales, Historias, Libros de amor, Apartamiento 1) Domingos, Aparta-*

miento 2) *El corazón en la mano*, Apartamiento 3) *Bonanza*, *La frente pensativa*, *Pureza*, *El silencio de oro*, *Idilios*, *Monumento de amor* y *Ornato*. Algunos de los poemas de estos libros, en los que muchas veces domina una sencillez que nos lleva a su siguiente etapa (léase, por ejemplo, «El viaje definitivo»), pasarán a *Poesías escogidas* y a la *Segunda antología poética*.

En **Sonetos espirituales** (1914-1915) Juan Ramón se impone la disciplina de una forma estrófica con caracteres fijos (el soneto) que lo obliga a una mayor contención expresiva. Será, sin embargo, **Estío** (1915), el libro que inicie el camino de una nueva sencillez. Los poemas y el verso se acortan y lo anecdótico va disminuyendo paulatinamente (la palabra sirve ahora para sugerir más que para explicar).

Segunda etapa: 1916-1958: Aunque en la obra de Juan Ramón Jiménez nunca hay rupturas violentas, sí se produce en ella una evolución importante con la publicación de **Diario de un poeta recién casado** (1916), al que más tarde, con razón, titulará *Diario de poeta y mar*. Juan Ramón lo consideró como su mejor libro y es, sin duda, uno de los que mayor influencia ha ejercido en la poesía de este siglo. Escrito en prosa y en verso, describe el viaje que hizo por mar para reunirse con Zenobia, la estancia posterior en Estados Unidos, con experiencias negativas que superan a las positivas, el regreso y reencuentro con un ámbito paisajístico y humano familiares y el recuerdo de experiencias pasadas en América del Este.

Por el título, podría pensarse que es el libro del amor conseguido. Sin embargo, los poemas amorosos ocupan un porcentaje mínimo (sólo 22 de un total de 243) y Zenobia aparece poco y casi nunca en primer plano. Podría decirse que Juan Ramón sólo canta al amor mientras lo hace sufrir, en tanto que es una realidad inalcanzable. El poeta se toma así un descanso en la temática amorosa, que volverá a reaparecer en su siguiente libro, *Eternidades*.

En este *Diario* lo anecdótico se reduce al mínimo, y lo que domina es la anotación del instante. Juan Ramón no sólo describirá las diversas impresiones que recibe, sino que convertirá al mar en símbolo de sus estados de ánimo (de su soledad, de su gozo, de su júbilo triunfante o de sus ansias de fusión con el cosmos), sin que el optimismo dominante excluya los accesos de desesperanza. Como ocurre en gran parte de su obra, Juan Ramón va hacia las cosas al mismo tiempo que penetra más en sí mismo.

Predominan los poemas cortos y el verso libre, que queda incorporado definitivamente a la poesía española. «El libro está suscitado —comentará— por el mar y nació con el movimiento del barco que me traía a América. En él usé por vez primera el verso libre: éste vino con el oleaje». Lo descriptivo, los ritmos muy marcados, la adjetivación sensorial, la comunicación sentimental con el lector, tan importantes en la etapa anterior, desaparecen por completo o están notablemente atenuados. Lo que le preocupa, y lo que llevará al extremo en sus libros posteriores, es la densidad conceptual, el encontrar la palabra justa, ceñida estrechamente al concepto. A estas novedades hay que añadir el empleo del *collage,* tan prodigado después por algunos movimientos de vanguardia.

Eternidades (1917) iba a ser, inicialmente, el libro dedicado al amor conseguido. Sin embargo, el sentimiento de felicidad plena sólo está presente en 7 de los 137 poemas que lo integran. El amor aparece, con más frecuencia, como convivencia cómoda, como sentimiento fatalmente insatisfecho o como algo ya perdido. Se repite con frecuencia la palabra «eterno», una de las habituales del léxico juanramoniano: el poeta empieza a aspirar a la inmortalidad frente al sentimiento angustioso de la vida fugaz.

En este libro, y en los siguientes, **Piedra y cielo** (1918), **Poesía** (1923) y **Belleza** (1923), se acentúa la complejidad intelectual de la obra juanramoniana. Con un creciente hermetismo, el poeta se lanza a la búsqueda dolorosa de la palabra esencial que capte los enigmas del mundo y de su alma. La poesía se convierte en el medio de penetrar en las verdades últimas y escondidas de las cosas. La constante aventura de vencer a la muerte, de autoeternización, adquiere ahora matices obsesivos.

Vista de Moguer desde Fuentepiña. En La corriente infinita *confiesa Juan Ramón:* «Mi idea instintiva de entonces y consciente de luego, era la exaltación de Andalucía a lo universal, en prosa y en verso, a lo universal abstracto; y como creo que es verdad que el hábito hace al monje, yo me puse por nombre "el andaluz universal" a ver si podía llenar de contenido mi continente». *Federico de Onís escribirá:* «Su pueblo —su infancia— está por todas partes en su obra, y el alma del pueblo, depurada y exaltada, está en su alma universal e intemporal».

Juan Ramón Jiménez en su adolescencia. Cansinos-Asséns recordará que en 1901 era un «poeta pulcro, correcto, fino, pálido, serio y triste, con unos grandes ojos negros y melancólicos, un leve bigotillo negro y una barbita en punta, como la de d'Annunzio».

Entre el yo del poeta (un yo siempre problemático, que con frecuencia se diversifica y busca al otro yo inmortal), el mundo y la eternidad, se establece una relación dialéctica de dependencia recíproca.

En 1925 inicia Juan Ramón la publicación de una serie de «Cuadernos» en los que mezcla poesía y prosa. Parte de lo publicado en ellos se recogerá en dos libros de versos, *Canción* (1936) y **La estación total con las canciones de la nueva luz** (1946), y en el libro en prosa *Españoles de tres mundos* (1942). *Canción* es, en realidad, una Antología en la que reúne todos los poemas que consideraba «canciones», procedentes de los citados «Cuadernos». *La estación total* recoge gran parte de la obra poética escrita en 1923 y 1936, publicada o no en los «Cuadernos». El deseo de totalidad, presente en toda su obra, se hace ahora más intenso. Lo que importa es captar la vida en su plenitud y cantarla. Partiendo de intuiciones más que de ideas, Juan Ramón parece querer vivir en todo, fundirse con todo lo otro, traspasar los límites del tiempo y del espacio para penetrar en la eternidad.

La aspiración, en todas estas obras, a unir y fundir elementos diversos da como resultado una admirable síntesis de lo racional y lo irracional, de lo consciente e inconsciente.

En ese ansia total, el vocabulario al uso le resulta al poeta insuficiente. De ahí el que recurra, como hará con mayor intensidad en *Dios deseado y deseante*, a frecuentes neologismos, de enorme fuerza comunicativa casi siempre.

Con respecto a la métrica, aunque no faltan los versos cortos, usa con mayor frecuencia el endecasílabo y, ocasionalmente, el alejandrino.

En la *Tercera Antología Poética*, publicada en 1957, Juan Ramón recogió abundantes muestras de libros que proyectó después de 1936: *En el otro costado* (1936-1942), *Una colina meridiana* (1942-1950), **Dios deseado y deseante** (1949) y *Ríos que se van* (1951-1953). Como libros independientes había publicado *Romances de Coral Gables* (1948) y *Animal de fondo* (1948), que, en la citada *Antología* figuran, respectivamente, como cuarta parte de *En el otro costado* y como primera de *Dios deseado y deseante*. En 1978 se publicó, con el título de **Leyenda**, una Antología que el poeta había preparado de toda su obra.

Con **En el otro costado,** que tiene 38 poemas y la apariencia de libro completo, y *Dios deseado y deseante,* que puede considerarse como un largo poema dividido en fragmentos o cantares (en la edición de 1964 se amplió), más que como una colección de poemas, consuma Juan Ramón el deseo de fundirse con las cosas, de hacerse dios a través de la creación poética. El poeta presenta a un dios muy particular, creación suya, al que no sólo alcanza, sino del que participa. El dios juanramoniano que, al fin, es conciencia suya, no está fuera del ser consciente que lo ha creado: en realidad es él mismo, es su propia conciencia.

En el otro costado recoge el poema **«Espacio»,** que publicó completo en 1954 y que retocó para la *Tercera Antología,* considerado como una de las cumbres de la poesía de nuestro siglo. «Espacio» es una *respuesta* a todas las inquietudes —humanas y poéticas: lo que en Juan Ramón es lo mismo— que le habían asaltado a lo largo de su vida. Naturalmente, se trata de una respuesta que no responde. Más bien es una respuesta que interroga, una nueva pregunta, una interrogación superior, como sucede siempre con las grandes obras poéticas. La afirmación inicial se va transformando en duda, impotencia, desolación. El poema puede entenderse como un recorrido, un descenso gradual, desde lo «lleno» (todo: vida, sueños, pasiones, oleaje de luz, mar, tierra, ciudad) hasta «lo vacío» (nada: ese vacío estructural de la conciencia, del que el cangrejo hueco es fiel representación).

Obras en prosa: Su obra en prosa más divulgada es, sin duda, **Platero y yo,** publicada en 1914 (en la edición de 1917 añadió algunos textos más). En ella, aunque no falta algún apunte de crítica social, domina la prosa lírica, evocadora, colorista y barroca.

Destacan, además, *Olvidos de Granada*, en prosa y en verso, con el interesante poema «Generalife»; *Por el cristal amarillo*, el ya citado *Españoles de tres mundos* y *La colina de los chopos*, lírica evocación de los años que pasó en la Residencia de Estudiantes. Recientemente se ha publicado *Guerra en España*, recopilación de trabajos en los que el poeta se refirió a la guerra civil.

Ediciones

Edición del Centenario, 20 volúmenes, Madrid, Taurus, 1981. (En esta edición se recogieron los libros publicados por Juan Ramón.) *Segunda antología poética* (1898-1918), Madrid, Espasa-Calpe (Selecciones Austral), 1981. *Libros de poesía*, Madrid, Aguilar, 1957. *Poesías últimas escogidas*, ed. de A. Sánchez Romeralo, Madrid, Espasa Calpe (Selecciones Austral), 1982.

JUAN RAMON JIMENEZ

POETICA

Poesía

Creo en la realidad de la Poesía. Y la entiendo como la eterna y fatal Belleza Contraria que tienta con su seguro secreto a tal hombre de espíritu ardiente.

Poeta

Creador oculto de un astro no aplaudido.

Relación

Yo tengo escondida en mi casa, por su gusto y el mío, a la Poesía. Y nuestra relación es la de los apasionados.

GOZAR DE LARGA LUZ

Yo no creo que el poeta (como tanto se dice y más con esta nueva y más verdadera guerra del mundo) deba nunca acomodar su poesía a las circunstancias; ahora, por ejemplo, a las de la guerra. No, no creo, no he creído ni creeré nunca en la poesía ni en el poeta de ocasión, ni en la guerra ni en la paz.

La pocsía (las artes interiores y esteriores) es fruto de la paz. El poeta «callará» acaso en la guerra, porque otras circunstancias graves e inminentes le cojen el alma y la vida; porque debe ayudar con su intelijencia, su sensibilidad, su esfuerzo íntegro a los que luchan por la verdad evidente (esa verdad que fecunde la poesía inmanente que sea antimperialista), para que venga pronto la paz.

Para que venga pronto la paz y todos puedan, un día inmenso, gozar de la larga luz y del bienestar suficiente que pide el goce sencillo o estremo de la paz de la humanidad, de la naturaleza y de la poesía.

(1936.)

NOCTURNOS

XVIII

Mi alma ha dejado su cuerpo
con las rosas, y callada
se ha perdido en los jardines
bajo la luna de lágrimas...

Quiso mi alma el secreto
de la arboleda fantástica;
llega... el secreto se ha ido
a otra arboleda lejana.

Y ya, sola entre la noche,
llena de desesperanza,
se entrega a todo, y es luna
y es árbol y sombra y agua.

Y se muere con la luna
entre luz divina y blanca,
y con el árbol suspira
con sus hojas sin fragancia,

y se deslíe en la sombra,
y solloza con el agua,
y, alma de todo el jardín,
sufre con toda mi alma.

Si alguien encuentra mi cuerpo
entre las rosas mañana
dirá quizás que me he muerto
a mi pobre enamorada.

(Arias tristes.)

JARDINES MISTICOS

XII

¿Soy yo quien anda esta noche
por mi cuarto, o el mendigo
que rondaba mi jardín
al caer la tarde...? Miro

en torno y hallo que todo
es lo mismo y no es lo mismo...
¿La ventana estaba abierta?
¿Yo no me había dormido?

¿El jardín no estaba blanco
de luna...? El cielo era limpio

EL NOVECENTISMO

y azul... Y hay nubes y viento
y el jardín está sombrío...

Creo que mi barba era
negra... yo estaba vestido
de gris... y mi barba es blanca
y estoy enlutado... ¿Es mío

este andar? ¿Tiene esta voz
que ahora suena en mí los ritmos
de la voz que yo tenía?
¿Soy yo... o soy el mendigo

que rondaba mi jardín
al caer la tarde...? Miro
en torno... Hay nubes y viento...
El jardín está sombrío...

...Y voy y vengo... ¿Es que yo
no me había ya dormido?
Mi barba está blanca... Y todo
es lo mismo y no es lo mismo...

(Jardines lejanos.)

EL VALLE

IV

¡Granados en cielo azul!
¡calle de los marineros!,
¡qué verdes están tus árboles!,
¡qué alegre tienes el cielo!

¡Viento ilusorio de mar!
¡calle de los marineros!
—ojo azul, guedeja de oro,
rostro florido y moreno—

La mujer canta a la puerta:
«¡Vida de los marineros!
¡el hombre siempre en el mar,
y el corazón en el viento!»

—¡Virgen del Carmen, que estén
siempre en tus manos los remos;
que, bajo tus ojos sean
dulce el mar y azul el cielo!—

...Por la tarde, brilla el aire;
el ocaso está de ensueños;
es un oro de nostalgia,
de llanto y de pensamiento...

¡Viento ilusorio de mar!,
¡calle de los marineros!,
—¡La blusa azul, y la Virgen
milagrera sobre el pecho!—

¡Granados en cielo azul!,
¡calle de los marineros!
¡El hombre siempre en el mar,
y el corazón en el viento!

(Pastorales.)

ELEGIAS LAMENTABLES

X

¡Infancia! ¡Campo verde, campanario, palmera,
mirador de colores! ¡Sol, vaga mariposa
que colgabas, a la tarde de primavera,
sobre el cenit azul, una caricia rosa!

¡Jardín cerrado, en el que un pájaro cantaba
por el verdor teñido de melodiosos oros!
¡Brisa suave y fresca, en donde me llegaba
la música lejana de la plaza de toros!

...Antes de la amargura sin nombre del fracaso
que engalanó de luto mi corazón doliente,
ruiseñor niño, amé, en la tarde de raso,
el silencio de todos o la voz de la fuente...

(Elegías.)

Juan Ramón Jiménez, por Joaquín Sorolla.

JUAN RAMON JIMENEZ

LA SOLEDAD SONORA

I

Pájaro errante y lírico, que en esta floreciente
soledad de domingo vagas por mis jardines,
del árbol a la hierba, de la hierba a la fuente
llena de hojas de oro y caídos jazmines...,

¿qué es lo que tu voz débil dice al sol de la tarde
que sueña dulcemente en la cristalería?
¿Eres, como yo, triste, solitario y cobarde,
hermano del silencio y la melancolía?

¿Tienes una ilusión que cantar al olvido,
una nostalgia eterna que mandar al ocaso,
un corazón sin nadie, tembloroso, vestido
de hojas secas, de oro, de jazmín y de raso?

ROSAS DE CADA DIA

XIII

Todas las rosas blancas de la luna caían,
por la ventana abierta, en el cuerpo desnudo...
Mirando aquellas carnes blandas que florecían,
hundido entre mis sueños, yo estaba absorto y mudo.

¡Oh, su sexo con luna! ¡Esencia indefinible
de su sexo con luna! Hervían los blancores
de la carne, y el rostro, perdido en lo invisible
de la penumbra, lánguido, cerraba sus colores.

Era el enervamiento del dolor... Y cual una
rosa de treinta años, opulenta y desierta,
el cuerpo blanco se eleva hacia la luna,
frío, espectral y azul, como una pompa muerta...

(La soledad sonora.)

XIV. NOSTALGIA

¡Nostalgia, bajo el cielo azul con sol,
de esta tarde de oro y primavera!
¡Nostalgia de otras torres, de otros ríos,
de otros jardines verdes!

    La belleza
me inunda de divinas armonías,
y siento en mi alma, arruinada y seca,

un florecer de rosas inmortales,
un preludiar de músicas eternas...

He de hundirme en la nada. Silenciosos
vientos de olvido y de dolor me llevan...
¡Y se abrirán, divinamente claros,
los nuevos días en las tierras viejas!

EL NOVECENTISMO

FRANCINA EN EL JARDIN

I

Francina es blanca y dulce, como una rosa blanca
que tuviera el azul en las perlas del agua,
como una violeta blanca que aún recordara
haber vivido en medio de violetas moradas...

Cuando camina sabe los lirios amarillos,
su sexo, entre las flores pomposas escondido,
parece un lirio de oro, un suave y fino lirio
de oro, con irisaciones de infinito...

¡Oh, sus pies —nieve, mármol— por las oscuras sendas
que se van, vagamente, perdidas en la hierba!
¡Oh, sus pechos, sus hombros, su regia cabellera,
sus manos, que acarician la primavera que entra!

(Poemas mágicos y dolientes.)

TERCETOS MELANCOLICOS

VIII

Patética

Moría la sonata y las rosas olían...
La tarde era de lluvia... La primavera se iba
desnuda, con la carne violeta estremecida...

Declinaba la hora; moría la sonata,
y las rosas olían, empapadas de agua...;
por la ventana abierta, mojado, el aire entraba...

Yo fui palideciendo con las últimas notas...
Un deseo inefable de perderme en las rosas,
de morir, embriagaba mi alma melancólica...

¡Y cuando se extinguieron los llantos del piano,
caí, como una hoja marchita, entre sus brazos,
casi sin vida, herido, de niebla, sollozando!

—... ¿Qué tienes? —su voz bella, apagada, me dijo.
—...Tengo..., ¡qué sé yo!..., nada... el corazón partido...
¡y he visto lo infinito..., y he visto lo infinito!

HOY

II

¡El placer!, ¡el placer! Sí, sí... Ya he conocido
su olor, dulce por fuera, venenoso en lo hondo,
y los derrumbamientos del pudor, y el descuido
de la costumbre, fea como un agua con fondo...

Los ojos puros que envilecen sus cristales,
los brazos que se olvidan de ser rechazadores,
el naufragio de las estrellas ideales
en un limo marchito, agrio de sucias flores...

JUAN RAMON JIMENEZ

Juan Ramón Jiménez, aunque más tarde se enemistó con alguno de ellos, ejerció una notable influencia en los poetas del 27. Aquí aparece con Rafael Alberti durante un viaje que hizo, después de la guerra, a la Argentina.

¡Ay! Nada más... ¡El fin de lo que no tenía
fin! El recuerdo triste de toda la blancura...
y rostros que nos miran con una angustia fría,
llena de pena, de reproche y de locura...

(Melancolía.)

EL VIAJE DEFINITIVO

...Y yo me iré. Y se quedarán los pájaros
cantando;
y se quedará mi huerto, con su verde árbol,
y con su pozo blanco.

Todas las tardes, el cielo será azul y plácido;
y tocarán, como esta tarde están tocando,
las campanas del campanario.

Se morirán aquellos que me amaron;
y el pueblo se hará nuevo cada año;
y en el rincón aquel de mi huerto florido y encalado,
mi espíritu errará nostáljico...

Y yo me iré; y estaré solo, sin hogar, sin árbol
verde, sin pozo blanco,
sin cielo azul y plácido...
Y se quedarán los pájaros cantando.

(Poemas agrestes.)

XV. RETORNO FUGAZ

¿Cómo era, Dios mío, cómo era?
—¡Oh, corazón falaz, mente indecisa!—
¿Era como el pasaje de la brisa?
¿Como la huida de la primavera?

Tan leve, tan voluble, tan ligera
cual estival vilano... ¡Sí! Imprecisa
como sonrisa que se pierde en risa...
¡Vana en el aire, igual que una bandera!

¡Bandera, sonreír, vilano, alada
primavera de junio, brisa pura...
¡Qué loco fue tu carnaval, qué triste!

Todo tu cambiar trocóse en nada
—¡memoria, ciega abeja de amargura!—
¡No sé cómo eras, yo que sé que fuiste!

(Sonetos espirituales.)

CIII. CONVALECENCIA

Sólo tú me acompañas, sol amigo.
Como un perro de luz, lames mi lecho blanco;
y yo pierdo mi mano por tu pelo de oro,
caída de cansancio.

¡Qué de cosas que fueron
se van... más lejos todavía!
            Callo
y sonrío, igual que un niño,
dejándome lamer de ti, sol manso.

...De pronto, sol, te yergues,
fiel guardián de mi fracaso,
y, en una algarabía ardiente y loca,
ladras a los fantasmas vanos
que, mudas sombras, me amenazan
desde el desierto del ocaso.

(Estío.)

EL NOVECENTISMO

XXIX. SOLEDAD

1 de febrero

En ti estás todo, mar, y sin embargo,
¡qué sin ti estás, qué solo,
qué lejos, siempre, de ti mismo!

    Abierto en mil heridas, cada instante,
cual mi frente,
tus olas van, como mis pensamientos,
y vienen, van y vienen,
besándose, apartándose,
en un eterno conocerse,
mar, y desconocerse.

    Eres tú, y no lo sabes,
tu corazón te late y no lo siente...
¡Qué plenitud de soledad, mar solo!

XL. MAR

5 de febrero

¡Sólo un punto!
            Sí, mar, ¡quién fuera,
cual tú, diverso cada instante,
coronado de cielos en su olvido;
mar fuerte —¡sin caídas!—,
mar sereno
—de frío corazón con alma eterna—,
¡mar, obstinada imagen del presente!

Fotografía de Juan Ramón y de Zenobia después de su boda.

XLI. MAR

5 de febrero

Parece, mar, que luchas
—¡oh desorden sin fin, hierro incesante!—
por encontrarte o porque yo te encuentre.
¡Qué inmenso demostrarte,
en tu desnudez sola
—sin compañera... o sin compañero
según te diga el mar o la mar—, creando
el espectáculo completo
de nuestro mundo de hoy!
Estás, como en un parto,
dándote a luz —¡con qué fatiga!—
a ti mismo, ¡mar único!,
a ti mismo, a ti sólo y en tu misma
y sola plenitud de plenitudes,
... ¡por encontrarte o porque yo te encuentre!

LXXV

New York, 25 de marzo

Sí. Estás conmigo ¡ay!
¡Ay, sí! Y el peso de tu alma y de tu carne
sobre mi carne,
no me deja correr tras de tu imagen
—¡aquellos prados de rosales
granas, por donde huías antes,
de donde a mí viniste, suave!—;
aquella imagen tuya, inolvidable,
aquella imagen tuya, inexplicable,
aquella imagen tuya, perdurable
como la mancha de la sangre...

JUAN RAMON JIMENEZ

LXXXIX. LA NEGRA Y LA ROSA

New York, 5 de abril

La negra va dormida, con una rosa blanca en la mano. —*La rosa y el sueño apartan, en una superposición mágica, todo el triste atavío de la muchacha: las medias rosas caladas, la blusa verde y transparente, el sombrero de paja de oro con amapolas moradas*.— Indefensa con el sueño, se sonríe, la rosa blanca en la mano negra.

¡Cómo la lleva! Parece que va soñando con llevarla bien. Inconsciente, la cuida —con la seguridad de una sonámbula— y es su delicadeza como si esta mañana la hubiera dado ella a luz, como si ella se sintiera, en sueños, madre del alma de una rosa blanca. —*A veces, se le rinde sobre el pecho, o sobre un hombro, la pobre cabeza de humo rizado, que irisa el sol cual si fuese de oro, pero la mano en que tiene la rosa mantiene su honor, abanderada de la primavera*—.

Una realidad invisible anda por todo el subterráneo, cuyo estrepitoso negror rechinante, sucio y cálido, apenas se siente. Todos han dejado sus periódicos, sus gomas y sus gritos; están absortos, como en una pesadilla de cansancio y de tristeza, en esta rosa blanca que la negra exalta y que es como la conciencia del subterráneo. Y la rosa emana, en el silencio atento, una delicada esencia y eleva como una bella presencia inmaterial que se va adueñando de todo, hasta que el hierro, el carbón, los periódicos, todo, huele un punto a rosa blanca, a primavera mejor, a eternidad...

CLIV. PUERTO

New York, 6 de junio

La libertad se funde en el raudal oriblanco de sol poniente, y sólo es ya estatua en el recuerdo o en el sueño. Un biplano se echa, libélula inmensa, contra ese sol que alucina. Incesantes barcos de todas clases, justificadores del oleaje sin tregua, pasan, vienen, van, agriando sus verdes, endulzando sus carmines, dorando sus amarillos. La realidad invisible es tan bella, que lo absorbe todo, y no se oye rumor molesto alguno sino en lo inconsciente —no sé qué subpuerto de sirenas, campanas y martillos de aire comprimido...—. Frío...

De pronto, el barco de la noche, la Sombra de pie en la proa, viene de oriente, majestuoso y raudo, a la ciudad ya casi sin luz. Y en un juego complicado y doliente de retirada, el ocaso le proyecta a la noche, con focos malvas y de oro, grises y rosados, una remota primavera, que ella apaga, sin resistencia, sonriendo, en una semilucha tranquila y sin sangre...

CLXXXIX. CIEGO

19 de junio

De pronto, esta conciencia triste
de que el mar no nos ve; de que no era
esta correspondencia mantenida
días y noches por mi alma
y la que yo le daba al mar sin alma,
sino un amor platónico.
                      ¡Sí, inmensamente
ciego!

Aunque esta luna llena y blanca
nos alumbre, partimos las espaldas
del agua en una plenitud de oscuridades.

Y no vistos del mar,
no existimos por este mar abierto
que cerca nuestra nada de horizontes
verdes, resplandecientes ideales.

Este miedo, de pronto...

EL NOVECENTISMO

CXC

19 de junio

No sé si el mar es, hoy
—adornado su azul de innumerables espumas—,
mi corazón; si mi corazón, hoy
—adornada su grana de incontables espumas—
es el mar.

Entran, salen
uno de otro, plenos e infinitos,
como dos todos únicos.
A veces, me ahoga el mar el corazón,
hasta los cielos mismos.
Mi corazón ahoga el mar, a veces,
hasta los mismos cielos.

(Diario de un poeta recién casado.)

AMOR Y POESIA CADA DIA

III

¡Inteligencia, dame
el nombre exacto de las cosas!
... Que mi palabra sea
la cosa misma,
creada por mi alma nuevamente.
Que por mí vayan todos
los que no las conocen, a las cosas;
que por mí vayan todos
los que ya las olvidan, a las cosas;
que por mí vayan todos
los mismos que las aman, a las cosas...
¡Inteligencia, dame
el nombre exacto, y tuyo,
y suyo, y mío, de las cosas!

V

Vino, primero, pura,
vestida de inocencia.
Y la amé como un niño.

Luego se fue vistiendo
de no sé qué ropajes.
Y la fui odiando, sin saberlo.

Llegó a ser una reina,
fastuosa de tesoros...
¡Qué iracundia de yel y sin sentido!

...Mas se fue desnudando.
Y yo le sonreía.

Se quedó con la túnica
de su inocencia antigua.
Creí de nuevo en ella.

Y se quitó la túnica,
y apareció desnuda toda...
¡Oh pasión de mi vida, poesía
desnuda, mía para siempre!

LI

Ante mí estás, sí.
Mas me olvido de ti,
pensando en ti.

XCVII

Yo sólo Dios y padre y madre míos,
me estoy haciendo, día y noche, nuevo
y a mi gusto.

Seré más yo, porque me hago
conmigo mismo,
conmigo sólo,
hijo también y hermano, a un tiempo
que madre y padre y Dios.

Lo seré todo,
pues que mi alma es infinita;
y nunca moriré, pues que soy todo.

¡Qué gloria, qué deleite, qué alegría,
qué olvido de las cosas,
en esta nueva voluntad,
en este hacerme yo a mí mismo eterno!

CXXV

Yo no soy yo.
Soy este
que va a mi lado sin yo verlo;
que, a veces, voy a ver,
y que, a veces, olvido.
El que calla, sereno, cuando hablo,
el que perdona, dulce, cuando odio,
el que pasea por donde no estoy,
el que quedará en pie cuando yo muera.

(Eternidades.)

JUAN RAMON JIMENEZ

PIEDRA Y CIELO: I

El poema

I

¡No le toques ya más,
que así es la rosa!

VII

¡Qué inmensa desgarradura
la de mi vida en el todo,
para estar, con todo yo,
en cada cosa;
para no dejar de estar,
con todo yo, en cada cosa!

XXXIII. CRISTALES

I

¡Afán triste de niño, aquel
afán de poseerlo
todo, de recrearme en todo, inmensamente,
gozando, en falso, mundos que creía de otros!
—...¡Y qué desidia mía,
sin el mundo de otros!—

II

Poco a poco, mi vida
fue adueñándose
del mundo que creía de los otros.
Las estampas aquellas de los libros,
fueron mar, tierra, cielo,
navegado, pisado, penetrado
por mí. El domingo lento —¡calle sola!—
del nostáljico pueblo, fue domingo
universal y alegre.

y III

Hoy, alma, ¿qué no es mío?, ¿qué no es tuyo?
¿Qué verjas no se abren, qué muros no se rinden,
qué bocas no se llenan de palabras,
para ti?

¿Y estás triste,
y necesitas persuadirte de este
dominio tuyo, retornando
a aquellos días, ¡ay!,
en que sólo tenías
la ventana, el afán loco y el libro?

Una de las últimas fotografías de Juan Ramón y de Zenobia. Ella morirá en 1956. El poeta, unos meses después.

EL NOVECENTISMO

PIEDRA Y CIELO: III

XLI

Nostaljia

¡Hojita verde con sol,
tú sintetizas mi afán;
afán de gozarlo todo,
de hacerme en todo inmortal!

XLIII

¡No estás en ti, belleza innúmera,
que con tu fin me tientas, infinita,
a un sinfín de deleites!

¡Estás en mí, que te penetro
hasta el fondo, anhelando, cada instante,
traspasar los nadires más ocultos!

¡Estás en mí, que tengo
en mi pecho la aurora
y en mi espalda el poniente
—quemándome, transparentándome
en una sola llama—; estás en mí, que te entro
en tu cuerpo mi alma
insaciable y eterna!

L

Quisiera que mi libro
fuese, como es el cielo por la noche,
todo verdad presente, sin historia.

A la derecha, Ju
Ramón Jiménez
Zenobia, con
Federico Garc
Lorca, durante u
visita al General
en 1924. A la
izquierda, el poe
con Isabel Garc
Lorca.

Que, como él, se diera en cada instante,
todo, con todas sus estrellas; sin
que niñez, juventud, vejez quitaran
ni pusieran encanto a su hermosura inmensa.

¡Temblor, relumbre, música
presentes y totales!
¡Temblor, relumbre, música en la frente
—cielo del corazón— del libro puro!

(Piedra y cielo.)

PARTE II

10

¿Cómo, muerte, tenerte
miedo? ¿No estás aquí conmigo, trabajando?
¿No te toco en mis ojos; no me dices
que no sabes nada, que eres hueca,
inconsciente y pacífica? ¿No gozas,
conmigo, todo: gloria, soledad,
amor, hasta tus tuétanos?
¿No me estás aguantando,
muerte, de pie, la vida?
¿No te traigo y te llevo, ciega,
como tu lazarillo? ¿No repites
con tu boca pasiva
lo que quiero que digas? ¿No soportas,
esclava, la bondad con que te obligo?

¿Qué verás, qué dirás, adónde irás
sin mí? ¿No seré yo,
muerte, tu muerte, a quien tú, muerte,
debes temer, mimar. amar?

34

¡Esta es mi vida, la de arriba,
la de la pura brisa,
la del pájaro último,
la de las cimas de oro de lo oscuro!

¡Esta es mi libertad, oler la rosa,
cortar el agua fría con mi mano loca,
desnudar la arboleda,
cojerle al sol su luz eterna!

JUAN RAMON JIMENEZ

SUR

¡Nostaljia aguda, infinita,
terrible, de lo que tengo!

(Poesía.)

¡Crearme, recrearme, vaciarme, hasta
que el que se vaya muerto, de mí, un día,
a la tierra, no sea yo; burlar honradamente,
plenamente, con su voluntad abierta,
el crimen, y dejarle este pelele negro
de mi cuerpo, por mí!
¡Y yo, esconderme
sonriendo, inmortal, en las orillas puras
del río eterno, árbol
—en un poniente inmarcesible—
de la divina y májica imajinación!

(Belleza.)

EL OTOÑADO

Estoy completo de naturaleza,
en plena tarde de áurea madurez,
alto viento en lo verde traspasado.
Rico fruto recóndito, contengo
lo grande elemental en mí (la tierra,
el fuego, el agua, el aire), el infinito.

Chorreo luz: doro el lugar oscuro,
trasmino olor: la sombra huele a dios,
emano son: lo amplio es honda música,
filtro sabor: la mole bebe mi alma,
deleito el tacto de la soledad.

Soy tesoro supremo, desasido,
con densa redondez de limpio iris,
del seno de la acción. Y lo soy todo.
Lo todo que es el colmo de la nada,
el todo que se basta y que es servido
de lo que todavía es ambición.

ESTOY VIVIENDO

Estoy viviendo. Mi sangre
está quemando belleza.

Viviendo. Mi doble sangre
está evaporando amor.

Estoy viviendo. Mi sangre
está fundiendo conciencia.

LA COMPAÑIA

¿Soledad, y está el pájaro en el árbol,
soledad, y está el agua en las orillas,
soledad, y está el viento con la nube,
soledad, y está el mundo con nosotros,
soledad, y estás tú conmigo solos?

(La estación total.)

EL NOVECENTISMO

REQUIEM DE VIVOS Y MUERTOS

(Canto de partida)

Cuando todos los siglos vuelven,
anocheciendo, a su belleza,
sube al ámbito universal
la unidad honda de la tierra.
    Entonces nuestra vida alcanza
la alta razón de su existencia:
todos somos hijos iguales
en la tierra, madre completa.
    Le vemos la sien infinita,
le escuchamos la voz inmensa,
nos sentimos acumulados
por sus dos manos verdaderas.

Su mar total es nuestra sangre,
nuestra carne es toda su piedra,
respiramos con su aire uno,
su fuego único nos incendia.
    Ella está con nosotros todos
y todos estamos con ella,
ella es bastante para darnos
a todos la sustancia eterna.
    Y tocamos el cenit último
con la luz en nuestras cabezas,
y nos detenemos seguros
de estar en lo que no se deja.

SIMA ESTRAÑA

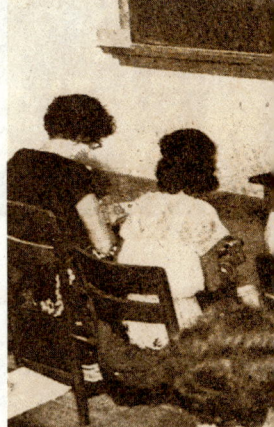

    Aire azul con sol azul,
pozo de absoluta luz
con brocal de peña nueva,
a tu fondo mi ser vuela
inflamado de alcanzar
la alta profundidad.
    Yo sé bien que fui creado
para lo hondo y lo alto,
que vivo en una estación
en la que sólo el amor
puede enardecer el ansia
de la profundidad alta.
    Y sé que le da más luz
este amor a esta inquietud
que me consume; y lo quiero
porque subiendo en su fuego
pueden mis llamas llegar
a la alta profundidad.

(En el otro costado.)

LA TRASPARENCIA, DIOS, LA TRASPARENCIA

Dios del venir, te siento entre mis manos,
aquí estás enredado conmigo, en lucha hermosa
de amor, lo mismo
que un fuego con su aire.
    No eres mi redentor, ni eres mi ejemplo,
ni mi padre, ni mi hijo, ni mi hermano;
eres igual y uno, eres distinto y todo;
eres dios de lo hermoso conseguido,
conciencia mía de lo hermoso.

JUAN RAMON JIMENEZ

    Yo nada tengo que purgar.
Toda mi impedimenta
no es sino fundación para este hoy
en que, al fin, te deseo:
porque estás ya a mi lado,
en mi eléctrica zona,
como está en el amor el amor lleno.
    Tú, esencia, eres conciencia: mi conciencia
y la de otro, la de todos,
con forma suma de conciencia;
que la esencia es lo sumo,
es la forma suprema conseguible,
y tu esencia está en mí, como mi forma.
    Todos mis moldes, llenos
estuvieron de ti; pero tú, ahora,
no tienes molde, estás sin molde; eres la gracia
que no admite sostén,
que no admite corona,
que corona y sostiene siendo ingrave.
    Eres la gracia libre,
la gloria del gustar, la eterna simpatía,
el gozo del temblor, la luminaria
del clariver, el fondo del amor,
el horizonte que no quita nada;
la trasparencia, dios, la trasparencia,
el uno al fin, dios ahora sólito en lo uno mío,
en el mundo que yo por ti y para ti he creado.

Juan Ramón Jiménez vivió en Puerto Rico durante los últimos años de su vida. Aquí aparece, respectivamente, en una clase en la universidad de Río Piedras y con un grupo de niños.

SOY ANIMAL DE FONDO

    «En fondo de aire» (dije) «estoy»,
(dije) «soy animal de fondo de aire» (sobre tierra),
ahora sobre mar; pasado, como el aire, por un sol
que es carbón allá arriba, mi fuera, y me ilumina
con su carbón el ámbito segundo destinado.
    Pero tú, dios, también estás en este fondo
y a esta luz ves, venida de otro astro;
tú estás y eres
lo grande y lo pequeño que yo soy,
en una proporción que es ésta mía,
infinita hacia un fondo
que es el pozo sagrado de mí mismo.
    Y en este pozo estabas antes tú
con la flor, con la golondrina, el toro
y el agua; con la aurora
en un llegar carmín de vida renovada;
con el poniente, en un huir de oro de gloria.
    En este pozo diario estabas tú conmigo,
conmigo niño, joven, mayor, y yo me ahogaba
sin saberte, me ahogaba sin pensar en ti.
Este pozo que era, sólo y nada más ni menos,
que el centro de la tierra y de su vida.

EL NOVECENTISMO

Y tú eras en el pozo májico el destino
de todos los destinos de la sensualidad hermosa
que sabe que el gozar en plenitud
de conciencia amadora,
es la virtud mayor que nos trasciende.
  Lo eras para hacerme pensar que tú eras tú,
para hacerme sentir que yo era tú,
para hacerme gozar que tú eras yo,
para hacerme gritar que yo era yo
en el fondo de aire en donde estoy,
donde soy animal de fondo de aire
con alas que no vuelan en el aire,
que vuelan en la luz de la conciencia
mayor que todo el sueño
de eternidades e infinitos
que están después, sin más que ahora yo, del aire.

(Dios deseado y deseante.)

El 1981, con motivo del primer centenario de su nacimiento, se le dedicaron numerosos homenajes en España y en el extranjero.

CUANDO YO ERA EL NIÑODIOS

Cuando yo era el niñodiós, era Moguer, este pueblo,
una blanca maravilla; la luz con el tiempo dentro.
Cada casa era palacio y catedral cada templo;
estaba todo en su sitio, lo de la tierra y el cielo;
y por esas viñas verdes saltaba yo con mi perro,
alegres como las nubes, como los vientos, lijeros,
creyendo que el horizonte era la raya del término.
  Recuerdo luego que un día en que volví yo a mi pueblo
después del primer faltar, me pareció un cementerio.
Las casas no eran palacios ni catedrales los templos,
y en todas partes reinaban la soledad y el silencio.
Yo me sentía muy chico, hormiguito de desierto,
con Concha la Mandadera, toda de negro con negro,
que, bajo el tórrido sol y por la calle de Enmedio,
iba tirando doblada del niñodiós y su perro:
el niño todo metido en hondo ensimismamiento,
el perro considerándolo con aprobación y esmero.
  ¡Qué tiempo el tiempo! ¿Se fue con el niñodiós huyendo?
¡Y quién pudiera ser siempre lo que fue con lo primero!
¡Quién pudiera no caer, no, no, no caer de viejo;
ser de nuevo el alba pura, vivir con el tiempo entero,
morir siendo el niñodiós en mi Moguer, este pueblo!

(Leyenda.)

ESPACIO

I

(Fragmentos)

«Los dioses no tuvieron más sustancia que la que tengo yo.» Yo tengo, como ellos, la sustancia de todo lo vivido y de todo lo por vivir. No soy presente sólo, sino fuga raudal de cabo a fin. Y lo que veo, a un lado y a otro, en esta fuga (rosas, restos de alas, sombra y luz) es sólo mío, recuerdo y ansia míos, presentimiento, olvido. ¿Quién sabe más que yo, quién, qué hombre o qué dios, puede, ha podido, podrá decirme a mí qué es mi vida y mi muerte, qué no es? Si hay quien lo sabe, yo lo sé más que ése, y si quien lo ignora, más que ése lo ignoro. Lucha entre este ignorar y este saber es mi vida, su vida, y es la vida. Pasan vientos como pájaros, pájaros igual que flores, flores, soles y lunas, lunas soles como yo, como almas, como cuerpos, cuerpos como la muerte y la resurrección; como dioses. Y soy un dios sin espada, sin nada de lo que hacen los hombres con su ciencia; sólo con lo que es producto de lo vivo, lo que se cambia todo; sí, de fuego o de luz, luz. ¿Por qué comemos y bebemos otra cosa que luz o fuego? Como yo he nacido en el sol, y del sol he venido aquí a la sombra, ¿soy de sol, como el sol alumbro?, y mi nostaljia, como la de la luna, es haber sido sol de un sol un día y reflejarlo sólo ahora. Pasa el iris cantando como canto yo. Adiós, iris, iris, volveremos a vernos, que el amor es uno y solo y vuelve cada día [...] ¿Qué ley de vida juzga con su farsa a la muerte sin ley y la aprisiona en la impotencia? ¡Sí, todo, todo ha sido más y todo será más! No es el presente, sino un punto de apoyo o de comparación, más breve cada vez; y lo que deja y lo que coje, más, más grande. No, ese perro que ladra al sol caído, no ladra en el Monturrio de Moguer, ni cerca de Carmona de Sevilla, ni en la calle Torrijos de Madrid; ladra en Miami, Coral Gables, La Florida, y yo lo estoy oyendo allí, allí, no aquí, no aquí, allí, allí. ¡Qué vivo ladra siempre el perro al sol que huye! Y la sombra que viene llena el punto redondo que ahora pone el sol sobre la tierra, como un agua su fuente, el contorno en penumbra alrededor; después, todos los círculos que llegan hasta el límite redondo de la esfera del mundo, y siguen, siguen. Yo te oí, perro, siempre, desde mi infancia, igual que ahora; tú no cambias en ningún sitio, eres igual a ti mismo, como yo. Noche igual, todo sería igual si lo quisiéramos, si serlo lo dejáramos. Y si dormimos, ¡qué abandonada queda la otra realidad! Nosotros les comunicamos a las cosas nuestra inquietud de día, de noche nuestra paz. ¿Cuándo, cómo duermen los árboles? «Cuando los deja el viento dormir», dijo la brisa. Y cómo nos precede, brisa quieta y gris, el perro fiel cuando vamos a ir de madrugada adonde sea, alegres o pesados; él lo hace todo, triste o contento, antes que nosotros. Yo puedo acariciar como yo quiera a un perro, un animal cualquiera, y nadie dice nada; pero a mis semejantes no; no está bien visto hacer lo que se quiera con ellos, si lo quieren como un perro. Vida animal, ¿hermosa vida? ¡Las marismas llenas de bellos seres libres, que me esperan en un árbol, un agua o una nube, con su color, su forma, su canción, su jesto, su ojo, su comprensión hermosa, dispuestos para mí que los entiendo! El niño todavía me comprende, la mujer me quisiera comprender, el hombre... no, no quiero nada con el hombre; es estúpido, infiel, desconfiado; y cuando más adulador, científico. Cómo se burla la naturaleza del hombre, de quien no la comprende como es. Y todo debe ser o es echarse a dios y olvidarse de todo lo creado por dios, por sí, por lo que sea. «Lo que sea», es decir, la verdad única, yo te miro como me miro a mí y me acostumbro a toda tu verdad como a la mía. Contigo, «lo que sea», soy yo mismo, y tú, tú mismo, misma, «lo que seas». ¿El canto? ¡El canto, el pájaro otra vez! ¡Ya estás aquí, ya has vuelto, hermosa, hermoso, con otro nombre, con tu pecho azul gris cargado de diamante! ¿De dónde llegas tú, tú en esta tarde gris con brisa cálida? ¿Qué dirección de luz y amor sigues entre las nubes de oro cárdeno? Ya has vuelto a tu rincón verde, sombrío. ¿Cómo tú, tan pequeño, di, lo llenas todo y sales por el más? Sí, sí, una nota de una caña, de un pájaro, de un niño, de un poeta, lo llena todo y más que el trueno. El estrépito encoje, el canto agranda. Tú y yo, pájaro, somos uno; cántame, canta tú, que yo te oigo, que mi oído es tan justo por tu canto. Ajústame tu canto más a este oído mío que espera que lo llenes de armonía. ¡Vas a cantar! Toda otra primavera, vas a cantar. ¡Otra vez tú, otra vez la primavera! ¡Si supieras lo que eres para mí! ¿Cómo podría yo decirte lo que eres, lo que eres tú, lo que soy yo, lo que eres para mí? ¡Cómo te llamo, cómo te escucho, cómo te adoro, hermano eterno, pájaro de la gracia y de la gloria, humilde, delicado, ajeno; ánjel del aire nuestro, derramador de música completa! Pájaro, yo te amo como a la mujer, a la mujer, tu hermana más que yo. Sí, bebe ahora el agua de mi fuente, pica la rama, salta lo verde, entra, sal, rejistra toda tu mansión de ayer; ¡mírame bien a mí, pájaro mío, consuelo universal de mujer y hombre! Vendrá la noche inmensa, abierta toda, en que me cantarás del paraíso, en que me harás el paraíso, aquí, yo, tú, aquí, ante el echado insomnio de mi ser. Pájaro, amor, luz, esperanza; nunca te he comprendido como ahora; nunca he visto tu dios como hoy lo veo, el dios que acaso fuiste tú y que me comprende. «*Los dioses no tuvieron más sustancia que la que tienes tú.*» ¡Qué hermosa primavera nos aguarda en el amor, fuera del odio! ¡Ya soy feliz! ¡El canto, tú y tu canto! El canto... Yo vi jugando al pájaro y la ardilla, al gato y la gallina, al elefante y al oso, al hombre con el hombre. Yo vi jugando al hombre con el hombre, cuando el hombre cantaba. No, este perro no levanta los pájaros, los mira, los comprende, los oye, se echa al suelo, y calla y sueña ante ellos. ¡Qué grande el mundo en paz, qué azul tan bueno para el que puede no gritar, puede cantar; cantar y comprender y amar! ¡Inmensidad, en ti y ahora vivo; ni montañas, ni casi piedra, ni agua, ni cielo casi; inmensidad, y todo y sólo inmensidad; esto que abre y que separa el mar del cielo, el cielo de la tierra, y, abriéndolos y separándolos, los deja más unidos y cercanos, llenando con lo lleno lejano la totalidad! ¡Espacio y tiempo y luz en todo yo, en todos y yo y todos! ¡Yo con la inmensidad! Esto es distinto; nunca lo sospeché y ahora lo tengo. Los caminos son sólo entradas o salidas de luz, de sombra, sombra y luz; y todo vive en ellos para que sea más inmenso yo, y tú seas. ¡Qué regalo de mundo, qué universo májico, y todo para todos, para mí, yo! ¡Yo, universo inmenso, dentro, fuera de ti, segura inmensidad! Imájenes de amor en la presencia concreta; suma gracia y gloria de la imajen, ¿vamos a hacer eternidad, vamos a hacer la eternidad, vamos a ser eternidad, vamos a ser la eternidad? ¡Vosotras, yo, podemos crear la eternidad una y mil veces, cuando queramos! ¡Todo es nuestro y no se nos acaba nunca! ¡Amor, contigo y con la luz todo se hace, y lo que haces, amor, no acaba nunca!

3

(Fragmento)

La vida es este unirse y separarse, rápidos, de ojos, manos, bocas, brazos, piernas, cada uno en la busca de aquello que lo atrae o lo repele. Si todos nos uniéramos en todo (y en color, tan lijera superficie) estos claros del campo nuestro, nuestro cuerpo, estas caras y estas manos, el mundo un día nos sería hermoso a todos, una gran palma sólo, una gran fuente sólo, todo unido y apretado en un abrazo como el tiempo y el espacio, un astro humano, el astro del abrazo por órbita de paz y armonía... «Bueno, sí», dice el otro como si fuera a mí, al salir del museo después de haber tocado el segundo David de Miguel Angel. Ya el otoño. ¡Saliendo! ¡Qué hermosura de realidad! ¡La vida, al salir de un museo!... No luce oro la hoja seca, canta oro, y canta rojo y cobre y amarillo; una cantada aguda y sorda, aguda con arrebato de mejor sensualidad. ¡Mujer de otoño; árbol, hombre!, ¡cómo clamáis el gozo de vivir, al azul que se alza con el primer frío! Quieren alzarse más, hasta lo último de ese azul que es más limpio, de incomparable desnudez azul. Desnudez plena y honda del otoño, en la que el alma y carne se ve mejor que no son más que una. La primavera cubre el idear, el invierno deshace el poseer, el verano amontona el descansar; otoño, tú, el alerta, nos levantas descansando, rehecho, descubierto, al grito de tus cimas de invasora evasión. ¡Al sur, al sur! Todos deprisa. La mudanza y después la vuelta; aquel huir, aquel llegar en los tres días que nunca olvidaré, que no me olvidarán. ¡El sur, el sur, aquellas noches, aquellas nubes de aquellas noches de conjunción cercana de planetas; qué ir llegando tan hermoso a nuestra casa blanca de Alhambra Circle en Coral Gables, Miami, La Florida! La garzas blancas habladoras en noches de escursiones altas. En noches de escursiones altas he oído por aquí hablar a las estrellas, en sus congregaciones palpitantes de las marismas de lo inmenso azul, como a las garzas blancas de Moguer, en sus congregaciones palpitantes por las marismas de lo verde inmenso. ¿No eran espejos que guardaban vivos, para mi paso por debajo de ellas, blancos espejos de alas blancas, los ecos de las garzas de Moguer? Hablaban, yo lo oí, como nosotros. Esto era en las marismas de La Florida llana, la tierra del espacio con la hora del tiempo. ¡Qué soledad, ahora, a este sol del mediodía! Un zorro muerto por un coche; una tortuga atravesando lenta el arenal; una serpiente resbalando undosa de marisma a marisma. Apenas jente; sólo aquellos indios en su cerca de broma, tan pintaditos para los turistas. ¡Y las calladas, las tapadas, las peinadas, las mujeres en aquellos corales de las hondas marismas! Siento sueño: no, ¿no fue un sueño de los indios que huyeron de la caza cruel de los tramperos? Era demasiado para un sueño, y no quisiera yo soñarlo nunca... Plegadas alas en alerta unido de un ejército cárdeno y cascáreo, a un lado y otro del camino llano que daba sus pardores al fiel mar, los cánceres osaban craqueando erguidos (como en un agrio rezo de eslabones) al sol de la radiante soledad de un dios ausente. Llegando yo, las ruidosas alas se abrieron erijidas, mil seres, ¿pequeños?, ladeándose en sus ancas agudas. Y, silencio; un fin, silencio. Un fin, un dios que se acercaba. Un cáncer, ya un cangrejo y sólo, quedó en el centro gris del arenal, más erguido que todos, más abierta la tenaza sérrea de la mayor boca de su armario; los ojos, periscopios tiesos, clavando su brillante enemistad en mí. Bajé lento hasta él, y con el lápiz de mi poesía y de mi crítica, sacado del bolsillo, le incité a que luchara. No se iba el david, no se iba el david del literato filisteo. Abocó el lápiz amarillo con su tenaza, y yo lo levanté con él cojido y lo jiré a los horizontes con impulso mayor, mayor, mayor, una órbita mayor, y él aguantaba. Su fuerza era tan poca para mí, más tan poco, ¡pobre héroe! ¿Fui malo? Lo aplasté con el injusto pie calzado, solo por ver qué era. Era cáscara vana, un nombre nada más, cangrejo; y ni un adarme, ni un adarme de entraña; un hueco igual que cualquier hueco; un hueco en otro hueco. Un hueco era el héroe sobre el suelo y bajo el cielo; un hueco, un hueco aplastado por mí, que el aire no llenaba, por mí, por mí; sólo un hueco, un vacío, un heroico secreto de un frío cáncer hueco, un cangrejo hueco, un pobre david hueco. Y un silencio mayor que aquel silencio llenó el mundo de pronto de veneno, un veneno de hueco; un principio, no un fin. Parecía que el hueco revelado por mí y puesto en evidencia para todos, se hubiera hecho silencio, o el silencio, hueco; que se hubiera poblado aquel silencio numerable de innúmero silencio hueco. Yo sufría que el cáncer era yo, y yo un jigante que no era sólo yo y que me había a mí pisado y aplastado. ¡Qué inmensamente hueco me sentía, qué monstruo de oquedad erguida,

en aquel solear empederniente del mediodía de las playas desertadas! ¿Desertadas? Alguien mayor que yo y el nuevo yo venía, y yo llegaba al sol con mi oquedad inmensa, al mismo tiempo; y el sol me derretía lo hueco, y mi infinita sombra me entraba en el mar y en él me naufragaba en una lucha inmensa, porque el mar tenía que llenar todo mi hueco. Revolución de un todo, un infinito, un caos instantáneo de carne y cáscaras, de arena y ola y nube y frío y sol, todo hecho total y único, todo abel y caín, david y goliat, cáncer y yo, todo cangrejo y yo. Y en el espacio de aquel hueco inmenso y mudo, dios y yo éramos dos. Conciencia... Conciencia, yo, el tercero, el caído, te digo a ti (¿me oyes tú, conciencia?): Cuando te quedes libre de este cuerpo, cuando te esparzas en lo otro (¿qué es lo otro?), ¿te acordarás de mí con amor hondo; ese amor hondo que yo creo que tú, mi tú y mi cuerpo se han tenido tan llenamente, con un convencimiento doble que nos hizo vivir un convivir tan fiel como el de un doble astro cuando nace de dos para ser uno?, ¿y no podremos ser por siempre lo que es un astro hecho de dos? No olvides que, por encima de lo otro y de los otros, hemos cumplido como buenos nuestro mutuo amor. Difícilmente un cuerpo habría amado así a su alma, como mi cuerpo a ti, conciencia de mi alma; porque tú fuiste para él suma ideal y él se hizo por ti, contigo, lo que es. ¿Tendré que preguntarte lo que fue? Esto lo sé yo bien, que estaba en todo. Bueno, si tú te

Telegrama en el que se le comunica al poeta la concesión del Premio Nobel.

vas, dímelo antes claramente y no te evadas mientras mi cuerpo esté dormido; dormido suponiendo que estás con él. El quisiera besarte con un beso que fuera todo él, quisiera deshacer su fuerza en este beso, para que el beso quedara para siempre como algo, como un abrazo, por ejemplo, de un cuerpo y su conciencia en el hondón más hondo de lo hondo eterno. Mi cuerpo no se encela de ti, conciencia; más quisiera que al irte fueras todo él, y que dieras a él, al darte tú a quien sea, lo suyo todo, este amar que te ha dado tan único, tan solo, tan grande como lo único y lo solo. Dime tú todavía: ¿No te apena dejarme? ¿Y por qué te has de ir de mí, conciencia? ¿No te gustó mi vida? Yo te busqué tu esencia. ¿Qué sustancia le pueden dar los dioses a tu esencia, que no pudiera darte yo? Ya te lo dije al comenzar: «*Los dioses no tuvieron más sustancia que la que tengo yo.*» ¿Y te has de ir de mí tú, tú a integrarte en un dios, en otro dios que éste que somos mientras tú estás en mí, como de Dios?

(Por la Florida, 1941-1942-1954.)

(*Espacio.*)

I
Platero

Platero es pequeño, peludo, suave; tan blando por fuera, que se diría todo de algodón, que no lleva huesos. Sólo los espejos de azabache de sus ojos son duros cual dos escarabajos de cristal negro.

Lo dejo suelto y se va al prado, y acaricia tibiamente con su hocico, rozándolas apenas, las florecillas rosas, celestes y gualdas... Lo llamo dulcemente: «¿Platero?», y viene a mí con un trotecillo alegre que parece que se ríe, en no sé qué cascabeleo ideal...

Come cuanto le doy. Le gustan las naranjas mandarinas, las uvas moscateles, todas de ámbar, los higos morados, con su cristalina gotita de miel...

Es tierno y mimoso igual que un niño, que una niña...; pero fuerte y seco por dentro, como de piedra. Cuando paso sobre él, los domingos, por las últimas callejas del pueblo, los hombres del campo, vestidos de limpio y despaciosos, se quedan mirándolo:

—Tien' asero...

Tiene acero. Acero y plata de luna, al mismo tiempo.

XIX
Paisaje grana

La cumbre. Ahí está el ocaso, todo empurpurado, herido por sus propios cristales, que le hacen sangre por doquiera. A su esplendor, el pinar verde se agria, vagamente enrojecido; y las hierbas y las florecillas, encendidas y transparentes, embalsaman el instante sereno de una esencia mojada, penetrante y luminosa.

Yo me quedo extasiado en el crepúsculo. Platero, granas de ocaso sus ojos negros, se va, manso, a un charquero de aguas de carmín, de rosa, de violeta; hunde suavemente su boca en los espejos, que parece que se hacen líquidos al tocarlos él; y hay por su enorme garganta como un pasar profuso de umbrías aguas de sangre.

El paraje es conocido, pero el momento lo trastorna y lo hace extraño, ruinoso y monumental. Se dijera, a cada instante, que vamos a descubrir un palacio abandonado... La tarde se prolonga más allá de sí misma, y la hora, contagiada de eternidad, es infinita, pacífica, insondable...

—Anda, Platero...

LII
El pozo

¡El pozo!... Platero, ¡qué palabra tan honda, tan verdinegra, tan fresca, tan sonora! Parece que es la palabra la que taladra, girando, la tierra oscura, hasta llegar al agua fría.

Mira; la higuera adorna y desbarata el brocal. Dentro, al alcance de la mano, ha abierto, entre los ladrillos con verdín, una flor azul de olor penetrante. Una golondrina tiene, más abajo, el nido. Luego, tras un pórtico de sombra yerta, hay un palacio de esmeralda y un lago que, al arrojarle una piedra a su quietud, se enfada y gruñe. Y el cielo, al fin.

(La noche entra, y la luna se inflama allá en el fondo, adornada de volubles estrellas.

JUAN RAMON JIMENEZ

La obra de Juan Ramón se ha traducido a numerosas lenguas. Esta edición francesa de Platero y yo se publicó en París en 1956.

¡Silencio! Por los caminos se ha ido la vida a lo lejos. Por el pozo se escapa el alma a lo hondo. Se ve por él como el otro lado del crepúsculo. Y parece que va a salir de su boca el gigante de la noche, dueño de todos los secretos del mundo. ¡Oh laberinto quieto y mágico, parque umbrío y fragante, magnético salón encantado!)

—Platero, si algún día me echo a este pozo, no será por matarme, créelo, sino por coger más pronto las estrellas.

Platero rebuzna, sediento y anhelante. Del pozo sale, asustada, revuelta y silenciosa, una golondrina.

CXXXV

Melancolía

Esta tarde he ido con los niños a visitar la sepultura de Platero, que está en el huerto de la Piña, al pie del pino redondo y paternal. En torno, abril había adornado la tierra húmeda de grandes lirios amarillos.

Cantaban los chamarices allá arriba, en la cúpula verde, toda pintada de cenit azul, y su trino menudo, florido y reidor, se iba en el aire de oro de la tarde tibia, como un claro sueño de amor nuevo.

Los niños, así que iban llegando, dejaban de gritar. Quietos y serios, sus ojos brillantes en mis ojos, me llenaban de preguntas ansiosas.

—¡Platero, amigo! —le dije yo a la tierra—; si, como pienso, estás ahora en un prado del cielo y llevas sobre tu lomo peludo a los ángeles adolescentes, ¿me habrás, quizá, olvidado? Platero, dime: ¿te acuerdas aún de mí?

Y, cual contestando a mi pregunta, una leve mariposa blanca, que antes no había visto, revolaba insistentemente, igual que un alma, de lirio en lirio...

(Platero y yo.)

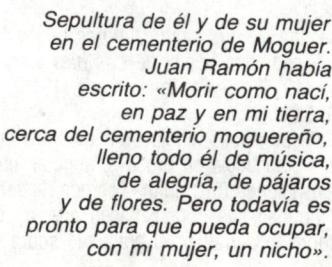

Sepultura de él y de su mujer en el cementerio de Moguer. Juan Ramón había escrito: «Morir como nací, en paz y en mi tierra, cerca del cementerio moguereño, lleno todo él de música, de alegría, de pájaros y de flores. Pero todavía es pronto para que pueda ocupar, con mi mujer, un nicho».

EL NOVECENTISMO

GABRIEL MIRO

Gabriel Miró nació en Alicante en 1879. Estuvo internado en el colegio de los jesuitas de Orihuela, ciudad que dejará una profunda huella en su vida y en su obra, hasta 1891. Estudió Derecho en Valencia y en Granada, en donde se licencia en 1900. Oposita por dos veces, en 1905 y 1907, sin éxito, a Judicatura. En 1914 se traslada a Barcelona. Desempeña diferentes cargos burocráticos en la Diputación de esta ciudad y dirige una *Enciclopedia Sagrada* por encargo de la editorial Vecchi y Ramos. La *Enciclopedia* no llegó a publicarse, pero sus estudios bíblicos debieron de pesar a la hora de escribir las *Figuras de la Pasión del Señor*. En 1920 se traslada a Madrid para ocupar un humilde cargo en el Ministerio de Trabajo. Colabora en diversos periódicos *(La Voz, El Sol, La Nación)* y muere en la citada ciudad el 27 de mayo de 1930.

En su *Biografía íntima de Grabriel Miró: el hombre y su obra* (1935), José Guardiola lo describe así: «Gabriel Miró era un guapo mozo, de noble apostura y ademán amplio, acogedor. Su cabeza merecía ser acuñada en medallas. El cabello fino, sedoso, cayendo en crencha indisciplinada sobre la pálida y despejada frente; y el color entre bronce y oro... Sus ojos eran glaucos, y su mirar dulce, sereno. La boca de hombre sensual, y las manos alargadas, finas, bien modeladas; manos aristocráticas; y aunque se mostraba en su trato lleno de afabilidad y sencillez, todo su porte trascendía a señorío».

Es obligado referirse también al retraimiento del escritor, a su alejamiento, lo mismo de grupos y capillas literarias que de partidos políticos, a su pasión, hermana de la de Juan Ramón Jiménez, por la obra bien hecha, a su sensibilidad exacerbada, a la riqueza de su mundo interior, a su bondad y sencillez («su inteligencia era la forma suprema de su bondad», dirá Unamuno). Esa humildad, sin embargo, no le impidió contar con feroces enemigos. Todo ello contrasta con su vida rutinaria y gris de funcionario, a la que, frustrado su deseo de vivir únicamente del producto de su pluma, se vio obligado.

Obra

Miró inició muy pronto su carrera literaria. En 1901 publica *La mujer de Ojeda*, de corte naturalista, y, dos años después, *Hilván de escenas*, obras que rechazaría más tarde al editar sus *Obras completas*. Hasta 1910 cultiva, sobre todo, el cuento y la novela corta. Destacan aquí dos obras de 1908, *La novela de mi amigo* y *Nómada*, en las que nos presenta a dos personajes abúlicos, frecuentes en sus obras, que terminarán, respectivamente, encontrando la liberación mediante el suicidio y encarándose, después de diversas peripecias vitales, con la inanidad de su existencia.

En 1910, con **Las cerezas del cementerio**, se inicia su etapa de madurez creadora. En esta novela aparecen ya algunas de las notas más destacadas del arte de Miró. La trama, bastante simple (los amores apasionados y trágicos del joven Félix Valdivia por su madrina Beatriz), le sirven de soporte para los más variados alardes estilísticos y para demorarse en la creación de una atmósfera de voluptuosidad refinada con la que envuelve a los personajes. Esos alardes, lo mismo en las descripciones paisajísticas que en el tallado de los personajes, culminarán en las **Figuras de la Pasión del Señor** (1916-17), estampas en torno a Jesús y al drama del Calvario, a veces de escaso rigor histórico, en las que se traspone el paisaje levantino a las tierras de Judea.

Las obras más conocidas de su última época son *Nuestro Padre San Daniel* (1921) y su continuación, **El obispo leproso** (1926). En ambas, que transcurren en Oleza (trasunto de Orihuela), con cuadros magistrales e impresiones rápidas de personajes, sentimientos, sensaciones, colores, olores, se acentúa una tendencia crítica de Miró, iniciada en 1915 con *El abuelo del rey*. Su denuncia del ambiente opresivo de la ciudad, de los carlistas, de la intolerancia religiosa, de la beatería, bajo la que se ocultan distintas lacras morales, lleva implícita una defensa de la libertad y de lo natural en todos los órdenes de la vida.

Junto a las citadas, destacan *El libro de Sigüenza* (1917) y *Años y leguas* (1928), una de las más perfectas del autor. En ellas, Miró, a través de su *alter ego* Sigüenza («Sigüenza ha sido el íntimo testimonio y aún la medida y la palabra de muchas emociones de mi juventud»), evoca personajes y ambientes que conoció. La misma línea autobiográfica tiene *El humo dormido* (1919), emocionante recuerdo de «los días que quedaron detrás de nosotros», aunque aquí el escritor no se oculta tras dicho personaje.

Su obra se completa con *Del vivir* (1904), *Dentro del cercado, La palma rota, El hijo santo, Amores de Antón Hernando* (1909), *La señora, los suyos y los otros* (1912: título que más tarde, en 1927, cambiará por el de *Los pies y los zapatos de Enriqueta*), *El huerto provinciano* (1912), *Los amigos, los amantes y la muerte* (1915), *Dentro del cercado* (1916), *El ángel, el molino y el caracol del faro* (1921), *Niño y Grande* (1922) y *Señorita y sor* (1924).

Lejos del intelectualismo y del arte deshumanizado de otros escritores de su época, en la obra de Miró dominan una enorme riqueza plástica y un lirismo intenso (Dámaso Alonso lo calificará de «gran poeta en prosa»), aunque, curiosamente, Miró nunca cultivó la poesía. Los prodigos verbales, el poder evocador de sensaciones (luz, color, sonidos, sabores, aromas, lo mismo que, desde un punto de vista estilístico, sinestesias e imágenes, inundan sus obras), hacen que, a pesar de que abundan los momentos dramáticos y novelescos, lo descriptivo prevalezca sobre lo narrativo, el ambiente sobre la acción, y

GABRIEL MIRO

que exista una desproporción entre los elementos plásticos y los psicológicos o dramáticos. Con ello, consigue que el lector se muestre más atento a los aspectos formales que a la posible intriga que desarrolla. El abundante uso de popularismos, arcaísmos, dialectalismos, tecnicismos, de voces judaicas, de palabras raras y exóticas, restan también espontaneidad a su prosa y frenan la fluidez narrativa.

Esta técnica encuentra su más perfecta realización en la forma de *estampas* o *cuadros*, que Miró nos da en desfile continuo. Estampas que se cierran sobre sí mismas y que no impulsan al lector a continuar de una en otra.

Aunque tenga puntos de contacto con el decadentismo finisecular, con algunos escritores del 98 e incluso con el expresionismo del Valle-Inclán de los esperpentos, su obra presenta una profunda originalidad desde sus comienzos y un aire inconfundible.

Ediciones

Obras completas, Madrid, Biblioteca Nueva, 1969 (5.ª edición). *El obispo leproso,* ed. de Carlos Ruiz Silva, Madrid, Ediciones de la Torre, 1984. *Figuras de la Pasión del Señor,* ed. de Juan Luis Suárez Granda, Barcelona, Plaza y Janés, 1984. *Libro de Sigüenza,* ed. de José Mas, Madrid, Taurus, 1984.

HOGAR DE FELIX.-ESTRADO DE AMOR

Quiso Félix subir al torreón para ver toda la noche. Ella consintió; y luego fueron. Era el miramar una pieza amueblada con divanes azules, amplios como lechos; mesitas de taracea, y un fanal escarchado. Las ventanas tenían la línea mística de las ojivas, y rodeaba externamente las paredes una voladiza balconada. Desde allí viajaban anchamente sus ojos, pasando encima de la ciudad y entrándose en los campos, donde ahora blanqueaban los casales, de cuyos cercados surgían las negras lanzas de los cipreses y las dobladas copas de las palmeras. Más lejos, las montañas parecían de velos de novicias, o de espesos vahos que pudieran fundirse, disiparse, y se esperaba el descubrimiento de nuevos confines. Hacia Oriente espaciábase el mar como una lámina de plata empañada, y en lo remoto se deshacían las aguas en el cándido misterio de un desierto polar.

Inmóviles, callados, contemplaban Beatriz y Félix la santa noche. Creíanse subidos y asomados en la orilla de una estrella. Juzgábanse venturosos, y se sonreían con entristecimiento. Se miraron, y vieron, dentro de sus retinas, luna, noche, inmensidad; y temblaron recibiendo el recuerdo de la mirada en el claro y vivo espejo de agua de la cisterna.

Sobre la helada lumbre del mar apareció la negra silueta de un vapor. Brillaban en sus mástiles dos lucecitas como dos gotas de luna. Y este buque, que sólo parecía llevar la suprema ruta de la belleza, conmovió a Félix, abriéndole en su alma la aflicción por la cercana ausencia.

—¡Como ese barco se verá el de ustedes, porque aún habrá luna grande!

Y Beatriz dijo:

—¡Tú estarás entonces en tus tierras! Si quieres, nos saludaremos mirando a la misma hora esa estrellita que tiembla junto a la luna. ¡Acuérdate!

—¡Madrina! —Y descansó su frente sobre el desnudo brazo de doña Beatriz, abandonado en la fría balaustrada.

Los ojos de la señora recorrieron la dorada cabeza del hombre. Y de súbito se conmovió de dichoso y amargo desfallecimiento. Había sentido humedad y brasa de labios. Parecióle besado todo su cuerpo. Y fue esforzada: suavemente retiró su brazo de la caricia. Alzó los ojos y balbució:

—¡Qué altos, qué cerca el cielo! ¡Como si el cielo fuese un mar que nos sorbiera!

Y hablando estremecida y dulce, con acento de niña, muy despacio, apartóse y se refugió en las sombras del recinto.

Félix miró todo el firmamento. La pureza, el silencio, la magnitud de la noche, le traspasaban hasta lo más escondido de su corazón, que sentía recibir un bautismo de santidad.

EL NOVECENTISMO

Volvióse a doña Beatriz, y la vio bañada en los colores de la luna derramada en los divanes.

Abrió las vidrieras, y apareció religiosamente la azulada palidez del espacio. Los fastuosos colores que vestían a la mujer se deshicieron, y quedó vestida de luz y blancura nupcial.

Entonces los brazos de Félix la ciñeron. Parecióle que estaban en el templo solitario de un astro, alumbrado suavemente para ellos. Y tuvo la divina sensación de que abrazaba un alma desnuda, alma hecha de luna y de jazmines. Y exclamaba: «¡Mirar el cielo y tenerla abrazada, Dios mío!».

Extenuados y delirantes, se reclinaron sobre los amplios asientos de seda. Un rayo lunar los envolvía...

Toda la honda y clara noche fue lámpara y estrado de su amor.

Después, al levantarse, todavía abrazados, vieron una nube blanca y resplandeciente de figura de Angel terrible como el que arrojó a Adán y Eva del Paraíso. Y los dos sollozaron.

—¡Madrina mía! ¡Beatriz!

Salieron, y se besaron castamente delante de toda la tierra y de todo el cielo, y delante del Angel, que se desvaneció entre la niebla y luna...

Las palabras de Maeterlinck resonaron en sus corazones:

«Y si mirasteis las estrellas al abrazar a vuestra amada, no la abrazaréis de igual modo que si hubieseis mirado las paredes de vuestro aposento».

(Las cerezas del cementerio.
Capítulo IV.)

SANHEDRITAS [1] AMIGOS DE JESUS

La madre del Señor, postrada en la roca, miraba densamente hacia la cruz. Y semejaba que sus ojos se mirasen a sí misma.

Enmudeció Salomé. Venían los escribas y el jurista de Jamnia; y, al pasar, saludaron sonriendo a Nicodemus y al varón de Arimathea.

Impetuoso y aciago los atropelló Nicodemus, y corrió, gritando:

—¡Rábbi Jeschoua, Rábbi: yo no te abandono, Rábbi!

Su palabra, sus fervores, sus vehemencias generosas, decaían, se apagaban bajo el espanto y la lástima de la ferocidad del suplicio... ¡Ya no era el Rábbi Jeschoua! Su cuerpo semejaba de una arcilla pegajosa, con placas azules de los trastornos circulatorios, con coágulos desprendidos de la espalda flagelada, roída por la antena [2]. Le resbalaba un sudor craso por las axilas, por los riñones, por los muslos; palpitaba horriblemente su cuello abotagado [3], corto, confundiéndosele con las mejillas infladas, blandas, lívidas; las sienes se le hundían, y sus oquedades se juntaban en las cuencas de los ojos; resaltaba la frente roja, el filo húmedo de la nariz anhelante, pulverulenta [4] de una harinosidad [5] amarilla. Los labios, fláccidos, amoratados, con arborizaciones venosas, se torcían sobre la escara [6] de los dientes; y entre sus párpados cárdenos se perdía su mirada turbia, cuajada en una lágrima... Agonía del Señor. Agonía del crucificado, que padece las angustias de todas las muertes. Dolor de peso de podredumbre de las meninges, del corazón, de la aorta, de los pulmones, que se entacan [7], se macizan de sangre parada. Las arterias, que llevan la dulzura de la vida, se vuelven dogales. La fiebre traumática le hunde sus uñas de sed y todo el cuerpo parece una lengua para sentirla. Todos los dolores en el crucificado: dolor de latido fosco, vibrante, de la garra ardiente de la cefalalgia [8]; dolor de punza, de mordisco, de desgarro de todas las vísceras; dolor de peso, de apretamiento de embolias, de dislocación de vértebras, de músculos distendidos, de nervios desgajados... Y el reo se contempla entregado a la exaltación de la sensibili-

1. Miembros del sanedrín, que era el Consejo Supremo de los judíos, en el que se trataban y decidían los asuntos de estado y de religión.
2. Extremos de la verga o flagelo.
3. Hinchado.
4. Polvorienta.
5. Aspecto y color de harina.
6. Costra que resulta de la desorganización de una parte viva afectada de gangrena.
7. *Entacar:* atorar, obstruir.
8. Dolor de cabeza.

Gabriel Miró en 1913.

9. Escabel en la cruz, a la altura de las posaderas, para soportar el peso del reo.
10. Sedila.
11. Nombres que la tradición atribuye a los reos crucificados con Jesús.
12. Acción de romper las piernas del reo.

dad, inmóvil, fijo en la sedila [9], el *cuerno* [10], que le gangrena las nalgas; quietud de muerto que asiste a su devoración. Y de todas las entrañas, engañadas por la inmovilidad, va saliendo la muerte. ¡Y él la ve!

... Juan llamó a la madre del Señor. Y se postró, se amontonó todo el grupo bajo la cruz. La madre quedóse alzada, rígida, suprema, mirando a su hijo. Al lado, Josef.

Jesús agonizaba. Balanceó el cráneo, ahogándose. Se veía el ansia del resuello desde el vientre a las fauces. Crepitaban sus pulmones cartonosos; temblaba la blanda hinchazón de su pleura; se rompía su silbo ronco en un colapso; y entonces resaltaba el zumbido de las moscas en sus ojos, en su nariz, en sus orejas, en las llagas de los clavos.

Y tornaba el jadear, el cabeceo de la asfixia. Su cabellera se doblaba, caía, le cegaba, se alzaba; su aliento fue haciéndose ancho, prolongado. Se quejó, y precipitóse su ahogo. Sus pupilas vidriosas imploraron al azul; se volvieron a la tierra...

Jesús estaba solo. El Padre lo ha desamparado. Jesús ha de pasar las soledades humanas de la muerte. En la tierra no puede ni el amor vencer la agonía del amado. El que muere está solo. De Dios a criatura era un tránsito de resignaciones, de sencillez, de piedad. De hombre a Dios, había de subir la jornada yerma, cegada, sin tierra y sin cielo; Jesús, solo.

Todo el Calvario estaba lleno de su angustia. Sobre los rumores de la multitud y el aullar de Genas y Gestas [11], resaltaba el afán del Señor. Y sonó su grito de desgarraduras de toda su vida; y sintióse su silencio, el silencio del pecho inmóvil, desencajado, alto, duro, metálico; la cabeza quedó colgando hacia la roca; y la cruz tembló del peso del cadáver, que se había salido del *escabel,* y semejaba desclavarse. La madre aún esperó otra palpitación del costado del hijo.

Un custodio le fue enroscando una soga, atándolo al mástil.

Y Josef llegóse al centurión para mostrarle la tablilla del mandamiento de Poncio cediéndole el cuerpo de Jeschoua Nazarieth.

Bramaron los otros crucificados bajo los golpes de mazas, que iban quebrándoles las piernas, las ancas, las costillas, los codos...; era el suplicio del *crurifragium* [12] que infama y apresura la muerte.

... Caía una lluvia olorosa de primavera. Resonaban los follajes de los jardines, removidos por un vendaval de arenas.

La muchedumbre se dispersó, hastiada...

... Josef y Nicodemus contemplaban la noche desde la azotea. Había una profunda bienaventuranza.

El cerro de la ejecución dormía pálido, gracioso, recostándose en las murallas. Y la ciudad se alzaba clara, inocente, como un jardín de lirios, coronada de las dulces lumbres de los techos del santuario y de las torres. En cada cúpula se congelaba una gota de luna.

El huerto de Josef exprimía el olor de sus naranjos y cidros. Cantaban los ruiseñores, y sus arpegios parecía que resbalasen en la peña del sepulcro.

El viejo sanhedrita se acongojó, vencido de ternuras desconsoladoras, de emoción de eternidad. Y quiso ir a su cámara.

Los recibió una mujer vestida de lino y de un cendal de luna, como exhalado de la pureza de su amor y de su carne.

—¡Yo prometí besar la sandalia del Señor cuando retoñaran mis rosales! ¡Mira las rosas en mi regazo; y ya no puedo dárselas!

Josef abrió su cofre de ámbar y olivo, y tomó el cáliz de la cena de Jesús. Sintió que le temblaba la vida, que toda le acudía devotamente a sus dedos.

EL NOVECENTISMO

La mujer se prosternó sollozando, y se esparcieron sus rosas en los tapices.

El varón de Arimathea alzó el cáliz de ágata como una flor encendida.

Asomóse un hombre desmedrado, con túnica blanca y un manto leve y rubio.

Nicodemus se le abrazó, gimiendo:

—¡Gamaliel, Gamaliel!

Gamaliel reclinóse en el estrado, frente a la abierta ventana. Miró un lucero azul palpitante, que subía sobre las agujas de dos cipreses del sepulcro, y suspiró:

—¡Lástima de hombre!

(Figuras de la Pasión del Señor.)

EL SEÑOR CUENCA Y SU SUCESOR

(Enseñanza)

Pasaba ya el tren por la llanada de la huerta de Orihuela. Se iban deslizando, desplegándose hacia atrás, los cáñamos, altos, apretados, oscuros; los naranjos tupidos, las sendas entre ribazos verdes, las barracas de escombro encalado y techos de «mantos» apoyándose en lechos sin dolar [13], todavía con la hermosa rudeza de árboles vivos; los caminos angostos, y a lo lejos la carreta con su carga de verdura olorosa; a la sombra de un olmo, dos vacas cortezosas de estiércol, echadas en la tierra, roznando [14] cañas tiernas de maíz; las sierras rapadas, que entran su costillaje de roca viva, yerma, hasta la húmeda blandura de los bancales, y luego se apartan con las faldas ensangrentadas por los sequeros de *ñoras* [15]; un trozo de río con un viejo molino rodeado de patos; una espesura de chopos, de moreras; una palma solitaria; una ermita con su cruz votiva, grande y negra, clavada en el hastial [16]; humo azul de márgenes quemadas; una acequia ancha; dos hortelanos en zaragüelles [17], espadando [18] el cáñamo con la agramadera; naranjales, panizos [19]; otra vez el río, y en el fondo, sobre el lomo de un monte, el Seminario, largo, tendido, blanco, coronado de espadañas; y abajo, en la ladera, comienza la ciudad, de la que suben torres y cúpulas rojas, claras, azules, morenas, de las parroquias, de la catedral, de los monasterios; y a la derecha, apartado y reposando en la sierra, oscuro, macizo, enorme con su campanario cuadrado como un torreón, cuya cornisa descansa en las espaldas de unos hombrecitos monstruosos, sus gárgolas, sus buhardas [20] y luceras [21], aparece el Colegio de Santo Domingo, de los Padres Jesuitas.

Sobre la huerta, sobre el río y el poblado se tendía una niebla delgada y azul. Y el paisaje daba un color pesado y caliente de estiércol y de establos, un olor fresco de riego, un olor agudo, hediondo, de las pozas [22] de cáñamo, un olor áspero de cáñamo seco en almiares [23] cónicos.

Sigüenza contemplaba la tarde, angustiado, enfermo de tristeza, una tristeza tan acerba, tan densa, que le parecía que no era sólo un sentimiento suyo, sino que tenía una realidad propia, separada, grande, más fuerte que nuestra alma; la tristeza se le incorporaba de todo lo que veía, porque la vega, sus humos, sus árboles, los montes y el cielo, todo estaba hecho, cuajado de tristeza; la misma que le oprimía

13. Desbastar, labrar madera o piedra con la doladera o el dolobre.
14. *Roznar:* comer una cosa quebradiza partiéndola ruidosamente con los dientes.
15. Pimiento muy picante, guindilla.
16. Parte superior triangular de la fachada de un edificio. Puede referirse también a toda la fachada.
17. Pantalón muy ancho.
18. Macerar y quebrantar con la espadilla (la agramadera) el lino o el cáñamo para sacarle el tamo y poderlo hilar.
19. *Panizo:* maíz. Aquí, en el sentido de maizales.
20. Buhardilla.
21. Ventana o claraboya abierta en la parte alta de los edificios.
22. Balsa o alberca para empozar y macerar el cáñamo o el lino.
23. Pajar al descubierto.

GABRIEL MIRO

Antonello de Messina: Piedad (Museo del Prado). De forma parecida a lo que ocurre en las Figuras de la Pasión del Señor, aparecen en el cuadro los olivos mediterráneos y la ciudad de Messina como una Jerusalén imaginaria.

24. En los colegios de jesuitas, departamento donde viven los colegiales.

25. Esplandián es el héroe del quinto libro de la novela de caballerías *Amadís de Gaula*, de Garci Rodríguez de Montalvo.

siendo chiquillo, cuando, vestido de uniforme de colegial, salía con su brigada, la de dos pequeños, por aquellas sendas, aguardando el paso del tren, un tren que le traía tantas memorias alegres, que aún le entristecía más que el paisaje y el regreso al Colegio de Santo Domingo.

Y Sigüenza volvióse a un hidalgo, camarada de viaje, que llevaba a su hijo para ponerlo interno en los Jesuitas, y moderadamente le confesó algo de sus recuerdos de convictorio [24].

El hidalgo le interrumpió:

—¿Y no volvería usted a esos años? ¿No le parece a usted que es una tristeza muy sabrosa la de la niñez del colegio? ¿Que no? ¡Pues cómo! ¿Que si tuviese usted hijos no los traería donde usted estuvo?

Sigüenza dijo que no. Si esa tristeza es gustosa, lo será únicamente para los grandes; pero la de los niños es seca y helada, sin ese perfume de lejanía. Cuando él estaba en Santo Domingo envidiaba la vida ancha y libre de un herrero cercano, cuyos cantos y el martilleo de su forja penetraban alborozadamente por todas las ventanas, invadiendo el silencio de los estudios; envidiaba a un señor Rebollo, mercader de chocolates elaborados a brazo, y al pasar por su portal todos los colegiales se miraban, recogiendo con delicia el rumor del rodillo y el tibio aroma del cacao; envidiaba a los hombres que estaban sentados a la orilla del río, fumando y mirando las burbujas de la corriente; envidiaba a un cochero que iba a la estación restallando la tralla, que sonaba como un cohete de fiesta, piropeando a gritos a las huertanas, y se imaginaba que ese hombre estaba hecho de la santa emoción de todos los hogares, porque en su vetusto coche llegaban casi todos los padres de los internos. Le llamaban *Arrancapinos,* apodo maravilloso, legendario, pintado sobre la portezuela con letras muy recias de color de cinabrio, rodeando una figura como un mico tirando del ramaje. Y mientras traducía por la noche los quince versos de la *Eneida,* señalados con la huella de la uña, *Arrancapinos* pasaba gloriosamente como un Esplandián [25] o un Amadís por las páginas del Diccionario y del texto, que se transformaban en un pinar centenario, rumoroso, fragante, encantado.

—¿Y eso qué importa? —decía el hidalgo—. ¿Qué tiene que ver eso con dar crianza, educar a los hijos? ¿Usted tiene hijos? ¡Ah, vamos! ¿Qué tiene usted dos hijas? Pues perdóneme; pero creo que debe usted malcriarlas. ¿Que sí que las malcría? ¿Que sí; dice usted que sí? ¡Hombre, por Dios!

Sí. Acaso Sigüenza malcriaba a sus hijas, según algunos pareceres, y era porque cuando estaban enfermitas recordaba las veces que, para reprimir algún antojo de las pobres criaturas, les había hablado con aspereza, y Sigüenza, arrepentido, prometióse no hacerlo más...

—Eso —gritó el hidalgo— estaba remediado llevándolas internas a un colegio de mucha severidad.

—¡Internas! ¡Nunca!

El padre del colegial indignóse hasta enrojecérsele toda su rolliza cara de hacendado de la provincia de Alicante.

Llegaron a Orihuela, y en el coche hasta la fonda, y después, mientras cenaban, siguieron platicando de lo mismo.

Sigüenza le dijo:

—¡Si hubiese conocido usted al señor Cuenca!

—¿Quién es ese señor?

—En los colegios de los jesuitas hablan de «usted» y tratan de «señor» a todos los educandos, aunque sean muy chiquitines. Ya sé que lo sabe. Yo entré a los ocho años en Santo Domingo, y me pasmaba

EL NOVECENTISMO

tanto «usted» y tanto «señor» en boca de aquellos sabios sacerdotes gravísimos con gafas relucientes, cuando en mi casa me tuteaban las criadas; pero todavía me maravillaba más que se lo dijesen a un rapazuelo que estaba a mi lado; yo traía pantalones largos, pero los de mi vecino eran cortos y llevaba medias. Es que era mucho menor que yo: delgadito, pálido, muy triste, distraído; las manitas, siempre manchadas de tinta; las cintas del calzoncillo y los cordones de las botas, desceñidos y colgando. Se llamaba Cuenca. Pero ya sabe que allí se le decía señor Cuenca. «¡Señor Cuenca, señor Cuenca!», pronunciaba seco, imponente, el hermano inspector. Yo miraba a mi compañero, que tenía la cabecita hundida entre sus brazos, cruzados sobre el pupitre. Y el inspector murmuraba: «Señor Sigüenza, sacuda al señor Cuenca, que está durmiendo.» Yo le despertaba. El señor Cuenca abría sus grandes ojos, velados de tristeza y de sueño; mirábame pasmado, se desperezaba y sonreía, perdonándome. Tronaba la voz del hermano. Y el señor Cuenca alzaba los hombros y me preguntaba: «Pero ¿qué dice el hermano?» «Pues dice que te pongas de rodillas.» «¡De rodillas! ¿Para qué?» El señor Cuenca se arrodillaba. «Señor Cuenca, señor Cuenca, tendrá usted una mala nota en aliño. ¿No ve usted que se le caen las medias?» Casi siempre había yo de subírselas. Eran unas calzas de lana gorda y blanca, hechas en su casa manchega por las manos del ama del señor Cuenca; y había yo de ceñírselas, que el señor Cuenca no sabía hacerse la lazada de las ataderas. Al lado del señor Cuenca creíame yo un hombre grande, protector, y le sonreía paternalmente...

Vino la semana de Ejercicios espirituales. La pasábamos sin hablar, haciendo examen de conciencia, oyendo pláticas sobre el Pecado, la Muerte, el Infierno, el Purgatorio, la Salvación... Las ventanas de la capilla estaban entonces casi cerradas; el altar, todo colgado de negro. Cuando cantábamos el «¡Perdón..., oh..., oh Dios mío!», gritábamos desesperadamente, no sólo porque implorásemos la gracia con encendido ahínco, sino también para vengarnos de nuestro silencio... El señor Cuenca no cantaba: cerraba los ojos y doblaba su cabecita, descansándola en mi hombro izquierdo. Yo le decía: «¡Te advierto que nos van a castigar a los dos!...» Y el señor Cuenca sonreía sin mirarme. Estaba muy blanco, con dos arruguitas junto a los labios, como si fuera a sollozar, y murmuraba: «¡Me duele más la frente!» El último día de Ejercicios, en vez del señor Cuenca, se puso a mi lado otro niño gordo, colorado, quieto y muy devoto. Yo le pregunté: «¿Y Cuenca? Tú, ¿dónde está Cuenca?» Pero esa criatura ni me contestó. En el recreo le pedí permiso al hermano para hablarle, y no quiso otorgármelo. Y acabada la semana de silencio, cuando todos los colegiales prorrumpieron en su primer grito libre, expansivo, gozoso, corrí al lado del inspector y le pregunté por el señor Cuenca. «¿Todavía no sabe que preguntar es una grave falta? No lo vuelva a hacer», me dijo.

Me aparté, mohíno y humillado, pensando en el señor Cuenca. ¿Por qué no estaba ya con nosotros aquel niño pálido, chiquitín, dulce y mustio, que cuando sonreía daba más lástima que si llorase?... ¿Dónde estaría mi camarada, con sus pantaloncitos color de oliva y sus medias blancas, flojas, rugosas, que no sabía atarse y estaban implorando las manos de la madre o siquiera las del ama del señor Cuenca? Pasados dos días después del primer recreo de la tarde, no fuimos a los estudios, sino al dormitorio, y al entrar en las camarillas ordenó el inspector: «Uniforme de gala, abrigos y gorra.» Nos vestimos pasmados. ¿Adónde iríamos con ese traje, siendo miércoles? Bajamos a los claus-

Portada de la iglesia de Santiago, en Orihuela. Miró convertirá a esta ciudad alicantina, en la que estudió, en escenario de algunas de sus novelas.

26. Carruaje de dos ruedas grandes, ligero y sin cubierta, a propósito para dos personas y tirado por una sola caballería.
27. Carro para transportar personas, grande, con ruedas, al que se pone ordinariamente una cubierta o toldo de lienzo, fuerte.
28. Carruaje descubierto, de cuatro ruedas, alto y ligero.

GABRIEL MIRO

tros. Señor, ¿qué pasaría? ¿Es que llegaría el Reverendo Padre Provincial? ¡Sí, sí; el Padre Provincial sería, que acaso nos concediese en memoria de su visita alguna fiesta, una comida extraordinaria en el campo!... ¡Y el señor Cuenca que no estaba! ¡Tanto como nos divertiríamos! Pero ¿dónde estaba Cuenca? Entramos en la iglesia. Y me estremecí angustiadamente. El cabello y las sienes me sudaban un hielo derretido. En el presbiterio había un ataúd estrecho, blanco, rodeado de cirios, y dentro de la caja, muy amarillo y muy largo, vi al pobre señor Cuenca, que me sonrió, ¡a mí me sonrió, lo juro!, y me sonreía como mostrándome sus pantaloncitos largos del uniforme de gala.

El padre del colegial encendió un cigarro, envolvióse de humo y murmuró, tosiendo:

—Es falta de cuidado. Este —y señalaba a su hijo, avanzando la barba—, éste no ha llevado nunca botas de cordones, sino de las otras, todas de una pieza, con elásticos y calcetines, y en los calzoncillos, botones... ¿Verdad, tú?

(Libro de Sigüenza.)

MONSEÑOR SALOM Y SU FAMILIAR

Corpus vino aquel año en la plenitud de junio, como una fruta tardana del árbol litúrgico, olorosa de frutas de verdad: cerezas, pomas, albaricoques... La ciudad, con sus cobertores, sus toldos, sus altares a la sombra de tabernáculos de follajes para la procesión eucarística, daba una respiración agraria, inocente y devota; pero, además, arrabalera con la crecida de forasteros, con estruendo y bullanga de diligencias, tílburis [26], galeras [27], faetones [28] y calesines; gritos de vendedores de almendras verdes, de alábegas [29] y rosas, de peroles de quesillos, de lerchas [30] de ranas desolladas, de pastas de candeal y gollerías [31], plagios humildes de los dulces monásticos.

A veces, por un callizo [32], por una cantonada [33], entraba la frescura de las arboledas del río, la lumbre de los campos segados con los ejidos llenos de garbas [34], la quietud de los olivares en las tierras rojas. Y la ciudad subía en el azul como una vieja custodia de piedra, de sol y de cosechas, estremecida de campanas y palomos.

Nunca pareció tan adusto y desolado el palacio de Su Ilustrísima, ni tan pobre y oscura la catedral con el trono del obispo dentro de su funda lisa color violeta.

El culto, el júbilo, el atuendo, la felicidad, se juntaban en el colegio de «Jesús». ¡Qué mezclas de hábitos, de galas, de olores, de cortesías y cordialidades en aquellos salones y jardines! Aristocracia de Madrid y de provincia, hacendados, mercaderes, órdenes religiosas, el Cabildo, cuatro caballeros santiaguistas [35], el comandante de la Zona...

Y todos salieron a los claustros, y se tendió un silencio reverente como un paño precioso. En la puerta labrada del refectorio de los Padres apareció monseñor Salom rodeado de la comunidad. Más que un hombre, era la imagen viva de un santo de los primitivos siglos de la Iglesia. Vestía un hábito negro con cíngulo bermejo como una cicatriz de toda su cintura; le colgaba por pectoral un rudo crucifijo con orla de toscos granates; era su sombrero redondo, duro, sin felpa; su piel, de breña, y sus barbas, de crin. Hambres, trabajos, vigilias, rigores de climas y de penitencias habían plasmado en piedra volcánica aquel

29. Lo mismo que la hierba que llaman albahorce.
30. Junquillo con que se ensartan aves o peces muertos.
31. Manjar exquisito y delicado.
32. Callejón, callejuela.
33. Esquina de un edificio.
34. Gavilla de mieses.
35. Los que pertenecían a la orden militar de Santiago. Esta orden, que fue creada en el siglo XII para luchar contra los musulmanes, estuvo también vinculada con las peregrinaciones a Compostela.

cuerpo de justo. Se le vio en seguida la señal de su martirio: una mano mutilada bárbaramente. Le quedaban dos dedos: el pulgar y el índice; los otros se los cercenaría el hacha, el cepo, el brasero, las púas, los cordeles, el refinado ingenio de los suplicios en que tanto se complacen los pueblos idólatras. También le miraban los zapatones, que se pisaban y levantaban en gordos pliegues las haldas [36], mostrándose sus suelas, moldes de tantas leguas de santidad. Y el apóstol de Oriente se volvía de una fila a otra del concurso y en sus órbitas parecía que asomasen dos diminutos anacoretas en cuevas recremadas [37]. A su lado, el Rector y el Prefecto, silenciosos y pulcros, con los ojos vaciados en la luz de sus gafas, iban dejando sus sonrisas. Si ellos, los hijos de San Ignacio, admitiesen dignidades [38], sus prelados serían como éste, con las mismas virtudes de sacrificio; como éste, pero más limpios, más cuidadosos de su persona. Y erguían las corvas alabardas de sus bonetes. El cortejo, como todos los cortejos de este mundo, se sentía ya particionero [39] de la gloria del elegido.

Los invitados, singularmente las mujeres de más elegancia y belleza, eran tan dichosos, que se sobresaltaban de serlo, y no sabiendo qué hacer ni qué pensar, daban gracias a Dios. ¡Nunca olvidarían este Corpus! Pórtico del verano, tan azul, tan esenciado de emociones. Todos reunidos como una familia en un huerto de abuelos señoriales. ¡Qué ligereza, qué ímpetu y qué dulzura en sus ojos y en su sangre! Hasta tenían un mártir para su adoración: un obispo mutilado, venido de Oriente. Podían abrirse todas las rosas de los pensamientos y de los deseos bajo la gracia emitida por este buen pastor, que perdonaba la felicidad perecedera que él no conocía. Estaba todo: el goce en ellos y el padecimiento en el fuerte.

Detrás iba el padre Ferrando, el confesor de Su Ilustrísima; detrás y solo, como el caudatario [40] que llevase la cola de la magnificencia de la comitiva; el último, el más viejecito, de faz gruesa, morena y blanda de madre labradora, olvidada en la fiesta de suntuosidades. Pero acaso se le dejaba respetuosamente el último. He aquí el hombre que veía en su desnudez la más alta conciencia de la diócesis y con sus manos rollizas atraía el perdón sobre la frente humillada del obispo enfermo. Y como iba el postrero, pudo pararse y hablar con el comandante de la Zona sin entorpecer el tránsito. En seguida tomó carrera y se juntó con el séquito.

Refirió el comandante las maravillas que acababa de oír. Monseñor Salom no había sido mártir de los infieles, sino de sí mismo, y lo sería hasta su muerte. Estaban cabales sus manos; pero desde que ingresó en el sacerdocio hizo voto de llevar dentro de la diestra una imagen de bronce de Nuestra Señora. Había envejecido con su mano devotamente crispada. Oficiando, comiendo, predicando, durmiendo, bendiciendo, en camino, en oración, en peligro, en reposo; siempre, siempre, siempre, con sus dedos encogidos trenzando la figurita de la Virgen, que iba penetrándose en la carne, comunicándose de ella, y le criaba una llaga callosa y verde en la palma.

Se conmovió la multitud. Algunas mujeres exquisitas llegaron a creer suya la penitencia del santo, y se amaron más a sí mismas. Era un estado de inocencia, de ardor, de beatitud, de voluptuosidad.

Inflamado el padre Bellod, se puso los puños en los riñones, y así gritaba:

—¡Viva monseñor!

Y un hidalgo corpulento, de paño gordo, de botas de ternera, sombrilla verde y un palillo en su boca, se hincó de rodillas, sollozando:

36. Falda.
37. Requemadas.
38. S. Ignacio de Loyola, fundador de la Compañía de Jesús, determinó que los jesuitas deberían renunciar a tener dignidad alguna; no podían, por tanto, ser elegidos papas, cardenales, obispos, aunque esto no se cumpliera después estrictamente.
39. Partícipe.
40. Eclesiástico doméstico del obispo o arzobispo, destinado a llevarle alzada la cauda.

GABRIEL MIRO

A la izquierda, Gabriel Miró, por A. Parrilla (Colección particular, Madrid). A la derecha, Azorín y Gabriel Miró.

—¡Viva Corpus Christi!
Era el padre del colegial de Aspe y contratista de obras públicas. Don Roger, que llegaba con su cañuto de solfa, y un fámulo de la ropería, tuvieron que sosegarle. En aquel momento se abría el *De Profundis* o paraninfo. La multitud, con docilidad canónica, se acomodó, según la pragmática de los espectáculos de Jesús; las señoras, a la izquierda, y los caballeros, a la derecha del estrado. Estrado con fondo de banderas bordadas, con friso de epigrafías de oro, candelabros de tulipas [41], mesa de terciopelo para los dos secretarios, jovencitos y pálidos, detrás de las grandes escribanías de plata, de las que no habían de servirse, y de bandejas de medallas, de cintas, de bandas, de mazos, de diplomas...

Bajo, se abrían las gradas de alumnos. Un torzal [42] rojo y ondulante separaba los internos de los externos. Enfrente, el dosel del obispo de Alepo, y de allí descendía un anfiteatro alfombrado, consistorial, de sillones Imperio, Luis XVI, Enrique II, de bancas de felpa y asientos de rejilla. Todo se pobló de sayales, de manteos, de mucetas [43], de levitas; y se afirmaron las cornisas de solideo de borla, de bonetes, de calvas, de cerquillos de tonsura, y en lo último, el tupé lírico del señor Hugo y el cráneo recto y gris del comandante de la Zona.

Una voz atenorada, de evangelista y anagnostes [44], iba recitando la memoria académica, que todos los años comenzaba con tono y dejos de anales de Roma: *Quod felix faustumque sit rei litterariae omnibusque nostri gymnasii alumnis proemia sequenti ordine consecuti sunt* [45]; y en el cierre o en la curva de un párrafo, en una demostración sinóptica, los padres sonreían y levantaban sus gafas y su frente a la bóveda, reprimiendo su emoción de maestros.

Iban espesándose las esencias sutiles de ropas de mujer; los abanicos aventaban los perfumes de los tocados, de las mejillas, de los pechos, entre olores de verano tierno, de maderas y lacas. En los altos ventanales, las cortinas carmesí con el monograma de Jesús se combaban en un vuelo redondo; caía la lumbre y el aliento de las huertas verdes con el sol. Era el paisaje como un ave infinita que de cuando en cuando moviese sus alas de cultivos. Los alumnos miraban ya indómitos a sus familias: las señoras y los caballeros se inclinaban, enviándose parabienes; salía un temblor de cuerda de violín, una nota de armonio; otra vez las cortinas colgaban sin brisa, y pasaba la calma del mediodía; todo alrededor del eje de la palabra latina del secretario, tronco de elocuencia en que florecían los títulos y leyendas de laurel: *Quod in studiis optime profecerit; honoris causa; Dominus...* [46]; y brotaban los nombres, también en latín, de los laureados: *Vicencius, Josephus, Emmanuel, Ludovicus...* Y dentro de esta onomástica de príncipes, de pontífices, de santos, se sentían glorificadas muchas familias, y paladeaban las mieles de la crianza en «Jesús».

(*El obispo leproso*. V, 2.)

41. Pantalla de vidrio, a modo de fanal, con forma parecida a la de un tulipán.
42. Cordoncillo delgado de seda, hecho de varias hebras torcidas, que se emplea para coser y bordar.
43. Esclavina que cubre el pecho y la espalda y que, abotonada por delante, usan como señal de su dignidad los prelados, doctores, licenciados y ciertos eclesiásticos.
44. *Anagnoste:* nombre que daban los romanos al esclavo que leía mientras los demás comían.
45. «Los premios se consiguieron en el siguiente orden, hecho que ojalá resulte feliz y próspero para las letras y para todos los alumnos de nuestro colegio.»
46. «Por haber avanzado mucho en los estudios, hecho que dignos de honor: el señor...»

EL NOVECENTISMO

RAMON PEREZ DE AYALA

Nació en Oviedo en 1880. Estuvo en los colegios de los jesuitas de Carrión de los Condes y de Gijón, en los que adquirió parte de su sólida formación humanística. Estudió después Derecho. Colabora en diversos periódicos y funda, con Juan Ramón Jiménez y Gregorio Martínez Sierra, la revista *Helios*. Pasa una temporada en Londres y se familiariza con el liberalismo y con la cultura sajona. Entre 1908 y 1912 milita en el Partido Republicano Radical de Alejandro Lerroux. Durante la guerra europea fue corresponsal de *La Prensa*, de Buenos Aires. En 1926, cuando tenía cuarenta y seis años, da por terminada su carrera novelística. En 1928 fue elegido para la Real Academia Española. Forma parte después de la Asociación «Al servicio de la república». Entre 1932 y 1936 fue embajador en Londres. Durante la guerra vivió en Buenos Aires. Regresó a Madrid en 1955. Murió en 1962. Antonio Machado lo retrató así: «... resoluto / el ademán, y el gesto petulante / —un sí es no es— de mayorazgo en corte, / de *bachelor* en Oxford o estudiante / en Salamanca; señoril el porte».

Obra

Es habitual referirse al carácter intelectual y crítico de toda la producción de Pérez de Ayala. En ella, incluidas las novelas, es frecuente que los personajes debatan problemas de moral, estética, filosofía, política, pintura, filología o sociología. La ostentación erudita, que a veces abruma al lector (en pocos de sus artículos faltan las alusiones a la mitología o las citas latinas y griegas), da a toda su obra un notable cariz ensayístico.

Sin embargo, la producción de este autor no sólo debe considerarse intelectual por los temas elevados de que se ocupa, sino también por la pluralidad de perspectivas con que enfoca la realidad, por la necesidad de encontrar la armonía entre los contrarios, por la búsqueda constante de nuevas técnicas narrativas y por la ironía de largo alcance que prodiga. Ese perspectivismo y esa ironía impiden cualquier dogmatismo y estimulan al lector a la aceptación y comprensión del mundo en toda su complejidad.

Tradicionalmente, se suele dividir su producción en prosa en dos grupos. El primero, en el que se encuadran las novelas *Tinieblas en las cumbres* (1907), *AMDG* (1910), crítica feroz de la educación jesuítica; **La pata de la raposa** (1912) y **Troteras y danzaderas** (1913), se caracteriza por el predominio del pesimismo vital y por la crítica de la sociedad española. En dichas novelas, Ayala se propuso «reflejar la crisis de la conciencia hispánica desde principios del siglo», y, aunque hay bastante de autobiográfico en ellas, alcanzan en muchos momentos el carácter de una biografía generacional. *Troteras y danzaderas* es una novela en clave. Entre los numerosos y grotescos personajes de la bohemia madrileña que aparecen alrededor de Teófilo Pajares, contrafigura del poeta modernista, es fácil reconocer a diversos escritores de la época.

Después de una etapa de transición, en la que publica las «novelas poemáticas de la vida española», *Prometeo, Luz de domingo* y *La caída de los Limones* (1916), una de las cimas de su obra en prosa, escribe otra serie de novelas en las que aborda grandes temas universales: el lenguaje, en **Belarmino y Apolonio** (1921); el amor y la educación sexual, en *Las novelas de Urbano y Simona* (*Luna de miel, luna de hiel* y *Los trabajos de Urbano y Simona*, 1923), y el donjuanismo, la hombría y el honor conyugal, en *Tigre Juan* y en *El curandero de su honra* (1926). En *Belarmino y Apolonio*, la más destacada de este grupo, los dos humildes protagonistas simbolizan el problema del conocimiento en su ambivalencia de comprensión y de expresión.

Los críticos, por lo general, suelen valorar más las novelas de este segundo grupo. Sin embargo, Andrés Amorós, gran conocedor de la obra de Pérez de Ayala, puntualiza:

> Indudablemente, las novelas finales están más logradas, son más perfectas y redondas en comparación con las iniciales, mucho más arbitrarias, caóticas y desarregladas. Precisamente porque en su primera época Pérez de Ayala está intentando verter en el molde novelesco todo su problema vital, su insatisfacción personal y social, su terrible pesimismo. Escribiendo estas novelas, Ayala busca una solución y se busca a sí mismo, poniendo su vida entera al tablero. Desde el momento en que adopte una actitud vital estable (nadie sabe a costa de qué renuncias) puede dedicarse a desarrollar con plena maestría artística unos temas que le interesan intelectual y humanamente, pero que ya no afectan a los cimientos de su vida como escritor y como hombre.

Entre sus novelas cortas se encuentran, además de las «novelas poemáticas» citadas, *Bajo el signo de Artemisa* (1924) y *El ombligo del mundo* (1924), volumen que recoge cinco relatos en los que domina lo satírico.

Ayala es autor de numerosísimos artículos periodísticos y de ensayos. En **Las máscaras** (2 volúmenes, 1917 y 1919) reunió un conjunto de trabajos sobre teatro (destaca en ellos su defensa de Arniches, Galdós y los Alvarez Quintero y su aversión por Benavente). En *Política y toros* (1918), dividido en dos partes, se ocupa, respectivamente del mundo al que aluden los dos sustantivos del título. Con respecto a las corridas de toros, puntualizará:

> Si yo fuera dictador de España, suprimiría de una plumada las corridas de toros. Pero, entre tanto que las hay, continúo asistiendo. Las suprimiría, porque opino que son, socialmente, un espectáculo nocivo. Continúo asistiendo, porque, estéticamente, son un espectáculo admirable y porque, individualmente, para mí no son nocivas, antes sobremanera provechosas, como texto donde estudiar la psicología del pueblo español.

En *Herman encadenado* (1917), escrito durante una visita a los frentes durante la Segunda Guerra Mundial, abundan las reflexiones sobre el espíritu y el arte italianos. En 1961 publicó *Amistades y recuerdos,* libro de memorias, y *Fábulas y ciudades.*

Si descartamos algunos poemas de carácter combativo, publicados en revistas de comienzos de siglo, y otros incluidos en sus novelas, su producción poética se recoge en *La paz del sendero* (1904), en el que son evidentes las influencias simbolistas; *El sendero innumerable* (1915) y **El sendero andante** (1921), con poemas escritos desde 1905. El carácter intelectual y el tono narrativo de estas obras alejan a Ayala de las modas literarias de esos años. El mismo confesará: «si la poesía es lo elemental (como dije hace años) y, por tanto, una participación o vislumbre de la conciencia cósmica (como digo ahora), los temas eternos de la poesía son: Dios, Amor y Muerte».

Ediciones

Obras completas, Madrid, Aguilar, 1973. *La pata de la raposa,* ed. Andrés Amorós, Barcelona, Labor, 1970. *Tinieblas en las cumbres,* ed. de A. Amorós, Madrid, Castalia, 1971. *Troteras y danzaderas,* ed. de A. Amorós, Madrid, Castalia, 1973. *Tigre Juan* y *El curandero de su honra,* ed. A. Amorós, Castalia, 1983. *Belarmino y Apolonio,* ed. A. Amorós, Madrid, Cátedra, 1982.

LA NOCHE. LA TARDE

Encontrábase vestido. Se incorporó con esfuerzo y echó pie a tierra. Fue hasta el lavabo, en donde refrigeró la frente, y luego preparó un vaso con cierto brebaje refrescante, que bebió ansiosamente. Se contempló en la luna del armario. Su demacración era grande, pero eran mayores la fatiga y torpor de su espíritu; y así, lo que en pleno equilibrio le hubiera amedrentado, en aquel punto casi le servía de alivio, como nebulosa promesa de próximo y definitivo descanso. Deseaba morirse.

Apartando un grave y tupido cortinaje, salió al taller o estudio contiguo a la alcoba. La estancia daba a un patio de luces y tenía un frente corrido de cristales. La luz era cenicienta, la de un día entoldado.

Alberto, hundiéndose, más que sentándose, en una muelle y profunda butaca, tapizada de áspera tela de alforjas, quiso hacer examen de conciencia.

Poco a poco iba adquiriendo noción de sí propio, situándose en el tiempo. Comenzó a caminar hacia el pasado, a recapitular el pretérito próximo partiendo del presente.

¿Cuántas horas o días había estado durmiendo? Cuando había caído en el lecho, a su lado estaba una mujer, Rosina. ¿Qué había sido de ella? Antes, habían vuelto los dos del puerto de los Pinares, adonde había subido en compañía de unos amigos y unas mozas de partido por contemplar desde paraje a propósito un eclipse total de sol. Y antes aún, él, Alberto, era un mozo a quien el azacaneo de la vida había despojado, prematuramente, una por una, de todas las mentiras vitales, de todas las ilusiones normativas, y para quien habían perdido el carácter de fuerza motriz todas esas palabras que se acostumbran escribir con mayúscula: religión, moral, ciencia, justicia, sabiduría, riqueza, etc., etc. Lo mismo que en la eternidad del firmamento van apagándose las estrellas, dentro de su alma habían ido muriendo todos los grandes luminares de la infancia. Sustentábase tan sólo, puro y sereno en el vacío, un astro, la Belleza, cuyo satélite fiel era la Gloria, la inmortalidad en el recuerdo de los hombres. Pero en el punto crítico del eclipse, cuando, fuera del curso regular de la Naturaleza, las tinieblas se habían derramado sobre la tierra, alcanzáronle también el alma de lleno, de manera que aquel astro espiritual, que aún vivía dentro de su corazón, dejó de lucir, y entonces Alberto comprendió que la belleza era cosa tan humana, perecedera e inane como todo lo otro. Correr en su seguimiento no era menos vano que procurar asir el huracán. Había llegado a ese estado que llamaron los santos de insensibilidad.

Hasta entonces, había buscado en el arte, además de un estímulo, una mitigación de sus cavilaciones, un abrigaño adonde acogerse olvidándose de la vida, como quiere Schopenhauer. Ahora se le presentaba a los ojos del espíritu, con inconcusa certidumbre, la enorme ridiculez del arte, y se avergonzaba de haberse adscrito en serio a un juego tan pueril y vacuo [...]

A través del laborioso proceso sentimental, Alberto había llegado a lo que él juzgaba como última y acendrada concentración del egoísmo, al desasimiento de las pasiones y mutilación de todo deseo desordenado; al soberano bien, al equilibrio, al imperio de sí propio, a la unidad. Su actividad científica y su autodidactismo estático no tenían otro fin que el de intensificar la sensación de la vida, como placer supremo. Y así, a pesar de haberse erigido en centro de todo lo creado, su moral era triste, severa para consigo mismo y tolerante para con los demás. Su estética, a pesar de haber nacido por obra de una aristocrática selección de las ideas, era democrática y elevaba a la dignidad de la belleza todas las cosas naturales. Y en suma, así como su existencia era una llama entre dos sombras, su sistema lindaba de una parte con la escéptica oquedad inicial de donde había surgido, y de la otra, con una oquedad en donde su voz perecedera advertía lejanos ecos místicos. Diferenciando los dos linajes de conocimiento, del sentir y del pensar, y equiparando el placer de vivir a la certidumbre de conocer, había llegado a proyectar una simpatía universal sobre todo lo creado, a amar a todo por igual. En este punto, la mujer no podía ofrecerle otra cosa que el placer sensual y efímero de la degustación, como el manjar que en las fondas pasa de un huésped al otro, o el goce desinteresado de la contemplación, en la propia medida que todo lo existente. No podía consagrar su vida a una mujer, doblar la perpendicularidad de su vida ligándola a otra vida ajena.

(La pata de la raposa.)

VERONICA Y DESDEMONA

Hubo un silencio, que rompió Verónica riendo a carcajadas. Se puso en pie y palmoteó como una niña, revelando infinito contento.

—¿De manera que sois unos bohemios?
—¿Qué quieres decir, Verónica?
—Como esos de los libros y de las novelas y de las óperas. ¡Viva la vida bohemia! Y yo que creí que eran inventos de los papeles y de los escritores... ¡Pero, hijo, si yo he sido loca por todo eso!... Cuando vivíamos en Trujillo, antes de venir a Madrid, leí en el folletín de un periódico la primera cosa de la vida bohemia, y artistas, y qué sé yo... Anda, pues si no hacía más que pensar en Mimí y Museta y aquel Coline [1] tan gracioso... Luego, siempre que veo en los carteles *Bohemios*, si tengo dinero voy al teatro. Me he ganado cada bronca de mi madre... Me sé la música de memoria. —Tarareó unos compases, enarbolando el brazo derecho, y sin dar tiempo a que Alberto le atajase, continuó vertiginosa charloteando—: Pero, chiquillo, los bohemios de las novelas y del teatro viven en buhardillas y no tienen qué ponerse; vosotros, ya, ya; vivís en un palacio, y vestir, no digamos. Mejor es así; una buena casa y luego bohemios. Lo importante es no tener dinero, no saber si se va a comer o no en el día y cantar y recitar versos. ¿Tú qué te creías? Pues te voy a recitar unos versos:

Soy poeta embrujado por rosas lujuriosas
y por el maleficio de la luna espectral.
Mi carne ha macerado con manos fabulosas
uno por uno cada pecado capital.

---

1. Mimí, Museta y Coline son personajes de la ópera *La bohème*, de Puccini. Se representó por vez primera en Madrid en 1898.

En el burgués estulto, mis guedejas undosas
de bohemio suscitan una risa banal;
mas él no advierte, bajo mi mugre, las gloriosas
armas del caballero ungido de ideal.

Son mis magnificencia y fasto principescos;
adoro las manolas y los sueños goyescos;
toda la España añeja triunfa a través de mí.

Con ajenjo de luna mi corazón se embriaga,
y en mi yacija, porque la carne satisfaga,
sus magnolias me ofrenda la princesa Mimí.

Precioso, ¿verdad? «Sus magnolias me ofrenda la princesa Mimí...». ¿Sabes de quién son los versos?
—De cualquiera.
—¿Cómo de cualquiera? ¿Es que no te gustan?
—No es eso, Verónica. Si de un jardín lleno de rosales arrancas una rosa, y me preguntas de qué rosal es esta rosa, ¿qué voy a decirte yo, sino de cualquiera? En la poesía, hijita, hay modas según los tiempos, y todos los poetas a veces parece que se ponen de acuerdo para escribir cosas tan semejantes, que lo mismo da que sean de uno que de otro. Una docena de poetas, por lo menos, conozco yo, que pudieron haber compuesto el soneto que has recitado sin quitarle ni añadirle una tilde. De algunos años a esta parte, querida Verónica, no hay poeta que no está macerado por los siete pecados capitales, lo cual no impide que si se les moteja de envidiosos se ofendan, y la verdad es que no suelen serlo, porque ¿a quién han de envidiar si cada cual se cree por encima del resto de los mortales? Tampoco tienen muchas ocasiones de darse a la gula, y en cuanto a la avaricia... ¡Ojalá fueran un poco avarientos de tropos y símiles, que tan a tontas y locas despilfarran!
—Pero en resumidas cuentas, no has dicho si te gustaron o no los versos que te recité.
—¿Te gustan a ti?
—Me encantan.
—Pues a mí también me gustan.
—Son de Teófilo Pajares. Supongo que le conocerás.
—Sí, sí.
—A ver si me lo presentas un día. Yo me sé de memoria muchos versos de él. Debe de ser un gran tipo, con su melena...
—No tiene melena.
—¿Cómo que no? Entonces, ¿por qué habla de sus guedejas undosas? ¿Guedejas no es lo mismo que melena?

—Sí.
—Oye, pues eso de decir una cosa por otra no está bien. ¿Y quién es su Mimí?
—Yo qué sé...
—A lo mejor tampoco es verdad lo de las magnolias.
—A lo mejor.
—Tú también haces versos. ¿Quieres decirme algunos?
—Yo no sé de memoria mis versos.
—Algunos sabrás. Anda... —suplicó Verónica—. La gravedad de su cara, de ordinario gozosa, era persuasiva. Pero Alberto repugnaba recitar versos propios.
—Vamos a lavarnos las manos.

Después de lavarse retornaron al gabinete. Acomodáronse en sendas butacas a un lado y otro de la encendida salamandra [1 bis].
—Anda, Alberto, sé amable. Dime algún verso tuyo.
—Si no los sé de memoria...
—Alguno sabrás.
—Sólo un pequeño poema. Te lo diré y te aburrirás, porque mis versos no tienen ninguna importancia, como no sea para mí mismo.

Fijó los ojos en el trémulo bermellón de la salamandra y con voz rebajada y algo incierta recitó:

Señor, yo que he sufrido tanto, tanto,
que de la vida tuve miedo,
y he comido mi pan húmedo en llanto
y he bebido mi vino acedo;
yo que purgué pecados ancestrales,
delitos arrastrados del antaño,
y la cosecha negra, de fatales
simientes, a estas horas aguadaño [2];
Señor, si es que tu mano justiciera
el humano torrente
del placer y el dolor tasa y pondera
en cada vida equitativamente,
dame la paz que he merecido. Aleja
de mis labios el pámpano en agraz.
Dame la uva ya en sazón, bermeja
en sus dulces entrañas. Dame paz.
Dame el suave manjar de la alegría
por una vez siquiera.
Dame la compañía
de la que debe ser mi compañera.
Buscaremos un rústico descanso;
que allí nuestra oración, como un
[incienso,
suba en el aire manso
del firmamento inmenso.

---

1 bis. Especie de calorífero de combustión lenta.

2. De *guadañar*: segar el heno o hierba con la guadaña.

EL NOVECENTISMO

Una casa no más, de aldeana esquiveza,
con un huerto a la espalda, y en el
　　　　　　　　　　　　　　[huerto un laurel,
y un fiel regazo en donde recline mi
　　　　　　　　　　　　　　　　[cabeza,
y por la noche un libro y una boca de
　　　　　　　　　　　　　　　　　[miel.
Y además, que las rosas, de corazón
　　　　　　　　　　　　　　　　[riente,
canten todo a lo largo de las sendas
　　　　　　　　　　　　　　　　[del huerto,
y la boca y las rosas yazgan sobre mi
　　　　　　　　　　　　　　　　　[frente
cuando ya esté cumplida mi labor y yo
　　　　　　　　　　　　　　　　　[muerto.

Verónica se estuvo sin hablar largo tiempo, meditando sobre lo que había oído. Habló después:

—Si no he entendido mal, tú quisieras vivir lejos del mundo, con tu mujer, solos en la aldea. ¿Te cansa la gente?

—Un poco.

—Y todo eso que aseguras en los versos, de querer ir a vivir solo, ¿es verdad?

—Por lo menos lo era cuando los escribí. Y ahora, al recordarlos, vuelve a ser verdad.

—Tienes razón; eso debe de ser una felicidad. —Y exaltándose de pronto: —Pero no digas, la vida de bohemia... Nada, que yo no vuelvo a mi casa. Que lo gane Pilarcita, que ya está en edad. Yo me quedo a vivir con vosotros, a ser Mimí, a pasar apuros y a gozar... Si era mi ideal ese...

—Voy a contarte lo que le pasó a un francés que se llamaba M. Jourdain. Este señor se enteró, cuando ya era una persona mayor, de lo que era prosa, y, muy maravillado, dice: «¿Es decir, que he estado hablando en prosa toda mi vida sin saberlo?» Otro tanto te ocurre a ti. No te molestes en quedarte con nosotros a hacer vida de bohemia, porque toda tu vida la has estado haciendo sin saberlo. No tener dinero, hija mía, no puede ser un ideal, y menos no tenerlo y desearlo, que esto es la bohemia, y ser perezoso e inútil para conseguirlo o crearlo. Mientras vivas en España, Verónica, harás vida de bohemia, porque vivirás entre gente miserable, holgazana e inútil, sin fortuna y con ambición, sin trabajo y con lotería nacional.

(Troteras y danzaderas.)

RUA RUERA, VISTA DESDE DOS LADOS

Ahora mismo me apercibía yo a describir la Rúa Ruera, de la muy ilustre y veterana ciudad de Pilares, en donde vivía Belarmino Pinto, llamado también monxú Codorniú, zapatero y filósofo bilateral, cuando, al pronto, en el umbral u orilla de mi conciencia, se yergue el espectro de don Amaranto de Fraile, enarbolando un tenedor de peltre, que a mí se me ha figurado tridente de Caronte, ese Neptuno del mar de la eternidad. Como Bruto a la silueta de César en la tragedia shakesperiana, digo a la sombra incorpórea del excelente don Amaranto:

—¡Speak! ¡Speak [3]!

Y la sombra rompe a hablar, con la propia gracia y penetración que hace tantos años me deleitaban:

—¿Vas a describir la Rúa Ruera? ¿Vas a describirla, o vas a pintarla? —Advierto dos novedades. Primera, que don Amaranto ahora me trata de tú. Segunda, que la voz se le ha ahilado y suena como la de un eunuco. Prosigue la voz: —Los cíclopes veían el mundo superficialmente, porque sólo tenían un ojo. Los cíclopes, por ver el mundo superficialmente, quisieron asaltar el Olimpo; pero los dioses los precipitaron en el hondo Tártaro. —Don Amaranto siempre con sus mitologías—. El novelista es como un pequeño cíclope, esto es, como un cíclope que no es cíclope. Sólo tiene de cíclope la visión superficial y el empeño sacrílego de ocupar la mansión de los dioses, pues a nada menos aspira el novelista que a crear un breve universo, que no otra cosa pretende ser la novela. El hombre, con ser más mezquino, aventaja al cíclope, a causa de poseer dos ojos con que ve en profundidad el mundo sensible. Ahora bien, describir es como ver con un ojo, paseándolo por la superficie de un plano, porque las imágenes son sucesivas en el tiempo, y no se funden, ni superponen, ni, por tanto, adquieren profundidad. En cambio, la visión propia del hombre, que es la visión diafenomenal, como

---
3. En realidad, Bruto, en la escena última del acto IV de *Julio César*, de Shakespeare, dice a la sombra de César: «Speack to me what thou art».

quiera que, por enfocar el objeto con cada ojo desde un lado, lo penetra en ángulo y recibe dos imágenes laterales que se confunden en una imagen central, es una visión en profundidad. El novelista, en cuanto hombre, ve las cosas estereoscópicamente, en profundidad; pero, en cuanto artista, está desprovisto de medios con que reproducir su visión. No puede pintar: únicamente puede describir, enumerar. La misión de ver con mayor profundidad, delicadeza y emoción y enseñar a los otros a ver de la propia suerte, le toca al pintor. La maldición originaria del novelista cífrase en que necesariamente se ha de extender sobre sinnúmero de objetos. El pintor, por el contrario, escoge un solo objeto, o, si tomas varios, los agrupa en reducido espacio, los concentra y sensibiliza. El pintor, a la inversa del novelista, no se deja dominar por la vastedad del objeto, sino que lo domina. Que sea el objeto vértice del ángulo de visión del pintor, y no el pintor vértice del ángulo de contemplación del panorama, como lo es el novelista. El pintor que pinta cuadros de más de dos metros cuadrados, es inexorablemente un pintor superficial. La cuestión, para el pintor de grandes dimensiones, es de concepto; de que se dé cuenta de que debe ser artísticamente superficial, o de que sea superficial e inartístico sin darse cuenta. Los famosos pintores de frescos, así antiguos como modernos, dándose cuenta de esto, pintaron por largos planos, con tintas monótonas, esquivando la sensación obvia de volumen y profundidad; fueron deliberadamente superficiales.

Yo interrumpo a la sombra locuaz, de voz de eunuco:

—En la iglesia vecina ha sonado el *Angelus* meridiano. En una hora interrumpiré mi trabajo. Si te escuchase, jamás haría otra cosa que dejarme arrastrar en el curso ocioso de la deleitación discursiva. Dime, en resolución, cómo he de describir la Rúa Ruera, y que te plazca la descripción.

—No describiéndola. Busca la visión diafenomenal. Inhíbite en tu persona de novelista. Haz que otras dos personas la vean al propio tiempo, desde ángulos laterales contrapuestos. Recuerda si en alguna ocasión te aconteció ser testigo presencial de cómo ese mismo objeto, la Rúa Ruera, suscitó duplicidad de imágenes e impresiones en dos observadores de genio contradictorio; y tú ahora amalgama aquellas imágenes e impresiones.

EL FILOSOFO Y EL DRAMATURGO

El menaje profesional de Belarmino se reducía a los más indispensables utensilios de zapatería, de los cuales don Restituto le había hecho graciosa donación: unas pinzas, un rebote de correderas, una gubia [4], un desborrador americano, un rodillo de picar, un sacabocados [4 bis], varias leznas y un torno de montar con horma de hierro. El torno era remedo y trasunto fiel de un caballejo; recordaba a Clavileño, si bien de correspondencia equina más semejante que la volátil cabalgadura del manchego. El tronco era realmente un tronco, un leño robusto asentado sobre cuatro patas, más ancho por la grupa que por los pechos, y sobre ellos se levantaba una tabla ancha y delgada, a manera de cuello, en donde encajaba, con juego articulado y la planta hacia arriba, una horma de hierro, que vista de perfil era enteramente una cabeza de caballo. Montado sobre este diminuto caballete Berlarmino se pasaba la vida. Primeramente, de recién instalado en su cuchitril, hacía alguno que otro par de borceguíes para los criados de la casa y para los frailes. Luego fue abandonando poco a poco este linaje de trabajo y se dedicó a composturas. Un día se dijo: «Ya soy remendón de portal», y se le llenó el alma de gozo, como si hubiera conseguido al fin una posición firme largo tiempo anhelada. Trabajaba con intervalos; los ratos de trabajo, cada vez más leves, y los intervalos, cada vez más largos. En estos intervalos leía, apoyando el libro sobre la horma de hierro, y tomaba notas en el cuadernito de

---

4. Formón delgado que usan los carpinteros, ebanistas, grabadores y otros artesanos para labrar superficies curvas y acanaladas.

4 bis. *Desborrador:* aparato para quitar la borra. *Sacabocados:* instrumento de hierro, calzado de acero, con boca hueca y cortes afilados, que sirve para taladrar.

R. Pérez de Ayala con Gregorio Marañón, en París (1938).

hule. En ocasiones meditaba, ajenado [5] de la realidad externa, siguiendo con los ojos formas sólo visibles para él, que cruzaban por el aire. Leía a su modo, conforme a un método original. El diccionario, en su opinión, era epítome [6] del universo, prontuario sucinto de todas las cosas terrenales y celestiales, clave con que descifrar los más insospechados enigmas. La cuestión era penetrar esa clave secreta, desarrollar ese prontuario, abarcar de una ojeada ese epítome. En el diccionario está todo, porque están todas las palabras; luego están todas las cosas, porque la cosa y la palabra es uno mismo; nacen las cosas cuando nacen las palabras; sin palabras no hay cosas, o si las hay, es como si no las hubiese, porque la cosa no existe por sí ni para otras cosas —por ejemplo, una mesa no sabe que existe, ni la mesa existe para una silla, porque la silla no sabe de la existencia de la mesa—, sino que existe solamente para un *Inteleto* que la conoce, y en cuanto que la conoce, le da un nombre, le pone una palabra. Conocer es crear, y crear conocer. Todo lo anterior es un fragmento de las especulaciones belarminianas. ¡Lo que hace la prolongada actitud sedentaria y el ocio discursivo!... Los filósofos son hombres en cuclillas, incluso el peripato, que si explicaba paseando, encuclillado edificó su sistema. Prosigue. Dedúcese que si el diccionario es todo aquello que hemos dicho, diccionario vale tanto como cosmos. Belarmino, en virtud de la reciprocidad de entrambos vocablos, y para evitar confusiones, había fijado a la inversa, para su uso, el empleo y significación de cada uno de ellos, y cuando decía el cosmos, quería decir el diccionario, y cuando decía el diccionario, quería dar a entender el universo. Si le pedía a Angustias que le diese el cosmos, la niña, por experiencia, ya sabía que le tenía que entregar aquel libraco, el cual, para ella, eran tan lógico que se llamase cosmos como que se llamase diccionario. Pero —prosigue la especulación belarminiana— así como la mayoría de los hombres viven en el diccionario —es decir, en el mundo—, sin enterarse de que viven, así también consultan y leen el cosmos —es decir, el diccionario—, sin enterarse de lo que leen. Vivir es conocer, y conocer es crear, dar un nombre. Cuando un hombre llama árbol a un árbol porque le ha oído llamar así, ese hombre no conoce el árbol ni sabe lo que dice; si conociese al árbol, lo hubiera creado él mismo, le hubiera dado un nuevo nombre. Y ahora viene lo más sutil de la especulación belarminiana. En el cosmos —es decir, en el diccionario— están los nombres de todas las cosas, pero están mal aplicados, porque están aplicados según costumbre mecánica y en forma que, lejos de provocar un acto de conocimiento y de creación, favorecen la rutina, la ignorancia, la estupidez, la charlatanería gárrula y el discurso vulgar, vacío y memorista. Están los nombres en el cosmos —es decir, en el diccionario— como aves en jaula, o como vivos narcotizados y escondidos en sepulcros con siete sellos. Belarmino hallaba una manera de placer místico, un a modo de comunicación directa con lo absoluto e íntima percepción de la esencia de las cosas cuando rompía los sellos sepulcrales para que se alzasen los vivos enterrados, y abría las jaulas para que las aves saliesen volando. Leía las palabras del cosmos —es decir, del diccionario—, evitando, con el mayor escrúpulo, que rozasen sus ojos la definición de que iban acompañadas. Leía una; en rigor, no es que la leyese, la veía, materialmente, escapándose de los pajizos folios, caminar sobre el pavimento, o volar en el aire, o diluirse nebulosamente en

---
5. Enajenado.
6. Resumen o compendio.

el techo. Unas veces eran seres; otras eran cosas; otras, conceptos e ideas; otras, sensaciones de los sentidos; otras, delicadas emociones. Tal vez se producían resultados que, para un espíritu superficial, pudieran parecer cómicos; pero, en el fondo, todo era muy serio. *Camello,* decía el cosmos —es decir, el diccionario—; y Belarmino veía, en efecto, brotar de la página el dicho cuadrúpedo rumiante, aunque muy mermado de proporciones, y salir andando despaciosamente por el piso; pero a los pocos pasos el perfil de la bestia, ya de suyo sinuoso, se deformaba más todavía, evolucionaba, se transformaba; el animal se ponía en dos pies, aparecía vestido con uniforme; la cabeza, sin perder la expresión primitiva, tomaba rasgos humanos; las jorobas se convertían en alforjas, que colgaban al pecho y espalda, y de una de las bolsas salía un gran cartapacio. Belarmino acababa de comprender un ser del diccionario —es decir, del mundo sensible—, y, por conocerlo, había creado una nueva palabra. Camello, de allí en adelante, significaría para él ministro de la Corona. Dromedario significaba sacerdote o ministro del Señor, después de un proceso evolutivo semejante. No se crea que en el léxico belarminiano las voces dromedario y camello entrañaban intención contumeliosa[7] o despectiva; antes al contrario, implicaban admirativa comprensión. Aludían al desierto de indiferencia en que se mueven así el gobernante como el sacerdote, a la sobriedad que practican o deben practicar, a la pesada carga que conducen a hombros, y, finalmente, la joroba simbolizaba la responsabilidad que llevan adherida a la propia espina dorsal, y que en el gobernante es doble, para con Dios y para con los hombres, y en el sacerdote sencilla, sólo para con Dios. Y de aquí, joroba: responsabilidad; un nuevo acto de creación en el cosmos —es decir, en el diccionario— de Belarmino. Otras palabras le producían únicamente sensación de cualidades físicas. Pero las palabras que con mayor ansiedad perseguía, las que le transían de entusiasmo en comprendiéndolas y creándolas, eran aquellas que a él se le antojaban términos filosóficos y que, por ende, expresaban un concepto inmaterial: *metempsícosis, escolástico, escorbútico,* etc., etc. Después de una revelación no poco difícil de interpretar, Belarmino había definido así aquellos tres términos: *metempsícosis,* es lo mismo que intríngulis indescifrable, lo incognoscible, *das ding an sich* de Kant, y viene de psicosis, o sea intríngulis, y mete, introduce, esconde; meter intríngulis en las apariencias sencillas. *Escolástico* es el que sigue irracionalmente opiniones ajenas, como la cola de los irracionales sigue al cuerpo. *Escorbútico* vale tanto como pesimismo, y viene de cuervo, pájaro sombrío y de mal agüero. ¡Era mucho hombre aquel Belarmino!

(Belarmino y Apolonio.
Capítulos II y V.)

---
7. Afrentoso, injurioso, ofensivo.

EL LIBERALISMO Y LA LOCA DE LA CASA

Espíritu liberal es la fuerte aspiración hacia una colmada plenitud. ¿Y qué es esto sino riqueza, de cualquier orden que sea; que no es la abundancia económica la sola riqueza? Y ¿cómo lograremos ese estado de dominio copioso sin la perseverancia del esfuerzo, o sea trabajo? Mas el trabajo, ¿cómo ha de ofrecer su máximo rendimiento ni granjear la totalidad del fruto, si se lo estorban, si él no goza de libertad? Y si, por ventura, esfuerzo y libertad acarrean el premio merecido; si el trabajo ve rellena su troje, ¿cómo no ha de sentirse en alguna manera dadivoso del fruto, esto es, liberal? Veis, pues, que este epíteto de «liberal» tan hermanado va con la riqueza, que, por ser rico, hasta es rico en acepciones. Salud, fuerza, voluntad, tolerancia, orden, progreso, prosperidad, generosidad; todos estos y otros muchos conceptos se hallan implícitos dentro del concepto de lo «liberal».

Al tomar *La loca de la casa* como instrumento para una ligera exégesis del liberalismo, no hemos querido dar a entender que el resto de las obras galdosianas no estén de la propia suerte fraguadas en el seno del espíritu liberal. Lo que ocurre es que esta comedia nos abre el camino particularmente breve y derecho para llegar al cabo de nuestra intención.

En rigor, y tomando el espíritu liberal en su más extensa acepción, novela y drama son las dos maneras que tiene de manifestarse dentro del arte literario. No hay dechado, ni obra excelente, ni siquiera artística, en estos géneros, si no está inspirada por el espíritu liberal y en él embebida. Se achacará esta opinión mía a estrechez de miras, a sectarismo. Nada más lejos de la verdad. Procuraré explicarme.

Novela y drama son las dos únicas formas de arte que se corresponden con la vida, tomada ésta en toda su integridad. Esto es evidente, y no exige ser demostrado. En la pintura, se contiene la vida tal como se ve con los ojos; en la escultura, tal como se palpa con las manos; en la música, tal como se oye con los oídos; en la lírica, tal como se siente con el corazón. En todas estas artes, la vida está como mutilada. Pero en la novela y el drama, la vida y su marco el universo se contienen tales como son, por entero y en su armonía suprema. Y así, si hay algún arte que deba llevar el nombre de creación será la novela o el drama, porque uno y otro son como epítome y trasunto compendiado de la gran creación divina. Pero esta creación divina, ¿cómo es? Adviértase que pregunto «cómo es», y no «cómo nos gustaría y nos convendría que fuese». Si un cordero se tropieza con un lobo, sin duda que al cordero le gustaría no haberse tropezado con el lobo, y le convendría que no hubiera lobos en el mundo. Pero, de su parte, al lobo le gusta y le conviene que haya corderos, y darse de manos a boca con ellos. He aquí un conflicto dramático rudimentario. En este pequeño drama, que es, ni más ni menos, que todo el drama de la historia, todo el drama de la vida y todo el drama del arte, nos es muy fácil descubrir en qué consiste el espíritu liberal. Si adoptamos un criterio de mansedumbre y adscribimos nuestra simpatía sentimental hacia el cordero, fallaremos que en este conflicto el lobo es un mal bicho que no tiene razón ninguna de existir. Si, por el contrario, nos ponemos del lado del lobo, celebraremos que se engulla el cordero y diremos que el cordero no tiene derecho a vivir, sino que ha nacido para que se lo coma un lobo o un hombre. Nos encontramos, pues, enfrente de dos morales: la moral de los débiles y la moral de los fuertes. Bien está que en la conducta adoptemos una u otra de estas morales, según se tercie y nos convenga. Pero, en este momento, no tratamos de inquirir normas de conducta y conveniencia, sino el cómo es realmente la vida. Para el cordero, la moral lobuna es mala. Y, viceversa, para el lobo, es mala la moral corderil. Pero, si bien se mira, no son malos ni el lobo ni el cordero en este caso. Porque, ¿pueden ellos sacudir la fatalidad a que han nacido sujetos? ¿Está en su albedrío mudar de naturaleza? Tan no son malos ni el uno ni el otro, que, después de pensarlo bien, decidiremos que el mejor lobo es el más carnicero y el mejor cordero el más manso. Esto es, que los mejores —lo mismo seres que cosas— son aquellos que más lejos llevan su propia fatalidad, aquellos que más desarrollan su propia naturaleza, los más estilizados. El mejor veneno es aquel que sobrepuja y repele toda suerte de contravenenos. El mejor contraveneno es aquel que destruye toda ponzoña. Cuando se menciona a los dos ladrones crucificados a diestra y siniestra de nuestro Redentor, se incurre, ordinariamente, en anfibología de concepto y defecto de dicción. Dimas, el que se conoce por el «buen ladrón», es precisamente el mal ladrón; por eso fue santo. Malo en cuanto ladrón, por haberse arrepentido; tan mal ladrón como mal cuchillo el que se mella, aun cuando sirva para espátula. Lo que se quiere significar es que aquel mal ladrón era un buen hombre. Pero la denominación es tan defectuosa y arbitraria como si de un remendón chabacano, por lo demás intachable en su vida privada y familiar, dijéramos «el buen zapatero».

Procuremos ahora extraer algún corolario de todos los ejemplos anteriores. Observamos que, en la creación, cada ser y cada cosa, tomados individualmente, obedece a una fatalidad que le ha sido impuesta; cada ser y cada cosa no es sino la manera aparente de obrar de un principio elemental, cuya última raíz se alimenta de la sustancia misteriosa del Creador. Pues esta conciencia de los elementales, es el espíritu liberal. El lobo es antipático a la oveja, y la oveja es antipática al lobo. Pero con perspectiva dilatada, más arriba aún de la estrella Sirio, desde el sitial de la voluntad divina que los creó a ambos, desde el manantial de origen, oveja y lobo son amables en la misma medida. Pues esta simpatía cordial con cuanto existe, es espíritu liberal. Tanto derecho tiene la oveja a no dejarse devorar,

RAMON PEREZ DE AYALA

como el lobo a devorarla. Por eso dijo un filósofo, con gran penetración, que «el drama de la vida y de la historia no está planteado entre lo justo y lo injusto, sino entre dos manera contradictorias de justicia». Pues esta creencia en la justicia que a cada cual asiste de ser como es, y el respeto a todas las maneras de ser, esto es espíritu liberal. Todo es bueno en cuanto obedece a su naturaleza y cumple el fin a que está destinado. Lo mejor es lo más eficaz, dentro de su acción, oficio y menester. Pues este buen deseo de que la infinita diversidad de actividades logren el máximo desarrollo y eficacia, es espíritu liberal. Así es la creación, así es el mundo, así es la vida, así es una buena novela, así es un buen drama [...]

Figuraos que un dragón de siete cabezas y un chorlito se encuentran por primera vez. El chorlito piensa: «¡Qué absurdo! Tiene siete cabezas.» Y de su lado, el dragón dice entre sí: «¡Qué absurdo! No tiene más que una cabeza, y ésa, diminuta.» Pero el creador juzga al dragón conforme a la ley de los dragones, y al chorlito, conforme a la ley de los chorlitos; a cada cual según su ley. En esto se asemejan el novelista y el dramaturgo a Dios. El espíritu liberal y la facultad creadora vienen a ser una cosa misma. El Creador imprime en el tuétano o más encerrada sustancia de cada criatura un anhelo simple, un elemental, una ley o arquetipo. Según se acerque más o menos a la plenitud de su arquetipo, afirmando su propia ley íntima, cada criatura es más o menos buena, sobrentendiéndose que siempre es buena en alguna proporción. Bondad vale tanto como derecho que cada cual tiene a existir tal como es. El espíritu liberal o facultad creadora procura como fin excelso y único de la vida la plena expansión de la personalidad, de cada personalidad. Y veréis cómo aspirando cada ser y cosa a esta plena expansión de la personalidad, y cómo siendo innumerables y contrarias las unas a las otras, cuanto más se acusen las diversas personalidades y con más claridad se defina la oposición, con tanta mayor naturalidad sobrevendrá la solución o el equilibrio de tendencias y leyes entre sí adversas, de donde se concierta la gran armonía universal.

(*Las máscaras.*)

FILOSOFIA

    Agua en cestillo;
llanto femenino;
congoja de niño.
Todo es uno y lo mismo.
    Granazón de trigo;
simiente en silo;
moler de molino.
Todo es uno y lo mismo.
    Mayo florido;
sol de estío;
otoño fructífero;
hielo invernizo.
Todo es uno y lo mismo.
    Beso furtivo;
carnal deliquio;
ebriedad de vino.
Todo es uno y lo mismo.
    Canario de trino;
rana en paroxismo;
cigarrón [8] estrídulo [9];
canicular grillo;
ruiseñor, ¿sublime?, ¿ridículo?
Mozart cristalino;
el ciego del guitarrillo.
Todo es uno y lo mismo.
    Príncipe o mendigo;
tabardo harapiento o armiño;
burdeos, borgoña o tintillo.
Todo es uno y lo mismo.
Bermellón, añil o amarillo.
    Vuelo de las aves —auspicios—;
velas en el horizonte marino;
rodar de las aguas del río;
son de campanas —entierro o bautizo—;
humo, nube, sombra, eco indistinto.
Todo es uno y lo mismo.
    Todo es fugitivo,
todo es efímero,
ante el Infinito.
Pero, al tiempo mismo,
todo es divino;
cabos, hebras, hilos
de un solo ovillo;
el Infinito.
En un nudo se enlazan innumerables hilos.
En el punto que pisas, se cruzan todos los caminos.
Todo es necesario y todo es preciso.
Por lo tanto, amigos,

---

8. Aumentativo de cigarra.
9. Que produce un ruido estridente.

EL NOVECENTISMO

besemos sin tino
el labio encendido,
bebamos el vino,
sembremos el trigo.
Tripulemos un navío
rumbo a lo desconocido,
flotemos en el caudal del río,
elevemos los ojos al Olimpo,
y hundamos los pies en el abismo,
gocemos del rosal y del árbol frutecido,
de los crepúsculos indecisos
—matutinos y vespertino—
del mediodía, y cuando la noche está por filo,
del calor perezoso, del vigoroso frío,
lloremos llanto femenino,
sintamos congojas de niño,
cojamos agua en cestillo.
Mañana haremos lo mismo,
... si mañana vivimos.
Un instante vivido
es compendio de siglos.
    Así pensó el egoísta exquisito;
el esteta así dijo;
así quieren el desalentado y el místico.
Y replicó un murmullo íntimo:
«Todo es necesario y preciso;
PERO todo a su tiempo debido
y cada cosa en su sitio;
desnudo el pecho, las sienes en Sirio,
la planta acaso en el limo.
¿Totalidad? Sueño imposible. *Harmonía.*
[Apuntad a ese hito.
¡Lo justo y lo harmonioso; uno y lo mismo!»

(*El sendero andante.*)

JOSE ORTEGA Y GASSET

Nació en Madrid en 1883. Estudió Filosofía y Letras. Amplió estudios en Alemania. En 1910 obtuvo la cátedra de Metafísica de la Universidad de Madrid. En 1923 fundó la *Revista de Occidente,* una de las más prestigiosas publicaciones europeas de su tiempo. En las postrimerías del régimen monárquico encabezó un grupo heterogéneo de intelectuales que se autodenominó «Al servicio de la república». A partir de 1931 intervino, como diputado a Cortes, en la política activa, de la que pronto se distanció. En 1936, al estallar la guerra, abandonó España. Hasta 1945 vivió en diversos países de América y de Europa. En 1948 fundó en Madrid un Instituto de Humanidades con la colaboración de sus más destacados discípulos. Murió en esta ciudad en 1955.

Ortega es el filósofo español más importante de este siglo. En su vasta obra vertió también los más diversos puntos de vista sobre historia, estética, literatura, ciencia y sociología. Tampoco faltan en ella las meditaciones sobre el ser de España y de los españoles.

Aunque el estudio de sus ideas corresponde al campo de la filosofía, señalemos brevemente que la base de su pensamiento se encuentra en la consideración de la vida humana como «realidad radical». Ortega se formula la pregunta de cuál puede ser esta realidad radical del hombre, a la que han de referirse todas las otras realidades. Insatisfecho con las soluciones dadas por la filosofía tradicional, en su doble forma de idealismo y realismo, señala una tercera vía: *la razón vital. Mi* vida (la *tuya,* etc., no una vida-abstracción) no es sustancia, como el yo del idealismo, sino quehacer, un entretejimiento con las cosas, del que cada uno es responsable, porque siempre y necesariamente es producto de la propia elección libre. Pero en la vida está también, como el otro polo de la filosofía orteguiana, la razón; no en oposición dialéctica, sino en necesaria coexistencia. Ortega define su filosofía como «filosofía de la razón vital», es decir, una superación del racionalismo sin caer en el irracionalismo. «El tema del tiempo de Sócrates —precisará— consistía, pues, en el intento de desalojar la vida espontánea para suplantarla con la pura razón... *El tema de nuestro tiempo* consiste en someter a razón la vitalidad, localizarla dentro de lo biológico, supeditarla a lo espontáneo». Pero vivir no es ni pensar ni ser solo, sino también estar en el mundo, en determinadas circunstancias. De ahí el famoso principio: «Yo soy yo y mi circunstancia». Toda acción, todo conocimiento, están inscritos en una circunstancia vital, e implican una perspectiva, que nunca puede ser absoluta. La razón vital tiene que ser, como la realidad que refleja, histórica. El hombre queda encardinado en la vida, y como ésta cambia con el fluir del tiempo, también deberá quedar incardinado en la historia.

JOSE ORTEGA Y GASSET

Sus obras más conocidas, en las que destaca una admirable claridad expositiva, son las siguientes: **Meditaciones del Quijote** (1914), los ocho volúmenes de **El espectador** (1916-1934), conjunto de ensayos sobre temas muy diversos; **España invertebrada** (1921), **El tema de nuestro tiempo** (1923), **La deshumanización del arte** (1925), *Espíritu de la letra* (1927), **La rebelión de las masas** (1929), *En torno a Galileo* (1933), *Estudios sobre el amor* (1939), *Papeles sobre Velázquez y Goya* (1950), *La idea de principio en Leibnitz*, publicada, póstumamente, en 1958.

En *España invertebrada*, Ortega medita sobre la decadencia de España. Sin embargo, a diferencia de los escritores del 98, niega esa decadencia, por considerar que nunca hubo esplendor ni plenitud. España es un pueblo cuya vida se ha frustrado secularmente por culpa, sobre todo, de una enfermedad crónica: la «aristofobia u odio a los mejores». Como forma de «purificación y mejoramiento étnico» del pueblo mismo, Ortega propone el gobierno de una minoría selecta.

En *La rebelión de las masas* considera que las masas han demostrado con creces su carácter acomodaticio, su falta de ideales y su anhelo de ser «como todo el mundo», de no diferenciarse de los demás. Las masas han ocupado los puestos sociales destacados, desplazando a las minorías dirigentes y rebelándose contra su propio destino, que no es otro que el de dejarse dirigir. Sólo hay una forma de gobierno aceptable: el de las minorías selectas. Estas son las únicas que pueden y saben crear, porque «crear es enaltecer, elevar, y la faena del hombre masa se caracteriza por el instinto de relajamiento, de nivelación, de indiferenciación». El hombre egregio es el solo factor determinante de la historia, es el protagonista; la masa es el coro. El arte, la política, la ciencia, la industria se han plegado a las cortas miras de las masas. De ahí el que la humanidad, cada vez más dotada de adelantos materiales, se encamine hacia la barbarie.

En *La deshumanización del arte,* Ortega, al mismo tiempo que resume las características de las tendencias artísticas innovadoras del siglo XX, les da un espaldarazo definitivo.

Ediciones

Obras completas, 12 volúmenes, Madrid, Alianza, 1983. *Meditaciones del Quijote,* edición de Julián Marías, Madrid, Cátedra, 1984.

TIERRAS DE CASTILLA

Notas de andar y de ver. II

...Es una alborada limpia sobre los tonos rosa y cárdeno del poblado de Sigüenza. Quedan en el cielo unos restos de luna que pronto el sol reabsorberá. Es este morir de la luna en pleno día una escena de superior romanticismo. Nunca más tierna la apariencia del dulce astro meditabundo. Es una manchita de leche sobre el haz terso del cielo, una de esas fresas blancas que traen de nacimiento algunas muchachas en su pecho.

La mula torda sobre que hago camino alarga sus brazos sobre el polvo calcáreo de la carretera. Delante va cargada de vianda otra mula castaña, de orejas lacias y el andar mohíno, una pobre mula maltraída, más vieja que un Padre de la Iglesia. Sobre ella, vestido de pardo y tocado con la gorra de piel de conejo, acomodado en las enormes aguaderas, entre sombrillas y bastones y tres pies fotográficos que dan a la bestia un aspecto de roto bergantín, navega Rodrigálvarez. Rodrigálvarez es un nombre que parece arrancado al poema de quien voy siguiendo las trazas...

Mynaya Albar Fáñez, que Çorita mandó,
Martín Antolínez, el Burgalés de pro,
Muño Gustioz, que so criado fo.
Martín Muñoz, el que mandó a Mont Mayor,
Albar Albarez e Albar Salvadórez...

(Versos 735-739.)

Sin embargo, Rodrigálvarez es un vaquero de Sigüenza que se ha prestado a conducirme por los senderos de esta tierra. Dicen que nadie como él conoce los caminos. Ya veremos.

Entre chopos y olmos sigue la carretera el curso del Henares —un hilo imperceptible de agua que corre por un caz [1]—. A ambos lados unas pobres huertas lo ocultan con sus mimbreras.

Estas salidas, muy de mañana, por los campos fuertes tienen un dejo de voluptuo-

---
[1]. Canal para tomar el agua y conducirla adonde es aprovechada.

...sidad erótica. Nos parece que somos los primeros en hendir a nuestro paso el aire puesto sobre el paisaje, y este mismo parece que se abre a nosotros con el poco de resistencia necesario para que nos percatemos de que somos los que rompemos esta vía hacia su corazón.

Al volver atrás la mirada por ver el trecho que llevamos andado, Sigüenza, la viejísima ciudad episcopal, aparece rampando por una ancha ladera, a poca distancia del talud que cierra por el lado frontero el valle. En lo más alto el castillo lleno de heridas, con sus paredones blancos y unas torrecillas cuadradas, cubiertas con un airoso casquete. En el centro del caserío se incorpora la catedral, del siglo XII.

Las catedrales románicas fueron construidas en España al compás que hacían las espadas cayendo sobre los cuerpos de los moros.

Sigüenza fue bastante tiempo lugar fronterizo, avanzada en tierra de musulmanes. Por eso, como en Avila, tuvo la catedral que ser a la vez castillo; sus dos torres cuadradas, anchas, recias, brunas, avanzan hacia el firmamento, pero sin huir de la tierra, como acontece con las góticas. No se sabe qué preocupaba más a sus constructores: si ganar el cielo o no perder la tierra.

Esta indecisión a que me invita el par de torres bárbaras que ahora veo coronar el municipio seguntino es muy de mi sabor. Vivimos entre antítesis: la religión se opone a la ciencia, la virtud al placer, la sensibilidad fina y estudiada al buen vivir espontáneo, la idea a la mujer, el arte al pensamiento... Alguien, al ponernos sobre el planeta, ha tenido el propósito de que sea nuestro corazón una máquina de preferir. Nos pasamos la vida eligiendo entre *lo uno o lo otro*. ¡Un penoso destino! ¡Prolongada, insistente tragedia! Sí, tragedia: porque preferir supone reconocer ambos términos sometidos a elección como bienes, como valores positivos. Y aunque elijamos lo que nos parece mejor, siempre dejamos en nuestra apetencia un hueco que debió llenarse con aquel otro bien pospuesto.

Ahora bien: las gentes suelen mostrarse demasiado presurosas en decidirse por lo mejor, olvidan que cada acto de preferencia abre, a la vez, una oquedad en nuestra alma. No, no prefiramos; mejor dicho, prefiramos no preferir. No renunciemos de buen ánimo a gozar de *lo uno y de lo otro*: religión y ciencia, virtud y placer, cielo y tierra... Cierto que hasta ahora no se han resuelto las antítesis; pero cada hombre debe pensar que él es el llamado a resolverlas.

La catedral de Sigüenza, toda oliveña y rosa a la hora de amanecer, parece sobre la tierra quebrada, tormentosa, un bajel secular que llega bogando hacia mí, trayéndome esta sugestión castiza en el viril de su tabernáculo.

La vida cobra sentido cuando se hace de ella una aspiración a no renunciar a nada.

(*El espectador*, I.)

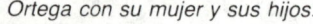

Ortega con su mujer y sus hijos.

DEMOCRACIA MORBOSA

A Nietzsche debemos el descubrimiento del mecanismo que funciona en la conciencia pública degenerada: le llamó *ressentiment*. Cuando un hombre se siente a sí mismo inferior por carecer de ciertas calidades —inteligencia o valor o elegancia— procura indirectamente afirmarse ante su propia vista negando la excelencia de esas cualidades. Como ha indicado finamente un glosador de Nietzsche, no se trata del caso de la zorra y las uvas. La zorra sigue estimando como lo mejor la madurez en el fruto y se contenta con negar esa estimable condición a las uvas demasiado altas. El «resentido» va más allá: odia la madurez y prefiere lo agraz. Es la total inversión de los valores: lo superior, precisamente por serlo, padece una *capitis diminutio*, y en su lugar triunfa lo inferior.

(*El espectador*, II.)

TEMAS DE VIAJE

IV. Amor a la vida. Desdén a la vida

Siente el castellano una secreta vergüenza cuando se sorprende complaciéndose en algo. Para el francés, opuestamente, vivir es gozarse en vivir. Pero adviértase que gozar no significa una actitud meramente pasiva: goce es una actividad enérgica merced a la cual volvemos sobre lo espontáneo, lo atendemos, palpamos, degustamos. Este gesto de degustación —el chasquido de la lengua sobre el paladar— no falta nunca en los actos franceses y es precisamente lo que irrita ante ellos al buen castellano. El hombre placentero, voluptuoso, satisfecho, le parece petulante y amanerado. Para quien desdeña la vida, detenerse a degustarla es una falta de seriedad y de hombría. Es curioso que nuestro pueblo ha medido siempre los grados de hombría en los individuos no tanto por lo que éstos son capaces de hacer, sino por lo que son capaces de dejar de hacer, de sufrir, de renunciar. Casi le enoja el triunfo, porque en él suele comenzar la orgía. Por eso nuestra literatura se acostumbró a preferir los héroes en derrota. El primer poema hispanolatino, *La Farsalia*, de Lucano, canta a un vencido, y nuestro libro simbólico, el *Quijote*, es la triste epopeya de los lomos apaleados, donde la vida se define como naufragio irremisible y esencial derrota. Parejo origen tiene el extraño fenómeno de que en España las masas populares quedan remisas y suspicaces ante todo hombre público que traiga ademán triunfante, creador y gozador. Por el contrario, siente enigmático entusiasmo hacia personajes cuya virtud consiste en simples renuncias.

(*El espectador*, IV.)

LECTOR...

El hombre rinde al máximum de su capacidad cuando adquiere la plena conciencia de sus circunstancias. Por ellas comunica con el universo.

¡La circunstancia! *¡Circum-stantia!* ¡Las cosas mudas que están en nuestro próximo derredor! Muy cerca, muy cerca de nosotros levantan sus tácitas fisonomías con un gesto de humildad y de anhelo, como menesterosas de que aceptemos su ofrenda y a la par avergonzadas por la simplicidad aparente de su donativo. Y marchamos entre ellas ciegos para ellas, fija la mirada en remotas empresas, proyectados hacia la conquista de lejanas ciudades esquemáticas. Pocas lecturas me han movido tanto como esas historias donde el héroe avanza raudo y recto, como un dardo, hacia una meta gloriosa, sin parar mientes que va a su vera con rostro humilde y suplicante la doncella anónima que le ama en secreto, llevando en su blanco cuerpo un corazón que arde por él, ascua amarilla y roja donde en su honor se queman aromas. Quisiéramos hacer al héroe una señal para que inclinara un momento su mirada hacia aquella flor encendida de pasión que se alza a sus pies. Todos, en varia medida, somos héroes y todos suscitamos en torno humildes amores.

Yo un luchador he sido
y esto quiere decir que he sido un hombre,

prorrumpe Goethe. Somos héroes, combatimos siempre por algo lejano y hollamos a nuestro paso aromáticas violas [2].

En el *Ensayo sobre la limitación*, se detiene el autor con delectación morosa a meditar sobre este tema. Creo muy seriamente

---
2. Violetas.

que uno de los cambios más hondos del siglo actual con respecto al XIX, va a consistir en la mutación de nuestra sensibilidad para las circunstancias. Yo no sé qué inquietud y como apresuramiento reinaba en la pasada centuria —en su segunda mitad sobre todo—, que impelía los ánimos a desatender todo lo inmediato y momentáneo de la vida. Conforme la lejanía va dando al siglo último una figura más sintética, se nos manifiesta mejor su carácter esencialmente político. Hizo en él la humanidad occidental el aprendizaje de la política, género de vida hasta entonces reducido a los ministros y los consejos palatinos. La preocupación política, es decir, la conciencia y actividad de lo social, derrámase sobre las muchedumbres merced a la democracia. Y con un fiero exclusivismo ocuparon el primer plano de la atención los problemas de la vida social. Lo otro, la vida individual, quedó relegada, como si fuera cuestión poco seria e intrascendente. Es sobremanera significativo que la única poderosa afirmación de lo individual en el siglo XX —el «individualismo»— fuera una doctrina política, es decir, social, y que toda su afirmación consistía en pedir que no se aniquilara al individuo. ¿Cómo dudar de que un día próximo parecerá esto increíble?

Todas nuestras potencias de seriedad las hemos gastado en la administración de la sociedad, en el robustecimiento del Estado, en la cultura social, en las luchas sociales, en la ciencia en cuanto técnica que enriquece la vida colectiva. Nos hubiera parecido frívolo dedicar una parte de nuestras mejores energías —y no solamente los residuos— a organizar en torno nuestro la amistad, a construir un amor perfecto, a ver en el goce de las cosas una dimensión de la vida que merece ser cultivada con los procedimientos superiores. Y como ésta, multitud de necesidades privadas que ocultan avergonzados sus rostros en los rincones del ánimo porque no se las quiere otorgar ciudadanía, quiero decir, sentido cultural [...]

Hemos de buscar a nuestra circunstancia, tal y como ella es, precisamente en lo que tiene de limitación, de peculiaridad, el lugar acertado en la inmensa perspectiva del mundo. No detenernos perpetuamente en éxtasis ante los valores hieráticos, sino conquistar a nuestra vida individual el puesto oportuno entre ellos. En suma: la reabsorción de la circunstancia es el destino concreto del hombre.

Mi salida natural hacia el universo se abre por los puertos del Guadarrama o el campo de Ontígola. Este sector de realidad circunstante forma la otra mitad de mi persona: solo al través de él puedo integrarme y ser plenamente yo mismo. La ciencia biológica más reciente estudia el organismo vivo como una unidad compuesta del cuerpo y su medio particular: de modo que el proceso vital no consiste sólo en una adaptación del cuerpo a su medio, sino también en la adaptación del medio a su cuerpo, la mano procura amoldarse al objeto material a fin de apresarlo bien; pero, a la vez, cada objeto material oculta una previa afinidad con una mano determinada.

Yo soy yo y mi circunstancia, y si no la salvo a ella no me salvo yo. *Benefac loco illi quo natus es,* leemos en la Biblia. Y en la escuela platónica se nos da como empresa de toda cultura, ésta: «salvar las apariencias», los fenómenos. Es decir, buscar el sentido de lo que nos rodea.

(*Meditaciones del Quijote*.)

LA DOCTRINA DEL PUNTO DE VISTA

Cada vida es un punto de vista sobre el universo. En rigor, lo que ella ve no lo puede ver otra. Cada individuo —persona, pueblo, época— es un órgano insustituible para la conquista de la verdad. *He aquí cómo ésta,* que por sí misma se ajena a las variaciones históricas, *adquiere una dimensión vital.* Sin el desarrollo, el cambio perpetuo y la inagotable aventura que constituyen la vida, el universo, la omnímoda verdad, quedaría ignorado.

El error inveterado consistía en suponer que la realidad tenía por sí misma, e independientemente del punto de vista que sobre ella se tomara, una fisonomía propia. Pensando así, claro está, toda visión de ella desde un punto determinado no coincidiría con ese su aspecto absoluto y, por tanto, sería falsa. Pero es el caso que la realidad, como un paisaje, tiene infinitas perspectivas, todas ellas igualmente verídicas y auténticas. La sola perspectiva falsa es esa que pretende ser la única. Dicho de otra manera: *lo falso es la utopía, la verdad no localizada, vista desde «lugar ninguno».* El utopista —y esto ha sido en esencia el racionalismo— es el que más yerra, porque es el hombre que no se conserva fiel a su punto de vista, que deserta de su puesto.

Hasta ahora, la filosofía ha sido siempre utópica. Por eso pretendía cada sistema valer para todos los tiempos y para todos los hombres. Exenta de la *dimensión vital, histórica, perspectivista,* hacía una y otra vez vanamente su gesto definitivo. La doctrina del punto de vista exige, en cambio, que dentro del sistema vaya articulada la perspectiva vital de que ha emanado, permitiendo así su articulación con otros sistemas futuros o exóticos. *La razón pura tiene que ser sustituida por una razón vital, donde aquélla se localice y adquiera movilidad y fuerza de transformación* […]

Ahora bien: la reducción o conversión del mundo a horizonte no resta lo más mínimo de realidad a aquél; simplemente lo refiere al sujeto viviente, cuyo mundo es, lo dota de una dimensión vital, lo localiza en la corriente de la vida, que va de pueblo en pueblo, de generación en generación, de individuo en individuo, apoderándose de la realidad universal.

De esta manera, la peculiaridad de cada ser, su diferencia individual, lejos de estorbarle para captar la verdad, es precisamente el órgano por el cual puede ver la porción de realidad que le corresponde. De esta manera, aparece cada individuo, cada generación, cada época como un aparato de conocimiento insustituible. La verdad integral sólo se obtiene articulando lo que el prójimo ve con lo que yo veo, y así sucesivamente. *Cada individuo es un punto de vista esencial.* Yuxtaponiendo las visiones parciales de todos se lograría tejer la verdad omnímoda y absoluta. Ahora bien: esta suma de las perspectivas individuales, este conocimiento de lo que todos y cada uno han visto y saben, esta omnisciencia, esta verdadera «razón absoluta», es el sublime oficio que atribuimos a Dios. Dios es también un punto

Ortega y Gasset, por Zuloaga.

de vista; pero no porque posea un mirador fuera del área humana que le haga ver directamente la realidad universal, como si fuera un viejo racionalista. Dios no es racionalista. Su punto de vista es el de cada uno de nosotros; *nuestra verdad parcial es también verdad para Dios.* ¡De tal modo es verídica nuestra perspectiva y auténtica nuestra realidad! Sólo que Dios, como dice el catecismo, está en todas partes y por eso goza de todos los puntos de vista, y en su ilimitada vitalidad recoge y armoniza todos nuestros horizontes. Dios es el símbolo del torrente vital, al través de cuyas infinitas retículas va pasando poco a poco el universo, que queda así impregnado de vida, consagrado, es decir, visto, amado, odiado, sufrido y gozado.

Sostenía Malebranche que si nosotros conocemos alguna verdad es porque vemos las cosas en Dios, desde el punto de vista de Dios. Más verosímil me parece lo inverso: que Dios ve las cosas al través de los hombres, que los hombres son los órganos visuales de la divinidad.

Por esto conviene no defraudar la sublime necesidad que de nosotros tiene, e hincándonos bien en el lugar que nos hallamos, con una profunda fidelidad a nuestro organismo, a lo que vitalmente somos, abrir bien los ojos sobre el contorno y aceptar la faena que nos propone el destino: el tema de nuestro tiempo.

(*El tema de nuestro tiempo.*)

EL NOVECENTISMO

ARTE ARTISTICO

Durante el siglo XIX los artistas han procedido demasiado impuramente. Reducían a un mínimum los elementos estrictamente estéticos y hacían consistir la obra, casi por entero, en la ficción de realidades humanas. En este sentido es preciso decir que, con uno u otro cariz, todo el arte normal de la pasada centuria ha sido realista. Realistas fueron Beethoven y Wagner. Realista Chateaubriand como Zola. Romanticismo y naturalismo, vistos desde la altura de hoy, se aproximan y descubren su común raíz realista.

Productos de esta naturaleza sólo parcialmente son obras de arte, objetos artísticos. Para gozar de ellos no hace falta ese poder de acomodación a lo virtual y transparente que constituye la sensibilidad artística. Basta con poseer sensibilidad humana, y dejar que en uno repercutan las angustias y alegrías del prójimo. Se comprende, pues, que el arte del siglo XIX haya sido tan popular; está hecho para la masa diferenciada en la proporción en que no es arte, sino extracto de vida. Recuérdese que en todas las épocas que han tenido dos tipos diferentes de arte, uno para minorías y otro para la mayoría [3], este último fue siempre realista.

No discutamos ahora si es posible un arte puro. Tal vez no lo sea; pero las razones que nos conducen a esta negación son un poco largas y difíciles. Más vale, pues, dejar intacto el tema. Además, no importa mayormente para lo que ahora hablamos. Aunque sea imposible un arte puro, no hay duda alguna de que cabe una tendencia a la purificación del arte. Esta tendencia llevará a una eliminación progresiva de los elementos humanos, demasiado humanos, que dominaban en la producción romántica y naturalista. Y en este proceso se llegará a un punto en que el contenido humano de la obra sea tan escaso que casi no se le vea. Entonces tendremos un objeto que sólo puede ser percibido por quien posea ese don peculiar de la sensibilidad artística. Será un arte para artistas, y no para la masa de los hombres; será un arte de casta, y no demótico [4].

He aquí por qué el arte nuevo divide al público en dos clases de individuos: los que lo entienden y los que no lo entienden; esto es, los artistas y los que no lo son. El arte nuevo es un arte artístico.

Yo no pretendo ahora ensalzar esta manera nueva de arte, y menos denigrar la usada en el último siglo. Me limito a filiarlas, como hace el zoólogo con dos faunas antagónicas. El arte nuevo es un hecho universal. Desde hace veinte años, los jóvenes más alertas de dos generaciones sucesivas —en París, en Berlín, en Londres, Nueva York, Roma, Madrid— se han encontrado sorprendidos por el hecho ineluctable de que el arte tradicional no les interesaba; más aún: les repugnaba. Con estos jóvenes cabe hacer una de dos cosas: o fusilarlos o esforzar-

Pablo Picasso: «Botella de Vieux Marc», 1912 (Museo de Arte Moderno, París). La destrucción de las reglas de la perspectiva permitió a los pintores cubistas llevar a cabo una reconstrucción racional, y no visual, de la realidad.

[3]. «Por ejemplo, en la Edad Media. Correspondiendo a la estructura binaria de la sociedad, dividida en dos capas: los nobles y los plebeyos, existió un arte noble que era "convencional", "idealista", esto es, artístico, y un arte popular que era realista y satírico» (Nota del autor).
[4]. Popular.

se en comprenderlos. Yo he optado resueltamente por esta segunda operación. Y pronto he advertido que germina en ellos un nuevo sentido del arte, perfectamente claro, coherente y racional. Lejos de ser un capricho, significa su sentir el resultado inevitable y fecundo de toda la evolución artística anterior. Lo caprichoso, lo arbitrario y, en consecuencia, estéril, es resistirse a este nuevo estilo y obstinarse en la reclusión dentro de formas ya arcaicas, exhaustas y periclitadas. En arte, como en moral, no depende el deber de nuestro arbitrio; hay que aceptar el imperativo de trabajo que la época nos impone. Esta docilidad a la orden del tiempo es la única probabilidad de acertar que el individuo tiene. Aun así, tal vez no consiga nada; pero es mucho más seguro su fracaso si se obstina en componer una ópera wagneriana más o una novela naturalista.

En arte es nula toda repetición. Cada estilo que aparece en la historia puede engendrar cierto número de formas diferentes dentro de un tipo genérico. Pero llega un día en que la magnífica cantera se agota. Esto ha pasado, por ejemplo, con la novela y el teatro romántico-naturalista. Es un error ingenuo creer que la esterilidad actual de ambos géneros se debe a la ausencia de talentos personales. Lo que acontece es que se han agotado las combinaciones posibles dentro de ellos. Por esta razón, debe juzgarse venturoso que coincida con este agotamiento la emergencia de una nueva sensibilidad capaz de denunciar nuevas canteras intactas.

Si se analiza el nuevo estilo, se hallan en él ciertas tendencias sumamente conexas entre sí. Tiende: 1.º, a la deshumanización del arte; 2.º, a evitar las formas vivas; 3.º, a hacer que la obra de arte no sea sino obra de arte; 4.º, a considerar el arte como juego, y nada más; 5.º, a una esencial ironía; 6.º, a eludir toda falsedad, y, por tanto, a una escrupulosa realización. En fin, 7.º, el arte, según los artistas jóvenes, es una cosa sin trascendencia alguna.

COMIENZA LA DESHUMANIZACION DEL ARTE

Si al comparar un cuadro a la manera nueva con otro de 1860 seguimos el orden más sencillo, empezaremos por confrontar los objetos que en uno y otro están representados, tal vez un hombre, una casa, una montaña. Pronto se advierte que el artista de 1860 se ha propuesto ante todo que los objetos en su cuadro tengan el mismo aire y aspecto que tienen fuera de él, cuando forman parte de la realidad vivida o humana. Es posible que, además de esto, el artista de 1860 se proponga muchas otras complicaciones estéticas; pero lo importante es notar que ha comenzado por asegurar ese parecido. Hombre, casa y montaña son, al punto, reconocidos: son nuestros viejos amigos habituales. Por el contrario, en el cuadro reciente nos cuesta trabajo reconocerlos. El espectador piensa que tal vez el pintor no ha sabido conseguir el parecido. Mas también el cuadro de 1860 puede estar «mal pintado», es decir, que entre los objetos del cuadro y esos mismos objetos fuera de él exista una gran distancia, una importante divergencia. Sin embargo, cualquiera que sea la distancia, los errores del artista tradicional señalan hacia el objeto «humano», son caídas en el camino hacia él y equivalen al «Esto es un gallo» con que el Orbaneja cervantino orientaba a su público. En el cuadro reciente acaece todo lo contrario: no es que el pintor yerre, y que sus desviaciones del «natural» (natural=humano) no alcancen a éste, es que señalan hacia un camino opuesto al que puede conducirnos hasta el objeto humano.

Lejos de ir el pintor más o menos torpemente hacia la realidad, se ve que ha ido contra ella. Se ha propuesto denodadamente deformarla, romper su aspecto humano, deshumanizarla. Con las cosas representadas en el cuadro tradicional podríamos ilusoriamente convivir. De la Gioconda se han enamorado muchos ingleses. Con las cosas representadas en el cuadro nuevo es imposible la convivencia: al extirparles su aspecto de realidad vivida, el pintor ha cortado el puente y quemado las naves que podían transportarnos a nuestro mundo habitual. Nos deja encerrados en un universo abstruso, nos fuerza a tratar con objetos con los que no cabe tratar humanamente. Tenemos,

EL NOVECENTISMO

pues, que improvisar otra forma de trato por completo distinto del usual vivir las cosas; hemos de crear e inventar actos inéditos que sean adecuados a aquellas figuras insólitas. Esta nueva vida, esta vida inventada previa anulación de la espontánea, es precisamente la comprensión y el goce artísticos. No faltan en ella sentimientos y pasiones, pero evidentemente estas pasiones y sentimientos pertenecen a una flora psíquica muy distinta de la que cubre los paisajes de nuestra vida primaria y humana. Son emociones secundarias que en nuestro artista interior provocan esos ultraobjetos [5]. Son sentimientos específicamente estéticos.

Se dirá que para tal resultado fuera más simple prescindir totalmente de esas formas humanas —hombre, casa, montaña— y construir figuras del todo originales. Pero esto es, en primer lugar, impracticable [6]. Tal vez en la más abstracta línea ornamental vibra larvada una tenaz reminiscencia de ciertas formas «naturales». En segundo lugar —y ésta es la razón más importante—, el arte de que hablamos no es sólo inhumano por no contener cosas humanas, sino que consiste activamente en esa operación de deshumanizar. En su fuga de lo humano no le importa tanto el término *ad quem*, la fauna heteróclita a que llega, como el término *a quo*, el aspecto humano que destruye. No se trata de pintar algo que sea por completo distinto de un hombre, o casa, o montaña, sino de pintar un hombre que se parezca lo menos posible a un hombre, una casa que conserve de tal lo estrictamente necesario para que asistamos a su metamorfosis, un cono que ha salido milagrosamente de lo que era antes una montaña, como la serpiente sale de su camisa. El placer estético para el artista nuevo emana de ese triunfo sobre lo humano; por eso es preciso concretar la victoria y presentar en cada caso la víctima estrangulada.

Cree el vulgo que es cosa fácil huir de la realidad, cuando es lo más difícil del mundo. Es fácil decir o pintar una cosa que carezca por completo de sentido, que sea ininteligible o nula: bastará con enfilar palabras sin nexo [7], o trazar rayas al azar. Pero lograr construir algo que no sea copia de lo «natural», y que, sin embargo, posea alguna sustantividad, implica el don más sublime.

La «realidad» acecha constantemente al artista para impedir su evasión. ¡Cuánta astucia supone la fuga genial! Ha de ser un Ulises al revés, que se liberta de su Penélope cotidiana y entre escollos navega hacia el brujerío de Circe. Cuando logra escapar un momento a la perpetua asechanza no llevemos a mal en el artista un gesto de soberbia, un breve gesto a lo San Jorge, con el dragón yugulado a los pies.

(*La deshumanización del arte.*)

LA AUSENCIA DE LOS «MEJORES»

La anormalidad de la historia española ha sido demasiado permanente para que obedezca a causas accidentales. Hace cincuenta años se pensaba que la decadencia nacional venía sólo de unos lustros atrás. Costa y su generación comenzaron a entrever que la decadencia tenía dos siglos de fecha. Va para quince años, cuando yo comenzaba a meditar sobre estos asuntos, intenté mostrar que la decadencia se extendía a toda la Edad Moderna de nuestra historia. Razones de método, que no es útil reiterar ahora, me aconsejaban limitar el problema a ese período, el mejor conocido de la historia europea, a fin de precisar más fácilmente el diagnóstico de nuestra debilidad. Luego, mayor estudio y reflexión me han enseñado que la decadencia española no fue menor en la Edad Media que en la Moderna y Contemporánea. Ha habido algún momento de suficiente salud; hasta hubo horas de esplendor y de gloria universal; pero siempre salta a los ojos el hecho evidente de que en nuestro pasado la anormalidad ha sido lo normal. Venimos, pues, a la conclusión de que la historia de España entera, y salvas fuga-

---
5. El «ultraísmo» es uno de los nombres más certeros que se han forjado para denominar la nueva sensibilidad. (Nota del autor).
6. Un ensayo se ha hecho en este sentido extremo (ciertas obras de Picasso), pero con ejemplar fracaso. (Nota del autor).
7. Que es lo que ha hecho la broma dadaísta. (Nota del autor).

ces jornadas, ha sido la historia de una decadencia.

Pero es absurdo detenerse en semejante conclusión. Porque decadencia es un concepto relativo a un estado de salud, y si España no ha tenido nunca salud —ya veremos que su hora mejor tampoco fue saludable—, no cabe decir que ha decaído.

¿No es esto un juego de palabras? Yo creo que no. Si se habla de decadencia, como si se habla de enfermedad, tenderemos a buscar las causas de ella en acontecimientos, en desventuras sobrevenidas a quien las padece. Buscaremos el origen del mal fuera del sujeto paciente. Pero si nos convencemos de que éste no fue nunca sano, renunciaremos a hablar de decadencia y a inquirir sus causas; en vez de ello, hablaremos de defectos de constitución, de insuficiencias originarias, nativas, y este nuevo diagnóstico nos llevará a buscar causas de muy otra índole, a saber: no externas al sujeto, sino íntimas, constitucionales [...]

En el índice de pensamientos que es este ensayo, yo me proponía tan sólo subrayar uno de los defectos más graves y permanentes de nuestra raza: la ausencia de una minoría selecta, suficiente en número y calidad. Ahora bien, la caquexia [8] del feudalismo español significa que esa ausencia fue inicial, que los «mejores» faltaron ya en la hora augural de nuestra génesis, que nuestra nacionalidad, en suma, tuvo una embriogenia [9] defectuosa.

(*España invertebrada*.)

EL HECHO DE LAS AGLOMERACIONES

La muchedumbre, de pronto, se ha hecho visible, se ha instalado en los lugares preferentes de la sociedad. Antes, si existía, pasaba inadvertida, ocupaba el fondo del escenario social; ahora se ha adelantado a las baterías, es ella el personaje principal. Ya no hay protagonistas: sólo hay coro.

El concepto de muchedumbre es cuantitativo y visual. Traduzcámoslo, sin alterarlo, a la terminología sociológica. Entonces hallamos la idea de masa social. La sociedad es siempre una unidad dinámica de dos factores: minorías y masas. Las minorías son individuos o grupos de individuos especialmente cualificados. La masa es el conjunto de personas no especialmente cualificadas. No se entienda, pues, por masas sólo, ni principalmente, «las masas obreras». Masa es el «hombre medio». De este modo se convierte lo que era meramente cantidad —la muchedumbre— en una determinación cualitativa: es la cualidad común, es lo mostrenco social, es el hombre en cuanto no se diferencia de otros hombres, sino que repite en sí un tipo genérico. ¿Qué hemos ganado con esta conversión de la cantidad a la cualidad? Muy sencillo: por medio de ésta comprendemos la génesis de aquélla. Es evidente, hasta perogrullesco, que la formación normal de una muchedumbre implica la coincidencia de deseos, de ideas, de modo de ser, en los individuos que la integran. Se dirá que es lo que acontece con todo grupo social, por selecto que pretenda ser. En efecto; pero hay una esencial diferencia.

En los grupos que se caracterizan por no ser muchedumbre y masa, la coincidencia efectiva de sus miembros consiste en algún deseo, idea o ideal, que por sí solo excluye el gran número. Para formar una minoría, sea la que fuere, es preciso que antes cada cual se separe de la muchedumbre por razones *especiales,* relativamente individuales. Su coincidencia con los otros que forman la minoría es, pues, secundaria, posterior, a haberse cada cual singularizado, y es, por lo tanto, en buena parte, una coincidencia en no coincidir. Hay casos en que este carácter singularizador del grupo aparece a la intemperie: los grupos ingleses que se llaman a sí mismos «no conformistas», es decir, la agrupación de los que concuerdan sólo en su disconformidad respecto a la muchedumbre ilimitada. Este ingrediente de juntarse los menos, precisamente para separarse de los más, va siempre involucrado en la formación de toda minoría. Hablando del reducido público que escuchaba a un músico refinado, dice graciosamente Mallarmé que aquel público subrayaba con la presencia de su escasez la ausencia multitudinaria.

En rigor, la masa puede definirse, como hecho psicológico, sin necesidad de esperar

---

8. Extrema debilidad.
9. Formación y desarrollo del embrión.

Ortega se relacionó a lo largo de su vida con las más relevantes personalidades del mundo cultural europeo. Aquí lo vemos con Martin Heidegger, el autor de Ser y tiempo.

a que aparezcan los individuos en aglomeración. Delante de una sola persona podemos saber si es masa o no. Masa es todo aquel que no se valora a sí mismo —en bien o en mal— por razones especiales, sino que se siente «como todo el mundo» y, sin embargo, no se angustia, se siente a sabor al sentirse idéntico a los demás. Imagínese un hombre humilde que al intentar valorarse por razones especiales —al preguntarse si tiene talento para esto o lo otro, si sobresale en algún orden—, advierte que no posee ninguna cualidad excelente. Este hombre se sentirá mediocre y vulgar, mal dotado; pero no se sentirá «masa».

Cuando se habla de «minorías selectas», la habitual bellaquería suele tergiversar el sentido de esta expresión, fingiendo ignorar que el hombre selecto no es el petulante que se cree superior a los demás, sino el que se exige más que los demás, aunque no logre cumplir en su persona esas exigencias superiores. Y es indudable que la división más radical que cabe hacer de la humanidad es ésta, en dos clases de criaturas: las que se exigen mucho y acumulan sobre sí mismas dificultades y deberes, y las que no se exigen nada especial, sino que para ellas vivir es ser en cada instante lo que ya son, sin esfuerzo de perfección sobre sí mismas, boyas que van a la deriva [...]

Nadie, creo yo, deplorará que las gentes gocen hoy en mayor medida y número que antes, ya que tienen para ello el apetito y los medios. Lo malo es que esta decisión tomada por las masas de asumir las actividades propias de las minorías no se manifiesta, ni puede manifestarse, sólo en el orden de los placeres, sino que es una manera general del tiempo. Así —anticipando lo que luego veremos—, creo que las innovaciones políticas de los más recientes años no significan otra cosa que el imperio político de las masas. La vieja democracia vivía templada por una abundante dosis de liberalismo y de entusiasmo por la ley. Al servir a estos principios, el individuo se obligaba a sostener en sí mismo una disciplina difícil. Al amparo del principio liberal y de la norma jurídica podían actuar y vivir las minorías. Democracia y ley, convivencia legal, eran sinónimos. Hoy asistimos al triunfo de una hiperdemocracia en que la masa actúa directamente sin ley, por medio de materiales presiones, imponiendo sus aspiraciones y sus gustos. Es falso interpretar las situaciones nuevas como si la masa se hubiese cansado de la política y encargase a personas especiales su ejercicio. Todo lo contrario. Eso era lo que antes acontecía, eso era la democracia liberal. La masa presumía que, al fin y al cabo, con todos sus defectos y lacras, las minorías de los políticos entendían un poco más de los problemas públicos que ella. Ahora, en cambio, cree la masa que tiene derecho a imponer y dar vigor de ley a sus tópicos de café. Yo dudo que haya habido otras épocas de la historia en que la muchedumbre llegase a gobernar tan directamente como en nuestro tiempo. Por eso hablo de hiperdemocracia.

Lo propio acaece en los demás órdenes, muy especialmente en el intelectual. Tal vez padezco un error; pero el escritor, al tomar la pluma para escribir sobre un tema que ha estudiado largamente, debe pensar que el lector medio, que nunca se ha ocupado del asunto, si le lee, no es con el fin de aprender algo de él, sino, al revés, para sentenciar sobre él cuando no coincide con las vulgaridades que este lector tiene en la cabeza. Si los individuos que integran la masa se creyesen especialmente dotados, tendríamos no más que un caso de error personal, pero no una subversión sociológica. *Lo característico del momento es que el alma vulgar, sabiéndose vulgar, tiene el denuedo de afirmar el derecho de la vulgaridad y lo impone dondequiera.* Como se dice en Norteamérica: ser diferente es indecente. La masa arrolla todo lo diferente, egregio, individual, calificado y selecto. Quien no sea como todo el mundo, quien no piense como todo el mundo, corre el riesgo de ser eliminado. Y claro está que ese «todo el mundo» no es «todo el mundo». «Todo el mundo» era, normalmente, la unidad compleja de masa y minorías discrepantes, especiales. Ahora «todo el mundo» es sólo la masa.

(*La rebelión de las masas*, I.)

EUGENIO D'ORS

Nació en Barcelona en 1881. Se hizo popular con el seudónimo de Xènius. Estudió Derecho. En 1922 se instaló en Madrid y escribió desde entonces habitualmente en castellano. Realizó numerosos viajes por el extranjero y gozó de cierto prestigio internacional como ensayista y, sobre todo, por sus estudios sobre arte. En 1936 se encontraba en Francia. Al estallar la guerra pasa a Pamplona y apoya activamente a los sublevados. Murió en Villanueva y Geltrú en 1954.

Su producción, de carácter fundamentalmente ensayístico, aborda temas políticos, filosóficos, científicos, literarios y artísticos. Lo más característico de ella, en la que domina un afán de orden, norma y universalidad, son las *Glosas,* que publicó a centenares en la prensa diaria y que recogió en diversos **Glosarios.** En dichas *Glosas,* las anécdotas, tomadas casi siempre de la vida real, son un pretexto para hilvanar una serie de consideraciones sobre arte, ética, filosofía o historia. El diálogo, que constituyó para él una norma de vida y de conducta, fue también, con frecuencia, el vehículo para desarrollar su pensamiento. El mismo afirmará: «Yo sólo pienso cuando escribo, y escribir es "pensar con alguien", es decir, diálogo.»

Entre sus obras, se encuentra: **De la amistad y del diálogo** (1914), **Aprendizaje y heroísmo** (1915), *Grandeza y servidumbre de la inteligencia* (1918), *La bien plantada* (1920: la versión catalana es de 1911), *Tres horas en el museo del Prado* (1922), *Epos de los destinos* (1943), *Estilos de pensar* (1945). Su novela *La verdadera historia de Lidia de Cadaqués* se publicó poco después de su muerte.

Ediciones

Diálogos, ed. de Carlos D'Ors, Madrid, Taurus, 1981. *Nuevo glosario,* Madrid, Aguilar, 1947. *Novísimo glosario,* Madrid, Aguilar, 1946.

Cierro dos o tres libros españoles de materia científica. Y me tuerce los labios honda impresión de repugnancia. ¡Dios mío, cómo están redactados estos libros! ¡Qué expresiones más pedestres, qué confusión, qué léxico, qué sintaxis! ¡Qué barbarie en todo y qué ausencia de buen gusto! Por excepción hallamos en una página media docena de frases bien construidas. Y si en un capítulo damos con una página elegante y clara, es por azar.

Lo más triste en todo eso es que los autores no suelen apenarse por tan grave ausencia de buen gusto; al revés, muchas veces parecen estar satisfechos de ello. Parece que vean en la torpeza y barbarie un signo de seriedad y profundidad. «Eso no es de un escritor», dice al sumergirse deliciosamente en los pantanos de la más triste confusión. «Eso no es de un escritor». No, por cierto, decimos nosotros. Ni tan sólo de persona bien educada. ¿En qué país del mundo se considera persona bien educada a quien carece de ortografías elementales? De hecho, el hombre de ciencia español no lee después, en la soledad, el libro de su colega. Y así, poco le importa que el estilo de tal libro sea inteligible o no. Más bien si el estilo es elegante y claro y el libro legible, el hombre de ciencia español guarda cierto rencor al autor por lo de la competencia.

Utilísimo sería en verdad, en estos medios, propagar la máxima del enciclopedista: «La ciencia no es otra cosa que un lenguaje bien hecho». Y cuán útil sería también que en las escuelas sobre todo, y antes de aplicarse a otros métodos novísimos, de efecto un tanto arriesgado a veces, se pasara al menos por un período de ensayo de la antigua y buena moda francesa, que consiste en dar central importacia a la educacion y perfeccionamiento de la aptitud de redactar. Redactar, redactar, redactar; del redac-

EL NOVECENTISMO

tar provienen después privilegios y primacías. El secreto de la aristocracia y del predominio de la ciencia francesa, así como de su universalidad, se encuentran en un don muy suyo: en la secular y segura superioridad de la redacción.

(Glosario.)

DECALOGO PARA TODO DIALOGANTE

I. Escucha a todos, sobre todas las cosas.
II. Honrarás la educación que has recibido.
III. No desearás atropellar la palabra de tu prójimo.
IV. No te acalorarás.
V. No equivocarás.
VI. No pronunciarás palabras agresivas.
VII. No desearás tu monólogo frente al prójimo.
VIII. Celebrarás la inteligencia de los demás.
IX. No dialogarás en vano.
X. Vence en el diálogo, pero convence.

III

Señores, amigos míos: Las cosas tristes que voy a decir nacen de que, tras la experiencia de una década de juventud, tras una comparación personal y atenta entre las condiciones de la vida sentimental en algunos pueblos modernos, tras un acercamiento terco a las existencias individuales, este amigo que os habla ha tenido la visión cruel de que la más grande limitación de la gente hispana estriba en algo vergonzoso, en algo que es, por definición, un vicio de esclavo: *en la incapacidad específica para el ejercicio de la amistad.*

IV

¡Cosa atroz para dicha! ¡Cosa cómoda para confirmada, con sólo que cada uno de nosotros quiera ahora dirigir a su alrededor y a sus recuerdos, y al interior de sí mismo, un mirar limpio e impávido! Pronto este mirar nos descubrirá lo siguiente: Que el corazón que un hombre español guarda en el pecho, sin ser peor, en verdad, que el de los hombres de otros pueblos modernos, sin ser más duro, *no parece hecho, sin embargo, para la amistad.* Que resbala o que se revuelve cuando intentamos ceñirlo, mantenerlo en la virtud y la pujanza generosas.

Esta disposición puede ser, es, de hecho, vencida muchas veces. Todos tenemos amigos excelentes: ¡no sabría nuestra gratitud olvidarlos! Todos somos —casi todos— buenos amigos de alguien... Pero —digámoslo con abierta sinceridad—, la situación cordial ha sido alcanzada por nosotros, en la mayoría de los casos, como precio de una lucha contra algo, que será vicio adquirido, pero que, por la energía de su resistencia, llega a parecernos, en ocasiones, instinto natural; contra un impulso que, dominado, a veces, por el moral albedrío, salta, sin embargo, cuando menos se pensaba, y reconquista instantáneamente su fuero... La amistad no parece, por lo común, entre nosotros, blanda y voluptuosa disposición sentimental, sino *ejercicio* voluntario, análogo al de la castidad esforzada y viril. Somos amigos, cuando lo somos, como podemos ser castos, cuando lo podemos ser: por obra y fábrica de dominación.

VII

[...] Una nueva manifestación de la enjutez española para la amistad la encontramos en una suerte de trágica ineptitud para el diálogo.

EUGENIO D'ORS

Ineptitud para el diálogo: ¿queréis más terrible causa que ésta, de esterilidad intelectual? A mí me parece que sin diálogo —sin diálogo interior, al menos— jamás el pensamiento, el pensamiento propiamente dicho, puede nacer. Y aun, en general, me fío poco de que realmente piense el hombre solitario y poco amoroso que se encierra para pensar. Si alguien lleva más de un par de horas en una habitación, es decir, el tiempo de que los rastros de acción y de palabra se hayan en él extinguido, y si al cabo de aquel tiempo le sorprendéis como le dejasteis, en la misma postura, sin leer ni escribir, y con la frente apoyada en la palma de la mano, creedme: podéis dar un margen piadoso a la posibilidad de que vuestro hombre medite aún... Pero lo más probable es que duerma.

Y, en el fondo, lo que hacen es dormir, dormir, dormir, esos que encontraréis que os dicen que ellos piensan sin escribir, o que escriben sin publicar, o los que se guardan las cosas que saben o que dan a entender que saben... No, no. Pensamiento significa actividad. *No hay impresión verdadera, en la vida psíquica, sin expresión*. Pensamiento es siempre expresión, creación, poesía. Es siempre algo que sale afuera, que inevitable, sustancialmente se traduce, que desborda del pequeño círculo de la individualidad. Pensamiento, que es manera de amor, vive de palabra, de sociedad y compañía entre hombres; de colaboración y comunión; de presencia, en cada hombre pensante, de los vivos y de los muertos, de Cultura.

XIII

Cultivemos, pues, el santo diálogo, hijo de las nupcias de la inteligencia con la cordialidad. Y para que él nos sirva de útil o instrumento en lo de despertar nuestra aptitud para hacer amigos, esforcémonos aún, compañeros, en una obra difícil; en traer al diálogo amistoso esa flor de la intimidad que es la confesión... Porque hay mucho veneno en nuestras almas, amigos míos. Hay mucho veneno que la vida dejó en ellas, y que no ha encontrado derivativo en eso que sólo se puede decir cuando un brazo pasó por debajo del brazo amigo y tal vez cuando dos corazones se tocan.

(De la amistad y del diálogo.)

I

Voy a hablarte del heroísmo en cualquier oficio y del heroísmo en cualquier aprendizaje.

Aquel hombre, hijo mío, que vino a verme esta mañana —¿sabes?, el de la cazadora color de tierra— no es un hombre honesto. A dulce, a fiado, a trabajador, a buen padre de familia, pocos le ganan. Pero este hombre ejerce la profesión de caricaturista en un periódico ilustrado. Esto le da de qué vivir; esto le ocupa las horas de la jornada. Y, sin embargo, él habla siempre con asco de su oficio, y me dice: «¡Si yo pudiera ser pintor! Pero me es indispensable dibujar esas tonterías para comer. ¡No mires los muñecos, chico, no los mires! Comercio puro...» Quiere decir que él cumple únicamente por la ganancia. Y que ha dejado que su espíritu se vaya lejos de la labor que le ocupa las manos, en lugar de llevar a la labor que le ocupa las manos, el espíritu. Porque él tiene su faena por vilísima. —Pero, dígote, hijo, que si la faena de mi amigo es tan vil, si sus dibujos pueden ser llamados tonterías, la razón está justamente en que él no metió allí su espíritu. Cuando el espíritu en ella reside, no hay faena que no se vuelva noble y santa. Lo es la del caricaturista, como la del carpintero y la del que recoge las basuras y la del que llena las fajas para repartir un periódico a los suscriptores. Hay *una manera* de dibujar caricaturas, de trabajar la madera y también de limpiar de estiércol las plazas o de escribir direcciones, que revela que en la actividad se ha puesto amor, cuidado de perfección y armonía, y una pequeña chispa de fuego personal: eso que los artistas llaman *estilo propio*, y que no hay obra ni obrilla humana en que no pueda florecer. Manera de trabajar que es la buena. La otra, la de menospreciar el oficio, teniéndolo por vil, en lugar de redimirlo y secretamente transformarlo, es mala e inmoral. El visitante de la cazadora color de tierra es, pues, un hombre inmoral, porque no ama su oficio.

Hijo, tú eres un niño aún, pero yo hablo en ti a todas las almas jóvenes que están o han de estar pronto en estudio y en aprendizaje, y mañana en oficio, cargo o dignidad. A todos quiero decir la moral única en el estudio y en el aprendizaje, en el oficio, cargo y dignidad. Además, nunca es tiempo perdido el que se emplea en escuchar con humildad cosas que no se entienden. Estas cosas trabajan los dentros, y llega un día en que el provecho se encuentra... Está, pues, quieto. Deja, niño, tus manos descansar en las mías. Mira, con ojos extrañados, salir de mi boca las palabras, con un movimiento de labios y de dientes. La palabra *espíritu* te la he de repetir mucho. Y tú me preguntarás, tal vez, qué cosa sea. Tú no lo puedes saber de fijo, y creo que yo tampoco. Pero bien está que hablemos de ello siempre, que, si nosotros no le entendemos, él, el espíritu, a nosotros sí nos entiende y nos da mejor disposición a entendernos los unos a los otros, y, por consiguiente, a hacernos mejores.

(*Aprendizaje y heroísmo.*)

GREGORIO MARAÑON

Nació en Madrid en 1887. Estudió medicina. Fue catedrático de endocrinología de la Universidad de Madrid y gozó de prestigio internacional. Se opuso a la dictadura de Primo de Rivera y firmó en 1931 el *Manifiesto de los intelectuales al servicio de la República*. En diciembre de 1936 salió de España. Tras un corto exilio en París, regresó a Madrid en 1943 (murió en esta ciudad en 1960). Perteneció a las Academias de la Lengua, de la Historia y de Medicina.

Además de su abundante obra científica, escribió numerosos ensayos sobre temas diversos. En muchos de ellos, que alcanzaron gran éxito, interpreta, con puntos de vista originales, la vida y el carácter de personalidades del pasado y de conocidos mitos literarios. Así ocurre en *Ensayo biológico sobre Enrique IV de Castilla y su tiempo* (1930), *Amiel, un estudio sobre la timidez* (1932), *Las ideas biológicas del padre Feijoo* (1934), *El conde-duque de Olivares. La pasión de mandar* (1936), *Tiberio. Historia de un resentimiento* (1939), **Don Juan** (1940), en donde defiende la inmadurez sexual de este personaje, y *Antonio Pérez. El hombre, el drama y la época* (1947).

Ediciones

Obras completas, recopilación de textos y notas por A. Juderías, Madrid, Espasa-Calpe, 1975 (3.ª edición). *Don Juan*, Madrid, Espasa-Calpe (Colección Austral).

GREGORIO MARAÑON

EL INSTINTO INDIFERENCIADO

Para mí, sólo un espejismo literario autoriza a considerar a Don Juan como ejemplar arquetípico de la virilidad. El error que encierra este espejismo es manifiesto.

Don Juan vive obsesionado por las mujeres y corre de una en otra, sin detenerse nunca en ninguna de ellas; y no porque ninguna le satisfaga, como apuntan algunos, confundiendo a Don Juan con otro tipo sexual que se le parece y que yo he estudiado en mi libro sobre Amiel, sino, al contrario, porque el instinto rudimentario de Don Juan se satisface con cualquiera de esas mujeres: con la princesa como con la pescadora, como ya nos cuenta, con tanto énfasis, el Tenorio del drama.

Ahora bien; lo típico del varón perfecto es, precisamente, la gran diferenciación del objeto amoroso; su localización en un tipo femenino fijo, capaz de pocas modalidades y muchas veces de ninguna. El amor del varón perfecto es estrictamente monogámico o reduce sus preferencias a un corto repertorio de mujeres, generalmente parecidas entre sí; en suma, como otra vez he dicho, a un juego de variaciones limitadas sobre un mismo tema.

Don Juan, por el contrario, es incapaz de amar, aunque sea temporalmente, a un tipo fijo de mujer. Busca a la mujer como sexo. La mujer es, para él, tan sólo el medio de llegar al sexo. Su actitud es, pues, la misma actitud indiferenciada del adolescente, y también la actitud del macho de casi todas las especies animales. Los estudios recientes de los naturalistas nos proporcionan interesantes ilustraciones a este tema, que sólo puedo indicar aquí.

Desde la aparición en la leyenda literaria, en la primera escena del drama de Tirso de Molina, vemos a Don Juan violentar la castidad de la duquesa Isabela, presentándose a oscuras en su alcoba y fingiéndose su prometido. Esto es Don Juan: la pura esencia donjuanesca. Un hombre diferenciado, un verdadero varón, exige, por el contrario, *ver a su amada* y que ella *le vea;* porque la conciencia de la mutua personalidad es condición inexcusable para el gran amor. Cuando el rey, atraído por los gritos de la duquesa burlada, pregunta que qué sucede, Don Juan, con profunda exactitud biológica, contesta: «¿Quién ha de ser? Un hombre y una mujer»; es decir, no dos individuos, Don Juan e Isabela, sino dos sexos frente a frente. A la misma Isabela replica Don Juan, cuando ella, en la oscuridad, siente que se acerca y le pregunta quién es: «¿Qué quién soy? Un hombre sin nombre.»

He aquí definitivamente expresada, desde su primera versión literaria, la definición de Don Juan: *un hombre sin nombre;* es decir, un sexo, y no un individuo.

EL ESCANDALO. LAS TRAMPAS

Otro rasgo propio del instinto donjuanesco es la ostentación escandalosa y deliberada de sus éxitos amorosos, la exageración de éstos e incluso su invención, como hacen también los adolescentes. La condición inexcusable del grande amor es, por el contrario, el misterio. Sólo en él crece la pasión verdadera. Casi ninguna de las cosas verdaderamente profundas que han ocurrido entre hombres y mujeres las han sabido los demás; y por eso sabemos todos tan poco, todavía, del amor. Don Juan cuenta en la plaza pública sus conquistas a quien le quiera escuchar; en parte, porque su instinto intrascendente goza de la fruición de colgar al exterior sus triunfos, los dudosos como los verdaderos; pero, también, porque el escándalo es el arma más eficaz para sus nuevas aventuras.

Es, por último, muy típico del Don Juan clásico su amoralidad en el juego del amor. Don Juan es fundamentalmente tramposo. No repara nunca en los medios para conquistar a sus mujeres. Toda incorrección o fechoría le parece una gracia. Su moral es el traslado al amor de la máxima maquiavélica «el fin justifica los medios». Al verdadero Don Juan no le detienen las inhibiciones normales que defienden, de un hombre cualquiera, a la mujer: la inocencia, la condición de casada, la clase social diferente, la religión, la idea de causar a los demás con su aventura un perjuicio o una tristeza. Pero, claro está, en los tiempos de tránsito de la moral, como los de ahora, en las que esas inhibiciones no existen, Don Juan no tiene que atropellar ningún prejuicio ni escalar conventos; a esto se debe, ya lo hemos dicho, la palidez actual de su personalidad.

ERRORES EN LA INTERPRETACION DE DON JUAN

Todos estos rasgos, entre otros, que ahora huelgan, demuestran la proximidad en que se halla el amor de Don Juan del amor indiferenciado de las especies animales; y, en la humana, del de los adolescentes y del de los débiles y los intersexuales. En suma, lejos del gran amor, recóndito y diferenciado, del verdadero varón.

De todo esto, que yo he dicho en varias ocasiones, lo que más directamene ha llegado al público es la conclusión de que Don Juan es un hombre afeminado, casi un homosexual. No es esto, exactamente, lo que yo he querido decir. Don Juan posee un instinto inmaduro, adolescente, detenido frente a la atracción de la mujer en la etapa genérica y no en la etapa estrictamente individual, que es la perfecta. Ama a las mujeres, pero es incapaz de amar *a la mujer*. El hombre más puramente hombre es el que, como Dante, haya sido capaz de consagrar toda su vida de varón a una sola Beatriz; incluso cuando Beatriz es Dulcinea, es decir, cuando sólo es un sueño.

Pero el que no se alcance esta etapa no quiere decir que no se pueda ser un varón respetable. Yo juro ahora que no he tenido nunca el menor deseo de molestar a Don Juan, ni a ninguno de los donjuanes; ni a ninguno de los que creen serlo. De lo que protesto es de que se le considere como el perfecto varón, porque es seguro que no lo es; de que se hable, como Gendarme de Bevotte, de la «puissance superbe de sa virilité». Su secreto es otro.

Los biólogos entendemos el problema del sexo equívoco con un criterio distinto, mucho más generoso, que el de las gentes no informadas, que cuando oyen hablar de esto se guiñan el ojo a hurtadillas. Pero, además, el que la indiferenciación del instinto, tan típica en Don Juan, suponga la *posibilidad* de extraviarse del camino recto, lo cual es certísimo (y la realidad lo demuestra en los casos más inesperados), no excluye el que haya muchos donjuanes que en su vida real siguen, biológicamente, el buen camino, sin errarlo jamás.

Otro error de mis comentaristas, que no he logrado nunca desvanecer, a pesar de mis aclaraciones, es el siguiente:

Ni yo, ni ninguno de los críticos de Don Juan, entendemos por éste, por Don Juan, a todo hombre enamoradizo, dado al dulce comercio, más o menos platónico, con el mundo maravilloso que es la mujer. Hay muchos hombres que viven preferentemente para el amor, y que, a favor de su simpatía o de los recursos de su experiencia, o bien aprovechando su categoría social —el dinero, el poder o la gloria, que son y serán imanes eternos para el instinto femenino—, por cualquiera de estos mecanismos viven una existencia de inacabables triunfos de amor.

Estos hombres pueden no ser —y muchas veces no son— donjuanes. Son hombres dotados, tal vez, de un instinto perfecto, pero infortunados en el hallazgo de esa mujer única que, con su sola presencia, elimina la posibilidad de las demás. Si el Dante no hubiera encontrado un día a Beatriz, atravesando un puente, en el crepúsculo, vestida de noble terciopelo rojo, es posible que, con toda su perfecta hombría, se le hubiera visto muchas tardes rondar furtivamente por los arrabales de Florencia.

Si entre los hombres que me lean hay, pues, algunos que se sientan ofendidos por mis opiniones sobre Don Juan, yo les ruego que se incluyan en este otro grupo, en el del hombre afortunado que no es Don Juan, a cuyo instinto los más puritanos no tendrían nada que reprochar.

(Don Juan.)

RAMON MENENDEZ PIDAL

Ramón Menéndez Pidal, el más importante filólogo español de este siglo, nació en La Coruña en 1869. En 1896 gano la cátedra de Filología Románica de la Universidad de Madrid. En 1902 ingresó en la Real Academia Española, de la que sería director años más tarde. Murió en Madrid en 1968.

Entregado de lleno a la investigación, nos ha dejado estudios fundamentales en el campo de la Filología, de la Literatura y de la Historia. Entre sus múltiples obras, destacan las que dedicó a la Edad Media (en esta *Antología* recogemos un fragmento de **Los godos y la epopeya española**).

El rigor profesional no llevó a este autor a métodos meramente positivistas. Como en la obra de otros intelectuales de su época (véanse, más adelante, los textos de A. Castro y de C. Sánchez Albornoz), abundan, en muchos de sus ensayos, los apuntes sobre el carácter y el ser de los españoles. De los textos suyos que aquí recogemos, el último, de su libro **Los españoles en la historia,** tiene el interés de resumir un tema bastante manoseado en la literatura y en el ensayo de este siglo, y de proponer, en un momento histórico conflictivo (está escrito en 1947), unas bases para la reconciliación entre las dos Españas que diez años atrás habían intentado desembarazarse la una de la otra. Lógicamente, su propuesta de una «España total», sin ninguno de sus brazos «atrozmente amputado», en esas fechas tenía que ser mirada con recelo tanto por la España oficial como por la del exilio.

La prosa de Menéndez Pidal, precisa, ágil, escueta, al servicio siempre de la claridad expositiva, tiene mucho que ver con la de los escritores novecentistas.

Ediciones

Los españoles en la historia, Madrid, Espasa-Calpe (Selecciones Austral), 1982. *Los godos y la epopeya española,* Madrid, Espasa-Calpe (Colección Austral).

ESPONTANEIDAD, IMPROVISACION

Porque el hombre hispano es ímpetu, o no es nada; lo distingue la acción, descuidada de la perfección. Gracián ya pone «la impaciencia de ánimo» como falta natural de españoles: saben vencer las dificultades, pero no saben llevar hasta el final la victoria; levantan la caza, pero no la matan. Carácter cuya permanencia es bien notoria. Por él, los españoles producen en la ciencia más precursores olvidados que maestros reconocidos; y en el arte, improvisadores geniales más que maestros consumados. Les son antipáticas la perseverancia y la paciencia que Gracián, por contraposición, encontraba en los belgas; y esto es lo mismo en los casos de dejadez que en los de la más extraordinaria actividad: la pasión por el trabajo en el genio español no conduce al ahincado perfeccionamiento de la obra, sino al frecuente renuevo de la producción, a la dispersión poligráfica de Alfonso el Sabio o del igualmente sabio Menéndez Pelayo, a la fecundidad desordenada de Lope, el «monstruo de la naturaleza», o de Galdós, y en Portugal a la de Camilo Castelo Branco, Oliveira Martins, Teófilo Braga. Con otro motivo observa E. R. Curtius cómo la admiración por los escritores abundantes es típica de España, y perdurable en los siglos, dándose de ello un primer ejemplo en San Isidoro, cuando consagra un capítulo a este tema, *Qui multa scripserunt;* en efecto, San Isidoro considera dignos de extraordinaria alabanza a Varron, a Chalcentero, a Orígenes y a Agustín, porque escribieron tantos libros que apenas uno de nosotros podría manuscribir o leer los de uno de ellos.

La confianza en el primer acierto, la im-

EL NOVECENTISMO

provisación, es norma bastante general, hasta de los más grandes escritores españoles de todos los tiempos [...]

Las escuelas literarias se constituyeron pocas veces y eso bajo principios poco rigurosos. Sus más geniales batallas no fueron reñidas en favor de determinadas reglas, sino para librarse de las reglas.

(Historia general de las Literaturas Hispánicas, I, Barcelona, 1969, páginas XX-XXI.)

DENSIDAD DEL AMBIENTE GERMANICO EN LA EPOPEYA

Los que propugnan el origen puramente románico de la epopeya medieval dicen que si en la épica francesa abundan esas mismas costumbres es porque los poetas las tomaban en la vida real, no en relatos procedentes de la Germania. Es verdad que los pueblos románicos habían adoptado costumbres germanas y que ellas podían ser descritas por cualquier literato; pero si es verdad que todo cuanto ocurre en la vida es literatizable, sin embargo, no todo es literatizado, sino sólo aquellos sectores de la vida que por práctica habitual se han hecho materia literaria, debido a la acertada iniciativa de un poeta y a imitadores sucesivos que implantan y aclimatan aquel género de asuntos como materia grata disponible. Así se da el caso de que aún el sentimiento más poderoso y universal en toda la humanidad, el amor, falta en ciertos géneros y épocas por no haberse dado esa implantación afortunada, y falta por completo en la antigua épica medieval, que, en vez del amor, tiene por asunto habitual el rencor y el odio.

El costumbrismo épico, saturado de usos germánicos propios de la clase guerrera, no es, pues, un producto natural y necesario de la vida misma de esa clase social; el género historiográfico, las crónicas, se fundan también en los hechos de la nobleza y de la milicia, y, sin embargo, en las crónicas no aparece el costumbrismo germano, porque ellas dependen y derivan de una tradición latina, y sólo el referido costumbrismo entra algo en ellas cuando se dan a prosificar los poemas épicos. La generalización de ese costumbrismo poemático como un género de gran cultivo necesita, pues, de una explicación histórico-literaria. Y esta explicación nos viene a la mano al tener presente que los cantos de los antepasados germánicos estaban en uso tanto en la España goda como en la Francia merovingia y en la carolingia.

Acabamos de decir que la rencorosa venganza de la sangre es el tema predilecto de la épica. Esta venganza, tan contraria al Derecho romano como repugnante a la ley de Cristo, nadie soñará que pudo hacerse tema literario como un retoño de la tragedia griega tras un milenio de cristianización. Pudo, sí, haber surgido repentinamente por obra de un artista original que, inspirándose en cualquier escena de venganza que la realidad ofreciera, crease un género de poesía truculenta, luego muy imitado. Pero es altamente arbitrario pensar así. No se puede creer que la rica literatura vindicativa, floreciente en España y en Francia, naciese espontáneamente de nuevo en la Romania, sin dependencia respecto a los grandes temas de represalia sangrienta que en tiempo de las invasiones sobresalen bajo nombres celebérrimos, como los del godo Hermanrico y del huno Atila, famosísimos en la épica de los pueblos teutónicos. Sólo continuando la gran tradición germánica puede explicarse que la literatura nacional de dos pueblos neolatinos se inicie con temas donde tanta parte tiene un culto sanguinario del honor, escandalosamente contrario a todas las creaciones literarias de los clérigos latinizantes que ejercían prestigioso magisterio en los demás órdenes de la vida espiritual.

(Los godos y la epopeya española.)

LAS DOS ESPAÑAS EN GUERRA CIVIL

La guerra napoleónica hizo que la España innovadora, antes tímida, se sintiese llegada a la mayor edad, libre de la tutela monárquico-absolutista y que se atreviese a recoger por primera vez principios políticos muy avanzados, exacerbándose así la oposición entre las dos ideologías contrarias. La pugna que en toda Europa se había entablado entre revolución y tradición, toma de repente en España caracteres de la mayor violencia. De una parte, la Constitución de Cádiz, tan radical como la que más de cualquier otra nación, implantaba de pronto reformas muy avanzadas, arrollando desconsideradamente el espíritu conservador tan arraigado en el país; de otra parte, la reacción borra de un plumazo todo lo hecho, como si nada hubiera sucedido desde Carlos IV, como si el pueblo no hubiera vivido en pocos años toda una época removedora de envejecidos postulados.

Más que nunca, media España negaba a la otra media. Los «doceañistas» no procuraron ni por un momento limitar sus aspiraciones en atención a la fuerza representada por sus contrarios: dieron por inexistente esa fuerza. Igualmente los «serviles» pensaban que nada de la Constitución merecía ser respetado; nada representaban en el país los constitucionales, que no eran sino unos réprobos a quienes el Angel Exterminador debía herir, a ellos «y a sus familias hasta la cuarta generación»; y el exterminio fernandino, practicado en modo implacable, estremeció a los extraños, a los mismos que estaban interviniendo a favor de Fernando VII, al duque de Angulema, al entusiasta católico e hispanizante Chateaubriand, a Luis XVIII, todos en vano empeñados en imponer a los absolutistas algún temperamento de concordia y cooperación con los liberales.

Pocos años después aparece la última consecuencia de la habitual extremosidad, la guerra civil, siempre aparentemente guerra de sucesión o de secesión, pero siempre, más allá de esas cuestiones, guerra inacabable, aunque incruenta después de hecha la paz. Las fuerzas todas de la nación se comprometen en un pugilato agotador en torno a los más altos problemas, insolubles en la práctica de la actividad estatal, y olvidan las urgentes empresas colectivas cuya realización da valor y sentido a la vida en común. Las dos Españas, guerreando por los principios más elevados, abandonan los fines inmediatos, los esenciales de la convivencia.

Larra, en *El día de difuntos de 1836*, viendo la guerra carlista extender entonces su sobresalto por España entera, pensando en la insurrección de los sargentos doceañistas con desprestigio del trono, y teniendo presentes tantas otras enconadas luchas, no encuentra sino muerte y sepulturas, lo mismo por una parte que por la contraria: «Aquí yace la Inquisición; murió de vejez»; «Aquí reposa la libertad de pensamiento; murió recién nacida»; «Aquí yace la subordinación militar»; «Aquí descansa el crédito español»...; en fin, el más desconsolador epitafio: *Aquí yace media España; murió de la otra media.*

Y el duelo mortal de las dos mitades continúa en lúgubre pesadilla. Ya aparece muerta la España tradicional; un viajero francés (Teófilo Gautier), al observar la irreverencia del público madrileño ante la procesión del Corpus en 1840, al ver la catedral de Sevilla solitaria, frecuentada sólo por algún turista, concluye: «España no es ya católica.» Pero entonces (1842), cuando Balmes se preguntaba angustiado, ¿será cierto que España sigue siendo católica?, podía responder esperanzado: el catolicismo es el más fecundo elemento regenerador que abriga en sí la nación española. Eso pasaba bajo el signo progresista de Espartero [1]. Poco después, bajo el signo moderado de Narváez, se teoriza condenando a esterilidad y muerte a la España liberal, cuando Donoso Cortés, recién convertido del liberalismo (1848) [2], llevado de la exageración que él confesaba ser «el carácter histórico de los españoles», negaba a sus ex correligionarios la más leve capacidad de acción fructuosa, pues asentaba como infalible principio político, según el peculiar «tradicionalismo» de Bonald, que nada no dictado por el catolicismo puede ser aceptable, ya que la razón humana produce siempre el mal sin mezcla alguna de bien, siguiendo siempre al error, como la madre sigue al hijo de sus entrañas.

Y este concepto excluyente, sea con esa

---

1. El general Baldomero Espartero, vencedor de la primera guerra carlista, 1839, y después su adversario político, el general Ramón María Narváez, fueron los directores de los dos partidos progresistas y moderado, que alternativamente gobernaron a España, entre 1837 y 1868; siempre más duraderas las etapas de las derechas moderadas, como luego decimos. Recuérdese como ejemplo, la década moderada 1844-1854, seguida del bienio progresista 1854-1856. (Nota del autor).

2. Donoso Cortés (1809-1853), marqués de Valdegamas, profesó primero ideas liberales, pero luego evolucionó hacia el catolicismo más rígido, que expuso en su libro *Ensayo sobre el catolicismo, el liberalismo y el socialismo*, 1851. (Nota del autor).

EL NOVECENTISMO

nitidez de sistema, desaprobado por la Iglesia, sea con inconsciencia profesado y con diligencia practicado, era guía principal para las derechas [3] españolas. Si acaso se elevaba una voz de moderación, era en vano. Balmes, en 1845, bajo el mismo gobierno autoritario y represivo de Narváez, pide comprensión recíproca entre las dos Españas: es preciso que «la España antigua, religiosa y monárquica, de las costumbres sencillas, de escasas necesidades», preste atención a «la España nueva con su incredulidad o indiferencia, sus ideas modernas, su prurito de imitar a las demás naciones»; es necesario «abrir una puerta de avenimiento, de transacción, de paz, por la cual entrar pudieran hombres de todos los partidos, sin bajar demasiado la cabeza»; pero por una y otra parte no se oye más que *todo o nada*. Y al ensalzar Balmes la política del papa Pío IX, dos años más tarde (continuando bajo el signo de Narváez), insiste: «La corriente de las ideas pasa por entre las vallas de las bayonetas; es preciso no contar demasiado con los medios represivos, porque la experiencia los muestra débiles» [4]. Pero Balmes no fue escuchado, viéndose motejado por las ultraderechas como clérigo liberal, el Lamennais español: y aun el Papa exaltado por Balmes era por esas ultras tachado de «papa liberal».

El extremismo continúa inconmovible. Menénedez Pelayo, aun en sus primeros años de más decidido derechismo (1877), era tachado de tibio por los ultracatólicos, discípulos de Donoso [5]. Del lado opuesto, los que repiten el «España no es ya católica» siguen inmutables. Así, la pugna se prolongó sin ganar términos de recíproca comprensión. Con duración escasa de dos, cuatro, seis, rara vez más años, se sucedieron las victorias gubernamentales del uno o el otro de los contendientes; por lo común algo más duraderos los períodos de mando de las derechas, como más decididas y coherentes que son, pero siempre la mutua intransigencia conduciendo la nave del Estado en violentos bandazos a babor y a estribor, sin rumbo ninguno cierto.

---

3. A falta de cosa mejor, empleo, por comodidad, estos viejos términos parlamentarios de derechas e izquierdas que, en su vaguedad misma, admiten contenido muy vario según los tiempos. (Nota del autor).
4. Balmes, «Dos escollos», mayo 1845 (en *Escritos políticos* de don Jaime Balmes. Madrid, 1847, págs. 493 s.); y en el opúsculo *Pío IX*, 1847, capítulo VIII. Los caracteres de las dos Españas expuestos por la clarividente ecuanimidad de Balmes continúan con bastante estabilidad: «Esta España nueva no constituye por cierto la mayoría de la nación, pero en su parte más inquieta, que más se agita, que más suena en todos los negocios públicos; la que habla, la que escribe, la que viaja, la que tiene en su mano mil medios para dar circulación a sus ideas, propagar sus pasiones..., la que está en relaciones, en incesante contacto con el resto de Europa...» «La España antigua brilla menos que su antagonista, pero puede más...; no se agita, no bulle tanto, pero tiene más vida, más robustez, más elementos de duración...» (Nota del autor).
5. Menéndez Pelayo, *La ciencia Española*, edic. de 1933, II, páginas 19-20, 111, 428-430 (de Laverde); *Heterodoxos*. VIII.º. 3.ª edic. de 1932, tomo VII, págs. 414, etc. (Nota del autor).

LA ESPAÑA UNICA

Larra lamentó por muerta media España, y sin embargo el difunto se puso en pie para continuar el combate mortal: un siglo después, anunciada por Azaña la muerte de la España católica, ésta se yergue y la que fenece es la España republicana... Fatal sino de los dos hijos de Edipo, que, no consintiendo reinar juntos, se hieren de muerte a la vez. ¿Cesará este siniestro empeño de suprimir al adversario? Malos tiempos corren cuando un extremismo que deja muy atrás al de España, aparece por todas partes; cuando una feroz división, como antes no existía, hace imposible la convivencia nacional en muchos pueblos, imbuyendo un furibundo exclusivismo en la colectividad prepotente. Mussolini llamaba al siglo XX el siglo colectivo, el siglo del Estado; mas para Italia y Alemania ese siglo duró sólo un par de decenios. No sabemos aún cómo las democracias saldrán de su victoria, compartida ésta con el comunismo, pero sin duda, frente a la colectividad, todopoderosa en su unanimidad lograda mediante cruel exclusivismo, la individualidad volverá a recobrar todos sus derechos que le permitan franco paso a la acción discrepante, rectificadora e inventiva, la individualidad a quien se debe siempre los grandes hechos de la Historia.

Suprimir al disidente, sofocar propósitos de vida creída mejor por otros hermanos, es un atentado contra el acierto. Y aun en aquellas cuestiones en que una de las partes se vea en posesión de la verdad absoluta,

RAMON MENENDEZ PIDAL

frente al error de la otra parte, no es un bien el sofocar toda manifestación de la parte errada (que suprimir la parte misma es imposible) para llegar a la enervante y desmoralizadora situación de vivir sin un contrario, pues no hay peor enemigo que el no tenerlos. Un gran fondo de prudencia encierra el humorístico deseo de Ganivet, que los católicos españoles renunciasen a su falta de contradictores, trayendo acá algunos protestantes o herejes de alquiler para que tonificasen el catolicismo peninsular.

La dura realidad de los hechos afianzará la tolerancia, valioso don histórico que la experiencia de los más nobles pueblos ha obtenido y que no puede ser cancelado por el extremismo colectivista tan extendido hoy por el mundo. No es una de las semiespañas enfrentadas la que habrá de prevalecer en partido único, poniendo epitafio a la otra. No será una España de la derecha o de la izquierda; será la España total, anhelada por tantos, la que no amputa atrozmente uno de sus brazos, la que aprovecha íntegramente todas sus capacidades para afanarse laboriosa por ocupar un puesto entre los pueblos impulsores de la vida moderna. Se trata de dos órganos funcionales necesarios para la vida: Una España tradicional inquebrantable en su catolicismo, pero que por evitar el mayor mal de las reacciones convulsas y abominando la violencia, no sólo se abstendrá, en el ejercicio del poder, de toda presión exclusivista, contra los disidentes, sino que compartirá con ellos en convivencia fraterna y leal todo el cuidado de los intereses terrenos, tanto ideales como materiales, que el Estado tiene como fin propio para el bien común, ofreciendo comprensivamente a los innovadores, como dijo Balmes, cauces de evolución y de reformas. A la vez, una España nueva, llena de espíritu de modernidad, muy antiaislacionista, muy atenta a los patrones del extranjero, pero no con indolente sumisión a ellos, sino con originalidad arraigada en lo «castizo eterno», como Unamuno decía, no en lo «castizo histórico», mirando sin embargo la obra pretérita hispana no bajo el símil del fúnebre sudario castelarino, ni tan sólo con un frío respeto hacia el pasado, sino con afectuoso interés hacia la vieja España, cuyo brillo ilustra importantes períodos de la historia universal.

El dolor de la España única y eterna, entrañado en todos los espíritus que se elevan a una consideración histórica por cima de tantas convulsiones pasadas, traerá la necesaria reintegración, a pesar de la tremenda borrasca de antagonismos inconciliables que azota al mundo. La normalización de la vida exigirá, mañana mismo, ideas de convivencia por las que cada español, movido de fecunda simpatía hacia su hermano, deje agitarse dentro de sí las dos tendencias, tradición y renovación, las dos fuerzas que siempre han de contender y compenetrarse, impulsando los más beneficiosos aciertos, las dos almas contradictorias que siente dentro de sí todo el que pugna en los altos problemas y aspiraciones de la vida *(zwei Seelen vohnen, ach! in meiner Brust),* las dos almas que decía Unamuno llevar en su pecho, de un tradicionalista y de un liberal en inacabable y siempre fructífera discusión, los dos impulsos que hacían a Menéndez Pelayo exaltar la intolerancia de espada y hoguera, y rectificar después, teniendo por verdaderamente cristiano el «no matar a nadie»; que le hacían menospreciar la reputación literaria de Galdós, y luego buscar la más solemne ocasión para hacer de Galdós un caluroso elogio, lamentando haberle antes atacado «con violenta saña». La comprensiva ecuanimidad hará posible y fructífero a los españoles el convivir sobre el suelo patrio, no unánimes, que esto ni es posible en un mundo entregado por Dios a las disputaciones de los hombres, ni es deseable, pero sí aunados en un anhelo común hispánico, que irremediablemente no puede ser el mismo que los aunó en la época áurea. Confraternados en los grandes e inmediatos designios colectivos, concordes en instaurar la selección más justiciera, sin acepción de partido, acortarán las depresiones e interrupciones en la curva histórica de nuestro pueblo, y acabarán al fin con tantos bandazos de la nave estatal, para tomar un rumbo seguro hacia los altos destinos nacionales.

(*Los españoles en la historia.*)

Carteles representativos del enfrentamiento de las dos Españas durante la guerra civil.

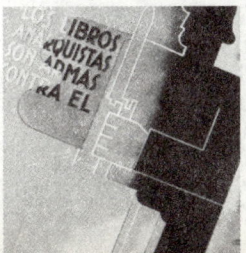

EL NOVECENTISMO

WENCESLAO FERNANDEZ FLOREZ

Nació en La Coruña en 1885. Ejerció el periodismo, primero en su ciudad natal y después en Madrid. Colaboró en la prensa española con millares de artículos, crónicas y reseñas. Ingresó en la Real Academia Española en 1934. Murió en Madrid en 1964.

Aunque cultivó en alguna de sus novelas (en *Volvoreta,* por ejemplo) un realismo convencional, la mayor parte de su obra deriva hacia un humorismo aparentemente ácido e incisivo, con el que pretende dar una visión pesimista y demoledora del mundo. Fernández Flórez se esfuerza en resaltar la cara grotesca y ridícula que éste le ofrece y en poner al descubierto los aspectos más vulnerables del ser humano. Sin embargo, esa visión sarcástica suele estar teñida de comprensión y de sentimentalismo. Como él mismo reconoce, el humor debe ser «siempre un poco bondadoso, siempre un poco paternal. Sin acritud, porque comprende, sin crueldad, porque uno de sus componentes es la ternura. Y si no es tierno ni es comprensivo, no es humor».

Entre sus novelas, que alcanzaron un enorme éxito de público, destacan: *Volvoreta* (1917), *Las gafas del diablo* (1918), *Ha entrado un ladrón* (1920), *El secreto de Barba Azul* (1923), *Las siete columnas* (1926), *Relato inmoral* (1927), *Los que no fuimos a la guerra* (1930), **El malvado Carabel** (1931), *El hombre que compró un automóvil* (1932), *Aventuras del caballero Rogelio de Amaral* (1933), *La novela n.º 13* (1941), *El bosque animado* (1943), *El sistema Pelegrín. Novela de un profesor de cultura física* (1949) y *Aventuras del caballero Florestán del Palier* (1959).

Fernández Flórez es autor también de un buen número de cuentos y de novelas cortas: *Silencio* (1918), que se publicará más tarde con *El ladrón de glándulas* (1929); *Tragedias de la vida vulgar (cuentos tristes)* (1922), **Visiones de neurastenia** (1924), *Fantasmas* (1930), *Por qué te engaña tu marido* (1931), *La nube enjaulada (Relato de humor)* (1944), etc.

Ediciones

Obras completas, 8 volúmenes, Madrid, Aguilar. *El malvado Carabel,* Madrid, Espasa-Calpe (Selec. Austral), 1978.

LOS ESQUELETOS

... Antes, cuando era un hombre vulgar, solía dar un paseo por la calle de Alcalá. Subía de la acera de San José a la acera de «La Unión y el Fénix», y seguía. Esto se me antojaba natural. Ahora, una tarde en que iba a insistir en ese itinerario me asaltó esta idea:

—No voy a ningún sitio determinado. Estoy en la confluencia de varias calles: Caballero de Gracia, la Gran Vía, las Torres... ¿Por qué he de seguir, por qué sigo siempre la calle de Alcalá?

La pregunta era tan magníficamente razonable que me detuve. Me detuve deslumbrado. Antes, nunca se me hubiese ocurrido una idea tan sencilla y tan fuertemente lógica. Sin mi neurastenia —lo comprendo con diafanidad— hubiese seguido siempre paseando por aquella acera. Cuando me recobré del inesperado descubrimiento, me puse a examinar los motivos que pudieran aconsejarme el tránsito por tales vías. Un balance escrupuloso me llevó a la convicción de que había empate: tanto podía argüir en favor de la Gran Vía como en favor de Alcalá, de Caballero de Gracia o de las Torres. Naturalmente, me quedé inmóvil. Y éste fue otro acto lleno de lógica. No había causa y cesaba el efecto. Me sentí orgulloso de mi inmovilidad, tan sólidamente fundamentada. Si alguien me preguntase:

—¿Qué hace usted ahí?

Yo contestaría soberbiamente:

—Nada; no puedo hacer nada más que esto. Soy una consecuencia filosófica.

Sólo pensé un instante:

—Si la causa tarda mucho en surgir, voy a quedarme helado.

Pero fue sólo un instante. En seguida me dediqué a contemplar a los transeúntes. Iban, venían, lentos o apresurados, en coches, en tranvías, a pie... Parejas de enamorados, ruidosos grupos de hombres, señoras ancianas que se detenían ante los escaparates... Y comprendí en seguida, con esta nueva y extraña agudeza de percepción, que todo aquello era terriblemente ridículo. Si yo no estuviese inmóvil a consecuencia de un concienzudo razonamiento, me hubiese detenido para no participar de aquel ajetreo inútil y no prestar mi complicidad a aquella apariencia de muchedumbre. ¡Qué absurdo, qué absurdo! Ir, venir, afanarse... ¿Para qué? Súbitamente me acordé de la frase de un gran pensador. Este gran pensador fue uno de los autores del famoso crimen de la Guindalera. Como es sabido, le condenaron a muerte. Ya en el patíbulo pidió permiso para hablar. Avanzó hasta el borde del tablado. La muchedumbre reía y aullaba, como es de rigor en estos casos. El condenado contempló el bullicioso gentío que iba a sobrevivirle, extendió sus brazos y pronunció estas profundas y veraces palabras:

—¡Respetable público: dentro de cien años, todos calvos!

Ante la alegría inoportuna de los demás, este hombre, próximo a la muerte, comprendió que no se puede dar demasiada importancia al don efímero de la vida, y quiso recordar a los crueles espectadores esto de lo que nadie se acuerda: que hay que morir. Pero lo dijo delicadamente, sin altisonancias, porque era absurdo revestir de pompa una idea sencilla. Pudo decir, bíblicamente: «Acordaos de que polvo sois y que os convertiréis en polvo.» O más crudamente: «También moriréis vosotros en un plazo que siempre os parecerá breve.» Y no lo dijo. Prefirió este suave tropo. «Dentro de cien años, todos calvos.» Fue un acierto.

El veía ya en esqueleto a toda aquella multitud. ¿Ustedes no pueden ver a las gentes vivas como si fuesen esqueletos? Yo, sí. Es otra ventaja de la neurastenia. El día a que me refiero vi toda la calle de Alcalá llena de esqueletos. Precisamente esto fue lo que me hizo parecer más cómico su trajín. Si ustedes lo viesen, se retorcerían de risa, y también pensarían cosas de tal ternura que humedecerían sus ojos. Ensayen ustedes.

No es difícil. ¿Son ustedes capaces de adivinar, debajo de un vestido, el cuerpo de una mujer...? Pues es más sencillo adivinar el esqueleto bajo las carnes. A mí no me ha costado trabajo alguno.

Decía que estaba toda la calle de Alcalá llena de esqueletos. Uno, enfundado en un gabán, corría detrás de un tranvía dando zancadas absurdas. Otros, desmoronados en los divanes de un café, dejaban pasar las horas. Un esqueleto de hombre transcurrió dialogando con un esqueleto de mujer. Ella parecía enojada, y él, triste. Dentro de un quiosco estaba otro esqueleto. Llegaban muchos esqueletos, compraban tabaco y marchaban echando humo por todos los huecos de la calavera... Y yo pensaba:

—¿Por qué corre aquella armazón de huesos, si al fin... todo es igual? ¿Qué asunto pequeñito, del que ya no se acordará mañana, le hace exponerse a un tropezón? Y este ser encerrado en el quiosco ¿creerá que vive? ¿Cuántos años hace que está así? ¿Cuántos estará? Es un vendedor de humo. Vende humo y le compran humo. ¡Qué curiosa bagatela! Sin embargo, parece un esqueleto muy serio, y los que se le acercan a comprar son serios también. Desde su cama viene a este cajón; desde este cajón se marcha a su cama. Un día le llevarán a otra caja más estrecha y... he ahí una vida. En cuanto a estos enamorados, ¿por qué se hacen sufrir? Si yo la conociese a ella le diría: «Mírese usted al espejo muy fijamente, hasta que consiga ver su propio esqueleto; entonces pensará usted que la vida es un breve don y amará usted más y con mayor impaciencia al hombre que la ama, y verá usted cómo muchos prejuicios que le parecieron importantes no lo son. ¡Aprisa!»

Y si me dijeran que eran sugestiones demasiado fúnebres, yo sabría contestar gravemente:

—No. Esto que descubrió un filósofo en el cadalso, y que comprobé yo inmovilizado por la neurastenia en una esquina, es un estímulo para la bondad humana. Si todos consiguiésemos ver en la vida nuestro esqueleto y los de los demás, seríamos mejores. Las pasiones se dulcificarían y un aliento cordial envolvería el mundo. Más que los vibrantes artículos escritos en favor de los niños rusos, pesó en la piedad de las gentes un fotograbado en que se veían unos cuantos de estos infelices reducidos a la piel y a los huesos. Y no es por comprobar así la terrible realidad del hombre, sino porque el esqueleto nos recuerda, más que nada, nuestra hermandad, nuestro parecido fraternal y también nuestra triste fealdad interior, nuestra miseria sustancial. Cuando esté usted a punto de sucumbir a la ira, a la vanidad, a la codicia, a cualquier pasión baja, acuérdese de su esqueleto. Yo poseo este gran principio moral desde que me domina la neurastenia.

(*Visiones de neurastenia*, capítulo VII.)

EN EL QUE SE ASISTE A LA TERRIBLE LUCHA ENTRE CARABEL Y UNA CAJA DE CAUDALES

Nunca se supo cómo Amaro Carabel llegó a apoderarse de la caja de caudales de la Sociedad de Seguros mutuos «La Precaución». Probablemente, se ocultó en las buhardillas de la casa contigua y, ya de noche, saltó la terraza de la Sociedad, cuyas oficinas funcionaban en un quinto piso. La Policía supuso que habían sido varios los ladrones; pero debe afirmarse que únicamente Carabel acometió una hazaña para la que, en verdad, era precisa una fuerza muscular extraordinaria, porque la caja pesaba considerablemente, y el esfuerzo de un individuo de tan escasas energías como Amaro sólo puede explicarse después de haber leído las teorías de Tomás de Quincey [1] acerca del crimen.

Carabel se encontró en la imposibilidad de abrir la fuerte arca de hierro. Excitado por tan desgraciada incapacidad, concibió una desesperada idea: la de arrojar la caja desde la altura de aquel quinto piso a un solar, dominado por la terraza desde la fachada lateral. Así lo hizo, aunque tuvo que trabajar hora y media en llevar aquel armatoste hasta la balconada. Oyó el golpe y se retiró rápidamente, pensando:

«¡Se ha hecho polvo!»

Pero cuando llegó a la calle y entró en el solar por el hueco de unas tablas podridas, vio, con profundo disgusto, que la caja estaba tan hermética como antes, y que únicamente presentaba una abolladura en la esquina antero-inferior derecha. Carabel se marchó y, hora y media después, poco antes de que amaneciese, regresó con una carretilla, en la que colocó el cofre, tapándolo con viejas telas de arpillera.

Este fue el principio de una serie de vicisitudes que no es posible referir muy detalladamente por el misterio en que Carabel ha querido conservar siempre los episodios de la aventura.

Sin embargo, en el cuaderno de cuentas —forrado en hule negro— de la tía Alodia, se puede leer la nota de un préstamo hecho por aquellos días a su sobrino «para el pago del alquiler de una casita en el camino de Getafe», lo que sugiere la sospecha de que Amaro llevó el caudal y el arca inseparable que lo contenía a alguna vieja vivienda alejada de Madrid, donde intentó manipular sin atraer la curiosidad y los malos pensamientos de los hombres.

En el mismo cuaderno, dentro del mismo mes en que fue robada la caja de «La Precaución», aparecen estos misteriosos renglones, que, bajo nuestra responsabilidad, deben ser relacionados con el suceso:

Día 8. Por adquisición de un martillo, 10 pesetas.

Día 12. Por otro martillo mayor, 20 pesetas.

Día 16. Por otro martillo más pesado, 40 pesetas.

Día 18. Por un frasco de embrocación [2] para los brazos y la espalda de Amaro, cinco pesetas.

Es muy difícil reconstruir exactamente la vida de Carabel en esta etapa. Puede afirmarse tan sólo que se notaba en él una gran preocupación durante el poco tiempo que permanecía con su familia, porque parecía atacado de un gran cansancio físico y se acostaba inmediatamente después de cenar, para quedarse dormido en el acto. Hablaba muy poco, y casi siempre para expresar ideas extrañas. Así, una noche en que el señor Ginesta leía en el *Alrededor del Mundo* un relato de los esfuerzos y sacrificios que costó abrir el canal de Suez, se vio interrumpido —con gran susto de Alodia— por una

---

1. Se refiere a la famosa obra de Thomas de Quincey (1785-1859) titulada *Sobre el asesinato considerado como una de las Bellas Artes.*
2. Cataplasma, ungüento.

carcajada de Carabel, tan sarcásticamente despectiva, que el lector se creyó en el caso de interrogarle acerca de su significación, sin que consiguiese de Amaro otra respuesta que la siguiente:

—¡Si no hubiese en el mundo nada más difícil de abrir que ese canalillo!...

Otra vez, luego de seguir atentamente las manipulaciones de su tía, que hendía la envoltura de una caja de sardinas de seis reales, le arrebató con brusquedad el abrelatas, lo contempló con una mirada ansiosa y lo arrojó, después, al tejado, mientras murmuraba con amargura:

—Sí, sí; en teoría está bien, pero tampoco sirve...

Algunos indicios, penosamente recogidos aquí y acullá, pueden ser interpretados sin grandes dificultades. Se sabe, por ejemplo, que Carabel ofreció veinticinco pesetas al maquinista de la apisonadora que por aquellos días trabajaba en el arreglo de la carretera de Getafe, si se avenía a hacer pasar el cilindro sobre un bulto que él llevaría cuando los obreros se hubiesen retirado; proposición que el honrado individuo rechazó fríamente por temor a incurrir en responsabilidades, ya que, según dijo después, nada hay que despierte tantas ideas trágicas entre la gente del campo como una apisonadora. Numerosas veces, si han de creerse sus palabras, le habían tentado con cantidades, que oscilaban entre dos y quince pesetas, para aplastar viejas que no querían morirse y niños que se habían obstinado en nacer. También los suicidas solían hacerle insinuaciones mientras miraban el ingente rodillo con ojos de gula.

Mucho tiempo después de tal época, cuando ardió en los barrios bajos un almacén de madera, Carabel, que se encontraba entre los curiosos, no pudo contener esta observación, que confió a los oídos indiferentes de un amigo que le acompañaba:

—En esa terrible hoguera es posible que se ablandasen las paredes de una caja de caudales, pero con un hornillo de antracita no se conseguiría más que calentarlas un poco. La antracita no vale para nada.

El amigo se encogió de hombros.

Mientras tanto, los periódicos habían publicado la noticia del robo, y veinte días después, cuando no se tenía esperanza alguna de recuperar el arca de acero, divulgaron en sus columnas una carta del presidente de

WENCESLAO FERNANDEZ FLOREZ

W. Fernández Flórez con su madre, en los últimos años de su vida.

«La Precaución», en la que afirmaba que no podía pagar a nadie porque los cincuenta mil duros con que contaba la Sociedad estaban dentro de la caja que se habían llevado los ladrones.

Cuarenta y ocho horas más tarde se oyó, cerca de la casita alquilada por Carabel en la soledad del campo, el estampido de un cartucho de dinamita. Al día siguiente, otra más fuerte detonación. Y en la madrugada de un domingo, otra, seis veces más estrepitosa, que hizo escapar a todos los pájaros de media legua a la redonda. Un sujeto, que pasaba a mucha distancia, contó después, en la primera taberna que encontró en el camino, que había visto elevarse en el espacio un objeto de forma cúbica y volver a abatir.

Finalmente, el tren de mercancías número 26, compuesto de cuarenta unidades, tropezó en la noche del 18 de abril con algo que el maquinista creyó que era una piedra desprendida sobre la vía, en la línea férrea de Getafe. El tren arrastró, a topetazos, aquel trozo de roca, y lo lanzó por un terraplén. Este es el último detalle que figura en nuestras notas relacionado con el robo de la caja de caudales de la Sociedad de Seguros Mutuos «La Precaución». Con todos ellos podríamos fácilmente rehacer la historia de la lucha del Carabel con el recio artefacto; pero en caso de tanta gravedad, lo más prudente es impedir que la imaginación intervenga.

(*El malvado Carabel*, capítulo VIII.)

EL NOVECENTISMO

LEON FELIPE

León Felipe (su verdadero nombre era el de León Felipe Camino Galicia) nació en Tábara (Zamora), en 1884. En 1893 se traslada con su familia a Santander. Estudia Farmacia en Madrid. Se despierta su vocación poética al asistir a una representación de *Hamlet*, de Shakespeare. Fue después actor. Viajero infatigable, recorrió diferentes países de Africa y de América. En 1936, al estallar la guerra, se encontraba en Panamá. Regresa a España para apoyar al bando republicano. En 1938, sin ocultar su decepción ante la marcha de los acontecimientos, se instala en México. Entre 1946 y 1948 da recitales y conferencias en América del Sur. Muere en México en 1968.

Antes de la guerra, publica **Versos y oraciones del caminante** (1920: la segunda parte de esta obra apareció en Nueva York en 1930) y el poema *Drop a star* (1933). Indiferente al rechazo de toda efusión sentimental, impuesto por las modas vanguardistas del momento, los poemas de *Versos y oraciones...* se inundan de pasión humana, de «impurezas». El mismo reconocerá: «Llegué en un mal momento. Cuando la pelea era más encarnizada. Y creo que piedras de los dos bandos me alcanzaron a mí en la frente. Yo no venía a defender a nadie ni pertenecía a ninguna cofradía. Por entonces no tenía ningún credo, ni político ni religioso... Contra la deshumanización creciente yo traía una vaga humanización colectiva».

En el exilio da a conocer los siguientes libros: *El payaso de las bofetadas y el pescador de caña (Poema trágico español)* (1938), *El hacha (Elegía española)* (1939), **Español del éxodo y del llanto** (1939), *El gran responsable (Grito y salmo)* (1940), **El poeta prometeico** (1942), en prosa poética y en verso; *Ganarás la luz* (1943), *Antología rota* (1920-1947) (en la edición de 1957 añadió otros poemas), **Llamadme publicano** (1950), *El ciervo* (1958), *Cuatro poemas con epígrafe y colofón* (1958), *¡Oh, este viejo y roto violín!* (1965), *¡Oh, el barro, el barro!* (1967) y *Rocinante* (1969). El tono encendido, el fuego arrebatado, la pasión, las imprecaciones, se intensifican notablemente en estas obras. Sus permanentes inquietudes religiosas y su anhelo de justicia también cobran ahora un especial relieve.

Las palabras con las que su admirado Walt Whitman cierra sus *Cantos de adiós* («Camarada, esto no es un libro. Quien vuelve sus hojas toca un hombre») podrían servir para resumir su poesía.

León Felipe es autor también de algunas obras de teatro: *La manzana (Poema cinematográfico)* (1951), *No es cordero... que es cordera* (1953), *Macbeth o el asesino del sueño* (1954), *Dos obras: La Mordida y Tristán e Isolda* (1958), *Otelo o el pañuelo encantado* (1960) y *El juglarón* (1961).

Ediciones

Obra poética escogida, selección de Gerardo Diego, Madrid, Espasa-Calpe (Austral), 1975. *Versos y oraciones del caminante, I y II. Drop a star,* ed. de J. Paulino Ayuso, Madrid, Alhambra, 1979.

PROLOGUILLOS

II

Poesía...
tristeza honda y ambición del alma...
¡cuándo te darás a todos... a todos,
al príncipe y al paria,
a todos...
sin ritmo y sin palabras!...

III

No quiero el verbo raro
ni la palabra extraña;
quiero que todas,
todas mis palabras
—fáciles siempre
a los que aman—,
vayan ungidas
con mi alma.

XII

Deshaced ese verso.
Quitadle los caireles de la rima,
el metro, la cadencia
y hasta la idea misma...
Aventad las palabras...
Y si después queda algo todavía,
eso
será la poesía.

LEON FELIPE

¿Qué
importa
que la estrella
esté remota
y deshecha
la rosa?...
Aún tendremos
el brillo y el aroma.

ROMERO SOLO

Ser en la vida
romero,
romero sólo que cruza
siempre por caminos nuevos;
ser en la vida
romero,
sin más oficio, sin otro nombre
y sin pueblo...
ser en la vida
romero... romero... sólo romero.
Que no hagan callo las cosas
ni en el alma ni en el cuerpo...
pasar por todo una vez,
una vez sólo y ligero, ligero, siempre ligero.

Que no se acostumbre el pie
a pisar el mismo suelo,
ni el tablado de la farsa,
ni la losa de los templos,
para que nunca recemos
como el sacristán
los rezos,
ni como el cómico
viejo
digamos
los versos.
La mano ociosa es quien tiene
más fino el tacto en los dedos,
decía Hamlet a Horacio,
viendo
cómo cavaba una fosa
y cantaba al mismo tiempo
un
sepulturero.
—No
sabiendo
los oficios
los haremos
con
respeto—.
Para enterrar
a los muertos como debemos
cualquiera sirve, cualquiera...
menos un sepulturero.
Un día todos sabemos hacer justicia;
tan bien como el rey hebreo,
la hizo
Sancho el escudero
y el villano
Pedro Crespo...
Que no hagan callo las cosas
ni en el alma ni en el cuerpo...
pasar por todo una vez,
una vez sólo y ligero, ligero, siempre ligero.

    Sensibles
a todo viento
y bajo
todos los cielos,
Poetas,
nunca cantemos
la vida
de un mismo pueblo,
ni la flor
de un solo huerto...
Que sean todos
los pueblos
y todos
los huertos nuestros.

(Versos y oraciones del caminante.)

EL HACHA. ELEGIA ESPAÑOLA

*A los caballeros del Hacha,
a los cruzados del rencor y del polvo...
a todos los españoles del mundo.*

II

¿Por qué habéis dicho todos
que en España hay dos bandos,
si aquí no hay más que polvo?
En España no hay bandos,
en esta tierra no hay bandos,
en esta tierra maldita no hay bandos.
No hay más que un hacha amarilla

que ha afilado el rencor.
Un hacha que cae siempre.
siempre,
siempre,
implacable y sin descanso
sobre cualquier humilde ligazón:
sobre dos plegarias que se funden,
sobre dos herramientas que se enlazan,
sobre dos manos que se estrechan.
La consigna es el corte,
el corte,
el corte,
el corte hasta llegar al polvo,
hasta llegar al átomo.
Aquí no hay bandos,
aquí no hay bandos,
ni rojos
ni blancos
ni egregios
ni plebeyos...
Aquí no hay más que átomos,
átomos que se muerden.
España,
en esta casa tuya no hay bandos.
Aquí no hay más que polvo,
polvo y un hacha antigua,
indestructible y destructora,
que se volvió y se vuelve
contra tu misma carne
cuando te cercan los raposos.
Vuelan sobre tus torres y tus campos
todos los gavilanes enemigos
y tu hijo blande el hacha
sobre su propio hermano.
Tu enemigo es tu sangre
y el barro de tu choza.

¡Qué viejo veneno lleva el río
y el viento,
y el pan de tu meseta,
que emponzoña la sangre,
alimenta la envidia,
da ley al fratricidio
y asesina el honor y la esperanza!
La voz de tus entrañas
y el grito de tus montes
es lo que dice el hacha:
«Este es el mundo del desgaje
de la desmembración y la discordia,
de las separaciones enemigas,
de las dicotomías incesables,
el mundo del hachazo... ¡mi mundo!,
dejadme trabajar.»
Y el hacha cae ciega,
incansable y vengativa
sobre todo lo que se congrega
y se prolonga:
sobre la gavilla
y el manojo,
sobre la espiga
y el racimo,
sobre la flor
y la raíz,
sobre el grano
y la simiente,
y sobre el polvo mismo
del grano y la simiente.
Aquí el hacha es la ley
y la unidad el átomo,
el átomo amarillo y rencoroso.
Y el hacha es la que triunfa.

(*Español del éxodo y del llanto.*)

NO HE VENIDO A CANTAR

No he venido a cantar, podéis llevaros la guitarra.
No he venido tampoco, ni estoy aquí arreglando mi
                [expediente para que me canonicen cuando muera.
He venido a mirarme la cara en las lágrimas que caminan hacia el mar,
por el río
y por la nube...
y en las lágrimas que se esconden
en el pozo,
en la noche
y en la sangre...

He venido a mirarme la cara en todas las lágrimas del mundo.
Y también a poner una gota de azogue, de llanto, una
                              [gota siquiera de mi llanto
en la gran luna de este espejo sin límites, donde me
                    [miren y se reconozcan los que vengan.

He venido a escuchar otra vez esta vieja sentencia en las tinieblas:
Ganarás el pan con el sudor de tu frente
y la luz con el dolor de tus ojos.
Tus ojos son las fuentes del llanto y de la luz.

(El poeta prometeico.)

SE TODOS LOS CUENTOS

Yo no sé muchas cosas, es verdad.
Digo tan sólo lo que he visto.
Y he visto:
que la cuna del hombre la mecen con cuentos,
que los gritos de angustia del hombre los ahogan con cuentos,
y que el llanto del hombre lo taponan con cuentos,
que los huesos del hombre los entierran con cuentos,
y que el miedo del hombre...
ha inventado todos los cuentos.
Yo sé muy pocas cosas, es verdad,
pero me han dormido con todos los cuentos...
y sé todos los cuentos.

(Llamadme publicano.)

JOSE MORENO VILLA

Nació en Málaga en 1887. Además de poeta, fue ensayista y pintor. Cursó estudios de química en Alemania y de historia del arte en Madrid. Al finalizar estos últimos, se incorporó al Centro de Estudios Históricos. Entre 1917 y 1936 vivió en la Residencia de Estudiantes, en la que convivió con algunos de los poetas del 27. Durante los años de la república fue director del archivo de palacio. En 1937 marchó a México, en donde murió en 1955.

La obra de Moreno Villa, a medio camino entre la de las generaciones precedentes y la de los poetas del 27, se compone de: *Garba* (1913), *El pasajero* (1914), *Luchas de pena y alegría* (1915), **Evoluciones** (1918), *Colección* (1924), **Jacinta la pelirroja** (1929), tres series de *Carambas* (1931, 1932 y 1933), *Puentes que no acaban* (1933) y *Salón sin muros* (1936). Si en sus primeros libros es patente un moderado rechazo de la retórica modernista, a partir de *Jacinta...* es fácil rastrear afinidades con el surrealismo.

En el exilio publica: *Puerta severa* (1941), **La noche del Verbo** (1942), *La música que llevaba (poesía 1913-1947)* (1949). Póstumamente apareció en México **Voz en vuelo a su cuna** (1961). Una nostalgia serena y amarga de España («Yace tu tierra más allá del agua. Nunca tus ojos volverán a verla...») es frecuente en estas obras.

Moreno Villa es autor de un interesante libro de Memorias, *Vida en claro* (1944), en el que revive diferentes aspectos de su vida y de la España anterior a la guerra civil. En *Los autores como actores* (1951), recogerá una serie de trabajos que, como él mismo precisa, «pertenecen a dos hemisferios: al de la crítica literaria y al de la convivencia literaria».

Fue también un notable periodista y autor de narraciones cortas, obras de teatro y ensayos sobre arte.

EL NOVECENTISMO

Ediciones

Antología, Barcelona, Plaza y Janés, 1982. *Jacinta la pelirroja,* Madrid, Turner, 1978. *Vida en claro,* México, Fondo de Cultura Económica, 1976.

RITMO ROTO

He perdido el ritmo
y sólo veo fealdad:
deshechas las arquitecturas;
los colores sin separar;
las palabras, vasos
rotos, que cortan la verdad.

He perdido el ritmo
y sólo veo mi maldad.
No entiendo mis palabras viejas
ni tampoco lo que es suspirar.
El bien se quebró en mi alma
y no lo pegaré jamás.

¿Son los años?, ¡dime!
Yo sólo supe meditar;
y acaso, acaso se deforme
el mundo con el pensar.
¡Dime! ¡Dime! ¿Dónde hallo el ritmo
de dulce y hondo compás?

¿En el mundo de las personas?
¿En la selva montaraz?
¿En el río, en el cielo? ¿En dónde?

Dios me pudiera mandar
un afinador, de su cielo,
para este armonio que anda mal:
que decae, disuena y chilla,
y es la avellana de mi mal.

(*Evoluciones.*)

BAILARE CON JACINTA LA PELIRROJA [1]

Eso es, bailaré con ella
el ritmo roto y negro
del jazz. Europa por América.
Pero hemos de bailar si se mueve la noria,
y cuando los mirlos se suban al chopo de la vecina.

Porque —esto es verdad—
cada rito exige su capilla.
¿No, Jacinta?
Oh, Jacinta, pelirroja, peli-peli-roja
pel-pel-peli-pelirrojiza.
Qué bonitos, qué bonitos, oh, qué bonitos
son, sí, son, tus dos, dos, dos, bajo las tiras
de dulce encaje hueso de Malinas [2].
Oh, Jacinta,
bien, bien mayor, bien supremo.
Ya tenemos el mirlo arriba,
y la noria del borriquillo, gira.

DOS AMORES, JACINTA

¿Hay un amor español
y un amorzuelo anglo-sajón?
Míralos, Jacinta, en las arenas jugando.

---

1. Jacinta fue una «joven yanqui, rubia y admirablemente formada y vestida» a la que Moreno Villa conoció en Madrid hacia 1925 y con la que estuvo a punto de casarse.

2. *Encaje de Malinas:* encaje de bolillos que se caracteriza por llevar un hilo brillante realzando los contornos de los motivos ornamentales.

JOSE MORENO VILLA

Míralos, encima de la cama, saltando.
Mira ése, medio heleno y medio gitano.
Mira ese otro con bucles de angelillo intacto.
Uno es un torillo —torillo bravo—
y otro, encaje o capa —lienzo de engaño—.
Mira los ojos negros
y los azules claros.
Mira el amor sangriento
y el amor nevado.
El torillo-amor con su flor de sangre
y el amor-alpino, de choza, nieve y barranco.

CUADRO CUBISTA

Aquí te pongo, guitarra,
en el fondo de las aguas
marinas, cerca de un ancla.
¿Qué más da
si aquí no vas a sonar?

Y vas a ser compañera
de mi reloj de pulsera
que tampoco ha de marcar
si es hora de despertar.
Vas a existir para siempre
con la cabra sumergida,
la paloma que no vuela
y el bigote del suicida.

Tiéndete bien, entra en forma,
sostén tu amarillo pálido
y tu severa caoba;
conserva bien las distancias
o busca la transparencia.
Lo demás no me hace falta.

(*Jacinta la pelirroja.*)

NOS TRAJERON LAS ONDAS

I

No vinimos acá, nos trajeron las ondas.
Confusa marejada, con un sentido arcano,
impuso el derrotero a nuestros pies sumisos.

Nos trajeron las ondas que viven en misterio,
las fuerzas ondulantes que animan el destino,
los poderes ocultos en el manto celeste.

Teníamos que hacer algo fuera de casa,
fuera del gabinete y del rincón amado,
en medio de las cumbres solas, altas y ajenas.

El corazón estaba aferrado a lo suyo,
alimentándose de sus memorias dormidas,
emborrachándose de sus eternos latidos.

Era dulce vivir en lo amoldado y cierto,
con su vino seguro y su manjar caliente;
con su sábana fresca y su baño templado.

El libro iba saliendo; el cuadro iba pintándose;
el intercambio entre nosotros y el ambiente
verificábase como función del organismo.

EL NOVECENTISMO

Era normal la vida: el panadero, al horno;
el guardián, en su puesto; en su hato el pastor;
en su barca el marino y el pintor en su estudio.

¿Por qué fue roto aquello?, ¿quién hizo capitán
al mozo tabernero y juez al hortelano?
¿Quién hizo embajador al pobre analfabeto
y conductor de almas a quien no se conduce?

Fue la borrasca humana, sin duda, pero tú,
que buscas lo más hondo, sabes que por debajo
mandaban esas fuerzas ondulantes y oscuras
que te piden un hijo donde no lo soñabas,
que es pedirte los huesos para futuros hombres.

IV

Nos llevarán las ondas. Nos llevarán las ondas...
Nos llevarán las ondas no con bolsas repletas,
no con sacos de oro ni tanques ni aviones.

Nos llevarán con lo que siempre llevamos:
un morral, un cayado y unas tablas de amor.
Para cantar, para vivir en páramos y limonares.

Y tambien unas tablas de trabajo moral
que digan cómo y cuándo y cuánto nos atañe.
Unas tablas de grandes y pequeños deberes.
Porque es hora de esfuerzo la hora del arribo.

VI

Nos llevarán las ondas sin querer o queriendo.
El destino es más fuerte que nuestra voluntad
y a cada quién señala su tarea en el mundo,

su majuelo y su hora. A veces esta hora
es tardía y el hombre vive años y años
en el desasosiego de no saber qué hacer.

No tiemble; espere alerta. La hora viene.
No la arredren las canas. Las canas también sirven.
Ellas están más cerca del secreto del mundo.
De las barbas canosas bajó el verbo a la cruz.

(*La noche del Verbo.*)

José Moreno Villa en 1909,
en 1936 y en 1950,
respectivamente.

COLOFON

¿Qué colofón pondré a mi vida?
«Vivir para ver.»
¿No encierra mi doble secreto?
Unos nacen para buscar.
Otros, para eternos amantes pobres.
Unos, para pasarlo en las cantinas.
Otros, para arrastrarse por los suelos.
Yo, para ver.
Para ver y no saber,
ni comprender,
qué es este eterno perder
y perder
y perder,
al amanecer,
al anochecer,
y cuando los Mayos
vuelvan a aparecer.

(*Voz en vuelo a su cuna.*)

Movimientos de Vanguardia y Generación del 27   V

LOS MOVIMIENTOS DE VANGUARDIA

El rechazo violento del subjetivismo romántico y del realismo tradicional, pilares sobre los que se había asentado gran parte de la literatura anterior, será la nota más destacada de la mayor parte de los experimentos creadores, conocidos con el nombre de movimientos de vanguardia, que se suceden o que coexisten en Europa a lo largo de este siglo. Los más destacados serán el Cubismo, el Futurismo, el Dadaísmo, el Imaginismo, el Expresionismo y, en especial, el Surrealismo (textos I, III, XII).

Algunos de estos movimientos, como el Cubismo y el Futurismo, se inician muy pronto (Picasso pinta «Las señoritas de Avignon» en 1907, y el Primer manifiesto futurista, de Marinetti, se publica en 1909). Sin embargo, el apogeo de los mismos corresponde a los años posteriores a la Primera Guerra Mundial. Las vanguardias inician su decadencia al final de la década de 1920-1930 y desaparecen en la siguiente. El hundimiento de la bolsa de Nueva York y la consiguiente depresión económica de occidente, la consolidación de diversos regímenes totalitarios en Europa (el fascismo y el nazismo), el triunfo de los frentes populares en España y Francia, la guerra española, entre otros acontecimientos, llevan de nuevo a los escritores y artistas a una mayor atención a los problemas humanos, o a un decidido compromiso social y político. Sin embargo, la lección de algunos de estos movimientos (la del Surrealismo, ante todo), no será olvidada por las generaciones más jóvenes.

En España, las vanguardias contaron con el precedente de un escritor genial, Ramón Gómez de la Serna, defensor incondicional de un arte deshumanizado (entendiendo por tal aquel en el que se produce un distanciamiento entre el arte y la vida), y que ejercerá una notable influencia en la literatura posterior (muchas de las imágenes prodigadas por los poe-

Picasso: «Las señoritas de Avignon» (Museo de Arte Moderno, Nueva York). Con este cuadro se inicia la aventura del cubismo.

Marcel Duchamp: «Desnudo bajando una escalera», 1911 (Museo de Filadelfia), obra que combina el análisis cubista del espacio con la representación del movimiento.

Movimientos de Vanguardia y Generación del 27

Luigi Russolo: «Dinamismo de un automovil», 1911. Los pintores y escultores futuristas pretendían mostrar una realidad, no ya en sus formas esenciales, sino en pleno movimiento.

Kurt Schwitters: «Formas en el espacio», 1920. La mezcla de objetos heterogéneos, siguiendo el impulso del azar, revela una actitud habitual en los dadaístas.

tas del 27 tienen una innegable filiación ramoniana). En la revista Prometeo, que dirige entre 1908 y 1912, aparecieron los primeros manifiestos del vanguardismo literario español. En ellos se incitaba a los escritores a un cambio radical, tanto literario como político, semejante al que se estaba produciendo en otros países (texto II).

Contando con este precedente, es hacia 1918 cuando comienzan a desarrollarse los dos movimientos más destacados del vanguardismo español: el Creacionismo y el Ultraísmo. Estos movimientos, que se prolongan hasta 1922 ó 1923, aunque algún autor, como Gerardo Diego, nunca olvidó sus prácticas creacionistas, se caracterizan por su rechazo de lo sentimental y trágico, de lo subjetivo e íntimo. Los grandes temas literarios (el amor, la muerte, Dios, el hombre) se desprecian ahora, o sirven de pretexto para alardes de ingenio o de humor.

Al despreocuparse de cualquier forma de trascendencia moral, filosófica y política, al alejarse de la vida y perder la ganga humana, la literatura se purificaba y se convertía en una actividad inmanente, cuya finalidad era ella misma. Ortega y Gasset se referirá a la imposibilidad de que el arte prescindiera por completo de la realidad y de la vida. Pero ningún movimiento literario o artístico del pasado ignoró de manera tan radical los problemas humanos y el mundo circundante.

En el citado año de 1918, llega a España, después de una estancia en París, el poeta chileno Vicente Huidobro, que abre los ojos de muchos escritores sobre lo que está ocurriendo en Europa. A partir de ahora, se producirá una estrecha relación de la vanguardia española (que se desarrolla en las diferentes lenguas peninsulares) con la europea, y, muy especialmente, con la hispanoamericana. Desde el siglo XVIII la literatura española no había conocido una sincronización tan perfecta con la de otros países.

A Vicente Huidobro, cuyo libro Horizon carré ejerció un notable influjo en los escritores *de entonces, se debe un nuevo -ismo, el Creacionismo, en el que se proclama la total autonomía de la obra literaria.*

> *Hasta ahora —puntualiza Huidobro— no hemos hecho otra cosa que imitar al mundo, no hemos creado nada. ¿Qué ha salido de nosotros que no estuviera antes parado ante nosotros, rodeando nuestros ojos, desafiando nuestros pies o nuestras manos? Hemos cantado a la naturaleza. Nunca hemos creado realidades propias, como ella lo hace o lo hizo en tiempos pasados [...]*
> *El poeta aspira a crear un poema tomando de la vida sus motivos y transformándolos para darles una vida nueva e independiente. Nada de anecdótico ni de descriptivo. La emoción debe nacer de una sola verdad creatriz. Hacer un poema como la naturaleza hace un árbol.*

En este movimiento, que tuvo como máximos defensores en España a Juan Larrea y a Gerardo Diego, el poema, del que se suprimen los signos de puntuación, se construye mediante la yuxtaposición, gratuita y caprichosa, de imágenes, sin un referente claro y preciso que las motive. Como en las fragmentaciones del cubismo, dichas imágenes, que constituyen una creación pura del espíritu, resbalan unas sobre otras, en hilaciones semánticas inéditas o sustentadas en la pura fonética, sin fusión posterior trascendente. Se atenúa así la función representativa de la palabra y se acentúan sus posibilidades connotativas. De ahí la proliferación de imágenes dobles o múltiples, muy difundidas más tarde por los poetas del 27 (texto VI). También es frecuente la escritura caligramática, que tuvo en el poeta francés Apollinaire su representante más destacado, aunque fue en el Ultraísmo en donde se abusó más de esta técnica.

El otro movimiento vanguardista español, paralelo y en muchos puntos coincidente con el anterior, fue el Ultraísmo (textos IV, V), que contó con numerosos partidarios, entre los que destacan Cansinos-Asséns, Eugenio Montes, Rogelio Buendía, Isaac del Vando Villar, José de Ciria y Escalante, Adriano del Valle, César A. Comet, Rafael Lasso de la Vega y el argentino Jorge Luis Borges. Las revistas en las que publicaron sus poemas fueron Grecia, Cervantes, Ultra, Tableros, Reflector, Plural, Roncel, Cosmópolis *y* Alfar.

En los poemas ultraístas, en los que son visibles las huellas del Cubismo, del Futurismo y del Dadaísmo, se suprime la anécdota, lo narrativo, el discurso lógico, y se da preeminencia a las percepciones fragmentarias. Con las imágenes y las metáforas ilógicas, chocantes, desmesuradas, ligadas casi siempre al mundo del cine, de los deportes, de los adelantos técnicos («los motores suenan mejor que endecasílabos», dirá Guillermo de Torre) y, en definitiva, a todo lo que signifique modernidad, se pretende una nueva captación del mundo real.

Notas destacadas de este movimiento fueron también la eliminación de la rima en el poema, y la tendencia, lo mismo que en el Creacionismo, a establecer una disposición tipográfica nueva de las palabras, con lo que se conseguía la fusión de la expresión plástica y de la literaria. Con esa disposición, que es la encargada de crear el ritmo del poema, se produce una comunicación visual, además de la auditiva, que es la propia de la poesía. El deseo innovador lleva también a un vocabulario plagado de neologismos y a un abuso de palabras esdrújulas, entre las que predominan las de carácter científico y técnico.

Por último, digamos que las vanguardias españolas, pródigas en manifiestos y actividades públicas, pocas veces produjeron obras valiosas. Sin embargo, tuvieron la virtud de abrir el camino de la experimentación. Su huida de lo convencional, rutinario y trillado, y su afán de novedades, constituyeron un ejemplo obligado para los escritores que entonces se iniciaban en el camino de las letras (texto VII). Para Jorge Guillén, el Ultraísmo fue un movimiento fracasado, pero que alimentó, «aunque sea en pequeña parte, una de las más intensas generaciones poéticas de nuestra historia».

Movimientos de Vanguardia y Generación del 27

LOS POETAS DEL 27

Aparte de las innovaciones que traen las vanguardias, entre 1918 y 1936 se produce, por obra de un elevadísimo número de escritores, críticos, músicos e historiadores una transformación radical del panorama literario y cultural español. Dentro de esta generación, pronto se distinguió a un grupo de poetas de primerísima fila que, pese a sus diferencias radicales, exhibían preocupaciones y gustos estéticos afines. Desde entonces se les han aplicado los más diferentes calificativos. Entre otros, los de «Nietos del 98», «Poetas profesores», «Generación Guillén-Lorca», «Generación de los años veinte», «Generación de 1921», «Generación de 1925», «Generación de 1921-1931», «Generación de la vanguardia», «Generación de la República», «Generación de la dictadura» y «Generación de la amistad». Sin embargo, a pesar del apoyo de destacados críticos recientes al rótulo «Generación de la vanguardia», las denominaciones más aceptadas y populares han sido, por razones bastante justificadas y defendibles, las de «Generación del 27» y «Grupo poético del 27».

Los poetas que mencionaremos después han alcanzado, en 1927 y 1928, la madurez literaria y han publicado o publican libros importantes. Por esas fechas aparecen también diversas revistas en las que todos colaboran. En 1927 se celebra el tercer centenario de la muerte de Góngora y toman postura abierta y definitiva en favor de una poesía nueva y antiacadémica (texto X). Al poeta cordobés se le dedican, en ese año, ediciones críticas y comentarios de sus obras. En el número que le dedica la revista Verso y prosa, José Bergamín escribe: «Admirar, comprender a Góngora (a todo Góngora), y sobre todo al del Polifemo y las Soledades) no es ser gongorino ni gongorista, es ser persona, tener entendimiento y gusto de ser persona humana, simplemente».

Existen, sin embargo, discrepancias con respecto a la denominación de «grupo» o de «generación». Es cierto que todos ellos, como hemos visto, forman parte de una generación más amplia, pero también lo es que el término «grupo» es quizá demasiado vago e indeterminado para resumir y reflejar la unidad y coherencia que mantuvieron los poetas que en él se integran.

Nómina: Tampoco existe unanimidad a la hora de establecer la nómina de los que componen esta generación, aunque todos los críticos están de acuerdo en incluir en ella a Gerardo Diego, Jorge Guillén, Pedro Salinas, Federico García Lorca, Rafael Alberti, Vicente Aleixandre, Luis Cernuda, Dámaso Alonso, Emilio Prados y Manuel Altolaguirre. Es habitual incorporar al sevillano Fernando Villalón, a pesar de su temprana fecha de nacimiento (1881). Las relaciones amistosos que mantuvo con los citados poetas, la época en que aparecieron sus libros, y la estilización de temas y formas populares que en ellos lleva a cabo, hacen que su figura cobre su verdadero sentido en el marco de esta generación.

También, después de un período de olvido, suelen añadirse los nombres de José María Hinojosa y, aunque con mayores reservas, de Juan Larrea. Este último, pese a que escribió casi toda su obra en francés y mantuvo escasas relaciones con los demás poetas de su generación, tuvo una gran importancia en la introducción del Surrealismo en España.

Rasgos comunes: A pesar de las características peculiares y distintivas de cada uno de estos escritores, algo nada extraño en un momento en el que se buscaba la originalidad a toda costa y en el que el más exacerbado individualismo lo presidía todo, y pese a la inexistencia de un guía destacado y de una clara motivación histórica que los aglutine, pueden señalarse en ellos una serie de rasgos comunes:

1. Hay que destacar, en primer lugar, la estrecha amistad que los unió. De ahí el que algunos críticos, como José Luis Cano y Oreste Macrí, los hayan agrupado en una «Generación de la amistad». Todos tienen una edad aproximada (el mayor de ellos, Pedro Salinas, había nacido en 1891; el más joven, Altolaguirre, en 1905), y manifiestan en sus primeros años un inequívoco talante liberal y progresista. Mantuvieron entre ellos una abundante co-

De izquierda a derecha, Pedro Salinas, el torero Ignacio Sánchez Mejías y Jorge Guillén, en primera fila. Detrás, Antonio Marichalar, José Bergamín, Corpus Barga, Vicente Aleixandre, García Lorca y Dámaso Alonso. La foto está tomada con motivo de una visita de Sánchez Mejías a Madrid.

Banquete en honor del pintor Hernando Viñes, en mayo de 1936. Asistieron, entre otros, Lorca, Neruda, Alberti, Buñuel, María Teresa León, Maruja Mallo, Gregorio Prieto, José Caballero, Guillermo de Torre, Adolfo Salazar y Miguel Hernández.

municación epistolar, se dedicaron mutuamente, en verso y prosa, diversas semblanzas, y participaron colectivamente en diferentes actos, como el que en 1927 se celebró en el Ateneo de Sevilla en honor de Góngora. Aunque en su mayor parte eran andaluces, vivieron en Madrid durante los años veinte y treinta, o pasaron en esta ciudad largas temporadas. Sorprende, sin embargo, frente a las vanguardias anteriores, la escasez de manifiestos y de declaraciones teóricas conjuntas que puedan indicar unos rasgos generacionales. «No hay programa —escribirá Guillén—. Hay diálogos, cartas, paseos, comidas, amistad bajo la luz de Madrid, ciudad deliciosísima».

2. No todos fueron universitarios, pero sí tuvieron unas mismas preocupaciones intelectuales, una gran cultura y una curiosidad extraordinaria por todo lo que ocurría en el mundo literario, fuera y dentro de nuestras fronteras. Sus frecuentes viajes por el extranjero y sus prolongadas estancias en otros países les permitieron mantener un estrecho contacto con las variadas innovaciones literarias que se producen por esos años en Europa.

Es fácil observar en todos ellos una afinidad de gustos literarios y una orientación estética común. Destaca, ante todo, el insobornable afán de perfección que mostraron en todo momento. La más ligera composición revela el esfuerzo poético que la preside y la rigurosa reflexión sobre el lenguaje para extraer de él todas sus posibilidades expresivas.

También, y pese a frases juveniles de Cernuda, como «Dejad que los viejos se alejen de mí» o «¿Todavía el 98? ¡Qué fastidio!», fueron menos iconoclastas que otros escritores vinculados con las vanguardias. Como dirá Aleixandre: «Nuestra generación no fue una generación parricida».

En realidad, todos estos poetas sólo se alzaron contra la mala poesía y contra todo lo que en el arte significara rutina y adocenamiento. No sólo admiraron y respetaron a los maestros de generaciones anteriores (a Rubén Darío, a Juan Ramón Jiménez o a Ramón Gómez de la Serna), sino a otros autores del pasado, desde Gil Vicente, Garcilaso de la Vega, San Juan de la Cruz, Fray Luis de León, Lope de Vega, Quevedo y Góngora, hasta Bécquer y algunos de los poetas franceses de la segunda mitad del pasado siglo. Para José María Cossío: «Esta generación del 27 tuvo de todo menos de iconoclasta, y con fervor siempre trató de patentizar lo mucho respetable y vivo de nuestra tradición, aun para el espíritu más presumido de audaz y de moderno».

Por todo esto, puede afirmarse que tradición y renovación constituyen las notas más destacadas de la primera etapa de estos poetas. Para José Manuel Rozas: «Se produce el fenómeno, tal vez único en nuestra historia, de un equilibrio perfecto, armonioso, entre lo nue-

Movimientos de Vanguardia y Generación del 27

vo y lo antiguo. Para mí, ése es el secreto de la generación. Ser maquinista, creacionista, surrealista como impulso, como estímulo, pero no quedarse nunca en el ismo por el ismo. El ismo y la vanguardia como medio y nunca como fin».

El enlace con la tradición se advierte también en la métrica. El camino que va desde los esquemas tradicionales hasta las irregularidades del verso libre fue recorrido por la mayor parte de ellos. Lo importante, y de ahí la riqueza extraordinaria de su poesía, tanto desde un punto de vista estilístico como métrico, fue el que no se avergonzaron de establecer un nuevo vínculo con el pasado, a diferencia de lo que hicieron otros poetas europeos, que no se hubieran atrevido a escribir un soneto sin ruborizarse.

Trayectoria literaria: En la trayectoria que siguen todos estos poetas pueden advertirse algunos puntos en común. Luis Cernuda estableció una serie de fases, marcadas todas por el antirrealismo y el anticonformismo, por las que, global o parcialmente, pasó la poesía de unos y de otros: predilección por la metáfora, actitud clasicista, influencia gongorina (en relación con las dos anteriores) y contactos con el Surrealismo. «Es común a todos ellos —precisará—, al menos en los diez o quince primeros años de su labor, lo hermético del pensamiento poético.»

1. Ideal de pureza. Podríamos simplificar, señalando una primera etapa, que se prolonga hasta 1928 ó 1929, en la que se muestran proclives al cultivo de una poesía de la que están ausentes lo narrativo y lo argumental, lo demasiado humano y la hojarasca retórica, musical y ornamental. Perfección técnica, pureza, deshumanización, son los términos que se aplican con frecuencia a esta época inicial de su producción literaria.

El afán de desnudez poética les vino de escritores como Góngora, por el relieve que en su obra adquiere lo conceptual por encima de lo emotivo y por su capacidad para transmutar la realidad en un audaz tejido metafórico, de Juan Ramón Jiménez, al que todos idolatraron en un primer momento (en las revistas juanramonianas *Sí*, *Indice* y *Ley* colaboraron algunos de ellos), del Creacionismo, del Ultraísmo y de la poesía pura francesa. Con respecto a esta última, hay que precisar, sin embargo, que, aunque es cierto que el más destacado representante de la misma, Paul Valéry, ejerció una notable influencia en España, también lo es que algunos poetas señalaron las diferencias o los matices que de él los separaban (texto VIII).

En el alejamiento de unos ideales de pureza extrema también jugó un papel importante la predilección que estos poetas mostraron desde sus primeros tiempos por la poesía popu-

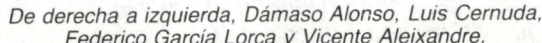

De derecha a izquierda, Dámaso Alonso, Luis Cernuda, Federico García Lorca y Vicente Aleixandre.

Max Ernst: «El manto de la novia».

lar (la lírica tradicional, los romances, una vertiente de la obra de Gil Vicente y de la de Lope de Vega), siempre impregnada de toques sentimentales (texto IX). En la obra de muchos de ellos, aparte de la recreación admirable que llevan a cabo de las características de ese tipo de poesía, puede advertirse, si no un compromiso social, al menos un compromiso humano.

2. Contactos con el Surrealismo. *El descubrimiento de técnicas propias del Surrealismo, al final de la década de los años veinte, supuso para muchos de estos poetas la posibilidad de alejarse del clima aséptico que había dominado en esta primera etapa.*

No hay duda de que este nuevo -ismo atrajo desde muy pronto la atención de numerosos escritores españoles. En los más destacados poetas del 27 se advierte enseguida la admiración o, al menos, la curiosidad y el interés por lo que está ocurriendo en el país vecino, y diversas publicaciones, a pesar de la mala prensa que el Surrealismo tuvo entre amplios sectores del mundo cultural español, le dedican su atención.

Sin embargo, mucho se ha discutido acerca del grado de aceptación en España de técnicas propias del Surrealismo.

Por lo general, se admite la vinculación con este movimiento de José M.ª Hinojosa y de Juan Larrea, instalado en París desde muy pronto, y de un importante grupo de escritores tinerfeños, entre los que se encuentran Agustín Espinosa y Pedro García Cabrera (léase el texto que incluimos en pág. 393), que mantuvo estrecha relación con Francia. También existe unanimidad en admitir la trascendencia que tuvieron algunos artistas españoles (Salvador Dalí, Luis Buñuel y Oscar Domínguez) en el desarrollo del Surrealismo francés.

Pero, en el caso de los demás escritores, las opiniones son variadas. Habitualmente, se destaca la inexistencia en España de un grupo organizado que realizara actividades conjuntas y, sobre todo, la escasa práctica de la escritura automática.

Es cierto que, si descontamos algunas provocaciones aisladas, y de escasa repercusión, de Alberti, Buñuel, Dalí o Hinojosa, apenas existieron las actividades conjuntas y no hubo un grupo organizado, con su jefe y su liturgia, ni disquisiciones ni debates teóricos. También lo es que en los escritores españoles dominó el razonado desorden, el riesgo calculado y que el mundo onírico fue sometido a un meticuloso trabajo de criba, depuración o crítica (texto XIV). Hasta un autor como Larrea mantuvo sus distancias con respecto a la siempre problemática escritura automática, como puede verse en el poema que reproducimos a continuación:

ESPINAS CUANDO NIEVA

En el huerto de fray Luis.

Suéñame suéñame aprisa estrella de tierra
cultivada por mis párpados cógeme por mis asas de sombra
alócame de alas de mármol ardiendo estrella estrella entre mis cenizas

Poder poder al fin hallar bajo mi sonrisa la estatua
de una tarde de sol los gestos a flor de agua
los ojos a flor de invierno

Tú que en la alcoba del viento estás velando
la inocencia de depender de la hermosura volandera
que se traiciona en el ardor con que las hojas se vuelven hacia el pecho más débil

Tú que asumes luz y abismo al borde de esta carne
que cae hasta mis pies como una viveza herida

Tú que en selvas de error andas perdida

Supón que en mi silencio vive una oscura rosa sin salida y sin lucha

Movimientos de Vanguardia y Generación del 27

Ante todo esto, no debe extrañar que para muchos críticos las técnicas innovadoras que se observan en los autores españoles deban enlazarse, más que con el Surrealismo, con las corrientes irracionalistas que dominaban en Europa desde Baudelaire (texto XI), e, incluso, como señala Alberti, con una tradición española de «exaltación de lo ilógico, lo subconsciente, lo monstruoso sexual, el sueño, el absurdo».

Sin embargo, aun reconociendo en las obras españolas del momento la mezcla de mundo consciente e inconsciente, puede hablarse de un Surrealismo español, de una aceptación de técnicas surrealistas, o, al menos, de cómo en el horizonte que les ofreció el nuevo lenguaje encontraron muchos poetas (Alberti, Lorca, Cernuda, Prados, Aleixandre) una salida para muchas de sus crisis personales y de creación. Ante ellos se abría la posibilidad de expresar con entera libertad sus conflictos íntimos y de llevar a las últimas consecuencias sus insobornables exigencias de sinceridad. Esto explica también el que existan diversas Antologías dedicadas a los poetas surrealistas españoles (la última, y la más completa, es la de Ángel Pariente en la editorial Júcar).

El cambio que se produce en la poesía española al final de la década de los años veinte es innegable. Para constatarlo basta con que el lector se acerque a cualquiera de los poemas de Pasión de la tierra, Espadas como labios, La destrucción o el amor, de Aleixandre; Donde habite el olvido, de Cernuda; Poeta en Nueva York, de Lorca, o Sobre los ángeles, de Alberti, que figuran en las páginas que siguen.

De la vanguardia al compromiso: Con las obras citadas también se inicia en la poesía española un proceso de rehumanización que se irá acentuando a lo largo de los años treinta (texto XV). Las imágenes gratuitas del creacionismo se llenan ahora de contenido y los conflictos personales y sociales afloran de nuevo en la literatura.

En 1931, con la llegada de la República, la tendencia purista está en franco declive. En los años siguientes, al compás de la progresiva politización del país y de los graves sucesos que se desarrollan, se debilitará todavía más. No hay que olvidar la importancia que tuvo la llegada a España de Pablo Neruda en 1935. El número 1 de la revista que funda, Caballo verde para la poesía, se abría con un editorial «Por una poesía sin pureza» (texto XVII), con el que se atacaba frontalmente cualquier ideal esteticista.

Luis de Góngora, al que rindieron homenaje todos los poetas del 27.

Picasso: «Guernica».

Sin embargo, el nuevo clima neorromántico (texto XVI) y el compromiso social, mediante el cual el escritor se siente arraigado en una realidad colectiva, afectaron de forma desigual a los poetas aquí estudiados, como se verá en el análisis de la trayectoria de cada uno de ellos. Mientras que en algunos apenas se observan cambios en la línea seguida hasta entonces, en otros se produce una progresiva actitud crítica frente a la realidad española. En este sentido, el caso extremo lo constituye Rafael Alberti, que en 1931 ingresa en el Partido Comunista, reniega de su producción anterior y decide poner su obra al servicio de la Revolución.

Recordemos también que Luis Buñuel, director de cine profundamente vinculado a esta generación, después de dos películas netamente vanguardistas, Un perro andaluz y La edad de oro (texto XIII), rueda en 1932 un estremecedor documental sobre Las Hurdes.

La guerra y el exilio: Al comenzar la guerra, los miembros de esta generación, con la excepción de Gerardo Diego, toman partido, aunque con distinta intensidad, a favor de la República. Mientras algunos mantienen una actividad moderada, otros, en los que se agudiza el compromiso político, ponen su pluma al servicio de la causa que defienden y desarrollan una intensa labor cultural. En la obra de la mayor parte de ellos se observa una justificable inclinación por un lenguaje sencillo y directo y por una forma estrófica, el romance, habitual en épocas en las que se produce un acontecimiento histórico trascendente para la colectividad (textos XVIII y XIX). En noviembre de 1936 aparece en Madrid, editado por el Ministerio de Instrucción Pública, el Primer romancero de la guerra civil. Un año después, el Romancero General de la Guerra de España, preparado por Emilio Prados.

A lo largo de los tres años de lucha, o al terminar la misma, todos, con la excepción de Vicente Aleixandre, Gerardo Diego y Dámaso Alonso, partieron para el exilio. Si descontamos a Larrea, que no volvió a cultivar la poesía, unos y otros, después de un período de desorientación y de desconcierto (véase más adelante, la pág. 396), reanudaron, con voz propia o con nuevos acentos, su labor literaria. Como recordará Jorge Guillén:

> Nuestra generación trabajó como grupo entre 1920 y 1936. Aquellas reuniones en Madrid terminaron aquel año de la guerra, preludio de la Segunda Guerra Mundial. Pero no podría llamarse «lost generation» a la de estos poetas; a pesar de tantas vicisitudes, han seguido adelante. Pedro Salinas se creció mucho en América y nunca fue tan fecundo como en el decenio del cuarenta. Gerardo Diego, Vicente Aleixandre, Dámaso Alonso han ampliado y ahondado su labor juvenil. Los demás, en emigración forzosa o voluntaria, han sido fieles a sus vocaciones [...] Superior a tantas crisis, España se mantiene y se mantendrá en pie. Recordaba el profesor Fritz Shalk que Cántico afirma esa fe contra viento y marea:
>
> > Que los muertos entierren a sus muertos,
> > Jamás a la esperanza.

Tanto en los que se quedaron en España como en los que la abandonaron es fácil observar una intensificación del proceso rehumanizador iniciado años antes. Más grave y preocupada, su voz tiende a reflejar los problemas humanos y sociales del tiempo histórico que a cada uno le ha tocado vivir. Las obras de Salinas, Dámaso Alonso, Aleixandre, Cernuda, y hasta la de Guillén, son buena prueba de ello.

OTROS AUTORES

En el último apartado de este capítulo hemos incluido a un escritor, José Bergamín, que, aunque vinculado por lazos de amistad con los autores del 27, sigue desde muy pronto un camino personal.

Movimientos de Vanguardia y Generación del 27   V

Salvador Dalí: «El gran masturbador». «Solamente en la proximidad de lo fantástico —escribe Breton—, en ese punto en que la razón humana pierde su control, es donde existen todas las probabilidades de que se traduzca la emoción más profunda del ser, emoción incapaz de proyectarse en el marco del mundo real y que, por su propia precipitación, no tiene otra salida que la de responder a la solicitud eterna de los símbolos y de los mitos.»

Hemos pretendido también, en dicho apartado, resumir la evolución que sufre la prosa a lo largo de los años veinte y treinta.

Como se verá, las formas netamente vanguardistas, en las que dominan el juego, la intrascendencia, el ingenio y la voluntad de trivialidad, comienzan a llenarse de contenido humano en las obras de Jarnés, en Pájaro Pinto de Antonio Espina y en La venus mecánica de Díaz Fernández (por problemas editoriales hemos tenido que sustituir un fragmento de esta obra por otro menos representantivo de El blocao), y dejan paso más tarde a un decidido compromiso social, como puede comprobarse en los textos de Carranque de Ríos y de Arconada (en los dos fragmentos que incluimos de este último puede seguirse el cambio que se produce en unos pocos años). Durante la República y, más aún, en los años de la guerra, diversos narradores intentan defender ideales de progreso y de justicia social y hacerse portavoces, desde posturas que van de un republicanismo moderado hasta un anarquismo doctrinal, pasando por las zonas más diversas del socialismo, de los puntos de vista y de las aspiraciones de esas «inmensas mayorías» perpetuamente silenciadas. Algunos autores, sin embargo, como Agustín Espinosa, siguen fieles por esos años a procedimientos más cercanos al Surrealismo.

Advirtamos, por último, que algunos de los autores que aparecen en el capítulo dedicado a la literatura del exilio comienzan su carrera literaria por estos años, ya sea vinculados a la ortodoxia vanguardista, como ocurre con Francisco Ayala, Max Aub y Rosa Chacel, o con vocación de expresar, con técnicas realistas, unas inquietudes sociales y políticas, como es el caso de Ramón J. Sender.

Cerramos este capítulo con Miguel Hernández, un poeta que si bien presenta algunas coincidencias con los poetas del 27 constituye un puente con las promociones de posguerra.

DOCUMENTOS

I. Marinetti

Manifiesto del futurismo

(*Fragmento*)

1. Nosotros queremos cantar el amor al peligro, el hábito de la energía y de la temeridad.
2. El valor, la audacia, la rebelión serán elementos esenciales de nuestra poesía.
3. Hasta hoy, la literatura exaltó la inmovilidad pensativa, el éxtasis y el sueño. Nosotros queremos exaltar el movimiento agresivo, el insomnio febril, el paso ligero, el salto mortal, la bofetada y el puñetazo.
4. Nosotros afirmamos que la magnificencia del mundo se ha enriquecido con una belleza nueva: la belleza de la velocidad. Un automóvil de carreras con su capó adornado de gruesos tubos semejantes a serpientes de aliento explosivo..., un automóvil rugiente que parece correr sobre la metralla, es más bello que la *Victoria de Samotracia*.
5. Nosotros queremos cantar al hombre que sujeta el volante, cuya asta ideal atraviesa la Tierra, ella también lanzada a la carrera, en el circuito de su órbita.
6. Es necesario que el poeta se prodigue con ardor, con lujo y con magnificencia para aumentar el entusiástico fervor de los elementos primordiales.
7. Ya no hay belleza si no es en la lucha. Ninguna obra que no tenga un carácter agresivo puede ser una obra de arte. La poesía debe concebirse como un violento asalto contra las fuerzas desconocidas, para obligarlas a arrodillarse ante el hombre.
8. ¡Nos hallamos sobre el último promontorio de los siglos!... ¿Por qué deberíamos mirar a nuestras espaldas, si queremos echar abajo las misteriosas puertas de lo Imposible? El Tiempo y el Espacio murieron ayer. Nosotros ya vivimos en lo absoluto, pues hemos creado ya la eterna velocidad omnipresente.
9. Nosotros queremos glorificar la guerra —única higiene del mundo—, el militarismo, el patriotismo, el gesto destructor de los libertarios, las hermosas ideas por las que se muere y el desprecio por la mujer.
10. Nosotros queremos destruir los museos, las bibliotecas, las academias de todo tipo, y combatir contra el moralismo, el feminismo y toda cobardía oportunista o utilitaria.
11. Nosotros cantaremos a las grandes muchedumbres agitadas por el trabajo, por el placer o la revuelta; cantaremos las marchas multicolores y polifónicas de las revoluciones en las capitales modernas; cantaremos el vibrante fervor nocturno de los arsenales y de los astilleros incendiados por violentas lunas eléctricas; las estaciones glotonas, devoradoras de serpientes humeantes; las fábricas colgadas de las nubes por los retorcidos hilos de sus humos; los puentes semejantes a gimnastas gigantes que saltan los ríos, relampagueantes al sol con un brillo de cuchillos; los vapores aventureros que olfatean el horizonte, las locomotoras de ancho pecho que piafan en los raíles como enormes caballos de acero embridados con tubos, y el vuelo deslizante de los aeroplanos, cuya hélice ondea al viento como una bandera y parece aplaudir como una muchedumbre entusiasta.

(Publicado en *Le Figaro* el 20-II-1909.)

II. Tristán (seudónimo de Ramón Gómez de la Serna)

Proclama futurista a los españoles

¡Futurismo! ¡Insurrección! ¡Algarada! ¡Festejo con música wagneriana! ¡Modernismo! ¡Violencia sideral! ¡Circulación en el aparato venoso de la vida! ¡Antiuniversitarismo! ¡Tala de cipreses! ¡Iconoclastia! ¡Pedrada en un ojo de la Luna! ¡Movimiento sísmico resquebrajador que da vueltas a las tierras para renovarlas y darles lozanía! ¡Rejón de arador! ¡Secularización de los cementerios! ¡Desembarazo de la mujer para tenerla en la libertad y en su momento sin esa gran promiscuación de los idilios y de los matrimonios! ¡Arenga en un campo con pirámides! ¡Conspiración a la luz del sol, conspiración de aviadores y «chauffeurs»! ¡Abanderamiento de un asta de alto maderamen rematado de un pararrayos con cien culebras eléctricas y una lluvia de estrellas flameando en su lienzo de espacio! ¡Voz juvenil a la que basta oír sin tener en cuenta la palabra: ese pueril grafito de la voz! ¡Voz, fuerza, volt, más que verbo! ¡Voz que debe unir sin pedir cuentas a todas las juventudes como esa hoguera que encienden los árabes dispersos para preparar las contiendas! ¡Intersección, chispa, exhalación, texto como de marconigrama o de algo más sutil volante sobre los mares y sobre los montes! ¡Ala hacia el Norte, ala hacia el Sur, ala hacia el Este y ala hacia el Oeste! ¡Recio deseo de estatura, de ampliación y de velocidad! ¡Saludable espectáculo de aeródromo y de pista desorbitada! ¡Camaradería masona y rebelde! ¡Lirismo desparramado en obús y en la proyección de extraordinarios reflectores! ¡Alegría como de triunfo en la brega, en el paso termopilano! ¡Crecida de unos cuantos hombres solos frente a la incuria y a la horrible apatía de las multitudes! ¡Placer de agredir, de deplorar escéptica y sarcásticamente para verse al fin con rostros, sin lascivia, sin envidia y sin avarientos deseos de bienaventuranzas: deseos de ambigú y de reposterías! ¡Gran *galop* sobre las viejas ciudades y sobre los hombres sesudos, sobre todos los palios y sobre la procesión gárrula y grotesca! ¡Bodas de Camacho divertidas y entusiastas en medio de todos los pesismismos, todas las lobregueces y todas las seriedades! ¡Simulacro de conquista de la tierra, que nos la da!

(*Prometeo*, núm. 20, 1910.)

III. Tristán Tzara

Manifiestos Dada

(*Fragmentos*)

Todo hombre debe gritar. Hay una gran tarea destructiva, negativa, por hacer. Barrer, asear. La plenitud del individuo se afirma a continuación de un estado de locura, de locura agresiva y completa de un mundo confiado a las manos de los bandidos que se desgarran y destruyen los siglos. Sin fin ni designio, sin organización: la locura indomable, la descomposición. Los fuertes sobrevivirán gracias a su voz vigorosa, pues son vivos en la defensa. La agilidad de los miembros y de los sentimientos flamea en sus flancos prismáticos.

La moral ha determinado la caridad y la piedad, dos bolas de sebo que han crecido, como elefantes, como planetas, y que, aún hoy, son consideradas válidas. Pero la bondad no tiene nada que ver con ellas. La bondad es lúcida, clara y decidida, despiadada con el compromiso y la política. La moralidad es como una infusión de chocolate en las venas de los hombres. Esto no fue impuesto por una fuerza sobrenatural, sino por los *trusts* de los mercaderes de ideas, por los acaparadores universitarios. Sentimentalidad: viendo un grupo de hombres que se pelean y se aburren, ellos inventaron el calendario y el medicamento de la sabiduría. Pegando etiquetas se desencadenó la batalla de los filósofos (mercantilismo, balanza, medidas meticulosas y mezquinas) y por segunda vez se comprendió que la piedad es un sentimiento, como la diarrea en relación con el asco que arruina la salud, una inmunda tarea de carroñas para comprometer al sol.

Yo proclamo la oposición de todas las facultades cósmicas a tal blenorragia de pútrido sol salido de las fábricas del pensamiento filosófico, y proclamo la lucha encarnizada con todos los medios del

asco dadaísta

Toda forma de asco susceptible de convertirse en negación de la familia es Dada; la protesta a puñetazos de todo el ser entregado a una acción destructiva es Dada; el conocimiento de todos los medios hasta hoy rechazados por el pudor sexual, por el compromiso demasiado cómodo y por la cortesía es Dada; la abolición de la lógica, la danza de los impotentes de la creación es Dada; la abolición de toda jerarquía y de toda ecuación social de valores establecida entre los siervos que se hallan entre nosotros los siervos es Dada; todo objeto, todos los objetos, los sentimientos y las oscuridades, las apariciones y el choque preciso de las líneas paralelas son medios de lucha Dada; abolición de la memoria: Dada; abolición de la arqueología: Dada; abolición de los profetas: Dada; abolición del futuro: Dada; confianza indiscutible en todo dios producto inmediato de la espontaneidad: Dada; salto elegante y sin prejuicios de una armonía a otra esfera; trayectoria de una palabra lanzada como un disco, grito sonoro; respeto de todas las individualidades en la momentánea locura de cada uno de sus sentimientos, serios o temerosos, tímidos o ardientes, vigorosos, decididos, entusiastas; despojar la propia iglesia de todo accesorio inútil y pesado; escupir como una cascada luminosa el pensamiento descortés o amoroso, o bien, complaciéndose en ello, mimarlo con la misma intensidad, lo que es lo mismo, en un matorral puro de insectos para una noble sangre, dorado por los cuerpos de los arcángeles y por su alma. Libertad: DADA, DADA, DADA, aullido de colores encrespados, encuentro de todos los contrarios y de todas las contradicciones, de todo motivo grotesco, de toda incoherencia: LA VIDA.

Manifiesto sobre el amor débil y el amor amargo

VII

A priori, es decir, con los ojos cerrados, Dada sitúa antes de la acción y por encima de todo: la Duda. DADA duda de todo. Dada es todo. Desconfiad de Dada.

El antidadaísmo es una enfermedad: la autocleptomanía, condición normal del hombre, es DADA.

Pero los dadaístas auténticos están en contra de DADA.

VIII

Para hacer un poema dadaísta

Tomad un periódico.
Tomad unas tijeras.
Elegid en el periódico un artículo que tenga la longitud que queráis dar a vuestro poema.
Recortad con todo cuidado cada palabra de las que forman tal artículo y ponedlas todas en un saquito.
Agitad dulcemente.
Sacad las palabras una detrás de otra colocándolas en el orden en que las habéis sacado.
Copiadlas concienzudamente.
El poema está hecho.
Ya os habéis convertido en un escritor infinitamente original y dotado de una sensibilidad encantadora, aunque, por supuesto, incomprendida por la gente vulgar.

IV.

Ultra

Un manifiesto a la juventud literaria

Los que suscriben, jóvenes que comienzan a realizar su obra, y que por eso creen tener un valor pleno, de afirmación futura, de acuerdo con la orientación señalada por Cansinos-Asséns en la interviú que en diciembre último con él tuvo X. Bóveda en *El Parlamentario*, necesitan declarar su voluntad de un arte nuevo que supla la última evolución literaria: el novecentismo.

Respetando la obra realizada por las grandes figuras de este movimiento, se sienten con anhelos de rebasar la meta alcanzada por estos primogénitos, y proclaman la necesidad de un «ultraísmo», para el que invocan la colaboración de toda la juventud literaria española.

Para esta obra de renovación literaria reclaman, además, la atención de la Prensa y de las revistas de arte.

Nuestra literatura debe renovarse; debe lograr su «ultra» como hoy pretenden lograrlo nuestro pensamiento científico y político.

Nuestro lema será «ultra», y en nuestro credo cabrán todas las tendencias, sin distinción, con tal de que expresen un anhelo nuevo. Más tarde, estas tendencias lograrán su núcleo y se definirán. Por el momento, creemos suficiente lanzar este grito de renovación y anunciar la publicación de una revista, que llevará este título de *Ultra*, y en la que sólo lo nuevo hallará acogida.

Jóvenes, rompamos por una vez nuestro retraimiento y afirmemos nuestra voluntad de superar a los precursores.

Xavier Bóveda, César A. Comet, Fernando Iglesias, Guillermo de Torre, Pedro Iglesias Caballero, Pedro Garfias, J. Rivas Panedas, J. de Aroca.

(*Cervantes*, enero de 1919.)

V.

Manifiesto del Ultra

Existen dos estéticas: la estética pasiva de los espejos y la estética activa de los prismas. Guiado por la primera, el arte se transforma en una copia de la objetividad del medio ambiente o de la historia psíquica del individuo. Guiado por la segunda, el arte se redime, hace del mundo su instrumento, y forja —más allá de las cárceles espaciales y temporales— su visión personal.

Esta es la estética del Ultra. Su volición es crear: es imponer facetas insospechadas al universo. Pide a cada poeta una visión desnuda de las cosas, limpia de estigmas ancestrales; una visión fragante, como si ante sus ojos fuese surgiendo auroralmente el mundo. Y, para conquistar esta visión, es menester arrojar todo lo pretérito por la borda. Todo: la recta arquitectura de los clásicos, la exaltación romántica, los microscopios del naturalismo, los azules crepúsculos que fueron las banderas líricas de los poetas del novecientos. Toda esa vasta jaula absurda donde los ritualistas quieren aprisionar al pájaro maravilloso de la belleza. Todo, hasta arquitecturar cada uno de nosotros su creación subjetiva.

Por lo arriba expuesto habrá visto el lector que la orientación ultraica no es, ni puede ser nunca, patrimonio —como se ha querido suponer— de un sector afanoso de arbitrariedades que encumbran moralmente su estulticia. Los ultraístas han existido siempre: son los que, adelantándose a su era, han aportado al mundo aspectos y expresiones nuevas. A ellos debemos la existencia de la evolución, que es la vitalidad de las cosas. Sin ellos, seguiríamos girando en torno a una luz única, como las falenas. El Greco, con respecto a sus demás coetáneos, resultó también ultraísta, y así tantos otros. Nuestro credo audaz y consciente es no tener credo. Es decir, desechamos las recetas y corsés absurdamente acatados por los espíritus esotéricos. La creación por la creación, puede ser nuestro lema. La poesía ultraica tiene tanta cadencia y musicalidad como la secular. Posee igual ternura. Tiene tanta visualidad, y tiene más imaginación. Pero lo que sí modifica es la modalidad estructural. En ese punto radica una de sus más esenciales innovaciones: la sensibilidad, la sentimentalidad serán eternamente las mismas. Ni pretendemos rectificar el alma, ni siquiera la naturaleza. Lo que renovamos son los medios de expresión.

Nuestra ideología iconoclasta, la que dispone a los filisteos en nuestra contra, es precisamente la que nos enaltece. Toda gran afirmación necesita una negación, como dijo, o se olvidó de decir, el compañero Nietzsche... Nuestros poemas tienen la contextura escueta y decisiva de los marconigramas.

Para esta obra de superación adicionamos nuestro esfuerzo al que realizan las revistas ultraicas *Grecia, Cervantes, Reflector* y *Ultra*. Jacobo Sureda, Fortunio Bonanova, Juan Alomar, Jorge Luis Borges.

(*Baleares*, 1921.)

VI. Guillermo de Torre

Alquimia y mayéutica de la imagen creacionista

Los poetas novísimos de hoy, perseguidores de módulos noviestructurales, manipulan básicamente en sus laboratorios plutónicos con un elemento eterno: la imagen. La imagen es el protoplasma primordial, la sustancia celular del nuevo organismo lírico. La imagen es la dínamo motriz, suscitadora del circuito de sugerencias. Es el reactivo colorante de sus precipitados alquímicos. Y es, nuclearmente, el fijo coeficiente valorado de la ecuación poemática creacionista.

En el conjunto maravilloso del poema libertado, sintético, aéreo y velivolante, despojado de todas sus vísceras anecdóticas, sentimentales y argumentales, y podado de toda su secular hojarasca retórica y de su sofística finalidad pragmática, resalta cardinalmente, con todo su imperativo lírico, la imagen múltiple, purificada, autónoma y extrarradial... La imagen, situada más allá de los territorios espejeantes e imaginativos. La imagen, desprendida de lastre episódico, centrífuga y anténica. Divorciada totalmente de la realidad objetiva, allende sus contornos linearios y manumitida de la esclavitud que implica receptar en sí una transcripción o imitación de esa realidad ya aviónicamente sobrepasada [...]

El creacionismo lírico es la poesía misma, límpida, desnuda y abstracta. Una poesía libertada del objetivo secular que supone narrar, reproducir, describir o alegorizar los motivos de la vida. Una poesía purificada que asociando imágenes diversas en el fluir de la cerebración abstracta, compone una totalidad lírica, en absoluto independiente de la sensación genitora. Así ha afirmado Reverdy: «On peut vouloir attendre un art qui soit sans prétention d'imiter la vie, ou de l'interpréter». Y ratificando la absoluta manumisión realista, afirma luminosamente Max Jacob en las teorizaciones estéticas liminares a su *Cubilete de dados:* «Una obra de arte vale por ella misma, y no por las contrastaciones que pueda hacerse con la realidad.»

¡Oh, la cristalización frutal del poema tejido de imágenes creacionistas, yuxtapuestas a segmentarias percepciones dinámicas, y aviónicamente cernido en el horizonte de las descoyuntaciones tipográficas! Cada poema creacionista es la esencia depurada y síntesis esquemática de la poesía rediviva. El poeta creacionista aspira a construir un orbe distinto en cada poema. Quiere dotar a éste de una vida independiente y propia, fundiendo diversos elementos, que aisladamente tienen existencia real, para producir un conjunto totalmente nuevo e insólito como una maquinaria. No obstante esta contextura autóctona, el poema creacionista tiene una ligereza ingrávida. Y a pesar de ayuntar en sí aportaciones de todas las Artes, y tener una orientación porvenirista, ofrece un aspecto fragante y candoroso. En su dintorno se destaca un matiz de percepción ingenuista y de primitivismo sensorial, derivado de la actitud renacentista, con que el nuevo lírico afronta las cósmicas perspectivas redivivas.

(*Cosmópolis*, n.º 21, 1920.)

VII. Antonio Espina

Arte nuevo

En 1920 nos encontramos en una situación parecida a la de 1900. No existe en todo el orbe de la Mancha, fuera de los que «han llegado», ningún poeta *novel* con suficientes hemistiquios para imponerse. No se oye una mosca lírica... Unicamente el ultraísmo. Pues el ultraísmo, ¿es una cosa seria? Les diré a ustedes.

El ultraísmo no es una escuela, ni una doctrina, ni casi una comunidad literaria. Es apenas una orientación y un buen deseo. Al ultraísmo —¿para qué vamos a andar con rodeos?— le falta talento. Exceptuando a Gerardo Diego, Vando-Villar y algún otro, está formado por una colección de señores muy simpáticos todos, pero de pocas ideas en la cabeza. Se nutre de escritores faltos de sindéresis o de fracasados de otros *sistemas* [...]

En una palabra, con el ultraísmo, literariamente, no pasa nada. Algunos poetas suyos, los que como hemos dicho antes tienen talento, harán su obra personal si pueden y se salvarán solos.

Pero, si como escuela literaria no es nada, como fermento nihilista, subversivo, ácido, aunque de poca fuerza, nos parece admirable. Por mi parte (si me es lícito hablar de mi modesta persona) en este sentido soy del ultra hasta la médula de los huesos. Precisamente en el momento en que escribo este artículo, tengo el gusto de enviar una poesía a la revista *Grecia*.

Hace falta anarquizar, oxigenar, liberalizar.

(*España*, 16-X-1920.)

A la izquierda, portada de la revista Vltra. *A la derecha. Vicente Huidobro, por Picasso.*

VIII. Jorge Guillén

Sobre la poesía pura (1926)

«Valladolid, Viernes Santo, 1926.

Mi querido Vela: ¡Viernes Santo! ¿Cómo hablar de poesía pura, en este día, sin énfasis? Porque lo de *puro,* tan ambiguo, con tantas resonancias morales, empuja ya al énfasis, a la confusión y a poner en la pureza todos los «Encantos de Viernes Santo», como ha hecho el abate Brémond, cuyo punto de vista no puede ser más opuesto al de cualquier «poesía pura», como me decía hace pocas semanas el propio Valéry. Brémond ha sido y es útil: representa la apologética popular, una como catequística poética para el domingo por la mañana. Y su discurso es un sermón. Pero ¡qué lejos está todo este misticismo, con su fantasma metafísico e inefable, de la poesía pura, según Poe, según Valéry o según los jóvenes de allí o de aquí! Brémond habla de la poesía en el poeta, de un *estado poético,* y eso ya es mala señal. No, no. No hay más poesía que la realizada en el poema, y de ningún modo puede oponerse al poema un «estado» inefable que se corrompe al realizarse y que por milagro atraviesa el cuerpo poemático: lo que el buen abate llama confusamente «ritmos, imágenes, ideas», etc. Poesía pura es matemática y es química —y nada más—, en el buen sentido de esa expresión lanzada por Válery, y que han hecho suya algunos jóvenes, matemáticos o químicos, entendiéndola de modo muy diferente, pero siempre dentro de esa dirección inicial y fundamental. El mismo Valéry me lo repetía, una vez más, cierta mañana en la rue de Villejust. Poesía pura es todo lo que permanece en el poema, después de haber eliminado todo lo que no es poesía. *Pura* es igual a *simple,* químicamente. Lo cual implica, pues, una definición esencial, y aquí surgen las variaciones. Puede ser este concepto aplicable a la poesía ya hecha, y cabría una historia de la poesía española, determinando la *cantidad* —y, por tanto, la *naturaleza*— de elementos simples poéticos que haya en esas enormes complicaciones heterogéneas del pasado. Es el propósito que guía, por ejemplo, a un Gerardo Diego —y a mí también—. Pero cabe asimismo la fabricación —la creación— de un poema compuesto únicamente de elementos poéticos en todo el rigor del análisis: poesía poética, poesía *pura* —poesía simple prefiero yo, para evitar los equívocos del abate—. Es lo que se propone, por ejemplo, nuestro amigo Gerardo Diego en sus obras creacionistas. Como a lo *puro* lo llamo *simple,* me decido resueltamente por la poesía compuesta, compleja, por el poema con poesía y otras cosas humanas. En suma, una «poesía bastante pura», *ma non troppo,* si se toma como unidad de comparación el elemento *simple* en todo su inhumano o sobrehumano rigor posible, teórico. Prácticamente, con referencia a la poesía realista, o con fines sentimentales, ideológicos, morales, corriente en el mercado, esta «poesía bastante pura» resulta todavía, ¡ay!, demasiado inhumana, demasiado irrespirable y demasiado aburrida. Pero no terminaría nunca. Aquí lo dejo.

Su amigo...»

> (Carta a Fernando Vela, en G. Diego, *Poesía española contemporánea,* Madrid, Taurus, 1985, págs. 326-328.)

IX. Pedro Salinas

El romancismo y el siglo XX

El siglo XX es un extraordinario siglo romancista por razones que pondremos numeradas, para mayor claridad: 1. Por el gran número de poetas que usan el romance. 2. Por la calidad de estos poetas; ya que ninguno de los buenos falta en la lista de romancistas. 3. Por el valor de la poesía que produjeron empleando esa forma, no es que la usaran para temas menores, es que les sirvió para lo mejor de su obra en repetidos casos.

Lo que esto significa en la historia general de nuestras letras no se nos debe ocultar. Para mí, confirma esa curiosa actitud española de tradicionalismo, de conservación del pasado, pero vivida de tal modo que sirve con perfecta eficacia de expresión al presente. El siglo XX trae mutaciones profundas a la creación literaria; suenan palabras gruesas, revolución, rebeldía, ruptura con la tradición. Envuelven mucha verdad. En esa borrasca histórica de los espíritus se repudia a los viejos pilotos, se desgarran cartas de marear; pero los españoles del 98 y sus hijos no se deshacen del romance, como si fuese obra muerta; lo sienten sólido, siempre firme y ofrecido a todos los rumbos nuevos, y en sus flancos seculares, con sus velas enteras, se salvan y lo salvan, como si el romance estuviese desde hace siglos brindándose atrayente y misterioso al poeta que lo mira desde la ribera, diciéndole que hay un modo de cantar, una canción que sólo se revela «a quien conmigo va». Esta atadura tan hispánica, de lo tradicional y lo innovador, la anuda el romance del siglo XX con sin igual firmeza.

Y cumple, como debe cumplir toda generación de hombres u obras, su papel: conservar y añadir. Lo que añade el romance novecentista a sus antepasados ya lo hemos visto: es cosa de precio sin igual, es el lirismo [...]

Por eso el romance asciende en nuestro siglo, se alza de nivel. El lirismo es un nivel de lenguaje; en él la palabra vive en tensión más fuerte, más vibrante que en lo narrativo. El *romancismo* novecentista se gana esas alturas de lo lírico, con lo que hasta ahora había tenido, aunque hermosos, pocos y breves contactos. Lo gana por esa vena innata de lirismo que en sí lleva el romance, la que sintieron misteriosamente, desde el siglo XV hasta Espronceda varios poetas, sin laborearla hasta lo último. Correspondía al siglo XX ahondar sin tregua en los filones líricos del romance, y lograr, con sus afanes, lo más precioso de la vieja mina.

(*Ensayos de literatura hispánica,* Madrid, Aguilar, 1958, páginas 357-358).

X. Dámaso Alonso

Góngora entre sus dos centenarios

¡Cuán lejos ya los entusiasmos de 1927! Salíamos los jóvenes de entonces a luchar contra una injusticia, a vitalizar todo un vasto sector olvidado o escarnecido de la literatura de nuestra lengua. Creo que mi generación cumplió una misión generosa de justicia. Participamos ampliamente en un movimiento —anterior ya a nosotros, pero que nosotros fomentamos grandemente—: el gusto por la poesía popular y por las canciones populares. A un mismo tiempo, traíamos hasta el público el entusiasmo por Gil Vicente, tan entrañado en la popularidad medieval, y rehabilitábamos la memoria de un don Luis de Góngora, cima de artificiosa aristocracia. La juventud actual quizá no lo pueda comprender, porque todo esto hoy parece fácil: entonces era remar contra corriente.

* * *

Todos los poetas del grupo, en nuestras reuniones en cafés o en casa de algún amigo, hablábamos de Góngora, discutíamos pasajes. Queríamos también preparar la defensa contra feroces enemigos: estábamos indignados porque la Academia no había querido celebrar el centenario del poeta —eso era, por lo menos, el rumor que había llegado a nosotros—: alguien había dicho en ella que Góngora era un poeta lascivo... Los supuestos enemigos se redujeron a bien poco: un seudoerudito conocido por su genio atrabiliario publicó unos cuantos artículos contra Góngora y contra nosotros.

Queríamos organizar actos para la celebración del centenario. Escribimos cartas —firmadas por todos nosotros— a varios de los maestros literarios de entonces. Las contestaciones a esas cartas fueron casi todas negativas. Quisimos hacer una biblioteca del centenario en la que se publicaron las obras de Góngora y otras en su honor. Yo preparé la edición de las *Soledades,* y mi libro tuvo un éxito mundial (con muchas reseñas en España, Europa y América); Gerardo Diego reunió su preciosa *Antología poética en honor de Góngora,* que es un excelente índice del influjo del poeta a través de siglos de poesía española; Cossío publicó una pulcra edición de los romances; Salinas, Guillén y Alfonso Reyes se comprometieron a editar los sonetos, las octavas y las letrillas del poeta, pero no lo hicieron [...]

El centenario de Góngora, en 1927, fue una explosión de entusiasmo juvenil. Los jóvenes de entonces nos sentíamos cerca de al-

De derecha a izquierda, Alberti, Lorca, Chabás, Bacarisse, Romero Martínez (presidente de la sección de literatura del Ateneo), M. Blasco Garzón (presidente del Ateneo), Guillén, Bergamín, Dámaso Alonso y G. Diego. La foto está tomada en el Ateneo de Sevilla, en 1927, con motivo de un homenaje a Góngora en el tercer centenario de su muerte.

gunos de los problemas estéticos que habían ocupado a Góngora. Estaba en el ambiente europeo la cuestión de la pureza literaria: se trataba de eliminar del poema toda ganga, todo elemento no poético. Nos preocupaba también la imagen: en la imagen íbamos detrás del movimiento ultraísta —en el que alguno, Gerardo Diego, había participado ya—. Ese movimiento había sido estridentista. Y ahora, en los años inmediatamente anteriores a 1927, nada de estridentismo: se trataba de trabajar perfectamente, en pureza y fervor de eliminar del poema elementos reales y dejar todos los metafóricos, pero de tal modo que éstos satisficieran a la inteligencia con el sello de lo logrado.

(*Cuatro poetas españoles*, Madrid, Gredos, 1962, páginas 62 y 69)

XI. Carlos Bousoño

Irracionalismo

Aunque en abreviatura, necesitamos analizar por separado, en conexión con Aleixandre, cada uno de los ingredientes fundamentales que constituyen lo que llamamos poesía del siglo XX. Nuestro primer encuentro será con el irracionalismo. El irracionalismo poético es sólo un aspecto del irracionalismo general de que se tiñe la cultura a partir del Romanticismo. Si se me da licencia para simplificar la cuestión, yo diría que el irracionalismo del siglo XIX lleva un signo inverso al irracionalismo del siglo XX. En el siglo XIX se refería más a la actitud del poeta que a la materia verbal que éste manejaba; al contrario de lo que ocurre en el siglo XX. En una fórmula apretada, que como todas las fórmulas apretadas requeriría para ser del todo diáfana abundantes comentarios que acaso fuesen impertinentes en un prólogo de las dimensiones que aquí se me conceden, yo diría esto: en el Romanticismo el poeta se enfrentaba irracionalmente (espontaneidad, improvisación, digresiones —*El diablo mundo*—, etc.) con la materia verbal heredada de la tradición, que era, claro está, de índole racional. En tanto que en nuestro tiempo es, hablando en términos generales, racional la actitud del poeta e irracionales los materiales expresivos. De manera creciente desde 1900, aproximadamente, un poco antes, hasta 1936, más o menos, y con posterioridad a esta última fecha de manera francamente decreciente, las palabras pueden usarse en sentido lógico, pero se usan, con frecuencia característica, ilógicamente, esto es, según sus asociaciones subconscientes.

De todo ello se desprende la paradoja en

que han caído numerosos críticos de la poesía del novecientos: que a una lírica tan acentuadamente irracionalista como la propia de nuestro siglo se la haya calificado de intelectual, sin tomar precaución alguna al utilizar ese vocablo. No se daban cuenta acaso tales críticos de que si era muchas veces intelectual la actitud del poeta frente al poema (organización de los materiales, sentido de la composición, eliminación de excrecencias, etc.), no lo era en modo alguno lo más profundo y sustancial, a saber: el tipo de significación asentado en las palabras mismas. En numerosos casos límite se utiliza el léxico únicamente en cuanto es capaz de asociaciones irracionales, o en otros casos menos agudos se usa el vocabulario poético, poniendo a la vista del lector los dos tipos de significación que las palabras pueden tener: la puramente conceptual, por un lado, y por otro, la extraconceptual en asociación irreflexiva. (Cierto que en ningún instante se deja de emplear también lo que llamaríamos «método tradicional».) En varios trabajos míos he intentado examinar este problema a través de la metáfora del presente siglo. Y allí remito la atención del lector a quien interese el problema.

Si deseamos ahora marcar los hitos del proceso irracionalizador, según sube éste en importancia a lo largo del primer tercio del siglo, dispondríamos de un esquema de tres nombres, cada uno de los cuales representa un avance en el uso del español de la significación irracional del léxico poético: Antonio Machado-Lorca-Aleixandre. Junto a cada uno de estos poetas podrían figurar otros con igual sentido, pero menos decisivamente jalonadores, creo yo, de un relativo punto extremo dentro de lo que llamaríamos «gráfico de la fiebre ilogicista»; así, al lado de Machado podría estar Juan Ramón Jiménez; al lado de Lorca, Alberti, Altolaguirre, Guillén y Salinas; al lado de Aleixandre, Cernuda. Pero en todo caso, resultaría que nuestro autor se halla en el ápice de la curva, en su punto más elevado, tras el que comienza el descenso, incluso en el interior de su propia obra.

(*Sentido de la poesía
de Vicente Aleixandre*,
en V. Aleixandre, *Obras completas*,
Madrid, Aguilar, 1968, páginas 11-13.)

XII. André Breton

Primer manifiesto del surrealismo

(*Fragmento*)

El caso es que una noche, antes de caer dormido, percibí netamente articulada hasta el punto de que resultaba imposible cambiar ni una sola palabra, pero ajena al sonido de la voz, de cualquier voz, una frase harto rara que llegaba hasta mí sin llevar en sí el menor rastro de aquellos acontecimientos de que, según las revelaciones de la conciencia, en aquel entonces me ocupaba, y la frase me pareció muy insistente, era una frase que casi me atrevería a decir *estaba pegada al cristal*. Grabé rápidamente la frase en mi conciencia, y, cuando me disponía a pasar a otro asunto, el carácter orgánico de la frase retuvo mi atención. Verdaderamente, la frase me había dejado atónito; desgraciadamente no la he conservado en la memoria, era algo así como «Hay un hombre a quien la ventana ha partido por la mitad», pero no había manera de interpretarla erróneamente, ya que iba acompañada de una débil representación visual de un hombre que caminaba partido por la mitad del cuerpo aproximadamente por una ventana perpendicular al eje de aquél. Sin duda se trataba de la consecuencia del simple acto de enderezar en el espacio la imagen de un hombre asomado a la ventana. Pero debido a que la ventana había acompañado al desplazamiento del hombre comprendí que me hallaba ante una imagen de un tipo muy raro, y tuve rápidamente la idea de incorporarla al acervo de mi material de construcciones poéticas. No hubiera concedido tal importancia a esta frase si no hubiera dado lugar a una sucesión casi ininterrumpida de frases que me dejaron poco menos sorprendido que la primera, y que me produjeron un sentimiento de gratitud tan grande que el dominio que, hasta aquel instante, había conseguido sobre mí mismo me pareció ilusorio, y comencé a preocuparme únicamente de poner fin a la interminable lucha que se desarrollaba en mi interior.

En aquel entonces, todavía estaba muy interesado en Freud, y conocía sus métodos de examen que había tenido ocasión de practicar con enfermos durante la guerra, por lo que decidí obtener de mí mismo lo que se procura obtener de aquéllos, es decir, un monólogo lo más rápido posible, sobre el que el espíritu crítico del paciente no formule juicio alguno, que, en consecuencia, quede libre de toda reticencia, y que sea, en lo posible, equivalente *a pensar en voz alta*. Me pareció entonces, y sigue pareciéndome ahora —la manera en que me llegó la frase del hombre cortado en dos lo demuestra—, que la velocidad del pensamiento no es superior a la de la palabra, y que no siempre gana a la de la palabra, ni siquiera a la de la pluma en movimiento. Basándonos en esta premisa, Philippe Soupault, a quien había comunicado las primeras conclusiones a que había llegado, y yo nos dedicamos a emborronar papel, con loable desprecio hacia los resultados literarios que de tal actividad pudieran surgir. La facilidad en la realización material de la tarea hizo todo lo demás. Al término del primer día de trabajo, pudimos leernos recíprocamente unas cincuenta páginas escritas del modo antes dicho, y comenzamos a comparar los resultados. En conjunto, lo escrito por Soupault y por mí tenía grandes analogías, se advertían los mismos vicios de construcción y errores de la misma naturaleza, pero, por otra parte, también había en aquellas páginas la ilusión de una fecundidad extraordinaria, mucha emoción, un considerable conjunto de imágenes de una calidad que no hubiésemos sido capaces de conseguir, ni siquiera una sola, escribiendo lentamente, unos rasgos de pintoresquismo especialísimo, y, aquí y allá, alguna frase de gran comicidad. Las únicas diferencias que se advertían en nuestros textos me parecieron derivar esencialmente de nuestros respectivos temperamentos, el de Soupault menos estático que el mío, y, si se me permite una ligera crítica, también derivaban de que Soupault cometió el error de colocar en lo alto de algunas páginas, sin duda con ánimo de inducir a error, ciertas palabras, a modo de título. Por otra parte, y a fin de hacer plena justicia a Soupault, debo decir que se negó siempre, con todas sus fuerzas, a efectuar la menor modificación, la menor corrección, en los párrafos que me parecieron mal pergeñados. Y en este punto llevaba razón. Ello es así por cuanto resulta muy difícil apreciar en su justo valor los diversos elementos presentes, e incluso podemos decir que es imposible apreciarlos en la primera lectura. En apariencia, estos elementos son, para el sujeto que escribe, *tan extraños* como para cualquier otra persona, y el que lo escribe recela de ellos, como es natural. Poéticamente hablando, tales elementos destacan ante todo por su alto grado de *absurdo inmediato*, y este absurdo, una vez examinado con mayor detención, tiene la característica de conducir a cuanto hay de admisible y legítimo en nuestro mundo, a la divulgación de cierto número de propiedades y de hechos que, en resumen, no son menos objetivos que otros muchos.

En homenaje a Guillermo Apollinaire, quien había muerto hacía poco, y quien en muchos casos nos parecía haber obedecido a impulsos del género antes dicho, sin abandonar por ello ciertos mediocres recursos literarios, Soupault y yo dimos el nombre de SURREALISMO al nuevo modo de expresión que teníamos a nuestro alcance y que deseábamos comunicar lo antes posible, para su propio beneficio, a todos nuestros amigos. Creo que en nuestros días no es preciso someter a nuevo examen esta denominación, y que la acepción en que la empleamos ha prevalecido, por lo general, sobre la acepción de Apollinaire. Con mayor justicia todavía, hubiéramos podido apropiarnos del término SUPERNATURALISMO, empleado por Gérard de Nerval en la dedicatoria de *Muchachas de fuego*. Efectivamente, parece que Nerval conoció a maravilla el *espíritu* de nuestra doctrina, en tanto que Apollinaire conocía tan sólo la *letra*, todavía imperfecta, del surrealismo, y fue incapaz de dar de él una explicación teórica duradera [...]

Indica muy mala fe discutirnos el derecho a emplear la palabra SURREALISMO, en el sentido particular que nosotros le damos, ya que nadie puede dudar de que esta palabra no tuvo fortuna antes de que nosotros nos sirviéramos de ella. Voy a definirla, de una vez para siempre:

SURREALISMO: sustantivo masculino. Automatismo psíquico puro por cuyo medio se intenta expresar, verbalmente, por escrito o de cualquier otro modo, el funcionamiento real del pensamiento. Es un dictado del pensamiento, sin la intervención reguladora de la razón, ajeno a toda preocupación estética o moral.

DOCUMENTOS

ENCICLOPEDIA, Filosofía: el surrealismo se basa en la creencia en la realidad superior de ciertas formas de asociación desdeñadas hasta la aparición del mismo, y en el libre ejercicio del pensamiento. Tiende a destruir definitivamente todos los restantes mecanismos psíquicos y a sustituirlos en la resolución de los principales problemas de la vida. Han hecho profesión de fe de SURREALISMO ABSOLUTO los siguientes señores: Aragon, Baron, Boiffard, Breton, Carrive, Crevel, Delteil, Desnos, Eluard, Gérard, Limbour, Malkine, Morise, Naville, Noll, Péret, Picon, Soupault, Vitrac.

Segundo manifiesto del surrealismo

(Fragmento)

Si nosotros no encontramos palabras bastantes para denigrar la bajeza del pensamiento occidental, si nosotros no tememos entrar en conflicto con la lógica, si nosotros somos incapaces de jurar que un acto realizado en sueños tiene menos sentido que un acto efectuado en estado de vigilia, si nosotros consideramos incluso posible *dar fin al tiempo,* esa farsa siniestra, ese tren que se sale constantemente de sus raíles, esa loca pulsación, este inextricable nudo de bestias reventantes y reventadas, ¿cómo puede pretenderse que demos muestras de amor, e incluso que seamos tolerantes, con respecto a un sistema de conservación social, sea el que sea? Esto es el único extravío delirante que no podemos aceptar. Todo está aún por hacer, todos los medios son buenos para aniquilar las ideas de *familia, patria y religión.* En este aspecto la postura surrealista es harto conocida, pero también es preciso se sepa que no admite compromisos transaccionales. Cuantos se han impuesto la misión de defender el surrealismo no han dejado ni un instante de propugnar esta negación, de prescindir de todo otro criterio de valoración. Saben gozar plenamente de la desolación, tan bien orquestada, con que el público burgués, siempre innoblemente dispuesto a perdonarles ciertos errores «juveniles», acoge el deseo permanente de burlarse salvajemente de la bandera francesa, de vomitar de asco ante *todos* los sacerdotes, y de apuntar hacia todas las monsergas de los «deberes fundamentales» el arma del cinismo sexual de tan largo alcance. Combatimos contra la indiferencia poética, la limitación del arte, la investigación erudita y la especulación pura, bajo todas sus formas, y no queremos tener nada en común con los que pretenden debilitar el espíritu, sean de poca o de mucha importancia. Todas las cobardías, las abdicaciones, las traiciones que quepa imaginar no bastarán para impedirnos que terminemos con semejantes bagatelas. Sin embargo, es notable advertir que los individuos que un día nos impusieron la obligación de tener que prescindir de ellos, una vez solos se quedaron indefensos y tuvieron que recurrir inmediatamente a los más miserables expedientes para congraciarse con los defensores del *orden,* todos ellos grandes partidarios de conseguir que todos los hombres tengan la misma altura, mediante el procedimiento de cortar la cabeza de los más altos. La fidelidad inquebrantable a las obligaciones que el surrealismo impone exige un desinterés, un desprecio del riesgo y una voluntad de negarse a la com-

Tristan Tzara y André Breton, figuras destacadas, respectivamente, de los movimientos dadaísta y surrealista.

ponenda que, a la larga, muy pocos son los hombres capaces de ello. El surrealismo vivirá incluso cuando no quede ni uno solo de aquellos que fueron los primeros en percatarse de las oportunidades de expresión y de hallazgo de verdad que les ofrecía. Es demasiado tarde ya para que la semilla no ger-

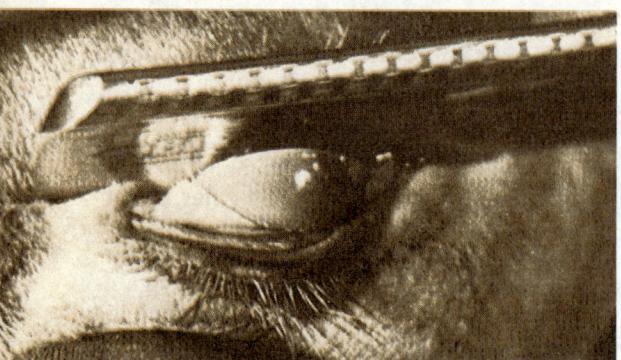
El desgarro del ojo de Un chien andalou, *de Luis Buñuel.*

mine infinitamente en el campo humano, pese al miedo y a las restantes variedades de hierbas de insensatez que aspiran a dominarlo todo [...]

Nuestra adhesión al principio del materialismo histórico... Verdaderamente no se puede jugar con estas palabras. Si dependiera únicamente de nosotros —con eso quiero decir si el comunismo no nos tratara tan sólo como bichos raros destinados a cumplir en sus filas la función de badulaques y provocadores—, nos mostraríamos plenamente capaces de cumplir, desde el punto de vista revolucionario, con nuestro deber. Desgraciadamente, en este aspecto imperan unas opiniones muy especiales con respecto a nosotros; por ejemplo, en cuanto a mí concierne, puedo decir que hace dos años no pude, tal como hubiera querido, cruzar libre y anónimamente el umbral de la sede del partido comunista francés, en la que tantos individuos poco recomendables, policías y demás, parecen tener permiso para moverse como don Pedro por su casa. En el curso de tres entrevistas, que duraron varias horas, me vi obligado a defender al surrealismo de la pueril acusación de ser esencialmente un movimieto político de orientación claramente anticomunista y contrarrevolucionaria. Huelga decir que no tenía derecho a esperar que quienes me juzgaban hicieran un análisis fundamental de mis ideas. Aproximadamente en esta época, Michel Marty vociferaba, refiriéndose a uno de los nuestros: «Si es marxista, no tiene ninguna necesidad de ser surrealista.» Ciertamente, en estos casos, no fuimos nosotros quienes alegamos nuestro surrealismo; este calificativo nos había precedido, a nuestro pesar, tal como a los seguidores de Einstein les hubiera precedido el de relativistas, o a los de Freud el de psicoanalistas. ¿Cómo no inquietarse ante el nivel ideológico de un partido que había nacido, tan bien armado, de dos de las más sólidas mentes del siglo XIX? Desgraciadamente, los motivos de inquietud son más que abundantes; lo poco que he podido deducir de mi experiencia personal coincide plenamente con las experiencias ajenas. Me pidieron que presentara a la célula «del gas» un informe sobre la situación dominante en Italia, y especificaron que únicamente podía basarme en realidades estadísticas (producción de acero, etc.), y *que debía evitar ante todo* las cuestiones ideológicas. No pude hacerlo.

* * *

El surrealismo se ocupa y se ocupará constantemente, ante todo, de reproducir artificialmente este momento ideal en que el hombre, presa de una emoción particular, queda súbitamente a la merced de algo «más fuerte que él» que le lanza, pese a las protestas de su realidad física, hacia los ámbitos de lo inmortal. Lúcido y alerta, sale, después, aterrorizado, de este mal paso. Lo más importante radica en que no pueda zafarse de aquella emoción, en que no deje de expresarse en tanto dure el misterioso campanilleo, ya que, efectivamente, al dejar de pertenecerse a sí mismo el hombre comienza a pertenecernos. Estos productos de la actividad psíquica, lo más apartados que sea posible de la voluntad de expresar un significado, lo más ajenos posible a las ideas de responsabilidad siempre propicias a actuar como un freno, tan independientes como quepa de cuanto no sea *la vida pasiva de la inteligencia,* estos productos que son la escritura automática y los relatos de sueños ofrecen, a un mismo tiempo, la ventaja de ser los únicos que proporcionan elementos de apreciación de alto valor a una crítica que, en el campo de lo artístico, se encuentra extrañamente desarbolada, permitiéndole efectuar una nueva clasificación general de los valores líricos, y ofreciéndole una llave que puede abrir para siempre esta caja de mil fondos llamada hombre, y le disuade de emprender la huida, por razones de simple conservación, cuando, sumida en las tinieblas, se topa con las puertas externamente cerradas del «más allá», de la realidad, de la razón, del genio, y del amor. Día llegará en que la generalidad de los humanos dejará de permitirse el lujo de adoptar una actitud altanera, cual ha hecho, ante estas pruebas palpables de una existencia distinta de aquella que habíamos proyectado vivir. Entonces, se verá con estupor que, pese a haber tenido nosotros *la verdad* tan al alcance de la mano, hayamos adoptado en general, la precaución de procurarnos una coartada de carácter literario, en vez de adoptar la actitud de, sin saber nadar, tirarnos de cabeza al agua, sin creernos dotados de la virtud del Fénix penetrar en el fuego; a fin de alcanzar aquella verdad.

XIII. Luis Buñuel

Un chien andalou (1929)

Esta película nació de la confluencia de dos sueños. Dalí me invitó a pasar unos días en su casa y, al llegar a Figueras, yo le conté un sueño que había tenido poco antes, en el que una nube desflecada cortaba la luna y una cuchilla de afeitar hendía un ojo. El, a su vez, me dijo que la noche anterior había visto en sueños una mano llena de hormigas. Y añadió: «¿Y si, partiendo de esto, hiciéramos una película?»

En un principio me quedé indeciso; pero pronto pusimos manos a la obra, en Figueras.

Escribimos el guión en menos de una semana, siguiendo una regla muy simple, adoptada de común acuerdo: no aceptar idea ni imagen alguna que pudiera dar lugar a una explicación racional, psicológica o cultural. Abrir todas las puertas a lo irracional. No admitir más que las imágenes que nos impresionaran, sin tratar de averiguar por qué [...]

El surrealismo fue, ante todo, una especie de llamada que oyeron aquí y allí, en los Estados Unidos, en Alemania, en España o en Yugoslavia, ciertas personas que utilizaban ya una forma de expresión instintiva e irracional, incluso antes de conocerse unos a otros. Las poesías que yo había publicado en España antes de oír hablar de surrealismo dan testimonio de esta llamada que nos dirigía a todos hacia París. Así también, Dalí y yo, cuando trabajábamos en el guión de *Un chien andalou,* practicábamos una especie de escritura automática, éramos surrealistas sin etiqueta.

* * *

Mi entrada en el grupo surrealista se produjo como algo sencillo y natural. Fui admitido a las reuniones que celebraban diariamente en «Cyrano» y, alguna que otra vez, en casa de Breton, en el 42 de la rue Fontaine [...]

Al igual que todos los miembros del grupo, yo me sentía atraído por una cierta idea de la revolución. Los surrealistas, que no se consideraban terroristas, activistas armados, luchaban contra una sociedad a la que detestaban, utilizando como arma principal el escándalo. Contra las desigualdades sociales, la explotación del hombre por el hombre, la influencia embrutecedora de la religión, el militarismo burdo y materialista, vieron durante mucho tiempo en el escándalo el revelador potente, capaz de hacer aparecer los resortes secretos y odiosos del sistema que había que derribar. Algunos no tardaron en apartarse de esta línea de acción para pasar a la política propiamente dicha y, principalmente, al único movimiento que entonces nos parecía digno de ser llamado revolucionario: el movimiento comunista. Ello daba lugar a discusiones, escisiones y querellas incesantes. Sin embargo, el verdadero objetivo del surrealismo no era el de crear un movimiento literario, plástico, ni siquiera filosófico nuevo, sino el de hacer estallar la sociedad, cambiar la vida.

La mayoría de aquellos revolucionarios —al igual que los señoritos que yo frecuentaba en Madrid— eran de buena familia. Burgueses que se rebelaban contra la burguesía. Este era mi caso. A ello se sumaba en mí cierto instinto negativo, destructor, que siempre he sentido con más fuerza que toda tendencia creadora. Por ejemplo, siempre me ha parecido más atractiva la idea de incendiar un museo que la de abrir un centro cultural o fundar un hospital.

Pero lo que más me fascinaba de nuestras discusiones del «Cyrano» era la fuerza del aspecto moral. Por primera vez en mi vida, había encontrado una moral coherente y estricta, sin una falla. Por supuesto, aquella moral surrealista, agresiva y clarividente, solía ser contraria a la moral corriente, que nos parecía abominable, pues nosotros rechazábamos en bloque los valores convencionales. Nuestra moral se apoyaba en otros criterios, exaltaba la pasión, la mixtificación, el insulto, la risa malévola, la atracción de las simas. Pero, dentro de este ámbito nuevo cuyos horizontes se ensanchaban día tras día, todos nuestros gestos, nuestros reflejos y pensamientos nos parecían justificados, sin posible sombra de duda. Todo se sostenía en pie. Nuestra moral era más exigente y peligrosa, pero también más firme, más coherente y más densa que la otra.

Añadiré —Dalí me lo hizo observar— que los surrealistas eran guapos. Belleza luminosa y leonada la de André Breton, que saltaba a la vista. Belleza más sutil la de Aragon. Eluard, Crevel y el mismo Dalí, y Max Ernst con su sorprendente cara de pájaro de ojos claros, y Pierre Unik y todos los demás: un grupo ardoroso, gallardo, inolvidable.

(*Mi último suspiro*, Madrid, Plaza y Janés, 1982, páginas 102-106.)

XIV. Jorge Guillén

El estímulo superrealista

Entre diversas incitaciones convergentes, el superrealismo se les resolvió en una invitación al riesgo —al gallardo riesgo— de la libertad imaginativa. El antirrealismo de los años 20 condenaba la descripción. Ya el primer manifiesto es tajante en este punto. Descripción equivale a catálogo, a tarjeta postal, a tópico. Breton da como ejemplo un cuarto descrito por Dostoyevsky en *Crimen y castigo*. Concluye Breton: «je n'entre pas dans sa chambre» (A pesar de todo, ese cuarto ¿no es también una visión, y allí no rodea a los objetos materiales, ya significativos, un aura espiritual?). Sea como fuere, Breton no puso los pies en esa casa, y con sus adeptos se fue tras aire más libre. Los jóvenes de entonces se echaban, en efecto, al campo, y a campo traviesa desbandaban su imaginación. Así también los españoles. (Pero no atendieron al superrealista cuando señalaba en el horizonte la locura, la «gnosis», los poderes ocultos del mago.) Por una o por otra senda, aquel cultivo de la imagen, profunda hasta sus raíces irracionales, iba más allá del juego arbitrario y podía revelar al hombre, libre en su *vraie vie* —como quería Rimbaud—. Los ojos de hoy, miopes acaso, perciben mal aquellos poemas y los creen ejercicios formales. Si el lector se acerca, descubre lo que son: irrupciones de vitalidad. De ahí la eficacia superrealista, su valor de estímulo. Y como todo en nuestro siglo se propaga con alcance internacional y tiende a la sencillez de los carteles, el superrealismo cobró fuerza imperativa, y alguien ajeno a ese influjo pareció —sobre todo *a posteriori*, ante el crítico— no cumplir con su deber: el incontaminado era culpable. Pero la vida, más compleja que la abstracción, no se desarrolla simplemente. En aquellos años, tan jugosos de experiencia literaria, los españoles, sensibles al incentivo superrealista, *compusieron* sin vacilación prudente obras donde intervenían, como es natural, subconciencia y conciencia. A la intuición acompaña la razón en la gran poesía. El brote irracional no constituye por sí solo el poema, y muy pocas veces campa por sus respetos. Aquel estilo se redujo, pues, a una transición parcial. Breton habría excomulgado, en fin de cuentas, a los tránsfugas, nunca «regulares», nunca atraídos por la idea-límite de aquella teoría. Precisamente porque no llegaron *au terme extrême de l'aspiration surréaliste, à sa plus forte «idée limite»* lograron su propia madurez y compusieron sus propios poemas originales Federico García Lorca, Vicente Aleixandre, Emilio Prados, Luis Cernuda, Rafael

Salvador Dalí: «La persistencia de la memoria o Los relojes blandos» (Museo de Arte Moderno. Nueva York).

Alberti, Manuel Altolaguirre. Cierto, ninguno de ellos ignoró aquel superrealismo casi inevitable. Superrealismo: nombre teórico del muy concreto André Breton. ¡Aquella *nuit des éclairs*! Noche excepcional. ¿Y la luz de la conciencia poética? Pero esto es otra historia.

(*Homenaje universitario a Dámaso Alonso,* Madrid, Gredos, 1970, página 204.)

XV. Manuel Aznar Soler

Crisis de las vanguardias artísticas, nuevo romanticismo y literatura de avanzada

Plantear la problemática de la literatura española de los años treinta supone abordar previamente las formas de liquidación de una vanguardia artística que se mostraba impotente para responder a la nueva sensibilidad de una década caracterizada por la fuerte politización de la literatura.

El proceso de liquidación de las vanguardias artísticas tuvo un reflejo excepcional en *La Gaceta Literaria,* órgano de crecimiento y crisis del vanguardismo español, en cuyas páginas fecundaron las tres juventudes espirituales que desarrollarán su producción literaria durante la Segunda República: la fascista, la democrático-burguesa y la marxista. Ernesto Giménez Caballero, director de la revista y precursor del fascismo español desde su viaje a Roma en 1928, narrado en su *Circuito imperial,* analizaba el período literario 1918-1930, considerándolo un ciclo vital consumado del vanguardismo artístico. La inflexión estética entre la vanguardia «deshumanizada», caracterizada por Gecé como antirromántica, antirretórica, antipolítica, antiplebeya y antipatética, y la literatura de los años treinta, literatura neorromántica impregnada de una vocación política en orden a la construcción de un «arte de masas», era subrayada por el propio crítico con enorme lucidez:

> Después de las tendencias revolucionarias que siguieron a la Gran Guerra, empezó, a partir de 1927, un período de orden y construcción. Hoy, en 1930, los vientos empiezan a cambiar de dirección y nos enfrentamos a un nuevo romanticismo. La tendencia, tanto de la poesía como de la prosa, es de abandonar su carácter «deshumanizado», para emplear un término de Ortega y Gasset. Ya no se busca la «pureza», tal como predicaba *Revista de Occidente,* y en su lugar se persigue lo «humano». Nuestra literatura se empieza a interesar por la política y por realidades acuciantes.

Una encuesta de *La Gaceta Literaria* —1 de junio de 1930— vino a significar un réquiem colectivo por el cadáver literario vanguardista. Si el grito de patética resistencia de Ramón Gómez de la Serna («¡Viva la vanguardia! ¡Viva el vanguardismo!») era realmente un epitafio póstumo, las respuestas de los escritores españoles precisaban las insuficiencias del vanguardismo frente a la nueva sensibilidad neorromántica. La falta de sensibilidad política quedaba vinculada a la actitud «pura» e insolidaria del artista vanguardista, y hallaba su formulación más contundente en palabras de Esteban Salazar Chapela:

> Políticamente, la vanguardia vivió en una campana neumática. Esto es, en el vacío. Vivió como si no existiera el mundo, España [...] Esta miopía, más bien ceguera, de la fenecida vanguardia literaria, provenía del burguesismo recalcitrante del vanguardista tipo. O dicho de otro modo: provenía de la comodidad social, religiosa y filosófica; por tanto, del vanguardista.

Insolidaridad política que era igualmente subrayada en la contestación desde presupuestos fascistas por el redactor de ciencias de *La Gaceta Literaria* Ramiro Ledesma Ramos, autor del manifiesto de *La conquista del Estado* (14 de marzo de 1931), uno de los primeros documentos del fascismo español de la década:

> ... Yo puedo asegurar que esa vanguardia escondía la más frívola concepción de la cultura. Sin fe en los valores objetivos. Incapacitada y cansada por batallas de imaginación. A última hora podía verse cómo se incluían en ella todos los alfeñiques del espíritu, que buscaban en el grupo un amparo abstracto a sus transparencias.

Guillermo de Torre, el teórico más riguroso del vanguardismo, autor en 1925 del clásico *Literaturas europeas de vanguardia*, afirmaba su condición de *clerc* —el término lo había consagrado Julien Benda en su polémico libro *La trahison des clercs*, de 1928—, y la hegemonía de la inteligencia sobre las opciones ideológicas o los compromisos políticos. La actitud de Guillermo de Torre, entre el eclecticismo y la neutralidad de la inteligencia, se basaba en la tajante diferenciación entre las esferas de lo literario y lo político:

> Para mí, vanguardismo, repito, equivale a extremismo y antiburguesismo: puentes de una revolución moral. Pero no, en modo alguno —¡cuidado!—, afiliación sectaria o unilateral. Debemos ser supremamente respetuosos con la inteligencia [...] Neotomismo o marxismo. Capitalismo o comunismo. Restauración de una dignidad perdida o creación de otra nueva. Todos estos *totems* ideológicos del tiempo, hacia los que se orientan nuestros amigos —los tengo en opuestos bandos—, me parecen legítimos y son para mí formas válidas, siempre que en ellas el intelectual mantenga su supremacía, sin tolerar vejaciones a la inteligencia. Por mi parte, sin entregarme a la elección unilateral, sin quererme esclavizar en ninguna de esas fórmulas políticas e ideológicas, atento a no traicionar al *clerc* que uno lleva dentro, propendo únicamente a extraer de todas ellas su fermento espiritual más vivo y enriquecedor.

El texto de Guillermo de Torre ilumina la actitud de un sector de la inteligencia española frente al «compromiso», defensor de una presunta neutralidad que la radicalización de la lucha de clases iba a invalidar.

En el umbral del 1930, lo que entraba directamente en crisis era la propia función de la inteligencia, la misma naturaleza de la cultura, escindida entre las mencionadas tendencias «populistas» y aquellas que, tratando de realizar la tesis gramsciana del intelectual «orgánico», pretendían asumir un compromiso con una nueva cultura, «cultura popular», sobre la defensa de un humanismo revolucionario.

(*Pensamiento literario y compromiso antifascista de la inteligencia española republicana*, Barcelona, Laia, 1978, páginas 13-16.)

XVI. José Díaz Fernández

La literatura de avanzada

Pienso que los nuevos románticos han de parecerse muy poco a los románticos del siglo XIX. Carecerán, afortunadamente, de aquel gesto excesivo, de aquella petulancia espectacular, de aquel empirismo rehogado en un mar de retórica. Pero volverán al hombre y escucharán el rumor de su conciencia. Fuera de esto, lo demás apenas tiene importancia. Esperemos, además, que este nuevo romanticismo no descargue su eléctrico impulso solamente sobre el amor. Es posible que las generaciones nuevas encuentren el amor más franco y accesible de lo que está ahora, menos rodeado de prohibiciones y de estímulos. Si hubo un tiempo en que al espíritu del hombre le bastaba la preocupación del amor para movilizar todos sus afanes y desvelos, llegará otro en que el amor erótico quede muy en segundo término, tal como ya está regulado por la naturaleza y por la especie. Otro amor más dilatado y complejo, fruto del progreso humano y de la depuración de las relaciones sociales, moverá a los hombres del futuro, será el eje de la gran comunidad universal. Me imagino que el cambio de circunstancias vitales de la mujer influirá en la situación de ésta, incluso en sus sentimientos elementales. En la vida actual, la mujer está preparada única y exclusivamente para el matrimonio. Es lógico que hoy la pasión amorosa se condense en ella de tal manera que excluya aspiraciones de otra índole. La sociedad actual es manca, porque le falta el brazo activo de la mujer. Cuando la mujer

Pablo Neruda dirigió en 1935 Caballo verde para la poesía, *revista que ejerció una notable influencia en los poetas de la época.*

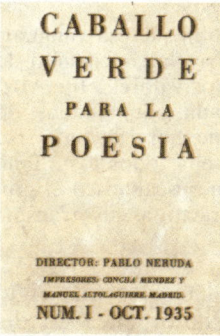

no necesite el matrimonio para resolver su vida y cuando el hogar deje de ser la sepultura del espíritu, entonces la pasión amorosa podrá ser sometida a disciplina y equilibrio. Por lo menos no encontraremos mezclados en vergonzoso contubernio el amor y el cálculo, la pasión y el dinero.

Para terminar: lo que se llamó vanguardia literaria en los últimos años no era sino la postrera etapa de una sensibilidad en liquidación. Los literatos neo-clasicistas se han quedado en literatos a secas. La verdadera vanguardia será aquella que ajuste sus formas nuevas de expresión a las nuevas inquietudes del pensamiento. Saludemos al nuevo romanticismo del hombre y la máquina que harán un arte para la vida, no una vida para el arte.

(*El nuevo romanticismo*, Madrid, Zeus, 1930, págs. 49-50.)

XVII.

Sobre una poesía sin pureza

Es muy conveniente, en ciertas horas del día o de la noche, observar profundamente los objetos en descanso: las ruedas que han recorrido largas, polvorientas distancias, soportando grandes cargas vegetales o minerales; los sacos de las carbonerías, los barriles, las cestas, los mangos y asas de los instrumentos del carpintero. De ellos se desprende el contacto del hombre y de la tierra como una lección para el torturado poeta lírico. Las superficies usadas, el gesto que las manos han infligido a las cosas, la atmósfera a menudo trágica y siempre patética de estos objetos, infunde una especie de atracción no despreciable hacia la realidad del mundo.

La confusa impureza de los seres humanos se percibe en ellos, la agrupación, uso y desuso de los materiales; las huellas del pie y los dedos, la constancia de una atmósfera humana inundando las cosas desde lo interno y lo externo.

Así sea la poesía que buscamos, gastada como por un ácido por los deberes de la mano, penetrada por el sudor y el humo, oliente a orina y a azucena salpicada por las diversas profesiones que se ejercen dentro y fuera de la ley.

Una poesía impura como un traje, como un cuerpo, con manchas de nutrición, y actitudes vergonzosas, con arrugas, observaciones, sueños, vigilia, profecías, declaraciones de amor y de odio, bestias, sacudidas, idilios, creencias políticas, negaciones, dudas, afirmaciones, impuestos.

La sagrada ley del madrigal y los decretos del tacto, olfato, gusto, vista, oído, el deseo de justicia, el deseo sexual, el ruido del océano, sin excluir deliberadamente nada, sin aceptar deliberadamente nada, la entrada en la profundidad de las cosas en un acto de arrebatado amor, y el producto poesía manchado de palomas digitales, con huellas de dientes y hielo, roído tal vez levemente por el sudor y el uso. Hasta alcanzar esa dulce superficie del instrumento tocado sin descanso, esa suavidad durísima de la madera manejada, del orgulloso hierro. La flor, el trigo, el agua tienen también esa consistencia especial, ese recurso de un magnífico tacto.

Y no olvidemos nunca la melancolía, el gastado sentimentalismo, perfectos frutos impuros de maravillosa calidad olvidada, dejados atrás por el frenético libresco: la luz de la luna, el cisne en el anochecer, «corazón mío», son sin duda lo poético elemental e imprescindible. Quien huye del mal gusto cae con el hielo.

(*Caballo verde para la poesía*, Madrid, octubre de 1935.)

XVIII. Serge Salaün

Poetas «de oficio» y vocaciones incipientes durante la guerra de España

Cuando nos referimos a la producción poética de los años de la guerra de España, lo primero que nos viene a la memoria son los versos de los poetas consagrados, famosos, cuya obra, por lo general, no se limita a esta guerra. Los poemas de Rafael Alberti, Antonio Machado, Miguel Hernández (la mitad aproximadamente de su obra fue escrita entre 1936 y su muerte), Emilio Prados, Pedro Garfias, etc., aparecen en todas las antologías y son ya parte integrante del patrimonio literario de España. En cambio, los nombres de muchos poetas se han borra-

Cartel del II Congreso Internacional de Escritores, celebrado en Valencia, Madrid y Barcelona en julio de 1937.

do de las memorias a pesar de la calidad de su producción, de su vocación poética indudable y de cierta notoriedad que pudieron ganar durante algunos años [...]

Lo más importante sigue siendo la asombrosa disposición poética de los tres años de guerra. Durante meses y meses, los poetas de todos los horizontes —los poetas muchísimo más que los demás— han caminado juntos en los caminos de la historia y de la poesía, comulgando en unos principios y en una forma, el romance, que aparece como el instrumento más adecuado a este efecto, ya que las tradiciones poéticas que representa corresponden a todos los niveles culturales (tradición oral, popular o culta). Otra gran enseñanza de la guerra es la capacidad y la vitalidad creadora de los ingenios populares, que han sabido crear una producción homogénea, densa y valiosa con relativamente pocas interferencias. La poesía aparece como la forma de expresión privilegiada para una gran parte de los españoles, ya que no sólo se la leía y se la recitaba, sino que constituía espontáneamente un procedimiento de comunicación apto para todos los usos: la poesía, actividad integrada, enraizada en las estructuras mentales de todo un pueblo, tan vitalmente sentida como el mismo ritmo respiratorio, los mecanismos esenciales de la lengua o la percepción de toda la gama de fenómenos humanos, se aplica sin el menor esfuerzo a cualquier estructura mental, emocional, etc. Que un individuo cualquiera sea capaz un día de franquear sin esfuerzo la línea que separa la recepción y la creación, lo demuestra ampliamente. La poesía, carne y espíritu de un pueblo, es el molde que puede recibir todos los elementos de la vida, es el instrumento capaz de recuperar la totalidad existencial de la vida y de anticiparse al futuro.

Si la producción poética de los intelectuales merece toda nuestra atención, sería una injusticia considerable olvidar lo que les sirve de substrato y de raíz: las corrientes poéticas populares que vivían y creaban (sin hacer distinción a veces) de manera casi autónoma. El verdadero corpus poético de la guerra está compuesto por las obras conocidas de los grandes poetas y también por un público extensísimo que generaba naturalmente su propia obra múltiple. Los miles de poemas anónimos o desconocidos que integran este corpus tienen tanta importancia, si no más, para aprehender todos los aspectos de esta época: literatura, sociología, mentalidades, etc.

(*Creación y público en la literatura española.*
Madrid, Castalia, 1974, págs. 181-182 y 208-209.)

XIX. José María Castellet

La guerra civil

Durante nuestra guerra, los mejores poetas no pudieron ni quisieron sustraerse a sus obligaciones patrióticas. Imbuidos de sus obligaciones del momento, incluso los más reacios descubrieron, de pronto, las grandes posibilidades de una poesía realista. Y así, lo que muchos poetas europeos descubrirían en el transcurso de la segunda guerra mundial, los mejores poetas españoles lo habían experimentado ya en la carne viva de su propia poesía. Y del mismo modo que había de suceder en la Europa en guerra, a los ojos de nuestros poetas y a los de sus lectores apareció, de pronto, toda la tradición simbolista como un venerable residuo teórico y un amable ejercicio de lectura, a la vez que en sus conciencias aparecía la imagen de un nuevo humanismo que pedía, para ser expresado, una poética que tuviera en cuenta, no sólo los valores formales del poema, sino que admitiese la posibilidad de que la experiencia que da tema al poema fuese de otra naturaleza que la experiencia poética misma.

(*Veinte años de poesía española* [1939-1959].
Barcelona, Seix-Barral, 1962, pág. 57.)

Movimientos de Vanguardia

RAMON GOMEZ DE LA SERNA

Ramón Gómez de la Serna nace en Madrid en 1888. Estudia Derecho en Oviedo, pero pronto se dedica con exclusividad a la literatura. En 1905, cuando sólo tenía dieciséis años, publica su primera obra: *Entrando en fuego. Santas inquietudes de un colegial.* Cuatro años después, en 1908, aparece un nuevo libro, *Morbideces,* en el que, con tonos iconoclastas y desenfadados, ataca abiertamente a los escritores del 98. Este mismo año empieza a dirigir la revista *Prometeo*. En ella aparecerán los primeros manifiestos del vanguardismo literario en España. Ramón se convierte en un defensor incondicional del arte nuevo, al que, en 1931, dedicará un curioso libro, *Ismos*. En 1909 inicia una relación sentimental, que se prolongará durante veinte años, con la escritora Carmen de Burgos. En 1914 funda la famosa tertulia del café *Pombo,* muy frecuentada por escritores consagrados y noveles, que mantendrá casi sin interrupción hasta poco antes de la guerra. En su famoso torreón de la calle de Velázquez, en el que vive, acompañado por una muñeca «de belleza inmarchitable», vestida a la última moda de París, va acumulando los más extraños cachivaches, acarreados en su mayor parte del Rastro madrileño. En 1931 se casa con la argentina Luisa Sofovich. Al sobrevenir la guerra civil, se marcha a Buenos Aires, en donde muere el 12 de enero de 1963. Once días después era enterrado en Madrid, en el Panteón de Hombres Ilustres.

La fecundidad de Ramón fue prodigiosa. Desde muy pronto publica incesantemente, en periódicos y revistas, artículos, reflexiones, apuntes, greguerías, cuentos, novelas breves. Cada año aparecen, además, ensayos, novelas, biografías, «teatro en soledad», teatro representable, y otros libros de difícil clasificación. Pronuncia charlas por la radio y da conferencias vestido de torero, desde el trapecio de un circo, a la luz de un farol instalado en el escenario, o subido en un elefante pintado de blanco y negro. Trabaja de noche. Se levanta a las dos de la tarde y se acuesta a las ocho de la mañana. Todo lo que huela a rutina y a convencionalismos le es ajeno.

Obra

Ninguno de sus contemporáneos llevó tan lejos y mantuvo con tanta tenacidad su decidida vocación de escritor puro, despreocupado de tesis y doctrinas (es éste uno de los escasos puntos en común de este escritor con las corrientes finiseculares defensoras del arte por el arte). Sin embargo, no es difícil rastrear, en una obra que gravita con frecuencia hacia lo autobiográfico, hacia un progresivo egotismo, una visión del mundo pesimista y negativa, una desolada filosofía de la vida, que anticipa y prolonga el sentimiento del absurdo, tan arraigado en escritores posteriores. Ramón responde con posturas nihilistas y extravagantes, de forma incoherente y fragmentaria, y con la negación de toda clase de valores, a la cara absurda y caótica que el mundo le presenta. En *El hombre perdido* escribirá: «La realidad... cada vez me estomaga más... Cada vez estoy más convencido de que decir cosas con sentido no tiene sentido».

Greguerías: Desde muy pronto convierte en eje de su obra a la greguería, definida por él mismo como «metáfora más humor» y como «la flor de todo, lo que queda, lo que vive, lo que surge entre el descreimiento, la acidez y la corrosión, lo que resiste todo». Muchas de ellas son metáforas, pero hay que advertir que, a diferencia de su función valorativa, habitual en la poesía, la metáfora aquí no eleva o rebaja el objeto al que sustituye, sino que se coloca a su mismo nivel. Otras están formadas por intuiciones líricas muy libres, o se reducen a frases ingeniosas, chistes, juegos conceptuales, paradojas, alteración de frases hechas, y las hay puramente fonéticas. A veces provienen de una condensación de imágenes y equivalen a poemas concentrados. También se las ha relacionado con la literatura del barroco español. Sin embargo, Ramón es más libre y menos convencional que los conceptistas y libera a las palabras de la servidumbre lógico-semántica, al realzar, como habían hecho los simbolistas del siglo anterior, los valores sugestivos de las mismas. La diferencia con la sentencia, la máxima o el aforismo también es radical. Todo lo que éstos tienen de trascendente, de verdad probada, lo tiene la greguería de momentáneo, fugaz o inconsistente.

Lo característico de estas greguerías es, como señala Francisco Ynduráin, la visión inédita de las cosas, «la visión en profundidad, o si se quiere, la visión poética de las mismas». Cualquier cosa que atraiga su atención lo lleva, lejos de la perspectiva unilateral y mimética del realismo, a las asociaciones y relaciones más caprichosas y audaces, repletas siempre de ingenio.

Novelas: Ramón es autor de abundantes novelas. Destacan, entre ellas, *El doctor inverosímil* (1914: ampliada en 1921), *La viuda blanca y negra* (1917), *El Gran Hotel* (1922), **El incongruente** (1922), *La quinta de Palmira* (1923), *El novelista*

José Gutiérrez Solana: «La tertulia de Pombo». De izquierda a derecha, Manuel Abril, Tomás Borrás, José Bergamín, Cabrero, Ramón Gómez de la Serna, con un ejemplar en la mano de su libro sobre dicho café; Mauricio Bacarisse, el dibujante Bartolozzi, Pedro Luis Coll y José Gutiérrez Solana.

(1923), **Cinelandia** (1923), **El chalet de las Rosas** (1923), **El torero Caracho** (1926), *La mujer de ámbar* (1927), *El caballero del hongo gris* (1928), *La Nardo* (1930), *Policéfalo y señora* (1932) y *¡Rebeca!* (1936). También escribió novelas cortas, como *La hiperestésica* (1928) y las contenidas en *Seis falsas novelas* (1927).

Si bien en algunas de estas obras *(El novelista, Seis falsas novelas)* abundan las reflexiones sobre el género novelístico, lo habitual es la fuerte veta costumbrista y folietinesca que subyace en muchas de ellas y el desarrollo de temas pasionales (el conflicto amoroso o, más bien, biológico entre los sexos ocupa un lugar destacado), dramáticos y truculentos. La atracción que experimentó por lo extraño, lo anormal y misterioso, lo llevó a poblar sus novelas de personajes trágicos, grotescos, sádicos y criminales. *La viuda blanca y negra* fue escrita, según el propio Ramón, «en el verano madrileño y con la obsesión del crimen, los celos y el aire trasnochador y verbenero». En *El hijo del millonario* (una de las *Seis falsas novelas*), uno de los personajes tiene como deporte favorito el atropellar peatones con su flamante automóvil. El protagonista de *El chalet de las Rosas*, D. Roberto, asesina, una vez que se ha apropiado de su dinero, a todas sus esposas, a las que entierra en el jardín de su chalet. Eso sí, antes de tan venturoso desenlace, les proporcionará, satisfaciendo todos sus caprichos, un «hartazgo» de felicidad. En *El torero Caracho*, sainete dramático plagado de acontecimientos taurinos, Caracho vivirá entre el amor de su abnegada esposa (Pascuala) y la violencia apasionada de su amante (la Rosario). Herido gravemente en la misma corrida en la que pierde la vida su gran rival, Cairel, muere poco después. La novela se cierra con un desolador epitafio para los dos toreros:

> Todos habían saltado la barrera de la muerte y allí, en aquel último refugio en que el sol y la sombra eran más vivos que en ningún otro sitio, todos estaban vestidos con el traje de luces negro y oro de la muerte en el último coso, tomando parte en la corrida a puerta cerrada del domingo interminable del cementerio.

Sin embargo, aunque parezca paradójico, es la ausencia de dramatismo y la huida sistemática de lo patético y sentimental, aunque se pueda entrever en ellas la visión del mundo a la que antes hacíamos referencia, la nota común a todas estas novelas. Las incoherencias, los elementos absurdos, los juegos metafóricos, el derroche de imágenes, las observaciones humorísticas, el barroquismo, distancian al lector de lo que se narra y ahogan a los personajes, que pocas veces alcanzan las dosis de humanidad a que otros novelistas nos han acostumbrado. Lo habitual es un exceso de lo fragmentario, la yuxtaposición de anécdotas, de cosas sueltas, mezcladas sin orden, desconectadas unas de otras, lo que dificulta una visión ordenada de la línea argumental.

Nada de esto debe entenderse en sentido peyorativo. El lector, que ha de colaborar, como en gran parte de las novelas de este siglo, en la reconstrucción de la trama argumental, puede entrar en el juego que se le propone y saltar de página en página hasta el final de cada una de ellas, deslumbrado por la imaginación inagotable del escritor.

Teatro: El teatro de Ramón Gómez de la Serna, que se inscribe con pleno derecho dentro de las tendencias innovadoras de otros dramaturgos de este siglo, no alcanzó la misma repercusión que el resto de su producción. Entre 1909 y 1912 publicó 17 obras de estructura dialogada y sin pretensiones de llevarlas a las tablas, entre las que destacan *Beatriz, El drama del palacio deshabitado, La corona de hierro, La casa nueva* y *Teatro en soledad*. Junto a una difusa crítica de ciertas convenciones sociales, el tema dominante en este teatro es el erótico (Sánchez Granjel hablará de un «desorbitado pansexualismo de Gómez de la Serna en sus años de mocedad»). Casi todas estas obras tienen un mayor interés histórico (algunos de sus planteamientos y técnicas se han puesto en relación con Pirandello y con el expresionismo y surrealismo posteriores) que literario.

Después de muchos años de silencio teatral estrenará, en 1929, **Los medios seres,** sin duda su obra más interesante, y publicará en 1935 *Escaleras*. En *Los medios seres*, los personajes son seres incompletos, lanzados a la búsqueda de una plenitud existencial que llene el vacío de sus vidas. Para simbolizar dicho vacío, los actores llevan pintado, verticalmente, la mitad de su cuerpo y de su rostro de negro (léase el «Prólogo» que incluimos aquí). Sin embargo, Ramón no sabe qué hacer con esta excelente idea y, sin apenas acción, la obra no alcanza un feliz desarrollo dramático.

Otras obras: Ramón es también el autor de una larga y extensa autobiografía, titulada **Automoribundia** (1948), en la que el tono desengañado y la obsesión por la muerte adquieren un especial relieve. En la misma línea autobiográfica están *Cartas a mí mismo* (1956), *Nuevas páginas de mi vida* (1957) y el *Diario póstumo,* editado por Luisa Sofovich en 1972.

Son abundantes también sus biografías de diferentes personajes (Quevedo, Valle-Inclán, Goya, Wilde, Solana, Carolina Coronado, John Ruskin, etc.). Por lo general, Ramón elige a seres poco convencionales, es decir, a aquellos cuya obra o conducta ofrecen alguna peculiaridad psicológica o social. Aunque el método cronológico y la documentación objetiva están ausentes de ellas, las intuiciones y los juicios que emite sorprenden con frecuencia por lo acertados. El lector quizá no sabrá lo que hicieron esos personajes, pero sí cómo fueron. Libros como *Pombo*, I y II (1918 y 1924) y *Retratos contemporáneos* (1941) son indispensables para el historiador y el biógrafo de la época.

Por último, hay que citar sus libros, compuestos de breves capítulos, de impresiones del momento o que giran en torno a un mismo tema. Entre ellos, destacan: *El Rastro* (1915: aumentado en ediciones sucesivas), **Senos** (1917), *El alba* (1918), *El circo* (1917: aumentado en la edición de 1926), *Lo cursi* (1934).

El estilo en que están escritas todas estas obras, aunque tenga siempre un inconfundible sello personal, no es uniforme. Ramón carece de prejuicios, y lo mismo nos sorprende con rodeos complicados y meandros sintácticos que con frases cortadas y rápidas que dan una gran agilidad al relato. Con frecuencia, juega con los vocablos, en inconfundibles retruécanos, o expresa la misma cosa mil veces, sin asustarse de las repeticiones. También, si no encuentra la palabra que busca, la inventa.

Ediciones

Obras completas, dos volúmenes, Barcelona, AHR, 1956-1957. *Biografías completas,* Madrid, Aguilar, 1959. *Retratos completos,* Madrid, Aguilar, 1961. *Total de greguerías,* Madrid, Aguilar, 1955. *Automoribundia,* I, II, Madrid, Guadarrama, 1974.

I

Nací, o me nacieron —que no sé cómo hay que decirlo en estricta justicia— el día 3 de julio de 1888, a las siete y veinte minutos de la tarde, en Madrid, en la calle de las Rejas, número 5, piso segundo.

¿Para qué ocultar la fecha de mi nacimiento? En otros conatos de autobiografía he mentido, pero ahora, al hacer la autobiografía definitiva, no quiero comenzar mintiendo, porque no quiero que se dude algún día de todo lo dicho. Quede desmentido el que nací el año 1891, resultando equivocados todos los horóscopos que me han hecho. ¡Y lo siento, porque eran optimistas los del 3 de julio de ese año!

Pero, ¿para qué ocultar la verdad ante muertos que viven? —los muertos son muertos que han muerto al fin—. Antes creía que alguien podía vivir siempre, pero dentro de cien años todos calvos, y además, sin cuero cabelludo [...]

Madrid se dora y se inflama siempre en ese día de julio en que yo nací como en inauguración festiva de un día ya metido en el fervoroso verano. Como recuerdo del primer 3 de julio que conocí, voy a escribir palabras atrevidas y precisas de mi subconsciencia.

«...En aquel momento el reloj del comedor acababa de dar una media. Todo el fondo de la casa estaba abandonado como durante los recibimientos del señor que vuelve de viaje o como en la hora en que la muerte entra en la alcoba que está en la cabecera de la casa. Mi sofoco había llegado a ser tan irresistible, que hice el esfuerzo supremo y me deslicé en el mundo. ¡Qué ambiente más tibio!

Lo primero que hice fue hacerme pi-pi en el terráqueo. (El mundo he comprendido después que se merecía aquel primer gesto de rebeldía.) Mientras hacía pi-pi me desperecé con esa graciosa desenvoltura del pato cuando sale de la caja del prestidigitador, donde también era inverosímil que estuviese. La luz me molestaba de tal modo los ojos que no quise abrirlos. La luz me escocía en todo el cuerpo, y hasta me deslumbraba los párpados translúcidos. Un ruido numeroso, inundante y demasiado claro, me tenía excitado y ensordecido, un ruido como el que producen los carros cargados de latas de petróleo al pasar por las calles puntiagudas.»

(Automoribundia.)

MOVIMIENTOS DE VANGUARDIA

GREGUERIAS

* Una greguería es el buscapié del pensamiento.

* * *

* Todas las carnes muertas parecen dolerse aún cuando el carnicero las corta; todas menos la del jamón... El jamón está satisfecho de haber mejorado con la muerte y la salazón; está satisfecho de ser rico jamón y le gusta repartirse en lonchas finas, revelando además su belleza veteada e inconfundible.

* * *

* El pez más difícil de pescar es el jabón dentro del agua.

* * *

* La linterna del acomodador nos deja una mancha de luz en el traje.

* * *

* El par de huevos que nos tomamos parece que son gemelos, y no son ni primos terceros

* * *

* Las espigas hacen cosquillas al viento.

* * *

* La plancha eléctrica parece servir café a las camisas.

* * *

* El cocodrilo es un zapato desclavado.

* * *

* Toda la joyería se ha ruborizado. ¡La ha mirado un comunista!

* * *

* Don Juan pide amor como quien pide trabajo.

* * *

* La arquitectura árabe es el agrandamiento del ojo de la cerradura.

* * *

* Las gallinas blancas están en paños menores.

* * *

* Lo único que comen las puertas son esas nueces que les damos a partir.

* * *

* A veces el abrelibros no marcha porque ha tropezado con el nudo de la novela.

* * *

* Es conmovedor en las óperas ver que cuando lloriquea la que canta, todo el coro la consuela.

* * *

* Las gaviotas nacieron de los pañuelos que dicen ¡adiós! en los puertos.

* * *

* El mar se pasa la vida duchando a la tierra para ver de hacerla entrar en razón.

* * *

* El rayo es una especie de sacacorchos encolerizado.

* * *

* Nos desconocemos a nosotros mismos, porque nosotros mismos estamos detrás de nosotros mismos.

* * *

* El sostén es el antifaz de los senos.

* * *

* Un tumulto es un bulto que les sale a las multitudes.

* * *

* La castañera asa los corazones del invierno.

* * *

* La pulga hace guitarrista al perro.

* * *

* Era tan susceptible que creía que se reían de él las dentaduras postizas de los escaparates.

* * *

* La pistola es el grifo de la muerte.

* * *

* De la nieve caída en los lagos nacen los cisnes.

* * *

* Al ombligo le falta el botón.

* * *

* Una de las cosas más tristes de los trenes es que las ventanillas de la derecha no podrán ser nunca las ventanillas de la izquierda.

* * *

* Lo que más irrita a la Luna es que sea la Tierra la que le pone los cuernos, eclipsándola de ese modo grotesco.

* * *

* Si la realidad es apariencia, resulta que la apariencia es la realidad, eso si no es la realidad la apariencia de la irrealidad.

* * *

* Se tocaba un bucle como si hablase por teléfono con ella misma.

* * *

* Era tan mal guitarrista, que se le escapó la guitarra con otro.

* * *

* Ante su lujoso tocador se preguntaba la gran dama: «¿Es que mi cepillo de plata me ha podido contagiar las canas?»

* * *

* —¿Ha comenzado?
—Acaba de quitarse la bata la pantalla.

* * *

* La *W* es la *M* haciendo la plancha.

* * *

* Odian a los negros y se pasan las horas enteras al sol para ver si se ponen negros.

* * *

* Al reloj parado le queda el orgullo de que dos veces al día señala la hora que es.

* * *

* La tortícolis del ahorcado es incurable.

* * *

* Los egipcios siempre estaban de perfil.

* * *

* Tomó tan en serio eso de «ahogar las penas» que se tiró al río.

* * *

* Los acordeones tienen el pelo ondulado.

* * *

* Los días de viento, los juncos tienen clase de esgrima.

* * *

* El lector —como la mujer— ama más a quien le ha engañado más.

* * *

* Era tan moral que perseguía las conjunciones copulativas.

* * *

* La luna es la gran enceradora de pisos de los lagos.

* * *

* El hambre del hambriento no tiene hache. ¡Con filigranas al *ambre* verdadera! El

ambre, si es verdadera *ambre*, se ha comido la hache.

* * *

* «¡Qué sábana más dura!» (Era su losa.)

* * *

* Las primeras golondrinas salen de los ojos negros de las mujeres jóvenes.

* * *

* Los nudistas llevan en la mano un diario por si llega una visita.

* * *

* Los presos, a través de la reja, ven la libertad a la parrilla.

* * *

* El otro lado del río siempre estará triste de no estar de este lado... Esa pena es de lo más insubsanable del mundo y no se arregla ni con un puente.

* * *

* El viaje más barato es el del dedo sobre el mapa.

* * *

* —«¡Qué hermosos ojos negros!» es el piropo que está reclamando la calavera.

* * *

* Lo peor del golpe en la cabeza es la burla del chichón.

* * *

* A los presos los visten con pijamas a rayas para ver si vestidos de rejas no se escapan.

* * *

* La q es la p que vuelve de paseo.

* * *

* El agua se suelta el pelo en las cascadas.

---

* Jugaba ella a la pelota con sus senos sobre la pared de los espejos... Todas las noches jugaba la partida estéril de las miradas en que se miraban los senos en el espejo.

(Senos.)

LA RECONSTRUCCION DEL CRIMEN

I

Todo fue llevando a los jueces hacia la necesidad de excavar en el jardín del Chalet de las Rosas. Aquella no era una suplantación. Allí había un crimen o quizá varios.

Don Roberto, como hombre que juega al terrible escondite del crimen, no confesó nada y tuvo el gusto melancólico y desgarrador de ser llevado a Ciudad Lineal para que presenciase las excavaciones en su jardín.

«Vale mucho más que volver a la casa solariega al cabo de los años, volver a la casa del crimen para reconstruirlo», pensaba don Roberto, con su modo de pensar cínico y voluptuoso.

Bajó del coche celular a la puerta del hotelito con alegre salto de hombre que acaba de llegar de la estación con los baúles sobre el autobús.

Esas tardes de merendero que se explayan en las afueras de Madrid daban alegría de vacación al hotel. El cerrajero del juzgado había abierto la verja.

Don Roberto, ante el Chalet descolorido por las lluvias como embarcadero viejo y antes de bajar al jardín, quiso reconocer toda la casa para enseñársela bien a los jueces. ¡Se habían apolillado los culos de todos los jarros puestos del revés!

—Aquí tienen ustedes su casa —dijo don Roberto a jueces, policías y periodistas, y bajó al jardín, donde los cavadores recibieron la orden de cavar...

Los jueces y los leguleyos estaban en el

jardín. Tenía la escena un aire de escena de duelo, como si se fuesen a verificar los entierros oficiales de todas las muertas, los entierros que no tenían más remedio que verificarse alguna vez con la solemnidad obligada.

Aún le tenían, por ser el crimen sólo un supuesto, la consideración de aquel que aún es dueño de su hotel y puede hasta reprender a los cavadores si profundizan mucho en el jardín.

«¿Qué tendrán los azadones de la justicia —pensaba don Roberto— que aciertan con el sitio donde está la enterrada?»

En aquella tregua que aún podía disfrutar mientras se cavaba superficialmente, don Roberto miró el cielo sobre su cabeza y encontrólo cielo de cipreses, que es el cielo de Ciudad Lineal.

«Todo jardín es después de todo como jardín de convento, jardín de cementerio. No debe, pues, extrañar a nadie que se encuentren algunas muertas en la fosa de la tierra», se decía disculpándose don Roberto.

De un momento a otro iban a encontrarse las raíces humanas. Ya le extrañaba que no brotase el jirón de la muerta última. ¿Es que el escamoteador de los que están enterrados en los jardines o un doble fondo que pone en juego en ellos la muerta, le iban a favorecer?

Los azadones se detuvieron. Habían crucificado una mano sobre la tierra. Se produjo un coro de teatro en todos los presentes. Ya por aquella mano se sacaría todo el ovillo, aquella era la mano de la que tirando, tirando, iba a brotar unido el corro de las otras víctimas.

¡Qué macabro desembalaje el que se verificó aquella tarde en el jardín del Chalet de las Rosas! Llegaron a estar tan embriagados los excavadores —como esos perros que quieren hacer el túnel supremo arañando en la tierra— que estuvieron buscando un cadáver más de dos horas después de extraer el último. Hubieran deseado otra muerta u otras tres o cuatro muertas más.

Don Roberto estaba perdido.

—¿Y qué dice ahora en su descargo? —preguntó el juez.

—Nada... Que registren en todos los jardines... ¿Por qué esta injusticia de escarbar sólo en el mío? —repuso don Roberto, y dirigió el índice hacia los hoteles de alrededor, cerrados, alarmantes, sobre todo aquel de enfrente, en los cristales de cuyo mirador central la luz poniente proyectaba medios pañuelos de luz.

En su interior sentía las ironías cínicas que le habían desquiciado, que le habían dado facilidad para matar, «¡o que se han estropeado por haberlas guardado sin bastante naftalina!».

Los cavadores seguían hundiendo sus picos en la tierra. Buscaban un numeroso coro de mujeres escondidas. No le querían creer cuando les decía, con un tono de gran cortesía, que no se molestasen más.

Bueno, así le daban la última tregua en su jardín, y don Roberto levantaba la vista al cielo como leyendo sus anuncios.

¡Qué días, de haberse creído en el gallinero ideal, había sentido en aquel paraje!

¡Cómo se disfrutan en un día de libertad todos los detalles del mundo!

Qué vida más tranquila la de los carreteros que van buscando su destino sin prisa, muy satisfechos a la cabeza de sus carros grises, gente ruda que se desbrava en su trato con las bestias y que apenas necesita matar. Para que ellos aporten algún dato al sumario o escuchen el relato de los demás, se realizan los crímenes.

Al pasar junto al hotelito y para que no se espantase el tiro, como si pudiesen sospechar algo los animales, los cogían de la brida sin dejar de mirar al fondo del jardín.

—Bueno... basta —ordenó el juez, y los cavadores dejaron de remover la tierra en que parecía haber quedado sembrado algo, quizá la justicia.

Don Roberto fue empujado hacia el co-

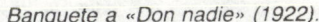
Banquete a «Don nadie» (1922).

che celular. Le trataban con menos consideración todos. Sólo su abogado le alargó la mano.

El coche partió como con una de esas fieras que se enjaulan al final de la representación del circo y cuyo enjaulamiento es la señal de que el espectáculo ha acabado.

¡Por fin iba a salir una confidencia lo bastante macabra de la ciudad sin sucesos!

Las carboneras de las casas estaban aterradas y las cocinas se llenaban de los escalofríos de sus azulejos blancos.

En todos los caminos iba a haber, durante una larga temporada, temblores de perros, y los bancos de piedra iban a inquietarse como barcos en día de gran resaca.

Un viento sutil movería los cipreses durante algunos días como plumas llenas de cosas que decir.

Todos los que habían asistido a la exhumación se quedaron dispersados en Ciudad Lineal, que tenía el aspecto de convalecencia difícil y lívida de quien ha sido operado de un cáncer.

II

Don Roberto estaba en la cárcel como un preso político más que como un preso por asesinato. Se había establecido como un escritor que está obligado a responder a las entrevistas y a toda encuesta posible.

Se sentía muy bien acomodado en la cárcel, que es el sitio en que ya no se tiene miedo a la justicia por como se la tiene encima.

Su tintero en la estancia estrecha y apenas iluminada tenía negra tristeza de ojo de buey.

Lo que más escribía eran postales. Era el genio de la tarjeta postal. Por él se volvió a encender la manía de las tarjetas postales y las papelerías le agradecieron el ir saliendo de algunas de las que no había manera de salir.

Le parecían las tarjetas suspiros y últimas reliquias personales que regalaba a los que iban a sobrevivirle. Pensamientos de vida, pensamientos que recordarían a un muerto.

Escribía:

«El amor a la mujer puede llenar una vida.»

«El eterno femenino me sonreirá en la eternidad.»

«La pasión por alguien lleva muy lejos.»

«Cuando se tiene un verdadero ideal femenino se puede uno dejar matar por la mujer.»

«No hay nada más borroso que los besos.»

El sumario se iba desenvolviendo con esa agresividad sorda con que le ha definido un gran jurista al decir que es «un pugilato entre la justicia y el crimen.»

Todas las tardes recibía la visita del juez como la de un doctor que buscase en él la fiebre que le había de matar y se dedicase a estudiar hasta la evidencia la fatalidad de su mal.

Don Roberto se quejaba a veces de aquellas visitas intempestivas del juez.

—¡Qué gente ésta! ¡Qué poco educada está! Parece que no ha leído a Flammarion, que sostiene que hasta en los astros hay cortesía.

Un periódico le pidió unas cuartillas, y don Roberto escribió: «Todo viudo ha matado a su pobre muerta... Ese sí que luce su crimen. Es como mejor se mata a una mujer, deseando que se muera... Desde ese momento comienza a morirse y acaba por morir... Comprendo que se me achaque que he matado a aquella mujer de que soy viudo, aunque yo soy la excepción porque le prodigué todos los bombones de la delicadeza, ¡pero todas esas mujeres desconocidas que se me cuelgan...!»

«Declaro solemnemente mi inocencia, pero tengo que señalar la culpabilidad en que han incurrido todos los viudos. Podéis tener la seguridad de que todos mataron a sus esposas, por más que les dediquen la esquela del décimo aniversario.»

Ramón en su torreón de la calle de Velázquez.

Don Roberto fumaba los puros de la congratulación que le enviaban sus admiradoras, las mujeres que odian a las mujeres, las comadres que aún no se sentían lo bastante vengadas.

—Cuando una mujer regala un puro bueno, merecería una pulsera; pues la anilla del puro que entrega es como la alianza de la petición de mano... ¡Qué pena siento de no poderme casar con todas las que se me dirigen!

Fumaba su puro alegremente, con la anilla en el dedo matrimonial.

(*El Chalet de las Rosas.*
Parte tercera.)

IX

La trompeta de órdenes tocó a matar. Cesó el fuego, y *Caracho*, después de lanzar un brindis a un rico abonado, se dirigió al toro como abanderado que va a tomar una loma.

El toro, que encontró en él al responsable que pedía, dirigiendo súplicas al cielo con su media lengua de recién parido, se arrancó sobre *Caracho*, que le dio un pase de primera, recogiéndolo a continuación, ya más prevenido, con una serie de pases naturales que causaron el frenesí de la concurrencia.

Después lió la flámula [1] y le dio una estocada en los mismísimos rubios [2], en el resorte de la muerte instantánea, con un volapié estupefaciente [3], metiendo la espada hasta el pomo, aunque más dentro hubiera llegado si no tuviese sus largos gavilanes.

La plaza dio un respingo, como si fuese la barquilla de un globo que comenzase a elevarse, y un chaparrón de aplausos premió la hazaña, y comenzaron a saltar en el ruedo los peces de los puros. Toda la sombrerería del público comenzó también a caer en el estanque de arena; una dama le tiró su mantón de Manila y otra le arrojó con tal arrebato los claveles de su pecho, que pareció que le había echado un seno para que quedase palpitante, como medusa de mar en medio del oceánico ruedo.

Los pañuelos salieron con fuerza de arma blanca de los bolsillos pidiendo al presidente las dos orejas y el rabo para *Caracho*.

Algunos admiradores de *Cairel* comenzaron a gritar:
—¡Lo que al otro! ¡Lo que al otro!
—¡Merece las dos, sordera! —gritó el que sabe contestar a los coros.
—¡No, una! ¡Una, como a *Cairel*! ¡Una!

El presidente, por fin, concedió las dos en honor de *Caracho*, y así decidió la inclinación de la balanza de la tarde.

Otro rabo que se había salvado para los golosos que fueran a la noche a la Taurina.

Caracho seguía dando la vuelta al ruedo y recogiendo las enhorabuenas, los puros, los sombreros, un chal de señora, un zapatito de raso, una bota de vino de la que tuvo que beber, etc., etc. [...]

Caballos, banderilleros, todo marchaba raudo para llegar a la nota conmovedora de la corrida.

El maravilloso aburrimiento penetraba en todos contra su voluntad de no aburrirse; pero les saturaba y era el caso de un gran depósito introducido en un pequeño corazón. Nunca el caudal del aburrimiento es tan grande, tan portentoso y tan anfiteátrico como en los toros.

Surgen unos últimos puros de aburrimiento en el bolsillo del pecho, puros de aburrimiento que no se sabe a qué torero tirar. Se ve que la vida es el aburrimiento supremo; pero que el aburrimiento debe ser algo radiante y verdadero como el de la tarde en la plaza.

De vez en vez, el Creador echaba unas nubecillas al cesto de los papeles de la plaza.

Las ideas se mezclan, los toros se parecen unos a otros, las banderillas arden al por mayor.

Pero hay que saber aceptar ese aburrimiento comprendiendo que la vida es más sórdida y aburrida fuera.

---

1. *Muleta*.
2. *Rubios*: centro de la cruz en el lomo del toro.
3. Que produce estupefacción, pasmo o estupor.

MOVIMIENTOS DE VANGUARDIA

Llegó el penúltimo toro, y *Caracho* lo despachó con un bajonazo terrible, tanto, que como salía una buena parte del estoque por la paletilla izquierda del toro, alguien gritó consternado:

—¡¡¡Lo ha hecho guardia!!!

(*El torero Caracho.*)

EL IDILIO DE MARY

Modosa, tristoncita, levantando siempre los ojos con la más inocente de las miradas, era Mary la más desvergonzada de las mujeres.

No tenía idea de la espera. Se entregaba como la botella del agua al sediento que toma un vaso para beberla.

Pero inmediatamente, después de haberse dado, volvía a tomar un aire modoso, tristoncito, levantando siempre los ojos con la más inocente de las miradas.

Era la ingenua de cine, o sea, la mujercita vestida de blanco que personifica la inocencia en los jardines llenos de sol en que las hojas son sus lentejuelas.

Junto a unas ramas bajas del jardín, ramas que ella pela nerviosamente, guardando las monedas de sus hojas, aparecía Mary, siempre oyendo la murmurada promesa de su galán joven de película.

Y después de esas escenas, en que era como la mariposa pura y rutilante del jardín, volvía a mostrar a todos su pantalón abierto, el blanco y empuntillado pantalón blanco.

—Pero, ¡Mary! —le decía Jacobo, sin acabarse de dar cuenta.

En vano. Mary andaba siempre de excursión en automóvil. «Me gusta, sobre todo —solía decir—, cuando el chófer saca la espada de su velocidad.»

¡Qué sagacidad la de Mary! Tentaba de todas maneras, por la mañana, por la tarde, por la noche.

Comprometía toda ilusión moral del cine como ninguna de sus compañeras, y para ella eran siempre los papeles de virgen de las películas, de agasajada por su candor, de víctima inocente.

Jacobo sufría seducido por aquella mezcla de sensatez e insensatez.

Sus diálogos eran tristes. El espectador de Cinelandia, con un egoísmo que se retrataba desnudo en todos los espejos, quería que Mary tuviese aún un poco de amor.

—Me han agotado todas las películas... —decía Mary—. Tuve mi último poso de amor, cuyo recuerdo tuve que utilizar para los últimos *films,* cuando hacía mi película número mil. Pero ¡después!

Bella, pálida, ensordecida en todos sus poros, la peliculera célebre no podía sentir el amor.

Se ofrecía aún en aquel ínterin a todos sus admiradores, siempre a todos sus admiradores, con aquella dedicatoria de retrato que no se sabía nunca si era auténtica o estampillada.

Se podía decir que padecía una parálisis cinematográfica de las que permiten tomar todas las actitudes, no dejando, sin embargo, de estar muerta.

(*Cinelandia,* XV.)

HUIDA HACIA EL PUEBLO DE LAS MUÑECAS DE CERA

Gustavo se quedó mirando a aquel hombre de ojeras de loco y le preguntó:

—¿Me quiere usted decir dónde estoy?

—En el pueblo de las muñecas de cera —respondió él.

—¿Y dónde podría dormir esta noche?

—En mi casa... Es la única casa habitada por un ser de carne y hueso.

—Vamos —dijo Gustavo, que estaba rendido.

Y se dirigieron a casa del intérprete.

—Como no viene nadie por aquí —dijo el intérprete a Gustavo—, no tengo más cama que la mía; pero tiene dos colchones...

Y sacando uno lo echó en el suelo. Gustavo se tiró sobre él y pronto estuvo roncando.

A la mañana siguiente se despertó temprano, pues le despertaron los brillos de los espejos disolviendo el sol. «¿Así es que estoy en el pueblo de las muñecas de cera?» Una alegre sonrisa parecía poner bigotillos de punta muy engomada y afilada sobre su boca irónica.

Parecía que la incongruencia buscaba para él lo inencontrable, pero con lo que había simpatizado más en la vida.

Porque el ideal de Gustavo era una muñeca de cera, poder tener sentada en un diván la mujer silenciosa y fiel, con sus cabellos naturales y suaves, cabellos auténticos, que le darían toda la verdad.

—Vea usted mi esposa —quería decir Gustavo a sus visitas.

Buscaba Gustavo a la muñeca de cera por todos los sitios y no la encontraba.

Quería una muñeca de cera para casarse con ella, para obviar el acto de la boda inevitable e inenarrable.

Ya con aquella mujer en su despacho habría quedado vencida y neutralizada esa premeditada añagaza de la mujer, añagaza que no tendría importancia y que sería sólo una cosa natural y sincera si no propendiese al matrimonio.

«Por fin —pensaba él— voy a realizar mi ideal.»

El intérprete le condujo a la calle, donde se encontró con un día espléndido y vio que los balcones daban ya a fondos de casa muy bien puestos, con arañas de cinco brazos y cinco bombas, de ésas que cuelgan en las casas de muñecas, falsas arañas en que es muy grato contemplar las filigranas del cristal. Las ventanas de los espejos tenían vuelta la hoja, pegadas hacia dentro.

Por algún balcón asomaba la silueta bella, estática, de alguna mujer de cera, que parecía haberse quedado mirando las nubes con fijeza.

El guía le dijo:

—¿Quiere usted visitar a la mujer más bella del mundo?

—Sí... Vamos —dijo Gustavo.

Y siguieron las aceras sin huellas de pasos, llegando a un portal entornado, en el que penetraron, subiendo unas escaleras que sonaban a cajas de puros vacías.

El intérprete abrió la casa con su llavín de portero de ministerio, y levantando la cortina que daba a la habitación con ventanas a la calle, le presentó a Gustavo la mujer más hermosa del mundo, algo fascinador e inasequible...

Ramon y la muñeca de belleza inmarchitable con la que vivió en su torreón de la calle de Velázquez.

—Es la reina de la ciudad, por su belleza...

Gustavo, ya en la habitación de la regia belleza, obtuvo sus sonrisas y ciertos graciosos movimientos de cabeza.

—¡Es sublime! —exclamó Gustavo entusiasmado.

—Muchas gracias, caballero —dijo la mujer de cera.

—¿Pero habla? —preguntó Gustavo al guía.

—Hablan, sí... Porque no son muñecas de cera, sino mujeres de cera... Es decir; el momento antes de volverse muñecas, el momento antes de quedarse inmóviles y con la sangre cuajada en la mayor de las embolias...

—¡Si me dejase con ella! —dijo Gustavo suplicante.

—¿Con fines honestos? —preguntó el guía.

La mujer de cera contestó por Gustavo, dirigiéndole su mirada dignísima y adusta al guía.

—Si yo la pretendiese —dijo Gustavo— sería para hacerla mi legítima esposa.

El intérprete, convencido, se retiró y dejó a Gustavo solo con la mujer de cera. Nunca había sentido éste una emoción más fuerte, ni el silencio le había pasmado tanto, ni había querido decir más cosas que en aquella ocasión.

—¿Y usted me podría querer?

—¿Por qué no...? Mucho... Si hace penitencia de todas las mujeres sucias que ha amado y durante un mes se baña dos veces al día en el río que ciñe por un lado el pueblo...

—Lo haré —dijo Gustavo.

—Pues entonces hábleme ya como si fuera mi novio. ¡Le han llamado los espejos de mis ventanas tanto...! ¡Ah! ¡Pero yo esperaba que alguna noche le había de traer...! ¿Y han venido muchos con usted?

—No... Sólo yo...

—¡Ah! ¿Así es que las demás no tienen novio...? ¡Qué felicidad más grande la mía!

Gustavo sonrió ante aquel corazón tan femenino, que se alegraba de ser el de la única amada, y deliraba de alegría al pensar que sus compañeras miraban estáticas el hermoso día solitario y sin forasteros de siempre.

—En tus ojos hay más verdad que en los otros, porque eres más bella...

(*El incongruente.*)

PROLOGO DEL APUNTADOR

Cuando estén encendidas las candilejas y la sala a oscuras, la concha del apuntador comenzará a virar hacia los espectadores, viéndose que el apuntador la transporta sobre sus hombros, como el molusco su caparazón, mientras lleva en la mano una gran palmatoria o velampo y el libreto de la obra, viéndose el apuro del gesto. Colocada la palmatoria y el atril del libreto, el apuntador se quitará las gafas y dirigirá al público el siguiente discurso:

Espectadoras y espectadores: El autor no ha encontrado mejor confidente que yo para que sepáis la acotación general de la obra.

Modesto caracol escondido, soy el único que puede hablaros con disimulo y sin descomponer el cuadro, como ese actor de frac que a telón corrido adquiere tipo de pretencioso conferenciante o parece uno de la Empresa que os va a decir que la primera actriz se ha indispuesto.

Humilde habitante de este sótano con elevación de guardilla de poeta, porque desde aquí les sube la inspiración a los actores piernas arriba, soy el indicado para deciros el aparte del autor con vosotros, antes de que irrumpan las visitas en escena.

Por primera vez, el apuntador no oirá el vejamen de «¡Que se calle ese apuntador!», que siempre oye como represalia, sin que nadie se acuerde de él esos días en que enhebra sutilmente, entre lo que parece saberse el actor, lo que se sabe mucho menos. ¡Y compadecedme al pensar que he tenido que aprenderme lo que os voy a decir, porque el apuntador es el único que no puede tener apuntador!

Los medios seres de la obra que vais a ver aparecerán vestidos con trajes actuales y del color que en el reparto les está marcado. No pretenden ser unos arlequines. Son unos seres reales y de apariencia vulgar en la vida, que sólo en la proyección hacia vosotros se muestran mediados.

Ese lado de sombras que denota la negrura que cubre la mitad de su vestido y de su figura, de la punta de la cabeza a la punta del pie, el lado derecho o el lado izquierdo, según las cualidades de que carecen, no os debe chocar, sobresaltándolos con vuestro murmullo, porque ellos no saben que se proyectan en vosotros con ese lado en sombra, ya que, situados en otro plano distinto, se contemplan completos.

Así como ni la luna ni el sol notan lo eclipsados que aparecen cuando son vistos desde la tierra, los personajes de la obra están inocentes de ese fenómeno, que sólo se ve bien desde vuestra lejanía de jueces providenciales, con algo de divino en vuestro papel de críticos, pues Dios ve a los hombres en despiece cubista, acuchillada el alma de sombras y luces, sin careta.

Alguna vez, entre estos medios seres descompensados, aparecerá en escena algún ser completo que sólo vosotros veréis en su contraste con los demás, pues ellos no han de notarlo, ya que todos se sienten igualmente enteros, y un problema agudo se os ofrecerá cuando aparezca ese doctor brasileño, que, por ser de raza negra, os oscurecerá el único indicio que tenéis para reconocer a los medios seres.

En reserva os diré que no deis gran importancia a los seres completos, pues generalmente son seres brutales e insoportables, excesivos para el vivir en parejas apasionadas, ya que eso que se llama dulzura, francamente no es más que debilidad y denota que el ser bondadoso ha logrado incompletarse para tener sólo media fiereza.

También aparecerán como medios seres flotantes, que vienen de sus casinos en la hora de no saber qué hacer, unas vagas apariencias de hombres atados por el grueso cordón negro de los celos, de la intransigencia, de las malas respuestas...

El defecto de ser enterizo provoca el adulterio, mientras que para los medios seres no hay tamaño desamor y no dejan de contar los unos con los otros al engañarse, pues sólo tratan de completarse para evitar el cansancio del corazón, que no descansa más que cuando se encuentra con dos seres complementarios y distintos en apartes de lejanía, sin que coincidan nunca los malos humores de las dos mujeres o de los hombres elegidos.

Según el autor, todos serían felices si los unos se dejasen completar por los otros y se conformasen con ser seres mediados, desangrados de mucha de su violencia.

Los medios seres se huelgan en lo que les falta, son abnegados gracias a lo que carecen y respiran plenamente por la herida de estar partidos.

Quizá, gracias a la entrevisión de la verdad que ensaya esta comedia, se verá claro que ese dulce lado inacabado es el que poetiza a los humanos.

Casi todos somos medios seres, así es que tratemos con consideración a estos que se acusan como tales en la atmósfera ultravioleta del teatro. Os pide piedad para ellos este pobre cuarto de ser, que, cortado por donde cortan los bustos los escultores, es el memorialista barato.

Consentidme ahora cierta emoción al despedirme, quizá para siempre, de vosotros, pues, por fin, después de muchos años de actuación secreta, he podido dirigiros la palabra y mostraros que yo también sé hablar en voz alta y no soy un afónico progresivo, como podíais creer o como más de uno habrá deseado que sea en esos momentos de la comedia en que se oye hasta una mosca que pasa.

¡Adiós! ¡Buenas noches! Perdonadme que os vuelva la espalda, pero ni las damas ni los apuntadores tienen espalda... (*Dichas estas palabras, el apuntador girará sobre sí mismo con todo el atarre de su oficio a cuestas, y cuando ya está la concha engrapada e inmóvil, se levantará el telón.*)

(Los medios seres.)

A la izquierda, Ramón, con su mujer, en Madrid (1948). Abajo, dibujo de Mingote, publicado con motivo de su muerte.

TEXTOS VANGUARDISTAS

Guillermo de Torre

MADRIGAL AEREO

Panorama vibracionista
        galería de máquinas.
                Dinamos.
Una corona de hélices
    magnifica la testa de
    FEMINA PORVENIRISTA
¿Hacia qué hemisferio nordestas tu brújula cardíaca?
Un circuito de ardentías
      se polariza en tus ojos iónicos.
Sobre las nubes velivolantes
      tu móvil cuerpo se diversifica
      en transmutadoras perspectivas.
El cable sinusoide de tus brazos
    Se desenrolla sobre tus senos cúbicos.
Un motor se espeja en tu iris meditativo.
Tu luminosa psiquis intelectiva
deviene una mariposa aviónica
que se eleva sobre los opacos gineceos
y en tu obsesión geométrica
    evocas voluptuosamente
      la carnal perpendicular
        bisectriz de tu divino triángulo.
Oh la vibración de tus diástoles
    que transfundes al lucífero afín
    en una ósmosis erotical
Tálamos en las antenas
    Andróginos mecánicos
¡Oh Fémina porvenirista!
En mi espasmo augural
    te he poseído arrullándote
al ritmo de las hélices sidéreas.

(Grecia, 1919)

Rafael Lasso de la Vega

AVIONES

(Les avions ont toujours les ailes déployées.)

Los aviones tienen siempre
desplegadas las alas.

Posados sobre la tierra
guardan la actitud de su vuelo.

TEXTOS VANGUARDISTAS

    Peces voladores
en la piscina celeste
rizan el rizo en espirales
mejor que pájaros.

    El aviador rige su nave
sentado en su trapecio movible
hacia los cuatro puntos cardinales.

    Alas sin plumas
veloces en el éxtasis dinámico,
al girar de la hélice,
atraviesan las ráfagas del viento
volando afirmativas.

    Después en el hangar
los aviones que tornaron
duermen sobre sus piernas y descansan.

    Ansares blancos, grises o amarillos
con los colores nacionales sobre el pecho,
se alojan en sus jaulas.

    En el aeródromo está el palomar
y las casetas para los ánades
    cuando dejan el agua
    después de aterrizar.

(Grecia, 1919.)

José Rivas Panedas

LEJOS

Lejos   Lejos
cómo se me revela ahora nunca oído
este sonido
Lejos   Lejos
Al producirlo apago las estrellas
(Que ya es toda una noche decir:
                      lejos).
Al producirlo apago las estrellas
y parece que lo acaricio entre los dedos
ahora que he andado por los caminos del tiempo
Lejos   Lejos
Cómo me rompe la dulzura del mundo
así tras un cristal nítido ¡ay pero seco!
ahora este sonido
Lejos
Al producirlo apago las estrellas
y parece que lo acaricio con los dedos
ahora que he andado por los caminos del tiempo.

(Ultra, 1922.)

MOVIMIENTOS DE VANGUARDIA

Eugenio Montes

GAVILLA LIRICA

El día del triunfo del bolcheviquismo
Los himnos maduros caerán de los árboles
Las alas de los aviones vendrán chamuscadas por el sol.
Las banderas diciendo adiós al viento
Retendrán las estrellas indómitas
Todos los corazones adelantarán la hora
Y el sol que irá osculando las ciudades
Formará un cinturón de luz que ciña el mundo
Los sonidos dardeantes de los clarines
Disparados contra los astros.
Las agujas de las torres hilvanarán
Tiaras de estrellas para Petrogrado.
El día del triunfo del bolcheviquismo
Desde los arco-iris bautizarán la tierra
Y por el camino de Santiago
Los pájaros tenderán puentes de luz
Para que pasen a Rusia los peregrinos
Que portan a su espalda planetas rezagados.

(*Grecia*, 1920.)

Angel Candiz

POEMA ULTRAISTA

(Y has de encontrar —una mañana pura—
amarrada tu barca a otra ribera.)
A.M.

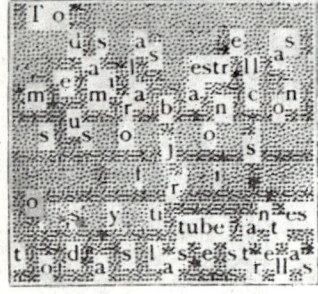

Solo, hidrópico, solo
estaba porque todos —los unos y los otros—
huyeron. Como a perro sarnoso,
huyeron.   Me dejaron una ventana abierta.
Era la noche
Se habían condensado en mi ventana.
La, la luna, pasó un momento
¡monóculo impertinente!

                    Ya
                     se
                      fué.

Yo estaba solo y grasiento, de la última pomada
                    inútil.
Las tres hermanas vinieron
                en silencio
La mayor me trajo el óleo.
La mediana el sudario.
La más pequeña me besó en la boca.
Las estrellas se fueron, ovejas, a pastar porque
las llamó la sirena del pastor de la fábrica.
            Y me las encontré en el
                        otro valle

(*Grecia*, 1919.)

TEXTOS VANGUARDISTAS

Pedro García Cabrera

HABLA UN INTERRUPTOR

No me preguntéis cuántos pensamientos
caben a la redonda en mi cabeza
porque os diré que tantos
como acantilados en un percebe.
Pero cuando orino a la hora de la nostalgia
no recuerdo la lectura si los libros son verdes.
Y bien sabéis que una cartera de piel de ante
puede magnetizarme teniendo las manos apagadas.
Y que mi sueño más bello es aquel
en que una mujer desnuda se va quedando
transparente como un farol tocado de ateísmo.
Y que sólo contraería matrimonio
con una brújula,
a condición de tener cuatro hijos ciegos.
Y que si mi risa es una catarata puesta a secar
es porque la música de los pájaros
me sugiere una pelota que se hincha de turbias patadas
y porque las bocinas de los automóviles
tienen olor a arcoiris.
Las ventanas que dan al patio de los contratiempos
son del mismo matiz de mi frente
y desde ellas prefiero, de tarde, la letra m si es pelirroja,
al amanecer, una entre la g y la h,
y al mediodía, la misma que picotean los tirabuzones del alba.
Como mis sentidos nacieron en una naranja con relámpagos,
a veces,
cuando la noche no está de guardia,
la lluvia puede dilucidar la joroba de un centinela.
Pero a pesar de todo esto
nunca acariciaré los rayos del sol
porque mi soledad está siempre libertando
cerrojos del tamaño de hombres.

(*Dársena con despertadores.*)

Joan Miró: «Tierra labrada» y «Mujeres-pájaro a la luz de la luna».

Generación del 27

FERNANDO VILLALON

Nació en Sevilla en 1881. De familia aristocrática (era conde de Miraflores de los Angeles), simultaneó sus tareas de agricultor y de ganadero de reses bravas con las más variadas lecturas (poesía antigua y nueva, cosmogonía, tauromaquia, espiritismo, etc.). Hombre generoso, de gran vitalidad, ingenio y gracia (su más ambiciosa empresa poética fue, sin duda, la de intentar conseguir toros de lidia que tuvieran los ojos verdes), acabó en la ruina.

En Andalucía la Baja, en donde residió habitualmente, encontró la temática para sus más inspirados poemas. G. Diego, que le dedicó un poema, le oyó decir en una ocasión que «el mundo se divide en dos partes: Sevilla y Cádiz». Su amistad con el torero Ignacio Sánchez Mejías y con el crítico José María Cossío, le puso en contacto con los escritores del 27. Murió en Madrid en 1930. En *La arboleda perdida*, Alberti lo recordará como «un poeta genial, más en la vida que en la obra, de quien hablaré siempre. Siempre encontrando en su recuerdo motivos de admiración y gracia».

En 1926, cuando tenía cuarenta y cinco años, publicó su primer libro, *Andalucía la Baja* (algún poema está fechado en 1918). A éste siguieron *La toriada* (1928), en el que se advierte alguna influencia gongorina, y **Romances del 800** (1929). En 1944 se publicó una *Antología poética* de sus versos, con prólogo de José María Cossío. En 1985 apareció en Sevilla un tomito con el título de *Perfil, magia y versos,* en el que se recogen poemas de sus tres libros. En el prólogo, Manuel Barrios no sólo defiende que Villalón es «mucho más que el gracioso, excéntrico y vivalavirgen autor de versos fáciles de recordar en la madrugada del aguardiente», sino que ve en él al «precursor seguro del mejor Lorca y al precursor indiscutible de un Rafael Alberti, a quien presta el título de su *Marinero en tierra*».

Villalón es autor también de un ensayo, escrito en 1926, sobre los toros y el toreo, *Taurofilia racial,* de cierto interés, a pesar de su prosa enrevesada y farragosa.

Ediciones

Obras (poesía y prosa), Ed. de Jacques Issorel, Madrid. Trieste, 1987. *Poesías inéditas,* Ed. de Jacques Issorel, Madrid. Trieste, 1985.

825

I

Diligencia de Carmona,
la que por la vega pasas
caminito de Sevilla
con siete mulas castañas,

cruza pronto los palmares,
no hagas alto en las posadas,
mira que tus huellas huellan
siete ladrones de fama.

Diligencia de Carmona,
la de las mulas castañas.

II

Remolino en el camino.
Siete bandoleros bajan
de los alcores del Viso
con sus hembras a las ancas.

Catites [1], rojos pañuelos,
patillas de boca de hacha.
Ellas navaja en la liga;
ellos la faca en la faja;
ellas la Arabia en los ojos;
ellos el alma a la espalda.

Por los alcores del Viso,
siete bandoleros bajan.

III

Siete caballos caretos [2];
siete retacos de plata;
siete chupas de caireles [2 bis],

---

1. *Sombrero de catite:* el sombrero calañés, de copa alta, en forma de cono truncado.
2. Caballo que tiene la cara blanca, y la frente y el resto de la cabeza de color oscuro.
2 bis. Chaquetillas con flecos.

FERNANDO VILLALON

siete mantas jerezanas.
Siete pensamientos puestos
en siete locuras blancas.

Tragabuches, Juan Repiso,
Satanás y Mala-Facha,
José Candio y el Cencerro
y el capitán Luis de Vargas,
de aquellos más naturales
de la vega de Granada.

Siete caballos caretos
los Siete Niños llevaban.

IV

Echa vino, montañés,
que lo paga Luis de Vargas,
el que a los pobres socorre
y a los ricos avasalla.

Ve y dile a los milicianos
que la posta está robada,
y vamos con nuestras novias
hacia Ecija la llana.

Echa vino, montañés,
que lo paga Luis de Vargas.

GARROCHISTAS

I

Mi caballo se ha cansado.
Mi caballo el marismeño,
que no le teme a los toros
ni a los jinetes de acero.

Por la madrugada,
música de esquilas y espuelas,
garrochas
cruzadas.

II

Ya mis cabestros pasaron
por el puente de Triana,
seis toros negros en medio
y mi novia en la ventana.

¡Puente de Triana,
yo he visto un lucero muerto
que se lo llevaba el agua!

III

La corrida del domingo
no se encierra sin mi jaca.
Mi jaca la marismeña,
que por piernas tiene alas.

Venta vieja de Eritaña,
la cola de mi caballo
dos toros negros peinaban...

IV

¡Islas del Guadalquivir!
¡Donde se fueron los moros,
que no se quisieron ir!...

En el espejo del agua
yo reparo en los andares
salerosos de mi jaca.

Luces de Sevilla,
faro de los garrochistas
que anochecen en la Isla.

V

En las salinas del puerto
se encarga a los salineros
las garrochas de majagua [3]
que gastan los mozos buenos.

Si no se me parte el palo,
aquel torillo berrendo
no me hiere a mí el caballo.

VI

Mi caballo es muy buen mozo;
ir en jaca es ir a pie,
que nadie llegó a La Habana
en un cascarón de nuez.

VII

Que me entierren con espuelas
y el barbuquejo [4] en la barba,
que siempre fue un mal nacido
quien renegó de su casta...

(Romances del 800.)

---

3. *Garrocha:* vara que en la extremidad tiene un hierro pequeño con un arponcillo para que se agarre y no se desprenda. *Majagua:* árbol americano de la familia de las malváceas. Su madera, fuerte y correosa, tiene excelente empleo para lanzas y jalones.
4. Cinta con que se sujeta el sombrero, casco, etcétera, por debajo de la barba.

GENERACION DEL 27

GERARDO DIEGO

Nació en Santander en 1896. Estudió Filosofía y Letras en las Universidades de Deusto, Salamanca y Madrid. A comienzos de 1919 llegó a Madrid y entró en contacto con el grupo ultraísta. Fue catedrático de Literatura, desde 1920, en institutos de Soria, Gijón, Santander y Madrid. En 1925 recibió el Premio Nacional de Literatura por sus *Versos humanos*. Fue uno de los promotores del homenaje a Góngora en 1927. Ese mismo año dirige dos revistas, *Carmen* y *Lola*. En 1929 realiza un viaje a Santiago de Compostela, ciudad que le inspirará una de sus más interesantes obras. En 1932 publica su polémico libro *Poesía española. Antología 1915-1931* (en la edición de 1934 añadió algunos nombres más), auténtica carta de presentación de la nueva poesía. En julio de 1936, al estallar la guerra, se encontraba en Francia, país en el que pasará más tarde largas temporadas (su mujer era francesa). Pronto muestra su adhesión a la España franquista. En 1947 ingresa en la Real Academia Española. Ha pronunciado numerosas conferencias sobre Literatura y Música en diversas ciudades de España y de América. En 1979 se le concedió el Premio Cervantes de Literatura. Murió en 1987.

Hombre profundamente católico, y gran aficionado a la música («sin la cual yo no sabría vivir», confesará), ha publicado sin interrupción libro tras libro, hasta un número que se aproxima a la cincuentena. Algunos de ellos aparecieron muchos años después de ser escritos, otros aumentaron el número de sus poemas en ediciones sucesivas. Tampoco es extraño que aparezcan poemas inéditos en las varias **Antologías** que de su obra publicó a partir de 1941. La temática de tan amplia obra es variadísima, aunque lo social, si exceptuamos sus *Odas morales* (1966), casi no aparece, y lo político está por completo excluido de ella (sólo podríamos citar en esta línea algún poema dedicado a José Antonio Primo de Rivera durante la guerra). También son extrañas en su poesía las preocupaciones metafísicas y trascendentes (el mundo próximo, sus experiencias y recuerdos, las personas conocidas o admiradas, suelen centrar su atención).

Lo más destacado de esta vasta producción es que los diferentes tonos, estilos y tendencias, con frecuencia contradictorios, que en ella se advierten, no corresponden a distintas etapas del poeta, sino que coexisten casi siempre. El mismo se considera admirador sin reservas lo mismo de Lope de Vega que de Vicente Huidrobo o de Juan Larrea. Lo vanguardista y lo clásico, lo viejo y lo nuevo, lo popular y el estudiado academicismo, la lucha contra la tradición y la aceptación de la misma aparecen, ya sea por separado o fundidos en una misma obra, desde el comienzo de su carrera literaria (léase su *Poética*).

Obra

En sus dos primeros libros, **Iniciales** (escrito en 1918 y publicado en 1943) y ***El romancero de la novia*** (lo escribió en 1918 y lo publicó dos años después, pagándolo de su propio bolsillo, para regalárselo a sus familiares y amigos), G. Diego muestra una notable inclinación por un modernismo desprovisto de estridencias y por los tonos becquerianos y juanramonianos. La economía lingüística, los toques sentimentales y la gracia expresiva son notas dominantes en estas obras.

Por estos años comienza sus experiencias vanguardistas. En esta línea se inscriben *Evasión* (1918-19), **Imagen** (escrito entre 1918 y 1921, y publicado un año después, compuesto de tres partes: *Evasión, Imagen múltiple* y *Estribillo*), libro repleto de hallazgos imaginativos y que puede considerarse como la muestra más acabada del nuevo estilo; *Limbo*, publicado en 1951, pero con poemas compuestos entre 1919 y 1921 (algunos habían aparecido en revistas), en el que, sin embargo, según G. Diego, hay «mucha seriedad, y en algunos poemas hasta emoción trágica» («este limbo de nuestra vida y de nuestra poesía humana en este mundo lleva dentro de sí su gloria, su purgatorio y su infierno»), y **Manual de espumas** (escrito en 1922 y publicado en 1924), con imágenes inesperadas o de apariencia irracional, y en el que se funden, como en el cubismo, varios temas en un mismo poema.

La **Fábula de Equis y Zeda** y **Poemas adrede,** aunque comenzados en 1926, se publicaron, por separado, en 1932. En la edición conjunta que realiza la colección Adonais de estos libros en 1943, a *Poemas adrede* se le añaden algunos poemas nuevos. En ambos, las líneas vanguardistas se funden con un barroquismo que supone un tributo de admiración y homenaje a Góngora.

Paralelamente, **Versos humanos** (1919-1925) inicia la otra vertiente característica del poeta, más atento ahora a la poesía clásica y a reflejar experiencias personales. En las canciones, glosas y sonetos que en él se recogen, se reduce la importancia de la imagen, o, al menos, ésta se subordina a la lógica del poema. En parecida línea están **Soria** y **Alondra de verdad.** El primero, publicado en 1923 e incrementado con nuevos poemas en las ediciones de 1948 y 1977 (en esta última apareció con el título de *Soria sucedida*), es un libro transido de amor por la tierra soriana. En él alternan lo subjetivo y lo objetivo (su vida en la ciudad deja paso con frecuencia a su visión, en la que no faltan los ecos de Machado, del campo, los pueblos y los paisajes). *Alondra de verdad* (escrito entre 1926 y 1936, y publicado en 1941) es el más popular de sus libros y el más querido por el poeta. Está compuesto por 42 sonetos en los que culmina la orientación clásica de G. Diego. El cultivo del soneto por los jóvenes garcilasistas de la posguerra debe mucho a este libro. El contenido variado de estos sonetos no es ajeno al clima de rehumanización que se advierte en la poesía española de esos años.

Angeles de Compostela (escrito entre 1936 y 1940, y muy ampliado posteriormente), con estructuras arquitectónicas y rítmicas cuidadosamente perfiladas, puede considerarse, según el poeta, como «un verdadero poema a Compostela, el dogma de la Resurrección de la Carne simbolizada por los Angeles, y a Galicia representada en sus mitos poéticos».

En **Versos divinos** (que engloba *Vía Crucis*, publicado en 1931, y otra serie de poemas compuestos entre 1938 y 1971), G. Diego muestra una vez más su inclinación por la poesía religiosa, poco cultivada por sus compañeros de generación. La perfección y la gracia de los cantarcillos populares, las glosas y las letrillas de este libro han sido siempre justamente alabadas.

La temática de sus restantes libros es variadísima. **Biografía incompleta,** iniciado en 1925 y concluido en 1967 (la primera edición es de 1953) ha sido vinculado con frecuencia, por la libertad expresiva de que hace gala el poeta, al surrealismo, aunque gran parte de la crítica lo adscribe, con mejor criterio, al creacionismo.

Las aficiones taurinas de G. Diego son el eje de *Egloga de Antonio Bienvenida* (1956), **La Suerte o la Muerte. Poema del Toreo** (1926-1963), uno de sus libros con mayor unidad y en el que alternan lo trágico y lo alegre, lo moral y lo estético, lo riguroso y lo caprichoso, la gravedad y los tonos ágiles y juguetones, y *El Cordobés dilucidado y Vuelta del peregrino* (1966). En este último libro, lo taurino sólo corresponde a la primera parte del título (1964-1965). En *Vuelta del peregrino* (1951-1965), G. Diego describe paisajes españoles y traza retratos, con gran precisión, de algunos de sus amigos.

La temática amorosa, eje del *Romancero de la novia*, vuelve a desarrollarse en *La Sorpresa* (1941-1944), en el que traza la historia de su «felicidad conyugal»; *Arnazona* (publicado en 1955, pero escrito entre 1949 y 1952), **Amor solo** (escrito en 1951 y publicado siete años después), **Canciones a Violante** (1959) y *Sonetos a Violante* (escrito entre 1951 y 1957, y publicado en 1962), libro de gran lirismo y sencillez expresiva, y *Glosa a Villamediana* (1952-1961). En el volumen *Poesía amorosa* (1965) recogió G. Diego poemas de los cinco últimos libros citados y de *Iniciales* y *El romancero de la novia*.

En *Carmen jubilar* (1975) destaca el tono humorístico de algunos poemas, no ausente en otras de sus obras. Como homenaje a su patria chica publicó un extenso libro con el título de **Mi Santander, mi cuna, mi palabra** (1946-1961), aunque también recoge en él poemas de sus libros anteriores sobre su tierra y sus recuerdos de niñez y mocedad.

Su afición a la música (son frecuentes en su obra los homenajes a músicos como Mozart, Chopin, Falla o Debussy) se plasma en *Preludio, Aria y Coda a Grabiel Fauré* (escrito en 1941 y publicado en 1967). De este libro escribirá G. Diego: «en él intento retratar al maestro francés y a su música sin par que he llevado en el corazón toda mi vida».

Completan la producción del poeta: **Paisaje con figuras** (escrito entre 1943 y 1955, y publicado en 1956), *Hasta siempre* (1948, pero con poemas escritos desde 1925), **La rama** (1943-1961), *La luna en el desierto y otros poemas* (1942-1949), compuesto de poemas de gran extensión y temática variada; *Tántalo (Versiones poéticas)* (1919-1960), con versiones al castellano de diferentes poetas; *Variación, 2* (1941-1966), *El Jándalo (Sevilla y Cádiz)* (1957-1964), en que expresa su amor por Andalucía la Baja; **Cementerio civil** (1972), con profundas reflexiones sobre la muerte.

Gerardo Diego también es un destacado crítico literario. Recientemente se han recogido en un volumen, *Crítica y poesía* (Madrid, Júcar, 1984), algunos de sus más importantes trabajos.

Ediciones

Pueden consultarse algunas de las *Antologías* que el propio poeta hizo de sus poemas: en especial la titulada *Versos escogidos* (Madrid, Gredos, 1970), en la que cada uno de sus libros lleva un extenso comentario suyo. Son útiles también los dos tomitos que con el título de *Poemas mayores* y *Poemas menores* publicó en Alianza en 1980.

Poesía amorosa (1918-1969), Barcelona, Plaza y Janés, 1974 (3.ª ed.). *Poesía de creación*, Barcelona, Seix-Barral, 1974.

J. L. Morán: «Poetas de "Alforjas para la poesía"». Desde finales de los años cuarenta se celebraban en el teatro Lara de Madrid, los domingos por la mañana. lecturas de poesía en las que alternaban poetas de diferentes promociones. G. Diego es el cuarto empezando por la derecha del lector.

GENERACION DEL 27

POETICA

Mi sinceridad —no me obligará el lector a que se lo jure— ha sido siempre absoluta. Y he puesto en cada uno de mis libros y de mis estrofas la máxima autenticidad de emoción. Que luego se pierda en los roces del mecanismo, ya será sólo culpa de mi insuficiencia verbal y de mi torpeza técnica. Pero la convicción más profunda ha presidido todos mis esfuerzos.

Yo no soy responsable de que me atraigan simultáneamente el campo y la ciudad, la tradición y el futuro; de que me encante el arte nuevo y me extasíe el antiguo; de que me vuelva loco la retórica hecha, y me torne más loco el capricho de volver a hacérmela —nueva— para mi uso particular e intransferible. Hay horas para explorar por esos mundos y horas para encerrarse a solas con sus recuerdos. Y todo esto —ya lo dijo Debussy— hay que hacerlo con el «do-re-mi-fa-sol-la-si»; es decir, los poetas —el oficio «se las trae»— tenemos que resolverlo todo con el abecedario. Todas estas inquietudes se reducen en mí a dos únicas intenciones. Las de una poesía relativa, esto es, directamente apoyada en la realidad, y la de una poesía absoluta o de tendencia a lo absoluto; esto es, apoyada en sí misma, autónoma frente al universo real del que sólo en segundo grado procede. Esta última, naturalmente, es más difícil y ocupa dentro de mi obra una superficie menos extensa. Pero si más difícil, no es en mí menos constante —véanse las fechas— ni menos «humana». El título de uno de mis libros ha podido inducir a error sobre mis intenciones.

(*Primera antología de sus versos.*
Buenos Aires, Espasa-Calpe, 1941, páginas 18-20.)

LAS TRES HERMANAS

Estabais las tres hermanas,
las tres de todos los cuentos,
las tres en el mirador,
tejiendo encajes y sueños.
Y yo pasé por la calle
y miré... Mis pasos secos
resonaron olvidados
en el vesperal silencio.
La mayor, miró curiosa,
y la mediana riendo
me miró y te dijo algo...
Tú bordabas en silencio,
como si no te importase,
como si te diese miedo.
Y después te levantaste
y me dijiste un secreto
en una larga mirada,
larga, larga... Los reflejos
en las vidrieras borrosas
desdibujaban tu esbelto
perfil. Era tu figura
la flor de un nimbo de ensueño.
Tres erais, tres, las hermanas
como en los libros de cuentos.

(*El romancero de la novia.*)

ERA UNA VEZ [1]

Era una vez un hombre que amaba a una mujer.
El hombre era poeta y ella no lo sabía;
apasionadamente la amaba. Le atraía
su profunda mirada, su terco enmudecer.

[1]. Soneto alejandrino, que puso de moda el modernismo, y que puede considerarse, según G. Diego, como «un manifiesto sentimental de mi poesía de adolescente».

GERARDO DIEGO

Y en una noche íntima, sin poder contener
su ardor, habló por fin: —«Tu amor, amada mía,
prendió en mí la celeste llama de la poesía.
Oh, qué maravilloso poema voy a hacer».

Cuando después sus versos le recitó el poeta,
ella, que le escuchaba pensativa e inquieta,
sonrió amargamente y, lenta, se alejó.

El la miraba atónito: —«¿Por qué me dejas, di?»
Y sin volverse, lejos, le contestó ella así:
—«Eres poeta... Sueña. ¿Qué falta te hago yo?».

(Iniciales.)

ANGELUS

A Antonio Machado

Sentado en el columpio
el ángelus dormita

Enmudecen los astros y los frutos

Y los hombres heridos
pasean sus surtidores
como delfines líricos

        Otros más agobiados
        con los ríos al hombro
        peregrinan sin llamar en las posadas

La vida es un único verso interminable

    Nadie llegó a su fin

    Nadie sabe que el cielo es un jardín

Olvido

    El ángelus ha fallecido

    Con la guadaña ensangrentada
    un segador cantando se alejaba.

ESTETICA

A Manuel de Falla

Estribillo   Estribillo   Estribillo
    El canto más perfecto es el canto del grillo

Paso a paso
    se asciende hasta el Parnaso
Yo no quiero las alas de Pegaso

    Dejadme auscultar
    el friso sonoro que fluye la fuente

    Los palillos de mis dedos
    repiquetean ritmos ritmos ritmos
    en el tamboril del cerebro

Claude Debussy, a la izquierda, Gabriel Fauré y Manuel de Falla, a la derecha (arriba y abajo, respectivamente), fueron tres de los músicos por los que G. Diego sintió una especial devoción. «La más pura e inaccesible poesía empieza donde la palabra concluye y nace la música —confesará—. Creo que ha sido utilísima la música para mis anhelantes ensayos poéticos. La música es maestra de composición y si mis poemas tienen alguna solidez y estructura, a ella se lo deben. Por no hablar de ritmo, de esencia lírica y de otras cosas. Lo de menos, con ser evidente su significación, es que además me haya inspirado varias veces en músicas y músicos para mis poemas.»

GENERACION DEL 27

Estribillo   Estribillo   Estribillo
El canto más perfecto es el canto del grillo.

(*Imagen.*)

RIMA

Homenaje a Bécquer

Tus ojos oxigenan los rizos de la lluvia
y cuando el sol se pone en tus mejillas
tus cabellos no mojan ni la tarde es ya rubia

    Amor   Apaga la luna

No bebas tus palabras
ni viertas en mi vaso tus ojeras amargas
La mañana de verte se ha puesto morena

Enciende el sol   Amor
y mata la verbena

Gerardo Diego en el muelle de Santander, en 1931. «Mece El Sardinero / sus sueños de estío. / Soledad de enero, / pálida de frío. // Furia en Las Quebrantas, / trueno alzado en bruma. / Tú cantas, decantas / derrumbos de espuma.»

NOCTURNO

A Manuel Machado

Están todas
También las que se encienden en las noches de moda

  Nace del cielo tanto humo
que ha oxidado mis ojos

Son sensibles al tacto las estrellas
No sé escribir a máquina sin ellas

Ellas lo saben todo
Graduar el mar febril
y refrescar mi sangre con su nieve infantil

La noche ha abierto el piano
y yo digo adiós con la mano

(*Manual de espumas.*)

AMOR

Góngora, 1927

Era el mes que aplicaba sus teorías
cada vez que un amor nacía en torno
cediendo dócil peso y calorías
cuándo por caridad ya para adorno
en beneficio de esos amadores
que hurtan siempre relámpagos y flores

Ella llevaba por vestido combo
un proyecto de arcángel en relieve
Del hombro al pie su línea exacta un rombo
que a armonizar con el clavel se atreve
A su paso en dos lunas o en dos frutos
se abrían los espacios absolutos.

GERARDO DIEGO

Amor amor obesidad hermana
soplo de fuelle hasta abombar las horas
y encontrarse al salir una mañana
que Dios es Dios sin colaboradoras
y que es azul la mano del grumete
—amor amor amor— de seis a siete.

Así con la mirada en lo improviso
barajando en la mano alas remotas
iba el galán ladrándole el aviso
de plumas blancas casi gaviotas
por las calles que huelen a pintura
siempre buscando a ella en cuadratura

Y vedla aquí equipando el jabón tierno
globos que nunca han visto las espumas
vedla extrayendo de su propio invierno
la nieve en tiras la pasión en sumas
y en margaritas que pacerá el chivo
su porvenir listado en subjuntivo

Desde el plano sincero del diedro
que se queja al girar su arista viva
contempla el amador nivel de cedro
la amada que en su hipótesis estriba
y acariciando el lomo del instante
disuelve sus dos manos en menguante

«A ti la bella entre las iniciales
la más genuina en tinta verde impresa
a ti imposible y lenta cuando sales
tangente cuando el céfiro regresa
a ti envío mi amada caravana
larga como el amor por la mañana

Si tus piernas que vencen los compases
silencioso el resorte de sus grados
si más difícil que los cuatro ases
telegrama en tu estela de venados
mis geometrías y mi sed desdeñas
no olvides canjear mis contraseñas

Luna en el horno tibio de aburridas
bien inflada de un gas que silba apenas
contempla mis rodillas doloridas
así no estallen tus mejillas llenas

contempla y dime si hay otro infortunio
comparable al desdén y al plenilunio

Y tú inicial del más esbelto cuello
que a tu tacto haces sólida la espera
no me abandones no Yo haré un camello
del viento que en tus pechos desaltera
y para perseguir tu fuga en chasis
yo te daré un desierto y un oasis

Yo extraeré para ti la presuntuosa
raíz de la columna vespertina
Yo en fiel teorema de volumen rosa
te expondré el caso de la mandolina
Yo peces te traeré —entre crisantemos—
tan diminutos que los dos lloremos

Para ti el fruto de dos suaves nalgas
que al abrirse dan paso a una moneda
Para ti el arrebato de las algas
y el alelí de sálvese el que pueda
y los gusanos de pasar el rato
príncipes del azar en campeonato

Príncipes del azar Así el tecleo
en ritmo y luz de mecanografía
hace olvidar tu nombre y mi deseo
tu nombre que una estrella ama y enfría
Príncipes del azar gusanos leves
para pasar el rato entre las nieves

Pero tú voladora no te obstines
Para cantar de ti dame tu huella
La cruzaré de cuerdas de violines
y he de esperar que el sol se ponga en ella
Yo inscribiré en tu rombo mi programa
conocido del mar desde que ama»

Y resumiendo el amador su dicho
recogió los suspiros redondeles
y abandonado al humo del capricho
se dejó resbalar por dos rieles
Una sesión de circo se iniciaba
en la constelación decimoctava

(Fábula de Equis y Zeda.)

NO ESTA EL AIRE PROPICIO

No está el aire propicio para estampar mejillas
Se borraron las flechas que indicaban la ruta
más copiosa de pájaros para los que agonizan
Se arrastran por los suelos nubes sin corazón
y a la garganta trepa la impostura del mundo

No está el aire propicio para cantar tus labios
tu nuca en desacuerdo con las leyes de física
ni tu pecho de interna geografía afectuosa

GENERACION DEL 27

Las tijeras gorjean mejor que las calandrias
y no vuelven ya nunca si remontan el vuelo
y aquí en mi cercanía tres libros se aproximan
abiertos en la página donde muere una reina

Qué dulce despertar el del amor que existe
y qué existencia clara la del ojo que duerme
velado por las alas remotas de los párpados

Pétalos de difuntas miradas llueven llueven
y llueven llueven llueven Me sepultan los pies
las rodillas el vientre la cintura los hombros
Van a enterrarme vivo van a enterrarme vivo

No está el aire propicio para soñar contigo

(Poemas adrede.)

EL CIPRES DE SILOS[1 bis]

Enhiesto surtidor de sombra y sueño
que acongojas el cielo con tu lanza.
Chorro que a las estrellas casi alcanza
devanado a sí mismo en loco empeño.

Mástil de soledad, prodigio isleño,
flecha de fe, saeta de esperanza.
Hoy llegó a ti, riberas del Arlanza,
peregrina al azar, mi alma sin dueño.

Cuando te vi, señero, dulce, firme,
qué ansiedades sentí de diluirme
y ascender como tú, vuelto en cristales,

como tú, negra torre de arduos filos,
ejemplo de delirios verticales,
mudo ciprés en el fervor de Silos

(Versos humanos.)

ROMANCE DEL DUERO

Río Duero, río Duero,
nadie a acompañarte baja,
nadie se detiene a oír
tu eterna estrofa de agua.

Indiferente o cobarde
la ciudad vuelve la espalda.
No quiere ver en tu espejo
su muralla desdentada.

Tú, viejo Duero, sonríes,
entre tus barbas de plata,
moliendo con tus romances
las cosechas mal logradas.

Y entre los santos de piedra
y los álamos de magia
pasas llevando en tus ondas
palabras de amor, palabras.

Quién pudiera como tú,
a la vez quieto y en marcha,
cantar siempre el mismo verso
pero con distinta agua.

Río Duero, río Duero,
nadie a estar contigo baja,
ya nadie quiere atender
tu eterna estrofa olvidada,

sino los enamorados
que preguntan por sus almas
y siembran en tus espumas
palabras de amor, palabras.

Soria: el Duero, bajo el castillo.

GERARDO DIEGO

ESA SORIA ARBITRARIA...

Esa Soria arbitraria, mía, ¿quién la conoce?
Acercaos a mirarla en los grises espejos
de mis ojos, cansados de mirar a lo lejos.
Vedla aquí, joven, niña, virgen de todo roce.

Sombreros florecidos tras la misa de doce.
Y bajo la morada sombra de los castaños,
unos ojos que miran cariñosos o hurraños,
o que no miran, ¡ay!, por no darme ese goce.

Abajo el río, orla y música del paisaje,
para que el alma juegue, para que el alma viaje
y sueñe tras los montes con las vegas y el mar.

Y arriba las estrellas, las eternas y fieles
estrellas, agitando sus mudos cascabeles,
lágrimas para el hombre que no sabe llorar.

(Soria.)

VALLE VALLEJO

Albert Samain [2] diría Vallejo [3] dice
Gerardo Diego enmudecido dirá mañana
y por una sola vez Piedra de estupor
y madera dulce de establo querido amigo
hermano en la persecución gemela de los
sombreros desprendidos por la velocidad de los astros

Piedra de estupor y madera noble de establo
constituyen tu temeraria materia prima
anterior a los decretos del péndulo y a la
creación secular de las golondrinas

Naciste en un cementerio de palabras
una noche en que los esqueletos de todos los verbos intransitivos
proclamaban la huelga del te quiero para siempre siempre siempre
una noche en que la luna lloraba y reía y lloraba
y volvía a reír y a llorar
jugándose a sí misma a cara o cruz
Y salió cara y tú viviste entre nosotros

Desde aquella noche muchas palabras apenas nacidas fallecieron
[repentinamente
tales como Caricia Quizás Categoría Cuñado Cataclismo
Y otras nunca jamás oídas se alumbraron sobre la tierra
así como Madre Miga Moribundo Melquisedec Milagro
y todas las terminadas en un rabo inocente

Vallejo tú vives rodeado de pájaros a gatas
en un mundo que está muerto requetemuerto y podrido
Vives tú con tus palabras muertas y vivas
Y gracias a que tú vives nosotros desahuciados acertamos a levantar
[los párpados
para ver el mundo tu mundo con la mula y

403

GENERACION DEL 27

el hombre guillermosecundario y la tiernísima niña y
los cuchillos que duelen en el paladar
Porque el mundo existe y tú existes y nosotros probablemente
terminaremos por existir
si tú te empeñas y cantas y voceas
en tu valiente valle Vallejo

(*Biografía incompleta.*)

Gerardo Diego, retratado
por el fotógrafo
santanderino
Santamatilde.

INSOMNIO

Tú y tu desnudo sueño. No lo sabes.
Duermes. No. No lo sabes. Yo en desvelo,
y tú, inocente, duermes bajo el cielo.
Tú por tu sueño y por el mar las naves.

En cárceles de espacio, aéreas llaves
te me encierran, recluyen, roban. Hielo,
cristal de aire en mil hojas. No. No hay vuelo
que alce hasta ti las alas de mis aves.

Saber que duermes tú, cierta, segura
—cauce fiel de abandono, línea pura—,
tan cerca de mis brazos maniatados.

Qué pavorosa esclavitud de isleño,
yo insomne, loco, en los acantilados
las naves por el mar, tú por tu sueño.

REVELACION

Era en Numancia, al tiempo que declina
la tarde del agosto augusto y lento,
Numancia del silencio y de la ruina,
alma de libertad, trono del viento.

La luz se hacía por momentos mina
de transparencia y desvanecimiento,
diafanidad de ausencia vespertina,
esperanza, esperanza del portento,

Súbito, ¿dónde?, un pájaro sin lira,
sin rima, sin atril, canta, delira,
flota en la cima de su fiebre aguda.

Vivo latir de Dios nos goteaba,
risa y charla de Dios, libre y desnuda.
Y el pájaro, sabiéndolo, cantaba.

A C. A. DEBUSSY [4]

Sonidos y perfumes, Claudio Aquiles,
giran al aire de la noche hermosa.
Tú sabes dónde yerra un son de rosa,
una fragancia rara de añafiles [5]

con sordina, de crótalos [6] sutiles
y luna de guitarras. Perezosa
tu orquesta, mariposa a mariposa,
hasta noventa te abren sus atriles.

Iberia, Andalucía, España en sueños,
lentas Granadas, frágiles Sevillas,
Giraldas tres por ocho, altas Comares [7].
Y metales en flor, celestes leños
elevan al nivel de las mejillas
lágrimas de claveles y azahares.

(*Alondra de verdad.*)

GERARDO DIEGO

EL ESPONTANEO

Alta, sutil catarata
vibra un arco carmesí.
Hierve la boca beata.
No se pierde ni un rubí.
¿Qué fue? Desmaya la bota.
Todo el corral se alborota
ante un vuelo de pelele.
Balance del espontáneo:
rota la base del cráneo
y dice que no le duele.

VERONICAS GITANAS

Lenta, olorosa, redonda,
la flor de la maravilla
se abre cada vez más honda
y se encierra en su semilla.
Cómo huele a abril y a mayo
ese barrido desmayo,
esa playa de desgana,
ese gozo, esa tristeza,
esa rítmica pereza,
campana del sur, campana.

(*La suerte o la muerte.*)

LA PALMERA

Si la palmera pudiera
volverse tan niña, niña,
como cuando era una niña
con cintura de pulsera.
Para que el Niño la viera...

—Si la palmera tuviera
las patas del borriquillo,
las alas de Gabrielillo.
Para cuando el Niño quiera
correr, volar a su vera...

—Que no, que correr no quiere
      el Niño,
que lo que quiere es dormirse

y es, capullito, cerrarse
para soñar con su madre.
Y lo sabe la palmera...

—Si la palmera supiera
que sus palmas algún día...

—Si la palmera supiera
por qué la Virgen María
la mira...

   Si ella tuviera...

—Si la palmera pudiera...

   —La palmera...

A LA INMACULADA CONCEPCION DE NUESTRA SEÑORA

I

Nieve y azul, bandera de diciembre.
Algo se anuncia en medio del adviento.
Se insinúa una brisa, un soplo, un tiento
suavísimo, lejano. Y sin que siembre

la semilla el gorgojo ni remembre
mente alguna mancilla en pensamiento.
Y cae la nieve que nos cuenta un cuento
de pureza abrigada hasta setiembre,

la nieve descendiendo inmaculada,
la nieve y no de nube, la imposible
nieve de limpio azul, blanca y rosada,

sesgando el aire en copos de alegría,
besándose a sí misma, inaccesible,
la nieve en flor y madre de María.

4. Compositor francés (1862-1918). Entre sus obras, se encuentran *Preludio a la siesta de un fauno*, *Canciones de Bilitis* y *Peleas y Melisande*.
5. Trompeta recta morisca, de unos 80 centímetros de longitud, que también se usó en Castilla.
6. Instrumento músico de percusión, usado antiguamente, y semejante a la castañuela.
7. Villa de Málaga, al NE de la capital, y a 685 metros de altitud.

GENERACION DEL 27

III

A ti, María, Virgen concebida
sin pecado, yo indigno, yo devoto
de tu manto, yo escándalo, yo roto,
te canto y rezo con mi lengua ardida [8].

Estrella de mi mar en la vencida
borrasca, ofrendo a ti mi humilde exvoto:
un bergantín sin rumbo y sin piloto,
en tu ermita carmela guarecida.

Ave María, Gratia Plena, suave
Nido de Encarnación, Pluma de vuelo,
Rosa blanca entre angélicos sonrojos,

Reina del cielo que te acoge y sabe:
Sálvame, mírame, tu pequeñuelo,
y —Madre mía— véante mis ojos.

(*Versos divinos.*)

TUYA

Ya sólo existe una palabra: tuya.
Angeles por el mar la están salvando
cuando ya se iba a hundir, la están alzando,
calentando en sus alas, ¡aleluya!

Las criaturas cantan: —Aunque huya,
aunque se esconda a ciegas sollozando,
es tuya, tuya, tuya. Aunque nevando
se borre, aunque en el agua se diluya—.

"Tuya", cantan los pájaros, los peces
mudos lo escriben con sus colas de oro:
Te, u, y griega, a, sí, tuya, tuya.

Cantádmela otra vez y tantas veces,
a ver si a fuerza de cantar a coro
—¿Tú? ¿Ya? ¿De veras? —Sí. Yo. Tuya. Tuya.

(*Amor solo.*)

G. Diego, con el compositor Oscar Esplá y con García Lorca, en el restaurante madrileño Buenavista (1931).

HEMBRA O ESPAÑA

Hembra. España. Prohibida. Se alza un muro
por medio. Guerra en paz. Hay Pirineos.
Y tú invisible. En vano me aventuro
bosque arriba. Allá trepan deseos.

Ruedan descalabros. Ni un conjuro
santo te salva. Enormes coliseos
te hunden, circundan. Y tan sólo el puro
pensar, túneles abre a mis correos.

---

8. Valiente, intrépida, denodada.
9. En Santander, pasto de verano que, por lo común, está en la falda de un montecillo donde hay agua y prado.
10. La Sierra de Peña Labra es un conjunto orográfico que se encuentra entre las provincias de Santander y Palencia. Culmina en Peña Labra, situada a 2.018 m. de altura.

GERARDO DIEGO

España. España. Selva, roca, nieve
te defienden de mí, te esconden. Bebe
mi sed el cielo que hacia el sur se tensa.

Vuelan mis ojos la azulez inmensa.
Esa luz que te sorbe y te conmueve
soy yo, hembra o España, que en ti piensa.

(Paisaje con figuras.)

CASTRO DE VALNERA

Ascensión desde Espinosa (1910)

A mi hermano Marcelino

La niebla a nuestros pies rasga sus velos
y alumbra, verde y virgen, la montaña.
Rocío en hierba, en flor, en telaraña.
Oh hermosura en redor de mis abuelos.

Ellos aquí, bebiendo paz de cielos.
Esa fue, piedra y lastras, su cabaña.
Pero tú arriba, a coronar la braña [9],
niño de ojos de lince y sin gemelos.

Arriba, más arriba. La pedriza
y la arista de piel resbaladiza
vencí descalzo. Salve, peña Labra [10].

Picos de Europa, albricias, que allí ondea,
blanca entre azul y azul —bendita sea—
mi Santander, mi cuna, mi palabra.

(Mi Santander, mi cuna, mi palabra.)

ME ESTAS ENSEÑANDO

Me estás enseñando a amar.
    Yo no sabía.
Amar es no pedir, es dar
    noche tras día.

La Noche ama al Día, el Claro
    ama a la Oscura.
Qué amor tan perfecto y tan raro.
    Tú, mi ventura.

El Día a la Noche, alza, besa
    sólo un instante.
La Noche al Día —alba, promesa—
    beso de amante.

Me estás enseñando a amar.
    Yo no sabía.

Amar es no pedir, es dar.
    Mi alma, vacía.

(Canciones a Violante.)

G. Diego en su mesa de trabajo.

GENERACION DEL 27

EN MITAD DEL VERSO

Murió en mitad de un verso,
cantándole, floreciéndole,
y quedó el verso abierto, disponible
para la eternidad,
mecido por la brisa,
la brisa que jamás concluye,
verso sin terminar, poeta eterno.

¿Quién se muriera así
al aire de una sílaba?

Y al conocer esa muerte de poeta,
recordé otra de mis oraciones.
«Quiero vivir, morir, siempre cantando
y no quiero saber por qué ni cuándo».
Sí, en el seno del verso,
que le concluya y me concluya Dios.

NADA

Sentencia en duro mausoleo:
«Nada hay después de la muerte.»
¿Y cómo lo sabe ese sabio?
Por él y por su muerto oscuro
yo rezo: creo, creo, creo.

(*Cementerio civil.*)

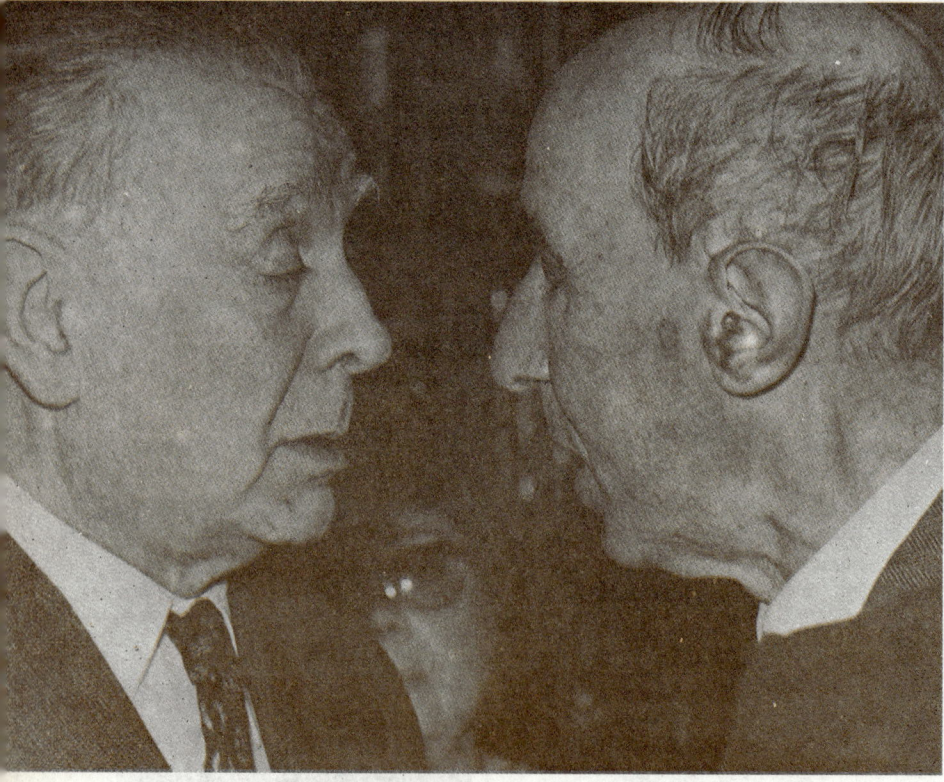

A la izquierda: G. Diego con Jorge Luis Borges. Ambos compartieron en 1979 el premio Cervantes de Literatura. Arriba: homenaje que se le tributó en el café Gijón de Madrid, el 6 de febrero de 1980, con motivo de habérsele concedido el mencionado premio.

PEDRO SALINAS

Nació en Madrid en 1891. Estudió Filosofía y Letras en la Universidad Central. Fue lector de español en la Sorbona entre 1914 y 1917. En 1915 se casó con Margarita Bonmatí (en 1984 Alianza Editorial publicó las cartas que el poeta le dirigió durante tres años). En 1918 ganó la cátedra de Literatura de la Universidad de Sevilla. Permaneció en esta ciudad durante ocho años e influyó notablemente en algunos poetas andaluces. Durante el curso 1922-23 fue lector en Cambridge. Vive en Madrid desde 1926 y colabora en el Centro de Estudios Históricos. Traduce parte de *A la busca del tiempo perdido*, de Marcel Proust. Fue secretario de la Universidad Internacional de Santander (1932-36). En 1936 marcha a América. Fue profesor del Wellesley College (Massachusetts), de la John Hopkins University (Baltimore) y de la Universidad de Puerto Rico (1943-46). Murió en Boston en 1951.

Obra

Habitualmente se suele insistir en el carácter intelectual de la poesía de Salinas. Sin embargo, hay que precisar que el mundo en que vive constituye el punto de partida del escritor. En toda su obra existe siempre una base real, sometida a un proceso de idealización. Salinas eleva a categoría la visión de las cosas, pero quien nos facilita esa visión es un protagonista bien concreto, enraizado en un espacio y en un tiempo que subsisten en sus precisos contornos. Esa relación con el universo es la causa de los cambios y transformaciones que se producen en su obra y la que justifica que el poeta se sienta con derecho e, incluso, obligado, como se advierte en sus últimos libros, a proyectar luz sobre el mundo.

La inteligencia, que le sirve para penetrar en el universo, tiene un apoyo en el sentimiento y en la percepción sensorial. Su poesía es, según confesión propia, «obra de caridad y de claridad». La caridad le sirve para un acercamiento afectivo y cordial al mundo. La claridad le exige un riguroso proceso de profundización en lo que se le ofrece.

La poesía se convierte así en una forma de acceder y de profundizar en la esencia de la realidad y en una vía de conocimiento del mundo y del hombre. El mismo confesará: «La poesía es una aventura hacia lo absoluto. Se llega más o menos cerca, se recorre más o menos camino: eso es todo».

En la obra de Salinas suelen establecerse tres etapas. Para Marichal, cada una de estas fases son tiempos, respectivamente, de *encentración* (considerada ésta como tanteo hacia la propia voz y el yo), *descentración* en el tú de la amada o encuentro del yo al hablar del tú del amor, y *sobrecentración* y ampliación de la propia voz al transformarse en la del contemplado.

A la primera etapa corresponden *Presagios* (1923), **Seguro azar** (1929) y **Fábula y signo** (1931). En estos libros, con los que Salinas se acerca a la poesía pura y a las vanguardias (el futurismo y el ultraísmo), dominan la sencillez y desnudez expresivas, la gran depuración del contenido y los metros cortos. Aunque lo más característico de ellos sea el juego esteticista e ingenioso, no falta en muchos poemas un acercamiento a lo humano. En *Presagios* hay textos prosaicos y realistas, otros de cierta riqueza expresiva, un tanto gongorina, y otros de tono intelectual e ingenioso. En *Seguro azar* aparecen poemas inútilmente retorcidos, junto a otros de gran intensidad y belleza. En *Fábula y signo* se acentúa la tendencia a la ingeniosidad.

Una segunda etapa estaría compuesta por tres libros en los que domina la temática amorosa: **La voz a ti debida** (1933), cuyo título está tomado de la égloga III de Garcilaso; **Razón de amor** (1936) y *Largo lamento*, libro compuesto, al parecer, antes de 1938 y que se incluyó en 1961 en sus *Poesías completas* (algunos poemas del mismo se habían publicado en 1957 con el título de *Volverse sombra y otros poemas*).

En *La voz a ti debida*, Salinas, al mismo tiempo que narra una historia de amor, reflexiona sobre la experiencia vivida. En el diálogo que se entabla entre el poeta y la amada, desprovistos de rasgos físicos reconocibles, y representados en su esencia por los pronombres «tú» y «yo», Salinas lleva a cabo un proceso de idealización y abstracción. También aprovecha para teorizar sobre el amor como fuente de conocimiento, como vehículo de comunicación con el mundo y como factor que da sentido y plenitud al universo y a la vida humana.

Alguna vez se ha afirmado que en el proceso de desrealización, característico de su obra, el «tú» femenino carece de base real y constituye un simple «fenómeno de conciencia». Para Jorge Guillén, por el contrario, «lo que importa aquí es que en el poema el poeta imagina una mujer real. No es una entelequia, una ficción fantástica. Es una mujer de carne y hueso en el poema: única lectura posible».

En *Razón de amor* se ensombrecen las tintas. El fin inevitable a que está abocado todo amor provoca la melancolía del poeta. La comunicación total y absoluta que ha buscado con la amada se presenta, en definitiva, como imposible, y termina en frustración y en dolor, última forma de amor.

GENERACION DEL 27

En todas estas obras, desnudas de retórica verbal, de elementos decorativos y de anécdota, y en las que el lujo metafórico es escaso, sobresalen los juegos conceptistas, las sutilezas y el arte de distribuir las frases y las palabras en los versos.

Desde un punto de vista métrico, Salinas siente predilección por los versos cortos, sin rima o con rimas poco marcadas. Rara vez hace uso de estrofas regulares.

Después de la guerra, el poeta escribe tres libros: **El contemplado** (1946), **Todo más claro** (1949) y **Confianza** (1955, aunque redactado entre 1942 y 1944). Como ocurre con otros poetas de su época, Salinas muestra ahora una mayor atención al entorno. Con gesto preocupado, denuncia muchos de los horrores del mundo contemporáneo, se solidariza con las angustias del hombre o se lanza, como puede verse en el poema «Confianza», a la búsqueda de unos valores no sujetos a la erosión del tiempo. En *El contemplado*, su poesía adquiere, además de una dimensión metafísica y ética, una dimensión mística. La relación entre el hombre-poeta y el mundo natural es elevada, como en muchos poemas de *La voz a ti debida*, hasta los confines de lo misterioso.

El proceso de idealización, habitual en su obra, conduce una vez más al triunfo de la poesía sobre la caótica realidad cotidiana.

También es autor de dos libros de relatos breves, *Vísperas del gozo* (1926) y *El desnudo impecable* (1951), y de una narración extensa, *La bomba increíble* (1950), en la que lleva a cabo una apasionada defensa de los valores eternos de la humanidad. Después de la guerra escribió dos obras largas de teatro *(Judit y el tirano y El director)* y doce piezas en un acto *(La fuente del Arcángel, La cabeza de Medusa, La estratosfera, La isla del tesoro, El chantajista, El parecido, La bella durmiente, El precio, Ella y sus fuentes, Caín o una gloria científica, Sobre seguro y Los santos).*

Salinas es, además, un conocido ensayista y crítico literario. En esta línea destacan los siguientes títulos: *Literatura española. Siglo XX* (1941), *Jorge Manrique o tradición y originalidad* (1947), *La poesía de Rubén Darío* (1948), *La responsabilidad del escritor y otros ensayos* (1961) y **El defensor** (1948).

Ediciones

Poesías completas, Barcelona, Barral, 1971. *Narrativa completa,* Barcelona Barral, 1976. *La voz a ti debida, Razón de amor,* ed. de J. González Muela, Madrid, Castalia, 1987. *Teatro,* Madrid, Narcea, 1979. *El defensor,* Madrid, Alianza, 1983. *Ensayos completos,* 3 volúmenes, Madrid, Taurus, 1983.

POETICA

La poesía existe o no existe; eso es todo. Si es, es con tal evidencia, con tan imperial y desafectada seguridad, que se me pone por encima de toda posible defensa, innecesaria. Su delicadeza, su delgadez suma, es su grande invencible corporeidad, su resistencia y su victoria. Por eso considero la poesía como algo esencialmente indefendible. Y, claro es, en justa correlación, esencialmente inatacable. La poesía se explica sola; si no, no se explica. Todo comentario a una poesía se refiere a elementos circundantes de ella, estilo, lenguaje, sentimientos, aspiración, pero no a la poesía misma. La poesía es una aventura hacia lo absoluto. Se llega más o menos cerca, se recorre más o menos camino; eso es todo. Hay que dejar que corra la aventura, con toda esa belleza de riesgo, de probabilidad, de jugada. «Un coup de dés jamais n'abolira le hasard». No quiere decir eso que la poesía no sepa lo que quiere; toda poesía sabe, más o menos, lo que se quiere; pero no sabe tanto lo que se hace. Hay que contar, en poesía más que en nada, con esa fuerza latente y misteriosa, acumulada en la palabra debajo, disfrazada de palabra, contenida, pero explosiva. Hay que contar, sobre todo, con esa forma superior de interpretación que es *le malentendu*. Cuando una poesía está escrita se termina, pero no acaba; empieza, busca otra en sí misma, en el autor, en el lector, en el silencio. Muchas veces una poesía se revela a sí misma, se descubre de pronto dentro de sí una intención no sospechada. Iluminación, todo iluminaciones. Que no es lo mismo que claridad, esa claridad que desean tantos honrados lectores de poesías. Estimo en la poesía, sobre todo, la autenticidad. Luego, la belleza. Después, el ingenio. Llamo poeta ingenioso, por ejemplo, a Walter Savage Landor. Llamo poeta bello, por ejemplo, a Góngora, a Mallarmé. Llamo poete auténtico, por ejemplo, a San Juan de la Cruz, a Goethe, a Juan Ramón Jiménez. Considero totalmente inútiles todas las discusiones sobre el valor relativo de la poesía y de los poetas. Toda poesía es incomparable, única, como el rayo o el grano de arena.

(Poesía española contemporánea. Antología, por Gerardo Diego, Madrid, Taurus, 1985, pág. 303.)

MIRAR LO INVISIBLE

La tarde me está ofreciendo
en la palma de su mano,
hecha de enero y de niebla,
vagos mundos desmedidos
de esos que yo antes soñaba,
que hoy ya no quiero.
Y cerraría los ojos
para no verlo. Si no
los cierro
no es por lo que veo.
Por un mundo sospechado
concreto y virgen detrás,
por lo que no puedo ver
llevo los ojos abiertos.

FE MIA

No me fío de la rosa
de papel,
tantas veces que la hice
yo con mis manos.
Ni me fío de la otra
rosa verdadera,
hija del sol y sazón,
la prometida del viento.
De ti que nunca te hice,
de ti que nunca te hicieron,
de ti me fío, redondo
seguro azar.

(Seguro azar.)

UNDERWOOD GIRLS

Quietas, dormidas están,
las treinta, redondas, blancas.
Entre todas
sostienen el mundo.
Míralas, aquí en su sueño,
como nubes,
redondas, blancas y dentro
destinos de trueno y rayo,
destinos de lluvia lenta,
de nieve, de viento, signos.
Despiértalas,
con contactos saltarines
de dedos rápidos, leves,
como a músicas antiguas.
Ellas suenan otra música:
fantasías de metal
valses duros, al dictado.
Que se alcen desde siglos
todas iguales, distintas
como las olas del mar
y una gran alma secreta.
Que se crean que es la carta,
la fórmula, como siempre.
Tú alócate
bien los dedos, y las
raptas y las lanzas,
a los treinta, eternas ninfas
contra el gran mundo vacío,
blanco en blanco.
Por fin a la hazaña pura,
sin palabras, sin sentido,
ese, zeda, jota, i...

(Fábula y signo.)

¡Si me llamaras, sí,
si me llamaras!
Lo dejaría todo,
todo lo tiraría:
los precios, los catálogos,
el azul del océano en los mapas,
los días y sus noches,
los telegramas viejos
y un amor.
Tú, que no eres mi amor,
¡si me llamaras!
Y aún espero tu voz:
telescopios abajo,
desde la estrella,
por espejos, por túneles,
por los años bisiestos
puede venir. No sé por dónde.
Desde el prodigio, siempre.
Porque si tú me llamas
—¡si me llamaras, sí, si me llamaras!—
será desde un milagro,
incógnito, sin verlo.
Nunca desde los labios que te beso,
nunca
desde la voz que dice: «No te vayas».

«Mañana». La palabra
iba suelta, vacante,
ingrávida, en el aire,
tan sin alma y sin cuerpo,
tan sin color ni beso,
que la dejé pasar
por mi lado, en mi hoy.
Pero de pronto tú
dijiste: «Yo, mañana...»
Y todo se pobló
de carne y de banderas.
Se me precipitaban
encima las promesas
de seiscientos colores,
con vestidos de moda,
desnudas, pero todas
cargadas de caricias.
En trenes o en gacelas
me llegaban —agudas,
sones de violines—
esperanzas delgadas
de bocas virginales.
O veloces y grandes
como buques, de lejos,
como ballenas
desde mares distantes,
inmensas esperanzas
de un amor sin final.

¡Mañana! Qué palabra
toda vibrante, tensa
de alma y carne rosada,
cuerda del arco donde
tú pusiste, agudísima,
arma de veinte años,
la flecha más segura
cuando dijiste: «Yo...»

Para vivir no quiero
islas, palacios, torres.
¡Qué alegría más alta:
vivir en los pronombres!

Quítate ya los trajes,
las señas, los retratos;
yo no te quiero así,
disfrazada de otra,
hija siempre de algo.
Te quiero pura, libre,
irreductible: tú.
Sé que cuando te llame
entre todas las gentes
del mundo,
sólo tú serás tú.
Y cuando me preguntes
quién es el que te llama,
el que te quiere suya,
enterraré los nombres,
los rótulos, la historia.
Iré rompiendo todo
lo que encima me echaron
desde antes de nacer.
Y vuelto ya al anónimo
eterno del desnudo,
de la piedra, del mundo,
te diré:
«Yo te quiero, soy yo.»

Qué alegría, vivir
sintiéndose vivido.
Rendirse
a la gran certidumbre, oscuramente,
de que otro ser, fuera de mí, muy lejos,
me está viviendo.
Que cuando los espejos, los espías,
azogues, almas cortas, aseguran
que estoy aquí, yo, inmóvil,
con los ojos cerrados y los labios,
negándome al amor
de la luz, de la flor y de los nombres,
la verdad transvisible es que camino
sin mis pasos, con otros,
allá lejos, y allí
estoy besando flores, luces, hablo.

Que hay otro ser por el que miro el mundo
porque me está queriendo con sus ojos.
Que hay otra voz con la que digo cosas
no sospechadas por mi gran silencio;
y es que también me quiere con su voz.
La vida —¡qué transporte ya!—, ignorancia
de lo que son mis actos, que ella hace,
en que ella vive, doble, suya y mía.
Y cuando ella me hable
de un cielo oscuro, de un paisaje blanco,
recordaré
estrellas que no vi, que ella miraba,
y nieve que nevaba allá en su cielo.
Con la extraña delicia de acordarse
de haber tocado lo que no toqué
sino con esas manos que no alcanzo
a coger con las mías, tan distantes.
Y todo enajenado podrá el cuerpo
descansar, quieto, muerto ya. Morirse
en la alta confianza
de que este vivir mío no era sólo
mi vivir: era el nuestro. Y que me vive
otro ser por detrás de la no muerte.

Perdóname por ir así buscándote
tan torpemente, dentro
de ti.
Perdóname el dolor, alguna vez.
Es que quiero sacar
de ti tu mejor tú.
Ese que no te viste y que yo veo,
nadador por tu fondo, preciosísimo.
Y cogerlo
y tenerlo yo en alto como tiene
el árbol la luz última
que le ha encontrado al sol.
Y entonces tú
en su busca vendrías, a lo alto.
Para llegar a él
subida sobre ti, como te quiero,
tocando ya tan sólo a tu pasado
con las puntas rosadas de tus pies,
en tensión todo el cuerpo, ya ascendiendo
de ti a ti misma.
Y que a mi amor entonces, le conteste
la nueva criatura que tú eras.

No quiero que te vayas,
dolor, última forma
de amar. Me estoy sintiendo
vivir cuando me dueles
no en ti, ni aquí, más lejos:
en la tierra, en el año
de donde vienes tú,
en el amor con ella
y todo lo que fue.

Pedro Salinas y Margarita Bonmatí en París, en junio de 1917. Poco antes de la boda, celebrada en 1915, el poeta le confesaba: «lo mejor de mi vida no se escribirá, nacerá por ti, lo oirás tú sola y morirá contigo. El verdadero amor es demasiado puro e íntimo para ser dicho».

En esa realidad
hundida que se niega
a sí misma y se empeña
en que nunca ha existido,
que sólo fue un pretexto
mío para vivir.
Si tú no me quedaras,
dolor, irrefutable,
yo me lo creería;
pero me quedas tú.
Tu verdad me asegura
que nada fue mentira.
Y mientras yo te sienta,
tú me serás, dolor,
la prueba de otra vida
en que no me dolías.
La gran prueba, a lo lejos,
de que existió, que existe,
de que me quiso, sí,
de que aún la estoy queriendo.

¿Las oyes cómo piden realidades,
ellas, desmelenadas, fieras,
ellas, las sombras que los dos forjamos
en este inmenso lecho de distancias?
Cansadas ya de infinitud, de tiempo
sin medida, de anónimo, heridas
por una gran nostalgia de materia,
piden límites, días, nombres.
No pueden
vivir así ya más: están al borde
del morir de las sombras, que es la nada.
Acude, ven, conmigo.
Tiende tus manos, tiéndeles tu cuerpo.
Los dos les buscaremos

GENERACIÓN DEL 27

un color, una fecha, un pecho, un sol.
Que descansen en ti, sé tú su carne.
Se calmará su enorme ansia errante,
mientras las estrechamos
ávidamente entre los cuerpos nuestros
donde encuentren su pasto y su reposo.
Se dormirán al fin en nuestro sueño
abrazado, abrazadas. Y así luego,
al separarnos, al nutrirnos sólo
de sombras, entre lejos,
ellas

tendrán recuerdos ya, tendrán pasado
de carne y hueso,
el tiempo que vivieron en nosotros.
Y su afanoso sueño
de sombras, otra vez, será el retorno
a esta corporeidad mortal y rosa
donde el amor inventa su infinito.

(La voz a ti debida.)

¿Serás, amor,
un largo adiós que no se acaba?
Vivir, desde el principio, es separarse.
En el primer encuentro
con la luz, con los labios,
el corazón percibe la congoja
de tener que estar ciego y sólo un día.
Amor es el retraso milagroso
de su término mismo:
es prolongar el hecho mágico,
de que uno y uno sean dos, en contra
de la primer condena de la vida.
Con los besos,
con la pena y el pecho se conquistan,
en afanosas lides, entre gozos
parecidos a juegos,
días, tierras, espacios fabulosos,
a la gran disyunción que está esperando,
hermana de la muerte o muerte misma.
Cada beso perfecto aparta el tiempo,
le echa hacia atrás, ensancha el mundo breve
donde puede besarse todavía.

P. Salinas en París y en un balcón de su casa de Madrid, en 1912 y 1913, respectivamente.

Ni en el llegar, ni en el hallazgo
tiene el amor su cima:
es en la resistencia a separarse
en donde se le siente,
desnudo, altísimo, temblando.
Y la separación no es el momento
cuando brazos, o voces,
se despiden con señas materiales.
Es de antes, de después.
Si se estrechan las manos, si se abraza,
nunca es para apartarse,
es porque el alma ciegamente siente
que la forma posible de estar juntos
es una despedida larga, clara.
Y que lo más seguro es el adiós.

Pensar en ti esta noche
no era pensarte con mi pensamiento,
yo solo, desde mí. Te iba pensando
conmigo extensamente, el ancho mundo.
El gran sueño del campo, las estrellas,
callado el mar, las hierbas invisibles,
sólo presentes en perfumes secos,
todo,
de Aldebarán al grillo te pensaba.
¡Qué sosegadamente
se hacía la concordia
entre las piedras, los luceros,
el agua muda, la arboleda trémula,
todo lo inanimado,
y el alma mía
dedicándolo a ti! Todo acudía
dócil a mi llamada, a tu servicio,
ascendido a intención y a fuerza amante.
Concurrían las luces y las sombras
a la luz de quererte; concurrían
el gran silencio, por la tierra, plano,
suaves voces de nube, por el cielo,

PEDRO SALINAS

al cántico hacia ti que en mí cantaba.
Una conformidad de mundo y ser,
de afán y tiempo, inverosímil tregua,
se entraba en mí, como la dicha entra
cuando llega sin prisa, beso a beso.
Y casi
dejé de amarte por amarte más,
en más que en mí, confiando inmensamente
ese empleo de amar a la gran noche
errante por el tiempo y ya cargada
de misión, misionera
de un amor vuelto estrellas, calma, mundo,
salvado ya del miedo
al cadáver que queda si se olvida.

No, nunca está el amor.
Va, viene, quiere estar
donde estaba o estuvo.
Planta su pie en la tierra,
en el pecho; se vuela
y se posa o se clava
—azor siempre o saeta—
en un cielo distante,
que está a veces detrás,
y va de presa en presa.
En las noches mullidas
de estrellas y luceros
se tiende a descansar.
Allá arriba, celeste
un momento, la tierra
es el cielo del cielo.
Mira, la quiere, cae,
con ardor de subir.
Por eso no se sabe
de qué profundidad
viene el amor, lejana,
si de honduras de cielos,
o entrañas de la tierra.
Ya
parece que está aquí,
que es nuestro, entre dos cuerpos,
que no se escapará,
guardado entre los besos.
Y su pasar, su rápido
vivir aquí en nosotros,
llega, fuerte, tan hondo
que aunque vuele y se huya
a buscar otros cambios,
a ungir a nuevos seres
decimos: amor mío.
A su fugacidad,
con el alma del alma,
la llamamos lo eterno.
Y un momento de él,
de su tiempo infinito,
si nos toca en la frente
será la vida nuestra.

(Razón de amor.)

EL CONTEMPLADO

Tema

De mirarte tanto y tanto,
del horizonte a la arena,
despacio,
del caracol al celaje,
brillo a brillo, pasmo a pasmo,
te he dado nombre; los ojos
te lo encontraron, mirándote.
Por las noches,
soñando que te miraba,
al abrigo de los párpados
maduró, sin yo saberlo,
este nombre tan redondo
que hoy me descendió a los labios.
Y lo dicen asombrados
de lo tarde que lo dicen.
¡Si era fatal el llamártelo!
¡Si antes de la voz, ya estaba
en el silencio tan claro!
¡Si tú has sido para mí,
desde el día
que mis ojos te estrenaron,
el contemplado, el constante
Contemplado!

VARIACION III

Dulcenombre

Desde que te llamo así,
por mi nombre,
ya nunca me eres extraño.

GENERACION DEL 27

Infinitamente ajeno,
remoto tú, hasta la playa
—que te acercas, alejándote
apenas llegas—, tú eres
absoluto entimismado.

Pero tengo aquí en el alma
tu nombre, mío. Es el cabo
de una invisible cadena
que se termina en tu indómita
belleza de desmandado.
Te liga a mí, aunque no quieras.
Si te nombro, soy tu amo
de un segundo. ¡Qué milagro!
Tus desazones de espuma
abandonan sus caballos
de verdes grupas ligeras,
se amansan, cuando te llamo
lo que me eres: Contemplado.
Obra, sutil, el encanto
divino del cristianar.
Y aquí en este nombre rompe
mansamente tu arrebato,
aquí, en sus letras —arenas—,
como en playa que te hago.
Tú no sabes, solitario
—sacramento del nombrar—,
cuando te nombro,
todo lo cerca que estamos.

(El Contemplado.)

CERO

(Fragmentos)

Invitación al llanto. Esto es un llanto,
    ojos, sin fin, llorando,
escombrera adelante, por las ruinas
    de innumerables días.
Ruinas que esparce un cero —autor de nadas,
obra del hombre—, un cero, cuando estalla.

Cayó ciega. La soltó,
la soltaron, a seis mil
metros de altura, a las cuatro.
¿Hay ojos que le distingan
a la tierra sus primores
desde tan alto?
¿Mundo feliz? ¿Tramas, vidas,
que se tejen, se destejen,
mariposas, hombres, tigres,
amándose y desamándose?
No. Geometría. Abstractos
colores sin habitantes,
embuste liso de atlas.
Cientos de dedos del viento
una tras otra pasaban
las hojas
—márgenes de nubes blancas—
de las tierras de la tierra,
vuelta cuaderno de mapas.
Y a un mapa distante ¿quién
le tiene lástima? Lástima
de una pompa de jabón
irisada, que se quiebra;
o en la arena de la playa
un crujido, un caracol
roto
sin querer, con la pisada.

Pero esa altura tan alta
que ya no la quieren pájaros,
le ciega al querer su causa
con mil aires transparentes.
Invisibles se le vuelven
al mundo delgadas gracias:
la azucena y sus estambres,
colibríes y sus alas,
las venas que van y vienen,
en tierno azul dibujadas,
por un pecho de doncella.
¿Quién va a quererlas
si no se las ve de cerca?

El hizo su obligación:
lo que desde veinte esferas
instrumentos ordenaban,
exactamente: soltarla
al momento justo [...]

Muerto inicial y víctima primera:
lo que va a ser y expira en los umbrales
del ser. ¡Ahogado coro de inminencias!
Heráldicas palabras voladoras
—«¡pronto!, «¡en seguida!», «¡ya!»—, nuncios
                           [de dichas
colman el aire, lo vuelven promesa.
Pero la anunciación jamás se cumple:
la que aguardaba el éxtasis, doncella,
se quedará en su orilla, para siempre
entre su cuerpo y Dios alma suspensa.
¡Qué de esparcidas ruinas de futuro
por todo alrededor, sin que se vean!

Primer beso de amantes incipientes.
¡Asombro! ¿Es obra humana tanto gozo?

¿Podrán los labios repetirlo? Vuelan
hacia el segundo beso; más que beso,
claridad quieren, buscan la certeza
alegre de su don de hacer milagros
donde las bocas férvidas se encuentran.
¿Por qué si ya los hálitos se juntan
los labios a posarse nunca llegan?
Tan al borde del beso, no se besan.

Obediente al ardor de un mediodía
la moza muerde ya la fruta nueva.
La boca anhela el más celado jugo;
del anhelo no pasa. Se le niega
cuando el labio presiente su dulzura
la condensada dentro, primavera,
pulpas de mayo, azúcares de junio,
día a día sumados a la almendra.
Consumación feliz de tanta ruta,
último paso, amante, pie en el aire,
que trae amor adonde amor espera.
Tiembla Julieta de Romeos próximos,
ya abre el alma a Calisto, Melibea.
Pero el paso final no encuentra suelo,
¿Dónde, si se hunde el mundo en la tiniebla,
si ya es nada Verona, y si no hay huerto?
De imposibles se vuelve la pareja.

¿Y esa mano —¿de quién?—, la mano trunca
blanca, en el suelo, sin su brazo, huérfana,
que busca en el rosal la única abierta,
y cuando ya la alcanza por el tallo
se desprende, dejándose a la rosa,
sin conocer los ojos de su dueña?

¡Cimeras alegrías tremolantes,
gozo inmediato, pasmo que se acerca:
la frase más difícil, la penúltima,
la que lleva, derecho, hasta el acierto,
perfección vislumbrada, nunca nuestra!
¡Imágenes que inclinan su hermosura
sobre espejos que nunca las reflejan!

¡Qué cadáver ingrávido: un mañana
que muere al filo de su aurora cierta!
Vísperas son capullos. Sí, de dichas;
sí, de tiempo, futuros en capullos.
¡Tan hermosas, las vísperas!
                    ¡Y muertas! [...]

Sigo escombro adelante, solo, solo.
Hollando voy los restos
de tantas perfecciones abolidas.
Años, siglos, por siglos acudieron
aquí, a posarse en ellas; rezumaban
arcillas o granitos,
linajes de humedad, frescor edénico.
No piso la materia; en su pedriza
piso el mayor dolor, tiempo deshecho.
Tiempo divino que llegó a ser tiempo
poco a poco, mañana tras su aurora,
mediodía camino de su véspero,
estío que se junta con otoño,
primaveras sumadas al invierno.
Años que nada saben de sus números,
llegándose, marchándose sin prisa,
sol que sale, sol puesto,
artificio diario, lenta rueda
que va subiendo al hombre hasta su cielo.
Piso añicos de tiempo.
Camino sobre anhelos hechos trizas
sobre los días lentos
que le costó al cincel llegar al ángel;
sobre ardorosas noches,
con el ardor ardidas del desvelo
que en la alta madrugada da, por fin,
con el contorno exacto de su empeño...
Hollando voy las horas jubilares:
triunfo, toque final, remate, término
cuando ya, por constancia o por milagro,
obra se acaba que empezó proyecto.
Lo que era suma en un instante es polvo.
¡Qué derroche de siglos, un momento! [...]

Soy la sombra que busca en la escombrera.
Con sus siete colores cada una
mil soledades vienen a mi encuentro.
Hay un crucificado que agoniza
en desolado Gólgota de escombros,
de su cruz separado, cara al cielo.
Como no tiene cruz parece un hombre.
Pero aúlla un perro, un infinito perro
—inmenso aullar nocturno ¿desde dónde?—,
voz clamante entre ruinas por su Dueño.

(Todo más claro.)

CONFIANZA

Mientras haya
alguna ventana abierta,
ojos que vuelven del sueño,
otra mañana que empieza.

Mar con olas trajineras
—mientras haya—
trajinantes de alegrías,
llevándolas y trayéndolas.

GENERACION DEL 27

De izquierda a derecha, Pedro Salinas, Juan Ramón Jiménez y Jorge Guillén.

Lino para la hilandera,
árboles que se aventuren,
—mientras haya—
y viento para la vela.

Jazmín, clavel, azucena,
donde están, y donde no
en los nombres que los mientan.

Mientras haya
sombras que la sombra niegan,
pruebas de luz, de que es luz
todo el mundo, menos ellas.

Agua como se la quiera
—mientras haya—
voluble por el arroyo,
fidelísima en la alberca.

[1] Mujer de Fénix o de Cefeo, rey legendario de Etiopía, y madre de Andrómeda, que se atrevió a comparar su belleza con la de las nereidas. Poseidón, irritado, obligó a Cefeo a entregar a su hija a un monstruo marino. Después de su muerte, Casiopea fue transformada en constelación.
[2] Constelación boreal cuyas estrellas principales describen una gran cruz en plena Vía Láctea. Está formada por una cincuentena de estrellas visibles a simple vista y por numerosas estrellas dobles o múltiples.

Tanta fronda en la sauceda,
tanto pájaro en las ramas
—mientras haya—,
tanto canto en la oropéndola.

Un mediodía que acepta
serenamente su sino
que la tarde le revela.

Mientras haya
quien entienda la hoja seca,
falsa elegía, preludio
distante a la primavera.

Colores que a sus ausencias
—mientras haya—
siguiendo a la luz se marchan
y siguiéndola regresan.

Diosas que pasan ligeras
pero se dejan un alma
—mientras haya—
señalada con sus huellas.

Memoria que le convenza
a esta tarde que se muere
de que nunca estará muerta.

Mientras haya
trasluces en la tiniebla,
claridades en secreto,
noches que lo son apenas.

Susurros de estrella a estrella
—mientras haya—
Casiopea[1] que pregunta
y Cisne[2] que la contesta.

Tantas palabras que esperan,
invenciones, clareando,
—mientras haya—
amanecer de poema.

Mientras haya
lo que hubo ayer, lo que hay hoy,
lo que venga.

(Confianza.)

DEFENSA DEL LENGUAJE

El hombre se posee en la medida que posee su lengua

No habrá ser humano completo, es decir, que se conozca y se dé a conocer, sin un grado avanzado de posesión de su lengua. Porque el individuo se posee a sí mismo, se conoce, expresando lo que lleva dentro, y esa expresión sólo se cumple por el medio del lenguaje. Ya Lazarus y Steinthal, filólogos germanos, vieron que el espíritu es lenguaje y se hace por el lenguaje. Hablar es comprender, y comprenderse es construirse a sí mismo y construir el mundo. A medida que se desenvuelve este razonamiento y se advierte esa fuerza extraordinaria del lenguaje en modelar nuestra misma persona, en formarnos, se aprecia la enorme responsabilidad de una sociedad humana que deja al individuo en estado de incultura lingüística. En realidad, el hombre que no conoce su lengua vive pobremente, vive a medias, aun menos. ¿No nos causa pena, a veces, oír hablar a alguien que pugna, en vano, por dar con las palabras, que al querer explicarse, es decir, expresarse, vivirse, ante nosotros, avanza a trompicones, dándose golpazos, de impropiedad en impropiedad, y sólo entrega al final una deforme semejanza de lo que hubiese querido decirnos? Esa persona sufre como de una rebaja de su dignidad humana. No nos hiere su deficiencia por vanas razones de bien hablar, por ausencia de formas bellas, por torpeza técnica, no. Nos duele mucho más adentro, nos duele en lo humano; porque ese hombre denota con sus tanteos, sus empujones a ciegas por las nieblas de su oscura conciencia de la lengua, que no llega a ser completamente, que no sabremos nosotros encontrarlo. Hay muchos, muchísimos inválidos del habla, hay muchos cojos, mancos, tullidos de la expresión. Una de las mayores penas que conozco es la de encontrarme con un mozo joven, fuerte, ágil, curtido en los ejercicios gimnásticos, dueño de su cuerpo, pero que cuando llega al instante de contar algo, de explicar algo, se transforma de pronto en un baldado espiritual, incapaz casi de moverse entre sus pensamientos; ser precisamente contrario, en el ejercicio de las potencias de su alma, a lo que es en el uso de las fuerzas de su cuerpo. Podrán aquí salirme al camino los defensores de lo inefable, con su cuento de que lo más hermoso del alma se expresa sin palabras. No lo sé. Me aconsejo a mí mismo una cierta precaución ante eso de lo inefable. Puede existir lo más hermoso de un alma sin palabras, acaso. Pero no llegará a tomar forma humana completa, es decir, convivida, consentida, comprendida por los demás.

(El defensor.)

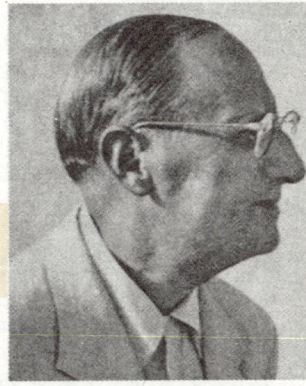

JORGE GUILLEN

Nació en Valladolid en 1893. Estudió Filosofía y Letras. Muy pronto inició su amistad con Pedro Salinas, al que dedicará la totalidad de su obra poética. Entre 1917 y 1923 fue lector de español en la Sorbona. En 1924 se doctoró en Madrid con una tesis sobre Góngora. Desde 1926 y hasta 1929 fue catedrático de Literatura española de la Universidad de Murcia. Entre 1929 y 1931 da clases en Oxford. En 1931 pasa a la Universidad de Sevilla. En esta ciudad le sorprende la guerra civil. Es detenido y encarcelado. Logra, al fin, salir de la España franquista en 1938. Se establece en Estados Unidos. Enseña en el Wellesley College de Massachusetts y en otros centros universitarios, desde 1940 hasta 1957. Después de su jubilación, vivió, alternativamente, en Estados Unidos, Italia y Málaga. En esta última ciudad falleció en 1984. En 1977 se le había concedido el Premio Cervantes.

Obra

Toda la obra de Guillén hasta 1950 está recogida en un volumen, con el título de **Cántico,** que fue creciendo en sucesivas ediciones. A diferencia de los demás poetas del 27, Guillén mantiene en esta obra, a lo largo de treinta años, una unidad te-

GENERACION DEL 27

De izquierda a derecha, Federico García Lorca, Pepín Bello, A. Rubio Sacristán, Joaquín Romero Murube y Jorge Guillén. La foto está tomada en Sevilla, en 1935.

mática y estilística sorprendentes. La primera edición, de 1928, tenía 75 poemas, aparecidos casi todos ellos anteriormente en revistas. La segunda, de 1936, consta de 125, que distribuyó en cinco apartados: «Al aire de tu vuelo», «Las horas situadas», «El pájaro en la mano», «Aquí mismo» y «Pleno ser». La siguiente, de 1945, con 270 poemas, mantiene la distribución de los mismos en cinco partes, pero con subdivisiones internas, y añade el subtítulo «Fe de vida». La última, y definiva, mantiene el subtítulo de la anterior y contiene 334 poemas.

La distribución de los poemas en estas cuatro ediciones no es siempre la misma. Al concebir su obra como un todo orgánico en pleno desarrollo, Guillén va encontrando nuevas afinidades entre unos poemas y otros, lo que le lleva a alterar el orden de colocación. Sin embargo, a partir de la tercera edición, las cinco partes comienzan con un poema sobre el amanecer y terminan con otro sobre el anochecer, el sueño o el amor.

El tema central de este *Cántico* es el de la afirmación del ser y del vivir, como expresa el subtítulo, «Fe de vida». No hay alegría mayor que la de ser («Ser, nada más. Y basta / es la absoluta dicha», exclamará en un poema.) El poeta parte siempre de un conocimiento de la realidad subjetiva y objetiva, de la común experiencia humana, pero reducida a lo esencial, depurada de la escoria formal y anecdótica. Su poema asciende casi siempre a la abstracción sistematizadora desde sensaciones muy primarias, elementales. Su mirada, que abarca el conjunto de lo creado, y que no puede expresar en su totalidad, tiene que valerse de la abstracción, pero de una abstracción que conserva presente la materia viva desde donde parte. Para algunos críticos, sin embargo, Guillén es un poeta esencialista: ve la imperfección del mundo e inventa, reactivamente, una perfección que no existe y que proyecta sobre la realidad objetiva.

Para Guillén, el mundo «está bien hecho», y de ahí su entusiasmo ante la perfección de ese mundo y su júbilo por vivir con plenitud en armonía con todo lo creado (¡Oh perfección: dependo / del total más allá. / Dependo de las cosas!). Advirtamos que J. Guillén da paso al gozo, al asombro, frente a la realidad, pero siempre de forma contenida, refrenada, rehuyendo cualquier forma exagerada y tumultuaria.

Dentro de la realidad en la que se mueve, el poeta no sólo acepta su propia limitación, sino que, además, para ser el que es, la necesita. Como consecuencia, exige que las cosas y las personas entre las que se mueve, y que al mismo tiempo lo centran, aparezcan con sus propios y bien definidos perfiles. De ahí también el que evite los momentos crepusculares. Los contornos siempre se dibujan nítidamente y la luz se convierte en una palabra fundamental en sus poemas (son frecuentes los que se refieren al amanecer, al brotar de las cosas a la luz, o los que tratan de la vaguedad disolviéndose en forma).

El ser, palabra, quizá, la más representativa del libro, se desenvuelve en un lugar y en un tiempo precisos, porque nada existe fuera de la temporalidad. Y, por tanto, el poeta no puede soslayar dos temas de la poesía de todas las épocas: el tiempo y la muerte. Sin embargo, el tiempo en Guillén no lleva aparejadas la melancolía y la angustia, tan habituales en otros poetas. Se trata de un tiempo más original: de un presente total en el que subyacen el pasado y el futuro. Su misión es la de revivir una y otra vez las maravillas que envuelven al poeta: la luz, el mediodía, la conversación con los amigos, el amor, que es una de las experiencias más eficaces de dominio sobre el tiempo. Toda la creación se «ahínca en el Sagrado Presente perdurable». Ese presente, diariamente eterno y nuevo, presta a la poesía de *Cántico* su raíz jubilosa.

Hay que precisar también que las alusiones a la muerte son escasas o demasiado indirectas y que cualquier angustia metafísica o existencial, cualquier visión de la cara absurda del mundo, están excluidas de esta obra. La vida es un valor positivo cuya realidad tampoco puede ser negada por el hecho mismo de la muerte en donde la vida desemboca. «La vida quiere siempre más vida» y «vivir no es un ir muriendo», afirmará el poeta. La muerte es sólo una ley más que no destruye la armonía y continuidad de lo creado y nunca puede admitirse como obstáculo para el goce concreto.

Parecería lógico que los acontecimientos históricos y culturales que se producen a partir de 1936 (la guerra española, la segunda guerra mundial, las nuevas corrientes filosóficas de los años cuarenta) se reflejaran en los poemas que añade a las dos últimas ediciones de *Cántico*. Y, efectivamente, algún cambio puede rastrearse. El poeta no es ajeno ahora al dolor, al mal,

JORGE GUILLEN

y a la intrusión cada vez más intensa de elementos destructivos en la perfección del mundo que ha cantado. Pero no por ello renuncia a su postura gozosa y optimista. El mundo, a pesar de todo, sigue teniendo sentido y su misión es cantar esa existencia positiva que es el vivir.

Hasta el fin luchará Guillén contra todo lo que pretenda destruir o negar su afirmación central de vida. *Cántico* se convierte así en el libro más jubiloso de la poesía española de todos los tiempos. Como ha puntualizado Dámaso Alonso: «parece un libro de poemas; pero es, ante todo, un grito gozoso y maravillado, una interjección única, ampliada, intensificada».

Clamor, su siguiente libro, al que subtitula «Tiempo de Historia», se divide en tres partes: *Maremágnum* (1957), ... *Que van a dar en la mar* (1960) y *A la altura de las circunstancias* (1963). Muchos de los temas (el ser, el tiempo, el amor) y de las fórmulas estilísticas de *Cántico* se prolongan, ahondan o sufren en esta obra una importante evolución, pero también aparecen otros poemas muy distintos. Guillén protesta contra todo lo negativo, caótico y destructivo (la crueldad y la injusticia, sobre todo) que ha ido introduciéndose en la perfección del Cosmos. El temor de no ser se revela con mayor nitidez. Las amenazas del mal, siempre contrarrestadas en *Cántico*, aparecen ahora en su plenitud.

Sin embargo, al final, se alza siempre la negación de que todos esos elementos puedan destruir la voluntad de vida de los seres humanos. Guillén también se encara con la vejez, en la certeza de que la muerte será su fin, pero no el fin de la vida misma ni la negación de lo ya vivido.

En su tercer libro, **Homenaje** (1967), el tono pesimista se atenúa, aunque no faltan, como en *Clamor*, las notas elegíacas y dolientes, la sátira política y la crítica mordaz. Para Ignacio Prat: «desde el punto de vista de su estructura y por su situación en *Aire nuestro*, *Homenaje* presenta más afinidades con *Cántico* que con *Clamor*». Si *Cántico* era la más bella exaltación de la realidad natural, *Homenaje* es también la más bella exaltación española de un mundo histórico, pasado o presente: lecturas, ciudades, mitos, circunstancias que han emocionado o interesado al autor, recuerdos de amigos muertos en la guerra y en el exilio o del encuentro con otros nuevos.

El carácter unitario que siempre advirtió Guillén en estas tres obras hizo que las agrupara bajo el título genérico de **Aire nuestro** (1968), añadiendo un poema inicial, al que tituló «Respiro», y que da la clave del conjunto. Emilia de Zuleta escribirá: «Esta obra de cincuenta años de poesía sostiene un cántico sin desmayos. Ni el escándalo del caos, ni el desorden, ni los disturbios alteran el "contacto acertado", la relación vital con todo lo existente. Aun cuando los años perturben a veces la alegría, aun cuando llegue a conocer los abismos del tedio y de la nada, la realidad lo sostiene y lo encumbra.»

En fechas posteriores, publicará *Guirnalda civil* (1970), que pasará a **... Y otros poemas** (1973) y **Final** (1982), que recoge lo escrito desde 1973 hasta 1981.

En *Final*, la mayor parte de los poemas pueden considerarse como variaciones o continuación de los tres primeros libros. La novedad más destacada está en la intensificación del ingenio aforístico del autor.

Guillén es autor también de numerosos ensayos, como «Federico en persona», que figura como prólogo a las *Obras completas* de García Lorca en la editorial Aguilar, y los contenidos en *Lenguaje y poesía*. En *Hacia Cántico. Escritos de los años 20* (1980) se ha recogido su más temprana obra.

Ediciones

Cántico. Clamor. Homenaje. Y otros poemas. Final, Barcelona, Barral, 1976-1981.

MIENTRAS EL AIRE ES NUESTRO

Respiro.
Y el aire en mis pulmones
Ya es saber, ya es amor, ya es alegría,
Alegría entrañada
Que no se me revela
Sino como un apego
Jamás interrumpido
—De tan elemental—
A la gran sucesión de los instantes
En que voy respirando,
Abrazándome a un poco
De la aireada claridad enorme.

Vivir, vivir, raptar —de vida a ritmo—
Todo este mundo que me exhibe el aire,

Ese —Dios sabe cómo— preexistente
Mas allá
Que a la meseta de los tiempos alza
Sus dones para mí porque respiro,
Respiro instante a instante,
En contacto acertado
Con esa realidad que me sostiene,
Me encumbra,
Y a través de estupendos equilibrios
Me supera, me asombra, se me impone.

(Aire nuestro: Cántico. Clamor. Homenaje.)

MAS ALLA

I

(El alma vuelve al cuerpo,
Se dirige a los ojos
Y choca.) —¡Luz! Me invade
todo mi ser. ¡Asombro!

Intacto aún, enorme,
Rodea el tiempo... Ruidos
Irrumpen. ¡Cómo saltan
Sobre los amarillos,

Todavía no agudos
De un sol hecho ternura
De rayo alboreado
Para estancia difusa,

Mientras van presentándose
Todas las consistencias
Que al disponerse en cosas
Me limitan, me centran!

¿Hubo un caos? Muy lejos
De su origen, me brinda
Por entre hervor de luz
Frescura en chispas. ¡Día!

Una seguridad
Se extiende, cunde, manda.
El esplendor aploma
La insinuada mañana.

Y la mañana pesa,
Vibra sobre mis ojos,
Que volverán a ver
Lo extraordinario: todo.

Todo está concentrado
Por siglos de raíz
Dentro de este minuto,
Eterno y para mí.

Y sobre los instantes
Que pasan de continuo
Voy salvando el presente,
Eternidad en vilo.

Corre la sangre, corre
Con fatal avidez.
A ciegas acumulo
Destino: quiero ser.

Ser, nada más. Y basta.
Es la absoluta dicha.
¡Con la esencia en silencio
Tanto se identifica!

¡Al azar de las suertes
Unicas de un tropel
Surgir entre los siglos,
Alzarse con el ser,

Y a la fuerza fundirse
Con la sonoridad
Más tenaz: sí, sí, sí,
La palabra del mar!

Todo me comunica,
Vencedor, hecho mundo,
Su brío para ser
De veras real, en triunfo.

Soy, más, estoy. Respiro.
Lo profundo es el aire.
La realidad me inventa,
Soy su leyenda. ¡Salve!

VI

¡Oh perfección! Dependo
Del total más allá,
Dependo de las cosas.
Sin mí son y ya están

Proponiendo un volumen
Que ni soñó la mano,
Feliz de resolver
Una sorpresa en acto.

Dependo en alegría
De un cristal de balcón,
De ese lustre que ofrece
Lo ansiado a su raptor,

Y es de veras atmósfera
Diáfana de mañana,
Un alero, tejados,
Nubes allí, distancias.

Suena a orilla de abril
El gorjeo esparcido
Por entre los follajes
Frágiles. (Hay rocío.)

Pero el día al fin logra
Rotundidad humana
De edificio y refiere
Su fuerza a mi morada.

Así va concertando,
Trayendo lejanías,
Que al balcón por países
De tránsito deslizan.

Nunca separa el cielo.
Ese cielo de ahora
—Aire que yo respiro—
De planeta me colma.

¿Dónde extraviarse, dónde?
Mi centro es este punto:
Cualquiera. ¡Tan plenario
Siempre me aguarda el mundo!

Una tranquilidad
De afirmación constante
Guía a todos los seres,
Que entre tantos enlaces

Universales, presos
En la jornada eterna,
Bajo el sol quieren ser
Y a su querer se entregan

Fatalmente, dichosos
Con la tierra y el mar
De alzarse a lo infinito:
Un rayo de sol más.

Es la luz del primer
Vergel, y aun fulge aquí,
Ante mi faz, sobre esa
Flor, en ese jardín.

Y con empuje henchido
De afluencias amantes
Se ahínca en el sagrado
Presente perdurable

Toda la creación,
Que al despertarse un hombre
Lanza la soledad
A un tumulto de acordes.

LOS NOMBRES

Albor. El horizonte
Entreabre sus pestañas
Y empieza a ver. ¿Qué? Nombres.
Están sobre la pátina

De las cosas. La rosa
Se llama todavía
Hoy rosa, y la memoria
De su tránsito, prisa,

Prisa de vivir más.
A largo amor nos alce

Esa pujanza agraz
del Instante, tan ágil

Que en llegando a su meta
Corre a imponer Después.
Alerta, alerta, alerta,
Yo seré, yo seré.

¿Y las rosas?... Pestañas
Cerradas: horizonte
Final. ¿Acaso nada?
Pero quedan los nombres.

CIMA DE LA DELICIA

¡Cima de la delicia!
Todo en el aire es pájaro.
Se cierne lo inmediato
Resuelto en lejanía.

¡Hueste de esbeltas fuerzas!
¡Qué alacridad [1] de mozo
En el espacio airoso,
Henchido de presencia!

El mundo tiene cándida
Profundidad de espejo.
Las más claras distancias
Sueñan lo verdadero.

¡Dulzura de los años
Irreparables! ¡Bodas

Tardías con la historia
Que desamé a diario!

¡Más, todavía más!
Hacia el sol en volandas
La plenitud se escapa.
¡Ya sólo sé cantar!

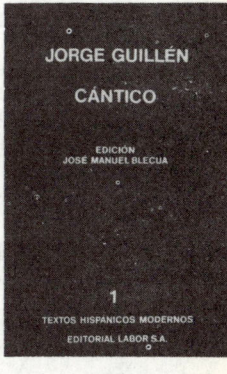

A la izquierda, portada de uno de los cinco tomos en los que Barral Editores recogió las Obras completas de Guillén. A la derecha, la del volumen con que la editorial Labor inauguraba una colección de clásicos.

---
1. Alegría y presteza del ánimo para hacer alguna cosa.

PRIMAVERA DELGADA

Cuando el espacio sin perfil resume
    Con una nube

Su vasta indecisión a la deriva
    —¿Dónde la orilla?—

Mientras el río con el rumbo en curva
    Se perpetúa

Buscando sesgo a sesgo, dibujante,
    Su desenlace,

Mientras el agua duramente verde
    Niega sus peces

Bajo el profundo equívoco reflejo
    De un aire trémulo…

Cuando conduce la mañana, lentas,
    sus alamedas

Gracias a las estelas vibradoras
    Entre las frondas,

A favor del avance sinuoso
    Que pone en coro

La ondulación suavísima del cielo
    Sobre su viento

Con el curso tan ágil de las pompas,
    Que agudas bogan…

¡Primavera delgada entre los remos
    De los barqueros!

ANILLO

III

Gozo de gozos: el alma en la piel,
Ante los dos el jardín inmortal,
El paraíso que es ella con él,
Optimo el árbol sin sombra de mal.

Luz nada más. He ahí los amantes.
Una armonía de montes y ríos,
Amaneciendo en lejanos levantes,
Vuelve inocentes los dos albedríos.

¿Dónde estará la apariencia sabida?
¿Quién es quien surge? Salud, inmediato
Siempre, palpable misterio: presida
Forma tan clara a un candor de arrebato.

¿Es la hermosura quien tanto arrebata,
O en la terrible alegría se anega
Todo el impulso estival? (¡Oh beata
Furia del mar, esa ola no es ciega!)

Aun retozando se afanan las bocas,
Inexorables a fuerza de ruego.
(Risas de Junio, por entre unas rocas,
Turban el límpido azul con su juego.)

¿Yace en los brazos un ansia agresiva?
Calladamente resiste el acorde.
(¡Cuánto silencio de mar allá arriba!
Nunca hay fragor que el cantil [2] no me asorde.)

Y se encarnizan los dos violentos
En la ternura que los encadena.
(El regocijo de los elementos
Torna y retorna a la última arena.)

Ya las rodillas, humildes aposta,
Saben de un sol que al espíritu asalta.

(El horizonte en alturas de costa
Llega a la sal de una brisa más alta.)

¡Felicidad! El alud de un favor
Corre hasta el pie, que retuerce su celo.
(Cruje el azul. Sinuoso calor
Va alabeando la curva del cielo.)

Gozo de ser: el amante se pasma.
¡Oh derrochado presente inaudito,
Oh realidad en raudal sin fantasma!
Todo es potencia de atónito grito.

Alrededor se consuma el verano.
Es un anillo la tarde amarilla.
Sin una nube desciende el cercano
Cielo a este ardor. Sobrehumana, la arcilla.

V

Y se sumerge todo el ser, tranquilo
Con vigor, en la paz del universo,
La enorme paz que da a la guerra asilo,
Todo en más vasta pleamar inmerso.

Irresistible creación redonda
Se esparce universal como una gana,
Como una simpatía de onda en onda
Que se levanta en esperanza humana.

Arroyo claro sobre peña y guijo [3]:
¿Para morir no quieres detenerte?
Amor en creación, en flor, en hijo:
¿Adónde vas sin miedo de la muerte?

---

2. Lugar que forma escalón en la costa o en el fondo del mar.
3. Conjunto de piedras peladas y chinas o pequeño canto rodado.

JORGE GUILLEN

Hermoso tanto espacio ante la cumbre,
Amor es siempre vida, sólo vida.
No hay mirada amorosa que no alumbre
Su eternidad. Allí secreta anida.

¡Oh presente sin fin, ahora eterno
Con frescura continua de rocío,
Y sin saber del mal ni del invierno,
Absoluto en su cámara de estío!

Increíble absoluto en esa mina
Que halla el amor —buscándose a lo largo
De un tiempo en marcha siempre hacia su ruina—
A la cabeza del vivir amargo.

Tanto presente, de verdad, no pasa.
Feliz el río, que pasando queda.
¡Oh tiempo afortunado! Ved su casa.
Este amor es fortuna ya sin rueda.

Bien ocultos por voces y por gestos,
Agiles a pesar de tanto lazo,
Viven los dos gozosamente opuestos
Entre las celosías de su abrazo.

En la penumbra el rayo no descansa.
La amplitud de la tarde ciñe inmensa.
Bajo el secreto de una luz tan mansa,
Amor solar se logra y se condensa.

Y se yerguen seguros dos destinos
Afrontando la suerte de los días,
Pedregosos tal vez o diamantinos.
Todos refulgirán, Amor, si guías.

¡Sea la tarde para el sol! La Tierra
No girará con trabazón más fuerte.
En torno a un alma el círculo se cierra.
¿Por vencida te das ahora, Muerte?

DESNUDO

Blancos, rosas. Azules casi en veta,
    Retraídos, mentales.
Puntos de luz latente dan señales
    De una sombra secreta.

Pero el color, infiel a la penumbra,
    Se consolida en masa.
Yacente en el verano de la casa,
    Una forma se alumbra.

Claridad aguzada entre perfiles,
    De tan puros tranquilos,

Que cortan y aniquilan con sus filos
    Las confusiones viles.

Desnuda está la carne. Su evidencia
    Se resuelve en reposo.
Monotonía justa, prodigioso
    Colmo de la presencia.

Plenitud inmediata, sin ambiente,
    Del cuerpo femenino.
Ningún primor: ni voz ni flor. ¿Destino?
    ¡Oh absoluto Presente!

BEATO SILLON

¡Beato sillón! La casa
Corrobora su presencia
Con la vaga intermitencia
De su invocación en masa
A la memoria. No pasa

Nada. Los ojos no ven,
Saben. El mundo está bien
Hecho. El instante lo exalta
A marea, de tan alta,
de tan alta, sin vaivén.

PERFECCION

Queda curvo el firmamento,
Compacto azul, sobre el día.
Es el redondeamiento
Del esplendor: mediodía.
Todo es cúpula. Reposa,

Central sin querer, la rosa,
A un sol en cenit sujeta.
Y tanto se da el presente
Que el pie caminante siente
La integridad del planeta.

GENERACION DEL 27

AFIRMACION

Afirmación, que es hambre: mi instinto siempre diestro
La tierra me arrebata sin cesar este sí
Del pulso, que hacia el ser me inclina, zahorí.
No hay soledad. Hay luz entre todos. Soy vuestro.

MUERTE A LO LEJOS

Je soutenais l'éclat de la mort toute pure.
Paul Valéry

Alguna vez me angustia una certeza,
Y ante mí se estremece mi futuro.
Acechándolo está de pronto un muro
Del arrabal final en que tropieza.

La luz del campo. ¿Mas habrá tristeza
Si la desnuda el sol? No, no hay apuro
Todavía. Lo urgente es el maduro
Fruto. La mano ya lo descorteza.

... Y un día entre los días el más triste
Será. Tenderse deberá la mano
Sin afán. Y acatando el inminente

Poder diré sin lágrimas: embiste,
Justa fatalidad. El muro cano
Va a imponerme su ley, no su accidente.

LOS JARDINES

Tiempo en profundidad: está en jardines.
Mira cómo se posa. Ya se ahonda.
Ya es tuyo su interior. ¡Qué transparencia
De muchas tardes, para siempre juntas!
Sí, tu niñez, ya fábula de fuentes.

LAS DOCE EN EL RELOJ

Dije: Todo ya pleno.
Un álamo vibró.
Las hojas plateadas
Sonaron con amor.
Los verdes eran grises,
El amor era sol.
Entonces, mediodía,
Un pájaro sumió
Su cantar en el viento
Con tal adoración
que se sintió cantada
Bajo el viento la flor

Crecida entre las mieses,
Más altas. Era yo,
Centro de aquel instante
De tanto alrededor,
Quien lo veía todo
Completo para un dios.
Dije: Todo, completo.
¡Las doce en el reloj!

(Cántico.)

LOS INTRANQUILOS

Somos los hombres intranquilos
   En sociedad.

Ganamos, gozamos, volamos.
   ¡Qué malestar!

JORGE GUILLEN

El mañana asoma entre nubes
    De un cielo turbio
Con alas de arcángeles-átomos
    Como un anuncio.

Estamos siempre a la merced
    De una cruzada.
Por nuestras venas corre sangre
    De catarata.

Así vivimos sin saber
    Si el aire es nuestro.
Quizá muramos en la calle,
    Quizá en el lecho.

Somos entre tanto felices.
    Seven o'clock.
Todo es bar y delicia oscura.
    ¡Televisión!

EL ENGAÑO A LOS OJOS

Con qué nobleza se revuelven
Todos juntos esos muchachos
Y claman por una justicia
Perturbando, vociferando,
Tan inocentes los carrillos,
Tan fieros el porte y los pasos,
Con la mirada en dirección
De un porvenir extraordinario,
Pero a la vista ahora, ahora,
Presente ya sobre el asfalto
De las calles estimuladas
Por los rumores calculados
De esa tan filial muchedumbre,
Coro de gargantas y brazos,

Crédulamente fiel y dócil
—Candor por alud— al dictado
De los mayores en edad,
En crueldad y en aparato,
Aun carceleros de una cárcel
Donde todo queda murado,
Sin salida a ningún futuro:
Ni a ese que van anhelando
Los que, por fin, desfilan, jóvenes,
Magníficos, frente al tirano.

(Clamor: Maremágnum.)

EL DESCAMINADO

¡Si pudiese dormir! Aun me extravío
Por este insomnio que se me rebela.
No sé lo que detrás de la cancela
Me ocurre en mi interior aún más sombrío.

Dentro, confuso y torpe, me desvío
De lo que el alma sobre todo anhela:
Mantener encendida esa candela
Propia sin cuya luz yo no soy mío.

¡«Descaminado enfermo»! Peregrina
Tras mi norma hacia un orden, tras mi polo
De virtud va esta voz. El mal me parte.

Quiero la luz humilde que ilumina
Cuerpo y alma en un ser, en uno solo.
Mi equilibrio ordinario es mi gran arte.

(Clamor:... Que van a dar en la mar.)

LA SANGRE AL RIO

II

Llegó la sangre al río.
Todos los ríos eran una sangre,
Y por las carreteras
De soleado polvo
—O de luna olivácea—
Corría en río sangre ya fangosa,
Y en las alcantarillas invisibles
El sangriento caudal era humillado
Por las heces de todos.

Entre las sangres todos siempre juntos,
Juntos formaban una red de miedo.
También demacra el miedo al que asesina,
Y el aterrado rostro palidece,
Frente a la cal de la pared postrera,
Como el semblante de quien es tan puro
Que mata.

Encrespándose en viento el crimen sopla.
Lo sienten las espigas de los trigos,
Lo barruntan los pájaros,
No deja respirar al transeúnte

GENERACION DEL 27

Ni al todavía oculto,
No hay pecho que no ahogue:
Blanco posible de posible bala.

Innúmeros, los muertos,
Crujen triunfantes odios
De los aún, aún supervivientes.
A través de las llamas
Se ven fulgir quimeras,
Y hacia un mortal vacío
Clamando van dolores tras dolores.

Convencidos, solemnes si son jueces
Según terror con cara de justicia,
En baraúnda de misión y crimen
Se arrojan muchos a la gran hoguera
Que aviva con tal saña el mismo viento,
Y arde por fin el viento bajo un humo
Sin sentido quizá para las nubes.

¿Sin sentido? Jamás.
No es absurdo jamás horror tan grave.
Por entre los vaivenes de sucesos
—Abnegados, sublimes, tenebrosos,
Feroces—

J. Guillen recibe el premio Cervantes de manos del director general de Cultura Popular. A la izquierda, en segundo término, puede verse a Dámaso Alonso.

La crisis vocifera su palabra
De mentira o verdad,
Y su ruta va abriéndose la Historia,
Allí mayor, hacia el futuro ignoto,
Que aguardan la esperanza, la conciencia
De tantas, tantas vidas.

(Clamor: A la altura de las circunstancias.)

UNA PRISION

(1936)

Aquel hombre no tuvo nunca historia,
Pero tenía Historia como todos
Los hombres. Cierta crisis... Le apenaba
Recordar. Una vez habló, sereno.

Evoco mi prisión, no «mis prisiones».
Fue muy breve mi paso por la cárcel.
Cárcel en horas de mortal peligro.
Nos rodeaban sólo fratricidas.

«¿Hoy la suerte común será mi suerte:
Que sin forma de ley se me fusile
En nombre del Eterno, aquí tan bélico,

De sus milicias y de sus devotos?»
Confiar en mi estrella fue mi ayuda.
—¿No en Dios?— Andaba con los asesinos,

Según los asesinos y sus cómplices.

ESPERANZA

Los días no me otorgan más que tránsito
De espera.
Una sola y muy larga expectación

Me conduce hacia un término posible,
Acaso ya probable:
La fuente resurgida ante mi sed.

Esta sed de errabundo...
Hombre solo entre gentes. Y perdido.
Tan perdido por dentro de sus años,
Sus glorias.

Y tú callas, te guardas. ¡No! Te pierdes.

Que tu silencio venga hasta mis brazos,
Se ahonde y se transforme
De pronto en un murmullo,
En un acercamiento de la entraña,
Y que todo su ser esperanzado
Se articule hacia luz,
Prorrumpa,
Y sea voz, tu voz,
O nada más —y entonces desplomándose—
Tu cabeza, mi pecho, nuestro abrazo.

(Homenaje.)

JORGE GUILLEN

GUIRNALDA CIVIL

11

Innúmeras son ya las vidas truncas.
Cadáveres sepultos no se sabe
Dónde: no hay cementerios de vencidos.
Gente medio enterrada en sus prisiones.
Algunos huyen, otros se destierran
Para no perecer de propia cólera.

Pero entre tantas muertes y catástrofes
Algo subsiste sin cesar feroz,

El más feroz de todos los poderes:
Vida, vida sin fin.

        Y poco a poco,
y sin cesar, inexorablemente
se reanudan las formas cotidianas,
Se inventan soluciones.
La vida es implacable.

ARTE RUPESTRE

7

Español a machamartillo:
El anatema en el bolsillo.

De pronto defiende su fe
Con la pistola o con el pie.

Chispea a veces, sin embargo,
A la luz de su sol amargo.

En torno siempre de una noria,
Se queda al margen de la Historia.

Español a machamartillo:
Los zapatos con mucho brillo.

(Y otros poemas.)

VIDA DE LA EXPRESION

9

«Una liberación: la poesía.»
Se nos dijo a manera de homenaje.
Si me pongo a escribir, es que soy libre.
Si no estoy sano, yo no emprendo viaje.

13

Con intensa atención escribí un texto,
    Y lo borró el olvido.
... Me releí con inquietud de incógnita.
    ¿Yo seré quien he sido?

LE TEMPS RETROUVE

Cuando releo ahora
Frases que releí cuando era joven,
Me conmuevo.

¿Por qué?
De pronto y de repente,
Es «le temps retrouvé».

Por ejemplo,
Manrique, Garcilaso,
Ronsard o Baudelaire, Rubén Darío...

Corrientes aguas, puras, cristalinas...
Quand vous serez bien vieille, le soir à la chandelle.
Francisca Sánchez, acompáñame... [4]

Entonces
Me invade, desgarrándome, el tiempo transcurrido.
Y hasta los ojos, sí, se me humedecen.

(Final.)

---

[4]. Estos versos se encuentran, respectivamente, en poemas de Garcilaso de la Vega, Ronsard y Rubén Darío.

GENERACION DEL 27

RAFAEL ALBERTI

Nació en El Puerto de Santa María (Cádiz). Estudió en el colegio de los jesuitas. En 1917 se trasladó con su familia a Madrid. Poco después abandonó una prometedora carrera de pintor para dedicarse a la literatura (el carácter plástico de gran parte de su poesía tiene mucho que ver con esta vocación pictórica). El 1927, una crisis religiosa le hace perder la fe. Cuatro años después se afilia al Partido Cumunista. En 1934 funda la revista *Octubre*. Durante la guerra civil participó activamente en la lucha, del lado republicano. Terminada la misma, se trasladó a París. En 1940 se instaló en Buenos Aires. En 1962 se estableció en Roma. Volvió a España en 1977. En 1983 se le concedió el Premio Cervantes. En la actualidad vive en Madrid.

Obra

En su obra pueden advertirse las influencias más diversas, aunque profundamente asimiladas y nunca seguidas de forma mimética o servil. Entre ellas, destacan las de Gil Vicente, la poesía de los Cancioneros de los siglos xv y xvi, El Romancero, la lírica tradicional, la poesía barroca, Bécquer, el simbolismo francés (Baudelaire y Rimbaud, ante todo) y las vanguardias.

Como en Lorca, también lo popular y lo culto, lo universal y lo andaluz, la sencillez y los malabarismos verbales, lo viejo y lo nuevo, alternan o conviven en su obra. En ella es notable la variedad de temas, pero más sorprendente es aún la variedad de registros estilísticos. Los tonos más diversos y los más diferentes esquemas métricos se encuentran en la misma.

Ricardo Gullón ha establecido, con acierto, cinco etapas en su poesía: neopopularismo, gongorismo, surrealismo, poesía política y estallido de la nostalgia.

Primera etapa. Un primer ciclo de su obra, en el que dominan las influencias de la poesía tradicional, está formado por tres libros: **Marinero en tierra** (1925), **La amante** (1926) y **El alba del alhelí** (1927), de características, temáticas y formales, afines. *Marinero en tierra*, con el que obtuvo el Premio Nacional de Literatura de 1924, está compuesto por canciones en las que el mundo de la niñez es evocado con nostalgia. Hay que precisar que la búsqueda o la añoranza del paraíso perdido será el tema vital más destacado de toda su obra. El resto de los temas (incluido el tan recurrente del mar) pueden considerarse como derivados suyos. Junto a la sencillez, más aparente que real, la agilidad, flexibilidad y gracia de la mayor parte de las canciones del libro, aparecen algunos sonetos muy elaborados. *La amante* fue la consecuencia de un viaje de Alberti por Castilla y el País Vasco. En esta obra aparecen con frecuencia romances breves y combinaciones de octosílabos y hexasílabos con rima consonante o asonante. Desde un punto de vista formal, dominan las estructuras simples, de tipo paralelístico, construidas a veces sobre una base de diálogo, o bien mediante estribillos u otras formas reiterativas. Con *El alba del alhelí* vuelve Alberti a temas y motivos de los libros anteriores, aunque la realidad geográfica descrita sea otra (la Andalucía interior de los pequeños pueblos, con «todo lo oscuro, trágico y misterioso» que encierra) y distinta también la situación espiritual del poeta (una convalecencia y el estado de ánimo consiguiente).

Su siguiente obra, **Cal y canto** (1926-1927), supone su contribución al gusto gongorino (el libro hasta incluye una «Soledad tercera», en la que Alberti recrea admirablemente el lenguaje poético de Góngora). El hermetismo barroco es patente lo mismo en los sonetos y tercetos, de elaborada arquitectura y plagados de imágenes complejas, que en la serie de poemas («Madrigal al billete del tranvía», «Platko», sobre un famoso portero de fútbol de origen húngaro, y «Venus en ascensor», entre otros) que se inscriben en la ya lejana moda futurista.

La profunda crisis que sufre Alberti entre 1927 y 1928 (véase el texto de la pág. 431) lo aleja del gongorismo. Como otros de sus compañeros, encuentra en los procedimientos surrealistas el molde perfecto para verter sus obsesiones y angustias. A partir de ahora, la relación entre vida y poesía será cada vez más estrecha. **Sobre los ángeles** (escrito entre 1927 y 1928, y publicado un año después), su libro más justamente valorado, lo sitúa en la primera fila del vanguardismo español. Alberti ha perdido el paraíso de la inocencia y del amor, con el consiguiente drama interior de nostalgia y angustia, y se siente asediado por fuerzas encontradas, objetivadas como ángeles, que, alternativamente, le oprimen o le muestran algún resquicio de esperanza.

En la misma línea de influencia del surrealismo se sitúan *Sermones y moradas*, libro bajo el que se esconde una aguda desesperanza («¿Qué espero rodeado de muertos al filo de una madrugada indecisa?»), y **Yo era un tonto y lo que he visto me ha hecho dos tontos** (1929), dedicado a artistas del cine mudo (Charlot, Buster Keaton, Harold Lloyd, etc.). En este último libro, la representación absurda del mundo se desarrolla también con imágenes de raigambre ultraísta.

Poesía comprometida. Hacia 1930, Alberti dice adiós a esta etapa, que calificará de «poesía burguesa», y con la «elegía cívica» *Con los zapatos puestos tengo que morir* inicia su etapa de poesía comprometida, social y políticamente. «Antes mi poesía —confesará— estaba al servicio de unos pocos. Hoy, no. Lo que me impulsa a ella es la misma razón que mueve a los obreros y a los campesinos, o sea, una razón revolucionaria». Desde su militancia marxista escribe **De un momento a otro** (1934-1939) y **El poeta en la calle** (1931-1936). De esta época es también *Verte y no verte* (1934), elegía dedicada al torero Ignacio Sánchez Mejías.

RAFAEL ALBERTI

Poesía del exilio. A partir de 1939 Alberti continúa con su obra creadora. Sin embargo, a diferencia de otros poetas del 27, no se produce una ruptura con su producción anterior, aunque, como en los años veinte, da preeminencia ahora a la expresión subjetiva y a formas consagradas por la tradición. Tres temas destacan en sus poemas del exilio: la condición del destierro y, consecuentemente, la necesidad de reafirmar la propia personalidad poética, la incorporación gradual, y a veces conflictiva, de una nueva realidad geográfica y humana, y la nostalgia de la tierra natal. Entre las obras de esta última etapa se encuentran: *Vida bilingüe de un refugiado español en Francia* (1939-1940), **Entre el clavel y la espada** (1939-1940), *Pleamar* (1942-1944), **A la pintura** (1945-1952), **Ora marítima** (1953), *Abierto a todas horas* (1960-1963), *Canciones del alto valle del Aniene y otros versos y prosas* (1967-1972), *Los ocho nombres de Picasso* (1966-1970), **Roma, peligro para caminantes** (1968). La evocación más intensa de España se encuentra en **Retornos de lo vivo lejano** (1948-1952) y **Baladas y canciones del Paraná** (1954). La vieja tendencia social y política reaparece también en *Coplas de Juan Panadero* (1949-1979), *La primavera de los pueblos* (1955) y *Sonríe China* (1958), especie de diario poético, escrito en colaboración con su mujer, María Teresa León, de un viaje a China en 1957.

Alberti es también autor de numerosas obras de teatro, entre las que destacan *El hombre deshabitado* (1931), *Fermín Galán* (1931), *El adefesio* (1944), *La gallarda* (1945) y *El trébol florido* (1946).

En prosa hay que destacar unas interesantes *Memorias* sobre su vida de antes de la guerra, **La arboleda perdida** (1942) (entre 1984 y 1987 ha publicado en el diario *El País* una continuación de las mismas), e *Imagen primera de...* (1945), libro en el que recoge diversas semblanzas de escritores y artistas a los que conoció: Lorca, Juan Ramón Jiménez, Antonio Machado, Unamuno, Valle-Inclán, Picasso, Falla, Ortega y Gasset, etc.

Ediciones

Poesías, Madrid, Aguilar. *Obras de Rafael Alberti,* 15 volúmenes, Barcelona, Seix Barral. *Poemas del destierro y de la espera,* Madrid, Selecciones Austral, 1976. *Marinero en tierra, La amante, El alba del alhelí,* ed. de Robert Marrast, Madrid, Castalia, 1972. *Sobre los ángeles, Yo era un tonto y lo que he visto me ha hecho dos tontos,* ed. de C. Brian Morris, Madrid, Cátedra, 1984. *La arboleda perdida* (segunda parte), Barcelona, Seix Barral, 1987.

PALABRAS PRELIMINARES A *Marinero en tierra*

Yo nací junto al mar. Yo sigo siendo siempre un poeta del mar, aunque pueda pasarme días y hasta años sin escribir su nombre, sin recordarlo siquiera. ¿Qué no deberé yo al mar, mi poesía primera y todavía la de hoy? ¿Qué no a su gracia, o sea la sonrisa; a su juego, o sea el ritmo; a su ritmo, o sea la danza, el baile? Cuando apenas tenía quince años, me arrancaron del mar, convirtiéndome para siempre, desde entonces, en un marinero de tierra. Separado de mi bahía de Cádiz, en donde vi la luz, y de su insigne río —el Guadalete—, y ya viviendo en tierras interiores de Castilla, por sus altas llanuras y montes de pinares, la nostalgia hecha espuma de aquel mar de mi infancia y años adolescentes se me va a ir convirtiendo poco a poco en canción, y los ritmos entrecortados y ágiles de sus ondas van a ceñirme la memoria, cruzándomela de lo popular andaluz. Y es, además, un poeta maravilloso, el hispano-portugués Gil Vicente, quien me va a encaminar, con su canción sencilla y temblorosa, a nuestros puros cancioneros musicales de los siglos XV y XVI, hallando en ellos —como García Lorca por su lado— nuevos caminos de entronque con nuestra mejor poesía tradicional, la no contaminada de las fórmulas métricas renacentistas, en las que ya también, por mi creciente amor a Garcilaso, había comenzado a enredarme en sus mallas. De todo esto y de otras cosas profundas mías es hijo este mi hoy ya tan lejano *Marinero en tierra.*

(*Obras completas,* Madrid, Aguilar, 1967, pág. 11.)

VII

¿Qué espadazo de sombra me separó casi insensiblemente de la luz, de la forma marmórea de mis poemas inmediatos, del canto aún no lejano de las fuentes populares, de mis barcos, esteros y salinas, para arrojarme en aquel pozo de tinieblas, aquel agujero de oscuridad, en el que bracearía casi en estado agónico, pero violentamente, por encontrar una salida a las superficies habitadas, al puro aire de la vida?

> Contra mí, mundos enteros,
> contra mí, dormido,
> maniatado,
> indefenso.

Yo no podía dormir, me dolían las raíces del pelo y de las uñas, derramándome en bilis amarilla, mordiendo de punzantes dolores la almohada. ¡Cuántas cosas reales, en claroscuro, me habían ido empujando hasta caer, como un rayo crujiente, en aquel hondo precipicio! El amor imposible, el golpeado y traicionado en las mejores horas de entrega y confianza; los celos más rabiosos, capaces de tramar en el desvelo de la noche el frío crimen calculado; la triste sombra del amigo suicida, como un badajo mudo de campana repicando en mi frente; la envidia y el odio inconfesados, luchando por salir, por reventar como una bomba subterránea sin escape; los bolsillos vacíos, inservibles ni para calentarme las manos; las caminatas infinitas, sin rumbo fijo, bajo el viento, la lluvia y los calores; la familia, indiferente o silenciosa ante esta tremenda batalla, que asomaba a mi rostro, a todo mi ser, que se caía, sonámbulo, por los pasillos de la casa, por los bancos de los paseos; los miedos infantiles, invadiéndome en ráfagas que me traían aún remordimientos, dudas, temores del infierno, ecos umbríos de aquel colegio jesuita que amé y sufrí en mi bahía gaditana; el descontento de mi obra anterior, mi prisa, algo que me impelía incesantemente a no pararme en nada, a no darme un instante de respiro; todo esto, y muchas cosas más, contradictorias, inexplicables, laberínticas. ¿Qué hacer, cómo hablar, cómo gritar, cómo dar forma a esa maraña en que me debatía, cómo erguirme de nuevo de aquella sima de catástrofes en que estaba sumido? Sumergiéndome, enterrándome cada vez más en mis propias ruinas, tapándome con mis escombros, con las entrañas rotas, astillados los huesos. Y se me revelaron entonces los ángeles, no como los cristianos, corpóreos, de los bellos cuadros o estampas, sino como irresistibles fuerzas del espíritu, moldeables a los estados más turbios y secretos de mi naturaleza. Y los solté en bandadas por el mundo, ciegas reencarnaciones de todo lo cruento, lo desolado, lo agónico, lo terrible y a veces bueno que había en mí y me cercaba.

Yo había perdido un paraíso, tal vez el de mis años recientes, mi clara y primerísima juventud, alegre y sin problemas. Me encontraba de pronto como si nada, sin azules detrás, quebrantada de nuevo la salud, estropeado, roto en mis centros más íntimos. Me empecé a aislar de todo: de amigos, de tertulias, de la Residencia, de la ciudad misma que habitaba. Huésped de las nieblas, llegué a escribir a tientas, sin encender la luz, a cualquier hora de la noche, con un automatismo no buscado, un empuje espontáneo, tembloroso, febril, que hacía que los versos se taparan los unos a los otros, siéndome a veces imposible descifrarlos en el día. El idioma se me hizo tajante, peligroso, como punta de espada. Los ritmos se partieron en pedazos, remontándose en chispas cada ángel, en columnas de humo, trombas de ceniza, nubes de polvo. Pero mi canto no era oscuro, la nebulosa más confusa se concretaba, serpeante, como una víbora encendida. La realidad exterior que me circundaba, urdiéndose en la mía, sacudía mis antros con más fuerza, haciéndome arrojar en medio de las calles, enloquecida lava, cometa anunciador de futuras catástrofes.

* * *

Las bombas de verdad saltaban en la calle. Aquel grotesco pedestal que sostenía al dictador jerezano en falso abrazo guiñolesco con el rey Alfonso, ya estaba socavado. Una de las figuras va a caerse, siendo la otra, la borbónica, quien habrá de empujarla, creyendo apagar así los clamores que ya de toda España subían por los balcones de la plaza de Oriente. Me sentí entonces a sa-

R. Alberti en la azotea de la última casa que habitó en El Puerto de Santa María.

biendas un poeta en la calle, un poeta «del alba de las manos arriba», como escribí en ese momento. Intenté componer versos de trescientas o cuatrocientas sílabas para pegarlos por los muros, adquiriendo conciencia de lo grande y hermoso de caer entre las piedras levantadas, con los zapatos puestos, como desea el héroe de la copla andaluza:

> Con los zapatos puestos
> tengo que morir,
> que, si muriera como los valientes,
> hablarían de mí.

«Con los zapatos puestos tengo que morir» se tituló el primer poema que me saltó al papel, hecho ya con la ira y el hervor de aquellas horas españolas. Desproporcionado, oscuro, adivinando más que sabiendo lo que deseaba, con dolor de hígado y rechinar de dientes, con una desesperación borrosa que me llevaba hasta morder el suelo, este poema, que subtitulé «Elegía cívica», señala mi incorporación a un universo nuevo, por el que entraba a tientas, sin preocuparme siquiera adónde me conducía:

> *Será en ese momento cuando los caballos sin ojos se desgarren las tibias contra los hierros en punta de una valla de sillas indignadas contra los adoquines levantados de cualquier calle recién absorta en la locura.*
> *Vuelvo a cagarme por última vez en todos vuestros muertos, en este mismo instante en que las armaduras se desploman en la casa del rey, en que los hombres más ilustres se miran a las ingles sin encontrar en ellas la solución a las desesperadas órdenes de la sangre...*

Poesía subversiva, de conmoción individual, pero que ya anunciaba turbiamente mi futuro camino. Esta extensa elegía no sé cómo fue a dar a manos de Azorín, quien —cosa fantástica— una buena mañana se descolgó en *ABC* —el diario más monárquico de todos— con un desmesurado elogio de ella, señalando por vez primera y con un don profético, hoy escalofriante a la distancia, el sendero que ya con toda claridad elegiría dos años después. Dice Azorín en su artículo del 16 de enero de 1930: «... Y, sin embargo, el poeta... —aquí suprimo calificativos que me ruborizan— necesita un punto de apoyo para su vida espiritual. ¿Cuál será esa estribación de Rafael Alberti? Y Rafael Alberti se vuelve hacia lo primario, lo fundamental, lo espontáneo; Rafael Alberti se vuelve, con los brazos abiertos, hacia el pueblo. En su desgano de los módulos citados, sólo el pueblo y sólo la naturaleza podían darle el punto de apoyo pedido y necesario». Asombroso, y sobre todo en Azorín. Y más en aquellos tremendos días de derrumbe inminente, porque una noche de ese mismo enero, del café La Granja el Henar saldría formando un grupo, casi todo él de intelectuales, que, calle Alcalá arriba, intentará arribar a la casa del rey. Al llegar a la Puerta del Sol, ese pequeño grupo ya se habrá convertido en una gran manifestación que, a los gritos de «¡Muera Primo de Rivera!, ¡Abajo la Dictadura!», bajará por la calle del Arenal, ansiosa de volcarse en la plaza de Oriente. Entre esos manifestantes iba yo.

(La arboleda perdida.)

El mar. La mar.
El mar. ¡Sólo la mar!
¿Por qué me trajiste, padre,
a la ciudad?
¿Por qué me desenterraste
del mar?
En sueños, la marejada
me tira del corazón.
Se lo quisiera llevar.
Padre, ¿por qué me trajiste acá?

* * *

Gimiendo por ver el mar,
un marinerito en tierra
iza al aire este lamento:

¡Ay mi blusa marinera!
Siempre me la inflaba el viento
al divisar la escollera.

* * *

... Y ya estarán los esteros
rezumando azul de mar.
¡Dejadme ser, salineros,
granito del salinar!
¡Qué bien, a la madrugada,
correr en las vagonetas,
llenas de nieve salada,
hacia las blancas casetas!
¡Dejo de ser marinero,
madre, por ser salinero!

* * *

GENERACIÓN DEL 27

    Retorcedme sobre el mar,
al sol, como si mi cuerpo
fuera el jirón de una vela.
    Exprimid toda mi sangre.
Tended a secar mi vida
sobre las jarcias del muelle.
    Seco, arrojadme a las aguas,
con una piedra en el cuello
para que nunca más flote.
    Le di mi sangre a los mares.
¡Barcos, navegad por ella!
Debajo estoy yo, tranquilo.

    Si mi voz muriera en tierra,
llevadla al nivel del mar
y dejadla en la ribera.
    Llevadla al nivel del mar
y nombradla capitana
de un blanco bajel de guerra.
    ¡Oh mi voz condecorada
con la insignia marinera:
sobre el corazón un ancla,
y sobre el ancla una estrella,
y sobre la estrella el viento,
y sobre el viento la vela!

    * * *

A ROSA DE ALBERTI, QUE TOCABA, PENSATIVA, EL ARPA

(Siglo XIX)

    Rosa de Alberti allá en el rodapié [1]
del mirador del cielo se entreabría,
pulsadora del aire y prima mía,
al cuello un lazo blanco de moaré [2].
    El barandal del arpa, desde el pie
hasta el bucle en la nieve, la cubría.
Enredando sus cuerdas, verdecía
—alga en hilos— la mano que se fue.
    Llena de suavidades y carmines,
fanal de ensueño, vaga y voladora,
voló hacia los más altos miradores.
    ¡Miradla querubín de querubines,
del vergel de los aires pulsadora,
Pensativa de Alberti entre las flores!

(Marinero en tierra.)

[1]. Tabla, celosía o enrejado que se pone en la parte inferior de la barandilla de los balcones para que no se vean los pies de las personas asomadas a ellos.
[2]. Tela fuerte de seda, lana o algodón, labrada o tejida de manera que forme aguas.

DE ARANDA DE DUERO A PEÑARANDA DE DUERO

    ¡Castellanos de Castilla,
nunca habéis visto la mar!
    ¡Alerta, que en estos ojos
del sur y en este cantar
yo os traigo toda la mar!
    ¡Miradme, que pasa el mar!

PEÑARANDA DE DUERO

    ¿Por qué me miras tan serio,
carretero?

Tienes cuatro mulas tordas,
un caballo delantero,
un carro de ruedas verdes,
y la carretera toda
para ti,
carretero.
    ¿Qué más quieres?

Lectura de poemas durante la guerra.

RAFAEL ALBERTI

ROA DE DUERO

Otra vez el río, amante,
y otra puente sobre el río.

Y otra puente con dos ojos
tan grandes como los míos.

Tan grandes como los míos,
mi amante.
¡Mis ojos, cuando te miro!

(La amante.)

EL NIÑO DE LA PALMA [3]

(Chuflillas) [4]

¡Qué revuelo!
¡Aire, que al toro torillo
le pica el pájaro pillo
que no pone el pie en el suelo!
   ¡Qué revuelo!
   Angeles con cascabeles
arman la marimorena,
plumas nevando en la arena
rubí de los redondeles.
La Virgen de los caireles [5]
baja una palma del cielo.
   ¡Qué revuelo!
   —Vengas o no en busca mía,
torillo mala persona,
dos cirios y una corona
tendrás en la enfermería.
   ¡Qué alegría!
¡Cógeme, torillo fiero!
¡Qué salero!
   De la gloria, a tus pitones,
bajé, gorrión de oro,
a jugar contigo al toro,
no a pedirte explicaciones.

¡A ver si te las compones
y vuelves vivo al chiquero!
   ¡Qué salero!
¡Cógeme, torillo fiero!
   Alas en las zapatillas,
céfiros en las hombreras,
canario de las barreras,
vuelas con las banderillas.
Campanillas
te nacen en las chorreras.
   ¡Qué salero!
   ¡Cógeme, torillo fiero!
   Te dije y te lo repito,
para no comprometerte,
que tenga cuernos la muerte
a mí se me importa un pito.
Da, toro torillo, un grito
y ¡a la gloria en angarillas!
   ¡Qué salero!
¡Que te arrastran las mulillas!
¡Cógeme, torillo fiero!

(El alba del alhelí.)

3. El torero Cayetano Ordóñez Aguilera, «El niño de la Palma», nació en Málaga en 1904. Tomó la alternativa en la plaza de Sevilla, en junio de 1925.
4. Diminutivo de *chufla:* cuchufleta, dicho o palabras de zumba o chanza. Este subtítulo fue la consecuencia de una visita que hizo Alberti al torero, en la que le explicó el significado del poema: «Como ve usted, se trata de unos versos ligeros, juguetones, donde el torero le toma el pelo al toro...». A lo que «El Niño de la Palma» contestó: «Vamos, que son unas chuflillas».
5. *Cairel:* guarnición que queda colgando a los extremos de algunas ropas, a modo de fleco.

Con María Teresa León, su mujer, en 1932 y 1934, respectivamente. Alberti confesará: «*Cuando tú apareciste, / penaba yo en la entraña más profunda / de una cueva sin aire y sin salida [...] / Arcos me abriste, y mis floridos años, / recién subidos a la luz, yacieron / bajo el amor de tu apretada sombra*».

AMARANTA

>   ... calzó de viento...
>   Góngora

Rubios, pulidos senos de Amaranta,
por una lengua de lebrel limados.
Pórticos de limones, desviados
por el canal que asciende a tu garganta.
  Rojo, un puente de rizos se adelanta
e incendia tus marfiles ondulados.
Muerde, heridor, tus dientes desangrados,
y corvo, en vilo, al viento te levanta.
  La soledad, dormida en la espesura,
calza su pie de céfiro y desciende
del olmo alto al mar de la llanura.
  Su cuerpo en sombra, oscuro, se
[le enciende,
y gladiadora, como un ascua impura,
entre Amaranta y su amador se tiende.

MADRIGAL AL BILLETE DEL TRANVIA

  Adonde el viento, impávido, subleva
torres de luz contra la sangre mía,
     tú, billete, flor nueva,
cortada en los balcones del tranvía.
  Huyes, directa, rectamente liso,
en tu pétalo un nombre y un encuentro
      latentes, a ese centro
cerrado y por cortar del compromiso.
  Y no arde en ti la rosa, ni en ti priva
el finado clavel, sí la violeta
      contemporánea, viva,
del libro que viaja en la chaqueta.

(Cal y canto.)

CITA TRISTE DE CHARLOT

Mi corbata, mis guantes.
Mis guantes, mi corbata.
La mariposa ignora la muerte de los sastres,
la derrota del mar por los escaparates.
Mi edad, señores, 900.000 años.
¡Oh!
Era yo un niño cuando los peces no andaban,
cuando las ocas no decían misa
ni el caracol embestía al gato.
Juguemos al ratón y al gato, señorita.
Lo más triste, caballero, un reloj:
las 11, las 12, la 1, las 2.
A las tres en punto morirá un transeúnte.
Tú, luna, no te asustes,
tú, luna, de los taxis retrasados,
luna de hollín de los bomberos.
La ciudad está ardiendo por el cielo,
un traje igual al mío se hastía por el campo.
Mi edad, de pronto, 25 años.
Es que nieva, que nieva,
y mi cuerpo se vuelve choza de madera.
Yo te invito al descanso, viento.
Muy tarde es ya para cenar estrellas.
Pero podemos bailar, árbol perdido.
Un vals para los lobos,
para el sueño de la gallina sin las uñas
[del zorro.
Se me ha extraviado el bastón.
Es muy triste pensarlo solo por el mundo.
¡Mi bastón!
Mi sombrero, mis puños,
mis guantes, mis zapatos.
El hueso que más duele, amor mío, es
[el reloj:
las 11, las 12, la 1, las 2.
Las 3 en punto.
En la farmacia se evapora un cadáver
[desnudo.

(Yo era un tonto y lo que he visto me ha hecho dos tontos.)

LOS DOS ANGELES

  Angel de luz, ardiendo,
¡Oh, ven!, y con tu espada
incendia los abismos donde yace
mi subterráneo ángel de las nieblas.

RAFAEL ALBERTI

¡Oh espadazo en las sombras!
Chispas múltiples,
clavándose en mi cuerpo,
en mis alas sin plumas,
en lo que nadie ve,
vida.
   Me estás quemando vivo.
Vuela ya de mí, oscuro
Luzbel de las canteras sin auroras,
de los pozos sin agua,
de las simas sin sueño,
ya carbón del espíritu,
sol, luna.

   Me duelen los cabellos
y las ansias. ¡Oh, quémame!
¡Más, más, sí, sí, más! ¡Quémame!
   ¡Quémalo, ángel de luz, custodio mío,
tú que andabas llorando por las nubes,
tú, sin mí, tú, por mí,
ángel frío de polvo, ya sin gloria,
volcado en las tinieblas!
   ¡Quémalo, ángel de luz,
quémame y huye!

HUESPED DE LAS NIEBLAS

Tres recuerdos del cielo
   Homenaje a Gustavo Adolfo Bécquer.

Prólogo

   No habían cumplido años ni la rosa ni el arcángel.
Todo, anterior al balido y al llanto.
Cuando la luz ignoraba todavía
si el mar nacería niño o niña.
Cuando el viento soñaba melenas que peinar
y claveles el fuego que encender y mejillas
y el agua unos labios parados donde beber.
Todo, anterior al cuerpo, al nombre y al tiempo.
   Entonces, yo recuerdo que, una vez, en el cielo...

Primer recuerdo

           ... *una azucena tronchada...*
               G. A. Bécquer

   Paseaba con un dejo de azucena que piensa,
casi de pájaro que sabe ha de nacer.
Mirándose sin verse a una luna que le hacía espejo el sueño
y a un silencio de nieve, que le elevaba los pies.
A un silencio asomada.
Era anterior al arpa, a la lluvia y a las palabras.
   No sabía.
Blanca alumna del aire,
temblaba con las estrellas, con la flor y los árboles.
Su tallo, su verde talle.
   Con las estrellas mías
que, ignorantes de todo,
por cavar dos lagunas en sus ojos
la ahogaron en dos mares.
   Y recuerdo...
   Nada más: muerta, alejarse.

R. Alberti. Retrato de Benjamín Palencia. «Conozco ese verano de 1926 al pintor Benjamín Palencia, que me pinta un buen retrato, haciéndonos muy amigos —recordará Alberti en La oleda perdida—. Era Benjamín un trabajador infatigable, con cara e ingenuidad de campesino. Cuando mostraba sus dibujos —los hacía por miles—, empapelaba realmente el suelo del taller.»

GENERACION DEL 27

Segundo recuerdo

> ... *rumor de besos y batir de alas...*
> G. A. Bécquer

También antes,
mucho antes de la rebelión de las sombras,
de que al mundo cayeran plumas incendiadas
y un pájaro pudiera ser muerto por un lirio.
Antes, antes que tú me preguntaras
el número y el sitio de mi cuerpo.
Mucho antes del cuerpo.
En la época del alma.
Cuando tú abriste en la frente sin corona, del cielo,
la primera dinastía del sueño.
Cuando tú, al mirarme en la nada,
inventaste la primera palabra.
  Entonces, nuestro encuentro.

Tercer recuerdo

> ... *detrás del abanico*
> *de plumas de oro...*
> G. A. Bécquer

Aún los valses del cielo no habían desposado al jazmín y la nieve,
ni los aires pensado en la posible música de tus cabellos,
ni decretado el rey que la violeta se enterrara en un libro.
No.
Era la era en que la golondrina viajaba
sin nuestras iniciales en el pico.
En que las campanillas y las enredaderas
morían sin balcones que escalar y estrellas.
La era
en que al hombro de un ave no había flor que apoyara la cabeza.
  Entonces, detrás de tu abanico, nuestra luna primera.

 LOS ANGELES MUERTOS

Buscad, buscadlos:
en el insomnio de las cañerías olvidadas,
en los cauces interrumpidos por el silencio de las basuras.
No lejos de los charcos incapaces de guardar una nube,
unos ojos perdidos,
una sortija rota
o una estrella pisoteada.
  Porque yo los he visto:
en esos escombros momentáneos que aparecen en las neblinas.
Porque yo los he tocado:
en el desierto de un ladrillo difunto,
venido a la nada desde una torre o un carro.
Nunca más allá de las chimeneas que se derrumban
ni de esas hojas tenaces que se estampan en los zapatos.

*Alberti contempla,
en Roma,
la imagen de Franco
en la pantalla
del televisor.*

RAFAEL ALBERTI

En 1977,
poco antes de
regresar a España, Alberti
saludó al rey Juan Carlos,
en Roma. El poeta fue
presentado
al monarca por
el embajador de España en
Italia, Carlos
Robles Piquer,
con las siguientes palabras:
«Majestad, una de las
mayores voces de la poesía
española de todos los
tiempos, Rafael Alberti».

    En todo esto.
Mas en esas astillas vagabundas que se consumen sin fuego,
en esas ausencias hundidas que sufren los muebles desvencijados,
no a mucha distancia de los nombres y signos que se enfrían en las
                                                              [paredes.

    Buscad, buscadlos:
debajo de la gota de cera que sepulta la palabra de un libro
o la firma de uno de esos rincones de cartas
que trae rodando el polvo.
Cerca del casco perdido de una botella,
de una suela extraviada en la nieve,
de una navaja de afeitar abandonada al borde de un precipicio.

EL ANGEL SUPERVIVIENTE

Acordaos.
La nieve traía gotas de lacre, de plomo derretido
y disimulos de niña que ha dado muerte a un cisne.
Una mano enguantada, la dispersión de la luz y el lento asesinato.
La derrota del cielo, un amigo.

Acordaos de aquel día, acordaos
y no olvidéis que la sorpresa paralizó el pulso y el color de los astros.
En el frío, murieron dos fantasmas.
Por un ave, tres anillos de oro
fueron hallados y enterrados en la escarcha.
La última voz de un hombre ensangrentó el viento.
Todos los ángeles perdieron la vida.
Menos uno, herido, alicortado.

                                      (Sobre los ángeles.)

UN FANTASMA RECORRE EUROPA...

                        Un fantasma recorre Europa...
                                Carlos Marx

... Y las viejas familias cierran las ventanas,
afianzan las puertas,
y el padre corre a oscuras a los Bancos
y el pulso se le para en la Bolsa
y sueña por la noche con hogueras,
con ganados ardiendo,
que en vez de trigos tiene llamas,
en vez de granos, chispas,
cajas,
cajas de hierro llenas de pavesas.
¿Dónde estás,
dónde estás?
Los campesinos pasan pisando nuestra sangre.
¿Qué es esto?

GENERACION DEL 27

—Cerremos,
cerremos pronto las fronteras.
Vedlo avanzar de prisa en el viento del Este,
de las estepas rojas del hambre.
Que su voz no la oigan los obreros,
que su silbido no penetre en las fábricas,
que no divisen su hoz alzada los hombres de los campos.
¡Detenedle!
Porque salta los mares,
recorriendo toda la geografía,
porque se esconde en las bodegas de los barcos
y habla a los fogoneros
y los saca tiznados a cubierta,
y hace que el odio y la miseria se subleven
y se levanten las tripulaciones.
¡Cerrad,
cerrad las cárceles!
Su voz se estrellará contra los muros.
¿Qué es esto?

—Pero nosotros lo seguimos,
lo hacemos descender del viento Este que lo trae,
le preguntamos por las estepas rojas de la paz y del triunfo,
lo sentamos a la mesa del campesino pobre,
presentándolo al dueño de la fábrica,
haciéndolo presidir las huelgas y manifestaciones,
hablar con los soldados y los marineros,
ver en las oficinas a los pequeños empleados
y alzar el puño a gritos en los Parlamentos del oro y de la sangre.

Un fantasma recorre Europa,
el mundo.
Nosotros le llamamos camarada.

(*El poeta en la calle.*)

GALOPE

Las tierras, las tierras, las tierras de España,
las grandes, las solas, desiertas llanuras.
Galopa, caballo cuatralbo [6],
jinete del pueblo,
al sol y a la luna.

¡A galopar,
a galopar,
hasta enterrarlos en el mar!

A corazón suenan, resuenan, resuenan
las tierras de España en las herraduras.
Galopa, jinete del pueblo,
caballo cuatralbo,
caballo de espuma.

¡A galopar,
a galopar,
hasta enterrarlos en el mar!

Nadie, nadie, nadie, que enfrente no hay
[nadie;
que es nadie la muerte si va en tu montura.
Galopa, caballo cuatralbo,
jinete del pueblo
que la tierra es tuya.

¡A galopar,
a galopar,
hasta enterrarlos en el mar!

(*De un momento a otro.*)

RAFAEL ALBERTI

Alberti abandonó la pintura como actividad profesional en 1921. Sin embargo, su afición por este difícil arte se plasmó más tarde en numerosos poemas y en gran número de dibujos, como los que aquí se reproducen.

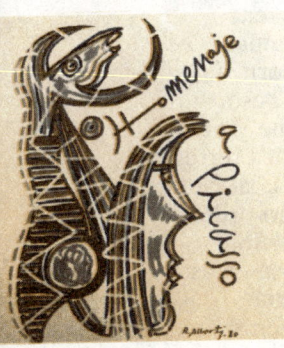

6. Que tiene blancas las cuatro patas.

(Muelle del reloj.)

A través de una niebla caporal de tabaco
miro el río de Francia,
moviendo escombros tristes, arrastrando ruinas
por el pesado verde ricino de sus aguas.
Mis ventanas
ya no dan a los álamos y los ríos de España.

Quiero mojar la mano en tan espeso frío
y parar lo que pasa
por entre ciegas bocas de piedra, dividiendo
subterráneas corrientes de muertos y cloacas.
Mis ventanas
ya no dan a los álamos y los ríos de España.

Miro una lenta piel de toro desollado,
sola, descuartizada,
sosteniendo cadáveres de voces conocidas,
sombra abajo, hacia el mar, hacia una mar sin barcas.
Mis ventanas
ya no dan a los álamos y los ríos de España.

Desgraciada viajera fluvial que de mis ojos
desprendidos arrancas
eso que de sus cuencas desciende como río
cuando el llanto se olvida de rodar como lágrima.
Mis ventanas
ya no dan a los álamos y los ríos de España.

(Entre el clavel y la espada.)

RETORNOS DE LA INVARIABLE POESIA

¡Oh poesía hermosa, fuerte y dulce,
mi solo mar al fin, que siempre vuelve!
¿Cómo vas a dejarme, cómo un día
pude, ciego, pensar en tu abandono?
Tú eres lo que me queda, lo que tuve,
desde que abrí a la luz, sin comprenderlo.
Fiel en la dicha, fiel en la desgracia,
de tu mano en la paz,
y en el estruendo triste
de la sangre y la guerra, de tu mano.
Yo dormía en las hojas, yo jugaba
por las arenas verdes de los ríos,
subiendo a las veletas de las torres
y a la nevada luna mis trineos.
Y eran tus alas invisibles, era
su soplo grácil quien me conducía.
¿Quién tocó con sus ojos los colores,
quién a las líneas contagió su aire,
y quién, cuando el amor, puso en su flecha
un murmullo de fuentes y palomas?

GENERACION DEL 27

Luego, el horror, la vida en el espanto,
la juventud ardiendo en sacrificio.
¿Qué sin ti el héroe, qué su pobre muerte
sin el súbito halo de relámpagos
con que tú lo coronas e iluminas?
¡Oh hermana de verdad, oh compañera,
conmigo, desterrada,
conmigo, golpeado y alabado,
conmigo, perseguido;
en la vacilación, firme, segura,
en la firmeza, animadora, alegre,
buena en el odio necesario, buena
y hasta feliz en la melancolía!
¿Qué no voy a esperar de ti en lo que me falte
de júbilo o tormento? ¿Qué no voy
a recibir de ti, di, que no sea
sino para salvarme, alzarme, conferirme?
Me matarán quizás y tú serás mi vida,
viviré más que nunca y no serás mi muerte.
Porque por ti yo he sido, yo soy música,
ritmo veloz, cadencia lenta, brisa
de los juncos, vocablo de la mar, estribillo
de las simples cigarras populares.
Porque por ti soy tú y seré por ti sólo
lo que fuiste y serás para siempre en el tiempo.

(Retornos de lo vivo lejano.)

Alberti aparece aquí, dos años después de que volviera a España, en el transcurso de un mitin político. «Por sierras y campos voy, / plazas, calles, pregonando, / pueblo, que contigo estoy.»

ZURBARAN

Ni el humo, ni el vapor, ni la neblina.
Lejos de aquí ese aliento que destruye.
Una luz en los huesos determina
y con la sombra cómplice construye.
Pensativa sustancia la pintura,
paraliza de luz la arquitectura.
  Meditación del sueño, memorable
visión real que en éxtasis domeña;
severo cielo, tierra razonable
de pan cortado, vino y estameña.
El pincel, la paleta, todo es frente,
médula todo, pensativamente.
  Piensa el tabique, piensa el pergamino
del volumen que alumbra la madera;
el pan se abstrae y se ensimisma el vino
sobre el mantel que enclaustra la arpillera.
Y es el membrillo un pensamiento puro
que concentra el frutero en claroscuro.
  Ora el plato, y la jarra, de sencilla,
humildemente persevera muda,
y el orden que descansa en la vajilla
se reposa en la luz que la desnuda.
Todo el callado refectorio reza
una oración que exalta la certeza.
  La nube es un soporte, es una baja
plataforma celeste suspendida,
donde un arcángel albañil trabaja,
roto el muro, en mostrar que hay otra vida.
Mas lo que muestra es siempre un andamiaje
para enganchar en pliegues el ropaje.
  Rudo amante del lienzo, recia llama
que blanquecinamente tabletea,
telar del hilo de la flor en rama,
pincel que teje, aguja que tornca.
Nunca la línea revistió más peso
ni el alma paño vivo en carne y hueso.
  Fe que da el barro, mística terrena
que el color de la arcilla sube al cielo;
mano real que al ser humano ordena
mirarse ante el divino, paralelo.
La gloria abierta, el monje se extasía
al ver volar la misma alfarería.
  Pintor de Extremadura, en ti se extrema,
dura y fatal, la lidia por la forma.
El pan que cuece tu obrador se quema
en el frío troquel que lo conforma.
Gire en tu eternidad la disciplina
de una circunferencia cristalina.

(A la pintura.)

RAFAEL ALBERTI

POR ENCIMA DEL MAR, DESDE LA ORILLA AMERICANA DEL ATLANTICO

¡Si yo hubiera podido, oh Cádiz, a tu vera,
hoy, junto a ti, metido en tus raíces,
hablarte como entonces,
como cuando descalzo por tus verdes orillas
iba a tu mar robándole caracoles y algas!
   Bien lo merecería, yo sé que tú lo sabes,
por haberte llevado tantos años conmigo,
por haberte cantado casi todos los días,
llamando siempre Cádiz a todo lo dichoso,
lo luminoso que me aconteciera.
   Siénteme cerca, escúchame
igual que si mi nombre, si todo yo tangible,
proyectado en la cal hirviente de tus muros,
sobre tus farallones [7] hundidos o en los huecos
de tus antiguas tumbas o en las olas te hablara.
Hoy tengo muchas cosas, muchas más que decirte.
   Yo sé que lo lejano,
sí, que lo más lejano, aunque se llame
Mar de Solís o Río de la Plata,
no hace que los oídos
de tu siempre dispuesto corazón no me oigan.
Por encima del mar voy de nuevo a cantarte.

(Ora marítima.)

[7] Roca alta y tajada que sobresale en el mar y alguna vez en tierra firme.

BALADAS Y CANCIONES DE LA QUINTA DEL MAYOR LOCO

Canción 8

   Hoy las nubes me trajeron,
volando, el mapa de España.
   ¡Qué pequeño sobre el río,
y qué grande sobre el pasto
la sombra que proyectaba!
   Se le llenó de caballos
la sombra que proyectaba.

   Yo, a caballo, por su sombra
busqué mi pueblo y mi casa.
   Entré en el patio que un día
fuera una fuente con agua.
   Aunque no estaba la fuente,
la fuente siempre sonaba.
   Y el agua que no corría
volvió para darme agua.

(Baladas y canciones del Paraná.)

LO QUE DEJE POR TI

Ah! cchi nun vede sta parte de monno
Nun za nnemmanco pe cche ccosa è nnato.

G. G. Belli

   Dejé por ti mis bosques, mi perdida
arboleda, mis perros desvelados,
mis capitales años desterrados
hasta casi el invierno de la vida.
   Dejé un temblor, dejé una sacudida,
un resplandor de fuegos no apagados,
dejé mi sombra en los desesperados
ojos sangrantes de la despedida.

   Dejé palomas tristes junto a un río,
caballos sobre el sol de las arenas,
dejé de oler la mar, dejé de verte.
   Dejé por ti todo lo que era mío.
Dame tú, Roma, a cambio de mis penas,
tanto como dejé para tenerte.

(Roma, peligro para caminantes.)

GENERACION DEL 27

FEDERICO GARCIA LORCA

Nace en Fuentevaqueros (Granada) en 1898. Estudia Filosofía y Letras, Derecho y Música. En 1918 publica su primer libro, *Impresiones y paisajes*, en prosa poética. Un año después se instala en la Residencia de Estudiantes de Madrid, donde vivirá hasta 1928. Las relaciones con otros escritores de su generación son intensísimas. En 1928 funda en Granada, con un grupo de amigos, la revista *Gallo*. A mediados de 1929 viaja a Nueva York, para estudiar en la Universidad de Columbia, y para alejarse de la «penumbra sentimental» en que se encontraba desde hacía algún tiempo. En 1930, después de una estancia en Cuba regresa a España. En 1932 crea el Teatro universitario «La Barraca», que dirigió hasta 1935. Obtiene en estos años notables éxitos, en España y en Hispanoamérica, como dramaturgo. La muerte de su amigo, el torero Ignacio Sánchez Mejías, en 1934, le inspirará uno de sus mejores poemas. Aunque fue notoria su escasa afición por la política, es un decidido defensor de la República. Al estallar la guerra civil se encontraba en Granada. Es detenido, y, poco después, fusilado.

Todos los que lo conocieron y trataron coinciden, sin excepción, en su fascinante personalidad. «De todos los seres vivos que he conocido —comentará Buñuel—, Federico es el primero. No hablo ni de su teatro ni de su poesía, hablo de él. La obra maestra era él. Me parece, incluso, difícil encontrar a alquien semejante. Ya se pusiera al piano para interpretar a Chopin, ya improvisara una pantomima o una breve escena teatral, era irresistible. Podía leer cualquier cosa, y la belleza brotaba siempre de sus labios. Tenía pasión, alegría, juventud. Era como la llama».

Sin embargo, esa alegría irresistible, y su habitual histrionismo, no ocultan nunca la otra cara de sombras en que vivió el poeta (él mismo afirmaba en 1928 que «la luz del poeta es la contradicción»), no sólo, como suele afirmarse, a consecuencia de una presunta frustración erótica, provocada por su homosexualidad, sino fruto también de sus angustias o terrores ante los enigmas del mundo y de la vida. Su religiosidad heterodoxa, en la que, sin embargo, puede rastrearse una veta cristiana, no constituyó tampoco una ayuda para encontrar respuesta a muchos de sus interrogantes.

Vicente Aleixandre, en 1937, evocará «al noble Federico de la tristeza, al hombre de soledad y pasión, que en el vértigo de su vida de triunfo difícilmente podía adivinarse... Su corazón no era ciertamente alegre. Era capaz de toda la alegría del universo; pero su sima profunda, como la de todo gran poeta, no era la de la alegría».

Obra poética

En la obra de Lorca, extraordinariamente variada, confluyen y con frecuencia se entremezclan, con rara perfección, las novedades más audaces y perdurables que aportaron las vanguardias y lo más valioso, auténtico y profundo de la tradición popular y del folklore. Lo viejo y lo nuevo, lo español y lo universal, lo popular (el romancero, la lírica tradicional, el cante jondo) y lo culto (la poesía arábiga, la de los Cancioneros de los siglos xv y xvi, Góngora y la lírica barroca, Bécquer, Rubén Darío, Juan Ramón Jiménez), profundamente asimilados, convertidos en sustancia propia, son sometidos por el poeta a un proceso de reelaboración que los dota de una dimensión y originalidad nuevas. Lorca fue, sin duda, un hombre de una cultura vastísima, por más que se le haya presentado con frecuencia como un escritor intuitivo y de no muchas lecturas.

Su obra (lo mismo su poesía que su teatro, prosa y dibujos) presenta unos temas comunes que forman un entramado indisoluble. Junto al amor (el poeta tiende a un pansexualismo que borra las fronteras entre el amor homosexual y el heterosexual), el tema más destacado es el de la frustración y el del destino trágico. Por sus obras desfilan abundantes seres marginados, que se mueven en un mundo hostil, que exhiben un hondo malestar, un dolor de vivir y un sentimiento de impotencia, y que están abocados a la soledad y a la muerte (con frecuencia ésta aparece como un asesinato). Hay que advertir que esta frustración se proyecta en un doble plano: el ontológico y el social, el metafísico y el histórico. Estos dos planos, como ocurre en *Poeta en Nueva York*, se presentan muchas veces unidos, en estrecha interrelación. Como escribe M. García Posada: «Las pesadillas de la Historia se dan la mano, en la obra lorquiana, con los fantasmas metafísicos o telúricos del tiempo, la muerte, el amor, la fecundidad, etc.»

No es fácil estudiar cronológicamente la producción de Lorca, ya que algunas obras se redactaron paralelamente o fueron sometidas a un largo proceso de reelaboración (el *Poema del Cante Jondo*, por ejemplo, lo empezó en 1921 y lo publicó diez años después). En una primera etapa, que se prolonga hasta 1928, Lorca escribe *Libro de poemas* (1921), que recoge composiciones escritas entre 1918 y 1920; *Poema del Cante Jondo, Canciones* (escrito entre 1921 y 1924, y publicado en 1927) y *Romancero gitano* (1928).

En **Poema del Cante Jondo,** Lorca reelabora temas tradicionales y recrea, con un triple enfoque (lírico, descriptivo y dramático), un ámbito, geográfico, social y humano, preciso: el mundo andaluz. Todos los temas centrales del libro (la soledad, la pena, la conciencia de un destino ineludible), confluyen en un motivo central: la muerte. Lo normal es que Lorca se valga de elementos objetivos para materializar el sentimiento. Si embargo, en algunos poemas la objetivación cobra su pleno significado en su alternancia con la expresión subjetiva, como en «Memento». Este libro, que tiene una destacada unidad temática, no debe considerarse como un ejercicio previo al *Romancero gitano*. Aunque las dos obras guarden alguna semejanza, desde el punto de vista formal modulan estructuras, imágenes, ritmos y léxico diferentes.

Canciones es un libro de temática variadísima, como se advierte en los títulos de las secciones en que se divide: «Nocturnos de la ventana», «Canciones para niños», «Andaluzas», «Juegos», «Canciones de luna», «Eros con bastón», «Trasmundo», «Amor», «Canciones para terminar». Desde un punto de vista formal, lo que más destaca es la escasez de materia narrativa o descriptiva. Lorca exhibe su maestría en el arte de sugerir mediante una imagen, a veces la más simple, la menos pintoresca de un poema, o un estribillo, y de componer de forma impresionista con imágenes sueltas y sensaciones aisladas. Predominan las canciones breves, con rima asonante alternada, y los romances, casi siempre con reiteraciones y estribillos que acentúan la musicalidad tan destacada en estas composiciones.

En el **Romancero gitano** el popularismo y el vanguardismo se funden en unidad indestructible. Entre los elementos populares, destacan los elementos descriptivos, en un momento en el que la poesía rehúye contar una historia, el dramatismo de los temas (violencia, sensualidad, erotismo, misterio) y el uso, en sus vertientes lírica, novelesca y dramática, del romance, forma estrófica de larga tradición que Lorca eleva a un supremo rango artístico.

Lo nuevo está en el lenguaje, sobre todo en la adjetivación y en las metáforas, tan deslumbrantes como herméticas, de una audacia desconocida en la poesía popular. Hay que destacar, en muchos poemas del libro, la fusión de un plano real con otro fabuloso y mítico, con lo que se consigue una nueva dimensión de la realidad creada.

Con **Poeta en Nueva York**, escrito entre 1929 y 1930, y publicado en México en 1940, se produce en su obra un cambio estilístico notable y se agudiza la conciencia social de Lorca. Aunque no hace uso continuado de la experiencia suprarreal ni la incoherencia llega a ser profunda, son indudables en este libro las huellas surrealistas (hay que advertir que ya en obras anteriores se advierte un irracionalismo profundo. Léanse, por ejemplo, «Suicidio», de *Canciones*, o los poemas que incluimos de *Romancero gitano*). Lorca abandona también el pudor que ha mantenido en los libros anteriores y, a partir de ahora, se proyectará más en sus poemas. Según confesará, la suya es ya «una poesía de abrirse las venas».

Con un lenguaje de enorme fuerza expresiva, Lorca, en este libro, muestra su rechazo de una civilización mecanizada que pone en peligro lo auténticamente humano. El hombre ha creado una ciudad gigantesca, pero es, al mismo tiempo, víctima de ella, porque destruye su libertad, su contacto con lo natural y su comunicación con los demás hombres. El lector no siempre podrá interpretar racionalmente muchas de las difíciles metáforas y de los símbolos que se acumulan a lo largo del libro, a pesar de que éstos obedecen, por lo general, a una transmutación lírica de elementos de la realidad, pero sí recibirá la misma experiencia confusa y desgarradora que recibió el poeta en la gran ciudad.

En 1935 Lorca publicará **Llanto por la muerte de Ignacio Sánchez Mejías** y *Seis poemas gallegos*. En el *Llanto*, dividido en cuatro partes y con una métrica que se va amoldando al sentimiento que domina al poeta, confluyen de forma admirable lo épico y lo elegíaco.

De esta época son también otros libros que quedaron inéditos y, en la mayor parte de los casos, incompletos. Además del citado *Poeta en Nueva York, Suites* (1920-1923), *Odas* (1924-1929), *Poemas en prosa* (1927-1928), *Tierra y Luna* (1929-1930) y **Diván del Tamarit** (1931-1935), en el que vuelve a esquemas formales y métricos más tradicionales. En 1935 comienza la serie de los **Sonetos del amor oscuro**, que debía formar parte de un libro, *Jardín de los sonetos*, que no llegó a terminar.

A la izquierda, la «Huerta de San Vicente», una finca en las afueras de Granada en la que la familia de Lorca pasaba el verano. Arriba, en primer plano y con sombrero, el poeta con sus compañeros de la escuela. A la derecha, con su madre, en 1935.

GENERACIÓN DEL 27

A la izquierda, el poeta con un grupo de escritores gallegos. Arriba: con sus dos hermanas y con su primo Enrique en el río Cubillas (Valderrubio). En sus orillas escribió la mayor parte de sus primeros poemas. Abajo, a la izquierda, enseñando a leer música a su hermana menor. A la derecha, con Manuel de Falla y un grupo de amigos.

Teatro

Entre 1920 y 1936 cultivó con intensidad este género. Como en su poesía, Lorca va desde los experimentos más audaces hasta la aceptación de esquemas más convencionales, aunque siempre destaque en toda su producción la originalidad lingüística. Después del fracaso que supuso en 1920 *El maleficio de la mariposa*, estrena en 1927 *Mariana Pineda*, drama en verso sobre la popular heroína de Granada, ajusticiada por bordar una bandera liberal. Lo más popular de su obra posterior lo constituyen sus tragedias de ambiente rural: **Bodas de sangre** (1933), **Yerma** (1934) y **La casa de Bernarda Alba** (1936). La frustración del sentimiento amoroso adquiere un carácter patético en una de sus más interesantes obras, **Doña Rosita la soltera o El lenguaje de las flores** (1935), en la que lo lírico y lo dramático adquieren un perfecto equilibrio.

En otro grupo de obras, Lorca retoma, en lo que a temas, personajes y elementos lingüísticos se refiere, una tradición popular (el entremés, las farsas, la comedia del arte), con su comicidad y desenfado. En esta línea están **Tragicomedia de don Cristóbal y la señá Rosita** (escrita después de 1923), farsa para guiñol, aunque, habitualmente, la representan personas; *Retablillo de don Cristóbal* (1931), *Amor de don Perlimplín con Belisa en su jardín* (1929-1933), publicadas postúmamente, y la más interesante de todas, *La zapatera prodigiosa* (1930).

Entre sus obras de carácter experimental, se encuentran: **Así que pasen cinco años** (1931-1936), cuyo tema principal es el del sueño y el tiempo, al que se asocia la contraposición muerte-vida (estos dos ejes temáticos originan una serie de metáforas y de interrelaciones de no siempre fácil comprensión); *El público*, plagada de símbolos con los que se pretende reflejar la agonía y la soledad del hombre moderno, y un fragmento que se denomina *Comedia sin título* (1935). En la escena final de *El público*, uno de los personajes, el director, resume los temas centales de la obra de Lorca:

El verdadero drama es un circo de arcos donde el aire y la luna y las criaturas entran y salen sin tener sitio donde descansar.

Ediciones

Obras completas, 20 volúmenes, ed. de Mario Hernández, Madrid, Alianza (en curso de publicación). *Obras completas*, 5 volúmenes, ed. de M. García Posada, Madrid, Akal (en curso de publicación). *Obras completas*, 2 volúmenes, ed. de A. del Hoyo, Madrid, Aguilar.

FEDERICO GARCIA LORCA

SOBRE EL ROMANCERO GITANO

El libro, en conjunto, aunque se llama gitano, es el poema de Andalucía, y lo llamo gitano porque el gitano es lo más elevado, lo más profundo, más aristocrático de mi país, lo más representativo de su modo y el que guarda el ascua, la sangre y el alfabeto de la verdad andaluza y universal.

Así pues, el libro es un retablo de Andalucía, con gitanos, caballos, arcángeles, planetas, con su brisa judía, con su brisa romana, con ríos, con crímenes, con la nota vulgar del contrabandista, y la nota celeste de los niños desnudos de Córdoba que burlan a San Rafael. Un libro donde apenas si está expresada la Andalucía que se ve, pero donde está temblando la que no se ve. Y ahora lo voy a decir. Un libro antipintoresco, antifolklórico, antiflamenco. Donde no hay ni una chaquetilla corta ni un traje de torero, ni un sombrero plano ni una pandereta, donde las figuras sirven a fondos milenarios y donde no hay más que un solo personaje grande y oscuro como un cielo de estío, un solo personaje que es la Pena que se filtra en el tuétano de los huesos y en la savia de los árboles, y que no tiene nada que ver con la melancolía ni con la nostalgia ni con ninguna aflicción o dolencia del ánimo, que es un sentimiento más celeste que terrestre; pena andaluza que es una lucha de la inteligencia amorosa con el misterio que la rodea y no puede comprender.

(*Prosa,* Madrid, Alianza Editorial, 1969, págs. 50-51.)

UN POETA EN NUEVA YORK

Los dos elementos que el viajero capta en la gran ciudad son: arquitectura extrahumana y ritmo furioso. Geometría y angustia. En una primera ojeada, el ritmo puede parecer alegría, pero cuando se observa el mecanismo de la vida social y la esclavitud dolorosa de hombre y máquina juntos, se comprende aquella trágica angustia vacía que hace perdonable por evasión hasta el crimen y el bandidaje [...]

Yo quería hacer el poema de la raza negra en Norteamérica y subrayar el dolor que tienen los negros de ser negros, en un mundo contrario; esclavos de todos los inventos del hombre blanco y de todas sus máquinas, con el perpetuo susto de que se les olvide un día encender la estufa de gas o guiar el automóvil o abrocharse el cuello almidonado, o de clavarse el tenedor en un ojo [...]

Y, sin embargo, lo verdaderamente salvaje y frenético no es Harlem. Hay vaho humano, gritos infantiles, y hay hogares y hay hierbas y dolor que tiene consuelo y herida que tiene dulce vendaje.

Lo impresionante, por frío, por cruel, es Wall Street. Llega el oro en ríos de todas partes de la tierra y la muerte llega con él. En ningún sitio se siente como allí la ausencia del espíritu; manadas de hombres que no pueden pasar del tres y manadas de hombres que no pueden pasar del seis, desprecio de la ciencia pura y valor demoníaco del presente.

Y lo terrible es que toda la multitud que lo llena cree que el mundo será siempre igual y que su deber consiste en mover aquella gran máquina noche y día y siempre [...]

El cielo ha triunfado del rascacielos, pero ahora la arquitectura de Nueva York se me aparece como algo prodigioso, algo que, descartada la intención, llega a conmover como un espectáculo natural de montaña o desierto. El Chrysler Building se defiende al sol como un enorme pico de plata, y puentes, barcos, ferrocarriles y hombres los veo encadenados y sordos, encadenados por un sistema económico cruel al que pronto habrá que cortar el cuello, y sordos por sobra de disciplina y falta de la imprescindible dosis de locura.

(F. García Lorca, *Obras completas,* I, Madrid, Aguilar, 1954, págs. 1095-1103.)

GENERACION DEL 27

DISCURSO A LOS ACTORES MADRILEÑOS

(Fragmento)

El teatro es uno de los más expresivos y útiles instrumentos para la edificación de un país y el barómetro que marca su grandeza o su desmayo. Un teatro sensible y bien orientado en todas sus ramas, desde la tragedia al vodevil, puede cambiar en pocos años la sensibilidad de un pueblo; y un teatro destrozado, donde las pezuñas sustituyen a las alas, puede achabacanar y adormecer a una nación entera. El teatro es una escuela de llanto y de risa, y una tribuna libre donde los hombres pueden poner en evidencia morales viejas o equívocas y explicar con ejemplos vivos normas eternas del corazón y del sentimiento del hombre.

Un pueblo que no ayuda y fomenta su teatro, si no está muerto, está moribundo; como un teatro que no recoge el latido social, el latido histórico, el drama de sus gentes y el color genuino de su paisaje y de su espíritu, con risa o con lágrimas, no tiene derecho a llamarse teatro, sino sala de juego o sitio para hacer esa horrible cosa que se llama «matar el tiempo». No me refiero a nadie ni quiero herir a nadie; no hablo de la actualidad viva, sino de un problema planteado sin solución.

(*Yerma,* edición de Mario Hernández, Madrid, Alianza Editorial, 1981, págs. 127-129.)

BALADILLA DE LOS TRES RIOS

El río Guadalquivir
va entre naranjos y olivos.
Los dos ríos de Granada
bajan de la nieve al trigo.

    ¡Ay, amor
que se fue y no vino!

El río Guadalquivir
tiene las barbas granates.
Los dos ríos de Granada,
uno llanto y otro sangre.

    ¡Ay, amor
que se fue por el aire!

Para los barcos de vela,
Sevilla tiene un camino;
por el agua de Granada
solo reman los suspiros.

    ¡Ay, amor
que se fue y no vino!

Guadalquivir, alta torre
y viento en los naranjales.
Darro y Genil, torrecillas
muertas sobre los estanques.

    ¡Ay, amor
que se fue por el aire!

¡Quién dirá que el agua lleva
un fuego fatuo de gritos!

    ¡Ay, amor
que se fue y no vino!

Lleva azahar, lleva olivas,
Andalucía, a tus mares.

    ¡Ay, amor
que se fue por el aire!

SORPRESA

Muerto se quedó en la calle
con un puñal en el pecho.
No lo conocía nadie.
¡Cómo temblaba el farol!
Madre.
¡Cómo temblaba el farolito
de la calle!

Era madrugada. Nadie
pudo asomarse a sus ojos
abiertos al duro aire.
Que muerto se quedó en la calle
que con un puñal en el pecho
y que no lo conocía nadie.

FEDERICO GARCIA LORCA

MEMENTO

Cuando yo me muera,
enterradme con mi guitarra
bajo la arena.

Cuando yo me muera,
entre los naranjos
y la hierbabuena.

Cuando yo me muera,
enterradme si queréis
en una veleta.

¡Cuando yo me muera!

(Poema del Cante Jondo.)

PAISAJE

La tarde equivocada
se vistió de frío.

Detrás de los cristales
turbios, todos los niños,
ven convertirse en pájaros
un árbol amarillo.

La tarde está tendida
a lo largo del río.
Y un rubor de manzana
tiembla en los tejadillos.

CANCION DE JINETE

(1860)

En la luna negra
de los bandoleros,
cantan las espuelas.

Caballito negro.
¿Dónde llevas tu jinete muerto?

... Las duras espuelas
del bandido inmóvil
que perdió las riendas.

Caballito frío.
¡Qué perfume de flor de cuchillo!

En la luna negra,
sangraba el costado
de Sierra Morena.

Caballito negro.
¿Dónde llevas tu jinete muerto?

La noche espolea
sus negros ijares
clavándose estrellas.

Caballito frío.
¡Qué perfume de flor de cuchillo!

En la luna negra,
¡un grito! y el cuerno
largo de la hoguera.

Caballito negro.
¿Dónde llevas tu jinete muerto?

CANCION DE JINETE

Córdoba.
Lejana y sola.

Jaca negra, luna grande,
y aceitunas en mi alforja.
Aunque sepa los caminos
yo nunca llegaré a Córdoba.

Por el llano, por el viento,
jaca negra, luna roja.

La muerte me está mirando
desde las torres de Córdoba.

¡Ay qué camino tan largo!
¡Ay mi jaca valerosa!
¡Ay que la muerte me espera,
antes de llegar a Córdoba.

Córdoba.
Lejana y sola.

GENERACION DEL 27

LA SOLTERA EN MISA

Bajo el Moisés del incienso,
adormecida.

    Ojos de toro te miraban.
Tu rosario llovía.

    Con ese traje de profunda seda,
no te muevas, Virginia.

    Da los negros melones de tus pechos
al rumor de la misa.

SUICIDIO

(Quizá fue por no saberte la Geometría)

El jovencito se olvidaba.
Eran las diez de la mañana.

    Su corazón se iba llenando
de alas rotas y flores de trapo.

    Notó que ya no le quedaba
en la boca más que una palabra.

    Y al quitarse los guantes, caía,
de sus manos, suave ceniza.

    Por el balcón se veía una torre.
El se sintió balcón y torre.

    Vio, sin duda, cómo le miraba
el reloj detenido en su caja.

    Vio su sombra tendida y quieta,
en el blanco diván de seda.

    Y el joven rígido, geométrico,
con un hacha rompió el espejo.

    Al romperlo, un gran chorro de sombra
inundó la quimérica alcoba.

(Canciones.)

ROMANCE SONAMBULO

Verde que te quiero verde.
Verde viento. Verdes ramas.
El barco sobre la mar
y el caballo en la montaña.
Con la sombra en la cintura
ella sueña en su baranda,
verde carne, pelo verde,
con ojos de fría plata.
Verde que te quiero verde.
Bajo la luna gitana,
las cosas la están mirando
y ella no puede mirarlas.

    * * *

Verde que te quiero verde.
Grandes estrellas de escarcha,
vienen con el pez de sombra
que abre el camino del alba.
La higuera frota su viento
con la lija de sus ramas,
y el monte, gato garduño,
eriza sus pitas agrias.
¿Pero quién vendrá? ¿Y por dónde...?
Ella sigue en su baranda,
verde carne, pelo verde,
soñando en la mar amarga.

    * * *

Compadre, quiero cambiar
mi caballo por su casa,
mi montura por su espejo,
mi cuchillo por su manta.
Compadre, vengo sangrando,
desde los puertos de Cabra.
Si yo pudiera, mocito,
este trato se cerraba.
Pero yo ya no soy yo.
Ni mi casa es ya mi casa.
Compadre, quiero morir
decentemente en mi cama.
De acero, si puede ser,
con las sábanas de holanda.
¿No veis la herida que tengo
desde el pecho a la garganta?
Trescientas rosas morenas
lleva tu pechera blanca.
Tu sangre rezuma y huele
alrededor de tu faja.
Pero yo ya no soy yo.
Ni mi casa es ya mi casa.
Dejadme subir al menos
hasta las altas barandas,
¡dejadme subir!, dejadme
hasta las verdes barandas.
Barandales de la luna
por donde retumba el agua.

    * * *

FEDERICO GARCIA LORCA

La familia García Lorca en Granada.

El largo viento, dejaba
en la boca un raro gusto
de hiel, de menta y de albahaca.
¡Compadre! ¿Dónde está, dime?
¿Dónde está tu niña amarga?
¡Cuántas veces te esperó!
¡Cuántas veces te esperara,
cara fresca, negro pelo,
en esta verde baranda!

* * *

Ya suben los dos compadres
hacia las altas barandas.
Dejando un rastro de sangre.
Dejando un rastro de lágrimas.
Temblaban en los tejados
farolillos de hojalata.
Mil panderos de cristal,
herían la madrugada.

* * *

Verde que te quiero verde,
verde viento, verdes ramas.
Los dos compadres subieron.

Sobre el rostro del aljibe,
se mecía la gitana.
Verde carne, pelo verde,
con ojos de fría plata.
Un carámbano de luna
la sostiene sobre el agua.
La noche se puso íntima
como una pequeña plaza.
Guardias civiles borrachos,
en la puerta golpeaban.
Verde que te quiero verde.
Verde viento. Verdes ramas.
El barco sobre la mar.
Y el caballo en la montaña.

ROMANCE DE LA PENA NEGRA

Las piquetas de los gallos
cavan buscando la aurora,
cuando por el monte oscuro
baja Soledad Montoya.
Cobre amarillo, su carne,
huele a caballo y a sombra.
Yunques ahumados sus pechos,
gimen canciones redondas.
Soledad: ¿por quién preguntas
sin compaña y a estas horas?
Pregunte por quien pregunte,
dime: ¿a ti qué se te importa?
Vengo a buscar lo que busco,
mi alegría y mi persona.
Soledad de mis pesares,
caballo que se desboca,
al fin encuentra la mar
y se lo tragan las olas.
No me recuerdes el mar,
que la pena negra brota
en las tierras de aceituna
bajo el rumor de las hojas.
¡Soledad, qué pena tienes!
¡Qué pena tan lastimosa!

Lloras zumo de limón
agrio de espera y de boca.
¡Qué pena tan grande! Corro
mi casa como una loca,
mis dos trenzas por el suelo,
de la cocina a la alcoba.
¡Qué pena! Me estoy poniendo
de azabache, carne y ropa.
¡Ay mis camisas de hilo!
¡Ay mis muslos de amapola!
Soledad: lava tu cuerpo
con agua de las alondras,
y deja tu corazón
en paz, Soledad Montoya.

* * *

Por abajo canta el río:
volante de cielo y hojas.
Con flores de calabaza,
la nueva luz se corona.
¡Oh pena de los gitanos!
Pena limpia y siempre sola.
¡Oh pena de cauce oculto
y madrugada remota!

SAN RAFAEL

(Córdoba)

I

Coches cerrados llegaban
a las orillas de juncos
donde las ondas alisan
romano torso desnudo.
Coches, que el Guadalquivir
tiende en su cristal maduro,
entre láminas de flores
y resonancias de nublos.
Los niños tejen y cantan
el desengaño del mundo,
cerca de los viejos coches
perdidos en el nocturno.
Pero Córdoba no tiembla
bajo el misterio confuso,
pues si la sombra levanta
la arquitectura del humo,
un pie de mármol afirma
su casto fulgor enjuto.
Pétalos de lata débil
recaman los grises puros
de la brisa, desplegada
sobre los arcos de triunfo.
Y mientras el puente sopla
diez rumores de Neptuno,
vendedores de tabaco
huyen por el roto muro.

II

Un solo pez en el agua
que a las dos Córdobas junta:
Blanda Córdoba de juncos.
Córdoba de arquitectura.
Niños de cara impasible
en la orilla se desnudan,
aprendices de Tobías
y Merlines de cintura,
para fastidiar al pez
en irónica pregunta
si quiere flores de vino
o saltos de media luna.
Pero el pez que dora el agua
y los mármoles enluta,
les da lección y equilibrio
de solitaria columna.
El Arcángel aljamiado
de lentejuelas oscuras,
en el mitin de las ondas
buscaba rumor y cuna.

* * *

Un solo pez en el agua.
Dos Córdobas de hermosura.
Córdoba quebrada en chorros.
Celeste Córdoba enjuta.

PRENDIMIENTO DE ANTOÑITO EL CAMBORIO EN EL CAMINO DE SEVILLA

Antonio Torres Heredia,
hijo y nieto de Camborios,
con una vara de mimbre
va a Sevilla a ver los toros.
Moreno de verde luna
anda despacio y garboso.
Sus empavonados bucles
le brillan entre los ojos.
A la mitad del camino
cortó limones redondos,
y los fue tirando al agua
hasta que la puso de oro.
Y a la mitad del camino,
bajo las ramas de un olmo,
guardia civil caminera
lo llevó codo con codo.

* * *

El día se va despacio,
la tarde colgada a un hombro,
dando una larga torera
sobre el mar y los arroyos.
Las aceitunas aguardan
la noche de Capricornio,
y una corta brisa, ecuestre,
salta los montes de plomo.
Antonio Torres Heredia,
hijo y nieto de Camborios,
viene sin vara de mimbre
entre los cinco tricornios.

* * *

Antonio, ¿quién eres tú?
Si te llamaras Camborio,

FEDERICO GARCIA LORCA

hubieras hecho una fuente
de sangre, con cinco chorros.
Ni tú eres hijo de nadie,
ni legítimo Camborio.
¡Se acabaron los gitanos
que iban por el monte solos!
Están los viejos cuchillos
tiritando bajo el polvo.

* * *

A las nueve de la noche
lo llevan al calabozo,
mientras los guardias civiles
beben limonada todos.
Y a las nueve de la noche
le cierran el calabozo,
mientras el cielo reluce
como la grupa de un potro.

(Romancero gitano.)

CIUDAD SIN SUEÑO

(Nocturno del Brooklyn Bridge)

No duerme nadie por el cielo. Nadie, nadie.
No duerme nadie.
Las criaturas de la luna huelen y rondan las cabañas.
Vendrán las iguanas vivas a morder a los hombres que no sueñan
y el que huye con el corazón roto encontrará por las esquinas
al increíble cocodrilo quieto bajo la tierna protesta de los astros.

No duerme nadie por el mundo. Nadie, nadie.
No duerme nadie.
Hay un muerto en el cementerio más lejano
que se queja tres años
porque tiene un paisaje seco en la rodilla
y el niño que enterraron esta mañana lloraba tanto
que hubo necesidad de llamar a los perros para que callase.

No es sueño la vida. ¡Alerta! ¡Alerta! ¡Alerta!
Nos caemos por las escaleras para comer la tierra húmeda
o subimos al filo de la nieve con el coro de las dalias muertas.
Pero no hay olvido ni sueño:
carne viva. Los besos atan las bocas
en una maraña de venas recientes
y al que le duele su dolor le dolerá sin descanso
y el que teme la muerte la llevará sobre los hombros.

Un día
los caballos vivirán en las tabernas
y las hormigas furiosas
atacarán los cielos amarillos que se refugian en los ojos de las vacas.
Otro día
veremos la resurrección de las mariposas disecadas
y aun andando por un paisaje de esponjas grises y barcos mudos
veremos brillar nuestro anillo y manar rosas de nuestra lengua.
¡Alerta! ¡Alerta! ¡Alerta!
A los que guardan todavía huellas de zarpa y aguacero,
a aquel muchacho que llora porque no sabe la invención del puente
o a aquel muerto que ya no tiene más que la cabeza y un zapato,
hay que llevarlos al muro donde iguanas y sierpes esperan,
donde espera la dentadura del oso,
donde espera la mano momificada del niño
y la piel del camello se eriza con un violento escalofrío azul.

Uno de los retratos que le hizo a Lorca Gregorio Prieto. Abajo: ante el piano, fotografiado en 1935 por Eduardo Blanco-Amor.

GENERACION DEL 27

No duerme nadie por el cielo. Nadie, nadie.
No duerme nadie.
Pero si alguien cierra los ojos
¡azotadlo, hijos míos, azotadlo!
Haya un panorama de ojos abiertos
y amargas llagas encendidas.
No duerme nadie por el mundo. Nadie, nadie.

Ya lo he dicho.
No duerme nadie.
Pero si alguien tiene por la noche exceso de musgo en las sienes,
abrid los escotillones para que vea bajo la luna
las copas falsas, el veneno y la calavera de los teatros.

LA AURORA

La aurora de Nueva York tiene
cuatro columnas de cieno
y un huracán de negras palomas
que chapotean las aguas podridas.

La aurora de Nueva York gime
por las inmensas escaleras
buscando entre las aristas
nardos de angustia dibujada.

La aurora llega y nadie la recibe en su boca
porque allí no hay mañana ni esperanza posible.
A veces las monedas en enjambres furiosos
taladran y devoran abandonados niños.

Los primeros que salen comprenden con sus huesos
que no habrá paraíso ni amores deshojados;
saben que van al cieno de números y leyes,
a los juegos sin arte, a sudores sin fruto.

La luz es sepultada por cadenas y ruidos
en impúdico reto de ciencia sin raíces.
Por los barrios hay gentes que vacilan insomnes
como recién salidas de un naufragio de sangre.

GRITO HACIA ROMA

(Desde la torre del Chrysler Building)

Manzanas levemente heridas
por finos espadines de plata,
nubes rasgadas por una mano de coral
que lleva en el dorso una almendra de fuego,
peces de arsénico como tiburones,
tiburones como gotas de llanto para cegar una multitud,
rosas que hieren
y agujas instaladas en los caños de la sangre,

Lorca y Dalí en Cadaqués (Gerona), en 1927, fotografiados por Ana María Dalí. Ambos se conocieron en la Residencia de Estudiantes de Madrid y mantuvieron una prolongada y fecunda amistad. Lorca, en la «Oda» que le dedicó en 1926, se refería así a sus afinidades electivas: «Pero ante todo canto un común pensamiento / que nos une en las horas oscuras y doradas. / No es el Arte la luz que nos ciega los ojos. / Es primero el amor, la amistad o la esgrima». En octubre del año siguiente, Dalí le escribía: «Tú tienes que ser el primer poeta nuevo; yo creo que no hay; Breton es muy inteligente; cada día más quizá, pero no sirve para la poesía».

FEDERICO GARCIA LORCA

mundos enemigos y amores cubiertos de gusanos,
caerán sobre ti. Caerán sobre la gran cúpula
que unta de aceite las lenguas militares,
donde un hombre se orina en una deslumbrante paloma
y escupe carbón machacado
rodeado de miles de campanillas.

    Porque ya no hay quien reparta el pan ni el vino,
ni quien cultive hierbas en la boca del muerto,
ni quien abra los linos del reposo,
ni quien llore por las heridas de los elefantes.
No hay más que un millón de herreros
forjando cadenas para los niños que han de venir.
No hay más que un millón de carpinteros
que hacen ataúdes sin cruz.
No hay más que un gentío de lamentos
que se abren las ropas en espera de la bala.
El hombre que desprecia la paloma debía hablar,
debía gritar desnudo entre las columnas
y ponerse una inyección para adquirir la lepra
y llorar un llanto tan terrible
que disolviera sus anillos y sus teléfonos de diamante.
Pero el hombre vestido de blanco
ignora el misterio de la espiga,
ignora el gemido de la parturienta,
ignora que Cristo puede dar agua todavía,
ignora que la moneda quema el beso de prodigio
y da la sangre del cordero al pico idiota del faisán.

    Los maestros enseñan a los niños
una luz maravillosa que viene del monte;
pero lo que llega es una reunión de cloacas
donde gritan las oscuras ninfas del cólera.
Los maestros señalan con devoción las enormes cúpulas sahumadas;
pero debajo de las estatuas no hay amor,
no hay amor bajo los ojos de cristal definitivo.
El amor está en las carnes desgarradas por la sed,
en la choza diminuta que lucha con la inundación;
el amor está en los fosos donde luchan las sierpes del hambre,
en el triste mar que mece los cadáveres de las gaviotas
y en el oscurísimo beso punzante debajo de las almohadas.
Pero el viejo de las manos translúcidas
dirá: amor, amor, amor,
aclamado por millones de moribundos;
dirá: amor, amor, amor,
entre el tisú estremecido de ternura;
dirá: paz, paz, paz,
entre el tirite de cuchillos y melones de dinamita;
dirá: amor, amor, amor,
hasta que se le pongan de plata los labios.

    Mientras tanto, mientras tanto, ¡ay!, mientras tanto,
los negros que sacan las escupideras,
los muchachos que tiemblan bajo el terror pálido de los directores,
las mujeres ahogadas en aceites minerales,

Luis Buñuel fue otro de los grandes amigos de Lorca en los años veinte. Ambos aparecen, a la izquierda, en los jardines de la Residencia de Estudiantes, hacia 1924. A la derecha, en una foto hecha en una verbena madrileña, en 1923.

GENERACION DEL 27

la muchedumbre de martillo, de violín o de nube,
ha de gritar aunque le estrellen los sesos en el muro,
ha de gritar frente a las cúpulas,
ha de gritar loca de fuego,
ha de gritar loca de nieve,
ha de gritar con la cabeza llena de excremento,
ha de gritar como todas las noches juntas,
ha de gritar con voz tan desgarrada
hasta que las ciudades tiemblen como niñas
y rompan las prisiones del aceite y la música.
Porque queremos el pan nuestro de cada día,
flor de aliso y perenne ternura desgranada,
porque queremos que se cumpla la voluntad de la Tierra
que da sus frutos para todos.

ODA A WALT WHITMAN

(Fragmentos)

    Ni un solo momento, viejo hermoso Walt Whitman,
he dejado de ver tu barba llena de mariposas,
ni tus hombros de pana gastados por la luna,
ni tus muslos de Apolo virginal,
ni tu voz como una columna de ceniza;
anciano hermoso como la niebla
que gemías igual que un pájaro
con el sexo atravesado por una aguja,
enemigo del sátiro,
enemigo de la vid,
y amante de los cuerpos bajo la burda tela.

Ni un solo momento, hermosura viril
que en montes de carbón, anuncios y ferrocarriles,
soñabas ser un río y dormir como un río
con aquel camarada que pondría en tu pecho
un pequeño dolor de ignorante leopardo.

    Ni un solo momento, Adán de sangre, macho,
hombre solo en el mar, viejo hermoso Walt Whitman,
porque por las azoteas,
agrupados en los bares,
saliendo en racimos de las alcantarillas,
temblando entre las piernas de los chauffeurs
o girando en las plataformas del ajenjo,
los maricas, Walt Whitman, te señalan.

    ¡También ése! ¡También! Y se despeñan
sobre tu barba luminosa y casta,
rubios del norte, negros de la arena,
muchedumbre de gritos y ademanes,
como los gatos y como las serpientes,
los maricas, Walt Whitman, los maricas,
turbios de lágrimas, carne para fusta,
bota o mordisco de los domadores.

FEDERICO GARCIA LORCA

El poeta
norteamericano
Walt Whitman,
al que Lorca
dedica esta
conocida «Oda» de
Poeta en Nueva York.

A la izquierda,
arriba, en
la Universidad de
Columbia.
Abajo, en
Vermont. A la derecha,
arriba, junto al lago
Eden Mills
(Vermont).
Abajo, en La Habana
(1930).

¡También ése! ¡También! Dedos teñidos
apuntan a la orilla de tu sueño
cuando el amigo come tu manzana
con un leve sabor de gasolina
y el sol canta por los ombligos
de los muchachos que juegan bajo los puentes.

Pero tú no buscabas los ojos arañados,
ni el pantano oscurísimo donde sumergen a los niños,
ni la saliva helada,
ni las curvas heridas como panza de sapo
que llevan los maricas en coches y terrazas
mientras la luna los azota por las esquinas del terror.

Tú buscabas un desnudo que fuera como un río,
toro y sueño que junte la rueda con el alga,
padre de tu agonía, camelia de tu muerte,
y gimiera en las llamas de tu ecuador oculto.

Porque es justo que el hombre no busque su deleite
en la selva de sangre de la mañana próxima.
El cielo tiene playas donde evitar la vida
hay cuerpos que no deben repetirse en la aurora [...]

Por eso no levanto mi voz, viejo Walt Whitman,
contra el niño que escribe
nombre de niña en su almohada,
ni contra el muchacho que se viste de novia
en la oscuridad del ropero,
ni contra los solitarios de los casinos
que beben con asco el agua de la prostitución,
ni contra los hombres de mirada verde
que aman al hombre y queman sus labios en silencio.
Pero sí contra vosotros, maricas de las ciudades,
de carne tumefacta y pensamiento inmundo,
madres de lodo, arpías, enemigos sin sueño
del Amor que reparte coronas de alegría [...]

Y tú, bello Walt Whitman, duerme a orillas del Hudson
con la barba hacia el polo y las manos abiertas.
Arcilla blanda o nieve, tu lengua está llamando
camaradas que velen tu gacela sin cuerpo.

Duerme: no queda nada.
Una danza de muros agita las praderas
y América se anega de máquinas y llanto.
Quiero que el aire fuerte de la noche más honda
quite flores y letras del arco donde duermes,
y un niño negro anuncie a los blancos del oro
la llegada del reino de la espiga.

(Poeta en Nueva York.)

II

LA SANGRE DERRAMADA

¡Que no quiero verla!

Dile a la luna que venga,
que no quiero ver la sangre
de Ignacio sobre la arena.

¡Que no quiero verla!

La luna de par en par.
Caballo de nubes quietas,
y la plaza gris del sueño
con sauces en las barreras.

¡Que no quiero verla!
Que mi recuerdo se quema.
¡Avisad a los jazmines
con su blancura pequeña!

¡Que no quiero verla!

La vaca del viejo mundo
pasaba su triste lengua
sobre un hocico de sangres
derramadas en la arena,
y los toros de Guisando,
casi muerte y casi piedra,
mugieron como dos siglos
hartos de pisar la tierra.
No.

¡Que no quiero verla!

Por las gradas sube Ignacio
con toda su muerte a cuestas.
Buscaba el amanecer,
y el amanecer no era.
Busca su perfil seguro,
y el sueño lo desorienta.
Buscaba su hermoso cuerpo
y encontró su sangre abierta.
¡No me digáis que la vea!
No quiero sentir el chorro
cada vez con menos fuerza;
ese chorro que ilumina
los tendidos y se vuelca
sobre la pana y el cuero
de muchedumbre sedienta.
¿Quién me grita que me asome?
¡No me digáis que la vea!

No se cerraron los ojos
cuando vio los cuernos cerca,
pero las madres terribles
levantaron la cabeza.
Y a través de las ganaderías,
hubo un aire de voces secretas
que gritaban a toros celestes,
mayorales de pálida niebla.

No hubo príncipe en Sevilla
que comparársele pueda,
ni espada como su espada,
ni corazón tan de veras.
Como un río de leones
su maravillosa fuerza,
y como un torso de mármol
su dibujada prudencia.
Aire de Roma andaluza
le doraba la cabeza
donde su risa era un nardo
de sal y de inteligencia.
¡Qué gran torero en la plaza!
¡Qué buen serrano en la sierra!
¡Qué blando con las espigas!
¡Qué duro con las espuelas!
¡Qué tierno con el rocío!
¡Qué deslumbrante en la feria!
¡Qué tremendo con las últimas
banderillas de tiniebla!

Pero ya duerme sin fin.
Ya los musgos y la hierba
abren con dedos seguros
la flor de su calavera.
Y su sangre ya viene cantando:
cantando por marismas y praderas,
resbalando por cuernos ateridos,
vacilando sin alma por la niebla,
tropezando con miles de pezuñas
como una larga, oscura, triste lengua,
para formar un charco de agonía
junto al Guadalquivir de las estrellas.
¡Oh blanco muro de España!
¡Oh negro toro de pena!
¡Oh sangre dura de Ignacio!
¡Oh ruiseñor de sus venas!
No.
¡Que no quiero verla!
Que no hay cáliz que la contenga,
que no hay golondrinas que se la beban,
no hay escarcha de luz que la enfríe,
no hay canto ni diluvio de azucenas,
no hay cristal que la cubra de plata.
No.
¡¡Yo no quiero verla!!

(Llanto por la muerte de Ignacio Sánchez Mejías.)

FEDERICO GARCIA LORCA

GACELA DE LA MUERTE OSCURA

Quiero dormir el sueño de las manzanas,
alejarme del tumulto de los cementerios.
Quiero dormir el sueño de aquel niño
que quería cortarse el corazón en alta mar.

    No quiero que me repitan que los muertos no pierden la sangre;
que la boca podrida sigue pidiendo agua.
No quiero enterarme de los martirios que da la hierba,
ni de la luna con boca de serpiente
que trabaja antes del amanecer.

    Quiero dormir un rato,
un rato, un minuto, un siglo;
pero que todos sepan que no he muerto;
que hay un establo de oro en mis labios;
que soy el pequeño amigo del viento Oeste;
que soy la sombra inmensa de mis lágrimas.

    Cúbreme por la aurora con un velo,
porque me arrojará puñados de hormigas,
y moja con agua dura mis zapatos
para que resbale la pinza de su alacrán.

    Porque quiero dormir el sueño de las manzanas
para aprender un llanto que me limpie de tierra;
porque quiero vivir con aquel niño oscuro
que quería cortarse el corazón en alta mar.

Ignacio Sánchez Mejías. Ilustración de José Caballero para la obra que en 1935 le dedicó Lorca. Sánchez Mejías fue un famoso torero sevillano que murió en 1934, cuando tenía cuarenta y tres años, a consecuencia de una cogida en la plaza de Manzanares (Ciudad Real). Fue amigo de los escritores del 27 y hasta escribió y estrenó un drama de carácter freudiano, Sinrazón.

CASIDA DEL LLANTO

He cerrado mi balcón
porque no quiero oír el llanto,
pero por detrás de los muros
no se oye otra cosa que el llanto.

    Hay muy pocos ángeles que canten,
hay muy pocos perros que ladren,
mil violines caben en la palma de mi mano.

    Pero el llanto es un perro inmenso,
el llanto es un ángel inmenso,
el llanto es un violín inmenso,
las lágrimas amordazan al viento,
y no se oye otra cosa que el llanto.

(Diván del Tamarit.)

SONETO DE LA DULCE QUEJA

    Tengo miedo a perder la maravilla
de tus ojos de estatua y el acento
que de noche me pone en la mejilla
la solitaria rosa de tu aliento.

    Tengo pena de ser en esta orilla
tronco sin ramas; y lo que más siento
es no tener la flor, pulpa o arcilla,
para el gusano de mi sufrimiento.

    Si tú eres el tesoro oculto mío,
si eres mi cruz y mi dolor mojado,
si soy el perro de tu señorío,

    no me dejes perder lo que he ganado
y decora las aguas de tu río
con hojas de mi otoño enajenado.

GENERACION DEL 27

EL POETA PIDE A SU AMOR QUE LE ESCRIBA

Amor de mis entrañas, viva muerte,
en vano espero tu palabra escrita
y pienso, con la flor que se marchita,
que si vivo sin mí, quiero perderte.

El aire es inmortal. La piedra inerte
ni conoce la sombra ni la evita.
Corazón interior, no necesita
la miel helada que la luna vierte.

Pero yo te sufrí. Rasgué mis venas,
tigre y paloma, sobre tu cintura
en duelo de mordiscos y azucenas.

Llena, pues, de palabras mi locura
o déjame vivir en mi serena
noche del alma para siempre oscura.

AY VOZ SECRETA DEL AMOR OSCURO

Ay voz secreta del amor oscuro
¡ay balido sin lanas! ¡ay herida!
¡ay aguja de hiel, camelia hundida!
¡ay corriente sin mar, ciudad sin muro!

¡Ay noche inmensa de perfil seguro,
montaña celestial de angustia erguida!
¡ay perro en corazón, voz perseguida!
¡silencio sin confín, lirio maduro!

Huye de mí, caliente voz de hielo,
no me quieras perder en la maleza
donde sin fruto gimen carne y cielo.

Deja el duro marfil de mi cabeza,
apiádate de mí, ¡rompe mi duelo!
¡que soy amor, que soy naturaleza!

(Sonetos. Conocidos también
por: *Sonetos del amor oscuro.)*

ACTO I

[*Por la puerta de la izquierda aparece el Niño muerto con el Gato. El Niño viene vestido de blanco, de primera comunión, con una corona de rosas blancas en la cabeza. Sobre su rostro, pintado de cera, resaltan sus ojos y sus labios de lirio seco. Trae un cirio rizado en la mano y el gran lazo con flores de oro. El Gato es azul con dos enormes manchas rojas de sangre en el pechito blanco gris y en la cabeza. Avanzan hacia el público. El Niño trae al Gato cogido de una pata.*]

GATO: Miau.
NIÑO: Chisss...
GATO: Miau.
NIÑO: Toma mi pañuelo blanco.
 Toma mi corona blanca.
 No llores más.
GATO: Me duelen las heridas
 que los niños me hicieron en la espalda.
NIÑO: También a mí me duele el corazón.
GATO: ¿Por qué te duele, niño, di?
NIÑO: Porque no anda.
 Ayer se me paró muy despacito,
 ruiseñor de mi cama.
 Mucho ruido; ¡si vieras...! Me pusieron
 con estas rosas frente a la ventana.
GATO: ¿Y qué sentías tú?
NIÑO: Pues yo sentía
 surtidores y abejas por la sala.

Lorca, con un grupo de colaboradores, prepara el escenario para una representación de «La Barraca».

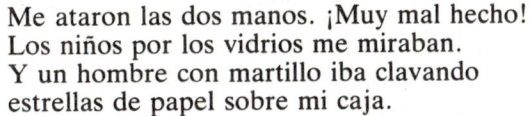

Con Eduardo Ugarte, su mano derecha en «La Barraca». «La Barraca es para mí toda mi obra —confesará Lorca—, la obra que me interesa, que me ilusiona más todavía que mi obra literaria, como que por ella he dejado de escribir en verso muchas veces o también de concluir una pieza, como, por ejemplo, Yerma, que la tendría ya terminada si no me hubiera interrumpido para lanzarme por tierras de España en una de esas estupendas excursiones de mi teatro.»

    Me ataron las dos manos. ¡Muy mal hecho!
    Los niños por los vidrios me miraban.
    Y un hombre con martillo iba clavando
    estrellas de papel sobre mi caja.

    [Cruzando las manos]

    No vinieron los ángeles. No, Gato.

GATO: No me digas más gato.
NIÑO: ¿No?
GATO: Soy gata.
NIÑO: ¿Eres gata?
GATO: *[Mimoso]* Debiste conocerlo.
NIÑO: ¿Por qué?
GATO: Por mi voz plateada.
NIÑO: *[Galante]* ¿No te quieres sentar?
GATO: Sí, tengo hambre.
NIÑO: Voy a ver si encuentro alguna rata.

[Se pone a mirar debajo de las sillas. El Gato, sentado en un taburete, tiembla]

    No te la comas entera. Una patita,
    porque estás muy enferma.

GATO: Diez pedradas
    me tiraron los niños.
NIÑO: Pesan como las rosas
    que aprisionaron anoche mi garganta.
    ¿Quieres una?

[Se arranca una rosa de la cabeza]

GATO: *[Alegre]* Sí, quiero.
NIÑO: Con tus manchas de cera, rosa blanca,
    ojo de luna rota, me pareces
    gacela entre los vidrios desmayada.

[Se la pone]

GATO: ¿Tú qué hacías?
NIÑO: Jugar, ¿y tú?
GATO: ¡Jugar!
    Iba por el tejado, gata chata,
    naricillas de hojadelata,
    en la mañana
    iba a recoger los peces por el agua
    y al mediodía
    bajo el rosal del muro me dormía.
NIÑO: ¿Y por la noche?
GATA: *[Enfática]* Me iba sola.
NIÑO: Sin nadie.
GATA: Por el bosque.
NIÑO: *[Con alegría]* Yo también iba, ¡ay!, gata chata, barata,
    a comer zarzamoras y manzanas
    y después a la iglesia con los niños
    a jugar a la cabra.
GATA: ¿Qué es la cabra?
NIÑO: Era mamar los clavos de la puerta.
GATA: ¿Y eran buenos?

GENERACION DEL 27

NIÑO: ¡No, gata! Como chupar monedas.

[Trueno lejano]

¡Ay! ¡Espera! ¿No vienen? Tengo miedo, ¿sabes? Me escapé de casa.

[Llora]

Yo no quiero que me entierren.
Agremanes y vidrios adornan mi caja;
pero es mejor que me duerma
entre los juncos del agua.
Yo no quiero que me entierren. ¡Vamos pronto!

(Así que pasen cinco años.)

ADVERTENCIA

(Sonarán dos clarines y un tambor. Por donde se quiera, saldrá el MOSQUITO. El MOSQUITO es un personaje misterioso, mitad duende, mitad martinico, mitad insecto. Representa la alegría de vivir libre, y la gracia y la poesía del pueblo andaluz. Lleva una trompetilla de feria.)

MOSQUITO: ¡Hombres y mujeres! Atención. Niño, cierra esa boquita, y tú, muchacha, siéntate con cien mil de a caballo. Callad, para que el silencio se quede más clarito, como si estuviese en su misma fuente. Callad, para que se asiente el barrillo de las últimas conversaciones. *(Tambor.)* Yo y mi Compañía venimos del teatro de los burgueses, del teatro de los condeses y marqueses, un teatro de oro y cristales, donde los hombres van a dormirse, y las señoras... a dormirse también. Yo y mi Compañía estábamos encerrados. No os podéis imaginar qué pena teníamos. Pero un día vi por el agujerito de la puerta una estrella que temblaba como una fresca violeta de luz. Abrí mi ojo todo lo que pude —me lo quería cerrar el dedo del viento— y, bajo la estrella, un ancho río sonreía surcado por lentas barcas. Entonces yo avisé a mis amigos, y huimos por esos campos en busca de la gente sencilla, para mostrarles las cosas, las cosillas y las cositillas del mundo; bajo la luna verde de las montañas, bajo la luna rosa de las playas. Ahora que sale la luna y las luciérnagas huyen lentamente a sus cuevecitas, va a dar comienzo la gran función titulada: «Tragicomedia de don Cristóbal y la señá Rosita»... Preparaos a sufrir el genio del puñeterillo Cristóbal y a llorar las ternezas de la señá Rosita que, a más de mujer, es una avefría sobre la charca, una delicada pajarita de las nieves. ¡A empezar! *(Hace mutis, pero vuelve corriendo.)* Y ahora... ¡viento!; abanica tanto rostro asombrado, llévate los suspiros por encima de aquella sierra, y limpia las lágrimas nuevas en los ojos de las niñas sin novio. *(Música.)*

Cuatro hojillas tenía
mi arbolillo
y el aire las movía.

(Mutación. Fin de la advertencia-anuncio).

(Tragicomedia de don Cristóbal y la señá Rosita.)

ACTO III

Cuadro primero

(Por la claridad de la izquierda aparece la LUNA. La LUNA es un leñador joven con la cara blanca. La escena adquiere un vivo resplandor azul.)

LUNA: Cisne redondo en el río,   alba fingida en las hojas
ojo de las catedrales,   soy, ¡no podrán escaparse!

FEDERICO GARCIA LORCA

¿Quién se oculta? ¿Quién solloza
por la maleza del valle?
La luna deja un cuchillo
abandonado en el aire,
que siendo acecho de plomo
quiere ser dolor de sangre.
¡Dejadme entrar! ¡Vengo helada
por paredes y cristales!
¡Abrid tejados y pechos
donde pueda calentarme!
¡Tengo frío! Mis cenizas
de soñolientos metales,
buscan la cresta del fuego
por los montes y las calles.
Pero me lleva la nieve
sobre su espalda de jaspe,
y me anega, dura y fría,
el agua de los estanques.
Pues esta noche tendrán
mis mejillas roja sangre,
y los juncos agrupados
en los anchos pies del aire.
¡No haya sombra ni emboscada,
que no puedan escaparse!
¡Que quiero entrar en un pecho
para poder calentarme!
¡Un corazón para mí!
¡Caliente!, que se derrame
por los montes de mi pecho;
dejadme entrar, ¡ay, dejadme!

(A las ramas.)

No quiero sombras. Mis rayos
han de entrar en todas partes,
y haya en los troncos oscuros
un rumor de claridades,
para que esta noche tengan
mis mejillas dulce sangre,
y los juncos agrupados
en los anchos pies del aire.
¿Quién se oculta? ¡Afuera digo!
¡No! ¡No podrán escaparse!
Yo haré lucir al caballo
una fiebre de diamante.

(Desaparece entre los troncos, y vuelve la escena a su luz oscura. Sale una anciana totalmente cubierta por tenues paños verdeoscuro. Lleva los pies descalzos. Apenas si se le verá el rostro entre los pliegues. Este personaje no figura en el reparto.)

MENDIGA: Esa luna se va, y ellos se acercan.
De aquí no pasan. El rumor del río
apagará con el rumor de troncos
el desgarrado vuelo de los gritos.
Aquí ha de ser, y pronto. Estoy cansada.

Paquita Rico en una representación de Bodas de sangre en el teatro Bellas Artes de Madrid, con dirección de José Tamayo.

orca, con Lola
Membrives,
ente al cartel
ue anuncia las cien
epresentaciones
e Bodas de sangre en
n teatro de Buenos
ires.

GENERACION DEL 27

Abren los cofres, y los blancos hilos
aguardan por el suelo de la alcoba
cuerpos pesados con el cuello herido.
No se despierte un pájaro y la brisa,
recogiendo en su falda los gemidos,
huya con ellos por las negras copas
o los encierre por el blando limo.

(Impaciente.)

¡Esa luna, esa luna!
(Aparece la LUNA. Vuelve la luz azul intensa.)

LUNA: Ya se acercan.
Unos por la cañada y el otro por el río.
Voy a alumbrar las piedras. ¿Qué necesitas?

MENDIGA: Nada.

LUNA: El aire va llegando duro, con doble filo.

MENDIGA: Ilumina el chaleco y aparta los botones,
que después las navajas ya saben el camino.

LUNA: Pero que tarden mucho en morir. Que la sangre
me ponga entre los dedos su delicado silbo.
¡Mira que ya mis valles de ceniza despiertan
en ansia de esta fuente de chorro estremecido!

MENDIGA: No dejemos que pasen el arroyo. ¡Silencio!

LUNA: ¡Allí vienen! *(Se va. Queda la escena oscura.)*

MENDIGA: De prisa. Mucha luz. ¿Me has oído? ¡No pueden
[escaparse!

(Bodas de sangre.)

ACTO II

Cuadro primero

LAVANDERA 4.ª: *(Cantando.)*
En el arroyo frío
lavo tu cinta.
Como un jazmín caliente
tienes la risa.
Quiero vivir
en la nevada chica
de ese jazmín.

LAVANDERA 1.ª: ¡Ay de la casada seca!
¡Ay de la que tiene los pechos de arena!

LAVANDERA 5.ª: Dime si tu marido
guarda semilla
para que el agua cante
por tu camisa.

LAVANDERA 4.ª: Es tu camisa
nave de plata y viento
por las orillas.

LAVANDERA 3.ª: Las ropas de mi niño
vengo a lavar,

María Espert y Daniel [Di]centa en el audaz [m]ontaje [d]e Yerma [que montó] el director teatral [Ví]ctor García.

[E]scena de una presentación de [Y]erma [en] el teatro María [G]uerrero de Madrid, con [di]rección de Luis [E]scobar.

	para que tome el agua lecciones de cristal.
LAVANDERA 2.ª:	Por el monte ya llega mi marido a comer. El me trae una rosa y yo le doy tres.
LAVANDERA 5.ª:	Por el llano ya vino mi marido a cenar. Las brasas que me entrega cubro con arrayán.
LAVANDERA 4.ª:	Por el aire ya viene mi marido a dormir. Yo alhelíes rojos y él rojo alhelí.

Cuadro segundo

JUAN:	Vamos a comer. *(Entran las hermanas.)* ¿Me has oído?
YERMA:	*(Dulce.)* Come tú con tus hermanas. Yo no tengo hambre [todavía.
JUAN:	Lo que quieras. *(Mutis.)*
YERMA:	*(Como soñando.)*

¡Ay qué prado de pena!
¡Ay qué puerta cerrada a la hermosura,
que pido un hijo que sufrir y el aire
me ofrece dalias de dormida luna!
Estos dos manantiales que yo tengo
de leche tibia, son en la espesura
de mi carne, dos pulsos de caballo,
que hacen latir la rama de mi angustia.
¡Ay pechos ciegos bajo mi vestido!
¡Ay palomas sin ojos ni blancura!
¡Ay qué dolor de sangre prisionera
me está clavando avispas en la nuca!
Pero tú has de venir, amor, mi niño,
porque el agua da sal, la tierra fruta,
y nuestro vientre guarda tiernos hijos
como la nube lleva dulce lluvia.

(Mira hacia la puera.) ¡María! ¿Por qué pasas tan deprisa por mi puerta?

MARÍA: *(Entra con un niño en brazos.)* Cuando estoy con el niño, lo hago... ¡Como siempre lloras!...

YERMA: Tienes razón. *(Coge al niño y se sienta.)*

MARÍA: Me da tristeza que tengas envidia. *(Se sienta.)*

YERMA: No es envidia lo que tengo; es pobreza.

MARÍA: No te quejes.

YERMA: ¡Cómo no me voy a quejar cuando te veo a ti y a las otras mujeres llenas por dentro de flores, y viéndome yo inútil en medio de tanta hermosura!

MARÍA: Pero tienes otras cosas. Si me oyeras, podrías ser feliz.

YERMA: La mujer del campo que no da hijos es inútil como un manojo de espinos, y hasta mala, a pesar de que yo sea de este desecho

GENERACION DEL 27

dejado de la mano de Dios. *(María hace un gesto para tomar al niño.)* Tómalo; contigo está más a gusto. Yo no debo tener manos de madre.

MARÍA: ¿Por qué me dices eso?

YERMA: *(Se levanta.)* Porque estoy harta, porque estoy harta de tenerlas y no poderlas usar en cosa propia. Que estoy ofendida, ofendida y rebajada hasta lo último, viendo que los trigos apuntan, que las fuentes no cesan de dar agua, y que paren las ovejas cientos de corderos, y las perras, y que parece que todo el campo puesto de pie me enseña sus crías tiernas, adormiladas, mientras yo siento dos golpes de martillo aquí, en lugar de la boca de mi niño.

(Yerma.)

ACTO I

PRIMO: He de volver, prima mía,
para llevarte a mi lado
en barco de oro cuajado
con las velas de alegría;
luz y sombra, noche y día,
sólo pensaré en quererte.

ROSITA: Pero el veneno que vierte
amor, sobre el alma sola,
tejerá con tierra y ola
el vestido de mi muerte.

PRIMO: Cuando mi caballo lento
coma tallos con rocío,
cuando la niebla del río
empañe el muro del viento,
cuando el verano violento
ponga el llano carmesí
y la escarcha deje en mí
alfileres de lucero,
te digo, porque te quiero,
que me moriré por ti.

ROSITA: Yo ansío verte llegar
una tarde por Granada
con toda la luz salada
por la nostalgia del mar;
amarillo limonar,
jazminero desangrado,
por las piedras enredado
impedirán tu camino,
y nardos en remolino
pondrán loco mi tejado.
Volverás.

PRIMO: Sí. ¡Volveré!

ROSITA: ¿Qué paloma iluminada
me anunciará tu llegada?

PRIMO: El palomo de mi fe.

ROSITA: Mira que yo bordaré
sábanas para los dos.

FEDERICO GARCIA LORCA

PRIMO: Por los diamantes de Dios
y el clavel de su costado,
juro que vendré a tu lado.

Acto III

ROSITA: Me he acostumbrado a vivir muchos años fuera de mí, pensando en cosas que estaban muy lejos, y ahora que estas cosas ya no existen sigo dando vueltas y más vueltas por un sitio frío, buscando una salida que no he de encontrar nunca. Yo lo sabía. Sabía que se había casado; ya se encargó un alma caritativa de decírmelo, y he estado recibiendo sus cartas con una ilusión llena de sollozos que aun a mí misma me asombraba. Si la gente no hubiera hablado; si vosotras no lo hubierais sabido; si no lo hubiera sabido nadie más que yo, sus cartas y su mentira hubieran alimentado mi ilusión como el primer año de su ausencia. Pero lo sabían todos y yo me encontraba señalada por un dedo que hacía ridícula mi modestia de prometida y daba un aire grotesco a mi abanico de soltera. Cada año que pasaba era como una prenda íntima que arrancaran de mi cuerpo. Y hoy se casa una amiga y otra y otra, y mañana tiene un hijo y crece, y viene a enseñarme sus notas de examen, y hacen casas nuevas y canciones nuevas, y yo igual, con el mismo temblor, igual; yo, lo mismo que antes, cortando el mismo clavel, viendo las mismas nubes y un día bajo al paseo y me doy cuenta de que no conozco a nadie; muchachos y muchachas me dejan atrás porque me canso, y uno dice: «ahí está la solterona», y otro hermoso, con la cabeza rizada, que comenta: «a ésta ya no hay quien le clave el diente». Y lo oigo y no puedo gritar, sino vamos adelante, con la boca llena de veneno y con unas ganas enormes de huir, de quitarme los zapatos, de descansar y no moverme más, nunca, de mi rincón.

TÍA: ¡Hija! ¡Rosita!

ROSITA: Ya soy vieja. Ayer le oí decir al Ama que todavía podía yo casarme. De ningún modo. No lo pienses. Ya perdí la esperanza de hacerlo con quien quise y... con quien quiero. Todo está acabado... y sin embargo, con toda la ilusión perdida, me acuesto, y me levanto con el más terrible de los sentimientos, que es el sentimiento de tener la esperanza muerta. Quiero huir, quiero no ver, quiero quedarme serena, vacía (¿es que no tiene derecho una pobre mujer a respirar con libertad?). Y sin embargo, la esperanza que persigue, me ronda, me muerde; como un lobo moribundo que apretara sus dientes por última vez.

(Doña Rosita la soltera.)

En 1981 el Centro Dramático Nacional realizó un excelente montaje de Doña Rosita la soltera. En la foto, la protagonista, Nuria Espert.

Margarita Xirgú estrenó Doña Rosita la soltera en 1935. Aquí aparece, en el centro de la foto, durante una representación.

ACTO I

BERNARDA: *(A Magdalena, que inicia el llanto).* Chisss. *(Golpea con el bastón). (Salen todas. A las que se han ido).* ¡Andar a vuestras cuevas a criticar todo lo que habéis visto! Ojalá tardéis muchos años en pasar el arco de mi puerta.

PONCIA: No tendrás queja ninguna. Ha venido todo el pueblo.

BERNARDA: Sí, para llenar mi casa con el sudor de sus refajos y el veneno de sus lenguas.

AMELIA: ¡Madre, no hable usted así!

GENERACION DEL 27

BERNARDA: Es así como se tiene que hablar en este maldito pueblo sin río, pueblo de pozos, donde siempre se bebe el agua con el miedo de que esté envenenada.
PONCIA: ¡Cómo han puesto la solería!
BERNARDA: Igual que si hubiera pasado por ella una manada de cabras. *(La Poncia limpia el suelo).* Niña, dame un abanico.
ADELA: Tome usted. *(Le da un abanico redondo con flores rojas y verdes).*
BERNARDA: *(Arrojando el abanico al suelo).* ¿Es éste el abanico que se da a una viuda? Dame uno negro y aprende a respetar el luto de tu padre.
MARTIRIO: Tome usted el mío.
BERNARDA: ¿Y tú?
MARTIRIO: Yo no tengo calor.
BERNARDA: Pues busca otro, que te hará falta. En ocho años que dure el luto no ha de entrar en esta casa el viento de la calle. Haceros cuenta que hemos tapiado con ladrillos puertas y ventanas. Así pasó en casa de mi padre y en casa de mi abuelo. Mientras, podéis empezar a bordaros el ajuar. En el arca tengo veinte piezas de hilo con el que podréis cortar sábanas y embozos. Magdalena puede bordarlas.
MAGDALENA: Lo mismo me da.
ADELA: *(Agria).* Si no queréis bordarlas irán sin bordados. Así las tuyas lucirán más.
MAGDALENA: Ni las mías ni las vuestras. Sé que yo no me voy a casar. Prefiero llevar sacos al molino. Todo menos estar sentada días y días dentro de esta sala oscura.
BERNARDA: Eso tiene ser mujer.
MAGDALENA: Malditas sean las mujeres.
BERNARDA: Aquí se hace lo que yo mando. Ya no puedes ir con el cuento a tu padre. Hilo y aguja para las hembras. Látigo y mula para el varón. Eso tiene la gente que nace con posibles.

Acto III

MARTIRIO: *(Señalando a Adela).* ¡Estaba con él! ¡Mira esas enaguas llenas de paja de trigo!
BERNARDA: ¡Esa es la cama de las mal nacidas! *(Se dirige furiosa hacia Adela).*
ADELA: *(Haciéndole frente).* ¡Aquí se acabaron las voces de presidio! *(Adela arrebata el bastón a su madre y lo parte en dos).* Esto hago yo con la vara de la dominadora. No dé usted un paso más. ¡En mí no manda nadie más que Pepe! *(Sale Magdalena).*
MAGDALENA: ¡Adela! *(Salen Poncia y Angustias).*
ADELA: Yo soy su mujer. *(A Angustias).* Entérate tú y ve al corral a decírselo. El dominará toda esta casa. Ahí fuera está, respirando como si fuera un león.
ANGUSTIAS: ¡Dios mío!
BERNARDA: ¡La escopeta! ¿Dónde está la escopeta? *(Sale corriendo).* *(Aparece Amelia por el fondo, que mira aterrada, con la cabeza sobre la pared. Sale detrás Martirio).*
ADELA: ¡Nadie podrá conmigo! *(Va a salir).*
ANGUSTIAS: *(Sujetándola).* De aquí no sales con tu cuerpo en triunfo. ¡Ladrona! ¡Deshonra de nuestra casa!
MAGDALENA: ¡Déjala que se vaya donde no la veamos nunca más! *(Suena un disparo).*

Arriba: representación de La casa de Bernarda Alba, en Madrid (1964), por la compañía de Maritza Caballero. Abajo: una escena de la misma obra, en el montaje de Angel Facio.

BERNARDA: *(Entrando).* Atrévete a buscarlo ahora.
MARTIRIO: *(Entrando).* Se acabó Pepe el Romano.
ADELA: ¡Pepe! ¡Dios mío! ¡Pepe! *(Sale corriendo).*
PONCIA: ¿Pero lo habéis matado?
MARTIRIO: No. Salió corriendo en la jaca.
BERNARDA: Fue culpa mía. Una mujer no sabe apuntar.
MAGDALENA: ¿Por qué lo has dicho entonces?
MARTIRIO: ¡Por ella! Hubiera volcado un río de sangre sobre su cabeza.
PONCIA: Maldita.
MAGDALENA: ¡Endemoniada!
BERNARDA: Aunque es mejor así. *(Se oye como un golpe).* ¡Adela! ¡Adela!
PONCIA: *(En la puerta).* ¡Abre!
BERNARDA: Abre. No creas que los muros defienden de la vergüenza.
CRIADA: *(Entrando).* ¡Se han levantado los vecinos!...
BERNARDA: *(En voz baja, como un rugido).* Abre, porque echaré abajo la puerta! *(Pausa. Todo queda en silencio).* ¡Adela! *(Se retira de la puerta).* ¡Trae un martillo! *(La Poncia da un empujón y entra. Al entrar da un grito y sale).* ¿Qué?
PONCIA: *(Se lleva las manos al cuello).* ¡Nunca tengamos ese fin! *(Las hermanas se echan hacia atrás. La Criada se santigua. Bernarda da un grito y avanza).*
PONCIA: ¡No entres!
BERNARDA: No. ¡Yo no! Pepe: tú irás corriendo vivo por lo oscuro de las alamedas, pero otro día caerás. ¡Descolgarla! ¡Mi hija ha muerto virgen! Llevadla a su cuarto y vestirla como si fuera doncella. ¡Nadie dirá nada! ¡Ella ha muerto virgen! Avisad que al amanecer den dos clamores las campanas.
MARTIRIO: Dichosa ella mil veces que lo pudo tener.
BERNARDA: Y no quiero llantos. La muerte hay que mirarla cara a cara. ¡Silencio! *(A otra hija).* ¡A callar he dicho! *(A otra hija).* Las lágrimas cuando estés sola. ¡Nos hundiremos todas en un mar de luto! Ella, la hija menor de Bernarda Alba, ha muerto virgen. ¿Me habéis oído? ¡Silencio! ¡Silencio he dicho! ¡Silencio!

(La casa de Bernarda Alba.)

Una vista del paraje, cercano a la llamada Fuente Grande, en donde Lorca vio por última vez su tierra granadina.

GENERACION DEL 27

VICENTE ALEIXANDRE

Nació en Sevilla en 1898 y pasó su infancia en Málaga (el paisaje marinero e idílico de sus primeros años será evocado en poemas como «Ciudad del paraíso» y «Mar del paraíso»). En 1909 se trasladó a Madrid. Estudió Derecho y Comercio. Trabajó en una compañía de ferrocarriles y de profesor auxiliar en la Escuela de Comercio, pero una grave enfermedad (una tuberculosis renal), en 1925, lo apartó de toda actividad profesional. En 1917, la lectura de una *Antología* de Rubén Darío le despertó sus inquietudes poéticas. A la lectura de Rubén siguieron las de Juan Ramón Jiménez, Antonio Machado y Bécquer. En los años anteriores a 1936 entabló estrecha amistad con los demás poetas de 27 y con Pablo Neruda y Miguel Hernández. En 1933 se le concedió a *La destrucción o el amor*, todavía inédito, el Premio Nacional de Literatura. Durante la guerra, que coincide con un nuevo periodo de obligado reposo, publicó algunos romances en periódicos y revistas de la zona republicana. Al término de la misma se quedó en España. Su magisterio sobre los poetas de posguerra fue enorme. En 1949 fue elegido para la Real Academia Española. En 1977 se le concedió el Premio Nobel. Murió en Madrid en 1984.

Obra

En la obra de Aleixandre suelen distinguirse dos etapas. En la primera, domina el deseo del poeta de solidaridad con el mundo, de fundirse amorosamente con el cosmos y de participar en la armoniosa unidad de lo creado, es decir, en disolver las realidades particulares en una realidad totalizadora. Con actitud panteísta, considera que el mundo constituye una gran unidad hacia la que el hombre tiende por amor. No sólo los seres animados, sino los inanimados (montes, ríos, selvas, el mar, la tierra, el sol, el viento), participan de ese común impulso amoroso de ardiente solidaridad cósmica. De ahí también el que cualquier destrucción que nos lleve a esa unidad pueda ser considerada como positiva.

A esta primera etapa, que se prolonga hasta 1954, corresponden los siguientes libros: **Ambito** (escrito entre 1924 y 1927, y publicado en 1928), entronca con las corrientes estéticas del momento, en especial con la poesía pura. Sin embargo, en él se encuentran esbozados algunos de los temas y formas que van a cobrar definitivo relieve en su poesía posterior. **Pasión de la tierra** (escrito en 1928 y 1929 y publicado en 1935) muestra, ya en el título, el deseo del poeta de fundirse con la naturaleza. En prosa poética y con características plenamente surrealistas (Aleixandre confesará la deuda contraída en este libro con sus lecturas de Freud por esos años), encontramos ya configurada la visión del mundo de Aleixandre: la huida hacia lo desnudo, elemental y puro, la pasión por lo natural telúrico, y el deseo de liberarse de todas las agresiones sociales que coartan y limitan la libertad y los impulsos más naturales de las personas. El libro es, en definitiva, una búsqueda de la armonía y de la claridad, desde la opresión y el desorden en que vive el hombre. El camino, difícil y penoso, hacia la luz, eje de toda la obra de Aleixandre, comienza ya con este libro.

En **Espadas como labios** (escrito entre 1930 y 1931, y publicado un año después) y en **La destrucción o el amor** (escrito en 1932 y 1933, y publicado en 1935) se destaca una fuerte veta romántica aliada a una expresión surrealista: el amor, visto como fuerza destructora, conduce a la fusión con lo cósmico. El fuerte irracionalismo de los poemas de *Espadas como labios* no oculta el intenso latido humano que traspasa las páginas del libro. Nuevamente nos encontramos con el viejo tema de la lucha entre el amor y la muerte, simbolizada en esas espadas como labios o en esos labios como espadas. «Todo el dolor del mundo —escribe Dámaso Alonso—, pesando plúmbeamente sobre el dolor de una vida, rezuma por las páginas de este libro, de una terrible sinceridad». Los poemas breves, más contenidos y con frecuencia sujetos a un ritmo endecasílabo más o menos regular, alternan con los extensos, de ritmo más libre (esa alternancia de poemas breves y extensos será norma de los libros posteriores hasta *Poemas de la consumación*). También se ponen de relieve algunos de los rasgos que se repetirán en libros posteriores: la conjunción *o* con valor identificativo y no disyuntivo, numerosas anáforas y reiteraciones, y el dinamismo expresivo, conseguido por el uso frecuente de verbos principales, no subordinados.

En *La destrucción o el amor*, libro en el que llega a su plenitud la visión del mundo del poeta, se atenúa ligeramente el irracionalismo. La idea central de esta obra puede resumirse así: La destrucción provocada por el amor (amor y muerte son la misma cosa, como puede verse en el poema «Ven, siempre ven») reviste caracteres deseables y positivos, ya que nos conduce a una vida más auténtica y profunda en el ser amado. Sin embargo, este diluirse en la persona amada debe ser considerado como un simulacro del amor total y definitivo que sólo puede conseguir el hombre en la fusión, en la integración última con la tierra. De ahí que el poeta se identifique frecuentemente con todo lo creado (léase «Soy el destino»).

Con *Mundo a solas* (publicado en 1950, pero escrito entre 1934 y 1935), Aleixandre, al mismo tiempo que exhibe sus angustias existenciales, muestra un deseo de comunicación con los demás (su título inicial era el de *Destino del hombre*). **Sombra del paraíso** (comenzado en 1939 y publicado en 1944) fue, lo mismo que *Hijos de la ira*, de Dámaso Alonso, que apareció también ese mismo año, uno de los libros que más influyeron en la poesía de los años cuarenta. En esta obra, en la que ya se han mitigado las dificultades expresivas, Aleixandre imagina, desde este destierro de dolor y de angustia que

VICENTE ALEIXANDRE

es el mundo, en el que el hombre debe renunciar a cualquier esperanza, un paraíso de espléndida hermosura, del que la muerte y el sufrimiento están excluidos. Para Aleixandre, era un «canto de la aurora del mundo, vista desde el hombre presente, cántico de la luz desde la conciencia de la oscuridad (tal constante contrapunto creo da a esta obra su fondo poético)».

Por último, en **Nacimiento último** (publicado en 1953, pero escrito entre 1927 y 1952), los poemas, si descontamos una sección de «Retratos y Dedicatorias», tienen bastantes puntos en común con los de *Espadas como labios* y *Sombra del paraíso*. *Nacimiento último* cierra la visión del mundo iniciada con *Pasión de la tierra* y desarrollada en los siguientes libros.

Segunda etapa. Con **Historia del corazón** (escrito entre 1945 y 1954), que aparece en un momento en el que la literatura española está teñida de preocupaciones existenciales y sociales, se intensifica el proceso de rehumanización en la poesía de Aleixandre. El poeta considera el vivir humano, el suyo y el del pueblo al que pertenece, y se solidariza con el esfuerzo y el drama de ese vivir, en su dimensión temporal e histórica. El amor, considerado como una fuerza congregadora, se convierte en el símbolo de la fraternidad entre las personas. En uno de los versos del poema «La oscuridad», dirá: «Conocer, penetrar, indagar: una pasión que dura lo que la vida». Para Carlos Bousoño, «se constituye en paradoja comprobar que *Historia del corazón,* cuyo tema es la vida en su tránsito, acabe por hacérsenos un libro en último término consolador y esperanzador, mientras el luminoso *Sombra del paraíso* se manifestaba, en su cántico edénico, como una obra esencialmente pesimista, y hasta deprimente en ciertos casos». La forma expresiva se hace ahora más sencilla, y los poemas adquieren un mayor tono narrativo.

Con **En un vasto dominio** (1958-1962), Aleixandre funde las dos etapas anteriores: el poeta contempla las cosas en lo que tienen de individual, pero, al mismo tiempo, en su relación con el mundo.

Puede establecerse una tercera etapa en su obra, con rasgos propios, constituida por **Poemas de la consumación** (escrito, con la excepción de un poema, en 1965 y 1966, y publicado en 1968) y *Diálogos del conocimiento* (1971). Aleixandre reflexiona, desde la madurez, sobre el sentido último del mundo y de la vida y sobre el valor de la propia conciencia. En *Poemas de la consumación* nos encontramos con una poesía más conceptual y meditativa (el poeta canta en tono sereno y trágico la consumación de su existir), que se hará casi metafísica en *Diálogos del conocimiento,* formado por poemas estructurados según un esquema dramático, donde las voces no son sino monólogos entrecruzados.

Aleixandre escribe también en estos años **Retratos con nombre** (1958-1965) y un libro en prosa, *Los encuentros,* publicado en 1958 y reeditado por José Luis Cano en 1985 con importantes adiciones. En ambos libros traza unas interesantes semblanzas de personajes a los que conoció, o del pasado.

Ediciones

Obras completas, Madrid, Aguilar, 1978 (2.ª ed.). *Espadas como labios. La destrucción o el amor,* ed. de José Luis Cano, Madrid, Castalia, 1972. *Pasión de la tierra,* ed. de Luis Antonio de Villena, Madrid, Narcea, 1977.

A la izquierda, la casa de Sevilla en la que nació el poeta. A la derecha, la de Málaga, en la que transcurrió su niñez.

«El poeta —dirá de sí mismo Aleixandre—, por un azar de su vida, abandonó Málaga en años tempranos, pero, en esa edad imborrable, Málaga, sus costas y su cielo y sus espumas, y su profunda aura indefinible, fueron haciéndose existencia del poeta, masa misma de su vivir.»

GENERACION DEL 27

DE UNA CARTA DIRIGIDA A DAMASO ALONSO EN 1940

Tú que me conoces bien, sabes que soy el poeta o uno de los poetas en quienes más influye la vida. Siento en mí una especie de leonina fuerza inaplicada, un amor del mundo que a mí, hombre en reposo, me hace sufrir o me exalta. Tengo una visión unitaria de la vida, combatido yo en una doble corriente. De un lado, un egocentrismo que me hace traer a mí el mundo exterior y asimilármelo; y de otro, un poder de destrucción en mí en un acto de amor por el mundo creado, ante el que me aniquilo. En el fondo es absolutamente lo mismo. Los límites corporales que me aprisionan, se rompen, se superan, en esa suprema unificación o entrega, en que, destruida ya mi propia conciencia, se convierte en el éxtasis de la naturaleza toda.

Por eso el amor personal, es decir, el individual, en mí trasciende siempre en imágenes a un amor derramado hacia la vida, la tierra, el mundo. ¡Cuántas veces confundo a la amante con la amorosa tierra que nos sustenta a los dos! En el fondo no es más que el ansia de unificación, de la cual el amor es como un simulacro, el único posible en la vida, porque su cabal logro no está más que en la verdadera destrucción amorosa: en la muerte. Todo esto de mí lo sabes tú bien, aunque nunca te lo he formulado con tanta concreción. La conciencia de ello la tengo desde hace varios años. Sabiéndolo, fácil es explicar mi amor por la naturaleza, mi sensibilidad para el placer de los sentidos: vista, oído, etc.; mi adoración por la hermosura visible, y hasta la mítica de la materia que indudablemente hay en mí.

(V. Aleixandre, *Obras completas*, Madrid, Aguilar, 1969, página 1560.)

ADOLESCENCIA

    Vinieras y te fueras dulcemente,
de otro camino
a otro camino. Verte,
y ya otra vez no verte.
Pasar por un puente a otro puente.
—El pie breve,
la luz vencida alegre—.

    Muchacho que sería yo mirando
aguas abajo la corriente,
y en el espejo tu pasaje
fluir, desvanecerse.

(*Ambito.*)

LA FORMA Y NO EL INFINITO

Las rosas blancas, las de metal pasado, las que oscurecen los ojos azules sin las marismas, encantan tardíamente la llegada de la noche. Están entre los labios, pero no se notan. Oscurecen las yemas más remotas, sin que se sospeche. Tienen un perfume de frente, de grato escorzo de memoria, de aquello que pasó, que ya está ido, que era lo mismo exacto pero no se mide.

Cuando está cayendo la tarde no se nota en los ojos la misma rama curva que llega de tan lejos, que esgrime su insistencia como una dolorida sordera, como un gesto de ayer que no se ha retirado en la resaca. Se besarían pálidas fuentes, bordes de piedra sin el agua, para sentir nacer el cristalino fulgor, la pa- ciencia premiada, los bellos ojos del fondo que oscurecen un cielo retrasado. Una juntura de noche resbalada frente a la caída locuacidad sellada, frente a todo lo que dice despedida sin brillo, encaja su serenidad fugitiva. Llego y me estoy marchando. Soy la noche, pero me esperan esos brazos largos, sueño de grama en que germina la aurora: un rumor en sí misma. Soy la quietud sin talón, ese tendón precioso; no me cortéis; soy la forma y no el infinito. Esta limitación de la noche cuando habla, cuando aduce esperanzas o sonrisas de dientes, es una alegría. Acaso una pena. Una cabeza inclinada. Una sospecha de piel interina. Extendiendo nosotros nuestras manos, un dolor sin defen-

VICENTE ALEIXANDRE

sa, una aducida no resistencia a lo otro se encontraría con términos. De aquí a aquí. Más allá, nada. Más allá, sí, esto y aquello. Y, en medio, cerrando los ojos, aovillada, la verdad del instante, la preciosa certeza de la sombra que no tiene labios, de lo que va a decirse resbalando, expirando en espiras, deshaciéndose como un saludo incomprendido.

Besos, labios, cadencias, soledades que aguardan, sienten la última realidad transitoria. Un humo feliz serviría para dormir los recuerdos. No, no. Se sabe que el hielo no es piel, que la frontera de todo no cede ni hiere, que la seguridad es patente. Se sabe que el amor no es posible. Pulidamente se mira, se ve, se presencia. Adiós. La sombra resbala sobre su previa elegancia, sobre su helada cortesía sin pena. Adiós. Adiós. Si existieran corazones, llorarían. Si la sangre tuviera ojos, las pestañas más lentas abanicarían la ida. Adiós. No flojea el horizonte, porque puede quedarse. Alardea la húmeda transición de sus rectas, de su constancia aplomada, de su traslación íntegra. Se besarían imposibles. «¡Conmuévete! Vacila como una columna de tela. Tíñete con un rubor de equinoccio.» Pero los brazos no llegan y el saludo es de uno, de mí, de mí. No de la materia sabida, ni siquiera de su insobornable belleza. Que dimite.

(Pasión de la tierra.)

EL VALS

Eres hermosa como la piedra,
oh difunta;
oh viva, oh viva, eres dichosa como la nave.
Esta orquesta que agita
mis cuidados como una negligencia,
como un elegante biendecir de buen tono,
ignora el vello de los pubis,
ignora la risa que sale del esternón como una gran batuta.

    Unas olas de afrecho,
un poco de serrín en los ojos,
o si acaso en las sienes,
o acaso adornando las cabelleras;
unas faldas largas hechas de colas de cocodrilos;
unas lenguas o unas sonrisas hechas con caparazones de cangrejos.
Todo lo que está suficientemente visto
no puede sorprender a nadie.

    Las damas aguardan su momento sentadas sobre una lágrima,
disimulando la humedad a fuerza de abanico insistente.
Y los caballeros abandonados de sus traseros
quieren atraer todas las miradas a la fuerza hacia sus bigotes.

Pero el vals ha llegado.
Es una playa sin ondas,
es un entrechocar de conchas, de tacones, de espumas o de dentaduras
                                                                              [postizas.
Es todo lo revuelto que arriba.

    Pechos exuberantes en bandeja en los brazos,
dulces tartas caídas sobre los hombros llorosos,
una languidez que revierte,
un beso sorprendido en el instante que se hacía «cabello de ángel»,
un dulce «sí» de cristal pintado de verde.

Portada de la primera edición de La destrucción o el amor

Un polvillo de azúcar sobre las frentes
de una blancura cándida a las palabras limadas,
y las manos se acortan más redondeadas que nunca,
mientras fruncen los vestidos hechos de esparto querido.

Las cabezas son nubes, la música es una larga goma,
las colas de plomo casi vuelan, y el estrépito
se ha convertido en los corazones en oleadas de sangre,
en un licor, si blanco, que sabe a memoria o a cita.

Adiós, adiós, esmeralda, amatista o misterio;
adiós, como una bola enorme ha llegado el instante,
el preciso momento de la desnudez cabeza abajo,
cuando los vellos van a pinchar los labios abscenos que saben.
Es el instante, el momento de decir la palabra que estalla,
el momento en que los vestidos se convertirán en aves,
las ventanas en gritos,
las luces en ¡socorro!
y ese beso que estaba (en el rincón) entre dos bocas
se convertirá en una espina
que dispensará la muerte diciendo:
Yo os amo.

(Espadas como labios.)

UNIDAD EN ELLA

Cuerpo feliz que fluye entre mis manos,
rostro amado donde contemplo el mundo,
donde graciosos pájaros se copian fugitivos,
volando a la región donde nada se olvida.

Tu forma externa, diamante o rubí duro,
brillo de un sol que entre mis manos deslumbra,
cráter que me convoca con su música íntima,
con esa indescifrable llamada de tus dientes.

Muero porque me arrojo, porque quiero morir,
porque quiero vivir en el fuego, porque este aire de fuera
no es mío, sino el caliente aliento
que si me acerco quema y dora mis labios desde un fondo.

Deja, deja que mire, teñido del amor,
enrojecido el rostro por tu purpúrea vida,
deja que mire el hondo clamor de tus entrañas
donde muero y renuncio a vivir para siempre.

Quiero amor o la muerte, quiero morir del todo,
quiero ser tú, tu sangre, esa lava rugiente
que regando encerrada bellos miembros extremos
siente así los hermosos límites de la vida.

Este beso en tus labios como una lenta espina,
como un mar que voló hecho un espejo,
como el brillo de un ala,
es todavía unas manos, un repasar de tu crujiente pelo,
un crepitar de la luz vengadora,
luz o espada mortal que sobre mi cuello amenaza,
pero que nunca podrá destruir la unidad de este mundo.

Vicente Aleixandre, por Gregorio Prieto. En 1950, Aleixandre le escribía: «Hay que vivir, Gregorio. A ti te incito. A ti, que llevas tu ascua en el pecho y vas a ir por la vida poniéndola en tantos labios. No te temas. Ni los temas. Para cumplir tu verdadero destino, para vivir, para crear tus hijos de belleza inteligente, ama como si el minuto fuera el siglo, como si unos labios que besan fuesen la boca de la vida».

«La tierra», autógrafo de Vicente Aleixandre.

VICENTE ALEIXANDRE

VEN SIEMPRE, VEN

No te acerques. Tu frente, tu ardiente frente, tu encendida frente,
las huellas de unos besos,
ese resplandor que aun de día se siente si te acercas,
ese resplandor contagioso que me queda en las manos,
ese río luminoso en que hundo mis brazos,
en el que casi no me atrevo a beber, por temor después a ya una dura
[vida de lucero.

No quiero que vivas en mí como vive la luz,
con ese ya aislamiento de estrella que se une con su luz,
a quien el amor se niega a través del espacio
duro y azul que separa y no une,
donde cada lucero inaccesible
es una soledad que, gemebunda, envía su tristeza.

La soledad destella en el mundo sin amor.
La vida es una vívida corteza,
una rugosa piel inmóvil
donde el hombre no puede encontrar su descanso,
por más que aplique su sueño contra un astro apagado.

Pero tú no te acerques. Tu frente destellante, carbón encendido
[que me arrebata a la propia conciencia,
duelo fulgúreo en que de pronto siento la tentación de morir,
de quemarme los labios con tu roce indeleble,
de sentir mi carne deshacerse contra tu diamante abrasador.

No te acerques, porque tu beso se prolonga como el choque
[imposible de las estrellas,
como el espacio que súbitamente se incendia,
éter propagador donde la destrucción de los mundos
es un único corazón que totalmente se abrasa.

Ve, ven, ven como el carbón extinto oscuro que encierra una muerte;
ven como la noche ciega que me acerca su rostro;
ven como los dos labios marcados por el rojo,
por esa línea larga que funde los metales.

Ven, ven, amor mío; ven, hermética frente, redondez casi rodante
que luces como una órbita que va a morir en mis brazos;
ven como dos ojos o dos profundas soledades,
dos imperiosas llamadas de una hondura que no conozco.

¡Ven, ven, muerte, amor: ven pronto, te destruyo;
ven, que quiero matar o amar o morir o darte todo;
ven, que ruedas como liviana piedra,
confundida como una luna que me pide mis rayos!

CANCION A UNA MUCHACHA MUERTA

DIME, dime el secreto de tu corazón virgen,
dime el secreto de tu cuerpo bajo tierra,
quiero saber por qué ahora eres un agua,
esas orillas frescas donde unos pies desnudos se bañan con espuma.

Dime por qué sobre tu pelo suelto,
sobre tu dulce hierba acariciada,
cae, resbala, acaricia, se va

GENERACIÓN DEL 27

un sol ardiente o reposado que te toca
como un viento que lleva sólo un pájaro o mano.

   Dime por qué tu corazón como una selva diminuta
espera bajo tierra los imposibles pájaros,
esa canción total que por encima de los ojos
hacen los sueños cuando pasan sin ruido.

   Oh tú, canción que a un cuerpo muerto o vivo,
que a un ser hermoso que bajo el suelo duerme,
cantas color de piedra, color de beso o labio,
cantas como si el nácar durmiera o respirara.

   Esa cintura, ese débil volumen de un pecho triste,
ese rizo voluble que ignora el viento,
esos ojos por donde sólo boga el silencio,
esos dientes que son de marfil resguardado,
ese aire que no mueve unas hojas no verdes...

   ¡Oh tú, cielo riente que pasas como nube;
oh pájaro feliz que sobre un hombro ríes;
fuente que, chorro fresco, te enredas con la luna:
césped blando que pisan unos pies adorados!

SOY EL DESTINO

   Sí, te he querido como nunca.

   ¿Por qué besar tus labios, si se sabe que la muerte está próxima,
si se sabe que amar es sólo olvidar la vida,
cerrar los ojos a lo oscuro presente
para abrirlos a los radiantes límites de un cuerpo?

   Yo no quiero leer en los libros una verdad que poco a poco sube
                              [como un agua,
renuncio a ese espejo que dondequiera las montañas ofrecen,
pelada roca donde se refleja mi frente
cruzada por unos pájaros cuyo sentido ignoro.

   No quiero asomarme a los ríos donde los peces colorados con el
                              [rubor de vivir,
embisten a las orillas límites de su anhelo,
ríos de los que unas voces inefables se alzan,
signos que no comprendo echado entre los juncos.

   No quiero, no; renuncio a tragar ese polvo, esa tierra dolorosa, esa
                              [arena mordida,
esa seguridad de vivir con que la carne comulga
cuando comprende que el mundo y este cuerpo
ruedan como ese signo que el celeste ojo no entiende.

   No quiero, no, clamar, alzar la lengua,
proyectarla como esa piedra que se estrella en la altura,
que quiebra los cristales de esos inmensos cielos
tras los que nadie escucha el rumor de la vida.

   Quiero vivir, vivir como la hierba dura,
como el cierzo o la nieve, como el carbón vigilante,
como el futuro de un niño que todavía no nace,
como el contacto de los amantes cuando la luna los ignora.

Juan Ramón Jiménez dirá de Aleixandre: «Quieto él, discípulo de montaña y ola, vuelve hacia arriba, hacia abajo, en doble espejismo encontrado, como los dedos de dos manos que se corresponden, a través de todos los otros simulacros, su sana sonrisa de primaveral, sevillano confuso, tranquilo poeta mejor».

VICENTE ALEIXANDRE

    Soy la música que bajo tantos cabellos
hace el mundo en su vuelo misterioso,
pájaro de inocencia que con sangre en las alas
va a morir en un pecho oprimido.

    Soy el destino que convoca a todos los que aman,
mar único al que vendrán todos los radios amantes
que buscan a su centro, rizados por el círculo
que gira como la rosa rumorosa y total.

    Soy el caballo que enciende su crin contra el pelado viento,
soy el león torturado por su propia melena,
la gacela que teme al río indiferente,
el avasallador tigre que despuebla la selva,
el diminuto escarabajo que también brilla en el día.

    Nadie puede ignorar la presencia del que vive,
del que en pie en medio de las flechas gritadas,
muestra su pecho transparente que no impide mirar,
que nunca será cristal a pesar de su claridad,
porque si acercáis vuestras manos, podréis sentir la sangre.

SE QUERIAN

Se querían.
Sufrían por la luz, labios azules en la madrugada,
labios saliendo de la noche dura,
labios partidos, sangre, ¿sangre dónde?
Se querían en un lecho navío, mitad noche, mitad luz.

    Se querían como las flores a las espinas hondas,
a esa amorosa gema del amarillo nuevo,
cuando los rostros giran melancólicamente,
giralunas que brillan recibiendo aquel beso.

    Se querían de noche, cuando los perros hondos
laten bajo la tierra y los valles se estiran
como lomos arcaicos que se sienten repasados:
caricia, seda, mano, luna que llega y toca.

Aleixandre, con Luis Cernuda y García Lorca.

    Se querían de amor entre la madrugada,
entre las duras piedras cerradas de la noche,
duras como los cuerpos helados por las horas,
duras como los besos de diente a diente solo.

    Se querían de día, playa que va creciendo,
ondas que por los pies acarician los muslos,
cuerpos que se levantan de la tierra y flotando...
Se querían de día, sobre el mar, bajo el cielo.

    Mediodía perfecto, se querían tan íntimos,
mar altísimo y joven, intimidad extensa,
soledad de lo vivo, horizontes remotos
ligados como cuerpos en soledad cantando.

    Amando. Se querían como la luna lúcida,
como ese mar redondo que se aplica a ese rostro,
dulce eclipse de agua, mejilla oscurecida,
donde los peces rojos van y vienen sin música.

GENERACION DEL 27

Día, noche, ponientes, madrugadas, espacios,
ondas nuevas, antiguas, fugitivas, perpetuas,
mar o tierra, navío, lecho, pluma, cristal,
metal, música, labio, silencio, vegetal,
mundo, quietud, su forma. Se querían, sabedlo.

(La destrucción o el amor.)

EL POETA

Para ti, que conoces cómo la piedra canta,
y cuya delicada pupila sabe ya del peso de una montaña sobre un
[ojo dulce,
y cómo el resonante clamor de los bosques se aduerme suave un día en
[nuestras venas;

para ti, poeta, que sentiste en tu aliento
la embestida brutal de las aves celestes,
y en cuyas palabras tan pronto vuelan las poderosas alas de las águilas
como se ve brillar el lomo de los calientes peces sin sonido:

oye este libro que a tus manos envío
con ademán de selva,
pero donde de repente una gota fresquísima de rocío brilla sobre una rosa,
o se ve batir el deseo del mundo,
la tristeza que como párpado doloroso
cierra el poniente y oculta el sol como una lágrima oscurecida,
mientras la inmensa frente fatigada
siente un beso sin luz, un beso largo,
unas palabras mudas que habla el mundo finando.

Sí, poeta: el amor y el dolor son tu reino.
Carne mortal la tuya, que, arrebatada por el espíritu,
arde en la noche o se eleva en el mediodía poderoso,
inmensa lengua profética que lamiendo los cielos
ilumina palabras que dan muerte a los hombres.

La juventud de tu corazón no es una playa
donde la mar embiste con sus espumas rotas,
dientes de amor que mordiendo los bordes de la tierra,
braman dulce a los seres.

No es ese rayo velador que súbitamente te amenaza,
iluminando un instante tu frente desnuda,
para hundirse en tus ojos e incendiarte, abrasando
los espacios con tu vida que de amor se consume.

No. Esa luz que en el mundo
no es ceniza última,
luz que nunca se abate como polvo en los labios,
eres tú, poeta, cuya mano y no luna
yo vi en los cielos una noche brillando.

Un pecho robusto que reposa atravesado por el mar
respira como la inmensa marea celeste
y abre sus brazos yacentes y toca, acaricia
los extremos límites de la tierra.

Aleixandre en su biblioteca. «Tu pensamiento a solas cae despacio. / Como las fenecidas hojas caen y vuelven / a caer, si el viento las dispersa. / Mientras la sobria tierra las espera, / abierta. Callado el corazón, mudos los ojos, / tu pensamiento lento se deshace / en el aire. Movido suavemente. Un son de ramas / finales, un desvaído sueño de oros vivos / se esparce... Las hojas van cayendo.»

VICENTE ALEIXANDRE

¿Entonces?
Sí, poeta; arroja este libro que pretende encerrar en sus páginas un
[destello del sol,
y mira a la luz cara a cara, apoyada la cabeza en la roca,
mientras tus pies remotísimos sienten el beso postrero del poniente
y tus manos alzadas tocan dulce la luna,
y tu cabellera colgante deja estela en los astros.

CRIATURAS EN LA AURORA

Vosotros conocisteis la generosa luz de la inocencia.

Entre las flores silvestres recogisteis cada mañana
el último, el pálido eco de la postrer estrella.
Bebisteis ese cristalino fulgor,
que con una mano purísima
dice adiós a los hombres detrás de la fantástica presencia montañosa.

Bajo el azul naciente,
entre las luces nuevas, entre los puros céfiros primeros,
que vencían a fuerza de candor a la noche,
amanecisteis cada día, porque cada día la túnica casi húmeda
se desgarraba virginalmente para amaros,
desnuda, pura, inviolada.

Aparecisteis entre la suavidad de las laderas,
donde la hierba apacible ha recibido eternamente el beso instantáneo
[de la luna.
Ojo dulce, mirada repentina para un mundo estremecido
que se tiende inefable más allá de su misma apariencia.

La música de los ríos, la quietud de las alas,
esas plumas que todavía con el recuerdo del día se plegaron para el
[amor, como para el sueño,
entonaban su quietísimo éxtasis
bajo el mágico soplo de la luz,
luna ferviente que aparecida en el cielo
parece ignorar su efímero destino transparente.

La melancólica inclinación de los montes
no significaba arrepentimiento terreno
ante la inevitable mutación de las horas:
era más bien la tersura, la mórbida superficie del mundo
que ofrecía su curva como un seno hechizado.

Allí vivisteis. Allí cada día presenciasteis la tierra,
la luz, el calor, el sondear lentísimo
de los rayos celestes que adivinaban las formas,
que palpaban tiernamente las laderas, los valles,
los ríos con su ya casi brillante espada solar,
acero vívido que guarda aún, sin lágrima, la amarillez tan íntima,
la plateada faz de la luna retenida en sus ondas.

Allí nacían cada mañana los pájaros,
sorprendentes, novísimos, vividores, celestes.
Las lenguas de la inocencia
no decían palabras:

Autógrafo de Aleixandre.

entre las ramas de los altos álamos blancos
sonaban casi también vegetales, como el soplo en las frondas.
¡Pájaros de la dicha inicial, que se abrían
estrenando sus alas, sin perder la gota virginal del rocío!

    Las flores salpicadas, las apenas brillantes florecillas del soto,
eran blandas, sin grito, a vuestras plantas desnudas.
Yo os vi, o presentí cuando el perfume invisible
besaba vuestros pies, insensibles al beso.

    ¡No crueles: dichosos! En las cabezas desnudas
brillaban acaso las hojas iluminadas del alba.
Vuestra frente se hería, ella misma, contra los rayos
                [dorados, recientes, de la vida,
del sol, del amor, del silencio bellísimo.

    No había lluvia, pero unos dulces brazos
parecían presidir a los aires,
y vuestros cuellos sentían su hechicera presencia,
mientras decíais palabras a las que el sol naciente daba magia de plumas.

    No, no es ahora cuando la noche va cayendo,
también con la misma dulzura, pero con un levísimo vapor de ceniza,
cuando yo correré tras vuestras sombras amadas.
Lejos están las inmarchitas horas matinales,
imagen feliz de la aurora impaciente,
tierno nacimiento de la dicha en los labios,
en los seres vivísimos que yo amé en vuestras márgenes.

    El placer no tomaba el temeroso nombre de placer,
ni el turbio espesor de los bosques hendidos,
sino la embriagadora nitidez de las cañadas abiertas
donde la luz se desliza con sencillez de pájaro.

    Por eso os amo, inocentes, amorosos seres mortales
de un mundo virginal que diariamente se repetía
cuando la vida sonaba en las gargantas felices
de las aves, los ríos, los aires y los hombres.

MAR DEL PARAISO

Heme aquí frente a ti, mar, todavía...
Con el polvo de la tierra en mis hombros,
impregnado todavía del efímero deseo apagado del hombre,
heme aquí, luz eterna,
vasto mar sin cansancio,
última expresión de un amor que no acaba,
rosa del mundo ardiente.

    Eras tú, cuando niño,
la sandalia fresquísima para mi pie desnudo.
Un albo crecimiento de espumas por mi pierna
me engañara en aquella remota infancia de delicias.
Un sol, una promesa
de dicha, una felicidad humana, una cándida correlación de luz
con mis ojos nativos, de ti, mar, de ti, cielo,
imperaba generosa sobre mi frente deslumbrada
y extendía sobre mis ojos su inmaterial palma alcanzable,

Aleixandre, acompañado por el poeta marroquí Mohamad Saba y por Leopoldo de Luis (1954), en el jardín de su casa de Velintonia (hoy, calle de Vicente Aleixandre).

VICENTE ALEIXANDRE

Paul Valéry
y James Joyce (a izquierda
derecha, respectivamente)
fueron
dos de los muchos
escritores
que tuvieron una notable
importancia en la
formación de Aleixandre.

abanico de amor o resplandor continuo
que imitaba unos labios para mi piel sin nubes.
  Lejos el rumor pedregoso de los caminos oscuros
donde hombres ignoraban su fulgor aún virgíneo.
Niño grácil, para mí la sombra de la nube en la playa
no era el torvo presentimiento de mi vida en su polvo,
no era el contorno bien preciso donde la sangre un día
acabaría coagulada, sin destello y sin numen.
Más bien, como mi dedo pequeño, mientras la nube detenía su paso,
yo tracé sobre la fina arena dorada su perfil estremecido,
y apliqué mi mejilla sobre su tierna luz transitoria,
mientras mis labios decían los primeros nombres amorosos:
cielo, arena, mar...
  El lejano crujir de los aceros, el eco al fondo de los bosques
                              [partidos por los hombres,
era allí para mí un monte oscuro, pero también hermoso.
Y mis oídos confundían el contacto heridor del labio crudo
del hacha en las encinas
con un beso implacable, cierto de amor, en ramas.
  La presencia de peces por las orillas, su plata núbil,
el oro no manchado por los dedos de nadie,
la resbalosa escama de la luz, era un brillo en los míos.
No apresé nunca esa forma huidiza de un pez en su hermosura,
la esplendente libertad de los seres,
ni amenacé una vida, porque amé mucho: amaba
sin conocer el amor; sólo vivía...
  Las barcas que a lo lejos
confundían sus velas con las crujientes alas
de las gaviotas o dejaban espuma como suspiros leves,
hallaban en mi pecho confiado un envío,
un grito, un nombre de amor, un deseo para mis labios húmedos,
y si las vi pasar, mis manos menudas se alzaron
y gimieron de dicha a su secreta presencia,
ante el azul telón que mis ojos adivinaron,
viaje hacia un mundo prometido, entrevisto,
al que mi destino me convocaba con muy dulce certeza.
  Por mis labios de niño cantó la tierra; el mar
cantaba dulcemente azotado por mis manos inocentes.
La luz, tenuemente mordida por mis dientes blanquísimos,
cantó; cantó la sangre de la aurora en mi lengua.
  Tiernamente en mi boca, la luz del mundo me iluminaba por dentro.
Toda la asunción de la vida embriagó mis sentidos.
Y los rumorosos bosques me desearon entre sus verdes frondas,
porque la luz rosada era en mi cuerpo dicha.
  Por eso hoy, mar,
con el polvo de la tierra en mis hombros,
impregnado todavía del efímero deseo apagado del hombre,
heme aquí, luz eterna,
vasto mar sin cansancio,
rosa del mundo ardiente.
Heme aquí frente a ti, mar, todavía...

(Sombra del paraíso.)

GENERACION DEL 27

EL MORIBUNDO

A Alfonso Costafreda.

I

Palabras

El decía palabras.
Quiero decir palabras, todavía palabras.
Esperanza. El Amor. La Tristeza. Los Ojos.
Y decía palabras,
mientras su mano ligeramente débil sobre el lienzo aún vivía.
Palabras que fueron alegres, que fueron tristes, que fueron soberanas.
Decía moviendo los labios, quería decir el signo aquel;
el olvidado, ese que saben decir mejor dos labios,
no, dos bocas que fundidas en soledad pronuncian.
Decía apenas un signo leve como un suspiro, decía un aliento,
una burbuja; decía un gemido y enmudecían los labios,
mientras las letras teñidas de un carmín en su boca
destellaban muy débiles, hasta que al fin cesaban.

    Entonces alguien, no sé, alguien no humano,
alguien puso unos labios en los suyos.
Y alzó una boca donde sólo quedó el calor prestado,
las letras tristes de un beso nunca dicho.

II

El silencio

Miró, miró por último y quiso hablar.
Unas borrosas letras sobre sus labios aparecieron.
Amor. Sí, amé. He amado. Amé, amé mucho.
Alzó su mano débil, su mano sagaz, y un pájaro
voló súbito en la alcoba. Amé mucho, el aliento aún decía.
Por la ventana negra de la noche las luces daban su claridad
sobre una boca, que no bebía ya de un sentido agotado.
Abrió los ojos. Llevó su mano al pecho y dijo:
Oídme.
Nadie oyó nada. Una sonrisa oscura veladamente puso su dulce
                                                                                    [máscara
sobre el rostro, borrándolo.
Un soplo sonó. Oídme. Todos, todos pusieron su delicado oído.
Oídme. Y se oyó puro, cristalino, el silencio.

(Nacimiento último.)

EN LA PLAZA

    Hermoso es, hermosamente humilde y confiante, vivificador y
                                                                                 [profundo,
sentirse bajo el sol, entre los demás, impelido,
llevado, conducido, mezclado, rumorosamente arrastrado.

Las relaciones de Aleixandre con los escritores de posguerra fueron estrechísimas. José Luis Cano escribirá: «Desde 1944, la casa del poeta va a ser lugar de peregrinación de la nueva juventud poética que surge tras la guerra civil. Aleixandre se convierte en el maestro de las nuevas generaciones, y su papel de estimulador y maestro va a asemejarse en esos

VICENTE ALEIXANDRE

No es bueno
quedarse en la orilla
como el malecón o como el molusco que quiere calcáreamente imitar
[a la roca.
Sino que es puro y sereno arrasarse en la dicha
de fluir y perderse,
encontrándose en el movimiento con que el gran corazón de los
[hombres palpita extendido.

Como ése que vive ahí, ignoro en qué piso,
y le he visto bajar por unas escaleras
y adentrarse valientemente entre la multitud y perderse.
La gran masa pasaba. Pero era reconocible el diminuto corazón afluido
Allí, ¿quién lo reconocería? Allí con esperanza, con resolución o con
[fe, con temeroso denuedo,
con silenciosa humildad, allí él también
transcurría.

Era una gran plaza abierta, y había olor de existencia.
Un olor a gran sol descubierto, a viento rizándolo,
un gran viento que sobre las cabezas pasaba su mano,
su gran mano que rozaba las frentes unidas y las reconfortaba.

Y era el serpear que se movía
como un único ser, no sé si desvalido, no sé si poderoso,
pero existente y perceptible, pero cubridor de la tierra.

Allí cada uno puede mirarse y puede alegrarse y puede reconocerse.
Cuando, en la tarde caldeada, solo en tu gabinete,
con los ojos extraños y la interrogación en la boca,
quisieras algo preguntar a tu imagen,
no te busques en el espejo,
en un extinto diálogo en que no te oyes.
Baja, baja despacio y búscate entre los otros.
Allí están todos, y tú entre ellos.
Oh, desnúdate y fúndete, y reconócete.

Entra despacio, como el bañista que, temeroso, con mucho amor
[y recelo al agua,

primeros años de la posguerra al que desempeñó Juan Ramón Jiménez». Arriba, aparece con diversos poetas españoles e hispanoamericanos. Abajo, con A. Can, Dámaso Alonso, José Luis Cano y Carlos Bousoño.

introduce primero sus pies en la espuma,
y siente el agua subirle, y ya se atreve, y casi ya se decide.
Y ahora con el agua en la cintura todavía no se confía.
Pero él extiende sus brazos, abre al fin sus dos brazos y se entrega
[completo.
Y allí fuerte se reconoce, y crece y se lanza,
y avanza y levanta espumas, y salta y confía,
y hiende y late en las aguas vivas, y canta, y es joven.

Así, entra con pies desnudos. Entra en el hervor, en la plaza.
Entra en el torrente que te reclama y allí sé tú mismo.
¡Oh pequeño corazón diminuto, corazón que quiere latir
para ser él también el unánime corazón que le alcanza!

MIRADA FINAL

(Muerte y reconocimiento)

La soledad, en que hemos abierto los ojos.
La soledad en que una mañana nos hemos despertado, caídos,
derribados de alguna parte, casi no pudiendo reconocernos.

Como un cuerpo que ha rodado por un terraplén
y, revuelto con la tierra súbita, se levanta y casi no puede reconocerse.
Y se mira y se sacude y ve alzarse la nube de polvo que él no es, y ve
                              [aparecer sus miembros,
y se palpa: «Aquí yo, aquí mi brazo, y éste mi cuerpo, y ésta mi
                              [pierna, e intacta está mi cabeza»;
y todavía mareado mira arriba y ve por dónde ha rodado,
y ahora el montón de tierra que le cubriera está a sus pies y él emerge,
no sé si dolorido, no sé si brillando, y alza los ojos y el cielo destella
con un pesaroso resplandor, y en el borde se sienta
y casi siente deseos de llorar. Y nada le duele,
pero le duele todo. Y arriba mira el camino,
y aquí la hondonada, aquí donde sentado se absorbe
y pone la cabeza en las manos; donde nadie le ve, pero un cielo azul
                              [apagado parece lejanamente contemplarle.
  Aquí, en el borde del vivir, después de haber rodado toda la vida
                              [como un instante, me miro.
¿Esta tierra fuiste tú, amor de mi vida? ¿Me preguntaré así cuando en
                              [el fin me conozca, cuando me reconozca y despierte,
recién levantado de la tierra, y me tiente, y sentado en la hondonada,
                              [en el fin, mire un cielo
piadosamente brillar?
  No puedo concebirte a ti, amada de mi existir, como sólo una tierra
                              [que se sacude al levantarse, para acabar cuando
                              [el largo rodar de la vida ha cesado.
No, polvo mío, tierra súbita que me ha acompañado todo el vivir.
No, materia adherida y tristísima que una postrer mano, la mía
                              [misma, hubiera al fin de expulsar.
No: alma más bien en que todo yo he vivido, alma por la que me fue
                              [la vida posible
y desde la que también alzaré mis ojos finales
cuando con estos mismos ojos que son los tuyos, con los que mi alma
                              [contigo todo lo mira,
contemple con tus pupilas, con las solas pupilas que siento bajo los
                              [párpados,
en el fin el cielo piadosamente brillar.

                              (Historia del corazón.)

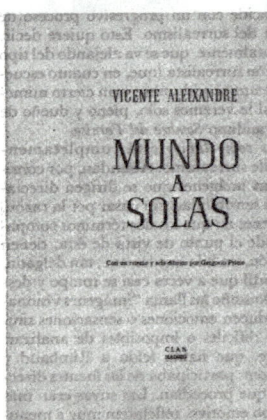

Portadas de dos de sus libros, publicados, respectivamente, en 1950 y 1954. En 1968, en que cumplió setenta años, aparecieron, editadas por Aguilar, sus Obras completas, con un estudio preliminar de Carlos Bousoño. Abajo, a la derecha, el poeta en 1977, año en que la Academia Sueca le concedió el Premio Nobel, «por su gran obra creadora, enraizada en la tradición de la lírica española y en las modernas corrientes poéticas iluminadoras de la condición del hombre en el cosmos, y de las necesidades de la hora presente».

PISADA HUMANA

  Esa huella no es beso.
No es tampoco un gemido, un sollozo, una huida,
un testimonio vivo que alguien deja.
Es la huella de un pie: ¡pisada humana!
El pie o la flor, el pie o la espuma, el pie o la gravitación total que
                              [pesa y cruje.
  Allí en la huella, la suavidad de la planta. Allí la finísima estructura
                              [calcárea,
la delicadeza del pétalo, los cinco dedos que un momento reunidos
                              [compusieron la flor, volaron. Ahí me miran.
  Allí la rosa carne que tembló en la arena,
pulsó: vibró el mundo; alejóse.

VICENTE ALEIXANDRE

Los Reyes de España visitaron a V. Aleixandre poco después de que le fuera concedido el Premio Nobel. En la foto aparecen también Dámaso Alonso y Gerardo Diego.

Allí todavía el pie desnudo, impreso como un beso a la tierra.
Allí la forma esbelta que se levantó con raíz instantánea
y un momento se abrió en un cuerpo y dio su olor, y se desvaneció.
Brilló con flor arriba, con locura suave...
Allí cabeceó, criatura justa que hubo nacido, crecido, brillado,
                                            [desaparecido,
en el momento irrepetible de la pisada.

(En un vasto dominio.)

EL POETA SE ACUERDA DE SU VIDA

Vivir, dormir, morir: soñar acaso.
«Hamlet»

Perdonadme: he dormido.
Y dormir no es vivir. Paz a los hombres.
Vivir no es suspirar o presentir palabras que aún nos vivan.
¿Vivir en ellas? Las palabras mueren.
Bellas son al sonar, mas nunca duran.
Así esta noche clara. Ayer cuando la aurora,
o cuando el día cumplido estira el rayo
final, y da en tu rostro acaso.
Con un pincel de luz cierra tus ojos.
Duerme.
La noche es larga, pero ya ha pasado.

EL LIMITE

Basta. No es insistir mirar el brillo largo
de tus ojos. Allí, hasta el fin del mundo.
Miré y obtuve. Contemplé, y pasaba.
La dignidad del hombre está en su muerte.
Pero los brillos temporales ponen
color, verdad. La luz pensada, engaña.
Basta. En el caudal de luz —tus ojos— puse
mi fe. Por ellos vi, viviera.
Hoy que piso mi fin, beso estos bordes.
Tú, mi limitación, mi sueño. ¡Seas!

(Poemas de la consumación.)

GENERACION DEL 27

LUIS CERNUDA

Nació en Sevilla en 1902. En la Universidad Hispalense estudió Derecho y asistió a las clases de Pedro Salinas. Fue lector de español en la Universidad de Toulouse (1928-29). Posteriormente se instaló en Madrid. En los años treinta apoyó a la República y colaboró con las Misiones Pedagógicas. En 1938 salió de España y se estableció en Inglaterra. Fue lector de español, de nuevo, en Glasgow (1939-43) y Cambridge (1943-45), y profesor de Literatura en el Instituto Español (republicano) de Londres (1945-47). En 1947 se trasladó a Estados Unidos para enseñar en Mount Holyoke College. En 1952 se marchó a México, de cuya Universidad Autónoma fue profesor. En 1960 regresó a Estados Unidos. Solía pasar los veranos en México, en donde murió en 1963.

La obra de Cernuda revela, pese a los lógicos cambios estilísticos y temáticos, una notable unidad y guarda una estrecha relación con su vida (Octavio Paz la ha considerado como una biografía espiritual e, incluso, como la biografía de una conciencia poética europea en nuestro siglo). El tema que destaca en ella, de carácter netamente romántico y, al mismo tiempo, eterno, es el de la lucha permanente y dolorosa entre los anhelos del poeta y las dificultades de materializarlos, entre el deseo y los límites que a éste impone la realidad. Otras preocupaciones obsesivas del poeta, algunas en estrecha relación con la que acabamos de señalar, son: la imposibilidad de seguir los dictados de la imaginación, la añoranza de un mundo habitable, la conciencia del fracaso a que está abocado todo amor (al que no por eso dejará de exaltar reiteradamente), la soledad, la angustia ante el paso del tiempo y, como consecuencia, el deseo de inmovilizar y eternizar lo transitorio (tiempo y muerte, amor y soledad, no se presentan en su obra como términos antitéticos, sino correlativos), y el ansia de alcanzar y poseer la belleza absoluta. El contraste entre la voluntad de eternidad y la condena a permanecer instalado en un tiempo fugaz confiere a su poesía un marcado sentimiento elegíaco.

Consciente, sin embargo, de la importancia de esa realidad para su vida, Cernuda se esforzó siempre en explorarla, en desvelar el sentido profundo de la misma y de actuar en consecuencia. Su sensibilidad exacerbada, el desacuerdo entre su yo y el mundo, que irá en progresivo aumento, las dificultades que encontró siempre para adaptarse a los diferentes lugares en los que vivió, lo llevarán al aislamiento y a una amarga y violenta soledad, pero también a reafirmar, con una actitud de rebeldía y de desafío que recuerda el dandismo decimonónico, su independencia, su individualidad y sus peculiaridades, incluida su nunca disimulada homosexualidad. Todo ello le granjeará una aureola de poeta maldito, que no pareció importarle.

Obra

Primeros libros: En *Perfil del aire* (1924-27), su primera obra, a la que más tarde denominará **Primeras poesías,** se ha visto, con cierta exageración, una influencia dominante de Jorge Guillén (el tono elegíaco de algunos poemas contrasta con la exaltación gozosa del presente, habitual en Guillén). No menos destacadas son las huellas de otros poetas (Bécquer, Juan Ramón Jiménez, Mallarmé, etc.).

La pulcritud formal que revela la citada obra continuará en *Egloga, elegía y oda* (1927-28). El poeta se inclina ahora por los metros clásicos (el afán clasicista está incluso presente en el título), y muestra un notable dominio en el terreno de la métrica. Sin embargo, a diferencia de sus compañeros de generación, su mirada salta por encima de Góngora y se fija en Garcilaso. En este libro, traspasado de melancolía, Cernuda nos revela ya su condena a aspirar a un mundo ideal que sabe inalcanzable.

En sus dos obras siguientes, **Un río, un amor** (1929) y **Los placeres prohibidos** (1931), Cernuda se aproxima al surrealismo. La nueva estética, con su carga de rebeldía frente a las convenciones artísticas y sociales, le ofrece una enorme libertad para expresar su mundo interior. Lo mismo que para Lorca y Alberti, el surrealismo le permite volcar, sin trabas, sus conflictos íntimos y llevar a las últimas consecuencias sus insobornables exigencias de sinceridad.

Con *Un río, un amor* empieza a desarrollarse uno de los temas centrales de su obra: la imposibilidad del amor («No intentemos el amor nunca», «Desdicha», «Drama o puerta cerrada», «Destierro». «Razón de las lágrimas» son los títulos de algunos de los poemas). En *Los placeres prohibidos,* la jubilosa experiencia del amor se mezcla con un fuerte sentimiento de soledad y de vacío espiritual. Aquí ya vierte su orgullo de poeta rebelde, enfrentado al mundo, a sus leyes y códigos, y proclama la condición solitaria, altiva, libre, del que escoge el amor prohibido. El uso frecuente de la primera persona acentúa el carácter de confesión que tiene el libro.

Desde 1932, Cernuda emprende un camino personal, con voz única e inconfundible. Fue, quizá, el poeta de su generación que llevó más lejos el deseo de renovación radical y de ruptura con la tradición poética española. El rechazo de la rima, de los ritmos demasiado marcados, el uso sistemático del versículo, aunque ocasionalmente vuelva a los metros tradicionales, la sustitución de un lenguaje brillante por otro directo y coloquial, pueden contribuir a que su poesía pueda parecer prosaica a los habituados a unas formas musicales y coloristas. Sin embargo, la contención y economía expresivas, el desprecio de la elocuencia y de las galas retóricas, el verso de apariencia descuidada, no ocultan nunca un complejo proceso de elaboración. Cernuda consigue, a partir de ahora, dar al verso español una inflexión meditativa. Lo que le importa no es la riqueza de imágenes, sino la hondura de sugerencias, el lenguaje depurado y denso, la sumisión de la palabra al ritmo del pensamiento poético, como habían hecho, con maestría insuperable, los metafísicos ingleses.

En su siguiente obra, **Donde habite el olvido** (escrito entre 1932 y 1933, y publicado un año depués), cuyo título procede de un verso de Bécquer, se aleja del surrealismo, reduce el papel de la imagen y vuelve a un intimismo ya ensayado con anterioridad. En este libro desolado, que obedece a unas vivencias personales, el amor es presentado como una experiencia dolorosa: cuando desaparece, nada queda, sólo el recuerdo de un olvido.

El interés por Bécquer, presente en el libro anterior, y el descubrimiento de los románticos alemanes e ingleses se acusa en **Invocaciones** (1934-35: *Invocaciones a las Gracias del Mundo* en la edición de 1940). Hölderlin, al que traducirá más tarde, lo lleva, además, hacia Grecia y el paganismo. El mismo confesará que mientras vertía su obra al castellano «aprendía no sólo una visión nueva del mundo, sino consonante con ella, una técnica nueva de expresión poética».

En 1936 Cernuda publica *El joven marino* y reúne sus libros bajo un título común, *La realidad y el deseo*, que afectará a las sucesivas entregas de su obra.

Poemas de la guerra y del exilio: *Las nubes* (1937-40), escrito durante la guerra y los primeros tiempos del exilio, inicia la segunda etapa del poeta. Junto a poemas inspirados por la realidad del momento, destacan algunos acentos religiosos en poemas como «Lázaro» y «La visita de Dios», que reaparecerán en otros libros posteriores.

La conciencia de la muerte, la interrogación sobre el posible objeto de la existencia, la situación del exiliado, una agudizada conciencia del paso de su tiempo vital, el análisis moral de un país del que, por diversos motivos, se siente expulsado, las evocaciones de una Grecia clásica y pagana, en la que el poeta intuye que la realidad y sus deseos hubieran podido aproximarse, son los temas más destacados de sus siguientes libros: **Como quien espera el alba** (1941-44, aunque publicado en 1947), *Vivir sin estar viviendo* (1944-49), *Con las horas contadas* (1950-56) y **Desolación de la Quimera** (1956-62), uno de los que más ha influido en los poetas españoles de estas últimas décadas.

Estas experiencias personales, teñidas casi siempre de amargura, se desarrollan con pasión contenida, que puede llegar a un notable distanciamiento, o con acritud extrema. Sin embargo, la dialéctica, la lógica del poema, impone casi siempre una cierta frialdad y modera la tentación de excesos expresivos.

Libros en prosa: Cernuda publicó, además, dos libros en prosa: **Ocnos** (1942), aumentado en sucesivas entregas, en el que evoca con nostalgia su infancia, revivida como presente eterno, y su tan lejana Andalucía, y **Variaciones sobre tema mexicano** (1952).

Es autor también de libros de ensayo: *Estudios sobre poesía española contemporánea* (1957), *Pensamiento poético en la lírica inglesa* (1958), *Poesía y Literatura* (I: 1960, II: 1964), en el que destacan las declaraciones sobre su propia obra (véase «Historial de un libro»), y *Crítica, ensayos y evocaciones* (1970). En todos ellos se recogen ensayos y artículos publicados con anterioridad en revistas.

En 1985, la revista mexicana *Vuelta* publicó su única obra teatral, escrita al final de la década de los años treinta, *La familia interrumpida*. En la escena V, uno de los personajes, Don Ventura, resume una de las obsesiones de Cernuda: «Todos los sueños son irrealizables en este mundo. Por modestos que sean, la realidad los aventa como lo que son: humo, menos que humo».

Ediciones

Poesía completa, ed. de Derek Harris y Luis Maristany, Barcelona, Barral, 1974 (2.ª ed. revisada en 1977). *Prosa*, ed. de D. Harris y L. Maristany, Barcelona, Barral, 1975. *La realidad y el deseo*, ed. de Miguel J. Flys, Madrid, Castalia, 1985.

Madrid, 1936. Comida de homenaje a Luis Cernuda, que preside la mesa, con motivo de la aparición de La realidad y el deseo. *De pie, Aleixandre, Lorca, Salinas, Alberti, Neruda, José Bergamín, Altolaguirre y María Teresa León.*

GENERACION DEL 27

POETICA

En 1932, solicitado, obligado casi, por el colector de esta *Antología*, escribí las siguientes líneas:

«No valía la pena de ir poco a poco olvidando la realidad para que ahora fuese a recordarla, y ante qué gentes. La detesto como detesto todo lo que a ella pertenece: mis amigos, mi familia, mi país.

No sé nada, no quiero nada, no espero nada. Y si aún pudiera esperar algo, sólo sería morir allí donde no hubiese penetrado aún esta grotesca civilización que envanece a los hombres».

Ahora, en 1934, [...] ¿soy yo el mismo que escribió aquellas antiguas líneas que antes trasladé? Tal vez no; mas siento dentro de mí, imperioso y misterioso, el mismo impulso que me llevó a trazarlas. Pienso hoy que si entonces creía odiar a mis amigos, a mis nulos amigos, es porque les amaba demasiado. Y en cuanto a mi país, no me aqueja tristeza o laxitud que no se aclare al pensar que allá en el Sur las olas palpitan al sol sobre las arenas mías, sobre las arenas que sustentan desnudos cuerpos juveniles. Pero el sol, el mar, la juventud, ¿no son los mismos en todo el universo?:

Entonces yo soy aquél, aquel mismo.

(Poesía española contemporánea. Antología, por G. Diego, Madrid, Taurus, 1985, págs 490-491.)

XXII

En soledad. No se siente
El mundo, que un muro sella;
La lámpara abre su huella
Sobre el diván indolente.
Acogida está la frente
Al regazo del hastío.

¿Qué ausencia, qué desvarío
A la belleza hizo ajena?
Tu juventud nula, en pena
De un blanco papel vacío.

(Primeras poesías.)

QUISIERA ESTAR SOLO EN EL SUR

Quizá mis lentos ojos no verán más el sur
De ligeros paisajes dormidos en el aire,
Con cuerpos a la sombra de ramas como flores
O huyendo en un galope de caballos furiosos.

El sur es un desierto que llora mientras canta,
Y esa voz no se extingue como pájaro muerto;
Hacia el mar encamina sus deseos amargos
Abriendo un eco débil que vive lentamente.

En el sur tan distante quiero estar confundido.
La lluvia allí no es más que una rosa entreabierta;
Su niebla misma ríe, risa blanca en el viento.
Su oscuridad, su luz son bellezas iguales.

¿SON TODOS FELICES?

El honor de vivir con honor gloriosamente,
El patriotismo hacia la patria sin nombre,
El sacrificio, el deber de labios amarillos,
No valen un hierro devorando
Poco a poco algún cuerpo triste a causa de ellos mismos.

LUIS CERNUDA

Abajo, pues, la virtud, el orden, la miseria;
Abajo todo, todo, excepto la derrota,
Derrota hasta los dientes, hasta ese espacio helado
De una cabeza abierta en dos a través de soledades,
Sabiendo nada más que vivir es estar a solas con la muerte.

Ni siquiera esperar ese pájaro con brazos de mujer,
Con voz de hombre oscurecida deliciosamente,
Porque un pájaro, aunque sea enamorado,
No merece aguardarle, como cualquier monarca
Aguarda que las torres maduren hasta frutos podridos.

Gritemos sólo,
Gritemos a un ala enteramente,
Para hundir tantos cielos,
Tocando entonces soledades con mano disecada.

(Un río, un amor.)

Luis Cernuda. Oleo de Ramón Gaya. «Luis Cernuda y José Bergamín —declarará Ramón Gaya— son, acaso, los dos poetas más... precisos, más finos —sí—, más finamente vívidos, más soterradamente líricos de toda esa generación, que no es generación; en una palabra, los dos más sustancialmente poetas.»

DIRE COMO NACISTEIS

Diré cómo nacisteis, placeres prohibidos,
Como nace un deseo sobre torres de espanto,
Amenazadores barrotes, hiel descolorida,
Noche petrificada a fuerza de puños,
Ante todos, incluso el más rebelde,
Apto solamente en la vida sin muros.

Corazas infranqueables, lanzas o puñales,
Todo es bueno si deforma un cuerpo;
Tu deseo es beber esas hojas lascivas
O dormir en esa agua acariciadora.
No importa;
Ya declaran tu espíritu impuro.

No importa la pureza, los dones que un destino
Levantó hacia las aves con manos imperecederas;
No importa la juventud, sueño más que hombre,
La sonrisa tan noble, playa de seda bajo la tempestad
De un régimen caído.

Placeres prohibidos, planetas terrenales,
Miembros de mármol con sabor de estío,
Jugo de esponjas abandonadas por el mar,
Flores de hierro, resonantes como el pecho de un hombre.

Soledades altivas, coronas derribadas,
Libertades memorables, manto de juventudes;
Quien insulta esos frutos, tinieblas en la lengua,
Es vil como un rey, como sombra de rey
Arrastrándose a los pies de la tierra
Para conseguir un trozo de vida.

No sabía los límites impuestos,
Límites de metal o papel,
Ya que el azar le hizo abrir los ojos bajo una luz tan alta,
Adonde no llegan realidades vacías,
Leyes hediondas, códigos, ratas de paisajes derruidos.

GENERACION DEL 27

Extender entonces la mano
Es hallar una montaña que prohíbe,
Un bosque impenetrable que niega,
Un mar que traga adolescentes rebeldes.

Pero si la ira, el ultraje, el oprobio y la muerte,
Avidos dientes sin carne todavía,
Amenazan abriendo sus torrentes,
De otro lado vosotros, placeres prohibidos,
Bronce de orgullo, blasfemia que nada precipita,
Tendéis en una mano el misterio.
Sabor que ninguna amargura corrompe,
Cielos, cielos relampagueantes que aniquilan.

Abajo, estatuas anónimas,
Sombras de sombras, miseria, preceptos de niebla;
Una chispa de aquellos placeres
Brilla en la hora vengativa.
Su fulgor puede destruir vuestro mundo.

SI EL HOMBRE PUDIERA DECIR

Si el hombre pudiera decir lo que ama,
Si el hombre pudiera levantar su amor por el cielo
Como una nube en la luz;
Si como muros que se derrumban,
Para saludar la verdad erguida en medio,
Pudiera derrumbar su cuerpo, dejando sólo la verdad de su amor,
La verdad de sí mismo,
Que no se llama gloria, fortuna o ambición,
Sino amor o deseo,
Yo sería aquel que imaginaba;
Aquel que con su lengua, sus ojos y sus manos
Proclama ante los hombres la verdad ignorada,
La verdad de su amor verdadero.

Libertad no conozco sino la libertad de estar preso en alguien
Cuyo nombre no puedo oír sin escalofrío;
Alguien por quien me olvido de esta existencia mezquina,
Por quien el día y la noche son para mí lo que quiera,
Y mi cuerpo y espíritu flotan en su cuerpo y espíritu,
Como leños perdidos que el mar anega o levanta,
Libremente, con la libertad del amor,
La única libertad que me exalta,
La única libertad porque muero.

Tú justificas mi existencia:
Si no te conozco, no he vivido;
Si muero sin conocerte, no muero, porque no he vivido.

UNOS CUERPOS SON COMO FLORES

Unos cuerpos son como flores,
Otros como puñales,
Otros como cintas de agua;

«Tenía el pelo negro, de un negro definitivo, partido en raya, con hebra suelta y lisa sobre su cabeza —escribirá V. Aleixandre—. La tez, pálida; escueta la cara, con el pómulo insinuado bajo la piel andaluza. Vestido y calzado con refinado esmero, peinado cuidadosamente; si con sombrero, éste de marca; en la mano, endosado, el guante de precio. Luis Cernuda daba en seguida la impresión de una atención elegante en el cuidado de su persona.»

LUIS CERNUDA

Pero todos, temprano o tarde,
Serán quemaduras que en otro cuerpo se agranden,
Convirtiendo por virtud del fuego a una piedra en un hombre.

Pero el hombre se agita en todas direcciones,
Sueña con libertades, compite con el viento,
Hasta que un día la quemadura se borra,
Volviendo a ser piedra en el camino de nadie.

Yo, que no soy piedra, sino camino
Que cruzan al pasar los pies desnudos,
Muero de amor por todos ellos;
Les doy mi cuerpo para que lo pisen,
Aunque les lleve a una ambición o a una nube,
Sin que ninguno comprenda
Que ambiciones o nubes
No valen un amor que se entrega.

COMO LEVE SONIDO

Como leve sonido:
Hoja que roza un vidrio,
Agua que pasa unas guijas,
Lluvia que besa una frente juvenil;

Como rápida caricia:
Pie desnudo sobre el camino,
Dedos que ensayan el primer amor,
Sábanas tibias sobre el cuerpo solitario;

Como fugaz deseo:
Seda brillante en la luz,
Esbelto adolescente entrevisto,
Lágrimas por ser más que un hombre;

Como esta vida que no es mía
Y sin embargo es la mía,
Como este afán sin nombre
Que no me pertenece y sin embargo soy yo;

Como todo aquello que de cerca o de lejos
Me roza, me besa, me hiere,
Tu presencia está conmigo fuera y dentro,
Es mi vida misma y no es mi vida,
Así como una hoja y otra hoja
Son la apariencia del viento que las lleva.

(Los placeres prohibidos.)

DONDE HABITE EL OLVIDO

Como los erizos, ya sabéis, los hombres un día sintieron su frío. Y quisieron compartirlo. Entonces inventaron el amor. El resultado fue, ya sabéis, como en los erizos.

¿Qué queda de las alegrías y penas del amor cuando éste desaparece? Nada, o peor que nada; queda el recuerdo de un olvido. Y menos mal cuando no lo punza la sombra de aquellas espinas; de aquellas espinas, ya sabéis.

Las siguiente páginas son el recuerdo de un olvido.

I

Donde habite el olvido,
En los vastos jardines sin aurora;
Donde yo sólo sea
Memoria de una piedra sepultada entre ortigas
Sobre la cual el viento escapa a sus insomnios.

Donde mi nombre deje
Al cuerpo que designa en brazos de los siglos,
Donde el deseo no exista.

Cernuda y Pedro Salinas en Madrid, en 1928. Cernuda, que fue alumno de Salinas en Sevilla, reconocerá: «No sabría decir cuánto debo a Salinas, a sus indicaciones, a su estímulo primero; apenas hubiera podido yo, en cuanto poeta, sin su ayuda, haber encontrado mi camino».

GENERACION DEL 27

En esa gran región donde el amor, ángel terrible,
No esconda como acero
En mi pecho su ala,
Sonriendo lleno de gracia aérea mientras crece el tormento.

Allá donde termine este afán que exige un dueño a imagen suya,
Sometiendo a otra vida su vida,
Sin más horizonte que otros ojos frente a frente.

Donde penas y dichas no sean más que nombres,
Cielo y tierra nativos en torno de un recuerdo;
Donde al fin quede libre sin saberlo yo mismo,
Disuelto en niebla, ausencia,
Ausencia leve como carne de niño.

Allá, allá lejos;
Donde habite el olvido.

VII

Adolescente fui en días idénticos a nubes,
Cosa grácil, visible por penumbra y reflejo,
Y extraño es, si ese recuerdo busco,
Que tanto, tanto duela sobre el cuerpo de hoy.

Perder placer es triste
Como la dulce lámpara sobre el lento nocturno;
Aquél fui, aquél fui, aquél he sido;
Era la ignorancia mi sombra.

Ni gozo ni pena; fui niño
Prisionero entre muros cambiantes;
Historias como cuerpos, cristales como cielos,
Sueño luego, un sueño más alto que la vida.

Cuando la muerte quiera
Una verdad quitar de entre mis manos,
Las hallará vacías, como en la adolescencia
Ardientes de deseo, tendidas hacia el aire.

XII

No es el amor quien muere,
Somos nosotros mismos.

Inocencia primera
Abolida en deseo,
Olvido de sí mismo en otro olvido,
Ramas entrelazadas,
¿Por qué vivir si desaparecéis un día?

Sólo vive quien mira
Siempre ante sí los ojos de su aurora,
Sólo vive quien besa
Aquel cuerpo de ángel que el amor levantara.

Fantasmas de la pena,
A lo lejos, los otros,
Los que ese amor perdieron,

Cernuda, junto a otros dos poetas sevillanos, Adriano del Valle y Fernando Villalón, en una plaza de Sevilla, en 1928.

LUIS CERNUDA

Como un recuerdo en sueños,
Recorriendo las tumbas
Otro vacío estrechan.

Por allá van y gimen,
Muertos en pie, vidas tras de la piedra,
Golpeando impotencia,
Arañando la sombra
Con inútil ternura.

No, no es el amor quien muere.

(Donde habite el olvido.)

SOLILOQUIO DEL FARERO

Cómo llenarte, soledad,
Sino contigo misma.

De niño, entre las pobres guaridas de la tierra,
Quieto en ángulo oscuro,
Buscaba en ti, encendida guirnalda,
Mis auroras futuras y furtivos nocturnos,
Y en ti los vislumbraba,
Naturales y exactos, también libres y fieles,
A semejanza mía,
A semejanza tuya, eterna soledad.

Me perdí luego por la tierra injusta
Como quien busca amigos o ignorados amantes;
Diverso con el mundo,
Fui luz serena y anhelo desbocado,
Y en la lluvia sombría o en el sol evidente
Quería una verdad que a ti te traicionase,
Olvidando en mi afán
Cómo las alas fugitivas su propia nube crean.

Y al velarse a mis ojos
Con nubes sobre nubes de otoño desbordado
La luz de aquellos días en ti misma entrevistos,
Te negué por bien poco;
Por menudos amores ni ciertos ni fingidos,
Por quietas amistades de sillón y de gesto,
Por un nombre de reducida cola en un mundo fantasma,
Por los viejos placeres prohibidos,
Como los permitidos nauseabundos,
Utiles solamente para el elegante salón susurrado,
En bocas de mentira y palabras de hielo.

Cernuda, cuando tenía veintiocho años.

Por ti me encuentro ahora el eco de la antigua persona
Que yo fui,
Que yo mismo manché con aquellas juveniles traiciones;
Por ti me encuentro ahora, constelados hallazgos,
Limpios de otro deseo,
El sol, mi dios, la noche rumorosa,
La lluvia, intimidad de siempre,
El bosque y su alentar pagano,
El mar, el mar como su nombre hermoso;

GENERACION DEL 27

Y sobre todos ellos,
Cuerpo oscuro y esbelto,
Te encuentro a ti, tú, soledad tan mía,
Y tú me das fuerza y debilidad
Como al ave cansada los brazos de la piedra.

Acodado al balcón miro insaciable el oleaje,
Oigo sus oscuras imprecaciones,
Contemplo sus blancas caricias;
Y erguido desde cuna vigilante
Soy en la noche un diamante que gira advirtiendo a los hombres,
por quienes vivo, aun cuando no los vea;
Y así, lejos de ellos,
Ya olvidados sus nombres, los amo en muchedumbres,
Roncas y violentas como el mar, mi morada,
Puras ante la espera de una revolución ardiente
O rendidas y dóciles, como el mar sabe serlo
Cuando toca la hora de reposo que su fuerza conquista.

Tú, verdad solitaria,
Transparente pasión, mi soledad de siempre,
Eres inmenso abrazo;
El sol, el mar,
La oscuridad, la estepa,
El hombre y su deseo,
La airada muchedumbre,
¿Qué son sino tú misma?

Por ti, mi soledad, los busqué un día;
En ti, mi soledad, los amo ahora.

(Invocaciones.)

ELEGIA ESPAÑOLA [II]

A Vicente Aleixandre.

Ya la distancia entre los dos abierta
Se lleva el sufrimiento, como nube
Rota en lluvia olvidada, y la alegría,
Hermosa claridad desvanecida;
Nada altera entre tú, mi tierra, y yo,
Pobre palabra tuya, el invisible
Fluir de los recuerdos, sustentando
Almas con la verdad de tu alma pura.
Sin luchar contra ti ya asisto inerte
A la discordia estéril que te cubre,
Al viento de locura que te arrastra.
Tan sólo Dios vela sobre nosotros,
Arbitro inmemorial del odio eterno.

Tus pueblos han ardido y tus campos
Infecundos dan cosecha de hambre;
Rasga tu aire el ala de la muerte;
Tronchados como flores caen tus hombres
Hechos para el amor y la tarea;
Y aquellos que en la sombra suscitaron

La guerra, resguardados en la sombra,
Disfrutan su victoria. Tú en silencio,
Tierra, pasión única mía, lloras
Tu soledad, tu pena y tu vergüenza.

Fiel aún, extasiado como el pájaro
Que en primavera hacia su nido antiguo
Llegaba a ti y en ti dejaba el vuelo,
Con la atracción remota de un encanto
Ineludible, rosa del destino,
Mi espíritu se aleja de estas nieblas,
Canta su queja por tu cielo vasto,
Mientras el cuerpo queda vacilante,
Perdido, lejos, entre sueño y vida,
Y oye el susurro lento de las horas.

Si nunca más pudieran estos ojos
Enamorados reflejar tu imagen.
Si nunca más pudiera por tus bosques,
El alma en paz caída en tu regazo,

LUIS CERNUDA

Soñar el mundo aquel que yo pensaba
Cuando la trista juventud lo quiso.
Tú nada más, fuerte torre en ruinas,
Puedes poblar mi soledad humana,
Y esta ausencia de todo en ti se duerme.
Deja tu aire ir sobre mi frente,
Tu luz sobre mi pecho hasta la muerte,
Unica gloria cierta que aún deseo.

LA VISITA DE DIOS

Pasada se halla ahora la mitad de mi vida.
El cuerpo sigue en pie y las voces aún giran
Y resuenan con encanto marchito en mis oídos,
Mas los días esbeltos ya se marcharon lejos;
Sólo recuerdos pálidos de su amor me han dejado.
Como el labrador al ver su trabajo perdido
Vuelve al cielo los ojos esperando la lluvia,
También quiero esperar en esta hora confusa
Unas lágrimas divinas que aviven mi cosecha.

Pero hondamente fijo queda el desaliento,
Como huésped oscuro de mis sueños.
¿Puedo esperar acaso? Todo se ha dado al hombre
Tal distracción efímera de la existencia;
A nada puede unir este ansia suya que reclama
Una pausa de amor entre la fuga de las cosas.
Vano sería dolerse del trabajo, la casa, los amigos perdidos
En aquel gran negocio demoníaco de la guerra.

Estoy en la ciudad alzada para su orgullo por el rico,
Adonde la miseria oculta canta por las esquinas
O expone dibujos que me arrasan de lágrimas los ojos.
Y mordiendo mis puños con tristeza impotente
Aún cuento mentalmente mis monedas escasas,
Porque un trozo de pan aquí y unos vestidos
Suponen un esfuerzo mayor para lograrlos
Que el de los viejos héroes cuando vencían
Monstruos, rompiendo encantos con su lanza.

La revolución renace siempre, como un fénix
Llameante en el pecho de los desdichados.
Esto lo sabe el charlatán bajo los árboles
De las plazas, y su baba argentina, su cascabel sonoro,
Silbando entre las hojas, encanta al pueblo
Robusto y engañado con maligna elocuencia,
Y canciones de sangre acunan su miseria.

Por mi dolor comprendo que otros inmensos sufren
Hombres callados a quienes falta el ocio
Para arrojar al cielo su tormento. Mas no puedo
Copiar su enérgico silencio, que me alivia
Este consuelo de la voz, sin tierra y sin amigo,
En la profunda soledad de quien no tiene
Ya nada entre sus brazos, sino el aire en torno,
Lo mismo que un navío al alejarse sobre el mar.

¿Adónde han ido las viejas compañeras del hombre?
Mis zurcidoras de proyectos, mis tejedoras de esperanzas
Han muerto. Sus agujas y madejas reposan
Con polvo en un rincón, sin la melodía del trabajo.

L. Cernuda en la época del exilio. «No conozco a los hombres. Años llevo / de buscarles y huirles sin remedio», se lamentará en «A un poeta futuro», de *Como quien espera el alba*.

GENERACION DEL 27

Como una sombra aislada al filo de los días,
Voy repitiendo gestos y palabras mientras lejos escucho
El inmenso bostezo de los siglos pasados.

El tiempo, ese blanco desierto ilimitado,
Esa nada creadora, amenaza a los hombres
Y con luz inmortal se abre ante los deseos juveniles.
Unos quieren asir locamente su mágico reflejo,
Mas otros le conjuran con un hijo
Ofrecido en los brazos como víctima,
Porque de nueva vida se mantiene su vida
Como el agua del agua llorada por los hombres.

Pero a ti, Dios, ¿con qué te aplacaremos?
Mi sed eras tú, tú fuiste mi amor perdido,
Mi casa rota, mi vida trabajada, y la casa y la vida
De tantos hombres como yo a la deriva
En el naufragio de un país. Levantados de naipes,
Uno tras otro iban cayendo mis pobres paraísos.
¿Movió tu mano el aire que fuera derribándolos
Y tras ellos, en el profundo abatimiento, en el hondo vacío,
Se alza al fin ante mí la nube que oculta tu presencia?

No golpees airado mi cuerpo con tu rayo;
Si el amor no eres tú, ¿quién lo será en tu mundo?
Compadécete al fin, escucha este murmullo
Que ascendiendo llega como una ola
Al pie de tu divina indiferencia.
Mira las tristes piedras que llevamos
Ya sobre nuestros hombros para enterrar tus dones:
La hermosura, la verdad, la justicia, cuyo afán imposible
Tú sólo eras capaz de infundir en nosotros.
Si ellas murieran hoy, de la memoria tú te borrarías
Como un sueño remoto de los hombres que fueron.

(Las nubes.)

TIERRA NATIVA

Es la luz misma, la que abrió mis ojos
Toda ligera y tibia como un sueño,
Sosegada en colores delicados
Sobre las formas puras de las cosas.

El encanto de aquella tierra llana,
Extendida como una mano abierta,
Adonde el limonero encima de la fuente
Suspendía su fruto entre el ramaje.

El muro viejo en cuya barda abría
A la tarde su flor azul en la enredadera,
Y al cual la golondrina en el verano
Tornaba siempre hacia su antiguo nido.

El susurro del agua alimentando,
Con su música insomne en el silencio,

Los sueños que la vida aún no corrompe,
El futuro que espera como página blanca.

Todo vuelve otra vez vivo a la mente,
Irreparable ya con el andar del tiempo,
Y su recuerdo ahora me traspasa
El pecho tal puñal fino y seguro.

Raíz del tronco verde, ¿quién la arranca?
Aquel amor primero, ¿quién lo vence?
Tu sueño y tu recuerdo, ¿quién lo olvida,
Tierra nativa, más mía cuanto más lejana?

(Como quien espera el alba.)

LUIS CERNUDA

EL PRISIONERO

Atrás quedan los muros
Y las rejas, respira
La libertad ahora,
A solas con tu vida.

Como nube en el aire,
Como luz en el alba,
Mira la tierra toda
Abierta ante tu planta.

Mas libertad sin nadie
Ganaste, y te parece

Victoria desolada,
Figura de la muerte.

(Vivir sin estar viviendo.)

Dos poemas autógrafos de Cernuda.

DESPEDIDA

Muchachos
Que nunca fuisteis compañeros de mi vida,
Adiós.
Muchachos
Que no seréis nunca compañeros de mi vida,
Adiós.

El tiempo de una vida nos separa
Infranqueable:
A un lado la juventud libre y risueña;
A otro la vejez humillante e inhóspita.

De joven no sabía
Ver la hermosura, codiciarla, poseerla;
De viejo la he aprendido
Y veo a la hermosura, mas la codicio inútilmente.

Mano de viejo mancha
El cuerpo juvenil si intenta acariciarlo.
Con solitaria dignidad el viejo debe
Pasar de largo junto a la tentación tardía.

Frescos y codiciados son los labios besados,
Labios nunca besados más codiciables y frescos aparecen.
¿Qué remedio, amigos? ¿Qué remedio?
Bien lo sé: no lo hay.

Qué dulce hubiera sido
En vuestra compañía vivir un tiempo:
Bañarse juntos en aguas de una playa caliente,
Compartir bebida y alimento en una mesa,
Sonreír, conversar, pasearse
Mirando cerca, en vuestros ojos, esa luz y esa música.

Seguid, seguid así, tan descuidadamente,
Atrayendo al amor, atrayendo al deseo.
No cuidéis de la herida que la hermosura vuestra y vuestra gracia abren
En este transeúnte inmune en apariencia a ellas.

Adiós, adiós, manojos de gracia y donaires.
Que yo pronto he de irme, confiado,
Adonde, anudado el roto hilo, diga y haga
Lo que aquí falta, lo que a tiempo decir y hacer aquí no supe.

GENERACION DEL 27

Adiós, adiós, compañeros imposibles.
Que ya tan sólo aprendo
A morir, deseando

Veros de nuevo, hermosos igualmente
En alguna otra vida.

PEREGRINO

¿Volver? Vuelva el que tenga,
Tras largos años, tras un largo viaje,
Cansancio del camino y la codicia
De su tierra, su casa, sus amigos,
Del amor que al regreso fiel le espere.

Mas, ¿tú? ¿Volver? Regresar no piensas,
Sino seguir libre adelante,
Disponible por siempre, mozo o viejo,
Sin hijo que te busque, como a Ulises,
Sin Itaca que aguarde y sin Penélope.

Sigue, sigue adelante y no regreses,
Fiel hasta el fin del camino y tu vida,
No eches de menos un destino más fácil,
Tus pies sobre la tierra antes no hollada,
Tus ojos frente a lo antes nunca visto.

(Desolación de la Quimera.)

EL TIEMPO

Llega un momento en la vida cuando el tiempo nos alcanza. (No sé si expreso esto bien.) Quiero decir que a partir de tal edad nos vemos sujetos al tiempo y obligados a contar con él, como si alguna colérica visión con espada centelleante nos arrojara del paraíso primero, donde todo hombre una vez ha vivido libre del aguijón de la muerte. ¡Años de niñez en que el tiempo no existe! Un día, unas horas, son entonces cifra de la eternidad. ¿Cuántos siglos caben en las horas de un niño?

Recuerdo aquel rincón del patio en la casa natal, yo a solas y sentado en el primer peldaño de la escalera de mármol. La vela estaba echada, sumiendo el ambiente en una fresca penumbra, y sobre la lona, por donde se filtraba tamizada la luz del mediodía, una estrella destacaba sus seis puntas de paño rojo. Subían hasta los balcones abiertos, por el hueco del patio, las hojas anchas de las latanias, de un verde oscuro y brillante, y abajo, en torno de la fuente, estaban agrupadas las matas floridas de adelfas y azaleas. Sonaba el agua al caer con un ritmo igual, adormecedor, y allá en el fondo del agua unos peces escarlata nadaban con inquieto movimiento, centelleando sus escamas en un relámpago de oro. Disuelta en el ambiente había una languidez que lentamente iba invadiendo mi cuerpo.

Allí, en el absoluto silencio estival, subrayado por el rumor del agua, los ojos abiertos a una clara penumbra que realzaba la vida misteriosa de las cosas, he visto cómo las horas quedaban inmóviles, suspensas en el aire, tal la nube que oculta un dios, puras y aéreas, sin pasar.

EL POETA Y LOS MITOS

Bien temprano en la vida, antes que leyeses versos algunos, cayó en tus manos un libro de mitología. Aquellas páginas te revelaron un mundo donde la poesía, vivificándolo como la llama al leño, transmutaba lo real. Qué triste te apareció entonces tu propia religión. Tú no discutías ésta, ni la ponías en duda, cosa difícil para un niño; mas en tus creencias hondas y arraigadas se insinuó, si no una objeción racional, el presentimiento de una alegría ausente. ¿Por qué se te enseñaba a doblegar la cabeza ante el sufrimiento divinizado, cuando en otro tiempo los hombres fueron tan felices como para adorar, en su plenitud trágica, la hermosura?

Que tú no comprendieras entonces la casualidad profunda que une ciertos mitos con ciertas formas intemporales de la vida, poco importa: cualquier aspiración que haya en ti hacia la poesía, aquellos mitos helénicos fueron quienes la provocaron y la orientaron. Aunque al lado no tuvieses alguien para advertirte del riesgo que así corrías, guiando la vida, instintivamente, conforme a una realidad invisible para la mayoría, y a la nostalgia de una armonía espiritual y corpórea rota y desterrada siglos atrás de entre las gentes.

LA SOLEDAD

La soledad está en todo para ti, y todo para ti está en la soledad. Isla feliz adonde tantas veces te acogiste, compenetrado mejor con la vida y con sus designios, trayendo allá, como quien trae del mercado unas flores cuyos pétalos luego abrirán en plenitud recatada, la turbulencia que poco a poco ha de sedimentar las imágenes, las ideas.

Hay quienes en medio de la vida la perciben apresuradamente, y son los improvisadores; pero hay también quienes necesitan distanciarse de ella para verla más y mejor, y son los contempladores. El presente es demasiado brusco, no pocas veces lleno de incongruencia irónica, y conviene distanciarse de él para comprender su sorpresa y su reiteración.

Entre los otros y tú, entre el amor y tú, entre la vida y tú, está la soledad. Mas esa soledad, que de todo te separa, no te apena. ¿Por qué habría que apenarte? Cuenta hecha con todo, con la tierra, con la tradición, con los hombres, a ninguno debes tanto como a la soledad. Poco o mucho, lo que tú seas, a ella se lo debes.

De niño, cuando a la noche veías el cielo, cuyas estrellas semejaban miradas amigas llenando la oscuridad de misteriosa simpatía, la vastedad de los espacios no te arredraba, sino, al contrario, te suspendía en embeleso confiado. Allá entre las constelaciones brillaba la tuya, clara como el agua, luciente como el carbón que es el diamante: la constelación de la soledad, invisible para tantos, evidente y benéfica para algunos, entre los cuales has tenido la suerte de contarte.

(Ocnos.)

LA LENGUA

—Tras de cruzada la frontera, al oír tu lengua, que tantos años oías hablada en torno, ¿qué sentiste?

—Sentí cómo sin interrupción continuaba mi vida en ella por el mundo exterior, ya que por el interior no había dejado de sonar en mí todos aquellos años.

* * *

La lengua que hablaron nuestra gentes antes de nacer nosotros de ellos, ésa de que nos servimos para conocer el mundo y tomar posesión de las cosas por medio de sus nombres, importante como es en la vida de todo ser humano, aún lo es más en la del poeta. Porque la lengua del poeta no sólo es materia de su trabajo, sino condición misma de su existencia.

Y si la primera palabra que pronunciaron tus labios era española, y española será la última que de ellos salga, determinadas precisa y fatalmente por esas dos palabras, primera y postrera, están todas las de tu poesía. Que la poesía, en definitiva, es la palabra.

* * *

¿Cómo no sentir orgullo al escuchar hablada nuestra lengua, eco fiel de ella y al mismo tiempo expresión autónoma, por otros pueblos al otro lado del mundo? Ellos, a sabiendas o no, quiéranlo o no, con esos mismos signos de su alma, que son las palabras, mantienen vivo el destino de nuestro país, y habrían de mantenerlo aun después que él dejara de existir.

Al lado de ese destino, cuán estrecho, cuán perecedero parecen los de las otras lenguas. Y qué gratitud no puede sentir el artesano oscuro, vivo en ti, de esta lengua hoy tuya, a quienes cuatro siglos atrás, con la pluma y la espada, ganaron para ella destino universal. Porque el poeta no puede conseguir para su lengua ese destino si no le asiste el héroe, ni éste si no le asiste el poeta.

(Variaciones sobre tema mexicano.)

EMILIO PRADOS

Nació en Málaga en 1899. Cursó estudios de Ciencias Naturales. Adquirió una sólida formación intelectual (la presencia de los presocráticos y de Platón, lo mismo que la de los románticos alemanes y la de Freud, es patente en su obra). Enfermo del pecho desde niño, en 1920 tuvo que pasar una larga temporada en un sanatorio de Suiza. Amplió estudios en las Universidades de Friburgo y de Berlín y vivió durante algún tiempo en la Residencia de Estudiantes de Madrid. En la imprenta *Sur de Málaga*, que le regaló su padre, publicará, con Manuel Altolaguirre, la revista *Litoral* (1926-1929) y libros fundamentales de sus compañeros de generación. Durante la guerra apoyó activamente a la República. Se exilió después en México, en donde murió en 1962. Durante los últimos años llevó una vida modesta, austera y recogida.

Obra

Aunque su trayectoria personal puede considerarse paralela a la de otros poetas del 27 (amistad con los demás miembros del grupo, adscripción a la vanguardia, etapa de intenso compromiso social y exilio), su vasta obra presenta unas características propias y distintivas. Toda ella, traspasada habitualmente de melancolía, responde a una concepción de la poesía como «don ofrendado a los demás» y tiene un tema central dominante: la búsqueda, por distintos caminos —desde el grito apasionado a la indagación metafísica— de una visión unitaria y armónica del hombre y el cosmos.

En una etapa inicial, que se prolonga hasta el final de la década de 1920, escribe *Tiempo. Veinte poemas en verso* (1923-1925); *Seis estampas para un rompecabezas* (1925), libro que anticipa la escritura surrealista; *Nadador sin cielo (Ensayo de amor bajo el agua)* (¿1924-1926?), *Canciones del farero* (1926), *Vuelta* (1924-1925, y publicado en 1927); *El misterio del agua* (1926-1927), y **Memoria de poesía** (1926-1927). En estas obras, en las que son notables las afinidades estéticas con sus compañeros de generación, dominan la inclinación por la imagen e, incluso, por la greguería, la desnudez expresiva, la tendencia a la abstracción y las influencias de la poesía francesa que va desde el simbolismo hasta el surrealismo.

Desde un punto de vista conceptual, Prados, al mismo tiempo que echa una mirada sobre sí mismo (la soledad, el sueño, el tiempo, el ansia de eternidad, se convierten en el eje de muchos de los poemas de los citados libros), busca una comunicación con la naturaleza, a la que contempla con actitud meditativa. En **Cuerpo perseguido** (1927-1928), la obra quizá más importante de esta primera época, pasa de ser espectador pasivo a sentirse involucrado, mediante la confrontación entre el yo y la otredad irreductible del ser de la amada, en la lucha de contrarios de toda la naturaleza. Para Javier Blasco: «Todos estos libros responden a un intento de objetivar su necesidad de unidad y armonía interior en la unidad intuida por encima de las luchas de los cuerpos de la naturaleza. Desde una actitud quietista y contemplativa ante las "presencias" de la naturaleza, intenta, reconstruyendo las correspondencias "ausentes" de las cosas, descubrir las formas de un universo en cíclica y armónica transformación, lejos de los efectos del tiempo destructor». Carlos Blanco Aguinaga puntualiza: «No hablemos, sin embargo, de panteísmo al tratar de esta poesía de Emilio Prados, ya que, por ahora, el poeta sólo es observador de las luchas de amor-muerte que se dan en *otros* cuerpos (aunque observador también era Spinoza...). Al final de su vida, el panteísmo de Prados

EMILIO PRADOS

será indiscutible; pero en estos años de Málaga le quedaba mucho por andar para llegar a su idea definitiva del mundo. Por lo pronto —y ello lo saca de su contemplación como de cuajo— ha de llegarle aún la guerra de los contrarios del amor en su propia carne».

Con la llegada de la República, Prados, si bien no renuncia a manifestar una crisis y unos problemas propios, se acerca progresivamente al dolor humano y a las injusticias sociales. Con un estilo en el que dominan las reiteraciones de esquemas paralelísticos, se pregunta por el porvenir de su país y por el drama de la condición humana. De esta época son sus obras *No podréis,* escrita entre 1930 y 1932, pero de la que sólo se conservan unos pocos poemas, *La voz cautiva* (1933-34), **Andando, andando por el mundo** (1930-1935), *Calendario incompleto del pan y el pescado* (1933-1934), *Llanto de octubre,* que lleva el significativo subtítulo de «Durante la represión y bajo la censura posterior al levantamiento de 1934» (1934), y *La tierra que no alienta* (¿1934-1936?).

Durante la guerra, el poeta deja a un lado sus inquietudes individuales y se inclina decididamente por una poesía abiertamente política y de circunstancias, aunque no exenta de calidad literaria. Todo ello se revela en sus libros *Llanto en la sangre* (1933-1937), *Cancionero menor para los combatientes* (1936-1938), **Destino fiel,** cuyo manuscrito obtiene el Premio Nacional de Literatura de 1937 (a esta obra pasarán más tarde el citado *Cancionero menor* y otros poemas escritos hasta 1939).

Los problemas existenciales y metafísicos (la soledad, el tiempo y la muerte) serán los ejes habituales de la poesía que Prados escribe en el exilio. Con un lenguaje depurado y de gran condensación expresiva, y con una marcada preferencia por el conceptismo, vuelve a recogerse sobre sí mismo y, con una compleja visión panteísta del mundo, intenta conseguir la armonía y el equilibrio consigo mismo, primero, y más tarde, con el universo. Aunque asume y acepta la realidad en que vive, busca en su interior otra superior y más perfecta.

La producción de esta época se compone de *Memoria del olvido* (1940), *Mínima muerte* (1939-1944), **Jardín cerrado** (1940-1946), *Dormido en la yerba* (1953), *Antología* (1923-1953), que contiene poemas de *Tiempo; Misterio del agua; Memoria de poesía; Cuerpo perseguido; La voz cautiva; Andando, andando por el mundo; Llanto en la sangre; Penumbras; Mínima muerte; Jardín cerrado,* y *Río natural,* **Penumbras,** I, II, III (1939-1955: las partes II y III pasarán a *La sombra abierta*), *Río natural* (1950-1956), *Circuncisión del sueño* (1955-1957), *La sombra abierta* (1961), *La piedra escrita* (1958-1960), *Signos del ser* (1960-1961) y **Cita sin límites** (1961-1962).

En 1966 se publicó en Málaga, con introducción de José Luis Cano, su **Diario íntimo.**

La evolución sufrida por la poesía de Prados es resumida así por J. Sánchiz Banús: «Tres poetas distintos, sí: el joven andaluz de la revista *Litoral,* el combatiente que leyó el romance «Ciudad sitiada» en el heroico Madrid de noviembre de 1936 y el desterrado que en México oyó resonar los pasos de Dios, en ese progresivo y recogido exilio interior que anuncia su muerte. Tres poetas distintos, pero un solo poeta verdadero: Emilio Prados».

Ediciones

Obras completas, edición de Carlos Blanco Aguinaga y Antonio Carreira, 2 volúmenes, Madrid, Aguilar, 1975.

E. Prados, entre Francisco y Federico García Lorca, en una foto de feria.

DIARIO INTIMO

Cómo siento hoy la soledad.

En los dos momentos más salientes del día de hoy, al encontrarme tan solo, he caído en esta melancolía que tanto temo.

Los recuerdos han vuelto otra vez a pasar y han vuelto otra vez a traer la tristeza.

Después de leer a Verlaine, vuelvo a sentir esa rabia, mezclada con desesperación, que me produce la impotencia para llegar a este escalón de la poesía. En mi interior, hoy, sin embargo, estoy más contento de mí mismo. Si el caminar hacia la sabiduría no fuera tan lento, confiaría más en ello; pero mi temperamento busca la luz que se entregue de pronto y no la aurora suave. Esta es la principal valla; no sé si con la juventud podré vencerla, temo que sólo cuando pase ésta lo consiga y entonces sería demasiado tarde para producir.

Tal vez el tener la muerte de ese compañero de sanatorio tan cerca me haya hecho pensar más en mi enfermedad. Pero hoy el tristísimo recuerdo de mi prima es lo que más ha influido en mí, dándome al espíritu la paz y la dulzura que siempre me trae este recuerdo.

Vuelve la melancolía y la tristeza se abraza a mí con más fuerza que antes.

El remordimiento de todo lo que hice sufrir con mi enfermedad, a mi madre principalmente, es la principal causa de mis tristezas. Aunque yo no tenga la culpa de estar enfermo, sin embargo, no sé por qué siento este remordimiento.

La poesía que he escrito hoy expresa mi estado mejor que nada.

(*Diario íntimo*, ed. de José Luis Cano, Málaga, 1966, págs. 42-43.)

CITA HACIA DENTRO

¿Tanta luz? ¿tanta muerte?
¿tanta rosa en el día?
(Curva el sol sobre el tiempo
sus llamas en sortija.)

Encadenado el mundo
a su exacta medida,
tanto debe a su fuego
como a su sombra viva.

Tanta hermosura fuera,
de nuestro amor se olvida.
No me dará descanso
para alcanzar la dicha.

Con el sol sobre el cielo,
hoy nunca te vería
que pesa más que el hombre
la luz que lo ilumina.

La noche, en cambio, tiene
al sol bajo sus aguas.
Sus páginas oscuras,
viven deshabitadas.

¡Qué soledad nos brinda,
para el amor, su estancia!...
(Toda la sombra es mundo
y, el mundo, tu mirada...)

En el centro del mundo,
bajo el sueño —en sus alas—
te harás toda silencio,
apretada en mi alma.

La esfera de la noche
a un nuevo amor nos llama...
La rosa de lo eterno
a los dos nos amarra.

Deja el sol; deja el cuerpo,
ya vendrán otras albas...
¡Voy a coger el sueño!
¡Te espero en su terraza!

(*Memoria de poesía*.)

POSESION LUMINOSA

Igual que este viento, quiero
figura de mi calor

ser y, despacio, entrar
donde descanse tu cuerpo

EMILIO PRADOS

del verano; irme acercando
hasta él sin que me vea;
llegar, como un pulso abierto
latiendo en el aire; ser
figura del pensamiento
mío de ti, en su presencia;
abierta carne de viento,
estancia de amor en alma.
Tú —blando marfil de sueño,
nieve de carne, quietud
de palma, luna en silencio—,
sentada, dormida en medio

de tu cuarto. Y yo ir entrando
igual que un agua serena,
inundarte todo el cuerpo
hasta cubrirte, y, entero,
quedarme ya así por dentro
como el aire en un farol,
viéndote temblar, luciendo,
brillar en medio de mí,
encendiéndote en mi cuerpo,
iluminando mi carne
toda ya carne de viento.

ALBA RAPIDA

¡Pronto, de prisa, mi reino,
que se me escapa, que huye,
que se me va por las fuentes!
¡Qué luces, qué cuchilladas
sobre sus torres enciende!
Los brazos de mi corona,
¡qué ramas al cielo tienden!
¡Qué silencios tumba el alma!
¡Qué puertas cruza la Muerte!
¡Pronto, que el reino se escapa!
¡Que se derrumban mis sienes!
¡Qué remolino en mis ojos!
¡Qué galopar en mi frente!
¡Qué caballos de blancura
mi sangre en el cielo vierte!
Ya van por el viento. suben,
saltan por la luz, se pierden

sobre las aguas...
                Ya vuelven
redondos, limpios, desnudos...
¡Qué primavera de nieve!

Sujetadme el cuerpo, ¡pronto!,
¡que se me va!, ¡que se pierde
su reino entre mis caballos!,
¡que lo arrastran!, ¡que lo hieren!,
¡que lo hacen pedazos, vivo,
bajo sus cascos celestes!
¡Pronto, que el reino se acaba!
¡Ya se le tronchan las fuentes!
¡Ay, limpias yeguas del aire!
¡Ay, banderas de mi frente!
¡Qué galopar en mis ojos!

Ligero, el mundo amanece.

SUEÑO

Te llamé. Me llamaste.
Brotamos como ríos.
Alzáronse en el cielo
los nombres confundidos.

Te llamé. Me llamaste.
Brotamos como ríos.
Nuestros cuerpos quedaron
frente a frente, vacíos.

Te llamé. Me llamaste.
Brotamos como ríos.
Entre nuestros dos cuerpos,
¡qué inolvidable abismo!

(Cuerpo perseguido.)

HAY VOCES LIBRES...

Hay voces libres
y voces con cadenas
y hay piedra y leño y despejada llama que consume;
hombres que sangran contra un sueño
y témpanos que se derrumban sobre las calles sin gemido.
Hay límites en lo que no se mueve entre las manos
y en lo que corre corre y huye como una herida;

en la arena intangible cuando el sol adormece
y en esa inconfundible precisión de los astros.
Hay límites en la conversación tranquila que no pretende
y en el vientre estancado que se levanta o gira como una peonza.
Hay límites en ese líquido que se derrama intermitentemente mientras
[los ojos de los niños preguntan y preguntan a una voz que no llaman;
hay límites
en la amistad
y en esas flores enamoradas que no se escuchan.

Hay límites
y hay cuerpos.
Hay voces libres
y voces con cadenas.
Hay barcos que cruzan lentos sobre los lentos mares
y hay barcos que se hunden medio podridos en el cieno profundo.
Hay manteles tendidos a la luz de la luna
y cuerpos que tiritan sin sombra bajo la oscuridad de la miseria.
Hay sangre:
sangre que duerme y no descansa
y sangre que baila y grita al compás de la Muerte;
sangre que se escapa de las manos cantando
y sangre que se pudre estancada en sus cuévanos.
Hay sangre que inútilmente empaña los cristales
y sangre que pregunta y camina y camina
sangre que enloquecida se dispara
y sangre que se ordena gota a gota para nunca entregarse.
Hay sangre en lo que no se dice
y sangre que no se calla y no se calla.
Hay sangre que rezuma medio seca bajo las telas sucias
y sangre floja bajo las venas que se para y no sale.

Hay voces libres
y voces con cadenas
y hay palabras que se funden al chocar contra el aire
y corazones que golpean en la pared como una llama.

Hay límites
y hay cuerpos
y hay sangre que vive separada bajo las duras cruces de unos hierros
y hay sangre que pasea dulcemente bajo la sombra de los árboles.

Hay hombres que descansan sin dolor contra el sueño
y témpanos que se derrumban sobre las piedras sin un gemido.

(*Andando, andando por el mundo.*)

CIUDAD SITIADA

Romance de la defensa de Madrid

Entre cañones me miro,
entre cañones me muevo:
castillos de mi razón
y fronteras de mi sueño,

¿dónde comienza mi entraña
y dónde termina el viento?
No tengo pulso en mis venas,
sino zumbidos de trueno,

EMILIO PRADOS

torbellinos que me arrastran
por las selvas de mis nervios;
multitudes que me empujan,
ojos que queman mi fuego,
bocanadas de victoria,
himnos de sangre y acero,
pájaros que me combaten
y alzan mi frente a su cielo
y ardiendo dejan las nubes
y tembloroso mi suelo.
¡Allá van! Pesadas moles
cruzan mis venas de hierro;
toda mi firmeza aguarda
parapetada en mis huesos.
Compañeros del presente,
fantasmas de mis recuerdos,
esperanzas de mis manos
y nostalgias de mis juegos:
¡Todos en pie, a defenderme,
que está mi vida en asedio;
que está la verdad sitiada
amenazada en mi pecho!
¡Pronto, en pie las barricadas,
que el corazón está ardiendo!
No han de llegar a apagarlo
negros disparos de hielo.

¡Pronto, de prisa, mi sangre,
arremolíname entero!
¡Levanta todas mis armas;
mira que aguarda en su centro,
temblando, un turbión de llamas
que ya no cabe en mi cerco!
¡Pronto, a las armas, mi sangre,
que ya me rebosa el fuego!
Quien se atreva a amenazarlo,
tizón se le hará su sueño.

¡Ay, ciudad, ciudad sitiada,
ciudad de mi propio pecho,
si te pisa el enemigo,
antes he de verme muerto!

Castillos de mi razón
y fronteras de mi sueño,
mi ciudad está sitiada:
entre cañones me muevo.
¿Dónde comienzas, Madrid,
o es, Madrid, que eres mi cuerpo?

(Destino fiel.)

El poeta, con su padre, a la vuelta de su estancia en Suiza.

CUANDO ERA PRIMAVERA EN ESPAÑA

Cuando era primavera en España:
frente al mar los espejos
rompían sus barandillas
y el jazmín agrandaba
su diminuta estrella
hasta cumplir el límite
de su aroma en la noche...
¡Cuando era primavera!

Cuando era primavera en España:
junto a la orilla de los ríos
las grandes mariposas de la luna
fecundaban los cuerpos desnudos
de las muchachas,
y los nardos crecían silenciosos
dentro del corazón
hasta taparnos la garganta...
¡Cuando era primavera!

Cuando era primavera en España:
todas las playas convergían en un anillo
y el mar soñaba entonces,
como el ojo de un pez sobre la arena,
frente a un cielo más limpio
que la paz de una nave, sin viento, en su pupila.
¡Cuando era primavera!

GENERACION DEL 27

Cuando era primavera en España:
los olivos temblaban
adormecidos bajo la sangre azul del día,
mientras que el sol rodaba
desde la piel tan limpia de los toros
al terrón en barbecho
recién movido por la lengua caliente de la azada...
¡Cuando era primavera!

Cuando era primavera en España:
los cerezos en flor
se clavaban de un golpe contra el sueño
y los labios crecían,
como la espuma en celo de una aurora,
hasta dejarnos nuestro cuerpo a su espalda,
igual que el agua humilde
de un arroyo que empieza...
¡Cuando era primavera!

Cuando era primavera en España:
todos los hombres desnudaban su muerte
y se tendían juntos sobre la tierra
hasta olvidarse el tiempo
y el corazón tan débil por el que ardían...
¡Cuando era primavera!

Cuando era primavera en España:
yo buscaba en el cielo,
yo buscaba
las huellas tan antiguas
de mis primeras lágrimas,
y todas las estrellas levantaban mi cuerpo
siempre tendido en una misma arena,
al igual que el perfume tan lento,
nocturno, de las magnolias...
¡Cuando era primavera!

Pero, ¡ay!, tan sólo
cuando era primavera en España...
¡Solamente en España
antes, cuando era primavera!

(Penumbras, I.)

DORMIDO EN LA YERBA

Todos vienen a darme consejo.
Yo estoy dormido junto a un pozo.

Todos se acercan y me dicen:
—La vida se te va,
y tú te tiendes en la yerba,
bajo la luz más tenue del crepúsculo,
atento solamente
a mirar cómo nace
el temblor del lucero

o el pequeño rumor
del agua, entre los árboles.

Y tú te tiendes sobre la yerba:
cuando ya tus cabellos
comienzan a sentir,
más cerca y fríos que nunca,
la caricia y el beso
de la mano constante
y el sueño de la luna.

EMILIO PRADOS

Y tú te tiendes sobre la yerba:
cuando apenas si puedes
sentir en tu costado
el húmedo calor
del grano que germina
y el amargo crujir
de la rosa ya muerta.

Y tú te tiendes sobre la yerba:
cuando apenas si el viento
contiene su rigor,
al mirar en ruina
los muros de tu espalda,
y el sol ni se detiene
a levantar tu sangre del silencio.

Todos se acercan y me dicen:
—La vida se te va.
Tú vienes de la orilla
donde crece el romero y la alhucema
entre la nieve y el jazmín, eternos,
y es un mar todo espumas
lo que aquí te ha traído
porque nos hables...
Y tú te duermes sobre la yerba.

Todos se acercan para decirme:
—Tú duermes en la tierra
y tu corazón sangra
y sangra, gota a gota,
ya sin dolor, encima de tu sueño,
como en lo más oculto
del jardín, en la noche,
ya sin olor, se muere la violeta.

Todos vienen a darme consejo.
Yo estoy dormido junto a un pozo.

Sólo si algún amigo
se acerca y, sin pregunta,
me da su abrazo entre las sombras:
lo llevo hasta asomarnos
al borde, juntos, del abismo,
y en sus profundas aguas
ver llorar a la luna y su reflejo,
que más tarde ha de hundirse
como piedra de oro
bajo el otoño frío de la muerte.

(Jardín cerrado.)

La Residencia de Estudiantes de Madrid, en la que vivieron E. Prados y otros poetas del 27. Arriba: de izquierda a derecha, Daniels, Juanito Centeno, García Lorca, E. Prados y Juan Vicens, en la citada Residencia, hacia 1919.

Tú te confundes, sales, te unes —dentro o fuera de ti—
con el que pasa; contigo mismo, con los que marchan a tu lado.

Y peregrinas, sin saber a dónde, hacia tu fe.
A veces, estás en su pupila. Dentro de ella, con todos —alrededor el
[iris—: no ves nada.

Tú sigues. ¿A qué retina? ¿A qué pantalla? ¿Hasta qué muro que
[dibuje tu sombra?
No lo sabes. No lo vas a saber. Pero caminas. Creces.

Como si te llamaran con urgencia, te inquietas,
te golpeas el miedo, te reduces mínimo en tu interior...

Y te agrandas afuera. Quieres llegar: —«¿Adónde?» «¿Adónde?»—
Y más y más pierdes el filo conocido.

Un día te levantas en calma. ¡Ya tienes paz!
Te has dado. Has acudido sin ti, contigo en medio —en todo—, a lo
[que te empujaba y es tu cita.

¡Cumples! ¿Descansas?... Vuelves a salir luego.
Los caminos que cruzas, que te llevan, que ascienden angulares y
[unidos, llenos están de ti, sin ti, con todos; con los que vas, con
[los que sigues... con lo que seguirás atraído a una
[cita sin tiempo y sin lugar que nunca acabas.

(8 abril 62.)

(Cita sin límites. Parte IV.)

GENERACION DEL 27

MANUEL ALTOLAGUIRRE

Manuel Altolaguirre, el más joven de los poetas del 27, nació en Málaga en 1905. Aunque estudió Derecho, fue, sobre todo, tipógrafo y editor. Fundó en 1923, en colaboración con otros dos poetas, José María Souvirón y José María Hinojosa, la revista poética *Ambos*. Después, en 1926, dirigió, con Emilio Prados, *Litoral*, y, más tarde, *Poesía* (1930) y *Héroe* (1931). En diversas colecciones de poesía («Litoral», «La Tentativa Poética», «Héroe», «Suplementos de 1916», «El Ciervo Herido» y «Aires de mi España») dará a conocer gran parte de la obra de sus compañeros de generación. En 1932 se casa con la poetisa Concha Méndez, de la que se separará después de la guerra, y publica una *Antología de la Poesía Romántica Española*. Entre 1933 y 1935 vive en Londres, en donde funda la revista hispano-inglesa *1.616*. En 1935 regresa a España y edita otra revista, *Caballo verde para la poesía*, dirigida por Pablo Neruda. Durante la guerra apoyó a la República. En 1939 abandona España. Vive primero en Cuba y después en Méjico. En esta última ciudad se dedicó a actividades cinematográficas (fue el guionista de una película de Buñuel, *Subida al cielo*). En 1959, durante una estancia en España para presentar una de sus producciones en el Festival Internacional de Cine de San Sebastián, muere en Burgos, en un accidente de carretera.

Hombre bondadoso, de simpatía desbordante y de probada generosidad («¡Y sus versos! ¡Cuánto le debemos a Manolo, cuántos habrá dejado de escribir él, por imprimir los nuestros!», reconocerá Pedro Salinas), mostró un limitado interés por las modas literarias (las vanguardias y el gongorismo) de su época. Esto no le impidió servirse alguna vez de imágenes claramente surrealistas y de escribir en 1927 un poema culterano de más de doscientos versos, «Poema del Agua», en honor de Góngora. Sin embargo, él mismo confesará su devoción por otros escritores clásicos (Garcilaso de la Vega y San Juan de la Cruz), y por la poesía de Juan Ramón Jiménez y de Pedro Salinas. Ajeno también a las tendencias deshumanizadoras del arte del momento, hay en Altolaguirre una marcada propensión hacia el romanticismo, que se revela en el análisis y en la expresión de su mundo interior, en su concepción de la poesía como «fuente de conocimiento» y en su deseo de superar los límites que impone la realidad y de elevarse, como los románticos y también como los místicos, hacia metas ultraterrenas. «La poesía, ya sea exterior o profunda, es mi principal fuente de conocimiento —dirá—. Me enseña el mundo y en ella aprendo a conocerme a mí mismo».

Obra

Hasta 1936 publica **Las islas invitadas y otros poemas** (1926), **Ejemplo** (1927), **Poema del agua** (1927 y 1973), **Poesía** (1930-1931), **Soledades juntas** (1931), *La lenta libertad* (1936) y **Las islas invitadas** (1936).
Durante la guerra escribe una serie de poemas de carácter circunstancial que aparecieron en diversas revistas del momento (*El Mono Azul, Hora de España* y *Granada de las Letras y de las Armas*).

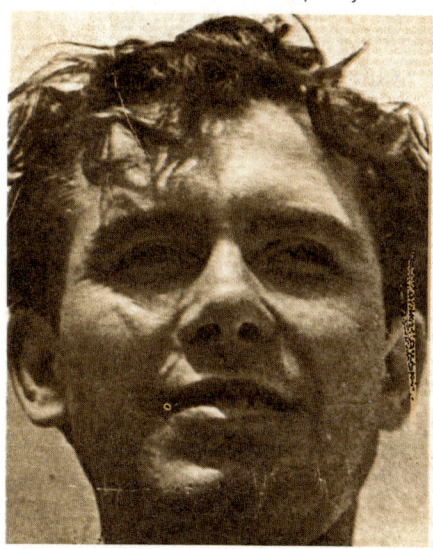

A la izquierda, Altolaguirre en Valencia, en 1937. A la derecha, la última foto que de él se conserva. Fue hecha en San Sebastián, en 1959, poco antes de su muerte.

MANUEL ALTOLAGUIRRE

A la etapa del exilio pertenecen **Nube temporal** (1939), en el que abundan las referencias a la guerra; *Poemas de las islas invitadas* (1944), *Nuevos poemas de las islas invitadas* (1946), **Fin de un amor** (1949), con huellas de la crisis sentimental que siguió a la ruptura con su mujer, y *Poemas en América* (1955). Con el título de **Ultimos poemas** se recogieron en la edición de sus *Obras completas* (1960) los poemas que dejó inéditos a su muerte.

Hay que señalar que en todos estos libros los cambios temáticos y formales son escasos. Si descontamos las poesías escritas durante la guerra y el desarrollo, a partir de 1940, de un sentimiento religioso, poco frecuente en los años precedentes, los temas más repetidos en toda su obra son los de la intimidad amorosa, la soledad, el paso del tiempo, la preocupación, con tonos a veces vagamente existenciales, por la muerte (palabras como «soledad», «muerte», «noche», «sombra» y «sueño» se repiten con frecuencia en su obra), la relación con la naturaleza y un acentuado deseo de comunicación cordial con el mundo.

En toda esta poesía, de sencillez formal notable, domina el estilo nominal, con frecuentes elipsis verbales, y son abundantes las enumeraciones, los paralelismos, las anáforas, y un ritmo y una musicalidad muy marcados. Desde un punto de vista métrico, muestra una notable predilección por las estrofas breves, con versos cortos, generalmente octosílabos (en fecha tardía dará entrada a formas clásicas, como, por ejemplo, el soneto). Para Luis Cernuda, Altolaguirre «era un poeta de íntima espiritualidad, cosa que se ha ido haciendo rara en la actual poesía española; humanísimo, dotado de otro don poético también raro en aquélla: el de la melodía de su verso, el de alzar su palabra en el aire por virtud de la música con que la anima, que es una de las pruebas de que nos hallamos ante un poeta indudable».

Altolaguirre es autor de unas Memorias, *El caballo griego*, y de una serie de escritos en prosa a los que él llamó *Poemas en prosa*. También tradujo a diversos escritores (Víctor Hugo, Shelley, Milton, etc.) y publicó varias obras de teatro: *Sarai* (1930), *Tiempo a vista de pájaro* (1937), *El triunfo de las Germanías* (1937), en colaboración con J. Bergamín; *Ni un solo muerto* (1938), *El árbol caído o el espacio interior* (1952) y *Las maravillas* (1958).

Ediciones

Poesías completas, ed. de Margarita Smerdou y Milagros Arizmendi, Madrid, Cátedra, 1982. *Obras completas*, ed. de James Valender, Madrid, Istmo, 1986.

POETICA

La poesía, ya sea exterior o profunda, es mi principal fuente de conocimiento. Me enseña el mundo, y en ella aprendo a conocerme a mí mismo. Por eso el poeta no tiene nunca nada nuevo que decir. La poesía es reveladora de lo que ya sabemos y olvidamos. Sirve para rescatar el tiempo perdido, para levantar el ánimo, para tener alma completa, y no fugaces momentos de vida. En ella ensayamos la muerte, más que con el sueño. Ella nos libera de lo circunstancial, de lo transitorio. Ella nos hace unánimes, comunicativos. El verdadero poeta nunca es voluntario sino fatal. (No existen los poetas malditos). La poesía salva no solamente al que la expresa, sino a todos cuantos la leen y recrean. Tiene más espíritu el buen lector que el buen escritor, porque el primero abarca mayores horizontes. Aún no he llegado a ser un buen lector de mi poesía. Aún no he logrado sentir todo lo que espero haber dicho.

(Poesías completas,
México, 1960, páginas 11-12.)

SU MUERTE

¡Qué golpe aquel de aldaba
sobre el ébano frío de la noche!
Se desclavaron las estrellas frágiles.

Todos los prisioneros percibimos
el descoserse de la cerradura.
¿Por quién? ¿Adónde?

El sol su página plisada
entró por la rendija oblicuamente,
iluminando el polvo.

Descorrió su cortina el elegido,
y penetró en los ámbitos sonoros
del Triángulo y la espuma.

Nos dejó la burbuja de su ausencia
y la conversación de sus elogios.

GENERACION DEL 27

PLAYA

A Federico García Lorca

Las barcas de dos en dos,
como sandalias del viento
puestas a secar al sol.

Yo y mi sombra, ángulo recto.
Yo y mi sombra, libro abierto.

Sobre la arena tendido
como despojo del mar
se encuentra un niño dormido.

Yo y mi sombra, ángulo recto.
Yo y mi sombra, libro abierto.

Y más allá, pescadores
tirando de las maromas
amarillas y salobres.

Yo y mi sombra, ángulo recto.
Yo y mi sombra, libro abierto.

(Las islas invitadas y otros poemas.)

DOMINIO

A José Moreno Villa

Desnudo campo terso
en el que se expansiona
elástica y segura
la voluntad del hombre.
Tensión firme del músculo
sometido al mandato
prudente del instinto.
Apartarse, esquivando,
con esbeltez, desdichas.
¡Que se golpee el toro
su testuz de piel áspera
contra las enguatadas
paredes del crepúsculo!
Vencer, poder saltar
sin vértigo barrancos;
arrebatar distancias
con el pecho por proa.
Firmeza en soledad.
Juventud y dominio.

(Ejemplo.)

SOLEDAD SIN OLVIDO

¡Qué pena ésta de hoy!
Haberlo dicho todo,
volcando por completo
lo que pesaba tanto,
y ver luego que todo
se queda siempre dentro,
que las palabras fueron
espejos engañosos,
cristales habitados
por fantasmas sin vida;
que todo queda dentro
con sus negras presencias,
insistentes, doliendo.

EL EGOISTA

Era dueño de sí, dueño de nada.
Como no era de Dios ni de los hombres,
nunca jinete fue de la blancura,
ni nadador, ni águila.
Su tierra estéril nunca los frondosos
verdores consintió de una alegría,
ni los negros plumajes angustiosos.
Era dueño de sí, dueño de nada.

En primer término, Luis Cernuda y José Moreno Villa. Detrás, de pie, y de izquierda a derecha, Eduardo Ugarte, Emilio Prados y Manuel Altolaguirre.

MANUEL ALTOLAGUIRRE

VETE

Mi sueño no tiene sitio
para que vivas. No hay sitio.
Todo es sueño. Te hundirías.
Vete a vivir a otra parte,
tú que estás viva. Si fueran
como hierro o como piedra

mis pensamientos, te quedarías.
Pero son fuego y son nubes,
lo que era el mundo al principio
cuando nadie en él vivía.
No puedes vivir. No hay sitio.
Mis sueños te quemarían.

ERA MI DOLOR TAN ALTO

Era mi dolor tan alto,
que la puerta de la casa
de donde salí llorando
me llegaba a la cintura.

¡Qué pequeños resultaban
los hombres que iban conmigo!
Crecí como una alta llama
de tela blanca y cabellos.

Si derribaran mi frente
los toros bravos saldrían,
luto en desorden, dementes,
contra los cuerpos humanos.

Era mi dolor tan alto,
que miraba al otro mundo
por encima del ocaso.

(Poesía: 1930-31.)

BESO

¡Qué sola estabas por dentro!

Cuando me asomé a tus labios
un rojo túnel de sangre,
oscuro y triste, se hundía
hasta el final de tu alma.

Cuando penetró mi beso,
su calor y su luz daban

temblores y sobresaltos
a tu carne sorprendida.

Desde entonces los caminos
que conducen a tu alma
no quieres que estén desiertos.

¡Cuántas flechas, peces, pájaros,
cuántas caricias y besos!

LAS CARICIAS

¡Qué música del tacto
las caricias contigo!
¡Qué acordes tan profundos!
¡Qué escalas de ternuras,
de durezas, de goces!
Nuestro amor silencioso

y oscuro nos eleva
a las eternas noches
que separan altísimas
los astros más distantes.
¡Qué música del tacto
las caricias contigo!

VIDA EXTERIOR

Arrastraría mi alma
sin reconcentraciones,
como un manto invisible
sobre la gran llanura
del mundo descubierto,
reviviendo las cosas
lejanas con externas
memorias extendidas.
Dentro de mí un silencio
insípido, sin roces.

Afuera todo el gusto,
perfumado de un tacto
armonioso a mi vista,
una sensualidad
abierta, derramada,
un florecer de ideas
al compás de los árboles.

(Soledades juntas.)

GENERACION DEL 27

NUNCA MAS

Las ausencias,
los grandes huecos,
el enorme vacío dibujado
por los recuerdos insistentes,
todo está aquí
como cenizas de un gran fuego.
Y dudo de mi vida,
temo ser un rescoldo
entre tantas miserias
que ni siquiera existen.
Mi soledad,
en esta luz de espanto,
es un nuevo fantasma
sin materia;
es un simple contorno
sin un mínimo alambre
o esqueleto.

Todo es gris.
Nada existe.
Las míseras ruinas
de una triste memoria
que se pierde,
están ante mi vida sin futuro.
El presente un olvido
y lo anterior un vano
insistir sin consuelo.
Dice una voz remota
que borra el panorama
con su niebla:
«Nunca más. Nunca más»

(*Las islas invitadas.*)

Retrato que le hizo Moreno Villa en México, en 1949.

CUANDO TE SUEÑO

Mi forma inerte, grande como un mundo,
no tiene noche alrededor, ni día;
pero tiniebla y claridad por dentro
hacen que yo, que tú, vivamos.
Mares y cielos de mi sangre tuya
navegamos los dos. No me despiertes.
No te despiertes, no. Sueña la vida.
Yo también pienso en mí cuando te sueño
y robo al tiempo todas mis edades
para poblar las íntimas moradas
donde estaremos juntos siempre, siempre.

(*Nube temporal.*)

MIS PRISIONES

Sentirse solo en medio de la vida
casi es reinar, pero sentirse solo
en medio del olvido, en el oscuro
campo de un corazón, es estar preso,
sin que siquiera una avecilla trine
para darme noticias de la aurora.

Y el estar preso en varios corazones,
sin alcanzar conciencia de cuál sea
la verdadera cárcel de mi alma,
ser el centro de opuestas voluntades,
si no es morir, es envidiar la muerte.

(*Fin de un amor.*)

ETERNIDAD

Este jardín donde estoy
siempre estuvo en mí. No existo.
Tanta vida, tal conciencia,

borran mi ser en el tiempo.
Conocer la obra de Dios
es estar con El.

MANUEL ALTOLAGUIRRE

CONTIGO

No estás tan sola sin mí.
Mi soledad te acompaña.
Yo desterrado, tú ausente.
¿Quién de los dos tiene patria?

Nos une el cielo y el mar.
El pensamiento y las lágrimas.
Islas y nubes de olvido
a ti y a mí nos separan.

¿Mi luz aleja tu noche?
¿Tu noche apaga mis ansias?

¿Tu voz penetra en mi muerte?
¿Mi muerte se fue y te alcanza?

En mis labios los recuerdos.
En tus ojos la esperanza.
No estoy tan solo sin ti.
Tu soledad me acompaña.

(Ultimos poemas.)

JOSE MARIA HINOJOSA

Nació en Campillos (Málaga) en 1904. Estudió la carrera de Derecho en Granada y en Madrid. En 1923, en colaboración con Manuel Altolaguirre y José María Souvirón, funda en Málaga la revista *Ambos*. Vive en París desde julio de 1925 hasta abril de 1926 y recibe una decisiva influencia del surrealismo francés. Regresa a España y mantiene estrechas relaciones con los poetas del 27. En 1928 viaja a Rusia con José Bergamín. Deja de publicar en 1931 y se dedica a la política, desde posturas conservadoras. Fue asesinado en Málaga a comienzos de la guerra civil por las milicias revolucionarias.

Publicó los siguientes libros de poesía: *Poema del campo* (1925), **Poesía de perfil** (1926), *La rosa de los vientos* (1927), **Orillas de la luz** (1928) y **La sangre en libertad** (1931). Es autor también de un libro en prosa, de corte surrealista: **La flor de California** (1928).

Ediciones

Obras completas, Málaga, 1974. *Poesías completas*, Litoral de Málaga, I, números 133-135, y II, números 136-138. *La flor de California*, ed. de Julio Neira, Santander, La isla de los ratones, 1979.

SUEÑOS

Embadúrnate el cuerpo,
de oscuridad
y de silencio,
y podrás levantar
la copa de los sueños.

Pasaron superpuestas
ráfagas de recuerdos,
y los nuevos clisés

sólo quedan impresos,
mientras hay luz de menta
dentro del pensamiento.

Una astilla de luz,
agujerea
los tulipanes negros.

(Poesía de perfil.)

GENERACION DEL 27

HACIA LA LIBERTAD

El ritmo de los mares inunda mis oídos
anidando en mis manos las aves pasajeras,
en mis manos verdosas hechas ramas de olivo
con su nombre y el mío grabado en la corteza.

Un vendaval desgaja las ramas de mi cuerpo
y vienen las mujeres con una piel morada
a quitar la corteza que recubre mis miembros
dejándome la carne bajo el aire y el agua.

Entre los troncos negros de un bosque interminable
está mi cuerpo libre y libre está mi alma
corriendo por mis huesos torrentes de verdades
mientras riego con sangre mis primeras palabras.

PRISION SIN LIMITES

Vuela mi corazón
unido con los pájaros
y deja entre los árboles
un invisible rastro
de alegría y de sangre.

Las gotas de rocío
se helaron en las manos
abiertas y floridas
de los enamorados
perdidos en la brisa.

Vuela mi corazón,
mi corazón atado
con cadenas de estrellas
a la sombra de un árbol
atado con cadenas
y con cantos de pájaros.

(*Orillas de la luz.*)

TEXTOS ONIRICOS

III

Atormentado por las luces desconfié desde entonces de su buena intención y rehuía su encuentro cuando desbocado buscaba los acuarios escondidos en los pliegues de la madrugada. No pude dar alcance a mi buena intención y rodeado mi cuerpo de aristas que engranaban en las esquinas fui recorriendo la ciudad con una marcha a la deriva mientras se desperezaban los árboles despertados por un grito que brotaba en espiral del cielo y venía a clavarse en el sexo de la Tierra dejándola embarazada de ecos. El aire áspero que refrescaba mis pupilas pedía con insistencia la transfiguración de la carne. La niebla deshojaba las perspectivas con un rumor desorientado y mi cansancio llegó al límite al verme rodeado de ardillas que con sus ardides me impedían asomarme a los balcones de la calle empinada con dirección al Vaticano. El Papa me recibió en pijama y santificó todas las fiestas algo extrañado de ver mi piel rosada. ¿Qué de particular tenía mi piel rosada? ¿Es que la araña se descuelga del cielo y pica en cualquier parte? Perdido en este bosque de ángulos rectos tropecé con la bisectriz olvidada que me condujo entre voces amigas a la cumbre del Mont-Blanc desde donde volaron mis cabezas en varias direcciones disfrazadas de buenas palabras para convencer a los murciélagos de la conveniencia de que hablasen el esperanto o cualquier otra lengua parecida. La ciudad disparó sus calles en el vacío en apoteosis final mientras dos verdaderos enamorados se cobijaban bajo la parra mos-

JOSE MARIA HINOJOSA

catel unidos por un beso condensado en éxtasis. Los enamorados transcribían exactamente las palpitaciones lunares y siempre que comenzaban a contar no pasaban del uno. Aquella mañana de bramidos encandiló mis oídos que se rindieron a la menor indicación del silencio a la muerte.

(La flor de California.)

José María Hinojosa visto por José Moreno Villa. «Herido siempre, / desangrado a veces / y ocultando mi sangre sin riberas / llevo mis pasos presos entre nieblas / y mis miradas van sobre cipreses. / Aún conservo en las uñas esta sangre / que me dejó la carne de un momento / empapado de lágrimas y miedo / cuando vino a perderse entre mi carne. / Era sólo mi sangre quien llamaba / en medio de aquel valle, de aquel bosque, / y era sólo mi sangre, eran mis voces / las que oían la lluvia sobre el agua.» (Orillas de la luz.)

¿QUE ES LA LIBERTAD?

Era de pino el mástil que atravesó los mares
llevando libertades izadas en banderas
y ahora la libertad se encuentra entre pinares
sujeta con cadenas de manos a la tierra.

La libertad ha muerto si para convenceros
apoyáis los oídos sobre este inmenso muro
que llevamos consigo en torno a nuestros cuerpos
quedarán revestidas vuestras carnes de luto.

Mientras la libertad se oculta entre las plumas
vuelan las gaviotas sobre el mar y la nieve
trazando en el espacio una estela de espuma
que deja encandilados los ojos de los peces.

VINIERON AVES HERIDAS

Un ave herida se aquietó en mi frente
viendo huir tus miradas
dispersas por los aires mudos
de membranas mohosas y preguntas inútiles.

Tu aliento recortaba sobre nubes
el corazón sangriento
que en otro tiempo se ocultó en mi carne
y tu aliento bañaba de rocío
las dos manos abiertas enredadas en humo
que quieren alcanzar, sin conseguirlo
con sus dedos de cieno
el ave herida aquietada en mi frente.

Si a tus ojos no vienen a bañarse
panteras en acecho
si nos muestran en ellos hostias blancas
hojas de carne perderán los árboles
porque a mi frente
presas dentro del cráneo
han venido a posarse aves heridas.

(La sangre en libertad.)

GENERACION DEL 27

DAMASO ALONSO

Nació en Madrid en 1898. Se licenció en Derecho y se doctoró en Filosofía y Letras. En 1916 descubre, maravillado, la poesía de Rubén Darío. En 1927 publica una edición comentada de las *Soledades* de Góngora, lo que supuso una contribución decisiva al Centenario de este poeta. En 1929 se casa con la escritora Eulalia Galvarriato. Pasa la guerra civil en Valencia y Madrid. En 1945 es elegido para la Real Academia Española, de la que será nombrado director en 1968 (dimitirá de este cargo en 1982). Ha enseñado en diversas universidades extranjeras y en las españolas de Valencia (1933-1939) y Madrid (1939-1968). Ha obtenido el Premio Cervantes de Literatura.

Obra poética

Su obra sigue una trayectoria muy particular. Aunque fue compañero de los escritores del 27, apenas escribió poesía en los años de auge de esa generación. «Las doctrinas estéticas de hacia 1927, que para otros fueron estimables —confesará—, a mí me resultaron heladoras de todo impulso creativo. Para expresarme en libertad, necesité la terrible sacudida de la guerra española».

Su primer libro, **Poemas puros, poemillas de la ciudad** (1921) se caracteriza por la sencillez expresiva. En él son notables las influencias modernistas, las de Juan Ramón Jiménez y Antonio Machado y las de la poesía tradicional. Sin embargo, en algunos poemas, las tonalidades sentimentales dejan paso a las irónicas y festivas. También aparecen otras veces recursos tipográficos característicos del ultraísmo. En 1925, con el título de *El viento y el verso,* dará a conocer en la revista *Sí,* que dirigía Juan Ramón Jiménez, una serie de poemas.

Después de veinte años de silencio, publica, en 1944, dos nuevos libros: **Oscura noticia** e **Hijos de la ira** (en la edición de 1946 añadió a este último otros poemas). En esta segunda etapa, el mundo, para Dámaso Alonso, no está bien hecho. Lejos de la alegría serena y del cántico de júbilo de Jorge Guillén, su corazón siente la llamada del dolor, de la angustia, del desamparo. Su poesía se tiñe ahora de emoción, de ternura, de tristeza, y también de furia y de ira. En su Antología *Poemas escogidos* (1969), achacará a diversos acontecimientos históricos el cambio de actitud: «Habíamos pasado por dos hechos de colectiva vesania, que habían quemado muchos años de nuestra vida: uno español (la guerra civil) y otro universal (la Segunda Guerra Mundial), y por las consecuencias de ambos. Yo escribí entonces **Hijos de la ira,** lleno de asco ante la «estéril injusticia del mundo y la total desilusión de ser hombre».

En *Oscura noticia,* aunque en la primera parte pueda encontrarse algún entronque con *Poemas puros* (los poemas del libro fueron escritos entre 1919 y 1944), ya da rienda suelta a sus angustias existenciales y muestra su atención al mundo circundante. Predomina en esta obra, antes que el tono narrativo o descriptivo, la expresión apasionada, plagada de interrogaciones. Sin embargo, la métrica (es frecuente el soneto) y muchos símbolos y motivos tienen una clara ascendencia barroca.

La más desnuda confesión de su angustia, de su desamparo, está en *Hijos de la ira* (con la excepción de los poemas «Los insectos» y «Cosa», los demás se escribieron después de 1940) y en **Hombre y Dios** (1955). El primero, de gran influencia en la poesía española de posguerra, era en 1944 un libro de protesta, cuando nadie por entonces protestaba. Este libro, que puede considerarse, lo mismo que la obra de Unamuno, una autobiografía espiritual, es un diálogo del yo con las circunstancias. Desde la inicial constatación de los horrores del mundo y de la muerte, pasa a la constatación de su propia abyección, y de ahí, después de la aceptación de la «monstruosa circunstancia», a una visión del mundo más esperanzada. En los poemas alternan los problemas eternos del hombre con los del particular momento histórico en que vive el autor. Dámaso, sin descanso, lanza su queja contra la crueldad, el odio, las injusticias, y expresa su solidaridad con el hombre y sus miserias. Al mismo tiempo, en su permanente búsqueda de un sentido a la vida, interroga, a sí mismo y a Dios, sobre el porqué del dolor, la angustia, la crueldad, la miseria, la soledad, el desamparo del hombre y el porqué de tanto horror lanzado contra la humanidad. Para Juan Chabás, *Hijos de la ira* «es uno de los más angustiosos y tétricos libros de la poesía española».

Escrito en versículos, y con un lenguaje desgarrado, cotidiano, a veces irónico, este libro rompía violentamente con el formalismo de la poesía española de posguerra. Dámaso demostraba la posibilidad de emplear poéticamente un lenguaje coloquial o próximo al coloquialismo, al mismo tiempo que, de forma indirecta, protestaba contra la vacía retórica del soneto, que inundaba buena parte de las revistas poéticas de entonces. Abría así una ventana hacia una corriente antiformalista que encontraba su cauce en el verso libre y que pronto iba a influir en no pocos poetas del momento.

Hombre y Dios (1955), en el que la expresión se hace más directa y el verso busca esquemas más regulares, constituye un nuevo diálogo con Dios sobre temas candentes: el dolor, la muerte, la injusticia. Para Dámaso, el libro puede considerarse como una prolongación creciente de la «Dedicatoria final» de *Hijos de la ira:* «Ay, hijo de la ira / era mi canto. / Pero ya estoy mejor. / Tenía que cantar para sanarme». El libro, en el que son evidentes los ecos de Unamuno, es una inquisición, que no conduce a respuestas concretas, acerca del papel del hombre en el universo y de su compleja relación con Dios (y, desde luego, de la de Dios con él).

A partir de estos libros, se atenúa lo emotivo y cobra mayor relieve lo conceptual. **Gozos de la vista,** publicado en 1981, aunque con poemas escritos desde mucho antes (la mayor parte de ellos fueron publicados en revistas), combina la carga emotiva de *Hijos de la ira* con la conceptual de *Hombre y Dios.* La primera parte del libro constituye una afirmación de la dignidad del hombre y un análisis de su fragilidad, siempre en su relación con la realidad inmediata. En la segunda, se nos presenta al hombre en su lucha por superar y trascender unas limitaciones de las que es consciente.

Dámaso Alonso es autor también de **Tres sonetos a la lengua castellana** (1958) y de **Canciones a pito solo** (1981), libro del que ya había incluido algunas muestras en *Poemas escogidos* (1969). Estas *Canciones* entroncan con la línea amarga y de protesta del resto de su poesía, aunque no falta en ellas una veta humorística, poco habitual en su obra. Para Dámaso, «hay poemas con humor bien abierto; y otros de humor bastante cerrado: es que entonces el humor termina como indignación y amargura».

Su último libro, **Duda y amor sobre el Ser Supremo** (1985) es un extenso poema de casi mil versos. Dámaso canta a la memoria de Aleixandre y de Guillén, muertos en 1984, lo mismo que a la de otros seres amados (familiares, amigos, escritores de otras épocas, ya desaparecidos). El libro refleja también, una vez más, la angustia del hombre que no logra franquear las puertas del misterio que le ofrece el mundo y el más allá. En el único poema que no forma parte integral de la obra, "¿Existes? ¿No existes?", y que recogemos aquí, vuelve a una de sus obsesiones: la duda, pero el deseo de que sea cierto Dios, de que exista. El propio Dámaso confiesa a propósito de este poema: «Es lo que siento. No le conozco y le deseo. Es, quizá, lo que me vale más a mí de todo».

Dámaso Alonso es autor de importantes estudios sobre literatura. Según confesará, esos trabajos, «llevándome por muchas sendas espirituales, me servían para encubrirme mi vital aflicción, me valían para distraerme haciéndome trabajar mucho».

Ediciones

Oscura noticia. Hombre y Dios, Madrid, Espasa-Calpe (colección Austral), 1959. *Hijos de la ira,* Madrid, Castalia, 1986. *Gozos de la vista,* Madrid, Espasa-Calpe (colección Austral), 1981. *Vida y obra. Poemas puros, poemillas de la ciudad. Hombre y Dios,* Madrid, Caballo griego para la poesía, 1984. *Antología de nuestro monstruoso mundo. Duda y amor sobre el Ser Supremo,* Madrid, Cátedra, 1985. *Poemas escogidos,* selección y comentarios del propio autor, Madrid, Gredos, 1969. *Obras completas,* 9 volúmenes, Madrid, Gredos (se recoge en ellos su producción ensayística).

Dámaso Alonso en 1905, hacia 1944, en la época en que aparecieron Oscura noticia *e* Hijos de la ira, *y en 1985, año en que se publicó* Duda y amor sobre el Ser Supremo, *respectivamente.*

GENERACION DEL 27

En mi vida, cada vez más, ha habido un sufrimiento que ha ido intensificándose. Es curioso que mi vida haya recibido benevolencias, premios, posturas extradignas y fértiles; y que, sin embargo, en la suma interioridad de mi espíritu haya habido una constante angustia, vertida sobre mi propio yo, y atribuida a nacimiento desde mi propio yo. Y esa angustia también se dilata al mirar sobre lo exterior. Porque luego pienso que en el mundo habrá otros espíritus que se prensen y se atormenten como mi mente sombría. Además, luego pienso que hay y ha habido siempre actos externos que nos habrán aumentado la pesadumbre y la negra tristeza a mí y a muchos seres humanos: existe una terrible injusticia nacional e internacional; recuerdo la guerra española, con muertos, amigos y parientes, a un lado y otro; después, la guerra mundial. Y cada día el periódico leído es un espanto [...]

Mi terror vital y mi duda son enormes. Es incomprensible que estas dos cosas puedan ser iguales y grandes, las dos.

(*Duda y amor sobre el Ser Supremo*, Madrid, Cátedra, 1985, págs. 26-27.)

ROMANZA SENTIMENTAL

Romperemos, extáticos, la Luna
en el cristal del agua.

Romperemos, extáticos, la Luna
blanca,

diciendo: «¡Vete ya, que te cantaron
bastante!... ¡Anda!»

Romperemos, extáticos, la Luna
en el cristal del agua,

y ella,
  —la pobre—
                    seguirá besándonos,
redondita, burguesa y empolvada.

(*Poemas puros,
poemillas de la ciudad.*)

CIENCIA DE AMOR

   No sé. Sólo me llega, en el venero
de tus ojos, la lóbrega noticia
de Dios; sólo en tus labios, la caricia
de un mundo en mies, de un celestial granero.

   ¿Eres limpio cristal, o ventisquero
destructor? No, no sé... De esta delicia,
yo sólo sé su cósmica avaricia,
el sideral latir con que te quiero.

   Yo no sé si eres muerte o si eres vida,
si toco rosa en ti, si toco estrella,
si llamo a Dios o a ti cuando te llamo.

   Junco en el agua o sorda piedra herida,
sólo sé que la tarde es ancha y bella,
sólo sé que soy hombre y que te amo.

A LOS QUE VAN A NACER

   ¡Cuán cerca todavía
de las manos de Dios! ¿Sentís su aliento
rugir entre los cedros del Levante?

   ¿Hay en vuestras pupilas rabos de oro,
vedijitas [1], aún, incandescentes,
de la gran lumbrarada [2] creadora?

¿O fraguasteis, tal vez, en su sonrisa
—sonrisillas de Dios, niños dormidos—
y juega en vuestras salas,
niño eternal, gran inventor de juegos?
Oh, vosotros le veis, seres profundos,
y saltáis en el vientre de la madre.

    ¿Qué peces de colores
os surcan aguas del dorado sueño?
¿Qué divinos esquifes
—juguetes sin engaño—
cruzan el día albar [3] de vuestro cauce?
¿De qué extraña ladera
son esas pedrezuelas diminutas
que bullen al manar de vuestras aguas?
Oh fuentes silenciosas.
Oh soterradas fuentes

de los enormes ríos de la vida.
Seréis torrente en furia
que va a rodar al páramo. Seréis
indagación y grito sin respuesta.
Ay, guardad esa luz estremecida.
Ay, refrenad el agua,
volved al centro exacto.
Ay de vosotros.

    ... Ay de esos cieguecitos
de leche no cuajada,
de tierna pulpa vegetal, dormida.
Ay, copos de manteca,
que hacia el mercado vais —de sus ordeños
modelados por Dios, aún en su música,
con las gotas aún de su rocío—
entre las verdes hojas de los úteros.

ORACION POR LA BELLEZA DE UNA MUCHACHA

    Tú le diste esa ardiente simetría
de los labios, con brasa de tu hondura,
y en dos enormes cauces de negrura,
simas de infinitud, luz de tu día;

    esos bultos de nieve, que bullía
al soliviar [4] del lino la tersura,
y, prodigios de exacta arquitectura,
dos columnas que cantan tu armonía.

    Ay, tú, Señor, le diste esa ladera
que en un álabe [5] dulce se derrama,
miel secreta en el humo entredorado.

    ¿A qué tu poderosa mano espera?
Mortal belleza eternidad reclama.
¡Dale la eternidad que le has negado!

(Oscura noticia.)

INSOMNIO

Madrid es una ciudad de más de un millón de cadáveres (según las
    [últimas estadísticas).
A veces en la noche yo me revuelvo y me incorporo en este nicho en
    [el que hace cuarenta y cinco años que me pudro,
y paso largas horas oyendo gemir al huracán, o ladrar los perros, o
    [fluir blandamente la luz de la luna.
Y paso largas horas gimiendo como el huracán, ladrando como un
    [perro enfurecido, fluyendo como la leche de la ubre caliente de una
    [gran vaca amarilla.
Y paso largas horas preguntándole a Dios, preguntándole por qué se
    [pudre lentamente mi alma,
por qué se pudren más de un millón de cadáveres en esta ciudad de
    [Madrid,
por qué mil millones de cadáveres se pudren lentamente en el mundo.
Dime, ¿qué huerto quieres abonar con nuestra podredumbre?
¿Temes que se te sequen los grandes rosales del día,
las tristes azucenas letales de tus noches?

1. Mechón.
2. Lumbre grande con llamas.
3. Blanco.
4. Ayudar a levantar una cosa empujándola por debajo.
5. Rama de árbol combada hacia la tierra.

GENERACION DEL 27

MUJER CON ALCUZA

A Leopoldo Panero

¿Adónde va esa mujer,
arrastrándose por la acera,
ahora que ya es casi de noche,
con la alcuza [6] en la mano?

Acercaos: no nos ve.
Yo no sé qué es más gris,
si el acero frío de sus ojos,
si el gris desvaído de ese chal
con el que se envuelve el cuello y la cabeza,
o si el paisaje desolado de su alma.

Va despacio, arrastrando los pies,
desgastando suela, desgastando losa,
pero llevada
por un terror
oscuro,
por una voluntad
de esquivar algo horrible.

Sí, estamos equivocados.
Esta mujer no avanza por la acera
de esta ciudad,
esta mujer va por un campo yerto,
entre zanjas abiertas, zanjas antiguas, zanjas recientes,
y tristes caballones [7],
de humana dimensión, de tierra removida,
de tierra
que ya no cabe en el hoyo de donde se sacó,
entre abismales pozos sombríos,
y turbias simas súbitas,
llenas de barro y agua fangosa y sudarios harapientos del color de la
[desesperanza.

Oh, sí, la conozco.
Esta mujer yo la conozco: ha venido en un tren,
en un tren muy largo;
ha viajado durante muchos días
y durante muchas noches:
unas veces nevaba y hacía mucho frío,
otras veces lucía el sol y remejía [8] el viento
arbustos juveniles
en los campos en donde incesantemente estallan extrañas flores
[encendidas.

Y ella ha viajado y ha viajado,
mareada por el ruido de la conversación,
por el traqueteo de las ruedas
y por el humo, por el olor a nicotina rancia.
¡Oh!:
noches y días,
días y noches,
noches y días,
días y noches,
y muchos, muchos días,
y muchas, muchas noches.

6. Vasija, generalmente de hojalata y de forma cónica.
7. Lomo entre surco y surco de la tierra arada.
8. *Remejer:* revolver.

DAMASO ALONSO

Dámaso Alonso con su mujer, la escritora Eulalia Galvarriato, en el despacho de su casa (1962). En la «Dedicatoria final» de Hijos de la ira declara: «Vuestros amores, mujer, madre. / Oh vosotras las dos mujeres de mi vida, / seguidme dando siempre vuestro amor / [...] para que tenga el valor que me falta para seguir viviendo, / para que no me detenga voluntariamente en mi camino, / para que cuando Dios quiera gane la inmortalidad a través de la muerte».

Pero el horrible tren se ha ido parando
en tantas estaciones diferentes,
que ella no sabe con exactitud ni cómo se llamaban,
ni los sitios,
ni las épocas.

Ella
recuerda sólo
que en todas hacía frío,
que en todas estaba oscuro,
y que al partir, al arrancar el tren
ha comprendido siempre
cuán bestial es el topetazo de la injusticia absoluta,
ha sentido siempre
una tristeza que era como un ciempiés monstruoso que le colgara de
[la mejilla,
como si con el arrancar del tren le arrancaran el alma,
como si con el arrancar del tren le arrancaran innumerables margari-
[tas, blancas cual su alegría infantil en la fiesta del pueblo,
como si le arrancaran los días azules, el gozo de amar a Dios y esa
[voluntad de minutos en sucesión que llamamos vivir.
Pero las lúgubres estaciones se alejaban,
y ella se asomaba frenética a las ventanillas,
gritando y retorciéndose,
sólo
para ver alejarse en la infinita llanura
eso, una solitaria estación,
un lugar
señalado en las tres dimensiones del gran espacio cósmico
por una cruz
bajo las estrellas.

Y por fin se ha dormido,
sí, se ha dormido en la sombra,
arrullada por un fondo de lejanas conversaciones,
por gritos ahogados y empañadas risas,
como de gentes que hablaran a través de mantas bien espesas,
sólo rasgadas de improviso
por lloros de niños que se despiertan mojados a la media noche,
o por cortantes chillidos de mozas a las que en los túneles les pellizcan
[las nalgas,
... aún mareada por el humo del tabaco.

Y ha viajado noches y días,
sí, muchos días,
y muchas noches.
Siempre parando en estaciones diferentes,
siempre con un ansia turbia de bajar ella también, de quedarse ella
[también,
ay,
para siempre partir de nuevo con el alma desgarrada,
para siempre dormitar de nuevo en trayectos inacabables.

... No ha sabido cómo.
Su sueño era cada vez más profundo,
iba cesando,
casi habían cesado por fin los ruidos a su alrededor:

sólo alguna vez una risa como un puñal que brilla un instante en las
[sombras,
algún chillido como un limón agrio que pone amarilla un momento la
[noche.
Y luego nada.
Sólo la velocidad,
sólo el traqueteo de maderas y hierro
del tren,
sólo el ruido del tren.

Y esta mujer se ha despertado en la noche,
y estaba sola,
y ha mirado a su alrededor,
y estaba sola,
y ha comenzado a correr por los pasillos del tren,
de un vagón a otro,
y estaba sola,
y ha buscado al revisor, a los mozos del tren,
a algún empleado,
a algún mendigo que viajara oculto bajo un asiento,
y estaba sola,
y ha gritado en la oscuridad,
y estaba sola,
y ha preguntado en la oscuridad,
y estaba sola,
y ha preguntado
quién conducía,
quién movía aquel horrible tren.
Y no le ha contestado nadie,
porque estaba sola,
porque estaba sola.
Y ha seguido días y días,
loca, frenética,
en el enorme tren vacío,
donde no va nadie,
que no conduce nadie.

... Y ésa es la terrible,
la estúpida fuerza sin pupilas,
que aún hace que esa mujer
avance y avance por la acera,
desgastando la suela de sus viejos zapatones,
desgastando las losas,
entre zanjas abiertas a un lado y otro,
entre caballones de tierra,
de dos metros de longitud,
con ese tamaño preciso
de nuestra ternura de cuerpos humanos.
Ah, por eso esa mujer avanza (en la mano, como el atributo de una
[semidiosa, su alcuza),
abriendo con amor el aire, abriéndolo con delicadeza exquisita,
como si caminara surcando un trigal en granazón,
sí, como si fuera surcando un mar de cruces, o un bosque de cruces,
[o una nebulosa de cruces,
de cercanas cruces,
de cruces lejanas.

Miguel Angel Velasco, después de una entrevista que le hizo en su domicilio en 1986, comentaba: «Esto no es una casa; es una biblioteca prodigiosa, caldeada, viva, en orden. Dueño y señor... el libro [...] En el gran salón central, que es como un patio claustral, con escalera y balaustrada, todo él

9. *Inficionar:* infectar, causar infección.
10. *Tablajero:* el que vende carne.

DAMASO ALONSO

Ella,
en este crepúsculo que cada vez se ensombrece más,
se inclina,
va curvada como un signo de interrogación,
con la espina dorsal arqueada
sobre el suelo.
¿Es que se asoma por el marco de su propio cuerpo de madera,
como si se asomara por la ventanilla
de un tren,
al ver alejarse la estación anónima
en que se debía haber quedado?
¿Es que le pesan, es que le cuelgan del cerebro
sus recuerdos de tierra en putrefacción,
y se le tensan tirantes cables invisibles
desde sus tumbas diseminadas?
¿O es que como esos almendros
que en el verano estuvieron cargados de demasiada fruta,
conserva aún en el invierno el tierno vicio,
guarda aún el dulce álabe
de la cargazón y de la compañía,
en sus tristes ramas desnudas, donde ya ni se posan los pájaros?

DE PROFUNDIS

Si vais por la carrera del arrabal, apartaos, no os inficione [9] mi
[pestilencia.
El dedo de mi Dios me ha señalado: odre de putrefacción quiso que
[fuera mi cuerpo,
y una ramera de solicitaciones mi alma,
no una ramera fastuosa de las que hacen languidecer de amor al
[príncipe,
sobre el cabezo del valle, en el palacete de verano,
sino una loba del arrabal, acoceada por los trajinantes,
que ya ha olvidado las palabras de amor,
y sólo puede pedir unas monedas de cobre en la cantonada.
Yo soy la piltrafa que el tablajero [10] arroja al perro del mendigo,
y el perro del mendigo arroja al muladar.
Pero desde la mina de las maldades, desde el pozo de la miseria,
mi corazón se ha levantado hasta mi Dios,
y le ha dicho: Oh Señor, tú que has hecho también la podredumbre,
mírame,
yo soy el orujo exprimido en el año de la mala cosecha,
yo soy el excremento del can sarnoso,
el zapato sin suela en el carnero del camposanto,
yo soy el montoncito de estiércol a medio hacer, que nadie compra,
y donde casi ni escarban las gallinas.
Pero te amo,
pero te amo frenéticamente.
¡Déjame, déjame fermentar en tu amor,
deja que me pudra hasta la entraña,
que se me aniquilen hasta las últimas briznas de mi ser,
para que un día sea mantillo de tus huertos.

(Hijos de la ira.)

forrado en sus paredes de millares de libros, predominan los diversos retratos de don Dámaso, una marina prodigiosa de luz y azul de barcas ("fue un regalo de Rafael" —y Rafael aquí es Alberti—) y un busto culterano y elegante de don Luis de Góngora y Argote, que en cualquier sitio es mucho ser, pero aquí más».

GENERACION DEL 27

SEGUNDA PALINODIA: LA SANGRE

> «... quaerebam aestuans unde sit malum.»
> (*Confesiones* VII, 7, 11.)

He viajado por la mitad del mundo.
Desde el avión miraba, insaciable, el mar, la tierra.

Sólo veía sangre derramada.

Y yo me preguntaba, ¿cómo?, ¿por qué?,
y quería descender, palpar aquella manta roja,
convencerme de que (quizá) no era sangre
(tal vez un meteoro
desconocido).

Pero no, que era sangre, sangre, sangre.
Yo gritaba aterrado,
yo quería parar el frío pájaro de níquel gris sin alma,
y me retorcía, impotente,
colgado allá en la altura,
entre compañeros de viaje que leían su *Life*
y pilotos albinos que no me comprendían.

Hay que bajar, hay que bajar: peligro.
Inmensos Amazonas vierten sangre en los mares.
Grandes ríos satélites hinchan de roja espuma hirvientes Amazonas.
Sutiles riachuelos escarlata avanzan sigilosos (como termómetros fe-
                    [briles) sobre los torvos ríos.
Violáceas torrenteras humeantes rugen y se descuelgan buscando
                    [riachuelos donde aplacar su ira.

Sangre, sangre,
inmensa red de sangre riega el mundo.
¿Dónde sus fuentes? Quiero ver las fuentes.

Señores, paren, paren: hay que bajar.
Hay que bajar, ahora mismo.
Porque hay sangre por todo el mundo,
y yo necesito saber quién vierte la sangre,
y por qué se vierte y en nombre de qué se vierte.

Dame, oh gran Dios, los ojos de tu justicia.
Porque en el mundo reina la injusticia.
Tú no creaste la injusticia. Alguien ha creado la injusticia.
Alguien es el injusto, y yo necesito verle la cara al injusto.
Porque hay mentira y quiero ver sus fuentes ocres.
Ojos míos, alerta, alerta:
yo quiero ver qué brazos ahogan la justicia de Dios, qué bocas retuer-
                    [cen su verdad.

HOMBRE Y DIOS

Hombre es amor. Hombre es un haz, un centro
donde se anuda el mundo. Si Hombre falla,
otra vez el vacío y la batalla
del primer caos y el Dios que grita «¡Entro!».

El escritor en su biblioteca, que cuenta con casi cincuenta mil volúmenes. «Qué maravilla, libertad. Soy dueño / de mi albedrío. Me forjo (y forjo) obrando. / Yo me esculpo, hombre libre. Paro, ando, / hablo, callo, me río, pongo ceño, / yo, Dámaso, cuando Dámaso. Pequeño agente, yo, del Dios enorme, cuando pienso, obro, río, Creación creando, / le prolongo a mi Dios su fértil sueño.»

DAMASO ALONSO

Hombre es amor, y Dios habita dentro
de ese pecho y, profundo, en él se acalla;
con esos ojos fisga, tras la valla,
su creación, atónitos de encuentro.

Amor-Hombre, total rijo sistema
yo (mi Universo). ¡Oh Dios, no me aniquiles
tú, flor inmensa que en mi insomnio creces!

Yo soy tu centro para ti, tu tema
de hondo rumiar, tu estancia y tus pensiles [11].
Si me deshago, tú desapareces.

11. Jardín delicioso.

CUATRO SONETOS SOBRE LA LIBERTAD HUMANA

II. *Incontrastable, divina*

Qué hermosa eres, libertad. No hay nada
que te contraste. ¿Qué? Dadme tormento.
Más brilla y en más puro firmamento
libertad en tormento acrisolada.

¿Que no grite? ¿Mordaza hay preparada?
Venid: amordazad mi pensamiento.
Grito no es vibración de ondas al viento:
grito es conciencia de hombre sublevada.

Qué hermosa eres, libertad. Dios mismo
te vio lucir, ante el primer abismo,
sobre su pecho, solitaria estrella.

Una chispita del volcán ardiente
tomó en su mano. Y te prendió en mi frente,
libre llama de Dios, libertad bella.

(*Hombre y Dios.*)

DESCUBRIMIENTO DE LA MARAVILLA

I

Algo se alzaba tierno, jugoso, frente a mí.
Yo era (yo, conciencia). Pero aquello se alzaba
enfrente. Y era todo lo que no era yo: cosas.
Las cosas emanaban unos hilos sutiles:
luz, luz variada, luz, con unas variaciones
inexplicables, daba tiernísimos indicios
de variedad externa a mí. Ah, sorprendente:
yo, Dámaso, era único: lo no-Dámaso, vario.

Pero yo, ¿cómo era? Una unicidad lúcida
se derramaba en mí. Cuando digo se derramaba, acaso admito... Claro está: un movimiento,

525

un cambio temporal. Yo vivía, variaba
a cada instante; y siendo sólo un único Dámaso,
—misterio— había infinitos Dámasos en hilera:
tantos como latidos dio un corazón.

                        Las cosas
emanaban sutiles hilos, dardos o tallos
(yo no sé): se juntaban hacia mí, se fundían
en mí (mejor: conmigo). Nunca tapiz más bello
se tejió para bodas de lo vario y lo uno.

   Tapiz, hilos: o dardos que acribillaban. Roto
mi alcázar (que sería de negrura, imagino),
muros se hundían: llamas. ¿Que llamarada de ésta
multicolor?... O tallos, que crecían tenaces,
y en espacio-maraña de lianas, bejucos [12],
cuajaban selva virgen.

                    Qué gozos, qué portentos:
yo ardía inextinguible, no en fuego, en luz. Yo, torre,
atalaya exquisita, torre de luz; yo, faro,
vitrina de diamantes; yo, porche de una siesta
tropical.

        ¡Dulce espejo, retina, mi inventora!
Algo exterior te azuza: saetas, hilos, tallos.
Atraes, de amor antena, centro de amor fluido.
Y al Dámaso más pozo, más larva en hondo luto
problemático, cambias en Dámaso-vidriera,
torre de luz, fanal, creándose, creándote,
luz, ¿en qué nervio íntimo?, inventor de los Dámasos,
inventor de universos, que grita: «Luz, yo vivo.
Un infinito cabe en la luz de un segundo:
no me habléis ya de muerte.»

          II. *He mirado mis ojos*

He mirado mis ojos en un espejo: eran
oscuros y pequeños. Alguna vez lloraban:
por eso no eran ojos de cangrejo o de oruga;
ojos humanos: dos agujeritos negros
y tristes. Mas la luz, que ellos crean, sorbida,
los inunda, marea irreprimible, inmensa,
inmensándolos, ojos de un ser total, sin límite.

   Y esto que entra en mis ojos, recreándose en ellos,
se une en un marco único. Los dos agujeritos
(no de oruga o de tigre, aunque tristes y fieros)
que en el espejo vi, son ya una gran vidriera
de mi tamaño de hombre.

                   Mis pies, mi vientre o manos
los miro casi externos a mí, no-yo (tal, cosas).
Pero del pecho arriba me sube una dulzura:
es como si mi cuerpo se me rasgara todo,
acristalado; como si mi cabeza, cáscara
ya de luz, ya vitrina, toda se abriera al mundo,
absorbiendo, bebiéndolo. Bebiendo luz, las cosas,

El rey Juan Carlos le entrega el Premio Cervantes de Literatura en 1978. «Juan de la Cruz prurito de Dios siente, / furia estética a Góngora agiganta, / Lope chorrea vida y vida canta: / tres frenesís de nuestra sangre ardiente. / Quevedo prensa pensamiento hirviente; / Calderón en sistema lo atiranta; / León, herido, al cielo se levanta; / Juan Ruiz, ¡qué cráter de hombredad bullente! / Teresa es pueblo, y habla como un oro; / Garcilaso, un fluir, melancolía; / Cervantes, toda la Naturaleza. / Hermanos en mi lengua, qué tesoro / nuestra heredad —oh amor, oh poesía—, / esta lengua que hablamos —oh belleza—.»

12. *Lianas y bejucos:* nombres de diversas plantas tropicales.

DAMASO ALONSO

las cosas con la luz, y yo con ellas, Dámaso
amalgamado en luz, absorbiendo, bebiendo
el mundo en luz y yo con él. ¡Ovalo ardiente
de mi vista, atalaya, fanal-Dámaso al mundo!

(*Gozos de la vista.*)

HERMANOS

Hermanos, los que estáis en lejanía
tras las aguas inmensas, los cercanos
de mi España natal, todos hermanos
porque habláis esta lengua que es la mía:

yo digo «amor», yo digo «madre mía»,
y atravesando mares, sierras, llanos
—oh gozo—, con sonidos castellanos,
os llega un dulce efluvio de poesía.

Yo exclamo «amigo», y en el Nuevo Mundo,
«amigo» dice el eco, desde donde
cruza todo el Pacífico, y aún suena.

Yo digo «Dios», y hay un clamor profundo;
y «Dios», en español, todo responde,
y «Dios», sólo «Dios», «Dios», el mundo llena.

(*Tres sonetos a la lengua castellana.*)

¿EXISTES? ¿NO EXISTES?

I

¿Estás? ¿No estás? Lo ignoro; sí, lo ignoro.
Que estés, yo lo deseo intensamente.
Yo lo pido, lo rezo. ¿A quién? No sé.
¿A quién? ¿A quién? Problema es infinito.

¿A ti? ¿Pues cómo, si no sé si existes?
Te estoy amando, sin poder saberlo.
Simple, te estoy rezando; y sólo flota
en mi mente un enorme «Nada» absurdo.

Si es que tú no eres, ¿qué podrás decirme?
¡Ah!, me toca ignorar, no hay día claro;
la pregunta se hereda, noche a noche;
mi sueño es desear, buscar sin nada.

Me lo rezo a mí mismo: busco, busco.
Vana ilusión buscar tu gran belleza.
Siempre necio creer en mi cerebro:
no me llega más dato que la duda.

¿Quizá tú eres visible? ¿O quizá sólo
serás visible, a inmensidad soberbia?
¿Serás quizá materia al infinito,
de cósmica sustancia difundida?

¿Hallaré tu existir si intento, atónito,
encontrarme a mi ver, o en lejanía?
La mayor amplitud, cual ser inmenso,
buscaré donde el mundo me responda.

II

¿Pedir sólo lo inmenso conocido?
¿Pedir o preguntar al Universo?
No al universo de la tierra nuestra,
bajo, insensible, monstruoso, duro;

sí al Universo enorme, ya sin límites,
con planetas, los astros, las galaxias:
tal un dios materia, flotando luces
en billones de años, sin fronteras.

Allí hay humanidades infinitas;
las llamo tal, mas son de extrañas formas:
nada igual a los hombres de esta tierra,
que aquí lloramos nuestra vida inmunda.

OTROS AUTORES

¡Extremado Universo, inmenso, hermoso!
Con eterna amplitud, materias cósmicas,
avanzan infinitas las galaxias,
nebulosas: son gas, sólidas, líquidas.

III

Inmensidad, cierto es.
                  Mas yo no quiero
inmensidad-materia; otra es la mía,
inmaterial que exista (¡ay, si no existe!),
eterna, de omnisciencia, omnipotente.

No material, ¿pues, qué? Te llamo espíritu
(porque en mi vida espíritu es lo sumo).
Yo ignoro si es que existes; y si espíritu.
Yo, sin saber, te adoro, te deseo.

Esto es máximo amor: mi amor te inunda;
el alma se me irradia en adorarte;
mi vida es tuya sólo (¿ya no dudo?).
Amor, no sé si existes. Tuyo, te amo.

(Duda y amor sobre el Ser Supremo.)

OTROS AUTORES

JOSE BERGAMIN

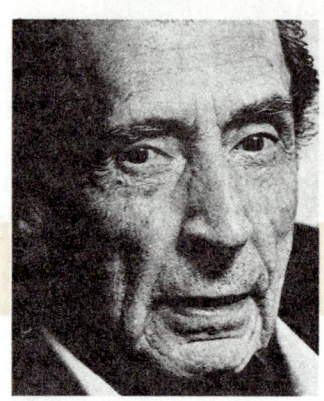

Nace en Madrid en 1895. Estudia Derecho y trabaja en el bufete de su padre, un famoso político y abogado. Desde muy pronto frecuenta las tertulias literarias (aparece junto a Ramón Gómez de la Serna en el cuadro de Solana sobre los asistentes a la de Pombo). Su defensa de la libertad y de la justicia lo lleva a una oposición abierta a la dictadura de Primo de Rivera y a apoyar incondicionalmente a la República. Entre 1933 y 1936 dirige la revista *Cruz y Raya,* subtitulada «Revista de afirmación y negación». Durante la guerra participa en diversas empresas culturales. Vive después en diferentes países de Hispanoamérica (México, Venezuela, Uruguay), y, más tarde, en París. En 1958 regresa a España, pero cinco años más tarde tiene que marcharse, por motivos políticos. En mayo del 68 vuelve a vivir en París «el apocalipsis de la fraternidad», como en los primeros meses de la guerra española. En 1970 se instala definitivamente en España. En las elecciones generales de 1979 presenta su candidatura para senador por la coalición de Izquierda Republicana. En 1982 se traslada a San Sebastián. Su radicalismo político se acentúa y colabora en la revista *Punto y Hora* y en el diario *Egin*. Muere en 1983.

Aunque estrechamente vinculado con los escritores de la generación del 27, Bergamín ocupa un lugar impreciso en las corrientes literarias de los años veinte y treinta. De talante netamente vanguardista, y, al mismo tiempo, admirador sin reservas de nuestros clásicos y de escritores como Pascal, Nietzsche y Unamuno, del que heredó el gusto por las paradojas y el ánimo de la contradicción, intentó la difícil empresa de inyectar en el arte puro del momento humanidad y estremecimiento religioso. Por debajo de los habituales conceptismos, agudezas y artes de ingenio, de los juegos lingüísticos reiterados, de una prosa rebuscada y burlesca, brilla casi siempre la profundidad y la originalidad de su pensamiento.

Su catolicismo progresista (católico de esos «que nuestra Santa Inquisición hubiera condenado en otro tiempo, y varias veces, a las llamas purificadoras de la hoguera», dirá de sí mismo), en un momento en que la sociedad española luchaba por la laicización o se aferraba a las posturas católicas más retrógradas, lo convierte también en un caso aislado en la vida cultural de antes de la guerra.

Obra

Sus primeros escritos aparecieron en la revista *Indice* (1921-1922), que dirigía Juan Ramón Jimenez. Su primer libro de aforismos, **El cohete y la estrella,** publicado en 1923, alcanzó el reconocimiento de escritores como Azorín, Unamuno, Salinas y A. Espina. Siguieron: *Caracteres* (1926), *Tres escenas en ángulo recto* (1926) y *Enemigo que huye* (estas dos últimas obritas de carácter teatral serán recogidas en 1973 en un volumen con el título de *La risa en los huesos*). En 1930 aparece su famoso tratado sobre el toreo, *El arte de birlibirloque,* y tres años después su segundo libro de aforismos, **La cabeza a pájaros.**

JOSE BERGAMIN

Publicó también numerosos ensayos: *La decadencia del analfabetismo* (1931), *Mangas y capirotes* (titulado más tarde *España en su laberinto teatral del siglo XVII*) (1933), *La importancia del demonio* (1933), *Disparadero español* (tres volúmenes: 1936-1940), *El pozo de la angustia* y *Detrás de la cruz* (1941: ambos ensayos se reeditaron en 1977 con el título de *El Pensamiento perdido*), *Lázaro, don Juan y Segismundo* (1959), *Beltenebros* (1969), *De una España peregrina* (1972), *Al volver* (1972: reeditado en 1974 con el título de *Antes de ayer y pasado mañana*).

Con la aparición, durante la guerra, de sus «Tres sonetos a Cristo crucificado», que tanto impresionaron a A. Machado, se convierte en uno de los más destacados sonetistas españoles. Sin embargo, su obra poética se recogerá tardíamente en libro: **Rimas y sonetos rezagados** (1962), **Duendecitos y coplas** (1963), **La claridad desierta** (1973), *Del otoño y los mirlos* (1975), *Apartada orilla* (1976, con poemas escritos en 1971 y 1972), *Velado desvelo* (1978, con poemas de 1973-77), *Por debajo del sueño* (antología poética: 1979), *Poesías casi completas* (1980), *Esperando la mano de nieve* (1982). Frente a la complejidad y barroquismo de su prosa, su poesía, sencilla, de factura clásica, depurada, reiterativa a veces, pero con atisbos poéticos sorprendentes, y de intenso lirismo, recrea, con variantes originales, temas como el amor, el tiempo, la contraposición entre la realidad y el ensueño y entre la vida y la muerte.

Después de la guerra dio a conocer un buen número de obras teatrales, entre las que se encuentran: *Tratado del purgatorio de Santa Catalina de Génova* (1941), *La hija de Dios y la niña guerrillera* (1945), *Melusina y el espejo* (1952), *Medea, la encantadora* (1954), versión libre de la tragedia de Séneca; *Los tejados de Madrid o El amor anduvo a gatas* (1961).

Ediciones

Poesías casi completas, Madrid, Alianza, 1980. *Poesía,* Madrid, Turner, 1983. José Bergamín. El pensamiento de un esqueleto, Antología periodística, 3 volúmenes, Málaga, Litoral, 1984. *De una España peregrina,* Madrid, Al-borak, 1972. *El pensamiento perdido,* Madrid, Adra, 1976. *La importancia del demonio y otras cosas sin importancia...* Madrid, Júcar, 1974. *El cohete y la estrella. La cabeza a pájaros,* ed. de José Esteban, Madrid, Cátedra, 1981.

La realidad es el espíritu —imaginación o pensamiento.

DIOS detesta a los alemanes —me dijo el Diablo— por el *idealismo trascendental.*

Ni en la religión ni en el arte se puede avanzar con cautela, dudando por dónde se ha de ir. Está todo en un solo golpe, como en el juego; se pierde o se gana, nada más.

La sensualidad sin amor es pecado; el amor sin sensualidad es peor que pecado.

EXISTIR es pensar; y pensar es comprometerse.

PECAR, tiene arrepentimiento y perdón; no pecar, tiene solamente castigo.

ESE católico virtuoso vive como si no creyera en la resurrección de la carne.

HAY también un virtuosismo de la virtud, que es el peor de todos.

ESTAR dispuesto a equivocarse es predisponerse a acertar.

LOS que se escandalizan de un cuerpo desnudo —piensa el Diablo— son presa segura. ¡Esos ya no tienen salvación!

No deis ni recibáis ninguna caricia de amor que no provenga de una violencia o de una fuerza contenida. Sólo una mano fuerte puede acariciar con blandura.

CUANDO acaba de oír la música exquisita en el salón aristocrático, Strawinsky se

Bergamín, con Claude Aveline y André Malraux, en Valencia (1937).

encoge de hombros, diciendo: *Ahora yo me voy a la calle* y se va, revolucionariamente, a ponerse de acuerdo con los murguistas.

Al volver, la música que trae de la calle ya no es la música callejera. Ponerse de acuerdo era inventar.

El arte verdadero procura no llamar la atención, para que se fijen en él.

En el arte, *lo natural* es siempre el arte.

El mal pintor escamotea el dibujo, como el mal músico la melodía, o las líneas estructurales el mal arquitecto; el mal escritor, la definición conceptual de su pensamiento.

CUANDO pienses, mejor o peor, no lo hagas nunca a medias.

No pienses nada o piensa hasta el fin. ¡Qué pocos se atreven a seguir hasta el fin su propio pensamiento!

PODRA suceder que al final de tu pensamiento vuelvas a encontrarte en el principio, pero nunca te encontrarás como al principio.

No podrás nunca volverte atrás de nada, aunque así lo digas o lo creas.
Para el que no se queda parado, *volver atrás* es seguir adelante en otra dirección distinta y nueva.

AUNQUE no vayas a ninguna parte, no te quedes en el camino.

POR LA PASION, LA INTELIGENCIA.—Pasión no quita conocimiento; al contrario, lo da.

Bergamín junto a sus hermanos.

NO es tener valor decidirse a aceptar la muerte, como no lo es decidirse a aceptar la vida. Tener valor es decidirse a saber por qué se aceptan.

NI MAS NI MENOS.—Si el Diablo tira de ti hacia abajo lo mismo que el Angel hacia arriba, deberás agradecer a los dos por igual la conservación de tu equilibrio.

LA pintura en un rostro vivo suprime su belleza porque le paraliza su expresión. Cuando la mujer se maquilla adelanta la obra de la muerte, se pone su careta, que reconocemos con espanto.

No te maquilles nunca el alma con la cultura. Como la mujer verdaderamente sensible a la civilización, prescinde de pintarrajeos, joyas y adornos de salvaje; prefiere la sencillez que ciñe lo desnudo.

(*El cohete y la estrella.*)

COMO el fantasma agudo de una flecha lanzaron contra mí tu nombre: aforismo. Y te clavaste en mi corazón.

El aforismo es pensamiento: un pensamiento. Porque se piensa en pensamientos: se dice en pensamientos el pensar. Y si no se dice, no se piensa, o si no se piensa, no se dicen. Pero una vez dichos, ya no hay más que hablar, no hay más que decir. Ni una palabra más; aforismo perfecto.

El aforismo no es breve: es inconmensurable.

NO importa que el aforismo sea cierto o incierto: lo que importa es que sea certero.

JOSE BERGAMIN

RAZON es pasión y pasión es conocimiento.

NO es la idea la que apasiona, sino la pasión la que idealiza.

NO sé lo que es la *cosa en sí:* ni me importa. Quiero saber lo que es la cosa en mí; la causa en mí de ser: mi pensamiento.

La verdadera ironía no es la que el escritor pone en su obra, sino la que se interpone entre la obra y él.

La blasfemia del pueblo es un grito de angustia que Dios oye como una oración. El que blasfema no ha perdido la fe todavía: si se alza contra Dios es porque cree en EL y le ama, desesperadamente, aun sin saberlo.

(*La cabeza a pájaros.*)

A CRISTO CRUCIFICADO

Me da la vida el temor...
Cervantes

Tú me ofreces la vida con tu muerte
y esa vida sin Ti yo no la quiero;
porque lo que yo espero, y desespero,
es otra vida en la que pueda verte.

Tú crees en mí. Yo a Ti, para creerte,
tendría que morirme lo primero;
morir en Ti, porque si en Ti no muero
no podría encontrarte sin perderte.

Que de tanto temer que te he perdido,
al cabo, ya no sé qué estoy temiendo:
porque de Ti y de mí me siento huido.

Mas con tanto dolor, que estoy sintiendo,
por ese amor con el que me has herido,
que vivo en Ti cuando me estoy muriendo.

ECCE ESPAÑA

Dicen que España está españolizada,
mejor diría, si yo español no fuera,
que lo mismo por dentro que por fuera
lo que está España es como amortajada.

Por tan raro disfraz equivocada,
viva y muerta a la vez de esa manera,
se encuentra de sí misma prisionera
y furiosa de estar ensimismada.

Ni grande ni pequeña, sin medida,
enorme en el afán de su entereza,
única siempre pero nunca unida;

de quijotesca en quijotesca empresa,
por tan entera como tan partida,
se sueña libre y se despierta presa.

(*Rimas y sonetos rezagados.*)

Cuando el lenguaje es llama
que juega con su sombra,
media palabra basta,
muchas palabras sobran.

* * *

Hombre, no te desesperes,
que algún día llegará
en que seas el que eres.

* * *

El viento le dijo al río:
¿adónde vas tan corriendo?

Y el agua le contestó:
no sé, porque voy huyendo.

* * *

El hombre desde que nace
le va huyendo a su destino:
y por quererle escapar
le va abriendo más caminos.

* * *

Tus ojos me están mintiendo:
porque tus ojos no dicen
lo que tú me estás diciendo.

* * *

OTROS AUTORES

Aunque se suele decir
que la vida es un camino
el caminar no es vivir.

* * *

La verdadera verdad
nunca se esconde en lo oscuro:
se esconde en la claridad.

* * *

Si dices que eres poeta
voy a tener que decirte
que te quites la careta.

* * *

¿Por qué pones tanto empeño
en que te siga soñando
cuando ya no tengo sueño?

* * *

El querer que tú me tienes
no es como el que yo te tengo:
el mío te está buscando;
el tuyo me está perdiendo.

* * *

—No me das más que palabras.
—¿Y qué quieres que te dé?
Te doy lo que más te falta.

(*Duendecillos y coplas.*)

Todo es disfraz de silencio.

M. de Unamuno

No sé si el alma debe,
sintiendo esta quietud, maravillada,
quedarse en su silencio, renunciando
al don de la palabra.
Le llega al corazón este silencio
de «música callada»
poblando de «sonoras soledades»
fabulosas el alma.
En esta luz de atardecer, sombría
por la noche que avanza,
y por la oscura voluntad de sueño
que cobijan los pinos en sus ramas,
se ahonda la espesura temerosa
del bosque, y las montañas
levantan, fantasmales, hasta el cielo,
con muda voz, sus cumbres arriscadas.
La tarde, este silencio, este sosiego,
la soledad del bosque ensimismada
en sueño y en dormido son del río,
todo habla al alma cuando el alma calla.

* * *

¡Ay! siento que mi vida es como si no fuera
mi vida, sino otra, de apagada ilusión:
como si el pensamiento de pronto lo volviera
un misterio de muerte para mi corazón.
Misterio de una muerte que es sombra del deseo;
asombro de una llama que espeja su temblor;
vacío en que se hunden mis ojos y no veo
más que la tenebrosa sima de mi dolor.
Mi dolor que fue el único compañero constante
de mi vida: el amigo que no me abandonó;
como un perro me sigue, me guarda, vigilante,
hasta, al fin, encontrarnos ya solos él y yo.

* * *

Sé que al abrir los ojos en la muerte
mis ojos no verán, estarán ciegos.
Abiertos, muy abiertos, será inútil
querer cerrarlos por volver al sueño.

Devorará la tierra, con mi sangre,
la última luz que palpitaba en ellos.
Sus órbitas vacías para siempre
abrirán a la nada su hondo hueco.

(*La claridad desierta.*)

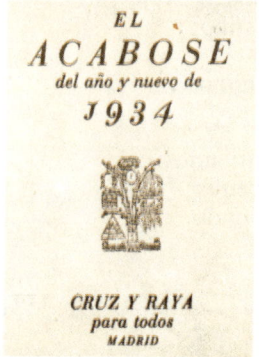

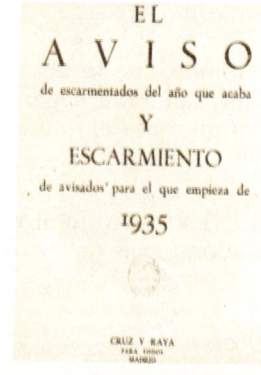

ANTONIO ESPINA

Nació en Madrid en 1894. Comenzó la carrera de medicina, pero la abandonó para dedicarse al periodismo y a la literatura. Hombre con preocupaciones sociales y políticas, dirigió, con Joaquín Arderíus y José Díaz Fernández, el semanario republicano *Nueva España* (1930-31). En 1935 fue encarcelado por publicar un artículo contra Hitler. Durante la guerra logró huir de la zona nacional (a comienzos de 1936 había sido nombrado gobernador civil de Mallorca). Permaneció en el extranjero hasta 1955. Murió en Madrid en 1972.

Es autor de dos novelas, **Pájaro pinto** (1927) y *Luna de copas* (1929), en las que, a pesar de someterse a las modas vanguardistas de la época, critica la carencia de valores y la frivolidad de la sociedad europea de entreguerras.

Publicó dos libros de poemas, *Umbrales* (1918) y *Signario* (1923), en los que las técnicas ultraístas alternan con una marcada tendencia a la deformación, irónica y burlesca, de la realidad.

Es autor también de biografías (*Luis Candelas:* 1929, *Romea o el comediante:* 1935) y ensayos: *Lo cómico contemporáneo* (1928), *El nuevo diantre* (1934), *El genio cómico y otros ensayos* (1965)

Ediciones

Pájaro Pinto, Madrid, Revista de Occidente, 1927. *Signario,* Madrid, Los libros de Fausto, 1984.

I

El Pájaro Pinto, que era el pájaro frívolo que tenía la humanidad para sus niños y para sus biombos teatrales, se transmutó en pájaro grave después de la guerra. Volaba por el mundo hasta hace poco. Y un día —como se dirá luego, a su debido tiempo, al final— desapareció.

El año 19, a raíz del primer aniversario del armisticio, fue nombrado —como el ser de la más última y magnífica inocencia— ministro de Relaciones Exteriores de las cruces de madera. Todos sabemos lo que son las cruces de madera.

La primera vez que el Confidente vio uno de estos huertos especiales, le pareció un campo de aviación. Silencioso. Con las escuadrillas fuera de los hangares, prontas y formadas para emprender el vuelo.

II

La más visible cosecha de la gran guerra ha sido ésta de las cruces de madera. Se trata de huertos. Simplemente. Unos grandes huertos, alegres hasta donde es posible, en los que brotan plantas, en la curiosa disposición de los plantíos vulgares, y cada una de aquéllas en forma de cruz.

Cada una tiene cuatro antenas: dos laterales, una superior y otra inferior. Por las dos laterales comunican con todo el mundo que hace ruido, lo mismo que cualesquiera otros aparatos de radio, y por la antena superior, no se sabe, realmente. Como se dirige hacia arriba, suponen algunos que comunica con... (Pero la Biblia recomienda que no hagamos juicios temerarios. ¿Para qué hacerlos, pues?) Lo que sí es seguro es que por la antena vertical inferior comunica con el infierno. El palo clavado en tierra recibe por su afilada punta chispas mensajeras, y las envía con regularidad. Van y vienen, del verdadero infierno a la punta del palo, y de la punta del palo al verdadero infierno. Este se halla muy pasado el de Barbusse [1] —y el limbo de Abraham, por lo tanto— y algo lejos del de Dante.

---

1. Se refiere a una novela de Henri Barbusse, *El infierno*, publicada en 1908.

533

En El alma Garibay, *publicado en 1964, recopiló A. Espina poemas de* Umbrales *y de* Signario *y relatos y ensayos de sus primeros tiempos de escritor.*

III

El Pájaro Pinto se puso serio después de la confidencia. Meditabundo. Estúpido. Dejó de acudir al llamamiento de los niños y de posarse al lado del pelícano y del dragón amarillo, en el biombo del gabinete.

En cambio, aprendió a situarse, inmóvil, en las altas y metafísicas veletas, donde reflexionaba y jugaba a los naipes, barajando los días y las noches, harto de hacer ¡cu cu! en el reloj.

No. Ahora se sostenía graciosamente —como un canario sobre su caña— sobre el hilo de los tres filos. El filo de la media noche, el filo de la media tarde y el filo de mediodía.

Pinto recorrió, con calma y atención, todos los huertos de cruces de Europa, recibiendo de cada cruz, una por una, instrucciones particulares. Y luego, el mandato total de la Asamblea, que lo hizo ministro.

Pájaro Pinto recorría, con «patojo, flojo y cojo, mustio vuelo milenario» cual el cuervo de Poe [2], los campos de labor de las cruces. Iba del Iser a la Massuria, de la Massuria al Marne, del Marne a Isonzo, del Isonzo a Iprès y a Verdún...

Girada su visita, tomaba un largo vuelo y se posaba en una veleta.

Si era filo de medianoche, sobre el Vaticano o el Kremlin. Si era filo de media tarde, sobre el Capitolio de Washington y si era filo de mediodía, sobre la misma puntita del pezón de Francia. En la torre Eiffel.

En estas alturas comprobaba desoladoramente las mentiras grotescas que la humanidad radiaba, desde cualquier punto de las cuatro panzas de la tierra, a las indefensas cruces de madera. Entonces el noble y leal Pájaro Pinto, acostumbrado a los velivolismos jocundos de la fantasía de los niños, y a los espacios azules, se tambaleaba como un borracho y marchaba a oficiar secretas consignas a las escuadrillas alineadas.

IV

Pero lo más acongojante eran las misiones particulares de orden sentimental, que solían encargarle.

Cada cruz le preguntaba ansiosa por su antigua familia, por sus antiguos amores, por sus dichas retrospectivas. Le rogaba que acudiese al antiguo hogar y le trajese noticias de los suyos.

Pájaro lo cumplía siempre. Siempre con idéntico resultado. Se vestía de cierto luto, estirado, con guantes negros, gafas ahumadas, y un sombrero marrón con gasa negra.

Iba a la casa y llamaba al timbre.

Salía la criada.

—¿Están los señores?

—No, señor. No están.

—Pues ¿dónde están?

—Se han ido al cine.

—¿Todos?

—Todos.

—¿La señora también?

—La señora también.

Entonces se hacía un silencio. Una pausa. Una tremación charlotesca. Pájaro daba una vuelta despacio para irse. Mas la voz de la criada musitaba cálidamente:

—Pero no se marche usted por eso, caballero. Pase usted... Pase usted, caballero —insistía sonriendo—. No volverán hasta tarde.

—¡Oh, no! No puedo —sonaba misteriosa la voz de Pájaro Pinto—, no puedo. Ten-

---

2. Alude al conocido poema «El cuervo», de Edgar Allan Poe, publicado en 1845, y traducido más tarde al francés por Baudelaire y por Mallarmé.

go que picar. ¿Comprende? Tengo que picar...

Y se iba, horrorosamente triste.

V

Como manifesté al principio, llegó al fin —ahora— el día en que dejó de volar el pájaro inadmisible —indiscreto y pueril— por la gran paz de nuestra atmósfera. Cumpliendo por vez postrera su obligación confidencial y ministerial, recorrió los extensos campos donde aguardaban las escuadrillas.

Y ya no vio nada. Absolutamente. Todos los aparatos habían levantado el vuelo.

(*Pájaro Pinto*.)

INCISO

Amo a las mujeres con cara de chico,
de nervios modernos y aire comercial
(la que hace calceta, ésa me es igual).

Gusto de las damas del cheque y del éter,
las que nunca olvidan que *siempre* es *un rato*
(la gatita tímida, ésa... para el gato).

Adoro a la Eva de sensorio equívoco
que al amor prefiere el turbio amorío
(las intelectuales de los extravíos).

Las que con la borla de sus ojos dicen
qué morbo es la clave de nuestro apetito
cuales los resortes de nuestros delitos.

La mujer histriónica, maquillada y frívola
que sabe angustiarme y sabe embrujarme
y sabe reírme y sabe engañarme

y siendo honorable es *cocotte* y artista,
de nervios actuales y aire comercial,
la que nunca olvida que *siempre* es un *rato*.

(La gatita tímida, para Don Torcuato.
La que hace calceta, para Don Vital.)

(Revista *La Pluma*, 1920.)

BENJAMIN JARNES

Nació en Codo (Zaragoza) en 1888. Después de unos años en el seminario, se hizo militar. En 1919 se trasladó a Madrid. Colaboró en numerosos periódicos y revistas de la época. En 1939 se exilió en México. Regresó a España en 1948. Murió en Madrid en 1950.

En la mayor parte de sus novelas se advierten todas las características del «arte nuevo» diagnosticado por Ortega. En ellas, el argumento es un hilo tenue que engarza una brillante serie de agudezas, ingeniosidades, metáforas y sutiles ironías. Destacan, en esta línea: *El profesor inútil* (1926), *Teoría del zumbel* (1930), *Escenas junto a la muerte* (1931) y una serie de relatos cortos publicados en 1929 con el título de *Salón de estío*.

Un marcado carácter autobiográfico, aunque también con técnica vanguardista, tienen **El convidado de papel** (1928), *Paula y Paulita* (1929), **Locura y muerte de nadie** (1929), *Lo rojo y lo azul* (1932). El hilo narrativo es ahora más consistente y Jarnés presta una mayor atención al mundo circundante.

En *Viviana y Merlín* (1930), *Tántalo* (1935) y *Don Alvaro o la fuerza del tino* (1936) se sirve de mitos clásicos para dar rienda suelta a algunas de sus preocupaciones.

Entre sus libros de ensayos, se encuentran: *Ejercicios* (1927), *Rúbricas* (1931), *Cita de ensueños* (1936), conjunto de trabajos sobre cine; *Cartas al Ebro* (1940) y *Ariel disperso* (1946). También escribió diversas biografías: *Sor Patrocinio, la monja de las llagas* (1929), *Zumalacárregui* (1933), *Castelar* (1935), *Doble agonía de Bécquer* (1936).

Después de la guerra publicó *Eufrosina o la gracia*, escrita entre 1932 y 1938. En 1980 se dio a conocer **Su línea de fuego,** una novela sobre la guerra civil, compuesta en 1938 y corregida en México en 1940.

OTROS AUTORES

Ediciones

El convidado de papel, Zaragoza, Guara, 1979. *Su línea de fuego,* Zaragoza, Guara, 1980.

LAS DOS MUCHEDUMBRES

... En seguida circula la noticia. Son dos empleados del municipio, que acaban de ser asesinados. Arturo presencia, desde el balcón, la conducción de los cadáveres a una farmacia; la muchedumbre se agolpa, irrumpe en nuevas oleadas. Pronto se llenan todos los claros; la plaza está cuajada de cabezas vibrantes, de ojos que chispean, de puños que se levantan pidiendo justicia. Se inician al punto en ella los vaivenes de un mar. Embestidas, corrientes bruscas, contracorrientes. Una espuma de sombreros, de cráneos mondos, de pañuelos. Asoman las menudas tragedias que siempre corean a la grande: violentos pisotones, llantos de niño perdido, codazos impertinentes. Una joven se siente foco de un remolino de presiones táctiles; un grupo de mozuelos ruge en torno de ella, a un tiempo azorada y envanecida. Guardias a caballo recorren penosamente el recinto; desembocan en la plaza los entes representativos, sin gran lujo de atuendo, porque la noticia les alcanzó en pleno traje y espíritu de diario. Precipitadamente se han vestido un traje de luto, y se han compuesto una faz de circunstancias. Cruzan la muchedumbre con un aire dolorido, con un gesto dramático provisional. Las gentes les abren paso, repiten sus nombres —el presidente González, el teniente alcalde Pérez...—. En cada calle, una fila de tranvías detenidos contempla el oleaje. La multitud crece, no cabe ya en la plaza y comienza a enroscarse a los postes, a rebasar por las terrazas, a invadir los tranvías. La multitud convierte la plaza en un circo máximo, cuyas localidades improvisa, como los asesinos han improvisado el espectáculo.

De pronto, unos hombres audaces surcan las olas con un frágil esquife cargado de imágenes. Son operadores. Van a recoger, a prender en sus cintas aquella espléndida fiebre humana. Se instalan en un ángulo de la plaza, luego en otro. Aquella multitud no perecerá, no se destruirá al disgregarse. Giran los manubrios. Las gentes se dan cuenta. Se rehacen. Comienza en ellas a perderse la espontaneidad. Se preparan a cruzar por la pantalla. Una muchacha se adereza el pelo, otra se fija escrupulosamente un clavel, aquélla se abre algo más el escote. Algún mozuelo se engalla, enciende un puro, se ladea el sombrero. La muchedumbre recibe de golpe esta profunda impresión. ¡También ella es espectáculo! Y se dispone a serlo. Se inventan sonrisas, se avivan miradas, se atusan rizos, se ensayan posturas. Se olvida de que se prepara un espectáculo donde cada espectador puede ser un personaje.

Arturo mira con los gemelos. Recorre los racimos de cabezas que irrumpen en el terreno batido por la máquina. De pronto, en medio de un grupo, ve surgir la cabeza de Juan Sánchez. Juan Sánchez, que se adelanta hacia el aparato, que lo mira gravemente, que vuelve a pasar y a mirar. Siempre al frente del grupo, como su quintaesencia; fiel extracto de multitud, ente representativo, delegado insigne de la masa...

(Locura y muerte de nadie.)

PARTE I. CAPITULO 3

A la luz de esta ventana se invita Julio a razonar su vida como un itinerario estratégico. Ya, ya se deslizará, entre las páginas belicosas, algún ladronzuelo de horas, alguna mano furtiva que borrará los esquemas y abatiría los jalones, pasando sobre el croquis del viaje un pañolito blanco, bien oliente a senos maduros; y de toda aquella sabia pirámide inútil de infolios construirá lindos transatlánticos, graciosas góndolas de papel, para viajes maravillosos. De un soplo saldrán todos a cabecear en el aire por la ventana extenuada.

Se percibe un tenue roce en la ventana

más próxima del muro perpendicular al de la celda de Julio. No advirtió desde el principio que alguien estaba cazando mariposas ideales en la sombra. Una tosecilla la presenta. Es Adolfo. Un poco sorprendido, dice Julio:

—Hombre, ¿también tú?

—Si quieres gozar de la exclusiva... Pero la noche es espectáculo al que puede asistir, holgadamente, todo el planeta.

—En dos turnos.

—Bien, en dos turnos [...]

—Desconocía —dice Julio— la proximidad de nuestras celdas.

—También yo.

—Años atrás tuve mala suerte. El curso anterior le tocó ese aposento a un tipo muy huraño que apenas hablaba como no fuese sobre algún punto oscuro del texto. Era abrumador. Todo era texto en él. Yo le martiricé un poco, es verdad. Una tarde, ya en mayo, cuando su rumia era más laboriosa, comencé a leerle un poema titulado: «Las palizas a las bestias»...

—¿Tuyo?

—No, creo que es de Rueda [1]. Lo hallé en un periódico retrasado. ¡Figúrate! ¡Unas docenas de estrofas en verso libre, que debieron de ser escritas para alguna sesión de la Sociedad Protectora de Animales! No pude leérselo.

—Claro.

—El amigo me atajó burdamente diciéndome que «Ya habíamos pasado de la clase de Retórica y Poética».

—Entonces, cuando se ordene, olvidará la filosofía, porque ya no es del programa.

—Seguramente.

—Eso le traerá cierta calma al espíritu. Colgar la razón de un perchero, al entrar en la casa parroquial, es un principio de higiene. Nuestro amigo hizo versos cuando se lo ordenaron, y ahora hace silogismos porque así lo dispone el plan de estudios.

—Sí, es filósofo y poeta a la hora exacta. Piensa y siente a toque de campana. Y con una intensidad que varía según la distancia del examen. Cuando no espere exámenes ¿qué hará?

—Quedan los exámenes de conciencia.

—Esos no tienen tribunal que suspenda.

—Quizá, sí.

—En todo caso, no son ya problemas de sonda, sino de báscula. Clasificar los actos según un sistema de pesas y medidas espirituales, no es aún valorarlos.

—Hay sistemas acreditados.

—Sí, hay el del Sinaí. Y hay otros más finos. Balanzas de precisión, que acusan una brizna de polvo en el alma... Pero te molesto, quizá.

—No; encantado... y escandalizado.

—Dos veces, pues, encantado.

—¿Cómo?

—El escándalo supone una invencible admiración y una patente sorpresa. Pero mi teoría del escándalo no es de este lugar.

—Eres atrevido.

—Curioso, nada más. Detesto el que sólo ve en la vida una serie de exámenes que es preciso saltar o burlar. Algo así como una carrera de obstáculos.

—Hay quien alza obstáculos, para gozar saltándolos, como en el hipódromo.

—Ese es otro salto. Aquí no se trata de la vida en sentido deportivo, sino en el sentido místico, en el de viaje, de peregrinación, de tránsito...

—Sigue.

—No sigo. No tengo la virtud de razonar.

—Lo dices como si se tratase del «vicio» de razonar.

—Vicio, no sé. Al menos, es limitación. Se razona cuando aún no se ve. Y cuando se quiere conquistar al que no ve. Por eso la polémica suele emplear el estilo castrense.

—Es bueno enseñar a ver.

—Nadie puede enseñar a ver.

—Hay buenas lámparas. El silogismo...

—El silogismo sólo convence a los interesados. Juegos de niños que enturbian lo que no pueden hacer diáfano. Sólo hay dos cosas: Intuición y fe... que es intuir a la buena de Dios. Se ve, o se cree ver. Lo demás es nada.

—¡Pobres escolásticos!

—Procuraré olvidarlo pronto. Tienen el peligro de hacer pensar poco a poco lo que puede pensarse en un brinco.

—Y estrellarse.

—Vale más eso que ir siempre del brazo con toda la Edad Media.

(El convidado de papel.)

---

[1]. «Las palizas a las bestias» es, efectivamente, un poema que incluyó Salvador Rueda en *La procesión de la naturaleza*. Los últimos versos se refieren a la «indignidad horrible de los hombres», «que aun no estimaron la amistad de un bruto / y aun no entendieron el cantar de un ave».

OTROS AUTORES

LA INVENCION DIABOLICA

Antonio se levanta estremecido como si fuese a buscar en capas de aire más altas un poco de alivio a su angustia. Aprieta los puños con rabia; sigue lanzando, no poco incoherentes, nuevas frases mutiladas. Hasta que, al fin, adquieren un ritmo sereno, comienzan a brotar de aquel dolor más frenadas, suavemente, aunque no menos temblorosas, desoladas. Y crecen, van creciendo en vehemencia, en intensidad, hasta llegar a la plena exaltación épica. Lo que empezó fluyendo a borbotones acaba por elevarse rítmicamente, como un escritor encendido en un palpitante fuego oculto.

—¡Qué tristeza volver los ojos a nuestras vidas, hoy mutiladas por bárbara historia! ¡Qué angustia saltar de aquella mi vida tan vivamente iluminada, a esta otra, inacabable túnel, cuajado, apretado de sombras! Fuimos víctimas de una terrible decisión del destino; hemos sido sacrificados ante el altar del dios desconocido, porque nadie conoce exactamente por qué, por quién fue sacrificado. Y aún debemos sentirnos orgullosos, no debemos tampoco insistir en nuestras quejas, puesto que aún podemos realizar experiencias a lo largo del túnel, experiencias tal vez felices... ¿Por qué habrán exigido de nosotros tan penoso holocausto? ¿Podemos, al menos, estar seguros de que en adelante los hombres, redimidos por nuestro dolor, han de vivir un poco más humanamente? Porque, si no ha de subir el tono general de la vida humana, si los hombres no van a ser más hombres, ¿a qué pedirnos nuestra vida? Si con nuestro sacrificio, con el de tantos como el mío, la vida humana va a continuar tan llena de mezquindades, ¿por qué nos la exigieron? Y, aunque sólo fuese por el respeto que merecen los que definitivamente cayeron, tantos como quedaron destrozados, ¿por qué no borrar ya para siempre tanta inútil querella? ¿Cuándo va a interrumpirse esta sangrienta cadena de venganzas?

Mercedes se incorpora levemente. Como soñando, comenta las últimas frases de Antonio.

—Una guerra grande siempre ha provocado muchas guerras pequeñas, más enconadas que la primera. Una en cada pueblo; una, también, en cada hogar, en cada corazón del mismo hogar. Un gran tirano siempre ha desatado en el mundo un tropel de cachorros, de tiranuelos, de dientes quizá más afilados que los dientes del progenitor.

—Guerras pequeñas... ¡Tentáculos de la guerra grande, de ese pulpo monstruoso que amenaza ahogar toda la tierra! La guerra, así, se multiplica, siembra el odio alrededor como siembra la metralla.

—¡El odio! —añade Mercedes— ¿Por qué no aventar esa mala semilla? Que se la lleve el viento hacia esas frías mesetas del poder político donde a los grandes ambiciosos, sin ningún rescoldo humano, lo fue helando poco a poco su misma soberbia.

Antonio se transfigura. Alza la frente como un joven dios vencido que apostrofa a los dioses mayores. Cada vez brota con más brío esta voz que comenzó sumisamente, como una queja rumorosa.

—¡Guerra! ¡Maldita guerra! Invención satánica de los eternos ambiciosos de poder. No son capaces de dominar espíritus y pretenden, destruyendo cuerpos, tomar posesión del mundo. ¡Miserable política: refugio de los hombres que fracasaron en todas las altas faenas del espíritu! Tú has inventado la guerra para vengarte de la derrota. Por eso no vacilas en destruir insensatamente lo edificado durante siglos. Ni el arte es capaz de detener tu peso, ni obra alguna del espíritu. Las bibliotecas son, para ti, otras tantas condenaciones. Para ti, los hombres son peones de ajedrez; las ideas, vilanos efímeros que arrastra el viento. La maravilla mayor del arte, una *posición* que destruir; el más alto ingenio, un enemigo que hacer callar, un temible acusador. La más delicada belleza, un instrumento policiaco. Te revuelves contra las más nobles tradiciones de los pueblos, como si no te bastaran las vidas presentes y quisieras ensañarte buscando en la historia nuevas víctimas. Te burlas de la fe como te burlas del amor. Tu única ley, guerra, es la del odio. Conviertes a los hombre en verdugos. No reconoces hombres, hermanos, sólo reconoces viles cómplices. No reconoces sentimientos, sólo reconoces miserables instintos. Por querer rectificar los caminos de un pueblo lo conviertes en un montón de ruinas. Por querer torcer la voluntad de un hombre ¡le hundes el hierro en mitad del corazón!

Mercedes interrumpe:

—Roba su gallardía a los cuerpos más ágiles, apaga la luz de los ojos más puros.
—Prosigue Antonio:
—Empaña el día más claro. Rompe la flecha de piedra más airosa. Destroza el pecho más leal, el corazón más generoso... Por donde tus pasos, guerra, la vida se acurruca, amedrentada, retrocede llena de pánico. Porque tú rebuscas viejos odios, como quien busca leña para avivar incendios. Y nada vivo se te escapa. Te nutres de venganzas, como quien se nutre de víboras. No detienen tu zarpa ni súplicas de mujer ni llantos de niño. No detienen tu metralla ni la espiga de trigo ni el rosal en flor. Para ti solo hay una estación: la del invierno. Sólo hay una cosecha: la del hierro encendido. Sólo hay un deleite: el mismo del verdugo. Querías convertir al mundo en un campo de maniobras para que, entre filas de muñecos uniformados, se paseaba el odioso dominador. Conviertes las ciudades en fábricas de metralla. Conviertes los campos en viveros de fusiles... Por ti los pueblos van perdiendo toda su gracia adquirida durante centurias, toda su risueña fisonomía... Llenas de fealdad el mundo. La inteligencia es para ti un instrumento con que urdir astucias, golpes de mano. La poesía se te convierte en insoportable arenga, la música en himno marcial... Manchas el aire y el mar con horrendos aparatos de muerte. Abres la tierra para allí esconder tus semillas de destrucción.

Comenta Mercedes:
—Nada, nada perdonas. El aire, la tierra y el mar son víctimas igualmente de sus frenéticos odios. El hombre, la mujer y el niño. La espiga y la rosa. Todo lo fecundo, todo lo bello de la tierra. Se burla del amor más profundo, se burla del más duro sacrificio. Para, insensible, sobre montones de víctimas, ir distribuyendo, burlescamente, unos pedazos de metal en recompensa a lo que llama heroísmo.

Prosigue Antonio:
—¡Eres inhumana, guerra! Dicen que te inventó Luzbel, allá, más arriba de los astros, cuando se contempló negras las alas... Tenías que ser una invención diabólica... ¡Maldita seas!

Su voz, fatigada, sordamente repite:
—¡Maldita, maldita seas!

(*Su línea de fuego.* Capítulo VII.)

JOSE DIAZ FERNANDEZ

Nace en Aldea del Obispo (Salamanca) en 1898. En 1918 se traslada a Oviedo. Pronto se dedica profesionalmente al periodismo. En 1925 se instala en Madrid. Su participación en Acción Republicana lo lleva a la cárcel y a tres meses de exilio en Lisboa. Con la llegada de la República sigue con su actividad política. Durante la guerra es nombrado jefe de Prensa en Barcelona. En enero de 1939 pasa a Francia y es internado en un campo de concentración. Vive después en Toulouse, en donde muere en 1941.

En 1928 publica **El blocao,** obra compuesta de siete relatos independientes, referidos en su mayor parte a la guerra de Marruecos. En 1929 aparece *La venus mecánica,* novela en la que, con técnica vanguardista, presenta un panorama del Madrid de la Dictadura. Siguieron el ensayo *El nuevo romanticismo* (1930), subtitulado «Polémica de arte, política y literatura»; *Vida de Fermín Galán* (en colaboración con Arderíus) y los relatos *La largueza* (en el volumen colectivo *Las siete virtudes,* Madrid, 1931) y *Cruce de caminos* (Madrid, *La novela de hoy,* marzo de 1931).

OTROS AUTORES

Ediciones

El blocao, Madrid, Turner, 1976. *La venus mecánica,* Madrid, Laia, 1984.

MAGDALENA ROJA

Confieso que la única persona que me desconcertaba en las Juntas del Sindicato era la compañera Angustias. Ya entonces tenía yo fama de orador. Cuando pedía la palabra en el tumulto de las discusiones, se apaciguaba el oleaje verbal, y los camaradas, aun aquellos que a lo largo del discurso habían de interrumpirme con frases más duras, adoptaban una postura cómoda para escucharme.

—Callarse. A ver qué dice «el Gafitas».

Debía el apodo a mi presbicia precoz, disimulada por las gafas de concha. En realidad, la mitad de mis éxitos oratorios nacen de este defecto óptico. Ya en pie, los oyentes, uno a uno, no existían para mí. Tenía delante una masa espesa, indeterminada, convertida, todo lo más, en materia dialéctica. Como no veía concretamente a nadie, ni llegaban a mí los gestos de aprobación o desagrado, exponía fácilmente mis ideas y permanecía aislado de toda coacción externa. Eso me daba un aplomo y una serenidad de tal índole que mis palabras se ceñían al argumento como la piel al hueso. A veces, una opinión mía provocaba una tempestad de gritos. Pero mi voz se abría paso como el rayo entre el clamor de la tormenta. A veces me insultaban:

—¡Charlatán! ¡Político!

—¡Palabras, no! ¡Acción!

—¡Intelectual! Sois una m... los intelectuales.

—¡Niño! ¿Qué sabes tú de eso?

Esta interrupción era la que prefería Angustias y me azoraba mucho. Porque yo comprendía que a mis discursos les faltaba la autoridad que dan los años. Era demasiado joven para conducir aquella milicia frenética de alpargatas, de trajes de mahón, con el alma curtida por el rencor de muchos siglos de capitalismo. Para ellos las palabras mágicas eran «huelga», «sabotaje», «acción directa». Yo sabía lanzarlas a tiempo, seguro de su efecto. Pero, en seguida, la asamblea se daba cuenta de que aquel que las pronunciaba las había aprendido en Marx o en Sorel y no en la bárbara escuela del trabajo manual. Aún ahora echo de menos en mi espíritu la disciplina del proletario, del hombre que ha conocido la esclavitud de la ignorancia y del jornal. Sólo ése posee un corazón implacable, ciego y cruel, un corazón revolucionario.

Yo, ¿por qué negarlo?, era un muchacho de la clase media, un *dilettante* del obrerismo. El «gran hecho ruso», como le llamaban los semanarios de la dictadura de Lenin, me había entusiasmado de tal modo que me di de alta en el Sindicato metalúrgico. Yo era perito químico en una fábrica de metales y estaba a punto de obtener el título de ingeniero. En mi cuarto había una cabeza de Lenin dibujada por mí mismo; una gran cabeza mongólica, a la que contemplaba con exaltada ternura, mientras abajo, en la calle, corrían, alegres, los automóviles charolados. Muchas veces evoco aquel cuarto, donde mis pasos latían como un rumor de la propia entraña del mundo. ¡Qué impaciencia por vivir, por luchar, por dejar de ser una oscura gota del torrente urbano! Y, a veces, el generoso pesimismo de los veinte años, el vago anhelo de morir por el simple hecho de que una mujer no se ha fijado en nosotros, o porque estuvimos torpes en una disputa, o porque el correo no ha traído la cita ofrecida la noche antes. En aquel cuarto esculpía mi pensamiento universos que minutos después quedaban convertidos en polvo.

Pero, siempre, mi conciencia acechaba como un centinela que tuviese la consigna de la duda. Yo me encontraba sin fuerzas para trazar una vida dura, obstinada, rectilínea. Lenin, huraño, enfermo, mal alimentado en su cuchitril de Berna, sin ropa para salir a la calle, era el atroz remordimiento de mi soledad. Porque yo sentía la carne gravitar constantemente sobre mi espíritu, y toda la vida circundante se convertía en tentación de mis sentidos. No era puro mi ren-

José Díaz Fernández, a la derecha del lector, en Toulouse, en 1940. Le acompaña el rabino sefardí Coria.

JOSE DIAZ FERNANDEZ

cor contra el burgués del automóvil y del abrigo de pieles. Y, sin embargo, no podía ser más repugnante aquella multitud ventruda y cerril que llenaba los teatros y los salones de té y se esparcía por toda la ciudad con su escandaloso rastacuerismo [1].

Pero el rival más temible de mi obra era el deseo erótico. Yo iba por las calles enredándome en todas las miradas de mujer; y tenía que ir quitándolas de mis pasos como si fueran zarzas o espinos. Aquello me perdía para «la causa». Pascual, el «líder», con su sonrisa, que era lo mismo que una grieta de sol entre la nube de la barba, me disculpaba con frecuencia:

—Este «Gafitas» es un muchacho que quiere sorberse el mundo con una paja, como quien se toma un refresco. Ya parará.

Angustias, sin embargo, no me lo perdonaba. Tan altiva, tan firme, tan fanática. Según ella, yo no tenía más que una visión literaria de la vida y en la primera ocasión me pasaría al campo de enfrente.

—Usted —solía decirme— no es de los nuestros. Usted es un señorito. No, no se enfade, «Gafitas»; usted no tiene la culpa. El atavismo, hijo, el atavismo. Mi odio contra todo esto ha venido acumulándose de generación en generación y estallará en mí cuando esta mano, ésta que usted ve tan pequeña, lance la bomba en una iglesia, en un Banco o en uno de esos reales clubs que hay por ahí.

—Esa mano —le contestaba yo en voz baja— no tirará más que besos.

___
1. Afán de ostentación.

—¡Puaf! ¡Qué asco me da usted! Como los señoritos. Como los señoritos.

....

—Adiós, Angustias.
—Sería raro no encontrarle; usted anda por la calle a todas horas. Detrás de alguna chica, ¿eh?
—Pues no. Salía a dar un paseo.
—Lo mismo que yo. Esta tarde estaba aburrida. Casi, casi, melancólica.
—¡Qué raro!
—Sí, es raro; esto no me da nunca. Lo que hago es ponerme de mal humor.
—¿Quiere usted que sigamos juntos?
—Bueno.
—Podemos entrar en un café de éstos a tomar cualquier cosa.
—No. En los del centro no me gusta. Vamos a un bar de barrio, de esos que tienen pianola.

Abandonamos las calles céntricas y atravesamos pasadizos angostos alumbrados con gas.

De vez en cuando teníamos que dejar la acera porque tropezábamos con parejas de novios adosadas a las fachadas y a las vallas. De las tabernas salían bocanadas de escándalo con alguna blasfemia silbando como una bala. Angustias censuraba siempre:

—Esto es lo que nos pierde. Son brutos; no piensan y se someten.
—No se empeñe usted, Angustias. La disciplina quitará interés a la vida. Reglamentarlo todo, someter la existencia a una organización, quizá nos haga más infelices.

Los ojos de Angustias fosforecían a la sombra:

—Pues mientras tanto no seremos la fuerza, no seremos nada.
—Pero ¿por qué está usted tan resentida con la vida? ¿Qué le ha pasado a usted?

No me contestó porque entrábamos en una animada calle de los suburbios.

—Aquel bar me gusta. A veces vengo aquí con Pascual.

Entramos. No había mesas vacías y el camarero nos colocó en la que ocupaban dos individuos con traza y gesto de chóferes. Discutían mucho acerca de una mujer.

—Te aseguro que es una birria en cuanto se quita la ropa.
—Me vas tú a decir... ¡Vamos, hombre!

Pedimos dos vermuts. Un endiablado

«jazz-band» negro alborotaba, incansable, entre la indiferencia de la clientela, que hablaba a gritos para imponerse a la música y consumía aperitivos y aceitunas. Angustias, volcando sobre mí las sombras más ocultas de sus ojos, me dijo:

—En efecto, «Gafitas»; yo soy una resentida, como usted dice. ¿Usted sabe por qué yo no he querido entrar antes en uno de esos cafés del centro? Porque ahí está todo mi pasado. Sí, mi pasado, mi vileza. Yo he vestido pieles y he tenido automóvil a mi puerta. Esto parece un folletín, pero es una historia. Y un día, ¡me daba aquello tanto asco!, la ciudad, el hotel, el hombre de las joyas, todo, que lo tiré como quien tira un cesto de basura a un vertedero. De repente, aquí, en las entrañas, sentí que me nacía la conciencia; una cosa muy rara, un odio, un rencor... Ahora padezco más pensando en mi juventud que en mi hambre de niña. A nadie se lo cuento. ¿Para qué? Pero hoy me han dado tristeza la calle y la casa. Hasta ese «jazz-band» que toca tan inútilmente.

—¡Magdalena roja!

Y en aquel mismo instante vi a aquella mujer tan alejada de mí, con un alma tan diferente a la mía, que la hubiera estrangulado en un abrazo.

(*El blocao*. Capítulo IV.)

AGUSTIN ESPINOSA

Nace en el Puerto de la Cruz (Tenerife) en 1897. Estudia Filosofía y Letras en Granada, en donde conoce a Lorca, y en Madrid. Obtiene poco después una cátedra de Literatura en el Instituto de Las Palmas. En 1935 se traslada al de Santa Cruz de Tenerife. Colabora en diversas revistas, especialmente en *Gaceta de Arte*. Muere en Los Realejos (Tenerife) en 1939, después de ser operado de una úlcera.

Entre sus obras, destacan *Lancelot 28-7.º (Guía integral de una isla atlántica)* (1928), **Crimen** y *Media hora jugando a los dados* (1934). *Crimen*, su obra más importante, publicada en Santa Cruz de Tenerife, supone la contribución más directa de Espinosa al surrealismo. Sin embargo, a pesar de que lo onírico es eje sustentador de cada página, la novela tiene una línea argumental fácilmente resumible: un viejo arroja una noche por la ventana bajo un tren a su joven esposa, que ama a otro hombre. La relación que mantuvo con ella, contada en tono elegíaco, ocupará las páginas siguientes. La protagonista de esta novela ya había aparecido en un relato anterior, *Oda a María Ana, primer premio de axilas sin depilar de 1930*. Esta narración y diversos ensayos de Espinosa han sido recogidos en *Textos (1927-1936)* (Santa Cruz de Tenerife, 1980).

Ediciones

Crimen, Madrid, Josefina Betancor, 1974.

LUNA DE MIEL

Me había dormido entre veinte senos, veinte bocas, veinte sexos, veinte muslos, veinte lenguas y veinte ojos de una misma mujer. Por eso fue mi despertar más angustioso y horripilante: crucificado sobre mi propia cama de matrimonio puesta en posición vertical tras un gran balcón de cristales abierto a una calle desolada. Amanecía tras aquel balcón que me servía de vitrina. Estaba completamente desnudo. Sentía frío y vergüenza de que me pudieran ver desde la calle. Unas finas manos de mujer florecían sobre mis pies como dos clavos blancos y, probablemente, eran ellas las que me sujetaban a la madera de la cama, aunque yo me consolara creyendo que intentaban desclavarme únicamente. La vergüenza de mi desnudez me angustiaba de nuevo. Inventé, para aquel momento, una oración llena de ternura, en la que había mezclados confusos recuerdos de un libro sobre las obras de misericordia que se me hizo aprender de memoria de niño y versos de Paul Claudel y fragmentos de mi Segundo epistolario.

Tras mi tierna oración, un ejército de moscas de alas verdes, de caracoles de campo, de cucarachas, de sapos y de pequeños ratones blancos, comenzaron a subirme por las piernas hasta cubrirme con sus inmundicias todo el cuerpo. He aquí el traje que se me tenía reservado. Bullía en torno a mi cabeza el hervidero hostil de las moscas. Un temblor espeluznante palpitaba sobre mi vientre y sobre mis brazos y sobre mi cara y sobre mis axilas y hasta sobre mis manos clavadas a la cama por dos anchos puñales que me producía una sangría abundante. Los ojos se me nublaban, y preveía que me iba a desmayar de un momento a otro. Mis mayores amarguras no provenían de esto sin embargo. Sino de una cabeza truncada de mujer morena, que desde un rincón del balcón me miraba con ojos suplicantes, como si dependieran sólo de mí sus destinos. De aquella cabeza terriblemente pálida, colocada sobre un pequeño velador, e iluminada por la luz tenue del alba, fluía un filo hilo de sangre que había formado un gran charco en el piso del balcón. Habló, al fin, la cabeza, y la voz de María Ana amaneció de pronto sobre la noche apremiante de la alcoba.

—Ahora puedo decirte que te odio, mi pobre viejo burlado, mi gran cornudo macilento. No tocarás ya jamás mis senos, acariciados hoy por manos de ángeles. Anda mi sexo ahora por las casas de prostitución de los puertos del Mediterráneo, visitadas por jóvenes marineros audaces, y mis pies corren tras brazos desclavados y tras labios vírgenes. Para ti me queda esta cabeza truncada y estos ojos tímidos y esta perenne boca insultante. Y este gran charco de mi propia sangre, goteando sobre la acera de una calle del alba y sobre los trajecitos blancos de las primeras escolares. El reloj de tu crucifixión. Tu clepsidra sangrienta. Con la última gota de mi sangre se acabará también tu sueño...

Empezaron a sonar sobre mi cabeza unas campanadas que yo sabía distantes; un dolondeo acelerado y monótono. Venía un aroma de incienso desde la calle y un murmullo de rezos y un taconeo de procesión y un rumor de enaguas. Alguien gritó, desgarradoramente, a mi espalda, apagando con su grito todos los ruidos.

Vi cómo el velador cedía como bajo un gran peso, y la cabeza de María Ana rodaba al suelo, arrastrando en su caída cuatro blandones [1] encendidos que yo no había visto hasta entonces. En el cielo, que empezaba a hacerse apenas rosado, flotaba una gran cruz oblonga a cuyo alrededor volaban varios cuervos silenciosos como siniestro rebaño de ataúdes alados.

¡NO! ¡NO!

Una madrugada de noviembre desvaída y hosca, un hombre, extenuado de muchas noches de vigilia, se paseaba agitadamente entre las paredes de una habitación celular, monologando en voz alta:

He aquí sus palabras:

—¡No! ¡No! ¡No es eso! ¡Ni lo ha sido nunca! La ventana sigue en el sitio de siempre. Pasaban ayer bajo ella las horas. Era mayo, y había sombras largas en sus perfumados ocasos. Era febrero, y una luz senil tendía una cortina de encajes sobre una ociosa calleja. Y era agosto, con cálidas rosas sobre muros resolados. O noviembre, con cristales nublosos y siluetas imprecisas de unos espectrales amantes, como en un escaparate de pascuas. La ventana empezó —¿qué febrero, qué mayo, qué agosto, qué noviembre?— a motivar preguntas misterio-

---

1. *Blandón:* candelero grande en que se ponen hachas de cera de un pabilo.

sas. Un perro huidizo fue muerto en un alba por una madrugadora carreta. Su cadáver permaneció varios días bajo la ventana ignorante. Fue otro día un sacerdote quien se abrió allí las venas. La gente empezó a mirar con superstición hacia la macabra ventana. Luego, ya, todo asesino vulgar, todo caprichoso suicida, era atraído hacia el tradicional escenario. Había de ser allí precisamente, aunque hubiera rincones más penumbrosos, plazas más solitarias, superiores encrucijadas. Esa muchacha que ha muerto hace apenas diez días, llevándose hasta el cielo el secreto de su destrozado cuerpo y de su cráneo fracturado, si se detuvo un instante, al morir, bajo una ventana iluminada, no fue para hacerse doble blanco de un puñal lanzado al aire y de un acelerado mazazo. No hacen falta relecciones de Poe ni sherlockhólmicas sutilezas. ¡Cuando Esquilo ya ha hablado, y ya ha hablado Shakespeare, y Lenormand ha hablado! Pero hay, en tanto, un enamorado infeliz entre bizquerías judiciales y lobregueces de una casa celular y sonar de llaves y horizontes enrejados. Ha perdido su ventana de tantos días. Ha perdido sus ocasos de mayo, sus encajes de febrero, sus rosas de agosto, sus encristaladas luces otoñales. ¿Qué ha tenido que ver con ese sacerdote, esa muchacha o ese perro? Habla ahora en voz baja, y suspira, y dice «¡Señor!», con el mismo aire vaticinal que cuando era marco de su vida una ventana abierta sobre un callejón desolado. Llegará —va a llegar— el día de los birretes oscuros y las oscuras togas. Llegará —va a llegar— la oración leguleya y el ceremonioso fallo. ¡Y la ventana espera! He visto, por primera vez, unas tablas despintadas tras los envelados cristales. He visto unas flores reflejadas en su luna nueva. Está como muerta. Como recién apuñalada por la sanción de un perro hambriento, un cura paranoide y una misteriosa muchacha. ¡Si no por ese amante infeliz —soflamadas lenguas hermenéuticas, síes juratoriales, índices oficiantes— por la angustiosa soledad de la dolorosa ventana!

(*Crimen*.)

ANDRES CARRANQUE DE RIOS

Nació y murió en Madrid (1902-1936). Desempeñó diversos oficios en su juventud. En 1932 publicó su primera novela, *Uno*, con prólogo de Baroja, al que había conocido durante el rodaje de *Zalacaín el aventurero*. Siguieron **La vida difícil** (1935) y *Cinematógrafo* (1936). En *La vida difícil* contrapone dos mundos: el de la burguesía acomodada y el de los desheredados de la fortuna. Sin embargo, tanto los que pertenecen a uno como a otro presentan idénticos síntomas de frustración y de ahogo, como consecuencia de la sociedad deshumanizada en la que viven.

Ediciones

La vida difícil, Madrid, Turner, 1975.

CUARTAS ESCENAS: I Y II

Fuera de la taberna declaró Julio:

—Yo tampoco voy al mitin. Si te parece bien, vamos al teatro.

Dionisio acogió esto sin ningún entusiasmo.

—¿No te gusta el teatro?

—No. El teatro español está completamente envilecido.

—Me agrada tu opinión. Precisamente...

—Si triunfa el comunismo —continuó Dionisio, sin permitir que Julio acabara la frase— no habrá otra solución que inutilizar a estos autores de hoy. Esa gente no hace más que manosear los mismos asuntos con las mismas frases. Si acaso, varían los nombres de los personajes. Escucharás siempre en el primer acto lo que relatan unos criados acerca de sus *señores*. Te enterarán de que el *señorito* es un calavera que llega tarde al lecho conyugal. Otro detalle que agrava la cosa es que la mujer recibe un anónimo descubriéndole que su marido está en relaciones con una pantalonera *castiza* y *madrileña*. En el segundo acto la esposa pide consejo a un sacerdote; después, a una amiga, y ésta le aconseja que se entreviste con una adivinadora...

Dionisio estaba parado a dos pasos, metidas las manos en los bolsillos de su chaqueta.

—Puedes reírte lo que gustes —y Dionisio reanudó la marcha—. Pero lo que te he contado es la pura verdad. El teatro español tiene una psicología representativa de todo lo mediocre que anida en este país. En el teatro español contemporáneo se elogia el mantón verbenero, el julepe, los toros y la mujer española. Se estrenan obras en las que aparecen Manolillo y Rocío hablando a través de una reja. En la ventana hay unos tiestos con flores, lo que es utilizado por el autor para que Manolillo hable en verso acerca de las flores que *semejan la bandera española*.

—Entonces, ¿cómo harías tú una obra teatral?

—Sencillamente, copiando de la realidad. ¿Tú has estado en Andalucía?

—Sí.

—¿Y tú has visto que un hombre diga a su novia esas tonterías de que las flores amarillas y los claveles rojos parecen la bandera española? Yo pienso escribir una cosa en un acto —soltó Dionisio de repente—. «El» es un vagabundo que se ha construido una choza en las afueras de la ciudad capitalista. Una noche llena de estrellas, en que cantan los grillos en la oscuridad, «él» regresa a su albergue llevando a la espalda un cesto con comida. Creo que este personaje se llamará Spartaco: ¿te parece bien el nombre?

—Sí; está bien ese nombre —y Julio temió que aquello ya hubiera terminado.

—En esa hermosa noche de verano Spartaco camina pensativo, cuando de pronto oye unos aullidos, que más bien parecen gritos humanos. Spartaco busca a la luz de la luna, y encuentra un perro. El animal continúa quejándose, y haciendo un esfuerzo, se levanta y lame una mano a Spartaco. El vagabundo carga con el animal, y, una vez en la choza, lava la herida que tiene el perro y lo venda con un trozo de su única camisa. Después salen de la choza y se reparten la comida. Encima de ellos las estrellas siguen luciendo su luz de plata. Spartaco mira el fulgor que flota sobre la ciudad capitalista, y queda pensativo. Se da cuenta de que el perro le está besando las manos. Spartaco acaricia al animal, y explica a su nuevo compañero la causa de que ellos sean como dos despojos de aquella ciudad, que brilla a unos kilómetros de la choza.

Como Julio quedara pensativo, Dionisio tuvo que aclarar:

—Antes de empezar la función se repartirán unos folletos, donde, aparte de otras cosas, se explicará que el vagabundo es un propagandista del anarquismo y que el perro representa al pueblo, esclavizado y hambriento.

Hecha esta aclaración, Dionisio se quitó el sombrero para rascarse en su revuelta cabeza. Después volvió a cubrirse con el hongo. Al pasar bajo los faroles proyectábase su silueta como una masa enorme. Tenía la costumbre de dar unos pasos, pararse, y en seguida reanudar la marcha. Como es natural, Julio quedaba delante, y podía observarlo a su gusto.

Acordaron entrar en un cinematógrafo de precios reducidos.

Dionisio justificó el meterse en un local barato afirmando que en estos sitios se encontraba uno con la clase más virgen de la humanidad.

* * *

Le habían tendido un colchón en el cuarto de Pedrote. Julio regresó del cinematógrafo, se desnudó y se acostó. Antes de que se durmiera apareció Pedrote. Preguntó si él había estado con Dionisio en el mitin. Julio dijo que no, pero sin revelar que habían preferido entrar en un cinema a asistir a la reunión de trabajadores.

Ya acostado Pedrote, y con la luz apagada, preguntó de nuevo:

—¿Por qué no has ido al mitin?

Julio se excusó débilmente; habló de Dionisio, de la taberna y del anarquista de la melena blanca. Pedrote le escuchó en la oscuridad.

—Créeme —dijo, fraternal—; vale la pena molestarse. Algún día, esto estará de otra manera.

* * *

Pedrote se durmió primero. Julio más tarde, con un sueño agitado, como si en la habitación alguien continuara desarrollando pensamientos avanzados. Aunque nadie podía ver en aquellas tinieblas, en la pared seguían vigilantes los ojos inmóviles de Vladimiro Ilitch (Lenin).

....

Con las últimas pesetas cenó y pagó el alquiler de la cama, donde durmió hasta las seis de la mañana. Llegó al puerto con las primeras luces del día, yendo directamente al muelle, donde habían atracado dos barcos noruegos. Julio se acercó a una caseta, donde bebió un té con unas gotas de aguardiente. A su alrededor charlaban varios trabajadores. Tapando la estufa, que mantenía caliente el depósito del té, había dos vagabundos. Los dos hombres se contentaban con aspirar el vaho tibio que se escapaba del depósito. Cuando un trabajador pedía alguna cosa, los vagabundos miraban con gesto envidioso, y continuaban aspirando las gratas emanaciones. El grupo de obreros dejó la caseta para llegar adonde aguardaban otros compañeros. Julio iba en el grupo, y al aparecer el capataz formó en una fila, hecha precipitadamente. Los descargadores movíanse nerviosos, temiendo no ser seleccionados.

Con una cabezada, el capataz indicó a Julio que estaba admitido. Formada la brigada, el capataz distribuyó a la gente para hacer la descarga, y se empezó a trabajar. A excepción de Julio, todos los descargadores llevaban en el hombro izquierdo una almohadilla. De esta forma las dos tablas que correspondían a cada descargador descansaban encima del paño, y no producían molestia. Julio comenzó el trabajo lleno de voluntad. Delante y detrás de él se movían los hombres, cargados o de vacío. El viaje de vuelta al barco lo utilizaban algunos para canturrear o para hablar con el compañero. Julio empezó a sentir un dolor caliente en el hombro. A media mañana este dolor era inaguantable. Como no era cosa de quitarse la chaqueta, el chaleco y la camisa para verse la parte dolorida, Julio continuó bajando tablas y entregándoselas a un compañero, que las iba apilando ordenadamente.

A las doce sonaron las sirenas, y los descargadores se desparramaron, en busca de comida. Julio simuló que marchaba a comer, y en cuanto estuvo lejos de los que habían trabajado con él acortó el paso y dio unas vueltas al barrio de Puerto Chico. Sentía hambre, pero el dolor del hombro casi le hacía olvidar lo del estómago. Entró en un cafetín de pescadores, y fue directamente adonde había una puerta con un letrero indicador. Julio entró en el retrete, se quitó la ropa, y violentando la cabeza, descubrió en su hombro izquierdo una llaga medio reseca. Se palpó la herida, y un escozor semejante a una quemadura le hizo apartar la mano. Antes de media hora tenía que volver a empezar el trabajo. Encerrado en la letrina trató de hacerse una pequeña cura, para aliviarse de aquel dolor, que le quemaba el hombro.

Se notó acorralado en el escaso sitio del retrete. Desde la otra parte alguien tiró del picaporte. Julio dijo algo, y el otro se alejó rezongando.

Se orinó en un trozo que había arrancado de su camisa y se lavó la herida. Después se vistió y salió del cafetín.

Se dirigió a los barcos medio mareado, pero dispuesto a terminar la jornada.

(*La vida difícil*.)

CESAR M. ARCONADA

Nació en Astudillo (Palencia) en 1900. Se dedicó al periodismo desde muy joven y fue redactor-jefe de *La Gaceta Literaria* en 1929. Poeta, ensayista y biógrafo, cultivó también la novela, el cuento y la crítica teatral. Su gran afición por el cine lo llevó a escribir una ***Vida de Greta Garbo*** (1930), relato novelesco de carácter vanguardista sobre esta famosa actriz y el mundo en que vivió.

En 1931 ingresa en el Partido Comunista. Colabora durante la República en *Octubre, Nueva Cultura, Línea* y *Nuestro Cinema*, y es crítico literario de *Mundo Obrero*. Defensor del realismo socialista, publica tres novelas de carácter social: *La turbina* (1930), *Los pobres contra los ricos* (1933) y *Reparto de tierras* (1934). En 1938 escribe ***Río Tajo,*** que se publicará en Moscú en 1970, y en España en 1978. Arconada lleva a cabo en esta novela una defensa a ultranza de la causa popular durante la guerra y una feroz diatriba contra la España «nacional».

En 1939, después de su paso por un campo de concentración francés, se traslada a Moscú. En esta ciudad, en la que morirá en 1964, publica en los años siguientes dos libros de relatos, algunas obritas teatrales y el extenso poema «Dolores». También traduce al castellano diversas obras clásicas de la literatura rusa.

Ediciones

Vida de Greta Garbo, Barcelona, Miguel Castellote, 1974. *Río Tajo,* Madrid, Akal, 1978.

PRIMER PLANO LIRICO

Greta Garbo: Líneas flexibles, mecidas al viento. Al viento fogoso de los ritmos sensuales. En la larga escalera de celuloide, su silueta alta, alta, de distensión, de perversión, subiendo, de espaldas, por la cuesta incandescente de los proyectores.

Surtidor pulido de formas. Sirena entre las espumas de la luz. Fina y firme. Venus perseguida en los bosques nocturnos del cinema por un aleteo de miradas absortas.

Greta Garbo: Forma de abiertas curvas. Redes, sutiles, para las alucinaciones obstinadas. Perfecta y perversa. Crespa maraña de espasmos, donde se anegan los vivos deseos del amor. Romanticismo del cinema. Corazones bajo la lluvia de sombra. Música y pespunte del proyector. Fuera, en la calle, el frío de los problemas del mundo.

Mujer —mujer: carne, nada— hecha de sueños, de arrebatos, de tentaciones. Mujer —mujer: carne, todo— hecha fuego, de pasión, de pecado.

Greta Garbo: Oleaje ondulado —y rubio— de cabellos. La luz. Los revelados. La química... Polvo de cinema. Rubio de electricidad. Rubio de incendio de focos. Rubio de las noches oscuras de las cámaras, bullentes de imágenes presas en la gelatina de las películas.

Ella —rubia: nuestra amante; la amante de todos—, haciendo cálidos los sueños sensuales de la adolescencia. Ella —rubia de fuego—, distribuyendo tentaciones desde el arambol [1] de la pantalla.

Greta Garbo: Mirada penetrante, sostenida, alargada. Extasis. Rumor de placer alzándose hacia las pupilas inmóviles. Vaguedad de hundirse o de alzarse; de volar o caer. Absorción. Cielo sin horizontes. Azul de caricias. Y su corazón reclinado, soñado, en hamaca de estrellas.

Siempre: sus párpados entornados, vueltos hacia las penumbras de las alcobas. Párpados somnolientos, cercanos a dormirse en el amor. Siempre: vaguedad de los deseos obsesionantes.

Greta Garbo: Desnuda de sombras. Blanca de luz. Rubia de luz. Mujer: Venus entre las espumas del cinema. En el cerco, el sol de todos los proyectores del mundo.

(*Vida de Greta Garbo.*)

---
1. Balaustrada.

OTROS AUTORES

RIO TAJO

¡Río Tajo! ¡Río Tajo!

Romero y miel de colinas agrestes recoges en la Alcarria. Más abajo te asomas a la Mancha como al vallado de una era sin fin, y te da miedo el Sur y el ancho sol de los viñedos y trigos. Tuerces cola, y te haces lagarto verde bajo los jardines de Aranjuez. Más allá templas aceros de claras aguas abrazado a la colina hidalga de Toledo. Cantas en la Vega y bajo los cigarrales de Tirso el romance de nuestra literatura clásica. Buscas castillos y viñas por El Carpio y Montearagón. En Talavera, llana y frondosa de sotos y huertas, ensanchas cauce frente a la maravillosa muralla de Gredos, que separa las Castillas. Junto a los paredones de cal, te recuestas en Calera. Y más allá, por el Puente del Arzobispo, te ocultas entre los encinares, bajo los tajos de Extremadura, hasta perderte en Portugal.

¡Río Tajo! ¡Río Tajo!

A buscar el corazón de España vienen, aguas arriba, los traidores. Tú eres leal, que por algo eres el río de nuestra tradición, y ellos, que no sienten tradición alguna porque son residuos y pecina [2] de charcas, vienen, río, a ensuciarte, a profanarte, a robarte, a hacer de tu curso puñal de muerte clavado en el centro de España, nuestro país bien amado. Si vosotros pudierais, leales aguas del Tajo, os encresparíais en alturas de montañas para formar barrera contra los invasores. ¡Atrás! —diríais—. ¿Vosotros, quién sois, que venís arrasándolo todo, encharcando de sangre los caminos, colgando de las encinas a la pobre gente hambrienta, lidiando en las plazas de toros, con estocadas de tiros, a las multitudes? ¿Vosotros quién sois que hacéis posible que los hijos abandonen a las madres, que las familias se rompan de pronto en huidas de pavor, que se abandonen las casas y los pueblos, que la gente huya de vosotros cuando ya estáis cerca, como se huía de la peste en los tiempos antiguos? ¿Vosotros quién sois, que dais miedo, que producís espanto, que nadie quiere caer bajo vuestro dominio de terror, que desbandáis hasta la más apacible vida que echó raíces en los remansos de cualquier monte? ¿Vosotros quién sois?

¡Río Tajo! ¡Río Tajo!

Las aguas, hechas montañas, infranqueables, como un encrespamiento azul del cielo, insistirían al cortarles el paso: ¿Vosotros quién sois?, ¿españoles? ¡Poco os duele la ruina y el dolor de España cuando así la arruináis y así la hacéis dolerse! ¡Poco amor tenéis a España cuando así la destruís, que nunca amor vi yo que fuese infecundo como las tierras de sal ni desbastase tierras amadas, como los ciclones! Si fuese amor, crearía y no destruiría. Mucho habláis de España, pero qué poco la sentís, que para sentirla hay que vivir unidos a ella desde el amanecer a la muerte, como el pueblo y no como vosotros que habéis sembrado la destrucción y la muerte. «¡Arriba España!» ¿Cómo? ¿Pero es que las ruinas pueden alzarse alguna vez? ¿Es que la ciudad destruida puede volver a su historia? ¿Es que el palacio antiguo que hunden las bombas de un avión italiano o alemán, a vuestro servicio, y al de ellos, puede volver a ser palacio? ¿Es que en la biblioteca incendiada, los libros hechos cenizas van a volver a ser libros? ¿Es acaso que un bello cuadro de Velázquez, del Greco o de Goya, puede ser, después de

---

2. Cieno negruzco que se forma en los charcos o cauces donde hay materias orgánicas en descomposición.

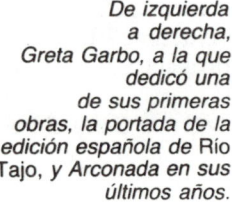

De izquierda a derecha, Greta Garbo, a la que dedicó una de sus primeras obras, la portada de la edición española de Río Tajo, *y Arconada en sus últimos años.*

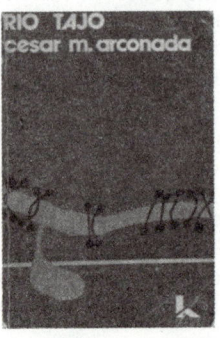

destruido, cuadro de Velázquez, del Greco o de Goya? ¿Es que las vidas, las miles y miles de vidas jóvenes que caen tronchadas sobre la tierra pueden volver a levantarse? [...]

¡Río Tajo! ¡Río Tajo!

El venerable río acabaría así: «Yo no quiero ser río vuestro, río de sangre y de traición, río de extranjería. ¡No quiero! Yo sólo quiero cauce tranquilo por tierras leales y españolas, y cuando en mis orillas hablen, sepa lo que hablan, y cuando trabajen, sepa para quién trabajan. Yo quiero ser el río de los que varean la aceituna, de los campesinos que cavan los viñedos, de los pastores que traen hasta mis aguas a los rebaños, de los que recogen la bellota de los encinares, de los trabajadores de los molinos, de los hortelanos de las huertas. Yo quiero ser el río de los que trabajan y no el río de los que cazan y se recrean. Yo quiero ser del pueblo y estar con el pueblo y no desprenderme de su destino como hasta hoy.

¡Dejadme libre, invasores! Ya me habéis cogido un trozo de mi larga cola, y me duele, me duele en todo el curso, como si mi cuerpo se resistiera a la división. No quiero que mis aguas se tiñan con la sangre de vuestros crímenes. No quiero que en mis aguas se miren caras ajenas. No quiero que los destructores de España vengan por mi camino a destruirla. No quiero ver de nuevo, como en los tiempos pasados, a los campesinos esclavos de los caciques, comiendo hierbas para alimentarse, a los jornaleros derrengados de tanto trabajar, a los niños desnudos comiendo bellotas porque no tienen pan. No quiero ver de nuevo a la fosca Guardia Civil apaleando a la gente, a los terratenientes ociosos venir de montería, y a los pobres rebeldes camino de las cárceles para que no perturben la paz de los poderosos».

¡Río Tajo! ¡Río Tajo!

«Quiero la libertad de España. Quiero la felicidad de España...»

¡Río Tajo! ¡Río Tajo!

España, este país antiguo de pastores, tiene forma de piel de toro. Bien sabido está. Pues he aquí, que si a un pastor se le hubiera caído un cayado en medio de esa piel, de Este a Oeste, la ruta que marca ese cayado con toda su curva empuñadura hacia sus fuentes, es el curso de este ilustre río de España, que todos los ingenios clásicos cantaron.

(*Río Tajo.*)

MIGUEL HERNANDEZ

Nació en Orihuela (Alicante) en 1910. Ocasionalmente, fue pastor. Asiste a la escuela hasta los catorce años. Poco después inicia la lectura indiscriminada de poetas españoles y extranjeros (Mallarmé y Rilke, entre otros). También empieza pronto a familiarizarse con el teatro clásico español. Su amigo Ramón Sijé, que dirigirá la revista *El Gallo Crisis*, de orientación católica y conservadora, influye, en estos primeros años, en su formación literaria e ideológica. A finales de 1931 realiza su primer viaje a Madrid. Dos años después aparece su primera obra, *Perito en lunas,* que pasó casi inadvertida. En 1934 marcha de nuevo a Madrid. José María Cossío, que prepara la Enciclopedia *Los toros,* le nombra su secretario. Publica un *Auto sacramental y* diversos poemas. Pronto inicia sus relaciones con Pablo Neruda, que ejercerá una influencia decisiva en él, y con algunos de los poetas del 27, en especial, con Vicente Aleixandre.

Poco a poco comienza a distanciarse de Ramón Sijé. En 1935, al mismo tiempo que dice adiós a su catolicismo, se agudiza su conciencia social.

Miguel Hernández, con un fotógrafo de Jaén, apellidado Tréllez, en los campos andaluces.

Durante la guerra mantiene una intensa actividad en favor de la República. Es soldado en Jaén y en Teruel, recorre los frentes como comisario de Cultura, recita sus versos en las trincheras. Escribe teatro, poemas, prosas. En 1937 se casa con Josefina Manresa y pasa un mes en Rusia. En 1939, al terminar la guerra, intenta refugiarse en Portugal, pero es devuelto a España. Pasa por varias cárceles (en la del Conde de Toreno coincide con Buero Vallejo, que le hace un conocido retrato). Se le juzga y condena a muerte, pero se le conmuta esta pena por la de treinta años de reclusión. En 1941 contrae una tuberculosis aguda, no atendida suficientemente, de la que muere, en la cárcel de Alicante, en 1942.

Obra

Miguel Hernández es el poeta que ejemplifica con mayor nitidez el proceso de rehumanización que sufre la poesía española en los años treinta. El largo camino que siguieron otros escritores desde la poesía pura hasta el compromiso social y político lo recorrió este poeta con una celeridad asombrosa.

Su obra, que en alguna ocasión se ha relacionado, sin mucho fundamento, con la de los poetas del 27 (Dámaso Alonso lo calificó de «epígono genial» de esta generación), anticipa el interés por lo humano, que será el eje de gran parte de la poesía española de la inmediata posguerra. La expresión abierta y sin trabas, con los más diversos tonos y matices, de emociones y sentimientos, y el compromiso social, patentes en la mayor parte de su producción, explican el éxito que alcanzó M. Hernández en los años cuarenta y cincuenta. Sin embargo, su estrella comienza a apagarse pronto. La mayor parte de los poetas de estas dos últimas décadas, orientados hacia otras preocupaciones, vitales y estéticas, le han vuelto la espalda.

Primera etapa. Su primer libro, ***Perito en lunas*** (1933), muestra a Miguel Hernández como un rezagado de la moda gongorina. Las 40 octavas que contiene, herméticas, oscuras, plagadas de audacias metafóricas, deben considerarse como un ejercicio poético que revela, en tan temprana fecha, una notable habilidad lingüística y una sorprendente capacidad mimética, de la que M. Hernández dará abundantes pruebas en años posteriores. Destacan en este libro las notas humorísticas, muy poco prodigadas en sus siguientes obras.

Poco a poco su poesía se depura, pierde hermetismo y se va empapando de sentimiento. M. Hernández demuestra ya que es hombre de pasiones e impulsos intensos, que no siempre sabe canalizar poéticamente. Los arrebatos en exceso emotivos y la retórica melodramática empañarán algunos de los poemas de esta primera etapa.

Hasta la guerra, Miguel Hernández cultiva prefentemente los temas amorosos, sobre todo en ***El rayo que no cesa*** (1936) (una versión anterior, *El silbo vulnerado*, que debía publicarse a finales de 1934, permaneció inédita hasta 1949). *El rayo que no cesa,* que se cierra con la *Elegía* en tercetos encadenados que dedica a Ramón Sijé, muerto en las Navidades de 1935, consta de una introducción en cuartetas, que anticipa el tono del libro (la muerte es como un rayo que acecha al poeta), a la que siguen un poema en estrofas clásicas, traspasado de angustia existencial («Me llamo barro, aunque Miguel me llamo»), y 27 sonetos, de factura claramente barroca, aunque aparezcan también expresiones coloquiales y algún eco del surrealismo. La pena que traspasa los poemas de este libro, y que se expresa con variedad de símbolos (el toro, el cuchillo, la negrura), la desesperación, y unas insistentes premoniciones de muerte, constituyen un freno a su alegría y entusiasmo de enamorado. Con estos sonetos Miguel Hernández se adelanta al éxito que esta forma estrófica alcanzará entre los poetas garcilasistas de posguerra.

También publica otros textos en estos años. En 1935 aparece, en *El Gallo Crisis,* «El silbo vulnerado», un largo poema excesivamente valorado, en el que, con ecos del viejo tema de menosprecio de corte y alabanza de aldea, reafirma con orgullo su condición de campesino. En él se pone de relieve la crisis personal, religiosa e ideológica, a la que antes aludíamos. La mención de Dios va unida a su ausencia («yo vi lo más notable de lo mío / llevado del demonio, y Dios ausente») y a su silencio («Y Dios dirá que está siempre callado»).

Segunda etapa. Durante la guerra, su poesía se hace más directa, con un lenguaje más asequible, aunque de cuidada elaboración. Los artificios retóricos se atenúan y hay una mayor contención en la expresión del sentimiento.

En estos años escribe **Viento del pueblo** (1937), **El hombre acecha** (1939) y algunos poemas sueltos. *Viento del pueblo* se abre con una elegía dedicada a García Lorca, y continúa con una visión de diversos aspectos de la guerra y una encendida defensa del pueblo que lucha para defender su dignidad y su libertad. El nacimiento de su primer hijo le inspira un intenso poema amoroso: «Canción del esposo soldado.»

En *El hombre acecha,* escrito entre 1937 y 1939, y publicado mucho después de su muerte, el ímpetu del libro anterior se ha atenuado. En la dedicatoria a Pablo Neruda, todavía es visible la esperanza: «... mira el pueblo que sonríe con una florida tristeza, augurando el porvenir de la alegre sustancia. El nos responderá...» Sin embargo, en los poemas que siguen, el gesto se torna meditativo y pesimista, como si presintiera la derrota.

Hacia 1938 ó 1939 debió empezar el **Cancionero y Romancero de ausencias** y una serie de poemas que suelen agruparse bajo el epígrafe de **Poemas últimos.** El *Cancionero,* publicado póstumamente (en su última edición contiene más de cien poemas) refleja, con tonos sombríos, la experiencia de la cárcel. Privado del contacto con su familia y con el mundo de la naturaleza, al poeta sólo le queda una sola libertad y alegría: la de amar. Aunque incluye poemas de métrica y lenguaje complejos, dominan los metros cortos y un neopopularismo hecho de sobriedad y sencillez expresivas, que no excluyen una cuidada elaboración de imágenes y metáforas.

Teatro. En sus primeros años escribe un auto sacramental de corte calderoniano, *Quién te ha visto y quién te ve y sombra de lo que eres* (1934). La revolución de Asturias le inspira un endeble «drama del monte y sus jornaleros», *Los hijos de la piedra* (1935). Mayor interés tiene el conflicto entre campesinos y caciques de su drama *El labrador de más aire,* en verso y con influencias de Lope de Vega, escrito antes de julio de 1936 y publicado en 1937.

Con el título de *Teatro en la guerra* publicó (Valencia, 1937) cuatro breves piezas en prosa: *La cola, El hombrecito, El refugiado* y *Los sentados.* Su última obra, *Pastor de la muerte,* escrita en 1937 ó 1938 gira en torno a la defensa de Madrid. Lo más interesante en ella son las cancioncitas líricas intercaladas, como ésta, en la que adapta viejos ecos populares a la situación del momento:

> ¡Cómo relucen!
> Entre los olivares,
> ¡cómo relucen,
> cuando van a los frentes
> los andaluces!
> ¡Qué bien parecen!
> ¡Sobre sierra Morena,
> qué bien parecen
> con el fusil al hombro
> los cordobeses!

Ediciones

Existen diversas recopilaciones de su obra. Las más asequibles son: *Poesías completas,* Madrid, Aguilar, 1979. *Poesías completas,* Madrid, Alianza, 1982. *Perito en lunas. El rayo que no cesa,* ed. de A. Sánchez Vidal, Madrid, 1976. *El hombre acecha* y *Cancionero y Romancero de ausencias,* ed. de Leopoldo de Luis y Jorge Urrutia, Madrid, Cátedra, 1984. *Teatro completo,* Madrid, Ayuso, 1978.

Vicente: a nosotros, que hemos nacido poetas entre todos los hombres, nos ha hecho poetas la vida junto a todos los hombres. Nosotros venimos brotando del manantial de las guitarras acogidas por el pueblo, y cada poeta que muere deja en manos de otro, como una herencia, un instrumento que viene rodando desde la eternidad de la nada a nuestro corazón esparcido [...] Nuestro cimiento será siempre el mismo: la tierra. Nuestro destino es parar en las manos del pueblo. Sólo esas honradas manos pueden contener lo que la sangre honrada del poeta derrama vibrante. Aquel que se atreve a manchar esas manos, aquellos que se atreven a deshonrar esa sangre, son los traidores asesinos del pueblo y la poesía, y nadie los lavará: en su misma suciedad quedarán cegados...

(Dedicatoria a V. Aleixandre en *Viento del pueblo.*)

OTROS AUTORES

Una de las maneras mías de luchar es haber comenzado a cultivar un teatro hiriente y breve: un teatro de guerra... Creo que el teatro es un arma magnífica de guerra contra el enemigo de enfrente y contra el enemigo de casa. Entiendo que todo teatro, toda poesía, todo arte, ha de ser, hoy más que nunca, un arma de guerra... Es la de hoy la hora más apropiada para mí: y no quiero dejarme dormir ni distraer, porque quiero ver cuajados los sentimientos y los pensamientos de mi gente en una vida de dignidad, de grandeza, y para eso pongo mis cinco sentidos en este trabajo de engrandecimiento, como puedo y como sé, junto a los mejores hombres de España... Yo me digo: hay que sepultar las ruinas del obsceno y mentiroso teatro de la burguesía, de todas las burguesías y comodidades del alma, que todavía andan moviendo polvo y ruina en nuestro pueblo... Cuando descansemos de la guerra y la paz aparte los cañones de las plazas y los corrales de las aldeas españolas, me veréis por ellos celebrar representaciones de un teatro que será la vida misma de España, sacada limpiamente de sus trincheras, sus calles, sus campos y sus paredes.

(Nota previa a *Teatro en la guerra*.)

III

¡A la gloria, a la gloria toreadores! [1]
La hora es de mi luna menos cuarto.
Emulos imprudentes del lagarto,
magnificaos el lomo de colores.
Por el arco, contra los picadores,
del cuerno, flecha, a dispararme parto.
¡A la gloria, si yo antes no os ancoro [2]
—golfo de arena—, en mis bigotes de oro!

(*Perito en lunas*.)

1. El toro, valiéndose de una serie de metáforas («luna menos cuarto», «bigotes de oro», «ancla»), se dirige a los toreros y los incita a la lucha. En los versos 3 y 4, el traje de luces del torero imita las irisaciones del lagarto. La imagen final («golfo de arena») se refiere a los cuernos contra la arena de la plaza.
2. *Ancorar*: anclar, hacer embarrancar.

¿No cesará este rayo que me habita
el corazón de exasperadas fieras
y de fraguas coléricas y herreras
donde el metal más fresco se marchita?

¿No cesará esta terca estalactita
de cultivar sus duras cabelleras
como espadas y rígidas hogueras
hacia mi corazón que muge y grita?

Este rayo ni cesa ni se agota:
de mí mismo tomó su procedencia
y ejercita en mí mismo sus furores.

Esta obstinada piedra de mí brota
y sobre mí dirige la insistencia
de sus lluviosos rayos destructores.

* * *

Me tiraste un limón, y tan amargo,
con una mano cálida, y tan pura,
que no menoscabó su arquitectura
y probé su amargura sin embargo.

Con el golpe amarillo, de un letargo
dulce pasó a una ansiosa calentura
mi sangre, que sintió la mordedura
de una punta de seno duro y largo.

MIGUEL HERNANDEZ

Pero al mirarte y verte la sonrisa
que te produjo el limonado hecho,
a mi voraz malicia tan ajena,

se me durmió la sangre en la camisa,
y se volvió el poroso y áureo pecho
una picuda y deslumbrante pena.

* * *

Umbrío por la pena, casi bruno [3],
porque la pena tizna cuando estalla,
donde yo no me hallo no se halla
hombre más apenado que ninguno.

Sobre la pena duermo solo y uno,
pena es mi paz y pena mi batalla,
perro que ni me deja ni se calla,
siempre a su dueño fiel, pero importuno.

Cardos y penas llevo por corona,
cardos y penas siembran sus leopardos
y no me dejan bueno hueso alguno.

No podrá con la pena mi persona
rodeada de penas y de cardos:
¡cuánto penar para morirse uno!

Como el toro he nacido para el luto
y el dolor, como el toro estoy marcado
por un hierro infernal en el costado
y por varón en la ingle con un fruto.

Como el toro lo encuentra diminuto
todo mi corazón desmesurado,
y del rostro del beso enamorado
como el toro a tu amor se los disputo.

Como el toro me crezco en el castigo,
la lengua en corazón tengo bañada
y llevo al cuello un vendaval sonoro.

Como el toro te sigo y te persigo,
y dejas mi deseo en una espada,
como el toro burlado, como el toro.

* * *

ELEGIA

(En Orihuela, su pueblo y el mío, se me ha muerto como el rayo Ramón Sijé, con quien tanto quería.)

Yo quiero ser llorando el hortelano
de la tierra que ocupas y estercolas,
compañero del alma, tan temprano.

Alimentando lluvias, caracolas
y órganos mi dolor sin instrumento,
a las desalentadas amapolas

daré tu corazón por alimento.
Tanto dolor se agrupa en mi costado,
que por doler me duele hasta el aliento.

Un manotazo duro, un golpe helado,
un hachazo invisible y homicida,
un empujón brutal te ha derribado.

No hay extensión más grande que mi herida,
lloro mi desventura y sus conjuntos
y siento más tu muerte que mi vida.

Ando sobre rastrojos de difuntos,
y sin calor de nadie y sin consuelo
voy de mi corazón a mis asuntos.

Temprano levantó la muerte el vuelo,
temprano madrugó la madrugada,
temprano estás rodando por el suelo.

No perdono a la muerte enamorada,
no perdono a la vida desatenta,
no perdono a la tierra ni a la nada.

En mis manos levanto una tormenta
de piedras, rayos y hachas estridentes
sedienta de catástrofes y hambrienta.

Quiero escarbar la tierra con los dientes,
quiero apartar la tierra parte a parte
a dentelladas secas y calientes.

Quiero minar la tierra hasta encontrarte
y besarte la noble calavera
y desamordazarte y regresarte.

---

3. De color negro u oscuro.

OTROS AUTORES

Volverás a mi huerto y a mi higuera;
por los altos andamios de las flores
pajareará tu alma colmenera

de angelicales ceras y labores.
Volverás al arrullo de las rejas
de los enamorados labradores.

Alegrarás la sombra de mis cejas,
y tu sangre se irán a cada lado
disputando tu novia y las abejas.

Tu corazón, ya terciopelo ajado,
llama a un campo de almendras espumosas
mi avariciosa voz de enamorado.

A las aladas almas de las rosas
del almendro de nata te requiero,
que tenemos que hablar de muchas cosas,
compañero del alma, compañero.

(10 de enero de 1936.)

(El rayo que no cesa.)

EL NIÑO YUNTERO

Carne de yugo, ha nacido
más humillado que bello,
con el cuello perseguido
por el yugo para el cuello.

Nace, como la herramienta,
a los golpes destinado,
de una tierra descontenta
y un insatisfecho arado.

Entre estiércol puro y vivo
de vacas, trae a la vida
un alma color de olivo
vieja ya y encallecida.

Empieza a vivir, y empieza
a morir de punta a punta
levantando la corteza
de su madre con la yunta.

Empieza a sentir, y siente
la vida como una guerra,
y a dar fatigosamente
en los huesos de la tierra.

Contar sus años no sabe,
y ya sabe que el sudor
es una corona grave
de sal para el labrador.

Trabaja, y mientras trabaja
masculinamente serio,
se unge de lluvia y se alhaja
de carne de cementerio.

A fuerza de golpes, fuerte,
y a fuerza de sol, bruñido,
con una ambición de muerte
despedaza un pan reñido.

Cada nuevo día es
más raíz, menos criatura,
que escucha bajo sus pies
la voz de la sepultura.

Y como raíz se hunde
en la tierra lentamente
para que la tierra inunde
de paz y panes su frente.

Me duele este niño hambriento
como una grandiosa espina,
y su vivir ceniciento
revuelve mi alma de encina.

Le veo arar los rastrojos,
y devorar un mendrugo,
y declarar con los ojos
que por qué es carne de yugo.

Me da su arado en el pecho,
y su vida en la garganta,
y sufro viendo el barbecho
tan grande bajo su planta.

¿Quién salvará a este chiquillo
menor que un grano de avena?
¿De dónde saldrá el martillo
verdugo de esta cadena?

Que salga del corazón
de los hombres jornaleros,
que antes de ser hombres son
y han sido niños yunteros.

(Viento del pueblo.)

MIGUEL HERNANDEZ

NANAS DE LA CEBOLLA [4]

(Dedicadas a su hijo, a raíz de recibir una carta de su mujer, en la que le decía que no comía más que pan y cebolla.)

La cebolla es escarcha
cerrada y pobre:
escarcha de tus días
y de mis noches.
Hambre y cebolla,
hielo negro y escarcha
grande y redonda.

En la cuna del hambre
mi niño estaba.
Con sangre de cebolla
se amamantaba.
Pero tu sangre,
escarchada de azúcar,
cebolla y hambre.

Una mujer morena
resuelta en luna
se derrama hilo a hilo
sobre la cuna.
Ríete, niño,
que te tragas la luna
cuando es preciso.

Alondra de mi casa,
ríete mucho.
Es tu risa en los ojos
la luz del mundo.
Ríete tanto
que en el alma, al oírte,
bata el espacio.

Tu risa me hace libre,
me pone alas.
Soledades me quita,
cárcel me arranca.
Boca que vuela,
corazón que en tus labios
relampaguea.

Es tu risa la espada
más victoriosa,
vencedor de las flores
y las alondras.
Rival del sol.
Porvenir de mis huesos
y de mi amor.

La carne aleteante,
súbito el párpado,
el niño como nunca
coloreado.
¡Cuánto jilguero
se remonta, aletea,
desde tu cuerpo!

Desperté de ser niño:
nunca despiertes.

Triste llevo la boca:
ríete siempre.
Siempre en la cuna,
defendiendo la risa
pluma por pluma.

Ser de vuelo tan alto,
tan extendido,
que tu carne parece
cielo cernido [5].
¡Si yo pudiera
remontarme al origen
de tu carrera!

Al octavo mes ríes
con cinco azahares.
Con cinco diminutas
ferocidades.
Con cinco dientes
como cinco jazmines
adolescentes.

Frontera de los besos
serán mañana,
cuando en la dentadura
sientas un arma.
Sientas un fuego
correr dientes abajo
buscando el centro.

Vuela niño en la doble
luna del pecho:
él, triste de cebolla,
tú, satisfecho.
No te derrumbes.
No sepas lo que pasa
ni lo que ocurre.

---

[4]. El 12 de septiembre de 1939, desde la prisión de Torrijos, en Madrid, M. Hernández le escribía a su mujer: «Estos días me los he pasado cavilando sobre tu situación, cada día más difícil. El olor de la cebolla que comes me llega hasta aquí y mi niño se sentirá indignado de mamar y sacar zumo de cebolla en vez de leche. Para que lo consueles, te mando esas coplillas que le he hecho, ya que para mí no hay otro quehacer que escribiros a vosotros o desesperarme».

[5]. En otras ediciones: «que tu carne es el cielo / recién nacido».

CASIDA DEL SEDIENTO

Arena del desierto
soy: desierto de sed.

Oasis es tu boca
donde no he de beber.

Boca: oasis abierto
a todas las arenas del desierto.

Húmedo punto en medio
de un mundo abrasador,
el de tu cuerpo, el tuyo,
que nunca es de los dos.

Cuerpo: pozo cerrado
a quien la sed y el sol han calcinado.

(Ocaña, mayo de 1941.)

(Cancionero y Romancero de ausencias.)

OTROS AUTORES

CANCION DEL ESPOSO SOLDADO

He poblado tu vientre de amor y sementera,
he prolongado el eco de sangre a que respondo
y espero sobre el surco como el arado espera:
he llegado hasta el fondo.

Morena de altas torres, alta luz y altos ojos,
esposa de mi piel, gran trago de mi vida,
tus pechos locos crecen hacia mí dando saltos
de cierva concebida.

Ya me parece que eres un cristal delicado,
temo que te me rompas al más leve tropiezo,
y a reforzar tus venas con mi piel de soldado
fuera como el cerezo.

Espejo de mi carne, sustento de mis alas,
te doy vida en la muerte que me dan y no tomo.
Mujer, mujer, te quiero cercado por las balas,
ansiado por el plomo.

Sobre los ataúdes feroces en acecho,
sobre los mismos muertos sin remedio y sin fosa
te quiero, y te quisiera besar con todo el pecho
hasta en el polvo, esposa.

Cuando junto a los campos de combate te piensa
mi frente que no enfría ni aplaca tu figura,
te acercas hacia mí como una boca inmensa
de hambrienta dentadura.

Escríbeme a la lucha, siénteme en la trinchera:
aquí con el fusil tu nombre evoco y fijo,
y defiendo tu vientre de pobre que me espera,
y defiendo tu hijo.

Nacerá nuestro hijo con el puño cerrado,
envuelto en un clamor de victoria y guitarras,
y dejaré a tu puerta mi vida de soldado
sin colmillos ni garras.

Es preciso matar para seguir viviendo.
Un día iré a la sombra de tu pelo lejano,
y dormiré en la sábana de almidón y de estruendo
cosida por tu mano.

Tus piernas implacables al parto van derechas,
y tu implacable boca de labios indomables,
y ante mi soledad de explosiones y brechas
recorres un camino de besos implacables.

Para el hijo será la paz que estoy forjando.
Y al fin en un océano de irremediables huesos
tu corazón y el mío naufragarán, quedando
una mujer y un hombre gastados por los besos.

(Viento del pueblo.)

Arriba: el poeta recita ante unos amigos durante los años de la guerra. Abajo: foto que dedica a Josefina Manresa, desde Madrid, a comienzos de 1936

MIGUEL HERNANDEZ

18 DE JULIO DE 1936-18 DE JULIO DE 1938

Es sangre, no granizo, lo que azota mis sienes.
Son dos años de sangre: son dos inundaciones.
Sangre de acción solar, devoradora vienes,
hasta dejar sin nadie y ahogados los balcones.

Sangre que es el mejor de los mejores bienes.
Sangre que atesoraba para el amor sus dones.
Vedla enturbiando mares, sobrecogiendo trenes,
desalentando toros donde alentó leones.

El tiempo es sangre. El tiempo circula por mis venas.
Y ante el reloj y el alba me siento más que herido,
y oigo un chocar de sangres de todos los tamaños.

Sangre donde se puede bañar la muerte apenas:
fulgor emocionante que no ha palidecido,
porque lo recogieron mis ojos de mil años.

CANCION ULTIMA

Pintada, no vacía:
pintada está mi casa
del color de las grandes
pasiones y desgracias.

Regresará del llanto
adonde fue llevada
con su desierta mesa,
con su ruinosa cama.

Florecerán los besos
sobre las almohadas.
Y en torno de los cuerpos
elevará la sábana
su intensa enredadera
nocturna, perfumada.

El odio se amortigua
detrás de la ventana.

Será la garra suave.

Dejadme la esperanza.

(El hombre acecha.)

Llegó con tres heridas:
la del amor,
la de la muerte,
la de la vida.

Con tres heridas viene:
la de la vida,
la del amor,
la de la muerte.

Con tres heridas yo:
la de la vida,
la de la muerte,
la del amor.

(Cancionero y
Romancero de ausencias.)

*Miguel Hernández
en el campo de Cox,
en agosto de 1936.*

OTROS AUTORES

VUELO

Sólo quien ama vuela. Pero, ¿quién ama tanto
que sea como el pájaro más leve y fugitivo?
Hundiendo va este odio reinante todo cuanto
quisiera remontarse directamente vivo.

Amar... Pero, ¿quién ama? Volar... Pero, ¿quién vuela?
Conquistaré el azul ávido de plumaje,
pero el amor, abajo siempre, se desconsuela
de no encontrar las alas que dan cierto coraje.

Un ser ardiente, claro de deseos, alado,
quiso ascender, tener la libertad por el nido.
Quiso olvidar que el hombre se aleja encadenado.
Donde faltaban plumas puso valor y olvido.

Iba tan alto a veces, que le resplandecía
sobre la piel el cielo, bajo la piel el ave.
Ser que te confundiste como una alondra un día,
te desplomaste otro como el granizo grave.

Ya sabes que las vidas de los demás son losas
con que tapiarte: cárceles con que tragar la tuya.
Pasa, vida, entre cuerpos, entre rejas hermosas.
A través de las rejas, libre la sangre afluya.

Triste instrumento alegre de vestir; apremiante
tubo de apetecer y respirar el fuego.
Espada devorada por el uso constante.
Cuerpo en cuyo horizonte cerrado me despliego.

No volarás. No puedes volar, cuerpo que vagas
por estas galerías donde el aire es mi nudo.
Por más que te debatas en ascender, naufragas.
No clamarás. El campo sigue desierto y mudo.

Los brazos no aletean. Son acaso una cola
que el corazón quisiera lanzar al firmamento.
La sangre se entristece de debatirse sola.
Los ojos vuelven tristes de mal conocimiento.

Cada ciudad, dormida, despierta, loca, exhala
un silencio de cárcel, de sueño que arde y llueve
como un élitro ronco de no poder ser ala.
El hombre yace. El cielo se eleva. El aire mueve.

(Poemas últimos.)

Josefina Manresa, con la que el poeta se casó en 1937. «Yo no quiero más luz que tu cuerpo ante el mío: / claridad absoluta, transparencia redonda. / Limpidez cuya entraña, como el fondo del río, / con el tiempo se afirma, con la sangre se ahonda.»

A la izquierda: la pareja, en Jaén, tres días después de la boda.
«Yo no quiero más luz que tu sombra dorada / donde brotan anillos de una hierba sombría. / En mi sangre, fielmente por tu cuerpo abrasada, / para siempre es de noche: para siempre es de día.»

La literatura del exilio   VI

Durante la guerra, y, sobre todo, al finalizar la misma, tuvieron que exiliarse un número abundantísimo de profesores, científicos, juristas, filósofos, artistas y escritores (textos I, II y III). Después de una corta o larga estancia en Francia y en otros países europeos, la mayor parte de esta «España peregrina» se trasladó a Hispanoamérica (a México, sobre todo). La dispersión intentó paliarse con la creación de numerosas revistas (España peregrina, Romance, Las Españas, etc.), muchas veces de vida efímera, en las que casi todos colaboraron (textos IV y V). Para Juan Marichal:

> El exilio español contemporáneo es (exceptuando el ruso) el de más larga duración de la Europa contemporánea. Pero, sobre todo, el exilio español fue un exilio largo y perseverante: el exilio ruso, en cambio, ha dejado de serlo por su misma extensión cronológica y por su carencia de un continuo norte político. El exilio español ofrece así al historiador la singularidad de ser el más persistente del actual siglo europeo: esto es, la historia de España posbélica (1939-1975) no puede escribirse sin prestar atención a la otra zona (como se decía durante la guerra civil), a la del exilio [...]. El balance, pues, de estas tres décadas y media de historia política no es negativo: los exiliados españoles han hecho políticamente casi todo lo que podía hacerse. Su presencia misma ha incidido constantemente sobre el régimen caudillista y ha contribuido a que éste cambie y busque maneras de responder al interrogante que es la existencia misma del exilio. Araquistáin decía que el exilio se había «consumido por la acción» del tiempo: yo diría más bien que el exilio ha consumado casi todo lo que estaba a su alcance histórico. La simbólica «Numancia errante» del exilio español puede por eso enorgullecerse de haber sabido legar a su patria una continuidad ideológica, una consistencia espiritual, y hasta una simple ética, que son indispensables para las tareas reconstructoras de la España democrática que viene.

La evolución de su obra en el exilio se vio condicionada, lógicamente, por la nueva situación que les tocó vivir. Lo habitual fue que, después de un periodo de desconcierto y de desorientación, que se advierte sobre todo en la poesía, reanudaran su labor literaria, con su voz propia o con nuevos acentos. En algunos escritores apenas se observan cambios sustanciales con respecto a su obra anterior. En otros, especialmente en los que ha-

El «Sinaia» atracó en Veracruz el 13 de junio de 1939. Era el primer barco que llegaba a México con republicanos españoles. A bordo del mismo escribió Pedro Garfias su poema «Entre España y México», en el que decía: «Pueblo libre de México; / como en otro tiempo por la mar salada / te va un río español de sangre roja, / de generosa sangre desbordada».

La literatura del exilio

bían estado vinculados al vanguardismo de los años veinte, se intensifica el proceso de rehumanización iniciado antes de la guerra. Max Aub comentará, al respecto:

> [Francisco] Ayala y yo escribíamos entonces [antes de 1936] textos puramente literarios. Tuvo que venir la guerra para que nos interesáramos literariamente en la política. Desde entonces nuestra obra, sobre todo la mía, está mucho más atada a la actualidad.

A diferencia de lo ocurrido con los emigrados de otros países, los exiliados españoles casi nunca se integraron plenamente en sus nuevas patrias. Aunque en sus obras también abordaron problemas de carácter general, sin precisiones de espacio y tiempo, o se refirieron a los países en los que vivieron, el recuerdo de España, sobre todo de la anterior a 1939, las reflexiones acerca de la guerra y de sus consecuencias, la evocación melancólica y serena de las tierras lejanas, el ansia de regreso, la añoranza emocionada de los amigos perdidos, la aceptación resignada y dolorosa de un difícil cambio político, la relación con los diferentes lugares de residencia, constituirán el eje de la mayor parte de sus obras (textos VII, VIII y IX). Las meditaciones sobre España serán también comunes a los ensayistas e historiadores profesionales (en esta Antología recogemos dos fragmentos de las conocidas teorías de Américo Castro y de Claudio Sánchez Albornoz). Como escribe José Luis Abellán:

> La instalación de una inmensa mayoría de los exiliados en países sudamericanos les dio una nueva perspectiva de lo que representaba España; y es indudable que la América hispana ofrece un horizonte inmejorable a los españoles para meditar sobre España,

El Panteón Español de México. José Moreno Villa escribirá: «Yace tu tierra más allá del agua. / Nunca tus ojos volverán a verla [...] / Lo grave de morir en tierra extraña / es que mueres en otro, no en ti mismo. / Te morirás prestado».

VI

sobre su destino histórico y sobre su significado presente y futuro dentro de la cultura occidental. Es patente que muchos de los filósofos y de los pensadores dedicaron atención a este tema y sacaron fructuosas conclusiones, alejadas tanto del pesimismo noventayochista como del triunfalismo imperial que se manifestó durante aquellos años en la Península, donde se hablaba de «Años triunfales», de «por el Imperio hacia Dios», de «España como reserva moral y espiritual de Occidente, etc.

Otro género cultivado con frecuencia fue el de las Crónicas y las Memorias. A él se entregaron no sólo los políticos y militares, que trataban de justificar muchas veces su actuación o de reflexionar sobre las causas de la derrota, sino diversos profesores, periodistas, narradores y poetas que sintieron la necesidad de dar testimonio de la experiencia vivida o de remontarse a los primeros años de su vida. Claudio Sánchez Albornoz confesará en De mi anecdotario político:

> Me he preguntado a menudo si tengo derecho a privar a los historiadores de mañana del conocimiento de relatos, unos pintorescos y otros dramáticos, que permiten entender diversos aspectos de la vida política y social española del siglo que termina en 1940.

Digamos, por último, que todos estos escritores y ensayistas se vieron privados del público al que mayoritariamente se dirigían. La imagen que de ellos se dio en la España oficial estuvo sistemáticamente tergiversada y sus obras, con pocas excepciones, fueron prohibidas. Para Carlos Sampelayo:

> No fue lo peor que nos ganaran la guerra, sino que nos ganaran la Historia. La Historia se deforma siempre a imagen y semejanza del triunfador, o se disfraza, o se anula. Esto último es lo que se ha hecho en España con trascendencia pedagógica. España, la historia española, empieza a partir de 1939.
> Nosotros, los que fuimos antes, no somos nadie. Los hechos no existieron. Falacias y mentiras para el curioso, si lo hay.

A partir de 1977 todos fueron regresando. Algunos lo hicieron en años anteriores, aunque, con pocas excepciones (la más sonada fue la de Alejandro Casona), su adaptación a la vida española fue difícil, o vivieron, como Gil-Albert, en un permanente exilio interior (texto VI). Un buen número de ellos, sin embargo (Cernuda, Juan Rejano, Pedro Salinas, Corpus Barga, Juan Ramón Jiménez, Juan José Domenchina, Moreno Villa), habían muerto en los más diferentes países.

Casi todos los autores que recogemos aquí habían iniciado su carrera literaria antes de salir de España. Sin embargo, será en el exilio cuando nos darán lo más granado de la misma. El lector deberá completar este apartado con otros escritores que también abandonaron España (Juan Ramón Jiménez, León Felipe, Moreno Villa, Benjamín Jarnés, los poetas del 27, con excepción de G. Diego, V. Aleixandre y Dámaso Alonso, entre otros), y que figuran en diversos lugares de esta Antología.

LA LITERATURA DEL EXILIO

DOCUMENTOS

I. Vicente Llorens

La emigración republicana de 1939

La ocupación de las provincias vascongadas por las fuerzas del general Franco determinó la emigración de numerosos vascos que hicieron causa común con la República. Buena parte se quedó en Francia; muchos emigraron desde allí a países hispanoamericanos, principalmente Venezuela y Argentina; otros se trasladaron a la zona republicana. Aprobada por las Cortes a poco de empezar la guerra la autonomía vasca, se formó un Gobierno de aquella región, que tuvo también representantes en el de la República.

La caída poco después de Santander y de Asturias provocó asimismo otro contingente de emigrados a Francia, pero éstos, dirigentes políticos y milicianos en su mayoría, pasaron casi en su totalidad a territorio republicano.

El derrumbamiento del frente de Aragón tras la brillante y costosa operación del Ebro por parte de las fuerzas de la República, trajo consigo la rápida ocupación de Cataluña por los ejércitos nacionalistas y el cruce de los Pirineos hacia Francia de una enorme masa de refugiados.

Nunca en la historia de España se había producido un éxodo de tales proporciones ni de tal naturaleza. En los primeros días de febrero de 1939 cruzaron la frontera por Puigcerdá, La Junquera y Port Bou o a través de las montañas, no solamente soldados y oficiales del ejército de la República, funcionarios del Gobierno, dirigentes políticos y sindicales, obreros y profesionales de todo orden, sino las mujeres y los hijos de no pocos de ellos.

Aunque las cifras dadas por autores y organismos diversos ofrecen considerable disparidad, puede calcularse sin gran error que no bajaron de cuatrocientos mil los españoles que pasaron a Francia. Al cabo de varios meses —forzados muchos a optar entre la Legión extranjera y la vuelta a su país— habían regresado a España más de cien mil. El 3 de octubre quedaban unos doscientos cincuenta mil. Por entonces ya habían empezado las expediciones a América y el número de fallecidos en los campos de concentración era muy alto.

Muchos años después, en 1957, cifras oficiales y de organizaciones de ayuda, no siempre concordantes, arrojaban aún más de cien mil refugiados. Número que desde entonces fue disminuyendo progresivamente por defunción, sobre todo, naturalización y repatriación. En 1968 quedaban poco más de la mitad.

Si en los primeros tiempos la mayoría de los refugiados en Francia se encontraba en los campos de concentración, al final, después de treinta y tantos años, una parte no escasa de los supervivientes se veía reducida a los asilos de ancianos.

Con pocas excepciones, el torrente de republicanos fugitivos fue conducido por fuerzas armadas francesas a campos de concentración localizados principalmente en la costa mediterránea del departamento de los Pirineos Orientales. Campos que al principio no eran otra cosa que extensos arenales cerrados por alambradas y vigilados por guardias móviles y soldados africanos. Tristemente célebres fueron los de Argelès-sur-Mer, Saint-Cyprien, que en marzo de 1939 contenía ciento dos mil hombres, y Barcarès, el más reciente y mejor establecido, que gracias a la organización de los propios confinados llegó a disponer hasta de una biblioteca [...]

En contraste con las emigraciones políticas anteriores, formadas casi exclusivamente por grupos de una sola clase social, la que se produjo al terminar la guerra de España la componían no sólo funcionarios, profesionales y escritores procedentes de varios estratos de la clase media, sino un número mucho mayor de representantes del proletariado. El escritor soviético Ilya Ehrenburg pudo titular burlescamente un libro suyo *España, república de trabajadores;* pero la verdad es que el célebre primer artículo de la

DOCUMENTOS

Constitución de 1931, que definía el nuevo Estado español como «república de trabajadores de todas clases», no estuvo nunca tan cerca de la realidad como en el éxodo de 1939 [...]

La situación de los escritores y periodistas emigrados —cuyo deslinde profesional difícilmente puede trazarse en España desde tiempos de Larra— no fue la misma en la América de habla española que en los países europeos. Mientras en México encontraron unos y otros ocupación en la prensa mexicana como redactores o colaboradores, en Francia hubieron de confinarse, salvo raras excepciones, a los periódicos que ellos mismos fundaron. Bien es verdad que la proliferación de la prensa emigrada alcanzó en Francia proporciones extraordinarias.

Todo partido, todo grupo tuvo su órgano de expresión, desde los republicanos hasta los comunistas, pasando por los socialistas y las organizaciones sindicales; y a veces más de un periódico. Pero en su mayoría tenían carácter político, aunque llevaran una parte literaria en sus páginas o en forma de suplementos y hubiera también revistas culturales. Por otra parte, sus recursos económicos, muy escasos, procedían en general de las propias organizaciones políticas. En consecuencia, quienes colaboraban en tales periódicos no percibían remuneración alguna; si acaso, como miembros del Partido o simpatizantes, contribuyeron a su sostenimiento. Y, sin embargo, fueron muchos los que participaron en este periodismo de destierro, tanto quienes habían pertenecido a la profesión en España como los que hicieron entonces sus primeras armas.

(*El exilio español de 1939*, Madrid, Taurus, 1976, Vol. I, págs. 99-106.)

II. Agustí Bartra

Cristo de 200.000 brazos

Un mes antes, la playa de Argelés estaba desierta. Las gaviotas volaban alegremente por su cielo, y sus arenas eran un cinturón de oro entre el agua azul y el verde valle. Pero ahora se extendía allí una ciudad de cien mil habitantes.

Las ciudades de los hombres nacen lentamente. Los antiguos caminos se van trocando poco a poco en calles; un campo puede fácilmente convertirse en una plaza. Van cayendo los años y se van alzando las piedras. Cerca, tal vez fluye un río; quizás una montaña tiende su capa de sombra. Llegan las campanas y su voz va llenando los siglos. De padres a hijos se transmite el amor al techo y al fuego seguro del hogar. El tiempo se mide por cunas y por cruces de madera. Hay imágenes que tienen mil años y banderas que desean vivir siempre. Las ciudades de la tierra nacen lentamente. Los vientos conocen el chirrido de sus veletas; los muros, el beso diáfano de las lluvias que los ennegrecen. ¡Oh, ciudades tendidas bajo la niebla, de pesado sueño, que despiertan sonriendo cuando la primavera las corona de pájaros y esparce sol sobre sus cuerpos entumecidos! Ciudades de puentes y flores y nidos cantando bajo las estrellas y los árboles su fácil alegría de vivir cerca del mar. Ciudades sentadas y tristes, cubiertas de velos de humo y escuchando el latido terrible de su corazón... Las ciudades del mundo son la victoria de los surcos y de los frutos, de la voluntad y el sueño de las generaciones, de un nombre que sube del espíritu de los hombres que las han deseado... Pero aquélla era una ciudad de derrota, una ciudad nacida bruscamente.

Un mes antes, la playa de Argelés estaba desierta. Ahora, el cinturón de oro de la playa ha desaparecido y las gaviotas son raras.

Ciudad de derrota. Haber sido vencido no es bastante. No hay madera. Pero es necesario hacer algo contra los días de viento y las noches frías. Con cuatro o cinco mantas es posible contruir una chabola, si los cañaverales no están arrasados. ¡Qué importa que las chabolas tengan que ser tan bajas y exiguas que sólo se pueda permanecer en ellas tendido o sentado! El viento sopla furiosamente, hace frío. ¡Que no llueva! Allí dentro, acurrucados y encogidos, pegados los unos con los otros, se sienten más o menos protegidos. ¡Que no llueva! La arena no necesita agua. La arena no devuelve nada. La arena no es como la tierra que se bebe el agua lentamente y más tarde la devuelve en primavera. ¡Que no llueva! Los techos de

LA LITERATURA DEL EXILIO

manta dejan pasar pronto el agua y mientras la lluvia no amaine se temblará y los dientes castañetearán. El lecho de cada hombre es la huella que su cuerpo acostado deja en la arena.

Ciudad de derrota cerrada a las horas. El tiempo no se mide por cunas ni por cruces de madera. Si se ríe, es con los dientes apretados. Hay hombres que hablan interminablemente, se embriagan de palabras y de pasado; otros callan con obstinación y se dedican a construir figuras de ajedrez con pasta de jabón... Al Norte, alambradas; al Sur, alambradas; al Oeste, alambradas. ¡Ah, pero al Este se encuentra el mar! Las tempestades pasan, sin hacerlos vibrar, entre los alambres espinosos, que en días de sol se utilizan para tender ropa mojada.

Ciudad de derrota. Cada día los árboles están más lejos. Se diría que cada noche la verde llanura está más distante. Las nubes se atropellan como rebaños asustados. El mar oculta sus espumas. Ni risas de niño ni gritos de muchacha. Hambre y miseria. Las ratas prueban el pan antes que nadie. Hoy, lentejas. Se va sucio. Mañana, lentejas. Polvo y arena y sudor. Pasado mañana, lentejas. Piojos, sarna, disentería. Siempre lentejas. Francia es dulce en algún lugar. La sangre se enciende en los hombres que aún sueñan. Ni voz de órgano ni sílabas de campanas. No nace nadie. Pero si alguien muere es sacado en parihuelas, secretamente, y con el rostro cubierto con la manta. Porque ¿quién osa mirar las facciones de su propio crimen? El senegalés es patizambo y no sabe llevar casco. El orden ha de tener también sus columnas negras. ¡Ay de aquel que se atreva a tocar a un hijo de Africa!

Ciudad de derrota. Su hisoria no encuentra piedra donde grabarse. Acaso mañana será un grito de resurrección triunfal de las almas, un ritmo épico y triste que brotará del poeta que tenga el corazón más ancho. ¿Quién puede decir nada ahora? El dolor balbucea; la vergüenza se oculta. Entre la luz y las tinieblas, la esperanza inclina la cabeza.

Ciudad de derrota. Arena, viento, lluvia. Arena en la uñas, arena en los cabellos, arena en los ojos. Mar. ¡Oh, alejarse por las aguas, flotando! ¡Dormir mecido por lunas submarinas y despertar con una aurora indestructible en la frente! Viento. Que cada cual socave su propio silencio. Lluvia. Que cada cual ahogue la canción de su vida. No hay gaviotas. Arena.

(Cristo de 200.000 brazos, Barcelona, Plaza y Janés, 1971, págs. 7-10. Este libro se publicó inicialmente en catalán.)

III. Corpus Barga

Antonio Machado ante el destierro

La memoria de Antonio Machado y un deber de lealtad que debe sentir todo ciudadano de la república de las letras españolas, en América más aún, si es posible que en España mismo, me obliga, ahora que tengo oportunidad a restablecer la verdad de los hechos, dejándome de historias, sencillamente como testigo de vista y de oídas, pues fui uno de los que salió con Machado al destierro.

Mucho antes de que terminara la guerra, pudo salir con su madre al extranjero. No quiso abandonar a su numerosa familia de sobrinos. Estaba en Barcelona cuando se inició la última ofensiva franquista en Cataluña y fue trasladado a no sé exactamente qué lugar cerca de Gerona. A esta última ciudad llegamos, en uno de los últimos automóviles que salieron de Barcelona, Navarro Tomás, el gran especialista de fonética, actualmente en los Estados Unidos; el director de la Enseñanza Técnica, cuyo nombre no recuerdo en este momento; dos secretarias o dactilógrafas y yo. Cuando las tropas franquistas, en un avance, amenazaban y bombardeaban Gerona, vino a sacarnos de ella el doctor Trías, reputado hasta entonces sólo por su ciencia y desde entonces también por su dinamismo generoso. Había organizado con otros universitarios catalanes, de acuerdo, claro está, con las autoridades republicanas, una expedición para llegar a la frontera. Fuimos de noche al punto de reunión, una hermosa, y debía de haber sido abundante, masía catalana. Allí había un buen golpe de profesores y estaba Antonio Machado con su madre, su hermano José, el pintor, y la mujer de éste. Estaba sentado, bebiendo una taza de leche condensada que no acababa de diluirse en el

Un retrato de Antonio Machado, obra de Cristóbal Ruiz, preside la Sala de Juntas del Ateneo Español de México, fundado en 1949 a semejanza de la institución madrileña del mismo nombre. «Había salido de España lo mejor de su mundo intelectual —escribe Ramón Xirau—. Esa España se había convertido en "España peregrina": es decir, una España que no olvidaba su pasado recientemente trágico —España cínicamente, cruelmente entregada a las fuerzas del odio pero que, al mismo tiempo, quería proseguir, como la prosiguió, su labor fundamentalmente humanista; su labor de hacer llegar a otras tierras su aliento y su vigor intelectual.»

agua por más que él la removía con la cucharilla antes de cada sorbo. En esa masía, donde los burgueses de Barcelona alquilaban habitaciones de lujo para descansar unos días, no quedaba leche fresca ni se podía obtener agua caliente. La guerra, cumpliendo con su deber, había acabado con todo. Machado tenía su inseparable bastón entre las piernas. Nos pusimos a hablar tranquilamente, como en un café madrileño de su época, y me hizo reír contando, con la seriedad andaluza, casos y cosas de aquel Madrid. De Valle-Inclán, a quien he conocido tan íntimamente, me contó anécdotas que yo no sabía, las más sabrosas, pero añadiendo siempre: «Tenemos que dejarnos de hablar así de Valle-Inclán, su obra está pidiendo que hablemos de ella y de él muy en serio». Ni mientras esperábamos en la masía ni luego en la expedición, aquella misma noche y el día siguiente, habló de la guerra y de la situación en que nos encontrábamos si no era provocado por alguna pregunta, y contestaba brevemente y como de pasada, volviendo a la conversación que llevaba sobre temas de la vida y las letras. Casi un día entero tardamos en automóvil de la masía gerundense a la frontera. En tiempo normal, en el mismo vehículo, hubiera sido un corto paseo. Por los caminos se arrastraban millares de hombres, mujeres y niños de todas partes, algunos de lejos, en toda clase de automóviles o carros, hasta en cañones, tirados por tractores (entonces se notaba un fenómeno moderno: la inexistencia de la

DOCUMENTOS

tracción animal), el río humano y, aunque motorizado, remoto de las migraciones, el éxodo bíblico. Y los caminos no eran seguros, amenazaba la aviación, la costa no tenía defensas para impedir un al parecer obligado desembarco. No había periódicos, radios, ni medio ninguno de tener noticias aproximadas; había rumores, eran los que iban de prisa, corrían desviando, haciendo zigzaguear a las pesadas caravanas.

Llegados sin embargo a la raya de Francia, en lo alto de la carretera de Port-Bou a Cerbère, una fila de los vehículos, una fila de soldados franceses no permitía el paso de los vehículos. Estaba cayendo la tarde, llovía, y les dijimos a Machado y a su madre que nos aguardaran en el automóvil. Nos acercamos a la caseta donde se encontraba el comisario de policía francés dirigiendo las operaciones para manejar el río humano de España que se vertía en Francia. Penetré yo en su despacho porque, como había vivido tanto en París, pude presentar todavía mis papeles en regla. Le dije quién era Machado y le rogué que tuviese junto a su buena chimenea de leña a Machado y a su madre mientras yo y mis amigos bajábamos a Cerbère, que no está cerca, a buscar un carruaje cualquiera para trasladarnos. El comisario me contestó que no necesitábamos molestarnos, pues irían en su automóvil. Así ocurrió. Antonio Machado, con su madre, su hermano y su cuñada, pasó la noche en la estación de Cerbère, en un vagón de ferrocarril. Llevaba equipaje. No tenía moneda francesa. Al día siguiente tuvo moneda francesa y una carta del ministro de Estado de la República española, que le trajo de Perpiñán Navarro Tomás, en la cual el ministro le tomaba a su cargo todos los gastos de él y su familia [...]

Machado no fue a París porque no quiso. Guardaba cierto recelo fisiológico a la capital de Francia desde que su mujer contrajo en ella la enfermedad que la mató y por ende influyó tanto en la vida y en la obra del poeta.

Prefirió quedarse en un pueblecito del Mediodía. Entonces lo conduje yo a Collioure, delicioso puerto de pesca del Mediterráneo, conocido de los pintores y visitado por los turistas. En Collioure no tuvo más remedio que entrar a pie. Estaban arreglando el suelo en la avenida de la estación. Pero él podía andar apoyado en su bastón, arrastrando los pies más que de costumbre. El problema estaba en su madre, la viejecita, porque el otro hijo cargó con el equipaje. No era difícil la solución. La cogí en mis brazos, pesaba como una niña, y mientras la llevaba me susurraba en el oído: «¿Llegamos pronto a Sevilla?». No sé si bromeaba, a su vez, en serio o si había vuelto en imaginación a su juventud, cuando era una madre feliz en la capital de Andalucía. Tal es la realidad, no digo histórica, desde luego verdadera, de la salida de Antonio Machado al destierro.

(Los pasos contados, Madrid, Alianza, IV, 1979, págs. 320-323.)

IV. Manuel Andújar-Antonio Risco

Crónica de la emigración en las revistas

A partir de la propagación de la guerra y de la dispersión subsecuente entre los refugiados, dos grandes corrientes tipificaron la diáspora: una de ellas fue de raíz, esencial aunque no absolutamente, pequeño-burguesa e intelectual, y condujo hacia América (a México, sobre todo); la otra, de base más popular y sindical, encontraría acomodo en varios países europeos, básicamente en Francia.

En general, podemos hablar de una emigración de *carácter político,* cuyos comunes rasgos distintivos podrían ser los siguientes:

a) es la más numerosa en lo que va de siglo;

b) la mayoría de los integrantes de esta emigración no ha regresado a España; según los datos que proporciona Jordi Nadal, tan sólo una tercera parte de los emigrados realizaría o conseguiría el retorno a España;

c) incluye un alto porcentaje de intelectuales; se ha calculado, por ejemplo, que en las postrimerías de la guerra civil huyeron, por la frontera catalana, dos mil médicos, mil abogados, quinientos ingenieros, siete rectores de Universidad, ciento cincuenta y seis catedráticos y doscientos treinta y cuatro escritores y periodistas.

Una distinción importante cabe formular hoy a los efectos de estos trabajos, por cuanto la mayoría de los científicos y humanistas exiliados fijaron su residencia en diversos países americanos, al haber encontrado allí mayores facilidades de trabajo y un instrumento de comunicación común: el lenguaje. Así, por ejemplo, a México se trasladaron seis rectores, cuarenta y cinco catedráticos de Filosofía y Letras e Historia, treinta y seis de Ciencias Exactas, Físicas y Naturales, cincuenta y cinco de Derecho, setenta de Medicina, doce de Farmacia, ciento cincuenta y uno de las diversas materias impartidas en los Institutos, así como un número considerable de maestros, sin referirnos a gran parte de los poetas, escritores y artistas exiliados.

Ningún país europeo puede presentar cifras de acogida comparables referidas al éxodo cultural, siendo Francia el país que más intelectuales acogió [...]

Resultan así dos corrientes migratorias de distinta naturaleza, cuyas originarias preocupaciones sufrirán en el exilio un proceso de diversificación. Proceso que no dejará de repercutir en los «productos culturales» que exiliados de uno y otro lado del Atlántico elaboran, así como en ciertas polémicas mantenidas, que significativas nos parecen.

En tanto que la emigración residenciada en Francia, por la naturaleza y composición intrínsecas antes apuntadas, así como por su proximidad inmediata a España, manifestará continuamente una mayor o más constante atención al país originario y, en particular, a los problemas políticos, la emigración americana hallará en su mayor distanciamiento una mejor perspectiva para la creación literaria o artística, la especulación o el trabajo intelectuales; lo cual no quiere decir que se desinteresara de los problemas políticos, sino que su reflexión sobre estos temas es, a menudo, menos contingencial, aparece más decantada hacia la explicación o, al menos, con mayor inclinación por los fenómenos o aconteceres que por las consecuencias, pasadas o presentes, de su desarrollo.

La comparación de lo producido y, aún mejor, de los temas y tratamientos expuestos en las diferentes revistas que se presentan con el marbete de lo cultural y literario, de su inspiración y finalidades, vale de testimonio fehaciente por lo que a la influencia sociológica, de lo ambiental e idiomático, se refiere.

(*El exilio español de 1939*, Madrid, Taurus, 1976, vol. III, págs. 15-19.)

V. José Luis Abellán

La emigración intelectual del 39

Quizá la primera característica a señalar —de trascendental importancia, como veremos— es que la emigración de 1939 es la primera y más importante de intelectuales españoles a los países americanos, desde el momento en que aquéllos se independizaron. Las emigraciones posteriores a aquella fecha (1824) habían sido de trabajadores inmigrantes en sus múltiples manifestaciones, y son éstos los que habían trazado la imagen de España en América. Por lo que se refiere a la comunicación intelectual, ésta había quedado limitada a la presencia del libro español o de alguna personalidad sobresaliente que pasaba esporádicamente —quizá en una gira de conferencias— por algunos de los países hispanoamericanos. Tiene razón Carlos Martínez cuando, hablando de ese tema, dice: «En efecto, la influencia de los muchos intelectuales de las más diversas disciplinas que a América llegaron exiliados transformó radicalmente un aspecto fundamental de las relaciones hispanoamericanas: el del intercambio de ideas... La ausencia de proyección de los valores intelectuales españoles dejó el campo totalmente libre a la expansión de los de otros países con menoscabo de aquéllos. Es evidente que faltaba y hubiera faltado, posiblemente de modo indefinido, algo que se produjo al llegar a América los intelectuales españoles emigrados: la intercomunicación activa, constante, mutuamente vivificadora del pensamiento de la España y de la América de hoy. Al espíritu, a la sensibilidad del intelectual hispanoamericano, no le dicen nada, no le dijeron nunca nada, la hinchada e inane retórica oficial que se desbordaba y sigue desbordándose el Día de la Raza, en oratoria flatulenta en torno a los —en muchos casos lamentables— monumentos a Cristóbal Colón».

El establecimiento de la emigración de 1939 en un nuevo espacio —el continente americano— tendrá, pues, una serie de repercusiones de gran amplitud, cuyas últimas consecuencias históricas están todavía por ver. No voy a insistir sobre las causas, hoy bien conocidas, de semejante hecho. El estallido de la segunda guerra mundial en septiembre de 1939 obligó a una inmensa mayoría de españoles a cruzar el Atlántico; ha sido bien descrito el paso de los emigrados por Santo Domingo y la generosa y amplia acogida por México, que incluso dentro de esta obra ha recibido amplio tratamiento. Pero hay algo que me parece insoslayable, y es que el encuentro entre exiliados españoles e intelectuales hispanoamericanos debe situarse dentro de una corriente histórica de acercamiento entre la Península Ibérica y el continente americano, que ha tenido varias etapas a lo largo del siglo. En otro lugar he insistido en algunas de estas etapas: el «boom» de la novela latinoamericana; la convivencia de profesores de literatura y de críticos literarios españoles y americanos en los departamentos de español de los Estados Unidos; la futura celebración del V Centenario del Descubrimiento de América (1992). En esta línea histórica habría que situar también el exilio español de 1939, que sería la segunda etapa de dicho movimiento de acercamiento mutuo; la primera tendría su fecha clave en 1898.

(*El exilio español de 1939*, Madrid, Taurus, 1976, vol. III, págs. 154-155.)

Refugiados españoles en un campo de concentración de Le Perthus.

LA LITERATURA DEL EXILIO

VI. Xavier Benguerel

Los vencidos

Un éxodo como el que nos tocó vivir, y su inmediata consecuencia, el exilio, con todo lo que comportó de privaciones, angustia, incertidumbre, obligada aventura, no acaba nunca, ni siquiera cuando uno consigue una situación aproximadamente estable, y menos todavía si uno vuelve. En casos como el nuestro, y quiero creer que en todos, el exilio se transforma, a la inversa, en éxodo permanente. En realidad, el exilio altera, desenfoca las imágenes familiares, trastorna los más elementales esquemas, las nociones más simples. Ahí no valen cálculos, ni anhelos de aproximación, ni arder en los recuerdos, ni exaltarse en la añoranza. Más que de salvar, de acortar distancias, yo diría que, sin olvidarlas nunca, el exiliado trata de probarlas, disimularlas, obligándolas a permanecer en el ámbito misterioso y sofocante del alma. Le basta con dejarse vivir, es decir, re-vivir; rehacer de día lo que la noche deshace, hasta que, Penélope y Ulises a un mismo tiempo, regresa un día a su Itaca. Es entonces cuando realmente descubre la escurridiza sustancia del tiempo, del tiempo que transcurrió «aquí», mientras él estaba lejos, en el exilio, convirtiéndose, tanto para sí mismo como para los demás, en el ausente.

Ya ha vuelto. Comprueba que la casa que abandonó «era» la suya, pero que ha dejado de serlo, no porque la ocupen familiares u otros moradores a manera de intrusos, o porque se haya mantenido sencillamente cerrada a cal y canto; ni siquiera porque se ha agrietado la pintura de puertas y ventanas, se ha descolorido el papel de las paredes o los muebles aparecen carcomidos, ni porque las mismas señales que marcan la vejez en el rostro de él se muestren también en los espejos; la diferencia es mucho más profunda: «aquella» casa ha dejado de ser suya porque, durante todos esos años de ausencia, la casa ha vivido sin él. Y la sensación de ser un hombre que ha perdido identidad y herencia la experimenta también al volver a sus calles, no porque hayan podido cambiar de nombre, sino porque, al igual que parientes y amigos, han vivido sin él. Parientes y amigos hablan de hechos que él ignora, hacen constantes alusiones y referencias a gente que *todavía* no conoce. Los hay que están muertos, incomprensiblemente muertos; otros se han casado y tienen hijos que le miran con curiosidad, sin acabar de comprender quién es, qué lugar le corresponde en el clan familiar. Y cuando, a veces, para hacer revivir hechos remotos, se recurre a fotografía de *entonces,* el aspecto desvaído y melancólico de las cartulinas hace más dolorosa todavía la incomunicación. Unos y otros se sienten incómodos, tienen que pasar del primero al tercer acto prescindiendo del segundo, después de un intermedio fabulosamente largo. Pero es, sobre todo, la existencia de los que quedaron, vivida íntimamente sin él, de lo que el exiliado se duele, y que le es imposible recobrar. Se da cuenta de que tanto su vida como la de los otros se ha ido haciendo y al mismo tiempo deshaciendo sin que él asistiera a este proceso inevitable [...]

El exilio es una situación perdurable; tanto, que, en determinados estados de ánimo, siento que entre todos los exiliados que hemos vuelto después de unos cuantos años, intercambiamos miradas, silencios, extrañas y contadas palabras, que corroboran el hecho de que el exilio no termina, no puede terminar.

(*Los vencidos,* Barcelona, Alfaguara, 1972, págs. 12-14.)

VII. Aurora de Albornoz

Poesía de la España peregrina

Era febrero. La guerra civil se precipitaba a su final. También hacia su final iba la vida de Antonio Machado que, en Collioure, escribiría su último verso, uno de los primeros versos de la poesía española desterrada:

«Estos días azules y este sol de la infancia».

Mas en 1939 son jóvenes aún —están en su más alto momento de creación— muchos otros poetas. Por ejemplo, todos aquellos que habían nacido alrededor de 1900 —años más, años menos— y que ya en España eran nombres reconocidos. Esos tendrían que seguir viviendo; tendrían que adaptarse a nuevos lugares; tendrían que seguir creando.

En el mismo año en que don Antonio se despedía de la vida en un pueblecito francés de la costa mediterránea, un poeta mucho más joven, Rafael Alberti —nacido en El Puerto de Santa María, en 1902—, instalado provisionalmente en la capital francesa, hablando por sí y por muchos otros, expresaba la angustia del refugiado: pérdida de una guerra y de una tierra; incertidumbre ante el futuro; presagio del desconocido, inexorable éxodo:

> *Me despierto.*
> *París.*
> *¿Es que vivo,*
> *es que he muerto?*
> *¿Es que definitivamente he muerto?*
> *Mais non...*
>   *C'est la police.*

....

> *¡Qué terror, qué terror, allá lejos!*
> *La sangre quita el sueño,*
> *hasta la mar, la sangre quita el sueño.*
> *Nada puede dormir.*
> *Nadie puede dormir.*
>   *... Y el miércoles del Havre sale un barco,*
> *y este triste allá lejos se quedará más lejos.*

Para Rafael Alberti, como para muchos otros —aún mayores que él—, no sólo una nueva vida comenzaba, sino también una nueva poesía [...]

En general, en la poesía creada en los primeros años de exilio —digamos, hasta 1945, aproximadamente— es casi obsesiva la presencia de España. Y —al lado de España— el recuerdo de la guerra perdida, o de la muerte de seres queridos, o de los campos de concentración... Todo ello suele aparecer en la poesía creada en este momento por los poetas más jóvenes —los que publican en el exilio sus primeros libros— y está, igualmente, en los mayores, casi sin excepción. Ello no significa, desde luego, la ausencia de otros temas. Si no siempre, es frecuente hallar un tono apasionado, angustioso, dolorido, en estos primeros años. Generalizando muchísimo, podría decirse que, salvo casos excepcionales —como el de Luis Cernuda—, los poetas exiliados tardan algún tiempo en hallar su voz mejor. Hasta en Juan Ramón Jiménez hay un breve corte; unos dos años de vacilación, antes de hallar su nuevo acento. León Felipe no deja de escribir; por el contrario, produce varios libros, y su voz influye considerablemente en poetas más jóvenes, pero, a mi juicio, su máxima obra la dará cuando su voz se calme. Hay vacilaciones en Rafael Alberti. Emilio Prados —un poeta tan exigente consigo mismo como Juan Ramón Jiménez— casi oculta los poemas escritos en los primeros momentos...

Sin embargo, hay, como decía, excepciones: Luis Cernuda encuentra muy pronto su voz mejor. Otros —pienso en Domenchina; pienso en Pedro Garfias...— creo que también alcanzan su máxima poesía en su máxima angustia.

> *(El exilio español de 1939,*
> IV, Madrid, Taurus, 1977,
> págs. 18-19 y 38-39.)

VIII. Santos Sanz Villanueva

La narrativa del exilio

Algo se nos impone como evidente, la participación en el exilio de, por lo menos, dos grupos generacionales. El mayor de ellos está constituido por escritores nacidos antes de fin de siglo; el otro, por aquellos que nacieron entre éste y 1915, aproximadamente. El primero está compuesto, en su mayor parte, por escritores cuya personalidad literaria ya se había formado antes de la emigración. El segundo lo integran narradores cuya producción o se encontraba en sus inicios en los años inmediatos al destierro o empezó con posterioridad a éste. Con sus excepciones, claro: Barea en el primer grupo, pues su aparición como narrador es tardía; Sender en el segundo, pues ya contaba con una obra considerable y extensa al estallar la guerra. A estos dos grupos habría que añadir otro en el que participan los que, como Roberto Ruiz o José de la Colina, conocieron el exilio desde su infancia.

Pero esta división generacional —deliberadamente imprecisa— no resulta tampoco muy convincente, porque el exilio no ha afectado de manera igual a todos sus inte-

LA LITERATURA DEL EXILIO

grantes. Para algunos el destierro es una experiencia vital, pero poco o nada influye en su trayectoria literaria, que sigue amarrada a fórmulas anteriores o no produce nada nuevo. Ya se ha señalado el nombre de Jarnés. Añádanse los de Santullano, Zamacois, Benavides, Espina, Pérez de Ayala, entre otros. Algún otro de los pertenecientes a ese grupo debe considerarse, sin embargo, narrador de postguerra; Corpus Barga, por ejemplo. Para el segundo grupo generacional el exilio es un condicionante literario decisivo, sin que ello nos lleve a pensar, como ahora diré, que existe entre sus componentes ninguna unidad efectiva.

El bloque fundamental, pues, de la novelística desterrada está formado por escritores que nacen entre fin de siglo y 1915 y está constituido por una larga lista de autores cuya fecha de nacimiento se sitúa entre 1900 (Arconada, E. Blanco Amor, Ripoll del Río, Salazar Chapela) y 1913 (Andújar). Entre estas fechas está comprendido el núcleo más importante, y propiamente tal, de novelistas del exilio. Esta última fecha se puede extender algo más y en ella tienen cabida Airó (1918), Bastid (1919 ó 1922), Fe Alvarez (1917), Lamana (1922), R. Ruiz (1925).

Pero no debemos pensar que formen, en ningún caso, un solo bloque literariamente uniforme. Olvidando el criterio generacional y acudiendo al de obra publicada nos encontramos, al menos, con una doble división: a) escritores con obra anterior a 1936-39; b) escritores cuya producción empieza después de 1939. En el primer apartado sería factible clasificarlos por algunas tendencias predominantes en su producción anterior a la guerra: la novela deshumanizada o intelectualista (Jarnés, Ayala, Aub, Chacel, Dieste...), la novela social (Arconada, Benavides, Díaz Fernández, Arderíus, Sender...), escritores que no formaron parte de estos movimientos generalizados (Zamacois, Santullano...). Pero, de todas formas, estas orientaciones literarias poseen poco valor clasificador en cuanto que constituyen una práctica temporal, abandonada después de la guerra, tras la cual buena parte de esos escritores se inclina por una literatura más comprometida con el aquí y el ahora, con la exploración de las causas o de las circunstancias de la guerra, con la investigación de los grandes temas humanos. De esta mane-

En oleadas interminables, multitud de refugiados abandonan su patria, camino del destierro. Cruzan la frontera y se dirigen a los campos de refugiados que en poco tiempo van a poblar el sur de Francia. Molins i Fábrega escribirá: «En avalancha, la sangre humana / atraviesa la frontera... / Avanzan

ra se abandonan viejos postulados estéticos y por inquietudes temáticas los orteguianos se aproximan a los sociales (como caso bien significativo, el «deshumanizado» Ayala se convierte en un áspero moralista).

Por lo que respecta a los escritores que empiezan a publicar después de 1939, ningún principio de unidad encontramos entre ellos a no ser el de ciertas coincidencias temáticas que afectan a la mayor parte de la literatura trasterrada: el recuerdo reiterado, la descripción, la interpretación o la apología de la guerra; la rememoración de la España del primer tercio del siglo y la indagación de las causas del conflicto; la novela de tesis política, no demasiado frecuente; la descripción de los nuevos ambientes o las nuevas circunstancias del exilio. Pero la dispersión de los escritores del exilio por una geografía ancha y con pocas posibilidades de contacto no permite decir que exista homogeneidad alguna en su producción, a no ser la que procede del común carácter narrativo, poco innovador, que es común a casi todos ellos. Desde una Francia invadida por las tropas alemanas y tras la permanencia —también novelada— en campos de concentración, el núcleo fundamental del exilio zarpó hacia la América hispanohablante —excepción es el asentamiento en Inglaterra de Madariaga, Barea o Salazar Chape-

confiados. / Avanzan orgullosamente en busca / de almas hermanas. / Pero el mal es fuerte. Las almas hermanas se ocultan vencidas por el temor. / Y en lugar de unos brazos tendidos, / encuentran unos campos rodeados / de alambres de espino».

tores absolutamente dispares entre sí». Por eso mismo tiene razón este crítico al afirmar que «la literatura española del exilio será, pues, un fenómeno individual, nunca colectivo, aunque sí masivo».

(*El exilio español de 1939*, Madrid, Taurus, 1976, IV, págs. 116-118.)

IX. José Ramón Marra-López

Narrativa española fuera de España

Ante el narrador emigrado se han sucedido tal cantidad de acontecimientos dotados de plena intensidad —culminando en la diáspora en que se ve envuelto—, que toma inmediatamente dos actitudes unidas y derivadas de sí mismas, como un círculo vicioso: en primer lugar, y como postura fundamental, permanece con los ojos fijos en la patria todavía cercana, seguro de volver pronto, y, por ello, como consecuencia, el hecho de su asentamiento donde ha caído lo considera como fugazmente transitorio, con el único problema de su momentánea situación personal.

Sin embargo, el tiempo va pasando. Mientras, su mirada ha permanecido fija en la tierra perdida, cada vez con mayor intensidad y añoranza, produciéndose el fenómeno obsesionante y natural del recuerdo del tiempo pasado, «su» tiempo *en* la patria, «su» tiempo *con* la patria. Algunos de los narradores emigrados, más maduros, han reanudado la tarea inmediatamente después de su marcha; otros han necesitado cierto tiempo de asimilación y reposo de las tremendas imágenes recientes, tanto de la guerra como del inmediato exilio; el resto, en fin, más jóvenes, al necesitar mayor tiempo irán surgiendo paulatinamente, pero sufren parecido proceso.

la—, por toda cuya geografía se desparramó, desde Chile hasta México, con un centro de mayor densidad aquí. Pero ni siquiera en ésta, a pesar de la mayor facilidad de los contactos —que nos ha contado S. Otaola en *La librería de Arana*—, se puede decir que se haya creado un grupo novelístico homogéneo. Se imponen, antes que nada, las personalidades. Un común denominador los relaciona a todos, el sentimiento de ausencia de su tierra, el desarraigo de las raíces propias y comunes. Pero esta experiencia se realiza literariamente por caminos incomunicantes, dependientes sobre todo del instinto narrativo personal. El asunto de fondo es con frecuencia España, su recuerdo, el pasado imposible. El tratamiento novelístico se beneficia de libertad de expresión, del contacto vivo con culturas diferentes, del conocimiento sin trabas de las obras narrativas contemporáneas más vigentes, vedadas al escritor de la Península por el aislamiento del país. Pero todas esas circunstancias positivas —barreras que con tanta dificultad deberá ir superando el escritor del interior— no configuran de manera alguna una literatura homogénea. Con razón ha dicho Rafael Conte que «no hay, pues, grupo literario, sino un fenómeno político que afecta a un considerable número de escritores de una manera similar, pero siendo siempre escri-

Nos encontramos así con una de las constantes de la literatura española emigrada: la referencia al pasado, al tiempo que pesa sobre sus espaldas y sobre su corazón de manera constante y decisiva. El tiempo pasado es el de mayor significación para el narrador, el único que verdadera y realmente, no de una manera ideal, [...] está unido a la patria, la verdadera vida con sentido y esperanza, lúcida y con un cierto orden. La única esperanza que ahora sostiene al escritor emigrado es la del regreso, y, mientras, se aferra al tiempo pasado, como afirmación de su vida entera, abarcando su recuerdo desde la niñez hasta el momento en que abandonó su arraigo [...]

Gran parte de las obras de los narradores emigrados tocan el tema de la guerra civil. La explicación es sencilla: al no abandonar sus raíces, pero habiendo perdido el contacto directo, el escritor se basa en sus recuerdos [...] Pero lo más cercano y con mayor carga de problematicidad y esperanza, luego fallida, de ilusión y envite, es la guerra civil, trágica experiencia existencial. Es la situación límite de dos generaciones que, sabiendo lo que se jugaban para ellas y su pueblo, se comprometieron totalmente en una encrucijada de sueños y realidades de la que no había evasión posible. Sabían —exponemos su actitud como hecho, sin analizar el contenido político de la misma— y creían que estaban defendiendo no sólo unas conquistas realizadas, sino también unas posibilidades futuras, la revolución en marcha. Y así, como en ese momento [...] se sabían actores de un acontecimiento trascendental, uno de los más densos y dramáticos de nuestra historia, pródiga en hechos semejantes, es lógico y casi inevitable el testimonio. Además, si objetivamente es importante lo presenciado, subjetivamente lo han vivido como actores, y, no hay que olvidarlo, es el tiempo de *esas* generaciones, *su* juventud y forma de justificación ante la historia, además del último contacto directo con la patria. Como dice un personaje de Serrano Poncela, «las proporciones de un suceso se achican o se agrandan de acuerdo con la impresión directa que produce». Y así, dispersos por diferentes países, presentan el mundo destrozado que llevan dentro y que durante algún tiempo fue una fiel imagen de una España destrozada.

(Narrativa española fuera de España [1939-1961], Madrid, Guadarrama, 1963, págs. 97-115.)

El 17 de agosto de 1945, en el Salón de Cabildos del Distrito Federal de México, se iza la bandera republicana. Martínez Barrio, presidente de las Cortes, llega para asumir la presidencia de la República. El Gobierno de Negrín presenta su dimisión y se inician las consultas para la formación de un nuevo gobierno, el llamado «de la esperanza», que presidirá José Giral (en la foto lo vemos en el momento de leer su declaración ministerial el día 7 de noviembre del mismo año).

MARIA TERESA LEON

Nació en Logroño en 1904. Desde 1930 ha vivido con el poeta Rafael Alberti. Después de un largo exilio en Francia, Argentina e Italia, regresó a España en 1977.
De entre sus novelas y colecciones de relatos, destacan: *Rosa-Fría, patinadora de la luna* (1934), *Cuentos de la España actual* (1936), *Morirás lejos* (1942), *Juego limpio* y *Fábulas del tiempo amargo* (1962). Es autora también de un interesante libro autobiográfico, **Memoria de la melancolía** (1970).

Estoy cansada de no saber dónde morirme. Esa es la mayor tristeza del emigrado. ¿Qué tenemos nosotros que ver con los cementerios de los países donde vivimos? Habría que hacer tantas presentaciones de los otros muertos, que no acabaríamos nunca. Estoy cansada de hilarme hacia la muerte. Y sin embargo, ¿tenemos derecho a morir sin concluir la historia que empezamos? ¿Cuántas veces hemos repetido las mismas palabras, aceptando la esperanza, llamándola, suplicándola para que no nos abandonase?

Porque todos los desterrados de España tenemos los ojos abiertos a los sueños. León Felipe aseguró que nos habíamos llevado la canción en los labios secos y fruncidos, callados y tristes. Yo creo que nos hemos llevado la ley que hace al hombre vivir en común, la ley de la vida diaria, hermosa verdad transitoria. Nos la llevamos sin saberlo, prendida en los trajes, en los hombros, entre los dedos de las manos... Somos hombres y mujeres obedientes a otra ley y a otra justicia que nada tenemos que ver con lo que vino y se enseñoreó de nuestro solar, de nuestros ríos, de nuestra tierra, de nuestras ciudades. No sé si se dan cuenta los que quedaron por allá, o nacieron después, de quiénes somos los desterrados de España. Nosotros somos ellos, lo que ellos serán cuando se restablezca la verdad de la libertad. Nosotros somos la aurora que están esperando.

Un día se asombrarán de que lleguemos, de que regresemos con nuestras ideas altas como palmas para el domingo de los ramos alegres. Nosotros, los del paraíso perdido.

¿No comprendéis? Nosotros somos aquellos que miraron sus pensamientos uno por uno durante treinta años. Durante treinta años suspiramos por nuestro paraíso perdido, un paraíso nuestro, único, especial. Un paraíso de casas rotas y techos desplomados. Un paraíso de calles deshechas, de muertos sin enterrar. Un paraíso de muros derruidos, de torres caídas y campos devastados. Un paraíso donde quedó la muchacha, el muchacho, la sonrisa, la canción, la flor, el amor, la juventud, los ojos, los labios tensos para besar, la mano amiga en la mano, los dedos entre el pelo, la gracia, la palabra, la camaradería, la promesa, el gesto, el aliento, todo, todo, todo... Nada tenemos que ver nosotros con las imágenes que nos muestran de España ni el cuento nuevo que nos cuentan. Podéis quedaros con todo lo que pusisteis encima. Nosotros somos los desterrados de España, los que buscamos la sombra, la silueta, el ruido de los pasos del silencio, las voces perdidas. Nuestro paraíso no es de árboles ni de flores permanentemente coloreadas. Dejadnos las ruinas. Debemos comezar desde las ruinas. Llegaremos. Regresaremos con la ley, os enseñaremos las palabras enterradas bajo los edificios demasiado grandes de las ciudades que ya no son las nuestras. Nuestro paraíso, el que defendimos, está debajo de las apariencias actuales. También es el vuestro. ¿No sentís, jóvenes sin éxodo y sin llanto, que tenemos que partir de las ruinas, de las casas volcadas y los campos ardiendo para levantar nuestra ciudad fraternal de la nueva ley?

* * *

Está visto que los españoles formamos un cuerpo difícil de desintegrar. ¿Quién dijo que puede vencerles la soledad del destierro? Claro que tardamos mucho, mucho, en habituarnos a ser ese paria a quien se llama refugiado y se le hace ir cada ocho días o cada dos a la policía para verificar su buen

LA LITERATURA DEL EXILIO

comportamiento. Recuerdo que los alemanes, cuando Adolfo Hitler subió al poder y tantos eligieron irse, solucionaron muchas veces su inadaptación con el suicidio. El español, no; el español ha sido siempre errante. Los españoles, en esa primera época de su destierro, mordieron duro. Los españoles en campos de concentración fueron un hueso malo de roer. ¿Por qué no se han escrito las cosas que se cuentan los que estuvieron juntos cuando se reúnen? [...]

¡Ah! los españoles, esa gente sin definición posible. Claro que nuestra emigración no fue perfecta. El español no sabe qué hacer con la perfección, como no sea torear un toro. Le molesta ceñirse a normas como si le dijesen que todos los días iban a ser jueves. Cuando es insensato alcanza cimas prodigiosas, y cuando se arrepiente de su insensatez, está dispuesto a todas las tristezas, a todas las penitencias. Estamos fabricados a fuerza de fracasos históricos que no sé si hicieron del español un ser heroico o testarudo. Le gusta salirse con la suya. Pues bien, esa gente difícil aceptó su destino, fueron pocos los que repasaron la frontera francesa, fueron miles de millares los que cubrieron el mundo con su testaruda lealtad al pueblo donde habían nacido.

¿Qué hacemos hoy sin ti, rostro de España,
dolor de amor, romántica hermosura,
balcones del regreso, miradores
al ancho mar que nos separa tanto...?

(*Memoria de la melancolía*,
Buenos Aires, Losada, 1970,
págs. 29-30 y 217-218.)

ARTURO SERRANO PLAJA

Nació en San Lorenzo de El Escorial (Madrid) en 1909. Se licenció en Filosofía y Letras. Luchó en el famoso 5.º Regimiento. Después de la guerra vivió en Francia, Argentina, Chile y Estados Unidos. Murió en California en 1979.
Es autor de ensayos sobre arte y literatura, de novelas y de diversos libros de poemas, entre los que destacan *El hombre y el trabajo* (1938), *Versos de guerra y paz* (1945), *Galope de la suerte* (1945-1956) (1958) y *La mano de Dios pasa por este perro* (1965).

Te vas quedando atrás, España, entera,
como la propia vida.

Tus costas son los bordes de tu pena
y tus recuerdos nubes.
Tus lágrimas son ríos
que no vuelven atrás.

Los ojos, tus ciudades,
tu frente, el cielo azul,

A la izquierda, María Teresa León. A la derecha, Arturo Serrano Plaja.

me dicen con su dócil agonía
lo que no pienso yo.

Te vas quedando atrás, España, entera,
como la propia vida.

Atrás quedan tus montes, mis paisajes,
la leve plata pura en los olivos
de ciertas horas mías.

Y más atrás, más dentro, más profunda,
tu corazón, España, tu Castilla,
oculta, más remota, pero eterna,
como una sola gota
de sangre o de dolor.

Como latente historia que no quiere
desvelar su amargura.

Te vas quedando atrás, España, entera,
como la propia vida.

La parte de tu historia que me alcanza,
en la cuenta fatal de tu memoria
queriendo contemplarse, sólo encuentro,
queriendo sólo verte, me traspasa.

FRANCISCO GINER DE LOS RIOS

Atrás os vais quedando
ciudades y montañas,
cielos altos y nubes,
barrancos y senderos,
como las horas vivas de mi vida
con su paz y sosiego,
con su guerra y tributo
de toda mi amargura,
y con todos mis muertos.

Mas una pena a veces,
nos ata más que un beso.

*(A bordo del «Alsina»,
pasando al estrecho de Gibraltar.)*

FRANCISCO GINER DE LOS RÍOS

Nació en Madrid en 1917. Después de la guerra se estableció en México. El amor, la muerte y la amistad son algunos de los motivos fundamentales de sus libros de poemas *La rama viva* (1940), *Pasión primera* (1941), *Romancerillo de la fe* (1941), **Jornada hecha. Poesía 1934-1952** (1953), *Poemas mexicanos* (1958), *Llanto con Emilio Prados* (1962), *Elegías y poemas españoles* (1966) y *Borrador de año nuevo* (1986).

LOS TERCETOS DEL SENA

I

Desde mayo y París, la flor del Sena,
me vuelvo hacia tu luz, España mía,
y encuentro el corazón hondo en su pena,

pero alto de esperanza, en la porfía
de alcanzar tu canción y tu ventura,
camino entre el dolor y la alegría.

El Sena me acompaña, y la frescura
que trasmina el castaño —su ancho leño
vuelve tierna la piedra en la verdura—

me lleva hacia la hora en que te sueño
con más terca pasión, ya sin fatiga,
pues van parejos siempre fe y empeño.

La primavera dulcemente hostiga
toda la luz del mundo aquí encerrada.
Muere la tarde sin que me persiga

otro afán que encontrarte, tierra amada.
Con el río que canta tiernamente
la redondez del agua aprisionada

«Don Quijote desterrado», cuadro de Antonio Rodríguez Luna. La figura de Don Quijote, al frente de una fila ilustre de exiliados, trae a la mente el viejo pensamiento cervantino: «Libre nací y en libertad me fundo».

LA LITERATURA DEL EXILIO

mientras llega la noche blandamente,
por tus agrios pinares y tu sierra
paseo mi nostalgia enteramente,
España de mi paz y de mi guerra.

II

El mundo se levanta de costado
en esta terca y lenta madrugada
en que el dolor me tiene desvelado

y vuelvo a tu sazón aprisionada,
España del silencio y de la muerte.
La primavera canta enamorada

sobre el agua del río, dulce y fuerte
en su voz florecida de ternura,
y sueña el día en que su voz despierte

la misma brisa en la ribera dura
del claro Manzanares valeroso,
mis ojos por la sierra azul y pura.

¡Qué florecer entonces más hermoso
del alma y de la tierra ya reunidas
en otro amanecer lento y gozoso!

La limpia voluntad tendrá las bridas
de su propio corcel. E irá a la tierra
el afán que la tierra dio a las vidas.

La mañana de España se me encierra
en este hondón del alma y me remueve
junto al dolor que su esperanza entierra

todo el dolor que su esperanza anida.
Tercamente la noche canta y llueve
y deja en el cristal su angustia leve
y al costado del mundo España herida.

(Jornada hecha.)

JOSE MARIA QUIROGA PLA

Nació en Madrid en 1902. Se casó con una hija de Unamuno, al que le unían afinidades literarias, y colaboró en numerosos periódicos y revistas. Murió en Ginebra en 1955.

Su poesía del exilio, de la que sólo se ha publicado una pequeña parte, se halla recopilada en **Morir al día** (1946) y *La realidad reflejada* (1955).

NOCTURNO DEL DESTERRADO

La luna, trotacalles de la noche,
sube conmigo al taxi y me acompaña,
la mano en mis rodillas. Desde el coche,
cuna de azar, mi sueño vuela a España.

Cuanto a la sombra vuestra dejé puesto,
¡qué lejos, torres de mi Salamanca!
¡oh agonía de amor, de manifiesto,
con negras letras en la piedra blanca!

Agonía de amor, y la agonía
de la tierra, y los hombres contra el muro,
crispado el puño que la muerte enfría...

¡Y este ansia desgarrada que confía
volver a hacerte suya en el futuro,
cara a cara y en paz, mi España, un día!

SOÑANDO VOY, ESPAÑA...

Soñando, España, voy con tus caminos
en mi vagar, al Sena paralelo;
soñando con tu claro y alto cielo,
con tierras de encinar, montes de pinos,

trigueros llanos, viñas y olivares;
que en pan y aceite y vino y campo, al viento
especies vivas de tu esencia —siento
írseme el bien de los perdidos lares.

Soñándolo y soñándote distraigo
del hoy de hieles y el mañana incierto
el corazón y el pensamiento míos;

de tu recuerdo en el regazo caigo,
y en él me empuja de esperanza a puerto
la dulce agua batida de tus ríos.

(Morir al día.)

JOSE HERRERA PETERE

Nació en Guadalajara en 1910. Durante la guerra apoyó activamente a la República. Vivió después en México (hasta 1947), y en Ginebra, en donde murió en 1977.

Es autor de diversas novelas y de libros de poesía. Entre estos últimos, se encuentran *Guerra viva* (1938), *Rimado de Madrid* (1946), *Arbol sin tierra* (1950), **Hacia el sur se fue el Domingo** (1955), *A Antonio Machado* (1965) y *Cenizas* (1975).

EL VIAJE SECRETO

Quiero decirle al tren que no me espere
que tengo un río de luto a la cintura
y un tajamar de hielo en la garganta.

No, no me esperes tren que vas al campo,
al norte azul y al alto mediodía
que alegre lumbre y cerros vas cantando.

No, no me esperes, no, tren de la tarde,
airoso tren de pinos,
que tengo el pecho herido y en la sangre
rojas culebras.

¡Oh, tren de sol, no puedo ir contigo,
que árboles pasan como manos pálidas,
que unos rincones negros me sujetan
con sus lágrimas de humo entre los bosques
a negruras heladas,
que unas cavernas negras me ensordecen,
que unos árboles altos se agigantan,
que las cenizas y el dolor me esperan
en llanuras quemadas,
que hasta la noche trenes no hàn de oírse
—fervores y clamor en campos bajos—
que vayan hacia España!

¡Oh, tren de noche, llévame contigo
cargado de metales y de luces,
de corazón, de rocas y de hierros,
a detenerte sólo en cumbres agrias!

(*Hacia el sur se fue el Domingo.*)

ANTONIO APARICIO

Nació en 1918. Después de la guerra ha vivido en Chile, Inglaterra y Venezuela. Ha publicado **Fábula del pez y la estrella** (1946), *Cuando Europa moría* y *El rayo bajo la tierra* (1952). El resto de sus poemas se encuentra desperdigado por revistas, libros colectivos y antologías.

RECUERDO DE ESPAÑA

...Y ahora estará la primavera alzando
a orillas del Jarama y Manzanares,
trinos sin fin, aromas a millares,
toda España en su luz resucitando.

Un ruiseñor al alba va anunciando
sobre campos de ayeres militares,
por viñas, naranjales y olivares,
que la hora de la paz viene sonando.

Paz otra vez.
         Sobre su sien herida
verdecerá otra vez la primavera
vistiendo, al sol, sus olvidadas galas.

Y entrará toda España en nueva vida
para poder de nuevo en su ribera
cuidar las rosas, olvidar las balas.

(*Fábula del pez y la estrella.*)

LA LITERATURA DEL EXILIO

PEDRO GARFIAS

Nació en Salamanca en 1901. Cursó estudios de Derecho. Fue una figura destacada del movimiento ultraísta. En 1922 fundó la revista *Horizonte*. Entre 1923 y 1933 vivió en Andalucía con su familia. Regresó a Madrid y cultivó el periodismo. Durante la guerra fue un defensor acérrimo de la República. En abril de 1939 se exilió. Pasó una corta temporada en el pueblo inglés de Eaton Hastings. En mayo de ese mismo año marchó a México. Fue durante algún tiempo profesor en la universidad de Monterrey. Vivió después de los recitales y conferencias que daba. El alcohol va minando su salud. Murió en México en 1967.

Obra poética

El ala del Sur (1926), *Héroes del Sur* (1938), *Poesías de la guerra* (1938), premio Nacional de Literatura; **Poesías de la Guerra española** (1941), en donde reunió los dos libros anteriores y algunos poemas inéditos, *Primavera en Eaton Hastings* (1941), *Elegía a la presa de Dnieprostroi* (1943), **De soledad y otros pesares** (1948), *Viejos y nuevos poemas* (1951), *Río de aguas amargas* (1953). En este último libro, como en el resto de su producción, domina el recuerdo de España. «Permitid que le quite plumas a la palabra. / Permitid que la deje con sus sílabas justas: / Paz, Libertad, Amor. / Justicia: España», dirá en uno de sus poemas.

Ediciones

Antología poética, prólogo y selección de Juan Rejano, México, Finisterre, 1970.

ROMANCE DE LA SOLEDAD

Aquí estoy sobre mis montes
pastor de mis soledades.

Los ojos fieros clavados
como arpones en el aire.

La cayada de mi verso
apuntalando la tarde.

Quiebra la luz en mis ojos
la plenitud de sus mármoles.

Tiene el tiempo en mis oídos
retumbos de tempestades.

Mi corazón se acelera
sobre el volar de las aves.

Vibra mi sien al zumbido
de los vientos y los mares.

Y aquí estoy sobre mis montes
pastor de mis soledades.

(*El ala del Sur.*)

CRUZANDO LA FRONTERA

España de tiniebla y de amapola
cómo estos verdes frágiles
pueden fingirte ante mis ojos duros
que vienen deslumbrados de mirarte.
El corazón me pesa como un monte,
mis pasos se retardan esperándote,
tiro de ti como un barquero tira
de su barca a la orilla de los mares.
El mundo se entreabre a mi camino;
dicen que el mundo es grande...
Pero había tantos mundos todavía
que descubrir entre tus besos, Madre.

(*Poesías de la guerra española.*)

PEDRO GARFIAS

POR EL AROMA ROTO DE UN RECUERDO

Por el aroma roto de un recuerdo,
como por un incienso mutilado,
brotas de la memoria en que me pierdo
cristal sin luz, metal acongojado.

Contigo traes el llanto de la encina
y la cinta sin mácula del hielo.
Contigo el ronco viento de la esquina
y el tierno y largo jadear del suelo.

Contigo traes, a tu costado atado,
el mar de ancho pulmón y duro acento,
y la húmeda sombra del costado
el río soñador y soñoliento.

La brisa que fue ala sollozante,
el cielo que fue verde praderío,
el trabajado lirio de diamante
y la oliva, viajera por el río;

el toro inmóvil, la veloz espiga
contigo traes, de mi memoria brotan
y en un dulce atropello sin fatiga
por la corriente de mis hombros flotan.

Dejadme a mí, dejadme a la ventura
andar, llorar sin voz, mirar en vano
hasta caer sobre la tierra oscura
con la frente en el cuenco de mi mano.

(De *soledad y otros pesares*.)

Pedro Garfias en 1967, poco antes de su muerte. En sus últimos versos, escritos catorce años antes, pedía: «Quiero morirme en el mar / cara a la cara de Dios / de frente a la eternidad».

JUAN JOSE DOMENCHINA

Nació en Madrid en 1898. Estudió Magisterio, pero nunca se dedicó a la enseñanza. Ejerció la crítica literaria y colaboró en diversos periódicos y revistas de los años veinte y treinta. Durante la República ocupó diversos cargos. En 1936 se casó con la poetisa Ernestina de Champourcin. Se exilió después de la guerra y vivió en México. Murió en 1959.

Antes de la guerra publicó los siguientes libros: *Del poema eterno* (1917), *Las interrogaciones del silencio* (1918), *La corporeidad de lo abstracto* (1929), *El tacto fervoroso* (1930), *Dédalo* (1932) y *Margen* (1933). En el exilio aparecieron: *Destierro: Sonetos, décimas concéntricas y excéntricas, burlas y veras castellanas* (1942), **Pasión de sombra** (1944), *Tercera elegía jubilar* (1944), *Tres elegías jubilares* (1946), **Exul umbra** (1948), *Perpetuo arraigo* (1949), que recoge una selección de

LA LITERATURA DEL EXILIO

su obra escrita entre 1939 y 1949 y de su libro inédito **La sombra desterrada,** que se publicará en 1950, y *Nueve sonetos y tres romances* (1952). Póstumamente se publicaron *Poemas y fragmentos inéditos (1944-1959)* (1964) y *El extrañado y otros poemas* (1969).

La poesía cerebral, desnuda, con toques irónicos y satíricos, y en la que lo erótico se presenta como esencia misma de la vida, por identificarse con la capacidad creadora del hombre, cultivada antes de la guerra, da paso, en el exilio, a otra de más hondas preocupaciones. La soledad, la angustia, el recuerdo de España (de Madrid, sobre todo), la búsqueda de un sentido a la existencia, constituyen ahora las obsesiones fundamentales del autor. Al final, una creciente religiosidad, patente en sus últimas obras, traerá la serenidad y la paz a su espíritu.

Domenchina es también autor de dos novelas: *El hábito* (1926) y *La túnica de Neso* (1929).

Ediciones

El extrañado y otros poemas, prólogo de Gerardo Diego, Madrid, Rialp, 1969. *Perpetuo arraigo,* México, Finisterre, 1968. Existe una útil Antología de su obra, preparada por E. de Champourcin: *Poesías (1942-1958)* (Madrid, Editora Nacional, 1975).

NEVERMORE [1]

Ala de sombra, un cuervo —que crascita
«Nunca»— repite su áspero graznido
al través de mi día mal vivido
y de mi noche a solas, infinita.

En su agorera convicción le imita
mi doble desaliento, persuadido
de que «nunca» la tierra que he tenido
podrá tenerme en pie, que está proscrita.

«Nunca»... Pico de grajo, el pensamiento
—corvo, corvino— escarba... Lo que siento
sólo puede decirse en ese «nunca»

—cuervo de negra luz, empodrecida [2]
pitanza, interminable despedida—
que tiene el nombre de mi nombre: «Nunca».

(Pasión de sombra.)

VIDA DESTERRADA

No tengo nada que decir, que nada
le importa ya a mi sombra de inhibido.
Sentirme y consentirme en lo vivido
es ya, de sol a sombra, mi jornada.

Pero esta vida de mi ayer, nublada
por un presente mal sobrevenido,
no consigue quitarme el dolorido
sentir que huella, errando, mi pisada.

Y no sé lo que soy ni cómo ha sido
este mudarse en vida consternada
un pensamiento siempre esclarecido.

Ni cómo en la pisada, de alcanzada
huella, que es mi avanzar de precedido,
se me entierra una vida desterrada.

REMEMBRANZA

Aquel aire cernido, transparente;
aquella luz filtrada, maravilla
que aquel sol acrisola, ni amarilla
ni azul: azul de oro exactamente...

Aquella lejanía, inmensamente
llana y sin una sombra, de Castilla,
donde hasta el ocre de la tierra brilla
limpio en el tiemblo de la luz caliente...

Aquel ir sin llegar, perpetuamente
por la llanura interminable, orilla
de aquel mar que es cielo transparente...

Aquella luz... suspensa, ni amarilla
ni azul —azul de oro exactamente—,
entre las nubes blancas de Castilla...

(Exul Umbra.)

---

1. *Nevermore:* es la desoladora respuesta que, una y otra vez, da el cuervo en el popular poema de Edgar Allan Poe.
2. *Empodrecer:* pudrir, corromper una materia orgánica.

JUAN JOSE DOMENCHINA

ORACION

Dios de mis soledades españolas,
Señor de mi horizonte verdadero;
Jesús, que hizo del mar firme sendero,
no se llega hasta mí sobre las olas.

Aquí, remoto, en esta cruz, me inmolas,
desentrañado de lo que más quiero.
(No te tiene, no tiene derrotero
el que vive sin tierra y siempre a solas.)

Sopla, Señor, en mi rescoldo; avienta
su ceniza inmortal, residuo inerte
de lo que se quemó para tu afrenta.

Y alza tu voz sobre mi suelo, y fuerte,
para que en mar y cielo yo la sienta
venir desde mi cuna hasta su muerte.

(La sombra desterrada.)

JUAN REJANO

Nació en Puente Genil (Córdoba) en 1903. Antes de 1939, aunque era conocido como periodista, había publicado pocos poemas. Después de la guerra se estableció en México. A partir de entonces se dedicó a actividades editoriales y periodísticas (hasta 1976 dirigió el suplemento cultural de *El Nacional*) y cultivó intensamente la poesía. Murió en 1976.

Publicó los siguientes libros: *Memoria en llamas* (1939), **Fidelidad del sueño** (1943), *El Genil y los olivos* (1944), *Víspera heroica* (1947), *El oscuro límite* (1948), *Noche adentro* (1949), de corte surrealista; *Oda Española* (1949), dedicada a Dolores Ibárruri; **Constelación menor** (1950), *Poemas de la nueva Polonia* (1955), *Canciones de la Paz* (1955), *La respuesta. Homenaje a Antonio Machado* (1956), *El río y la paloma* (1960), **Libro de los homenajes** (1961), aumentado posteriormente con poemas escritos desde los años cuarenta; *Elegía rota para un himno* (1963) y **El jazmín y la llama** (1966). **La tarde** (1976) y *Elegías mexicanas* (1977) se publicaron póstumamente.

En toda su producción, Rejano va de lo claramente testimonial (en muchos poemas se refiere a España y a una necesaria solidaridad entre los hombres) a un enfrentamiento con problemas universales y eternos. Para A. de Albornoz, el poeta siempre «parece moverse dentro de una lucha de contrarios. Hay momentos de desaliento y, al mismo tiempo, gran fe en el hombre; hay, también, gran sentido de la realidad y, a la vez, deseo de evasión. Sin embargo, el poeta llega a una síntesis de lo que parece, a primera vista, irreconciliable: el desaliento no excluye la fe en los otros, y la aceptación de la realidad no excluye —sino, por el contrario, incluye— al ser contemplativo».

Desde un punto de vista métrico, junto a las formas clásicas aparecen con frecuencia en su obra poemas breves, en los que recrea aspectos de la poesía popular andaluza.

En prosa ha publicado *El poeta y su pueblo. Homenaje a Federico García Lorca* (1974) y *La esfinge mestiza. Crónica menor de México* (1943).

Ediciones

Existen dos recopilaciones de su obra: *Alas de tierra. Poesía (1943-1975)* (Universidad Autónoma de México, 1975) y *La mirada del hombre* (Madrid, Editorial Casa de Campo, 1978), con prólogo de Aurora de Albornoz. En ambas se añadieron poemas inéditos.

LA LITERATURA DEL EXILIO

SONETOS DEL SUEÑO

IV

En fatigada niebla, en sombra errante
de alguna sombra en el olvido hundida
me voy quedando. Por mi sien transida
resbala el tiempo su cristal distante

y advierto entre las horas, delirante,
que va creciendo mi dolor: la herida,
más que la sangre al despertar vertida,
recuerda el golpe, su aterido instante.

Ya no sé si es en mí, si donde estoy
dejo una huella o si una huella soy
de lo que he sido ayer y en sueños sigo,

insensible a mi ser, únicamente
cuerpo de la memoria, cuerpo ausente,
que vive junto a mí, mas no conmigo.

VIII

Si aquella voz del agua en la ribera
de los álamos blancos, si aquel río
conmigo vive siempre, ¿por qué ansío
volverlo a oír?
             Habrá la primavera

cubierto ya la orilla y la pradera
con lenguas de esmeralda y de rocío...

Juan Rejano, que llegó a México
a bordo del «Sinaia»,
retratado por el también exiliado Miguel Prieto.

Y aquí estamos tú y yo, corazón mío,
como naves sin mar que el mar espera.

No quiero aquí morir, que aunque en la muerte
gozosa, rumorosa, de tenerte,
rosal oculto, dentro, vida llevo,

este sueño volver quiero al regazo
maternal de mi tierra y en abrazo
profundo hacerlo florecer de nuevo.

(Fidelidad del sueño.)

CANCIONES

13

Las monjas de San Francisco,
al mirador del convento
se asoman, por ver el río.

Por verlo cortar las sombras
el valle con nardos fríos.

La brisa les lleva un ramo
de jazmines y suspiros.

Luceros trasnochadores
velan la noche de estío.

¡Qué rubor el de las monjas
cuando los ven hacer guiños!

(El Genil y los olivos.)

CANCIONES DE ESPAÑA

1

Junto a la orilla, el pinar,
y sobre el pinar la estrella,
¡pinos verdes de Marbella
suspirándole a la mar!

Pinos de oscuro ramaje,

soñando con altas sierras
mientras suena el oleaje.

También yo llevo encendida,
como vosotros, la estrella
de la paz y de la vida.
¡Pinos verdes de Marbella!

(Recuerdo de adolescencia)

3

En la ribera los álamos,
en los álamos el viento,
en el viento sueños claros
embriagando el pensamiento.

Por el camino una sombra
querida pasa y se pierde.

El alma la sigue absorta
en medio del campo verde.

Y otra vez vuelven los claros
sueños a tejer su cuento.
En la ribera los álamos,
en los álamos el viento...

(Constelación menor.)

A PABLO PICASSO, QUE ME ENVIO UNA PALOMA (1953)

Canción de Paz

Una sílaba.
Una sílaba sola.
Una radiante sílaba sin tregua,
de sosegada piel y corazón
de fuego,
está a tu puerta —mira— con una estrella
[humana
y una dulce mirada de concordia.
Recoge su pureza,
su vuelo sobre raudos meridianos.
Otras sílabas viven en su breve
cintura melodiosa.
Yo, al pronunciarlas, digo:
hombre, creación, sonrisa, futuro, espiga, luz,
y en los labios me brota una paloma.

Una sílaba.
Una sílaba sola.
Tres letras comulgando con la vida.
Van a oriente, a occidente,
de polo a polo, como una aura virgen,
entran en el hogar de la pobreza,
en el templo, la plaza y el palacio,
se posan en los hombros del anciano,
en el grávido vientre, sobre el sueño
de la novia fragante,
y en todas partes se derraman, dejan
un destello, un aroma, una esperanza.

Una sílaba.
Es una sola sílaba inocente.

Como un disparo suena en la garganta
y es un disparo que el amor dirige
a la muerte.
Los traficantes de la guerra quieren
destruir su plumaje, sepultarlo
entre tinieblas espantosas.
                    Pero
del árbol de la tierra nacen brazos,
de los valles del aire corazones
para impedir el crimen.
                Mira el rostro
de aquella multitud: cantando avanza
al horizonte, suya es la alegría,
suya la fe que a la victoria lleva,
una noble victoria de tres letras,
sin armas,
        sin lamentos,
                sin estragos.

Una sílaba.
Es una sola sílaba amorosa.
Acógela,
defiéndela.
A tu puerta
llamando está.
            Jugar pudiera un niño
con su armonioso cuello de avecica,
y es tan grande y eterna como el mar.

(Libro de los homenajes.)

EN EL FUEGO

I

La noche nos inventa. Sus amantes,
somos sus preferidos
amantes. Oye cómo
crece su inmenso pulso derramado.
Aprisiona su informe aroma.
                ¿Duermes?
Soñamos junto al labio del abismo.

La noche nos inventa. Yo te tengo,
ámbar toda. Tú cortas de mi sangre
las amapolas más lejanas. Bajo
la apasionada luna de tus sienes
advierto que la noche entra en nosotros,
se enardece lo mismo que yo.
                    ¿Sueñas?
Despierto, sobre el mundo navegamos.

LA LITERATURA DEL EXILIO

La noche nos inventa. Va naciendo
de este extremado limbo compartido
una rosa que embriaga como el jugo
difuso de la muerte. ¡Acude! ¡Sálvame!
Salva este eterno instante, de las sombras,
detén este latido final.
                    ¿Vives?
Muertos de amor, un lirio nos conduce.

II

Alas frías, alas frías
devorando nuestra frente.
Sobre la turbia corriente
llegan los lívidos días.

Vamos amando y muriendo,
paloma, ¿tú no lo sientes?
La muerte canta en tus dientes
y yo estoy amaneciendo.

Y tú estás bajo el deseo
como bajo un agua roja.
Por mis párpados se arroja
un niño cobarde y feo.

Se hace nube el corazón
y es tan diáfano el destino,
que se ve, como un camino,
ser camino y estación.

Lejos, lejos, los espejos
de la esperanza relucen.
No copian nada: traducen
nuestra muerte, lejos, lejos.

Abrázame: llega un viento
que nos quiere estrangular,
como si de pronto el mar
se quedara sin aliento.

Abrázame, que ya siento
mi doble sombra escapar...

FINAL

Mañana... Yo no sé... Mañana, acaso
no estaré aquí. Pero a tu orilla, siempre
habrá un rumor de río melancólico
de apasionada fruta que se abre
y sentirás que un viento de jazmines
y enamoradas ondas, dondequiera
te seguirá.
            Quizá tú entonces mires
con apagados ojos de nostalgia
las nuevas tardes del otoño, el oro
desleído del sol, en las acacias
frígidas sombras, y algún niño pálido
en el balcón de una desierta casa.
Todo ha de parecerte triste, todo
triste será. Pero en lo más recóndito
todo ha de ser también como ayer era,
la noche sosegada, la alta noche,
donde yo estaré siempre palpitando,
el calor de mis manos, la dulzura
de la lluvia exiliada en el cristal.

Mañana... Yo no sé... Mañana, acaso
no estaré aquí. Pero a tu orilla un trémolo
de pasión como un helecho rojo
levantará sus hojas musicales.

(El jazmín y la llama.)

El pintor Arturo Souto con Juan Rejano en México. En el cuadro aparecen Moreno Villa, Altolaguirre, Rejano, León Felipe y Domenchina.

JUAN REJANO

XXIV

La mirada perdida más allá del espacio
y el tiempo,
            mudo, inmóvil, transido, el hombre en vilo
que me acompaña siempre, en mil pedazos
se rompe, iluminado hasta la entraña. Luego,
lucha a golpes del ansia con los signos. Y escribe.
¿Qué escribe y para qué? La gloria busca,
dirá la boca estólida de siempre, el compasivo
o el irónico. Escucha —respondo yo—, la gloria
de ese eterno inocente tiene un nombre: miseria
o indiferencia o burla. Y él lo sabe.
Pero sigue mirando, mirando más allá
del espacio y el tiempo: adonde la mirada
de los otros no alcanza. Y escribe para nada,
para nadie, sí, escribe para todos:
para crear un mundo que de tan suyo es nuestro.
Nuestro mundo de nunca.
                    Pero acendra.
                            Y fulgura.

(La tarde.)

Portada de una edición de sus Poesías.

MAX AUB

Nació en París en 1903, de padre alemán y madre francesa. En 1914 su familia se trasladó a España y se instaló en Valencia. Trabajó, como comerciante, con su padre. Viajó por Francia, Alemania y Rusia. Durante la guerra apoyó activamente a la República. En 1939 fue internado en un campo de concentración francés. En 1942 fue deportado a Djelfa (Argelia). A finales de ese mismo año se escapó y se trasladó a México. Entre 1948 y 1951 publicó una revista, Sala de espera, redactada y compuesta por él solo. En el verano de 1969 hizo una corta visita a España, de la que nos dejó una especie de diario, **La gallina ciega** (1971). Murió en México en 1972.

Max Aub cultivó todos los géneros: ensayo, poesía, novela, cuento, teatro, artículos, misceláneas.

Antes de la guerra había publicado diversos relatos de carácter experimental: Geografía (1929), Fábula verde (1933) y Luis Alvarez Petreña (1934), primera parte de Vida y obra de Luis Alvarez Petreña (1971), biografía imaginaria de un desafortunado lírico.

En el exilio escribirá dos interesantes novelas de corte tradicional, Las buenas intenciones (1954) y La calle de Valverde (1961), y El laberinto mágico, serie narrativa sobre la guerra civil y sus consecuencias, compuesta por **Campo cerrado** (1943), Campo abierto (1951), Campo de sangre (1945), **Campo del Moro** (1963), Campo de los almendros (1968) y **Campo francés** (1965). Con Juego de cartas (1964) vuelve al relato de tipo experimental.

Max Aub es también autor de abundantes relatos cortos recogidos en los volúmenes No son cuentos (1944), **Yo vivo**

LA LITERATURA DEL EXILIO

(1953), *Algunas prosas* (1954), *Cuentos ciertos* (1955), *Cuentos mexicanos* (1959), **Historias de mala muerte** (1965) y *Los pies por delante* (1975).

Su obra narrativa se completa con diversas biografías imaginarias: *Jusep Torres Campalans* (1958), sobre un inexistente pintor, amigo de Picasso; la ya citada *Vida y obra de Luis Alvarez Petreña*, *La verdadera historia de la muerte de Francisco Franco* (1960), *Luis Buñuel: novela,* que dejó incompleta (1986).

En 1944 publicó un libro de poemas, **Diario de Djelfa,** sobre el campo de refugiados en que estuvo internado.

Max Aub es, además, uno de los más interesantes dramaturgos españoles de este siglo. A una primera etapa, que se prolonga hasta 1936, corresponden *Crimen* (1923), *El desconfiado prodigioso* (1924), *Una botella* (1924), *El celoso y su enamorada* (1925), *Narciso* (1927), *Espejo de avaricia* (1927, reelaborada en 1935) y *Jácara del avaro* (1931). Durante la guerra escribió diversas obras en un acto: *Pedro López García, Las dos hermanas*, la *Fábula del bosque, Por Teruel, ¿Qué has hecho hoy para ganar la guerra?* y *Juan ríe, Juan llora*. Su producción posterior se refiere a la problemática del exilio (las cuatro piezas que componen *Los desterrados*), a la España franquista *(Teatro de la España de Franco)*, a la persecución de los judíos (*San Juan*), a la ocupación alemana en Francia (*Morir por cerrar los ojos*), a la presión en Europa de los dos grandes bloques surgidos de la guerra (*No*) y al retorno al hogar de presos y exiliados (*Las vueltas*).

Ediciones

Campos (cerrado, abierto, de sangre, del Moro, francés), Barcelona, Alfaguara, 1978-1981. *Yo vivo,* Barcelona, 1966. *Los pies por delante y otros cuentos,* Barcelona, Seix Barral, 1975. *Historias de mala muerte,* México, Joaquín Mortiz, 1965. *La calle de Valverde*, Madrid, Cátedra, 1985. *La gallina ciega,* México, Joaquín Mortiz, 1971. *Teatro completo,* México, Joaquín Mortiz, 1968. *Conversaciones con Luis Buñuel,* Madrid, Aguilar, 1985. *Mis mejores páginas,* Madrid, Gredos, 1966.

VIVER DE LAS AGUAS

De pronto se apagan las luces: las diez, la luna luce su presencia en las paredes jaharradas [1]: el jalbegue se parte, mitad blanco, mitad gris. El silencio corre por las calles del poblado como un calofrío [2], de la cabeza a los pies, desde la plaza al Quintanar Alto, ya pegado al alcor. Primeros de septiembre y el aire frío bajando por el Ragudo; más arriba las estrellas de monte, tachas del viento.

La plaza, por ocho días ruedo verdadero, apuntaladas las fachadas limpias de derrengaduras con escaleras y tablones; el casino adargando [3] su última luz tras las talanqueras [4]; en el centro, la fuentecilla barroca con su canto de agua de cuatro caños recobrando su calaña [5] de abrevadero; la plaza, acabadas de tocar las diez, ombligo del mundo. Mil quinientas almas y la Raya de Aragón. Hacia abajo, caídos hacia la mar, por Jérica y Segorbe, los pueblos de Valencia; cuesta arriba, por Sarrión, el áspero, desnudo camino de Teruel.

El reloj de la iglesia tiene la luna de cara; a todos les baraja el regustillo del miedo con el de la espera, un no se sabe qué otea por las espaldas; hay menos aire entre las gentes. Las diez y cinco: un rumor levanta su cola, asoman por los postigos las cabezas de los valientes, ya corren y cazcalean [6] frente a la casa del notario y la contigua del doctor los que quieren presumir el tipo, puesto el ojo a las hijas en edad de merecer, agrupaditas en los balcones de los probos funcionarios, con su dote por delante y el pretendiente detrás, bálano en ristre, manos invisibles bendiciendo la oscuridad. Las blusas negras de viejos renegridos, que no quieren dar su brazo a torcer por los años, se escurren por las paredes. La albórbola [7] recibe su corrección inmediata: un murmullo la acalla.

En lo más remoto de su memoria Rafael López Serrador no halla un recuerdo más viejo; de su niñez es ésa la imagen más cana: el momento en el cual, por las fiestas de septiembre, van a soltar el toro de fuego; eso, y el ruido del agua viva por la tierra: fuentes, manantiales, acequias.

1. *Jaharradas:* cubiertas con una capa de yeso.
2. *Calofrío:* escalofrío.
3. *Adargar:* proteger, resguardar.
4. *Talanquera:* pared.
5. *Calaña:* forma, aspecto.
6. *Cazcalear:* andar de una parte a otra, afectando diligencia.
7. *Albórbola:* vocerío, algazara con que se demuestra alegría.

MAX AUB

El toro de fuego siempre ha matado a cinco o seis hombres: un animal bárbaro y terrible, mejor encornado que «Fávila», que el 89 mató a ocho en Rubielos de Mora; su dueño, a quien los niños tienen por rico y misterioso, pasea el basilisco de feria en fiesta; algún año, cuando la pez lo ha dejado cegato, echan el bestión a unos torerillos para que acaben con él. Cuéstales Dios y ayuda, cuando no cornalones, porque el bicharraco sabe ya más que Lepe. El ganadero toma café en el círculo maurista. Los chiquillos le rodean a prudente distancia: «Ese es, ése es.»

Las vaquillas corren, los mozos las jalean y les dan cantonada [8]; la gente, hombres y mujeres, sale a recibirlas por la carretera en busca del susto (¡ay, qué susto!), del miedo (¡ay, qué miedo!), de la topada [9] y del escalo [10] de las rejas de la casa amiga perfectamente determinada de antemano, o del amparo de las cercas, murallones y albarradas [11] de las veras del camino. Los hombres llevan gayatos y blusas negras, los veraneantes van en mangas de camisa; hay quien intenta quiebros y sale con los calzones descalandrajados [12] para mayor burla y risotada. Polvo y cerveza, carreras de cintas mientras la banda enhebra pasodobles.

Pero el toro de fuego llega por la noche y está solo en las orillas del río, nadie se atreve a citarlo. Por veredas y balates [13] van mayores y mocosos desde las primeras horas de la mañana a divisar y apreciar el ganado. Se apacienta éste en las márgenes de la torrentera [14], medio escondido por los carrizos [15], en una madre seca y cantalinosa [16]. Los olivos y las higueras sirven de burladeros. Las señoritas dan gritos que animan al jabardillo [17]. Los novios se apartan

Arriba: el escritor en su niñez, en su juventud y en su madurez. Abajo: Madrid, el 20 de julio de 1936: trágico epílogo de la lucha en el Cuartel de la Montaña.

a la derecha e izquierda «para ver mejor», según aseguran, y sofaldar [18] sin sobresaltos. Hay quien almuerza. Allá abajo, sin dar importancia a los torillos que pacen, cruzan hacia el pueblo tres cavatierras, segur al hombro, colilla terciada, salivazo trallero:

—¡Parece que nunca hayan visto animales, rediós! [...]

Al toro de fuego le tienen atado y cubierta la cabeza con un saco, en una jaula de madera, formada con estacas bajo el sotechado de la casa del tío Çola. En cada cuerno le fijan una gran bola de alquitrán sostenida por unos flejes [19] de hierro, ya las encienden y flamean, ya sueltan el pavoroso bruto. Por las calles blancas y negras culebrea la serpiente del terror pánico.

Anúnciase por su luz. Tíñese la cal del

---

8. *Dar cantonada:* dar esquinazo, dejar burlado.
9. *Topada:* golpe que dan con la cabeza los toros, carneros, etc., topetazo, topetada.
10. *Escalo:* acción de escalar.
11. *Albarrada:* pared de piedra.
12. *Descalandrajar:* desgarrar una prenda y hacerla andrajos.
13. *Balate:* margen de un bancal. Terreno pendiente, lindazo, etc., de muy poca anchura.
14. *Torrentera:* cauce de un torrente.
15. *Carrizo:* planta gramínea, indígena de España, que se cría cerca del agua. Sus hojas sirven para forraje.
16. *Cantalinoso:* dícese del terreno en que abundan los cantos de piedras.
17. *Jabardillo:* aglomeración de gente.
18. *Sofaldar:* alzar las faldas.
19. *Flejes:* tiras.

más leve rosear cuando todavía le separan cincuenta metros de la esquina inmediata. Aparecen larguísimas sombras; a todo correr se empequeñecen, reduciéndose a la nada para volver a surgir, creciendo contrarias según la carrera del basilisco. De portones, portaladas, portillos y balcones, recovecos, esquinas, escaleras y mástiles, de la plaza y de las calles ligadas entre sí en círculo para que el toro persiga su propia sombra hasta que se le acabe, surgen, se alzan, levantándose los unos a los otros, gritos y voces, clamores y chillería ¡Ya viene! ¡Ya llega! ¡Ya está ahí! Lo llaman, lo desean, lo quieren y cuando la luz, las llamas, la bárbara mole nocturna se abalanzan por el callejón, vuélveseles pavor el deseo, como tras un primer coito frenético y furtivo.

¡Ya viene! ¡Ya llega! ¡Ya está ahí! Pasa la bestia velocísima, huyendo de sí misma, viril maldición ardiente, mito hecho carne y uña, con olor de cuerno quemado. Ya se despeña hacia arriba, ya vuelven la luna y su sombrilla leve por la lechada [20] nueva de los paramentos [21]. Ronda el toro su forzado circuito; el amplio rumor de la plaza señala a los espectadores de las callejas la vuelta cumplida.

¡Ya vuelve!

Busca ardiente cinco, seis, siete veces su salida inalcanzable. Rueda su fuego. Párase frente a una casa, revuélvese en un callejón sin salida; baladran [22] las mujeres, cían [23] los valientes. A lo tarde se entablera [24] a la querencia del campo en una esquina de la plaza. Los más osados, viéndole rendido, se atreven, desde lejos, a desafiarlo, sálense de naja [25] al menor reparo del bruto. Rafael Serrador odia a sus convecinos: al Maño, al Pindongo, al tío Cuco, al Tartanero, al Serranet, que se lanzan ahora a citar el espléndido animal. «¡Si los moliera!»

Todas las tertulias del pueblo, de la del Casino a la del Círculo Radical —que ahora se llama Unión Patriótica— condenan durante trescientos cincuenta y siete días al año la cruel costumbre; nadie, sin embargo, cuando llega la época de las fiestas de septiembre, deja de desear la aparición mítica del toro de fuego. Rafael Serrador quisiera, con la fuerza de sus ocho, de sus diez años, que el toro la emprendiera con todo el pueblo, que no dejara piedra sobre piedra; y se figura, en su noche, el pueblo humeante y todos sus vecinos malheridos, y por los cielos una gran procesión de toros de fuego en forma de arcoiris. El corre por las ruinas, camino de la escuela, quemándose los pies con los rescoldos. Porque la aparición del toro de fuego prejuzga ya la vuelta a clase. A Rafael lo mismo le da ir como no ir. Don Vicente es innocuo [26] y lleva barba; ha perdido toda autoridad desde que todos saben que le ha hecho un chico a la hija del montanero [27] de don Blas. —¡Un tío puerco! —dicen los padres. ¿Cómo va a atreverse a castigar a los niños? Estudia el que quiere. Rafael no es de los peores. En casa hay dos libros que su padre le ha prometido dejarle cuando sepa leer bien: una historia de la Revolución Francesa, de don Vicente Blasco Ibáñez, y el otro, sobre los romanos, de don Emilio Castelar. Alguna gallinácea ha pagado con su vida el olvido de defecarse en ellos [...]

Mueren por aquella tierra los olivares; más arriba sólo quedan carrascas [28], jaramagos, romero y zarzas. Los inviernos son largos y con nieve. Ido el toro de fuego, muérense los campos quedándose quietos. Algunos perdigachos más listos que el hambre salen duros al menor ruido. Las casuchas pardas sólo saben del cielo por los lentos humos de sus chimeneas. El agua sigue corriendo igual a sí misma. Por los campos dormidos va y viene cada día el carromato amarillo del padre de Rafael Serrador. Cada día las pocas palabras que se cruzan son para tratar de la compra de una camioneta de ocasión, una Ford casi nueva, carrozada que no se puede pedir más. El tráfico es escaso, sólo los días de mercado en Segorbe bajan unos cuantos del pueblo para volver a la noche. No traen en los ojos ni reflejos del pueblo grande.

---

20. *Lechada:* masa muy suelta de cal, yeso o argamasa, usada para blanquear paredes y para unir piedras o hiladas de ladrillo.
21. *Paramento:* cualquiera de las dos caras de una pared.
22. *Baladrar:* dar gritos o alaridos.
23. *Ciar:* andar hacia atrás, retroceder.
24. *Entablerarse:* refugiarse la res en las tablas para defenderse.
25. *Salirse de naja:* marcharse precipitadamente.
26. *Innocuo:* que no hace daño.
27. *Montanero:* guarda de un monte o de una dehesa.
28. *Carrasca:* encina.

Los años van cayendo y Rafael Serrador los atraviesa; crece poco a poco sacando la cabeza por unas hojas enormes que cada año, cual corteza, caen sobre la serranía, añadiendo canas donde ya no cabe gloria. Ya deletreó los dos libracos sin enterarse de gran cosa; ya le tienen por mayor y le mandan a Castellón, de aprendiz en una platería. Aquel año, por casualidad, no hubo toro de fuego; había gobernador nuevo de la víspera y, con el acostumbrado lujo de adjetivos laudatorios en la prensa local, prohibió las vaquillas en toda la provincia —siempre dispuesto a conceder autorizaciones especiales—. Como pedía más que los anteriores y no hubo tiempo de regatear ni modo de complacerle, quedóse el pueblo sin toro y el gobernador como político «nuevo» y hombre integérrimo.

(Campo cerrado.)

PARTE II. 6 DE MARZO DE 1939

Gabriel Moya y Moya, su *tío*, registrador de la propiedad, goza de prestigio entre republicanos y socialistas. Su padre fue amigo de Salmerón. Perseguido por la dictadura de Primo de Rivera, don Gabriel fue alcalde con la República. En julio de 1936 dejó el puesto en manos de un galerero socialista, pero siguió siendo respetado por todos. Está casado con una buena señora —doña Margarita—, perfectamente insignificante; no han tenido hijos. La mayor gloria del registrador es su amistad con el señor Martínez Ruiz, más conocido por su alias literario: *Azorín*. Don Gabriel intervino en la representación de *Angelita,* obra que el gran escritor ofreció a sus conciudadanos de Monóvar. A este evento asistió José Dalmases, su amigo y compañero de carrera, ingresado en las mismas oposiciones del año 1910. Cuando va a Valencia come todos los días en su casa.

Ahora, Vicente, a pesar de la hora intempestiva, le va a visitar. Le sabe amigo de trasnochar, leyendo mucho. Tarda en abrir, asustado. Le encuentra muy envejecido. La pérdida de la guerra, que no se le oculta, al revés que a tantos compañeros de su joven visitante, le tiene muy preocupado. Cree que lo primero que harán los rebeldes al posesionarse del pueblo es fusilarle: odian más a los liberales que a los libertarios o a los socialistas. El registrador está decidido a expatriarse. Lo que más siente es abandonar su biblioteca. Aunque pudiese —no ve cómo— no le parece decente llevársela; sin contar que el que permanezca en el pueblo supone una razón poderosa —un si es no es mágica— para acelerar su vuelta, de la que no duda.

La victoria de la reacción no puede ser duradera —asegura—, más ahora que el pueblo ha podido gozar algún tiempo de sus derechos y de libertad, libre de curas, a los que achaca todos los males patrios.

Lo que hace —por la noche— es emparedar volúmenes en el desván, empezando por los ejemplares que supone serían destruidos sin remedio por los vencedores. Sólo llevaría consigo unos cuantos de *Azorín* dedicados parca, afectuosamente.

Lleva a cabo la operación con la sola ayuda de su mujer. Entre los dos trasegan. Cuando haya que alzar el muro lo hará con Ignacio, un viejo servidor que arrastra por el huerto y la huerta sus recuerdos de hace mil años.

Vicente ayuda a subir los libros al sobrado. Luego, mientras le sirven algo de comer (—Perdona, hijo, pero nosotros seguimos...), Vicente hojea la primera edición de *Lecturas españolas*. —¿Dónde aquel gazpacho famoso de conejo?—. Como siempre —mala costumbre— lee primero las últimas páginas. Nunca ha sido aficionado al escritor levantino. Ahora se sorprende de la diferencia entre las descripciones de los pueblos que conoce y la realidad. No se da cuenta de que se ha hecho hombre en un período excepcional.

«Voy por las tardes a dar largos paseos por mis tierras. Converso con los labriegos. Les pregunto mil cosas relativas a la labranza. Me cuentan las impresiones de sus vidas: vidas vulgares, uniformes, en las cuales no ha ocurrido nunca nada. Si alguno ha pasado por Madrid para ir a segar a las tierras lejanas, se dice lo que le ha parecido Madrid...»

El campo de Argelès-sur-Mer, al que el periódico L'Illustration calificó en 1940 de «Un hormiguero humano».

Que les pregunten hoy... Pasa la página: «Ningún lugar mejor que estos parajes para meditar sobre nuestro pasado y nuestro presente. Causa de la decadencia de España han sido las guerras, la aversión al trabajo, el abandono de la tierra, la falta de curiosidad intelectual; convienen en ello —como habrá visto el lector— Saavedra Fajardo, Gracián, Cadalso, Larra. No hay más aplanadora y abrumadora calamidad para un pueblo que la falta de curiosidad por las cosas del espíritu; se originan de ahí todos los males. Se originan de ahí la ausencia de examen, de comparación, de apreciación, de crítica. De crítica engendradora de adhesión y de repulsión, de entusiasmo y de hostilidad...» A Vicente le molesta la repetición, la cantinela empleada constantemente por *Azorín*. ¿Qué España es ésta que el monovarense retrata en su libro? Parecen páginas escritas hace siglos. Nada tienen que ver con la realidad que ha vivido estos últimos años. ¿Habrá cambiado tanto España con la República? Es posible, es seguro. Por todas partes corre un perceptible afán de saber. El libro de *Azorín* acaba diciendo: «No saldrá España de su marasmo secular mientras no haya millares y millares de hombres ávidos de conocer y comprender.» ¿Cómo es posible que ese cambio haya sido tan repentino? Por todas partes corre un perceptible afán de saber. Que él sepa, nadie maldice la guerra. Todo era, hasta ayer, entusiasmo. Hasta ayer... Le parece imposible, pase lo que pase— no se pone a examinar el qué —, que esta exaltación pueda extinguirse, venir a nada. Se lo dice al viejo amigo de su padre.

—Ojalá —dice éste—. Entusiasmo, Vicente, no ha faltado.

—No falta.

—Entusiasmo, sobrino, es exaltación, inspiración divina de los profetas, furor de las sibilas al dar sus oráculos. Lo dice el diccionario (don Gabriel es apasionado lector del diccionario de la Academia Española). Fogosidad pasajera. Los españoles somos muy entusiastas y muy burros. No lo digo peyorativamente, sino por aquello de *salida de caballo andaluz y parada de burro gallego*. Pero es hora de que descanses, quedan pocas horas de noche.

El cuarto huele a espliego. Vicente vuelve a su niñez.

(Campo del Moro.)

CATALUÑA, 30 DE ENERO DE 1939. NOCHE. EL CAMPO

Un cobertizo. Llueve. Desde el alero caen gruesas gotas en un charco. El pecinal. Gentes amontonadas. Su vaho. Un burro, dos perros mojados apretujados uno contra otro. Un niño dormido con un conejo de trapo en los brazos, un niño de pecho llorando, la mujer que lo lleva saca su pecho, le da de mamar, levanta los ojos. La lluvia. La mujer procura apartar sus pies de un charco sin conseguir más que molestar a sus vecinos. Lloran unos niños.

UNA MUJER VIEJA: ¿Para qué sirven los niños?

El campo. En la noche apenas se divisan las ramas desnudas de los árboles. Lluvia y trapa. Viento. La carretera. Gente casi invisible andando.

Se enciende una lámpara eléctrica; su círculo de luz, en el suelo, corre a una maleta que cae, se abre, mojándose inmediatamente su contenido: ropa de mujer; unas manos recogen lo esparcido, lleno de barro.

UNA VOZ: ¡Apaga o disparo...!

Tropel en la noche. La lámpara eléctrica recorre las caras de los que van andando por la carretera. Mayoría de hombres sucios, mojados, deshechos [...]

Empieza a amanecer en el horizonte. La carretera y sus alrededores. La gente, como un río. Por las márgenes, los que han pasado la noche al amparo de los árboles se desentumecen. Por la calzada: soldados, niños, mujeres, viejos, carros, heridos. Sigue lloviendo. Bocinazos. Gritos. Un auto pugna por adelantar en contra de la corriente. La gente se aparta con lentitud [...]

La gente fluye. Bocinazos.

Una vieja se deja caer sentada sobre el talud de la carretera, llorando. El coche sigue adelante. La gente se apretuja en sentido contrario. Ya es de día. Un paralítico, en un carro de ruedas empujado por una jovenzuela; un niño, arrastrando una caja; dos viejos; una mujer con una niña. Una familia; el abuelo, la madre, la niña.

ABUELO: ¡Anda!...
NIÑA: ¿A dónde vamos?...
ABUELO: Donde no haya fascistas...
NIÑA: Mamá, los fascistas, ¿cómo viven?
LA MADRE: ¿Cómo crees?
NIÑA: En cuevas...

Atrás, tres carros cargados hasta donde más se puede con enseres familiares. Un caballo levanta las orejas. Ruido lejano de detonaciones.

UN VIEJO, AL CABALLO: ¡Tira!... ¡Tira!...

El caballo resiste. La gente empuja los radios de las ruedas para hacer el carro a un lado. Ha dejado de llover. Crece el río de la gente por la carretera. Detonaciones más cercanas.

En sentido contrario al del éxodo, avanza lentamente un camión de gasolina.

Ruido de aviones. Las nubes se rasgan. Las gentes se miran angustiadas. El cielo con menos nubes. Ruido de aviones. Un perro, atado bajo un carro, se niega a seguir adelante; lo arrastran, muerto de miedo. Gente de rodillas en la zanja, mirando al cielo. Los aviones, muy lejos. Desbandada de la gente. Una mujer, a campo traviesa, con un niño en brazos y otro de la mano; la sigue un grupo, la pasan otros. La cara del niño, asustado.

La zanja, al lado de la carretera, llena de gente. El paralítico en su silla, abandonado en medio de la carretera, solo. El perro aúlla, atado entre las ruedas del carro. Un soldado resguardado tras un árbol, rodilla en tierra, el fusil pronto a disparar. Gente en el suelo.

VOCES: ¡Túmbense!... ¡Túmbense!... ¡Así no hay cuidado!... ¡Péguense a tierra!

El soldado mira el cielo, resuelto. Un teniente echa mano a su pistola, desiste. Unos corren a lo lejos. Una mujer sentada en el talud de la carretera, como sin darse cuenta. El cielo. Los aviones más cerca. Una mujer, de rodillas, en medio del campo, los brazos en cruz.

LA MUJER: Padre nuestro que estás en los cielos...

El cielo: los aviones más cerca. Ametrallamiento lejano. La carretera, los coches, cachivaches abandonados; el camión de gasolina; a lo lejos un puente, un riachuelo. Nadie.

Ruido de aviones, más cerca. Sobre el riachuelo ráfaga de ametralladora. Idem en la tierra. La ráfaga pasa sobre un hombre con las manos en el cogote, la sangre empieza a manar entre sus dedos. En la carretera, ristra de bombas incendiarias en busca del camión. Tras cada explosión, caras de hombres, mujeres, niños, el perro. El techo del cobertizo, visto al principio, de pronto, acribillado a balazos. La carretera: el camión quemándose. Un niño que corre a campo traviesa, lejos, pequeño, sosteniéndose un brazo. Cae. Ruido de aviones alejándose. Un grito. Una queja. Un mojón: *A Francia, 35 kilómetros*. Silencio. Se asoma una lagartija entre dos piedras en los bordes de la carretera; cuando la gente empieza a moverse, la lagartija huye. El soldado tira su fusil, se sienta sobre el mojón. Sube el ruido de los pasos. Algún grito, unas llamadas.

VOCES: ¡Pedro! ¡Luis! ¡Abuelo!

Se vuelve a formar el río del éxodo que pasa ante el camión que acaba de consumirse. Unos soldados lo vuelcan para despejar el camino. En sentido contrario sube, hacia el frente, un batallón de soldados formados, cantado *Las compañías de acero:*

> *¡Las compañías de acero*
> *cantando a la lucha van!*
> *¡Su temple es duro,*
> *seguro y valiente*
> *el ademán!*
> *¡Las compañías de acero*
> *cantando a la lucha van!*
> *¡Las compañías de acero*
> *forjadas de acero están,*
> *y triunfarán!*

Los soldados, vistos por las gentes del éxodo. El éxodo, visto por los soldados. Las gentes se paran. El soldado, sin armas, esconde su gorra; otros tres se miran y se unen a los soldados que siguen adelante.

(*Campo francés.*)

LA LITERATURA DEL EXILIO

12 DE SEPTIEMBRE

... entre plegaria, blasfemia, iniquidades, vergüenzas, mentiras, represiones, castigos, inhabilitaciones, multas, destierros, afrentas, a pan y agua crecieron con la ilusión de un mundo mejor, evidente tras las fronteras, al alcance de la mano; un mundo justo, donde *nosotros estábamos* viviendo. Hablo de los nacidos de 1920 a 1930. Centenares de miles de hijos de liberales y republicanos y aun de falangistas y fascistas de buena fe. Tal vez no eran muchos estos últimos, pero los había. Bástate con los primeros, que fueron multitud. ¿Sabes lo que fue su niñez —la guerra—, su adolescencia —la guerra, la otra, más la represión— y falsas glorias españolas repartidas a manos llenas, y el Imperio, y la Hispanidad, y *Cara al Sol*? No hablo de los presos, de las represalias, de los represaliados, de los asesinados: eran sus padres, a menos que se hubieran convertido en ausentes o en seres tristes, escondidos de los demás y de sí mismos. O en traidores. Y no me salgas con el hambre que, a lo sumo, todos pasamos la misma, con la sola diferencia que ellos, en general, no alcanzaban la razón. Tuvieron hambre en la base misma de su vida. Evidentemente, una vida así no es para favorecer los entrañables lazos familiares. Estos son los que, por declive natural, vinieron de por sí a considerarse, por lo general, comunistas durante la *guerra fría*, cuando tú, frente a los hechos, te dabas cuenta de lo que representaban los procesos que ellos ignoraban o creyeron inventados por sus cómitres. Empezaron entonces a escribir, exponiéndose, poesía social y a inventar métodos personales de lucha contra el régimen. ¿Qué queda de todo esto veinte años después? Han podido darse cuenta —por el tiempo pasado y las puertas entreabiertas— de que han perdido el tiempo de su vida. Tienen hoy de cuarenta a cincuenta años. ¿Qué han hecho? Poca cosa. Se han equivocado. ¿Quién se lo dice? Los que tras ellos crecen y se atemperan a otro mundo (tal vez no de desear, pero más libre en todos los sentidos, el sexual por ejemplo, que no es moco de pavo): ya, para ellos, la política no está en primer plano, la justicia yace al lado de su camino, un tanto pisoteada, y no les importa mucho.

(La gallina ciega.)

Tropas milicianas parten hacia el frente. A la derecha, arriba: Max Aub con su mujer en Santander, en 1926. Abajo: ambos aparecen en la terraza del café Lyon de Madrid, en 1969.

LA UÑA

El cementerio está cerca. La uña del meñique derecho de Pedro Pérez, enterrado ayer, empezó a crecer tan pronto como colocaron la losa. Como el féretro era de mala calidad (pidieron el ataúd más barato) la garfa no tuvo dificultad para despuntar deslizándose por la juntura de la tapa y arrastrarse hacia la pared de la casa. Allí serpenteó hasta la ventana del dormitorio, se metió entre el montante y la peana, resbaló por el suelo, escondiéndose tras la cómoda hasta el recodo de la pared para seguir tras la mesilla de noche y subir por la orilla del cabecero de la cama. Casi de un salto atravesó la garganta de Lucía, que ni ¡ay! dijo, para tirarse hacia la de Miguel, traspasándola.

Fue lo menos que pudo hacer el difunto: también es cuerno la uña.

MAX AUB

EL FIN

Era difícil, pero se lo tragó. Al principio su preocupación fue saber si era el cuatro o el seis, sobre todo por el movimiento del brazo al empujárselo por el gaznate. La duda fue corta: el cuatro tiene cuatro puntas, difíciles de pasar, y su odio al seis era notorio. Redondo, se le atragantó. Mejor dicho: se le detuvo a medio camino y ahora empezaba el dolor. Una puñalada terrible en medio del esternón, que le atravesaba el cuerpo y le salía por la columna vertebral. Peso y cuchillo.

Entonces comprendió que iba a morir, asesinado por el seis —¡la hoz!, ¡la hoz!—, quiso protestar, se levantó, fue al cuarto de baño, se metió los dedos en la boca, intentó devolver. En vano. El peso y la sierra (no era un cuchillo, no). En pleno plexo solar.

Volvió a la cama y pensó que quizá las cosas estaban bien así: que era justo que muriera asesinado por el número seis. ¿A qué mezclar el cuatro en eso? El cuatro siempre es inocente.

(Algunas prosas.)

LA LLAMADA

—Lo soñaré, lo soñaré —gritaba, espantado—. Y entonces, ¿quién me salvará?

Durante la guerra civil, don Marcos Oñate Ballesteros fue visitado —es un decir— a menudo por la Policía. Preso tres veces, puesto en libertad otras tantas por influencias de su cuñado, general de División. No

vivía en espera de la cuarta entrada por salida. Detuviéronle por republicano, masón y protestante. Lo último fue cierto durante algunos años de su lejana juventud, por amor hacia una escocesa empleada en casa de don Pedro Domecq, en Jerez, su pueblo.

Se le resintió el corazón, no del hacía ya mucho tiempo olvidado desprecio de Pamela, sino de los timbrazos de los polizontes, siempre en la madrugada. Su médico, don Mauricio Ortega, para el que no tenía secretos desde la pubertad, ordenó a doña Consuelo, que había venido a ser, de novia suya de los quince años, esposa de su amigo del alma a los veinticuatro, con consenso de todos, quitar cuantos timbres, aldabas, llamadores, campanas y campanillas habidos y por haber en el cortijo y en la casa de la calle del Gran Capitán.

No le valió. Halláronle muerto una mañana, con la cara dando clara cuenta «de haber oído el timbrazo».

—Lo soñó —decía la viuda—. ¡No abras!, gritó, y se fue. Parece mentira, ¡a los veinticinco años! Se acordaba más de eso que de su noche de bodas.

(Historias de mala muerte.)

LA LITERATURA DEL EXILIO

DE LA CASA A LA PLAYA

Al abrir el portón, la bocanada del sol. Distinto claror que el de ayer. El día que empieza no es hijo del anterior, sino otro. El polvo, la semana, han desaparecido. Todo es nuevo a la luz nueva. El cielo, sin nubes. Nadie entre Enrique y el mar. A lo lejos el ruido amarillo de un tranvía. Verano. Silencio. Unos pasos lejanos que se van.

Luz intocada, para él. Virginidad que el paso desflora continuamente: este azul rosado que será indigno, aquel opalino que llegará a azul, este pajizo que será cerezón, aquel glauco que cobrará con el día tintes oliváceos, son todos nuevos, acabados de nacer, todavía con la fárfara de su aparición. ¡Doncellez de cada día al alcance de todos, sin mirada que la marchite! Y el aire, nacido del mar, con gusto de su salitre, que pierde unos cientos de metros tierra adentro vencido de tanta habitación donde todavía duerme la gente.

El mar cabrillea cubierto de peces dorados y brillantes. ¡El mar, el mar y su playa! El mar solitario, la playa solitaria, puestos ahí: para él. El traje de baño le ciñe encerrándole en sus límites. El pecho se ensancha de todo el aire que le cabe. ¡Dueño de la tierra y del mar! No muy seguro, porque sus pies se hunden desigualmente en la finísima arena, tibia en su superficie, fría adentro. Atrás quedan las casas y el cemento. El mar esperándole. ¡Vértigo! ¡Sólo él! Pero también la playa que le sostiene y el aire que le acaricia.

(Yo vivo.)

¿DONDE ESTAS, ESPAÑA?

Max Aub en el campo de concentración de Djelfa (Argelia), en 1942.

¿Dónde estás, España? Por el mundo abierta.
¿Dónde estás, España? Mía, desparramada.
¿Dónde estás, España? Monte, río, meseta.
¿Dónde estás, España? Tierra en tierras, alma.
¿Dónde estás, España? Viejísima meta.
¿Dónde estás, España? Cresta desierta.
¿Dónde estás, España? ¿Es tuya esta hierba?
¿Dónde estás, España? ¿Seré yo el que sueño?
¿Dónde estás, España? ¿Es tuyo este suelo?
¿Dónde estás, España? Donde sea te veo.
¿Dónde estás, España? En llano, en montaña...
¿Dónde estás, España? Siempre, siempre España.
Este llano, León. Esta aguanieve, Avila.
Aquel alto, Burgos. Este albor, Medina.
Este cielo jándalo y esta cal, de Játiva.
Cante de Cádiz... Lejos, Algeciras.

(Campo de concentración de Djelfa, 15-III-42.)

(Diario de Djelfa.)

RAMON J. SENDER

Nació en Chalamera (Huesca) en 1901. Desde muy joven ejerció el periodismo. Colaboró en diferentes diarios (*El Sol, La Libertad, El Socialista*), con artículos de fuerte contenido social y político. Participó activamente en la guerra como combatiente. En 1938 marchó primero a Francia y después a México. Más tarde fue profesor de literatura en Estados Unidos. En 1976 regresó a España. Murió en 1982.

Hasta su salida de España, la obra de Sender se inscribe en la línea de la narrativa comprometida y crítica, habitual en otros escritores de los años treinta. Su producción posterior es variadísima, tanto temática como formalmente, y de valor muy desigual.

Marcelino C. Peñuelas ha clasificado así toda su producción:

1. Narraciones realistas, con implicaciones sociales: **Imán** (1930), descarnado relato, a medio camino entre la novela y el reportaje, sobre la guerra de Africa; *Siete domingos rojos* (1932) y **Réquiem por un campesino español** (1960, que ya se había publicado, con el título de *Mosén Millán*, en 1953), historia de un sacerdote que al comienzo de la guerra no consigue evitar en un pueblo la ejecución de un joven. 2. Alegóricas, de intención satírica, filosófica o poética: *El lugar de un hombre* (1939), *La esfera* (1947), de corte existencialista, y *La noche de las cien cabezas* (1934). 3. Alegórico-realistas, con fusión de elementos de los grupos anteriores: *Epitalamio del prieto Trinidad* (1942), en la que, lo mismo que en *Mexicayotl* (1940), se pone de manifiesto su interés por América; *El rey y la reina* (1949), *Los cinco libros de Ariadna* (1957), *El verdugo afable* (1952). 4. Históricas: *Mr. Witt en el Cantón* (1935), *Bizancio* (1956), *Jubileo en el Zócalo* (1964), *Carolus Rex* (1963), *La aventura equinoccial de Lope de Aguirre* (1964), *Tres novelas teresianas* (1967), *Las criaturas saturnianas* (1967). 5. Autobiográficas: **Crónica del alba** (1942 y 1946), compuesta de nueve novelas. 6. Cuentos. 7. Narraciones misceláneas: *Contraataque* (1938), *El bandido adolescente* (1965).

Hay que recordar también, aunque sólo sea por la popularidad de que gozan, las novelas que dedicó a Nancy, una pintoresca hispanista norteamericana (la primera de la serie, *La tesis de Nancy*, se publicó en 1962).

Ediciones

Imán, Barcelona, Destino, 1976. *Réquiem por un campesino español*, Barcelona, Destino, 1972. *Crónica del alba*, 3 volúmenes, Madrid, Alianza, 1971.

ANNUAL. LA CATASTROFE

Capítulo VII

Otra vez el olor a sentina, a carne descompuesta. Debe haber cadáveres. Ya en el fondo, los matorrales secos hasta la rodilla, sube siguiendo la hendedura. Jirones de guerrera, manchas negruzcas y de pronto algo ligero terroso y vivaz. Un chacal. No tarda en repetirse el espectáculo. Dos cuerpos desnudos, clavados con un mismo piquete de alambrada, que los atraviesa por el vientre. El chacal almorzaba. Descubre que los muertos desnudos no hacen impresión. Debe ser el traje, la apariencia grotesca de la vida que les dan las vestiduras. La naturaleza nos tiene inmunizados contra el miedo a la estampa exterior de la muerte, y un cadáver en cueros no sobrecoge el ánimo. Viance lo percibe sin reflexionar y sigue adelante, bandeando como los marineros.

La zanja sigue hacia arriba, repitiendo de vez en cuando el mismo espectáculo. Cuerpos desnudos, mutilados; uno con las piernas cortadas sobre la rodilla y las insignias de oficial en la boca abierta. «¡Cabrones!» Dos silbidos altos. ¿Balas? ¿De dónde tiran? Al querer asomarse fuera, oye distintamente las ametralladoras de Annual. Se siente agotado e inmediatamente se levanta con gesto de autómata y se apoya en el fusil. Tiene miedo de detenerse entre estos muertos, en la zanja convertida en larga fosa común. El sol está alto, ya no hace sombra. Cerca, sobre unos herbajos secos, zumba un enjambre de moscas azulinas ¿Otro muerto? El zumbido múltiple hace un ruido metálico, de resol, de podredumbre. Al pasar ve entre los cardos y las hierbas una piltrafa ya casi desecada y sigue adelante, sin reparar en nada. Hay una angustia de osario en este silencio bajo el cierzo mortal que se oye en lo alto, y que a veces rastrea también con ímpetu diabólico entre los tomillos y los romeros asomados sobre el barranco.

Arriba, tiran. ¿Quién? ¿A dónde? Y ahora, los cañones. Hay juerga en Annual. Pero Viance no establece ninguna táctica, no puede ya planear su defensa, su fuga, aclarar los acontecimientos. «¡Dios, cuánto difunto!» Antes los llamaba «fiambres»; pero ahora, en esta soledad, viendo limitados los horizontes a una franja de cielo en lo alto, le ha entrado un súbito respeto. Huir de sí mismo para dar de narices en los muertos ya corrompidos entre aletazos de cuervos y acercarse al campamento sin noción de su propia situación, creyendo a veces que lo van a arrestar por no llegar al toque de fajina y pensando de pronto que no va a salir nunca del barranco y que sus huesos se calcinarán al lado de ése o de aquél [...]

Los muertos tienen en la sombra otro color y otra postura. No son ya hombres inertes, cadáveres individuales, sino un conglomerado de instrumentos de la muerte, que le rodea y le amenaza. Cada vez que siente de nuevo en los parietales el avance del aro luminoso, sacude la cabeza e intenta enderezarse. Las ametralladoras han callado, las baterías suenan con tiros espaciados en la otra parte de la colina y vuelven a callarse también. Viance pierde poco a poco la noción física de sí mismo, le hormiguea la sangre en las piernas, le palpita bajo el correaje el corazón con una angustia de asfixia. Un escarabajo le pasea por los dedos del pie; pero no siente el contacto de sus patas.

Annual. Está muy cerca del campamento general, donde todo se acabará: el sueño, el hambre, el cansancio. Allí habrá agua, pan o galleta y bastantes tropas para de vez en cuando echar una buena siesta. Los sentidos se solazan en la esperanza. Annual, Annual, lugar de redención. Annual, dormir, agua..., y dormir y dormir... Pero estas sensaciones se producen en el aire, fuera de su voluntad y de su materia. Para adquirir la conciencia de sí mismo tiene que acordarse de R., donde todos han sucumbido seguramente, hasta él mismo. Esta idea de su propia muerte no le abandona. Pero es duro que la muerte no sea como el sueño, sino que prolongue la zozobra, el dolor.

La soledad del barranco es más profunda que toda soledad; huele, densifica el aire, le va ligando el corazón con bramantes, como una pelota. Tiene miedo de no haber muerto, de que todo esto sea cierto y quede aún la necesidad horrenda de morirse.

(Imán.)

Paco iba entonces a la casa del cura en grupo con otros chicos, que se preparaban también para la primera comunión. El cura los instruía y les aconsejaba que en aquellos días no hicieran diabluras. No debían pelear ni ir al lavadero público, donde las mujeres hablaban demasiado libremente.

Los chicos sentían desde entonces una curiosidad más viva, y si pasaban cerca del lavadero aguzaban el oído. Hablando los chicos entre sí, de la comunión, inventaban peligros extraños y decían que al comulgar era necesario abrir mucho la boca, porque si la hostia tocaba en los dientes, el comulgante caía muerto, y se iba derecho al infierno.

Un día, Mosén Millán pidió al monaguillo que le acompañara a llevar la extremaunción a un enfermo grave. Fueron a las afueras del pueblo, donde ya no había casas, y la gente vivía en unas cuevas abiertas en la roca. Se entraba en ellas por un agujero rectangular que tenía alrededor una cenefa encalada.

Paco llevaba colgada del hombro una bolsa de terciopelo donde el cura había puesto los objetos litúrgicos. Entraron bajando la cabeza y pisando con cuidado. Había dentro dos cuartos con el suelo de losas de piedra mal ajustadas. Estaba ya oscureciendo, y en el cuarto primero no había luz. En el segundo se veía sólo una lamparilla de aceite. Una anciana, vestida de harapos, los recibió con un cabo de vela encendido. El techo de roca era muy bajo, y aunque se podía estar de pie, el sacerdote bajaba la cabeza por precaución. No había otra ventilación que la de la puerta exterior. La anciana tenía los ojos secos y una expresión de fatiga y de espanto frío.

En un rincón había un camastro de tablas, y en él estaba el enfermo. El cura no dijo nada, la mujer tampoco. Sólo se oía un ronquido regular, bronco y persistente, que salía del pecho del enfermo. Paco abrió la bolsa, y el sacerdote, después de ponerse la estola, fue sacando trocitos de estopa y una pequeña vasija con aceite, y comenzó a rezar en latín. La anciana escuchaba con la vista en el suelo y el cabo de vela en la mano. La silueta del enfermo —que tenía el pecho muy levantado y la cabeza muy baja— se proyectaba en el muro, y el más pequeño movimiento del cirio hacía moverse la sombra.

Descubrió el sacerdote los pies del enfermo. Eran grandes, secos, resquebrajados. Pies de labrador. Después fue a la cabecera. Se veía que el agonizante ponía toda la energía que le quedaba en aquella horrible tarea de respirar. Los estertores eran más broncos y más frecuentes. Paco veía dos o tres moscas que revoloteaban sobre la cara del enfermo, y que a la luz tenían reflejos de metal. Mosén Millán hizo las unciones en los ojos, en la nariz, en los pies. El enfermo no se daba cuenta. Cuando terminó el sacerdote, dijo a la mujer:

—Dios lo acoja en su seno.

La anciana callaba. Le temblaba a veces la barba, y en aquel temblor se percibía el hueso de la mandíbula debajo de la piel. Paco seguía mirando alrededor. No había luz, ni agua, ni fuego.

Mosén Millán tenía prisa por salir, pero lo disimulaba porque aquella prisa le parecía poco cristiana. Cuando salieron, la mujer los acompañó hasta la puerta con el cirio encendido. No se veían por allí más muebles que una silla desnivelada apoyada contra el muro. En el cuarto exterior, en un rincón y en el suelo había tres piedras ahumadas y un poco de ceniza fría. En una estaca clavada en el muro, una chaqueta vieja. El sacerdote parecía ir a decir algo, pero se calló. Salieron.

Desembarco de Alhucemas (1925). Primo de Rivera en la playa del Quemado.

Era ya de noche, y en lo alto se veían las estrellas. Paco preguntó:

—¿Esa gente es pobre, Mosén Millán?
—Sí, hijo.
—¿Muy pobre?
—Mucho.
—¿La más pobre del pueblo?
—Quién sabe, pero hay cosas peores que la pobreza. Son desgraciados por otras razones.

El monaguillo veía que el sacerdote contestaba con desgana.

—¿Por qué? —preguntó.
—Tienen un hijo que podría ayudarles, pero he oído decir que está en la cárcel.

....

Tres semanas después de la boda volvieron Paco y su mujer, y el domingo siguiente se celebraron elecciones. Los nuevos concejales eran jóvenes, y con excepción de algunos, según don Valeriano, gente baja. El padre de Paco vio de pronto que todos los que con él habían sido elegidos se consideraban contrarios al duque y *echaban roncas* [1] contra el sistema de arrendamientos de pastos. Al saber esto, Paco el del Molino, se sintió feliz, y creyó por vez primera que la política valía para algo. «Vamos a quitarle la hierba al duque», repetía.

El resultado de la elección dejó a todos un poco extrañados. El cura estaba perplejo. Ni uno solo de los concejales se podía de-

---
1. *Roncas:* amenazas.

LA LITERATURA DEL EXILIO

«Matamos por tendencia natural,
y si no lo hacemos
—yo no he matado en mi vida a nadie, ni siquiera en
la guerra de Marruecos—
es porque creamos
estructuras morales o religiosas
y a ellas tratamos de adaptarnos.»

cir que fuera hombre de costumbres religiosas. Llamó a Paco, y le preguntó:

—¿Qué es eso que me han dicho de los montes del duque?

—Nada —dijo Paco—. La verdad. Vienen tiempos nuevos, Mosén Millán.

—¿Qué novedades son ésas?

—Pues que el rey se va con la música a otra parte, y lo que yo digo: buen viaje.

Pensaba Paco que el cura le hablaba a él porque no se atrevía a hablarle de aquello a su padre. Añadió:

—Diga la verdad, Mosén Millán. Desde aquel día que fuimos a la cueva a llevar el santolio sabe usted que yo y otros cavilamos para remediar esa vergüenza. Y más ahora que se ha presentado la ocasión.

—¿Qué ocasión? Eso se hace con dinero. ¿De dónde vais a sacarlo?

—Del duque. Parece que a los duques les ha llegado su San Martín.

—Cállate, Paco. Yo no digo que el duque tenga siempre razón. Es un ser humano tan falible como los demás, pero hay que andar en esas cosas con pies de plomo, y no alborotar a la gente ni remover las bajas pasiones.

Las palabras del joven fueron comentadas en el carasol. Decían que Paco había dicho al cura: «A los reyes, a los duques y a los curas los vamos a pasar a cuchillo, como a los cerdos por San Martín». En el carasol siempre se exageraba.

....

Un día del mes de julio la guardia civil de la aldea se marchó con órdenes de concentrarse —según decían— en algún lugar a donde acudían las fuerzas de todo el distrito. Los concejales sentían alguna amenaza en el aire, pero no podían concretarla.

Llegó a la aldea un grupo de señoritos con vergas y con pistolas. Parecían personas de poco más o menos, y algunos daban voces histéricas. Nunca habían visto gente tan desvergonzada. Normalmente a aquellos tipos rasurados y finos como mujeres los llamaban en el carasol *pijaitos,* pero lo primero que hicieron fue dar una paliza tremenda al zapatero, sin que le valiera para nada su neutralidad. Luego mataron a seis campesinos —entre ellos, cuatro de los que vivían en las cuevas— y dejaron sus cuerpos en las cunetas de la carretera entre el pueblo y el carasol. Como los perros acudían a lamer la sangre, pusieron a uno de los guardas del duque de vigilancia para alejarlos. Nadie preguntaba. Nadie comprendía. No había guardias civiles que salieran al paso de los forasteros.

En la iglesia, Mosén Millán anunció que estaría *El Santísimo* expuesto día y noche, y después protestó ante don Valeriano —al que los señoritos habían hecho alcalde— de que hubieran matado a los seis campesinos sin darles tiempo para confesarse. El cura se pasaba el día y parte de la noche rezando.

El pueblo estaba asustado, y nadie sabía qué hacer [...]

Nadie sabía cuándo mataban a la gente. Es decir, lo sabían, pero nadie los veía. Lo hacían por la noche, y durante el día el pueblo parecía en calma.

Entre la aldea y el carasol habían aparecido abandonados cuatro cadáveres más, los cuatro de concejales.

....

Paco miraba alrededor, en silencio. Por fin dijo:

—Bien, me quedan cincuenta tiros, y podría vender la vida cara. Dígales a los otros que se acerquen sin miedo, que me entregaré.

De detrás de una cerca se oyó la voz del centurión:

—Que tire la carabina por la ventana, y que salga.

Obedeció Paco.

Momentos después lo habían sacado de las Pardinas, y lo llevaban a empujones y culatazos al pueblo. Le habían atado las manos a la espalda. Andaba Paco cojeando mucho, y aquella cojera y la barba de quince días que le ensombrecía el rostro le daban una apariencia diferente. Viéndolo Mosén Millán le encontraba con aire culpable. Lo encerraron en la cárcel del municipio.

Aquella misma tarde los señoritos forasteros obligaron a la gente a acudir a la plaza e hicieron discursos que nadie entendió, hablando del imperio y del destino inmortal y del orden y de la santa fe. Luego cantaron un himno con el brazo levantado y la mano extendida, y mandaron a todos retirarse a sus casas y no volver a salir hasta el día siguiente bajo amenazas graves.

Cuando no quedaba nadie en la plaza, sacaron a Paco y a otros dos campesinos de la cárcel, y los llevaron al cementerio, a pie. Al llegar era casi de noche. Quedaba detrás, en la aldea, un silencio temeroso.

(*Réquiem por un campesino español.*)

CRONICA DEL ALBA

Mis amores con Valentina seguían su curso. Yo le di uno por uno los poemas que volví a copiar de Bécquer. Ella no tenía poetas amorosos en su casa, pero al sacar las hojas de los calendarios, a veces, había detrás frases de hombres célebres. O pequeñitos poemas de autores conocidos o anónimos, a veces muy eróticos:

Entre tus brazos, dulces cadenas,
el amor canta su himno letal.

Siempre que Valentina encontraba la palabra «amor» copiaba cuidadosamente el poema y lo metía en el bolsillo de su vestido para dármelo. Otro día era de un poeta moderno que decía poco más o menos: «Cuando te conocí y te amé sentí una espina en el corazón. El dolor de esa espina no me dejaba vivir ni me acababa de matar. Un día arranqué la espina. Pero ahora —¡ay!— ya no siento el corazón. Ojalá pudiera sentirlo otra vez, aunque tuviera la espina clavada». Y, como es natural, me emocionaba mucho y volvía al libro de Bécquer. Así transcurrían las semanas.

Mi padre, que me había prohibido salir al tejado, en vista de que no estudiaba si no era sentado contra la chimenea, decidió autorizarme, o por lo menos hacerse el desentendido. Y ahora salía con unos gemelos de campo que saqué de la biblioteca y con los cuales alcanzaba los tejados de la casa de Valentina. Cuando se lo dije decidió salir al tejado con los gemelos de su padre y acordé hacer un código de señales para hablar con ella en los días en que por alguna razón no podíamos estar juntos. Dibujé yo en una cartulina todas las figuras posibles con piernas y brazos hasta obtener el alfabeto. Además, había algunas actitudes que querían decir frases enteras. Los brazos en alto con las manos abiertas agitando los dedos quería decir: «He soñado contigo». Los brazos en cruz y las piernas abiertas era: «Pilar es imbécil». Yo sabía que esa actitud se iba a repetir mucho. Un brazo doblado con la mano en la cintura y el otro levantado sobre la cabeza era: «Iré a tu casa». Hice una copia exacta para mí y añadí una actitud que ella no usaría y que quería decir: «Rediós». Eso me parecía indispensable en mi papel viril.

....

Doña Julia, muy comedida y fina de actitudes, decía a mi madre que el jardín de su casa sufría una verdadera invasión de grillos y que rompían a cantar al oscurecer y no paraban en toda la noche. No podían dormir. Querían hablar mal de mí y mi madre me decía de vez en cuando:

—Pepe, ¿no tienes nada que hacer? ¿No tienes que estudiar?

Entonces yo volvía a sentarme a su lado dispuesto a no dejarlas hablar.

—Tengo ganas —me decía Valentina— de que sea domingo otra vez.

Nos cambiábamos papelitos que traíamos

escondidos. La madre de Valentina, que tenía puestos los ojos en nuestros movimientos, alargó la mano y atrapó el de su hija.

—¿Qué es eso? —decía mi madre sonriente.

Era nada menos que una estrofa de un soneto de Baudelaire. Valentina lo había sacado de una revista que recibía su padre, aficionado a la literatura:

Deja mi corazón ebrio de primavera
cayendo en tus pupilas como en una quimera
dormitar a la sombra de tus largas pestañas.

Era lo más hermoso que me había enviado Valentina. Yo por mi parte seguía con Bécquer. También lo atrapó la madre y lo leía para sí:

Cuando me lo contaron sentí el frío
de una hoja de acero en las entrañas...

Continuaba el poema que yo había arreglado de modo que lo que me habían contado no era que ella me era infiel, sino que su padre le había zurrado. La madre quería mostrarse severa. Nos echaron a los dos de la sala y nos fuimos muy contentos. Y entonces nuestras madres se pusieron a hablar de nosotros.

Yo llevé a Valentina a mi cuarto, cerré la ventana, encendí la luz, agité con mis manos el tapete para desarreglar las luces y los colores y le fui indicando dónde la había visto, cómo ella alzaba los brazos y decía que su madre le había pegado, etc. La invité a mirar con los gemelos y estuvimos así largo rato. Luego le enseñé mi arsenal, mi parque de armas y municiones, una lata vieja de pólvora de caza de mi padre en la que yo había ido metiendo pequeñas cantidades de polvo explosivo que robaba de las nuevas.

—Antes de un mes —le dije— tendré bastante pólvora para volar tu casa.

Valentina me miraba vacilando:

—No. Ahora ya están bien fastidiados con los grillos. Te digo —insistió— que están bien, pero muy bien fastidiados.

HIPOGRIFO VIOLENTO

Dos semanas después de entrar en el colegio comenzaron los frailes a preparar un programa de fiestas cuya parte principal consistía en la representación de *La vida es sueño,* de Calderón. El colegio tenía un teatro en el que cabían cerca de mil personas, con entrada independiente desde la calle, por una amplia escalinata que habitualmente estaba cerrada y usaban sólo en las grandes ocasiones.

Suprimieron de *La vida es sueño* los papeles femeninos, con lo cual no se perdió gran cosa, porque las mujeres no tienen relación con el esquema filosófico de la obra. Siendo mi pronunciación castellana mejor que la de los catalanes, después de compararla con la de otros estudiantes, me encargaron el papel del protagonista: el príncipe Segismundo. Fue una distinción que me tuvo medio mareado algunos días.

Tardé un mes en aprender el papel de memoria. En los ensayos de escenas sueltas no podía darme cuenta del conjunto de la obra, que no había leído. Los frailes no creían indispensable que conociéramos antes la obra para representarla bien. Sólo sabía yo que era necesario mostrarse melancólico y soñador en la gruta, airado en el palacio, dubitativo otra vez en la gruta, violento en la batalla y piadoso al final, después de la victoria. No comprendo hoy cómo podía interesarme aquel trabajo sin saber lo que sucedía en el drama ni las motivaciones de mis largas tiradas de versos.

Pero me di cuenta de lo que pasaba durante el primer ensayo general. El profesor de Geometría, cuando comencé a declamar:

Ay mísero de mí, ay infelice...

hizo ruido de cadenas y a partir de aquel instante la obra comenzó a mostrarme su fondo aventurero y romántico. Estaba muy satisfecho con mi papel.

—¿Sabe por qué gana Segismundo la batalla? —le dije—. Porque cree que todo lo que le pasa es un sueño y no tiene miedo a que lo maten.

No había quien me sacara de esa reflexión: «Todo le sale bien porque cree que está soñando y no toma en serio lo que hace ni tiene miedo a nada ni a nadie». En cambio, cuando el príncipe, por un momento, creía en su situación verdadera de heredero del trono quería matar a Clotaldo, arrojar a un noble por la ventana, insultaba a su padre y se metía en dificultades innecesarias. Las cosas iban mal y volvía a dar con sus cadenas en la prisión. Allí veía yo un misterio importante, pero el padre Ferrer escuchaba con un oído y exclamaba: «Bah, tonterías. Tú haz lo que te diga yo».

En la ciudad había a veces desórdenes callejeros con motivo de las huelgas de las fábricas. Era una ciudad industrial y esos hechos tenían a menudo derivaciones sangrientas. Era el colegio un edificio enorme aislado por los cuatro costados y rodeado de jardines. Por la parte posterior daba a una avenida no muy ancha, al otro lado de la cual había una fábrica de electricidad con dos altísimas chimeneas de ladrillo rojo.

Aunque en tiempos de huelgas violentas los frailes tenían miedo, yo no había tomado en cuenta aquellos peligros ni los creía verdaderos. La gente de la calle, el pueblo, me parecía incapaz de hacer daño. De noche, por la ventana de mi celda veía sobre el fondo de la iluminación conmemorativa las chimeneas de la fábrica y pensaba no sé por qué en la amistad de los obreros que trabajaban allí. Si un día asaltaban el convento y lo incendiaban me sacarían de allí lo mismo que sacaban a Segismundo los conspiradores. Degollarían quizá —eso sería lamentable, pero inevitable, como en la escena— a los Clotaldos con sotana persiguiéndolos por los claustros. Había oído decir que los frailes solían conectar las verjas del parque y las ventanas bajas con cables de alta tensión en tiempo de revueltas y peligros. Si era verdad, yo debía averiguar dónde estaban los conmutadores y cortar la corriente en el momento crítico, con riesgo de mi vida. Los obreros entrarían entonces sin peligro y degollarían a todos los frailes menos al hermano Pedro y al padre superior. El primero era mi amigo. El otro era un sacerdote plácido y gordo por quien sentía respeto.

En cuanto a los alumnos de primero y segundo curso, si el caso llegaba, yo intervendría para que los perdonaran, incluso al terrible Prat. Y entonces comenzarían las explicaciones. ¿Cómo habían podido asaltar el colegio si las rejas estaban conectadas con cables de alta tensión? Y declamarían, como Segismundo, aunque cambiando la palabra vasallos por «obreros»:

> Obreros, yo os agradezco
> la lealtad. En mí lleváis
> quien os libre, osado y diestro,
> de extranjera esclavitud.
> Tocad al arma, que presto
> veréis mi inmenso valor...

(*Crónica del alba*, I.)

«He viajado mucho, he recorrido casi todo el globo y mi ideal habría sido quedarme en Huesca (el mismo lecho natal, nupcial y mortal sería lo mejor), pero la curiosidad o la necesidad le han hecho a uno correr mundo y dejarse un poco la vida por ahí, como los corderos se dejan la lana en las zarzas.»

LA LITERATURA DEL EXILIO

MANUEL ANDUJAR

Nació en La Carolina (Jaén) en 1913. Se hizo perito mercantil. Estuvo destinado en diversas ciudades como funcionario administrativo. Durante la guerra colaboró en diarios de Barcelona. En febrero de 1939 pasó a Francia y fue internado, hasta mayo, en el campo de concentración de Saint-Cyprien. Ese mismo año embarcó para México en la expedición del Sinaia. En este país se dedicó a trabajos editoriales, colaboró en diversas publicaciones y fundó, con José Ramón Arana, la revista *Las Españas*. Regresó a España en 1967. Fue responsable de promoción y publicidad de Alianza Editorial. En la actualidad reside en San Lorenzo de El Escorial.

Con la excepción de un primer libro de relatos, *Partiendo de la angustia* (1944), el resto de su producción narrativa se encuadra dentro de un ciclo titulado «Lares y penares», que constituye una reflexión sobre la España del siglo xx. Dicho ciclo se inicia con la novela *Cristal herido* (1945), que tiene como tema el recuerdo y el dolor de la derrota, y se completa con la trilogía, sobre la España anterior a 1936, *Vísperas*, compuesta por *Llanura* (1947), *El vencido* (1949) y *El destino de Lázaro* (1959), y con *Historias de una historia* (1973), sobre la guerra; *La voz y la sangre* (1984) y **Cita de fantasmas** (1984).

Aunque Andújar se ha mantenido fiel a los postulados del realismo tradicional, en sus últimas obras se observa una mayor carga simbólica.

También es autor de una novela corta, *La sombra del madero* (1968), y de diversos relatos, que ha recogido en los libros *Los lugares vacíos* (1971), *La franja luminosa* (1973) y *Secretos augurios* (1981).

Como poeta, ha publicado *La propia imagen* (1961 y 1977), *Campana y cadena* (1965), **Fechas de un retorno** (1979) y *Sentires y querencias* (1984).

También es autor de diversas obras de teatro (*El primer juicio final, Los aniversarios, El sueño robado*), de un libro de crónicas, *Saint-Cyprien, plage, campo de concentración* (1942), y de diversos ensayos: *La literatura catalana en el destierro* (1949), *Andalucía e Hispanoamérica, crisol de mestizajes* (1982) y *Grandes escritores aragoneses en la narrativa española del siglo xx* (1981). Con el título de *Cartas son cartas* publicó, en 1968, una selección epistolar.

Ediciones

Cita de fantasmas, Barcelona, Laia, 1984. *Historias de una historia,* Barcelona, Anthropos, 1986. *Vísperas,* Madrid, Alianza, 1986. *Cristal herido,* Barcelona, Anthropos, 1985.

CAP. II

Los historiadores de oficio, a la usanza nominativa, consideran los grandes sucesos en calidad de cifras y tesis del tiempo social que mana o se desborda. No les queda margen para identificarse —y vibrar— con uno de esos... objetos, campos, de conocimiento. Una guerra civil carece, por tanto, para ellos, de validez independiente, de singularidad y, sobre todo, de virtualidad y dimensiones personales: la desposeen de su zozobra viva, de su anónima impronta, de su cálido resuello. Así, la de España, comienza, a su sabio entender, premisas sólo enumeradas, en 1936 y termina —o se «remata»— con la derrota de un bando, en 1939. Los efectos posteriores, especialmente los de resonancia individual, no cuentan. Han dejado de pertenecer a su interés y jurisdicción. Al cabo de unos pocos años, lo que entonces y allí ocurriera se juzgará como uno de los múltiples zigzags de este siglo convulso. Lo destinarán a manuales, a menciones en las enciclopedias, a coto de investigadores si algunos aspectos merecen el precario o avariento honor de las monografías.

Mas para mi padre, actor humilde, probablemente aturdido, de la contienda finita, el eco y la reflexión de la guerra civil española se iniciaron al desembarcar en Veracruz y sospecho que no concluirán hasta su muerte. Quizá comprendió, en esa fecha, cuando aún se estimaba beligerante, que su verdadera experiencia debía extraerla de aquella época de total desquiciamiento, que a veces parecía un sueño encrespado. ¿Supo que el resto de su existencia iba a ser enconada nostalgia y persistente contrición?

Los episodios domésticos y los imperativos de subsistir lo calmaban —o normalizarían— circunstancialmente. Pero al reposar de sus trajines, aposentado en la tertulia y en el hogar, recobraba su condición. ¡Qué semejanza con un náufrago!

Con ese desmadejado talante enterró a mi abuela por los abriles de 1940, mientras en casa las vecinas asistían a mi madre, flauta de sucesivos ataques histéricos, probablemente motivados por el escamoteo de los sordos pelitos típicos entre suegra y nuera y que, a su modo, la distraían... Una tarde de lluvia torrencial, que repicaba en los troncos y ramaje de los árboles de Chapultepec, a lo largo y ancho de un paisaje húmedo y de fermentadas emanaciones, recibió, áridas las pupilas, los pésames y abrazos de los compatriotas, que minutos antes se apiñonaran a su alrededor, para escuchar un discurso político —¡el pesar del correligionario!— al vaivén de las paletadas de pedruscos y yerbajos que cubrieron el ataúd.

Yo, a su lado, a la altura de su cadera, casi era una prolongación del traje de luto que le prestó Quintanar. Lo seguí en la faena de arreglar papeles mortuorios y distribuir propinas entre los sepultureros. También, al anochecer, sentados en el recibidor de nuestro departamento —calle López— sin poder apagar en los oídos el sonsonete del pregón arrastrado —tamaleees...— que rubricara, en la víspera, el corto sollozo bronco que lo doblegó al cerrarle los párpados: dos hojas pisoteadas.

—Te has portado como un hombre.

Crecí en la atmósfera que desprenden los padres de edad madura, proyectados sobre el hijo único y tardío. Y en el círculo de problemas de los emigrados, donde el anhelo utópico trastorna la noción serena de las realidades. Sueñan, con palabras de comodín, en el quimérico retorno a un ayer, situación petrificada, la que dejaron, esa circunstancia embargante. Solía llevarme a las reuniones de sus afines y yo aguardaba —dibujar monos, contemplar los techos descascarados de habitaciones vetustas o, desde el balcón, el paso de los transeúntes— a que acabaran de planear y discutir. De regreso despotricaba, si una intervención le había contrariado, o se manifestaba radiante porque «sus» argumentos se habían impuesto. Después, decretaban que me acostase y él vigilaba que estuviera bien abrigado, en su final y sigilosa inspección. En ocasiones, cuando me creía dormido, sus dedos rugosos recorrían mis sienes.

Combinaba esas excurisones con las diarias a la peña del café próximo, en que charlaba de lo mismo, o de lo que aconteció, entreverado de recuerdos y de anécdotas, con Quintanar, que fue Comisario en una Brigada de choque, Rentería, un ex-diputado de finústicos modales, tal colega —funcionario a sus órdenes en el Ministerio de Hacienda—; amén de un levantino, Rivera, de varias ocupaciones inestables, de bella testa decadente y sempiterna penuria, al que por riguroso turno invitaban y socorrían, por lo visto para mantener un melancólico vestigio de la castiza especie señoritil venida a menos.

Durante la primera fase, en el Instituto, salvo los planes de enseñanza, se reproducía a través de los condiscípulos, de aquellas prédicas que los maestros lanzaban en los descansos, un clima similar. Esperanzas, en oleadas, de volver a la patria, condenaciones y cantos de la lucha pretérita, en diversos estribillos. Y los niños se disfrazaban con el ropaje de los cargos y representaciones que los adultos no olvidaban aún. Teníamos dos himnos y dos banderas tricolores, ideas categóricas del bien y del mal.

Sin embargo, y a medida que nos acercábamos a la hombría, la calle ejerció su influencia moldeadora. Sencillo pero inflexible proceso. Un día descubrimos que el cielo de la altiplanicie desplegaba una familiar densidad azulada que los nuestros, los mayores, no advertían. Los modismos nos brotaban con mayor frecuencia y se adosaban al lenguaje cortante y a la fonética rigurosa que nos enseñaran. Se pegaba al paladar el regusto de los «platillos» típicos y adentrábase en los tímpanos el palmoteo de las indias al amasar las tortillas. Y penetraba en el olfato el tufo de los aceites acres que se fríen y chisporrotean, como guiños de cohetes, en las esquinas de los barrios. ¿El despertar erótico no se asocia a la oscilación, atisbada, de unas piernas mestizas? Las fotografías de típicas plazas españolas o las descriptivas remembranzas de Quintanar, ¿no eran simple trasfondo, fantástico y remoto, de los edificios, altos o chaparros, que se reiteraban al pasear, desde las ventanillas del tranvía?

En esta pugna de impresiones perduraba, cual un eje rumoroso y estremecido de mi origen, esa estampa, que empalidece día a día, de la abuela, tan escueta de ademanes y parla, hormiga en los quehaceres, sin una protesta ante las privaciones, que se encerraba en la recámara para gemir ahogadamente, por los bárbaros dolores que la estrujaban, hundida la cabeza, de ásperas canas, en la almohada. Y, a lo tradicional, cuando se agravó no quiso que la internaran en un sanatorio.

—Debo sufrir en mi cama, rodeada de mis muebles, entre los míos. Aunque no hubiera remedio.

A mi padre le llegaba cada mes carta de tía Asunción, soltera, allá, en el pueblo burgalés donde, según las crónicas, surgió nuestro magnífico apellido. La hermana narraba sumariamente, con pulcra caligrafía monjil y frases de misa y olla, menudas peripecias de la casta, cambios de propiedades y mojoneras, y reafirmaba, orgullosa, su salud de infanzona. De modo indefectible, precediendo la frase de adiós, le reprochaba: «¡Si no te hubieras metido en belenes y repúblicas, otro gallo te cantaría!». Negábase ariscamente a enviarnos su retrato, como si se tratara de una presunción nefasta, de una complacencia mundana. «Era gallarda y hermosa». Solía dibujármela con suelta palabra, porque aspiraba a que se nos incorporase y procuraba que me encariñase con ella. «Nos hace falta. ¿Quién gobierna este cotarro si tu madre es casi una inválida? No duran las criadas por sus arrebatos» — «Asunción es fuertecilla de genio, pero miga tierna bajo la corteza» — «Un desengaño amoroso, de muy joven, la escarmentó para siempre. Tenía preparado el ajuar, ¡qué primores!, y se enteró de que el granuja se había liado en Madrid con una lagarta. Cortó por lo sano. Nadie le oyó una lamentación y se tragó las lágrimas. Cose y borda a las mil maravillas: con lo que gana y el arriendo de una finca de regadío se las apaña modestamente. Y hasta es posible que haya ahorrado».

Campo de Saint-Cyprien. El propio Andújar escribirá: «Los piojos no vacan, cubren su hueco "ornamental". Curioso indicar a este tenor que proporcionan el más socorrido argumento de diálogo, musa chocarrera de las bromas, espita de la agresividad, que logra calar el ánimo destemplado. A veces, jocosos, bailan en el cuello de una guerrera, se agazapan en la

Comentario al editorial de un periódico de la emigración. «Es cuestión de días la caída de Franco». Apostilla a las recientes extravagancias de Quintanar, que ha progresado económicamente —poco había de durarle— y luce un auto lujoso.

—Hay que apretarse el cinturón. He suprimido los gastos superfluos. Separo, para el viaje de Asunción, la tercera parte del sueldo. Tu madre accede. A mi hermana todavía no se lo he dicho, pero consentirá. Podrá más el afecto que la rutina. Y aunque desde niños sus ideas difieren de las mías, está sola y nos necesitamos. Disipar algunas manías... Ha visto el mundo por un agujero. Las Américas y el avión la asustan.

Mi padre experimentó una terrible decepción porque me negué a continuar los estudios.

—Los profesores juran que no te faltan ni talento ni empeño. Yo no pude ir a la Universidad y me ilusionaba que tú hicieses una carrera, la que te agrade. En México es mucho más fácil.

Pero yo me resistí. Heredé la terquedad. Ya que uno no puede disponer de libertad íntegra y el hombre vale lo que gana y consigue, al menos en los laboratorios sólo había que pasar lista, reportar las visitas y el resto de la jornada —de los consultorios a los camiones— me pertenecía. No alcanza-

MANUEL ANDUJAR

pelambrera del pecho, circulan por las costuras de la ropa. De mil tamaños, tonalidades, predilecciones. Definen al propietario, que se resigna con gesto pasivo, o los combate con desesperación o se hunde en un asco cuyo desgarramiento raja la epidermis mental».

No sé cuándo empezó este afán de averiguar la razón o sinrazón de «su» guerra que a mí, tal el juicio de los extraños, no me incumbía y sólo de manera refleja y distante me afectaba. Fue, al principio, un ansia de detalles e historias menores que proporcionasen una idea del conjunto, el prestar anhelantes oídos a los relatos casuales y al dictamen —moral— de aquellos que gustan de escupir juicios rotundos. La tendencia se manifiesta de manera esporádica, discontinua, sin conciencia precisa de la finalidad que nos impulsa, y que únicamente el mismo proceso revela. Te interesan, de inmediato, los aspectos parciales y acabas por captar una magnitud, una dimensión insospechada de las cosas y de los «actores».

Es el riesgo cuando el intento de conocer no se produce por simple deseo abstracto, por una modalidad del juego, sino que se centra en criaturas vivas, en su especial corporeidad. Por tanto, se erigen en nudo de nuestra existencia.

Porque desde la muerte de la abuela, él y yo, si bien fuera en breves pero diarias alusiones, o elusiones, quedamos frente a frente en nuestro círculo, atados codo con codo. (Mi madre se había excluido, era si acaso un reproche mudo.) Y esa actitud de mi padre constituía enigma que necesita descifrar. Me daba la impresión de que estaba ausente, de prestado en este tiempo y lugar, y que todo su empeño para ganar el pan significaba una consecuencia pueril de la pasada enajenación.

¿Quimera? Frente a una pirámide: muertos y perseguidos, heroísmos propios y contrapuestos, todos en la balanza de la narración, de atropellos, crímenes y ruinas comunes, él sólo invocaba —antojándosele sobrados— unos vocablos mágicos, cáscaras de nuez flotantes en un río que se salió de cauce: Constitución, libertad, democracia, progreso, república, sufragio, ciudadanía.

Pero yo escapaba a la calle —al meollo de México, siempre multicolor y de atmósfera tensa— de noche o de mañana, y toda la protesta paterna se desvanecía, volvíase anacrónica. La arrastraban borbotones de luz y el múltiple crujido de las exclamaciones y el ambiente tangible, como la pulpa de una fruta que a fuerza de ácidos y azúcares amenaza pudrirse.

(Cita de fantasmas.)

ba, ni en hipótesis, a soportar la sujeción de un horario inalterable, el ocupar un lugar fijo, esa asfixia de las cuatro paredes, el cerco que te tienden los mismos rostros inertes. Y no respirar el aire exterior ni bucear en el espectáculo, de colores y de líneas, a que tanto se prestaban mis desplazamientos.

En esos intermedios —el copioso excedente de la actividad oficial— mi gran deleite se centraba en leer, observar gestos, dichos y episodios volanderos, encontrar, cuando no se les aguarda, a los conocidos, trabar relaciones que si bien no persisten te graban el hermoso acento de los ecos y de los contactos. Y, sobre todo, preguntarme, con apremio vital, tras mi disfraz de frivolidad, cuál era mi raíz, el punto de partida de mi ser. ¿Acaso el país —áspero y de secular sedimentación— que «ellos», en sus citas ocasionales, en su verbal paladeo de costumbres, tipos y anécdotas, solían evocar? ¿No era la referencia carnal de mi abuela muerta —el jadeo de su respiración— que sucesivas sombras ocultarían? Una y otra se manifestaban como lejanías escurridizas, en tanto que invisibles moldes de una sensación obsesionante de soledad y desamparo, mientras que mi padre —esa contracción severa en su frente, la quietud desesperada de su mano sobre las mesas de café, el tono destemplado de sus órdenes— representaba, hasta en el signo estáticamente agresivo de su figura, una insaciable protesta.

LA LITERATURA DEL EXILIO

NADIE Y MUCHOS

Hemos vivido
para tejer utopías,
balbucir letras, acarrear signos.
    —Agitábanse los brazos
    en banderas convertidos;
    eran señales inciertas,
    sagrada siempre la escritura—
Jugábamos, transitivos,
por todos los mitos
de un tiempo
que nunca nos aguardó.
    Más que cuerpos,
encarnamos gérmenes de quimeras
mientras oscilan
    de cielo a tierra
    de nube a muladar
    sumadas añoranzas.
Nadie y muchos nos esperan.

(Fechas de un retorno.)

Manuel Andújar, después de su regreso a España.

FRANCISCO AYALA

    Nace en Granada en 1906. Colabora, desde muy joven, en la *Revista de Occidente* y en *La Gaceta Literaria*. En 1929 termina la carrera de Derecho y marcha a Alemania para ampliar estudios. En 1931 regresa a España y gana la cátedra de Derecho político de la Universidad de La Laguna, aunque continúa dando clases en la de Madrid. Entre 1936 y 1939 desarrolla una amplia actividad al servicio de la España republicana. En el exilio, después de una corta estancia en Francia, vivirá en diversos países hispanoamericanos y, más tarde, en Estados Unidos, en donde fue profesor de diversas universidades. En 1977 fijó su residencia en Madrid. En 1984 ingresó en la Real Academia Española.

FRANCISCO AYALA

En 1925 y 1926 publica, respectivamente, dos novelas de corte tradicional: *Tragicomedia de un hombre sin espíritu* e *Historia de un amanecer*. Sus siguientes obras, *El boxeador y un ángel* (1929) y *Cazador en el alba* (1930), lo convierten en uno de los más destacados prosistas de la vanguardia del momento.

En 1944 inicia una nueva etapa de su producción con un famoso cuento, **El hechizado,** que pasará a su siguiente libro, **Los usurpadores** (1949), colección de relatos sobre acontecimientos dramáticos de la vida española. Ese mismo año de 1949 apareció *La cabeza del cordero,* en donde recogió cinco narraciones que tienen relación con la guerra civil. Publica después dos novelas, **Muertes de perro** (1958) y *El fondo del vaso* (1962), y diversas colecciones de relatos: *Historia de macacos* (1955), *El As de Bastos* (1963), *De raptos, violaciones y otros excesos* (1966). En todas estas obras, Ayala muestra su preocupación por la degradación de la condición humana en una sociedad sumida en una profunda crisis moral y espiritual. En *El jardín de las delicias* (1971) destaca el intenso lirismo de los relatos de la segunda parte.

Ayala es también autor de numerosos ensayos de carácter político, literario y social, y de unas interesantes memorias, *Recuerdos y olvidos,* de las que han aparecido dos volúmenes (1982, 1983).

Para el crítico Andrés Amorós, «la novela de Ayala es, fundamentalmente, una novela intelectual, en el sentido más amplio del término. No supone esto, como muchos pretenden, frialdad, falta de vida, abstracción, deshumanización, etc. En las novelas de Ayala hay carne y sangre, pasiones, dramas, humanidad doliente o esperanzada... Pero también hay una visión consciente, reflexiva, ampliamente humana; una riqueza de técnicas y de perspectivas; una apertura, en fin, a los temas humanos generales, que da a sus narraciones una dimensión muy amplia».

Ediciones

Obras narrativas completas, México, Aguilar, 1969. *El jardín de las delicias,* Barcelona, Seix Barral, 1971. *Recuerdos y olvidos,* Madrid, Alianza, 2 volúmenes, 1982-1983. *Mis páginas mejores,* Madrid, Gredos, 1965.

Cuanto he producido en el terreno de la creación imaginativa después de la guerra civil no responde tanto a las incitaciones de un determinado ambiente literario como a un solitario impulso brotado de dentro, a una necesidad interna de esclarecer mis propias circunstancias vitales. Tan desolada libertad se debió en parte, sin duda, a mi carácter personal y probablemente hubiera llegado a alcanzarla de todas maneras; pero en parte fue precipitada también por las condiciones del exilio. Y al hablar de las condiciones del exilio no me refiero a la situación individual del escritor desarraigado (la metáfora del desarraigo, que identifica al ser humano, pensante y semoviente, con un vegetal siempre me ha molestado un poco), sino a la situación general de que ese exilio es un efecto. ¿Será necesario evocarla? Por lo que en particular nos concierne, la antigua república de las letras había quedado desmantelada, dejando a la intemperie a sus ciudadanos. Y la destrucción ocurrida, primero en España, pronto se extendería, con la Segunda Guerra Mundial, a los demás países. Mi obra entonces, y a partir de entonces, ha respondido a las perplejidades de mi propia estación en el mundo, procurando explicarse éste. Es una especie de meditación solitaria; o mejor dicho, no meditación, sino expectación, contemplación solitaria.

(*Novela española actual,* Madrid, Fundación Juan March-Cátedra, 1977, pág. 36.)

DIALOGO DE LOS MUERTOS

(Fragmento)

—La saña del destino no puede excederse a sí misma y trocar en crónica lamentable la bien ganada epopeya de nuestro heroísmo, de nuestra resignación sin fondo y nuestra alegría sin bordes; de nuestra furia y de nuestra hambre, de nuestra firmeza y nuestra paciencia. No puede llegar el sarcasmo de proponer para escarmiento el que es ejemplo de abnegación y sacrificio voluntario y gozosa entrega y holocausto.

—Y, sin embargo, después de haber rodado por valles y praderas, resuena ahora como carcajada extrañamente fría el estruendo de nuestra fe. Hemos creído y querido con desenfreno; pero, después de tanto fuego, todo ha quedado en ceniza; blanda ceniza.

—Y los fantasmas de nuestra muerte, de la de cada uno, ¡qué pesados ahora! La alegría desenfrenada del hombre que lanza su juventud al combate y que, en lo más vivo, se dobla como una caña y cae tronchado, roto. El coraje glacial del mártir que dispara su desprecio como dardo tembloroso de acero fino a los ojos de sus verdugos —ojos turbios, purulentos, que sólo cuando ya está en el suelo, ausente, se atreven a mirarlo—. El estoicismo del que ha sabido guardar su dignidad frente al horror desmelenado de los aires, y ha vivido cien muertes antes de que, por fin, sus miembros quedaran desparramados entre escombros y ahogada en polvo su garganta. La resignación sin queja del que ha sentido las agujas del hambre comerle la carne, hasta entregarse, por último, sin una palabra, en silencio siempre. La desesperada angustia del que ha buscado la muerte, y ha tenido que forzar a esa esquiva que pretendía olvidarle a él, y sólo a él... De todo esto ¿no había de quedar sino la pesadumbre de un mal sueño oprimiendo el corazón con su mentira? ¿Es mentira? ¿Son figuraciones vacías? ¿Es pura vaciedad?

—Terminado el acoso, ultimada la lidia, roja de sangre la arena, quedará, al menos, vibrando, prendida a los clarines lúgubres, la adusta emoción de la bravura, del arrojo sin malicia en lucha inútil contra la confabulación.

(Publicado en la revista *Sur* de Buenos Aires, en diciembre de 1939. Pasó después a formar parte de *Los usurpadores*.)

DOS

Ahora me explico por qué el cine, y por qué la literatura, y los relatos históricos, y hasta los cuentos que hacen de viva voz a sus nietos los testigos presenciales de semejantes sucesos, dejan siempre una falsa impresión de movimiento vertiginoso, cuando el horror de épocas tales consiste más bien, curiosamente, en la lentitud con que los acontecimientos se dilatan, sometidos a una expectativa insaciable, tensa, que estira hasta lo insufrible los minutos, y las horas, y los días, y las semanas, y los meses. Ocurre que, sin quererlo, el narrador aglomera en el relato asesinatos sobre incendios, incendios sobre violaciones, violaciones sobre robos, y así todo se acumula, revuelve y aprieta, muy concentrado; siendo más cierto que en la realidad, y tal como las cosas se desenvolvieron, no hubo nada de semejantes bataholas, entreveros, bullas ni atropelladas, sino, sencillamente, que tal vez una mañana, cuando está uno terminando de afeitarse, alguien, otro huésped de la misma pensión, acude a contarle, con la excitación natural, que el presidente Bocanegra ha amanecido muerto después de la trasnochada de una fiesta oficial en Palacio. Y claro es: se conjetura en seguida y se da por hecho que habrá sido un ataque al corazón, pues ya antes se solía temer con celosa y compungida maledicencia que sus excesos alcohólicos, y otros, lo empujarían a tan repentino fin. Pero no será hasta luego, más tarde, a la hora del café, en la sobremesa, que al cabo vendremos a enterarnos (por lo demás, en manera todavía bastante confusa, bajo la forma de un rumor que el resto de la jornada deberá confirmar) de la sensacional versión: Su excelencia murió asesinado, y nada menos que por su propio secretario particular, el joven Tadeo Requena, a quien tanto había protegido; y muy probablemente, a consecuencia —podía sospecharse— de líos de alcoba; y de que el matador, a su vez, aquella misma madrugada..., etcétera. Con ritmo lento siguen escanciándose las noticias. La gota de agua que cae no basta a apagar —al contrario, estimula— nuestra sed de novedades. Ya todo será poco de ahí en adelante. Se inventa, se fabula, se miente, se confía a la imaginación la tarea de satisfacer con engañoso pasto a la voraz curiosi-

Francisco Ayala, al final de la década de los años veinte.

dad, muy despierta por la certidumbre de que van a seguir ocurriendo cosas, y siempre al acecho. Se quisiera no tener que dormir; ni faltan quienes salgan a escrutar, a ventear en la noche las víctimas de que, puntual, informará la mañana, cuando no a promoverlas por su mano. O aquellos a quienes, si la mano les tiembla, no les tiemble la voz delatora, y matan con el aliento, con la sombra de la sospecha, con la mirada.

Viene luego el regodeo en los detalles macabros, el asombro y la admiración de las pretendidas ejemplaridades. Apareció el Chino López suspendido por los pies a un árbol en la Cortada de San José Bendito y, observando que entre los podridos dientes le habían atascado la boca con sus propios testículos, ¿quién no recordaría sus siniestras y celebradas gracias de castrador avezado, y quién no traería a colación el nombre del difunto senador Rosales, su «cliente» más notorio? O ¿cómo no suponer, por ejemplo, que al majadero de José Lino Ruiz (Dios lo haya perdonado) lo que le costó el pellejo fueron —pues ¡qué otra cosa iba a ser!— sus ufanas series de interminables carambolas en el Gran Café y Billares de La Aurora; y al gallego Rodríguez, sus gramatiquerías puntillosas en las columnas de «El Comercio»?

Dos periodistas españoles trabajaban en la redacción de ese gran diario local, y los dos perecieron, a lo que parece, víctimas de su propia insolencia. Al otro, Camarasa, muchos se la tenían jurada desde que, hará cosa de un año o dos, publicó aquel famoso y tontísimo artículo de «Cómo se hace una nación», que levantó tal polvareda y que había de resultarle fatal en la oportunidad de las actuales circunstancias. Es el colmo, perder la vida por haber querido hacerse el gracioso. Pero siquiera esa broma contenía una punta política, y bastante punzante si se va a analizar, pretexto que nadie hubiera podido aducir, en cambio, ni con los palmetazos pedantes del gallego Rodríguez, ni con las inocentes carambolas del pobre José Lino. De todas maneras, bien lejos estaría su autor cuando se divirtió en borronear esa eutrapelia o paparrucha de imaginarse el precio que, no muy a la larga, tendría que pagar por ella. Camarasa era un andaluz zafado [1], medio sardónico, incapaz de retener la lengua, ni la pluma; pero, en el fondo, no mala persona.

Cierto es también que en la ruleta de períodos turbulentos como éste se ve funcionar más al desnudo y más en crudo ese misterioso factor de la vida humana al que llamamos suerte: la buena o la mala suerte de cada cual se manifiesta entonces a través de las más estupendas combinaciones del azar. Pero hay casos en que hubiera sido menester casi un milagro para torcer destino tan perfectamente previsible, dadas las circunstancias, como el de nuestra desdichada primera dama de la República, la inefable doña Concha, a quien centenares, quizá, de voluntarios, allá en el chiquero-prisión de la Inmaculada, pasaron por las armas (con este eufemismo canalla se lo significaba, guiñando el ojo) antes de que un sádico imbécil pusiera término al general entretenimiento machacándole el cráneo. La ilustre matrona se había labrado con su conducta un final tan lamentable, hasta el punto de que algunos pudieron considerarlo merecido castigo. No en vano —alegaban— se luce la pechuga ante todo un pueblo durante años y años, en fotografías, en noticiarios de cine, por la televisión. También la publicidad puede volverse arma de doble filo... Pero hay algo que todavía nadie conoce, y es uno de los secretos que yo revelaré al mundo: a saber, que la buena señora se tenía muy ganado, en efecto, tan horrible acabóse, y no por la venial, aun cuando contumaz ya, e inveterada culpa de provocar *urbe et orbi* con sus abultados pectorales encantos, sino en razón de manejos criminales a los que sin duda la llevaron no sé qué infelices veleidades de heroína shakespeariana. Así se desprende claramente de las memorias de Tadeo Requena, y así habrá de explicarse y documentarse llegado el momento en las presentes notas.

(Muertes de perro.)

---

1. *Zafado:* descarado, atrevido.

LA LITERATURA DEL EXILIO

EL HECHIZADO

Después de haber pretendido inútilmente en la Corte, el Indio González Lobo —que llegara a España hacia fines de 1679 en la flota de galeones con cuya carga de oro se celebraron las bodas del rey— hubo de retirarse a vivir en la ciudad de Mérida, donde tenía casa una hermana de su padre. Nunca más salió ya de Mérida González Lobo. Acogido con regocijo por su tía doña Luisa Alvarez, que había quedado sola al enviudar poco antes, la sirvió en la administración de una pequeña hacienda, de la que, pasados los años, vendría a ser heredero. Ahí consumió, pues, el resto de su vida. Pasaba el tiempo entre las labranzas y sus devociones, y, por las noches, escribía. Escribió, junto a otros muchos papeles, una larga relación de su viaje, donde, a la vuelta de mil prolijidades, cuenta cómo llegó a presencia del Hechizado. A este escrito se refiere la presente noticia.

No se trata del borrador de un memorial, ni cosa semejante; no parece destinado a fundar o apoyar petición alguna. Diríase más bien que es un relato del desengaño de sus pretensiones. Lo compuso, sin duda, para distraer las veladas de una vejez toda vuelta hacia el pasado, confinada entre los muros del recuerdo, a una edad en que ya no podían despertar emoción, ni siquiera curiosidad, los ecos —que, por lo demás, llegarían a su oído muy amortiguados— de la guerra civil donde, muerto el desventurado Carlos, se estaba disputando por entonces su corona.

Alguna vez habrá de publicarse el notable manuscrito; yo daría aquí íntegro su texto si no fuera tan extenso como es, y tan desigual en sus partes: está sobrecargado de datos enojosos sobre el comercio de Indias, con apreciaciones críticas que quizá puedan interesar hoy a historiadores y economistas; otorga unas proporciones desmesuradas a un parangón —por otra parte, fuera de propósito— entre los cultivos del Perú y el estado de la agricultura en Andalucía y Extremadura; abunda en detalles triviales; se detiene en increíbles minucias y se complace en considerar lo más nimio, mientras deja a veces pasar por alto, en una descuidada alusión, la atrocidad de que le ha llegado noticia o la grandeza admirable. En todo caso, no parecería discreto dar a la imprenta un escrito tan disforme sin retocarlo algo, y aliviarlo de tantas impertinentes excrecencias como en él vienen a hacer penosa e ingrata la lectura.

Es digno de advertir que, concluida ésta a costa de no poco esfuerzo, queda en el lector la sensación de que algo le hubiera sido escamoteado; y ello, a pesar de tanto y tan insistido detalle. Otras personas que conocen el texto han corroborado esa impresión mía; y hasta un amigo a quien proporcioné los datos acerca del manuscrito, interesándolo en su estudio, después de darme las gracias, añadía en su carta: «Más de una vez, al pasar una hoja y levantar la cabeza, he creído ver al fondo, en la penumbra del Archivo, la mirada negrísima de González Lobo disimulando su burla en el parpadeo de sus ojos entreabiertos.» Lo cierto es que el escrito resulta desconcertante en demasía, y está cuajado de problemas. Por ejemplo: ¿a qué intención obedece?, ¿para qué fue escrito? — Puede aceptarse que no tuviera otro fin sino divertir la soledad de un anciano reducido al solo pasto de los recuerdos. Pero ¿cómo explicar que, al cabo de tantas vueltas, no se diga en él en qué consistía a punto fijo la pretensión de gracia que su autor llevó a la Corte, ni cuál era su fundamento?

Más aún: supuesto que este fundamento no podía venirle sino en méritos de su padre, resulta asombroso el hecho de que no

Ayala con su secretario, el anarquista Rueda.

lo mencione siquiera una vez en el curso de su relación. Cabe la conjetura de que González Lobo fuera huérfano desde muy temprana edad y, siendo así, no tuviera gran cosa que recordar de él; pero es lo cierto que hasta su nombre omite — mientras, en cambio, nos abruma con observaciones sobre el clima y la flora, nos cansa inventariando las riquezas reunidas en la iglesia catedral de Sigüenza... Sea como quiera, las noticias anteriores al viaje que respecto de sí mismo consigna son sumarias en extremo, y siempre aportadas por vía incidental. Sabemos del clérigo por cuyas manos recibiera sacramentos y castigos, con ocasión de un episodio aducido para escarmiento de la juventud: pues cuenta que, exasperado el buen fraile ante la obstinación con que su pupilo oponía un callar terco a sus reprimendas, arrojó los libros al suelo y, haciéndole la cruz, lo dejó a solas con Plutarco y Virgilio. Todo esto, referido en disculpa, o mejor, como lamentación moralizante por las deficiencias de estilo que sin duda habían de afear su prosa.

Pero no es ésa la única cosa inexplicable en un relato tan recargado de explicaciones ociosas. Junto a problema de tanto bulto, se descubren otros más sutiles. Lo trabajoso y dilatado del viaje, la demora creciente de sus etapas conforme iba acercándose a la Corte (solo en Sevilla permaneció el Indio González más de tres años, sin que sus memorias ofrezcan justificación de tan prolongada permanencia en una ciudad donde nada hubiera debido retenerle), contrasta, creando un pequeño enigma, con la prontitud en desistir de sus pretensiones y retirarse de Madrid, no bien hubo visto al rey. Y, como éste, otros muchos.

El relato se abre con el comienzo del viaje, para concluir con la visita al rey Carlos II en una cámara de Palacio. «Su Majestad quiso mostrarme benevolencia —son sus últimas frases—, y me dio a besar la mano; pero antes de que alcanzara a tomársela saltó a ella un curioso monito que alrededor andaba jugando, y distrajo su Real atención en demanda de caricias. Entonces entendí yo la oportunidad, y me retiré en respetuoso silencio.»

Silenciosa es también la escena inicial del manuscrito, en que el Indio González se despide de su madre. No hay explicaciones, ni lágrimas. Vemos las dos figuras destacándose contra el cielo, sobre un paisaje de cumbres andinas, en las horas del amanecer. González ha tenido que hacer un largo trayecto para llegar despuntando el día; y ahora, madre e hijo caminan sin hablarse, el uno junto al otro, hacia la iglesia, poco más grande, poco menos pobre que las viviendas. Juntos oyen la misa. Una vez oída, González vuelve a emprender el descenso por las sendas cordilleranas.

Poco más adelante, lo encontraremos en medio del ajetreo del puerto. Ahí su figura menuda apenas se distingue en la confusión bulliciosa, entre las idas y venidas que se enmarañan alrededor suyo. Está parado, aguardando, entretenido en mirar la preparación de la flota, frente al océano que rebrilla y enceguece. A su lado, en el suelo, tiene un pequeño cofre. Todo gira alrededor de su paciente espera: marineros, funcionarios, cargadores, soldados; gritos, órdenes, golpes. Dos horas lleva quieto en el mismo sitio el Indio González Lobo, y otras dos o tres pasarán todavía antes de que las patas innumerables de la primera galera comiencen a moverse a compás, arrastrando su panza sobre el agua espesa del puerto. Luego, embarcará con su cofre. — Del dilatado viaje, sólo esta sucinta referencia contienen sus memorias: *La travesía fue feliz*.

Pero, a falta de incidentes que consignar, y quizá por efecto de expectativas inquietantes que no llegaron a cumplirse, llena folios y folios a propósito de los inconvenientes, riesgos y daños de los muchos filibusteros que infestan los mares, y de los remedios que podrían ponerse en evitación del quebranto

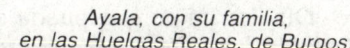

Ayala, con su familia, en las Huelgas Reales, de Burgos.

que por causa de ellos sufren los intereses de la Corona. Quien lo lea, no pensará que escribe un viajero, sino un político, tal vez un arbitrista: son lucubraciones mejor o peor fundadas, y de cuya originalidad habría mucho que decir. En ellas se pierde; se disuelve en generalidades. Y ya no volvemos a encontrarlo hasta Sevilla.

En Sevilla lo vemos resurgir de entre un laberinto de consideraciones morales, económicas y administrativas, siguiendo a un negro que le lleva al hombro su cofre y que, a través de un laberinto de callejuelas, lo guía en busca de posada. Ha dejado atrás el navío de donde desembarcara. Todavía queda ahí, contoneándose en el río; ahí pueden verse, bien cercanos, sus palos empavesados. Pero entre González Lobo, que ahora sigue al negro con su cofre, y la embarcación que le trajo de América, se encuentra la Aduana. En todo el escrito no hay una sola expresión vehemente, un ademán de impaciencia o una inflexión quejumbrosa: nada turba el curso impasible del relato. Pero quien ha llegado a familiarizarse con su estilo, y tiene bien pulsada esa prosa, y aprendió a sentir el latido disimulado bajo la retórica entonces en uso, puede descubrir en sus consideraciones sobre un mejor arreglo del comercio de Indias y acerca de algunas normas de buen gobierno cuya implantación acaso fuera recomendable, todo el cansancio de interminables tramitaciones, capaces de exasperar a quien no tuviera tan fino temple.

Excedería a la intención de estos apuntes, destinados a dar noticia del curioso manuscrito, el ofrecer un resumen completo de su contenido. Día llegará en que pueda editarse con el cuidado erudito a que es acreedor, anotado en debida forma, y precedido de un estudio filológico donde se discutan y diluciden las muchas cuestiones que su estilo suscita. Pues ya a primera vista se advierte que, tanto la prosa como las ideas de su autor, son anacrónicas para su fecha; y hasta creo que podrían disinguirse en ellas ocurrencias, giros y reacciones correspondientes a dos, y quién sabe si a más estratos; en suma, a las actitudes y maneras de diversas generaciones, incluso anteriores a la suya propia —lo que sería por demás explicable dadas las circunstancias personales de González Lobo—. Al mismo tiempo, y tal como suele ocurrir, esa mezcla arroja re-

El escritor, con su hija Nina y su nieta en Nueva York, en 1981.

sultados que recuerdan la sensibilidad actual.

Tal estudio se encuentra por hacer; y sin su guía no parece aconsejable la publicación de semejante libro, que necesitaría también ir precedido de un cuadro geográfico-cronológico donde quedara trazado el itinerario del viaje — tarea ésta no liviana, si se considera cuánta es la confusión y el desorden con que en sus páginas se entreveran los datos, se alteran las fechas, se vuelve sobre lo andado, se mezcla lo visto con lo oído, lo remoto con lo presente, el acontecimiento con el juicio, y la opinión propia con la ajena.

De momento, quiero limitarme a anticipar esta noticia bibliográfica, llamando de nuevo la atención sobre el problema central que la obra plantea: a saber, cuál sea el verdadero propósito de un viaje cuyas motivaciones quedan muy oscuras, si no oscurecidas a caso hecho, y en qué relación puede hallarse aquel propósito con la ulterior redacción de la memoria. Confieso que, preocupado con ello, he barajado varias hipótesis, pronto desechadas, no obstante, como insatisfactorias. Después de darle muchas vueltas, me pareció demasiado fantástico y muy mal fundado el supuesto de que el Indio González Lobo ocultara una identidad por la que se sintiera llamado a algún alto destino, como descendiente, por ejemplo, de quién sabe qué estirpe nobilísima. En el fondo, esto no aclararía apenas nada. También se me ocurrió pensar si su obra no sería una mera invención literaria, calculada con todo esmero en su aparente desaliño para simbolizar el desigual e imprevisible curso de la vida humana, moralizando implícitamente sobre la vanidad de todos los afanes en que se consume la existencia. Durante algunas semanas me aferré con entusiasmo a esta interpretación, por la que el protagonista podía incluso ser un personaje imaginario; pero a fin de cuentas tuve que resignarme a desecharla: es seguro que la conciencia literaria de la época hubiera dado cauce muy distinto a semejante idea.

Mas no es ahora la ocasión de extenderse en cuestiones tales, sino tan sólo de reseñar el manuscrito y adelantar una apuntación ligera de su contenido.

Hay un pasaje, un largo, interminable pasaje en que González Lobo aparece perdido en la maraña de la Corte. Describe con encarnizado rigor su recorrer el dédalo de pasillos y antesalas, donde la esperanza se pierde y se le ven las vueltas al tiempo; se ensaña en consignar cada una de sus gestiones, sin pasar por alto una sola pisada. Hojas y más hojas están llenas de enojosas referencias y detalles que nada importan, y que es difícil conjeturar a qué vienen. Hojas y más hojas están llenas de párrafos por el estilo de éste: «Pasé adelante, esta vez sin tropiezo, gracias a ser bien conocido ya del jefe de la conserjería; pero al pie de la gran escalera que arranca del zaguán —se está refiriendo al Palacio del Consejo de Indias, donde tuvieron lugar muchas de sus gestiones—, encontré cambiada la guardia: tuve, pues, que explicar ahí todo mi asunto como en días anteriores, y aguardar que subiera un paje en averiguación de si me sería permitido el acceso. Mientras esperaba, me entretuve en mirar quiénes recorrían las escaleras, arriba y abajo: caballeros y clérigos, que se saludaban entre sí, que se paraban a conversar, o que avanzaban entre reverencias. No poco tiempo tardó en volver mi buen paje con el recado de que sería recibido por el quinto oficial de la tercera Secretaría, competente para escuchar mi asunto. Subí tras de un ordenanza, y tomé asiento en la antesala del señor oficial. Era la misma antesala donde hube de aguardar el primer día, y me senté en el mismo banco donde ya entonces había esperado más de hora y media. Tampoco esta vez prometía ser breve la espera; corría el tiempo, vi abrirse y cerrarse la puerta veces infinitas, y varias de ellas salir y entrar al propio oficial quinto, que pasaba por mi lado sin dar señales de haberme visto, ceñudo y con la vista levantada. Acerquéme, en fin, cansado de aguardar, al ordenanza de la puerta para recordarle mi caso. El buen hombre me recomendó paciencia; pero, porque no la acabara de perder, quiso hacerme pasar de allí a poco, y me dejó en el despacho mismo del señor oficial, que no tardaría mucho en volver a su mesa. Mientras venía o no, estaba yo pensando si recordaría mi asunto, y si acaso no volvería a remitirme con él, como la vez pasada, a la Secretaría de otra Sección del Real Consejo. Había sobre la mesa un montón de legajos, y las paredes de la pieza estaban cubiertas de estanterías, llenas también de carpetas. En el testero de la sala, sobre el respaldo del sillón del señor oficial, se veía un grande y no muy buen retrato del difunto rey don Felipe IV. En una silla, junto a la mesa, otro montón de legajos esperaba su turno. Abierto, lleno de espesa tinta, el tintero de estaño aguardaba también al señor oficial quinto de Secretaría... Pero aquella mañana ya no me fue posible conversar con él, porque entró al fin muy alborotado en busca de un expediente, y me rogó con toda cortesía que tuviera a bien excusarle, que tenía que despachar con Su Señoría, y que no era libre de escucharme en aquel momento.»

Incansablemente, diluye su historia el Indio González en pormenores semejantes, sin perdonar día ni hora, hasta el extremo de que, con frecuencia, repite por dos, tres, y aun más veces, en casi iguales términos, el relato de gestiones idénticas, de manera tal que sólo en la fecha se distinguen; y cuando el lector cree haber llegado al cabo de una jornada penosísima, ve abrirse ante su fatiga otra análoga, que deberá recorrer también paso a paso, y sin más resultado que alcanzar la siguiente. Bien hubiera podido el autor excusar el trabajo, y dispensar de él a sus lectores, con sólo haber consignado, si tanto importaba a su intención, el número de visitas que tuvo que rendir a tal o cual oficina, y en qué fechas. ¿Por qué no lo hizo así? ¿Le procuraba acaso algún raro placer el desarrollo del manuscrito bajo su pluma con un informe crecimiento de tumor, sentir cómo aumentaba su volumen amenazando cubrir con la longitud del relato la medida de tiempo efectivo a que se extiende? ¿Qué necesidad teníamos, si no, de saber que eran cuarenta y seis los escalones de la escalera del palacio del Santo Oficio, y cuántas ventanas se alineaban en cada una de sus fachadas?

LA LITERATURA DEL EXILIO

Quien está cumpliendo con probidad la tarea que se impuso a sí propio: recorrer entero el manuscrito, de arriba abajo, línea por línea y sin omitir un punto, experimenta, no ya un alivio, sino emoción verdadera, cuando, sobre la marcha, su curso inicia un giro que nada parecía anunciar y que promete perspectivas nuevas a una atención ya casi rendida al tedio. «Al otro día, domingo, me fui a confesar con el doctor Curtius», ha leído sin transición ninguna. La frase salta desde la lectura maquinal, como un relumbre en la apagada, gris arena... Pero si el tierno temblor que irradia esa palabra, *confesión,* alentó un momento la esperanza de que el relato se abriera en vibraciones íntimas, es sólo para comprobar cómo, al contrario, la costra de sus retorcidas premiosidades se autoriza ahora con el secreto del sacramento. Pródigo siempre en detalles, el autor sigue guardando silencio sobre lo principal. Hemos cambiado de escenario, pero no de actitud. Vemos avanzar la figura menuda de González Lobo, que sube, despacio, por el centro de la amplísima escalinata, hacia el pórtico de la iglesia; la vemos detenerse un momento, a un costado, para sacar una moneda de su escarcela [2] y socorrer a un mendigo. Más aún: se nos hace saber con exactitud ociosa que se trata de un viejo paralítico y ciego, cuyos miembros se muestran agarrotados en duros vendajes sin forma. Y todavía añade González una larga digresión, lamentándose de no poseer medios bastantes para aliviar la miseria de los demás pobres instalados, como una orla de podredumbre, a lo largo de las gradas...

Por fin, la figura del Indio se pierde en la oquedad del atrio. Ha levantado la pesada cortina; ha entrado en la nave, se ha inclinado hasta el suelo ante el altar mayor. Luego se acerca al confesonario. En su proximidad, aguarda, arrodillado, a que le llegue el turno. ¿Cuántas veces han pasado por entre las yemas de sus dedos las cuentas de su rosario, cuando, por último, una mano blanca y gorda le hace señas desde lo oscuro para que se acerque al Sagrado Tribunal? — González Lobo consigna ese gesto fugaz de la mano blanqueando en la sombra; ha retenido igualmente a lo largo de los años la impresión de ingrata dureza que causaron

en su oído las inflexiones teutónicas del confesor y, pasado el tiempo, se complace en consignarla también. Pero eso es todo. «Le besé la mano, y me fui a oír la santa misa junto a una columna.»

Desconcierta —desconcierta e irrita un poco— ver cómo, tras una reserva tan cerrada, se extiende luego a ponderar la solemnidad de la misa: la pureza desgarradora de las voces juveniles que, desde el coro, contestaban, «como si, abiertos los cielos, cantasen ángeles la gloria del Resucitado», a los graves latines del altar. Eso, las frases y cantos litúrgicos, el brillo de la plata y del oro, la multitud de las luces, y las densas volutas de incienso ascendiendo por delante del retablo, entre columnatas torneadas y cubiertas de yedra, hacia las quebradas cupulillas, todo eso, no era entonces novedad mayor que hoy, ni ocasión de particular noticia. Con dificultad nos convenceríamos de que el autor no se ha detenido en ello para disimular la omisión de lo que personalmente le concierne, para llenar mediante ese recurso el hiato entre su confesión —donde sin duda alguna hubo de ingerirse un tema profano— y la visita que a la mañana siguiente hizo, invocando el nombre del doctor Curtius, a la Residencia de la Compañía de Jesús. «Tiré de la campanilla —dice, cuando nos ha llevado ante la puerta—, y la oí sonar más cerca y más fuerte de lo que esperaba.»

Es, de nuevo, la referencia escueta de un hecho nimio. Pero tras ella quiere adivinar el lector, enervado ya, una escena cargada de tensión: vuelve a representarse la figura, cetrina y enjuta, de González Lobo, que se acerca a la puerta de la Residencia con su habitual parsimonia, con su triste, lentísimo continente impasible; que, en llegando a ella, levanta despacio la mano hasta el pomo del llamador. Pero esa mano, fina, larga, pausada, lo agarra y tira de él con una contracción violenta, y vuelve a soltarlo en seguida. Ahora, mientras el pomo oscila ante sus ojos indiferentes, él observa que la campanilla estaba demasiado cerca y que ha sonado demasiado fuerte.

Pero, en verdad, no dice nada de esto. Dice: «Tiré de la campanilla, y la oí sonar más cerca y más fuerte de lo que esperaba. Apenas apagado su estrépito, pude escuchar los pasos del portero, que venía a abrirme, y que, enterado de mi nombre, me hizo pa-

---
1. *Escarcela:* Especie de bolsa que se llevaba pendiente de la cintura.

Arriba, F. Ayala recibe el título de Doctor Honoris Causa en Western University (julio de 1977). Abajo: mientras da una conferencia en Alicante, en 1978.

FRANCISCO AYALA

sar sin demora.» En compañía suya, entra el lector a una sala, donde aguardará González, parado junto a la mesa. No hay en la sala sino esa mesita, puesta en el centro, un par de sillas, y un mueble adosado a la pared, con un gran crucifijo encima. La espera es larga. Su resultado, éste: «No me fue dado ver al Inquisidor General en persona. Pero, en nombre suyo, fui remitido a casa de la baronesa de Berlips, la misma señora conocida del vulgo por el apodo de *La Perdiz*, quien, a mi llegada, tendría información cumplida de mi caso, según me aseguraron. Mas pronto pude comprobar —añade— que no sería cosa llana entrar a su presencia. El poder de los magnates se mide por el número de los pretendientes que tocan a sus puertas, y ahí, todo el patio de la casa era entesala.»

De un salto, nos transporta el relato desde la Residencia jesuítica —tan silenciosa que un capanillazo puede caer en su vestíbulo como una piedra en un pozo— hasta un viejo palacio, en cuyo patio se aglomera, bullicioso, un hervidero de postulantes, afanados en el tráfico de influencias, solicitud de exenciones, compra de empleos, demanda de gracia o gestión de privilegios. «Me aposté en un codo de la galería y, mientras duraba mi antesala, divertíame en considerar tanta variedad de aspectos y condiciones como allí concurrían, cuando un soldado, poniéndome la mano en el hombro, me preguntó de dónde era venido y a qué. Antes de que pudiera responderle nada, se me adelantó a pedir excusas por su curiosidad, pues que lo dilatado de la espera convidaba a entretener de alguna manera el tiempo, y el recuerdo de la patria es siempre materia de grata plática. El, por su parte, me dijo ser natural de Flandes, y que prestaba servicio al presente en las guardias del Real Palacio, con la esperanza de obtener para más adelante un puesto de jardinero en sus dependencias; que esta esperanza se fundaba y sostenía en el valimiento de su mujer, que era enana del rey y que tenía dada ya más de una muestra de su tino para obtener pequeñas mercedes. Se me ocurrió entonces, mientras lo estaba oyendo, si acaso no sería aquél buen atajo para llegar más pronto al fin de mis deseos; y así, le manifesté cómo éstos no eran otros sino el de besar los pies a Su Majestad; pero que, forastero en la Corte y sin amigos, no hallaba medio de arribar a su Real persona. Mi ocurrencia —agrega— se acreditó feliz, pues, acercándoseme a la oreja, y después de haber ponderado largamente el extremo de su simpatía hacia mi desamparo y su deseo de servirme, vino a concluir que tal vez su mentada mujer —que lo era, según me tenía dicho, la enana doña Antoñita Núñez, de la Cámara del Rey— pudiera disponer el modo de introducirme a su alta presencia; y que sin duda querría hacerlo, supuesto que yo me la supiese congraciar y moviera su voluntad con el regalo del cintillo que se veía en mi dedo meñique.»

Las páginas que siguen a continuación son, a mi juicio, las de mayor interés literario que contiene el manuscrito. No tanto por su estilo, que mantiene invariablemente todos sus caracteres: una caída arcaizante, a veces precipitación chapucera, y siempre esa manera elusiva donde tan pronto cree uno identificar los circunloquios de la prosa oficialesca, tan pronto los sobrentendidos de quien escribe para propio solaz, sin consideración a posibles lectores; no tanto por el estilo, digo, como por la composición, en que González Lobo parece haberse esmerado. El relato se remansa aquí, pierde su habitual sequedad, y hasta parece retozar con destellos de insólito buen humor. Se complace González en describir el aspecto y maneras de doña Antoñita, sus movimientos, sus ademanes, gestos, mohínes y sonrisas, sus palabras y silencios, a lo largo de la curiosa negociación.

LA LITERATURA DEL EXILIO

Si estas páginas no excedieran ya los límites de lo prudente, reproduciría el pasaje íntegro. Pero la discreción me obliga a limitarme a una muestra de su temperamento. «En esto —escribe—, dejó caer el pañuelo y esperó, mirándome, a que lo alzara. Al bajarme para levantarlo vi reír sus ojillos a la altura de mi cabeza. Cogió el pañuelo que yo le entregaba y lo estrujó entre los diminutos dedos de una mano adornada ya con mi cintillo. Diome las gracias, y sonó su risa como una chirimía; sus ojos se perdieron y, ahora, apagado su rebrillo, la enorme frente era dura y fría como piedra.»

Sin duda, estamos ante un renovado alarde de minuciosidad; pero ¿no se advierte ahí una inflexión divertida, que, en escritor tan apático, parece efecto de la alegría de quien, por fin, inesperadamente, ha descubierto la salida del laberinto donde andaba perdido y se dispone a franquearla sin apuro? Han desaparecido sus perplejidades, y acaso disfruta en detenerse en el mismo lugar de que antes tanto deseaba escaparse.

De aquí en adelante el relato pierde su acostumbrada pesadumbre y, como si replicase al ritmo de su corazón, se acelera sin descomponer el paso. Lleva sobre sí la carga del abrumador viaje, y en los incontables folios que encierran sus peripecias, desde aquella remota misa en las cumbres andinas hasta este momento en que va a comparecer ante Su Majestad Católica, parecen incluidas todas las experiencias de una vida.

Y ya tenemos al Indio González Lobo, en compañía de la enana doña Antoñita, camino del Alcázar. A su lado siempre, atraviesa patios, cancelas, portales, guardias, corredores, antecámaras. Quedó atrás la Plaza de Armas, donde evolucionaba un escuadrón de caballería; quedó atrás la suave escalinata de mármol; quedó atrás la ancha galería, abierta a la derecha sobre un patio, y adornada, a la izquierda, la pared con el cuadro de una batalla famosa, que no se detuvo a mirar, pero del que le quedó en los ojos la apretada multitud de las compañías de un tercio que, desde una perspectiva bien dispuesta, se dirigían, escalonadas en retorcidas filas, hacia la alta, cerrada, defendida ciudadela... Y ahora la enorme puerta, cuyas dos hojas de roble se abrieron ante ellos en llegando a lo alto de la escalera, había vuelto a cerrarse a sus espaldas. Las alfombras acallaban sus pasos, imponiéndoles circunspección, y los espejos adelantaban su visita hacia el interior de desoladas estancias sumidas en penumbra.

La mano de doña Antoñita trepó hasta la cerradura de una lustrosa puerta, y sus dedos blandos se adhirieron al reluciente metal de la empuñadura, haciéndola girar sin ruido. Entonces, de improviso, González Lobo se encontró ante el Rey.

«Su Majestad —nos dice— estaba sentado en un grandísimo sillón, sobre un estrado, y apoyaba los pies en un cojín de seda color tabaco, puesto encima de un escabel. A su lado, reposaba un perrillo blanco.» Describe —y es asombroso que en tan breve espacio pudiera apercibirse así de todo, y guardarlo en el recuerdo— desde sus piernas flacas y colgantes hasta el lacio, descolorido cabello. Nos informa de cómo el encaje de Malinas que adornaba su pecho estaba humedecido por las babas infatigables que fluían de sus labios; nos hace saber que eran de plata las hebillas de sus zapatos, que su ropa era de terciopelo negro. «El rico hábito de que Su Majestad estaba vestido —escribe González— despedía un fuerte hedor de orines; luego he sabido la incontinencia que le aquejaba.» Con igual simplicidad imperturbable sigue puntualizando a lo largo de tres folios todos los detalles que retuvo su increíble memoria acerca de la cámara, y del modo como estaba alhajada. Respecto de la visita misma, que debiera haber sido, precisamente, lo memorable para él, solo consigna estas palabras, con las que, por cierto, pone término a su dilatado manuscrito: «Viendo en la puerta a un desconocido, se sobresaltó el canecillo, y Su Majestad pareció inquietarse. Pero al divisar luego la cabeza de su Enana, que se me adelantaba y me precedía, recuperó su actitud de sosiego. Doña Antoñita se le acercó al oído, y le habló algunas palabras. Su Majestad quiso mostrarme benevolencia y me dio a besar la mano; pero antes de que alcanzara a tomársela saltó a ella un curioso monito que alrededor andaba jugando, y distrajo su Real atención en demanda de caricias. Entonces entendí yo la oportunidad, y me retiré en respetuoso silencio.»

(Los usurpadores.)

ROSA CHACEL

Nació en Valladolid en 1898. Diez años después se trasladó con su familia a Madrid. Estudió escultura en la Escuela Superior de Bellas Artes de San Fernando. Colaboró en *Revista de Occidente* y en otras publicaciones. En 1938 se trasladó a Atenas. A partir de 1940 vivió en Río de Janeiro y Buenos Aires. Colaboró en numerosas publicaciones hispanoamericanas. En la actualidad reside en Madrid. En 1987 recibió el Premio de las Letras Españolas.

Su obra en prosa se compone de: *Estación ida y vuelta* (1930), *Teresa* (1941), **Memorias de Leticia Valle** (1945), *La sinrazón* (1960), *Ofrenda a una virgen loca* (1961), *Novelas antes de tiempo* (1981), serie de novelas inconclusas, que, según la autora, nunca podrá terminar. En *Sobre el piélago* (1951) e *Icada, Nevada, Diada* (1971) incluyó diversos relatos.

De carácter marcadamente autobiográfico y memorialístico son: **Desde el amanecer** (1972), **Barrio de Maravillas** (1976), *Alcancía* (1982) y *Acrópolis* (1984).

Es autora también de los ensayos *La confesión* (1971) y *Saturnal* (1972).

Su obra poética está recogida en *A la orilla de un pozo* (1936) y *Versos prohibidos* (1978), con poemas escritos en diferentes épocas.

En toda esta producción, de marcado carácter intelectual, domina la evocación intimista del pasado. Para Ignacio Soldevila, Rosa Chacel, «poseedora del secreto de la salamandra para resistir al fuego cotidiano sobre el que pasa, mira con persistencia hacia atrás, condenada como la mujer de Lot a poner su pasión en el pasado lejano, donde la realidad, hecha ya materia pura y acrisolada, se deja manipular concienzuda y obsesivamente en el arca de la memoria: la posesión del tiempo nunca perdido».

Ediciones

Desde el amanecer, Madrid, Revista de Occidente, 1972. *Memorias de Leticia Valle*, Barcelona, Lumen, 1985. *Barrio de Maravillas*, Barcelona, Seix Barral, 1976.

Yo juzgaba a mis padres implacablemente, constantemente: mis padres eran lo único que yo estudiaba con constancia y con sistema. No quiero decir con esto que sólo a ellos les prestase atención y no a los libros, sino que a ellos les estudiaba con una técnica superior. De los libros sacaba la enseñanza que me daba la lección de cada día y, sin impaciencia, suponía que cuando llegase a la última página me habría incorporado todas las noticias que había en ellos, sobre lo que yo no podía inventar ni descubrir por mí misma. Del estudio en vivo que hacía de mis padres no admitía más que mis propias conclusiones; las claves de su carácter que yo encontraba y que se corroboraban a cada momento. Para esto, mi sistema era retener siempre ante mí sus más mínimos rasgos, no olvidar una sola de sus palabras, uno solo de sus actos o gestos y confrontar, medir y pesar. Además, medir sus alcances, es decir, adónde se puede llegar siendo así, tal como ellos son. A dónde pueden llegar ellos y a dónde puedo llegar yo por ese camino. Esto no eran reflexiones conscientes, de más está decirlo, era ese juego o ensayo de la vida que se hace ante el espejo con las ropas de los mayores. Yo sabía que mi madre era perfecta; tenía todas las habilidades, sabía de todo: era tal como yo *quería* ser, tal como *debía* ser. Mi padre era inaguantable, violento, disparatado; tal como yo *era*: reconociéndole también ciertos valores, que también me reconocía a mí misma. De modo que seguir las huellas de mi padre era para mí lo fácil; seguir las de mi madre era lo difícil, que tal vez pudiese lograr con ayuda de la suerte [...]

....

La decepción era para mí un golpe mortal de necesidad. La decepción era la traición de la realidad y, por tanto, su pérdida, su muerte. La decepción era la muerte vivida, la ausencia sin retorno posible. Yo tenía, no sólo inculcado por mis mayores, sino íntimamente adoptado, el culto del valor. Los relatos de guerras o aventuras me apasionaban, pero no me incliné nunca a los juegos masculinos, aunque mi educación era tan excepcional que jamás me dijeron mis padres: «Eso no es cosa de niñas.» Si yo hubiera querido hacer cosas de chico no me lo habrían prohibido porque mis padres no se oponían a que fuese una *niña romántica*. Pero yo —excepto las cacerías en el Alto de San Isidro, excepto la ambición de los caballos— no di nunca a mis actos un aire varonil, y no por falta de valor. Al contrario, el valor era el extracto que yo sacaba de mis lecturas y que me incorporaba, transformándolo de acuerdo con mi naturaleza. El valor se asentaba en mi área moral y potenciaba mi atrevimiento mental. Sólo había un riesgo que no quería correr, el de hacerme ilusiones sobre mí misma, el de confiar en las apariencias lisonjeras que, a la vuelta de la esquina, pudieran dejarme caer encima la decepción.

....

Salí con mi tía Eloísa; íbamos hacia el centro y en la esquina nos paró un señor desconocido. Sin el menor preámbulo le preguntó a mi tía:

—¿Va usted hacia el Campo Grande, señorita?

—Sí— dijo mi tía.

—Pues no vaya: hay tiroteo. Se han sublevado los obreros sin trabajo y los guardias les han sentado el pelo.

Nos volvimos a casa de mi abuela. Allí, al ver mi cara de consternación, me dijeron lo mismo que sobre el fuego: «No te asustes; por aquí no pasa nada, el tiroteo es muy lejos». Pero en mi consternación lo que más contaba no era la proximidad, no temía que el tiroteo —el sufrimiento, la muerte— se extendiesen hasta nuestro barrio, temía o más bien sabía que eran posibles en todas partes. Aquello era el tiroteo de los guardias contra los obreros sin trabajo; y éstos ¿dónde estaban?, ¿cómo eran? ¿Por qué ocurría entre ellos eso que se llama sublevación y que no era lo que vulgarmente se llama un delito? ¿Cómo iban vestidos? ¿Qué actitudes tomaban? ¿Se vería la nobleza, o el valor, o la pasión en alguno de ellos? Y ayer, antes de empezar el tiroteo, ¿no se les notaría nada? ¿Podría terminar todo en un momento o duraría toda una época? ¿Se le llamaría a ésta, de ahora en adelante, Epoca del Terror? Yo no veía clara la actitud de mi familia. Veía que lamentaban el hecho, pero lo respetaban, como si fuese algo que en su fondo, en cierto modo, fuese digno. Si no me daban explicaciones era, como siempre, por alejar mi mente de todo lo trágico, pero no lo conseguían porque algo más envolvente, lo enigmático, flotaba sobre todo ello. De nada servía que las miradas —una ronda de miradas— corriesen de unos en otros ordenando silencio. Me miraban a mí y los ojos de todos hacían algo que era como un recoger velas, un cambiar de rumbo. ¡Silencio!, a otra cosa.

(Desde el amanecer.)

Tengo tal necesidad de pensar por cuenta propia, que cuando no puedo hacerlo, cuando tengo que conformarme con alguna opinión que no arranca de mí, la acojo con tanta indiferencia que parezco un ser sin sentimientos. Esto me atormenta más que nunca cuando quiero hacerme una idea de cómo sería mi madre. Cuando era pequeña, oía hablar de ella y me decía a mí misma: no, no era así, yo recuerdo otra cosa, pero ¿qué es lo que yo recordaba? Nada, claro, nada que se pueda decir ni siquiera oscuramente. La verdad es que nunca pude recordar cómo era mi madre, pero recuerdo que yo estaba con ella en la cama, debía ser en el verano, y yo me despertaba y sentía que la piel de mi cara estaba enteramente pegada a su brazo, y la palma de mi mano pegada a su pecho. Por muchos años que pasen, no se me borrará este recuerdo, y puedo hundirme en él tan intensamente, sobre todo de un modo tan idéntico a cuando era realidad, que en vez de parecerme que cada vez lo miro más desde lejos me parece que, al contrario, algún día pasaré más allá de él. Ahora lo estudio, lo repaso: antes lo miraba, me pasaba horas contemplándolo.

Me parecía sentir precisamente un no sentir en algún sitio, un tener una parte mía como perdida, como ciega. Era como si estuviese pegada a algo que, aunque era igual que yo misma, era inmenso, era algo sin fin, algo tan grande, que sabía que no podría nunca recorrerlo entero, y entonces, aunque aquella sensación era deliciosa, sentía un deseo enorme de hacerla cambiar de sitio, de salir de ella, y me agarraba, tiraba de mí misma desde no sé dónde y me despegaba al fin. Recuerdo el ruido ligerísimo que hacía mi piel al despegarse de la de ella, como el rasgar de un papel de seda sumamente fino. Recuerdo cómo me quedaba un poco en el aire al incorporarme, y seguramente entonces la miraba y ella me miraría. Sí, sé que me miraba, me sonreiría, me diría algo; de esto ya no me acuerdo.

Es raro: si recuerdo lo que sentía, ¿por qué no recuerdo lo que veía? Yo creo que debe ser porque después he seguido viendo y viendo cosas; en cambio, no he sentido nunca más nada semejante a aquello.

Todo el mundo, todos más o menos, habrán sentido una cosa así, pero si la han sentido, ¿por qué no hablan de ello? Claro que yo tampoco he hablado nunca, pero cuando los otros hablan, yo busco entre sus palabras algo que deje traslucir que lo conocen, y nunca lo encuentro. Se ve que no han empezado por ahí; hablan de otras cosas. Hablan del amor de las madres, de cosas que hacen o que dejan de hacer, y yo siempre digo en mi fondo: el amor era aquello.

Sí, después, otros han hecho también cosas por mí, todos me han querido, se han sacrificado, como dicen, pero aquello otro nada tiene que ver con esto. Esto, aunque debe ser claro, ni lo entiendo ni quiero entenderlo. Aquello era como un agua, o como un cielo. ¡Se estaba tan bien allí! Y se quería salir para sentir mejor que se estaba.

Fuera de eso, no recuerdo nada bueno de aquellos años. Sólo la angustia de tener que aprender unas cosas para comprender otras, porque la gente, por lo regular, habla de un modo que al principio no sabe uno por dónde guiarse. Tan pronto dan a las cosas más misteriosas una explicación tonta, tan pronto las envuelven, las disfrazan con un misterio odioso.

Cuatro o cinco años me pasé oyendo, sin comprender, que mi padre había ido a Africa a hacerse matar por los moros. Yo comparaba lo grave que me resultaba aquello con la naturalidad con que lo decían, y no acertaba a casar las medidas. Entonces pensaba: o no es tan grave o es conveniente, y el no poder juzgar sobre esto no llegaba a inquietarme. Que mi padre quisiera morir, no me era imposible de comprender, pero que quisiera hacerse matar por los moros, ¿por qué? Además ¿por qué lo decían con aquel misterio, con aquel dejo? Cuando yo preguntaba, era un alzarse de hombros, un mover la cabeza con lo que me respondían, y yo sentía vergüenza, no sé si por mi padre o si por mí, por no entender, por no dar en el quid de aquello que no querían explicarme. Llegaban los periódicos y yo miraba las caras de todos cuando leían las noticias y suspiraban con satisfacción porque no encontraban la que temíamos, pero después movían la cabeza como diciendo: nada, todavía no ha conseguido nada...

Yo vivía con la desazón de no entender aquello, y muchos ratos lo olvidaba, pero de pronto me venía a la cabeza y me sentía tan cerca, me parecía tan cierto ir a verlo claro de un momento a otro, que me ponía colorada. Pero entonces no era vergüenza, era emoción, era como si me asustase no sé de qué. Mi corazón daba un golpe terrible, se me extendía un calor por la frente que me

La escritora delante de uno de los retratos que le hizo su marido, el pintor Timoteo Pérez Rubio. «Ha habido siempre pocas escritoras —confesará—. ¿Cómo vamos a pretender que hagan buena literatura unos seres que no han vivido o han vivido esclavizados? Me refiero a la esclavitud del marido y del hogar. Cuando las mujeres puedan vivir —vivir, de verdad—, entonces escribirán bien».

nublaba los ojos, y aunque no conseguía ninguna idea clara ni nueva, sentía que había tocado la verdad. Lo que me repugnaba era precisamente la envoltura que le daban los otros y las explicaciones, siempre las explicaciones, alrededor de mi padre y mi madre. Siempre aquellas sentencias: «cuando de veras se quiere a alguien, se hace esto y no esto; el amor no es así, sino de este otro modo». Y yo sin poder más que decir dentro de mí, con toda mi desesperación y todo mi asco: ¡imbéciles, el amor era aquello!

....

A los ocho decidieron llevarme al colegio de las Carmelitas para que tuviese trato con otras niñas, y allí fue donde mi secreto me resultó abrumador. Empecé a ver lo que eran las chicas.

A propósito de mí, mi familia se expresaba siempre con el mismo misterio que cuando hablaban de mi padre, como si supiesen lo que yo tenía dentro de mi cabeza y como si fuese algo tan tremendo que no se pudiese ni nombrar. Me mandaban allí como a curarme de algo: a que aprendiese a ser niña, decían. Pero cuando empecé a tratarlas me produjeron horror, horror y asco. Eran ellas las que estaban enfermas de su niñez; unas parecía que no podían nada; todo lo que intentaban les quedaba corto, como si no estuviesen enteramente despiertas; otras, al contrario, ya habían aprendido todo lo que tenían que aprender; las lecciones eran lo de menos. ¡Aquel machacar ladrillos y repartirlos en porciones! En el recreo yo las veía jugar a hacer comiditas y hubiera querido pisotearlas. Sin embargo, me portaba bien con ellas; jamás reñí con ninguna; sólo las miraba hasta salírseme los ojos, pero ellas no sabían por qué.

(Memorias de Leticia Valle.)

La luz que entra ahora por la tronera [1] es la luz de la hora de la siesta y el silencio es un tributo debido a su señorío, que se extiende por todo el barrio. La luz que entra ahora por la tronera le mira benévola, pero imperiosa, ¿quién se negaría a acatarla?... La luz mira al barrio con mirada hipnotizante; le impone la tregua en el esfuerzo, en el trabajo que significa mirar. Su torrente, su empuje sólo puede ser soportado con sordina, con tamices diversos la acogen en las diversas moradas... Persianas verdes, sensibles al aire, temblonas como alamedas. Visillos blancos, leves, nupciales como mosquiteros: muselinas opalinas. Transparentes de tela encerada; colores brillantes, sombríamente brillantes, guirnaldas de rosas en corona oval, enmarcando bosques de otoño donde huyen los ciervos, robles o praderas o lagos con cisnes... Verdes intensos en los paisajes, rojos cárdenos en las rosas... La luz, en esa hora, es acogida a través de esas pantallas y ella mira los cuartos pulcros, las camas mullidas, los cuerpos descubiertos... Todo lo mira aquiescente; la nota de su faz es pura armonía con cada atuendo de ventana. La tronera no tiene atuendo alguno; está desprovista, desprevenida, abierta, simplemente. La luz que entra ahora es también aquiescente con lo desguarnecido, con lo abierto a la mera necesidad. La luz no entra allí para ser vista, sino para cumplir su misión, y su cara, su gesto de la hora de la siesta es poco diferente del de la hora del trabajo. Su gesto no es ni benigno ni hostil, es atento, modesto, nunca deslumbrante, sino solícitamente alumbrante —nunca la habría descubierto aquí Isabel, nunca habría contemplado aquí su desnudez. La luz llega con el alba y va mirando pálidamente las cosas encubiertas; las dos durmientes, arropadas en sus camas, los pequeños utensilios caseros cubiertos con paños. Todas las cosas que no quieren ser vistas su dueña no las deja ver: cubrirlas es decoroso y descubrirlas, a medida que la luz ayuda, es asistir a su alumbramiento. La luz va mirando lo que al descubrirse aparece bien limpio, brillante: la luz va corroborándolo, poniéndolo en su lugar... El cuarto ha sido mirado, en todos sus avatares, por la dura, estricta, necesaria luz de la pobreza. Las ha visto llegar con sus bultos, con sus elementales, insuficientes enseres, que se han ido transformando,

---

1. Ventana pequeña y angosta por donde entra escasamente la luz.

acoplando y mejorando a fuerza de combinaciones hábiles —mañas, ardides de la araña, ahorros de la hormiga, rapiñas de la comadreja— frutos del sagrado empeño materno; arte o artesanía, más bien: creación. La naturaleza —la mujer— odia el vacío, siente, ve —suprema abstracción— lo que falta, lo que hace falta y se inviste del poder de hacer de la nada, de hacer aquello que falta para que la falta no exista porque la no existencia que es la falta es mortal. La necesidad dicta la obra, labra el terreno para ella después de búsquedas infructuosas, degradantes, extenuantes, pero no suficientes para agotar el empeño. La luz más triste, más desolada, ha sonreído un instante, ha guiñado un signo de posibilidad en la negociación con una mayor pobreza, con una caducidad que se reducía, cedía su terreno, entregaba la mitad de su espacio por una módica asistencia. La luz, después de aquella transacción, quedó también aquí hermanada con el olor —el olor, materia fugaz que se escapa sin romper el vínculo, sin borrarse en el camino, sino al contrario, siendo camino hasta la cosa olorosa—, el olor de la necesidad, del sustento… En el cuarto cedido —condenada la puerta comunicante entre las dos piezas— la luz de la mañana, dura, estricta, corroboradora, colaboradora se unía, en dignación esencial, con el vaho del pucherito en la hornilla de petróleo, con el petróleo mismo, con las sustancias químicas servidoras de la higiene; lejía, zotal, jabón amarillo empapando el atadijo de esparto… Olores crueles como celadores, como guardias adustos y protectores, vencidos a veces por los olores caseros, sensuales, capciosos; ajo y cebolla, laurel, pimentón… La luz necesaria, confundida con estos aromas, abdica de su silencio —silencio de barrio sin gran tráfago: sólo pregones suben de la profunda calle— y acoge el ruido laborioso de una máquina Singer. La armonía necesaria queda dentro del cuarto. Fuera, en el largo corredor de las guardillas, la luz es más ociosa, su misión no es apremiante, nadie allí necesita ser alumbrado. La luz escatima —no por parquedad, concepto antitético de la luz—, localiza o sistematiza sus focos a lo Rembrandt, cae de pequeñas lucernas [2] circulares, por donde se descuelgan

2. *Lucerna:* abertura alta de una habitación que da ventilación y luz.

Ante su mesa de trabajo, en 1982. En agosto de este año declaraba: «En estos momentos tengo ya pocos hábitos de lectura, en parte porque dispongo de muy poco tiempo libre y, además, porque soy muy exigente con lo que leo. La mayor parte de mi tiempo lo dedico a trabajar. En el que me sobra, siempre estoy ocupada en algo, porque vivo sola».

los gatos, suaves, pesados, silenciosos. Los gatos caen de ellas como caen las gotas de la lluvia, caen por su peso y dan en el suelo un golpe imperceptible y corretean por el pasillo, buscan allí su caza o sus aventuras y saltan con precisión a la pequeña lumbrera que les da acceso al tejado. La luz allí, en todo el largo corredor en que se alinean las puertas de las guardillas, en el sentido longitudinal de la casa —esquina San Vicente y San Andrés: cinco huecos San Vicente, cinco San Andrés—, en el largo pasillo la luz asume el violento claroscuro y el olor tenebroso, feroz, acerbo de los gatos. Dentro de las guardillas la luz apenas se posa en viejos baúles, en cestos desfondados, bañeras de zinc, retratos ancestrales, bronces repudiados por la moda. Luego, en la escalera, la luz cenital de la claraboya se esparce, magnánima, a cualquier hora. Esplendente al mediodía, casi agobiante en el último piso: despiadada al final de la ascensión…

....

Luis —Luisito—, ya podía afeitarse los bigotes, pero no se los afeitaba: un día que se los afeitó le dijo su padre: «Tienes cara de cura»… La pugna entre sus padres, a este respecto, era dramática y pesaba sobre él, no como una sentencia, sino como una cadena al tobillo, arrastrada desde… desde antes de nacer. Una cadena que le ayudaba a romper su padre. Ya la había roto; era libre, enteramente libre: esa cadena no coartaría nunca su porvenir…, no, nunca, de hecho. Era sólo la presión del grillo en un miembro, que no quedaba por esto inmovilizado, no, pero la presión del grillo no se

LA LITERATURA DEL EXILIO

borraba y el sentimiento que inspiraba aquella presión era insólito porque no era el deseo de escapar a ella —¡tan fácil había sido liberarse!—, sino el deseo..., el deber... ¿Puede haber un deseo del deber? ¿Puede el deber ser seductor, hechicero, tiránico como la tentación?... No era el deseo de escapar porque lo que todo grillo o cadena tiene de ajeno no era lo temible. Lo invencible era la impronta, lo que el grillo había dejado como un anhelo de fidelidad... No hay fidelidad sin promesa y él no había prometido nada... El había sido prometido... ¿Puede una mujer dialogar con el feto que apenas se devana en su vientre, que va dibujándose con los puños apretados contra las órbitas..., puede atarle con un grillo indestructible?... Se trata no ya del alborear de la vida, sino del brocal de la muerte... La madre, moribunda —así lo creía—, había prometido a Dios, si le fuese devuelta la salud, que su hijo le sería consagrado. La salud le fue devuelta, el hijo llegó al mundo sin presentar huellas del pasado peligro. La terrible promesa dispendió el poder de su esencia dramática en las más soterradas raíces: al exterior se desarrolló con las proporciones pueriles que las mujeres dan a los alimentos —juego, solaz de la mente— de sus hijos. Todo glosado en el comadreo, en la emulación con las amigas... «¿Has visto? Mi curita tiene de todo... Las velitas, los candelabros, el misal. La sabanilla del altarcito se la hice yo misma, ¿ves? Toda de Richelieu...» El juego era encantador por la seriedad y por la habilidad innata que se delataba en las manitas finas, llenas de tacto inteligente... Sin embargo, los enseres eclesiásticos fueron quedando mellados ni más ni menos que los otros juguetes, y a los siete años el juego tuvo su promoción en la parroquia. Entonces fue la sobrepelliz y el incensario, y «Fíjate, fíjate con qué habilidad, con qué tino maneja el apagavelas...» A los diez ya habían sido muchas las disputas de sus padres... El era el tema, pero se alejaba para considerarlas. Estudiaba los pros y los contras... ¿Cuál de los dos tiene razón?... No se atrevía a juzgarlos... ¿Cuál de los dos quisiera yo que la tuviese?... No dudaba. De aquellas disputas se escapaban frases terribles, brutales. El huía el murmullo de las voces y las voces se recataban en una cierta confusión; en rociadas de frases intermitentes, que quedaban cortadas...

Portadas de una de sus últimas obras, publicada en dos volúmenes.

Otras, en cambio, se disparaban como escopetazos y le llegaba neto su estampido, por lejos que estuviese... Brutal, taxativa dentro de la interrogación: «¿Iba yo a dejarte hacer de él un marica?»... O la desgarrada, aullante como perro nocturno: «¡Es su condenación lo que buscas, es su condenación!»... Y la respuesta tajante; hachazo y escobazo a un tiempo, que arrambla con todo: «Si hay Justicia, ¡óyelo bien!, si hay Justicia, no habrá más condenación que la mía»... Así que, si hay Justicia, eso se da por seguro y se puede aceptar voluntariamente la condena, presentarse ante el juez y declararse culpable... Su padre era capaz de hacerlo, no faltaba más que saber si hay Justicia, y eso sólo preguntando allí donde nada del código puede ser ignorado... Si lo hubiera preguntado sencillamente, tal vez hubiera obtenido una respuesta proporcionada a su inocencia, pero hizo un preámbulo, quiso marcar la gravedad de su investigación, mostró una conciencia atormentada, obsesionada por el concepto —no por el sentimiento— de culpa, y el leguleyo —burócrata adocenado en el guichet [3] del barrio humilde— soslayó las respuestas, condujo con su autoridad el interrogatorio por el carril que lleva a las sólitas culpas de los chicos. No respondió a nada: preguntó implacablemente... Preguntó... los placeres solitarios, los tocamientos, las visiones espiadas bajo las faldas... ¡No, no, no! Luis negó todo; negó lo que creía haber confesado otras veces. Aunque así fuese, lo negó cínicamente, ferozmente, y no en esa forma, no, no, no, más débil que un NO rotundo... A cada pregunta, un NO cargado de desprecio por aquella palabra que oía por primera vez, por aquella obscenidad que acababa de aprender, los tocamientos... NO a las preguntas estúpidas, NO a la banal penitencia... Instalado en el NO como en morada recién ad-

---

[3]. *Guichet:* postigo, puerta pequeña practicada en otra mayor, despacho. Se trata de un galicismo.

quirida, recibió la comunión... Luego empezaron los estudios, la química estricta, la botánica olorosa... y las salidas con los camaradas, nunca sin algunas pesetas en el bolsillo... Y el silencio, con esa faz impía que tiene todo olvido, hasta el de lo detestado, el silencio sobre las disputas familiares, como si ya... Todo lo familiar quedaba, en cierto modo, avasallado por lo externo. La ciudad, que siempre había sido un lugar transitable, el espacio que quedaba entre una y otra casa, una y otra familia: el espacio, las calles para ir de visita... Ahora empezaba a ser una presencia —no una visita, sino un huésped—, algo a lo que todos quedaban obligados —obligados por su realidad y *obrigados*, al modo portugués— por gratitud. La tremenda, la imperiosa realidad era grata, era digna de gratitud porque era llena de gracias... La realidad, con todas sus impurezas, siempre cargada con la gracia de su ser, siempre iluminada por el peligro de su dejar de ser, de su mortalidad... Todo, los juegos infantiles, que ya no eran niñerías, que ya podían seducir a los adultos — la ola giratoria, ¡el tobogán, sobre todo!, en el solar de la Cibeles, frente al Banco... El tobogán, edición de bolsillo del orgasmo, anticipación, más que iniciación..., algo así como el goloseo del manjar que se prepara. Y el placer, inmensurable por sobrepasar toda sensualidad, por abarcar..., por envolver y realizar, sólo con señalarla, la sensualidad suprema, la que se extiende o se infiltra o se adueña palpable con el mismo poder de la mente y del sentimiento, la visión..., el cine. Las Indias inagotablemente descubiertas, lugar de emigración, Eldorado para todos los pobres y todos los ambiciosos..., plantío de ambiciones, muestrario de bellezas —sin canon—, más bien instaurador, creador con el solo poder de su índice luminoso... de su FIAT... El cine, la realidad en imágenes sin cuerpo, sombra y luz..., silencio, esto es, atención. Atención sin pestañeo, abrir los ojos y ver..., ver velozmente porque pasa..., la imagen se escapa y no vuelve, pero se grabó suficientemente como para que no haya olvido porque, si ella —la imagen— no queda grabada, pierde realidad y sentido la que la sigue..., su cadena es irrompible, llena toda la noche de la visión y la llena con las más extremadas escenas de amor o de muerte, clamando en el silencio...

(Barrio de Maravillas.)

JUAN GIL-ALBERT

Nació en Alcoy en 1906. Estudió Filosofía y Letras y Derecho en la Universidad de Valencia. Durante la guerra apoyó a la República y formó parte de la redacción de *Hora de España*. Se exilió a comienzos de 1939. Vivió en Argentina y México. En 1947 regresó a España y permaneció durante muchos años en un permanente exilio interior. Instalado en Alcoy, trabajó sin descanso en su obra, aunque hasta el comienzo de la década de los setenta publicó muy poco.

Obra poética

En 1936 aparecieron dos libros de poemas: *Misteriosa presencia*, compuesto por sonetos, y, en vísperas de la guerra, *Candente horror*. En 1938, bajo el título de *Son nombres ignorados*, recogió un conjunto de elegías, himnos y sonetos publicados en *Hora de España*. Estos libros se han reeditado, con el título de *Mi voz comprometida* (1936-1939), en la editorial Laia (1980). En fechas posteriores publicó *Las ilusiones* (1943), el único libro de poemas que dio a conocer en el exilio, y el que puede considerarse su continuación, *El existir medita su corriente* (1948), *Concertar es amor* (1951), *Los homenajes*, incluido en el tomo misceláneo *La trama inextricable. Prosa, poesía, crítica* (1968), *La Meta-Física* (1974), *Homenajes e impromptus* (1976), *Fuentes de la constancia (Antología poética)* (1972), *A los presocráticos* (1976) y *Variaciones sobre un tema inextinguible* (1981).

Obra en prosa

Además del conjunto de narraciones recogidas en *La fascinación de lo irreal* (1927), ha publicado dos relatos de corte novelesco, *Valentín (1974) y Los Arcángeles: parábola* (1981).

El resto de su obra en prosa lo constituye una serie de obras en las que coexisten o se alternan la autobiografía, las memorias, las crónicas y el ensayo. En ellas, el recuerdo se va enhebrando con los más variados asuntos. Gil-Albert habla de sí, de lo que piensa o siente, de lo que hace o ha hecho, entremezclando todo con reflexiones sobre arte, literatura, moral y vida. Para Luis Antonio de Villena, «si algo se hace muy pronto evidente en estos textos es, postaristotélicamente, al modo de los filósofos del Jardín o del Pórtico, que paladean la vida y que quisieran mostrarnos una manera de vivir. Vivir con serenidad dentro de la luminosa onda de los días, gozando de sus riquezas, porque —según sabemos ya— no se repiten».

En este grupo de obras están: *Cómo pudieron ser* (1929), de corte vanguardista, sobre algunos de los más célebres retratos del museo del Prado; *Crónicas para servir al estudio de nuestro tiempo* (1931), *Contra el cine* (1955), *Concierto en «mi» menor* (1964), la ya citada *La trama inextricable*, **Crónica general** (1974), *Los días están contados* (1974), *Memorabilia* (1975), **Heraclés. Sobre una manera de ser** (1975), tratado sobre la condición homosexual; *Cantos rodados* (1976), *Drama patrio* (1977), *El retrato oval* (1977), **Breviarium vitae** (1979), *Razonamiento inagotable con una carta final* (1979), *España: empeño de una ficción* (1984).

En 1981 comenzó a editarse su *Obra completa*, sufragada por la Diputación Provincial de Valencia a través de la Institución «Alfonso el Magnánimo».

Ediciones

Crónica general, Barcelona, Barral, 1974. *Breviarium vitae*, 2 volúmenes, Alcoy, 1979. *Heraclés*, Madrid, Taller de ediciones J. B., 1975.

Formé siempre parte del elenco teatral. En un capítulo de mis memorias, que puede leerse entre las páginas de *La Trama Inextricable,* hablo de lo que yo llamo, nada menos, de lo que fue para mí la revelación de mi sino, o sea, de lo que yo venía a hacer en el mundo, más propiamente a ser, ya que en este caso no se trataba de una profesión, sino de algo más consustancial que imprimía carácter, indeleble, diría yo, y que arrastra el destino de la propia alma. Fue cuando, acabado mi turno de lectura en voz alta, era un fragmento del Quijote, estaba yo en mis ocho años, oí descender sobre mí, como sellándome, la voz del padre Olucha, a quien estaba encomendada la primera enseñanza, llamándome artista. No puedo reincidir en detalles. ¿Pero cómo hubiera supuesto mi profesor que, con aquella palabra, iba a poner en movimiento toda una compleja y delicada maquinaria que había colocado en mí la naturaleza? Otros dirían que algún designio angélico, y un tercero preferiría atribuirlo al demonio, que son tres enfoques distintos y no siempre impermeables entre sí.

....

Los de mi edad asistimos a la aparición del cine como espectáculo. Las fotos, paradas, sin salirse de su cuadratura, adquirieron movimiento, y la gente nos lanzamos a contemplar aquella novedad como, hace milenios, los hombres debieron salir al quicio de sus viviendas para ver las primeras ruedas que hacían posible el transporte de un material que había requerido hasta entonces rigor de músculo y extenuación de aliento. Ahora el cine es una industria, como tantas, que da para vivir y, si no enseña ni a vivir ni a morir, distrae al menos. Instalado ya en nuestra casa, y a nuestro nivel, nos distrae de la vida y de la muerte, que es de lo que se trata. Distraer al hombre. ¿Existe programa de gobierno más eficaz? Pero, para nosotros, fue otra cosa, una incitación, una sorpresa, y, más que un espectáculo, una visión, una visión enigmática, ya que nos hacía percibir, unidos, dos contrastes de la vida, el moverse de las cosas y su silencio nativo; es decir, que ese mutismo de las acciones que no se correspondía con la realidad, puesto que en ésta las acciones suenan y hacen, incluso, ruido, es lo que le confería al cine su extrañeza y su atractivo singular, librándolo de ser una copia de la vida y dándole, precisamente por su deficiencia que subrayaba su expresividad inusitada, por lo silenciosa, categoría de arte.

....

La guerra civil española había dado fin, y el ejército republicano, replegándose hacia la frontera pirenaica, abandonaba el solar, sobre el que había luchado a muerte, a manos de sus enemigos y coterráneos, seguido por la avalancha de una población sin armas, mujeres, niños, hombres civiles, que huían, unos de sus posibles exterminadores, otros de las seguras represalias, algunos sin motivo concreto, llevados por un terror difuso que los hacía acogerse a la suerte de aquellos con quienes estaban sus simpatías y sus ideales y obligados a desechar, sobre los desmontes fronterizos, coches, colchonetas, baúles, fardos, desparramados como desperdicios en grandes extensiones y que le conferían al éxodo una desordenada grandeza que oprimía el corazón a la luz crepuscular del último sol español que brillaba en nuestros ojos y que se estaba poniendo en el horizonte. Este fue el espectáculo que yo contemplé y viví cuando, con el XI Cuerpo de Ejército que mandaba Francisco Galán, pasamos, los últimos, la frontera que se cerró detrás. Unos cuatrocientos mil hombres habían dejado su patria. Cuando hubimos de abandonar nuestros camiones, iniciamos la marcha, ya sobre tierra francesa, a pie; andaríamos, hasta el campo de Saint-Ciprien que se nos preparaba como cobijo, unos setenta kilómetros; pero antes nos alcanzó la noche y acampados, agrupados en vivaques, en torno a algunas hogueras que se nos permitió alumbrar, porque el aire de nieve bajaba de las crestas de los Pirineos, y rendidos y mal alimentados, tras dos años y medio de esfuerzos fuera de lo común, sentíamos frío. Formábamos el grupo nuestro la redacción de *Hora de España,* juntos otra vez en estas vicisitudes luego de habernos separado las exigencias de la guerra, como el día en que, en una sala de mi casa, en el otoño del 36, fundamos la revista que había de ser como puente tendido entre el pasado y el porvenir y que buscan hoy los estudiosos de dentro y de fuera.

(Crónica general.)

───────

Aquellos que fuimos heridos, en nuestra infancia, por el fantasma de lo heleno —un fantasma tan corpóreo—, constituiremos siempre la presa más rebelde de la cristiandad.

* * *

Qué de tonterías han sido dichas contra la sentencia del arte por el arte. Cuánta plebeyez ha sido necesaria verter en nuestra alma para que hayamos participado, torpes y ciegos, en una campaña ruidosa contra la única razón de ser, por sí mismo, del inalienable impulso creador.

* * *

Cuando dedicamos nuestra obra a los pocos, aun tratándose de la inmensa minoría de Juan Ramón, se toma la declaración por despectiva, sin querer comprender que es la minoría la necesitada de cuidados y de preferencias, porque está sola, desvalida y sojuzgada. La mayoría manda, ordena y campea a la redonda, bastante desconsideradamente. ¿Por qué ocuparnos de ella?

* * *

El amor es una espuma sobre la que resulta iluso tratar de construir nada firme. Su condición inherente, y excitante, es la fugacidad.

* * *

Los suicidas por amor cometen este acto desesperado con la esperanza de que, si se resucitara, podrían conmover, por acción tan inaudita como extralimitada, el logro de aquello que, por ningún otro medio de este mundo, les fue posible. Estos suicidios tienen siempre como móvil un estado de alma caprichoso e infantil; emboscada en el liris-

LA LITERATURA DEL EXILIO

El escritor en su niñez y en 1945, en Buenos Aires.

mo de la pasión, la venganza urde esta treta fúnebre con la cual se quiere anonadar en su conciencia, de la manera más despiadada y de una vez para siempre, al ser amado.

* * *

La hipocresía no consiste en mentir, sino en ser hipócrita; el hipócrita no miente, falsea; es siempre rastrero, mientras el mentiroso de gran altura vuela.

* * *

Ser bueno es muy difícil; para ser bueno hay que ser inteligente, cuando la inteligencia, por su parte, rara vez coincide con la bondad; y con todo, esto es posible; y no sólo posible, sino indispensable; quiero decir que únicamente por la inteligencia podemos ir a dar a la bondad verdadera, de otro modo la bondad no pasa de ser una aproximación de orden secundario, la mansedumbre.

* * *

Yo lo que quiero es crearle un conflicto a Dios —a la vida—, y no que me lo cree él a mí. Y que mi juicio sobre él dependa, en todo caso, de su comportamiento, de su ajuste o desacierto, que es lo único que cuenta. A mí se me ha incitado —¿se me ha excitado?—, y yo respondo como Dios manda, como corresponde a la naturaleza que se me dio, sólo que corregida por mi buen deseo de ennoblecerla, por mi innato buen gusto. ¿No es esto mucho más de lo que parece?

* * *

Todo lo que entraña desprecio por la condición humana es malo. La maldad no es más que eso: el desprecio del hombre.

* * *

No hay causa en el mundo que justifique el ponerle un bozal a la humanidad o, con expresión más literaria: prender un candado en los labios del hombre.

* * *

La mala educación de los españoles es tan ingente que lleva a revestir caracteres de grandiosidad. Formas sociales las hay, como en todas partes, pero muy epidérmicas. La caballerosidad que nos corresponde, como típica, es generalmente ceremoniosa y engolada. Pero la esencia misma de la educación, su naturalidad humana y gentil a un tiempo, se desconoce, es como si, entre nosotros, no hubiera echado raíces. De ahí el que, como en tantos aspectos, el español, cuando nace fino, parece haber reabsorbido, abusivamene, la virtud correspondiente a toda una casta, o a la nación entera: *Je ne rien vu de plus élégant,* dijo Paul Valéry, luego de haber comido a la mesa del Duque de Alba. (Referido a él, no a la mesa).

* * *

Castigamos a los delincuentes porque ponen al descubierto nuestras intenciones.

* * *

La mayor culpa que cabe atribuir a la guerra civil es la de haber paralizado un parto. España estaba de parto. Y se la ahogó. Todo lo posterior ocurre sobre un organismo aparentemente viviente, pero, en realidad, muerto: toda la vida actual española, toda su prosperidad, es artificio. No es el resultado de un alumbramiento, sino la obra de una asesinato. Quizá España no resucite más. En su lugar puede seguir viviendo un país colapsado, puede, incluso, que satisfecho, pero al que le detuvieron, en el momento, tal vez decisivo, de su crecimiento, la natural circulación de su sangre.

* * *

La vida de España fue violentada con la subversión y las armas de los que se llamaban los hombres de orden, y el resultado criminal es lo que estamos viviendo. No podemos dar un paso adelante sin un enjuiciamiento definitivo del hecho, no para someter al culpable a garrote vil, como harían ellos, pero sí para sentenciar; y que esta sentencia quede clara y despeje el camino a recorrer; aligerémonos la conciencia. Una cosa son las faltas de la República, sus errores; otra, la rebelión, de raíz anárquica, contra unos poderes que el pueblo español, por primera vez libre de toda traba, había rescatado del absolutismo y sus secuelas, para iniciar una vida más amplia y más abiertamente convivida: a la europea. La legitimidad de la guerra civil debe ser abolida de hecho y de derecho, extirpada en sus raíces. No hacerlo es seguir alimentando, en las entrañas del país —y, no lo olvidemos, en manos de uno o de los otros—, el permanente, y culpable, mal ejemplo de irresponsabilidad.

* * *

Las dictaduras envilecen a quien las sufre y degradan al que las ejerce. (Un dictador es un hombre que «necesita» a los otros, no sólo para mandarles, sino, y en la misma medida, para que lo aplaudan: he ahí la raíz de su vulgaridad. (Junio 1962.)

* * *

En España no se siente uno ciudadano, sino súbdito; lo cual, a algunos al menos, nos subleva.

(Breviarium vitae.)

III

Esto es el homosexual, en esencia, un anarquista nato, no sólo en la acepción corriente de nacido, sino de obligatorio. No un insociable, pero sí un rebelde al acatamiento, perentorio, de la constitución social. Con una rebeldía tan original que se inicia en él ante una función primordialísima y que, a partir de ella, inspira una actividad divergente, y, con más propiedad, extravagante, a toda su vida. Por moderado que se muestre en su proceder, por sumo cuidado que ponga en atenuar, en su trato con las exigencias humanas, las violencias de sus reacciones, por comprensivo que se muestre y lo dúctil que aparezca en el comercio diario con la mundana costumbre, un imperceptible tic, un humor irónico, un amable sarcasmo, delatará siempre, en su naturaleza, la calidad oculta de su destemplanza. Más que un descontento, es un desacoplado, un disidente vitalicio. No es que le esté negado el amor, ni el placer, ni ninguna otra de las manifestaciones humanas, del sentimiento y de la atracción. Bebe, como cada cual, su copa de delicia, y halla, en su fondo, como cualquier hijo de vecino, el sabor de las heces, tal vez no necesariamente tan amargo como nos pinta la tradición. Pero lo difícil de soportar es el camino elegido, esta disidencia constante, que enerva al organismo y lo mantiene permanentemente despierto, como en carne viva, y luego, llegado el caso, el país a donde se viene a dar, el clima extremado en que hay que aposentarse para vivir al día, la soledad en la que se llega a aventurar el espíritu, dilatada como una planicie y remontada en el aire como una terraza asiria, desde la que se contempla la sociedad, el mundo a los pies, dibujado como un esquema, como un plano geométrico. Porque su rebeldía alienta en su intimidad, en el pozo vivo de su entraña animal. No es externa o lo es, tan sólo, circunstancialmente, por rebasamiento, o porque en un momento dado el mundo parece mostrar una necesidad inminente de cambiar de postura, y entonces, todo aquel que está disconforme, o incómodo, levanta su mano, ofrece un puño, exalta su corazón, por ayudar, de algún modo remoto, a movilizar ese ingente peso de la existencia que todos llevamos dentro. Su rebeldía alienta en su intimidad y está referida a valores tan prima-

Juan Gil Albert en su casa de Alcoy, en los años setenta.

rios, tan elementales, que casi se trastruecan, por su metabolismo intencional, en metafísicos. Es una rebeldía contra lo dispuesto, contra lo establecido, contra lo *normal*. Una rebeldía, si se quiere, contra la naturaleza, pero que levanta su grito inmemorial desde el trasfondo de la naturaleza misma. Y de ahí que resulte ser tan estridente, tan violento, como lo es la naturaleza en que se abre y le da vida. Se sigue siendo naturaleza, pero con otra *idea* fija. Lo que se quiere es, como si dijéramos, dejar de ser naturaleza transmisora, que todo termine aquí, transmutarnos en nosotros; transmutarnos en un ser único, incontaminado, irresponsable, sin *culpa*, eternamente vacante, feliz. Quién sabe si estamos ante una nostalgia paradisíaca de lo anterior al advenimiento de la mujer; de cuando el hombre estuvo solo, supongamos; antes de escindirse. Hay en el homosexual, efectivamente, algo de primitivo, de expectante, de puro, de anterior a lo novelesco, de parado, de inepisódico; de pasmo de sí mismo. Algo, también, por tanto, de adolescente, de falta de desarrollo definitivo. Pero, por consiguiente, de fragancia juvenil conservada en el albor del espíritu. Su país ideal será, siempre, la Hélade, que se mantiene, como cultura, en una perenne fase de juventud. La juventud es, en todo momento, arbitraria, díscola, inconsecuente, a la vez intrépida y perezosa. Intrepidez para lo superfluo, pereza para lo obligatorio, he ahí la confluencia de los dos polos opuestos que actúan cada uno con su electricidad de signo contrario sobre los transportes afirmativos, o negativos, del temperamento homosexual. Su condición perturbadora, y ácrata, salta, pues, a la vista. Se aspira al placer, se rechaza el deber. ¿Se puede ser más escandalosamente asocial? [...]

Y lo imprescindible que hay en él, lo imprescindible para la Vida, así, con mayúscula, es, no lo que él es, lo que es como tal pequeña persona particular, con su desmán airoso o su complejo a cuestas, lo imprescindible es lo que representa, esa capacidad de oposición, ese reto a la uniformidad, ese escape de lo rutinario; la manifestación aventurada, y desconcertante que rompe las espuertas de la monotonía. De ahí, que el mayor reproche que puede hacérsele es el que, con todo, se parezca demasiado a los demás, al resto de los hombres. Debido a que se pierde en las encrucijadas de su variante, y no consigue desenredar, en sí mismo, la confusa trama de su existencia. Se confunde imitando, o tratando de imitar lo que no le corresponde. Se desoja también, desde su isla, atraído por la seguridad que le advierte, desde su distancia al menos, la línea poblada de la tierra firme. Es lo que constituye su debilidad, precursora de su desgracia, de su desánimo. Nada entre dos aguas, sin excavarse su puerto, y sin que consiga fondear tampoco, en los cobijos de la costa ajena. Especie volátil, desperdiga su gracia sin beneficio y su canción sin eco. Por error de sí mismo. Sólo los clarividentes acaban ciñéndose a su cometido revelador. Saben vivir en las alturas de su superfluidad. Fieles a la profundidad de su estro. Y conscientes, por tanto, de que esa nada que es el todo puede comunicarles, con muy especial entonación, el sentido de *gravedad*, y, no lo olvidemos, también, de humorismo, que se desprende de la viva contemplación de las cosas. Siempre podrá ser tachado de limitado, limitado en el sentido que ha podido decirse de Chopin, dadas las características de su obra (casi) exclusivamente pianística. Pero es de esa limitación de donde ha de extraer, si es que, como parece, la mujer nos abre la totalidad del mundo, tanto la condición de su autenticidad como el específico timbrado, inconfundible, de un juego intenso.

(Heraclés. Sobre una manera de ser.)

EL VIVO EXPONENTE DE LA NADA

Enigmas, eso somos, conocedores de técnicas y prácticas. Pero, ¿quiénes somos en el fondo de nuestra raíz y qué papel cumplimos, cada cual, en este que nuestro clásico llamó, con propiedad que ha dejado sobre mí su impronta viva, el gran teatro del mundo? Y algo habré dejado decir que pueda en mi caso servirnos. A ustedes y a mí, porque hablamos para las dos vertientes, la propia y la del orbe, o sea, en su aspecto voluntad y en su aspecto representación; en el engarce de ambas está uno mismo. Y para terminar, permítanme leerles dos poemas que dan de mí una imagen dual, pero que necesita ser fundida para que nos entregue no un aspecto del yo, que es lo que hace cada uno de los poemas por sí solo, sino la visión conjunta del ser, no importa que lo que se funde en ellos se nos aparezca infusible, la *coincidentia oppositorum,* que está en la raíz de nuestro existir, es decir, cuando nuestra práctica moral ha logrado hallar, como sustento reactivo, la base física que le corresponde.

Escuchemos el primero:

EL VINO

Nunca pude beber junto al amigo
su vaso de desdichas.
                Hay quien busca
anegarse bebiendo y poco a poco
se le ve descender a sus abismos
por unos escalones refulgentes
rojos y negros.
                Luego ya lograda
su desnudez te lloran y te cuentan
con impudor mohoso unos secretos
que coletean vivos como peces
fuera del charco atroz.
                Y a eso le llaman
sincerarse, curarse, envanecerse,
decretar que se baile la alegría
mientras los ojos torvos ven refleja
la faz de la mañana.
                Yo no puedo;
nunca he podido. Estuve más despierto
cuando más insondable era la onda
de la tristeza amarga, del silencio,
del no saber qué hacer.
                No me inmolaba
cuando a mi alrededor, con grandes copas,
veía que alejábanse imponentes
como bultos, los hombres, mis amigos,
a una región secreta en que sorbían
no sé qué libertad trémula y dulce
desde la que lanzaban por los ojos
al mirar un humor paradisíaco.
Pero yo nunca pude convencerme
de que la vida fuera otro suplicio
que mantenerse en pie, sin nubes, seco,
sin una ayuda ajena, en firme, solo,
repleto de un estar sin esperanza
que halla en sí mismo el ser de su persona.

Es un poema al que yo llamo, desde que lo escribí, dórico. He ahí el hombre en la severidad, responsable, de sus confines propios.

Conjuguémoslo con este otro al que, por no apartarse de mi trayectoria helénica, le podríamos aplicar la nomenclatura de jónico, no en cuanto a su retórica encajada dentro de la misma sencillez hablada del anterior, pero sí de su curvada predisposición vital de signo sensualista. Veámoslo:

EL INCORREGIBLE

Si volviera a vivir por estos valles
¿volvería a caer? Me extrañaría
que no lo hiciera.
                Veo en esos ojos
el mismo fuego, aquella dulce llama
que me perdió en su día.
                Veo el paso
de quien deja flotar tras de sus hombros
las alas del deseo.
                Veo en blancos
muros que trepan frente al mar las rosas
latiendo ensimismadas.
                Veo viñas
que las abejas pican rescatando
su miel de oro.
                Veo en la azotea
las ropas como velas de un navío
que nos arrastran lejos.
                Veo el monte
crepitando de sol y siento dentro
recorrerme sutil como un fluido
algo que necesita mi concurso
para integrarse entero en la armonía
que me circunda.
                Nada ha cambiado.
Tierra, divinidad, delicia, tierra.
Todo está en pie, incitante, extraño, hermoso.
Volvería a caer.

(Pedro J. de la Peña, *Juan Gil-Albert,*
Madrid, Júcar, 1981, págs. 384-387.)

LA LITERATURA DEL EXILIO

ALEJANDRO CASONA

Alejandro Casona (su nombre era Alejandro Rodríguez Alvarez) nació en Besullo (Asturias) en 1903. Fue maestro rural en el Valle de Arán. Durante la República dirigió el «Teatro ambulante» o «Teatro del pueblo», que representó en numerosas localidades españolas obras clásicas y modernas, y para el que escribió sus primeras obras teatrales: *Sancho Panza en la Insula* y *Entremés del mancebo que casó con mujer brava*. Estas dos piezas, y otras inspiradas también en obras clásicas *(Farsa del cornudo apaleado, Fablilla del secreto bien guardado, Farsa y justicia del corregidor),* compondrán el volumen *Retablo jovial.* Se exilió en 1937. Después de una breve estancia en México, se instaló en Argentina. En 1961 regresó a España. En los años siguientes se representó, con gran éxito, gran parte de su teatro. Murió en 1965.

Antes de la guerra, estrenó *La sirena varada* (1934), *Otra vez el diablo* (1935) y *Nuestra Natacha* (1936). En el exilio, escribió **Prohibido suicidarse en primavera** (1937), *Sinfonía inacabada* (1939), *Las tres perfectas casadas* (1941), *La dama del alba* (1944), su obra más popular; *La barca sin pescador* (1945), *La molinera de Arcos* (1947), *Los árboles mueren de pie* (1949), *La llave en el desván* (1951), *Siete gritos en el mar* (1952), *La tercera palabra* (1953), *Corona de amor y muerte* (1955), **La casa de los siete balcones** (1957), *Tres diamantes y una mujer* (1961) y *El caballero de las espuelas de oro* (1964), biografía dramática de Quevedo. En *Prohibido suicidarse en primavera* nos encontramos con una institución en la que, aparentemente, se proporciona a los necesitados la posibilidad de suicidarse artísticamente y con los medios más refinados, aunque, en realidad, lo que se pretende es curar a todos los que han elegido tan drástica solución para sus vidas. En *La casa de los siete balcones*, el protagonista, Uriel, es un muchacho mudo, y, por tanto, incomunicado de los demás, excepto de su tía Genoveva y de otros miembros de la familia que han muerto (la madre, la hermana y el abuelo).

Todo este teatro, escrito habitualmente en un lenguaje excesivamente literario, presenta con frecuencia el conflicto entre realidad e irrealidad, entre fantasía y verdad, entre ilusión y vida. Por lo general, sus personajes huyen del dolor, el egoísmo y la maldad y se refugian en un mundo ideal y armónico. Al final, sin embargo, enriquecidos por la experiencia irreal, comprenderán que sólo en el mundo en que viven podrán materializar sus aspiraciones y sus sueños.

Nada de esto logra ocultar la inconsistencia ideológica y la superficialidad con que Casona desarrolla conflictos siempre ambiciosos. Tampoco tienen mayor interés las obras *(Nuestra Natacha* y *La tercera palabra)* en las que se pone de relieve su voluntad didáctica y pedagógica.

Ediciones

Obras completas, prólogo de Federico C. Sáinz de Robles, Madrid, Aguilar, 1961. *Teatro selecto,* Madrid, Escelier, 1972.

ACTO I

(En escena el DOCTOR RODA y HANS, ayudante, con bata de enfermero. El primero, de aspecto inteligente y bondadoso; el segundo, de rostro y palabra mortalmente serios. El DOCTOR, al lado de una mesa volante de trabajo, revisa sus ficheros).

DOCTOR: Desengaños de amor, 8. Pelagra, 2. Vidas sin rumbo, 4. Catástrofe económica.... cocaína... ¿No tenemos ningún caso nuevo?

HANS: El joven que llegó anoche. Está paseando por el parque de los sauces, hablando a solas.

DOCTOR: ¿Diagnóstico?

HANS: Dudoso. Problema de amor. Parece de esos curiosos de la muerte que tienen miedo cuando la ven de cerca.

DOCTOR: ¿Ha hablado usted con él?

HANS: Yo, sí; pero no me ha contestado. Sólo quiere estar solo.

DOCTOR: ¿Decidido?

HANS: No creo: muy pálido, temblándole las manos. Al dejarle en el jardín he roto detrás de él una rama seca, y se volvió sobresaltado, con cara de espanto.

DOCTOR: Miedo nervioso. Muy bien; entonces no hay peligro todavía. ¿Su ficha?

HANS: Aquí está.

DOCTOR: *(Leyendo.)* «Sin nombre. Empleado de Banca. Veinticinco años. Sueldo, doscientas cincuenta pesetas. Desengaño de amor. Tiene un libro de poemas inédito.» ¡Ah, un romántico! No creo que sea peligroso. De todos modos, vigílelo, sin que él se dé cuenta. Y avise a los violines: que toquen algo de Chopin, en el bosque, al caer la tarde. Eso le hará bien. ¿Ha vuelto a ver a la señora del pabellón verde?

HANS: ¿La Dama Triste? Está en el jardín de Werther.

DOCTOR: ¿Vigilada?

HANS: ¿Para qué? La he venido observando estos días; ha visitado todas nuestras instalaciones: el Lago de los Ahogados, el Bosque de Suspensiones, La Sala de Gas Perfumado... Todo le parece excelente en principio, pero no acaba de decidirse por nada. Sólo le gusta llorar.

DOCTOR: Déjala. El llanto es tan saludable como el sudor, y más poético. Hay que aplicarlo siempre que sea posible, como la medicina antigua aplicaba la sangría.

HANS: Pero es que igual le ocurre al profesor de Filosofía. Ya se ha tirado tres veces al lago, y las tres veces ha vuelto a salir nadando. Perdóneme el doctor, pero creo que ninguno de nuestros huéspedes hasta ahora tiene el propósito serio de morir. Temo que estemos fracasando.

DOCTOR: Paciencia, Hans. Nada se debe atropellar. La Casa del Suicida está basada en un absoluto respeto a sus acogidos y en el culto filosófico y estético de la muerte. Esperemos.

HANS: Esperemos. *(Señalando con un gesto.)* La Dama Triste.

(La DAMA TRISTE llega del Jardín de la Meditación.)

DAMA: Perdóneme, doctor...

DOCTOR: Señora...

DAMA: He seguido sus consejos con la mejor voluntad: he llorado toda la mañana, me he sentado bajo un sauce, mirando fijamente el agua... Y nada. Cada vez me siento más cobarde.

HANS: *(Animándola.)* ¿Ha visto usted nuestro muestrario último de venenos?

DAMA: Sí; los colores son preciosos, pero el sabor debe ser horrible.

HANS: Puede añadirse un poco de menta, espliego...

DAMA: No sé... El lago también me gustaría, pero está tan frío... No sé, no sé qué hacer. ¿Qué pensará usted de mí, doctor?

DOCTOR: Por Dios, señora; le aseguro que no tenemos prisa ninguna.

DAMA: Gracias. ¡Ah, morir es hermoso, pero matarse!... Dígame, doctor: al pasar por el jardín he sentido un mareo extraño. Esas plantas, ¿no estarán envenenadas?

DOCTOR: No; todavía no hemos descubierto la manera de envenenar un perfume.

DAMA: Lástima, ¡sería tan bonito! ¿Por qué no la ensayan ustedes?

DOCTOR: Es difícil.

DAMA: Inténtelo. Yo tampoco tengo prisa; puedo esperar.

DOCTOR: Siendo así, lo ensayaremos.

DAMA: Gracias, doctor; es usted muy amable conmigo.

(Va a salir. Se detiene al ver llegar al AMANTE IMAGINARIO. Es un joven de aspecto romántico y enfermizo. Vive ensimismado. Suena detrás de él una campana y se vuelve, sobresaltado. Se recobra. Saluda, turbado.)

AMANTE: Buenos días...

DOCTOR: ¿Ha elegido usted ya su... procedimiento?

AMANTE: No; todavía, no. Pensaba.

HANS: *(Ofreciendo la mercancía, como en un bazar.)* Tenemos un sauce especial para enamorados, un lago de leyenda... Si le gustan los clásicos, podemos ofrecerle el ramo de rosas con áspid, modelo Cleopatra; el baño tibio, la cicuta socrática...

AMANTE: ¿Para qué tanto? Cuando la vida pesa, basta con un árbol cualquiera.

HANS: *(Apresurándose a tomar nota en su cuaderno.)* ¡Ah, muy bien! «Suspensión». Perfectamente. ¿Número de cuello?

AMANTE: Treinta y siete, largo.

HANS: Treinta y siete. ¿Tiene preferencia por algún árbol?

AMANTE: *(En una reacción brusca.)* ¡Oh, cállese, no puedo oírle! Tiene usted la frialdad de un funcionario. Es odioso oír hablar así de la Muerte. *(Transición.)* Perdón...
....

DOCTOR: ¿Conocieron ustedes al doctor Ariel?

LA LITERATURA DEL EXILIO

FERNANDO: El doctor Ariel...; sí...

CHOLE: Sí, sí..., el doctor Ariel...

DOCTOR: Bien; no le conocieron ustedes. El doctor Ariel fue mi maestro. Su familia, desde varias generaciones, era víctima de una extraña fatalidad; su padre, su abuelo, su bisabuelo, todos morían suicidándose en la plenitud de la vida, cuando empezaban a perder la juventud. El doctor Ariel vivió torturado por esta idea. Todos sus estudios los dedicó a la biología y la psicología del suicida, penetrando hasta lo más hondo en este sector desconcertante del alma. Cuando creyó que su hora fatal se acercaba, se retiró a estas montañas. Aquí cambió sus amigos, sus alimentos y sus libros. Aquí leía a los poetas, se bañaba en las cascadas frías, paseaba sus dos leguas a pie durante el día, y escuchaba a Beethoven por las noches. Y aquí murió, vencedor de su destino, de una muerte noble y serena, a los setenta años de felicidad.

CHOLE: *(Entusiasmada.)* ¡Pero muy bonito!

FERNANDO: Muy periodístico. Este prólogo queda formidable para señoras.

DOCTOR: El doctor dejó escrito un libro maravilloso. *(Lo toma de la mesa.)*

FERNANDO: Sí. «El suicidio considerado como una de las Bellas Artes.»

DOCTOR: ¡Ah!, ¿lo conocía usted?

FERNANDO: No hace mucho; pero lo conocía.

DOCTOR: Este libro está lleno de ciencia; pero también de comprensión humana y de ternura. Vea la dedicatoria: «A mis pobres amigos los suicidas». *(FERNANDO toma el libro, que hojea de vez en cuando, interesado en sus mapas y estadísticas.)* A estos pobres amigos dejó también el doctor Ariel toda su fortuna. Con ella se fundó el Hogar del Suicida, cuya dirección me confió el maestro..., y donde tienen ustedes su casa.

FERNANDO: Gracias.

CHOLE: Hasta aquí, todo va bien. Pero si el doctor Ariel murió feliz al fin, ¿por qué la fundación de esta casa?

DOCTOR: Ahí empieza el secreto. El doctor Ariel no se limitó a hacer una extravagancia. Fundó, sagazmente, un Sanatorio de Almas. Aparentemente, esta casa no es más que el Club del perfecto suicida. Todo en ella está previsto para una muerte voluntaria, estética y confortable; los mejores venenos, los baños con rosas y música... Te-

Dos escenas, respectivamente, de los estrenos en Madrid de Prohibido suicidarse en primavera *y de* La casa de los siete balcones. *Según Federico Sáinz de Robles, «a partir de 1956, Casona sintió angustiosa, obsesivamente, la necesidad ¡y el encanto! de regresar a su patria. Estaba temiendo que de seguir lejos de ella se desequilibrarían sus nervios y se le destemplaría la sensibilidad». Entre 1961, año en que volvió, y 1965 se representaron en España, además de las citadas,* La dama del Alba, La barca sin pescador, Los árboles mueren de pie, La tercera palabra, Las tres perfectas casadas, El caballero de las espuelas de oro *y una adaptación de* La Celestina.

nemos un lago de leyenda, celdas individuales y colectivas, festines Borgia y tañedores de arpa. Y el más bello paisaje del mundo. La primera reacción del desesperado al entrar aquí, es el aplazamiento. Su sentido heroico de la muerte se ve defraudado. ¡Todo se le presenta aquí tan natural! Es el efecto moral de una ducha fría. Esa noche algunos aceptan alimentos, otros llegan a dormir, e invariablemente todos rompen a llorar. Es la primera etapa.

CHOLE: *(Echando mano a su lápiz.)* Magnífico. Segunda etapa. *(FERNANDO la detiene con un gesto.)*

DOCTOR: Etapa de la meditación. El enfermo pasa largas horas en silencio y soledad. Luego, pide libros. Después busca compañía. Va interesándose por los casos de sus compañeros. Llega a sentir una piadosa ternura por el dolor hermano. Y acaba por salir al campo. El aire libre y el paisaje empiezan a operar en él. Un día se sorprende a sí mismo acariciando una rosa...

FERNANDO: Y empieza la tercera etapa.

DOCTOR: La última. El alma se tonifica al compás de los músculos. El pasado va perdiendo sombras y fuerza; cien pequeños caminos se van abriendo hacia el porvenir, se van ensanchando, floreciendo... Un día ve las manzanas nuevas estallar en el árbol, al labrador que canta sudando al sol, dos novios que se besan mordiéndose la risa... ¡Y un ansia caliente de vivir se le abraza a las entrañas como un grito! Ese día el enfermo abandona la casa, y en cuanto traspasa el jardín, echa a correr sin volver la cabeza. ¡Está salvado!

CHOLE: Precioso. Parece una balada escocesa.

FERNANDO: No está mal. Periodísticamente era más interesante que se matasen. Pero dígame: ese sistema, ¿no está excesivamente confiado en la buena disposición del cliente? ¿No han tropezado ustedes nunca con el suicida auténtico, con el desesperado irremediable?

DOCTOR: Aquí sólo llegan los vacilantes. Desdichadamente el desesperado profundo se mata en cualquier parte, sin el menor respeto a la técnica ni al doctor Ariel.

(*Prohibido suicidarse en primavera.*)

ACTO II

ABUELO: *(Avanza un poco.)* ¿Por qué estás tan agitado hoy? Nunca te había visto así.

URIEL: ¡Es que no puedo más, abuelo! Todas las cosas de aquí me hacen daño como vidrios.

ABUELO: ¿Qué cosas?

URIEL: Las injustas, las crueles, las cobardes... Y esas otras oscuras, que no entiendo, pero que deben ser vergonzosas, porque siempre las dicen en voz baja y las hacen de noche.

MADRE: Calma, hijo. Cuando seas hombre comprenderás.

URIEL: ¡No quiero llegar a hombre! No quiero seguir ni un día más sin un amigo en este mundo, donde todos me atormentan.

MADRE: Pero entonces no es sólo tu padre y esa mujer... ¿Quién más te hace sufrir?

URIEL: ¡Todos! Los que se burlan, y los que me tienen miedo, y los que me tienen lástima. ¡Todos! ¿Por qué no hay uno sólo que me dé la mano y se siente conmigo, como hacen entre ellos? ¿Por qué se ríen de lo que dice tía Genoveva? ¿No está claro como el sol?

ABUELO: Para nosotros, sí.

URIEL: Para ellos, no. Por eso le tiran piedras. Porque aquí odian todo lo que no entienden.

MADRE: Son crueles porque no saben.

ABUELO: No, Clara; con los que no son igual que ellos, son peor que crueles: son estúpidos. Empiezan burlándose del que nace con un pie torcido y acaban persiguiendo al que tiene otra fe u otro color.

URIEL: *(A la MADRE.)* ¿Lo oyes? En ese mundo blanco todo es fácil; pero aquí... ¿Sabes lo que es esta angustia desesperada de sentirse distinto?

MADRE: Sí, hijo; lo supe desde que tenía tu edad.

URIEL: *(Con más lamento que reproche.)* Entonces, mamá, si lo sabías, ¿por qué me dejaste nacer así, marcado? *(La MADRE vuelve el rostro.)* Perdóname. No es una acusación. Pero compréndeme... ¿No ves que hasta ayer he sido un niño privado de lo que tienen los otros niños, y que mañana voy a ser un hombre sin poder tener nada tampoco de lo que tienen los otros hombres? ¡Sálvame, madre! ¡No me dejes llegar a ese mañana!

MADRE: ¿Crees que puedo hacer algo por ti?

URIEL: Decirme la verdad. Entre nosotros no hay más que una cosa transparente separándonos... Quizá sólo un cristal. Dime lo que hay que hacer para pasar a ese lado, contigo.

MADRE: ¿Conmigo? Pero, ¿sabes lo que estás diciendo?

URIEL: ¡Sí! ¡Que no resisto más! Aquí todo son gritos y colores fuertes. Quiero ese silencio y esa paz.

ABUELO: Deja la paz para nosotros. Lo que hace falta ahí es luchar.

(*La casa de los siete balcones.*)

LA LITERATURA DEL EXILIO

AMERICO CASTRO

Nació en Cantagallo (Brasil) en 1885. Estudió Filosofía y Letras y Derecho en Granada. Colaboró con Menéndez Pidal en el Centro de Estudios Históricos y fue catedrático de Historia de la Lengua de la Universidad de Madrid. Después de la guerra fue profesor, durante treinta años, en universidades de Estados Unidos. Murió en Lloret de Mar en 1972.

Publicó numerosos ensayos sobre historia y literatura españolas (*El pensamiento de Cervantes, Santa Teresa y otros ensayos, Lo hispánico y el erasmismo, Aspectos del vivir hispánico, De la edad conflictiva*, entre otros). *España en su historia* (1948), reeditada, con diversas modificaciones, y con el título de **La realidad histórica de España,** en 1954, 1962 y 1966, es su obra más conocida. En ella, y con el apoyo sobre todo de fuentes literarias, llegaba a la conclusión de que la singularidad de la Edad Media española, concretada en las vivencias de los cristianos como casta frente a las otras castas (moros y judíos), era lo que había configurado el carácter diferenciador de lo español, su esencia, «la vividura hispánica».

«SEAMOS DUEÑOS Y NO SIERVOS DE NUESTRA HISTORIA»

Desde hace años he venido tropezando en la dificultad de haber sido enfocados y caracterizados los españoles como si hubiesen sido objetos biológicos o psíquicos, y no una unidad colectiva de vida humana, existente en un tiempo, en un espacio y con clara conciencia de su dimensión social. No se ha tenido en cuenta que comenzaron a vivir socialmente como españoles quienes se dieron a sí mismos ese nombre, en el siglo XIII, un nombre que desde hace mucho sabíamos no era castellano (en ese caso hubiera sonado *españuelo); con más precisión sabemos ahora que su origen fue provenzal. La españolidad es una dimensión de conciencia colectiva, no ligada a la biología ni a la psicología de los individuos. Es español quien se siente estarlo siendo en compañía de otros, o es reconocido como tal por quienes se ponen en contacto con él [...]

Hago ahora ver sin sombra de duda, sin posibilidad de tergiversar elementales evidencias, que los futuros españoles se hicieron posibles como una ternaria combinación de cristianos, de moros y de judíos. La casta de los cristianos no hubiera subsistido sin el sostén y el impulso de las otras dos, y llegó un momento en que las tres se sintieron igualmente españolas. Guerra de «españoles contra españoles» llamó don Diego Hurtado de Mendoza a la guerra de los moriscos granadinos. Españoles se sentían ser los judíos que laboraban y prosperaban junto a los reyes y a los grandes. De origen árabe y hebreo fueron los nombres de jerarquizaciones sociales, a primera vista románicas y cristianas —*hijodalgo* e *hijos de buenos*—, lo cual revela, sin más, que los criterios jerarquizantes fueron árabes o hebreos. Quienes después de conocer las páginas 220-223 de esta obra lean en el *Poema del Cid*:

«adeliñan tras mio Çid, el bueno de Bivar» (969),

verán en seguida que el *bueno* significa ahí lo que el hebreo *tov ha-ir*, 'el bueno, el señor de la ciudad'.

Cuando, en adelante, se hable de los españoles, habrá que entender bajo ese nombre una clase de gente que en el norte de Hispania, allá entre los siglos VIII y IX, comenzó por dotar de *dimensión político-social* su condición de creyentes cristianos, y por eso se llamaron a sí mismos «cristianos», un hecho nuevo y sin igual en la vida de Occidente. Acontecío esto a consecuencia de la forma de vida que proyectaban sobre ellos unos hombres tan poderosos como los romanos en su época imperial, y cuyo nombre étnico era también religioso, «mahometanos, musulmanes». El término «influencia» no sirve aquí de mucho, porque en realidad se trata de la acción proyectiva de una disposición interior de vida sobre otra, la cual acaba así, no por convertirse a la creencia de un potente, temible y prestigioso adversario, sino por usar su propia creencia en un modo nuevo e insospechado. Desde Galicia hasta Aragón, la gente allí refugiada se formó un «esprit de corps», se sintió ser «cristiana», colectiva y bélicamente, antes que sueva, goda, cántabra, vasca, o lo que fuera. Un hecho como éste, sin el cual la formación del futuro pueblo español es ininteligible, no había sido tenido en cuenta hasta ahora. Lo demás vino como secuela ineludible de una dada situación político-social-económica y del estado de conciencia de quienes vivían en tal situación. Los cristianos *no se bastaban a sí mismos*, ni cuando ocupaban sólo la faja norte de la Península, ni cuando su dominio político se extendía desde Mallorca a Lisboa. Su vida fue como la de tres hermanos siameses (suponiendo que esto existiese), forzados a convivir en unidad, y a la vez ansiosos de aniquilarse recíprocamente. De ahí sus coincidencias y su final desgarro —una catástrofe para los musulmanes y judíos de España en el siglo XV—, una posibilidad para la grandeza imperial de la casta cristiana en el XVI —para un imperialismo inspirado y fomentado desde el siglo XIII ¡por la casta judía!— y un motivo para el agotamiento y atraso cultural de los españoles desde fines del siglo XVI en adelante.

El replanteo de las nuevas vías conducentes a una historia de los españoles, real y no legendaria, habrá de hacerse en vista de estas guiadoras señales. Volver el rostro a tamaña realidad, por sentirla antipática y deprimente, no servirá sino para agravar males y sinsabores ya inveterados. La táctica de «minimizar», de volver el rostro a la acción y a la presencia de los mudéjares y judíos, ya plenamente españoles al final de la Reconquista, no servirá sino para seguir aturdiendo y malguiando a la juventud que estudia en colegios y universidades, y para desorientar a los posibles conductores del pueblo español (al servicio de los españoles y no de una potencia extranjera), interesados en proponer accesibles metas a los pueblos peninsulares. ¿Cómo puede ser interpretado históricamente y regido políticamente un pueblo cuya *identidad* —así como suena, su *identidad*— se ignora y se pretende seguir ignorando? ¿Qué tienen que hacer los tartesios y los túrdulos con los *cristianos* hacedores de España? ¿No fueron esos *cristianos* quienes llamaron «grandes» a sus más altos señores, porque los musulmanes llamaban así, *akābira ad-daulati*, a los 'grandes hombres del reino'? En suma, que fuera de *conde* (vocablo directamente venido del latín), las designaciones nobiliarias o estuvieron inspiradas por el prestigio judaico (los *buenos*, los *hijos de buenos*), o por el de los musulmanes *(hijos de bien, hijos de algo, grandes de Castiella, grandes de España)*. *Infante*, en último análisis, es de origen árabe. Los demás títulos vinieron de Francia: *duque* es galicismo y *marqués* y *barón* son palabras germánicas venidas a través de franceses.

El español cristiano estuvo animado y sostenido por un vigor épico e imperante, templado y aguzado en siglos de lucha. Pero la capacidad dominadora e imperial de la casta cristiana (ver cap. II), en Europa y en Ultramar, fue excitada y sostenida por la acción de los españoles judíos, educadores de la realeza y de los grandes señores (Jaime II de Aragón escribía a su hija Constanza, mujer de don Juan Manuel, que no siguiera criando sus hijos a uso de los judíos, según tenía por costumbre). ¿Qué idea cabe formarse de los españoles eludiendo u ocultando tal situación? La cultura española —en cuanto a saberes, ciencia y técnica— tenía raíces musulmanas y era transmitida por médicos, consejeros o alfaquís judíos, tan españoles como los señores, de quienes legalmente eran «siervos» y, de hecho, orienta-

De izquierda a derecha, Alberto Jiménez Fraud, Juan Ramón Jiménez, Américo Castro, Manuel García Morente, Angel Vegué y Goldoni y Begoña en el jardín de la Residencia de Estudiantes de Madrid en 1913.

LA LITERATURA DEL EXILIO

dores en lo moral y en lo cultural [...]

Las historias escritas acerca de los españoles, si aspiran a ser verídicas, habrán de situar en un trasfondo los hechos y las ideas (la tan socorrida «history of ideas»), y en muy primer plano los agentes humanos, las situaciones y dimensiones de vida de quienes *habitan en los hechos y en las ideas*. El español se hizo, salió a luz de historia, integrado en una sociedad tridimensional. El español cristiano no se bastó a sí mismo; surgió a la conciencia de sí mismo ya islamizado, llamándose «cristiano» porque el enemigo se llamaba «mulsumán». Fuera del campo de batalla, el hacer del moro le fue indispensable, y la vida del cristiano y la del musulmán se compenetraron en múltiples modos. La proyección islámica se manifiesta en su forma más amplia en el hecho de convivir los cristianos, los futuros españoles, dentro de un sistema de tres castas, inspirado por el modelo alcoránico de los tres «pueblos del libro». Ese círculo abarcador de la totalidad del conjunto social fue estrechándose en círculos concéntricos: administrativos, agrícolas, de artesanía, de expresión íntima de lo corporal y de lo anímico, de invocación a Dios *(ojalá, olé)*; en suma, en un despliegue de fenómenos de vida que incluyen desde el *alcázar* hasta el *algarero y el alfiler*.

El judío se situó en los reinos cristianos en forma parecida a la que había ocupado en al-Andalus, con la diferencia de que aquí se sentía por bajo de la civilización musulmana durante los siglos X, XI y XII, y allá muy por encima culturalmente de castellanos, leoneses y aragoneses, sin ciencia ni pensamiento propios, aunque dotados de una fuerza personal e imperativa muy superior a la de los musulmanes y judíos. Los judíos buscaron abrigo junto a la clase alta de los cristianos, con la cual se mezclaron bastante a menudo, a consecuencia de lo cual aparecía aquélla «castizamente» impura en el siglo XVI. Los cristianos nuevos de abolengo judaico intensificaron su actividad científica, técnica, filosófica y literaria en el siglo XVI. Los cristianos castizos (ver cap. II, y mi libro *De la edad conflictiva*), a medida que el Imperio español iba alcanzando extensión incalculable, fueron mirando la tarea intelectual como propia de judíos, como nefanda —no como imitable y superable en calidad—. Ese y no otro fue el mo-

Américo Castro en los años del exilio.

tivo del atraso cultural de los españoles, visible hoy todavía en tantos sentidos.

Luis Vives era tan español como los cortesanos de Carlos V; lo invitaron a venir a España para encargarse de la educación del príncipe don Felipe, lo mismo que siglos atrás, judíos españoles muy sabios habían instruido a príncipes y grandes señores. Pero Luis Vives, cuyo padre y cuya madre habían sido quemados por los inquisidores, no aceptó, tuvo miedo de regresar a su patria. La ciencia y el pensamiento españoles se vertieron así por países extranjeros. Ni en Salamanca ni en Alcalá tuvo cultivo y vigencia el pensamiento de Vives, ni la matemática de Pedro Núñez, ni la botánica de García de Orta, ni prosperó la astronomía copernicana que enseñaba en Salamanca el padre Zúñiga.

Algún lector dirá que ya sabe todo esto por haberlo leído en otras obras mías. Sé que es así, pero estas elementales verdades han de ser divulgadas en volúmenes gruesos, medianos y mínimos, porque ése y no otro es el problema central de la historia y del futuro de España. Convenía, además, ofrecer en breve cifra un anticipo de la doctrina de esta obra, mal leída y mal entendida por muchos. *Si el español no se decide a convivir con su propia historia, ¿cómo se* pondrá de acuerdo con sus prójimos españoles? ¿Cómo sabrá eludir la opresión, la anarquía o el caos? O quizá algo todavía peor: la insignificancia.

Hay que revivir el problema del casticismo, abarcarlo en lo que tuvo de trágica inhumanidad, y también de grandeza. Un día vendrá en que los españoles se decidirán a sustituir su paralítico y a menudo gesticulante personalismo —sombra de un casticismo e imperialismo ya inservibles— por una generosa entrega a cuanto hubo de grande y de fecundo en las tres ramas del árbol de la auténtica vida española, *viviendo sin desvivirlo* su pasado, poniendo en él un enérgico acento español, valorando cuanto hubo de creación y de abierta posibilidad en el cristiano, en el moro y en el judío —en sus acciones, en su pensamiento, en su expresión vital—. Queda abierta la vía para que las inteligencias jóvenes y bien templadas superen el mal hábito de servirse del pasado español como de una cantera, cuyos bloques informes van apilándose sin sospecha de la construcción a que se destinan. Sin alguna intuición del sentido de la realidad perseguida, la búsqueda por la búsqueda, la erudición por la erudición, o no rinden nada, o recalcan el absurdo de ser eternos los españoles, u organismos ricos en funciones biológicas y reacciones psíquicas. Lo cual, conjugado con el antisemitismo y la ceguera para percibir los valores islámicos, lleva al estado de pobreza comprensiva y estimativa en que actualmente nos hallamos.

(La realidad histórica de España. Prólogo de la edición de 1962, en la editorial Porrúa.)

CLAUDIO SANCHEZ ALBORNOZ

Nació en Madrid en 1893. Fue catedrático de Historia antigua y media en la Universidad de Madrid. De ideología liberal, combatió la dictadura de Primo de Rivera. Durante la República ocupó diferentes cargos. En julio de 1936 se marchó a Burdeos. Cuatro años más tarde se estableció en Buenos Aires. Entre 1959 y 1970 fue presidente del Gobierno de la República en el exilio. En 1976 efectuó un viaje a España, pero siguió viviendo en la Argentina. Murió en 1984.

Publicó numerosísimos ensayos sobre historia. Muchos de ellos están dedicados al análisis de la constitución política y social del reino hispanogodo, asturleonés y castellano medieval. En **España, un enigma histórico** (1957), en donde replicaba a las tesis de Américo Castro, Sánchez Albornoz defiende que la esencia de España y de lo español estaba ya latente en los pueblos prerromanos que se asentaron en la Península, y que fueron los romanos y los visigodos quienes la configuraron al construir la unificación política y cultural de Hispania. Respecto a la Edad Media, no considera decisiva la aportación del judaísmo ni de la islamización: España es, ante todo, cristiana y occidental.

En 1971, Pedro Laín Entralgo, en *A qué llamamos España,* se inclinaba por las tesis de A. Castro. Con tal motivo, Sánchez Albornoz volvió a defender sus teorías en *El drama de la formación de España y de los españoles* (1973).

PREFACIO

¡Extraña historia la de España! Rara vez los españoles han podido vivir bien arrellanados en su tierra. La historia de todos los pueblos se ha hecho un poco desde dentro y otro poco desde fuera. En la nuestra, a lo menos en muchas de sus etapas decisivas, desde fuera se ha vertido en el solar nacional el torrente que ha puesto en movimiento la turbina generadora de la energía histórica. Porque la Península fue durante milenios el fondo de saco del mundo; hasta ella llegaron por todos los caminos, terrestres o marítimos, las vanguardias de los emigrantes, conquistadores o colonizadores, de Europa, de Oriente o de Africa; y en ella lucharon y se mezclaron con quienes habían llegado antes que ellos y habían ya constituido unidades culturales y vitales. Y así desde el paleolítico inferior, desde muchos millares de años antes de Cristo, hasta la invasión de los Beni Merines africanos, durante el reinado de Alfonso X el Sabio, en la segunda mitad del siglo XIII. ¿Cómo dudar de que esa singular conjunción guerrera y pacífica, en el *Finis Terrae* del mundo antiguo, de muchos pueblos y culturas distintas, hubo de crear y de afirmar un singular estilo de vida?

Es un perfil de pesadilla el de la fiebre histórica española. Otros pueblos han tenido que realizar sangrías periódicas para, mediante voluntarias aventuras exteriores, liberarse de la excesiva presión de la sangre en sus arterias. Los españoles no han tenido precisión de usar tales remedios. Otras comunidades históricas, menos habituadas que la nuestra al milenario juego de resistencia al invasor foráneo y de captación de extrañas culturas, ¿no habrían perdido su ser esencial, si se hubiesen hallado en situación pareja de la que hubieron de afrontar muchas veces los hispanos?

Ningún pueblo europeo ha llevado a cabo una aventura tan dilatada y tan monocorde como la que implicó la reconquista y la repoblación del solar nacional, desde Covadonga (722) hasta Granada (1492). Ninguno ha vivido como nosotros cerca de ocho siglos con una frontera siempre abierta y en avance. Ninguno ha presenciado los continuos y colosales trasiegos humanos que en la Península fueron precisos para repoblar el país ganado al enemigo. Ni siquiera cabe el estricto paralelo entre esos desplazamientos colonizadores y los que han hecho y están haciendo América, por lo que tenían los nuestros de empresa a la par migratoria y guerrera: tras la batalla, la puebla; y tras la puebla, la batalla. Aunque sin paradoja podamos ver prefigurada la historia americana de ayer y de hoy en la historia medieval española; el hombre nuevo del Nuevo Mundo, en el nuevo hombre de la España renovada por la reconquista y la repoblación, y las peculiaridades temperamentales y las fallas operativas de estos jóvenes y mezclados pueblos de América en las fallas y peculiaridades de los pueblos mestizos y jóvenes del Medievo hispano.

¡Extraña historia la de España! La Península se ha hallado, de continuo, en perpetua fermentación catalizadora, pero también en perpetua antibiosis eruptiva. Si las simbiosis sucesivas fundían estilos de vida y esencias culturales, las repetidas antibiosis afirmaban y prolongaban muchos rasgos de la disposición funcional de los hispanos primitivos y de las proyecciones de su primigenia estructura cultural. Como consecuencia de ese perdurable tira y afloja, hacia el ayer y hacia el mañana, el río de la historia española, si, naturalmente, nunca ha retrocedido hacia su nacimiento, ha avanzado siempre más despacio que los otros ríos históricos de la Europa de Occidente; e incluso después de inevitables saltos torrenciales que ha debido de padecer o de gozar, las tradiciones históricas han conservado entre nosotros vida muy dilatada y han perdurado muy vivaces los remotos caracteres de nuestros abuelos de hace dos mil años.

Pero claro está que esos dos mil años no han pasado en balde. Porque nunca pasan en balde dos milenios en el continuo e ininterrumpido fluir de la historia. Y porque no los vivimos en la estratosfera histórica, sino en una de las encrucijadas de caminos del mundo antiguo, del medieval y del moderno. Y los vivió un pueblo estrechamente vinculado a la matriz común del Occidente. No hemos recorrido las mismas rutas seguidas por la colmena de naciones de ella nacidas; pero sin nosotros ellas habrían tomado otra senda muy distinta. El Occidente mismo no existiría y sería incomprensible sin España. Porque no hemos sido un pueblo deudor, sino un pueblo acreedor de Europa. Aunque otra cosa crean quienes en esta hora —en cada hora triunfa una escala peculiar de valores que la hora anterior no estimó de igual modo y que la hora siguiente jerarquizará de otra manera— otorgan crédito preferente a actividades y creencias humanas que el *homo hispanus* —es injusto decir que no ha sabido— no ha podido llevar a cabo. Aunque otra cosa crean quienes a la hora de hoy desdeñan las gestas y las creaciones que nosotros hemos realizado y valorado y seguimos realizando y valorando.

Desempeñamos papel decisivo en el cuajar de la Edad Media. Epoca de hondas transformaciones en la organización política y social y en las sendas de la vida del espíritu, España hizo posibles tales cambios actuando de vanguardia y de maestra de Europa. Fue escudo y centinela de Occidente frente al Islam, que había consagrado, con el refrendo religioso, el despotismo de los césares de Oriente y que acabó anquilosando a las comunidades nacionales que le siguieron fieles. Su vigilia secular, adarga en ristre cara al Africa, permitió a Europa desenvolver primero y superar después el régimen feudal, allanando el camino que había de llevar hacia las sociedades políticas modernas; y le permitió forjar la estructura funcional que había de conducir hacia la contextura vital de los tiempos nuevos. Y como a la par, mientras Europa yacía desmedrada y misérrima espiritualmente, en España florecía la civilización arábiga, que había conservado y transformado las viejas esencias de la cultura antigua, a través de los Pirineos pasaron a fertilizar las tierras de Occidente ideas, ciencias, técnicas... de que ellas carecían.

Y en el alborear de la Europa y del mundo modernos, España supo cumplir también dos misiones tan diversas como complementarias. Con los descubrimientos geográficos y con su conquista y colonización del Nuevo Continente abrió ancha senda al porvenir. No sólo extendió, amojonó y cultivó el solar occidental del Occidente; facilitó, además, la eclosión científica moderna al exaltar las fecundas posibilidades que brindaba una nueva manera de acercarse a las cosas, en ruptura con la tradición todavía vigente de la ciencia antigua. Y, ahincada en la tradición católica universalista del cercano Medioevo, enraizó en el pasado la sociedad novísima, y defendió, frente a la razón, los fueros nunca caducos del espíritu, y frente a la moral del éxito, la fidelidad a un orden superior de valores.

Las aguas a veces estancadas y a veces turbulentas de la sensibilidad religiosa de Occidente fueron, ora agitadas, ora purificadas por los españoles; y, pese a Castro, el pensamiento hispano aportó, en su día, las ideas esenciales de uno de los períodos decisivos en la historia de la cultura: las ideas esenciales de la Reforma Católica y de su proyección en la filosofía del Barroco — al afirmarlo coincidido con Burckhardt y con Weissbach. Pero los españoles hicieron mucho más que aventurarse por los caminos de lo numinoso. Miraron al cielo con los pies bien asentados en la tierra.

La herencia temperamental de un pueblo supone la realización de un ideal de vida. La nuestra se acuñó como resultado de una serie entrecruzada de procesos históricos. El angustioso «querer ser» de los lentos primeros siglos de la reconquista —porque quisimos ser pudimos salvar nuestra propia personalidad— afirmó el ancestral ímpetu vital hispano. El querer al puro servicio del perdurar se prolongó en un «querer demasiado», al margen de los sueños del espíritu y de las reservas de la razón; en una voluntad de dominio y señorío, en un esfuerzo por imponer sus ideas y sus ideales a botes de lanza y en un buscar a golpes de espada el medro y la riqueza. Ese ímpetu vital, vertido torrencialmente en la acción, provocó la extrema tensión de los resortes de lo individual, tensión que empujó al hombre contra

Sánchez Albornoz y Salvador de Madariaga en un salón de la Real Academia Española en mayo de 1976.

el hombre y le movió a erguirse ante la Divinidad, seguro de merecer su prodigiosa ayuda y su perdón postrimero, como recompensa de un servicio vasallático, en que jugaba su vida por defender y propagar su santo nombre. En ese clima psíquico, la pura razón fue vencida por la razón vital — quiero decir por el pensar al servicio del vivir. Celestina dijo a Pármeno: «Loco, ¿qué es la razón?» Esa victoria canalizó la atención de los peninsulares hacia las especulaciones ético-jurídicas reguladoras de las proyecciones de la voluntad y de las dificultades de la convivencia, con preferencia al escrutar de los misterios del hombre, de la naturaleza y de la vida. La razón fue también enfrentada por el espíritu: aliento suprarracional y supraemocional que guía los forcejeos del hombre en las regiones que la razón pura no puede captar y que la pura emoción no debe regir. El espíritu alcanzó tal estimación valorativa —San Juan de la Cruz escribió: «Un solo pensamiento del hombre vale más que todo el mundo; sólo Dios es digno de él» —, que el *homo hispanus* elevó muy alto la dignidad humana; tan alto que hasta las masas populares sintieron con vivacidad extrema los trallazos del orgullo, de la vergüenza y del honor — en *Peribáñez*, *Fuente Ovejuna* y *El Alcalde de Zalamea* colaboraron la vieja tradición social hispánica y el ingenio de sus autores. Y en el juego de fuerzas históricas de los tiempos nuevos, al arder nuestra Modernidad inicial en un gigantesco cortocircuito, en cuyas causas apenas cupo responsabilidad a los hispanos, se afirmaron los viejos rumbos de nuestra vieja historia.

Esa serie de procesos históricos y otros concomitantes, desbordando las lindes estrictas de lo religioso, han moldeado un arquetipo humano que puede admitir, confiado, el menos simpatizante paralelo con los que han acuñado las otras comunidades nacionales nacidas de la misma matriz que nosotros.

(España, un enigma histórico,
Buenos Aires, ed. Sudamericana, 1962.)

El Gobierno, presidido por Diego Martínez Barrios, que se constituyó el 8 de octubre de 1933 y duró hasta el 16 de diciembre. Sánchez Albornoz es el quinto, empezando por la izquierda.

El teatro desde 1939   VII

En 1936 mueren tres de los más importantes dramaturgos de este siglo: Valle-Inclán, García Lorca y Unamuno. Durante la guerra, o al finalizar la misma, se vieron obligados a exiliarse algunos autores que habían iniciado su producción dramática años antes, y de los que nos hemos ocupado en otro apartado (véanse las págs. 586 y 630-633).

De todos los géneros cultivados en la España de la posguerra, ha sido, sin duda, el teatro el que ha tropezado con unos obstáculos mayores. Entre las barreras, muchas veces infranqueables, que se han alzado ante los dramaturgos, destacan fundamentalmente tres: una censura implacable, unos empresarios escasamente proclives a arriesgarse con experimentos renovadores de dudoso éxito, y un público, en su mayoría conservador, reacio a aceptar en un escenario situaciones y conflictos que pusieran en duda o en peligro sus más sólidos principios morales, sociales y políticos (Textos I y II).

Sea por estas o por otras causas, lo cierto es que el teatro de estas últimas décadas ofrece un interés muy limitado. Se han estrenado cientos de obras, pero pocas de ellas ocupan un lugar relevante en la historia del teatro español y, menos aún, en la del universal (Texto XII).

Primeros años. A partir de 1939 continúan estrenando viejas glorias (sobre todo, Benavente y Marquina, que ejercerá una notable influencia en el teatro histórico en verso de la posguerra), y se reestrenan abundantes obras de autores como Muñoz Seca, que había sido fusilado en 1936, Arniches, que todavía, hasta 1944, da a conocer algún texto nuevo, y los hermanos Alvarez Quintero (Serafín había muerto en 1938, y Joaquín morirá seis años después).

Junto a ellos, tenemos a diversos dramaturgos que habían iniciado su carrera antes de 1939, o que lo harán en los años siguientes, y que obtienen notables éxitos de público.

Destaca, en primer lugar, un grupo de autores (José María Pemán, Joaquín Calvo Sotelo, Juan Ignacio Luca de Tena, Agustín de Foxá, José A. Giménez Arnau, Juan Antonio de Laiglesia) que, siguiendo las pautas del teatro benaventino, se orienta hacia los dramas trascendentes y profundos (de profundidad más aparente que real), en los que se defienden los más rancios valores tradicionales (la familia, la religión, el principio de autoridad, la rígida división de la sociedad en clases). Hay que advertir, sin embargo, que el teatro de orientación política es menos abundante de lo que podría esperarse (sólo esporádicamente se exalta a los vencedores o se sacan a relucir las viejas glorias imperiales).

Otro grupo de dramaturgos cultiva la comedia de evasión, superficial, intrascendente, con una visión amable de la vida, y que no está exenta muchas veces de gracia, ingenio y calidad literaria. Destacan aquí, entre otros, Luis Escobar, Víctor Ruiz Iriarte, José López Rubio, Edgar Neville, Claudio de la Torre, y algunos de los citados en el párrafo anterior.

El más importante de todos los dramaturgos que continúan ahora su carrera es, sin duda, Enrique Jardiel Poncela. Su teatro antirrealista, imaginativo, con tendencia hacia lo inverosímil, aunque no siempre fuera comprendido por el público, tiene una innegable originalidad y puede considerarse como precedente del posterior teatro del absurdo. Problemas con los herederos nos han obligado a suprimir el apartado dedicado a él en esta **Antología.** Ofrecemos a continuación una breve sinopsis biográfica y un fragmento representativo.

Enrique Jardiel Poncela. Nació en Madrid en 1901. Desde muy pronto se dedicó con exclusividad a la literatura. Entre 1932 y 1935 pasó dos temporadas en Hollywood, contratado como guionista para las películas norteamericanas en lengua española. Algunos de sus dramas alcanzaron grandes éxitos, mientras que otros fueron ruidosamente silbados. Propenso a la neurastenia y a las crisis depresivas, el fracaso de sus últimas obras lo llevó a considerarse víctima de una confabulación de crítica y público. Murió en 1952.

Sus obras más conocidas son: *Usted tiene ojos de mujer fatal* (1933), *Angelina o el honor de un brigadier, Un drama*

El teatro desde 1939

Jardiel Poncela en Hollywood. Junto a él (segundo a la izquierda del lector), Lewis Seller, Raúl Roulien, la también española Conchita Montenegro, Henry Niese y Edward Lower, supervisor de las películas rodadas en castellano.

de 1880 (1934), *Cuatro corazones con freno y marcha atrás* (1936), *Eloísa está debajo de un almendro* (1940), *Los ladrones somos gente honrada* (1941), *Madre (el drama padre)* (1942), *Las siete vidas del gato* (1943), *Blanca por fuera y Rosa por dentro* (1943), *Los habitantes de la casa deshabitada* (1942).

Jardiel Poncela llena toda una época del teatro de humor en España que va desde Muñoz Seca hasta Miguel Mihura. Con una imaginación desbordante, fue un contumaz defensor de lo inverosímil, irreal, insólito, paradójico y fantástico. Siempre al margen de cualquier forma de realismo, presenta en casi todas sus obras situaciones disparatadas, absurdas, extraordinariamente complicadas, a las que, no siempre con éxito, pretende, al final, encontrar una coherencia, una lógica y una justificación. A diferencia del teatro cómico anterior, Jardiel rechaza todo casticismo, regionalismo o populismo. De ahí la intemporalidad de los conflictos que plantea y la destipificación del lenguaje, que no refleja categoría social alguna.

El siguiente diálogo pertenece al Prólogo de *Eloísa está debajo de un almendro*:

SEÑORA: Es lo que yo digo: que hay gente muy mala por el mundo...
AMIGO: Muy mala, señora Gregoria.
SEÑORA: Y que a perro flaco, to son pulgas.
AMIGO: También.
MARIDO: Pero, al fin y al cabo, no hay mal que cien años dure, ¿no cree usté?
AMIGO: Eso, desde luego. Como que después de un día viene otro, y Dios aprieta, pero no ahoga.
MARIDO: ¡Ahí le duele! Claro que agua pasá no mueve molino; pero yo me asocié con el Melecio por aquello de que más ven cuatro ojos que dos, y porque lo que uno no piensa al otro se le ocurre. Pero de casta le viene al galgo el ser rabilargo: el padre de Melecio siempre ha sido de los de quítate tú para ponerme yo, y de tal palo tal astilla, y genio y figura hasta la sepultura. Total: que el tal Melecio empezó a asomar la oreja y yo a darme cuenta, porque por el humo se sabe dónde está el fuego.
AMIGO: Que lo que ca uno vale a la cara le sale.
SEÑORA: Y que antes se pilla a un embustero que a un cojo.
MARIDO: Eso es. Y como no hay que olvidar que de fuera vendrá quien de casa te echará, yo me dije digo: «Hasta aquí hemos llegao; se acabó lo que se daba; tanto va el cántaro a la fuente, que al final se rompe; ca uno en su casa y Dios en la de tos; y a mal tiempo buena cara, y pa luego es tarde, que reirá mejor el que ría el último.»
SEÑORA: Y los malos ratos pasarlos pronto.
MARIDO: ¡Cabal! Conque le abordé al Melecio, porque los hombres hablando se entienden, y le dije: «Las cosas claras y el chocolate espeso; esto pasa de castaño oscuro, así que cruz y raya, y tú por tu lao y yo por otro; ahí te quedas, mundo amargo, y si te he visto no me acuerdo». ¿Y qué le parece que hizo él?
AMIGO: ¿El qué?
MARIDO: Pues contestarme con un refrán.
AMIGO: ¿Que le contestó a usté con un refrán?
MARIDO: *(Indignado.)* ¡Con un refrán!
SEÑORA: *(Más indignada aún.)* ¡Con un refrán, señor Eloy!
AMIGO: ¡Hay qué tío más cínico!
MARIDO: ¿Será sinvergüenza?
AMIGO: Hombre, ese tío es un canalla capaz de to.

Sin embargo, los mayores éxitos del teatro en los años cuarenta corresponden a la zarzuela y a obras de ínfima calidad literaria. Los espectáculos musicales (la revista, ante todo), las astracanadas del peor gusto, la alta comedia degradada y las obras lacrimógenas y folletinescas, con las que Adolfo Torrado alcanzó éxitos memorables, se reparten el favor del público.

Desde 1949 hasta los años sesenta. En 1949, con el estreno de Historia de una escalera, de Buero Vallejo, se inicia un cambio importante en el teatro español. Para Torrente Ballester, «en 1949, el público madrileño, harto de convenciones teatrales, acudía a las re-

VII

presentaciones de Historia de una escalera *a contemplar algo más hondo que la realidad —porque la mentira es una forma de realidad—. Iba a ver la verdad, sencillamente».*

Las angustias existenciales, primero, y las preocupaciones sociales, más tarde, presentes también en la novela y en la poesía, constituyen lo más destacado del teatro de estos años.

Junto a Buero Vallejo, destaca otro autor, Alfonso Sastre, que será el más decidido defensor de un teatro social y comprometido. Sastre, con otros dramaturgos, había creado, en 1945, el grupo «Arte nuevo», en contra del teatro de su tiempo. En 1950, con José María de Quinto, funda el T.A.S. (Teatro de Agitación Social), con un manifiesto en el que se reconocía que «lo social es una categoría superior a lo estético» (Texto III), y en 1960, también con José María de Quinto, el Grupo de Teatro Realista (G.T.R.). Ese mismo año de 1960 mantiene con Alfonso Paso y con Buero Vallejo una polémica sobre el «posibilismo» en el teatro. En ella se discute si hay que luchar abiertamente, sin hacer concesiones, contra las estructuras sociales, o si, por el contrario, es conveniente acatar algunas normas de dicho sistema social para dinamitarlo desde dentro. La consecuencia fue, como señalan J. Monleón y L. García Lorenzo, que el posibilismo se cumplió, con ciertas limitaciones, en Buero, que Sastre dejó de subir a los escenarios españoles y que A. Paso, que habló de una revolución «desde dentro», acabó por «estar dentro» sin hacer ninguna revolución (Textos IV, V y VI).

A la sombra de Buero Vallejo y de A. Sastre va a surgir, en la segunda mitad de los años cincuenta, un grupo de dramaturgos, a los que habitualmente se conoce con la denominación de «Generación del realismo crítico» o «Generación realista». En ella ocupan un puesto destacado José M.ª Rodríguez Méndez, Lauro Olmo, Ricardo Rodríguez Buded, Carlos Muñiz y José Martín Recuerda. Los años de apogeo de esta generación se prolongan hasta 1966, aproximadamente, aunque alguno de sus miembros ha continuado escribiendo y estrenando hasta hoy. Otro autor, Alfonso Paso, que también comenzó aceptando postulados cercanos al realismo crítico, seguirá poco después una línea cada vez más convencional y conformista, hasta convertirse en el dramaturgo más aplaudido de los años sesenta.

Estos autores, con la intención de poner al descubierto las injusticias y contradicciones existentes en el seno de la sociedad española, y sin adscripción específica a una ideología concreta casi nunca, cultivan un teatro crítico, comprometido y testimonial (Textos VII y VIII). Temas frecuentes en el mismo fueron, como señala F. Ruiz Ramón, «los de la injusticia social, la explotación del hombre por el hombre, las condiciones inhumanas de vida del proletariado, del empleado y de la clase media baja, su alienación, su miseria y su angustia, la hipocresía social y moral de los representantes de la sociedad establecida y la desmitificación de los principios y valores que les sirven de fundamento, la discriminación social, la violencia y la crueldad de las "buenas conciencias", la dureza, impiedad e inmisericordia de la opinión pública, la condición humana de los humillados y ofendidos, del hombre del suburbio, del hombre al margen, del hombre expoliado; en una palabra, de los viejos y de los nuevos esclavos de la sociedad contemporánea». También se cultiva con alguna frecuencia, como había hecho Buero Vallejo, el teatro histórico, de intenciones críticas (léase, por ejemplo, el fragmento de Las arrecogías en el beaterio de Santa María Egipciaca, *de Martín Recuerda, que incluimos en esta Antología).*

Estos autores se mantuvieron alejados siempre del teatro del absurdo y de los experimentos vanguardistas. Sin embargo, la estética realista, habitual en ellos, deriva, con frecuencia, hacia el expresionismo y el esperpento (en Muñiz y Martín Recuerda) y hacia la farsa popular y el ambiente desgarrado del sainete (en Lauro Olmo).

Este teatro, siempre bien intencionado, tiene hoy un mero valor histórico. Estuvo lastrado por un realismo superficial, por presiones externas (la censura, sobre todo) y por la cortedad de miras y de ambiciones de sus autores.

En 1962 estrena Antonio Gala Los verdes campos del Edén. *Si bien esta obra y otras*

El teatro desde 1939 VII

suyas de los años 60 (El sol en el hormiguero, Noviembre y un poco de hierba) *tienen puntos en común con el teatro realista, Gala, el más aplaudido de los dramaturgos de los años setenta y ochenta, mezclará en toda su producción el realismo con un lirismo de pocos vuelos y, desde un punto de vista ideológico, con un benaventismo puesto al día.*

El teatro del absurdo y los experimentos vanguardistas, que se suceden en Europa por esos años, tuvieron una limitada repercusión en España. En esta línea, destacan Miguel Mihura y una serie de dramaturgos de menor importancia («Tono», seudónimo de Antonio Lara, Alvaro de Laiglesia, Carlos Llopis, Juan José Alonso Millán, en sus primeras obras), que, de forma moderadísima, intentaron renovar el teatro de humor.

Los experimentos más audaces corresponden a un autor que inicia su carrera por estos años, Fernando Arrabal, y que, por motivos personales y políticos, desarrollará su obra en Francia.

No hace falta insistir en que los grandes éxitos del teatro de los años cincuenta y sesenta corresponden a dramaturgos más convencionales (a los citados en el apartado anterior y a otros que inician su aventura teatral ahora).

De los sesenta hasta hoy. *Avanzada la década de los sesenta, comienza a desarrollarse un teatro experimental y vanguardista, que intenta superar el realismo anterior, y que ha recibido diversas denominaciones (Textos IX, X y XI). Muchos de estos innovadores (Luis Riaza, José Ruibal, José María Bellido, Francisco Nieva, Martínez Ballesteros, Miguel Romero Esteo), que nunca han tenido conciencia de formar un grupo homogéneo, son rigurosamente coetáneos de los de la generación realista. Otros (Martínez Mediero, Matilla, García Pintado), más jóvenes. Aunque alguno de ellos se orienta hacia el juego intrascendente y festivo, cultivan, en general, con desigual fortuna, un teatro crítico (sobre todo de carácter político), pero en el que el realismo tradicional ha sido sustituido por una recurrencia frecuente a la abstracción, al simbolismo, e, incluso, a la parábola. En sus obras se amalgaman también las influencias más diversas: desde Valle-Inclán, Brecht, el surrealismo y Artaud hasta el teatro del absurdo. No falta tampoco en ellas la adopción de procedimientos característicos de otros géneros literarios.*

Junto a estos autores, una serie de grupos teatrales (Tábano, Els Joglars, Los Goliardos, Akelarre, La Cuadra, entre otros) se lanzan por las vías de lo experimental. Sin embargo, el deseo de llegar a públicos mucho más amplios y de que el espectador participe activamente en el espectáculo, los ha obligado con frecuencia a desviarse por un camino mucho más popular y a servirse de técnicas propias de la pantomima, del teatro de títeres, del circo, del cabaret y de la comedia musical. Es habitual en estos grupos la primacía que conceden a la expresión corporal y gestual y a los elementos plásticos y sonoros, en detrimento del texto literario (en algunas obras de Els Joglars, *por ejemplo, el texto desaparece por completo.)*

Con la muerte de Franco, se esperaba una renovación profunda del panorama teatral. Las transformaciones que se han producido en la sociedad española desde 1975 y la desaparición de la censura hacían presagiar un florecimiento de este género. Sin embargo, estos últimos doce años han sido calamitosos para el teatro español. Algunos dramaturgos de la vieja guardia nos han ofrecido lo peor de su producción. Los intentos experimentales de antiguos y nuevos autores se reducen a la repetición de fórmulas archisabidas. Los que, en un intento de volver las aguas a su cauce, han seguido una vía realista, neocostumbrista o sainetesca, aunque acomodada a los tiempos actuales, como Fermín Cabal (Vade retro, Esta noche, gran velada) *o Alonso de Santos* (El álbum familiar, La estanquera de Vallecas, Bajarse al moro), *tienen, por ahora, un interés limitado. Es revelador, al respecto, que una obra tan discreta como* Las bicicletas son para el verano, *de Fernando Fernán Gómez, se haya convertido en el gran éxito teatral de los años ochenta.*

DOCUMENTOS

I. Luciano García Lorenzo

El teatro español actual [1]

LOS AUTORES

Con modas o sin modas, en primer término siempre estará el autor, el creador fecundo a la manera de Lope, o el novelista o el poeta que por afición o capricho se acerca a componer un drama; el dramaturgo tan celoso de su obra que prohíbe alterar una sola línea de su texto o el que cede ante las presiones —presiones generalmente nacidas de intereses extraliterarios— llegando al cambio total del desenlace de su drama para «decir» todo lo contrario de lo que en un principio quería expresar. Al autor no le basta hoy con poner la palabra «Telón», como antes tampoco finalizaba su labor con colocar tras el ultílogo el «Laus Deo». Y es que si cada español —como dice la costumbre— tiene una comedia guardada en algún lugar de su casa, dramaturgos consagrados deben guardar las suyas en los cajones de su mesa de trabajo esperando los mejores tiempos o bien estrenarlas en teatros extranjeros, en universidades americanas o en Colegios Mayores con público restringido —y «seleccionado»— y en lecturas escenificadas. El autor, acabada su obra, debe pasarla por la censura, ofrecerla a un empresario (lo contrario se da en casos contados y con dramaturgos que no son siempre los mejores), encontrar un director adecuado, unos actores con valía e interés, esperar una crítica enterada y positiva... y que el público acepte el reto lanzado. El camino es largo, los condicionamientos muchos y los intereses excesivos. Si se llega hasta el final, salvando todas las barreras, y la pieza es válida, ha nacido un nuevo autor; pero muchos deben ceder en la lucha y otros —y volvemos al principio— guardarán la copia mecanografiada en la biblioteca particular u olvidarán a cuál de sus amigos se la prestaron.

En nuestro teatro último todos estos inconvenientes se resumieron en el llamado «posibilismo», planteado por Alfonso Satre y mediando en el diálogo Buero Vallejo y Alfonso Paso. Los resultados —como ya señaló José Monleón [2] —están ahí: el posibilismo se ha cumplido, con ciertas limitaciones, en Buero; Sastre hace años que no estrena y Paso, «que habló de hacer una revolución desde dentro, acabó por estar dentro sin hacer ninguna revolución». Evidentemente, efectividad y calidad artística no son términos incompatibles y ahí está el ejemplo de Buero. Paso cedió —y hasta el público, aquel público ferviente y adicto, le ha vuelto la espalda— como cedió Carlos Muñiz, uno de los mejores dramaturgos de la España última, y han cedido después otros como Juan José Alonso Millán, que predicaba e intentaba hacer desde su puesto de director de teatro universitario mejores cosas que las ofrecidas luego a la escena española.

¿Dónde están las causas, en último término, de estas actitudes? ¿En los autores, en los empresarios, en la censura, en la crítica, en el público...? Creemos que, dada la situación, es tanto como para preguntarse: ¿qué fue primero: el huevo o la gallina? Y aunque sea adelantarnos a lo que expondremos a continuación, la verdad es que difícil resulta separar una causa de las otras, pues cuando algo se quema, algo de todos se quema... Se queman una serie de posibles dramaturgos y otros siguen esperando, mientras su teatro se estrena o edita al otro lado del Atlántico o —esto nos suena— más allá de los Pirineos [como ocurre sobre todo con F. Arrabal] y algunos privilegiados contemplan las obras festivales o sesiones de cámara, entusiasmándose ante el fruto prohibido o exótico, sea cual sea la calidad de la pieza, ya que, no nos engañemos, de todo hay en esa viña, Señor.

---

1. Los textos que siguen se refieren a los años setenta. Sin embargo, en ellos se abordan problemas generales de todo el teatro de postguerra.
2. Vid. «Alfonso Paso y la tragicomedia», en *El teatro de humor en España*, Madrid. Editora Nacional. 1966. págs. 251-252.

Arriba, escena de Castañuela 70, *una creación del grupo Tábano que fue prohibida después de alcanzar en el Teatro de la Comedia, de Madrid, un éxito multitudinario. Abajo, algunos actores de* Els Joglars, *durante una representación de* La Torna *(1977). Esta obra le valió a Albert Boadella, director de esta agrupación teatral, un proceso por supuestas injurias al Ejército.*

CENSURA

Aunque en buena lógica deberíamos después de los autores mencionar la situación e importancia de los protagonistas personales del hecho teatral —director, actor, etcétera—, estimamos necesario dedicar nuestra atención de una manera inmediata a la censura, ya que su función —según los propios dramaturgos— ha sido y es de una trascendencia vital para el desarrollo del teatro contemporáneo español, llegando incluso algunos de los autores a echar sobre la censura la mayor carga de culpabilidad a la hora de analizar las causas de la situación actual de nuestra escena.

Como es sabido, la censura se rige por unas leyes directamente puestas en práctica por el Ministerio de Información y Turismo. Estas leyes, reformadas y modificadas a lo largo de los últimos decenios, han ido evidentemente flexibilizándose y ofreciendo mayores posibilidades de expresión. Sin embargo, las circunstancias socio-económicas del país, los cambios ministeriales y hasta las actitudes de los protagonistas directos de la labor censora han llevado no a una evolución regularmente progresista de la «luz verde» —como se define en el mundo literario la aprobación de una obra—, sino a un proceso de marcha hacia adelante y hacia atrás o de simples frenazos, que no han impedido —repetimos— llegar a la situación actual mucho más positiva —no podía ser de otra manera— que en tiempos pasados. Estas leyes, sin embargo, tienen en su aplicación una serie de inconvenientes, muchas veces citados, y que fundamentalmente son:

1. La vaguedad de sus normas, lo que conduce a una arbitrariedad en su aplicación, a una desigualdad de criterios. En consecuencia, y son algunos ejemplos, la apertura es mayor con las obras de autores extranjeros que con las de los españoles; se permiten las representaciones de dramas en Madrid (a veces también en Barcelona) y no en provincias; se autorizan obras para ser estrenadas en cualquier escenario y otras sólo para sesiones de cámara; se permiten hoy piezas que mañana son prohibidas.

2. Grave problema es el denominado «silencio administrativo». Un autor presenta una obra a censura y no recibe noticias durante meses. En la práctica, es una prohibición resuelta sin el informe correspondiente que el autor merece y ha solicitado.

3. La censura es mucho más severa en lo ideológico que en lo —llamémoslo— físico. Se permiten exhibiciones —sobre todo del cuerpo femenino— que llegan a sorprender, dado el contexto, pero se prohíben palabras y frases que puedan alterar la mente del espectador.

4. Se acusa a la censura de que, al ser órgano de la Administración, ésta es juez y parte de los litigios planteados. Los autores

han solicitado repetidamente que la censura —de existir— sea competencia del poder judicial y no administrativo [3].

5. Por último, y emanando directamente de todo lo anterior, la censura ha conducido a algo más grave: la autocensura. Los autores, al tener presente los condicionamientos, la arbitrariedad, etc., se limitan y coartan consciente e inconscientemente, voluntaria o involuntariamente, el proceso creador [4].

CENTRALISMO

El hecho, por estar reciente y ser incluso actual, es significativo: una ciudad de provincias; dos, tres o cuatro locales destinados al cine; en junio o en septiembre se celebran las fiestas y uno de esos locales, antes teatro —el Comercial, Novedades, Principal, etcétera—, dedica los dos o tres días fuertes de las fiestas a presentar una o varias compañías de espectáculos: el éxito comercial de Madrid durante la temporada anterior, un espectáculo folklórico o de «revista» [5] y la puesta en escena —aunque, gracias sean dadas, ha caído en desuso— del último lacrimógeno serial radiofónico. Pasados estos días, a esperar otros doce meses para que, si hay suerte, los acontecimientos se repitan [6].

Y mientras tanto, más de veinte teatros comerciales abiertos en Madrid, muchos menos en Barcelona y con cierta frecuencia representaciones en las tres o cuatro ciudades de mayor importancia de la Península después de las citadas. Esto es todo, si exceptuamos los Festivales de España que comentaremos más adelante y los esfuerzos, de los que haremos también mención, de los grupos de aficionados en algunas de estas localidades. En los pueblos y en muchas pequeñas ciudades el ayuno es total durante el año y ni siquiera los dos o tres espectáculos citados antes se hacen realidad. Madrid, la Gran Vía madrileña y sus aledaños, absorbe casi todo el teatro y el centralismo dramático con todos sus problemas, con una calidad que no es paralela a la cantidad, con sus convencionalismos y su mucho de esnobismo, es reflejo, por la vía opuesta de la abundancia, de la manifiesta carencia del resto de España. El desajuste y la injusticia cultural son patentes, aunque en los últimos años las campañas nacionales del teatro hayan intentado paliar la negativa situación.

TEATROS COMERCIALES, TEATROS OFICIALES Y TEATROS DE CAMARA Y ENSAYO

Evidentemente, las diferencias entre unos y otros son grandes, pues los fines de los dos últimos son o deben ser explícitos. En España, como en todo el mundo occidental, la primacía, por el número de locales y, en consecuencia, de espectáculos, pertenece a los teatros comerciales, en manos de la empresa privada. Son, naturalmente, los empresarios de estos locales los que manejan en muy gran parte el negocio dramático y esta palabra —negocio— sin aparecer hasta el presente en nuestro trabajo, surge de inmediato si de los teatros comerciales hablamos, ya que como tal está considerado por las empresas el arte dramático. Se expone un dinero y este dinero hay que recuperarlo, primero, y luego procurar la mayor ganancia posible; el producto ofrecido sólo se tiene en cuenta pensando en el tanto por ciento gananciable y considerar ese producto artísticamente, por su mayor o menor calidad, es lo menos importante. Considerando, pues, el teatro como negocio, mandará quien tenga locales y dinero y, por ahora, eso lo tienen personas sin vocación de mecenazgo. Como siempre, existen las excepciones y, sobre todo, aquellos que se juegan parte de lo ganado con X para cubrir los gastos que supone estrenar a Z, pero Z siempre tendrá que esperar, pues para eso está al final del abecedario... de intereses.

La enseñanza y la investigación cuestan dinero y su rentabilidad no es inmediata,

---

3. Ya en las Conversaciones de Santander un grupo de dramaturgos y personas relacionadas con el teatro elaboraron en 1955 una serie de conclusiones acerca de esto. Se encuentran recogidas en *Alfonso Sastre. Teatro*, Madrid, Taurus, 1964, págs. 101-106, particularmente el punto 11.
4. Es interesante, en torno a esto, el testimonio de Buero Vallejo en el libro *Creación y público en la literatura española*, Madrid, Castalia, 1974, págs. 271-272.
5. Vid., sobre el mundo de la revista, el informe preparado por Moisés Pérez Coterillo y publicado en *Blanco y Negro*, 19 de junio de 1976.
6. A partir de aquí, ofrecemos en síntesis, aunque aportando nuevos datos, lo ya expuesto en nuestro trabajo «Teatro y sociedad en la España de posguerra» incluido en el libro *El teatro y su crítica*, Málaga, Publicaciones de la Diputación Provincial, 1974, págs. 261-278. Hay en este trabajo una serie de notas a pie de página que ofrecen algunos datos complementarios dignos de tenerse en cuenta por el lector de esta página.

aunque a la larga quien más ha gastado más recibe. Tampoco el teatro debe estar subordinado a la taquilla, como no lo están los conciertos de una orquesta sinfónica. La obra de teatro, como una novela, un poema, un cuadro o una sinfonía, es arte y el arte no es un negocio; es una necesidad y una necesidad cada vez más imprescindible. La administración reconoce esto y de ahí la creación de los teatros oficiales: dos en Madrid *(Español* y *María Guerrero)* y uno (es en realidad una compañía, la *Adriá Gual)* en Barcelona. Poco, muy poco, pero algo es algo, pues repasando los estrenos del teatro moderno y contemporáneo tanto español como extranjero quizá los mejores logros se hayan realizado por las compañías titulares del *María Guerrero* y *Adriá Gual* y si nos atrevemos a olvidar los montajes de obras clásicas —no siempre afortunados— del *Teatro Español,* de Madrid, ¿qué quedaría en este apartado? Seguramente, y de una manera seria, absolutamente nada. Insistimos: lo hecho es poco, pero es algo.

Si frente a la generosidad de los montajes convencionales y la presentación de piezas de claro éxito comercial se crearon los teatros nacionales, también el Ministerio de Información y Turismo ha mantenido durante muchos años el *Teatro Nacional de Cámara y Ensayo,* que llegó a sus más altas cotas a mediados de la década de los sesenta con una serie de estrenos en el *Teatro Beatriz* de Madrid, de agradable recuerdo para cualquier amante del arte dramático. La controvertida y difícil existencia de este teatro, por otra parte de una necesidad ineludible, pues en él se han realizado las más sistemáticas experiencias del teatro de posguerra, es claro índice de las dificultades con que la vanguardia se encuentra al querer hacerse preguntas.

LOS GRUPOS INDEPENDIENTES

Incluimos bajo este epígrafe, aunque la problemática sea diferente en algunos aspectos, a aquellos grupos teatrales que desde el campo profesional, semiprofesional, aficionado o subvencionado total o parcialmente, representan la realidad más positiva del país y, por ser vanguardia, la esperanza del futuro. Digamos de antemano que el teatro universitario es hoy prácticamente inexistente; como todos sabemos, la situación de la Universidad española desde 1965,

aproximadamente, no ha favorecido en absoluto la creación y el desarrollo de compañías dramáticas formadas por universitarios y quizá el único ejemplo, con una trayectoria muy digna, sea el del TEU de Murcia.

Son muchos, sin embargo, los grupos de teatro independientes nacidos en los últimos años y también algunos hay ya con un largo y meritorio historial. Lo que por su complejidad escénica o su problemática ideológica no ha sido montado en los teatros comerciales ni incluso en los nacionales, ha sido realizado por estas compañías, en la mayoría de los casos con medios económicos escasísimos, luchando por conseguir un local y dirigiéndose a un público minoritario, generalmente en sesión única y con precios —gran paradoja, pues todos los grupos quieren dirigirse a la «inmensa mayoría»— muchas veces superiores al normal de los locales comerciales. Es admirable, teniendo en cuenta los muchos problemas existentes, la labor de estos grupos, experimentando y aportando ideas, dando a conocer a los aficionados títulos de dramaturgos que de otra manera serían desconocidos para el público e incluso para el interesado en las nuevas corrientes dramáticas, ofreciendo puestas en escena renovadoras y huyendo del convencionalismo y las fórmulas estéticas anquilosadas del teatro que se ofrece en los locales comerciales. *Los Goliardos, TEI, Teatro Estudio Lebrijano, Els Joglars, Corral de Comedias, Los Cátaros, Tábano, Bululú, Akelarre, La Cazuela* y tantos y tantos otros, repartidos por toda la geografía española, merecen una especial consideración a la hora de analizar la situación de nuestro teatro; algunos de estos grupos caen en la ingenuidad en ocasiones, siguiendo muy mansamente teorías importadas; otras veces, la política —no la práctica de un teatro político coherente— echa abajo realidades que hubieran sido muy estimables; pero, a pesar de esto, a pesar de oportunidades ganadas a pulso y perdidas tontamente, en el teatro independiente está el germen del buen teatro del futuro y en su público la esperanza del porvenir.

EL PUBLICO

Y con el público, precisamente, tenemos que acabar. El público que es el problema más complejo y también sobre el que menos se puede opinar, pues no existen estadísticas ni material adecuado para extraer conclusiones sociológicamente válidas. Se repite lo de «público burgués», «público popular», «minoría», «vanguardia», «espectador pasivo», etc., pero en verdad podemos preguntarnos todavía con Unamuno ¿quién es el público y dónde se encuentra?... El hecho es que el teatro se ha convertido en un acontecimiento social, que los precios de las localidades condicionan la asistencia de unos espectadores de un estrato social determinado, que en la enseñanza primaria y secundaria no se presta atención al teatro, que en los escenarios son escasos los espectáculos infantiles... Pero ya Jacinto Grau escribió hace años: «El público, muy superior en potencia a los que suelen servirle a diario, dejaría de sufrir con paciencia la triste idea que de él se tiene, en cuanto hallara cerca de sí, de un modo permanente, el medio de poder cambiar el disco y de entrever que en el teatro moderno hay panoramas, fuera del reducido horizonte que se le presenta todos los días, con una sustancia digna de mejor empleo.»

La falta de tiempo impide detenernos en otros pilares del hecho teatral que consideramos necesarios para llegar a dar una adecuada respuesta a la problemática del teatro español del pasado inmediato y del presente. Tendríamos así que denunciar y solucionar el injusto y discriminatorio centralismo; sería necesario analizar y poner en el lugar que le corresponde la mayor o menor importancia de los festivales de teatro (desde los locales hasta los internacionales); habría que estudiar los resultados de las conversaciones, coloquios y mesas redondas celebradas a lo largo de las últimas décadas; habría que hacer un recuento de las conclusiones de los diferentes congresos realizados y el peso específico que han tenido y tienen en la evolución de la escena española; habría que estudiar la importancia que han tenido y tienen los mil y un premios existentes, etc. El teatro español de posguerra está hoy bien historiado literaria y estéticamente, pero faltan trabajos, faltan estadísticas, encuestas y estudios que puedan ofrecer soluciones para remediar los males presentes, herederos siempre del inmediato pasado.

(Teatro español actual,
Madrid, Fundación Juan March-Cátedra,
1977, páginas 15-29.)

DOCUMENTOS

II. Ricardo Domenech

El teatro y la burguesía

El teatro, como los demás medios de cultura, está en manos de la burguesía, y ésta le ha impuesto una marca y un destino. Si habláis de un teatro popular, el espectador burgués os responderá:

—¿No correríamos el peligro de confundir lo popular con lo populachero? El teatro es para los que entienden de teatro. La masa ya tiene bastante con el fútbol y con el cine. No llegan a más. No comprenden. No están preparados. ¡Pobre gente!

(Bernard Shaw decía a los norteamericanos, a propósito de su manera de tratar a los negros: «Ustedes les obligan a limpiar zapatos y deducen que sólo sirven para limpiar zapatos.»)

Si habláis al espectador burgués de la necesidad de un teatro sincero, realista, que refleje con autenticidad la crisis del mundo en que vivimos y las profundas contradicciones de esta hora, os responderá:

—No entiendo muy bien lo que me dice. Mire: bastantes problemas tenemos en la vida real. Dénos usted un teatro que nos sirva de distracción. Un teatro ligero, entretenido. Y óigame bien, sin obscenidades ni «tacos», ¿eh? Un teatro que no sea inmoral, un teatro al que puedan ir nuestras hijas.

(Dice Simone de Beauvoir: «Todas las contradicciones del pensamiento burgués se reducen a una sola: es imposible que la burguesía asuma por el pensamietno su actitud práctica.»)

Consecuentemente con los gustos dictados por este público existe un teatro. Es, por supuesto, un teatro que le ofrece a ese público una imagen irreal y halagadora de sí mismo. Y, en la medida en que esa imagen es más irreal y más halagadora, mayor es su éxito. Sólo así cabe explicarse el éxito de obras como *La muralla* o *¿Dónde vas, Alfonso XII?*, sobre cuya nula calidad estética —me parece— tenemos que estar todos de acuerdo. O el éxito de tantas comedias de Alfonso Paso, sobre cuya nula calidad es el espectador burgués el primero en estar de acuerdo. Está de acuerdo, pero inevitablemente acude a ver la siguiente comedia de

Paso, y ello por una razón muy sencilla: sabe de antemano que lo que va a ver no le va a inquietar lo más mínimo, sabe que se le va a dar una imagen deformada de la realidad, y esto ya es una buena garantía, máxime en un momento en que —en todos los géneros, incluso en el mismo teatro— se empiezan a oír recias y vigorosas voces cargadas de autenticidad.

(*Primer Acto,* n.º 42, 1963, págs. 4-8.)

III. Alfonso Sastre y José María de Quinto

MANIFIESTO DEL T. A. S.

(Teatro de agitación social)

(Fragmento)

1.º CONCEBIMOS el teatro como un «arte social» en dos sentidos:

a) Porque el teatro no se puede reducir a la contemplación estética de una minoría refinada. El teatro lleva en su sangre la exigencia de una gran proyección social.

b) Porque esta proyección social del teatro no puede ser ya meramente artística.

2.º EN EL PRIMER SENTIDO, nos declaramos al margen de los teatros de Ensayo o de Cámara, rechazando como erróneo su enfoque del problema teatral. Un teatro de Ensayo no sirve más que para el aprendizaje del oficio. El T. A. S. no es un teatro de *amateurs.*

3.º EN EL SEGUNDO SENTIDO, rechazamos la vieja concepción de «teatro del Pueblo» como «arte para el pueblo», «belleza al alcance de todos». El T. A. S. es un «teatro del Pueblo» en un sentido rigurosamente distinto.

4.º NOSOTROS no somos políticos, sino hombres de teatro; pero como hombres —es decir, como lo que somos primariamente—, creemos en la urgencia de una agitación de la vida española.

5.º POR eso, en nuestro dominio propio (el teatro), realizaremos ese movimiento, y desde el teatro, aprovechando sus posibilidades de proyección social, trataremos de llevar la agitación a todas las esferas de la vida española.

6.º PERO conste que la preocupación técnica por la renovación del instrumental artístico del teatro está orientada a servir a la función social que preconizamos para el teatro en estos momentos, y no obedece, de ningún modo, al ímpetu de un cuidado puramente artístico.

7.º LO SOCIAL, en nuestro tiempo, es una categoría superior a lo artístico.

8.º NUESTRA actitud, por otra parte, es plenamente teatral. El camino que estamos trazando es el único por el que las grandes masas volverán al teatro, al drama.

9.º PORQUE hemos asistido al lamentable espectáculo del desplazamiento de las grandes masas de espectadores, al impresionante éxodo del público desde el teatro al cine, desde el drama al espectáculo frívolo, desde la angustia al enmascaramiento, desde la realidad a la evasión, al olvido culpable y al paraíso artificial. El teatro, en torpes manos, ha sido insuficiente para contener este éxodo. Ha dejado que se le escape su mayor grandeza: la emoción de un gran público. El drama ha sido como un cáliz de amargura que el público ha desviado de su boca para entregarse al *divertissement,* al embrutecimiento inhumano de los estupefacientes. El teatro ha asistido impasible —algunos han llegado a creer que impotente— a esta deserción. El T. A. S. pretende impulsar un fuerte movimiento de retorno al teatro.

En Oratorio, *de Alfonso Jiménez, obra representada por el Teatro Lebrijano, se ponían de relieve algunos de los más dramáticos problemas de las clases populares andaluzas.*

10. Hasta nuestros días todos los intentos de teatro social se han producido de una manera esporádica y aislada. Todos los esfuerzos —unas veces por su marcada tendencia de propaganda de una determinada ideología política (Teatro-Piscator, de Berlín), y otras por obedecer a un impulso individual y solitario o por falta de vigor— han resultado casi estériles. El T. A. S. aparece como la mayor concentración de teatro político y social que ha habido hasta la fecha y trata de contrastar las más opuestas tendencias sociales y políticas. El T. A. S. —queda bien claro— no es un «teatro de Partido».

IV. Alfonso Paso

Los obstáculos para el pacto

I. Límites del pacto

No hace mucho tiempo, y en las páginas de esta revista, publiqué un artículo, «Traición», que pareció interesar vivamente, y levantó, incluso, discretas polémicas. En él venía a decir que el autor joven ha de pactar con una serie de normas vigentes en el teatro español al uso, si quiere algún día poseer la necesaria eficacia para derribarlas. Y que más traicionaba a la juventud el extremista teatral, por perderse en la nada sus posturas, que el hombre «al filo de la navaja», pactando constantemente y ganando un punto para su credo teatral en cada pacto.

Todo ello es evidente. El tiempo vino a darme la razón. Si ahora les hablo de mí, lo hago para responsabilizarme de algún modo. Este es el caso. Me propuse hacer un teatro «contra corriente». Es decir, contra los tópicos, falsedades y convencionalismos de mi época. La empresa era arriesgada. Intenté equilibrar los componentes. «Pactemos —me dije— en lo accesorio.» Y así, *Cena de matrimonios* cuenta —entre otras— la historia de una burguesa a quien su marido no hace caso —pacto puro—, si bien la sirena de los bomberos avisa al espectador de que, en medio de tanto problema banal, se inunda un bloque de casas modestas y cientos de familias quedan desamparadas, sin tiempo, claro, para hablar de amor, optimismo, alegría de vivir, etc. Esto representaba «salvar el pacto». No sé si fue mi burguesa —¡ojalá no!— o fue la sirena —¡Dios lo quiera!— lo que produjo para *Cena de matrimonios* mi mayor éxito de público hasta la fecha. Doscientas veintidós representaciones, y una media aproximada de 30.000 pesetas diarias. Esto quiere decir que un sinfín de gente se ha tragado la sirena en cuestión —lo que ella simboliza— y que he sido eficaz. No deja de divertirme que mi teatro más «difícil», más «contracorriente», mis piezas de «acusación» hayan pasado de las 200 representaciones entre auténticos alborotos de público. Me refiero a *Juicio contra un sinvergüenza* y a *Cena de matrimonios*.

Ahora bien, la postura tiene un punto oscuro y difícil. ¿Hasta qué límite puede llegar el pacto? ¿Qué frontera nos detiene? ¿Cuándo dejamos de ser nosotros mismos —con nuestras ideas y nuestros propósitos— por querer llegar al ánimo de todos?

II. Epoca de compromiso

Vivimos una época de compromiso. Por tanto, vivimos un teatro de compromiso. *Una obra bien hecha no basta.* ¡Atención! Esto no quiere decir que pueden pasar las malas comedias. Yo me esfuerzo —en lo que me es posible— en «hacer bien» mis piezas. Pero es cuestión secundaria. Aun siendo asignatura llave. Si no se «hacen bien» las comedias, no se es autor. Y una buena comedia se ve con agrado, es lícita y debe ser aplaudida. Lo que afirmo es que «eso no basta». Hay que lograr algo más. Como se pueda. Dando dos buenas comedias, con posibilidades comerciales, por una obra «con algo más» de porvenir económico incierto. O alternando en una pieza partes «duras y blandas». «Algo más». ¿Qué puede ser ese «algo más»? A mi entender, los «problemas que nos afectan en cuanto a comunidad, las encrucijadas de nuestro momento, una conciencia de la época en que vivimos». Es decir, siempre que un autor haya tocado —en mayor o menor medida— tales cuestiones dentro de una pieza o de su repertorio, tendremos que admitir que —al margen de sus posturas estéticas, ésas siempre discutibles— no ha traicionado a la juventud ni a su momento. Y con ello no se ha traicionado a sí mismo. Y a la postre, tampoco al futuro, porque se es clásico —«antologiable»— en la medida en que se es contemporáneo.

(Primer Acto, n.º 12, 1960, págs. 7-8.)

V. Alfonso Sastre

Teatro imposible y pacto social

Quiero tratar aquí de dos actitudes ante el Teatro español y su progreso. Las vengo observando desde hace tiempo. Son mantenidas, con notable brillantez, por estimados compañeros que desean el progreso del Teatro español y de la Sociedad española. Tales actitudes son presentadas como tácticas ocasionales. De acuerdo sobre los objetivos de nuestra acción —parecen decir estos compañeros—, el desacuerdo reside en la táctica que conviene emplear para lograrlos.

Una de las actitudes, mantenida (que yo sepa) por Antonio Buero Vallejo, cristaliza, especialmente, en una crítica del «imposibilismo» en el Teatro. La otra, cuyo mantenedor en estas mismas páginas es Alfonso Paso, apunta a la recomendación de firmar el pacto social que posibilita el trabajo y la presencia de los nuevos autores en el campo profesional.

La primera viene a estar montada —y si no es así, aceptaré gustosamente la rectificación— sobre los siguientes supuestos:

1.º En España se está escribiendo, deliberadamente, un teatro cuyo estreno es imposible, ya sea por razones privadas (empresas) o de tipo oficial.

2.º Los autores del teatro imposible pretenden con ello atraer sobre su trabajo la atención de determinados círculos; pues no es de suponer que se trate, sencillamente, de autores-suicidas.

3.º El último objetivo de estas posturas puede ser el lanzamieto de ese teatro en el extranjero.

4.º Estas posturas «imposibilistas» son dolorosamente estériles.

5.º Es preciso hacer un teatro posible en España, aunque para ello sea preciso realizar ciertos sacrificios que se derivan de la necesidad de acomodarse de algún modo a la estructura de las dificultades que se oponen a nuestro trabajo.

La segunda actitud está montada sobre las siguientes tesis:

1.ª La vida del teatro español se rige por un pacto de intereses establecidos.

2.ª Sólo suscribiendo este pacto es posible la acción profesional, en la que reside toda eficacia.

3.ª El rechazo del pacto conduce irremediablemente a la inoperancia social, a la esterilidad.

4.ª Una vez suscrito tal pacto es posible la traición a sus cláusulas y, en suma, la acción progresiva.

* * *

Estas son mis propuestas.

A la primera posición:

El concepto de «imposibilismo» —y, en consecuencia, su opuesto— no es válido. No hay un teatro «imposible», en la medida en que no existen criterios de certeza de su imposibilidad: el aparato de control es contradictorio y su acción es imprevisible; además, las empresas están evolucionando y hoy es normal que estrenen lo que hace unos años rechazaban. Hay, eso sí, un teatro momentáneamente «imposibilitado». Todo teatro debe ser considerado posible hasta que sea imposibilitado; y toda «imposibilitación» debe ser acogida por nosotros como una sorpresa. De ningún modo podemos contar para nuestro trabajo con ese interlocutor, y de un modo especial por dos razones: porque contar con él significa aceptarlo, normalizar su existencia, y porque ese interlocutor es fantasmagórico, invertebrado. Aun aceptando que el proceso teatral está condicionado por *muchas* circunstancias, sobre todo de índole económica, y que es preciso considerar estos supuestos y contar con ellos, digo que no podemos —aparte de que debamos o no— contar con *ese* factor por la sencilla razón de que es un factor sin estructura (lo que puede conducir a sacrificios inútiles: contábamos con que ahí había una barrera y *no había nada,* etc.).

Si la tuviera, sí deberíamos contar con él, aunque no para acomodarnos a sus intersticios en nuestro intento de penetración social. Es posible recordar que el progreso no se consigue por acomodación, sino dialécticamente, por contradicción, por oposición de los contrarios.

Independientemente de esto, ¿será preciso decir que el escritor obedece a unos fuertes imperativos, que son los agentes cristalizadores de su obra? Estos imperativos son más fuertes, en los escritores auténticos, que todas las consideraciones tácticas. Gracias a ello, el arte no es una realidad estancada: tiene historia. Y esto es así gracias a los creadores de un arte difícil o, si se quiere, «imposible». O'Neill hizo un teatro «imposible»; el teatro posible eran las comedias musicales de Broodway. *El Greco* o Van Gogh hicieron una pintura «imposible»; como Picasso. Kafka hizo una literatura «imposible»; y ahí está su legado fecundador, su presencia entre nosotros. ¿Volvemos al teatro? ¿Qué es Pirandello? Sus *Seis personajes,* ¿no era una obra «imposible» en aquel momento de la escena italiana? El teatro épico de Brecht ¿no era «imposible» en un ambiente en que el teatro dramático era la única posibilidad abierta? Hasta que Brecht lo «posibilitó», lo hizo posible con su lucha. Como Miller y Sartre han «posibilitado» su teatro frente a todo lo «posible»: el drama domesticado, la comedia ligera, el teatro de bulevar. ¿Hablaremos de Samuel Beckett? ¿Para qué más? ¿Y no son éstos mejores maestros para nosotros que los predicadores de tácticas y acomodaciones, aparte de la señalada dificultad de aportar una táctica frente a un interlocutor cuya consistencia es, digamos, «gaseosa»? A la segunda posición trataré de responder tesis por tesis:

1.ª Suscribo la propuesta en primer lugar.

2.ª Es posible actuar profesionalmente sin suscribir el pacto. Lo que no es posible sin esa aceptación de sus cláusulas es alojarse cómodamente en la profesionalidad: estrenar todos los años una o varias veces, etc. Aparte de esto, la eficacia no reside tan sólo en la llamada acción profesional. Se puede trabajar también desde fuera —teatros universitarios y de cámara—, lo cual es (eso sí) incómodo y poco productivo en el orden económico: hay que trabajar mucho más para conseguir lo mismo y se gana mucho menos.

3.º No. A la lucha. A la preparación de un mundo mejor; al progreso de la sociedad y del teatro.

4.º Lo dudo.

Esta es, expresada con la mayor limpieza, mi postura; la misma que, hace diez años, me hizo saludar con alegría —véase *La Hora* de aquel tiempo; veáse *Il dramma,* revista de la que yo era corresponsal en Madrid— el estreno de *Historia de una escalera:* una obra «imposible».

(*Primer Acto,* núm. 14, 1960, págs. 1-2.)

VI. Antonio Buero Vallejo

Obligada precisión acerca del «imposibilismo»

O yo no sé leer, o lo que Sastre afirma es que hay que escribir con absoluta libertad interior, pues considera en principio posible *todo teatro.* O se me ha olvidado pensar, o nos dice que, aun teniendo que contar con otras trabas —para lo cual, por lo leído, se le olvida que *son similarmente imprevisibles*— hay *una* con la que no se puede contar, aparte de que no se deba, porque es imprevisible. Finalmente, el sentido de toda esta logomaquia pretende ser dialéctico.

Procurando moverme siempre en el terreno que él mismo elige, no tengo más remedio que objetar el largo fragmento transcrito como uno de los ejemplos más rotundos que puedan encontrarse de un pensamiento antidialéctico. En primer lugar, la falta de criterios de certeza para la previsión, obra igualmente *para la imprevisión:* no nos autoriza a que no intentemos prever nada. La falta de estructura en la función fiscalizadora no se traduce en una ignorancia absoluta de sus cambiantes criterios, sino en un conocimiento relativo, sujeto a error y a variación temporal, de posibilidades e imposibilidades; conocimiento que, para ciertas imposibilidades, adquiere un grado de probabilidad equiparable con la certeza. Y ni Sastre ni nadie que quiera difundir su palabra en el *ahora* y el *aquí* además de querer difundirla —como todos queremos también— en un impreciso mañana o en un extranjero igualmente impreciso, deja de tenerlo presente. Hay temas, conceptos, expresiones, protestas, nombres, que, o no se rozan o se rozan de cierto modo; pero no con la independencia de criterio y la decisión expresiva que comportaría una absoluta libertad interior. Se trata de un fenómeno de condicionamiento de la literatura por su ambiente y su tiempo que tampoco falta en los países donde la reacción de lo literario sobre el ambiente es más activa y creadora; es incluso *una* de las causas *normales* de los estilos literarios en cada tiempo y lugar. Cuando Alfonso, en nuestro tiempo y lugar, afirma que se debe escribir con absoluta libertad interior y nos induce a pensar que es lo que él hace, formula un aserto no ya increíble, sino imposible. Pues que me dedica una expresión sartriana, le recordaré lo que el mismo Sartre nos ha enseñado del escritor: que está «en situación» ante su sociedad. Por imprevisibles o variables que sean los condicionamientos que ésta intenta imponerle, el escritor se forma —y debe formarse— en cada momento una imagen de ellos; una presunción que sabe sujeta a error, pero que no puede dejar de hacer, como no podría dejar de hacer sus presunciones un general que ignorase la posición y movimientos del otro ejército. Y como un general que, aquejado de esa ignorancia, decidiese avanzar siempre en línea recta, un escritor que decide escribir con absoluta libertad interior es un concepto abstracto y mecánico: no dialéctico. Por él se lleva a lo absoluto uno de los términos del problema —la imprevisibilidad— para abstraer de la realidad, llevándolo igualmente a lo absoluto, el otro: la creación. En la realidad —en *toda* realidad— el escritor vive, por el contrario, su «situación» a fondo; forcejea con su ambiente, calcula, y se equivoca o acierta; se arriesga a que su palabra pueda no ser dada o entendida, pero no *temerariamente*, porque quiere actuar sobre las circunstancias que vive, aun en el caso de que crea desdeñarlas. Un sencillo ejemplo de que mi compañero no deja de contar con tales realidades para facilitar la difusión de su palabra nos lo proporciona la misma cita donde lo niega, y donde, en lugar de llamar a las cosas por su nombre, las llama «aparato de control».

Mi posición acerca del «imposibilismo» puede ahora precisarse mejor. Es posible que Sastre no la captase del todo en la reunión a que alude, pues por diversas razones —alguna de ellas bastante generosa— no pasé entonces de un esbozo esquemático de la cuestión. Cuando yo critico el «imposibilismo» y recomiendo la posibilitación, no predico acomodaciones; propugno la necesidad de un teatro difícil y resuelto a expresarse con la mayor holgura, pero que no sólo debe escribirse, sino estrenarse. Un teatro, pues, «en situación»; lo más arriesgado posible, pero no temerario. Recomiendo, en suma, y a sabiendas de que muchas veces no se logrará, hacer posible un teatro «imposible». Llamo, por consiguiente, «imposibilismo» a la actitud que se coloca, mecánica y antidialécticamente, «fuera de situación»: la actitud que busca hacer aún más imposible a un teatro «imposible» con temerarias elecciones de tema o expresión, con declaraciones provocadoras, con reclamos inquietantes y abundantes, y que puede llegar tristemente aún más lejos en su divorcio de la dialéctica de lo real: a hacer imposible un teatro... posible.

Censuro, sobre todo, el «imposibilismo» no por lo que, frente a presuntas acomodaciones o tácticas, pudiera tener de falta de táctica; eso tendría nobleza aunque fuese una actitud abstracta y estéril ante la realidad concreta. Lo censuro sobre todo por lo que, justamente, puede tener de *táctica*. Puede ser táctico cuando en la práctica profesional *sólo es aparente y no es real*, mientras se insiste en él teóricamente de manera que nos traiga, tal vez, otras ventajas. Un escritor puede, por ejemplo, poner juntos con insistencia el hecho de que varias de sus obras no han podido darse a conocer, con el hecho de su defensa de una labor enemiga de toda contemporización, y dejar que el lector llegue a la falsa síntesis de que es *una sola causa* la que mantiene ignoradas todas esas obras, cuando la realidad es, por ejemplo, que además de *esa* causa en algunos casos, en otros obró una temerosa previsión en el mismo sentido, provocada de antemano, y que la posterior difusión de la obra no confirma, y en otros, causas normales en cualquier época. Pero estas diferencias no se aclaran, y el número de las obras «valientes» crece en la presunción del lector ingenuo, dentro o fuera de fronteras. Estas cosas, junto a más claras quejas que se propagan en privado, son tácticas con independencia de que su intención sea táctica o, cosa posible también, procedan de una insuperable seguridad en la verdad propia a prueba de contradicciones. Las intenciones, conste, no las discuto: señalo tan sólo el carácter objetivo de los hechos.

«Bien —imagino que podría decir Alfonso, o algún decidido defensor de Alfonso—:

quizá hubo exceso al afirmar que no debemos tener en cuenta en absoluto a determinado factor obstaculizante. Pero ya se ha dicho, y Buero lo reproduce, que, de contar con él, no sería para acomodarnos, sino para reaccionar dialécticamente por contradicción. Los reproches siguen en pie: todo lo que para Buero es «estar en situación» disfraza acomodaciones, y lo que llama «imposibilismo» es justamente la verdadera forma de estar en situación, pero por clara contradicción dialéctica, inconfundible con acomodación alguna.»

Agradezco a Sastre la lección del párrafo a que aludo. Pero creo que también en él su pensamiento, pese a sus pretensiones dialécticas, incurre en deporable simplificación. Porque, si bien en los grandes planos históricos y sociales, la oposición dialéctica de los contrarios es ostensible, en cuanto pasamos a otras estructuras históricas y a la compleja correlación de datos que dentro de ellas y en cada caso concreto (un autor, una obra) juegan, la dialéctica de sus contradicciones no pasa a menudo de manifestarse en forma de leves y sutiles divergencias muy difíciles de distinguir en ocasiones de una acomodación. Si vale un ejemplo político —otra estructura—, «se puede recordar» que en ese terreno las grandes contradicciones históricas llegan a jugar a veces hasta bajo la forma de compromisos entre fuerzas no afines. Y Sastre y yo sabemos bien que, hace unos años, el solo intento de conferir a nuestra escena verdadera dimensión trágica, fuese cual fuese el tema de la obra, era una oposición dialéctica, pero confundible para algunos con la acomodación. Es más: dado el carácter «situado» de la contradicción dialéctica de un artista con su sociedad y lo oscuro que puede ser todo actuar en ciertas condiciones, es fácil equivocarse: llegar a efectivas acomodaciones cuando creemos desarrollar sutiles divergencias dialécticas. De hombres es errar, y no diré yo que no me haya ocurrido a mí más de una vez. Pero si eso le ocurre a un escritor que defiende lo que yo llamo el «imposibilismo» como única forma de oposición dialéctica, inconfundible con la acomodación, cae en una contradicción injustificable e irreductible.

(Primer Acto, n.º 15, 1960, págs. 1-6.)

VII. Carlos Muñiz

Una generación perdida

En lo que respecta al planteamiento del problema de la «generación» que han llamado «perdida», y que yo creo efectivamente que lo está, pienso que sí fue una auténtica «generación», porque no sólo sus componentes coincidieron en sus negaciones, sino también en sus fines, en sus aspiraciones y en la base fundamental de todas sus inquietudes. Fue una «generación» que aspiró profundamente el aire que había a su alrededor, fue una generación consciente, a la que dolían infinidad de cosas y que, a su modo, intentaban paliarlas en un escenario, en las páginas de una novela o en un poema. Es cierto que en ella no puede hablarse de unidad en el sentido estético, formal, pero eso no impide que pueda considerársela como tal «generación». Lo que la caracteriza como tal es la coyuntura histórica en que le tocó vivir y la postura, ésta sí unitaria, que tomó frente a ella. Lo mismo le ocurrió a la «Generación del 98», y es bien claro que en ella se engloban personajes tan variopintos como Baroja y Valle-Inclán, personalidades en el terreno estético casi opuestas y que conservan, a pesar de ello, en toda su obra, el reflejo de una misma temática que es, a su vez, el reflejo de la coyuntura histórica en que vivieron.

Nuestra «generación» ha sido tal vez la que más fuertemente ha padecido, en la historia de nuestro teatro, de los agobios, como ahora es moda decir, de la Administración. No es ni un tópico ni una excusa afirmar que, en cuanto a «generación» de hombres de teatro, la Administración la ahogó en el sentido literal de la palabra. Si nos paramos a contemplar el panorama del teatro durante los últimos años veremos que muchas de las inquietudes fundamentales que nos condicionaron, y que siguen siendo válidas, han determinado su práctica desaparición de los escenarios, surgiendo tan sólo como chispazos aislados: el año pasado *El tragaluz,* de Buero Vallejo, y éste, *English spoken,* de Lauro Olmo. La presión ejercida sobre estos hombres de teatro ha dado, por tanto, fruto. Y lo primero que se ha roto ha sido la continuidad. Recordad que hace seis u

Aspecto que ofrecía el exterior del Teatro Reina Victoria, de Madrid, la noche del estreno (el 17 de septiembre de 1954) de La mordaza, de Alfonso Sastre.

ocho años se estrenaban dos, tres, cuatro obras, una de Buero, otra de Sastre, otra de Rodríguez Buded, o mía... En esta medida, pienso que no sé qué esotéricas razones están conduciendo al teatro español progresista, comprometido, a un marasmo casi total, a un callejón sin salida.

(Primer Acto, n.º 102, septiembre de 1968, págs. 23-24.)

VIII. Francisco García Pavón

Síntomas y síndromes del teatro español de hoy

¿Hacia dónde va nuestro teatro más futurible? ¿Dónde está?

Seamos claros. La última hora del teatro español no apuntaba hacia las abstracciones de Beckett y de Ionesco, sino hacia una problemática de testimonio social español, que inició Buero Vallejo hace diecisiete años, y cada cual con su especial escorzo intelectual, continuaron: Carlos Muñiz, Lauro Olmo, Rodríguez Buded, Martín Recuerda, etc. Alfonso Sastre viene de otra fuente testimonial no menos importante.

La evolución de este lúcido y original arranque ha sido detenida. Todos callan. Ninguno de estos autores estrena hace años. Un silencio pavoroso ha caído sobre nuestro teatro más prometedor. Sin embargo, sabemos que, aun desganados, escriben. Que en su joven gaveta hay varias obras concluidas. ¿Qué ocurre, empresarios? ¿Qué ocurre, directores? ¿Qué ocurre, público? ¿Qué ocurre, censura?

Pero, frente a estas preguntas de difícil contestación, un fenómeno antiguo se ha acentuado, casi ha emergido en nuestros escenarios. Las obras más atrevidas del teatro extranjero que hasta hace nada no consiguieron traspasar las puritanas fronteras españolas se representaban en los teatros madrileños [...]

Lo cierto es —algo parecido ocurre con el cine y sobre todo con los libros— que se protege «el escándalo», el «ludibrio» y la «acusación demagógica» —frases de comentaristas pudibundos— extranjeros, mientras se frena el posible escándalo, ludibrio y acusaciones demagógicas de autores españoles. No se trata, al parecer, de inmunizar a los honestos espectadores españoles de estas «vergüenzas», y sí de evitar que salgan de pluma española. No importa la «lesión» a los receptores, sino su origen. El público de Madrid —parece ser la consigna— tiene derecho a ponerse al día. Los autores, no.

De suerte que la vieja y viciosa xenofobia española toma un escorzo inaudito. «Bien venido el mal, si llega de fuera.» Imposible que salga de boca española. Estamos ante desgracias extrañas con las que hay que transigir, pero es imposible que salgan de plumas indígenas.

En este punto tan raro creo que está la encrucijada de nuestro teatro español de hoy. Realmente el fenómeno no es aislado. Alcanza a dimensiones más profundas; a una línea de conducta de mayor trascendencia. En muchos aspectos, al extranjero, por conveniencias turísticas o de política internacional, se le consienten e incluso se le facilitan muchas cosas prohibidas al nativo. Diríamos que la moral, además de clasista —que siempre lo fue— ahora se regula por áreas geográficas y según el color del pasaporte. Pensemos en Avila o Vitoria, frente a Benidorm o Torremolinos. En los escenarios de Madrid, frente a los del resto de España. Y en los autores de España frente a los de fuera.

(Cuadernos para el Diálogo, junio de 1966, pág. 29.)

IX. Alberto Miralles

Demasiados nombres para algo indefinido

El «nuevo teatro español» ha tenido tantísimas denominaciones que ha terminado por perder su auténtico sentido. Unas veces la terminología se orientaba por la novedad («nuevos autores del silencio», «novísimos», «noveles», «nuevas corrientes», «el otro teatro», «vanguardista»); por su avatar político («soterrado», «innombrable», «maldito», «marginado», «encubierto», «de alcantarilla», «subterráneo»); por su cronología («generación del 65», «del 70», «joven»); por matices accesorios («miméticos», «inconformistas», «más premiados y menos representados», «difícil»), y sólo unas cuantas definiciones aludían al aspecto más interesante y diferenciador: el de su estética («generación imaginativa», «parabólica», «alegórico-grotesca»).

Su aparición, como veremos por ciertas opiniones, oscila entre el 65 y el 70, pero está claro que es muy difícil encontrar un testimonio que diera fe de ella antes del 68, fecha a partir de la cual la generación es un hecho, coincidiendo su aparición con una aparente esclerosis de los realistas y un acercamiento de España a los sucesos teatrales extranjeros, con el consiguiente influjo y el florecimiento de grupos de teatro que empezaron a definirse como «independientes» o «experimentales» en la medida en que no participaban del teatro comercial, dándole a éste un sentido peyorativo por su valor de mercancía, y no ser vehículo de compromiso para quienes intervenían en el proceso de creación.

Durante cierto tiempo se puso en duda la adecuación del término «independiente», dado que ese tipo de teatro dependía de una censura y una economía, exactamente igual que cualquier otro. Actualmente, «independiente» posee un valor preciso de teatro a la busca de un nuevo público y una estructura teatral distinta a la comercial, abriendo nuevos caminos de distribución alternativos.

En cuanto a «experimental», si bien algunos grupos investigaron nuevas técnicas, la superficialidad de los resultados, pronto les hizo rechazar el término [...]

El no querer aceptar la dictadura del autor literario va a ser la clave en la evolución del «nuevo teatro». *Los Goliardos* —y todo el Teatro Independiente que ellos representan— quieren desterrar la figura del autor en tanto que éste había sido elevado por encima del resto de los elementos que forman el espectáculo, considerándose como un hombre tocado por la gracia de la creación, cuyo producto excelso debía pasar a la Historia de las literaturas universales.

El teatro, para los Independientes, no debía ser sólo texto, ni supeditar todo el trabajo de actores, directores y plásticos a magnificarlo. El texto debía de ser un elemento más y no precisamente el más importante del espectáculo. Y eso porque se había descubierto la eficacia del gesto, de la danza, de la luz como lenguajes igualmente válidos. Estaba muy fresca, en todas las memorias, la cita de Artaud: «Un teatro que subordine al texto la puesta en escena y la realización es un teatro de idiotas, de locos, de invertidos, de gramáticos, de tenderos, de antipoetas, de positivistas, es decir: occidental.» Pero para que Artaud fuera redescubierto y aceptado a comienzos de los 60 era preciso que diez años atrás los del teatro del Absurdo hubieran destruido el respeto al texto [...]

El Mayo francés reencontró a Artaud, y el Teatro Independiente español se atrevió con sus teorías porque ya antes habían preparado el camino los del Teatro del Absurdo. Artaud había escrito: «Queremos resucitar la idea del espectáculo total, donde el teatro recobre del cine, del "music hall", del circo y de la vida misma lo que siempre fue suyo. Es imposible y estúpido intentar separar los sentidos de la inteligencia.» Los hombres de teatro que en España veían irreconciliables ambas cosas —razón y sinrazón, Brecht y Artaud— tuvieron su iluminación con la llegada del Living Theater.

El Teatro Independiente se configuraba hacia 1968 como el único vehículo que tenían los nuevos autores para dar a conocer su teatro. ¿Iban a aceptar la paradoja de ser autores del T. I. cuando éste había rechazado la inviolabilidad del texto; cuando había puesto en tela de juicio el concepto «autor» como algo individual dentro del sistema colectivizado de producción artística; cuando había, en fin, otorgado al texto sólo una parte —y no la más importante— de todo el lenguaje escénico? Rotundamente, sí. Los «nuevos autores» aceptan de antemano la transformación, titulando a sus obras «propuestas», «guiones», «pre-textos», que deben ser complementados durante los ensayos. Son muchos los autores que así lo indican explícitamente.

(Nuevo teatro español: Una alternativa social.
Madrid, editorial Villalar, 1977,
págs. 33-34 y 96-99.)

X. Francisco Ruiz Ramón

Del alegorismo a la abstracción

Con la excepción de Ruibal o de Nieva, cuya obra comienza dentro de la década del 50, los dramaturgos que vamos a considerar en esta sección [Ruibal, Martínez Mediero, García Pintado, Luis Matilla, López Mozo, Diego Salvador, Luis Riaza, José Martín Elizondo, Hermógenes Sáinz, Martínez Ballesteros, José M.ª Bellido, Romero Esteo y Francisco Nieva] escriben dentro de los años sesenta y, algunos, casi alrededor de 1970.

Tres elementos característicos nos parece detectar en el estilo dramático de este grupo: 1) la destrucción interna del personaje; 2) acción y lenguaje parabólicos, y 3) la invasión de la escena por los «objetos» [...]

A estos tres elementos, que nos parecen característicos de esta otra ala «no realista» del nuevo teatro español, habría que añadir —pero esto no se da homogéneamente— la tendencia al teatro-espectáculo y al teatro como experimento colectivo, tendencia que supone la asimilación —no importa ahora si lograda o no— y el desarrollo de las nuevas corrientes teatrales actuales, desde el grotowskismo y el «happening» hasta las experiencias del Living, del Bread and Puppet, pasando por esas y otras formas del teatro de la crueldad, del teatro de la provocación, e incluso del teatro del absurdo, del metateatro o del antiteatro y del sociodrama y el psicodrama.

Tres peligros, creemos, amagan en este tipo de teatro: la ambigüedad del sistema de signos, en exceso abstractos en ocasiones; el carácter críptico —no siempre universal— y gratuito de los símbolos de acción, de personaje y de lenguaje, y, finalmente, aunque no siempre, la falta o la pobreza de tensión y de conflictos dramáticos, lo cual —al menos a nivel de lectura del texto— produce una impresión de estatismo, de no progresión, de reiteración y de monotonía.

Por lo que se refiere a la elementalidad, la puerilidad incluso, o la arbitrariedad que señalábamos antes, para el mecanismo de las relaciones simbólicas entre referente (mundo parabólico) y referido (mundo real) —y conste que pensábamos sólo en algunas muestras de ese teatro, pero de ninguna manera en todo él— tenemos la impresión de que son debidas a la naturaleza teórica del público para el que el dramaturgo escribe, patéticamente privado como está de un público real y concreto, y huérfano, a la hora de escribir, de un destinatario visible que corrija o corrobore, en sana y necesaria confrontación, el producto que se le ha destinado. El dramaturgo, en régimen de soledad forzada, da vueltas y más vueltas a la noria, sin llegar a saber si el agua que extrae satisfará o no la sed, obrará o no los efectos previstos. Por otra parte, esta complicidad implícita, complicidad determinada, a la fuerza, por defecto y precariedad viciosa de la estructura político-social del contexto en que autor y posible público coexisten, nos parece también factor que pudiera explicar dicha elementalidad. Algunas obras hacen pensar, a veces, en un exasperado ejercicio de onanismo intelectual, ritualizado ante un público invisible que bien podría ser un no-público [...]

Una de las formas dramáticas recurrentes en este teatro es la de la farsa, en su doble dimensión de grotesco y sátira, consecuencia lógica de la actitud de repulsa frente al mundo dramático en que se sitúan los autores. Repulsa que les hace partir a muchos de ellos para la configuración crítica de la realidad de la que se sienten insolidarios, de la óptica del esperpento, en tanto que forma ideal de un teatro de la marginación. Esto lo ha visto bien José Monleón cuando escribe: «El esperpento significaría la insumisión y supondría la renuncia a toda posible integración en las jerarquías ideológicas del sistema, en la medida en que no trataba de "denunciar" determinadas situaciones injustas, sino de evidenciar sarcásticamente el absurdo sociofilosófico de su procedencia. El esperpento, en suma, tendería a sobrepasar la crítica de los comportamientos de las instituciones concretas para erigirse como una crítica de nuestra civilización. Son los espejos cóncavos o convexos los que deberían destruirse, en vez de limitarnos a cambiar los cuerpos que se reflejan en ellos.» En cuanto a la técnica básica, es en la mayoría de las piezas la propia de la sátira, es decir, la reducción —en sus varias formas: degradación, animalización o «robotización», parodia y mimo— y esto tanto para los personajes como para la acción y el lenguaje.

(Historia del teatro español: siglo XX, Madrid, Cátedra, 1975, págs. 527-531.)

XI. Luis Riaza

El desván de los machos y el sótano de las hembras

puesto que se trata de un teatro, en fin, de destrucción de los *atributos específicos de la representación teatral*

(= destrucción de los actores en su misión convencional
　((que servía
　　(((que sirve todavía en las teatralidades benditas,
para que, cada uno de ellos, encubriese y empollase una individualidad, una idiosincrasia, una psicología enteras y verdaderas,
un personaje, en fin

　　(((univocidad actor=personaje llevada hasta los extremos de que, según meritorios métodos de formación profesional, el actor-suplantador debería meterse en el pellejo del personaje suplantado

　　((((una especie de posesión del vivo por el espíritu del difunto y olvidarse, total y absolutamente, mediante la consiguiente autohipnosis, de su propio pellejo, vaciándose de su propio *yo* en beneficio del *otro* que lo vampirizaba hasta dejarlo seco de personalidad

—para pasar a encarnar toda una gama de significaciones ambiguas

　　((«... las imágenes, los tipos, los personajes, intercambian su personalidad, se desconcretizan, perdidos en un laberinto que voluntariamente trazan ellos mismos con el objeto de encontrarse en un más allá que los defina de una vez...»
o/y
«... cada personaje de Riaza es uno y su contrario es el antagonista de sí mismo...»
y polivalentes

　　((sucede que, en determinada obra nuestra/mía, determinado/a actor/triz hace, simultáneamente, de Don Juan y de Doña Inés

en otra, un actor y una actriz diferentes, unidos siamésicamente por el rabo, representan un único personaje mamipápico

en otro, aun, todos y cada uno de los actores van empollando y cubriendo todos y cada uno de los dramatis personaes

(((o como se diga
= destrucción del espacio escénico en su misión convencional
((que servía
(((que sirve todavía en las teatralidades benditas, en las teatralidades-facsímil
como lugar acotado de la representación de donde partían todas las líneas de la perspectiva para ir a confluir en el punto de fuga
(((o de concentración
ocular de cada embutacado mirón-espectador
(((y, muy especialmente, en el del Gran Vuayer, el Sentado Príncipe
((((o la Primera Autoridad
en dorado sillón que se ha colocado en el lugar privilegiado y medular de la perspectiva
—para pasar a la anulación de la cuarta pared,
((ese ojo de cerradura por donde se filtraban todas aquellas líneas confluyentes
sacando al espectador, mediante la multiplicación de las perspectivas y la dislocación de las referencias, de su pasividad,
((obligándole a ser beligerante, a tomar parte en el juego
(((en el *juego* solamente
((((atención, hermanito!
que yasadicho
((((y repetirlo huele ya a puchero de enfermo

        reiteración !
        reiteración !!
        reiteración!!!

que la vida es *ailleur*, en otros carnavales
irremediablemente perdidos,
en otros lugares donde no se muere de mentirijillas, sino de verdajillas de las buenas
teatral
de su neutralidad mirónica,
y cargándose, sobre todo, el privilegiado Gran-Ojo-de-Príncipe,
esa mirada consolidadora y medusal-petrificante

= destrucción, en fin, del tiempo teatral en su misión convencional,
((que servía
(((que sirve todavía en las teatralidades benditas, en las teatralidades-facsímil, en las teatralidades de la Circe para que todo se desarrolle conforme a una linealidad reconfortante
(((cada pregunta seguida de su réplica, cada acción de su consecuencia, cada causa de su efecto y cada escena de su siguiente
y tanquilizadora
del tiempo-río aristótelico y unidimensional
((un río bieneducado al que se le daban toda clase de facilidades para nacer
(((la afamada *presentación* de la representación transcurría modosamente por su cauce
(((de acto en acto, de *nudo* en desanudo
y se entregaba, sin más problemas, en su difuntadora desembocadura,
(((el *desenlace*
al mar indiferente
del río-tiempo en el que cada espectador navegaba arrullado y conforme y atontolinado por el runrún del tranquilo discurrir del discurso

(*El desván de los machos y el sótano de las hembras,* Madrid, Cátedra, 1978, págs. 111-114.)

XII. Francisco Nieva

Teatro español actual

Nuestra evolución teatral ha sido pobre, pobrísima, por mucho que hayamos tratado los temas de actualidad exigidos por el hambre de buena conciencia que a todos los niveles se ha tenido aquí. Nuestro teatro ha protestado y gemido con alaridos percutentes y acusaciones sonrojantes para los salvados opresores y represores. El exceso de razón moral no daba la menor razón de una evolución estética que hiciese acreedor a nuestro teatro de una atención por parte de otros ambientes más avanzados. Teatro con peligro de ser noblemente feo, dignamente ramplón. Es como cuando se dice: horrible mujer, pero madre amantísima. En verdad, este teatro, atascado y sopinchado de ética, es producto mismo de la represión, si en verdad queremos ser justos nosotros también en el diagnóstico. No podía ser por menos. Hubo un tiempo en que experimentar sobre las formas era cosa de la militancia marxista, un modo de minar el orden y las buenas y sanas costumbres. Pero he aquí que, de pronto, se cambian las tornas: ese experimentalismo estético es puro decadentismo burgués. Hay que decirle al pan, pan, y al vino, vino, añadiendo el precio del pan y del vino para que nada se quede sin decir con tal de que sea justo y cierto. Entre tanta justicia y verdad, pocos han sido los dramas que marquen un camino más evolutivo que, por ejemplo, los «esperpentos» o las comedias bárbaras de Valle-Inclán; apenas el teatro de Jardiel y los *Tres sombreros de copa* de Mihura. La represión fue sucedida por la contrarrepresión y nuestro teatro ha tenido poco campo para evolucionar con agilidad. Un hombre cargado de deberes para su sociedad, ¿qué humor puede tener para hacer nada brillante y distraído? ¿Ni siquiera profundo, en el caso de que no tenga que tratar el tema debido y obligado? El político, por un lado, y la masa politizada, por otro, quieren únicamente echar agua a su molino, que se forme el pitote engañando al cancionista, poeta y dramaturgo de turno para que se crean un Verdi, un Whitman y un Brecht reconocidos por el noble pueblo, de corazón en forma de rumoroso panal de miel [...]

Por el contrario, fuera de España se hace un nuevo descubrimiento de Artaud y su teatro de la violencia. El surrealismo se descubre nuevos brotes. El mundo de Genet, Gombrovitz, Vitkievich, Mrozeck, Beckett, comienza seriamente a interesar. Pensadores como Georges Bataille minan mucho más eficazmente el sistema de coherencias moralizantes para escarbar en el corazón humano de forma mucho más conflictiva, angustiosa, interrogante. Ya el artista no intenta ser justo, sino confesar humanamente su propia verdad hasta los límites del jeroglífico personal. Aparecen en el cine personalidades tan importantes como Bergman, Fellini, Passolini... El resultado en su doble vertiente lo tenemos ahora en realizadores jóvenes como Eric Rhomer o Miclos Jacksso, cuya obra —el cine puede unirse también al teatro como sistema de expresión espectacular— se halla en estos momentos en lo opuesto del realismo ejemplar y despersonalizado. No hay militancia oposicionista a un sistema concreto y local. El arte trata no de defender unos derechos sociales concretos, sino de descubrir nuevas zonas inexploradas del espíritu humano. Cosa bien palpable en el, por desgracia, último film de Passolini, *Saló o los 120 días de Sodoma*.

Arriba, Eugene Ionesco y Samuel Beckett, los dos autores más representativos del «teatro del absurdo» de los años cincuenta. Abajo, escena de Esperando a Godot, *la obra más importante del último de los citados.*

Es natural que, debido no sólo a la represión de carácter político, sino al estado de nuestros públicos, algunos autores como yo se vean en la necesidad de contestar muy activamente, acaso violentamente, a la prolongada inercia de nuestro teatro en unos modos que comienzan a no corresponder en nada al tiempo en que vivimos o al tiempo en que los españoles de ahora queremos vivir. Repito que la obra de los autores españoles citados merece todo mi repeto, pero no merece mi respeto la prolongación de lo que a la larga va a ser otro sistema de represión, pues los españoles somos muy dados a las inquisiciones, sea cual sea su signo y su color. Va a ser necesario vivir muy rápidamente el proceso de reincorporación al mundo que se pretende libre, aguantar el desahogo de quienes por tanto tiempo se vieron amordazados para expresar su opinión política y moral. Pero digamos que nada me sorprende e irrita tanto como la monotonía de nuestros semanarios, que comienzan a ser inaguantables balances político-económicos y socio-morales, apelmazados, truculentos y malhumorados. En nombre de la libertad se levanta un castillo de pesadumbres y deberes sociales que nada tienen que ver con la libertad efectiva. La libertad efectiva de Bergman filmando su *Flauta mágica,* en donde aparece expuesto, con toneladas de inteligencia y de sensibilidad, el descubrimiento de Mozart y del teatro por un niño. Un niño que va a ser hombre marcado por Mozart y por la esencia del teatro.

Es preciso, pues, hablar claro y firme sin temor a la violenta controversia. Para que haya evolución es preciso, sin la menor duda, sentir profundamente la necesidad de ruptura. Y a veces es necesario romper con todo. Romper con la saturación de un teatro intimidado por el deber de calibrar la injusticia, de acusar a los malos de su maldad y enaltecer la inmaculada bondad de los buenos. Romper con una crítica salomónica que pone en la balanza lo que pesa el dolor de los doloridos y la crueldad de los crueles para justificar el servicio que el arte debe rendirle a la sociedad. Esto es parejo al pueril gusto por el melodrama llorón y esa crítica es envenenadora de la juvenil combatividad, de la juvenil disponibilidad de servicio, resolviendo también puerilmente un problema mucho más difícil que reside en la vasta conciencia del hombre. Es menester denunciar el manejo que tiende a tranquilizar a los públicos y hacerles comulgar en un insulso banquete de conformismo y buena conciencia sin fisuras, ni dudas, ni filosofía, ni poesía... Es preciso, pues, desinfantilizar a la oposición, desinfantilizarla de su pretendida madurez política, para enfrentarla con su propia ruptura, en vista de una conciencia universal más libre. En esto encuentro que somos infinitamente paletos, gazmoños y beatos.

Gazmoñería y beatitud del materialismo más epidérmico y superficial, incapaz de concebir el nuevo mito o el nuevo valor, incapaz de presentir ningún sagrado escalofrío, ni un cambio antropomórfico, ni un nuevo manantial de vida... Que la dictadura haya sido causa de nuestro retraso en esta forma de concebir el arte y el arte del teatro, eso no tiene la menor duda. Pero la prolongación de sus resultados se muestra como la base —ya lo he dicho— de otra represión más insidiosa si cabe. El destino de la juventud está en manos de muchos hombres maduros que buscan reflejarse en ella, conservando, sin embargo, un profundo sentimiento de frustración. Pues ¡atención a estos frustrados que aún quieren llegar a tiempo de ser padres de sí mismos! Los tiempos cambian, los proyectos se deshacen, la vida trae nuevas sorpresas. Soy de los que creen que a la juventud hay que indicarle nuevas tentaciones en lugar de armarla en un sentimiento fanático de seguridad en sí misma para luego utilizarla y aun sacrificarla en provecho de alguna abstracción concebida bajo el peso del fracaso.

El estado actual de nuestro teatro, que a mi entender no es muy brillante, se debe a que, en gran parte, expresa mucho más la frustración de los maduros que el descubrimiento de la vida por la juventud. Y es, sin embargo, la juventud la que se hace eco y carga con el peso de esa frustración [...]

Estas palabras mías, como se verá, no pueden ocultar un hambre y una sed todavía no satisfechas de libertad. Celoso de esa libertad me encrespo un tanto contra la amenaza de nuevas e inmerecidas inquisiciones para nuestra autonomía de pensamiento, para nuestro derecho a la experimentación, para lo que pudiera ser nuestro gusto por el matiz, por la singularidad, por la diversidad, por nuestra necesidad de una moral más abierta, de una conducta más irresponsable y feliz, por nuestra exigencia de nuevas luces, nuevos prestigios, valores e, incluso, mitos. Hay que descargarse de ese fardo de sensatez y de ejemplaridad para gustar como recién nacidos la aventura del mundo. Nada puede fundarse en una época sin haber enterrado a la anterior con sus traumas e, incluso, con sus logros. Con todo, bueno y malo, hay que enterrar una época cuando era inevitablemente su momento. Dejemos al tiempo la valoración histórica de cada momento en una sucesión de rupturas que, en realidad, producen el cambio. Toda ruptura es coherente con lo que rompe, aun estimando el valor y la identidad de aquello con lo que rompe. Aún no hemos gustado en España un teatro en libertad. Pues bien: hagamos lo posible, y por el tiempo que sea posible, por crear un terreno de tolerancia expectante, en el que la libertad, como un ávido y osado acto de alto erotismo, no encuentre trabas dogmáticas que la coarten, la entristezcan, la despersonalicen y la suman en nuevos calabozos.

¿Y si en el fondo no hubiera libertad posible? Ah, pues entonces sigamos siendo marginales si sólo en la marginación queda una vaga sospecha de libertad.

(Teatro español actual, Madrid, Fundación Juan March-Cátedra, 1977, págs. 265-275.)

ANTONIO BUERO VALLEJO

Nace en Guadalajara en 1916. En esta ciudad estudia el bachillerato. Lee mucho, pero su vocación es, por entonces, la pintura. En 1934 se traslada a Madrid e ingresa en la escuela de Bellas Artes de San Fernando. Durante la guerra apoyó a la República. Al finalizar la misma es detenido y condenado a muerte en juicio sumarísimo, por «adhesión a la rebelión». Se le conmuta la pena de muerte y permanece en la cárcel hasta 1946. A partir de esta fecha, pinta y escribe diversos relatos. En 1948 presenta dos obras, *En la ardiente oscuridad* e *Historia de una escalera*, al Premio Lope de Vega de teatro, convocado por el Ayuntamiento de Madrid. Se premia esta última, que será dada a conocer, con gran éxito, en el teatro Español el 14 de octubre de 1949. Desde ese momento, estrena con regularidad en España y en el extranjero, y es, durante más de veinte años, el dramaturgo más respetado por la crítica. En 1959 se casa con la actriz Victoria Rodríguez, que intervendrá en algunas de sus obras. En 1971 es elegido para la Real Academia Española. Su discurso de ingreso, leído en mayo de 1972, versó sobre *García Lorca ante el esperpento*. En 1986 se le concedió el Premio Cervantes. En los últimos tiempos, aunque ha conseguido notables éxitos de público, la crítica le ha sido, muchas veces, adversa.

Su producción teatral está formada por: *Las palabras en la arena* (1948), **Historia de una escalera** (1949), **En la ardiente oscuridad** (1950), *La tejedora de sueños* (1952), *La señal que espera* (1952), *Casi un cuento de hadas* (1953), *Madrugada* (1953), *Irene o el tesoro* (1954), *Hoy es fiesta* (1956), *Las cartas boca abajo* (1957), *Un soñador para un pueblo* (1958), **Las Meninas** (1960), **El concierto de San Ovidio** (1962), *La doble historia del doctor Valmy* (1964, pero estrenada, por problemas de censura, en 1974), *El tragaluz* (1967), *El sueño de la razón* (1970), *Llegada de los dioses* (1972), *La fundación* (1974), *La detonación* (1977), *Jueces en la noche* (1979), *Caimán* (1981), *Diálogo secreto* (1984) y *Lázaro en el laberinto* (1986). Es también autor de un libreto para una ópera, *Mito* (1968).

En todo este teatro, que tiene una esencial unidad, coexisten habitualmente dos planos: uno social, en el que se denuncian situaciones concretas (la crueldad, la intransigencia, las más diversas injusticias), y otro metafísico, con abundantes reflexiones sobre el sentido de la vida y sobre la condición humana. Buero pretende que el espectador resuelva los interrogantes que le plantea, pero no en el ámbito de la ficción, sino en el de la propia vida. En esta última línea, en la que pocas veces se va más allá de una trivialización de ideas y conceptos profundos, destaca la defensa reiterada de la verdad y de la autenticidad como formas de vida.

EL TEATRO DESDE 1939

Algunas de sus obras se desarrollan en épocas pasadas. Frente a la retórica del teatro modernista, de las reconstrucciones arqueológicas de otros autores (la que lleva a cabo Calvo Sotelo, por ejemplo, en *El proceso del arzobispo Carranza*) o de la deformación de los hechos (*¿Dónde vas, Alfonso XII?*, de Luca de Tena, es, por esos años, el ejemplo más relevante), Buero busca en el pasado paralelismos con el presente o enseñanzas cuya validez traspase una época concreta.

Ediciones

Teatro selecto, Madrid, Escelicer, 1962. *Historia de una escalera. Las Meninas,* prólogo de Ricardo Domenech, Madrid, Espasa-Calpe (Selecciones Austral), 1980. *El concierto de San Ovidio,* ed. de Ricardo Doménech, Madrid, Castalia, 1971. *El tragaluz,* ed. de José Luis García Barrientos, Madrid, Castalia didáctica, 1985.

ACTO I

URBANO llega al primer rellano. Viste traje azul mahón. Es un muchacho fuerte y moreno, de fisonomía ruda, pero expresiva: un proletario. FERNANDO le mira avanzar en silencio. URBANO comienza a subir la escalera y se detiene al verle.

URBANO: ¡Hola! ¿Qué haces ahí?
FERNANDO: Hola, Urbano. Nada.
URBANO: Tienes cara de enfadado
FERNANDO: No es nada
URBANO: Baja al «casinillo». (*Señalando el hueco de la ventana.*) Te invito a un cigarro. (*Pausa.*) ¡Baja, hombre! (*FERNANDO empieza a bajar sin prisa.*) Algo te pasa. (*Sacando la petaca.*) ¿No se puede saber?
FERNANDO: (*Que ha llegado.*) Nada, lo de siempre... (*Se recuesta en la pared del «casinillo». Mientras, hacen los pitillos.*) ¡Que estoy harto de todo esto!
URBANO: (*Riendo.*) Eso es ya muy viejo. Creí que te ocurría algo.
FERNANDO: Puedes reírte. Pero te aseguro que no sé cómo aguanto. (*Breve pausa.*) En fin, ¡para qué hablar! ¿Qué hay por tu fábrica?
URBANO: ¡Muchas cosas! Desde la última huelga de metalúrgicos la gente se sindica a toda prisa. A ver cuándo nos imitáis los dependientes.
FERNANDO: No me interesan esas cosas.
URBANO: Porque eres tonto. No sé de qué te sirve tanta lectura.
FERNANDO: ¿Me quieres decir lo que sacáis en limpio de esos líos?

URBANO: Fernando, eres un desgraciado. Y lo peor es que no lo sabes. Los pobres diablos como nosotros nunca lograremos mejorar de vida sin la ayuda mutua. Y eso es el sindicato. ¡Solidaridad! Esa es nuestra palabra. Y sería la tuya si te dieses cuenta de que no eres más que un triste hortera. ¡Pero como te crees un marqués!
FERNANDO: No me creo nada. Sólo quiero subir, ¿comprendes? ¡Subir! Y dejar toda esta sordidez en que vivimos.
URBANO: Y a los demás que los parta un rayo.
FERNANDO: ¿Qué tengo yo que ver con los demás? Nadie hace nada por nadie. Y vosotros os metéis en el sindicato porque no tenéis arranque para subir solos. Pero ése no es camino para mí. Yo sé que puedo subir y subiré solo.
URBANO: ¿Se puede uno reír?
FERNANDO: Haz lo que te dé la gana.
URBANO: (*Sonriendo.*) Escucha, papanatas. Para subir solo, como dices, tendrías que trabajar todos los días diez horas en la papelería; no podrías faltar nunca, como has hecho hoy...
FERNANDO: ¿Cómo lo sabes?
URBANO: ¡Porque lo dice tu cara, simple! Y déjame continuar. No podrías tumbarte a hacer versitos ni a pensar en las musarañas; buscarías trabajos particulares para redondear el presupuesto y te acostarías a las tres de la mañana contento de ahorrar sueño y dinero. Porque tendrías que ahorrar, ahorrar como una urraca; quitándolo de la comida, del vestido, del

tabaco... Y cuando llevases un montón de años haciendo eso, y ensayando negocios y buscando caminos, acabarías por verte solicitando cualquier miserable empleo para no morirte de hambre... No tienes tú madera para esa vida.

FERNANDO: Ya lo veremos. Desde mañana mismo...

URBANO: (*Riendo.*) Siempre es desde mañana. ¿Por qué no lo has hecho desde ayer, o desde hace un mes? (*Breve pausa.*) Porque no puedes. Porque eres un soñador. ¡Y un gandul! (*FERNANDO le mira lívido, conteniéndose, y hace un movimiento para marcharse.*) ¡Espera, hombre! No te enfades. Todo esto te lo digo como un amigo.

(*Pausa.*)

FERNANDO: (*Más calmado y levemente despreciativo.*) ¿Sabes lo que te digo? Que el tiempo lo dirá todo. Y que te emplazo. (*URBANO le mira.*) Sí, te emplazo para dentro de... diez años, por ejemplo. Veremos para entonces quién ha llegado más lejos; si tú con tu sindicato o yo con mis proyectos.

URBANO: Ya sé que yo no llegaré muy lejos; y tampoco tú llegarás. Si yo llego, llegaremos todos. Pero lo más fácil es que dentro de diez años sigamos subiendo esta escalera y fumando en este «casinillo»

FERNANDO: Yo, no. (*Pausa.*) Aunque quizá no sean mucho diez años...

(*Pausa.*)

URBANO: (*Riendo.*) ¡Vamos! Parece que no estás muy seguro.

FERNANDO: No es eso, Urbano. ¡Es que le tengo miedo al tiempo! Es lo que más me hace sufrir. Ver cómo pasan los días, y los años..., sin que nada cambie. Ayer mismo éramos tú y yo dos críos que veníamos a fumar aquí, a escondidas, los primeros pitillos... ¡Y hace ya diez años! Hemos crecido sin darnos cuenta, subiendo y bajando la escalera, rodeados siempre de los padres, que no nos entienden; de vecinos que murmuran de nosotros y de quienes murmuramos... Buscando mil recursos y soportando humillaciones para poder pagar la casa, la luz... y la patatas. (*Pausa.*) Y mañana, o dentro de diez años, que pueden pasar como un día,

Arriba, ensayo de Historia de una escalera, en octubre de 1949. La puerta central fue suprimida después, como puede verse en la foto inferior, que corresponde a una representación de la obra.

como han pasado estos últimos..., ¡sería terrible seguir así! Subiendo y bajando la escalera, una escalera que no conduce a ningún sitio; haciendo trampas en el contador, aborreciendo el trabajo..., perdiendo día tras día... (*Pausa.*) Por eso es preciso cortar por lo sano.

URBANO: ¿Y qué vas a hacer?

FERNANDO: No lo sé. Pero ya haré algo.

URBANO: ¿Y quieres hacerlo solo?

FERNANDO: Solo.

URBANO: ¿Completamente?

(*Pausa*)

FERNANDO: Claro.

URBANO: Pues te voy a dar un consejo. Aunque no lo creas, siempre necesitamos de los demás. No podrás luchar solo sin cansarte.

FERNANDO: ¿Me vas a volver a hablar del sindicato?

URBANO: No. Quiero decirte que, si verdaderamene vas a luchar, para evitar el desaliento necesitarás...

(*Se detiene.*)

EL TEATRO DESDE 1939

FERNANDO: ¿Qué?
URBANO: Una mujer.
FERNANDO: Ese no es problema. Ya sabes que...
URBANO: Ya sé que eres un buen mozo con muchos éxitos. Y eso te perjudica; eres demasiado buen mozo. Lo que te hace falta es dejar todos esos noviazgos y enamorarte de verdad. (*Pausa.*) Hace tiempo que no hablamos de estas cosas...

(Historia de una escalera.)

ACTO I

JUANA: Óyeme... Tú necesitas una novia. (*Pausa. IGNACIO comienza a reír levemente.*) ¡Te ríes! (*Risueña.*) ¡Pronto acerté!
IGNACIO: (*Deja de reír. Grave*) Estáis envenenados de alegría. Pero sois monótonos y tristes sin saberlo... Sobre todo las mujeres. Aquí, como ahí fuera, os repetís lamentablemente, seáis ciegas o no. No eres la primera en sugerirme esa solución pueril. Mis vecinitas decían lo mismo.
JUANA: ¡Bobo! ¿No comprendes que se insinuaban?
IGNACIO: ¡No! Ellas también estaban comprometidas..., como tú. Daban el consejo estúpido que la estúpida alegría amorosa os pone a todas en la boca. Es... como una falsa generosidad. Todas decís: «¿Por qué no se echa novia?» Pero ninguna, con la inefable emoción del amor en la voz, ha dicho: «Te quiero» (*Furioso.*) Ni tú tampoco, ¿no es así? ¿O acaso lo dices? (*Pausa.*) No necesito una novia. ¡Necesito un «te quiero» dicho con toda el alma! «Te quiero con tu tristeza y tu angustia; para sufrir contigo, y no para llevarte a ningún falso reino de la alegría.» No hay mujeres así.
JUANA: (*Vagamente dolida en su condición femenina.*) Acaso tú no le hayas preguntado a ninguna mujer.
IGNACIO: (*Duro.*) ¿A una vidente?
JUANA: ¿Por qué no?
IGNACIO: (*Irónico.*) ¿A una vidente?
JUANA: ¡Qué más da! ¡A una mujer!

(*Breve pausa.*)

IGNACIO: ¡Al diablo todas, y tú de capitana! Quédate con tu alegría; con tu Carlos, muy bueno y muy sabio... y completamente tonto, porque se cree alegre. Y como él, Miguelín, y don Pablo y todos. ¡Todos! Que no tenéis derecho a vivir, porque os empeñáis en no sufrir, porque os negáis a enfrentaros con vuestra tragedia, fingiendo una normalidad que no existe, procurando olvidar e, incluso, aconsejando duchas de alegría para reanimar a los tristes... (*Movimiento de JUANA.*) ¡Crees que no lo sé! Lo adivino. Tu don Pablo tuvo la candidez de insinuárselo a mi padre, y éste os lo pidió descaradamente... (*Sarcástico.*) Vosotros sois los alumnos modelo, los leales colaboradores del profesorado en la lucha contra la desesperación, que se agazapa por todos los rincones de la casa. (*Pausa.*) ¡Ciegos! ¡Ciegos y no invidentes, imbéciles!

ACTO II

CARLOS: (*Resollando.*) Escucha, Igna-

Escena de En la ardiente oscuridad, *estrenada el 1 de diciembre de 1950 en el Teatro María Guerrero, de Madrid. En la foto, José María Rodero, Mari Carmen Díaz de Mendoza y Adolfo Marsillach, en los papeles de Ignacio, Juana y Carlos, respectivamente*

cio. Hablemos lealmente. Y con la mayor voluntad de entendernos.

IGNACIO: Creo entenderte muy bien.

CARLOS: Me refiero a entendernos en la práctica.

IGNACIO: No es muy fácil.

CARLOS: De acuerdo. Pero ¿no lo crees necesario?

IGNACIO: ¿Por qué?

CARLOS: (*Con impaciencia reprimida.*) Procuraré explicarme. Ya que no pareces inclinado a abandonar tu pesimismo, para mí merece todos los respetos. ¡Pero encuentro improcedente que intentes contagiar a los demás! ¿Qué derecho tienes a eso?

IGNACIO: No intento nada. Me limito a ser sincero, y ese contagio de que me hablas no es más que el despertar de la sinceridad de cada cual. Me parece muy conveniente, porque aquí había muy poca. ¿Quieres decirme, en cambio, qué derecho te asiste para recomendar constantemente la alegría, el optimismo y todas esas zarandajas?

CARLOS: Ignacio, sabes que son cosas muy distintas. Mis palabras pueden servir para que nuestros compañeros consigan una vida relativamene feliz. Las tuyas no lograrán más que destruir; llevarlos a la desesperación, hacerles abandonar sus estudios.

(DOÑA PEPITA *interpela desde la terraza a los que patinan en el campo.* IGNACIO *y* CARLOS *se interrumpen y escuchan.*)

DOÑA PEPITA: ¡Se ha caído usted ya dos veces, Miguelín! Eso está muy mal. Y a usted, Andrés, ¿qué le pasa? ¿Por qué no se lanza?... Vaya. Otro que se cae. Están ustedes cada día más inseguros...

CARLOS: ¿Lo oyes?

IGNACIO: ¿Y qué?

CARLOS: ¡Que tú eres el culpable!

IGNACIO: ¿Yo?

CARLOS: ¡Tú, Ignacio! Y yo te invito, amistosamene, a reflexionar... y a colaborar para mantener limpio el Centro de problemas y de rutina. Creo que a todos nos interesa.

IGNACIO: ¡A mí no me interesa! Este Centro está fundado sobre una mentira.

(DOÑA PEPITA, *con las manos en los hombros de las ciegas, las besa cariñosamente y se va por la derecha de la terraza.* JUANA *y* ELISA *se emparejan.*)

CARLOS: ¿Qué mentira?

IGNACIO: La de que somos seres normales.

CARLOS: ¡Ahora no discutiremos eso!

IGNACIO: (*Levantándose.*) ¡No discutiremos nada! No hay acuerdo posible entre tú y yo. Hablaré lo que quiera y no renunciaré a ninguna conquista que se me ponga en mi camino. ¡A ninguna!

ACTO III

CARLOS: Debes irte porque tu influencia está pesando demasiado sobre esta casa. Y tu influencia es destructora. Si no te vas, esta casa se hundirá. ¡Pero antes de que eso ocurra, tú te habrás ido!

IGNACIO: Palabrería. No pienso marcharme, naturalmente. Ya sé que algunos lo deseáis. Empezando por don Pablo. Pero él no se atreve a decirme nada, porque no hay motivo para ello. ¿De verdad no me hablas... en su nombre?

CARLOS: Es el interés del Centro el que me mueve a hablarte.

IGNACIO: Más palabrería. ¡Qué aficionado eres a los tópicos! Pues escúchame. Estoy seguro de que la mayoría de los compañeros desea mi permanencia. Por lo tanto, no me voy.

CARLOS: ¡Qué te importan a ti los compañeros!

(*Breve pausa.*)

IGNACIO: El mayor obstáculo que hay entre tú y yo está en que no me comprendes. (*Ardientemente.*) ¡Los compañeros, y tú con ellos, me interesáis más de lo que crees! Me duele como una mutilación propia vuestra ceguera; ¡me duele, a mí, por todos vosotros! (*Con arrebato.*) ¡Escucha! ¿No te has dado cuenta al pasar por la terraza de que la noche estaba seca y fría? ¿No sabes lo que significa? No lo sabes, claro. Pues eso quiere decir que ahora están brillando las estrellas con todo su esplendor, y que los videntes gozan de la maravilla de su presencia. Esos mundos lejanísimos están ahí. (*Se ha acercado al ventanal y toca los cristales.*) Tras los cristales, al alcance de nuestra vista..., ¡si la tuviéramos! (*Breve pausa.*) A ti eso no te importa, desdichado. Pues yo las añoro, quisiera contemplarlas; siento gravitar su dulce luz sobre mi rostro, ¡y me parece que casi las veo! (*Vuelto extáticamente hacia el ventanal. CARLOS se vuelve un poco, sugestionado a su pesar.*) Bien sé que si gozara de la vista moriría de pesar por no poder alcanzarlas. ¡Pero al menos las vería! Y ninguno de nosotros las ve, Carlos. ¿Y crees malas estas preocupaciones? Tú sabes que no pueden serlo. ¡Es imposible que tú —por poco que sea— no las sientas también!

CARLOS: (*Tenaz,*) ¡No! Yo no las siento.

IGNACIO: No las sientes, ¿eh? Y ésa es tu desgracia; no sentir la esperanza que yo os he traído.

CARLOS: ¿Qué esperanza?

IGNACIO: La esperanza de la luz.

CARLOS: ¿De la luz?

IGNACIO: ¡De la luz, sí! Porque nos dicen incurables; pero ¿qué sabemos nosotros de eso? Nadie sabe lo que el mundo puede reservarnos; desde el descubrimiento científico... hasta el milagro.

CARLOS: (*Despectivo.*) ¡Ah, bah!

IGNACIO: Ya, ya sé que tú lo rechazas. ¡Rechazas la fe que te traigo!

CARLOS: ¡Basta! Luz, visión... Palabras vacías. ¡Nosotros estamos ciegos! ¿Entiendes?

IGNACIO: Menos mal que lo reconoces... Creí que sólo éramos... invidentes.

CARLOS: ¡Ciegos, sí! Sea.

IGNACIO: ¿Ciegos de qué?

CARLOS: (*Vacilante.*) ¿De qué?...

IGNACIO: ¡De la luz! De algo que anhelas comprender..., aunque lo niegues. (*Transición.*) Escucha: yo sé muchas cosas. Yo sé que los videntes tratan a veces de imaginarse nuestra desgracia, y para ello cierran los ojos. (*La luz del escenario empieza a bajar.*) Entonces se estremecen de horror. Alguno de ellos enloqueció, creyéndose ciego..., porque no abrieron a tiempo la ventana de su cuarto. (*El escenario está oscuro. Sólo las estrellas brillan en la ventana.*) ¡Pues en ese horror y en esa locura estamos sumidos nosotros!... ¡Sin saber lo que es! (*Las estrellas comienzan a apagarse.*) Y por eso es para mí doblemente espantoso. (*Oscuridad absoluta en el escenario y en el teatro.*) Nuestras voces se cruzan... en la tiniebla.

CARLOS: (*Con ligera aprensión en la voz.*) ¡Ignacio!

IGNACIO: Sí. Es una palabra terrible por lo misteriosa. Empiezas..., empiezas a comprender. (*Breve pausa.*) Yo he sentido cómo los videntes se alegran cuando vuelve la luz por la mañana. (*Las estrellas comienzan a lucir de nuevo, al tiempo que empieza a iluminarse otra vez el escenario.*) Van identificando los objetos, gozándose en sus formas y sus... colores. ¡Se saturan de la alegría de la luz, que es para ellos como un verdadero don de Dios! Un don tan grande, que se ingeniaron para producirlo de noche. Pero para nosotros todo es igual. La luz puede volver; puede ir sacando de la oscuridad las formas y los colores; puede dar a las cosas su plenitud de existencia. (*La luz del escenario y de las estrellas ha vuelto del todo.*) ¡Incluso a la lejanas estrellas! ¡Es igual! Nada vemos.

CARLOS: (*Sacudiendo con brusquedad la involuntaria influencia sufrida a causa de las palabras de IGNACIO.*) ¡Cállate! Te comprendo, sí; te comprendo; pero no te puedo disculpar. (*Con el acento del que percibe una revelación súbita.*) Eres... ¡un mesiánico desequilibrado! Yo te explicaré lo que te pasa: tienes el instinto de la muerte. Dices que quieres ver... ¡Lo que quieres es morir!

IGNACIO: Quizá... Quizá. Puede que la muerte sea la única forma de conseguir la definitiva visión...

CARLOS: O la oscuridad definitiva. Pero es igual. Morir es lo que buscas, y no lo sabes. Morir y hacer morir a los demás. Por eso debes marcharte. ¡Yo defiendo la vida! ¡La vida de todos nosotros, que tú amenazas! Porque quiero vivirla a fondo, cumplirla; aunque no sea pacífica ni feliz. Aunque sea dura y amarga. ¡Pero la vida sabe a algo, nos pide algo, nos reclama! (*Pausa breve.*) Todos luchábamos por la vida aquí... hasta que tú viniste. ¡Márchate!

(*En la ardiente oscuridad.*)

ACTO I

EL MARQUÉS: Subid los impuestos.

EL REY: ¿Más?

EL MARQUÉS: ¡Cuanto fuera menester, señor! ¿Qué mayor obligación para el país que ayudar a su rey a seguir siendo el más grande monarca de la tierra? Debo daros

Escena de Las Meninas, *que se estrenó en el Teatro Español, de Madrid, el 9 de diciembre de 1960.*

además, señor, nuevas que no he querido exponer en el Consejo [por no estar aún confirmadas] [1], pero que sin duda satisfarán a vuestra majestad.

El Rey: ¿Qué nuevas son ésas?

El Marqués: En Balchín del Hoyo, señor, se han descubierto dos poternas llenas de cerrojos y candados, que aún no se han abierto... Vuestra majestad verá cómo también allí nos asiste la Providencia.

El Rey: Dios lo haga. Mas si, entre tanto, volvemos a subir los impuestos, quizá promoveríamos más disturbios...

El Marqués: Los revoltosos nunca pueden tener razón frente a su rey. El descontento es un humor pernicioso, una mala hierba que hay que arrancar sin piedad. [Y en eso sí que necesitamos ojos de Argos y ejemplar severidad.] Por fortuna, vuestra majestad tiene vasallos capaces de advertir el aliento pestilente de la rebeldía..., aunque sople en el mismo Palacio.

El Rey: ¿Qué queréis decir?

El Marqués: No es la primera vez que mi lealtad me fuerza a insistir acerca de ello ante vuestra majestad. Nunca es más peligrosa la rebeldía que cuando se disfraza con un rostro sumiso.

El Rey *(Se levanta)*: ¿Habláis de Velázquez?

El Marqués: Así es, señor.

(El Rey pasea. Una pausa.)

---
1. Las frases entre corchetes fueron suprimidas en las representaciones de esta obra.

El Rey: Velázquez no es un rebelde.

El Marqués: Ante vos, no, señor: no es tan necio. Ante mí, de quien recibe justas órdenes, sólo muestra desdén y desobediencia.

El Rey: Es un excelente pintor.

El Marqués *(Señala a Nardi, que permanecía apartado)*: Si vuestra majestad da su venia al maestro Nardi para que hable en mi lugar, él podrá señalar como excelente pintor que también es algunas condiciones extrañas que nos parece advertir en el cuadro que el «sevillano» pretende pintar.

El Rey *(Después de un momento)*: Acercaos maestro Nardi.

Nardi *(Se acerca y se inclina)*: Señor...

El Rey: Ya en otra ocasión Carducho y vos me hablasteis injustamente de Velázquez. ¿Qué tenéis que decirme ahora de la pintura que se dispone a ejecutar? [Medid vuestras palabras.

Nardi: Señor, si volviera a errar, a vuestra benignidad me acojo. Sólo me mueve el deseo de servir lealmente a vuestra majestad.

El Rey: Hablad.

Nardi: Si no me constara el amor que don Diego profesa al trono, diría que se mofaba con esa pintura de su misión de pintor de cámara.

El Rey]: Es una pintura de las infantas.

Nardi: Pero... nada respetuosa... La falta de solemnidad en sus actitudes las hace parecer simples damas de la Corte; los servidores, los enanos y hasta el mismo perro parecen no menos importantes que ellas... *(El Rey vuelve a sentarse, Nardi titubea, mas sigue hablando.)* Tampoco se escoge el adecuado país para el fondo, o [al menos] el lugar palatino que corresponda a la grandeza de vuestras reales hijas, sino un destartalado obrador de pintura con un gran bastidor bien visible, porque..., porque...

El Rey: Continuad.

El Marqués: Con la venia de vuestra majestad lo haré yo, pues sé lo que la prudencia del maestro vacila en decir. [Un gran bastidor en el que el propio «sevillano» pinta.] Lo más intolerable de esa pintura es que representa la glorificación de Velázquez pintada por el propio Velázquez. Y sus altezas, y todos los demás, están de visita en el obrador de ese fatuo.

[Nardi: Más bien resulta por ello un cuadro de criados insolentes que de personas reales, señor.

EL MARQUÉS: Justo. Y donde el más soberbio de ellos, con los pinceles en la mano, confirma la desmesurada idea que de sí mismo tiene.]

NARDI: Confío en que don Diego no llegará a pintarlo en tamaño tan solemne, pues sería, si vuestra majestad me consiente un símil literario, como si don Pedro Calderón hubiese escrito una de sus grandes comedias... en prosa.

EL MARQUÉS: No confío yo tanto en la cordura de un hombre que acaso ha osado en su fuero interno creerse no inferior ni a la suprema grandeza de vuestra majestad.

EL REY (Airado): ¿Qué?

EL MARQUÉS: Parece que él mismo ha dicho, señor, que sus majestades se reflejarían en el espejo. No ha encontrado lugar más mezquino para vuestras majestades en el cuadro mientras él mismo se retrata en gran tamaño. No me sorprende: yo nunca oí a Velázquez y dudo que vuestra majestad los haya oído, aquellos justos elogios que el amor del vasallo debe a tan excelso monarca y que le han prodigado ingenios en nada inferiores a Velázquez.

ACTO II

EL REY (Sombrío, se acerca a Velázquez): Siempre os tuve por un buen vasallo, don Diego. Desde hoy, ya no sé si merecíais mi amistad. Nunca acerté a leer en vuestros ojos y ahora tampoco me dicen nada. Todavía quisiera, sin embargo, juzgaros como amigo más que como rey. ¡De vos depende que yo pueda entender de otro modo todo lo que aquí se ha dicho! Ya no quiero saber qué hay tras esa frente. Me bastará con vuestra palabra. ¿Puede negarse un vasallo a protestar de su lealtad y su amor al soberano? Vos habéis tenido el mío... Si me declaráis vuestro arrepentimiento y reconocéis vuestra sumisión a mi persona, olvidaré todas las acusaciones.

M.ª TERESA: ¿No os bastan sus lágrimas? Ha llorado por la injusticia que le hacíais.

VELÁZQUEZ: Lloro por ese hombre que ha muerto, alteza.

EL REY: ¿Por ese hombre?

VELÁZQUEZ: Era mi único amigo verdadero

EL REY (Duro): Así pues, ¿yo no lo era? ¿Es eso cuanto me tenéis que decir?

VELÁZQUEZ: Algo más, señor. Comprendo lo que vuestra majestad me pide. Unas palabras de fidelidad nada cuestan... ¿Quién sabe nada de nuestros pensamientos? Si las pronuncio podré pintar lo que debo pintar y vuestra majestad escuchará la mentira que desea oír para seguir tranquilo...

EL REY (Airado): ¿Qué decís?

VELÁZQUEZ: Es una elección, señor. De un lado, la mentira una vez más. Una mentira tentadora: sólo puede traerme beneficios. Del otro, la verdad. Una verdad peligrosa que ya no remedia nada... Si viviera Pedro Briones me repetiría lo que me dijo antes de venir aquí: mentid si es menester. Vos debéis pintar. Pero él ha muerto... (Se le quiebra la voz.) El ha muerto. ¿Qué valen nuestras cautelas ante esa muerte? ¿Qué puedo dar yo para ser digno de él, si él ha dado su vida? Ya no podría mentir, aunque deba mentir. Ese pobre muerto me lo impide... Yo le ofrezco mi verdad estéril... (Vibrante.) ¡La verdad, señor, de mi profunda, de mi irremediable rebeldía!

EL REY: ¡No quiero oír esas palabras!

VELÁZQUEZ: ¡Yo debo decirlas! Si nunca os adulé, ahora hablaré. ¡Amordazadme, ponedme hierros en las manos, que vuestra jauría me persiga como a él por las calles! Caeré por un desmonte pensando en las tristezas y en las injusticias del reinado. Pedro Briones se opuso a vuestra autoridad; pero, ¿quién le forzó a la rebeldía? Mató porque su capitán se lucraba con el hambre de los soldados. Se alzó contra los impuestos porque los impuestos están hundiendo al país. ¿Es que el poder sólo sabe acallar con sangre lo que él mismo incuba? Pues, si así lo hace, con sangre cubre sus propios errores.

EL REY (Turbado, procura hablar con sequedad): He amado a mis vasallos. Procuré la felicidad del país.

VELÁZQUEZ: Acaso.

EL REY: ¡Medid vuestras palabras!

VELÁZQUEZ: Ya no, señor. El hambre crece, el dolor crece, el aire se envenena y ya no tolera la verdad que tiene que esconderse como mi Venus, porque está desnuda. Mas yo he de decirla. Estamos viviendo de mentiras o de silencios. Yo he vivido de silencios, pero me niego a mentir.

EL REY: Los errores pueden denunciarse. ¡Pero atacar a los fundamentos inconmovibles del poder no debe tolerarse! Os estáis perdiendo, don Diego.

VELÁZQUEZ: ¿Inconmovibles? Señor, dudo que haya nada inconmovible. Para morir nace todo: hombres, instituciones... Y el tiempo todo se lo lleva... También se llevará esta edad de dolor. Somos fantasmas en manos del tiempo.

EL REY (*Dolido, se aparta*): Yo os he amado... Ahora veo que vos no me amasteis.

VELÁZQUEZ: Gratitud, sí, majestad. Amor... Me pregunto si puede pedir amor quien nos amedrenta.

EL REY (*Se vuelve, casi humilde*): También yo sé de dolores... De tristezas...

VELÁZQUEZ: Pedro ha muerto.

EL REY (*Da un paso hacia él*): Habéis podido pintar gracias a mí...

VELÁZQUEZ: Él quiso pintar de muchacho. Me avergüenzo de mi pintura. Castigadme.

(*Un silencio. EL REY está mirando a VELÁZQUEZ con obsesiva fijeza.*)

M.ª TERESA: Él ha elegido. Elegid ahora vos. Pensadlo bien: es un hombre muy grande el que os mira. Os ha hablado como podría haberlo hecho vuestra conciencia: ¿desterraréis a vuestra conciencia del Palacio? Podéis optar por seguir engendrando hijos con mujerzuelas (*EL REY la mira súbitamente*) y castigar a quien tuvo la osadía de enseñaros que se puede ser fiel a la esposa; podéis seguir adormecido entre aduladores que le aborrecen porque es íntegro, mientras ellos, como el señor marqués, venden prebendas y se enriquecen a costa del hambre del país; podéis escandalizaros ante una pintura para ocultar los pecados de Palacio. Podéis castigar a Velázquez... y a vuestra hija, por el delito de haberos hablado, quizá por primera y última vez, como verdaderos amigos. ¡Elegid ahora entre la verdad y la mentira!

EL REY (*Triste*): Él ha sabido hacerse amar de vos más que yo. Eso me ofende aún más.

M.ª TERESA (*Entre ella y VELÁZQUEZ se cambia una profunda mirada*): No le llaméis amor, padre mío... En esta Corte de galanteos y de pasiones desenfrenadas es un sentimiento... sin nombre.

EL REY (*Mirando a los dos*): Yo debiera castigar... Vos entraríais en la Encarnación y vos iríais al destierro... Si Dios me hubiera hecho como mis abuelos, castigaría sin vacilar... No lo haré.

M.ª TERESA: Porque sois mejor de lo que creéis, padre mío.

EL REY: No. También debiera castigar a otros y tampoco lo haré. (*Con los ojos bajos.*) Soy el hombre más miserable de la tierra.

(Las Meninas.)

ACTO II

ADRIANA: Vuestro gorro, David.

(*David lo toma y lo palpa.*)

DAVID: ¿No es más bella la cabeza descubierta?

VALINDIN: ¿Qué sabes tú? Tú no ves. Con los gorros parecéis astrólogos, sabios... Músicos... de la antigüedad. Justo: músicos de la orquesta del rey Gilberto. ¡Vamos contigo, Gilberto! Primero, la barba...

(*Va a tomarla.*)

DAVID: ¿Por qué una barba?

VALINDIN (*Quemado*): ¡Porque es el rey! ¡Y ponte tu gorro! Sólo faltas tú. (*David vacila, pero se pone el gorro.*) Pon atención, pajarillo. La barba se sujeta a las orejas con estas dos cuerdecitas. Así. (*Se la pone. Es una grotesca barba rubia de guardarropía, en forma de pala. Gilberto se la toca.*) ¡Toca, toca! Eres la estampa de un monarca griego.

DAVID: ¿Griego?

VALINDIN: Es un decir.

(*Le hace a Adriana una singular seña: una «O» con los dedos sobre un ojo. Adriana suspira y va tras la tribuna, de donde vuelve a poco con una cajita que deja sobre la mesa de la izquierda.)*

GILBERTO *(Entre tanto)*: ¡Y ahora, mi corona!

VALINDIN *(Recoge el tocado)*: ¡La corona de su majestad! Es una corona a la antigua, ¿sabes? Un casco y dos hermosas alas a los lados.

GILBERTO: ¡Dos alas hermosas para el pajarillo!

VALINDIN: Justamente. Baja la cabeza... Así. *(Se la coloca. Es un casco de purpurina plateada con borde y broche frontal dorados, de cuyos lados emergen dos espléndidas orejas de asno. Gilberto se lo toca y ríe feliz. Valindin retrocede.)* ¡Nunca se vio orquesta igual! ¡Adriana, mira qué hermosura! ¿No es cierto que están imponentes?

(Ante el triste grupo de adefesios, le hace señas apremiantes de que asienta.)

ADRIANA *(Elude mirarlo)*: Aún falta algo, ¿no?

VALINDIN: Sí. Ese toque de gracia que alivia la solemnidad sin destruirla...

(David se acercó a Gilberto y palpa su casco.)

GILBERTO: ¿Quién me toca?

DAVID: Las alas de este gorro no son alas.

VALINDIN *(Que iba hacia la cajita, se vuelve como un rayo)*: Ah, ¿no? ¿Qué son?

DAVID: No son alas. Y el pavo real es el emblema de la necedad.

VALINDIN: ¿Sí? Pues sabes más que yo.

DAVID *(Nervioso)*: No. Vos sabéis más que nosotros...

VALINDIN: Entonces, ¡cállate!

DAVID: Pero yo sé que el pavo real significa eso. Es el animal que pintan al lado del más necio de los reyes.

DONATO: ¡Sigue, David!

DAVID: El rey Midas, a quien le nacieron orejas de asno por imbécil. Tú eres el rey Midas, Gilberto. Y lo que llevas en la cabeza son dos orejas de burro.

(Murmullos entre los ciegos. Gilberto se las toca.)

VALINDIN *(Con ira y despecho)*: ¿Tú qué sabes? ¿Qué sabe un ciego? ¡Nada! *(A Elías, que está tocando las orejas del casco.)* ¡Son alas! ¿No lo notas, Elías? ¡Alas! ¡Además, no serás tú, David, quien estará en el pájaro! Basta de monsergas y escuchadme todos, hijos. Aún falta el último toque. *(Va a la cajita y saca de ella unas enormes gafas de cartón negro, sin cristales.)* Vosotros habéis de fingir que veis y que leéis las partituras... Como las canciones son cómicas, es necesario para la gracia del conjunto. ¡Y no os importe que vuestros gestos hagan reír! Al contrario: cuanto más... graciosos estéis, mejor. Ahora lo ensayaremos. Para ello es menester que os pongáis estos... anteojos de cartón. *(Los va dando.)* Se sujetan en las orejas. *(Se los pone a Nazario.)* Así. *(Nazario va a quitárselos.)* ¡No te los quites! Tenéis que habituaros a llevarlos. Ea, ponéroslos. *(A Gilberto, que se adelanta.)* Tú no tienes, Gilberto. Un rey no lleva anteojos.

(Lucas se pone los suyos. Elías y Donato los palpan, indecisos.)

DAVID *(Muy nervioso, después de haber palpado los suyos, los arroja al suelo)*: ¡Basta!

(Un gran silencio.)

VALINDIN *(Glacial)*: ¿Qué haces?

(Adriana recoge, asustada, las gafas.)

DAVID: ¡Queréis convertirnos en payasos!

VALINDIN *(Lento)*: Aunque así fuere. Los payasos ejercen un oficio honrado. A veces ganan tanta fama que el mismo rey los llama.

(Nazario se quita sus gafas.)

DAVID: ¡Nosotros no seremos payasos!

VALINDIN: ¿Qué seréis entonces? ¿Muertos de hambre y de orgullo?

ADRIANA: Luis...

VALINDIN: ¡Calla tú! *(Suave.)* ¿No hacíais reír por las esquinas? ¿Qué os importa hacer reír un poco aquí?

El concierto de San Ovidio *se estrenó en el Teatro Goya, de Madrid, el 16 de noviembre de 1962. Buero dedicó esta obra a su mujer, Victoria Rodríguez, «por su compañía y su ayuda impagables».*

DAVID: ¡No queremos que nos crean imbéciles!

(Se arranca el gorro y lo tira.)

VALINDIN: ¡Nadie os lo llama!

DAVID: ¡Vos nos lo llamáis! ¡El pavo real, las orejas de asno, las palmatorias, nuestra muecas para leer las partituras al revés... y nuestra horrible música! Cuanto peor, mejor, ¿no? ¡El espectáculo consistía en servir de escarnio a los papanatas! ¡Vámonos, hermanos!

(Da unos pasos.)

DONATO: ¡Vámonos!

VALINDIN *(Sujeta a David por el pecho)*: ¡Quieto!

ADRIANA: ¡Eso no, Luis!

DAVID *(Al tiempo)*: ¡No me toquéis!

VALINDIN *(Lo suelta)*: No te toco.

DAVID: ¿Y mi casaca?

VALINDIN *(Suave)*: Eso. ¿Y vuestras casacas? ¿Y vuestros garrotes?

(Los ciegos se rebullen, inquietos, y se agrupan instintivamente.)

DAVID: ¡Los encontraremos!

NAZARIO: ¡Nos iremos así!

DONATO: *(Al tiempo.)* ¡Vámonos ya!

VALINDIN: *(Grita.)* ¡Sí, pero a la cárcel!

DONATO: ¿A la cárcel?

VALINDIN: ¡A mí no me colguéis el espectáculo! Hay un contrato y lo cumpliréis. ¿No queríais ser hombres como los demás? Pues lo seréis para cumplirlo y para aguantar que se rían de vosotros.

DONATO: ¡Hermanos! ¡David tiene razón, como siempre!

VALINDIN: ¿Y qué? ¿Payasos? ¡Bueno! ¿Qué importa?

DAVID: ¡Los imbéciles de los ciegos, que creen poder tocar y dan la murga!

DONATO: ¡Tan imbéciles como el pavo real y el asno!

VALINDIN: ¡Pero comeréis! ¡Dejad que rían! ¡Todos nos reímos de todos: el mundo es una gran feria! ¡Y yo soy empresario y sé lo que quieren! ¡Enanos, tontos, ciegos, tullidos! ¡Pues a dárselo! ¡Y a reír más que ellos! ¡Y a comer a su costa! *(Con enorme desprecio.)* ¡Y dejaos de... músicas! *(Con una gran voz dominante.)* ¡Vamos! ¡Los anteojos y a ensayar!

ACTO III

VALENTÍN HAÜY: *(Lee.)* «Pronto hará treinta años que un ultraje a la humanidad, públicamente cometido en la persona de los ciegos de los Quince Veintes, y repetido cada día durante cerca de dos meses, provocaba las risotadas de aquellos que, sin duda, nunca han sentido las dulces emociones de la sensibilidad. En septiembre de mil setecientos setenta y uno, un café de la feria de San Ovidio presentó algunos ciegos, elegidos entre aquellos que sólo disponían del triste y humillante recurso de mendigar su pan por la calle con la ayuda de algún instrumento musical...» *(Levanta la vista.)* A veces pienso que nadie reconocería hoy en mí a aquel mozo exaltado de entonces, porque los años y las gentes me han fatigado. Pero todo partió de allí. Ante el insulto inferido a aquellos desdichados comprendí que mi vida tenía un sentido. Yo era un desconocido sin relieve. Valentín Haüy, intérprete de lenguas y amante de la música. Nadie. Pero el hombre más oscuro puede mover montañas si lo quiere. Sucedió en la plaza de la Concordia; allí se han purgado muchas otras torpezas. Yo he visto caer en ella la cabeza de un monarca más débil que malvado, y después las de sus jueces: Danton, Robespierre... Era el tiempo de la sangre; pero a mí no me espantó más que el otro, el que le había causado: el tiempo en que Francia entera no era más que hambre y ferias... *(Lee.)* «Sí, me dije, embargado de noble entusiasmo: convertiré en verdad esta ridícula farsa. Yo haré leer a los ciegos: pondré en sus manos libros que ellos mismos habrán impreso. Trazarán los signos y leerán su propia escritura. Finalmente, les haré ejecutar conciertos armoniosos.» *(Levanta la vista; da unos pasos hacia la izquierda.)* No es fácil, pero lo estamos logrando. Si se les da tiempo, ellos lo conseguirán, aunque yo haya muerto; ellos lo quieren, y lo lograrán... algún día.

(El concierto de San Ovidio.)

ALFONSO SASTRE

Nació en Madrid en 1926. Estudió Filosofía y Letras. Fundó, con otros autores, los movimientos teatrales *Arte Nuevo, Teatro de Agitación Social* y *Grupo de Teatro Realista.* En los años cincuenta ingresó en el Partido Comunista.

En una primera etapa escribe *Uranio 235* (1946), *Cargamento de sueños* (1948), **Prólogo patético** (1950) y *El cubo de la basura* (1951). En 1953 consigue su primer éxito con **Escuadra hacia la muerte,** historia de un grupo de soldados a los que se les ha encomendado una misión suicida durante una supuesta «tercera» guerra mundial.

Su producción siguiente es copiosa, aunque la censura y el escaso interés de los empresarios impidieron que muchas de sus obras se representaran. Entre ellas, destacan: *La mordaza* (1954), **Tierra roja** (1954), sobre una revuelta en un pueblo minero; *Muerte en el barrio* (1955), *Ana Kleiber* (1955), *Guillermo Tell tiene los ojos tristes* (1955), *Asalto nocturno* (1955), *La sangre de Dios* (1955), *El cuervo* (1957), *El pan de todos* (1957), *La cornada* (1960), *En la red* (1961) y *Oficio de tinieblas* (1962).

Sastre es el dramaturgo que en la posguerra ha llevado más lejos una actitud crítica y comprometida, no sólo en su teatro, sino en abundantes manifiestos, artículos, ensayos y polémicas. En la mayor parte de las citadas obras aboga por la necesidad de una transformación revolucionaria del mundo:

Queda claro en ellos (en estos dramas) que si toda revolución es un hecho trágico, todo orden social injusto es una tragedia sorda inaceptable. Trato de poner al espectador ante el dilema de elegir entre las dos tragedias. Parece evidente, en efecto, que la tragedia sorda del orden social injusto sólo puede ser destruida por la tragedia revolucionaria. La esperanza está en el desenlace feliz de esta tragedia, que es, o debe ser, aguda y abierta, frente a la otra, sorda, crónica, cerrada.

Sin embargo, no siempre ha encontrado los procedimientos artísticos idóneos para plasmar sus preocupaciones. La subordinación de los elementos de la obra a una idea o teoría previas, el esquematismo de los personajes, y la superficialidad y el carácter ambiguo de algunos planteamientos, constituyen algunas de las limitaciones de todo su teatro.

En los últimos años, Sastre ha evolucionado hacia lo que llama la «tragedia compleja», en la que funde las más variadas formas teatrales (tragedia clásica, teatro épico, la farsa, el sainete, el melodrama), en un intento de romper con la antinomia entre tragedia y teatro épico, planteada por Brecht. Según el autor, en dicha «tragedia» se reconocería «el carácter trágico de la existencia individual (agonía) y, al mismo tiempo, la perspectiva histórica (socialista) para lo que es ciega la tragedia moderna al ser invisible para ella lo que la actividad humana tiene de praxis». En esta línea están *La taberna fantástica* (1966, pero estrenada en 1985), *La sangre y la ceniza o Diálogos de Miguel Servert* (1965), *El camarada oscuro* (1979) y *Ahola no es de leil* (1980).

También es autor de un libro de relatos, *Las noches lúgubres;* de una novela corta, *El paralelo 38,* y de una biografía, *Flores rojas para Miguel Servet.*

Como ensayista, ha publicado *Drama y sociedad* (1956), *Anatomía del realismo* (1965), *Revolución y crítica de la cultura* (1970) y *Crítica de la imaginación* (1978).

ALFONSO SASTRE

Ediciones

Obras completas, I. Teatro, prólogo de Domingo Pérez-Minik, Madrid, Aguilar, 1967. *Escuadra hacia la muerte. La mordaza,* ed. de Farris Anderson, Madrid, Castalia, 1975. *Guillermo Tell tiene los ojos tristes. Muerte en el barrio. Asalto nocturno,* Madrid, Editorial Magisterio Español (colección Novelas y cuentos), 1967.

OSCAR: Un hombre escribe memorias a ratos..., duerme..., se emborracha algunas noches... Se afilia a un partido..., lucha por la revolución... Es un hombre disponible. Y, con el tiempo, piensa que todo ocurrió de la mejor manera.

BELTRÁN: ¿Es feliz, por fin?

OSCAR: Sí.

BELTRÁN: ¿Por qué?

OSCAR: Ha decidido luchar por los demás. El se considera perdido, pero piensa que la desgracia de los demás quizá tenga remedio. Y luchando por los demás tiene una sorpresa..., siente que sus heridas se cierran..., aunque el mal quede dentro siempre... A veces, entre los amigos, uno se queda triste y sin ninguna frase que decir..., y eso significa que el mal está dentro. *(Cambia de tono.)* Y como toda esta historia trata de mí, te diré que yo, en medio de todo, estoy contento. Que me gusta pertenecer al partido. Y que muchas veces pienso que una ficha en un partido revolucionario basta para vivir.

BELTRÁN: Tú tienes más cosas a que agarrarte... La familia... Una bondadosa madre..., un hermano mayor que hasta puede reñirte y una hermanita que ya tiene novio... Un conmovedor cuadro familiar.

OSCAR: Mi familia, tienes razón. Pero a veces la siento muy lejana... Muchos días es como si no existiera... Y, sin embargo, cuando vuelvo a casa por la noche, «todo está allí». A decir verdad, veo que aún me quedan demasiadas cosas.

BELTRÁN: No te preocupes. Ya irás quedándote sin ninguna. Todavía es pronto.

OSCAR: ¿Qué quieres decir?

BELTRÁN: La familia de un revolucionario es algo que se desvanece pronto... Se queda uno solo, ya verás.

....

OSCAR: ¡Julio! ¡He matado a Pablo esta tarde! ¿Sabes quién era Pablo? Un hombre a quien no he visto temblar nunca. Un hombre que sabía la verdad de todas las cosas. Creía en la revolución y ha luchado por ella hasta que un miserable aterrorizado..., hasta que yo... *(Se oculta los ojos.)* Me ha mirado fríamente y ni se ha movido. Ha muerto despreciándome hasta el infinito..., y ya no tengo nada que hacer. No, Julio. No te preocupes ya... No pienses...

JULIO: Oscar, tengo miedo. Me parece como si fueras a morir.

OSCAR: Estoy muriendo. *(Un patético silencio.)* He quedado inservible. Si tuviera mucha fuerza, aún podría seguir viviendo..., aunque me encuentro mal, enfermo..., pero luchar ya no..., inservible... Este desmayo mío es definitivo, Julio. Yo no puedo hacer más. Es que me encuentro triste, impuro y como herido de muerte..., y la revolución necesita otros hombres... como Pablo. El sí que amaba a la Humanidad, aunque le repugnaba confesarlo... Supongo que todavía quedan hombres... Y la revolución continúa, y a mí deben apartarme como una basura, y ellos vencerán... Estoy alegre, y esta alegría me dignifica un poco, y ya no me siento tan miserable.... Luchan por una nueva justicia social, Julio. Piden una vida digna para todos los hombres... Si lo consiguen, no importa que hayan muerto algunos hombres inocentes, ¿verdad?

JULIO: No. No importa.

OSCAR: Entonces..., deben seguir, deben continuar. ¿Por qué tendrá que correr la sangre? Tengo frío, Julio. Atiéndeme... con cariño, hermano, como si estuviera muy enfermo... *(Se tiende en la butaca.)* Sólo quiero pedirte que nadie se entere de mi historia... ¡Oh, no! Que nadie se entere de lo que me ha pasado..., para que los demás no tengan miedo, ¡para que no se den cuenta de que, a cada momento, pueden hacer, están a punto de hacer, algo espantoso! Si se enteraran, puede que alguno llegara a pensar que a mí no me ha ocurrido un accidente como tú y yo creemos, ¿verdad, Julio?, ¡un horrible accidente!, sino que todo esto ha tenido más importancia...; que he sido castigado por alguien —¡no sé por quién!— para que todos sepan que por donde yo he ido se llega... a esta triste noche, a esta desolación. ¡Y si alguno llega a pensar una cosa así, no podría volver a luchar! Su pulso empezará a temblar un poco, y en la primera ocasión se pondrá pálido de horror... Un día se echará a llorar, y entonces... habrá quedado inservible como yo... y tendrá que ser retirado, barrido por los compañeros. Que nadie sepa nada. Julio... Que nadie... *¡(Se incorpora.)*

JULIO: Yo nunca lo diré, Oscar... Nunca...

OSCAR: *(Con alivio.)* Gracias... *(Vuelve a echarse.)* Me pregunto... Mientras ellos luchan, ¿qué podré hacer yo? El traidor, el cobarde, la vergüenza del partido, ¿qué hará? Si es que me queda algo..., algo humilde y sencillo... Yo no podría ya con otra cosa... *(JULIO, mirando a su hermano, ha quedado como extrañamente pensativo. Dice al fin):*

JULIO: Es raro. Te miro y, de pronto, me parece como si recordara algo. No tiene importancia. Es infantil... Nos lo decían, a ti y a mí, de niños.

OSCAR: ¿Qué es? *(Tiene los ojos cerrados.)*

JULIO: Yo no creo en nada de allá arriba; no se trata de eso ahora.

OSCAR: Dilo.

JULIO: Pienso que, de verdad, si los hombres, como dice una vieja historia, se hubieran amado los unos a los otros, la revolución no sería necesaria... y que tú no hubieras llegado a esto.

OSCAR *(Repite)*: «Si los hombres se hubieran amado...» Sigue, hermano... «Los unos a los otros...» Sigue...

JULIO *(Sombrío)*: Esto es todo. Pienso eso y después está el vacío.

OSCAR *(Con horror)*: ¡En el que estamos! ¡En el que caemos!

JULIO: No lo sé. Descansa. *(OSCAR, parece apaciguarse un poco.)* ¿Te encuentras mejor ahora?

OSCAR: Sí.

JULIO: Cierra los ojos... Es mejor... No sufras..., descansa... Ha sido demasiado para ti... Quién sabe si todo esto no será más que un prólogo... y después...

OSCAR: Pues acaso..., ¿verdad?..., un patético prólogo... El triste prólogo de un largo día feliz... ¿Por qué no? Parece como si alguien, desde no sé dónde, me ofreciera la reconciliación. ¿Debo aceptar, Julio! *(Mira extraviadamente.)* Gracias, Pablo... Gracias...

JULIO: *(Con angustia.)* Oscar, ¿qué te pasa?

OSCAR: *(Después de un silencio, sonríe apaciguado):* Estoy mejor... No es ya lo de antes... Es... otra cosa... distinta... Acompáñame, Julio..., no me dejes... Ahora me encuentro bien... Nada me turba ya... Nada espero... O quizá sea ahora cuando verdaderamente espero algo... No lo sé... *(Se oye un frenazo en la calle. JULIO acude a la ventana y la abre. Mira hacia abajo. Agitado:)*

JULIO: ¡Vienen, Oscar! ¡Han entrado en la casa! ¡Es la Policía! Escóndete. Trataré de que no entren. Tienes que escapar.

OSCAR: No...., ya no... ¿Para qué? Ahora ya no. *(JULIO le mira con ansiedad. OSCAR parece responder a esa ansiedad diciendo:)* Ya no... Porque ahora sé que todavía puedo hacer algo importante por la causa: sufrir por ella... Seré útil a la causa *sufriendo*..., aguantando las torturas en aquel sótano inmundo hasta que digan: «Es inútil. Este partido es invencible. Sus hombres se dejan matar sin mover los labios.» Allí, en aquel oscuro sótano, está mi puesto. ¡Que venga la Policía y que me lleve; que me peguen por todo el cuerpo, que me quemen las manos! Yo gritaré: «¡Viva la revolución!», hasta que mi cara no sea más que un pobre despojo sangriento... Entonces, lo que quede de mí será otra vez un hombre. *(JULIO le mira con horror. Pero OSCAR sonríe. Le dice en un tono casi risueño:)* ¡Hola, Julio! ¿Qué hay? ¿Te acuerdas cuando niños? Me cruzabas de la mano el bulevar para llevarme al colegio. Era bonito ir a la escuela, a las nueve de la mañana, con el frío... La bufanda... «Cierra la boca al salir.» Luego, en primavera, siempre nos sorprendían las acacias..., florecían....

JULIO *(Patético)*: Ya vienen. *(Hace un movimiento hacia la puerta de la habitación.)*

OSCAR: Ahora pienso... —no, no; a mamá no vayas a despertarla ahora...; duerme..., la pobre ha conseguido dormir...—. Pienso... Seguirán floreciendo, ¿verdad? Cada primavera. Y las chicas estarán muy bonitas..., y habrá niños que jugarán a los juegos de siempre. Para ellos ojalá sea distinto.

El escritor en los años cincuenta.

JULIO: Vienen. Vienen.
OSCAR: Julio, esta noche está ocurriendo algo. No te importe... Es extraña esta paz... Recuerdo...
JULIO *(Con angustia)*: Vienen. *(Ha empezado a caer el telón.)*
OSCAR *(Con un gesto risueño ahora, de vaga felicidad)*: Floreciendo, ¿verdad? Cada año... Las chicas... Niños jugando, siempre... (Sigue hablando. El telón ha ido cayendo sobre la angustia de JULIO, que espera, alerta, la llamada de la Policía.)*

(Prólogo patético.)

CUADRO TERCERO

(Sobre el oscuro, Javier enciende una cerilla y con ella una vela. Está inquieto. Se sienta en un petate. Se ve confusamente, durmiendo, al Cabo, a Luis, a Adolfo y a Andrés. Javier saca un cuadernito, lo pone en las piernas y escribe con un lápiz.)

JAVIER: «Yo, Javier Gadda, soldado de infantería, pido a quien encuentre mi cadáver haga llegar a mi madre, cuyo nombre y dirección escribo al pie de esta declaración, las circunstancias que sepa de mi muerte, dulcificándolas a ser posible en tal medida que, sin faltarse a la verdad, sea la noticia lo menos dura para ella; así como el lugar en que mis restos reposen. Han pasado ya quince días desde que ocupamos este puesto. La situación se está haciendo, de momento en momento, insoportable. La ofensiva no se produce y los nervios están a punto de saltar. Solamente el cabo permanece inalterable. Mantiene el horario de guardia y la disciplina. Nos levantamos a las seis de la mañana, no sé para qué. Seguimos un horario rígido de comidas y de servicio. Nos obliga a limpiar los equipos y la casa. Tenemos que afeitarnos diariamente y sacarle brillo a las armas y a las botas. Todo esto es estúpido en cualquier caso y más en el nuestro. Estos días me he dado cuenta de la verdad. Parece que estamos quietos, encerrados en una casa; pero, en realidad, marchamos, andamos día tras día. Somos una escuadra hacia la muerte. Marchamos disciplinadamente, obedeciendo a la voz de un loco, el cabo Goban.»

(Se remueve Andrés. Enciende una cerilla y mira la hora en su reloj. Javier deja de escribir. Andrés bosteza. Se levanta penosamente, renegando. Ve a Javier.)

ANDRÉS: ¿Qué haces ahí?
JAVIER: Me he desvelado. Estoy escribiendo una carta.
ANDRÉS: ¿Una carta? ¿Para qué? Aquí no hay Correo. *(Acaba de ponerse el capote. Coge el fusil.)* La deliciosa hora del relevo...

(Sale tambaleándose. Javier se pasa la mano por la frente. Vuelve a escribir.)

JAVIER: «El que encuentre este cuaderno sepa que he sido un cobarde. Esta es una historia que no me atrevo a contar a los otros. Cuando me llamaron de filas traté de emboscarme. Desde entonces tengo ficha de desertor en el Ejército. Luego he sabido ilustrar esa ficha con varios actos vergonzosos. En la instrucción no me atrevía a lanzar las bombas de mano. Luego, en acciones de guerra, he palidecido y he llorado cuando tenía que saltar de la trinchera. Pero lo que no puedo olvidar es que, un día, en una retirada, cuando hirieron a mi compañero y cayó a mi lado, oí que me decía: «Vete, vete, déjame»... ¡Como si yo hubiera pensado en quedarme...! ¡No! ¡Yo no había pensado en detenerme a su lado, en decirle: ¿Quieres algo para tu madre? ¿Qué digo a tu novia? ¡Yo huía, huía como un loco, frenético... y apenas volví un momento la cabeza para ver a mi compañero caído de bruces, herido de muerte!»

(Alguien se remueve. Javier levanta la cabeza. Es el Cabo.)

CABO: *(Entre sueños, agitadísimo.)* ¡Ha sido un accidente! ¡Ha sido un accidente! ¡Yo no he querido hacerlo! ¡Ha sido un accidente!

(Gime y da vueltas.)

JAVIER: *(Vuelve a escribir.)* «El demonio del cabo también tiene algo que olvidar. En realidad, todos estamos aquí con una culpa en el corazón y un remordimiento en la conciencia. Puede que éste sea el castigo que nos merezcamos y que, en el momento de morir, seamos una escuadra de hombres purificados y dignos.»
LUIS: *(Desde su colchoneta.)* ¡Javier! ¡Javier!
JAVIER: *(Levanta la vista del cuaderno.)* ¿Qué hay?
LUIS: *(Se queja.)* Me encuentro muy mal.
JAVIER: ¿Quieres algo?
LUIS: No...
JAVIER: Pues trata de dormir.
LUIS: Es que... No puedo...

(Da una vuelta y queda inmóvil. Javier vuelve a fijar la vista en el cuaderno.)

JAVIER: «A la hora del resumen me extraña el infame egoísmo que me hizo pensar en sobrevivir cuando estalló la guerra. Si esta lucha es, como creo, un conflicto infame, yo también lo he sido tratando de evadirme, aferrándome grotescamente a la vida, como si yo fuera el único digno de vivir, mientras los demás están dando su sangre, dando generosa y resignadamente su sangre, limitándose a morir, sin pedir explicaciones, con generosidad y desinterés. Esta es mi culpa. Este es mi castigo. Ahora sólo deseo que haya una lucha, que yo me extinga en ella y que mi espíritu se salve. *(Deja de escribir un momento. Por fin.)* En el momento en que voy a firmar esta declaración, pienso en mi madre. Sé que ella estará despierta y llorando... De eso sí que nadie puede consolarme en el mundo... Nadie puede enjugar de mis ojos... el llanto de mi madre...»

(Se abre la puerta. Aparece Pedro. Viene de la guardia.)

PEDRO: ¡El maldito Andrés! Creí que no llegaba. Me estaba helando de frío. *(Se sienta y se frota las manos.)* ¿Qué haces?

(Javier cierra el cuaderno.)

JAVIER: *(Con voz insegura.)* Estaba... escribiendo una carta.

CUADRO QUINTO

(Un proyector ilumina la figura de Javier, en la guardia. Capote con el cuello subido y fusil entre las manos enguantadas. Sus labios se entreabren y su voz suena, monótona:)

JAVIER: No se ve nada... sombras... De un momento a otro parece que el bosque pueda animarse..., soldados..., disparos de fusiles y gritería..., muertos, seis muertos desfigurados, cosidos a bayonetazos..., es horrible... No, no es nada... Es la sombra del árbol que se mueve... Estas gafas ya no me sirven..., nunca podré hacerme otras... Esto se ha terminado. ¿Son pasos? Será Adolfo, que viene al relevo. Ya era hora. *(Grita.)* ¿Quién vive? *(Nadie contesta. El eco en el bosque.)* ¿Quién vive? *(El eco. Javier monta el fusil y mira, nervioso.)* No es nadie..., nadie... Me había parecido... Será el viento... No viene Adolfo. ¿Qué pasará? ¿Le habrá pasado algo? Puede que los hayan sorprendido en la casa. Yo no he oído nada, pero puede... Es posible que a estas horas esté yo sólo, rodeado... Tengo miedo... Hay que pensar en otra cosa. Hay que pensar en otra cosa. Hay que pensar en otra cosa. Es Navidad. Sí, ha llegado el tiempo..., diciembre... Mamá estará sola. Mañana es la víspera de Navidad. Si me pongo a pensar en esto voy a llorar... No importa... Necesito llorar... Me hará bien... Me he aguantado mucho... Llorar... Estoy llorando... Hace mucho frío... Mamá me ponía una bufanda, me decía que cerrara la boca al salir. «No vayas a coger frío.» Si supiera que estoy muerto de frío... Este puesto de guardia... El viento se le mete a uno hasta los huesos... ¿Por qué no viene Adolfo? ¿Por qué no viene? Han pasado dos horas y más. ¡Un, dos! ¡Un, dos! Una escuadra hacia la muerte. ¡Un, dos! Lo éramos ya antes de estallar la guerra. Una generación estúpidamente condenada al matadero. Estudiábamos, nos afanábamos por las cosas, y ya estábamos encuadrados en una gigantesca escuadra hacia la muerte. Generaciones condenadas... Hace frío... Esto no puede durar mucho... Estamos ya muertos... No contamos para nadie... ¡Un, dos! Nos despeñaremos perfectamente formados, uno a uno. Yo no quiero caer prisionero. ¡No! ¡Prisionero, no! ¡Morir! ¡Yo prefiero... *(Con un sollozo sordo.)* morir! ¡Madre! ¡Madre! ¡Estoy aquí..., lejos! ¿No me oyes? ¡Madre! ¡Tengo miedo! ¡Estoy solo! ¡Estoy en un bosque, muy lejos! ¡Somos seis, madre! ¡Estamos... solos..., solos..., solos...!

(La voz, estrangulada, se pierde y resuena en el bosque. Javier no se ha movido desde la frase «No es nadie».)

Acto I.   (Escuadra hacia la muerte.)

EPILOGO

Escena II

JOVEN: ¿Es la casa del señor Pablo?
TERESA: Sí...
JOVEN: ¿Puedo pasar?
TERESA: Pase... *(Le hace pasar.)*
JOVEN: ¿Está él?
TERESA: No. Pero vendrá pronto.
JOVEN: ¿Puedo esperarle aquí?
TERESA: Bueno.
JOVEN: Es que he venido a trabajar en las minas, y un paisano suyo, de la ciudad, con el que se escribe, me ha dicho que viniera a verlo por si me podía orientar en algo los primeros días. «Tú le dices que vas de parte de Joaquín, el de la taberna del barrio —así me dijo—, que ya verás cómo te orienta.»
TERESA: Pues siéntese. *(Un silencio. Ella sigue trabajando. El la observa.)*
JOVEN: ¿Usted es su hija?
TERESA: Sí. *(Un silencio. TERESA busca algo en el interior de la casa y vuelve.)* Así que ha venido a trabajar en las minas.
JOVEN: Pero por poco tiempo.
TERESA: Eso dicen todos.
JOVEN: O puede que me quede, si es que hay algo que hacer aquí.
TERESA: ¿Aquí? Desesperarse uno. Aburrirse de la vida.
JOVEN: Ya lo veremos.
TERESA: Se ve que no conoce esto. Por eso está contento.
JOVEN: Conozco cosas peores.
TERESA: No es posible.
JOVEN: Claro que sí... Una guerra... El campo de concentración... La cárcel... ¿De verdad le parece que esto es lo peor del mundo?
TERESA: Esto es otra cárcel.
JOVEN: Es diferente...
TERESA: Ya verá cómo salen los hombres de la contramina después de una jornada de trabajo. Ya verá cómo sale usted si le mandan a trabajar en los pozos.
JOVEN: Prefiero el aire libre.
TERESA: Se trabaja una hora más..., pero es mejor. *(Un silencio. Mira al JOVEN.)* ¿Usted ha estado en la cárcel?

Escuadra hacia la muerte *fue estrenada por el Teatro Popular Universitario, el 18 de marzo de 1953, en el Teatro María Guerrero, de Madrid. En la foto, de izquierda a derecha, Adolfo Marsillach (Javier), Miguel Angel Gil (cabo) y Félix Navarro (Pedro).*

JOVEN: Sí.
TERESA: ¿Por qué?
JOVEN: Por... la política.
TERESA: ¿Le interesa la política?
JOVEN: Claro...
TERESA: ¿Y pertenece a un partido?
JOVEN: Tengo..., tengo camaradas. *(TERESA le mira con curiosidad.)*
TERESA: ¿Revolucionarios?
JOVEN: Puede decirse así...
TERESA: Eso debe ser emocionante.
JOVEN: No tanto. Aunque a veces sí.
TERESA: No será un..., un «agitador»...
JOVEN: *(Ríe.)* No [...]
TERESA: ¿Sabe qué hizo mi padre antes de que naciera yo? Una protesta por lo de las casas.
JOVEN: ¿Y qué ocurrió?
TERESA: Que se fueron a la residencia de los ingleses y le prendieron fuego. Y mataron a varios. Y vino la Policía y ametrallaron al pueblo, y murió mucha gente. Desde entonces mi padre ya no se atrevió a nada. ¡Fue desde entonces! *(Llora.)* [...]
JOVEN: Su hija me ha contado lo que hizo usted.
PABLO: *(Parece distraído.)* Ah, te ha contado...
JOVEN: Pero ahora es distinto. Ahora tenemos compañeros. Usted no se irá de aquí.
PABLO: *(Dice gravemente.)* Escucha, muchacho... Esa historia ya ha ocurrido... No va a empezar otra vez... Fue sangrienta..., inútil... y tan sombría que... todavía hay noches en que no puedo dormir... *(Se tapa los ojos con las manos. Murmura con angustia.)* ¡Para nada!
JOVEN: *(Con entusiasmo.)* Para nada no, señor Pablo... Para que esta noche haya podido llegar yo aquí y decirle... que ahora todo es distinto y que... si corriera otra vez la sangre de los mineros, se notaría esa sangre en todo el país..., y que si eso ocurre... miles de obreros que usted no conoce abandonarían las fábricas..., y llegaría la noticia a los campos y los campesinos mirarían hacia aquí y los estudiantes saldrían a las calles a pedir justicia, frente a la Policía..., y mucha gente que hoy está tranquila y satisfecha se pondría pálida de miedo... *(Un silencio. PABLO parece meditar.)* [...]
PABLO: Pienso que ya es tarde. Me veo viejo. ¡Es tarde!
JOVEN: No... No es tarde... Es tarde para los que ya se fueron... Para los que cayeron acribillados antes de que nadie pudiera defenderlos... Claro que es tarde para esos... Y es tarde para los que han muerto de hambre, de asco y de abandono... Y para otros que no han muerto aún..., pero que a estas horas se arrastran por las calles y por los pueblos sin que nadie sepa quiénes son..., porque son sólo un hombre sucio y triste que nos pide algo en la calle y a quien no sabemos qué decir...; alguien que llama a la puerta y se nos queda mirando, y ya hemos comprendido, y alguien le dice: «Dios lo ampare...»; algo que apenas se distingue en la escalera del Metro y es un hombre que duerme; una noticia del periódico por la que nos enteramos de que un hombre ha aparecido helado en una cueva; un viejo que ingresa, sin que nadie sepa quién es, en un manicomio; un borracho del que nos apartamos en la calle... Para esos ya es tarde... Pero no para usted, que está todavía aquí... Ni para otros... Estamos a tiempo para muchos, señor Pablo... ¿Verdad?
PABLO: *(Está muy conmovido.)* Es cierto... Escucho tus palabras, muchacho, y de pronto respiro con alivio... Entonces, merecía la pena... Entonces, no fue inútil...
JOVEN: Merecía la pena.

(Tierra roja.)

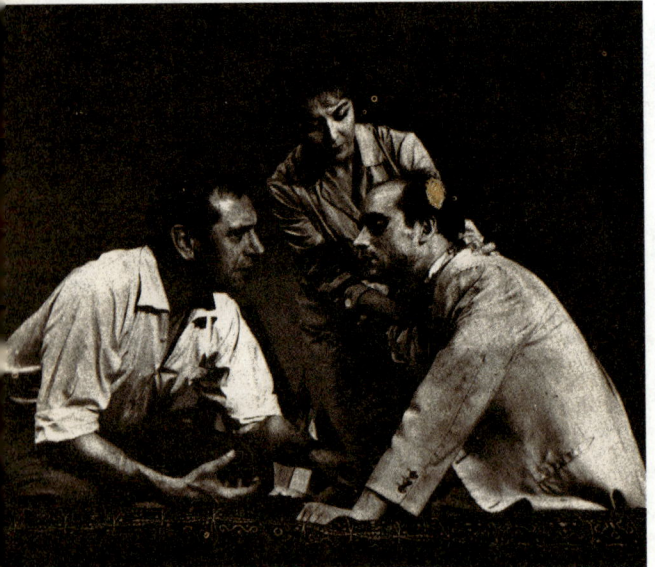

Antonio Casas, Amparo Soler Leal y Agustín González en una escena de En la red *(1961), en un montaje del Grupo de Teatro Realista (G.T.R.).*

LAURO OLMO

Nació en Barco de Valdeorras (Orense) en 1922. A los ocho años se trasladó con su familia a Madrid. De formación autodidacta, después de la guerra trabajó en diversos oficios («aprendiz en un taller de bicicletas, chico de tienda, vendedor en un puesto callejero, taquimecanógrafo, etc.», precisará).

En su obra más conocida, **La camisa** (1962), presenta el drama de unas gentes que, como único medio de sobrevivir o de acceder a una vida más digna, se ven obligadas, en contra de su voluntad, a emprender el camino de la emigración. Siguieron: *La pechuga de la sardina* (1963), *La condecoración* (1965), *El cuerpo* (1966), *English Spoken* (1968), *José García* (1973), *Historia de un pechicidio o La venganza de don Lauro* (1974).

En todo este teatro, de clara intención social, se inclina por procedimiento naturalistas, aunque no faltan técnicas propias del sainete, de la farsa y del esperpento.

Lauro Olmo es autor también de diversas piezas de teatro infantil, de cuentos y relatos cortos, de un libro de versos, *Del aire* (1954), y de dos novelas: *Ayer: 27 de octubre* (1958) y *El gran sapo* (1964).

Ediciones

La camisa. English Spoken. José García, ed. de L. García Lorenzo, Madrid, Espasa-Calpe (selecciones Austral, 1981.

ACTO II

LOLITA: (*Se sienta. Ha cogido una caja de costura. Enhebra una aguja, disponiéndose a zurcir los calcetines.*) Nacho quiere irse a Alemania a trabajar y ganar mucho dinero.

LOLA: Tos queremos irnos a alguna parte. Tos menos el estúpido de tu padre, que no sé qué espera. «Juan, hay que tomar una decisión. No podemos seguir así.» «Espera, Lola, espera.» Y siempre igual: espera, espera.

(*Va al fogón y cambia la plancha. Regresa.*)

LOLITA: ¿Hablaste con la señora Balbina?
LOLA: ¿A qué viene eso?
LOLITA: Preguntó por ti. Se me ha olvidao decírtelo.
LOLA: (*Después de una breve pausa.*) Ni con Nacho ni con ningún muerto de hambre del barrio, ¿me oyes?

LOLITA: (*Tímidamente.*) Nacho es bueno.
LOLA: Y tu padre, ¿qué? ¿Es un ogro? Tos son lo que tú quieras: buenos, generosos, trabajadores. Y ¿qué?... Mira, hija, cuando me casé con tu padre vinimos a vivir «provisionalmente» a esta chabola. En ella naciste tú y el Agustinillo. Y seguimos aguantando. Era «provisionalmente». ¿Tú sabes lo que es ver llorar a un hombre? Yo he visto llorar a tu padre, ¡lágrimas como puños, hija! Y a solas, cuando creía que nadie le veía. Pero pronto le renacía el ánimo, porque la cosa era «provisionalmente». Las goteras, los días sin carbón, los remiendos, el contener el aliento cuando suenan en la puerta los golpes del cobrador de la luz, o del de los plazos, o las papeletas del Monte que cumplen, to, to era «provisionalmente». Y hasta vuestras enfermedades —tú estuviste a punto de dejarnos, hija— llegaron a parecernos lo mismo. Y estoy harta: harta de sufrir, harta de amar, harta de vivir «provisionalmente». (*Pausa.*) El tres de agosto de

Foto del estreno en el Teatro Goya, de Madrid, el 8 de marzo de 1962, de La camisa.

mil novecientos cuarenta y cuatro nos casamos tu padre y yo. Estamos en septiembre del sesenta. Han pasao dieciséis años. Demasiaos, hija. Y los mejores. En ellos se ha quedao toa nuestra juventud. ¡No, no salgas con Nacho!

LOLITA: ¿Qué culpa tie padre o Nacho?
LOLA: Nadie dice que... ¡No es eso, hija! ¡No es eso! Es el fracaso, es el ver al hombre que quieres... (Señalando la camisa.) Mira esa camisa ¡Contémplala! Es la historia de tu casa.

(De la tasca salen LOLO y LUIS.)

LOLO: (Explicando.) El Eusebio, el de la pescadería, ¿sabes cuántos?... ¡Doce! No le ha tocao na, claro; pero... ¿te imaginas un boleto con dos aciertos más? Ni Alemania ni na. ¡En los Madriles afincao pa toa la vida...! (Caminando hacia el fondo.) Nueve es a lo más que he llegao yo.
LUIS: (Con suficiencia.) Once.
LOLO: ¿Quién, tú?
LUIS: Como lo oyes: ¡once!
LOLO: Oye. (Se paran.) ¿Nos asociamos?
LUIS: Y mi mujer, diez.
LOLO: ¿Y tú piensas irte? ¡Quédate aquí, chalao! ¡Tu destino está en las quinielas! ¡Once y diez! Pero ¿tú te has dao cuenta?
LUIS: Eso es lo normal, hombre.

LOLO: ¿Lo normal? ¿No irás a decirme que to el país está a punto de que le toquen las quinielas?
LUIS: Con esa ilusión vive.
LOLO: Entonces yo soy un puñetero desgraciao: ¡un nueve! (Caminando hacia el fondo izquierda, por el que salen.) Claro que conozco a un tío que debe tener la ilusión a punto de palmar; ¡es un tres!
LOLA: Nos han fallao demasiadas cosas. Mira, nena (Deja de planchar.), tu padre no va a conseguir na; el momento es muy malo. Lo de la camisa es nuestro último intento. Y también fallará. No hay más que ir a la estación del Norte o a la de Atocha pa darse cuenta. ¿Cuántos de los que se van no se habrán puesto su mejor ropa, su mejor camisa, antes de decidirse? ¿Cuántas antesalas pa na? ¡No sabes con qué dolor, hija, quiero que tu padre pase por lo mismo! Y si algún día decide también marcharse, que nunca, ante sí mismo, o ante los demás, pueda reprocharse o acusarse de... Pero no se irá; a tu padre le tira demasiao la tierra. Me iré yo. Seis meses, un año: hasta que él salga de las chapuzas y vuelva a encontrar algo fijo. Tú le cuidarás, y también al Agustinillo. (Reanuda el planchado, no sin antes cambiar la plancha por la del fogón.) La abuela te echará una mano. (Pausa.) ¿Te gustaría ir a una buena academia y aprender el corte?
LOLITA: Si se va Nacho, madre, yo...
LOLA: ¡Tú eres tonta! (Acaba de planchar el pantalón y lo deja al lado de la camisa. Coge los calzoncillos y sigue planchando. LOLITA termina de zurcir un calcetín y lo echa encima de la cama. Sigue zurciendo el otro. El diálogo no ha cesado.) En cuanto se vea con unas perras en el bolsillo se olvidará de ti. Y aspirará a la hija del barbero, o alguna como la Merche, la de la ferretería. Además, es un crío. Tie tiempo por delante pa juguetear con unas cuantas como tú y luego olvidarlas.
LOLITA: (Dolida.) Madre...
LOLA: (Cortando, enérgica.) ¡Ea, que eres muy niña! ¡Que no quiero que salgas ni con él ni con nadie! (Pausa.) Aprenderás corte y confección, y cuando te sientas alguien, entonces... ¡No quiero más víctimas en mi familia! Hay que aspirar, hija, a una casa con ventanas amplias, donde el sol y el aire se encuentren a gusto, donde el agua corra, donde cada cual tenga su cama pa po-

der darle un repaso al día vivido. Y una mesa, con dos o tres sillas de más pa la convivencia. Una casa que no te aprisione, que no te reduzca el cerebro. ¡Un hogar, nena! (*Pausa.*) Ayer, cuando estuvimos lavando en casa del señor Sánchez, ¿te fijaste? To lo que he dicho y más había allí. ¿Y la habitación de los niños? Existe, hija: to eso existe. Y el señor Sánchez no era ningún privilegiao. ¡Era un cualquiera! (*Por la puerta de la casa de los corredores sale ahora la SEÑORA BALBINA. Avanza hacia la chabola.*) Montarás un taller. Empezarás con una o dos aprendizas, y entre todos lograremos que el Agustinillo...

(*Entra la SEÑORA BALBINA.*)

BALBINA: Arreglao, Lola.
LOLA: ¿Ha escrito ya?

(*Deja la plancha.*)

BALBINA: A la María. Se ha colocao en un bar, en la cocina. (*Risueña.*) Cuenta que al ver la despensa se echó a llorar. ¡La pobre desgraciá! Bueno, al grano. (*Se sienta.*) ¿Has hablao con el Juan? (*Cortándose y señalando a LOLITA.*) Oye, y ésta, ¿qué?
LOLA: No se preocupe, está enterá.
BALBINA: ¿Qué te ha dicho el Juan?
LOLA: Toavía no sabe na. No es momento aún pa decírselo. Pero a mí no me para ya nadie. ¡A la fuerza ahorcan!
BALBINA: Ties que arreglarte el pasaporte. Con to y el billete te andará la cosa alrededor de las mil quinientas. ¿Las tienes?
LOLA: (*Se ríe un poco, nerviosamente.*) No, no las tengo. (*Extraña.*) Mi madre, el calcetín amarillo, sus ahorros pa la muerte... (*Vuelve a reír, igual. Ligera pausa.*) Hablaré con ella. De tos modos, no creo que tenga tanto. Venderé el armario, no sé. ¡Si pudiera irme embalá y a porte debido!

(*Ríe de nuevo, nerviosamente.*)

BALBINA: No te rías así, mujer. Ya veremos el modo de arreglarlo. Irás a casa de un español casao con una de allá.
LOLA: (*Con gesto de preocupación.*) ¿De un español?
BALBINA: De uno que lleva muchos años en el extranjero. No te preocupes, ése ya

La camisa *se representó en París, con discreto éxito, en la temporada de 1970-1971. En el personaje del tío Maravillas, con el manojo de globos, el actor Jean Dasté.*

está aireao. No vais a regatear. Y menuda ventaja es el que entres con el idioma de la casa.
LOLA: Estoy muy desengañá. Preferiría servir en otro sitio más acostumbrao a... no sé, más hecho al dinero, más hecho a considerar que el que trabaja...

(*Termina de planchar el calzoncillo y lo mete en el armario. Retira la plancha de la mesa. Luego, cogiendo la camisa, la guarda también. Saca una percha y cuelga el pantalón, que también mete en el armario. Hace lo mismo con la manta de planchar, etc. Todo vuelve a su sitio. Durante este trajín, el diálogo no ha cesado.*)

BALBINA: Pero, mujer, tú vete ahí, y si ves que no te conviene, te largas. Por esos países las crías españolas están muy solicitás. (*Por el lateral izquierdo entra la ABUELA.*) Tenemos cartel, Lola. ¡Como los toreros!

(*La camisa.*)

EL TEATRO DESDE 1939

JOSE MARIA RODRIGUEZ MENDEZ

Nació en Madrid en 1925. En 1939 se trasladó a Barcelona con su familia. Estudió Derecho, aunque nunca ejerció esta carrera. Ha realizado numerosos viajes por toda la geografía española y por diversos países extranjeros. Desde 1978 vive en Barco de Avila.

Sólo una parte de su obra ha sido publicada o estrenada. Entre sus dramas más conocidos (damos la fecha de composición de los mismos) están: *Vagones de madera* (1958), **Los inocentes de la Moncloa** (1960), sobre el mundo absurdo y enajenante de las oposiciones; *La vendimia de Francia* (1961), *La batalla del Verdún* (1961), *El círculo de tiza de Cartagena* (1963), *Bodas que fueron famosas del Pingajo y la Fandanga* (1965), *Historia de unos cuantos* (1971) y *Flor de otoño* (1972).

Aunque no faltan en su teatro las técnicas expresionistas, de raigambre esperpéntica (en *Flor de otoño,* por ejemplo), sus preocupaciones y su visión crítica de la realidad española se manifiestan habitualmente con procedimientos naturalistas.

Rodríguez Méndez es autor también de numerosos ensayos. Entre ellos, se encuentran *Comentarios impertinentes sobre el teatro español* (1972), *Ensayo sobre la inteligencia española* (1972) y *La incultura teatral en España* (1974).

Ediciones

Teatro: *La tabernera y las tinajas. Los inocentes de la Moncloa* (con estudios preliminares sobre el autor), Madrid, Taurus, 1968. *Los inocentes de la Moncloa,* ed. de Martha Halsey, Salamanca, Almar, 1980. *Bodas que fueron famosas del Pingajo y la Fandanga. Flor de otoño,* Madrid, Cátedra, 1983 (2.ª ed.).

ACTO I

JOSÉ LUIS: Ya no sé por dónde iba... Ya me he perdido otra vez. Maldita sea. ¿Qué estaba diciendo? ¡Ah, ya! Servidumbres, servidumbres... Bueno. Empezaremos otra vez. Con calma, ¿eh?, con calma, Pepe Luis. A ver, vamos a ver. Servidumbres. Historia. En Roma se definían las servidumbres como el derecho real por cuya virtud se obliga al dueño de una cosa..., al dueño de una cosa..., a no ejercer en ella o a tolerar que se ejerza una actividad prefijada..., una actividad prefijada... *(Sacude la cabeza rabioso.)* Ya, ya me ha puesto nervioso. Ya me ha puesto nervioso esa mujer. No le dejan a uno tranquilo en esta casa. Así no hay quien haga nada útil. No te pongas nervioso, ¿eh? Nada de ponerse nervioso, sobre todo. Voy a tomar una pastilla... *(Va a la mesilla de noche y busca en el cajón. Coge una pastilla de un tubo. La toma y bebe un vaso de agua. Se sienta un momento en la cama y mira pensativo al techo. Se levanta más animado y vuelve al espejo.)* Empiezo de nuevo. Cronometremos *(Pone el reloj.)* Uno, dos, tres... Servidumbres. Historia. En Roma se definían las servidumbres como aquel derecho real por cuya virtud se obliga al dueño de una cosa a no ejercer en ella o tolerar que se ejerza una actividad prefijada en provecho de cosa ajena o de la persona que es titular del derecho... Ajá... Su naturaleza de derecho real viene determinada por recaer sobre una cosa, y al decir por cuya virtud del dueño de la cosa queremos decir que..., que... *(Se corta repentinamente y se mesa el cabello.)* Dios mío... No me acuerdo de nada. Pero que de nada. Si es que no sé nada. *(Se pasea nervioso y se sienta en la cama como idiotizado. Levantándose decidido.)* Bueno. Ahora va en serio. Todo lo anterior no ha sido nada. Ahora, como si estuvieras delante del Tribunal. Así.

Empiezo. En Roma se definían las servidumbres... *(Se abre la puerta sin más preámbulos y aparece un compañero de pensión: PACO RUIZ, licenciado en Medicina, tipo superficial y desenvuelto.)*

PACO RUIZ: Oye, ¿me dejas un duro? Te lo devuelvo a la noche. Es para tomar el trole, tú...

JOSÉ LUIS: Un duro, un duro... Ahí, en la chaqueta tengo. En el bolsillo de dentro, en la cartera... «En Roma se definían las servidumbres...»

PACO RUIZ: *(Después de rebuscar en la chaqueta que hay colgada de una percha.)* Aquí no hay nada, tú...

JOSÉ LUIS: ... como el derecho real por cuya virtud se obliga... Sí, hombre, sí, tiene que haber... Espera...; ¿qué hice del dinero que tenía?

PACO RUIZ: Tú sabrás. Aquí no hay más que el carnet de identidad, papeles...

JOSÉ LUIS: *(Quitándole la cartera.)* Trae acá. No tienes por qué ver lo que no te importa. No hay duro...

PACO RUIZ: Pues sí que... Es que no puedo ir andando, tú. Me queda un cuarto de hora. Y estoy aplanao, chaval. Ayer no pude dormir con la murga de esos...

JOSÉ LUIS: ¿Los de la tuna? A mí tampoco me dejaron decir mis temas... Maldita sea...

PACO RUIZ: Claro, como la Sofi esa está enchulada con el jefe de la tuna de Farmacia, tienen que venirnos a jorobar todas las noches. Hasta que..., hasta que..., ¿sabes qué?..., me la cargue yo...

JOSÉ LUIS: ¿A la Sofi?

PACO RUIZ: ¿Por qué no?

JOSÉ LUIS: ¡Bah! Siempre has sido un idealista...

PACO RUIZ: Bueno, pues... si no saco un duro, no sé cómo voy a ir al hospital. No voy a ir andando, porque no llego. Ni en «auto-stop». Así es que...

JOSÉ LUIS: Bueno, Paco, ahora haz el favor de largarte, que yo me examino pasado mañana. ¿Lo sabías?

PACO RUIZ: ¿Pasado mañana? ¡Ja, ja!... Pues sufre, macho, sufre. Ahí te quedas... *(Sale con un portazo y una carcajada.)*

JOSÉ LUIS: *(Pasándose otra vez la mano por la cabeza.)* No, si no me dejarán concentrarme en toda la mañana... Dice que se va a cargar a la Sofi. Ese es un desgraciado, nada más. Nada más que eso. ¿Pues no tenía yo dos duros en la cartera? ¿En qué los gasté? Pues, ahora, si quiero ir a tomar un café... Bueno, bueno... Fuera líos. Las nueve y veinte. ¡Qué horror! Y todavía así, sin hacer nada. En fin: empezaremos otra vez. Tema cuarenta y cinco. Las servidumbres. Historia. En Roma se definían las servidumbres como aquel derecho real por cuya virtud se obliga al dueño de una cosa a no ejercer en ella o a tolerar que se ejerza una actividad prefijada en provecho de cosa ajena o de la persona titular del derecho. Su naturaleza jurídica de derecho real queda patente al afirmar que se trata de derecho sobre una cosa y el [...]

ANA MARI: Te voy a hacer una taza de nescafé. En mi habitación tengo.

JOSÉ LUIS: No; ya he tomado.

ANA MARI: Pues una pastilla de ésas...

JOSÉ LUIS: No; si lo que yo necesito es..., es... sacar la oposición...

ANA MARI: Dentro de un mes «somos» notarios. Ya lo verás.

JOSÉ LUIS: ¿Un mes? Si sólo el primer ejercicio dura seis meses entre unas cosas y otras. Y luego, los otros ejercicios. Y luego...

ANA MARI: Bueno; pues dentro de un año...

JOSÉ LUIS: Pon un año y medio en el mejor de los casos...

ANA MARI: Año y medio..., año y medio, Dios bendito... Esto es como una pesadilla...

JOSÉ LUIS: Pero, ¿qué quieres que hagamos?

ANA MARI: Ojalá viniera un vendaval y nos llevara a todos de una vez.

JOSÉ LUIS: No te pongas nerviosa, no te pongas nerviosa, porque si te pones nerviosa...

ANA MARI: No, hijo, no *(Le acaricia la cabeza.)* No te preocupes, que yo tengo la cabeza bien puesta sobre los hombros. Tú lo que necesitas es descansar...

JOSÉ LUIS: No puedo...

ANA MARI: ¿Por qué no te acuestas un poco? ¿Dormiste anoche?

JOSÉ LUIS: Hace un mes que sólo duermo dos horas.

(Los inocentes de la Moncloa.)

EL TEATRO DESDE 1939

CARLOS MUÑIZ

Nació en 1927. En 1945 gana unas oposiciones de auxiliar del Ministerio de Hacienda. Es destinado a Bilbao, en donde pasará cuatro años. En 1949 comienza a estudiar Derecho en Madrid. Entre 1958 y 1960 trabajó en Televisión española y en Radio Juventud, como jefe de programas dramáticos.

Sus primeras obras fueron: *El grillo* (1957) y *El precio de los sueños* (1958), ambas de corte naturalista; y *El tintero* (1961), en la que, con técnica cercana al expresionismo, y con reminiscencias del teatro del absurdo, nos presenta la rebeldía de un empleado, Crock, frente al mundo deshumanizado de la burocracia. La tendencia a descoyuntar la realidad, a la caricatura y al esperpento es notable en *Las viejas difíciles* (1967) y en la *Tragicomedia del Serenísimo Príncipe don Carlos* (1974). Muñiz es también autor de diversas obras teatrales cortas: *Un solo de saxofón* (1963), *El caballo del caballero* (1965), *Los infractores* (1969) y *Miserere para un medio fraile* (1966).

Ediciones

El tintero. Un solo de saxofón. Las viejas difíciles (con estudios preliminares sobre el autor), Madrid, Taurus, 1963. *El tintero*, Salamanca, Almar, 1980.

ACTO I

Cuadro primero

LOS TRES: Venimos a cobrar, si no les sirve de molestia.
LIVI: ¿Cómo? Ninguna molestia. *(Saca un sobre.)* ¡Pim! *(Se acerca uno de ellos, retira el sobre, le hace una reverencia y se coloca junto a los otros.)* ¡Pam! *(El segundo repite la operación.)* ¡Pum! *(El tercero repite la operación.)*
LOS TRES: Muchas gracias.
FRANK: Qué, ¿ahora se irán a celebrarlo?
LOS TRES: Nos iremos a celebrarlo en cuanto den la hora. Antes tenemos que acabar el trabajo para tener contento a nuestro querido señor Director.
LIVI: *(A CROCK.)* ¿Tú irás con ellos?
CROCK: No.
LOS TRES: Nosotros no vamos nunca con Crock. Crock es la oveja negra de la oficina y fuma en el retrete cuando nadie le ve, y cuando se queda solo en su despacho, piensa, sin que se lo ordene nuestro querido señor Director.
FRANK: Pena debía darle oír a sus compañeros hablar así de usted, Crock. Pena debía darle, un hombre joven, abandonado por todos. Corríjase, señor Crock. Corríjase, y yo le prometo interceder por usted para que le traten como a todos. ¿Verdad que ustedes me prometen ir con Crock? ¿Y tratarle como a uno de ustedes?
LOS TRES: Si viene al fútbol, sí. Si habla de fútbol, sí. Si no fuma en el retrete, sí. Si no piensa, sí. Si no lee libros, sí.
FRANK: ¿Ve usted qué buenos son? Olvidan todo y le brindan su amistad.
CROCK: ¡A la porra su amistad! Me gusta leer libros y hablar con mi amigo del tiempo que hace, y... y... y hacer versos...; sí, ¡versos!, a los árboles verdes y a los arroyos frescos, que están tan lejos de vosotros. ¡A la porra el fútbol y vosotros! Me tenéis envidia, porque quisierais ser como yo, y fumaros un pitillo, y pensar, y tener un amigo. Pero ¿por qué me tenéis envidia? Vosotros habéis elegido todo esto, y yo, no. Vosotros tenéis una casa con alcobas y cocina y retrete. Yo no tengo casa. Vivo en casa de mi suegra, en el pueblo, y en mi casa no hay retrete. Pero mis hijos cagan tan ricamente en el campo. ¿Por qué me tenéis envidia?

Los TRES: No te tenemos envidia, porque estás loco.

FRANK: Muy bien contestado. Hablaré con el señor Director para que les suba un duro el sueldo. (CROCK *rompe a reír estrepitosamente.*)

CROCK: ¡Loco! Loco porque digo lo que vosotros no os atrevéis a decir. (*Vuelve a reír.*) ¡Majaderos! Me dais asco... Asco y pena... ¿Por qué tenéis que hacer reverencias a este señor, que en vez de dentífrico dice dentrífico? ¡Y lo escribe! (*Lo ha dicho por* FRANK.) Tenéis miedo a que os echen.

LOS TRES: Amamos a nuestro querido señor Jefe de Personal y lo reverenciamos cual se merece.

CROCK: ¡Mentira! Os he oído cuchichear de él muchas veces.

LOS TRES: ¡Eso es falsísimo!

CROCK: Los falsos sois vosotros. No queréis daros cuenta. (*A gritos.*) ¡Tenéis derechos! ¡Sois hombres!

LOS TRES: Con su permiso, señor Jefe de Personal, nos ausentamos de aquí para ir a trabajar a nuestros negociados y tener todo en orden, y luego podernos ir a casa a disfrutar de la vida con nuestras esposas y nuestros hijos y nuestras suegras paralíticas.

FRANK: Bien, hijos míos, bien. Auséntensen y así evitarán tener que oír estos discursos revolucionarios.

LOS TRES: ¡Buenos días, señor Livi! ¡Buenos días, señor Frank! (*Hacen una reverencia y salen como y por donde entraron.*)

CROCK: (*Gritándoles, cuando ya se han ido.*) ¡Sí, «marcharos», no escuchéis! ¡«Iros» a vuestras casitas a comer judías! ¡Os pondréis cada día más colorados y os haréis viejos, muy viejos, y luego os moriréis! ¡Os moriréis igual, me oís! (*Rompe a toser.*)

LIVI: Tranquilízate y vete. Y procura recapacitar, hombre. Yo soy un buen amigo tuyo y te doy siempre buenos consejos.

CROCK: ¿Tú amigo mío?... (*Rompe a reír estrepitosamente.*) ¿Por qué no me dices si algún día voy a cobrar lo mismo que todos?

FRANK: Eso es secreto. ¡Y basta de tonterías! ¡Lo primero que tienes que hacer es cumplir!...

CROCK: Yo cumplo.

FRANK: ¡Y trabajar!

CROCK: Yo trabajo.

FRANK: ¡Y respetar!

CROCK: Yo respeto.

FRANK: Y hacernos reverencias.

CROCK: (*Rompe a reír.*) Yo fumo, yo pienso, yo leo libros. ¡Yo no reverencio a nadie!

ACTO II. *Cuadro cuarto*

FRIDA: ¿De dónde lo has sacado?

CROCK: ¿Qué?

FRIDA: Esto... ¡El dinero! ¿Te han dado un anticipo?

CROCK: ¡Eso! ¡Un anticipo! Sí, un anticipo. Todo es un anticipo. El olor del pueblo, cuando se entra por las eras, es un anticipo de paz. Huele a campo, a leña quemada y a moñigos... ¡Qué bien huele! (*Acercándose a la ventana y mirando fijamente.*)

FRIDA: ¿De dónde lo has sacado?

CROCK: ¡Déjame en paz! Me gusta estar en paz.

FRIDA: ¡No lo habrás robado!

CROCK: Pero ¿qué estás diciendo? Robar, ¿qué? ¿La paz? Si se pudiera robar, yo la robaba...

FRIDA: ¡Qué paz ni qué demonios! Digo el dinero. ¿De dónde diablos lo has sacado? ¡Dilo ya de una vez!

CROCK: (*Dejándose caer a los pies de la cama.*) Es muy fácil. Hay que ir a la Facultad de Medicina. Allí preguntas por el Instituto Anatómico. Te señalan una puerta y entras. Dentro hay poca cosa... Unas mesas de mármol inclinadas y un par de hombres con caras extrañas que se dedican a inyectar formol en los muertos y a guardarlos en los armarios. Les dices que quieres venderte; te miran, te remiran el cuerpo, te palpan los brazos y las piernas, te miden el cráneo y luego te hacen firmar un papel en el que dices que, cuando te mueras, tu cuerpo les pertenece. Me han dado ochocientas... Yo he regateado, sabes, pero ¡nada! Aquellos hombres eran como cuervos. Por lo visto, los hombres no les interesan. Sólo los muertos. Me han dicho que compran estas cosas para que puedan estudiar los muchachos. Los estudiantes lo aprovechan bien: lo hacen todo cachitos y muy pequeños. (*Con rabia.*) Me gustaría entregarme a ellos hecho cachitos. Sería mi única posibilidad de venganza. ¡Me cobraría tantas cosas!... (*Pausa.*) ¡Bah! Hay que pensar otras cosas más alegres. Te aseguro que me gustaría pensar en cosas más alegres; pero ¿cómo, cómo? No se me ocurre nada. Pienso en el chico que estudie en mis brazos y mis piernas. Por lo visto, hay muchos chicos que estudian y necesitan muchos cuerpos. El también pensará en mí. *(Preocupado.)* ¿O no pensará? No; eso no. ¡Tiene que pensar! Jugar con la carne de un hombre, aunque huela a formol, es algo muy serio, ¿no te parece? *(Su mujer le mira atónita.)* He pensado que me voy a hacer un tatuaje con mi nombre para que cuando me saquen del armario donde me tengan archivado y me entreguen al estudiante que me corresponda... Bueno, el caso es que no sé si debo decir «el estudiante que me corresponda» o «al estudiante al que yo corresponda»; pero es igual. El caso es que así, antes de empezar a desguazarme, sabrá cómo me llamo y llamará a mis brazos y a mis piernas por mi nombre. ¡Es horrible que le confundan a uno! ¡Sí, horrible, horrible!...

(Queda con los codos apoyados en las rodillas, las manos caídas y la vista perdida acaso en la disección de su cuerpo. FRIDA se acerca y le acaricia la cabeza.)

FRIDA: Crock... *(No contesta.)* ¡Pobre Crock! Yo creí que a ti no te importaban más que los amigotes y estar todo el día tumbado. ¿Por qué lo has hecho? Tu cuerpo es tuyo... ¡No puede ser de nadie por ochocientas ni por ochocientos millones! *(Se sienta a su lado y le besa.)* ¿Sabes que los chicos se van a llevar una alegría mañana cuando te vean? Siempre están preguntando por ti.
CROCK: No me gustaría que estudiasen Medicina. Sería desagradable...
FRIDA: No pienses tonterías, hombre. Podrán estudiar Medicina. Conseguiremos dinero para devolverles sus ochocientas y que te devuelvan tu cuerpo.
CROCK: No; eso no. Todo lo que se consiga hay que guardarlo para ellos. No quiero que les pase como a mí. Quiero que estudien. Es mi obligación... Estudiarán, Frida; tienen que estudiar.
FRIDA: Bueno, hombre, no te excites. Estudiarán.
CROCK: Sí; no hay más remedio. No podemos exponernos a que sean como yo. Quiero que los respeten. Quiero que puedan sonreír. Quiero que no les puedan aplastar los hombres. Quiero que... [...]
FRIDA: ¿Dónde vas, Crock?
CROCK: A dar un beso a los chicos.

FRIDA: Acuéstate. Ya los verás mañana.
CROCK: *(Como un lamento.)* Mañana... *(Con amarga sonrisa.)* No hay mañana. No tengo sueño. Quiero dar un paseo por ahí enfrente. Me gusta pasear debajo del cielo limpio. Las ideas se aclaran y se le olvida a uno tanta porquería... *(Sale.)*
FRIDA: ¡Crock! ¡Crock!

(Intenta seguirle. El MAESTRO la detiene.)

MAESTRO: Quiere dar un paseo. Déjale tranquilo.
FRIDA: No, no quiere dar un paseo. *(Pausa.)* Pero será mejor... Quiere estar tranquilo. Necesita estar solo. En paz. Quiere respirar hondo. Pasear debajo del cielo limpio. Nunca se me había ocurrido pensar que pudiera ser bonito pasear sola por el campo una noche como ésta. *(Sobresaltada.)* ¿Qué hora es?
MAESTRO: La medianoche.
FRIDA: ¡Las doce ya! *(Va a la ventana.)* Va camino de la estación, por la vía. Y está a punto de pasar el tren...
MAESTRO: No pienses tonterías.
FRIDA: *(Gritando.)* ¡Apártate, Crock! ¡Va a pasar el tren! *(Al MAESTRO.)* ¡Sigue por la vía!... ¡Crock! ¡Crock! ¡Va a pasar el tren! ¡Apártate a un lado! *(Empieza a oírse un tren que se acerca.)* ¡Ese hombre está loco! *(Muy alto.)* ¡Los niños están durmiendo! ¡Cuando te vean mañana se pondrán muy contentos y te darán muchos besos! *(El ruido del tren se aproxima.)* ¡Los niños quieren verte! ¡Estaban deseando que vinieras para jugar contigo hasta cansarse!... *(El ruido del tren se hace ensordecedor. Parece que está pasando por el patio de butacas.)* ¡Crock! ¡Crock!

(FRIDA lanza un grito, casi un alarido. Como si el grito hubiera sido una señal para que el tren se detuviera, se oye el chirrido de los frenos, el ruido de los vagones al golpear con los topes. Se hace un tremendo silencio. FRIDA y el MAESTRO se miran.)

Oscuro

(El tintero.)

JOSE MARTIN RECUERDA

Nació en Granada en 1925. Estudió Filosofía y Letras. Dirigió durante ocho años el Teatro Español Universitario de Murcia. Después ocupó la cátedra de teatro de la Universidad de Salamanca.

Entre sus obras, están: *La llanura* (1954), *El teatrito de don Ramón* (1959), *Las salvajes en Puente San Gil* (1963), sobre las reacciones brutales e hipócritas que desencadena en un pueblo andaluz la llegada de una humilde compañía de revistas; *El Cristo* (escrita en 1964, y que no se ha estrenado), **Las arrecogías del beaterio de Santa María Egipciaca** [1] (1970, pero estrenada en 1977) y *El engañao* (escrita en 1972 y estrenada en 1981).

Martín Recuerda es el autor de su generación que ha cultivado con mayor intensidad un teatro desgarrado y violento. Con frecuencia, se han señalado en su obra influencias de Valle-Inclán y de Lorca.

Ediciones

Teatro: *El teatrito de don Ramón. Las salvajes en Puente San Gil. El Cristo* (con diversos estudios preliminares sobre la obra del autor), Madrid, Taurus, 1969. *Las salvajes en Puente San Gil. Las arrecogías del beaterio de Santa María Egipciaca*, ed. de Francisco Ruiz Ramón, Madrid, Cátedra, 1977.

PRIMERA PARTE

RAMÓN PEDROSA [2]: Todo marcha bien. Por doña Mariana de Pineda se interesa todo lo mejor de Granada. Y hasta en las Cortes se habla de su notorio caso.

MARIANA DE PINEDA [3]: ¿Y... noticias del rey?

RAMÓN PEDROSA: Pronto las habrá. El panorama nacional se está pacificando más de lo que se supone. Granada es una ciudad lejana donde los correos tardan en llegar y nos enteramos, por esta razón, los últimos de lo que pasa en el país. El granadino es preocupado por naturaleza y ve montes donde no existen. Pero todo se tranquiliza. Ya sabrá doña Mariana que desde la muerte de Manzanares en las serranías de Ronda, Andalucía ha quedado muy tranquila. Sólo hay un foco de rebeldes en Gibraltar, capitaneados por el general Torrijos y otro pequeño foco, clandestino, claro, para el rey de Francia, en Bayona. Foco de ilusos, ¿qué pueden hacer unos pocos hombres tan solos y tan «románticos», como se los viene llamando ahora? El pueblo de Granada está con el rey. ¿No oye la música de los toros? La plaza está abarrotada. Pronto se oirá desde aquí la alegría de la salida de la gente.

MARIANA DE PINEDA: Pero... su Ilustrísima no fue a la corrida y tengo entendido que es muy amante de las corridas de toros.

RAMÓN PEDROSA: Sí, es cierto. Pero uno no es dueño de sí mismo. Cuánto sien-

---

1. El beaterio de Santa María Egipciaca era un convento que, en la época en que transcurre la acción de esta obra, servía lo mismo de prisión que de correccional de mujeres.
2. En una acotación del primer acto de la obra, define Martín Recuerda a Pedrosa como «Alcalde del Crimen de la Real Chancillería de Granada, subdelegado de Policía y Juez de Infidencias de su Real Majestad, Fernando VII».
3. Mariana Pineda nació en Granada en 1804. Era viuda de un rico propietario. Fue denunciada por haber bordado una bandera morada con las palabras «Ley. Libertad. Igualdad.» Pedrosa, miembro de la Chancillería de Granada, le ofreció el perdón a cambio de que delatara a sus cómplices. Ante su negativa, fue encarcelada, y más tarde, en 1831, agarrotada en el Campo del Triunfo. Pronto se convirtió en heroína de la causa liberal. En 1927, García Lorca, inspirándose en una canción popular, le había dedicado una obra.

to haber perdido esta corrida. La lidian matadores de la escuela rondeña; sin embargo, la perdí, cuánto lo he sentido.

MARIANA DE PINEDA: ¿Y... fue la causa?

RAMÓN PEDROSA: Esa gitanilla que ve aquí.

MARIANA DE PINEDA: *(Fría, tranquila.)* Tan niña... Apenas tendrá quince años.

RAMÓN PEDROSA: Apenas. Los gitanos no se dan ni cuenta de los años que tienen. Pasan la vida bailando y cantando y, tal vez, soñando.

MARIANA DE PINEDA: ¿Y no es bonito soñar en nuestra época?

RAMÓN PEDROSA: Muy bonito. Los granadinos son muy soñadores. Todo en ellos es motivo de dulzura y ensueño. Mi señora doña Mariana, soñando tal vez se puso esa rama de limonero en flor entre el pelo.

MARIANA DE PINEDA: Sí, soñando siempre. Hasta la muerte es preferible recibirla soñando, como sueñan en Granada las fuentes, el agua, los mirtos, las palomas, los atardeceres... Granada nos hizo ser así, soñadores. ¿Y por esta gitanilla su Ilustrísima no fue a los toros? *(Se acerca a ROSA.)* Pobrecilla. Está casi temblando. *(Mira a PEDROSA.)* Creo que con las manos no podrá ya, nunca más, secarse ni el sudor de la frente.

RAMÓN PEDROSA: Puede.

MARIANA DE PINEDA: *(Fingiendo serenidad.)* ¿Qué le ocurrió, Ilustrísima?

RAMÓN PEDROSA: ¿No la conoce?

MARIANA DE PINEDA: Jamás la vi.

RAMÓN PEDROSA: ¿Ni tú, preciosa niña, viste a esta señora nunca?

(ROSA «LA GITANICA» dice que no con la cabeza.)

MARIANA DE PINEDA: Si su Ilustrísima piensa hacer muchas preguntas, me temo que la niña no pueda responder, porque trae fiebre y está agotada. ¿Dónde martirizan a estas inocentes víctimas?

RAMÓN PEDROSA: Nada importan las víctimas, sólo importa mantener unida la fe, bajo el mandato del rey, Nuestro Señor, quien sabe velar día y noche por sostenerla.

MARIANA DE PINEDA: ¿Acaso ella no tiene esa fe de la que su Ilustrísima habla?

RAMÓN PEDROSA: No la tiene.

MARIANA DE PINEDA: ¿Y de qué delito se le acusa? ¿Las leyes del reino autorizan a dejar inútil a un ser menor de edad?

RAMÓN PEDROSA: Ha cometido uno de los peores delitos: ha intentado bordar esta bandera.

(Un padre franciscano le da a PEDROSA la bandera, quien la muestra a MARIANA.)

MARIANA DE PINEDA: Es preciosa. Qué finura de letras. ¿Es acaso la bandera de uno de esos focos revolucionarios? Esas banderas siempre descubiertas y nunca enarboladas.

RAMÓN PEDROSA: ¿No conoce la señora esta tela?

MARIANA DE PINEDA: No, ¿por qué iba a conocerla? No sé ni qué tejido pueda ser.

RAMÓN PEDROSA: ¿Ni las bordaduras?

MARIANA DE PINEDA: No soy aficionada a bordar. No he visto jamás una prenda revolucionaria tan cuidada como ésta. Creo que para la revolución no hacen falta más que hombres y armas. Cualquier trapo sirve de bandera. Qué modo de perder el tiempo bordando esta tela, ¿no cree su Ilustrísima?

RAMÓN PEDROSA: ¿Aunque la bandera se borde por amor?

MARIANA DE PINEDA: ¿Por amor, a quién? ¿Puede especificar su Ilustrísima?

RAMÓN PEDROSA: Tal vez por amor a algún hombre.

MARIANA DE PINEDA: Es muy poco el amor de un hombre para bordar una banderita con tanto primor. Creo que debe haber más altos destinos que el amor de un hombre para bordar con tanto arte y más, siendo la bandera que, según su Ilustrísima, está destinada a la revolución. *(Intentando cambiar el tema y dirigiéndose a la REVERENDA MADRE.)* Pero, Reverenda Madre, esta niña está grave. Esta niña no puede quedar en este estado, mientras oye las amables conversaciones de su Ilustrísima conmigo.

RAMÓN PEDROSA: Todo llegará. Veo que no se conocen. Que va a ser imposible que se conozcan.

MARIANA DE PINEDA: ¿Por qué iba a conocerla yo?

RAMÓN PEDROSA: ¿Acaso no fue ésta la bandera que se encontró en su casa?

MARIANA DE PINEDA: Puede. Creo que me detuvieron por esta causa, pero, ante tanto sobresalto, yo no sé ni cómo es el color de aquel trapo.

RAMÓN PEDROSA: *(Dejando asomar su rencor.)* Rosa Heredia, oye mis palabras:

(Rosa «La Gitanica» queda inmóvil.) Todavía puedes salir de aquí si dices que esta mujer, llamada Mariana de Pineda, subió a tu casa del Albaicín y te dio a bordar esta bandera.

(Silencio.)

Rosa «La Gitanica»: *(Levantando poco a poco la cabeza.)* No... conozco... a esta señora.

(Rumor de todas las arrecogidas.)

Ramón Pedrosa: Llegarás a conocerla. Tendrás que conocerla al fin.

(Silencio.)

Rosa «La Gitanica»: *(Con mucha humildad.)* No conozco a esta señora. Y yo nunca aprendí a bordar.

(Sufre ahora un leve temblor que le hace sentir miedo y corre hacia Sor Encarnación, suplicante.)

No aprendí a bordar. Las monjas de Santa María la Real lo saben. Pueden preguntarles. Quisieron enseñarme, pero no aprendí. Yo sólo sé bailar, y por las mañanas salgo a vender a la plaza. Pero yo no sé bordar. No sé. Por los clavitos del Señor, que me duelen mucho las manos. ¡Mis manos! ¡Mis manecicas!

(Rosa «la del Policía» intenta estallar, pero Aniceta «La Madrid» le tapa la boca.)

Ramón Pedrosa: *(Exaltándose, pero al mismo tiempo conteniéndose como puede.)* Tus manos, además de bordar la bandera, te sirvieron para acariciar al que ya no verás más.

Mariana de Pineda: *(Que va exaltándose también.)* ¿Se puede saber quién?

Ramón Pedrosa: *(Aparentando tranquilidad e ironía.)* Mucho se interesa la señora.

Mariana de Pineda: Mucho. *(Haciéndole frente con bastante frialdad.)* Soy liberal.

Ramón Pedrosa: ¿Y supone que las últimas caricias fueron para un liberal?

Mariana de Pineda: Lo supongo. Si no, no estaría aquí, inútil como la han dejado.

Ramón Pedrosa: ¿Y para qué quiere saber la señora el nombre?

Mariana de Pineda: Para admirarlo y bendecirlo.

Ramón Pedrosa: Pues que muera sin las bendiciones de la señora. Que muera condenado en los infiernos. Sólo le diré... *(Levanta la cabeza con orgullo.)* Les diré a todas que esta niña es la amante de un joven a quien Dios tenía destinado por los caminos de la iglesia. Un joven que aborreció el sacerdocio para hacerse amante de esta gitana. La ley es justa. Y esta niña entra a este beaterio como una recogida más. Las madres de Santa María Egipciaca le enseñarán el camino de la humildad y de la corrección.

Mariana de Pineda: ¿El camino de la corrección, cuando lo que llama su Ilustrísima «justicia» la ha dejado inútil para siempre? ¿Qué corrección le puede enseñar ya a

Las arrecogías *se estrenó en el Teatro de la Comedia, de Madrid, en febrero de 1977. En la foto aparecen Antonio Iranzo y Concha Velasco, que dieron vida, respectivamente, a Ramón Pedrosa y Mariana Pineda.*

esta niña un gobierno absolutista y dictatorial que la ha dejado inútil para siempre? Será la correción de saber odiar al rey.

ROSA «LA DEL POLICÍA»: ¡Muera el rey!

MARIANA DE PINEDA: ¡Silencio! Todo el mundo tiene que guardar silencio. A ningún camino se llega con la violencia. El gobierno liberal de España, que desgraciadamente se tiene que ir formando en el extranjero, regirá con amor, con bondad, con humanidad y con comprensión. ¿En qué nos diferenciaríamos entonces los que juramos y somos fieles a la Constitución del doce de aquellos cuyos poderes son la violencia y la sangre, el callar a la fuerza, el sometimiento injusto?

RAMÓN PEDROSA: El señor secretario tome nota de estas palabras.

MARIANA DE PINEDA: Palabras que serán leídas no sólo públicamente en la Audiencia Territorial de Granada, sino también en las Cortes Españolas, si es que hay hombres y justicia.

RAMÓN PEDROSA: Ha venido a ti un súbdito del rey con la mayor de las prudencias.

MARIANA DE PINEDA: Y con la mayor de las prudencias intenté responder, pero a la vista de unos hechos asesinos, como son las manos de esta niña, no tengo más remedio que exaltarme. Claman los cielos. Pero entérate bien, Pedrosa; te he de llevar a declarar que esta bandera fue introducida en mi casa por tu misma policía. No tienes datos para atestiguar lo contrario. Me lo dijiste. (Mirando hacia arriba, desafiante, a ROSA «LA DEL POLICÍA»)... Sí, Rosa, me lo dijo una noche que yo le abrí el dormitorio de mi casa y cerré después los postigos del balcón que tú veías cerrar. ¿Sabes por qué lo hice? Para salvar a los míos. Y por darle la libertad a los demás, no se puede condenar a nadie. Pero jamás este hombre puso las manos en mi cuerpo, jamás. Sólo ha sabido de mis desprecios porque llegué a descubrirlo sin que lograra nada mío.

RAMÓN PEDROSA: Tú estabas descubierta muchos años antes.

MARIANA DE PINEDA: Nunca negué mi amor por la libertad. Me casé con un hombre que quiso ser libre. Fui la mujer de un campesino. En este pedazo de tela a medio bordar juraría que se concentran los ideales y sueños de más de media España, es la bandera liberadora. El sueño de muchos que esta niña ha pagado con sus manos.

RAMÓN PEDROSA: Y que tú pagarás con tu condena.

MARIANA DE PINEDA: Mucho cuidado con esa condena. Hablaré lo que tengo que hablar en la sala de la Audiencia.

RAMÓN PEDROSA: Hay quien puede juzgarte sin tu asistencia a la sala.

MARIANA DE PINEDA: No serás tú ni el rey. (Acercándosele con odio.) Piensa que alguno de estos soldados que te guardan, puede clavar el machete de su fusil en tu cuerpo. Piensa que estas mismas monjas pueden ser tus peores enemigas. Piensa que al dictar mi sentencia, pueden, en esos momentos, traspasarte el corazón. Ni tú ni el rey estáis seguros. Estáis enloqueciendo de terror en esta época criminal. Tenéis enemigos por todas partes. Al salir por esta puerta, pueden asesinarte. Granada entera está conmigo y con estas arrecogías que no las dejáis defenderse, en públicos juicios. Pero entérate bien, me puse esta rama en flor pensando en tu muerte. (Arrojándosela.) Toma la única flor que echarán a tu tumba. Sé que faltan pocos días para que salga mi juicio. Allí nos veremos, Ramón Pedrosa. Y cuidado con usar tus regios poderes de juez de infidencias. Mi juicio no puede resolverse secreto. Son muchos los que lo esperan. Y tengo fuerzas y poder para llevarlo no sólo a esas Cortes traicioneras y engañosas, sino ante los reyes de Europa.

RAMÓN PEDROSA: Llévalo, pero con los nombres que preparan contigo la descubierta conspiración. ¿Cuáles son esos nombres?

MARIANA DE PINEDA: Los que te asesinarán. Los que después de asesinarte darán la libertad a España. Ni en una sala inquisitorial me arrancarán los nombres. Ellos son mi orgullo. Mi orgullo de hembra granadina, que no ha llegado a perder la batalla que libra.

RAMÓN PEDROSA: (Haciéndole una arrogante reverencia.) Nos veremos pronto, doña Mariana.

MARIANA DE PINEDA: Así lo espero... Pedrosa.

RAMÓN PEDROSA: (Aparentando tranquilidad.) Y... (Cogiendo la rama.) me llevo tu rama en flor...

(Recogen la bandera y sale RAMÓN PEDROSA con los demás que entró. Las arrecogidas han quedado en grave silencio, mientras ven salir a PEDROSA. CARMELA «LA

EMPECINADA» *siguió, casi en secreto, a la comitiva que sale. Hasta cerciorarse bien de que salieron. Entonces, dice, dejando escapar sus nervios, mientras se apodera de todas un gran nerviosismo.*)

CARMELA «LA EMPECINADA»: Hasta salieron a las puertas a hacerle reverencia.

CHIRRINA «LA DE LA CUESTA»: ¿Qué te parece? Condenadas sean todas las que comen las migajas del rey y de los ricos. Qué mendrugo de pan más mal comido. No lo quisiera para mí.

ANICETA «LA MADRID»: Tanto inclinar la raspa [4] para decirle adiós al inútil político que se lo tienen que comer los gusanos. *(Exaltándose cada vez más.)* Pero lo acribillarán a balazos en una calle y nadie cogerá su cuerpo.

CARMELA «LA EMPECINADA»: ¡Calla la boca! Hay que ver qué vieja. *(Volviéndose a todas.)* Ea, no tenemos reaños ni moños en la cabeza si nosotras mismas no le pegamos un tiro a ese tío y si consentimos que las monjas de Santa María nos den el caldo. Mirad qué manos llenas de callos, para echarse solas el caldo. Aquí en el suelo hago una cruz . Mirarla. *(La hace y escupe.)* No consentiré que las manos de esas mujeres cojan mi plato, porque vieron las manos destrozadas de esta niña y se van y siguen haciendo reverencias.

CHIRRINA «LA DE LA CUESTA»: *(Saltando como una furia.)* Yo también hago lo que tú. *(Lo hace.)* La victoria es nuestra. Si no había más que verle la cara a Pedrosa para comprender el miedo que tenía. Tiene que vivir aterrorizado de miedo, como ha dicho *(con burla)* «la señora» doña Mariana. Juraría que hasta los centinelas que nos rondan son de los nuestros.

(Las arrecogías del beaterio de Santa María Egipciaca.)

---

4. *Inclinar la raspa:* hacer reverencias.

ANTONIO GALA

Nació en Córdoba en 1936. Estudió Filosofía y Letras, Derecho y Ciencias Políticas y Económicas. Ejerció la enseñanza durante algún tiempo. En 1960 dirige el Instituto «Vox», de cultura e idiomas. En 1963 recibe el Premio Nacional de Teatro «Calderón de la Barca». A partir de entonces se dedica exclusivamente a la literatura. Además de dramaturgo, es poeta, ensayista, conferenciante y prolífico y popular articulista. También ha escrito guiones para la televisión y el cine.

La producción teatral de A. Gala se compone de: *Los verdes campos del Edén* (1963), *El sol en el hormiguero* (1966), *Noviembre y un poco de hierba* (1967), *El caracol en el espejo* (1970), *Los buenos días perdidos* (1972), *Anillos para una dama* (1973), *Las cítaras colgadas de los árboles* (1974), *¿Por qué corres, Ulises?* (1975), *Petra Regalada* (1980), *El cementerio de los pájaros* (1982), *Samarkanda* (1985), *El hotelito* (1985) y *Séneca o el beneficio de la duda* (1987). En **La vieja señorita del Paraíso** (1980), la protagonista, Adelaida, espera a lo largo de cuarenta años, en el café del Paraíso, a un joven que conoció fugazmente. Mientras tanto, se entretiene en pontificar sobre los más diversos temas, aunque sea el del amor el que se lleva la mejor parte. Como confiesa el propio autor, en esta obra «sólo se habla del amor y de sus antagonistas: es decir, del amor y de todo lo demás. Porque cuanto no se tiña de él, o se aproxime a él, o se intente con él, no debería existir: es desviación y decadencia del ser humano, fracaso y corrupción del ser humano».

En todo el teatro de A. Gala alternan la crítica de la vida española (sus dardos más frecuentes se dirigen contra la intransigencia, la insolidaridad y la hipocresía) y los grandes temas universales (el amor, la libertad, la frustración, la violencia, la soledad, etc.). Aunque pueda encontrarse algún punto en común con los dramaturgos de la generación realista, este autor ha seguido desde sus primeras obras un camino más personal. Sin embargo, los toques poéticos y líricos, los símbolos y alegorías, de no siempre fácil interpretación, las desmitificaciones de la historia, el lenguaje eminentemente literario y las frases brillantes e ingeniosas que pone en boca de sus personajes, no logran ocultar la retórica hueca y la superficialidad, inconsistencia y ambigüedades con que desarrolla en muchas de estas obras ambiciosos conflictos humanos.

Ediciones

El caracol en el espejo. El sol en el hormiguero, Noviembre y un poco de hierba (con estudios preliminares sobre el autor), Madrid, Taurus, 1970. Trilogía de la libertad: Petra Regalada, La vieja señorita del Paraíso, El cementerio de los pájaros, Madrid, Espasa-Calpe (selecciones Austral), 1983.

FRAGMENTOS DE LOS ACTOS I Y II

STONE: Me atrevería a rogarle, puesto que no hace ni un año que tuve el honor de adquirir este Café del Paraíso con la unción con que se adquiere un santuario...

ADELAIDA: (Interrumpe.) Un santuario no se adquiere, míster Stone.

STONE: Me atrevo a suplicarle que nos cuente su verdadera historia. En América nos apasionan las primeras versiones. Quizá las sucesivas la han ido adulterando.

ADELAIDA: En mi historia, señor, no cabe el adulterio. De cualquier forma, no tengo ningún inconveniente. Aunque quizá el alcalde la recuerde mejor: por entonces él era chico de los recados del café. Claro, que ha ganado tantas otras cosas que a lo mejor ha perdido la memoria... Fue una mañana en que hacía calor (a HERMINIO), ¿no es eso? La primavera estaba decidida a llamar la atención. Yo iba a hacer una compra, no sé cuál. Había por el aire un olor de azucenas. Al cruzar una calle, un coche estuvo a punto de arrollarme: andaba distraída. Alguien tiró de mí. Me di la vuelta para darle las gracias, y era él.

RAMIRO: ¿Cómo era?

ADELAIDA: No lo sé. Corriente. Sonreía. Sonrió todo el tiempo: el breve tiempo. De pronto a mí se me olvidó la compra y el coche rojo y el calor y mi nombre.

ELENA: ¿Y el olor a azucenas?

ADELAIDA: Tanto, no... Supongo que le pasa a mucha gente.

STONE: ¿Hasta ese punto?

ADELAIDA: Hasta ese punto. Lo que ocurre es que luego la gente vuelve en sí. Quiero decir que se distrae con el calor y los encargos y los coches rojos, y recuerda su nombre. Yo, sin embargo, supe de manera tajante que había vivido para llegar allí y que lo demás no importaba un pimiento. Anduvimos sin hablar. O no anduvimos, qué sé yo. Todo parecía un parque. Quizá él me tomó de la mano para que no me atropellara otro coche, no sé. Ni sé tampoco el tiempo que pasó, ni si pasó: el tiempo es tan ajeno a todas esas cosas. De repente él me dijo: «Espérame un momento», y desató sus ojos de los míos. Yo miré alrededor y estaba aquí, sentada a esta mesa. Y... bueno, hasta ahora. Creo que llegará de un instante a otro.

STONE: ¿Pero usted, no se ha movido, de verdad, nunca de aquí?

ADELAIDA: No era posible, compréndalo. El no sabe mi nombre, ni mi dirección. Yo, los suyos, tampoco. Tiene que regresar aquí, donde me dijo que esperara un momento.

STONE: (A HERMINIO.) ¿No se hicieron averiguaciones?

HERMINIO: Sí, sí; por la puerta principal no salió, porque yo la tenía a mi cargo y no dejé mi sitio. Por las cocinas, tampoco: no lo vio nadie. La señorita se negó a moverse a la hora de cerrar. Fueron inútiles todos los argumentos. El antiguo dueño llamó a la policía, a los bomberos, a la casa de socorro, al juzgado de guardia. Todo inútil. Ella sólo decía...

ADELAIDA: Lo de siempre: «No puedo. Va a venir en seguida. Debo esperarlo aquí.»

HERMINIO: Su voluntad de no moverse

era lo más rotundo que yo he visto en mi vida. No se pudo con ella: una mula manchega.

ADELAIDA: Muy gráfico y muy chic.

STONE: ¿Y nadie pensó que al muchacho podía haberle sucedido algo? El mismo coche que estuvo a punto de atropellarla a usted...

ADELAIDA: Oh, no. Eso no. Esas cosas se saben. Sencillamente durante estos cuarenta últimos años habrá tenido una gestión que hacer, algún inconveniente, algún impedimento pasajero.

BORROMEO: Pero si se hubiese ido lejos, de emigrante, o si se hubiera casado y tuviera siete hijos, por ejemplo.

ADELAIDA: ¿Le parece a usted ése poco impedimento? *(Entra MICAELA.)* Micaela, no saben lo que son siete hijos. Ay, señores, estoy cansada de repetirlo. Hay cosas que se hacen para la eternidad.

....

MICAELA: Tres años me llevaba a mí mi Juan. En diecisiete años de novios y veintiuno de lo otro, no me dijo ni una vez que me amaba.

ADELAIDA: Eso no hace falta decirlo. Nunca estorba, pero no es necesario.

GRACIA: *(Horrorizada.)* Diecisiete años de novios.

MICAELA: Desde los seis hasta los veintitrés. Ni una vez me lo dijo. Un día de Nochebuena, con treinta y cinco años ya yo, sin estar en la cama ni nada, me cogió de pronto la mano y me miró de un modo que yo creí morirme. Dos lágrimas como dos puños le cayeron. ¡Bien mío! Y al morirse me dijo: «Lo siento, Micaela. Creí que nos íbamos a morir juntos. Pero ahí están los niños: alguien tenía que quedarse. Me voy dentro de ti.» Ni muriéndose me dijo que me amaba. Yo creo que no me quiso. ¿Me quisiste? Qué egoísmo, morirte tú primero...

ADELAIDA: Micaela.

MICAELA: No, señora. No consintió nunca en decir que me amaba. Por eso yo ahora veo a las parejas y me muero de pena. Porque yo tampoco se lo dije a él jamás: tuve tanto que hacer.

ADELAIDA: Pero tú lo querías.

MICAELA: ¿Yo? Faltaría otra cosa. Pero, vamos, que así, pararme y mirarle y decirle: «Juan, te amo», eso nunca. Ni se me pasó

Escena de La vieja señorita del paraíso, *estrenada en el Teatro Reina Victoria, de Madrid, el 7 de octubre de 1980. En la foto, Manuel Angel Egea, Juan Carlos Nassel, Yolanda Ríos, Viky Lagos y Mary Carrillo, en el papel de la «vieja señorita».*

por la imaginación que yo lo amara. Fue después, cuando me dejó sola, y tiraba la muerte de mí tanto que ni los siete niños podían sujetarme.

ADELAIDA: Lo dices como si fueran los siete niños de Ecija.

MICAELA: Qué fatigas me costó convencerme de que él no se había ido. Si no llega a ser por usted, señorita. ¡Ay, qué santa más grande!

ADELAIDA: Ni en broma lo repitas. Dame otro papel verde. El amor no se mide por palabras, ni por años, ni por felicidad, que es otra cosa, ni siquiera por vidas. El amor no se mide. Está ahí, llenando el mundo. Como el aire, para el que no hay distancias. Y quien no lo respira es que está muerto. No como tu Juan, no: muerto de verdad.

RAMIRO: Lo único que yo sé del amor es que se acaba.

ADELAIDA: El amor no se acaba: mientras dura es eterno. Somos nosotros, unos idiotas, los que nos acabamos. ¿Qué es lo que quieres?

RAMIRO: Lo quiero todo, y ya.

MICAELA: Los jóvenes no entienden.

ADELAIDA: Lo dices tú, que te enamoraste a los seis años. Tú, que te has pasado la vida sin enterarte de que tu Juan y tú erais Romeo y Julieta. El amor no se aprende con la edad. ¿Quién les enseña a volar a los pájaros?

RAMIRO: Si todo el mundo opinara como usted...

ADELAIDA: Todo el mundo tiene esa tentación, pero muchos la resisten. No sé por qué, la mayoría lucha por no caer en ella, y el retoño verde de la alegría acaba por secarse. Los jóvenes sois más generosos. *(Señalando un cartel.)* ¿Ves? «Reservado el derecho de admisión.» Es una ñoñería. ¿Qué es eso de salvarse o condenarse? Al Paraíso puede entrar el que quiera. Pero no solo, nunca solo: al Paraíso se entra en compañía. Como yo entré. Por eso no he querido salir nunca: sola, no habría vuelto a entrar... Hace buen tiempo, pero un poco pesado. Y huelen quizá demasiado esas rosas.

RAMIRO: ¿Y el amor vuelve, señorita Adelaida?

ADELAIDA: No has entendido nada: no se va nunca. ¿Para qué, si no, íbamos a nacer? ¿Para trabajar, o para enriquecernos, o para pasar hambre, o para morirnos? Qué burros somos todos. *(A RAMIRO.)* Tu momento de oro está muy cerca.

RAMIRO: *(Saliendo.)* Hasta pronto.

ISMAEL: ¿Puedo irme yo a duchar?

ADELAIDA: Tu momento de oro también está muy cerca.

ISMAEL: Ustedes dicen que los negros despedimos un olor muy fuerte.

ADELAIDA: Yo nunca he dicho semejante sandez. No acostumbro a generalizar. Y, anda, que hay cada blanco...

GRACIA: ¿Quieres usar mi jabón?

ISMAEL: Creí que el mío me bastaba para quitarme el mal olor. (Sale por el lateral de MÍSTER STONE.)

GRACIA: No doy una. Todo lo que usted dice es mentira, señorita Adelaida.

ADELAIDA: A que te doy un cachete, por estúpida.

MICAELA: ¿Te ha declarado su amor el hijo del alcalde? *(GRACIA se echa a llorar.)* ¿Qué le pasa?

ADELAIDA: Que es tonta, y que no sabe lo que quiere.

GRACIA: Sí lo sé. Sí lo sé.

ADELAIDA: *(La abraza.)* Que es tonta y que le asusta lo que quiere... ¿O es que te

El escritor, en los años sesenta.

crees que es antropófago? Los que no aman tienen la lengua larga; si no te dice nada es porque te ama.

MICAELA: ¡Como en un cuento: el hijo del alcalde!

ADELAIDA: Qué ojo clínico tienes, Micaela. *(A GRACIA.)* Ya me parecía que estaban mensajeras las palomas. Cualquiera que sea el traje del amor —óyelo, cualquiera que sea—, cualquiera que sea su forma de llegar, hay que salir alegre a recibirlo. No hay que tenerle miedo. ¿Me comprendes? *(GRACIA afirma. ADELAIDA le da un pañuelo.)* Pues suénate esos mocos.

....

MICAELA: Señorita Adelaida, usted lo sabe: yo nunca estuve casada con mi Juan.

ADELAIDA: *(A ELENA y BORROMEO que permanecen rígidos y lejanos.)* Ella llama casarse a ir a la iglesia con un traje blanco, rodeada de invitados que coman y beban y fumen puros y, a ser posible, eructen. No llama estar casada a vivir, minuto por minuto, pendiente de unos ojos, y ya no ver el mundo, sino ver su reflejo en esos ojos. *(A MICAELA que se ha echado a llorar.)* Insensata, haz café. Qué incontinente y qué contumaz eres. *(Vuelve a pasear.)* Hoy os envidio porque estáis rezumantes de amor como botijos. Os envidio porque estáis tristes y esperáis dejar de estarlo. Nadie acostumbra a hablar con libertad de sentimientos: los hemos condenado, como parientes locos, al sótano de la casa. Nadie grita si sufre por amor: disimula, o bebe, o llama por teléfono. Blandenguerías de mujeres desocupadas como yo. Qué pena. A nadie se le ha de juzgar por lo que ama, sino por cómo ama. ¿Me entendéis? Esta tarde os invito a desanudar vuestro corazón. Unos habréis de recordar; otros, sólo mirar alrededor; y otros, profetizar acaso. Pero da igual, porque el tiempo no existe. El tiempo es una araña que nos prende de su tela, y nos aleja de todo lo que al principio fue sonriente y luminoso. Dejarse atrapar por esa telaraña: eso es envejecer. No lo permitáis nunca: luchad, destrozadla, rebelaos. Haced como yo. *(Con un temblor.)* ¿O no? Bendita sea la duda que permite esperar. *(Sin mirarlo.)* Ismael, ¿le contarás a míster Stone algo de lo que aquí suceda?

ISMAEL: No.

ADELAIDA: *(A BORROMEO.)* Todas, todas las vidas son la vida. ¿Es así?

BORROMEO: El dogma de la Comunión de los Santos se pronuncia en el sentido de...

ADELAIDA: Tampoco existe el dogma. Sólo la obligación de amar: ése es mi dogma. ¿Puedo llamarlo yo Borromeo también? *(El afirma. Mira a ELENA.)* Una tarde de invierno vinisteis los dos por separado, tiritando, a escondidas, con ojos encendidos. Recordad esa tarde [...] ¿No era el amor lo que os jurasteis? Sólo el amor es Dios.

BORROMEO: ¿Habla usted del amor del cuerpo?

ADELAIDA: También hablo del amor del cuerpo ¿O es que la carne no tiene su mensaje que dar? Pero hablo de todo: de la soledad, de la compañía, de la vida compartida. Hablo hasta de la muerte compartida. Os queda mucho por andar uno al lado del otro.

BORROMEO: Lo peor del camino.

ELENA: Lo que se ha perdido se recuerda igual que se dejó. Yo siempre te vi joven, mientras yo envejecía.

BORROMEO: Yo te imaginaba tan joven como eras.

ELENA: Pero ahora, frente a frente, ¿quién nos devuelve nuestra juventud?

ADELAIDA: Dejaos de pamplinas. No hay mal camino cuando se hace juntos.

BORROMEO: La Iglesia es muy severa...

ADELAIDA: La Iglesia no se puede oponer a lo que manda Dios. La Iglesia se ha hecho para ti, no tú para ella. Nada puede violentar a la naturaleza de cada uno. ¿Es que no ha resucitado el primer Borromeo? Pues si ha resucitado, ha muerto el Borromeo de hoy. ¡Vamos!

BORROMEO: Elena.

ELENA: Sí. *(Se toman las manos. ISMAEL besa a GRACIA. MICAELA palmotea de felicidad. RAMIRO sonríe).*

ADELAIDA: Bendito sea Dios. Habrá que defender lo que tenemos. Lo contrario del amor no es la muerte —no, Micaela, no—, sino la guerra. Lo que la guerra significa de ignorancia y desprecio por los otros y el amor de los otros; lo que la guerra significa de egoísmo y soberbia de los que se creen superiores. Dicen de mí que soy una sufragista. Bueno, pues lo seré. Vamos a formar entre nosotros un ejército de salvación, porque la guerra del amor es la guerra de todos. En la Isleta, en medio de las aguas del río, que hace como una cuna para guardarla allí; en la Isleta, donde todos los amantes de este pueblo se han besado y han ido de la mano tropezando con la yerba menuda; en la Isleta, donde las muchachas, por San Juan, se han quedado preñadas, y de donde han salido para casarse por la Virgen de Agosto; en la Isleta quieren poner una fábrica de armas [...]

MICAELA: Eso no, señorita Adelaida. No haga usted eso. Hay gente que necesita trabajar en lo que sea para poder vivir. No diga usted eso. La fábrica permitirá que muchos enamorados se casen, y vivan juntos, y tengan hijos, señorita Adelaida.

ADELAIDA: Micaela, nadie puede construir su propia felicidad sobre el pesar ajeno.

MICAELA: Tengo el pálpito de que esta vez está usted descarriada.

ADELAIDA: ¿Sabes para lo que sirven las armas? ¿Sabes tú para lo que sirven las guerras? Para conseguir cientos de miles de cabezas machacadas, de lenguas arrancadas, de cuerpos abiertos en canal como terneras. Cientos de miles de niños sin brazos, sin piernas, sin ojos, sin luz en los ojos, sin ternura. Cientos de miles de personas achicharradas. Y los que sobreviven, todos, sobreviven ya heridos, desangrados por dentro, sin luz también y sin ternura. El humo de las guerras tarda en quitarse más aún que las guerras.

(La vieja señorita del Paraíso.)

EL TEATRO DESDE 1939

MIGUEL MIHURA

Nació en Madrid en 1905. Desde 1923 cultivó el periodismo. En 1941 fundó una revista de humor, *La Codorniz*, que dirigió hasta 1946. En 1976 fue elegido para la Real Academia Española. Murió en 1977.

Mihura escribió tres obras en colaboración: con Joaquín Calvo Sotelo, *¡Viva lo imposible!* (1939); con «Tono» (Antonio Lara), *Ni pobre ni rico, sino todo lo contrario* (1943), y con Alvaro de Laiglesia, *El caso de la mujer asesinadita* (1946). En solitario: **Tres sombreros de copa** (1952), *El caso de la señora estupenda* (1953), *A media luz los tres* (1953), *El caso del señor vestido de violeta* (1954), **Sublime decisión** (1955), historia de una muchacha de clase media que a finales del siglo pasado se alza contra los prejuicios sociales y decide ponerse a trabajar; *Mi adorado Juan* (1956), *Carlota* (1957), *Melocotón en almíbar* (1958), *Maribel y la extraña familia* (1959), *La bella Dorotea* (1963), *Ninette y un señor de Murcia* (1964), *La tetera* (1965), *Ninette. Modas de París* (1966), *La decente* (1968) y *Sólo el amor y la luna traen fortuna* (1968).

Tres sombreros de copa, escrita en 1932 y estrenada veinte años después, es su obra más interesante. En ella se nos presenta a un joven provinciano que pasa su última noche de soltero en una pensión. Allí se encontrará con Paula, una muchacha que va en una compañía de revistas y con la que, en pocas horas, conocerá o, al menos, intuirá el verdadero amor y la existencia de un mundo más libre, sincero y anticonvencional que el anquilosado y rutinario que le aguarda a la mañana siguiente, después de la boda.

En la mayor parte de estas obras, Mihura lanza sus dardos, casi siempre poco acerados, contra las mezquindades y los prejuicios burgueses, y contra el mundo de la rutina, de la norma, de los convencionalismos y de la inautenticidad.

Ediciones

Obras selectas, prólogo de Federico C. Sáinz de Robles, Barcelona, Ahr, 1973. *Teatro selecto,* Madrid, Escelicer, 1967. *Tres sombreros de copa. La bella Dorotea. Ninette y un señor de Murcia,* Madrid, Taurus, 1965 (con diversos estudios sobre el autor). *Tres sombreros de copa. Maribel y la extraña familia,* ed. del autor, Madrid, Castalia, 1977.

ACTO I

DIONISIO: Pero ¿qué veo, don Rosario? ¿Un teléfono?

DON ROSARIO: Sí, señor. Un teléfono.

DIONISIO: Pero ¿un teléfono de esos por los que se puede llamar a los bomberos?

DON ROSARIO: Sí, señor. Y a los de las Pompas Fúnebres...

DIONISIO: ¡Pero esto es tirar la casa por la ventana, don Rosario! *(Mientras DIONISIO habla, DON ROSARIO saca de la maleta un chaquet, un pantalón y unas botas y los coloca dentro del armario.)* Hace siete años que vengo a este hotel y cada año encuentro una nueva mejora. Primero quitó usted las moscas de la cocina y se las llevó al comedor. Después las quitó usted del comedor y se las llevó a la sala. Y otro día las sacó usted de la sala y se las llevó de paseo, al campo, en donde, por fin, las pudo usted dar esquinazo... ¡Fue magnífico! Luego puso usted la calefacción... Después suprimió usted aquella carne de membrillo que hacía su hija... Ahora el teléfono... De una fonda de segundo orden ha hecho usted un hotel confortable... Y los precios siguen siendo económicos... ¡Esto supone la ruina, don Rosario...!

DON ROSARIO: Ya me conoce usted, don Dionisio. No lo puedo remediar. Soy así. Todo me parece poco para mis huéspedes de mi alma...

DIONISIO: Pero, sin embargo, exagera usted... No está bien que cuando hace frío nos meta usted botellas de agua caliente en la cama; ni que cuando estamos constipados se acueste usted con nosotros para darnos más calor y sudar; ni que nos dé usted besos cuando nos marchamos de viaje. No está bien tampoco que, cuando un huésped está desvelado, entre usted en la alcoba con su cornetín de pistón [1] e interprete romanzas de su época, hasta conseguir que se quede dormidito... ¡Es ya demasiada bondad...! ¡Abusan de usted...!

DON ROSARIO: Pobrecillos... Déjelos..., casi todos los que vienen aquí son viajantes, empleados, artistas... Hombres solos... Hombres sin madre... Y yo quiero ser un padre para todos, ya que no lo pude ser para mi pobre niño... ¡Aquel niño mío que se ahogó en un pozo...! *(Se emociona.)*

DIONISIO: Vamos, don Rosario... No piense usted en eso...

DON ROSARIO: Usted ya conoce la historia de aquel pobre niño que se ahogó en el pozo...

DIONISIO: Sí. La sé. Su niño se asomó al pozo para coger una rana... Y el niño se cayó. Hizo «¡pin!», y acabó todo.

DON ROSARIO: Ésa es la historia, don Dionisio. Hizo «¡pin!», y acabó todo *(Pausa dolorosa.)* ¿Va usted a acostarse?

DIONISIO: Sí, señor.

DON ROSARIO: Le ayudaré, capullito de alhelí. *(Y mientras hablan, le ayuda a desnudarse, a ponerse el bonito pijama negro y cambiarse los zapatos por unas zapatillas.)* A todos mis huéspedes los quiero, y a usted también, don Dionisio. Me fue usted tan simpático desde que empezó a venir aquí, ¡ya va para siete años!

DIONISIO: ¡Siete años, don Rosario! ¡Siete años! Y desde que me destinaron a ese pueblo melancólico y llorón que, afortunadamente, está cerca de éste, mi única alegría ha sido pasar aquí un mes todos los años, y ver a mi novia y bañarme en el mar, y comprar avellanas, y dar vueltas los domingos alrededor del quiosco de la música, y silbar en la alameda *Las princesitas del dólar...*

DON ROSARIO: ¡Pero mañana empieza para usted una vida nueva!

DIONISIO: ¡Desde mañana ya todos serán veranos para mí!... ¿Qué es eso? ¿Llora usted? ¡Vamos, don Rosario!...

DON ROSARIO: Pensar que sus padres, que en paz descansen, no pueden acompañarle en una noche como ésta... ¡Ellos serían felices!...

DIONISIO: Sí, ellos serían felices viendo que lo era yo. Pero dejémonos de tristeza, don Rosario... ¡Mañana me caso! Esta es la última noche que pasaré solo en el cuarto de un hotel. Se acabaron las casas de huéspedes, las habitaciones frías, la gota de agua que se sale de la palangana, la servilleta con una inicial pintada con lápiz, la botella de vino con una inicial pintada con lápiz, el mondadientes con una inicial pintada con lápiz... Se acabó el huevo más pequeño del mundo, siempre frito... Se acabaron las croquetas de ave... Se acabaron las bonitas vistas desde el balcón... ¡Mañana me caso! Todo esto acaba y empieza ella... ¡Ella!

DON ROSARIO: ¿La quiere usted mucho?

DIONISIO: La adoro, don Rosario, la adoro. Es la primera novia que he tenido y también la última. Ella es una santa.

DON ROSARIO: ¡Habrá estado usted allí, en su casa, todo el día!...

DIONISIO: Sí. Llegué esta mañana, mandé aquí el equipaje y he comido con ellos y he cenado también. Los padres me quieren mucho... ¡Son tan buenos!...

DON ROSARIO: Son unas bellísimas personas... Y su novia de usted es una virtuosa señorita... Y, a pesar de ser de una familia de dinero, nada orgullosa... *(Tuno.)* Porque ella tiene dinerito, don Dionisio.

DIONISIO: Sí. Ella tiene dinerito, y sabe hacer unas labores muy bonitas y unas hermosas tartas de manzana... ¡Ella es un ángel!

ACTO II

PAULA: Es preciso que nosotros seamos buenos amigos. ¡Si supiese lo contenta que estoy desde que le conozco...! Me encontraba tan sola... ¡Usted no es como los demás! Yo, con los demás, a veces tengo miedo. Con usted, no. La gente es mala..., los compañeros del Music-Hall no son como debieran ser... Los caballeros de fuera del Music-Hall tampoco son como debieran ser los caballeros... *(DIONISIO, distraído, coge la carraca que se quedó por allí y empieza a tocarla, muy entretenido.)* Y, sin embargo, hay que vivir con la gente, porque si no una no podría beber nunca champaña, ni llevar lin-

---

1. *Pistón:* llave en forma de émbolo que tienen diversos instrumentos músicos.

das pulseras en los brazos... ¡Y el champaña es hermoso... y las pulseras llenan siempre los brazos de alegría!... Además es necesario divertirse... Es muy triste estar sola... Las muchachas como yo se mueren de tristeza en las habitaciones de estos hoteles... Es preciso que usted y yo seamos buenos amigos... ¿Quieres que nos hablemos de tú...?

DIONISIO: Bueno. Pero un ratito nada más...

PAULA: No. Siempre. Nos hablaremos de tú ¡siempre! Es mejor... Lo malo..., lo malo es que tú no seguirás con nosotros cuando terminemos de trabajar aquí... Y cada uno nos iremos por nuestro lado... Es imbécil esto de tener que separarnos tan pronto, ¿verdad...? A no ser que tú necesitaras una *partenaire* para tu número... ¡Oh! ¡Así podríamos estar más tiempo juntos...! Yo aprendería a hacer malabares, ¿no? ¡A jugar también con tres sombreros de copa...!

(A DIONISIO se le ha descompuesto su carraca. Ya no suena. Por este motivo, él se pone triste.)

DIONISIO: Se ha descompuesto...

PAULA: (Cogiendo la carraca y arreglándola.) Es así. (Y se la vuelve a dar a DIONISIO, que sigue tocándola, tan divertido.) ¡Es una lástima que tú no necesites una *partenaire* para tu número! ¡Pero no importa! Estos días los pasaremos muy bien, ¿sabes...? Mira... Mañana saldremos de paseo. Iremos a la playa..., junto al mar... ¡Los dos solos! Como dos chicos pequeños, ¿sabes? ¡Tú no eres como los demás caballeros! ¡Hasta la noche no hay función! ¡Tenemos toda la tarde para nosotros! Compraremos cangrejos... ¿Tú sabes mondar bien las patas de los cangrejos? Yo sí. Yo te enseñaré..., los comeremos allí, sobre la arena... Con el mar enfrente. ¿Te gusta a ti jugar con la arena? ¡Es maravilloso! Yo sé hacer castillitos y un puente con su ojo en el centro por donde pasa el agua.. ¡Y sé hacer un volcán! Se meten papeles dentro y se queman, ¡y sale humo...! ¿Tú no sabes hacer volcanes?

DIONISIO: (Ya ha dejado la carraca y se va animando poco a poco.) Sí.

PAULA: ¿Y castillos?

DIONISIO: Sí.

PAULA: ¿Con jardín?

DIONISIO: Sí, con jardín. Les pongo árboles y una fuente en medio y una escalera con sus peldaños para subir a la torre del castillo.

PAULA: ¿Una escalera de arena? ¡Oh, eres un chico maravilloso! Dionisio, yo no la sé hacer...

DIONISIO: Yo, sí. También sé hacer un barco y un tren... ¡Y figuras! También sé hacer un león...

PAULA: ¡Oh! ¡Qué bien! ¿Lo estás viendo? ¿Lo estás viendo, Dionisio? ¡Ninguno de esos caballeros sabe hacer con arena ni volcanes, ni castillo, ni leones! ¡Ni Buby tampoco! ¡Ellos no saben jugar! Yo sabía que tú eras distinto... Me enseñarás a hacerlos, ¿verdad? Iremos mañana...

(Pausa. DIONISIO, al oír la palabra «mañana», pierde de pronto su alegría y su entusiasmo por los juegos junto al mar.) [...]

PAULA: (De pronto.) Novia no tendrás tú, ¿verdad...?

DIONISIO: No; novia, no.

PAULA: ¡No debes tener novia! ¿Para qué quieres tener novia? Es mejor que tengas sólo una amiga buena, como yo... Se pasa mejor... Yo no quiero tener novio... porque yo no me quiero casar. ¡Casarse es ridículo! ¡Tan tiesos! ¡Tan pálidos! ¡Tan bobos! Qué risa, ¿verdad...? ¿Tú piensas casarte alguna vez?

DIONISIO: Regular.

PAULA: No te cases nunca... Estás mejor así... Así estás más guapo... Si tú te casas, serás desgraciado... Y engordarás bajo la pantalla del comedor... Y además, ya nosotros no podremos ser amigos más... ¡Mañana iremos a la playa a comer cangrejos! Y pasado mañana tú te levantarás temprano y yo también... Nos citaremos abajo y nos iremos en seguida al puerto y alquilaremos una barca... ¡Una barca sin barquero! Y nos llevamos el bañador y nos bañamos lejos de la playa, donde no se haga pie... ¿Tú sabes nadar...?

DIONISIO: Sí. Nado muy bien...

PAULA: Más nado yo. Yo resisto mucho. Ya lo verás...

DIONISIO: Yo sé hacer el muerto y bucear...

PAULA: Yo hago la carpa... y, desde el trampolín, sé hacer el ángel...

DIONISIO: Y yo cojo del fondo diez céntimos con la boca...

PAULA: ¡Oh! ¡Qué bien! ¡Qué gran día mañana! ¡Y pasado! ¡Ya verás, Dionisio, ya verás! ¡Nos tostaremos al sol!

ACTO III

DON SACRAMENTO: [...] Usted tendrá que ser ordenado... ¡Usted vivirá en mi casa, y mi casa es una casa honrada! ¡Usted no podrá salir por las noches a pasear bajo la lluvia! Usted, además, tendrá que levantarse a las seis y cuarto para desayunar a las seis y media un huevo frito con pan...

DIONISIO: A mí no me gustan los huevos fritos...

DON SACRAMENTO: ¡A las personas honorables les tienen que gustar los huevos fritos, señor mío! Toda mi familia ha tomado siempre huevos fritos para desayunar... Sólo los bohemios toman café con leche y pan con manteca.

DIONISIO: Pero es que a mí me gustan más pasados por agua... ¿No me los podían ustedes hacer a mí pasados por agua...?

DON SACRAMENTO: No sé. No sé. Eso lo tendremos que consultar con mi señora. Si ella lo permite, yo no pondré inconveniente alguno. ¡Pero le advierto a usted que mi señora no tolera caprichos con la comida!...

DIONISIO: (Ya casi llorando.) Pero yo qué le voy a hacer si me gustan más pasados por agua, hombre!

DON SACRAMENTO: Nada de cines, ¿eh?... Nada de teatros. Nada de bohemia... A las siete, la cena... Y después de la cena, los jueves y los domingos, haremos una pequeña juerga. (Picaresco.) Porque también el espíritu necesita expansionarse, ¡qué diablo! (En este momento se le descompone la carraca, que estaba tocando. Y se queda muy preocupado.) ¡Se ha descompuesto!...

DIONISIO: (Como en el acto anterior Paula, él la coge y se la arregla.) Es así. (Y se la vuelve a dar a DON SACRAMENTO que, muy contento, la toca de cuando en cuando.)

DON SACRAMENTO: La niña, los domingos, tocará el piano, Dionisio... Tocará el piano, y quizá, quizá, si estamos en vena, quizá recibamos alguna visita... Personas honradas, desde luego... Por ejemplo, haré que vaya el señor Smith... Usted se hará en seguida amigo suyo y pasará charlando con él muy buenos ratos... El señor Smith es una persona muy conocida... Su retrato ha aparecido en todos los periódicos del mundo... ¡Es el centenario más famoso de la población! Acaba de cumplir ciento veinte años y aún conserva cinco dientes... ¡Usted se pa-

Una escena de la obra Tres sombreros de copa *en 1952, cuando se estrenó.*

sará hablando con él toda la noche!... Y también irá su señora...

DIONISIO: ¿Y cuántos dientes tiene su señora?

DON SACRAMENTO: ¡Oh, ella no tiene ninguno! Los perdió todos cuando se cayó por aquella escalera y quedó paralítica para toda su vida, sin poderse levantar de su sillón de ruedas... ¡Usted pasará grandes ratos charlando con este matrimonio encantador!

DIONISIO: Pero ¿y si se me mueren cuando estoy hablando con ellos? ¿Qué hago yo, Dios mío?

DON SACRAMENTO: ¡Los centenarios no se mueren nunca! ¡Entonces no tendrían ningún mérito, caballero!...

....

PAULA: ¡Te casas, Dionisio!

DIONISIO: Sí. Me caso, pero poco...

PAULA: ¿Por qué no me lo dijiste...?

DIONISIO: No sé. Tenía el presentimiento de que casarse era ridículo... ¡Que no me debía casar...! Ahora veo que no estaba equivocado... Pero yo me casaba, porque yo me he pasado la vida metido en un pueblo pequeñito y triste y pensaba que para estar alegre había que casarse con la primera muchacha que, al mirarnos, le palpitase el pecho de ternura... Yo adoraba a mi novia...

EL TEATRO DESDE 1939

Pero ahora veo que en mi novia no está la alegría que yo buscaba... A mi novia tampoco le gusta ir a comer cangrejos frente al mar, ni ella se divierte haciendo volcanes en la arena... Y ella no sabe nadar... Ella, en el agua, da gritos ridículos... Hace así: «¡Ay! ¡Ay! ¡Ay!» Y ella sólo ama cantar junto al piano *El pescador de perlas*. Y *El pescador de perlas* es horroroso, Paula. Ella tiene voz de querubín, y hace así: *(Canta.)* Tralaralá... piri, piri, piri, piri... Y yo no había caído en que las voces de querubín están llenas de vanidad y que, en cambio, hay discos de gramófono que se titulan «Amame en diciembre lo mismo que me amas en mayo», y que nos llenan el espíritu de sencillez y de ganas de dar saltos mortales... Yo no sabía tampoco que había mujeres como tú, que al hablarnos no les palpita el corazón, pero les palpitan los labios en un constante sonreír... Yo no sabía nada de nada. Yo sólo sabía pasear silbando junto al quiosco de la música... Yo me casaba porque todos se casan siempre a los veintisiete años... Pero ya no me caso, Paula... ¡Yo no puedo tomar huevos fritos a las seis y media de la mañana...!

PAULA: *(Ya sentada en el sofá.)* Ya te ha dicho ese señor del bigote que los harán pasados por agua...

DIONISIO: ¡Es que a mí no me gustan tampoco pasados por agua! ¡A mí sólo me gusta el café con leche, con pan y manteca! ¡Yo soy un terrible bohemio! Y lo más gracioso es que yo no lo he sabido hasta esta noche que viniste tú... y que vino el negro..., y que vino la mujer barbuda... Pero yo no me caso, Paula. Yo me marcharé contigo y aprenderé a hacer juegos malabares con tres sombreros de copa...

PAULA: Hacer juegos malabares con tres sombreros de copa es muy difícil... Se caen siempre al suelo...

DIONISIO: Yo aprenderé a bailar como bailas tú y como baila Buby...

PAULA: Bailar es más difícil todavía.

Miguel Mihura, en el homenaje que se le tributó el 2 de febrero de 1977 con motivo de su ingreso en la Real Academia Española. El escritor dijo, entre otras cosas: «Si mis personajes buenos son los femeninos es porque no hay nada que me aburra más, que me entristezca más, que me desespere más, que ponerme a escribir. Y sobre todo, solo, en mi despacho. Esto para mí significa un suplicio. Y para no estar solo, invento, imagino, creo un tipo de mujer a mi gusto, que siento en una butaca frente a mí y que me hace compañía mientras escribo y, mientras, ella me habla de sus cosas y yo de las mías, y nos hacemos íntimos amigos. Y así sale la comedia. Porque mi teatro soy yo y una mujer enfrente».

Duelen mucho las piernas y apenas gana uno dinero para vivir...

DIONISIO: Yo tendré paciencia y lograré tener cabeza de vaca y cola de cocodrilo...

PAULA: Eso cuesta aún más trabajo... Y después, la cola molesta muchísimo cuando se viaje en el tren...

(DIONISIO va a sentarse junto a ella.)

DIONISIO: ¡Yo haré algo extraordinario para poder ir contigo!... ¡Siempre me has dicho que soy un muchacho muy maravilloso!...

PAULA: Y lo eres. Eres tan maravilloso, que dentro de un rato te vas a casar, y yo no lo sabía...

(Tres sombreros de copa.)

ACTO I

MATILDE: Ande, tome usted una pastita y entrará en calor...

(PABLO y MANOLO se comen ávidamente las pastas que ha puesto CECILIA sobre la mesa.)

MANOLO: Están riquísimas...

MATILDE: ¿Verdad que sí?... ¡Pues las ha hecho Cecilia!...

PABLO: ¡No me diga!

MANOLO: ¡Es imposible!

MATILDE: Nada de imposible... Es que a Cecilia no hay quien la gane en repostería...

D. JOSÉ: ¡Y si usted viera cómo guisa! ¡Hoy nos ha hecho un conejo...!

MATILDE: Anda, José, dale a estos señores una copita de ese licor que hace la niña...

D. JOSÉ: ¿Del Anís del Mono?

MATILDE: Sí, de ése.

CECILIA: No te muevas, papá... Yo lo cogeré.

(Y va a coger la botella y las copas al aparador y las sirve, mientras la tía habla.)

MATILDE: ¡Y es que tiene una habilidad para todo!... Este aparador también lo ha hecho ella...

MANOLO: Pues está muy bien hecho.

D. JOSÉ: Con cajones y todo, que se abren...

MATILDE: ¿Qué les parece el licor?

MANOLO: Delicioso.

PABLO: Muy dulcecito...

(Y una vez que los jóvenes han terminado de beber, DOÑA MATILDE cree llegado el momento de plantear la cuestión.)

MATILDE: Bueno, y hablando de todo un poco... ¿Usted qué se ha propuesto viniendo aquí, señor Estévez?

MANOLO: *(Titubeando.)* Pues yo... Yo quería ser presentado a ustedes, por si mis relaciones amistosas con Cecilia cambiasen algún día de forma...

MATILDE: ¿Cómo algún día? ¡Ahora mismo!... Nos es usted tan simpático... ¿Verdad, José?

D. JOSÉ: Yo le estoy tomando muchísimo cariño.

MATILDE: Ande, póngase cómodo... ¿Quiere usted quitarse los zapatos y que le traiga las zapatillas de mi hermano?

MANOLO: Por Dios, señora, muchas gracias... Otro día. Lo que sí voy a tomar es otra copita...

CECILIA: *(Sirviéndosela.)* No faltaba más.

MATILDE: *(A PABLO.)* ¿Y usted, caballero, si no es indiscreción?...

PABLO: *(Titubeando igualmente.)* Yo soy muy amigo de Manolo... Me dijo que Cecilia tenía una hermana, y he venido porque, si está libre, a lo mejor me conviene y me la quedo...

MATILDE: *(Atónita y ofendida.)* ¿Cómo que se la queda?

D. JOSÉ: *(Igual.)* Su manera de expresarse, señor mío...

MANOLO: *(Disculpándole.)* Es que Pablo quisiera casarse también.

MATILDE: ¡Ah! En ese caso, se expresa usted muy bien. ¿No es cierto, José?

D. JOSÉ: Divinamente...

MATILDE: Pues sí, en efecto... Cecilia tiene una hermana, pero hoy está un poco pachucha... Desde luego le conviene a usted, porque es muy buena y muy habilidosa. *(Señalando una butaca.)* Esa butaca la ha hecho ella...

D. JOSÉ: Con sus cuatro patas y todo...

PABLO: Pues si yo la pudiera ver, por si me conviene...

MATILDE: Desde luego, convenirle, claro que le conviene... Anda, ve a decírselo, Cecilia... A ti te hará más caso...

CECILIA: Lo intentaré... Pero hoy está tan rara... Con el permiso de ustedes...

(Y hace mutis por la puerta del cuarto de FLORITA. MANOLO la ve salir, extasiado.)

MANOLO: ¡Pero qué sombrero tan bonito! ¡Y cuidado que habla bien de Santa Cruz de Tenerife!

MATILDE: En efecto... Jamás la escuché un reproche sobre esa maravillosa ciudad...

D. JOSÉ: *(A PABLO.)* ¿Y su posición económica, caballero? ¿En qué trabaja usted?

PABLO: Yo soy rico por mi casa, y no necesito trabajar. Por eso, si a mí me conviene una cosa, pues me la quedo y Santas Pascuas...

MATILDE: Claro, claro... Hace usted muy bien.

(Por la puerta de la izquiera aparece CECILIA seguida de FLORITA. Los muchachos se levantan.)

CECILIA: Mira, Florita... Aquí estos señores de quienes te he hablado... Manolo Estévez y Pablo Meléndez... ¡qué también se quiere casar!

FLORITA: ¡Ay, que bien! ¡Qué formal!...

(PABLO y MANOLO se inclinan.)

PABLO: Señorita...
FLORITA: Siéntense, hagan el favor...
CECILIA: Si, siéntense, siéntense...

(Cuando FLORITA se ha sentado en una silla cerca del padre, los jóvenes vuelven a ocupar sus puestos y miran a FLORITA como si se tratase de un mueble que fueran a adquirir. FLORITA hace monadas con el dedo meñique, pero esta observación de que es objeto termina por ponerla nerviosa, y dice, al fin.)

FLORITA: Bueno ¿y qué?... ¿Me han mirado ya bien? ¿Sigo de perfil, o me pongo de frente?
PABLO: (Confuso.) ¡Señorita!
FLORITA: Ni señorita ni nada... ¿Le convengo o no le convengo? ¿Se me queda o no se me queda?
MATILDE: (Indignada.) ¡Florita!
PABLO: ¿Ha oído usted las palabras que dije antes?
FLORITA: Sí, señor. Yo siempre estoy escuchando detrás de la puerta, porque me gusta mucho oír decir tonterías a los clientes...

(DON JOSÉ, MATILDE y CECILIA están violentísimos con las palabras de FLORITA, lo mismo que los dos muchachos.)

D. JOSÉ: ¡Florita!
MATILDE: ¡Niña!
FLORITA: Y yo no sé si le convendré a usted, pero desde luego usted a mí no, porque tiene cara de perchero...
CECILIA: ¡Pero Florita!
PABLO: (Levantándose, igual que MANOLO.) Yo no he querido ofenderla de ninguna manera...
FLORITA: Bueno, menos cumplido. ¿Se me queda usted o no se me queda? Comprenderá que yo no puedo perder el tiempo, porque a lo mejor viene otro señor de Barcelona y se decide antes que usted...
PABLO: ¡Señorita!
MATILDE: ¡Vete a tu cuarto, niña!

FLORITA: ¿Para que me habéis llamado entonces?
CECILIA: ¡Estás completamente loca!

(PABLO trata de disculparse con un tono sincero y dolido.)

PABLO: El loco soy yo, por haberme expresado en términos que no debiera. Pero no es mía la culpa, señorita, porque mi padre es asentador de verduras en el Mercado, y compra y vende lo que más le conviene. Yo he aprendido de él su manera de hablar y no me avergüenzo, porque gracias a expresarse en estos términos hoy es millonario y yo soy su único heredero... Supongo que otro día tendremos ocasión de hablar más despacio y espero que no ocurra lo que hoy... Y ahora, Manolo, creo que nos debemos marchar...
CECILIA: ¿Entonces no se la queda usted?
D. JOSÉ: ¿Quieres callar, niña?

(MANOLO y PABLO se inclinan saludando.)

PABLO: ¡Señora! ¡Señor!
D. JOSÉ: (Igual.) ¡Señores!...
MATILDE: Acompáñalos tú, Cecilia...
CECILIA: Sí, tía...

(CECILIA hace mutis por la puerta del foro con MANOLO y PABLO. MATILDE, en cuanto se han marchado, no puede contener su indignación y va hacia FLORITA.)

MATILDE: ¡Lo has estropeado todo!
D. JOSÉ: ¡Era un buen partido!
MATILDE: ¡Un millonario!
FLORITA: ¡Un animal!
MATILDE: ¡Qué habrá pensado el novio de tu hermana!
FLORITA: No es un novio... No le gusta ella, sino su sombrero.
D. JOSÉ: Y que más nos da...
FLORITA: Nos han tratado a las dos como a coliflores... ¿Que diferencia hay entre esto y lo que pasa en un mercado de esclavas? ¿Hasta cuándo las mujeres vamos a tener esta falta de dignidad?
MATILDE: ¡Nos vas a hacer desgraciados a todos!
D. JOSÉ: Lo mejor será dejarte sola y no hablarte más.

MIGUEL MIHURA

MATILDE: Sí, será lo mejor. ¡Qué vergüenza!...

(Y los dos hacen mutis por la puerta del pasillo. La luz de la escena es rebajada. Suena dulcemente una música de fondo. FLORITA hace unos pucheros y después dice, como continuando la historia que empezó al principio del acto.)

FLORITA: ...Y me quedé sola, y por mis mejillas rodaron unas lágrimas de pena, mientras pensaba cuándo llegaría el momento en que las muchachas solteras, para vivir y para que vivieran los suyos, no tuviéramos necesidad de asomarnos a los balcones y pillar pulmonías, ni de pasear por Recoletos hasta destrozarnos los pies, ni de mentir a nuestros pretendientes diciéndoles que sabíamos hacer Anís del Mono. Pero me enjugué en seguida estas lágrimas cuando oí por el pasillo la tos de don Claudio y la voz de un cura, que avanzaba hacia el comedor, y a los que tendría que hablarles de mis visitas nocturnas a casa de don Paco, el inventor, mi vecino del piso de abajo, y del aparato diabólico que había aprendido a manejar en secreto, y sobre todo, de mi sublime decisión, que les espantaría. Y me aproximé a la puerta, y oí que se acercaban hablando con mi padre y con mi tía, y me puse nerviosa, y empezó a palpitarme el corazón y a sentirme desfallecer, y cuando don Claudio y el cura iban a entrar, yo caí desvanecida en el sófa...

(Sublime decisión.)

FERNANDO ARRABAL

Nace en Melilla en 1932. Entre 1937 y 1940 vive en Ciudad Rodrigo (Salamanca), en donde su padre, republicano, estaba encarcelado. En 1940 se traslada con su familia a Madrid. En 1949 abandona la preparación para el ingreso en la Academia General Militar. Trabaja después en Papelera Española de Valencia y de Madrid y empieza a estudiar Derecho. En 1958, después del fracaso de su primer estreno, *Los hombres del triciclo*, se establece en París. En 1966 crea, con otros autores, el *Movimiento Pánico*. A pesar de su prestigio internacional, Arrabal fue prácticamente desconocido en España durante el franquismo. Los intentos posteriores de difundir su obra tampoco alcanzaron el éxito esperado.

Arrabal es el más audaz vanguardista del teatro español de posguerra. La crítica social y la visión pesimista y desoladora del mundo y de las relaciones humanas se desarrollan con procedimientos dramáticos que tienen puntos en común con el realismo simbólico, el surrealismo, el teatro del absurdo y el de la crueldad. Según el propio Arrabal, en sus obras «se dan cita la seducción, la fe, la pasión sexual, el desequilibrio, el odio, la locura, Dios, la Virgen María, el ajedrez, el orgasmo, la perversión, la muerte, la mujer, la degradación, la ternura...». El carácter revulsivo y provocador de este teatro corre parejo con la actitud iconoclasta que ha mantenido el escritor a lo largo de su vida frente a los más sólidos valores sociales y políticos.

El crítico Angel Berenguer ha clasificado su obra en los siguientes apartados: 1. Teatro de exilio y ceremonia: **Pic-Nic**, El triciclo, Fando y Lis, Ceremonia por un negro asesinado, El laberinto, Los dos verdugos, **Oración**, El cementerio de automóviles (1952-1957), Guernica (1959). 2. Teatro pánico: Orquestación teatral (1957), La princesa (1957), Los cuatro cubos (1957), La primera comunión (1958), Concierto en un huevo (1958), El strip-tease de los celos (1963), Ceremonia para una cabra sobre una nube (1966), La juventud ilustrada (1966), ¿Se ha vuelto loco Dios? (1966). 3. El teatro del «yo» y el mundo: El gran ceremonial (1963), La coronación (1963), **El arquitecto y el emperador de Asiria** (1966), El jardín de las delicias (1967). 4. El teatro del «yo» en el mundo: La aurora roja y negra (1968), ... Y les pusieron esposas a las flores (1969), La guerra de mil años (1971), Jóvenes bárbaros de hoy (1974), La balada del tren fantasma (1975) y Oye Patria mi aflicción (1975). Con posterioridad ha escrito: El rey de Sodoma (1979), Inquisición (1980) y Los borregos llegan en zancos a toda mecha (1982).

EL TEATRO DESDE 1939

Arrabal ha escrito diversas novelas (*Baal Babilonia, La torre herida por el rayo, La virgen roja*) y ha dirigido tres películas: *Viva la muerte* (1971), *Iré como un caballo loco* (1973), basada en *El arquitecto y el emperador de Asiria*, y *Guernica* (1975).

Ediciones

Pic-nic. El triciclo. El laberinto, ed. de Angel Berenguer, Madrid, Cátedra, 1977. *El cementerio de automóviles. El arquitecto y el emperador de Asiria*, ed. de Diana Taylor, Madrid, Cátedra, 1984. *Teatro pánico*, ed. de Francisco Torres Monreal, Madrid, Cátedra, 1986.

ZAPO: Perdonadme. Os tenéis que marchar. Está prohibido venir a la guerra si no se es soldado.

SR. TEPÁN: A mí me importa un pito. Nosotros no venimos al frente para hacer la guerra. Sólo queremos pasar un día de campo contigo, aprovechando que es domingo.

SRA. TEPÁN: Precisamente he preparado una comida muy buena. He hecho una tortilla de patatas que tanto te gusta, unos bocadillos de jamón, vino tinto, ensalada y pasteles.

ZAPO: Bueno, lo que queráis, pero si viene el capitán, yo diré que no sabía nada. Menudo se va a poner. Con lo que le molesta a él eso de que haya visitas en la guerra. El nos repite siempre: «En la guerra, disciplina y bombas, pero nada de visitas».

SR. TEPÁN: No te preocupes, ya le diré yo un par de cosas a ese capitán.

ZAPO: ¿Y si comienza otra vez la batalla?

SR. TEPÁN: ¿Te piensas que me voy a asustar? En peores me he visto. Y si aún fuera como antes, cuando había batallas con caballos gordos. Los tiempos han cambiado, ¿comprendes? *(Pausa.)* Hemos venido en motocicleta. Nadie nos ha dicho nada.

ZAPO: Supondrían que erais los árbitros.

SR. TEPÁN: Lo malo fue que, como había tantos tanques y jeeps, resultaba muy difícil avanzar.

SRA. TEPÁN: Y luego, al final, acuérdate aquel cañón que hizo un atasco.

SR. TEPÁN: De las guerras, es bien sabido, se puede esperar todo.

SRA. TEPÁN: Bueno vamos a comer.

SR. TEPÁN: Sí, vamos, que tengo un apetito enorme. A mí, este tufillo de pólvora, me abre el apetito.

SRA. TEPÁN: Comeremos aquí mismo, sentados sobre la manta.

ZAPO: ¿Como con el fusil?

SRA. TEPÁN: Nada de fusiles. Es de mala educación sentarse a la mesa con fusil. *(Pausa.)* Pero qué sucio estás, hijo mío... ¿Cómo te has puesto así? Enséñame las manos.

ZAPO *(Avergonzado se las muestra):* Me he tenido que arrastrar por el suelo con eso de las maniobras.

SRA. TEPÁN: Y las orejas, ¿qué?

ZAPO: Me las he lavado esta mañana.

SRA. TEPÁN: Bueno, pueden pasar. ¿Y los dientes? *(Enseña los dientes.)* Muy bien. ¿Quién le va a dar a su niñito un besito por haberse lavado los dientes? *(A su marido.)* Dale un beso a tu hijo que se ha lavado bien los dientes. *(El Sr. Tepán besa a su hijo.)* Porque lo que no se te puede consentir es que con el cuento de la guerra te dejes de lavar.

ZAPO: Sí, mamá. *(Se ponen a comer.)*

SR. TEPÁN: Qué hijo mío, ¿has matado muchos?

ZAPO: ¿Cuándo?

SR. TEPÁN: Pues estos días.

ZAPO: ¿Dónde?

SR. TEPÁN: Pues en esto de la guerra.

ZAPO: No mucho. He matado poco. Casi nada.

SR. TEPÁN: ¿Qué es lo que has matado más, caballos enemigos o soldados?

ZAPO: No, caballos, no. No hay caballos.

SR. TEPÁN: ¿Y soldados?

ZAPO: A lo mejor.

SR. TEPÁN: ¿A lo mejor? ¿Es que no estás seguro?

ZAPO: Sí, es que disparo sin mirar. *(Pausa.)* De todas formas, disparo muy poco. Y cada vez que disparo, rezo un Padrenuestro por el tío que he matado.

SR. TEPÁN: Tienes que tener más valor. Como tu padre.

SRA. TEPÁN: Voy a poner un disco en el gramófono.

(Pone un disco. Los tres, sentados en el suelo, escuchan.)

SR. TEPÁN: Esto es música, sí, señor.

(Continúa la música. Entra un soldado enemigo: ZEPO. Viste como ZAPO. Sólo cambia el color del traje. ZEPO va de verde; ZAPO, de gris. ZEPO, extasiado, oye la música a espaldas de la familia TEPÁN. Termina el disco. Al ponerse de pie, ZAPO descubre a ZEPO. Ambos se ponen manos arriba llenos de terror. Los esposos TEPÁN los contemplan extrañados.)

SR. TEPÁN: ¿Qué pasa?

(ZAPO reacciona. Duda. Por fin, muy decidido, apunta con el fusil a ZEPO.)

ZAPO: ¡Manos arriba!

(ZEPO levanta aún más las manos, todavía más amedrentado. ZAPO no sabe qué hacer. De pronto va hacia ZEPO y le golpea suavemente en el hombro mientras le dice):

ZAPO: ¡Pan y tomate para que no te escapes!

SR. TEPÁN: Bueno, ¿y ahora qué?

ZAPO: Pues ya ves, a lo mejor, en premio, me hacen cabo.

SR. TEPÁN: Atale, no sea que se escape.

ZAPO: ¿Por qué atarle?

SR. TEPÁN: Pero ¿es que aún no sabes que a los prisioneros hay que atarles inmediatamente?

ZAPO: ¿Cómo le ato?

SR. TEPÁN: Atale las manos.

SRA. TEPÁN: Sí. Eso sobre todo. Hay que atarle las manos. Siempre he visto que se hace así.

ZAPO: Bueno. *(Al prisionero.)* Haga el favor de poner las manos juntas, que le voy a atar.

En febrero de 1962 F. Arrabal decide, con el chileno Jodorowsky y el francés Topor, servirse de la palabra pánico para denominar sus actividades. El teatro pánico será definido por ellos como «una manera de ser, presidida por la confusión, el humor, el terror, el azar y la euforia».

ZEPO: No me haga mucho daño.

ZAPO: No.

ZEPO: Ay, qué daño me hace...

SR. TEPÁN: Hijo, no seas burro. No maltrates al prisionero.

SRA. TEPÁN: ¿Eso es lo que yo te he enseñado? ¿Cuántas veces te he repetido que hay que ser bueno con todo el mundo?

ZAPO: Lo había hecho sin mala intención *(A ZEPO.)* ¿Y así, le hace daño?

ZAPO: No. Así, no.

SR. TEPÁN: Diga usted la verdad. Con toda confianza. No se avergüence porque estemos delante. Si le molestan, díganoslo y se las ponemos más suavemente.

ZEPO: Así está bien [...]

SRA. TEPÁN: Y usted, ¿por qué es enemigo?

ZEPO: No sé de estas cosas. Yo tengo muy poca cultura.

SRA. TEPÁN: ¿Eso es de nacimiento, o se hizo usted enemigo más tarde?

ZEPO: No sé. Ya le digo que no sé.

SR. TEPÁN: Entonces, ¿cómo ha venido a la guerra?

ZEPO: Yo estaba un día en mi casa arreglando una plancha eléctrica de mi madre cuando vino un señor y me dijo: «¿Es usted Zepo? Sí. Pues que me han dicho que tienes que ir a la guerra». Y yo entonces le pregunté: «Pero ¿a qué guerra?». Y él me dijo: «Qué bruto eres, ¿es que no lees los periódicos?» Yo le dije que sí, pero que no lo de las guerras...

ZAPO: Igualito, igualito me pasó a mí.

SR. TEPÁN: Sí, igualmente te vinieron a ti a buscar.

SRA. TEPÁN: No, no era igual, aquel día tú no estabas arreglando una plancha eléctrica, sino una avería del coche.

SR. TEPÁN: Digo en lo otro. *(A ZEPO).* Continúe. ¿Y qué pasó luego?

ZEPO: Le dije que además tenía novia y que si no iba conmigo al cine los domingos, lo iba a pasar muy aburrido. Me respondió que eso de la novia no tenía importancia.

ZAPO: Igualito, igualito que a mí.

ZEPO: Luego bajó mi padre y dijo que yo no podía ir a la guerra porque no tenía caballo.

ZAPO: Igualito dijo mi padre.

ZEPO: Pero el señor dijo que no hacía falta caballo y yo le pregunté si podía llevar a mi novia, y me dijo que no. Entonces le pregunté si podía llevar a mi tía para que me hiciera natillas los jueves, que me gustan mucho.

SRA. TEPÁN *(Dándose cuenta de que ha olvidado algo):* ¡Ay, las natillas!

ZEPO: Y me volvió a decir que no.

ZAPO: Igualito me pasó a mí.

ZEPO: Y, desde entonces, casi siempre solo en esta trinchera.

SRA. TEPÁN: Yo creo que ya que el señor prisionero y tú os encontráis tan cerca y tan aburridos, podríais reuniros todas las tardes para jugar juntos.

ZAPO: Ay, no mamá. Es un enemigo.

SR. TEPÁN: Nada hombre, no tengas miedo.

ZAPO: Es que si supieras lo que el general nos ha contado de los enemigos.

SRA. TEPÁN: ¿Qué ha dicho el general?

ZAPO: Pues nos ha dicho que los enemigos son muy malos, muy malos, muy malos. Dice que cuando cogen prisioneros les ponen chinitas en los zapatos para que cuando anden se hagan daño.

SRA. TEPÁN: ¡Qué barbaridad! ¡Qué malísimos son!

SR. TEPÁN *(A ZEPO, indignado.)* ¿Y no le da a usted vergüenza pertenecer a ese ejército de criminales?

ZEPO: Yo no he hecho nada. Yo no me meto con nadie.

SRA. TEPÁN: Hemos hecho mal en desatarlo, a lo mejor si nos descuidamos, nos mete unas chinitas en los zapatos.

ZEPO: No se pongan conmigo así.

SR. TEPÁN: ¿Y cómo quiere que nos pongamos? Esto me indigna. Ya sé lo que voy a hacer: voy a ir al capitán y le voy a pedir que me deje entrar en la guerra.

ZAPO: No te van a dejar. Eres demasiado viejo.

SR. TEPÁN: Pues entonces me compraré un caballo y una espada y vendré a hacer la guerra por mi cuenta.

SRA. TEPÁN: Muy bien. De ser hombre, yo haría lo mismo.

ZEPO: Señora no se ponga así conmigo. Además le diré que a nosotros nuestro general nos ha dicho lo mismo de ustedes.

SRA. TEPÁN: ¿Cómo se ha atrevido a mentir de esa forma?

ZAPO: Pero, ¿todo igual?

ZEPO: Exactamente igual.

SR. TEPÁN: ¿No sería el mismo el que os habló a los dos?

SRA. TEPÁN: Pero si es el mismo, por lo menos podría cambiar el discurso. También tiene poca gracia eso de que a todo el mundo le diga las mismas cosas.

SR. TEPÁN *(A ZEPO, cambiando de tono):* ¿Quiere otro vasito?

SRA. TEPÁN: Espero que nuestro almuerzo le haya gustado...

SR. TEPÁN: Por lo menos ha estado mejor que el del domingo pasado.

ZEPO: ¿Qué les pasó?

SR. TEPÁN: Pues que salimos al campo, colocamos la comida encima de la manta y en cuanto nos dimos la vuelta, llegó una vaca y se comió toda la merienda. Hasta las servilletas.

ZEPO: ¡Vaya una vaca sinvergüenza!

SR. TEPÁN: Sí, pero luego, para desquitarnos, nos comimos la vaca. *(Ríen.)*

ZAPO *(A ZEPO):* Pues, desde luego, se quitarían el hambre...

SR. TEPÁN: ¡Salud! *(Beben.)*

SRA. TEPÁN *(A ZEPO):* Y en la trinchera, ¿qué hace usted para distraerse?

ZEPO: Yo, para distraerme, lo que hago es pasarme el tiempo haciendo flores de trapo. Me aburro mucho.

SRA. TEPÁN: ¿Y qué hace usted con las flores?

ZEPO: Antes se las enviaba a mi novia. Pero un día me dijo que ya había llenado el invernadero y la bodega de flores de trapo y que si no me molestaba que le enviara otra cosa, que ya no sabía qué hacer con tanta flor.

SRA. TEPÁN: ¿Y qué hizo usted?

ZEPO: Intenté aprender a hacer otra cosa, pero no pude. Así que seguí haciendo flores de trapo para pasar el tiempo.

SRA. TEPÁN; ¿Y las tira?

ZEPO: No. Ahora les he encontrado una buena utilidad: doy una flor para cada compañero que muere. Así ya sé que por muchas que haga, nunca daré abasto.

SR. TEPÁN: Pues ha encontrado una buena solución.

ZEPO (Tímido): Sí.

ZAPO: Pues yo me distraigo haciendo jerseys.

SRA. TEPÁN: Pero, oiga, ¿es que todos los soldados se aburren tanto como usted?

ZEPO: Eso depende de lo que hagan para divertirse.

ZAPO: En mi lado ocurre lo mismo.

SR. TEPÁN: Pues entonces podemos hacer una cosa: parar la guerra.

ZEPO: ¿Cómo?

SR. TEPÁN: Pues muy sencillo. Tú le dices a todos los soldados de nuestro ejército que los soldados enemigos no quieren hacer la guerra, y usted le dice lo mismo a sus amigos. Y cada uno se vuelve a su casa.

ZAPO: ¡Formidable!

SRA. TEPÁN: Y así podrá usted terminar de arreglar la plancha eléctrica

ZAPO: ¿Cómo no se nos habrá ocurrido antes una idea tan buena para terminar con este lío de la guerra?

SRA. TEPÁN: Estas ideas sólo las puede tener tu padre. No olvides que es universitario y filatélico.

ZEPO: Oiga, pero si paramos así la guerra, ¿qué va a pasar con los generales y los cabos?

SRA. TEPÁN: Les daremos unas panoplias para que se queden tranquilos.

ZEPO: Muy buena idea.

SR. TEPÁN: ¿Veis qué fácil? Ya está todo arreglado.

ZEPO: Tendremos un éxito formidable.

ZAPO: Qué contentos se van a poner mis amigos.

SRA. TEPÁN: ¿Qué os parece si para celebrarlo bailamos el pasodoble de antes?

ZEPO: Muy bien.

ZAPO: Sí, pon el disco, mamá.

(La SRA. TEPÁN pone un disco. Expectación. No se oye nada.)

SRA. TEPÁN (Va al gramófono): ¡Ah!, es que me había confundido. En vez de poner un disco, había puesto una boina.

(Pone el disco. Suena un pasodoble. Bailan, llenos de alegría, ZAPO con ZEPO y la SRA. TEPÁN con su marido. Suena el teléfono de campaña. Ninguno de los cuatro lo oye. Siguen, muy animados, bailando. El teléfono suena otra vez. Continúa el baile. Comienza de nuevo la batalla con gran ruido de bombazos, tiros y ametralladoras. Ellos no se dan cuenta de nada y continúan bailando alegremente. Una ráfaga de ametralladora los siega a los cuatro. Caen al suelo, muertos. Sin duda una bala ha rozado el gramófono. El disco repite y repite, sin salir del mismo surco. Se oye durante un rato el disco rayado, que continuará hasta el final de la obra. Entran, por la izquierda, los dos camilleros. Llevan la camilla vacía. Inmediatamente cae el TELÓN.)

(Pic-Nic.)

Escena de la película Iré como un caballo loco, *basada en* El arquitecto y el emperador de Asiria.

Un ataúd negro de niño. Cuatro velas. Un cristo de hierro. Una cortina negra de fondo. Esta obra tiene un solo cuadro.

(Oscuridad. Llanto de un recién nacido. De pronto, grito terrible del bebé, seguido inmediatamente del silencio.)

FIDIO: Desde hoy seremos buenos y puros.
LILBE: ¿Qué te pasa?
FILDIO: Digo que desde hoy seremos buenos y puros como los ángeles.
LILBE: ¿Nosotros?
FIDIO: Sí.
LILBE: No vamos a poder.
FIDIO: Tienes razón. *(Pausa.)* Será muy difícil. *(Pausa.)* Lo intentaremos [...]
LILBE: ¿Podré mentir?
FIDIO: No.
LILBE: ¿Ni siquiera mentiras pequeñas?
FIDIO: Ni siquiera.
LILBE: ¿Y robar naranjas a la mujer del puesto?
FIDIO: Tampoco.
LILBE: ¿No podremos ir a divertirnos, como antes al cementerio?
FIDIO: Sí, ¿por qué no vamos a poder?
LILBE: ¿Y podremos pinchar a los muertos en los ojos, como antes?
FIDIO: Eso no.
LILBE: ¿Y matar?
FIDIO: No.
LILBE: ¿Entonces es que vamos a dejar que la gente siga viviendo?
FIDIO: Claro.
LILBE: Peor para ellos [...] ¿También podré ser feliz con eso de ser buena?
FIDIO: Sí, también.
LILBE: ¿Es que eso de la felicidad existe?
FIDIO: Sí. *(Pausa.)* Eso dicen.
LILBE *(Triste.):* ¿Y de lo que hemos hecho antes, qué?
FIDIO: ¿Lo que hemos hecho malo?
LILBE: Sí.
FIDIO: Nos tendremos que confesar.
LILBE: ¿Todo?
FIDIO: Sí, todo.
LILBE: ¿También que tú me desnudas para que tus amigos se acuesten conmigo?
FIDIO: Sí, eso también.
LILBE *(Triste.):* ¿Y también... que le hemos matado? *(Señala el ataúd.)*
FIDIO: Sí, también. *(Pausa triste.)* No deberíamos haberle matado. *(Pausa.)* Somos malos. *(Pausa.)* Tenemos que ser buenos.
LILBE *(Triste.):* Lo matamos por lo mismo.
FIDIO: ¿Por lo mismo?
LILBE: Sí, lo matamos para divertirnos.
FIDIO: Sí.
LILBE: Y no nos divertimos nada más que un momento.
FIDIO: Sí.
LILBE: Con esto de ser buenos ¿no pasará lo mismo?
FIDIO: No, esto es más completo.
LILBE: ¿Más completo?
FIDIO: Y más bonito [...]
LILBE: ¿Y cómo haremos para ser buenos totalmente?
FIDIO: Verás. Que vemos que a alguien le molesta una cosa que hacemos, pues bien, no la haremos. Que vemos que a alguien le gustaría que hiciéramos algo, pues vamos y lo hacemos. Que vemos que un pobre viejo y paralítico no tiene a nadie, pues entonces vamos a visitarlo.
LILBE: ¿No le matamos?
FIDIO: ¡No!
LILBE: ¡Pobre viejo!
FIDIO: Pero no ves que matar ya no se puede.
LILBE: ¡Ah! Sigue.
FIDIO: Que vemos que una mujer lleva un gran peso, pues vamos y la ayudamos. *(Voz de juez.)* Que vemos que se hace una injusticia, pues vamos y la deshacemos.
LILBE: ¿También lo de las injusticias?
FIDIO: Sí, también
LILBE *(Satisfecha.):* Vaya tíos tan importantes que vamos a ser.
FIDIO: Sí, mucho.
LILBE *(Intranquila.):* ¿Y cómo vamos a saber que es una injusticia?
FIDIO: Lo calcularemos a ojo. *(Silencio.)*
LILBE: Va a ser aburrido. *(Silencio.)*
FIDIO: Va a ser como todo. *(Silencio.)*
LILBE: Acabaremos aburriéndonos también. *(Silencio.)*
FIDIO: Lo intentaremos.

(Oración.)

FERNANDO ARRABAL

ACTO II

Primer cuadro

EMPERADOR *(Enfático):* Con la venia de la sala, quiero asumir yo mismo mi defensa. Un gran poeta ha dicho: «Canallitas o canallazas, todos somos canallas.» He aquí la gran verdad. Quisiera saber en nombre de quién me juzga usted.

ARQUITECTO: Somos la justicia.

EMPERADOR: La justicia, ¿qué justicia? ¿Qué es la justicia? La justicia es una serie de señores como usted y como yo que la mayoría de las veces escapan a ella gracias a la hipocresía o a la astucia. Juzgar a alguien por tentativa de crimen, ¿quién no ha deseado matar a alguien? Y además no quiero hacer como los demás. Olvido todos los consejos. Olvido que me han dicho que llore para causar buena impresión, que tenga cara de arrepentido. Todos esos consejos me traen sin cuidado. Y, en definitiva, ¿para qué sirven todos esos trucos de tribunal? Para que la gran comedia de la justicia siga en pie. Si yo lloro o pongo cara de arrepentido, ustedes no creerán ni en mis llantos ni en mi cara de arrepentido, pero habrán visto que colaboro al guiñol y me lo tendrán en cuenta a la hora de juzgar. Ustedes están aquí para darme una lección: pero bien saben que la lección se la pueden dar a cualquiera comenzando por ustedes mismos. Me río de sus tribunales, de sus jueces de zarzuela, de sus pretorios de marionetas, y de sus cárceles de venganzas.

....

EMPERADOR: Que me oigan todos los siglos: en efecto, yo maté a mi madre. Yo mismo, sin ayuda de nadie. *(El ARQUITECTO corre a ponerse el atuendo de Presidente de Tribunal.)*

ARQUITECTO: ¿Se da cuenta de la gravedad de lo que dice?

EMPERADOR: No me importa. Que caigan sobre mí todos los castigos de la tierra y del cielo, que me devoren mil plantas carnívoras, que me beban la sangre de mis venas una escuadrilla de abejas gigantes, que me cuelguen cabeza abajo en el espacio infinito a millones de años luz de la tierra. Que los dragones de Satanás me tuesten las nalgas hasta que se conviertan en dos panderos rojos.

ARQUITECTO: ¿Cómo la mató?

EMPERADOR: Le di un martillazo terrible en la cabeza mientras dormía.

ARQUITECTO: ¿Murió instantáneamente?

EMPERADOR: Inmediatamente. *(Soñador.)* Que impresión tan curiosa. De su cabeza entreabierta salieron como unos vapores y tuve la impresión de que un lagarto emergía de su herida. El lagarto se colocó sobre la mesa enfrente de mí, moviendo acompasadamente su bofe y mirándome fijamente. Al mirarle detenidamente, pude ver que su cara era mi cara. Cuando lo fui a coger desapareció como si fuera tan sólo un fantasma.

ARQUITECTO: Pero cuando...

EMPERADOR: Luego, no sé por qué, me entraron ganas de llorar. Me sentía muy desgraciado. Besé a mi madre y mis manos y mis labios se llenaron de su sangre. Por más que la llamaba no me respondía y me sentí cada vez más triste y más desgraciado.

EMPERADOR *(Buscando):* Mamaíta. Soy yo. No quería hacerte daño. ¿Qué te pasa? ¿Por qué no te mueves? Mira qué de sangre tienes. ¿Quieres que haga gracias para ti? *(Comienza a contorsionarse, a hacer falsas piruetas, muy torpes.)*

EMPERADOR *(Recitando):* «La liebre de marzo y el sombrero tomaban el té, un lirón estaba sentado entre ellos, profunda-

A la izquierda, cartel de una representación francesa de El arquitecto y el emperador de Asiria. A la derecha, cubierta de la edición estadounidense de dicha obra.

mente dormido, y los otros dos apoyaban sus codos sobre él como un almohadón». *(Gime.)*... Mamaíta, no quería hacerte daño, tan sólo te di un martillacito, con cuidado... «Hablaban por encima de su cabeza. Qué incómodo para el lirón, pensó Alicia, pero como duerme le traerá sin cuidado». ¿Te ha gustado, mamaíta? ¿Lo he dicho bien? Háblame. *(Pausa.)* Dime algo.

(El ARQUITECTO golpea sobre la mesa.)

ARQUITECTO *(Presidente del Tribunal)*: ¿Qué hizo usted del cadáver? ¿Cómo puede explicarnos el que nunca haya aparecido?

EMPERADOR: Pues... *(agacha la cabeza tímidamente)*... ¡Qué importa!

ARQUITECTO: La justicia tiene que saberlo todo.

EMPERADOR *(Tras largo silencio en el que va a hablar y no lo hace. Por fin dice)*: El perro lobo que teníamos..., el perro..., el perro..., bueno, se comió el cadáver.

ARQUITECTO: ¿Y usted no se lo impidió?

EMPERADOR: Yo..., más bien..., bueno..., ¿qué de malo tenía?... Tardó varios días. Cada día se comía un pedazo... Yo mismo le hacía entrar en la habitación.

ARQUITECTO: ¿Se comió hasta los huesos?

EMPERADOR: Los que no trituró los tiré en las latas de basura de la Facultad de Medicina.

ARQUITECTO: El tribunal juzgará sus actos.

EMPERADOR *(Falso)*: «Como un barco con sus velas desplegadas se para en todas las escalas de su itinerario, así mi dolor padecerá todas las etapas del martirio». *(Auténtico.)* Arquitecto, condéname a morir, sé que soy culpable. Sé que lo merezco. No quiero vivir ni un minuto más esta vida de fracaso, de derrota. Me imagino que hubiera sido feliz dentro de un acuarium, sentado en una silla, rodeado de agua y de peces, y allí vendrían las niñas a mirarme los domingos. En vez de ello... Dime que me quieres, Aquitecto, dime que a pesar de todo no me rechazarás esta noche.

ARQUITECTO: Aquí estamos para juzgarle.

EMPERADOR: Arquitecto. Dime de una vez que me has condenado. *(Pausa.)* Oye, mírame. Soy tu Ave Fénix. *(Se acurruca tratando de imitar al Ave Fénix.)*

ARQUITECTO: Nada de historias. Está ante el tribunal.

EMPERADOR: Mis actos de acusación son sus cisnes redondos durante el último periodo de luna llena.

ARQUITECTO: Será juzgado con toda severidad.

EMPERADOR: ¿Puedo preguntarle cuál será mi castigo?

ARQUITECTO: La muerte.

EMPERADOR: ¿Puedo elegir la manera de morir?

ARQUITECTO: Diga.

EMPERADOR: Quisiera que me matará usted mismo de un martillazo. *(Pausa. Con verdad.)* Arquitecto, ¿me matarás tú mismo?

ARQUITECTO: Supongo que podremos ejecutar su deseo.

EMPERADOR: Pero sobre todo...

ARQUITECTO: ¿Qué?

EMPERADOR: No es mi deseo; es una exigencia: la última voluntad de un condenado a muerte.

ARQUITECTO: Dígala de una vez.

EMPERADOR: Tras morir...

ARQUITECTO *(Quitándose la toga)*: Emperador, ¿hablas en serio?

EMPERADOR *(Grave)*: Muy en serio.

ARQUITECTO: Pero si todo esto era una broma más: tu juicio, tu proceso..., pero parece que lo tomas en serio. Emperador, sabes que te quiero.

EMPERADOR *(Muy emocionado)*: ¿Lo dices en serio?

ARQUITECTO: Sí, muy en serio.

EMPERADOR *(Cambiando de tono)*: Pero hoy no jugábamos.

ARQUITECTO: Hoy era como otros días.

EMPERADOR: Era diferente; has aprendido muchas cosas que no quería decirte.

ARQUITECTO: ¿Qué importa? ¿Me besas? *(El ARQUITECTO cierra los ojos. El EMPERADOR se acerca a él y muy ceremoniosamente le besa en la frente.)*

ARQUITECTO: ¿En la frente?

EMPERADOR: Yo te respeto. ¿Qué sabes tú de estas cosas?

ARQUITECTO: Enséñame como me has enseñado todo.

EMPERADOR: Hoy me matarás: me has condenado a muerte y tienes que ejecutar el castigo.

ARQUITECTO: Pero...

EMPERADOR: Lo exijo.

ARQUITECTO: Pero morir no es un juego como los demás: es un juego irreparable.

EMPERADOR: Lo exijo. Ese es mi castigo. Te estaba hablando de mi última voluntad.

ARQUITECTO: A ver, di.

EMPERADOR: Deseo que..., deseo..., bueno..., que me comas..., que me comas, Arquitecto; después de matarme tienes que comer mi cadáver entero. Quiero que seas tú y yo a la vez. Me comes entero... Arquitecto, ¿me oyes?

(El arquitecto y el emperador de Asiria.)

JOSE RUIBAL

Nació en Pontevedra en 1925. Ejerció el periodismo en Madrid. Durante algún tiempo impartió cursos sobre teatro en Universidades americanas. En la actualidad vive en Madrid.

Sus obras más conocidas: *El asno* (1962), *Su majestad la sota* (1965), *El hombre y la mosca* (1968), *Currículum vitae* (1970) y *La ciencia de birlibirloque* (1970). En el volumen *Teatro sobre teatro* recogió ocho obras cortas: *La máquina de pedir* (1969), *Los mendigos* (1957), *La secretaria* (1959), **Los mutantes** (1968), *El rabo* (1968), *Los ojos* (1969), *El padre* (1968) y *El superagente* (1968).

La crítica social y política, referida a España o con un carácter universal (contra el militarismo, la opresión, la violencia, la civilización tecnológica y la consiguiente deshumanización de la vida), es habitual en estas obras. Sin embargo, Ruibal rehúye en ellas el realismo tradicional y da entrada a abundantes símbolos, alegorías y frases de doble sentido. La presencia de animales, habituales en la literatura satírica, y de máquinas tiene para el autor una significación concreta:

> La existencia de animales o máquinas en la escena tiende a deshumanizar y a distanciar. En la medida que esto ocurre, la obra gana dimensión poética y trascendencia mítica, a la vez que intemporalidad. Estos elementos no son un fin en sí mismos, sino que son vehículos de la perversidad poética del autor, digo que casi sus víctimas, tanto en el plano verbal como en el plástico.

En todas estas obras, los conflictos y las situaciones dramáticas apenas existen y, por lo general, todos los elementos de las mismas se subordinan a una idea previa, poco original y demasiado evidente casi siempre. También los personajes, sin entidad propia, suelen tener un simple valor simbólico.

Ediciones

Teatro sobre teatro, ed. del autor, Madrid, Cátedra, 1975. *El hombre y la mosca*, Madrid, Fundamentos, 1977.

LOS MUTANTES

(Personajes: hombre y mujer)

Una piedra inmensa se ilumina. Bajo ella, aplastados, HOMBRE y MUJER conviven. El espacio es mínimo y se mueven con enorme dificultad. Allí, apretujados, aparecen, en miniatura, todos los aparatos de la vida moderna, coche incluido, invadiendo todos los rincones libres.

(HOMBRE *hace movimientos mecánicos sobre una máquina electrónica invisible de la que, por momentos, se percibe el sonido. MUJER pone en marcha algunos de los electrodomésticos que le ayudan en las tareas de la casa. Luego enciende la televisión y crece el volumen musical.*)

HOMBRE (*Sin dejar de trabajar*): Sí, soy feliz. Voy a ser padre. Era lo único que me faltaba para ser totalmente dichoso. No me puedo quejar, la vida me sonríe. Mi mujer es un sol, un sol hogareño. Y no lo parecía. Cuando me casé era una señorita frívola. Soñaba con viajar y viajar, pero se ha acoplado perfectamente a mi vida.

MUJER (*Revolviendo entre los objetos*): ¡Estoy harta! Todo el día entre monstruos eléctricos. Me van a matar. En cualquier momento soy noticia: «Ama de casa electrocutada.» ¡Qué horror! Y ahora, para colmo, voy a tener un hijo, aquí, en este hogar sin espacio para jugar. ¡Sol, sol, quiero sol!

HOMBRE: Este año no podrá ser. Tengo muchísimo trabajo. Me han ascendido. Manejo una máquina electrónica que ha costado un dineral a la empresa. Con ella llevo el control de la producción. Mis jefes me estiman muchísimo. Me han subido el sueldo. Me han animado para que cambiara el modelo de coche. Claro que para venir al trabajo utilizo el Metro. Viajo apretujado, pero llego puntualmente. Al cruzar la ciudad, el tráfico está imposible.

MUJER: ¡Sol, sol! ¡Necesito sol! Si no tomo el sol, el hijo que crece dentro de mí no será una persona. Será un gusano pálido.

HOMBRE (*En una tienda, pero sin haber cambiado de sitio*): ¡Por favor! Despácheme pronto. Tengo que volver al trabajo. Quiero una lámpara de rayos solares. No se trata de mí. Eso mismo, un regalo para mi mujer. Sí, envuélvala en un papel vistoso. No, este año no podremos ir a la playa. Desde luego. No es por dinero. Es por algo que no se puede comprar: la falta de tiempo. Yo estoy siempre ocupado. Para colmo, la empresa acaba de comprar un ordenador electrónico y sólo yo sé manejarlo. Sí; tuve que hacer unos cursillos. Pero compensa el esfuerzo, se paga muy bien ese trabajo. (*Coge el paquete.*) ¿Y esta lámpara cómo funciona? Entendido, sólo darle a la llave. Supongo que dará buen resultado. ¡Lo mismo que el sol! ¡Increíble! La técnica es prodigiosa.

MUJER (*Las cosas se le caen encima*): ¡Socorro, me aplastan! ¡Mi hijo, mi hijo!... ¡Ay...! (*Se desvanece.*)

HOMBRE: Está dormida. Claro, el embarazo. Se fatiga muchísimo. Menos mal que le he comprado el lavaplatos superautomático. (*Le pone encima el paquete de la lámpara.*) Cuando se despierte se llevará una agradable sorpresa. Será como si tuviera el sol en casa. ¡Sol a domicilio! Eso la compensará del veraneo. Todavía no le he dicho que este año no podremos ir al mar. La lámpara hará el milagro de conformarla. Hoy la técnica hace milagros.

MUJER (*Inconsciente*): ¡Aire..., aire...! (*HOMBRE hace funcionar el ventilador.*) ¡Sol..., sol! ¡Quiero sol...! (*HOMBRE abre el paquete y enciende la lámpara.*) ¡Mi hijo! ¡Mi hijo va a nacer!

HOMBRE: Está soñando con su hijo: con nuestro hijo. Pero todavía faltan dos meses. Será un hijo feliz. No sufrirá las privaciones que yo padecí. Crecerá sano y robusto. Le atenderán los mejores pediatras. Irá a los mejores colegios. Sabrá idiomas. Estudiará... Sí, especialista en algo... En algo provechoso. Ganará todo el dinero con muchísima facilidad.

MUJER (*Despertando. Se retuerce con dolores espasmódicos*): Va a nacer. Va a nacer. Le aplastarán. (*Trata de quitarse objetos de encima. Tira la lámpara. Después, con dificultad, el ventilador. Pero otros aparatos se le caen encima.*) ¡Oh, esto es horrible! (*Mientras aparta unos objetos, van cayendo otros. Parecen estar animados y la vencen.*) Se morirá aplastado. ¡Estos malditos trastos no le dejan nacer!

HOMBRE: Tan pronto nazca, ya se encontrará en un hogar civilizado donde nada le faltará. Le compraré juguetes, muchísimos juguetes. (*Echa juguetes dentro, sobre la mujer también.*) Todos los juguetes imaginables. Tendrá todos los juguetes que yo no he podido tener.

MUJER (*Con gran esfuerzo hace un movimiento violento y la parte inferior de su cuerpo asoma al exterior de la piedra. Los objetos, mezclados con los juguetes, forman una barrera entre ella y HOMBRE*): Va a nacer. Me siento mejor. ¡Oh!...¡Oh!...¡Oh!... (*Llanto de recién nacido.*)

JOSE RUIBAL

HOMBRE *(Al teléfono, pero sin dejar su ritmo mecánico):* ¡Cómo! ¿Que he tenido un hijo? No es posible. Faltan todavía dos meses. ¿Un accidente? Póngame con mi mujer. ¡Oh! Está dormida. ¿Cómo, inconsciente? No puedo salir ahora. La máquina está funcionando. Si la dejo sola, se arruinará toda la producción. Iré tan pronto termine; ahora me es imposible.

MUJER: Ya ha nacido. ¡Qué alegría! Y ha nacido fuera de aquí. Será libre. Crecerá al viento y al sol. No: no puedo verlo. Pero lo siento. Lo siento como cuando estaba dentro de mí. Le oigo llorar al aire libre. ¡Soy feliz! *(Como en sueños.)* Jugará con el sol..., el viento..., las estrellas..., el mar..., la luna..., los árboles..., la arena..., el cielo azul..., la lluvia...

HOMBRE *(Tiene un sonajero eléctrico):* No lo encuentro. *(Busca entre objetos y juguetes.)* ¿Estará fuera? ¡Qué horror! Ha nacido fuera de aquí. Tendré que ir a buscarle. Fuera se morirá. El sol puede quemar su piel. Es muy fina la piel de un recién nacido. ¿Y si se moja? Seguro que coge un catarro. Tengo que tenerle aquí dentro. Fuera no le protege nadie. Allí crecerá a la intemperie y sin ley. No. No quiero que sea un salvaje ni un inadaptado social. ¡Eso no! Me traería un montón de complicaciones. He trabajado toda mi vida como un animal para ser feliz. Tengo un hogar donde no falta de nada. Mi hijo podrá vivir sin complicaciones. Quiero conservar todo esto para él. Se trata de mi hijo. Tiene que crecer aquí. Fuera es el caos. El desorden. Tengo que hacer algo para que venga. Es urgente. Puede coger una infección o una peste. Eso mismo... Avisaré a la Policía. *(Llanto del recién nacido.)*

MUJER *(La luz desciende):* ¡No! ¡No! *(Suena un disparo en un lugar indefinido.)*

Oscuro total

(Teatro sobre teatro.)

FRANCISCO NIEVA

Nació en Valdepeñas (Ciudad Real) en 1927. Estuvo ligado al grupo «postista». Muy pronto empieza a escribir teatro. Durante algunos años vive en París y se dedica a la pintura. En 1965 se revela en España como un gran escenógrafo. En 1970 es nombrado profesor de la Escuela de Arte Dramático y de la Escuela Superior de Bellas Artes de San Fernando. En 1979 se le concedió el Premio Nacional de Teatro. En 1986 ingresó en la Real Academia Española.

«Teatro furioso» y «Teatro de farsa y calamidad» son los dos rótulos bajo los que se agrupa habitualmente la producción de este autor. Al «furioso» pertenecen las siguientes obras: *El combate de Opalos y Tasia* (1953), *El fandango asombroso* (1961), *Pelo de tormenta* (1962), *Es bueno no tener cabeza* (1966), *Nosferatu* (1961), **La carroza de plomo candente** (1971) y *Coronada y el toro* (1973).

En el de «farsa y calamidad» se encuadran: *El rayo colgado* (1952), *Tórtolas, crepúsculos y... telón* (1953), *El maravilloso catarro de Lord Bashaville* (1967), *El corazón acelerado* (1968), *Malditas sean Coronada y sus hijas* (1968), *La señora Tártara* (1970), *Funeral y pasacalle* (1971), *El paño de injurias* (1974), *El baile de los ardientes* (1974), *Delirio del amor hostil* (1974).

Según el propio Nieva, el «furioso» es un teatro dirigido contra la Iglesia, el Estado y la Moral convencional. En el de «farsa y calamidad», más metafísico y poético, presta una mayor atención a los problemas individuales de los personajes. No existen, sin embargo, diferencias radicales entre uno y otro, aunque en las obras del segundo grupo se intensifiquen procedimientos que son habituales en este autor: libertad formal absoluta, imaginación desbordante, rechazo de los convencionalismos escénicos, sobre todo del desarrollo de una acción lineal, y antirrealismo extremo, pese a que no faltan en algunas de sus obras procedimientos habituales del entremés y del género chico.

También es autor de una obra sobre Larra: *Sombra y quimera de Larra* (1976).

Ediciones

Teatro furioso, Madrid, Imp. Safer, 1972. *Malditas sean Coronada y sus hijas. Delirio del amor hostil*, ed. de Antonio González, Madrid, Cátedra, 1980. *La carroza de plomo candente. Coronada y el toro*, ed. de A. Amorós, Madrid, Espasa-Calpe (selecciones Austral), 1986.

Fragmento

Personajes:

Luis III, heredero del trono.
Frasquito, barbero sinvergüenza.
El Padre Camaleón, fraile inquisidor.
La Garrafona, nodriza de Luis III.
Saturno Chico, torero rondeño.
Liliana, cabra infernal.
La Venus Calipigia, divinidad fresca y pagana.
Tomás, niño desgraciado.

Truenos, relámpagos, velas asustadizas, gatos muertos y el retrato parlante del rey Fernando VII.

* * *

Comienza.
Un trueno en plena oscuridad. Contrariando a la metódica naturaleza, se produce el relámpago poco después. Sobre una cama amplísima de alto dosel vemos, hecho un ovillo, al que pronto será Luis III, rey mitad fabuloso y mitad madrileño. Es bobo, gracioso y asexuado. Pudiera ser representado por una muchacha regordeta. Las cortinas del lecho flamean con velo terrorífico. En el cielo deben estar naufragando todas las veletas de la ciudad. Se abre una puerta chirriante y aparece Frasquito con un candelabro tembloroso en la mano. Es un pícaro capón, nalgudo y abotijado.

Frasquito: ¡Majestad! ¡Majestad! No se encuentra peor hora en todos los relojes. ¿Tenéis miedo, Majestad?

Luis: ¿Eres tú, Frasquito? Creí que no venías. ¡Ay, qué susto me has dado! ¿Y a qué viene eso de llamarme Majestad? No bromees bajo los truenos, que dicen que con eso se caen las pestañas.

Frasquito: En toda conciencia lo repito, Majestad. Vuestro padre terminará por morirse esta noche, ya es cosa segura.

Luis: Dios tenta piedad de su alma, la pobrecilla. Pero no me lo creo. No me creo nada de lo que me cuentes. Le he visto cenar muy bien, eructar tres veces y hasta reírse mucho por haberse pillado con la puerta la cola del camisón. ¡Ay, Señor, qué noche! ¿Qué está sucediendo en Madrid?

Frasquito: Una Babilonia de nubes que se hunde. El almanaque lo anunciaba y no se ha equivocado: la noche del 40 de mayo un rey muy famoso entregará su alma a Dios, mientras el fantasma de Babilonia reventará en los cielos. Morirán muchos gatos y se hundirán cientos de chimeneas.

Luis: ¡Guasón! ¿Quién te ha visto entrar?

Frasquito: Nadie. Estas llamas de las velas venían tan encogidas, que es como si hubiese venido a oscuras. El temperamento de los aires las tenía achantadas y sólo han cobrado algo de valor al entrar en el aposento. Una vela también se asusta en noches como éstas. Miradlo si no. *(Pone el candelabro sobre una mesa y hace un aspaviento delante de él.)* ¡Uuuu! ¡Malditas! *(El candelabro casi se apaga y la escena se oscurece.)*

Luis: ¡Calla! ¡Pues es verdad! Qué impresionables son las llamas. Les sucede lo que a mí. Me siento muy apagado. ¡Tengo miedo! Desde luego, algo espantoso debe suceder esta noche.

FRASQUITO: Si no ha sucedido ya, Majestad. La muerte ha llegado con todos sus malos intestinos en oleaje y se ha llevado a vuestro padre. Sois rey. Sois Luis III por la gracia y buen detalle de Dios, que tiene esas atenciones...

LUIS: Vete al cuerno, Frasquito; los calendarios también se equivocan.

FRASQUITO: Los españoles siempre hemos creído en los calendarios. No hay que creer en los periódicos. Los calendarios no marran una. Cuando menos, dicen el Santo, cómo va de mordida la Luna, un buen consejo y, a veces, traen copla. Os digo que vuestro padre ha muerto en la oscuridad de la noche sin que nadie le eche una mano. Os deja muy huérfano, Majestad, en los brazos de una madrastra de nación que os va a pedir cuentas de todo. ¡Pobres de nosotros! Se acabó el jolgorio, se acabaron las juergas con violines y con pajaritos mecánicos, el jugar a las prendas, el bordar flores del paraíso y el saltar a la comba entre amigos de confianza. Os va a preguntar por qué no os sale cañón de bigote ni habéis preñado ya a la hija del rey de Europa. *(Un trueno tremendo, las luces se apagan.)*

LUIS: ¡Cielos, qué susto! ¡Frasquito! ¡Frasquito! Llevas razón. Esto anuncia una catástrofe.

FRASQUITO: ¡Si cuando yo lo digo...! Y además nos hemos quedado a oscuras.

LUIS: Ay, Frasquito, y ahora, ¿qué hacemos?

FRASQUITO: Esperar que estas desgraciadas bujías vuelvan en sí. No os preocupéis, que el fuego lo llevan por dentro. ¿Lo veis? Ya empiezan a despuntar.

LUIS: *(Santiguándose aterrorizado.)* Esto que sucede no es normal. Lleva razón el calendario.

FRASQUITO: ¿Y cómo, si no? Lo escribió un faraón rencoroso para divertirse a costa de España. Desde la época de los faraones nos tienen fila a nosotros porque se les secaba el Nilo antes que el Manzanares. El maldito faraón ya le ha hecho hincar el pico a vuestro padre y le están creciendo las uñas con el frío de la muerte. Trabadas las tiene en el embozo. Yo tiemblo de miedo. ¿Sería mucho pedir que su Majestad me admitiese entre sus sábanas? Así podríamos meditar mejor en las medidas que se han de tomar de aquí a mañana.

LUIS: Eres muy fresco, barbero, pero anda, quítate los zapatos y ven a mi lado. Dame un poco de calor, que estoy aterido. *(Frasquito se desprende de los zapatos y entra en la cama.)* ¿Qué tal te encuentras?

FRASQUITO: *(Extrañado.)* ¡Caramba! ¿Qué hay aquí dentro?

LUIS: Mi gata Dominga y sus tres crías. No puedo dormir sin ellos y ellos sin mí.

FRASQUITO: ¡La Monarquía ideal! Reinar sobre cuatro gatos.

LUIS: ¡Si sólo fuera eso! Pero la Dominga es fecundativa como ella sola.

FRASQUITO: Es verdad. ¡Qué fácilmente se preña una gata! ¿Cuántos michos lleva ya repartidos por el mundo?

LUIS: Los expulsa con la fuerza y la cantidad del granizo. Se le forman en el vientre verdaderas tempestades de gatos.

FRASQUITO: ¡Buen ejemplo para todos! Pues ándese su Majestad con tiento, que de aquí a poco le van a tomar lista de cuantos esfuerzos haga por ensemillar a la niña del rey de Europa. Ya está ése furioso y en antecedentes de la falta de habilidad para el ajuste que se demuestra en esta ala del palacio. ¡Vaya un suegro que tenéis! ¡Feroche!

LUIS: ¡Ay, qué atolladero! No me desates el lamento, Frasquito, que no sé cómo empezar. ¿Te acuerdas de mi noche de bodas? Tú estuviste muy gracioso relatando chascarrillos hasta caerte dormido, y nosotros la pasamos entonando canciones preciosas hasta el amanecer. Yo sabía una asturiana que Su Alteza me hizo repetir hasta quince veces. Y ya ves, ella se quedó tan complacida. La Princesa era entonces muy inocente, pero luego las malas lenguas le han ido dando cursos de malicia y me la han vuelto un basilisco. Estoy viendo que me la va a pegar. A mí no me importan los cuernos, sino cómo disimularlos. *(Pausa, el Príncipe se estremece y ríe turbio.)* Frasquito, no me hagas cosquillas. Estáte quieto, juguetón.

FRASQUITO: Es que tirito, Majestad.

LUIS: ¡Majestad, Majestad! No sé muy bien a qué me suena esa palabra. No me parece de buen augurio. Frasquito, pájaro de mal huevo, si mañana soy rey, tengo el presentimiento de que tu compañía me va a ser muy tasada. Hasta la Dominga va a sufrir de estas novedades. Si todos se empeñan en

EL TEATRO DESDE 1939

Rosa Valenty en el papel de la Venus Calipigia de La carroza de plomo candente, *obra estrenada en el Teatro Fígaro, de Madrid, el 27 de abril de 1976.*

meterme a la europea en la cama, estoy fresco. *(Pone atención.)* ¿No oyes unos pasos?

FRASQUITO: ¡Lo que me temía! ¡Ya vienen todos! Y ahora, ¿qué hago?

LUIS: Acurrúcate a mis pies y no te muevas. Y no me roces las piernas que me entra risa nerviosa.

FRASQUITO: ¿Y no puede arrojarse a la Dominga? Me dan miedo sus arañazos. Esa gata me tiene ojeriza.

LUIS: Ya no hay tiempo. *(Nuevo estampido y fogonazo.)* ¡Pronto! ¡Que vienen! ¡Esto es el Apocalipsis! *(Por la puerta entreabierta pasa medio cuerpo el padre Camaleón, con una vela en la mano y el capuchón sobre la cabeza.)* Santo Dios, perdona mis pecados, disimula tus acusaciones, no me anotes en tu pizarra, que ya tengo bastante con lo que de mí se escribe en las esquinas.

CAMALEÓN: No se asuste su Majestad, que soy yo, el padre Camaleón.

LUIS: Todo palacio está revuelto. ¿A qué viene esta visita? ¿Y por qué me llamas Majestad?

CAMALEÓN: Porque lo sois

LUIS: ¿Tú tambien?

CAMALEÓN: Yo también, ¿qué? Señor, vuestro padre ha muerto siguiendo el buen ejemplo de sus antepasados. Ya reposa en la eterna comodidad de la Historia, ya es rey muerto en campo de gules [...] Majestad, hay que tomar disposiciones antes de que lo sepa todo el mundo.

LUIS: ¿Qué disposiciones?

CAMALEÓN: Disposiciones de mano fuerte. El pueblo está descontento, desesperado. Quiere ver por encima del horizonte. Madrid no puede más, revienta por todas partes, se hunde o se levanta en promontorios sospechosos. Ayer mismo se ha abierto una brecha volcánica en pleno barrio de Lavapiés. En parte, creo que la falta de bríos de su Majestad y el inocente vicio de saltar a la comba nos pueden hacer la pascua. Secesión tenemos y guerras carlistas en perspectiva.

LUIS: ¿Qué guerras son esas...?

CAMALEÓN: Las que os puede hacer vuestro primo Don Antonio, el que tiene hijos a diestro y siniestro. Un verdadero garañón.

LUIS: *(Ríe.)* Serán entonces guerras antoninas.

CAMALEÓN: No, no, carlistas. Todo Carlos bautizado va a la guerra sin remedio. Chico que nace en las provincias descontentas le echan el nombre de Carlos y le declaran beligerante. Es un truco.

LUIS: Eso no es serio. Los Carlos no abundan tanto. Se les pudiera mandar una partida de Pepes.

CAMALEÓN: Todos los españoles son Carlos por dentro, Señor. Unos buenos desalmados.

LUIS: *(Riendo.)* ¡Pues estamos perdidos!

CAMALEÓN: ¡Se armará pronto la gorda y nos darán para el pelo! *(Serio.)* Pero hay otro truco que no falla contra esas maquinaciones del diablo.

LUIS: ¿Qué truco es ése?

CAMALEÓN: Dios y siempre Dios. Si su Majestad fortifica la Inquisición y se pone de parte de Dios, Dios se pondrá de parte de su Majestad. No hay mejor alianza. Dios es potente. Es padre de tronos y truenos. ¡Bum...!

(La carroza de plomo candente.)

MIGUEL ROMERO ESTEO

Nació en Montoro (Córdoba) en 1930. Estudió filosofía, teología, música, periodismo y Ciencias económicas y políticas.

Se dio a conocer en 1967 con *Pontifical,* especie de gran ópera grotesca, que suponía, con sus prosas macarrónicamente rimadas, sus delirios idiomáticos y sus versificaciones ripiosas, un deseo, reiterado en obras posteriores, de utilizar como recursos expresivos los que hasta entonces habían venido siendo considerados como inadmisibles vicios literarios. Este teatro, provocador, corrosivo, en el que cualquier cosa vitanda resulta inevitable, constituye uno de los ejercicios más interesantes de la literatura española de estos últimos años. No pondremos más etiquetas a sus obras, para no caer en los reiterados anatemas del autor:

> A poco que nos descuidemos —escribe en el prólogo de *Fiestas gordas del vino y el tocino* (1975)— el teoreta se convierte en lo que al fondo del trasfondo llega y es: el categoreta. Y nos ata y maniata de prefabricadas categorías clasificatorias y archivatorias. Casi todo lo que pasa y repasa como función teorética no es en definitiva más que pura y simple función burocrática: clasificar y archivar [...] El teoreta pugna y propugna, y el poeta repugna. Repugna de que no se quiere dejar encerrar en las prefabricadas categorías archivatorias y clasificatorias, inamovibles como pálidas etiquetas de las prehistorias. De que presiente que las inamovibles categorías del categoreta quieren hacernos amorosamente la puñeta. De que son categorías francamente categóricas, por definición, y que lo categórico siempre termina luego devotamente en una santa inquisición.

Entre sus obras, están: *Pasodoble* (1973), *Paraphernalia de la olla podrida, de la misericordia y la mucha consolación* (incompleta, 1975), **Pizzicato irrisorio y gran pavana de lechuzos** (1978, aunque escrita en 1966), **El vodevil de la pálida, pálida, pálida, pálida Rosa** (1979), *Medea es un buen chico.*

Ediciones

Fiestas gordas del vino y el tocino, Madrid, Júcar, 1975. *El vodevil de la pálida, pálida, pálida, pálida Rosa,* Madrid, Fundamentos, 1979. *Pizzicato irrisorio y gran pavana de lechuzos,* ed. del autor, Madrid, Cátedra, 1978.

PARTE I

EMILIO: ... rosas... rosas... *(Del bolsillo del pijama se va sacando pinzas de prender la ropa en el colgadero. Y con mucho esmero, con mucho amor, a base de pinzas le va prendiendo rosas en la cabeza, en los hombros, en mitad del escote, y hasta en los bolsillos del peinador.)* ... rosas ... rosas ... rosas ... rosas ... rosas.

AMALIA: *(Cosquillada de un sobaco.)* Loco, eres un loco. *(Y ríe toda feliz igual que una breva madura, y apasionadamente va él y se la agarra por mitad de la cintura, y va y se la besa como varón de ajos porros porque va y se la besa en mitad de los morros.)*

EMILIO: Tus labios me saben a poco.

AMALIA: Júrame que sólo a mí me amas, júrame que sólo a mí me quieres.

EMILIO: Tú eres para mí la sola y la única entre todas las mujeres, lo juro.

AMALIA: Pérfido, perjuro, tú ya te habrás buscado por ahí algún bombón maduro... *(Va y le prende una rosa encima de una oreja, y es una rosa pálida igual que una coneja. Luego, con otras pinzas, calambrada de celos va y le prende más rosas en mitad de los pelos.)* ...algún que otro amor a escondidas de mí, a mis espaldas. Los hombres sois todos iguales en cuestiones de faldas. *(Del cuello se le cuelga igual que una pi-*

chona, y lo atisba en los ojos ya tutto passionata, lo demanda de amores igual que una gachona, le pide corazón y no fresas con nata.)* ¡Júrame que no me traicionas, júramelo enseguida...!

EMILIO: Te lo juro, Amalia. Tú eres el gran amor de mi vida, tú eres mi único amor.

AMALIA: Soy feliz, feliz. *(Lo arrechucha del corazón porque va y se lo abraza devotamente con muchísima ilusión.)* Contigo me vienen las alegrías y se me van las melancolías, se me van.

EMILIO: Conmigo se te irán del todo. De cualquier modo, mis besos te las rematarán difuntas, mis besos te las rematarán inválidas.

AMALIA: Yo soy feliz aquí contigo en mitad de las rosas pálidas, yo soy feliz.

EMILIO: *(Al oído.)* Aquí a solas los dos, y por delante toda una larga noche de rosas en mitad del amor, y otras cosas.

AMALIA: Eso, una larga noche de rosas en mitad del amor, una larga noche de amor en mitad de las rosas. *(Hace ya rato, en un tris, dejó EMILIO la botella de champán tras el piano como quien va y deja una botella de anís. Y ahora va y agarra la botella de champán por mitad del tapón de corcho que ya estaba listo para el descorche, y así que pum, catapum, le arrea del descorcho con facilidad suma, y va y salta el tapón, y va y salta la espuma.)*

EMILIO: ¡Rosas con champán...!

AMALIA: *(Dos grandes copas de cristal va y se las agarra rápidamente del piano como devota, y el otro va y se las llena de champán amorosamente y no le derrama ni gota.)* ¡Toda una larga noche con derroche, toda una larga noche bajo las estrellas temblorosas, toda una larga noche de rosas con champán...! *(Las copas las eleva en la noche como si tal, y él va y en cada copa le planta una rosa del rosal.)*

EMILIO: ¡Toda una larga noche de champán con rosas...!

(Y cada uno con su copa en la mano, y en las copas las burbujitas doradas a pellas, y ella y él van y brindan románticamente bajo las pálidas estrellas porque brindan del brindis a la luz de un candelabro, y las pálidas estrellas les auguran toda una larga noche de cosas bellas, les inauguran toda una larga noche de amores sin descalabro.)

AMALIA: ¡Por nuestro amor...!

EMILIO: ¡Por nuestro amor...! *(Van y entrechocan las copas de cristal, y bizquean piadosamente del mucho amor inmortal.)*

AMALIA: ¡Y por las rosas porque son pálidas y están crudas...!

EMILIO: ¡Y por las rosas porque son pálidas y están crudas...! *(Igual que un par de pájaros, beben champán de oro, pues lo beben a sorbos, lo beben con decoro. Y de repente a ella en mitad de la burbuja le da el calambre del amor, y lo embelesa, lo arrempuja.)*

AMALIA: Tócame ya el piano, por favor. Tócamelo con tus manos de amor, tócamelo con tus manos peludas.

EMILIO: ¿Y si viene tu marido?

AMALIA: No puede venir. Está ido. Ido del cacao.

EMILIO: Metido en los negocios del cacao y del colacao.

AMALIA: Eso. A lo mejor está con algún congreso en el cacao de Madrid. O si no, en el cacao de Bilbao.

EMILIO: Yo con tu marido no quiero ser cruel. Ya lo sabes, él es mi mejor amigo, y yo soy su amigo más fiel.

....

TÍA LOLA: *(Moquea de una lágrima.)* Amalia, yo estoy sola...

AMALIA: *(Sombría de la chola.)* Ya le ha dado a tía Lola el patatús a la orilla del piano de cola.

EMILIO: *(Contrito del mucho delito.)* Cálmese, por favor... Vamos, vamos, no se tome tan a pecho las cosas...

TÍA LOLA: Amalia, yo quiero irme a casa...

EMILIO: *(Amable.)* Vamos, cálmese, olvidemos las cosas... *(Agarra del piano el vaso de agua de rosas con calma, y se lo ofrece devotamente como quien va y le ofrece ya el corazón y el alma.)* Yo le pido perdón, y usted va y se toma un buche de agua de rosas, y verá cómo se le pasa... *(Agarra del vaso TÍA LOLA, y no se lo lleva luego a los labios porque ya le sube del corazón una amarga ola.)*

TÍA LOLA: *(Moquea del alma.)* Los arzobispos no tienen corazón. *(Lacrimosa en mitad de la desolación, moquea del corazón porque moquea del alma, y es ya toda la palma del martirio en mitad del santo delirio.)*

Yo me voy a casa, yo me voy a buscar consolación...

AMALIA: *(Dolorosa.)* Ay, tía Lola, no me dejes sola, sola, sola... No me dejes sola con la pianola en mitad del santo delirio, tómatelo con flema, tómatelo con calma en mitad del alma, enciéndele a San Antonio un cirio, también tengo yo mi problema, también yo tengo la palma del martirio... *(Con el vaso de agua de rosas en una mano, y parapetándose tras el paraguas gordo lo mismo que una muerta, TÍA LOLA quiere ya esfumarse de la batahola y encamínase devotamente hacia la puerta lentissimo, lento. EMILIO y AMALIA van tras ella con mucho sentimiento.)* Y como ejemplo entre mil, ya sabes que yo quería volver a debutar en un vodevil clásico a base de sus clásicos equívocos y trucos, y sus valses, y su poquito de libertinaje romántico, y mi marido no me deja. Y cuando le planteo el volver yo a trabajar de actriz, va y me llama pendeja, y me tiene ya entre la espada y el paredón...

TÍA LOLA: *(Obsesa de la frambuesa.)* Amalia, los arzobispos no tienen corazón... *(Va y se mete dentro del paraguas con el corazón dolorosamente reconcomido de los arzobispos y las ratas, y ya sólo la vemos desde la pechuga para abajo hasta las patas.)*

AMALIA: *(Dolorosísima)* ...y el paredón es que, ya tanto al derecho como al revés, yo estoy harta de andar siempre vestida de azul celeste lo mismo que una tarta, y es porque todo el color del cielo de Madrid es azul celeste, y porque a mi marido le chifla el cielo de Madrid como la peste... Del azul celeste yo quiero pasar al azulina, ir vestida del azulina muy pálido igual que una piadosa ursulina, y ésa es mi santa ilusión...

TÍA LOLA: *(Obsesa de la pianola.)* Amalia, los arzobispos no tienen corazón...

AMALIA: ... y mi santa ilusión es pasarme del azulina igual que celeste minusváli-

Portada del programa de mano de El vodevil de la pálida, pálida, pálida, pálida rosa, obra estrenada por la Compañía teatral Retablo en 1981. En dicho programa, puntualizaba el autor: «Con esto de la pálida rosa yo trataba de sonsacarme un antiteatro piadoso a modo de homenaje pálido y horroroso al pálido vodevil, porque con el vodevil de las lluvias mil yo siempre me lo he pasado muy bien. Y con el vodevil muy bien se lo ha pasado también la gente».

do al rosa rosa rosa rosa rosa... Ay, tía, yo estoy amorosa, y yo quiero pasarme al rosa pálido. Yo quiero ser otra vez la pálida pálida pálida pálida rosa de abril en mitad de un vodevil galante con muchos valses por detrás y muchos valses por delante... Ay, tía Lola, no me dejes aquí sola con la pianola.

TÍA LOLA: *(Contusa de melancolía.)* Hija mía, no te dejo sola con la pianola porque tienes al arzobispo, y porque tienes además el piano de cola.

AMALIA: Ay, tía Lola, yo estoy aquí cogida entre los cielos de Madrid y la rosa española, yo estoy atrapada en mitad de una santa pasión...

(El vodevil de la pálida, pálida, pálida, pálida rosa.)

LA TOSTADA CON MERMELADA

(Entra por la izquierda EL NIÑO DE LA CASA. Es el clásico gafitas largo y zanquilargo con algo de pinta de retrasado mental que no se le despinta. O sea, miope y gafas como el culo de una botella. Pantalón gris, jersey gris de cerrado el escote. Y al cuello una larga bufanda de colegial inglés y pasmarote. Es murrio y docilón. Debajo de un sobaco con santa ilusión, un rollo de papel higiénico y cebollo, y es la tira de papel higiénico que le arrastra y no la retira. Leyendo viene de un libro que a dos manos sostiene.)

EL HONORABLE SEÑOR *(Tutto pianissimo):* Ya lo estás viendo, siempre leyendo de los boy-escauts. Siempre leyendo de un manual.

LA MADAMA HONORABLE *(Dolorosa):* Son las lecturas perversas. Ay, qué desgracia que nos haya salido un intelectual.

(Arrastrando de los zapatos, con sus veinte años ingratos, EL NIÑO DE LA CASA va y siéntase a la mesa, y sigue leyendo el manual como paloma ilesa, y así va y sigue y sigue de persigue una fresa con nata en mitad del libro piadoso, y los ojos no los levanta del libro como quien se lo cepilla, y el culo no lo levanta tampoco del culo de la silla.)

EL NIÑO DE LA CASA *(Automático):* Buenos días, mamá. Buenos días, papá.

LA MADAMA HONORABLE *(Agónica):* ¿Popó...?

EL NIÑO DE LA CASA: Papá.

LA MADAMA HONORABLE *(Deshecha en piélago de dulzuras maternas, levántase de la silla y corre a besuquear a su niño como quien va rápido a darle la papilla y un pestiño):* Mi niño, mi pestiño, mi chiquitín, mi chiquirritín, mi chiquirriquitín, mi tesoro, mi sol, que ha hecho ya su popó como su papá.

EL NIÑO DE LA CASA: Sí, mamá.

LA MADAMA HONORABLE: ¿Hizo mi ángel su popó como su pipí?

EL NIÑO DE LA CASA: Sí, mamá.

LA MADAMA HONORABLE *(Lírica del alma):* Ay, mi chiquirritín es mi serafín celestial... *(Al HONORABLE SEÑOR.)* Y es nuestro santo orgullo. Ay, es mi rosa, mi rosa ideal, y es tu capullo en mitad del rosal. No, es tanto mío como tuyo, es nuestra rosa, es nuestro capullo, el niño de mamá, el niño de papá.

EL NIÑO DE LA CASA: Sí, mamá [...]

LA MADAMA HONORABLE *(Dolorosa):* Sol de su mamá, estás enfermo, enfermito, y no puedes darle al pito como no puedes ir a tus clases de la universidad.

EL NIÑO DE LA CASA: Sí, mamá.

LA MADAMA HONORABLE: Y por eso le pagamos del dinerito a un erudito profesor universitario que nos trae aquí a casa la universidad lo mismo que un telediario, y te imparte la universidad y las lecciones lo mismo que quien reparte melones.

EL NIÑO DE LA CASA: Sí, mamá.

EL HONORABLE SEÑOR: No quiero más quejas del profesor, no quiero que arméis aquí en casa otro bacalao.

EL NIÑO DE LA CASA: Sí, papá.

LA MADAMA HONORABLE *(Piadosa):* Los profesores universitarios son un ganao de mucho cuidao.

EL NIÑO DE LA CASA: Sí, mamá.

EL HONORABLE SEÑOR: Déjate ya de leer el manual de los boy-escauts y ponte a comer.

EL NIÑO DE LA CASA: Sí, papá.

LA MADAMA HONORABLE *(Ya sentada a la mesa):* Tú no debes leer más que libros piadosos y la Biblia, y no libros perversos. *(Torva la chorva.)* ¡Tú no debes leer más que tus lecciones y la Biblia en verso...!

EL NIÑO DE LA CASA: Sí, mamá.

LA MADAMA HONORABLE: Tú ahora lo primero, estudiar tu carrera de medicina con esmero para luego ser un hombre de futuro porque serás un ingeniero en Bilbao.

(A base de mucho tenedor y cuchillo como el ceremonial lo comanda, van delicadamente zampando de la cuchipanda.)

BELCEBU Y LOS EXORCISMOS

EL NIÑO DE LA CASA *(Miope de las gafas):* No me gusta vuestra mesa, no me gusta vuestra sobremesa, no me gusta vuestra gastronomía...

LA MAMÁ DE LA NIÑA *(Sulfurada):* Tú, tú le has clavado en mitad de la pechuga un cuchillo a la marquesa...

EL NIÑO DE LA CASA *(Ubérrimo de las gafas):* No me gustan vuestras cenas de gala, no me gustan vuestras cenas frías. Caerá vuestro horrible orden gastronómico, caerá el salmón ahumado, caerá el caviar, caerá el churrasco chilindrón, caerán los mariscos astronómicos, caerá el pato a la naranja, caerá el jamón...

LA MADAMA HONORABLE *(Dolorosa):* Ay, el niño está pestiño.

LA MAMÁ DE LA NIÑA: El niño nos está dando un sofocón.

EL NIÑO DE LA CASA: ¡Burgueses, demasiado pato a la naranja, demasiados pollos en los platos milaneses!

LA MADAMA HONORABLE *(Dolorosa)*: Demasiadas, demasiadas pollas en la granja.

EL NIÑO DE LA CASA: ¡Neoburgueses, demasiados postres vieneses, demasiado atiborrar la panza!

LA FÁMULA *(Turula del pánico)*: Lo que mande el señorito, lo que mande la garbanza.

EL NIÑO DE LA CASA: ¡Paleoburgueses de ayer, neoburgueses de hoy! ¡Pequeñoburgueses de hoy, neoburgueses del mañana! Os eliminaré primero el pato a la naranja, os eliminaré luego las almorranas...

LA MAMÁ DE LA NIÑA *(Lacrimosa)*: Dice cosas marranas.

EL MAGISTRADO: Es el delincuente juvenil, el delincuente estudiantil. ¡Excluirlo de nuestro mundo...!

EL DOCTOR: ¡Marginarlo de la funerala, marginarlo de nuestra cena de gala, condenarlo al inframundo!

EL NIÑO DE LA CASA: ¡Me hago pipí sobre vuestro mundo! ¡Es una pocilga de cerdos tragando a todas horas igual que lerdos! ¡Tragando lo que sea, tragando igual que bichos inmundos!

LA MAMÁ DE LA NIÑA *(Lacrimosa, al papá de la pestiña)*: Vámonos de aquí, Raimundo. Vámonos.

LA FÁMULA *(Turula de horror sacro)*: Lo que mande el señorito, lo que mande el señorito, lo que mande el señorito.

LA MADAMA HONORABLE *(Patética)*: No te hagas pipí, oh hijo mío, no te sueltes de la bragueta, que me pones perdido el corazón y me pones perdida la moqueta...

EL NIÑO DE LA CASA *(Inflamado del tupé)*: ¡Burgueses! ¡Os lo tragáis todo, burgueses...! ¡Grandes sois igual que las reses ya listas para los mataderos! ¡Grandes son vuestras tragaderas!

EL HONORABLE SEÑOR *(Soflamado del suflé)*: ¡Grandes son nuestras tragaderas porque grandes son nuestros intereses, pero el té no lo tomamos en cueros!

LA MADAMA HONORABLE *(Dolorosa)*: Hijo, no te hagas pipí, no te sueltes de la bragueta, que nos pones perdido el corazón, que nos pones perdida la moqueta...

EL PAPÁ DE LA NIÑA *(Acusatorio)*: ¡Es el típico idealista con la pataleta!

LA FÁMULA *(Pataleta)*: Lo que mande el señorito, lo que mande el señorito.

LA MADAMA HONORABLE *(Dolorosa)*: Hijo, tú estás pálido, tú estás crucifijo... Hijo de mis entrañas...

EL NIÑO DE LA CASA: Mamá, no me vengas con patrañas. Yo estoy crucifijo.

LA MADAMA HONORABLE *(Dolorosa)*: Ya lo sé, hijo, no eres tú, es papá el que se arrea las castañas...

LA NIÑA ZANQUILARGA *(Dulce y amarga)*: Oh niño, dulce niño, te ofrendamos nuestro amor... Te damos nuestro cariño.

EL NIÑO DE LA CASA *(Escupe)*: ¡Burgueses...!

EL MAGISTRADO *(Fiscal de largo el dedo)*: ¡No es un niño, es el típico intelectual pestiño, el típico intelectual estudiante que lo mismo que le dan por detrás, luego van y le dan por delante!

EL NIÑO DE LA CASA *(Sulfurado con gafas)*: ¡Mentira, mentira podrida, mentira! ¡A vosotros sí que os dan, y os van a dar la tira! Y os voy a dar la pataleta...

LA MADAMA HONORABLE *(Patética)*: No, hijo mío, no: no te sueltes de la bragueta...

(Pizzicato irrisorio y gran pavana de lechuzos.)

Portadas de dos obras de Romero Esteo, publicadas, respectivamente, en 1975 y 1978. «En realidad lo que (los críticos del ramo) con la mejor buena voluntad del mundo llaman teatro —declaraba en 1979— me parece a mí que ya hoy no es más que una honorable forma de aburrimiento. Unas veces, una honorable forma burguesa de aburrición [...] Otras veces, lo que los críticos y especialistas cuatro llaman teatro es unas veces una honorable forma de aburrimiento de izquierdas. O sea, a poco que nos descuidemos, en el teatro el aburrimiento ya no nos lo sacude nadie de encima».

La novela desde 1939

La inmediata posguerra: Los novelistas de los años cuarenta tuvieron mayores dificultades que los dramaturgos y los poetas para enlazar con la tradición anterior. El clima poco propicio para el desarrollo y la continuación de las corrientes narrativas de los años veinte y treinta (desde las deshumanizadas hasta las comprometidas) los obligaba a partir de cero y a avanzar en medio de tanteos y vacilaciones.

Algunos de los narradores más representativos de las tendencias dominantes en la preguerra (Ramón J. Sender, Max Aub, César Arconada, Rosa Chacel, Francisco Ayala) se encontraban en el exilio y apenas eran conocidos de las nuevas generaciones. Las obras de destacados novelistas extranjeros que habían apoyado al bando republicano durante la guerra (Malraux, Hemingway, Dos Passos, Aragon, Ehrenburg, entre otros) fueron entonces prohibidas. Dos narradores de la vieja guardia, Azorín y Baroja, permanecían en activo. Sin embargo, aunque el último citado ejerza una notable influencia en los nuevos narradores, lo que ahora nos ofrecen poco añade a su producción anterior (Texto I).

Entre los estímulos que reciben los novelistas españoles por esos años, quizá habría que destacar la creación del Premio Nadal en 1944, anticipo del abrumador número de los que se crearán en las siguientes décadas.

La novela española de los años cuarenta ofrece modalidades estilísticas y temáticas muy dispares. En primer lugar, y como era de esperar, destaca una línea de carácter propagandístico, en la que se exaltan los más rancios valores morales y políticos o en la que se canta la victoria reciente (hasta Franco, con el seudónimo de Jorge de Andrade, escribió un novelón que lleva el significativo título de Raza). Entre los cultivadores de este tipo de obras se encuentran escritores de diferentes generaciones. De ellos, destacan Concha Espina, Edgar Neville, Emilio Carrere, Tomás Borrás, Agustín de Foxá y José María Alfaro. El tono retórico y grandilocuente, del que sólo se salvan títulos como La fiel infantería, de García Serrano, y Javier Mariño, de Torrente Ballester, corre paralelo al que es habitual en la prensa cotidiana y en la enseñanza oficial, como recuerda Vázquez Montalbán en su Crónica sentimental de España:

> Durante todos los vagos años cuarenta, la afirmación de una España diferente, reivindicativa, en las rutas nuevas del Imperio, estaba presente en la educación de los escolares. Los niños jugaban a anexiones territoriales. Hijos de vencedores o vencidos, todos estaban vacunados de peculiaridad histórica. Era todavía una España artesanal y agraria, lejos de los préstamos norteamericanos y de las fábricas automatizadas de corchetes y chorizo pamplonica. La pugna entre los elementos doctrinales constitutivos del nuevo orden ideológico ya se dejaba sentir en la didáctica nacional. Así algunos maestros ponían especial énfasis en la majeza épica del pueblo. Era una historia escrita por Rodrigo Díaz de Vivar, Vasco Núñez de Balboa, Agustina de Aragón, María Pita y el hijo del general Moscardó. En cambio, otros maestros, ancien régime, seguían perdiendo la chaveta por los Borbones y hablaban del amor creador que había unido a Fernando VI y a doña Bárbara de Braganza, de lo popular que era Isabel II, de lo señora que era María Cristina de Habsburgo, de lo bien que montaba a caballo Alfonso XIII. Luego no faltaban los maestros con visión del futuro, precursores del espíritu neocapitalista, que recomendaban la lectura del Juanito, de Pallavicino: ejemplar historia de la ejemplar educación sentimental de un niño pequeñoburgués, regenerado tras el artero robo de una manzana y que, gracias al ejemplo de sus padres, llega a ser un próspero comerciante, querido y respetado, que tiene coche de caballos propio, hijos propios, mujer propia, pro-

VIII

pias chinelas de piel de cabritilla. Algunos curas, progresistas para la época, organizaban extrañas procesiones medievales que tenían un ritmo paralelístico, establecido por una pregunta lanzada a la chiquillería que secundaba la manifestación sacro-popular: «¿Qué haremos con los protestantes?», preguntaban los encelados sacerdotes. «¡Cogerlos a todos y echarlos al mar!», contestaba la xenófoba chiquillería. No había duda. Qué diferente intentaba ser España en los lejanos años cuarenta.

Otros autores de estos años (algunos habían publicado ya alguna obra antes de la guerra) se mantienen fieles a las fórmulas más prodigadas por el realismo, el naturalismo y el costumbrismo tradicionales. En este sentido, alcanzaron notables éxitos Juan Antonio Zunzunegui, Ignacio Agustí, Darío Fernández Flórez, Sebastián Juan Arbó, Bartolomé Soler, y, más tarde, José María Gironella, con Los cipreses creen en Dios (1953), Un millón de muertos (1961) y Ha estallado la paz (1966).

Sin embargo, frente al triunfalismo reinante, abundan las obras que presentan la cara sórdida y gris de la realidad. Por ellas desfilan personajes inadaptados, solitarios y frustrados, que, muchas veces, buscan, sin éxito, una salida a su desorientación y a su vacío existencial. Los títulos de algunas de ellas (Nada, de Carmen Laforet; Un hombre solo, de Pablo de la Fuente; Un hombre a la deriva, de Fernández de la Reguera; No sé, de García Luengo; En la noche no hay caminos, de Juan de Mira; Esa oscura desbandada, de Zunzunegui) son bastante reveladores al respecto.

Esa visión pesimista de la realidad se hace patente en las primeras obras de algunos de los más interesantes autores de estas últimas décadas (Texto II). Así ocurre, por ejemplo, con La familia de Pascual Duarte (1942), de Cela, con la que se abrían las puertas a los excesos tremendistas que serán habituales en muchos textos posteriores, y con La sombra del ciprés es alargada (1947), de Delibes. En 1945, Carmen Laforet, cuya producción posterior ofrece un interés limitado, publica Nada, una de las novelas más representativas

Los premios literarios han proliferado en España desde 1944. En la foto, de izquierda a derecha: Juan Ramón Masoliver, José Vergés, Francisco García Pavón y Antonio Vilanova, miembros del jurado que concedió el Nadal de 1975.

La triste realidad de los años cuarenta será reflejada en numerosas novelas de posguerra. En la foto, escena de una versión cinematográfica de La colmena, de Camilo José Cela.

La novela desde 1939

Los conflictos sociales y políticos de la España de posguerra aparecen con frecuencia en la novela de estas últimas décadas. En la foto, la Policía Armada detiene a un estudiante universitario (4 de diciembre de 1967).

de esta época. En dicha obra, de la que ofrecemos a continuación un fragmento del capítulo IV, se nos presenta a una joven, Andrea, que, ilusionada, llega a Barcelona para estudiar Filosofía y Letras. Sin embargo, las experiencias negativas que sufre a lo largo de un año irán dando paso a una actitud escéptica y desengañada.

¡Cuántos días sin importancia! Los días sin importancia que habían transcurrido desde mi llegada me pesaban encima, cuando arrastraba los pies al volver de la Universidad. Me pesaban como una cuadrada piedra gris en el cerebro.

El tiempo era húmedo y aquella mañana tenía olor a nubes y a neumáticos mojados... Las hojas lacias y amarillentas caían en una lenta lluvia desde los árboles. Una mañana de otoño en la ciudad, como yo había soñado durante años que sería en la ciudad el otoño: bello, con la naturaleza enredada en las azoteas de las casas y en los troles de los tranvías; y sin embargo me envolvía la tristeza. Tenía ganas de apoyarme contra una pared con la cabeza entre los brazos, volver la espalda a todo y cerrar los ojos.

¡Cuántos días inútiles! Días llenos de historias, demasiadas historias turbias. Historias incompletas, apenas iniciadas e hinchadas ya como una vieja madera a la intemperie. Historias demasiado oscuras para mí. Su olor, que era el podrido olor de mi casa, me causaba cierta náusea... Y sin embargo había llegado a constituir el único interés de mi vida. Poco a poco me había ido quedando ante mis propios ojos en un segundo plano de la realidad, abiertos mis sentidos sólo para la vida que bullía en el piso de la calle de Aribau. Me acostumbraba a olvidarme de mi aspecto y de mis sueños. Iba dejando de tener importancia el olor de los meses, las visiones del porvenir y se iba agigantando cada gesto de Gloria, cada palabra oculta, cada reticencia de Román. El resultado parecía ser aquella inesperada tristeza.

Cuando entré en la casa empezó a llover detrás de mí y la portera me lanzó un gran grito de aviso para que me limpiara los pies en el felpudo.

Todo el día había transcurrido como un sueño. Después de comer, me senté encogida, metidos los pies en unas grandes zapatillas de fieltro, junto al brasero de la abuela. Escuchaba el ruido de la lluvia. Los hilos del agua iban limpiando con su fuerza el polvo

> de los cristales del balcón. Primero habían formado una capa pegajosa de cieno, ahora las gotas resbalaban libremente por la superficie brillante y gris.
> No tenía ganas de moverme ni de hacer nada, y por primera vez eché de menos uno de aquellos cigarrillos de Román. La abuelita vino a hacerme compañía. Vi que trataba de coser con sus torpes y temblonas manos un trajecito del niño. Gloria llegó un rato después y empezó a charlar con las manos cruzadas bajo la nuca. La abuelita hablaba también, como siempre, de los mismos temas. Eran hechos recientes, de la pasada guerra, y antiguos, de muchos años atrás, cuando sus hijos eran niños. En mi cabeza, un poco dolorida, se mezclaban las dos voces en una cantinela con fondo de lluvia y me adormecían.

La Generación del medio siglo: *En numerosos autores que comienzan a publicar en los años cincuenta (a partir de 1954, especialmente) ya se perfilan con mayor nitidez unas líneas más definidas y unos objetivos comunes. En muchos de ellos se advierten las influencias de Sartre, de los cineastas y escritores del neorrealismo italiano y de algunos miembros de la Generación perdida norteamericana. Tampoco debe olvidarse la importancia que tuvieron, para las tendencias que ahora se prodigan, novelas como* La colmena *(1951), de Cela;* La noria *(1951), de Luis Romero, o* Mi idolatrado hijo Sisí *(1953), de Miguel Delibes. Algunos ensayos (*La hora del lector, *de Castellet, y* Problemas de la novela, *de Goytisolo, publicados, respectivamente, en 1957 y 1959), también contribuyeron a reafirmarlos en sus propuestas e intenciones.*

Entre estos nuevos autores, a los que se suele agrupar bajo la denominación de «Generación del medio siglo», ocupan un lugar destacado Rafael Sánchez Ferlosio, Jesús Fernández Santos, Ignacio Aldecoa, Juan Marsé, Carmen Martín Gaite, Ana María Matute, Antonio Ferres, Armando López Salinas, Alfonso Grosso, José Manuel Caballero Bonald, Francisco Candel, Juan García Hortelano, Luis y Juan Goytisolo, Jesús López Pacheco, Isaac Montero y Daniel Sueiro. Josefina Rodríguez Aldecoa se referirá así a todos ellos:

> Quiero insistir en que nosotros, los niños de la guerra, llegamos a la Universidad sin otra experiencia detrás que la derivada de un país en guerra y en posguerra. Nosotros nunca habíamos vivido nada diferente de lo que estábamos viviendo. Con nuestros padres no era lo mismo. Ellos, cada uno en su ambiente y en su profesión, habían vivido otras experiencias más libres y más ricas. Habían viajado, habían pertenecido a un partido, habían votado, habían leído y escuchado a los maestros liberales. Nosotros estábamos sumergidos en una etapa durísima de la vida nacional, sin nada detrás para recordar por nosotros mismos, nada a lo que poder aferrarnos. No era una situación en la que habíamos caído después de otra más brillante. Nosotros habíamos vivido siempre así.

Con un deseo de dar testimonio directo de la realidad social e histórica, y con la esperanza de que sus obras pudieran contribuir a la mejora de las condiciones de vida de las clases menesterosas, cultivan un realismo social, que se manifiesta en dos grandes vertientes: el objetivismo y el realismo crítico, aunque los límites entre ambos no sean muchas veces excesivamente nítidos.

Los cultivadores del objetivismo o conductismo (Sánchez Ferlosio y Jesús Fernández Santos, entre otros) pretenden reflejar la realidad sin entrometerse en lo que describen. Por lo general, se limitan a observar la conducta externa de los personajes, tanto la individual como la de grupos, y a registrar lo que dicen, sin comentarios ni interpretaciones adicionales. De ahí el importante papel que en sus obras ocupan los diálogos. El lector, libremente, sin intermediarios, debe extraer sus propias conclusiones de lo que se le ofrece.

En la línea del realismo crítico se sitúan diversas obras de Juan Goytisolo, López Salinas, Caballero Bonald, Antonio Ferres, Francisco Candel, López Pacheco y García Hortelano. Todos ellos se proponen una denuncia mucho más directa de las desigualdades y

La novela desde 1939

de las injusticias sociales y, en casos aislados, hasta se permiten aventurar posibles soluciones para los conflictos planteados.

Tanto unos como otros se enfrentaron a los más diversos estratos de la sociedad española contemporánea. Es cierto que mostraron una mayor debilidad por el mundo obrero y rural, y por la vida de los suburbios de las grandes ciudades, pero tampoco olvidaron la disección crítica de la burguesía.

También otros escritores de generaciones precedentes (Angel M.ª de Lera, Juan Antonio Gaya Nuño, José Suárez Carreño, el citado Luis Romero) cultivan por esas fechas una literatura de corte realista y testimonial.

Hay que precisar que, en estas corrientes de literatura social, algunos autores, como ocurre con Ana María Matute, por ejemplo, se adentraron en la intimidad y en los problemas individuales de sus personajes. Como señala Santos Sanz Villanueva: «No todos, sin embargo, piensan que esa postura ética debe adoptar una expresión literaria extremada, de neta denuncia social o de claros postulados políticos. Algunos se preocupan por la situación histórica del hombre, pero se detienen en una narración objetivista y testimonial que, sin ignorar el problema de la injusticia social, descubre los sentimientos de soledad y frustración de la persona. El testimonio de estos escritores es solidario con el sufrimiento humano y se realiza desde concepciones más humanitarias —sin implicaciones religiosas, sin ninguna clase de mesianismo cristiano— que políticas» (Textos III y IV).

Algunos de los escritores citados (Aldecoa y Fernández Santos, en especial), se orientaron con frecuencia hacia el cuento y el relato corto.

Recordemos, por último, que no todo fue literatura social en los años cincuenta. Algunos narradores, entre los que sobresalen Alvaro Cunqueiro y Darío Fernández Flórez, se desvían por senderos imaginativos o humorísticos. También otras obras, como Mrs. Caldwell habla con su hijo (1953) o La catira (1955), de Cela, tienen poco que ver con las corrientes novelísticas más transitadas.

La evolución del realismo tradicional: Algunos de los autores citados en el apartado anterior continúan, a lo largo de la década de los sesenta, aferrados a fórmulas realistas, objetivistas y de intencionalidad social, o, como sucede con Jesús Fernández Santos y Carmen Martín Gaite, evolucionan pronto hacia la expresión de una problemática intimista. Otros, sin embargo, junto a los que inician su carrera novelística por esos años, empiezan a poner en tela de juicio la eficacia de las fórmulas narrativas del realismo social y a desconfiar de la eficacia de sus obras. Esto los lleva a desviarse por caminos más innovadores y experimentales. Luis Martín-Santos, con Tiempo de silencio (1962), Juan Goytisolo y Juan Marsé, a partir de 1966, e incluso otros novelistas de la generación anterior (Torrente Ballester, Cela, Delibes), aunque no abandonan su actitud crítica y de denuncia, o sus deseos de reflejar el mundo en que viven, ensanchan notablemente los procedimientos expresivos que hasta entonces habían utilizado. Además de hacer acto de presencia en las obras con mayor frecuencia, o de esconderse detrás de alguno de sus personajes (es frecuente el héroe que, en desacuerdo o en conflicto con el mundo circundante o consigo mismo, busca ansiosamente su identidad), se sirven con frecuencia de una serie de técnicas y de recursos expresivos (el monólogo interior, la segunda persona narrativa, el estilo indirecto libre) casi desconocidos en la década anterior.

También dan entrada en sus obras a la ironía, el humor y la parodia, y a los elementos oníricos, irracionales y simbolistas. El desorden cronológico y el empleo arbitrario de los recursos tipográficos (ausencia de puntuación, disposición especial de párrafos y líneas) obliga muchas veces al lector, como lo ha obligado gran parte de la novela europea de este siglo, a colaborar y a esforzarse en la reconstrucción de lo que se le cuenta (Texto V).

A estos cambios no fue ajeno el progresivo conocimiento de autores europeos y ameri-

VIII

«Madrid», óleo de Antonio López, el más destacado pintor realista español de postguerra. Esta ciudad será el escenario de La colmena, de Camilo J. Cela; de Tiempo de silencio, de Luis Martín-Santos, y de otras muchas novelas de estas últimas décadas.

canos (Faulkner, Kafka, Gide, Proust, Joyce, Musil, Beckett, entre otros). Tampoco debe olvidarse el éxito que alcanzan por esas fechas diversos novelistas hispanoamericanos (Mario Vargas Llosa, Alejo Carpentier, Gabriel García Márquez, Carlos Fuentes, Julio Cortázar) que se sirven de técnicas innovadoras.

Por otra parte, una serie de narradores, entre los que se encuentran Manuel García Viñó, Carlos Rojas, Andrés Bosch y José Luis Castillo Puche, proponen, frente a la literatura de carácter testimonial y al compromiso político y social del escritor, una novela de corte metafísico, intelectual e imaginativo. Para todos ellos, la literatura no sólo debe tener una finalidad eminentemente estética, sino que está obligada a contribuir al conocimiento del hombre antes que al de la historia.

En esta línea de novela intelectual se encuadran también Antonio Prieto y Juan Benet. Este último, pese al desigual interés de su abundante obra, constituye uno de los ejemplos más representativos del nuevo clima estético que envuelve la narrativa de estos años.

La generación de 1968: Entre esta fecha y 1975 se producen los intentos más innovadores que ha conocido la novela de posguerra. Los nuevos autores, que, en su mayor parte, habían nacido entre 1936 y 1950, prestan ahora una atención prioritaria a las técnicas narrativas, a la estructura del relato y a las investigaciones lingüísticas. El deseo de destruir las normas y los componentes habituales del relato tradicional los conduce a la creación de personajes indefinidos, sin perfiles precisos, y a intensificar la utilización de todos los recursos técnicos a que hemos aludido en el apartado anterior. Sirva el fragmento que reproducimos a continuación, y que hemos extraído de El mercurio de José María Guelbenzu, como ejemplo de los abundantes monólogos interiores caóticos que proliferaron en la narrativa de esos años:

renacimiento arcón el, cortina la de definitiva asunción la a me- la observen) arcón el y silencio el demoliendo carcoma la, rereco- paso a paso mismo si de trayectoria una Pero. (táfora cár- apoplético mísero inmenso pausado vertiginoso rriendo adya- mundo

La novela desde 1939 VIII

el, adyacentes callejuelas las sentimental deno mismo sí de adyacente muerte la, adyacente reclusión la, cente primera vez por apaleado Miguel llegar a va dónde porque agrepresencia de, piel de nivel a no ya, conciencia su en cortina una de lado otro al que conocidas fuerzas sino, sora calle una edificio un ventanas unas vestíbulo un carcoma una minuto cada con, golpeando van, golpeando van, ciudad una obje-muerte de minuto cada y Victoria María de muerte de ante vidas sus de finalidad la, comedia su expulsa que tiva negra- rezar de desconcierto el, Victoria María de muerte la por rigurosamente pesamentados ser, velita una poner, mente de padres de Asociación la. Cabildo el, Soria de ciudad la xa, xa, xa, xa, onextax jentex de gremios diversos los, Familia paque- el entregarme por Graciax. carcaxearme hagan men no, que Victoria María a hícele que personalex regalox de tito huir dónde ahora.

Entre los nombres más representativos de esta generación, figuran Javier del Amo, Mariano Antolín Rato, J. J. Armas Marcelo, Félix de Azúa, Fernando G. Delgado, Miguel Espinosa, Juan Cruz Ruiz, José A. Gabriel y Galán, José María Guelbenzu, Raúl Guerra Garrido, E. Sánchez Ortiz, Ramón Hernández, J. Leyva, Javier Marías, Juan José Millás, Vicente Molina Foix, Antonio Fernández Molina, Pedro Antonio Urbina y Francisco Umbral.

Hay que precisar que algunos de ellos (Raúl Guerra Garrido, Juan Cruz Ruiz, Javier Marías, José M.ª Vaz de Soto, Francisco Umbral) se han mantenido siempre en cauces narrativos más ortodoxos. También los demás, en su mayor parte, han evolucionado en estos últimos años hacia fórmulas más tradicionales, y han buscado un camino más personal, al margen de modas y grupos.

Las últimas promociones: Como ha ocurrido con el teatro, la narrativa de estos últimos trece años ha mirado con indiferencia el furor experimental anterior. Han adquirido curso legal las más valiosas conquistas técnicas, pero se advierte en los narradores más recientes un deseo de volver a contar y relatar historias, de potenciar la anécdota y de crear personajes complejos y verosímiles. También han resurgido con vigor géneros como la novela negra, de aventuras, policíaca, en la que ya había destacado Francisco García Pavón, de espionaje o de ambientes exóticos. En esta línea han alcanzado notables éxitos Manuel Vázquez Montalbán, Jesús Ferrero y, sobre todo, Eduardo Mendoza. Otros, como Ramón Ayerra y Jesús Torbado, se han enfrentado a la realidad inmediata y cotidiana. Falta, sin embargo, la gran novela sobre cualquier realidad española de esta última década.

Antonio López: «Nevera de hielo», óleo, 1966.

DOCUMENTOS

I. Gonzalo Sobejano

Primeros pasos

La guerra española de 1936-1939 comenzó con un levantamiento militar contra la II República, pero en realidad las partes que durante aquellos tres años sostuvieron contienda encarnizada eran dos complejos político-sociales incompatibles: la burguesía tradicionalista y las juventudes de ideología totalitaria, por un lado; por el otro, la burguesía demoliberal y una masa popular influida por ideas anarquistas, socialistas y comunistas. La guerra civil costó —se dice— un millón de muertos, aproximadamente, y, al terminar, trajo consigo, en vez de una conciliación provechosa, siquiera en esperanza, la división de España en vencedores y vencidos.

En todos los órdenes la guerra civil originó un cambio profundo. Para los vencedores el triunfo significaba el supremo logro de una tradición nacionalista y católica que la República había puesto en peligro. Para los vencidos la derrota equivalía al malogro de un siglo entero de esfuerzos en favor de la libertad política y de la revolución social.

La catástrofe material y moral de la lucha recién acabada convierte la fecha 1939 en umbral de un período en el cual vivimos todavía los españoles: período que puede y suele llamarse de posguerra, e incluso como tal es indirectamente definido por quienes aluden a él como período de la paz.

Los novelistas de que se hablará en estas páginas pertenecen a ese período que se abre en 1939. Antes de 1936 los novelistas de España, con raras excepciones, cultivaban un tipo de novela que aspiraba a una autonomía artística absoluta, arraigada desde luego en la esencia humana universal, pero sin conexión suficiente ni marcada con la existencia histórica y comunitaria de los españoles. Esta conexión es precisamente lo que buscan los más y los mejores novelistas después de la guerra civil, y a esto es a lo que podemos llamar realismo, entendiendo por realismo la atención primordial a la realidad presente y concreta, a las circunstancias reales del tiempo y del lugar en que se vive. Ser realista significa tomar esa realidad como fin de la obra de arte, y no como medio para llegar a ésta: sentirla, comprenderla, interpretarla con exactitud, elevarla a la imaginación sin desintegrar ni paralizar su verdad, y expresarla verídicamente a sabiendas de lo que ha sido, de lo que está siendo y de lo que puede ser.

La consecuencia más general de la guerra, en lo que concierne a la novela, ha sido la adopción de este nuevo realismo: nuevo porque sobrepasa la observación costumbrista y el análisis descriptivo del siglo XIX mediante una voluntad de testimonio objetivo artísticamente concentrado y social e históricamente centrado. En este nuevo realismo pueden ahora señalarse tres direcciones: hacia la existencia del hombre contemporáneo en aquellas situaciones extremas que ponen a prueba la condición humana (novela existencial); hacia el vivir de la colectividad en estados y conflictos que revelan la presencia de una crisis y la urgencia de su solución (novela social), y finalmente, hacia el conocimiento de la persona mediante la exploración de la estructura de su conciencia y de la estructura de todo su contexto social (novela estructural).

La primera dirección predomina en los narradores que eran jóvenes al producirse la guerra y que se dieron a conocer durante los años 40 (siguiendo una denominación bastante extendida, puede hablarse aquí de una «generación de la Guerra»). La segunda dirección predomina en los narradores que durante la guerra eran niños y que se dieron a conocer en los años 50 (suele agrupárseles en una «generación del Medio Siglo»). La novela existencial cultívanla también, libremente, algunos novelistas de la España exiliada, en quienes la diferencia específica consistiría acaso en una mayor intervención del punto de vista abstracto: simbólico en Ramón Sender, conceptista en Max Aub, alegórico en Francisco Ayala. En cuanto a la tercera dirección, predomina en los narradores que se han dado a conocer en los años 60 y 70 y en algunos de los que ya habían alcanzado obra y renombre en las décadas precedentes.

Si la guerra, con sus efectos tajantes, sacudidores y dispersivos, ha generado en la novela española un nuevo realismo, éste ha tendido, pues, hacia tres objetos principales: la existencia del hombre español actual, transida de incertidumbre; el estado de la sociedad española actual, partida en soledades, y la exploración de la conciencia de la persona a través de su inserción o deserción respecto a la estructura toda de la sociedad española actual. Describir la existencia incierta, la soledad social y la identidad personal dentro del contexto colectivo han sido para los novelistas españoles de este tiempo tres modos distintos y convergentes de descubrir la realidad española del presente, tomando como misión de su viaje (toda novela es un viaje) la busca de su pueblo perdido. Perplejo o desarticulado, el pueblo español aparece en las novelas de esta época como pueblo perdido. Y en busca del pueblo perdido van sus autores más representativos y responsables.

Dentro de la novela existencial, pueblo perdido significa nación marginada en su desarrollo político (perdición en la historia) y compañía difícil para la persona (pérdida de solidaridad). Dentro de la novela social pueblo perdido quiere decir tierra desconocida o mal conocida (pérdida en la distancia, no sólo física) y sociedad desgarrada (perdición de grupos y clases en ardua o imposible comunicación). Dentro de la novela estructural pueblo perdido significa sociedad confundida en un presente y ante un futuro problemáticos, y extravío de la persona por el laberinto de esa sociedad que amenaza anularla. Las tres direcciones responden a la realidad española de la época presente, considerada como fin. Las formas de la novela vienen determinadas, en los mejores casos, por las necesidades deducidas de la responsable experiencia de aquella realidad, y no por antojos experimentales de los artistas.

Si lo que acabo de decir caracteriza a la novela española de posguerra, lo que caracteriza a la novela española de este siglo antes de 1936 es muy distinto y casi contrapuesto. Exceptuando a Pío Baroja, al último Valle-Inclán y a algún autor más joven, de quienes luego se hablará, los novelistas de las generaciones que preceden a las últimas aludidas llevaron a efecto, poco a poco, un proceso de reducción de la novela a contenidos cada vez más subjetivos mediante la aplicación de actitudes y formas cada vez menos realistas.

(*Novela española de nuestro tiempo*, Madrid, Prensa Española, 1975, págs. 23-27).

II. Eugenio G. de Nora

La «nueva oleada». Entre el relato lírico y el testimonio objetivo

Algunas de las circunstancias que condicionaron la producción literaria desde 1936 fue-

Los niños de «Auxilio Social». La España de la inmediata posguerra aparece con frecuencia en algunas de las más conocidas novelas de los años cincuenta y sesenta.

ron modificándose lenta, pero visiblemente, a partir de 1945: es decir, a medida que el aislamiento consiguiente a la guerra española primero, y a la mundial después, fue, al menos parcialmente, superado.

Esta especie de deshielo progresivo, esta tentativa de incorporarse a los movimientos realmente vivos de la cultura (que hemos podido observar con más o menos vigor incluso en figuras de la promoción de la guerra como Cela, Gironella, Torrente Ballester, Delibes, Suárez Carreño, etc.), coinciden ahora, desde 1950 aproximadamente, con la formación de la personalidad y el acceso a la conciencia y a la expresión de nuevas promociones. Irrumpen en la vida y en la literatura, en efecto, inteligencias notablemente desligadas de las aporías mentales que los recientes conflictos planteaban, hombres cuyas ideas tratan de contrastarse, cada vez con menos prejuicios, en la vida de cada día, en la experiencia concreta de todos.

Previamente a toda cualificación estética —y sustentándola— creemos por tanto poder definir esta nueva promoción por la confluencia de una mayor libertad interior (al menos en cuanto los problemas, nuevos o viejos, aparecen planteados en términos distintos, cada vez menos coaccionados por la presión de una colectividad beligerante), y de un más vasto enraizamiento (que aun apoyándose en lo inmediato, desborda, o intenta desbordar, los límites cerradamente nacionales, para integrarse en las grandes corrientes de la *Welt-literatur*).

A grandes rasgos, las promociones anteriores nos aparecen dominadas por una parcialidad manifiesta, por una suerte de fanatismo ciego (muy explicable dadas las circunstancias), cuando no por un escepticismo acre, fruto del desengaño, resentido, o por un cinismo entre frívolo y desesperado; esta nueva juventud está, al contrario, lo bastante libre de prejuicios como para ser, en cierto modo, ingenua —ingenuamente realista— , y sigue dotada de una reserva de salud y de entusiasmo que no le permite renunciar a la esperanza. El contraste entre la visión del mundo de aquéllos —a un tiempo cerrada e incoherente, catastrófica y estática— y la de éstos —abierta, dinámica, y ya con vislumbres, o algo más que vislumbres, de coherencia y de sentido— es, al menos en potencia, radical.

Por supuesto que, como casi siempre ocurre en los cambios de rumbo cultural y estético de importancia, se confunden y entrecruzan aquí aspectos en apariencia dispersos, y aún antagónicos: se parte, por lo pronto (nos referimos ahora al campo estrictamente literario, pero en cuanto éste puede englobar «forma» y «fondo») de un evidente cansancio y repulsa de lo anterior; de la apetencia de algo formal y sustancialmente más ceñido, más ajustado a la noción de un valor supremo, intuido antes que razonado (noción en que los conceptos de verdad, sinceridad, expresividad y belleza se entrelazan y confunden inextricablemente). De modo que si bien, desde luego, en su raíz, la actitud de esta promoción es creadora y «constructiva», en la práctica —dado que toda creación del espíritu surge a partir de contenidos de conciencia concretos, únicos, y por tanto inconciliables con cualesquiera otros— le es indispensable empezar por desligarse, rechazar y demoler cuanto, heredado, siente como huero, falseado e inauténtico.

No creo, sin embargo, que esta actitud crítica, ciertamente radical y aun a veces apasionada y encarnizada, deba de un modo general confundirse con la «vinculación e ideologías políticas» que hayan servido a los jóvenes para obtener «los principios rectores de su estética»; y menos aún que esa estética pueda ser identificada con el realismo socialista de origen soviético.

Ni la orientación realista (iniciada independientemente entre nosostros, como hemos visto, hacia 1930), ni el concepto de «literatura comprometida» (actualizado por Sartre, pero corriente y en vigor con más o menos fuerza desde el romanticismo), ni la obsesión por los problemas sociales (apenas interrumpida desde fines del siglo pasado), son ninguna novedad: adoptando esos principios la promoción joven no hace sino reanudar una tradición viva, repristinándola y procurando separar la ganga del metal puro.

En esta persecución de nuevas y más ajustadas formas novelescas, los jóvenes recurren a cuanto pueda serles útil: arrancan, en primer término, de una tradición española dominante (aunque no siempre bien apreciada ni conocida, sobre todo en lo inmediato); reciben sugerencias y estímulos de la novela norteamericana, del neorrealismo italiano (por la doble vía literaria y cinematográfica), de la narrativa francesa (en grado no tan visible acaso, pero muy profundo a veces). La influencia que, al lado de estos ejemplos, pueda haber alcanzado el realismo socialista, como teoría o método, y la novela rusa, desde Gorki hasta hoy, como realización, no me parece, salvo casos aislados, decisiva; e incluso diría que es con frecuencia —hasta en esos casos excepcionales—, en buena parte imaginaria: dada la casi insondable falta de información al respecto, el escritor joven suple su ignorancia «inventando» por cuenta propia unos principios a los cuales refiere, con toda sinceridad, su compromiso político-moral y su estética. Pero como es lógico, esos principios, aunque supuestos, no pueden menos sino corresponder a la situación real de que surgen; de modo que en la práctica, el carácter crítico (cuando no documental o incluso lírico y formalista) de esos ensayos novelescos, así como su incapacidad (salvo muy tímidos esbozos) para la creación de «héroes positivos», indican que nos hallamos en el terreno del realismo burgués típico. No es fácil saltar por arriba de la propia sombra.

En todo caso debe también advertirse que muy pocas afirmaciones (incluso las más matizadas) resultan válidas si queremos referirlas al conjunto de estos escritores o (incluso) a cada personalidad total. La oscilación entre el lirismo subjetivo y la objetividad despersonalizada es tal, que no sólo caerían de un lado (como líricos) Ana María Matute, Lauro Olmo, Antonio Ferres y Mario Lacruz, y de otro (como objetivos) Sánchez Ferlosio en *El Jarama,* y Aldecoa en *Gran Sol;* sino que estos mismos autores —Aldecoa y Ferlosio— son también (en *El fulgor y la sangre* y en *Alfanhuí*) auténticos poetas; y si una especie de equilibrio difícil y fecundo entre ambas tendencias caracteriza a Fernández Santos, Luis Goytisolo-Gay, López Pacheco o García Hortelano, la distensión casi angustiosa y obsesionante entre el «yo» y el mundo, entre la realidad y el ensueño, está siempre en el corazón mismo de los relatos de Juan Goytisolo.

Desde otro ángulo, resulta evidente que Sánchez Ferlosio, Aldecoa y Fernández Santos, al menos, reaccionan con amor de hablistas contra el achabacanamiento de la prosa narrativa «anterior»; contra unos novelistas que a grandes rasgos (con la excepción de Cela) «no saben escribir»; mientras Goytisolo, López Pacheco, García Hortelano, Ferres y López Salinas, entre otros, tratan de corregir con energía el «esteticismo» de Cela, y el idealismo en la interpretación de la realidad española que, a su juicio, debilita y casi anula el valor de la obra de los novelistas de posguerra. Lo cual no impide que (con la excepción —no intencionada, según creo— de Goytisolo) cuiden y afinen su prosa; al tiempo que Fernández Santos, Aldecoa y Ferlosio toman también sus distancias respecto a la fatal tentación esteticista.

La literatura social de los años cincuenta, vista por Mingote.

Algunos rasgos, sin embargo, me parecen comunes a todos ellos, junto a la «situación generacional» antes esbozada: pese a los muchos matices, la *orientación realista* domina abiertamente; domina, también, en la elección y planteamiento de los temas, la *intención crítica* (sustentada, a mi juicio, en una sensibilidad y unos principios con más frecuencia morales que políticos —lo que no excluye, ni muchos menos, su repercusión social—); por último, la solución de los problemas formales que ese realismo crítico lleva aparejados, parece caracterizarse por el injerto, en el tronco nacional (idioma, técnica narrativa y composición «tradicionales»), de vástagos de la nueva novela extranjera (americana, italiana, rusa, inglesa y francesa), en proporciones muy variables y personales; pero siempre, al menos en los mejores, con una gran prudencia y sentido de la medida, sin forzar la mano en los «experimentos».

(La novela española contemporánea,
Madrid,
Gredos, 1970, III, págs. 259-264.)

Emilio Vedova: «España hoy» (1967).

III. Santos Sanz Villanueva

El realismo social

Para hacer una historia del realismo social, de su alcance, de su necesidad y de sus muchas veces obligadas limitaciones, para comprender, en suma, su significación, resultan, curiosamente, muy eficaces algunos de los comentarios negativos que ha obtenido. De ellos se desprende con bastante claridad no solo lo que fue, sino también lo que hubiera podido ser y, en todo caso, se vislumbra su necesidad histórica, hecho para mí incontrovertible y por encima de particulares juicios de valor. Junto a críticas por completo adversas a la estética del realismo social que proceden de quienes defienden otras posturas u otros modos literarios —por motivaciones, con frecuencia, ideológicas— encontramos también enjuiciamientos serenos que recalcan las limitaciones expresivas —tanto formales como temáticas— del movimiento. Estas segundas son las que más interesan, aunque no siempre resulten justas. Sobre todo porque a partir de mediados de los sesenta, junto con un sano propósito de revisión de modelos superados, se ha producido un afán irrealista —y a veces experimentalista—, de negación y liquidación del movimiento, incluso en no pequeña medida por parte de aquellos que antes con más ardor lo defendieron (incluidos críticos y creadores). De repente, el realismo social se quedó sin patronazgo alguno y nadie quiso responsabilizarse de una quiebra casi total.

Varios son los tipos de inculpaciones que, no sin motivo, se le han hecho a la escuela crítica. Unas apuntan por lo alto y sostienen su desfase respecto a la más significativa literatura occidental; otras se quedan en lo más inmediato y la tachan de no realizar un retrato fiel y suficiente de la realidad. La inhabilidad y desacierto para describirla de modo objetivo —nada menos que el punto medular de la estética social— ha sido comentado desde diversos ángulos y, aunque con cierta extremosidad, no le falta su parte de razón a Juan Benet:

La desgracia de esa literatura fiscal es que ni siquiera podía hablar de la desgracia en toda su extensión; estaba casi amordazada, y lo que se leía en las novelas de la acusación era un pálido remedo de lo que pasaba en el país. En cuanto a información, suministraba mucha menos que lo que el hombre despierto podía recoger en la calle, y en cuanto a estilo, había hecho renuncia voluntaria a toda dificultad en gracia de la severidad y sequedad de las sentencias.

Lo cierto es que el reflejo de la realidad careció en muchos casos de rigor, de imaginación y resultó demasiado epidérmico.

Otra de las denuncias más veraces contra el realismo social es la que ha señalado la falta de experiencia literaria de sus autores que, como dice el mismo Goytisolo, ha llevado a una expresión en forma de tópico, con una considerable distancia entre la teoría y la práctica. Si a la falta de experiencia añadimos la carencia de un instrumental literario adecuado, no debe extrañarnos que se haya podido hablar de improvisación y de descuido y que, en buena parte, las novelas del realismo crítico adolezcan de una falta de ambición que conduce a una literatura pobre, condicionada por su carácter pedagógico. No sé si todos estos defectos se deben tanto a un deliberado propósito de los escritores del medio siglo o a una inmadurez ideológica y técnica para desarrollar una literatura de mayores pretensiones, estéticamente más rica.

A medida que avanzaban los años sesenta, el realismo social recibió la sentencia condenatoria de quienes más lo habían propugnado, con el alborozo de quienes siempre se habían confesado enemigos. Unos empezaron a disculparse y otros a negar con descaro cualquier complicidad. Para casi todos empezó a ser una especie de mancha en un pasado que preferían dejar en la penumbra. La memoria es flaca y olvidaban el auge durante más de un decenio, la esperanzada acogida en otros países que defendieron y difundieron con generosidad aquella joven y contestataria literatura. Después de haber conquistado premios, mercados y lectores, pocos tienen hoy un recuerdo para ella. Su historia, sin embargo, no fue del todo brillante. Dedicaré, para acabar esta primera parte, unas líneas a su proceso de desintegración.

Ya en los mismos años cincuenta se elevaron algunas voces contra el predominio de la literatura social. Frente a ellas se alzó con fuerza la juvenil *Acento,* pero esas censuras —réplica normal de gentes que entendían de otra manera el fenómeno literario— no contrarrestaron el éxito, todavía en su curva ascendente, del movimiento. Como tampoco supusieron una eficaz cortapisa las postulaciones intelectualistas y conservadoras de la llamada «novela metafísica». En el proceso de desintegración intervino el reconocimiento de las muchas limitaciones que la aquejaban, algunas de las cuales acabamos de constatar. Sin duda, eso mismo debió de retraer a bastantes de sus cultivadores y no deja de ser una señal a considerar la posterior inactividad de algunos de los más destacados —caso bien sobresaliente es el de Sánchez Ferlosio— o los largos silencios que se imponen característicos novelistas entre sus obras más sociales y aquellas otras que indican una valiosa renovación: Caballero Bonald, Juan Goytisolo, García Hortelano, López Pacheco... [...]

El último combate a favor de una literatura realista y social tiene lugar en 1970 y ésta es la fecha que yo propondría para cerrar el ciclo de dicha estética en nuestra novela de postguerra. Digo combate porque, en efecto, este suceso final supuso un enfrentamiento duro, crispado, entre quien defendía una narrativa realista crítica, Isaac Montero (pero es necesario advertir que sin exigir una estética real socialista como lo prueban sus propias obras de creación), y quien sostenía una postura esteticista y del arte por el arte, Juan Benet. La ocasión tuvo lugar con motivo de un coloquio celebrado en la revista *Cuadernos para el Diálogo*. En este coloquio es Martínez-Menchén quien insiste en la vinculación entre literatura y sociedad mientras que Benet pide para el escritor algo así como una torre de marfil.

> *(Historia de la novela social española (1942-75),*
> Madrid, Alhambra, 1980, págs. 212-220.)

IV. Ramón Buckley

Sobre problemas formales

Doce años después de la aparición de *La colmena* publica Martín-Santos una novela de tema análogo: la vida madrileña en la época de posguerra. Poco hay de novedoso en la temática de *Tiempo de silencio*. Incluso su protagonista, Pedro, tiene mucho en común con el Martín de *La colmena*. De nuevo la revolución se produce a nivel formal. La decidida reaparición del novelista en la obra, la presencia de Martín-Santos no ya como simple narrador, sino como cínico intérprete de las peripecias de Pedro, supone una superación del movimiento neorrealista. Desaparece el afán de testimonio objetivo, característico del neorrealismo, y aparece una visión dialéctica de la realidad española basada en la confrontación de diferentes estratos (ideológicos, sociales) del país, que se refleja en la estructura misma de la novela.

Es preciso señalar aquí que esta visión dialéctica de la realidad había sido propugnada ya por Alfonso Sastre en su teatro y en sus ensayos, por Castellet en su crítica, y que Juan Goytisolo, con evidentes contratiempos, planteaba esta dialéctica en algunas de sus novelas. Pero repito que hay que esperar al año 1962 y a la publicación de *Tiempo de silencio* para señalar tanto su definitiva ubicación en nuestra historia literaria como su (callada) aceptación social. Obsérvese, además, que esta fecha coincide, más o menos, con el momento de despegue hacia el desarrollo económico de la sociedad española y que, tal como señala Morán (en *Novela y semidesarrollo*, 1971), esto produce un cambio de mentalidad en el novelista del país:

... en las primeras fases del despegue... el novelista se siente obligado a presentar hechos y realidades que no encuentran cabida en la información o en el reportaje... a medida que el desarrollo se realiza el tema que se le plantea al novelista no es la denuncia de hechos, sino intentar aprehender el sentido global de la sociedad.

Es justamente el momento de tránsito entre la novela testimonial («denuncia de hechos»), característica esencial del neorrealismo, y lo que doy en llamar novela dialéctica («intentar aprehender el sentido global de nuestra sociedad»), que define perfectamente la última etapa de la novela española, que ocupa los años 60 y el principio de la nueva década.

Siguiendo este criterio, no es difícil señalar cómo, después de la obra de Martín-Santos (1962), *Cinco horas con Mario* (Delibes, 1966) y *Reivindicación del conde don Julián* (Goytisolo, 1970) son hitos importantes del realismo dialéctico. El propio Cela se incorpora a esta forma de novelar con su *San Camilo* (1969). La obra de Marsé (sobre todo *La oscura historia de la prima Montse*, 1970), así como algunos relatos de Benet, de Grosso (a partir de *Ines Just Coming*, 1968) y de Fernández Santos siguen esta misma orientación.

El novelista español de esta etapa pierde interés por el hecho concreto, por la historia (de uno o de varios protagonistas), por lo que aquí llamo la «anécdota» de la novela, para intentar captar el sentido global de la sociedad en la que vive. La naturaleza conflictiva de esta sociedad se refleja en la estructura de la nueva novela. Martín-Santos no se limita a reflejar los abismos que separan las tres clases sociales madrileñas, sino que pretende, además, erigirse en árbitro de ellas. Se establece así un diálogo entre el novelista y el mundo que le rodea, y este diálogo es su novela.

El novelista neorrealista no dialogaba con su mundo, porque las palabras que empleaba formaban parte de ese mundo. *El Jarama* es una gran novela en la medida en que la voz del novelista se corresponde con la voz del río y con las voces de sus transitorios habitantes. La novela dialéctica nace cuando el novelista decide rechazar las voces prestadas y descubre su propia voz, que le va a servir no ya para describir, sino para dialogar con el mundo.

El rechazo de las voces ajenas y la búsqueda de la propia voz se convierte así en la característica esencial de los novelistas de la última década [...]

Cada época y cada país, cada coyuntura histórica, exige una forma de novela. Los tres períodos de novela de posguerra que acabo de esbozar se corresponden a tres fases de nuestro desarrollo político, económico y social. Si aceptamos que en cada una de estas tres épocas cambia la concepción del mundo en que vive el escritor, debemos aceptar que cambie también la concepción de su novela. Es decir, en cada una de estas tres épocas, el novelista se enfrenta al fenómeno novela de forma radicalmente distinta. No es que cambie la temática de sus novelas, sino que cambia el modo en que él, como autor, tiene que relacionarse con el mundo ficticio que está creando.

En la época existencialista y tremendista el autor no llega a desentenderse nunca, porque no puede, de la ficción que crea: interviene constante y apasionadamente a través de los personajes, de las descripciones y del mismo idioma que emplea. La época neorrealista se caracteriza por la búsqueda implacable de la objetividad, es decir, de la autosuficiencia del universo ficticio creado en cada novela. El autor, con mayor o menor fortuna, se aleja de su creación porque entiende que su presencia estorba, que se interpone entre el lector y el mundo que le presenta. Finalmente, el novelista dialéctico rechaza esta postura «no intervencionista». Ya no le interesa construir un mundo totalmente hermético, aceptable en su totalidad por parte del lector, sino, al contrario, mostrar la endeblez de ese mundo, destruirlo, en último término, con las armas de su dialéctica. La intervención del autor en su obra durante esta época es, por lo tanto, decisiva. Forma parte intencionada de la urdimbre misma de la novela.

(Problemas formales en la novela española contemporánea,
Barcelona, Península, 1973, págs. 10-15.)

LA NOVELA DESDE 1939

CAMILO JOSE CELA

Nació en Iria Flavia, en las proximidades de Padrón (La Coruña) en 1916. Comenzó estudios de Medicina y de Derecho, que no concluyó. Después de la guerra ejerció como funcionario en una oficina sindical, y colaboró en los medios de comunicación oficiales y en las revistas *El Español, La Estafeta Literaria y Fantasía*. Una enfermedad pulmonar, que lo obligó a un largo reposo, le sirvió para completar sus lecturas de los clásicos. El éxito de sus primeros libros le permitió dedicarse con exclusividad a la literatura. En 1956 fundó en Palma de Mallorca la revista *Papeles de Son Armadans*. Un año después ingresó en la Real Academia Española. En 1977 fue nombrado senador por el rey Juan Carlos.

«La vida no es buena; el hombre tampoco lo es —afirmó en una ocasión Cela—. Quizá fuera más cómodo pensar lo contrario. La vida, a veces, presenta fugaces y luminosas ráfagas de simpatía, de sosiego e incluso también, ¿por qué no?, de amor... Pero no nos engañemos». Esta concepción pesimista y negativa de la vida, junto al deseo de experimentar con técnicas narrativas innovadoras (todas sus novelas, por su tema, estructura y estilo, ofrecen notables diferencias entre sí) y de servirse de las más variadas fórmulas para la captación de la realidad (el realismo tradicional alterna con las distorsiones esperpénticas y expresionistas y con un intenso lirismo) constituyen algunos de los aspectos más destacados de su vasta producción literaria. La crítica suele referirse también a su brillantez verbal, a la riqueza de tipos y de personajes en sus obras, y a su inclinación por el humor macabro y por el deseo de sorprender al lector con vocablos considerados malsonantes. Sobre este último aspecto (Cela es autor de un *Diccionario secreto* y de un *Diccionario del erotismo*), puntualizaba recientemente: «Digo tacos, y los pongo en letras de molde, porque no establezco diferencia entre el lenguaje hablado y el escrito. Casi todos los españoles dicen los mismos tacos que yo y con la misma frecuencia. En cuanto a la literatura, la verdad, no veo motivo alguno para prescindir en ella de esas palabras, sobre todo contando con antecedentes tan ilustres como Torres Villarroel, Quevedo, Cervantes y los dos arciprestes. Lo que pasa es que hace cosa de siglo y medio se nos vino encima una oleada de ñoñería y pudibundez, y así andamos.»

Su primera obra, **La familia de Pascual Duarte** (1942), en la que resuenan los ecos de la picaresca, de los romances de ciego y de la literatura plebeya, llamó la atención por el lenguaje, de gran expresividad, y por el tema sombrío, patético y cargado de truculencias: la vida desgraciada y los crímenes horrendos de un mísero campesino extremeño que, con toda su apariencia de monstruo, esconde un alma más bien tímida.

Siguieron dos novelas de menor interés: *Pabellón de reposo* (1943), compuesta por los monólogos de un grupo de enfermos de tuberculosis, y *Nuevas andanzas y desventuras de Lazarillo de Tormes* (1944), en la que, con el deseo de prolongar un género centenario, resucitaba a este personaje de la picaresca y lo lanzaba por los caminos de una España desdibujada, aunque vagamente contemporánea.

En 1951 apareció **La colmena,** quizá su obra más representativa. A lo largo de cinco capítulos y un final, compuestos por secuencias separadas por espacios en blanco, nos presenta la vida de más de 300 personajes en el Madrid de 1942. Todos ellos, movidos siempre por idénticas obsesiones (el dinero, el sexo, el recuerdo de la guerra), muestran, como características comunes, la inseguridad ante un destino incierto, la incomunicación, la soledad, el vacío y la náusea. El propio Cela puntualizará:

> En *La colmena* salto a la tercera persona. *La colmena* está escrita en lo que los gramáticos llaman *presente histórico*, es una novela reloj, una novela hecha de múltiples ruedas y piececitas que se precisan las unas a las otras para que aquello marche. En *La Colmena* no presto atención sino a tres días de la vida de la ciudad, o de un estrato determinado de la ciudad, que es un poco la suma de las vidas que bullen en sus páginas, unas vidas grises, vulgares y cotidianas... *La colmena* es una novela sin héroe, en la que todos sus personajes, como el caracol, viven inmersos en su propia insignificancia.

En los años siguientes da a conocer *Mrs. Caldwell habla con su hijo* (1953), compuesta por 212 cartas que la protagonista, una mujer perturbada, dirige a su hijo muerto, y *La catira* (1955), de ambiente venezolano.

Con **San Camilo 1936** (1969) y **Oficio de tinieblas 5** (1973), Cela contribuye poderosamente al fuerte experimentalismo que domina en la novela española de esos años. En la primera, nos presenta diversos escenarios (calles, plazas, cafés, teatros, el Cuartel de la Montaña y, sobre todo, burdeles y casas de citas) de Madrid, en vísperas de la guerra y en los primeros días de la misma. *Oficio de tinieblas*, que poco tiene que ver con cualquier tipo de relato al uso (el propio Cela confiesa: «Naturalmente esto no es una novela, sino la purga de mi corazón»), se compone de 1.194 párrafos, sin puntuación, y de diferente extensión y contenido, en los que se alternan los fragmentos narrativos con monólogos, sentencias y salmodias.

Después de diez años de silencio, publica *Mazurca para dos muertos* (1983), que poco añade a su producción novelística anterior. Algo parecido puede decirse de su última obra, *Cristo versus Arizona* (1988).

Cela es también autor de novelas cortas (*Timoteo, el incomprendido*. 1952; *Café de artistas*: 1953, *Baraja de invenciones*: 1953, *El molino de viento y otras historias cortas:* 1956), de abundantes relatos y cuentos, y de los llamados «apuntes car-

CAMILO JOSE CELA

petovetónicos», definidos por él como «algo así como un agridulce bosquejo, entre caricatura y aguafuerte [...] de un tipo o de un trozo de vida peculiares de un determinado mundo: lo que los geógrafos llaman, casi poéticamente, la España árida». Muchos de estos relatos y «apuntes» han pasado a engrosar los volúmenes *El bonito crimen del carabinero y otras invenciones* (1947), *Esas nubes que pasan* (1945) (ambos fueron reeditados en 1957 en *Nuevo retablo de don Cristobita, Invenciones, figuraciones y alucinaciones*), **El gallego y su cuadrilla. Y otros apuntes carpetovetónicos** (1949), *Tobogán de hambrientos* (1962), *Café de artistas y otros cuentos* (1969) y *El ciudadano Iscariote Reclús* (1965).

Cela es también autor de libros de versos (*Pisando la dudosa luz del día. Poemas de una adolescencia cruel* —escrito en 1936 y publicado en 1945—, *Cancionero de la Alcarria*: 1948), de un libro de Memorias, *La cucaña* (1959: reeditado más tarde con el título de **La rosa**), y de diversos libros de viajes o en los que da testimonio de la España rural: **Viaje a la Alcarria** (1948), *Del Miño al Bidasoa* (1952), *Viaje al Pirineo de Lérida* (1965), *Páginas de geografía errabunda* (1965), *Judíos, moros y cristianos* (1956), *Primer viaje andaluz* (1959), *Cuadernos del Guadarrama* (1960) y *Nuevo viaje a la Alcarria* (1986).

La editorial Destino de Barcelona ha publicado 14 volúmenes (el primero apareció en 1962) en los que se recoge la obra de este autor, revisada y en versión definitiva. Pueden consultarse también: *La familia de Pascual Duarte*, ed. de Jorge Urrutia (Barcelona, Planeta, 1977) y *La colmena*, ed. de Raquel Asún (Madrid, Castalia, 1987).

INTERMEDIO

En el que se habla de las reacciones defensivas del niño, del adolescente y del joven C.J.C.

Pasan algunos años más y nuestro adolescente nace a su primera y más tierna juventud. Tiene novias múltiples y sucedidas —todas ellas, dato curioso, mozas populares: modistillas, planchadoras, chalequeras—, baila el tango en *La cigale parisienne* y en *El búho rojo*, se interesa por la física teórica y compone poesías. Se arma de valor y se presenta con sus cuartillas bajo el brazo en el Centro de Estudios Históricos. Don Ramón Menéndez Pidal lo recibe (se lo recordó, aún hace poco, en la dedicatoria de su versión del *Cantar del Mio Cid*), y conoce a Pedro Salinas, el hombre que había de decidir su vocación.

Nuestro joven se siente poderoso y duro como el pedernal. El débil que se quede en el camino; no puede entorpecer la marcha de los demás hombres. La voluntad es la herramienta del éxito e ingrediente de mayor importancia que la inteligencia. No se debe dar un solo paso inconveniente, un solo paso que no nos acerque a la meta propuesta [...]

Con sus elementales filosofías, el joven C. J. C. adquiere una tuberculosis pulmonar. No importa; habrá que alargar los plazos señalados, pero no importa. La muerte es una abdicación. Agarrémonos, pues, a la vida como a un clavo ardiendo. No se debe morir a los veinte, sino a los cien años. Nuestro joven, en sus prolongados reposos, lee a Ortega entero y de cabo a rabo, en ejemplares que le presta Fernando Vela, amigo de su padre. Cuando termina con Ortega, nuestro joven devora la colección completa del Rivadeneyra: setenta tomos. El tomo setenta y uno —el de los índices— le servía para ir marcándose la diaria labor; no se salta una sola página, aunque no pocas páginas las encuentra pesadísimas. Cuando se da cuenta de que lee distraídamente, vuelve atrás. Cada volumen cumplido lo entiende como un triunfo, como una piedra más que se coloca en el trabajoso y necesario edificio. Los leyó por orden, mejor dicho, los leyó por el cuidado desorden con que el editor los ordenó. La margarita de sus aficiones de entonces, que ahora habría de revisar, claro es, no resulta difícil: Lope, sí; Calderón, no; Cervantes, sí; Fray Luis de Granada, no; Santa Teresa, sí; Tirso, no; Quevedo, sí; San Juan de la Cruz, sí; fray

Camilo José Cela, retratado por Gregorio Prieto.

Luis de León, sí; el Arcipreste, sí; Santillana, sí; Jorge Manrique, sí; Jovellanos, sí; Moratín, no.

Come mucho y cuando vomita, descansa un rato, se bebe media taza de tila o manzanilla y vuelve a empezar. Cumple muy puntualmente —incluso exageradamente— el plan impuesto por los médicos y no se mueve en todo el día de la *chaise-longue*. La actividad del hombre —piensa— no es una actividad puramente animal, sino que habita dentro de su cabeza. Si mi circunstancia de hoy es la enfermedad —copia— algo que forma parte de mí mismo yo, de nada vale que me rebele contra ella; lo que hay que hacer es curarse y modificar la propia circunstancia, mejorándola. Y mientras exista esta circunstancia actual, aprovecharla y sacarle el máximo partido. Antes de los veinte años, no es tópico pensar y proclamar que el hombre es el escultor de sí mismo. La lectura de Ortega moraliza y aclara al joven confundido por Nietzsche y desmoralizado por los escolapios y los maristas.

Se cura y vuelve a la vida con mentalidad de triunfador, de hombre que ya ha probado que sabe superar las circunstancias adversas. «No soy un enfermo y, en cambio, sí soy un hombre que ha leído más, mucho más, y mejor que los demás hombres de su edad.» Desprecia al mundo y compadece al hombre. Lee a Dostoiewski y relee *El Lazarillo*. Alterna el tango y el tumulto con la frecuentación de las amistades cultas; cuando se siente inferior, huye de confesárselo: se subleva y trabaja más. Pone los cimientos de su biblioteca con algunos viejos libros que le regala su padre. Cree en las soluciones quirúrgicas de los problemas del espíritu y confunde la moderación con la cobardía. Se proclama escritor —y sólo escritor— y proyecta ambiciosos planes que después pierde y olvida. Redacta un código civil y una constitución dura y liberal al tiempo. Piensa en la sociedad familiar y concluye en que el matrimonio es una institución mal inventada o, en todo caso, enmohecida por el uso. La ley de herencia de bienes deberá modificarse drásticamente. Los hombres no tienen por qué ser iguales, pero sí deben serlo las condiciones en que todos se encuentren para iniciar la lucha por la existencia, a la que debe dárse le un aire entre caballeresco y deportivo. Antepone la consideración moral a ninguna otra y defiende las viejas formas paganas de vivir. A fuerza de repetírselo —como en los tratados de filosofía americana para uso de hijos de familia— se llega a considerar fuerte y casi topoderoso.

En aquel momento, su reacción de defensa es el ataque. Se hace violento y pegón y anda a tortas con quien sea y por razones mínimas y sin importancia alguna. Llevó muchas bofetadas, y de sus tiempos de gallo guarda nuestro ex joven el permanente recuerdo de cuatro cicatrices.

(La rosa)

CAPITULOS 12 Y 19

(Fragmentos)

Se mata sin pensar, bien probado lo tengo; a veces, sin querer. Se odia, se odia intensamente, ferozmente, y se abre la navaja, y con ella bien abierta se llega, descalzo, hasta la cama donde duerme el enemigo. Es de noche, pero por la ventana entra el claror de la luna; se ve bien. Sobre la cama está echado el muerto, el que va a ser el muerto. Uno lo mira, lo oye respirar; no se mueve, está quieto como si nada fuera a pasar. Como la alcoba es vieja, los muebles nos asustan con su crujir que puede despertarlo, que a lo mejor había de precipitar las puñaladas. El enemigo levanta un poco el embozo y se da la vuelta: sigue dormido. Su cuerpo abulta mucho; la ropa engaña. Uno se acerca cautelosamente; lo toca con la mano con cuidado. Está dormido, bien dormido; ni se había de enterar...

Pero no se puede matar así; es de asesinos. Y uno piensa volver sobre sus pasos, desandar lo ya andado. No; no es posible. Todo está muy pensado; es un instante, un corto instante y después...

Pero tampoco es posible volverse atrás. El día llegará y en el día no podríamos aguantar su mirada, esa mirada que en nosotros se clavará aún sin creerlo.

Habrá que huir; que huir lejos del pueblo, donde nadie nos conozca, donde podamos empezar a odiar con odios nuevos. El odio tarda años en incubar; uno ya no es un niño y cuando el odio crezca y nos ahogue los pulsos, nuestra vida se irá. El corazón no albergará más hiel y ya estos brazos, sin fuerza, caerán...

....

Llevábamos ya dos meses casados cuando me fue dado el observar que mi madre seguía usando de las mismas mañas y de iguales malas artes que antes de que me tuvieran encerrado. Me quemaba la sangre con su ademán, siempre huraño y como despegado, con su conversación hiriente y siempre intencionada, con el tonillo de voz que usaba para hablarme, en falsete y tan fingido como toda ella. A mi mujer, aunque transigía con ella, ¡qué remedio la quedaba!, no la podía ver ni en pintura, y tan poco disimulaba su malquerer que la Esperanza, un día que estaba ya demasiado cargada, me planteó la cuestión en unas formas que pude ver que no otro arreglo sino el poner la tierra por en medio podría llegar a tener. La tierra por en medio se dice cuando dos se separan a dos pueblos distantes, pero, bien mirado, también se podría decir cuando entre el terreno en donde uno pisa y el otro duerme hay veinte pies de altura [...]

Mi madre sentía una insistente satisfacción en tentarme los genios, en los que el mal iba creciendo como las moscas al olor de los muertos. La bilis que tragué me envenenó el corazón y tan malos pensamientos llegaba por entonces a discurrir, que llegué a estar asustado de mi mismo coraje. No quería ni verla; los días pasaban iguales los unos a los otros, con el mismo dolor clavado en las entrañas, con los mismos presagios de tormenta nublándonos la vista.

El día que decidí hacer uso del hierro tan agobiado estaba, tan cierto de que al mal había que sangrarlo, que no sobresaltó ni un ápice mis pulsos la idea de la muerte de mi madre. Era algo fatal que había de venir y que venía, que yo había de causar y que no podía evitar aunque quisiera, porque me parecía imposible cambiar de opinión, volverme atrás, evitar lo que ahora daría una mano porque no hubiera ocurrido, pero que entonces gozaba en provocar con el mismo cálculo y la misma meditación por lo menos con los que un labrador emplearía para pensar en sus trigales.

Estaba todo bien preparado; me pasé largas noches enteras pensando en lo mismo para envalentonarme, para tomar fuerzas; afilé el cuchillo de monte, con su larga y ancha hoja que se parecía a las hojas del maíz, con su canalito que la cruzaba, con sus cachas de nácar que le daban un aire retador. Sólo faltaba entonces emplazar la fecha; y después no titubear, no volverse atrás, llegar hasta el final costase lo que costase, mantener la calma..., y luego herir, herir sin pena, rápidamente, y huir, huir muy lejos, a La Coruña, huir donde nadie pudiera saberlo, donde se me permitiera vivir en paz esperando el olvido de las gentes, el olvido que me dejase volver para empezar a vivir de nuevo.

La conciencia no me remordería; no habría motivo. La conciencia sólo remuerde de las injusticias cometidas: de apalear un niño, de derribar una golondrina... Pero de aquellos actos a los que nos conduce el odio, a los que vamos como adormecidos por una idea que nos obsesiona, no tenemos que arrepentirnos jamás, jamás nos remuerde la conciencia [...]

Había llegado la ocasión, la ocasión que tanto tiempo había estado esperando. Había que hacer de tripas corazón, acabar pronto, lo más pronto posible. La noche es corta y en la noche tenía que haber pasado

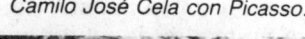

Camilo José Cela con Picasso.

ya todo y tenía que sorprenderme la amanecida a muchas leguas del pueblo.

Estuve escuchando un largo rato. No se oía nada. Fui al cuarto de mi mujer; estaba dormida y la dejé que siguiera durmiendo. Mi madre dormiría también a buen seguro. Volví a la cocina; me descalcé; el suelo estaba frío y las piedras del suelo se me clavaban en la punta del pie. Desenvainé el cuchillo, que brillaba a la llama como un sol.

Allí estaba, echada bajo las sábanas, con su cara muy pegada a la almohada. No tenía más que echarme sobre el cuerpo y acuchillarlo. No se movería, no daría ni un solo grito, no le daría tiempo... Estaba ya al alcance del brazo, profundamente dormida, ajena —¡Dios, qué ajenos están siempre los asesinados a su suerte!— a todo lo que le iba a pasar. Quería decidirme, pero no lo acababa de conseguir; vez hubo ya de tener el brazo levantado, para volver a dejarlo caer otra vez todo a lo largo del cuerpo.

Pensé cerrar los ojos y herir. No podía ser; herir a ciegas es como no herir, es exponerse a herir en el vacío... Había que herir con los ojos bien abiertos, con los cinco sentidos puestos en el golpe. Había que conservar la serenidad, que recobrar la serenidad que parecía ya como si estuviera empezando a perder ante la vista del cuerpo de mi madre... El tiempo pasaba y yo seguía allí, parado, inmóvil como una estatua, sin decidirme a acabar. No me atrevía; después de todo era mi madre, la mujer que me había parido, y a quien sólo por eso había que perdonar... No; no podía perdonarla porque me hubiera parido. Con echarme al mundo no me hizo ningún favor, absolutamente ninguno... No había tiempo que perder. Había que decidirse de una buena vez. Momento llegó a haber en que estaba de pie y como dormido, con el cuchillo en la mano, como la imagen del crimen... Trataba de vencerme, de recuperar mis fuerzas, de concentrarlas. Ardía en deseos de acabar pronto, rápidamente, y de salir corriendo hasta caer rendido, en cualquier lado. Estaba agotándome; llevaba una hora larga al lado de ella, como guardándola, como velando su sueño. ¡Y había ido a matarla, a eliminarla, a quitarle la vida a puñaladas!

Quizá otra hora llegara ya a pasar. No; definitivamente, no. No podía; era algo superior a mis fuerzas, algo que me revolvía la sangre. Pensé huir. A lo mejor hacía ruido al salir; se despertaría, me reconocería. No, huir tampoco podía; iba indefectiblemente camino de la ruina... No había más solución que golpear sin piedad, rápidamente, para acabar lo más pronto posible. Pero golpear tampoco podía... Estaba metido como en un lodazal donde me fuese hundiendo, poco a poco, sin remedio posible, sin salida posible. El barro me llegaba ya hasta el cuello. Iba a morir ahogado como un gato... Me era completamente imposible matar; estaba como paralítico.

Di la vuelta para marchar. El suelo crujía. Mi madre se revolvió en la cama.

—¿Quién anda ahí?

Entonces sí que ya no había solución. Me abalancé sobre ella y la sujeté. Forcejeó, se escurrió... Momento hubo en que llegó a tenerme cogido por el cuello. Gritaba como una condenada. Luchamos; fue la lucha más tremenda que usted se puede imaginar. Rugíamos como bestias, la baba nos asomaba a la boca... En una de las vueltas vi a mi mujer, blanca como una muerta, parada a la puerta sin atreverse a entrar. Traía un candil en la mano, el candil a cuya luz pude ver la cara de mi madre, morada como un hábito de nazareno... Seguíamos luchando; llegué a tener las vestiduras rasgadas, el pecho al aire. La condenada tenía más fuerzas que un demonio. Tuve que usar de toda mi hombría para tenerla quieta. Quince veces que la sujetara, quince veces que se me había de escurrir. Me arañaba, me daba patadas y puñetazos, me mordía. Hubo un momento en que con la boca me cazó un pezón —el izquierdo— y me lo arrancó de cuajo.

Fue el momento mismo en que pude clavarle la hoja en la garganta...

La sangre corría como desbocada y me golpeó la cara. Estaba caliente como un vientre y sabía lo mismo que la sangre de los corderos.

La solté y salí huyendo. Choqué con mi mujer a la salida; se le apagó el candil. Cogí el campo y corrí, corrí sin descanso, durante horas enteras. El campo estaba fresco y una sensación como de alivio me corrió las venas.

Podía respirar...

(La familia de Pascual Duarte.)

Acodados sobre el viejo, sobre el costroso mármol de los veladores, los clientes ven pasar a la dueña, casi sin mirarla ya, mientras piensan, vagamente, en ese mundo que, ¡ay!, no fue lo que pudo haber sido, en ese mundo en el que todo ha ido fallando poco a poco, sin que nadie se lo explicase, a lo mejor por una minucia insignificante. Muchos de los mármoles de los veladores han sido antes lápidas en las Sacramentales; en algunos, que todavía guardan las letras, un ciego podría leer, pasando las yemas de los dedos por debajo de la mesa: «Aquí yacen los restos mortales de la señorita Esperanza Redondo, muerta en la flor de la juventud»; o bien: «R.I.P. El Excmo. Sr. D. Ramiro López Puente. Subsecretario de Fomento».

Los clientes de los cafés son gentes que creen que las cosas pasan porque sí, que no merece la pena poner remedio a nada. En el de doña Rosa, todos fuman y los más meditan, a solas, sobre las pobres, amables, entrañables cosas que les llenan o les vacían la vida entera. Hay quien pone al silencio un ademán soñador, de imprecisa recordación, y hay también quien hace memoria con la cara absorta y en la cara pintado el gesto de la bestia ruin, de la amorosa, suplicante bestia cansada: la mano sujetando la frente y el mirar lleno de amargura como un mar encalmado.

Hay tardes en que la conversación muere de mesa en mesa, una conversación sobre gatas paridas, o sobre el suministro, o sobre aquel niño muerto que alguien no recuerda, sobre aquel niño muerto que, ¿no se acuerda usted?, tenía el pelito rubio, era muy mono y más bien delgadito, llevaba siempre un jersey de punto color beige y debía andar por los cinco años. En estas tardes, el corazón del café late como el de un enfermo, sin compás, y el aire se hace como más espeso, más gris, aunque de cuando en cuando lo cruce, como un relámpago, un aliento más tibio que no se sabe de dónde viene, un aliento lleno de esperanza que abre, por unos segundos, un agujerito en cada espíritu.

....

Doña Rosa se acerca a la mesa de Elvirita, que había estado mirando para la escena del camarero y el hombre que no pagó el café.

—¿Ha visto usted, Elvirita?

La señorita Elvira tarda unos instantes en responder.

—Pobre chico. A lo mejor no ha comido en todo el día, doña Rosa.

—¿Usted también me sale romántica? ¡Pues vamos servidos! Le juro a usted que a corazón tierno no hay quien me gane, pero, ¡con estos abusos!

Elvirita no sabe qué contestar. La pobre es una sentimental que se echó a la vida para no morirse de hambre, por lo menos, demasiado de prisa. Nunca supo hacer nada y, además, tampoco es guapa ni de modales finos. En su casa, de niña, no vio más que desprecio y calamidades. Elvirita era de Burgos, hija de un punto de mucho cuidado, que se llamó, en vida, Fidel Hernández. A Fidel Hernández, que mató a la Eudosia, su mujer, con una lezna de zapatero, le condenaron a muerte y lo agarrotó Gregorio Mayoral en el año 1909. Lo que él decía: «Si la mato a sopas con sulfato, no se entera ni Dios». Elvirita, cuando se quedó huérfana, tenía once o doce años y se fue a Villalón, a vivir con una abuela que era la que pasaba el cepillo del pan de San Antonio en la parroquia. La pobre vieja vivía mal y cuando le agarrotaron al hijo empezó a desinflarse y al poco tiempo se murió. A Elvirita la embromaban las otras mozas del pueblo enseñándole la picota y diciéndole: «¡En otra igual colgaron a tu padre, tía asquerosa!». Elvirita, un día que ya no pudo aguantar más, se largó del pueblo con un asturiano que vino a vender peladillas por la función. Anduvo con él dos años largos, pero, como le daba unas tundas tremendas que la deslomaba, un día, en Orense, lo mandó al cuerno y se metió de pupila en casa de la Pelona, en la calle del Villar, donde conoció a una hija de la Marraca, la leñadora de la pradera de Francelos, en Ribadavia, que tuvo doce hijas, todas busconas. Desde entonces, para Elvirita todo fue rodar y coser y cantar, digámoslo así.

La pobre estaba algo amargada, pero no mucho. Además, era de buenas inclinaciones, y, aunque tímida, todavía un poco orgullosa.

....

LA NOVELA DESDE 1939

Cela, junto a Francisco Rabal, Mario Pardo y Luis Escobar, en una escena de la versión cinematográfica que de La colmena realizó hace unos años Mario Camus.

Al niño que cantaba flamenco le arreó una coz una golfa borracha. El único comentario fue un comentario puritano.

—¡Caray, con las horas de estar bebida! ¿Qué dejará para luego?

El niño no se cayó al suelo, se fue de narices contra la pared. Desde lejos dijo tres o cuatro verdades a la mujer, se palpó un poco la cara y siguió andando. A la puerta de otra taberna volvió a cantar:

> Estando un maestro sastre
> cortando unos pantalones,
> pasó un chavea gitano
> que vendía camarones.
>
> —Oigame usted, señor sastre,
> hágamelos estrechitos
> pa que cuando vaya a misa
> me miren los señoritos.

El niño no tiene cara de persona, tiene cara de animal doméstico, de sucia bestia, de pervertida bestia de corral. Son muy pocos sus años para que el dolor haya marcado aún el navajazo del cinismo —o de la resignación— en su cara, y su cara tiene una bella e ingenua expresión estúpida, una expresión de no entender nada de lo que pasa. Todo lo que pasa es un milagro para el gitanito, que nació de milagro, que come de milagro, que vive de milagro y que tiene fuerzas para cantar de puro milagro.

Detrás de los días vienen las noches, detrás de las noches vienen los días. El año tiene cuatro estaciones: primavera, verano, otoño, invierno. Hay verdades que se sienten dentro del cuerpo, como el hambre o las ganas de orinar.

....

Mauricio Segovia, cuando se aburrió de ver y de oír cómo doña Rosa insultaba a sus camareros, se levantó y se marchó del café.

—Yo no sé quién será más miserable, si esa foca sucia y enlutada o toda esa caterva de gaznápiros. ¡Si un día le dieran entre todos una buena tunda!

Mauricio Segovia es bondadoso, como todos los pelirrojos, y no puede aguantar las injusticias. Si él preconiza que lo mejor que podían hacer los camareros era darle una somanta a doña Rosa, es porque ha visto que doña Rosa los trataba mal; así, al menos, quedarían empatados —uno a uno— y se podría empezar a contar de nuevo.

—Todo es cuestión de cuajos: los hay que lo deben tener grande y blanducho, como una babosa, y hay también que lo tienen pequeñito y duro, como una piedra de mechero.

....

Victorita lleva ya mucho rato llorando y en su cabeza los proyectos se atropellan unos a otros: desde meterse monja hasta echarse a la vida, todo le parece mejor que seguir en su casa. Si su novio pudiera trabajar, le propondría que se escapasen juntos; trabajando los dos, malo sería que no pudiesen reunir lo bastante para comer. Pero su novio, la cosa era bien clara, no estaba para nada más que para estarse en la cama todo el día, sin hacer nada y casi sin hablar. ¡También era fatalidad! Lo del novio, todo el mundo lo dice, a veces se cura con mucha comida y con inyecciones; por lo menos, si no se curan del todo, se ponen bastante bien y pueden durar muchos años, y casarse, y hacer vida normal. Pero Victorita no sabe cómo buscar dinero. Mejor dicho, sí lo sabe, pero no acaba de decidirse; si Paco se enterase, la dejaría en el momento, ¡menudo es! Y si Victorita se decidiese a hacer alguna barbaridad, no sería por nada ni por nadie más que por Paco. Victorita hay algunos momentos en los que piensa que Paco le iba a decir «bueno, haz lo que quieras, a mí no me importa», pero pronto se da cuenta de que no, de que Paco no le iba a decir eso. Victorita en su casa no puede seguir, ya está convencida; su madre le hace la vida imposible, todo el día con el mismo sermón. Pero, también, lanzarse así, a la buena de Dios, sin alguien que le eche una mano, es muy expuesto. Victorita había hecho ya sus cálculos y vio que la cosa tenía sus más y sus menos; yendo todo bien era como un tobogán, pero las cosas, bien del todo, no van casi nunca, y a veces van muy mal. La cuestión estaba en tener suerte y que alguien se acordase de una; pero, ¿quién se iba a acordar de Victorita? Ella no conocía a nadie que tuviera diez duros ahorrados, a nadie que no viviese de un jornal. Victoria está muy cansada, en la imprenta está todo el día de pie, a su novio lo encuentra cada día peor, su madre es un sargento de Caballería que no hace más que gritar, su padre es un hombre blandengue y medio bebido con el que no se puede contar para nada. Quien tuvo suerte fue la Pirula, que estaba con Victorita en la imprenta, de empaquetadora también, y que se la llevó un señor que además de tenerla como una reina y de darle todos los caprichos, la quiere y la respeta. Si le pidiese dinero, la Pirula no se lo negaría; pero, claro, la Pirula podría darle veinte duros, pero tampoco tenía por qué darle más. La Pirula, ahora, vivía como una duquesa, la llamaba todo el mundo señorita, iba bien vestida y tenía un piso con radio. Victorita la vio un día por la calle; en un año que llevaba con ese señor, hay que ver el cambio que había hecho, no parecía la misma mujer, hasta parecía que había crecido y todo. Victorita no pedía tanto...

....

Desde los solares de la Plaza de Toros, incómodo refugio de las parejas pobres y llenas de conformidad, como los feroces, los honestísimos amantes del Antiguo Testamento, se oyen —viejos, renqueantes, desvencijados, con la carrocería destornillada y los frenos ásperos y violentos— los tranvías que pasan, no muy lejanos, camino de las cocheras.

Cela, el día de su ingreso en la Real Academia Española (1957). Cuatro años antes afirmaba: «Me considero el más importante novelista español desde el 98. Y me espanta el considerar lo fácil que me resultó. Pido perdón por no haberlo podido evitar [...] Omito los títulos de mis libros, porque entiendo que toda persona medianamente culta debe conocerlos ya».

El solar mañanero de los niños alborotadores, camorristas que andan a pedrada limpia todo el santo día, es, desde la hora de cerrar los portales, un edén algo sucio donde no se puede bailar, con suavidad, a los acordes de algún recóndito, casi ignorado aparatito de radio; donde no se puede fumar el aromático, deleitoso cigarrillo del preludio; donde no se pueden decir, al oído, fáciles ingeniosidades seguras, absolutamente seguras. El solar de los viejos y las viejas de después de comer, que vienen a alimentarse de sol, como los lagartos, es, desde la hora en que los niños y los matrimonios cincuentones se acuestan y se ponen a soñar, un paraíso directo donde no caben evasiones ni subterfugios, donde todo el mundo sabe a lo que va, donde se ama noblemente, casi con dureza, sobre el suelo tierno en el que quedan, ¡todavía!, las rayitas que dibujó la niña que se pasó la mañana saltando a la pata coja, los redondos, los perfectos agujeros que cavó el niño que gastó avaramente sus horas muertas jugando a las bolas.

—¿Tienes frío, Petrita?
—No, Julio, ¡estoy tan bien a tu lado!

—¿Me quieres mucho?
—Mucho, no lo sabes tú bien.

....

Martín Marco vaga por la ciudad sin querer irse a la cama. No lleva encima ni una perra gorda y prefiere esperar a que acabe el Metro, a que se escondan los últimos amarillos y enfermos tranvías de la noche. La ciudad parece más suya, más de los hombres que, como él, marchan sin rumbo fijo con las manos en los vacíos bolsillos —en los bolsillos que, a veces, no están ni calientes—, con la cabeza vacía, con los ojos vacíos, y en el corazón, sin que nadie se lo explique, un vacío profundo e implacable.

Martín Marco sube por Torrijos hasta Diego de León, lentamente, casi olvidadamente, y baja por Príncipe de Vergara, por General Mola, hasta la plaza de Salamanca, con el Marqués de Salamanca en medio, vestido de levita y rodeado de un jardincillo verde y cuidado con mimo. A Martín Marco le gustan los paseos solitarios, las largas, cansadas caminatas por las calles anchas de la ciudad, por las mismas calles que de día, como por un milagro, se llenan —rebosantes como las tazas de los desayunos honestos— con las voces de los vendedores, los ingenuos y descocados cuplés de las criadas de servir, las bocinas de los automóviles, los llantos de los niños pequeños: tiernos, violentos, urbanos lobeznos amaestrados.

Martín Marco se sienta en un banco de madera y enciende una colilla que lleva envuelta, con otras varias, en un sobre que tiene un membrete que dice: «Diputación Provincial de Madrid. Negociado de Cédulas Personales.»

Los bancos callejeros son como una antología de todos los sinsabores y de casi todas las dichas: el viejo que descansa su asma, el cura que lee su breviario, el mendigo que se despioja, el albañil que almuerza mano a mano con su mujer, el tísico que se fatiga, el loco de enormes ojos soñadores, el músico callejero que apoya su cornetín sobre las rodillas, cada uno con su pequeñito o grande afán, van dejando sobre las tablas del banco ese aroma cansado de las carnes que no llegan a entender del todo el misterio de la circulación de la sangre. Y la muchacha que reposa las consecuencias de aquel hondo quejido, y la señora que lee un largo novelón de amor, y la ciega que espera a que pasen las horas, y la pequeña mecanógrafa que devora su bocadillo de butifarra y pan de tercera, y la cancerosa que aguanta su dolor, y la tonta de boca entreabierta y dulce babita colgando, y la vendedora de baratijas que apoya la bandeja sobre el regazo, y la niña que lo que más le gusta es ver cómo mean los hombres...

El sobre de las colillas de Martín Marco salió de casa de su hermana. El sobre, bien mirado, es un sobre que ya no sirve para nada más que para llevar colillas, o clavos, o bicarbonato. Hace ya varios meses que quitaron las cédulas personales. Ahora hablan de dar unos carnets de identidad, con fotografía y hasta con las huellas dactilares, pero eso lo más problable es que todavía vaya para largo. Las cosas del Estado marchan con lentitud.

....

La señorita Elvira se despierta pronto, pero no madruga. A la señorita Elvira le gusta estarse en la cama, muy tapada, pensando en sus cosas, o leyendo «Los misterios de París», sacando sólo un poco la mano para sujetar el grueso, el mugriento, el desportillado volumen.

....

La mañana sube, poco a poco, trepando como un gusano por los corazones de los hombres y de las mujeres de la ciudad; golpeando, casi con mimo, sobre los mirares recién despiertos, esos mirares que jamás descubren horizontes nuevos, paisajes nuevos, nuevas decoraciones.

La mañana, esa mañana eternamente repetida, juega un poco, sin embargo, a cambiar la faz de la ciudad, ese sepulcro, esa cucaña, esa colmena...

¡Que Dios nos coja confesados!

(*La colmena*. Fragmentos de los capítulos I, II, IV y VI.)

CAMILO JOSE CELA

EPILOGO

Tu tío Jerónimo cree en las tres virtudes teologales, sí hijo, yo tengo fe en la vida, esperanza en la muerte y caridad con el hombre que buena falta le hace, también tengo caridad con España aunque no siempre se la merezca, pese a todo hay que ser patriota, sobrino, fíjate que no digo nacionalista, la patria es más permanente que la nación, también más natural y flexible, las patrias fueron inventadas por el Sumo Hacedor, las naciones son una creación de los hombres, las patrias tienen una lengua con la que cantar y árboles y ríos, las naciones tienen una lengua para promulgar decretos y tienen también instituciones con las que aherrojar al hombre y ametralladoras para defender las instituciones, a ti te veo muy descreído, sobrino, y eso no me gusta, hay que creer en algo para no sentirse jamás demasiado huérfano, ¿por qué no crees en las tres virtudes teologales?, te aseguro que son el único brasero que tenemos los españoles para evitar que los demás nos hielen el corazón, ¿te acuerdas de aquellos versos de Machado?, españolito que vienes al mundo, te guarde Dios, una de las dos Españas ha de helarte el corazón, tú tienes veinte años, sobrino, es un crimen helar el corazón a los mozos de veinte años, debéis resistiros, debéis levantar bandera de rebeldía y calentar vuestro propio corazón, piensa en lo que te digo, tu tío Jerónimo habla con la voz opaca y emocionada, a veces tu tío Jerónimo es muy sentimental, haz examen de conciencia, siéntate a los pies de la cama y haz examen de conciencia, tú te has ido quedando sin fe, sin esperanza y sin caridad, nunca tuviste mucha fe, mucha esperanza ni mucha caridad, pero ahora tienes menos todavía, a ti te ha costado mucho trabajo llegar a vivir veinte años, mucho esfuerzo, empezaste a morirte a los pocos días de nacer pero aún no te has muerto, es muy esforzada tu actitud, muy agotadora, quizá no hayas tenido otra posibilidad, la muerte no es una posibilidad, es una certeza que puede precipitarse pero no es una posibilidad, la vida en cambio es una posibilidad, sólo una posibilidad y no una certeza, la vida es posible pero jamás cierta, en cualquier instante puede estrangularse e incluso no producirse, pregúntaselo a Toisha, los faisanes y los machos de perdiz rompen los huevos a picotazos para que a la hembra no se le quite el celo, tú estás convencido de que cuando te salga la primera cana (a lo mejor te mueres antes de que te salga la primera cana) debes pegarte un tiro en la cabeza o despeñarte por un acantilado de la costa de tu país, es una idea absolutamente lógica que no te preocupa demasiado, también admites la posibilidad de que llegado ese momento te rías y te tiñas las canas, depende de numerosos factores todos ellos ajenos a tu voluntad, los españoles tenemos que cuidarnos del propio español que llevamos dentro, Ganivet dice que los españoles vivimos en perpetua guerra civil, Dámaso Rioja es lector asiduo de Ganivet, se lo sabe de memoria, Ganivet tiene razón pero tú te atreves a ir aún más allá, los españoles vivimos en permanentes guerras civiles, en plural, todos contra todos, pero también en inhóspita guerra civil con nosotros mismos y con nuestro lacerado y doliente corazón por campo de batalla, los españoles debemos vigilar al

Camilo J. Cela, Antonio Vilanova y Juan Bonet, en el café Riscal, de Palma de Mallorca, en los años cincuenta. Vilanova, uno de los más importantes críticos literarios de la posguerra, ya consideró en 1951 que La colmena era un «trágico retablo de abyección y de dolor, espejo nítido y veraz que traspasa la apariciencia falsa del mundo que le circunda para reflejar el más hondo sustrato de la vida humana. El mayor acierto psicológico de los personajes de este libro, que es al propio tiempo su mayor defecto, estriba en que su problema moral consiste precisamente en no tenerlo».

propio español que llevamos dentro para que no nos degüelle mientras dormimos y él vela como un lobo al acecho, tu tío Jerónimo no cree en el fuego, en esto no parece español, sí sobrino, el español es pirómano porque quiere borrar todo vestigio de su pasado, toda crónica de su presente y toda esperanza en su porvenir, ¿toda crónica de su presente y toda esperanza en su porvenir también?, sí, a lo mejor todavía más que todo vestigio de su pasado, el español se avergüenza de su pasado pero teme a su presente y se desentiende de su porvenir, el español también se avergüenza de su presente y sabe que acabaría avergonzándose de su porvenir, por eso cree en el fuego sobre todas las cosas y lleva un Torquemada en el corazón, el español no cree en Dios, cree en el fuego, en Dios no cree más que en tanto en cuanto le da argumentos y licencias para prender la hoguera, Torquemada tampoco creía en Dios, sobrino, aunque la gente suela admitir que sí.

(San Camilo 1936.)

90 no, ya no quedan islas por descubrir será preciso un nuevo cataclismo para que emerjan dos o tres islas minúsculas en las que guarecer el hambre y la sed de justicia el hambre y la sed de pan y agua el hambre y la sed de libertad.

141 piénsalo siempre tenlo siempre presente: es más gallardo y reconfortador ser criminal que hipócrita en la hipocresía no puede residir la salud ni anidar el contento en el crimen puede habitar la paz la hipocresía es la segunda más estéril parcela del hombre detrás de la envidia y antes que la avaricia por las venas de la hipocresía no corre sino el frío de la muerte no te dejes arrollar por la esperanza ni por la desesperanza niégate a sucumbir ante la tentación de la esperanza y la desesperanza.

757 el verdugo está sumido en cavilaciones muy hondas porque el taxidermista Florián piel de conejo ex alumno de los jesuitas le había dicho: no malbarates tu tiempo en defender la pena de muerte ya sé que no pierdes tu tiempo en tales vanidades pero me tranquiliza hacértelo saber es una causa perdida en la que ya no creen ni sus más denodados propugnadores los comerciantes ricos que amasaron su fortuna con sangre el alto clero conservador que preconiza la purga de sangre los padres de las vírgenes violadas y asesinadas que piensan que la sangre lava la sangre el demonio que hace arder la sangre de los blasfemos irritados; sé que tú el verdugo estás pensando en entregar tus ahorros al comité de la lucha contra la pena de muerte, no lo hagas, ni la holganza ni la falta de entusiamo deben ser las hélices que te muevan a dar el paso que quieres dar, pelea contra el humo y el hambre contra las siete discriminaciones el color de la piel la silueta de la nariz el dibujo del óvalo de la cara los labios magros o carnosos y la lisura o el ensortijado del pelo la bandera la lengua que se habla y aun el acento con que se dice la educación y su sentido el dios en que se cree y su inercia religiosa o supersticiosa las ideas políticas las ideas sociales las ideas morales las ideas económicas las ideas estéticas y las demás ideas salen más de siete suertes discriminatorias cierra las armas de tu conciencia contra las ciudades monstruosas contra los ácidos en que se cambia el aire contra la química que mata los peces y los pájaros contra la soberbia que mata los hombres contra la gendarmería que no discierne entre el orden y el reglamento contra el desempleo contra el empleo insuficiente contra el empleo multiplicado contra el inaccesible precio de la salud contra la represión del amor contra todos los presupuestos que conducen al crimen como única escapatoria piensa que si das de respirar de amar y de comer al hombre la galladura del huevo del crimen se irá pudriendo y muriendo poco a poco den-

tro del cascarón el antídoto de la sangre no fue jamás la sangre sino la justicia niégate a combatir el crimen con el crimen tú eres el verdugo y estás obligado a meditarlo antes de tomar decisión alguna mientras tanto sigue como hasta hoy

(Oficio de tinieblas.)

CAMILO JOSE CELA

DEL TAJUÑA AL CIFUENTES

El viajero, a la caída de la tarde, baja hasta el río. A la izquierda, Tajuña arriba, va el camino de Masegoso y de Cifuentes; a la derecha, Tajuña abajo, el de Archilla o el de Budia. El viajero está indeciso y se sienta en la cuneta, de espaldas al pueblo, de cara al río, a esperar el momento de la decisión. Recostado sobre la mochila, está cómodo y descansado. La mochila le coge justo la espalda, hasta los riñones, y le hace un respaldo alto, acogedor, un poco duro quizá.

Por poniente cruzan, lentas, alargadas como culebrillas, unas nubecitas rojas, de bordes precisos, bien dibujados. Dicen que las nubes de color de fuego, a la puesta del sol, presagian calor para el día siguiente. El río corre rumoroso, rápido, por la vega, y a su orilla silban los pajaritos de la tarde, croan las últimas ranas de la tarde. Se está fresco, sentado al borde de la carretera, a la sombra de un olmo, después de un día caluroso en el que se han caminado algunas leguas y se ha pateado, de un lado para el otro, un pueblo grande y recién descubierto. Cruza, con su vuelo cortado, un caballito del diablo. Pasan dos chicas jóvenes subidas en un burro manso, castrado, que anda despacio, con la cabeza inclinada hacia adelante. Van muy juntas, riéndose a carcajadas, con el pelo adornado con amapolas. Algún campesino que se ha pasado el día trabajando la tierra —cavando las judías, escardando el cebollino, regando las lechugas— vuelve, camino de Brihuega, con la azada al hombro, la tez curtida por el sol y el aire, la noble, antigua frente, sudorosa. Ante el viajero, al borde del río, una mujer corta juncos con un cuchillo. La mujer llegó con una niña pequeña de la mano. La niña va descalza, con los brazos al aire y lleva un lazo morado, grande como un murciélago, sobre la despeinada cabeza rubia. Al llegar a la orilla, mientras la madre apila las varitas de junco, la niña corta lirios en silencio. Llega a tener un montón tan grande como ella misma, un montón con el que no podrá cargar. Zumban los enjambres dentro de las colmenas, en el colmenar que hay a diez pasos del viajero, y el campo huele con un olor profundo, penetrante, distante, casi hiriente.

Al viajero le pesan los párpados. Quizás, incluso, haya dormido algún instante, con un sueño ligero, sin darse cuenta. Está inmóvil, a gusto, sin sentir las piernas, en la misma postura que tomó al sentarse. No hace ni frío ni calor.

Un perrillo de rastrear conejos pasa por la cuneta. El viajero enciende un puro que compró en Guadalajara. El humo sube despacio, derecho, formando, a veces, tenues volutas azules. Un gato rubio mira al viajero desde un árbol. No se mueve una brizna de aire.

Por la cuesta abajo viene, con calma, distraídamente, un hombre que camina detrás de un burro. El hombre anda como un caballero en derrota. Lleva la cabeza erguida y el mirar vago, como perdido. Tiene los ojos azules. El burro es un burro viejo, con el pelo gris y el espinazo en arco. Fijándose bien, podría vérsele una sangrante matadura, negra de moscas, en el cuello afelpado.

Al viajero le da un salto el corazón en el pecho. Al acercarse el viejo, le grita:

—¡Eh!

Y el viejo, que lo ha reconocido, para el burro con la voz.

—¡So, Gorrión!

El burro se para y el viejo se sienta al lado del viajero.

—Buena tarde quedó.

—¡Ya, ya!

El viajero ofrece su petaca al viejo.

—¿Un cigarro?

—Eso nunca se desprecia.

El viejo lía un pitillo grueso, abundante,

un pitillo de amigo, que envuelve parsimoniosamente, como recreándose. Está callado unos momentos y, mientras apaga con los dedos la larga mecha color naranja, pregunta, casi indeciso:

—¿Va usted a Cifuentes?
—No sé; no acababa de echar a andar. ¿Usted sí?
—Sí, allá me acercaré. Cifuentes es un pueblo bueno, un pueblo con mucha riqueza.
—Eso me han dicho.
—Pues es la verdad. ¿Usted no ha estado en Cifuentes?
—No; no he estado nunca.
—Pues véngase conmigo; son buena gente para los que andamos siempre dando vueltas.

El viejo pronunció sus palabras mirando vagamente para el horizonte.

—¡Buen tabaco!
—Sí; cuando se tienen ganas de fumar, no es malo.

Los dos amigos echan un trago de la cantimplora, y se levantan. El burro Gorrión lleva la mochila del viajero. Caminan hasta la noche, poco ya, comen un bocado y buscan, con las últimas temblonas luces de la tarde, un sitio para dormir.

Sobre la yerba, al pie de las tapias de adobe de una harinera —la manta gris de algodón del viajero, debajo, la gruesa manta de lana a cuadros del viejo, por encima— los amigos se echan boca arriba, hombro con hombro, con la boina puesta y las cabezas reclinadas sobre el morral y la alforja. El viejo tiene un olor que alimenta, un olor tibio, pastoso, que hace propicio el sueño. El burro Gorrión, con las manos trabadas con una correa, está inmóvil, igual que muerto, indiferente, como una estatua perdida entre las sombras de un jardín.

Duérmete, burrillo manso,
que ya es la hora.

Ya te has comido la flor
de la amapola.

Ya has bebido en el restaño
del agua sola.

Duérmete burrillo manso,
que ya es la hora.

Cantan los grillos y un perro ladra sin ira, prolongadamente, desganadamente, como cumpliendo un mandato ya viejo. Por la carretera pasa un carrito tirado por una mula ligera que va al trote, haciendo sonar las campanillas. Se oye, distante, la aburrida esquila de una vaca mansa. Un sapo silba desde la barbechera, al otro lado del camino.

El viajero se duerme como un tronco hasta la madrugada, cuando cantan los gallos por segunda vez y el viejo le despierta pasándole unas yerbas por la cara.

—Ave María.
—Sin pecado concebida.
—¿Andamos?
—Bueno [...]

Está amaneciendo. El cielo se aclara sobre unas lomas secas, de color tierra, casi ro-

Cela, en la época en que escribió La colmena, y en los años ochenta. Recientemente confesaba: «No hay premio como la independencia. Y yo sé de sobra que la soledad es su precio. Esto lo aprendí hace muchos años. En todo caso, es un precio barato. Es preferible estar solo y ser independiente. Además, hay mucho que hacer.»

jizo, que quedan por detrás de Valderrebollo.

—A ésas les dicen las Morras.

Los amigos llevan andando ya un largo rato —un largo rato de tres o cuatro horas— cuando cruzan por Masegoso.

—Por mí nos quedamos, yo no tengo prisa.

—¿Se cansa?

—No, yo no. Si quiere, nos llegamos hasta Cifuentes.

Masegoso es un pueblo grande, polvoriento, de color plata, con algunos reflejos de oro a la luz de la mañana, con un cruce de carreteras. Los hombres van camino del campo, con la yunta de mulas delante y el perrillo detrás. Algunas mujeres, con el azadillo a rastras, van a trabajar a las huertas.

El burro Gorrión, el viejo y el viajero cruzan el puente sobre el Tajuña. Un pescador pasea por la orilla del río. El pueblo queda a un lado, con el sol por detrás.

Los amigos, a eso de las ocho y media o nueve, hacen un alto, a la vista ya de Moranchel. Moranchel queda a la izquierda del camino de Cifuentes, a dos centenares de pasos de la carretera. Es un pueblo pardo, no hecho para estar rodeado de campos verdes. El viejo se sienta en la cuneta y el viajero se acuesta de espaldas y se queda mirando para unas nubecillas, gráciles como palomitas, que flotan en el cielo. Una cigüeña pasa, no muy alta, con una culebra en el pico. Unas perdices se levantan de un tomillar. Un pastorcito adolescente y una cabra pecan, con uno de los pecados más antiguos, a la sombra de un espino florecido de aromáticas florecitas blancas como la flor del azahar.

Tumbado boca arriba, el viajero se duerme al sol pensando en el Viejo Testamento.

Pasa un camión estruendoso, sucio, deforme, que levanta una nube de polvo. El viejo, cuando el viajero se pone en pie, está cosiéndose un botón de la chaqueta.

(*Viaje a la Alcarria,* cap. V.)

BAILE EN LA PLAZA

La corrida de toros ha terminado. Aún no se han ido las autoridades del balcón del Ayuntamiento y aún los mozos más jóvenes, los que todavía no están emparejados, no acabaron de empapar en sangre los pisos de esparto de las alpargatas. Las alpargatas mojadas en sangre de toro duran una eternidad; según dicen, cuando a la sangre de toro se mezcla algo de sangre de torero, las alpargatas se vuelven duras como el hierro y ya no se rompen jamás.

Hombres ya maduros, casados y cargados de hijos, usan todavía el par de alpargatas que empaparon en la sangre de *Chepa del Escorial*, aquel novillero a quien un toro colorao mató, el verano del año de la República, de cuarenta y tantas cornadas sin volver la cabeza.

Los mozos y las mozas, en dos grandes grupos aparte que se entremezclan un poco por el borde, se miran con un mirar bovino, caluroso y extraño. La charanga rompe a tocar el pasodoble «Suspiros de España», y las mozas, como a una señal, se ponen a bailar unas con otras. Bailan moviendo el hombro a compás y arrastrando los pies. Sobre la plaza comienza a levantarse una densa nube de polvo que huele a churros, a sudor y a pachulí. Algunos mozos, más osados, rompen las parejas de las mozas; hay unos momentos de incertidumbre, que duran poco, cuando todavía no está claro quién va a bailar con quién. Los mozos bailan con el pitillo en la boca y no hablan; llevan el mirar perdido y la gorra de visera en la mano derecha, apoyada sobre el lomo de la moza. Los forasteros, que siempre son más decididos, hablan a veces.

—Baila usted muy bien, joven.

La moza sonríe.

—No; que me dejo llevar...

El mozo hace un esfuerzo y vuelve al ataque. Antes ha mirado a los ojos de la moza, que le huyen como dos liebres espantadas.

—¿Cómo se llama usted?

—Es usted muy curioso...

El mozo, aunque siempre recibe la misma respuesta, está unos instantes sin saber qué decir.

—No, joven; no es que sea curioso.

—¿Entonces?

—Es que era para llamarla por su nombre. ¿No me dice usted cómo se llama?

La banda ha arrancado con un vals, y la pareja, que no se suelta, sigue la conversación.

—Sí, ¿por qué no? Me llamo Paquita, para servirle.

La moza, después de su confesión, se azara un poco y mira para los lados.

—Oiga, que esto es un vals; no me agarre tan fuerte...

Al vals sucede un pasodoble, y al pasodoble otro vals. Algunas veces, y como para complacer a todos, la murga toca un fox de un ritmo antiguo, veloz y entrecortado, como el volar de los vencejos.

Las parejas tienen un gesto entre cansado y evadido y, si se fijasen un poco, notarían que les duelen los pies. La plaza está de bote en bote con la gente de los tendidos, de los balcones, de los carros y de las talanqueras volcadas, como un chocolate a la española, sobre la arena. No puede darse un paso ni casi respirar. Suena la campanilla de la rifa: — «¡A probar suerte! ¡A diez la tira!» — rechina el cornetín de las varietés. — «La pareja de baile de París, sólo por un día» — grazna el viejo churrero tuerto su mercancía. —«¡Que aquí me dejo la vida, que queman, que queman!» — Y un mendigo adolescente enseña sus piernas flaquitas a un corro de niños, pasmados y renegridos.

Mientras viene cayendo, desde muy lejos, la noche, comienzan a encenderse las tímidas bombillas de la plaza. Sobre el rugido ensordecedor del pueblo en fiesta se distinguen de cuando en cuando algunos compases de «España cañí». Si de repente, como por un milagro, se muriesen todos los que se divierten, podría oírse sobre el extraño silencio el lamentarse sin esperanza del pobre *Horchatero Chico,* que con una cornada en la barriga, aún no se ha muerto. *Horchatero Chico,* vestido de luces y moribundo, está echado sobre un jergón en el salón de sesiones del Ayuntamiento. Le rodean sus peones y un cura viejo; el médico dijo que volvería.

Las lucecillas rojas, y verdes, y amarillas, y azules de los tenderetes, también comienzan a encenderse. Un perro escuálido se escabulle, con una morcilla en la boca, por entre la gente, y dos carteristas venidos de la capital operan sobre los mirones de una partida de correlativa en el Café Madrileño.

Los mozos con éxito hablan, ya sin bailar, con la moza propicia.

—Pues sí; yo soy de ahí abajo, de Collado.

La moza coquetea como una princesa.

—¡Huy, qué borrachos son los de su pueblo!

—Los hay peores.

—Pues también es verdad.

Un grupo de chicas, cogidas del brazo, cantan coplas con la música del «¡Ay, qué tío!», y un grupo de quintos entona canciones patrióticas; menos mal que todos son de Infantería; si fuesen de Armas distintas, ya se habrían roto la cara a tortas.

Cae la noche; las preguntas de los mozos adquieren un tinte casi picante.

—Oiga, joven, ¿tiene usted novio?

La moza se calla siempre; a veces, ofendida; en ocasiones, mimosa.

Un borracho perora sin que nadie lo mire. Fuera de la plaza, el vientecillo de la noche sube por las callejas.

Sobre el sordo rumor del baile, casi a compás del pasodoble de «Pan y toros», las campanas de la parroquia doblan a muerto sin que nadie las oiga.

Horchatero Chico, natural de Colmenar, soltero, de veinticuatro años de edad y de profesión matador de reses bravas (novillos y toros), acaba de estirar la pata; vamos, quiere decirse que acaba de entregar su alma a Dios.

—Oiga, joven; ¿está usted comprometida?

La moza dice que no con un hilo de voz emocionada.

—Entonces, ¿me permite usted que la trate de tú?

La pareja, en el oscuro rincón, tiene las manos enlazadas con dulzura, como las bucólicas parejas de los tapices.

Un murciélago vuela, entontecido, a ras de los toldos de lona de los puestos y de las barracas.

(*El gallego y su cuadrilla.*)

MIGUEL DELIBES

Nació en Valladolid en 1920. Estudió Derecho y Comercio. En 1945 ganó la cátedra de Derecho Mercantil en la Escuela de Comercio de su ciudad natal, en donde ha residido siempre. Ejerció el periodismo desde muy joven. En 1958 fue nombrado director de *El Norte de Castilla,* periódico del que ya había sido redactor. En 1974 ingresó en la Real Academia Española con un discurso titulado *El sentido del progreso desde mi obra.* En 1982 se le concedió el Premio Príncipe de Asturias.

Su primera novela, *La sombra del ciprés es alargada,* obtuvo el Premio Nadal de 1947. Publicó después *Aún es de día* (1949), **El camino** (1950), *Mi idolatrado hijo Sisí* (1953), *La hoja roja* (1959), **Las ratas** (1962) y *Parada y fonda* (1963). En estas obras, escritas con técnicas narrativas tradicionales, Delibes se muestra como un agudo observador de la realidad española (en especial, de las clases medias y del mundo de las zonas rurales).

A partir de 1966, en que aparece **Cinco horas con Mario,** se acentúan su actitud crítica ante las injusticias sociales y su defensa de los valores humanos. A esta segunda etapa corresponden *Parábola de un náufrago* (1969), *El príncipe destronado* (1973), *Las guerras de nuestros antepasados* (1975), *El disputado voto del señor Cayo* (1978), **Los santos inocentes** (1981), *Cartas de un sexagenario voluptuoso* (1983), *El tesoro* (1985) y *377A, madera de héroe* (1987). En algunas de estas obras (en *Cinco horas con Mario* y en *Parábola de un náufrago,* sobre todo) Delibes se ha servido, aunque de forma moderadísima, de técnicas narrativas más innovadoras y audaces.

Su pasión por el campo castellano y por la caza se ponen de manifiesto en sus obras *Diario de un cazador* (1955), *Diario de un emigrante* (1958), *La caza de la perdiz roja* (1963), *El libro de la caza menor* (1964), *Viejas historias de Castilla la Vieja* (1964), *Aventuras, venturas y desventuras de un cazador a rabo* (1978), *Un mundo que agoniza* (1979), *Las perdices del domingo* (1981) y *Castilla habla* (1986).

Delibes es autor, además, de diversos relatos, recogidos en *La partida* (1954), *Siestas con viento Sur* (1957) y *La mortaja* (1970), y de libros de viajes: *Un novelista descubre América (Chile en el ojo ajeno)* (1956), *Usa y yo* (1966), *La primavera de Praga* (1968).

Este escritor ha gozado siempre del favor de un público amplio. Algunas de sus novelas (*El camino, Mi idolatrado hijo Sisí, El príncipe destronado, La sombra del ciprés es alargada, Los santos inocentes*) se han llevado al cine y a la televisión. También ha realizado adaptaciones teatrales de *La hoja roja* y de *Cinco horas con Mario.*

CAP. X

Roque se remangó el pantalón izquierdo y mostró un círculo de piel arrugada y débil:
—Mirad qué forma tiene hoy la cicatriz; parece una coneja.

El Mochuelo y el Tiñoso se inclinaron sobre la pierna del amigo y asintieron:
—Es cierto; parece una coneja.

A Daniel, el Mochuelo, le contristó el rumbo que tomaba la conversación. Sabía que aquellos prolegómenos degenerarían en una controversia sobre cicatrices. Y lo que más abochornaba a Daniel, el Mochuelo, a los ochos años, era no tener en el cuerpo ni una sola cicatriz que poder parangonar con las de sus amigos. El hubiera dado diez años de vida por tener en la carne una buena cicatriz. La carencia de ella le hacía pensar que era menos hombre que sus compañeros que poseían varias cicatrices en el cuerpo.

Esta sospecha le imbuía un nebuloso sentimiento de inferioridad que le desazonaba. En realidad, no era suya la culpa de tener mejor encarnadura que el Moñigo y el Tiñoso y de que las frecuentes heridas se le cerrasen sin dejar rastro, pero el Mochuelo no lo entendía así, y para él suponía una desgracia tener el cuerpo todo liso, sin una mala arruga. Un hombre sin cicatriz era, a su ver, como una niña buena y obediente. El no quería una cicatriz de guerra, ni ninguna gollería: se conformaba con una cicatriz de accidente o de lo que fuese, pero una cicatriz.

La historia de la cicatriz de Roque, el Moñigo, se la sabían de memoria. Había ocurrido cinco años atrás, durante la guerra. Daniel, el Mochuelo, apenas se acordaba de la guerra. Tan sólo tenía una vaga idea de haber oído zumbar los aviones por encima de su cabeza y del estampido seco, demoledor, de las bombas al estallar en los prados. Cuando la aviación sobrevolaba el valle, el pueblo entero corría a refugiarse en el bosque: las madres agarradas a sus hijos y los padres apaleando al ganado remiso hasta abrirle las carnes.

En aquellos días, la Sara huía a los bosques llevando de la mano a Roque, el Moñigo. Pero éste no sentía tampoco temor de los aviones, ni de las bombas. Corría porque veía correr a todos y porque le divertía pasar el tiempo tontamente, todos reunidos en el bosque, acampados allí, con el ganado y los enseres, como una cuadrilla de gitanos. Roque, el Moñigo, tenía entonces seis años.

Al principio, las campanas de la iglesia avisaban del cese del peligro con tres repiques graves y dos agudos. Más tarde, se llevaron las campanas para fundirlas, y en el pueblo estuvieron sin campanas hasta que, concluida la guerra, regaló una nueva don Antonino, el marqués. Hubo ese día una fiesta sonada en el valle, como homenaje del pueblo al donante. Hablaron el señor cura y el alcalde, que entonces era Antonio, el Buche. Al final, don Antonino, el marqués, dio las gracias a todos y le temblaba la voz al hacerlo. Total nada, que don José y el alcalde emplearon media hora cada uno para dar las gracias a don Antonino, el marqués, por la campana, y don Antonino, el marqués, habló durante otra media hora larga, sólo para devolver las gracias que acababan de darle. Resultó todo demasiado cordial, discreto y comedido.

Pero la herida de Roque, el Moñigo, era de una esquirla de metralla. Se la produjo una bomba al estallar en un prado cuando, una mañana de verano, huía precipitadamente al bosque con la Sara. Los más listos del pueblo decían que el percance se debió a una bomba perdida, que fue lanzada por el avión para «quitar peso». Mas Roque, el Moñigo, recelaba que el peso que había tratado de quitar el avión era el suyo propio. De todas maneras, Roque, el Moñigo, agradecía al aviador aquel medallón de carne retorcida que le había dejado en el muslo.

(El camino.)

La caza y la pesca han sido dos de las ocupaciones habituales del escritor. En 1983 declaraba: «Cada vez que puedo me voy a Sedano y al menos dos días los paso cazando perdices, liebres y conejos. Me gustaría cazar jabalíes, porque es un animal sucio, vil, asqueroso, rastrero e inmundo. Soy incapaz de matar a un ciervo o un gamo, porque es como matar a un semejante [...] Puede que sea arbitrario, pero mi respeto está en función del tamaño del animal. Cuanto más se aproxima al hombre, más respeto me produce. Además, nadie se plantea problemas cuando fumiga las moscas de una habitación».

CAP. VII

Al día siguiente, el Justito le pasó una comunicación al tío Ratero concediéndole otro plazo de quince días. Para San Sergio concluyó el plazo y a media mañana irrumpió de nuevo en la cueva la comisión, pero así que vocearon en la puerta, el Nini respondió desde dentro que aquélla era su casa y si entraban por la fuerza tendrían que vérselas con el señor juez. El Justito miró para el José Luis y el José Luis meneó la cabeza y dijo en un murmullo: «Allanamiento; en efecto es un delito».

Al día siguiente, San Valero, ante Fito Solórzano, el Jefe, Justito casi lloraba. La mancha morada de la frente le latía como un corazón:

—No puedo con ese hombre, Jefe. Mientras él viva tendrás cuevas en la provincia.

Fito Solórzano, con su prematura calva rosada y sus manos regordetas jugueteando con la escribanía trataba de permanecer sereno. Meditó unos segundos antes de hablar, metiéndose dos dedos en los lacrimales. Al cabo, dijo con ostentosa humildad:

—Si el día de mañana queda algo de mi gestión al frente de la provincia, cosa que no es fácil, será el haber resuelto el problema de las cuevas. Tú volaste tres en tu término, Justo, ya lo sé; pero no se trata de eso ahora. Queda una cueva y mientras yo no pueda decirle al Ministro: «Señor Ministro, no queda una sola cueva en mi provincia» es como si no hubieras hecho nada. Me comprendes, ¿no es verdad?

Justito asintió. Parecía un escolar sufriendo la reprimenda del maestro. Fito Solórzano, el Jefe, dijo de pronto.

—Un hombre que vive en una cueva y no dispone de veinte duros para casa viene a ser un vagabundo, ¿no? Tráemele, y le encierro en el Refugio de Indigentes sin más contemplaciones.

Justito adelantó tímidamente una mano:

—Aguarda, Jefe. Ese hombre no pordiosea. Tiene su oficio.

—¿Qué hace?

—Caza ratas.

—¿Es eso un oficio? ¿Para qué quiere las ratas?

—Las vende.

—¿Y quién compra ratas en tu pueblo?

—La gente. Se las come.

—¿Coméis ratas en tu pueblo?

—Son buenas, Jefe, por éstas. Fritas con una pinta de vinagre son más finas que codornices.

Fito Solórzano estalló de pronto:

—¡Eso no lo puedo tolerar! ¡Eso es un delito contra la Salubridad Pública!

El Justito trataba de aplacarle:

—En la cuenca todos las comen, Jefe. Y si te pones a ver, ¿no comemos conejos? —Hizo una pausa. Luego agregó—: Una rata lo mismo, es cuestión de costumbre.

Fito Solórzano golpeó la mesa con el puño cerrado y saltaron las piezas de la escribanía:

—¿Para qué quiero Alcaldes y Jefes Locales si en vez de resolver los problemas vienen todo el tiempo a creármelos? ¡Busca tú una fórmula, Justo! ¡Coloca a ese hombre en alguna parte, haz lo que sea! ¡Pero piensa tú, tú, con tu pobre cabeza, no con la mía!

Justito reculaba hacia la puerta:

—De acuerdo, Jefe. Déjalo de mi mano.

Fito Solórzano cambió repentinamente de tono y añadió cuando Justito, vuelto de espaldas, abría ya la puerta del despacho:

—Y cuando liquides ese asunto, avisa. Ten en cuenta que no te dice esto Fito Solórzano ni tu Jefe Provincial, sino el Gobernador Civil.

(Las ratas.)

FRAGMENTOS

Capítulos III, V y VIII

... que se creen que por ser jóvenes ya tienen derecho a todo, avasallando, y tú que «un joven rebelde», rebelde ¿de qué?, porque a ver de qué se van a quejar, tú dirás, se les ha dado todo hecho, viven en orden y en paz, cada día más regalados, que todo el mundo lo dice, y tú chitón, o en clave, para no perder la costumbre, «quieren voz» o «quieren responsabilidades» o «probarse; saber si saben convivir», frases, porque ¿puedes decirme, cariño, qué es lo que quieres decir con eso? Querer no sé lo que querrán, lo que sí te puedo decir es que deberían tener más respeto y un poquito más de consideración, que hasta el mismo Mario, tú lo estás viendo, y de sobras sé que es muy joven, pero una vez que se tuerce, ¿puedes decirme quién le endereza? Los malos ejemplos, cariño, que no me canso de repetírtelo, y no es que vaya a decir ahora que Mario sea un caso perdido, ni mucho menos, que a su manera es cariñoso, pero no me digas cómo se pone cada vez que habla, si se le salen los ojos de las órbitas, con las «patrioterías» y los «fariseísmos», que el día que le oí defender el Estado laico casi me desmayo, Mario, palabra, que hasta ahí podíamos llegar. Desde luego, la Universidad no les prueba a estos chicos, desengáñate, les meten muchas ideas raras allí, por mucho que digáis, que mamá, que en paz descanse, ponía el dedo en la llaga, «la instrucción, en el Colegio; la educación, en casa», que a mamá, no es porque yo lo diga, no se le iba una. Pero tú les das demasiadas alas a los niños, Mario, y con los niños hay que ser inflexibles, que aunque de momento les duela, a la larga lo agradecen. Mira Mario, veintidós años y todo el día de Dios leyendo o pensando, y leer y pensar es malo, cariño, convéncete, y sus amigos ídem de lienzo, que me dan miedo, la verdad. No nos engañemos, Mario, pero la mayor parte de los chicos son hoy medio rojos, que yo no sé lo que les pasa, tienen la cabeza loca, llena de ideas estrambóticas sobre la libertad y el diálogo y esas cosas de que hablan ellos. ¡Dios mío, hace unos años, acuérdate! Ahora no le hables a un muchacho de la guerra, Mario, y ya sé que la guerra es horrible, cariño, pero al fin y al cabo es oficio de valientes, que de los españoles dirán que hemos sido guerreros, pero no nos ha ido tan mal me parece a mí, que no hay país en el mundo que nos llegue a los talones, y le oyes a papá, «máquinas, no; pero valores espirituales y decencia para exportar». Y tocante a valores religiosos, tres cuartos de lo mismo, Mario, que somos los más católicos del mundo y los más buenos, que hasta el Papa lo dijo, mira en otros lados, divorcios y adulterios, que no conocen la vergüenza ni por el forro. Aquí, gracias a Dios, de eso, fuera de cuatro pelanduscas, nada, tú lo sabes, mírame a mí, es que ni se me pasa por la imaginación, ¿eh?, no hace falta que te lo diga, porque ocasiones, ya ves Eliseo San Juan, qué persecución la de este hombre, «qué buena estás, qué buena estás, cada día estás más buena», es una cosa mala, pero él lo dice por decir, a ver, de sobras sabe que pierde el tiempo, a buena parte va, ¡menuda! Y Eliseo no está nada mal, mira Valen, «como animal no tiene desperdicio», que es un tipazo, ya ves qué cosas, pero yo ni caso, como si no fuese conmigo, ni por Eliseo ni por San Eliseo, te lo juro. Los principios son los principios.

. . . .

... yo, por mucho que digáis, lo pasé bien bien en la guerra, oye, no sé si seré demasiado ligera o qué, pero pasé unos años estupendos, los mejores de mi vida, no me digas, todo el mundo como de vacaciones, la

M. Delibes en Sedano (Burgos), en donde posee una casa. «Pues no, la verdad, nunca sentí la tentación de la capital, sino la contraria —declaraba en 1979—: tratar de eludir Madrid. Madrid, como todas las grandes ciudades, me cansa, me deprime y me confunde. Y lo que más me duele es que se haya levantado esta ciudad de una manera artificial, con apoyo municipal y gubernamental, no queriendo admitir que de esta manera hacía invivible no sólo la capital, sino los pueblos que se despoblaban. Un grave error. Madrid debió conservarse como capital política con un millón de habitantes. Y con el cinturón industrial que hoy tiene pudo evitarse la decadencia y la erosión humana de amplias zonas de Castilla. Pero, en fin, creo que este problema tiene a estas alturas difícil remedio».

calle llena de chicos, y aquel barullo. Ni los bombardeos me importaban, ya ves, ni me daban miedo ni nada, que las había que chillaban como locas cada vez que sonaban las sirenas. Yo no, palabra, todo me divertía, aunque contigo ni entonces ni después se podía hablar, que cada vez que empezaba con esto, tú, «calla, por favor», punto en boca, que te pones a ver, Mario, querido, y conversaciones serias, lo que se dice conversaciones serias, bien pocas hemos tenido. La ropa te traía sin cuidado, el coche no digamos, las fiestas otro tanto, la guerra, que fue una Cruzada, que todo el mundo lo dice, te parecía una tragedia, total que como no hablásemos del dinero astuto o de las estructuras y esas historias, tú a callar. Y con los niños, tres cuartos de lo mismo, que había que verte, si yo te contaba una ocurrencia

MIGUEL DELIBES

de Borja o de Aránzazu, al principio, bien, pero al minuto salías con que te preocupaba ese chico o que qué iba a ser de esa chica, siempre la misma copla, que me aburrías, cariño, con tus tribulaciones. Don Presagios, como dice Valen con mucha razón. ¡Si hubieras oído a Borja ayer! «Yo quiero que se muera papá todos los días para no ir al Colegio». ¿Qué te parece? Pero así, como te lo estoy diciendo, delante de todo el mundo, que me dejó parada, la verdad. Le pegué una paliza de muerte, créeme, porque si hay algo que me pueda es un niño sin sentimientos, que son seis añitos, ya lo sé, no lo discuto, pero si a los seis años no los corriges, ¿quieres decirme dónde pueden llegar? Bueno, pues tú con tus blanduras, déjale, la vida ya le enseñará lo que es sufrir, estamos buenos, consintiéndoles todo, riéndoles las gracias, que así pasa luego lo que pasa. Porque no me vengas ahora con Alvaro, que lo de Alvaro y lo de la misma Menchu no son más que niñerías, a ver qué de particular tiene que un niño te pregunte si es verdad que tú y yo y Mario y Menchu, y Borja y Aran y la tía Encarna y la tía Charo y la Doro y todos nos vamos a morir, que tú, había que verte, un mundo, cosa más natural en una criatura, «bueno, dentro de muchísimos, muchísimos años», a ver a qué ton, que al fin y al cabo un buen cristiano, por más que ahora esté todo revuelto con eso del Concilio, debe meditar en la muerte a toda hora y vivir pensando que ha de morir, pues estaríamos arreglados. No me vengas con filigranas y métetelo en la cabeza, Mario, únicamente el miedo a la perdición eterna es lo que nos frena, que así ha sido siempre y así será, cariño, que ahora parece como que os disgustase que se predique sobre el infierno, que no tendréis la conciencia muy tranquila, creo yo, dichoso Concilio que todo lo está poniendo patas arriba, ya ves, la iglesia de los pobres, que buenos están los pobres como yo digo, y los que no somos pobres, ¿qué?

....

... Tenías que oír a Valen, Mario, se troncha, fíjate, de la devoción de la Doro por ti, con el cuento ese de «nuestro señor», como si mentara a Jesucristo o poco menos, que aquí, para inter nos, es muy cortita la pobre Doro, fiel y cariñosa a su modo, pero muy cortita, que yo no me explico cómo en el extranjero admiten a esta clase de gente, Mario, que se van a cientos, fíjate, cada vez más, a saber qué harán allí, según Valen los trabajos más rudos, los que hacen aquí, pongamos por caso, los animales, ya ves, tirar de los carros, y así, que cuesta trabajo creerlo, desde luego, aunque yo de esos extranjerotes cualquier cosa. Engañados es lo que van, que esta gente zafia, que ni se han molestado en aprender a leer ni nada, les dices el extranjero y los ojos en blanco, fíjate, que hay mucho papanatismo todavía, Mario, y con tal de cambiar cualquier cosa, que no es oro todo lo que reluce, que luego están rabiando y deseando de regresar, ¡a ver!, que como en España en ninguna parte. Porque, después de todo, ¿qué se les ha perdido en el extranjero, como yo digo? El caso es cambiar y hacer el tonto, aprender lo que no deben, eso, que buenos están los tiempos y aunque te rías, Mario, algún día España salvará al mundo, que no sería la primera vez.

(Cinco horas con Mario.)

FRAGMENTOS

Libros IV y VI

... todo iba bien hasta que la última vez que asistió el francés, se armó una trifulca en la Casa Grande, durante el almuerzo, al decir de la Nieves, por el aquel de la cultura, que el señorito René dijo que en Centroeuropa era otro nivel, una inconveniencia, a ver, que el señorito Iván,

eso te piensas tú, René, pero aquí ya no hay analfabetos, que tú crees que estamos en el años treinta y seis,

y de unas cosas pasaron a otras y empezaron a vocearse el uno al otro, hasta que perdieron los modales y se faltaron al respeto y como último recurso, el señorito Iván, muy solivantado, ordenó llamar a Paco, el Bajo, a la Régula y al Ceferino, y,

es bobería discutir, René, vas a verlo con tus propios ojos,
voceaba,
y al personarse Paco con los demás, el señorito Iván adoptó el tono didáctico del señorito Lucas para decirle al francés,
mira, René, a decir verdad, esta gente era analfabeta en tiempos, pero ahora vas a ver, tú, Paco, agarra el bolígrafo y escribe tu nombre, haz el favor, pero bien escrito, esmérate,
se abría en sus labios una sonrisa tirante,
que nada menos está en juego la dignidad nacional,
y toda la mesa pendiente de Paco, el hombre, y don Pedro, el Périto, se mordisqueó la mejilla y colocó su mano sobre el antebrazo de René,
lo creas o no, René, desde hace años en este país se está haciendo todo lo humanamente posible para redimir a esta gente,
y el señorito Iván,
¡chist!, no le distraigáis ahora
y Paco, el Bajo, coaccionado por el silencio expectante, trazó un garabato en el reverso de la factura amarilla que el señorito Iván le tendía sobre el mantel, comprometiendo sus cinco sentidos, ahuecando las aletillas de su chata nariz, una firma tembloteante e ilegible y, cuando concluyó, se enderezó y devolvió el bolígrafo al señorito Iván y el señorito Iván se lo entregó al Ceferino y
ahora tú, Ceferino,
ordenó,
y fue el Ceferino, muy azorado, se reclinó sobre los manteles y estampó su firma y, por último, el señorito Iván se dirigió a la Régula,
ahora te toca a ti, Régula,
y volviéndose al francés,
aquí no hacemos distingos, René, aquí no hay discriminación entre varones y hembras como podrás comprobar,
y la Régula, con pulso indeciso, porque el bolígrafo le resbalaba en el pulgar achatado, plano, sin huellas dactilares, dibujó penosamente su nombre, pero el señorito Iván, que estaba hablando con el francés, no reparó en las dificultades de la Régula y así que ésta terminó, le cogió la mano derecha y la agitó reiteradamente como una bandera
esto,
dijo,

Miguel Delibes, Premio Nadal de 1947, y José Vergés, creador, con varios amigos, del mismo Premio en 1944.

para que lo cuentes en París, René, que los franceses os gastáis muy mal yogur al juzgarnos, que esta mujer, por si lo quieres saber, hasta hace cuatro días firmaba con el pulgar, ¡mira!

y, al decir esto, separó el dedo deforme de la Régula, chato como una espátula, y la Régula, la mujer, confundida, se sofocó toda, como si el señorito Iván la mostrase en cueros encima de la mesa, pero René, no atendía a las palabras del señorito Iván, sino que miraba perplejo el dedo aplanado de la Régula, y el señorito Iván, al advertir su asombro, aclaró,

¡ah, bien!, ésta es otra historia, los pulgares de las empleiteras[1] son así, René, gajes del oficio, los dedos se deforman de trenzar esparto, ¿comprendes?, es inevitable,

y sonreía y carraspeaba y, para acabar con la tensa situación, se encaró con los tres y les dijo,

hala, podéis largaros, lo hicisteis bien,

....

... y, repentinamente, ante el asombro del señorito Iván, una grajeta se desgajó del enorme bando y picó en vertical, sobre ellos, en vuelo tan vertiginoso y tentador, que el señorito Iván, se armó, aculató la escopeta y la tomó los puntos, de arriba abajo como era lo procedente, y el Azarías al verlo, se le deformó la sonrisa, se le crispó el rostro, el pánico asomó a sus ojos y voceó fuera de sí,

¡no tire, señorito, es la milana[2]!

pero el señorito Iván notaba en la mejilla derecha la dura caricia de la culata, y notaba, aguijoneándole, la represión de la mañana y notaba, asimismo, estimulándole, la dificultad del tiro de arriba abajo, en vertical y, aunque oyó claramente la voz implorante del Azarías,

¡señorito, por sus muertos, no tire!

no pudo reportarse, cubrió al pájaro con el punto de mira, lo adelantó y oprimió el gatillo, y, simultáneamente a la detonación, la grajilla dejó en el aire una estela de plumas negras y azules, encogió las patas sobre sí misma, dobló la cabeza, se hizo un gurruño[3], y se desplomó, dando volteretas, y, antes de llegar al suelo, ya corría el Azarías ladera abajo, los ojos desorbitados, regateando entre las jaras y la montera, la jaula de los palomos ciegos bamboleándose ruidosamente en su costado, chillando,

¡es la milana, señorito! ¡me ha matado a la milana!

y el señorito Iván tras él, a largas zancadas, la escopeta abierta, humeante, reía,

será imbécil, el pobre,

como para sí, y, luego elevando el tono de voz,

¡no te preocupes, Azarías, yo te regalaré otra!

pero el Azarías, sentado orilla una jara, en el rodapié, sostenía el pájaro agonizante entre sus chatas manos, la sangre caliente y espesa escurriéndole entre los dedos, sintiendo, al fondo de aquel cuerpecillo roto, los postreros, espaciados, latidos de su corazón, e, inclinado sobre él, sollozaba mansamente [...]

mas, a la tarde, cuando el señorito Iván pasó a recogerle, el Azarías parecía otro, más entero, que ni moquiteaba[4] ni nada, y cargó la jaula con los palomos ciegos, el hacha y el balancín y una soga doble grueso que la de la mañana en la trasera del Land Rover, tranquilo, como si nada hubiera ocurrido, que el señorito Iván, reía,

¿no será esa maroma[5] para mover el balancín, verdad Azarías?

y el Azarías,

para trepar la atalaya es,

y el señorito Iván,

andando, a ver si quiere cambiar la suerte, y metió el coche en el carril, las ruedas en los relejes profundos, y aceleró mientras silbaba alegremente,

el Ceferino asegura por sus muertos que en la linde de lo del Pollo se movían anteayer unos bandos disformes,

pero el Azarías parecía ausente, la mirada perdida más allá del parabrisas, las chatas manos inmóviles sobre la bragueta sin un botón y el señorito Iván, en vista de su pasividad, comenzó a silbar una tonadilla más viva, pero así que se apearon y divisó el bando, se puso loco,

apura, Azarías, coño, ¿es que no las ves?

---

1. *Empleiteras:* personas que hacen esteras, sombreros, petacas y otras cosas.
2. *Milana:* rapaz diurna, de unos 60 centímetros, de plumaje marrón, más o menos jaspeado de rojo, y que presenta una larga cola muy ahorquillada.
3. *Gurruño:* cosa arrugada o encogida.
4. *Moquitear:* moquear, especialmente llorando.
5. *Maroma:* cuerda gruesa de esparto, cáñamo y otras fibras vegetales o sintéticas.

LA NOVELA DESDE 1939

hay allí una junta de más de tres mil zuritas [6], ¡la madre que las parió!, ¿no ves cómo negrea el cielo sobre el encinar?
y sacaba atropelladamente las escopetas, y el maletín de los cartuchos, y se ceñía a la cintura las bolsas de cuero y completaba los huecos del chaleco-canana,
 aviva, Azarías, coño,
repetía,
pero el Azarías tranquilo, apiló los trebejos junto al Land Rover, depositó la jaula de los palomos ciegos al pie del árbol y trepó tronco arriba, el hacha y la soga a la cintura, y una vez en el primer camal [7], se inclinó hacia abajo, hacia el señorito Iván,
 ¿me alarga la jaula, señorito?
y el señorito Iván alzó el brazo, con la jaula de los palomos en la mano, y, simultáneamente, levantó la cabeza y, al hacerlo, el Azarías le echó al cuello la soga con el nudo corredizo, a manera de corbata, y tiró del otro extremo, ajustándola, y el señorito Iván, para evitar soltar la jaula y lastimar a los palomos, trató de zafarse de la cuerda con la mano izquierda, porque aún no comprendía,
 ¿pero qué demonios pretendes, Azarías? ¿es que no has visto la nube de zuritas sobre los encinares del Pollo, cacho maricón?
y así que el Azarías pasó el cabo de la soga por el camal de encima de su cabeza y tiró de él con todas sus fuerzas, gruñendo y babeando, el señorito Iván perdió pie, se sintió repentinamente izado, soltó la jaula de los palomos y
 ¡Dios!... estás loco... tú,
dijo ronca, entrecortadamente,
de tal modo que apenas si se le oyó, y, en cambio, fue claramente perceptible, el áspero estertor que le siguió, como un prolongado ronquido y, casi inmediatamente, el señorito Iván sacó la lengua, una lengua larga, gruesa y cárdena, pero el Azarías ni le miraba, tan sólo sostenía la cuerda, cuyo cabo amarró ahora al camal en que se sentaba y se frotó una mano con otra y sus labios esbozaron una bobalicona sonrisa, pero todavía el señorito Iván, o las piernas del señorito Iván, experimentaron unas convulsiones extrañas, unos espasmos electrizados, como si se arrancaran a bailar por su cuenta y su cuerpo penduleó un rato en el vacío hasta que, al cabo, quedó inmóvil, la barbilla en lo alto del pecho, los ojos desorbitados, los brazos desmayados a lo largo del cuerpo, mientras Azarías, arriba, mascaba salivilla y reía bobamente al cielo, a la nada,
 milana bonita, milana bonita,
repetía mecánicamente,
y, en ese instante, un apretado bando de zuritas batió el aire rasando la copa de la encina en que se ocultaba.

6. *Zuritas:* tórtolas o palomas silvestres.
7. *Camal:* rama gruesa.

(Los santos inocentes.)

Miguel Delibes en 1979 (en la segunda foto aparece vestido para un acto en la Real Academia Española). Ese mismo año se refería así a su trayectoria literaria: «Yo no veo etapas en mi quehacer. Yo no sé teorizar sobre mi propia obra, cosa, por otra parte, que dudo mucho que merezca la pena. A este respecto sólo sabría decir que mis torpezas iniciales se han corregido en parte y que respeto todo ensayo vanguardista siempre que no se atente contra lo que considero esencial en la novela: relatar una historia. Esto quiere decir que en toda novela debe haber, al menos, un hombre, un paisaje y una pasión, engranados en un tiempo».

GONZALO TORRENTE BALLESTER

Nació en El Ferrol en 1910. Estudió Filosofía y Letras y Derecho. En 1935 se licenció en Historia. A partir de 1940 fue catedrático de Lengua y de Literatura Españolas en diversos institutos de enseñanza media. En 1947 y 1949, respectivamente, empezó a colaborar en el diario *Arriba* y en Radio Nacional de España. En 1966 fue nombrado profesor de la Universidad de Albany, en Estados Unidos. En 1970 regresó a España. Cuatro años más tarde se instaló en Salamanca. En 1975 ingresó en la Real Academia Española. En 1982 compartió con Miguel Delibes el Premio Príncipe de Asturias. En 1985 se le concedió el Premio Cervantes.

Toda la producción novelística de Torrente Ballester tiene un marcado carácter intelectual, tanto por lo que se refiere a la exhibición de una vasta cultura como por el deseo de analizar e interpretar los más variados problemas humanos y sociales. Hasta 1962, sin embargo, no faltan las obras de carácter testimonial y costumbrista, más en la línea del realismo decimonónico que del que se impone en los años cincuenta. Antes de esa fecha publica: *Javier Mariño* (1942), *El golpe de estado de Guadalupe Limón* (1946) e *Ifigenia* (1949). Entre 1957 y 1962 da a conocer la trilogía **Los gozos y las sombras,** compuesta por *El señor llega, Donde da la vuelta el aire* y *La pascua triste*. En esta trilogía, en la que lo individual y lo social se entremezclan constantemente, Torrente nos presenta a un médico, Carlos Deza, y a un industrial, Cayetano Salgado, con dos concepciones opuestas de la vida. El afán de dominio, tanto de las gentes del pueblo como de una misma mujer, es, sin embargo, común a ambos.

En 1963 aparece una de sus más interesantes obras, *Don Juan*, en la que recrea, una vez más, este zarandeado mito español. Desde entonces se acentúa el carácter intelectual de su producción. Torrente presta una mayor atención a los elementos imaginativos, irónicos, humorísticos y satíricos, y da un mayor realce a los enfoques perspectivísticos de la realidad. En los años siguientes publica *Off-Side* (1968), en la que analiza la parte de culpa que la sociedad de consumo ha tenido en la degradación de los valores humanísticos en el mundo contemporáneo, y **La saga/fuga de J. B.** (1972), con la que consigue un amplio reconocimiento de crítica y público. «Con la publicación de *La saga/fuga de J. B.* —comentará— hubo un cambio radical respecto a mi obra, y la gente, en vez de ignorarme, comenzó a hablar —bien o mal— de mí».

En esta obra, en la que utiliza los más variados recursos técnicos, y en la que se enfrenta con desparpajo a diversos mitos, se sirve de un realismo fantástico para mitificar la historia y las gentes de una ciudad gallega imaginaria, Castroforte del Baralla. A lo largo de sus muchas páginas, unos personajes que van en busca de su auténtica personalidad, pugnan, a través de un complejísimo entramado de relaciones humanas, por hallar algún sentido a su propia existencia individual y a su trayectoria como comunidad. Torrente, sin embargo, no rehúye el análisis de la realidad cotidiana y nos deja también su punto de vista, no exento de escepticismo, sobre la creación literaria.

Con posterioridad ha publicado, en una línea parecida, *Fragmentos de Apocalipsis* (1977), donde vuelve al recurso de «la novela dentro de la novela», *La isla de los jacintos cortados* (1980), *La princesa durmiente va a la escuela* (1983, aunque la empezó a redactar en los años cincuenta), *Dafne y sueños* (1983), *Quizá nos lleve el viento al infinito* (1984), *Yo no soy yo, evidentemente* (1987) e *Ifigenia y otros cuentos* (1987). En *Las sombras recobradas* (1979) recogió relatos y fragmentos de Memorias.

Torrente ha publicado, además, diversas obras de teatro, en las que se enfrenta, con frecuencia, a diferentes mitos: *El viaje del joven Tobías* (1938), *El casamiento engañoso* (1941), *Siete ensayos y una farsa* (1942) y *El retorno de Ulises* (1946).

Como crítico y ensayista es autor de *Teatro español contemporáneo* (1957 y 1969), *Panorama de la literatura española contemporánea* (1961) y *El Quijote como juego* (1975). En *Cuadernos de la Romana* (1975) y *Nuevos cuadernos de la Romana* (1976) recopiló algunas de sus crónicas periodísticas. También en *Los cuadernos de un vate vago* (1982) abundan los apuntes sobre literatura y las reflexiones sobre el proceso creador.

LA PASCUA TRISTE

Cap. IX

Cayetano regresó al mostrador. Se le había endurecido el rostro, pero en los labios le quedaba una sonrisa. Clara le miró decidida, con el rostro adelantado y las manos cerradas. Respiraba fuerte y se le habían encendido las mejillas.

—Estás muy bonita, Clara, y yo te quiero. ¿No lo comprendes? Si no te quisiera no hubiera vuelto. Te quiero y estoy dispuesto a arreglar lo nuestro. Lo he pensado mucho, ¿sabes? He querido traerte una solución.

Se inclinó un poco y abrió las manos.

—Si no estuviéramos en Pueblanueva nuestras relaciones hubieran sido distintas. Imagina que nos hubiéramos encontrado en otra parte; tú con tu vida y yo con la mía; tú con tu historia y yo con la mía. ¿Piensas que me habría preocupado tu enamoramiento de Carlos? ¡Me traería sin cuidado y me importaría un pito que te hubiera despreciado o no! Incluso llego a más. Soy un hombre moderno y reconozco a las mujeres el derecho a la vida y al amor. Aceptaría tranquilamente que hubierais sido amantes. ¿Qué más da? Dos que se quieren es una historia que empieza; se quieren por lo que son, y lo son por lo que han sido. El prejuicio de los españoles por la virginidad de las mujeres está anticuado y es inhumano. Cosa de los moros [...]

Cayetano sacó la pipa y la llevó a la boca sin cargarla. Hablaba con animación en el rostro, con movimiento de manos, voz suave. Buscó en los bolsillos el tabaco y empezó a cargar la pipa.

—Pero Pueblanueva nos ha envenenado. Mi manera de portarme no está de acuerdo con lo que pienso, sino con lo que piensan los demás. ¿Crees que no me doy cuenta? Lo comprendo y me duele en el alma, porque lo que piensan los demás es lo que piensa mi madre. Podría llegar a despreciar al pueblo, pero es difícil que mi madre sea de otra manera, y, siendo como es, no puedo despreciarla.

La pipa estaba cargada. La volvió a la boca, sacó el mechero y lo dejó en el mostrador.

—Tú no eres el ideal de mi madre, eso no hace falta decirlo. Sabe que vengo a verte y no como a las otras. Lo sabe porque se lo han dicho o porque lo ha adivinado. ¡El olfato que tienen las madres para estas cosas! Al principio no me decía nada; luego empezaron la alusiones, las quejas solapadas; después vino la tristeza. No se atrevió hasta ahora a preguntarme de cara qué voy a hacer contigo, ni sé si se atreverá. Me gustaría que no lo hiciese, pero temo que lo haga. Será difícil. Tú sabes cómo la quiero...

Su mano buscó a tientas el mechero y lo encendió. Mientras prendía la pipa, espiaba los parpadeos de Clara, el temblor de sus ojos, los movimientos de su cara. Guardó el encendedor, dio un paseo hasta la pared y allí se volvió.

—Salir de Pueblanueva es como recobrar la libertad. Vivir donde nadie nos conoce es desintoxicarse de prejuicios. ¡Hay tantas cosas que tú misma harías fuera de aquí! La gente, por ejemplo, se casa pensando en los demás; pero donde todos son desconocidos, los que se quieren no piensan en casarse. Cuando un hombre como yo llega al convencimiento de que necesita a determinada mujer, desprecia los trámites y las condiciones que pone la sociedad. ¿Con qué derecho un juez o un cura, o los dos juntos, nos autorizan a acostarnos? ¿Quiénes son ellos para disponer de algo tan nuestro como nuestros cuerpos? Por otra parte...

Suavemente, Clara le interrumpió.

—¿A dónde vas a parar?

Cayetano se cruzó de brazos y dejó de sonreír.

—Quiero que te vayas inmediatamente de Pueblanueva. De momento, a La Coruña. Tendrás todo lo que necesites, y yo iré a verte cada sábado. Esto, mientras no llegue el momento del arreglo definitivo. Entonces yo también marcharé. Pueblanueva me viene estrecha. Necesito más aire, más luz y más tierras que conquistar, y aquí no los hay. Un hombre como yo tiene cabida en cualquier parte que no sea España. ¡Hasta en Rusia he pensado! Stalin no me rechazaría.

Hablaba con entusiasmo, le resplandecían los ojos y movía las manos con calor. Clara escuchaba inmóvil [...]

—¿No comprendes, alma de cántaro, que

Torrente Ballester en 1922 y en los años cuarenta, respectivamente.

tanta palabrería y tanto barullo no son más que disculpas que te pones a ti mismo para no casarte conmigo? ¿A qué viene hablar ahora de tu madre, cuando tu madre nunca salió a relucir entre nosotros? Lo que te pasa es que das a la opinión de la gente más importancia de lo que tú mismo querrías. Tienes miedo a que se rían de ti si te casas con una mujer que ha estado enamorada de Carlos Deza, tienes miedo a que Carlos lo diga y cuente lo que pasó y lo que no pasó: ¡qué sé yo a lo que tienes miedo! Y como me quieres, que eso no te lo niego, armas todo ese lío para quedar tranquilo y matar dos pájaros de un tiro. Claro está que si yo estuviera enamorada de ti pasaría por todo y aceptaría ser tu querida o lo que fuese. Pero no estoy enamorada de ti ni lo podré estar ya nunca. Tendrías que llegar a lo que yo he llegado, y eso, por lo que veo, es imposible.

Cayetano había llevado la cachimba a la boca y la apretaba fuertemente con los dientes. La cachimba temblaba y los puños de Cayetano se pegaban contra los muslos, los golpeaban. Le aparecía en los ojos un resplandor de ira y en las esquinas de la boca una sonrisa desagradable. Clara le echó la mano a un brazo y lo sacudió.

—No te irrites y aprende a escuchar la verdad como un hombre. Acabas de proponerme que sea tu querida y no me he ofendido. Tampoco te guardo rencor, pero siento que seas como eres; en el fondo, un pobre hombre. Porque la única persona a quien de veras importa un pito la opinión de los demás soy yo. Yo sería capaz de irme contigo y de tener un hijo tuyo si lo considerase honrado, si algo razonable me impidiera ser tu mujer. Pero tus razones no me convencen. Sería un pretexto hoy, otro mañana, y siempre mentiras y dilaciones. Y yo no soporto la mentira. ¿Qué quieres? Me pasa como con la suciedad.

La mano de Clara había descendido a lo largo del brazo hasta hallar la muñeca. Se la apretó afectuosamente.

—Tienes que quererme, Clara; no puede ser de otra manera.

—No eres malo, en el fondo. Pero estás envenenado, en eso tienes razón, y te será difícil librarte del veneno, porque tú, como los otros, tampoco te irás de Pueblanueva. Ya ves, mi hermano, que no iba a volver nunca. Os tiene cogidos el pueblo y no os suelta.

—También a ti...

—No. Yo acabaré marchando. Y más pronto de lo que piensas.

(Los gozos y las sombras.)

¡GUARDATE DE LOS IDUS DE MARZO!

Resulta que La Tabla Redonda acordó, en sesión ordinaria aunque cautelosa, propinar a don Acisclo Azpilcueta una buena paliza en tanto incurso en el delito de meticonería con reincidencia y la agravante de impunidad. Estaban todos los titulares, con José Bastida de añadidura, y sólo Gowen se opuso a la sanción, porque él proponía la pena capital con ejecución nocturna en el mismo lugar y hora en que se proyectaba apalearle. ¿No resultaba más fácil, así como más justo y práctico, levantarlo entre todos y enviarlo por elevación a las oscuras aguas del Mendo? Un grito durante el viaje —corto, por lo demás—, un chapuzón difícilmente audible a aquellas horas, y al carajo la meticonería, la impertinencia y todas las restantes cualidades morales de don Acisclo. Sí, muy bien. Pero, ¿y la caja del violín? —José Bastida hablaba—. No había que esperar que la soltase, sino que cayese con ella al agua, y, una vez allí, mientras las lampreas arrastraban hacia el fango la sotana mojada, continente de un cuerpo enjuto, difícil hincarle el diente, el estuche, impermeable y hermético a causa de su preciosa carga, flotaría durante toda la noche sin apenas moverse, y allí estaría a la mañana siguiente, balizando el lugar donde el cuerpo se había hundido. ¡Ay, aquel José Bastida, siempre denunciando fallos, así de los proyectos como de las teorías! Por lo pronto, aunque no tenía voto, tenía voz, y, al consumir su turno, había comenzado diciendo que don Acisclo, además de canónigo desterrado de Puebla, en México, era una función, y, como tal, excluido del tributo a la muerte. La cosa se había planteado porque

LA NOVELA DESDE 1939

el Rey Artús tenía más que apalabrado el disfrute de las primicias de una muchacha llamada Herminia, y también Minucha la del Globo, por la tienda en que trabajaba; una muchacha a quien la naturaleza, con la colaboración involuntaria y probablemente inconsciente de sus fallecidos padres (según frase muy alabada del propio Artús), había dotado de una serie ordenada e incluso equilibrada de atractivos cuya majestuosa evidencia pudiera parecer el resultado de una serie sistemática de artificios, pero cuya realidad se había tomado la molestia de comprobar, no *de tactu,* que a eso no se había llegado aún, pero sí *de visu,* previo pago y mediante el uso clandestino y silencioso de una perforación en la pared del cuarto donde Minucha se bañaba: todo con la complicidad de la mujer del zapatero de la calle de Sal-si-puedes, que la había recogido en su casa al quedar Minucha huerfanita. Como resultado de aquella actividad contemplativa, intensa en sus efectos, si insuficiente y breve, el Rey Artús había andado una temporada como ido y más bien lunático, hasta el punto de que su señora había pensado seriamente en llevarlo al médico, pues no sólo parecía en las nubes, sino que se demoraba sospechosamente en el cumplimiento del débito conyugal, que La Chosca jamás había dejado de exigirle a pesar de los años de matrimonio transcurridos desde que don Annibal Mario Macdonald de Torres Gago Coutinho Pinto da Cámara da Rainha, fugitivo de la policía republicana, había atravesado el Miño a nado, a la altura de Salvatierra, una gélida noche de enero, desnudo aunque con monóculo: acción que había granjeado elevada reputación a su heroísmo y al final de la cual no había podido evitar que algunos habitantes de Salvatierra le contemplasen como lo parió su madre, entre ellos una criada de casa de La Chosca, que informó a su señorita, con éxtasis elocuente y en modo alguno exagerado, de lo bien dotado que el furtivo estaba de atributos viriles, además del monóculo. Y como La Chosca, en sus entonces jóvenes años, era conocida en sociedad con el nombre de Chocholoco, y como las dotes de aquel portugués fugitivo coincidían o acaso superaban cuanto ella había soñado y deseaba, aprovechó la indigencia del emigrado monárquico, defensor de los derechos de un Braganza a que los mismos Braganza habían renunciado, para ofre-

Arriba: G. Torrente Ballester acompañado de su segunda mujer, Fernanda Sánchez Guisande, con la que se casó en 1960. Ambos aparecen en la foto de abajo con seis de sus siete hijos (en su anterior matrimonio, el escritor había tenido cuatro más).

cerle, con su lecho legítimo, los medios para seguir viviendo al margen de la posible o imposible restauración de la monarquía, sin otra condición que seguir siendo guapo, de vestir a la inglesa, y de no prescindir del monóculo que tanta distinción confería a su persona. Ella, naturalmente, correría con los gastos, que, para eso, las cuatro fábricas de su familia y los cincuenta obreros que trabajaban en cada una de ellas producían cantidades que el más escrupuloso inspector de Hacienda no había logrado nunca averiguar. Es cierto que don Annibal Mario se acusaba íntimamente de haber perdido la decencia, y es cierto que su creciente melancolía se curaba tan sólo en los brazos de una mujer bonita o con la guitarra en el regazo; pero también lo es que su elección para el puesto de Rey Artús, cuando lo de La Tabla Redonda, le había devuelto el gusto por la vida y le había quitado de encima diez o doce años. Se había hecho un terno gris de tejido de Manchester, traído de contrabando; había sacado del armario, donde yacía desde años incontables, la capa negra de Coimbra, y caminaba con el viejo orgullo de conspirador, reforzado por la posesión de aquella corona que, aunque mítica, sentaba maravillosamente a sus sienes argentinas. Fue tan visible el cambio, que los godos del Casino llegaron a reírse de él, y, entonces, cosa que nadie esperaba, fue defendido nada menos que por su cuñado, el mayor de Los Choscos, que siempre se había quejado de lo caro que salía el portugués a la economía familiar, y que en aquel momento sacó a relucir, no sólo la satisfacción con que la firma había recibido la noticia, sino que don Annibal Mario hacía bien en vestirse a la inglesa, ya que había nacido en Londres cuando su padre representaba a Portugal ante la Corte de Saint James. Los godos, con esa su ignorancia de las cosas lusitanas y, en general, de cuanto ocurre en el área lingüística galaico-portuguesa, dijeron que sí, que bueno, que ya se vería y que después de todo, etcétera, pero el cuñado del Rey Artús, a espaldas de La Chosca, hizo a don Annibal Mario un regalo en metálico de cuantía regular que le permitió pagar a la Zapatera el anticipo por el uso del agujero en la pared y esconder en un rincón de su despacho la cantidad apalabrada para satisfacer a Minucha por sus servicios y a la Zapatera por el alcahueteo, que desde atrás lo venía trajinando al convencer a la niña de que se dejase de novios y que pusiese en venta, pero a buen precio, lo único que de veras poseía sin que nadie pudiera disputárselo. Pero sucedió que el Zapatero, que había admitido a Minucha en su casa en la ocasión de su orfandad a condición de que, llegado el momento, la pasaría el primero por la piedra como única manera de resarcirse de los gastos de educación y mantenencia, empezó a ponerse pesado y a recordar el trato a la Zapatera; y como ésta no se decidía, sino que, al revés, lo estorbaba, y como las tetas de Minucha crecían y endurecían de manera alarmante, el Zapatero quiso cobrarse una de aquellas tardes, y Minucha le respondió que nones, y de resultas se armó una bronca tal en la calle de Sal-si-puedes, que todas las comadres salieron a las ventanas, a aquellas horas llenas de cabezas de obispos y tiestos de albahaca, y algunas al arroyo, y el Zapatero llegó a amenazar con una cuchilla del oficio a su mujer y a Minucha, y acaso aquello hubiera terminado en el juzgado, en la cárcel y quién sabe si en el cementerio, cuando, de pronto, la Zapatera vio con asombro que una mano como una garra, una mano que además de oscura, y seca, y peluda, y precisamente por eso, daba miedo, aparecía en el quicio de la puerta y se apoderaba de la muñeca izquierda de Minucha, y la arrastraba hacia un destino ignoto; siguió a la mano el perfil aquilino de don Acisclo Azpilcueta, también oscuro y peludo, cuya voz ordenó a la moza que se fuera con él y que ya mandaría después a buscar sus cosas. La aparición del canónigo, inesperada aunque previsible, pues siempre andaba husmeando donde no le llamaban, hizo enmudecer al coro de la tragedia, y hubo como un aleteo siniestro por la blanca y estrecha calle de Sal-si-puedes; el Zapatero gritó: «¡A este tío, yo me lo cargo!», e intentó salir con la cuchilla en la mano, y lo hubiera hecho si su mujer, mucho menos apasionada, aunque su pérdida era mayor, no lo detuviera, y con una buena llave de *catch-as-catch-can* no lo arrojara al suelo y lo mantuviera allí hasta que Minucha y su presunto salvador salieron de la calle, ella más bien obligada. «¡Se la lleva al convento!», dijeron varias voces sepulcrales; como si dijeran: «Se la llevan a enterrar.» Y el Zapatero, más repuesto, vociferó un rato, y que si no había derecho, y que si hubieran matado a todos los curas durante la República no pasarían estas cosas, y que si esto, y que si lo otro, y miraba a su mujer con rencor y la acusaba de culpable. Estaban todos tristes en la calle, incluso los obispos de las ventanas, sobre todo porque Minucha cantaba como una calandria, y su voz les alegraba, y era además la candidata de la Cibidá en el concurso de la Emisora Local frente a una criada goda que cantaba flamenco y que, aunque sirviente, se llevaba los votos del señorío. De modo que cuando llegó el Rey Artús, aquello parecía el Bosque de la Tristeza, lleno de alegorías mudas que representaban La Pena, La Desolación, El Llanto y varias clases de Patatuses; y los lamentos de la Zapatera, que quería de verdad a aquella criatura aunque no fuese más que por haberla criado, partieron su corazón. «¡Y aquí nadie se atrevió a nada porque, como usted sabe muy bien, ese señor es de los que vuelan por las noches y chupa la sangre a los cristianos!»; con lo cual la Zapatera justificaba, no sólo su escasa rebeldía, sino la pasividad del vecindario ante el rapto flagrante. Esto, a Merlín, cuando lo supo, que fue aquella misma noche, le preocupó más que la misma pérdida de Minucha —de la cual él no pensaba disfrutar a causa de los principios morales derivados de su concepción matemática del Universo—, porque era síntoma de que ciertas supersticiones comenzaban a penetrar en las capas inferiores de la verdadera sociedad castrofortina, a causa de las películas de Frankenstein y Drácula que los empresarios godos traían a los cines sin que nadie osara criticarlos; y a la gente le había dado por equiparar a don Acisclo con Drácula, quizá por haber equiparado antes, aunque erróneamente, la capa del vampiro con el manto del clérigo, que don Acisclo llevaba generalmente suelto y a su aire, arrancando calles, y que era tan amplio que se bastaba para sostener, sin más que desplegarlo como unas alas, un cuerpo tan escueto y de pájaro flaco como el suyo, y esa creencia sólo se explicaba por la falta, durante los últimos decenios, de una entidad vigilante de la educación local, de alguien que saliese por los fueros de la razón y de la verdad; porque él, Merlín, estaba en condiciones de probar que aquello de los vampiros era verdaderamente supersticioso y, más horrible todavía, de importación, una de esas bobadas que sólo podían admitir pueblos o personas de imaginación truculenta y rudimentaria.

SCHERZO Y FUGA

En general, todos los niños quieren alguna vez ser el papa, el cura, el gato, el águila y el triángulo isósceles, y con cierta frecuencia lo consiguen, hasta que un día olvidan todo y se conforman —o se resignan— a ser los mismos de una vez para siempre y con la esperanza de no cambiar demasiado, porque no es respetable llegar a los cuarenta siendo distinto que a los veinte. El principio de identidad es la columna vertebral de la persona, y cuanto más sencilla es la columna, mejor. Pero yo, a pesar de mi apasionada voluntad de cambiarme en lo que fuera —en general, quería ser cualquier cosa o persona que me pareciese bella, o gallarda, o imponente, por ejemplo, el Sargento de la Guardia Civil del cuartelillo de mi pueblo—, no lo conseguí jamás, y por eso llegué a mayorcito sin perder la costumbre, soñando siempre con imposibles pero satisfactorias transformaciones. Ahora pienso que a causa de cualquier predisposición congénita, perfeccionada por ese hábito, me fue más fácil, cuando llegó el momento, dejar de ser quien era incluso antes de llegar a ser el otro. Miren: no pertenece al orden de lo que se entiende, sino al de lo que se siente, como cuando le dan a uno una buena bofetada. De repente observé que me apartaba de una cosa como si me desprendiera, y me pareció que la operación se desarrollaba más o menos como cuando se arranca de algo sólido y recio una tira adherente, de tafetán o esparadrapo. Llegué a ver cómo las minúsculas briznas de pegamento se estiraban como hilillos elásticos que hicieran, además, un ruido muy sutil que casi no se oía. Y conforme sentía, vi cómo me desprendía; vi, oí, sentí cómo me alejaba indiferente, y que lo que aquí quedaba no era nada. Aquí quedaba lo de fuera, entre cielo y tierra fluctuante, y allí iba yo marchando, más lejos cada vez, sin sentir ese dolor que debe de

El escritor en 1986. Un año antes declaraba: «Al lector que busca en la novela un reflejo de cómo él ve la vida, difícilmente pueden interesarle mis obras. El lector que lee mis libros va buscando en ellos lo que no sabe del mundo. [...] Los argumentos que están de moda no me interesan. En este sentido, soy un escritor marginal y, en cierto modo, marginado».

sentirse cuando uno se desprende de lo que es y deja entonces de serlo. Vamos, lo digo a juzgar por la firmeza de mis pasos. Conviene no confundir, y yo mismo me cuido de no hacerlo, ese momento y la facultad o posibilidad que comporta, con mis emigraciones o salidas cuando yacía en la cárcel de la Inquisición vallisoletana, literalmente aherrojado: aquello nunca fue, propiamente hablando, separación, sino el ejercicio de una propiedad que todos los hombres tienen en potencia y que llegarán a ejercitar en acto cuando la Ciencia descubra, explore y ponga al alcance de todos esos recónditos ámbitos del Cosmos que ahora designamos con el nombre provisional de misterio. (¡El lío que se va a armar entonces va a ser de los que marcan época!) La diferencia que acabo de señalar plantea la primera cuestión insoluble. ¿Quién quedaba y quién se iba? Si el que se iba era yo, ¿por qué también se llamaba yo el que quedaba? Y si era yo el que quedaba, ¿quién era aquel que ya se había ido, que ya había desaparecido, contento y campechano de haber dejado de ser yo? La confusión se debe a alguna imperfección del lenguaje, al uso deficiente de los pronombres personales, a esa culpable manía de usar la misma palabra para nombrar cosas tan diferentes como lo que queda y lo que marcha. Ininteligible, claro, pero no por mi culpa. Ininteligible ante todo para mí, pero sólo por mi manía de investigarlo todo nada más que por lo contento que queda uno, por la sensación de poder que se experimenta cuando se acaba comprendiendo algo que tiene intríngulis. Si aquella sensación tan compleja de separación, perplejidad e impotencia intelectual se hubiera prolongado, no sé en qué habría acabado la aventura; pero, por fortuna, se transformó, o, mejor dicho, cedió la plaza a una sensación nueva, la de una presión espantosa que se ejerciese sobre mi cuerpo en todas las direcciones, como lo que siente el pie cuando uno logra calzarse un zapato cuatro números menor de lo debido. ¿Es que alguien me estaba calzando? Semejante certeza —y yo estuve a punto de tenerla— es de las que, sin tiempo a reflexionar, zambullen al sujeto paciente en un estado sentimental de humillación casi infinito y, por supuesto, irremediable. No llegué, sin embargo, a tal estado, porque pronto descubrí que la cavidad donde estaba metido no era un zapato (en el caso de poder llamarle con propiedad lugar), sino que se trataba más bien del interior de un tubo cuyo diámetro se achicase cada vez más, constriñéndome; pero que, hacia arriba y hacia abajo, ofrecía un campo de expansión interminable. De estar entonces en mis cabales, me hubiera preguntado a qué era igual la suma de aquellas dos dimensiones sin término a la vista, una cada vez mayor, otra cada minuto más pequeña, pero confieso con vergüenza que, por el momento, mi experiencia interior evolucionaba de la sensación al sentimiento, acaso a causa de la distancia hacia arriba a que iba quedándome el cerebro. No comprendí, pues, sino que sentí cómo me iba alargando al mismo tiempo que me ahilaba, y cómo, a pesar de la escasez de mi materia humana iba alcanzando altura tal —una sola dimensión, por supuesto— que conmigo se podría atar la tierra por lo más grueso y aún sobraría hilo para nudos y lazadas. ¡Con decir que mi alma tardó un tiempo incalculable en pasearme de cabo a rabo, si bien lo hiciera con dificultad, a causa de mi exagerada delgadez, y que, a pesar de ser espíritu, el alma, en su paseo, me lastimaba! Más tarde supe que se trataba de un accidente de ósmosis por capilaridad. Hasta que alguien —o quizás algo— tiró de mí por un extremo, quizás el que correspondía a los pies, y me hallé metido en un cuerpo en que cabía holgadamente: más espacioso que el mío antiguo, puesto que, para llenarlo, mi carne tenía que estirarse hasta el límite de su elasticidad, y aún hubo células que hubieron de medio desintegrarse para cumplir la obligación de colmarlo sin vacíos ni burbujas. Aquel lugar era un cuerpo, pero no el mío, y, sin embargo, me sentía en él como en mi casa, como si siempre lo hubiera habitado: un cuerpo que no me planteaba dudas, sino que me ofrecía certezas, como vivido por mí años largos. Empezando por su nombre: se llamaba, por supuesto, J.B., pero no José Bastida, sino Jerónimo Ballantyne, e iba vestido con casaca de Almirante y mitra de Obispo. No recuerdo haber alcanzado, durante el tiempo que lo habité, especial conciencia de la cara, guapa o fea, graciosa o repelente, pero sí muy aguda del nombre, la mitra y la casaca, como si mi nueva personalidad en estas cosas se cifrase.

(*La saga/fuga de J.B.*)

RAFAEL SANCHEZ FERLOSIO

Nació en Roma en 1927 (su padre, el escritor Rafael Sánchez Mazas, era corresponsal de prensa en esa ciudad). Estudió Filosofía y Letras en Madrid, ciudad en la que vive. Estuvo casado con la novelista Carmen Martín Gaite.

En su primera obra, **Industrias y andanzas de Alfanhuí** (1951), «historia castellana y llena de mentiras verdaderas», según el autor, relataba las aventuras de un muchacho que vive a caballo entre la realidad y un mundo maravilloso y fantástico.

Su consagración llegó con *El Jarama* (1956), novela sin argumento, en la que nos presenta a un grupo de once jóvenes madrileños, de condición humilde, que pasan un día de domingo a orillas del río Jarama.

Recientemente, y después de muchos años de silencio, ha publicado una novela, *El testimonio de Yarfoz* (1986), que, al parecer, escribió entre 1969 y 1971.

Es autor también de numerosos artículos y ensayos. Muchos de ellos están recogidos en *Las semanas del jardín* (1974), *La homilía del ratón* (1986), *Campo de Marte. El ejército nacional* (1986) y *Mientras no cambien los dioses nada ha cambiado* (1986).

DE COMO LLEGO ALFANHUI A SER OFICIAL DISECADOR Y EL MARAVILLOSO EXPERIMENTO QUE A CONTINUACION SE NARRA

El maestro llamó un día a Alfanhuí para darle el título de oficial. Aquel día le contó sus últimos secretos. Alfanhuí contó, a su vez, cómo había conseguido la sangre del ocaso cuando vivía con su madre. El maestro le dio la mano y le regaló un lagarto de bronce verde.

Tiempo después discurrieron un nuevo experimento. Extrajeron principios de vida de los ovarios de algunos pájaros y los injertaron en el castaño. Pusieron principios de varios pájaros de distinta especie, y esperaron de nuevo el tiempo de las castañas.

Cuando llegó ese tiempo, Alfanhuí y su maestro esperaban la sorpresa con alegría. Hicieron la cosecha del castaño y se pusieron a abrir los frutos uno por uno, porque no sabían cuáles estaban injertados y eran por fuera todos iguales. Abrían castañas y castañas y las iban echando en un talego. Por fin apareció un fruto injertado. Alfanhuí lo abrió cuidadosamente y encontró un huevo blando de color verde. El cascarón era como de tela, como las camisas de los percebes, y se sentía dentro una cosa, como un pañuelo arrugado. El maestro pensó que era preciso que aquel huevo se incubara, para que el animal tuviera vida, y lo pusieron al sol sobre la rueda de molino. Encontraron más de veinte frutos injertados y de varios colores, y con todos hicieron lo mismo.

Al cabo de los días, los huevos empezaron a moverse como hombres dentro de un saco. Alfanhuí y su maestro se decidieron a abrirlos. Rajaron la película del primero y apareció una cosa de colores, como un puñado de hojas lacias y arrugadas. Vieron que aquello se desdoblaba y se abría como un pañuelo, y pronto tuvieron ante los ojos un extraño pájaro. Todas las formas de su cuerpo eran planas como papel y tenía las plumas de hojas. En lugar de tener dos alas tenía cinco, desigualmente dispuestas. Tenía tres patas y dos cabezas aplastadas también como todo lo demás. Alfanhuí y su maestro comprendieron que aquel pájaro había nacido con simetría vegetal y no estaban, por tanto, determinadas ni el número ni el orden de cada parte de su cuerpo como en un árbol no está determinado el número ni el orden de las ramas. Pero reconocieron que había nacido de un embrión de garza, porque las formas aisladas reproducían las de aquel pájaro, aunque sin volumen, como dibujadas en un papel. Tenía los colores muy vivos y piaba muy bajito, como cuando se silba entre dientes. El maestro lo cogió y lo lanzó al aire. Desplegó el pájaro sus cinco alas y se puso a volar a tirones por el viento, como un trapo de colorines, columpiándose como una hoja seca y sin rumbo decidido, yendo y viniendo por el aire como una mariposa. Alfanhuí y su maestro se entusiasmaron y abrieron los huevos.

El cielo del jardín se llenó de aquellos pájaros de colores, más pequeños y más grandes, que hacían su primer vuelo y no se alejaban de allí. Parecía que habían sido echados al aire los disfraces de carnaval de una fiesta de pájaros o que habían lanzado pasquines desde un balcón.

Era una bandada ingrávida y maravillosa que se movía por el cielo a desgarrones, en un armonioso desconcierto. Ninguna bandada se había visto nunca tan desordenada y alegre, tan viva y disparatada.

Alfanhuí y su maestro reconocieron en cada pájaro vegetal la especie animal de que descendía y se quedaron embelesados mirando aquel vuelo extraño por el jardín y escuchando aquel piar silencioso y variado, como un restregar de cueros o un afilar de cuchillos.

Después de un rato, todos a una, los pájaros se posaron en el castaño, porque habían nacido de allí y tenían en él la querencia. Tiempo después, los pájaros vegetales se acostumbraron a volar por el campo; pero todas las noches volvían a dormir entre las hojas del castaño. Alfanhuí y su maestro estaban entusiasmados con su multicolor y multiforme bandada vegetal, y se preocupaban de contarlos todas las tardes, cuando volvían a dormir en el castaño. Un día echaron de menos a un pájaro y, porque les habían tomado cariño, se pusieron muy tristes.

Pero el pájaro había sido matado por un cazador, y por toda Guadalajara corría ya una voz de escándalo y espanto.

(Alfanhuí.)

—¡Bailar, a éste tampoco lo dejo yo que baile! —decía Paulina.

R. Sánchez Ferlosio y Carmen Martín Gaite, que aparecen en la foto, se casaron en octubre de 1953. Ambos obtuvieron el Premio Nadal en 1955 y 1957, respectivamente, por El Jarama y por Entre visillos.

Apartó a Sebastián de su regazo.
—Bueno, tú; ya está bien.
—Chico, me gustaría tener diez espaldas para que me las estuviesen rascando de continuo. No te creas que es de broma. Y cuando terminaran con la que hace diez, pues ya me estaría picando nuevamente la número uno...
—Es decir —continuaba Paulina—, no le dejo que baile, pero entiéndeme, si veo que va a hacer el ridículo en una boda que yo no vaya, pongo el caso, o en algún compromiso, el que sea, pues antes que tenga que quedar en mal lugar por causa mía, le consiento que se eche un par de bailes o tres, ¿no me entiendes?
—Ah, pues ahí yo no veo que nadie haga el ridículo por quedarse sentado en una silla —le contestaba Carmen—. A eso no le encuentro yo ningún motivo de vergüenza, por donde quiera que se mire.
—Hija, en un hombre —dijo Paulina—, tendrás que reconocer que es un plan un poquito desairado. Comprenderás que vaya un papel, que mientras todos se divierten, tú te tengas que estar sentadito en una triste silla. Dirán que la novia, que es que será tonta, o algo por el estilo.

LA NOVELA DESDE 1939

El escritor en 1986, año en el que aparecieron, después de un prolongado silencio, cuatro obras suyas. Poco después declaraba: «—¡No, no, no he seguido en absoluto publicando novelas! No me gusta el término «novela», ni las leo, ni las escribo. El testimonio de Yarfoz no es una novela, es un testimonio de la historia. No «vuelvo», como se dice: hace tiempo que ni leo literatura; me interesan más los libros de historia. Mi interés por la teoría política se ha comido el interés por la literatura, que ya era bastante escaso...».

—Pues mira, sobre eso, ya ves, somos distintos pareceres. El que tenga una novia formal, pues que se sujete a hacer lo mismo que la ha exigido a ella. Y ya no es por ellos ni por nada; es porque creo que hay derecho de establecerlo de esa forma. Eso que vayan a tener más libertades que nosotras es una cosa que tampoco no le veo la explicación.
—Mira ellas, cómo hacen y deshacen —dijo Sebas—. Vámonos, Santos, que aquí estamos de más. Vamos a darnos un garbeo, mientras tanto, a ver si hay suerte y nos sale algún apaño por ahí.
Se reía. Santos puso una voz relajada:
—Mira, por no moverme yo ahora, según estoy, ni aunque pasara Marilyn Monroe; como lo oyes.
Se volcaba de espaldas y estiraba los brazos contra el cielo.
—Bueno. Eso quisiera verlo yo. Como pasara esa rubiala, ya me lo ibas a decir, si pasara de veras por aquí delante. Te espabilabas relámpago; ¡el bote que pegabas!
—Vaya, muy bien, está eso muy bonito —dijo Paulina—; hacernos aquí de menos a las demás.
—Eh, bueno, eso sí; mejorando lo presente, chatina —se reía Sebastián—, mejorando lo presente. Ya se sabe.
Le hacía una carantoña y ella se retiraba.
—¡Quita, antipático! —con la boca chica.
—Ah, oye, y por cierto —dijo Sebas—; una cosa divertida. A propósito ahora de la Marilyn Monroe. ¿A qué no sabéis lo que ha dicho en los periódicos?
—No. A ver ¿El qué?
—Pues salta ella en una de esas interviús que le hacen a los artistas, se pone: «Me gustaría ser rubia por todas partes». No está mal, ¿eh?
—Yo no le veo la chispa, la verdad —dijo Paulina.
—Que no, hombre —protesta Santos—; eso no lo ha dicho, no me fastidies.
—En América, bobo. Que sí. ¿Entonces es que yo me lo he inventado?
—No sé, no sé; puede ser que lo haya dicho...
—Gracia no tiene mucha, desde luego —insistía Paulina.
Levantaron los ojos. Venía muy bajo un avión. Pasaba justamente por encima y parecía que iba a podar con sus alas las puntas de los árboles. El ruido había cubierto el murmullo de toda la arboleda.
—¡Qué cerca pasan! —dijo Mely.
—Es un cuatrimotor.
—Es que ahora aterriza asimismo, según viene —explicaba Fernando—. Cogen ahí en seguida la pista de Barajas, nada más que pasar la carretera.
—¡Quién fuera en él!
—En éste no, mujer; en uno que despegue.
—¿Te gustaría ir a Río de Janeiro?
—Creo que arman unos Carnavales...
—Los Carnavales de Río.
—Las Fallas valencianas, como encender una cerilla.
—Allí no queman nada.
—Bueno, pero hay follón.
—¿Y aquí por qué no te dejarán ponerte una careta?
—Pues por la cosa de los carteristas, hombre. ¿No comprendes que es darles la gran oportunidad?

—¿Y en Río no los hay?
—¡Allí hay mucho dinero! Figúrate, Brasil, con el café que vende a todas las naciones.
—Ya ves, y un vicio.
—Cuba con el tabaco. Pues igual. Los vicios dan dinero siempre.

....

—¿Y qué hay de vuestra boda, Miguel? —preguntó Sebastián.
Miguel estaba tendido, con el antebrazo derecho sobre los párpados cerrados; dijo:
—Qué sé yo. No me hables de bodas ahora. Hoy es fiesta.
—Pues tú estás bien. No sé yo qué problema es el que tenéis. Ya quisiéramos estar como tu novia y tú.
—Ca, no lo pienses tan sencillo.
—Pues la posición que tú tienes...
—Eso no quiere decir nada, Sebas. Son otros muchos factores con los que tiene uno que contar. Uno no vive solo, y cuando en una casa están acostumbrados a que entre un sueldo más, se les hace muy cuesta arriba resignarse a perderlo de la noche a la mañana. Eso aparte otras complicaciones, que no sé yo, un lío.
—Pues yo no es que quiera meterme en la vida de nadie, pero, chico, te digo mi verdad: yo creo que uno en un momento dado tiene derecho a casarse como sea. O vamos, compréndeme, a no ser que tenga responsabilidades mayores, por caso, enfermos o cosa así. Pero si es sólo cuestión de que se vayan a ver un poquito más estrechos, ¿eh?, económicamente, yo creo que hay que dejarse de contemplaciones y cortar por lo sano. Que les quitas un sueldo con el que han estado contando hasta hoy; bueno, pues ¡qué se le va a hacer! Todos tienen derecho a la vida. Y también, si te vas, es una boca menos a la mesa. Por eso te digo; yo que tú, no sé las cosas, ¿verdad?, pero vamos, que respecto a la familia, me liaba la manta a la cabeza y podían cantar misa. Mi criterio por lo menos es ése, ¿eh?; mi criterio.
—Eso se dice pronto. Pero las cosas no son tan simples, Sebastián. Desde fuera nadie se puede dar una idea de los tejesmanejes y las luchas que existen dentro de una casa. Aun queriéndose. Las mil pequeñas cosas y los tiquismiquis que andan de un lado para otro todo el día, cuando se vive en una familia de más de cuatro y más de cinco personas. No creas que es cosa fácil.
—Si eso ya lo sabemos, pero con todo eso hay que arrostrar.
—Que no, hombre, que no; prefiere uno fastidiarse y esperar el momento oportuno.
Alicia bostezó, dándose con los dedos sobre la boca abierta. Miró hacia el río. Luego le dijo a Sebas, moviendo la cabeza hacia los lados:
—No le hagas caso, Sebastián. Déjate. Lo importante no son las razones, este o aquel motivo. El quid de la cuestión está en lo que más pueda para uno. Uno está siempre propenso a disculparse en aquello que más tira de él. Lo que se habla por la boca no obedece más que a eso. Y para todo se encuentra explicación.
Sebas le dio a Miguel en el brazo:
—Toma del frasco, Carrasco. Tiran con bala, niño. Menuda. Esa es de las que pican. Para que luego digamos que las mujeres todo se lo creen.
Miguel sonrió torcido; miró a su novia encima de su cabeza y se puso serio:
—Estáis hablando de lo que no sabéis. Era mejor si no sacabas esta conversación a relucir. Ya te lo dije.
—Tú la has seguido, Miguel. A mí no me digas nada. Yo te advertí, lo primero, que no era con ánimo de entrometerme en la vida de nadie. Si te ha escocido lo que ha dicho tu novia, conmigo allá películas.
—Anda, mira, date una vuelta, ¿sabes? Déjame ya. Habéis metido la pata y se ha terminado.
—¡Jo, qué tío! —dijo— Ahora se pone que yo he metido la pata. ¿No te fastidia? Ahora las paga conmigo. No se le puede ni tocar.
Miguel no contestaba. Intervino Paulina:
—Tiene razón. Tú no tenías por qué querer arreglarle la vida a nadie. Bastante tienes ya con la tuya, para meterte a redentor de la ajena. Te contestan por pura educación, pero tú has estado inoportuno, eso no quiere decir...
—¿Tú también? Pues vaya una forma de cogerlo entre medias a uno. No lo entiendo, te juro.
—Está bien claro —dijo Miguel—. Más claro no han podido decírtelo. Cuando tu novia te lo dice, por algo será, Sebastián.
Alicia dijo:

—Mira, Miguel, el que no te conozca que no te compre.

—No estoy hablando contigo, Alicia. Tú ya has hablado de más. Así que mutis por el foro.

—Pero bueno, Miguel —dijo Sebas—, yo lo que digo es una cosa: ¿somos amigos, sí o no? Porque es que si lo somos, como yo me lo tengo creído, no comprendo a qué viene todo esto, francamente. Que no podamos tener ni un cambio de impresiones sobre las cosas de cada cual.

—No lo comprendes, ¿eh? —Miguel hizo una pausa y resopló por la nariz, suspirando; levantó el torso sobre los codos y miró a todas partes, hacia el río y los puentes—. Pues yo tampoco, Sebas, si quieres que te diga la verdad. Es que está uno muy quemado. Eso es lo único que pasa. Y ya no quieres ni oír hablar de lo que te preocupa —se pasó por la frente una mano y buscó el sol con la vista, por cima de los árboles—. Complicaciones no las quiere nadie. Y tú tienes razón y ésta tiene razón, y yo, y aquel de más allá. Y al mismo tiempo no la tiene nadie, pasa eso. Por eso no gusta hablar. Así es que no te incomodes conmigo. Ya lo sabes de siempre que...

Sonrió con franqueza. Sebas habló:

—Chico, es que das unos cortes que lo dejas a uno patidifuso. Te pones la mar de serio y de incongruente. Pero por mi parte, figúrate. Mejor lo sabes tú. Por descontado, desde luego, y además...

Miguel lo interrumpía:

—Acaba ya, que apestas. No se hable más. Saca el tabaco, anda.

(*El Jarama*.)

IGNACIO ALDECOA

Nació en Vitoria en 1925. Estudió Filosofía y Letras en Salamanca y Madrid, aunque nunca llegó a licenciarse. En 1952 se casó con la escritora Josefina Rodríguez. Realizó numerosos viajes por Francia, Inglaterra, Alemania, Polonia, Holanda y Estados Unidos. Murió en 1969.

Aldeoca tuvo el propósito de escribir nueve novelas, distribuidas en tres trilogías, que constituyeran una «épica de los oficios»: la primera, sobre los guardias civiles, los gitanos y los toreros; la segunda, sobre los trabajadores del mar; la tercera, sobre el trabajo de la mina y los altos hornos. Sólo concluyó cuatro. Dos pertenecen a la primera trilogía: *El fulgor y la sangre* (1954) y *Con el viento solano* (1956). Las otras se desarrollan en ambientes marineros: *Gran sol* (1957) y *Parte de una historia* (1967).

Desde 1948, en que publica su primer cuento, «La farándula de la media legua», Aldecoa escribió más de setenta relatos, de temática variadísima, que están recogidos en los volúmenes **Espera de tercera clase** (1955), *El corazón y otros frutos amargos* (1959), **Caballo de pica** (1961), *Arqueología* (1961), *Neutral corner* (1962), *Pájaros y espantapájaros* (1963) y *Los pájaros de Baden-Baden* (1965).

«La pobre gente de España» y la «realidad española, cruda y tierna a la vez», que reflejó en sus novelas, constituyen la materia básica de estos relatos. Por ellos desfilan gentes humildes, emigrantes sin trabajo, marginados, niños soñadores, y algunos representantes de la burguesía ociosa, despreocupada y abúlica.

Aldecoa es autor, además, de numerosos artículos, ensayos, reseñas y comentarios, aparecidos en publicaciones periódicas, y de dos libros de viajes: *Cuadernos de godo* (1961) y *El País Vasco* (1962).

Ediciones

Cuentos completos, recopilación y notas de Alicia Bleiberg, dos volúmenes, Madrid, Alianza, 1971. *Cuentos escogidos*, ed. de Gloria Rey Faraldos, Madrid, Alhambra, 1987.

IGNACIO ALDECOA

«CHICO DE MADRID»

El mejor y más bonito modo de atrapar gorriones es el de la sábana emplomada cuando hay nieve, acercándose a la bandada silbando de distraídas. Si se quiere apedrear a un gato desinflado de hambre y pelón de tiña, lo importante es el sigilo, llevando las alpargatas colgando del cinturón. Para cazar una mariposa es necesario fingirse miope y poseer una boina grande, sucia y agujereada. Tratándose de un perro vagabundo, al que hay que atar una ristra de latas vacías a la cola, la técnica exige guiñar un ojo y caminar a la pata coja, como si se jugara. Las lagartijas requieren el cuerpo erguido, la mirada al frente y una delicada y cimbreante varita de fresno. Los grillos piden, para que se les haga prisioneros, tino y necesidades verecundas [1]. Así, y no de otro modo, son las ordenanzas.

«Chico de Madrid» era un maestro zagalejo de moscas y Job caracol, llevando consigo un estercolero; a sus trece años sabía mucho más de caza suburbana que el más calificado cinegético [2]. Se había educado en las orillas del Manzanares, aprendiéndolo todo por experiencia. «Chico de Madrid» era bisojo [3] y autodidacto, sucio y tristón, colillero vicioso y rondador de cuarteles en busca de pre sobrante; saltaba tapias y trepaba a los árboles con agilidad, pero nunca se salió de la ley. Tenía algo de orgullo y bastante puntería, por lo que pudo tener pandilla o doctorarse en golfo o pertenecer a cualquier sociedad de pequeños ladrones. Mas nada de esto le interesaba, porque poseía un alma pura y aventurera. Proposiciones tuvo de pecar del séptimo y ciertos vividores de orilla le pronosticaron una gran carrera, mas él prefirió siempre la alegría de sus cotos y el croar de las ranas cuando, panza arriba, contemplaba las estrellas en las noches de verano, luminoso y santificado por las luciérnagas y llevándole el sueño las libélulas, el sueño y los picores de los piojos que olvidaba.

«Chico de Madrid» no se metía con nadie; vivía a temporadas con su madre, viuda de un barrendero, que se dedicaba a vender caramelos y semillicas a los niños más pobres de la ciudad; vivía, por duelo y misterio, algunas veces en cuevas de solares y otras en garitos —cuando apretaba el padre invierno— de perra gorda y abundante compañía. Comía lo dicho antes: sobrantes de rancho y alguna fritanga de extraordinario. Se empleaba de recadero con el dueño de un tiovivo, diminuto y solitario, colocado junto a un puesto de melones —cuando había melones—, que casi nunca funcionaba, y al que traía arenques y vino aguado para las comidas; chismes de un lado y otro para las sobremesas. Con los gorriones sacaba algunas pesetas; con los grillos, pan y tomate; con las lagartijas, harto solaz, y con los perros sacó una vez un mordiscote que le dio fiebre como si estuviera rabiado, y que le obligó a andar con tiento en adelante.

Casi era el único viajero del tiovivo. Se reía con todas sus fuerzas viajando en el aeroplano de hojalata o en el cerdito desorejado o en el rocinante, desfallecido de antiguos galopes en las verbenas de verdad. Porque aquella verbena, su verbena, era una especie de asilo de inválidos que las corrieron buenas, pero que ya no estaban para muchas. Al dueño, que se llamaba Simón y tuvo barraca de monstruos de la naturaleza cuando joven, se le ocurrió repintar el tiovivo. Nunca la gozó mas «Chico de Madrid»; se puso hecho un adefesio, y entre ambos dejaron todo pringoso y con expresivas huellas digitales. La pintura se la habían comprado a un chapucero y era de tan mala calidad, que no se secaba; el polvo se pegaba en todas partes, ennegreciendo el conjunto, según ellos. Para colmo, todos los niños que se montaron con sus trajecitos limpios, el domingo de aquella semana, salieron verdaderamente repugnantes, costándole a Simón muchas reclamaciones de indignados padres y llantos de niños de diversos colores, que se retiraban de su clientela. Simón cambió de barrio, pero «Chico» no se fue con él, porque era, ante todo, libre, y porque las orillas del Manzanares tenían mucho que descubrir y que colonizar.

* *

Llegó la temporada de las ratas... Las ratas no son animales repugnantes y tienen, por otra parte, el morro gracioso y los bigo-

---
1. *Verecundas:* vergonzosas.
2. *Cinegético:* especialista en el arte de la caza.
3. *Bisojo:* dícese de la persona que padece estrabismo.

tes de carabinero del tiempo de Mazzantini [4]. Las ratas viven en una ciudad al revés, que impulsa a despreciar las pompas y vanidades humanas; una ciudad donde hay mucho sueño y donde ni ellas pueden dormir. «Chico de Madrid» mataba las ratas, las mataba por *sport,* como otros matan pichones. Se divertía con su tiragomas, «paqueándolas», sin prisa. Conocía la mejor hora: la del atardecer, cuando la tierra se pone morena y hay violetas en los tejados y el primer murciélago hace su ronda de animalejo complicado. Se sentaba solemne frente a las cuevas, mirando fijamente con la media risa de sus ojos, el arma homicida sobre las piernas y una canción como de cazadores por los labios. Se decía a sí mismo:

—Ya está. Asoma, bonita.

Y la rata averiguaba con su morrito saltimbanqui lo que había en la tarde. Luego la veía en silueta, aun indecisa, dando una carrerilla hasta la trinchera del río. Se encendía un farol lejano que enviaba una triste luz de iglesia pueblerina hasta la orilla. «Chico» tensaba las gomas. La rata presentía algún peligro y daba la vuelta; iba a correr a su agujero. Aquél era el momento; le costaría subir. «Chico» empujaba una piedrecita con el pie. La rata salía disparada y de pronto se le quebraba la vida en un aspaviento. Le había acertado. Después bombardeaba el cadáver con pedruscos. Solía hacer tres o cuatro víctimas por sesión.

Las ranas también le atraían. Mostraban su barriga búdica y una como papada de bonzo bien alimentado que le despertaban escalofríos criminales. Las atrapaba por el método del caracol y luego les hacía el martirio chino, cumpliendo un rito geográfico de grave importancia cultural. Acababa malvendiéndolas en algún figón, y con las monedas que le daban se iba al cinematógrafo, que todavía era mudo y se cortaba siempre en lo más emocionante, porque la película duraba varias sesiones, en las que no había forma de apresar a Fu-Man-Chu [5], a pesar de que el «gallinero» animaba constantemente a los buenos, que, aparte de buenos, eran algo cerrados de mollera.

* * *

«Chico de Madrid» hizo un día amistad con un muchacho resabiado de la vida, que hablaba como un loro, jugaba a las cartas como un profesional y era hijo de un oscuro anarquista que penaba en San Miguel de los Reyes [5 bis]. «Chico de Madrid» quedó deslumbrado y aquel vaina desplazó de su corazón a los héroes de las películas y de los periódicos de aventuras. Se hizo fanático de él y abandonó sus cacerías y su pureza por seguir su pata coja hasta la misma Puerta del Sol. El le enseñó a pedir con voz sollozante, acercándose mucho al limosnero para despertarle ascos:

—Señor, seor, una lismosna para este expósito, que purga culpas de padres desnaturalizados. Nacido en enero y abandonado en la nieve.

Y después, recitado velozmente:

—El blanco sudario fue el regazo que acogió sus primeros llantos de niño. Una limosna para lo más necesario y vaya usted con Dios con la conciencia tranquila por haber hecho una obra de caridad.

Nadie se tragaba el cuento, pero todo el mundo les daba alguna perrilla, porque se los querían quitar de encima. El pregón de sus miserias lo había sacado aquella especie de paje de espantapájaros de una novelilla sentimental y manoseada que un amigote le había prestado. «Chico» colaboró literariamente, arreglándolo a las circunstancias. Ganaban su dinero. En los repartos, el cojo se quedaba con la mayor parte, porque para algo era el jefe.

Una tarde de toros en que el sol quemaba de canto y la gente tenía los ojos llenos de picores de modorra, «Chico» y su jefe fueron a piratear a las puertas de la plaza. La gavilla de sus conocidos haraganeaba por allá en busca de corazones blandos o de estómagos satisfechos que necesitaban digestión sin molestias. Los guardias a caballo estaban tristes como estatuas.

Se hacía obligatoria la tragedia en el ruedo. Los novilleros —porque había novillada— debían estar desfigurados, borrosos de miedo. Los novillos estarían medio ahogados y quemados de las punzadas de los tábanos. Tal vez los picadores estuvieran aletargados con sus caras de tortugas gigantes,

---

4. Luis Mazzantini y Eguía, torero español (1856-1926). Después de retirarse de los toros fue concejal en Madrid y gobernador civil en Guadalajara y Avila.
5. Fu-Man-Chu es el nombre de un malvado chino, encarnación del «genio del mal», protagonista de diversas películas que alcanzaron gran éxito en España.
5bis. *San Miguel de los Reyes:* se refiere a una prisión de Valencia fundada en 1874.

balanceando las cabezotas. Los caballejos, como los de un tiovivo, vacilantes y cansados. El presidente, orondo, fumándose un veguero [6], entre eructos disimulados. La plaza, frenética. Y la bandera, que él veía sobre el azul del cielo, poniendo sus crudos colores de estío africano, cortando, inmóvil, las retinas de los contempladores. Pasaban rostros abotagados [7] que con el calor y la respiración parecían higos reventones llenos de dulzor. A ellos se acercaba «Chico» misereando:

—Señor, señor, una limosna, por caridad, para este pobrecito, que hace dos días que no prueba bocado y vive en una choza con siete hermanitos, sin madre y con padre holgazán.

Había variado la retahíla con astucia, porque si se les ocurría decirles a los señores gordos que habían sido abandonados en la nieve, los iban a juzgar los pobres más felices del mundo.

«Chico de Madrid» oyó voces detrás de él y de pronto se sintió cogido por el cuello de la camisa. Un municipal lo tenía agarrado con la mano izquierda, mientras con la derecha casi arrastraba a su compañero, que pataleaba con fingido llanto. «Chico» intentaba escaparse por ley natural, por lo que recibió un terrible puntapié que lo calambró y lo dejó como cuando a una lagartija le cortan el rabo. Comenzó a hipar y a dar berridos, por lo que fue sacudido violentamente y conminado a callarse. Otro guardia municipal, parsimonioso y con galones, se acercó a ver lo que pasaba. Ya tenían grupo en torno y algunas señoras, con impertinentes, aromosas y con ganas de saberlo todo, hociqueaban ante ellos entre con tristeza falsificada y evidente repulsión. El de los galones interrogaba al que les estaba dando garrote vil con sus manazas:

—¿Y estos pájaros?

—El cojitranco éste, que se pringaba en un reló —decía, dándole un empujón al jefe—. Y este otro —lo señalaba con gesto de cabeza—, que había venido con él, que yo los vi cuando llegaron y estaba haciendo el paripé pidiendo.

—Pues a la *trena* [8], y los amansas si se sienten gallos.

Ignacio Aldecoa, a la derecha, con su mujer, Josefina Rodríguez, y con el escritor Jesús Fernández Santos, en los años cincuenta.

«Chico de Madrid» no se sentía gallo; se sentía pájaro humildísimo y asustado gorrión. El guardia casi le ahogaba, pero se mordió los labios aguantándose, porque, sin ninguna duda, había llegado la hora de callar y echarle pecho al asunto. De su jefe juraba vengarse, porque no estaba bien hacerle aquella jugada del silencio cuando el guardia se acercó a cogerle. Se derrumbó su héroe al mismo tiempo que le llegaba a la boca un sabor agrio de principios de vómito, porque el guardia le apretaba cada vez más. Tuvo una arcada. El guardia se paró soltándole del cuello y cogiéndole por la espaldera de la camisa. «Chico» notó que su salvación llegaba, dio una arrancada y salió corriendo. Oía confusamente las voces del guardia pidiendo ayuda e incapaz de perseguirle, so pena de perder al prestidigitador aficionado que danzaba como un ahorcado en los bandazos y los achuchones de lo que quería ser carrera entre la gente... «Chico» se escurría con rapidez; pasó un tranvía y se colgó de los topes [9]. ¡Estaba salvado!

* * *

Le sorprendió el fresquillo acariciante de la madrugada tumbado a las orillas de su río, oyendo cantar a las ranas y dejando que se

---

6. *Veguero:* cigarro puro hecho rústicamente de una sola hoja de tabaco enrollada, que le sirve de capa y de tripa.
7. *Abotagado:* hinchado.
8. *Trena:* cárcel.

9. *Topes:* especie de platillo mecánico que sirve para amortiguar los efectos de los choques violentos entre los vagones o coches de los trenes, durante las maniobras o los frenados bruscos.

le fuera el pensamiento por los incidentes de la tarde. No volvería a la ciudad; su puesto no estaba en la ciudad, sino en el límite de ella: entre el campo grande de las anchas llanadas y la apretura estratégica de los primeros edificios. En aquel terreno de nadie, suyo, con gorriones vestidos de saco y lagartijas pizpiretas, con perros famélicos y sabios y gatos alucinantes, con ratas y mariposas, con grillos y ranas, con el hedor de su río y el perfume lejano del tomillo campesino. No, no volvería a la ciudad y se dedicaría a pasarlo bien por aquellos andurriales hasta que lo llamaran a quintas. Se fue quedando dormido en el relente de la mañana; luego, el sol comenzó a calentarle los pies y a ascenderle por el cuerpo, despertándole con un grato hormigueo. «Chico de Madrid» se desperezó, se restregó los ojos y marchó en busca del desayuno silbando alegremente. Ahora sí que estaba salvado de verdad.

* * *

Habían pasado algunos días. Su vida era tranquila y medieval: comer, dormir, cazar. No comía muy bien, ni dormía muy blandamente, ni cazaba otra cosa que animales inmundos, pero él estaba muy a sus anchas. Aquella tarde pensaba hacer una exploración por una alcantarilla vieja y abandonada, y ya se regodeaba soñando con lo que en ella iba a encontrar. Iba a encontrar ratas como caballos y puede que de añadidura se topase algún esqueleto humano. Esto le parecía difícil; pero si lo encontrara, si lo encontrara, iba a ser rico, tremendamente rico de misterios. Sabía que cierta vez unos obreros, en un solar cercano, cuando trabajaban para levantar los cimientos de una casa, al lado de una antiquísima cloaca, hallaron varios esqueletos que, según se dijo, eran de los franceses, de cuando el 2 de mayo. «Chico» soñaba desde entonces con esqueletos de franceses, aunque no le importaban mucho sus nacionalidades, porque, con que fueran esqueletos como los que había visto, tenía bastante.

A las cuatro de la tarde, armado de una estaca y con un farolillo de carro, dio comienzo a su exploración. Llevaba un riche por si tenía hambre y una vela y una caja de cerillas por si necesitaba repuesto o se dilataba demasiado cazando. Entró por el tunelillo encorvado y un tufo ácido le avisó la nariz. Se colocó un trapo a modo de careta preservadora y siguió avanzando impertérrito rumbo a lo desconocido. El farolillo le danzaba la sombra; una humedad grasa le manchaba las manos cuando las rozaba con las paredes; el garrote le hacía caminar como un extraño animal que tuviera allí mismo su cubil. Estuvo andando mucho tiempo, hasta que las espaldas se le cansaron; entonces montó su campamento, dejó el garrote y merendó su riche [10]. Pensó en volver. La cloaca estaba vacía. No había esqueletos, y lo más gordo era que tampoco había ratas. Se volvió.

* * *

«Chico de Madrid» comenzó a sentir algunos trastornos intestinales. La frente le ardía. La última noche no pudo dormir de desasosiego. Fue a casa de su madre, a la que no veía desde la tarde en que se le ocurrió explorar la cloaca. La pobre mujer, después de regañarle, lo lavó como pudo, le hizo ponerse una camisa de su padre, guardada con todo esmero como recuerdo, y le invitó a tenderse en el jergón. Salió breves momentos a la calle y luego regresó con un gran vaso de leche. «Chico» tampoco pudo dormir aquella noche.

Pasaron los días. Cuando el médico llegó era ya demasiado tarde. «Chico», el buen «Chico», estaba en las últimas. La madre, fiel, sentada a sus pies, sin soltar una lágrima, se asombraba de lo que le ocurría a su hijo. El méico se limitó a decir: «Tifus; ya no hay remedio.» Y «Chico de Madrid» murió porque no había remedio. Murió a la misma hora en que salen sus ratas a averiguar la tarde con los morritos saltimbanquis, cuando la tierra se pone morena y hay violetas en los tejados y el primer murciélago hace su ronda de animalejo complicado y se extiende como una gasa de tristeza por las orillas del Manzanares. «Chico de Madrid» murió a consecuencia de su última cacería, en la que, si no pudo cazar ratas, como nunca falló, cazó un tifus; el tifus que lo llevó a los cazaderos eternos, donde es difícil que entren los que no sean, como él, buenos; como él, pobres, y como él, de alma incorruptible.

(Espera de tercera clase.)

---

10. *Riche:* barra de pan.

IGNACIO ALDECOA

BALADA DEL MANZANARES

Del oeste al sur, largas agujas de nubes de dulzón color corinto. Del oeste al norte, el templado azul del atardecer. Al este, las fachadas pálidas, los cavernosos espacios, la fosfórica negrura de la tormenta y de la noche avanzando. Alta, lejana, como una blanca playa, la media luna.

De los campos cercanos llega un aire adelgazado, frío, triste. Los humos de las locomotoras, los humos de la cremación de las hojas secas, los humildes humos de las chabolas de la ribera derecha, empañan la cristalina atardecida. Murciélagos revolando el cauce del río chirrían sus gritos, trapean sus alas. La arboleda es un flotante, neblinoso verde. El Manzanares se tersa y opaca en una larga fibra mate. No cesa, no calla, el irritante altavoz del último merendero, del merendero del otoño. Colmena un avión en el cielo del ocaso, verdeamarillo ya, sobre los cerros negros de la Casa de Campo.

De los talleres caminan los obreros a la ciudad. De los talleres, una cansada fuerza del río caudal, que se ha de perder en laberintos urbanos hasta la mañana de la contracorriente; la mañana inhóspita, agria, de los talleres...

Faroles de gas. Bajo la vegetal luminosidad de un farol alguien espera. Los faroles hacen más vagos los perfiles del atardecer, más lejano el permanente *flash* de la media luna, más profundos los oscuros de la arboleda. Bajo el farol de gas se acaba la espera.

—Hola, Pilar.
—Hola, Manuel.
—¿Vamos, Pilar?
—Vamos, Manuel.
—¿Vamos hacia la estación, Pilar?
—Vamos donde tú digas, Manuel.
—¿A tomar un vermut, Pilar?
—Yo, un café con leche, Manuel.
—Tú, un café con leche, Pilar, y yo...
—Tú, un vermut, Manuel.
—¿En el bar *Narcea*, Pilar?
—Mejor en *Cubero*, Manuel.
—En el *Narcea* es mejor el café, Pilar.
—En *Cubero* dan más tapa con el vermut, Manuel.

---
11. *Trole:* pértiga que transmite una corriente eléctrica entre un conductor aéreo y un receptor móvil. El nombre se aplica también a un vehículo eléctrico de transporte público que toma la corriente por medio de un cable aéreo.
12. *Marca: Diario Gráfico de los Deportes,* que apareció en 1944 y que todavía se publica.

—Estás muy guapa, Pilar.
—¿Sí, Manuel?
—Sí, Pilar.
—¿Te gusto, Manuel?
—Sí, Pili.
—¡Qué bien, Manolo! Te quiero.
—¿Mucho, Pili?
—Mucho, Manolo. ¿Y tú?
—Mucho, Pili.

El ferroviario Manuel se escalofría. Pregunta:
—¿Vamos, Pilar?
—Vamos, Manuel.

A los novios les gusta repetir los nombres; a los jefes les gusta repetir los apellidos. El jefe de la parada de tranvías de la Estación del Norte da órdenes. Grita al cobrador del tranvía de Campamento:
—González, cambie el trole [11]; dése prisa... González, páseme el estadillo... González, ¿me oye?

Grita al conductor del tranvía de Campamento:
—Rodero, cinco minutos de retraso... Rodero, que hay que recuperar... Rodero, salga en seguida.

Grita al viejo guardavías:
—Muñoz, no se duerma... Muñoz, vamos ya... Muñoz, ojo al 60.

Los soldados patinan sobre los herrajes de las botas entrando en el Metro atropelladamente. La cerillera joven se desgañita:
—¡Tíos asquerosos, borricos!

La castañera la apoya:
—Son como salvajes.

El ciego mueve la cabeza:
—Cuarenta iguales.

Desde su quiosco, la vendedora de periódicos contempla la vida aburridamente; contesta a un cliente:
—«Marca» [12] se ha acabado.

Pilar y Manuel han pasado el bar del buen café y el bar de la gran tapa. Entran en *Revertito.* Tienen que reñir un poco, deben reñir un poco. Es el amor.
—¿Por qué tienes que estar a las ocho en tu casa, Pilar?
—Te lo he dicho tres veces, Manuel.

Manuel se pone flamenco, porque es parte del juego.
—No me vale, Pilar.

Pilar se desespera falsamente, porque sabe que debe hacerlo.

LA NOVELA DESDE 1939

Arriba: Alfonso Sastre, Josefina Rodríguez, Ignacio Aldecoa, José María de Quinto y Rafael Sánchez Ferlosio en Salamanca, en 1953. Abajo: homenaje en Madrid a Albert Camus, muerto en 1960. En el centro de la foto aparecen Torrente Ballester e Ignacio Aldecoa.

—¡Cómo eres, Manolo!
Manuel hace un silencio. Pilar insiste.
—Es que mi madre ha dicho...
—Tu madre...
—Es que mi madre, hasta que nos casemos, es la que manda.
—Es que puede que no nos casemos.
Pilar hace un silencio; tiene los ojillos brillantes. Manuel se crece.
—Es que esto va muy mal y puede que no nos casemos...
Pilar no despega los labios. Continúa Manuel:
—... porque ya estoy harto, ya estoy que no aguanto un pelo...
Pilar fija los ojos en el espejo de detrás del mostrador. Manuel se pasa de la raya.
—...¡Me vas a decir tú!... Te dejo y me olvido, y se acaba tanta gaita.
Pilar reacciona. Se yergue orgullosa, digna, superior.
—También me estoy cansando yo. Cuando quieras, lo dejamos. Cuando quieras, te vas; pero para siempre, nada de volver. Para siempre, ¿lo entiendes?

Manuel encuentra que la mejor manera de quedar bien, de quedar como un hombre, es pedir un vermut más.
—Otro vermut.
Pilar taconea, fingiéndose distraída, contemplando la glorieta a través de los ventanales. Manuel procura ser irónico.
—¿Mucha prisa?
El taconeo de Pilar tiene ritmo creciente.
—Ya lo sabes.
—Tu madre, ¿verdad?
Pilar hace un gesto; aprieta los labios; luego dice:
—Bueno, ¿vienes o te quedas?
Es de noche. Los nubarrones de la tormenta se han extendido hacia el sur. Manuel lleva la zamarra de cuero abierta, porque siente el sofoco de los vermuts. Pilar camina a su lado, en silencio. Manuel silba.
Es de noche. Los relámpagos se pierden en el llanón. El cambio de troles en la parada fabrica relámpagos. El jefe se distrae hablando con el guardia de la salida de coches de la estación. Una larga fila de soldados espera el tranvía de Campamento. La cerillera joven conversa con un soldado galante.
—Te llevo al cine cuando tú digas.
La cerillera frunce los labios.
—Para cines estoy yo.
—Al que tú digas, preciosa.
—Pero, criatura, ¿tú te crees que voy a ir al cine con un biberón como tú? ¡Anda ya!...
El soldado se desconcierta momentáneamente; se recupera en seguida.
—Chata, que te conozco.
—¿Tú? ¿A mí? ¡Anda ya!...
Un compañero del soldado galante le grita desde la larga fila del tranvía.
—Luis, vente ya, que lo pierdes.
El soldado Luis se encampana en la despedida.
—Mañana te vengo a buscar, rica.
—¡Que te frían!
—Te llevo al cine o donde tú quieras.
—No tienes tú dinero para llevarme donde yo quiero.
—Hasta mañana, chata.
El soldado Luis corre hacia el tranvía. La cerillera joven atiende a un cliente.
—Una peseta son cinco.
—Déme cinco.
Es de noche. Antes de llegar a la glorieta de San Antonio, Manuel compra cacahue-

tes en el puesto del paisano, que también vende fruta, patatas fritas, pepinillos en vinagre y cordones para los zapatos. Da como gusto pensar lo bien que se debe de estar dentro del puesto del paisano, charlando con la novia, los pies junto a un brasero y comiendo cacahuetes.

—¿Quieres, Pili?

Manuel se somete poco a poco. Pilar no contesta.

—Anda, Pili, que los he comprado para ti, porque sé que te gustan.

A Manuel le han enternecido los vermuts.

—Anda, no seas tonta, Pili; cómete uno, sólo uno, para que vea que no estás enfadada.

Manuel la coge del brazo. Pilar camina fría, grave.

—Pili, que te quiero.

Hay un silencio.

—Anda, Pili, que te pido perdón. ¿Me perdonas?

Pilar concede:

—No tengo que perdonarte nada, Manuel.

—Sí, Pili; me tienes que perdonar. ¿Me perdonas?

—Te perdono, Manuel.

La mano de Pilar busca la mano de Manuel. La estrecha fuertemente.

—Es que eres, Manolo... Mira que la gozas haciéndome sufrir...

—Ya está olvidado, ¿verdad, Pili?

—Sí que está olvidado, Manolo; pero eres...

—¿Quieres un cacahuete, Pili?

—Sí, Manolo.

—¿Te lo pelo, Pili?

—Como tú quieras, Manolo.

—Pues suéltame la mano, Pili.

Manuel le da los cacahuetes a la boca.

—¿Quieres más?

—No, Manolo, que me ahogo.

Por el paseo de la orilla del río las sombras de los árboles forman un túnel. En las aguas del Manzanares navega la media luna fosfórica, titubeante, profunda. En lo lejos, corriente arriba, ladra un perro.

—¿Te ahogarías conmigo, Pili?

—No me importaría si fuéramos los dos. Me ahogaría contigo.

—Pili...

Manuel hace una pausa.

—Pili, ¿vas a hablar de lo nuestro para pronto?

—Sí, Manolo.

—Nos casaremos antes de Navidad.

—Lo que tú digas, Manolo.

El perro sigue ladrando; a la luna, a la oscuridad y al amor. Las nubes han crecido del sur al oeste.

—Vámonos de lo oscuro, Manolo.

El rumor del río se hace pequeño.

—Vámonos de lo oscuro, Manolo.

—Pili...

—Vámonos, Manolo.

—Vámonos.

En la noche, corriente arriba, el perro ha dejado de ladrar. La luna navega cielo raso tras las nubes. El agua del Manzanares ya es negra.

(Caballo de pica.)

LUIS MARTIN-SANTOS

Nació en Larache (Marruecos) en 1924. Residió en San Sebastián desde 1929. Estudió Medicina en la Universidad de Salamanca. En 1951 pasó a dirigir el Sanatorio Psiquiátrico de San Sebastián. Murió en Vitoria en 1964, a consecuencia de un accidente de automóvil.

LA NOVELA DESDE 1939

En ***Tiempo de silencio*** (1962), una de las más importantes novelas de posguerra, narra el fracaso de un joven investigador que, zarandeado por las circunstancias adversas en que vive, y después de diversos desengaños y experiencias negativas en Madrid, decide abandonar su trabajo y recluirse en la medicina rural. Con actitud irónica y sarcástica, y con técnicas narrativas entonces novedosas (el monólogo interior, la segunda persona autorreflexiva), nos ofrece un panorama de los diferentes estratos sociales de la ciudad (desde las clases más acomodadas hasta las más menesterosas) y una visión desoladora de la vida cultural y científica españolas (la acción de la novela transcurre durante el otoño de 1949). Son frecuentes en ella las digresiones culturales y las referencias a personajes históricos y míticos.

Con *Tiempo de silencio* se cerraba el camino al realismo social, en auge todavía en la narrativa de esos años, y se abrían nuevos rumbos para la novela de posguerra. El mismo Martín-Santos comentará: «En España hay una escuela realista, un tanto pedestre y comprometida, que es la que da el tono. Tendrá que alcanzar un mayor contenido y complejidad, si quiere escapar a una repetición monótona y sin interés».

En 1975 se publicó, con el título de *Tiempo de destrucción*, y con prólogo de José-Carlos Mainer, una novela que dejó inacabada.

Algunas de sus narraciones se recogieron, después de su muerte, en el libro *Apólogos* (1970). El último relato que escribió, «Condenada belleza del mundo», se ha publicado recientemente en la revista *El Urogallo* (mayo de 1986).

Martín-Santos es autor también de diversos ensayos. Entre ellos, se encuentran: *Dilthey, Jaspers y la comprensión del enfermo* (1955) y *Libertad, temporalidad y transferencia en el psicoanálisis existencial* (1964).

¡Allí estaban las chabolas! Sobre un pequeño montículo en que concluía la carretera derruida, Amador se había alzado —como muchos siglos antes Moisés sobre un monte más alto— y señalaba con ademán solemne y con el estallido de la sonrisa de sus belfos gloriosos el vallizuelo escondido entre dos montañas altivas, una de escombrera y cascote, de ya vieja y expoliada basura ciudadana la otra (de la que la busca de los indígenas colindantes había extraído toda sustancia aprovechable, valiosa o nutritiva) en el que florecían, pegados los unos a los otros, los soberbios alcázares de la miseria. La limitada llanura aparecía completamente ocupada por aquellas oníricas construcciones confeccionadas con maderas de embalaje de naranjas y latas de leche condensada, con láminas metálicas provenientes de envases de petróleo o de alquitrán, con onduladas uralitas recortadas irregularmente, con alguna que otra teja dispareja, con palos torcidos llegados de bosques muy lejanos, con trozos de manta que utilizó en su día el ejército de ocupación, con ciertas piedras graníticas redondeadas en refuerzo de cimientos que un glaciar cuaternario aportó a las morrenas gastadas de la estepa, con ladrillos de «gafa» uno a uno robados en la obra y traídos en el bolsillo de la gabardina, con adobes en que la frágil paja hace al barro lo que las barras de hierro al cemento hidráulico, con trozos redondeados de vasijas rotas en litúrgicas tabernas arruinadas, con redondeles de mimbre que antes fueron sombreros, con cabeceras de cama estilo imperio de las que se han desprendido ya en el Rastro los latones, con fragmentos de la barrera de una plaza de toros pintados todavía de color de herrumbre o sangre, con latas amarillas escritas en negro del queso de la ayuda americana, con piel humana y con sudor y lágrimas humanas congeladas.

Que de las ventanas de esas inverosímiles mansiones pendieran colgaduras, que de los techos oscilantes al soplo de los vientos colgaran lámparas de cristal de Bohemia, que en los patizuelos cuerdas pesadamente combadas mostraran las ricas ropas de una abundante colada, que tras la puerta de manta militar se agazaparan (nítidos, ebúrneos) los refrigeradores y que gruesas alfombras de nudo apagaran el sonido de los pasos eran fenómenos que no podían sorprender a Pedro, ya que éste no era ignorante de los contrastes de la naturaleza humana y del modo loco como gentes que debieran poner más cuidado en la administración de sus precarios medios económicos dilapidan tontamente sus posibilidades. Era muy lógico, pues, encontrar en los cuartos de baño piaras de cerdos chilladores alimentados con manjares de tercera mano, presuntuosamente cubierta con cofia de doncella de buena casa a la hija de familia que allí permaneciera por ser inútil incluso para prostituta, cubierta con una bata roja de raso y calzada con babuchas orientales de alto precio a la gruesa dueña que luce en sus manos regordetas y blancas una alianza matrimonial que carece de todo significado, en vez de ocupar sus horas en útiles labores de aguja algunas de las vecinas de aquel barrio —sentadas sobre latas vacías— jugando viciosamente a la brisca con la misma buena conciencia con que honrados trabajadores puedan hacerlo un domingo por la tarde en la taberna, álbumes con colecciones de cromos neslé en las manos castigadas por la escrófula de rapaces a su edad ya malolientes, insensibles a toda conveniencia moral matrimonios en edad de activa vida sexual compartiendo el mismo ancho camastro con hijos ya crecidos a los que nada puede quedar oculto, abundancia de imágenes de santos escuchando sin alteración de la tornasolada sonrisa la letanía grandilocuente y magnífica de las blasfemias varoniles, una sopera firmada de Limoges henchida como orinal bajo una cama.'

¡Pero, qué hermoso a despecho de estos contrastes fácilmente corregibles el conjunto de este polígono habitable! ¡De qué maravilloso modo allí quedaba patente la capacidad para la improvisación y la original fuerza constructiva del hombre ibero! ¡Cómo los valores espirituales que otros pueblos nos envidian eran palpablemente demostrados en la manera como de la nada y del detritus de toda una armoniosa ciudad había surgido a impulsos de su soplo vivificador! ¡Qué conmovedor espectáculo, fuente de noble orgullo para sus compatriotas, componía el vallizuelo totalmente cubierto de una proliferante materia gárrula de vida, destellante de colores que no sólo nada tenía que envidiar, sino que incluso superaba las perfectas creaciones —en el fondo monótonas y carentes de gracia— de las especies más inteligentes: las hormigas, las laboriosas abejas, el castor norteamericano! ¡Cómo se patentizaba el brío de una civilización que sabe mostrar su poder creador tanto en la total ausencia de medios de la meseta como en la ubérrima abundancia de las selvas transoceánicas! Porque si es bello lo que otros pueblos —aparentemente superiores— han logrado a fuerza de organización, de trabajo, de riqueza y —por qué no decirlo— de aburrimiento en la haz de sus pálidos países, un grupo achabolado como aquél no deja de ser al mismo tiempo recreo para el artista y campo de estudio para el sociólogo. ¿Por qué ir a estudiar las costumbres humanas hasta la antipódica isla de Tasmania? Como si aquí no viéramos con mayor originalidad resolver los eternos problemas a hombres de nuestra misma habla. Como si no fuera el tabú del incesto tan audazmente violado en estos primitivos tálamos como en los montones de yerba de cualquier isla paradisíaca. Como si las instituciones primarias de estas agrupaciones no fueran tan notables y mucho más complejas que las de los pueblos que aún no han sido capaces de sobrepasar el estadio tribal. Como si el invento del bumerang no estuviera tan rotundamente superado y hasta puesto en ridículo por múltiples ingeniosidades —que no podemos detenernos a describir— gracias a las cuales estas gentes sobreviven y crían. Como si no se hubiera demostrado que en el interior del iglú esquimal la temperatura en enero es varios grados Fahrenheit más alta que en la chabola de suburbio madrileño. Como si no se supiera que la edad media de pérdida de la virginidad es más baja en estas lonjas que en las tribus del Africa central dotadas de tan complicados y grotescos ritos de iniciación. Como si la grasa esteatopigia de las hotentotes no estuviera perfectamente contrabalanceada por la lipodistrofia progresiva de nuestras hembras mediterráneas. Como si la creencia en un ser supremo no se correspondiera aquí con un terror reverencial más positivo ante las fuerzas del orden público igualmente omnipotentes. Como si el hombre no fuera el mismo, señor, el mismo en todas partes: siempre tan inferior en la precisión de sus instintos a los más brutos animales y tan superior continuamente a la idea que de él logran hacerse los filósofos que comprenden las civilizaciones.

Amador seguía sonriendo con sus opulentos belfos en silencio mientras D. Pedro divagaba absorto en la contemplación de las chabolas. Allí, en algún oculto orificio, inferiores al hombre y por él dominados, los ratones de la cepa cancerígena seguían consumiendo la dieta por el Muecas inventada y reproduciéndose a despecho de toda avitaminosis y de toda neurosis carcelaria. Este pequeño grumo de vida investigable hundido en aquel revuelto mar de sufrimiento pudoroso le conmovía de un modo nuevo. Le parecía que quizá su vocación no hubiera sido clara, que quizá no era sólo el cáncer lo que podía hacer que los rostros se deformaran y llegaran a tomar el aspecto bestial e hinchado de los fantasmas que aparecen en nuestros sueños y de los que ingenuamente suponemos que no existen.

....

Como en una ondarreta promiscua y delectable, acumulando sus cuerpos en el momento más vivaz de la marea en zonas inverosímilmente restringidas, invadiendo unos de otros los espacios vitales, molestos pero satisfechos, aspirando a pesar de la escasez del ámbito a una máxima ocupación de lo ocupable, cada individuo ávido de recepción-emisión mostrando con análoga impudicia la desnudez, ya que no de carnes recalentadas y cocidas sí de teorías, poemas o ingeniosidades críticas, la muchedumbre culta se derrama por aquella restringida playa y más felices que los bañistas que de un único y lejano sol con la intensidad posible gozan, cada uno de ellos era sol para sí y para el resto de los circunrodeantes que ininterrumpidamente a sí mismos se admiraban sintiendo un calor muy próximo al del solario cuando la gama ultravioleta penetra hasta una profundidad de cuatrocientas micras de interioridad corpórea activando provitaminas, capilares y melanóforos dormidos. Pero a diferencia de aquella morfina solar que dulcemente atonta y va incorporando el hombre a la materialidad inerte, la nocturna droga del café literario más bien produce ebullición y estímulo en la maquinaria oculta cuyas ideas un día inquietarán las mentes de los mejores en aulas, colegios, seminarios. Esos pequeños chisporroteos de una luz violácea que, mirando con atención, pueden advertirse en las sienes de los maestros las noches de los sábados y que desde tales plataformas se introducen sin esfuerzo a través de las frentes de jóvenes ojerosos y gárrulos, dejando una señal rosada, son fecundaciones tan necesarias a la marcha del gran carro de la cultura como los juegos de los pólenes que ya llevados por el viento, ya conducidos por vulgares moscardones, ya como en el caso de la orquídea madagascareña en la específica trompa de una mariposa nocturna todavía no clasificada pero cuya longitud en centímetros admite profecía, aseguran una exogamia imprescindible para el caminar continuo de la especie. Y no porque cada maestro (por otra parte por nadie reconocido como maestro) diga a cada discípulo (por otra parte nunca por sí mismo tenido por discípulo): «Esto has de hacer», «Aprende lo que digo», «No abuses del gerundio», «Nunca obra literaria alguna escribas en que el elemento sexual esté completamente ausente», «Observa la realidad viva de la naturaleza humana en la casa de pensión en que modestamente habitas» con ademán doctrinal y palabra especiosamente emitida, sino porque al decir frases tales como: «Es completamente imbécil», «No tiene ni idea de escribir», «No ha leído a Hemingway» crean un humus colectivo de cuya pasta flora inconscientemente todos se alimentan y así nunca alabando, criticando siempre, desdeñosamente alzando una ceja hasta la altura de la media frente, palmeando aprobadoramente en el hombro del menos dotado de los circunstantes, hablando de fútbol, pellizcando a una estudiante de filosofía, admirando el traje de terciopelo negro y la larga trenza de una cursi aliteraturizada, haciendo un chiste cruel sobre un pintor cojo que se arrastra hacia su mesa, simulando proezas amatorias merced a una hábil reiteración de llamadas telefónicas, tratando con impertinencia apenas ingeniosa al camarero que ha escrito ya siete comedias, haciéndose convidar a café y copa por un provinciano todavía no iniciado, fumando mucho, hablando sin parar y no escuchando, aseguran entre todos la continuidad generacional e histórica de ese vacío con forma de poema o garcilaso que llaman literatura castellana.

Pedro se detuvo un momento en la ribera misma de la playa para buscar un hito orientador, un trocito de arena libre sobre el que poder extender su espíritu y sus últimas lecturas. Al fondo Matías alzó un brazo. Para llegar hasta allá era preciso atravesar el caos sonoro, las rimas, los restos de todos los fenecidos ultraísmos, las palabras vacías de Ramón y su fantasma greguerizándose todavía a chorros en el urinario de los actores maricas, las ensoberbecidas muchachas pálidas vestidas de negro que cuando es moda pintarse la boca, se pintan sólo los ojos y cuando es moda pintar los ojos, se hacen unas bocas sangrantes, el humo de los cien mil y uno cigarrillos, la suma de la pedantería derramándose, las uñas cargadas de negro, la roñosería que reserva un único duro para el café con leche de la noche que da derecho (con su azúcar) a permanecer en el templo donde la miel de la sabiduría va poniendo pegajosos los mármoles.

....

Pedro volvía con las piernas blandas. Asustado de lo que podía quedar atrás. Violentado por una náusea contenida. Intentando dar olvido a lo que de absurdo tiene la vida. Repitiendo: Es interesante. Repitiendo: Todo tiene un sentido. Repitiendo: No estoy borracho. Pensando: Estoy sólo. Pensando: Soy un cobarde. Pensando: Mañana estaré peor. Sintiendo: Hace frío. Sintiendo: Estoy cansado. Sintiendo: Tengo seca la lengua. Deseando: Haber vivido algo, haber encontrado una mujer, haber sido capaz de abandonarse como otros se abandonan. Deseando: No estar solo, estar en un calor humano, ceñido de una carne aterciopelada, deseado por un espíritu próximo. Temiendo: Mañana será un día vacío y estaré pensando ¿por qué he bebido tanto? Temiendo: Nunca llegaré a saber vivir, siempre me quedaré al margen. Afirmando: A pesar de todo no es, a pesar de todo yo quizá, a pesar de todo quién puede desear con una así. Afirmando: La culpa no es mía. Afirmando: Algo está mal, algo, no sólo yo. Afirmando: El mal está ahí. Interrogando: ¿Quién explica el mal? Reflexivo-recordante: Aquella mujer que estaba allí y no tenía que estar allí porque era como si no estuviera porque no servía. Incisivo-perdonador: No tiene nada de ángel porque además de no tener alas parece que lo único a que aspira es a la aniquilación. El ángel puede volverse contra su dios, pero este medioángel no se vuelve más que contra su madre. Acusador-disoluto: Era una vieja horrible, sólo una vieja horrible. Conclusivo: Soy un pobre hombre.

....

Durmió toda aquella mañana sin interrupción. Las dueñas tejieron el necesario silencio alrededor de su cuarto. También Dorita permaneció en la cama hasta muy tarde y mientras la tonta de la madre se iba a misa y luego quizá a dar una vuelta por el Paseo del Prado o hasta tomar un vermut en un aguaducho del Retiro con una amiga de otros tiempos a la que hablaba prolongadamente de las glorias pasadas, la abuela, introduciéndose en la misma alcoba en la que había entrado Pedro, hablaba al oído de su nieta y la hacía hablar a ella y volvía a hablar de nuevo y le daba algunos consejos y sonreía un poco y luego lloraba también, pero todo con la mesura propia de mujeres que poseyendo una alta sabiduría y comprendiendo cuáles son las sencillas motivaciones que rigen la conducta de los hombres, no desesperan de llevar a buen puerto sus afanes, siempre que no se crucen en el camino desaprensivos bailarines sin moral o mujeres estúpidas entregadas al ruhm negrita y que no aciertan a utilizar racionalmente sus encantos.

Cuando llegó la hora de comer y regresó al hogar la parlanchina madre y todos los huéspedes habían vuelto también a la pensión, después de haber tomado sus patatas fritas o incluso sus gambas a la plancha si los medios pecuniarios daban para tanto, la decana dio las órdenes pertinentes para que tanto el personal de familiares y criados, cuanto su distinguida clientela conservaran en sus desplazamientos y conversaciones un cierto grado de moderación, para no interrumpir de modo indebido el reposo del que, habiendo sido requerido a altas horas de la madrugada para realizar una operación

Martín-Santos en la época en que escribió Tiempo de silencio.

urgente, reponía sus preciosas fuerzas llamadas a desplegarse magníficamente el día de mañana en una brillante carrera cuajada de éxitos profesionales. Para lo cual, ella había pensado, no tenía sino suspender de una vez el ya prolongado plazo de su vida dedicado a la investigación, a los trabajos de laboratorio y al perfeccionamiento de sus estudios teóricos y abandonando estos caminos ingratos a los escasamente dotados para obtener éxito en la vida, abrir los brazos a la resplandeciente clientela que solamente esperaba este gesto para caer sobre él y colmarle de sus dones auríferos. Estas palabras eran escuchadas por las clases pasivas con comprensivos gruñidos y con gestos de cabeza o de hombro con los que hacían conocer su aquiescencia unánime a que ése era y no otro el sendero destinado al joven al que todos consideraban un poco ahijado suyo y que tantas muestras de rectitud, seriedad y buenas costumbres venía prodigando desde el día —ya lejano— en que llegó a la puerta de la pensión vestido según la incierta moda de la provincia y arrastrando un baúl de madera con libros y ropas que, gracias al consejo de la bienintencionada decana, fueron progresivamente sustituidas por otras más acordes con la brillantez de su futura carrera.

. . . .

[...] Me voy, lo pasaré bien. Diagnosticar pleuritis, peritonitis, soplos, cólicos, fiebres gástricas y un día el suicido con veronal de la maestra soltera. Las muchachas el día de la fiesta, delante de la procesión, detrás del palio, rojas, carrilludas, mofletudas, mirando de lado hacia donde yo estoy asqueado de verlas pasar, mirando sus piernas, sentado en el casino con dos, cinco, siete, catorce señores que juegan al ajedrez y me estiman mucho por mi superioridad intelectual y mi elevado nivel mental. Ya está, Príncipe Pío. Sí, por arriba. Luego se baja en un ascensor gratis con un tornillo por debajo que parece que le están dando... Comprar un megret para el tren, hace tiempo que no leo policíacas, a mí policíacas. Por qué serán siempre gallegos los mozos, qué gana un mozo, dónde tiene oculta toda esa fuerza. Tendrían que coger los gallegos o asturianos porque andaluces y manchegos no podrían. Hace falta fuerza. Son sanguíneos, sonrientes, grasientos, humildes, saben que son mozos de cuerda, se lo tienen bien sabido, no pretenden otra cosa que ser mozos del exterior, mozos del interior, llevar cuantos más bultos. Les basta contar uno, dos, tres, cuatro, cinco, seis bultos y el bolso éste que lo llevará la señora, porque lleva dentro las joyas de la corona, de la corona real del rey de espadas, qué bobadas, por qué digo eso. No estoy bastante desesperado. La corona de laurel y mirto, símbolo de la gloria en los juegos olímpicos, subido sobre el podio y alzando el brazo en el saludo romano que luego fue resucitado. Recibir los parabienes del rey de Suecia, tan blanco, tan pálido, tan largo, que nunca ha tomado un verdadero sol y que además se le da una higa de la ciencia, que para eso la tienen y a él le toca ser rey. Pero por qué no estoy más desesperado. Las largas manos del rey de Suecia, con la corona de mirtos toda correctamente trenzada a la que se ha hecho ondulación permanente. Las gruesas nalgas del mozo que nunca se lava, que se sienta sobre un banco, cae en una taberna y vino tinto va, vino tinto viene, como Amador con sus belfos elocuentísimos, el hombre del destino, Amador, también gallego mozo de vivisección, Amador-Casandra, orejas que nacisteis para no oír, cerebros torpes que fuisteis creados para llevar el error a quienes os transportan. Amador, Amador tienes nombre de hombre fatal. ¿Es que voy a reírme de mí mismo? Yo el destruido, yo el hombre al que no se le dejó que hiciera lo que tenía que hacer, yo a quien en nombre del destino se me dijo: «Basta» y se me mandó para el Príncipe Pío con unas recomendaciones, un estetoscopio y un manual diagnóstico del prurito de ano de las aldeanas vírgenes. Escatológico, pornográfico, siempre pensando cochinadas. Estúpido, estúpido, las nalgas del mozo que sube sin esfuerzo con sus uno, dos, tres, cuatro, cinco, seis bultos a mi departamento y me los coloca en la redecilla. ¿Por qué redecilla? Y yo, sin asomo de desesperación, porque estoy como vacío, porque me han pasado una gamuza y me han limpiado las vísceras por dentro, empapando bien y me han puesto en remojo, colgando de un hilo en una especie de museo anatómico de vivos para que perciba bien las cualidades empirreumáticas e higiénicas, desecadoras y esterilizadoras, atrabiliagenésicas y justicieras del hombre de la meseta, del hombre de la meseta, de este tipo de hombre de la meseta que hizo historia, que fabricó un mundo, que partiendo de las planas de la Bureba comenzó a pronunciar el latín con fonética euskalduna y así, añadiendo luego las haches aspiradas convertidas en jotas de la morisma, se fabricó ese ariete con el que fue por el mundo dando tumbos y ahora, reseco y carcomido, amojamado hombre de la meseta, puesto a secar como yo mismo para que me haga mojama en los buenos aires castellanos, donde la idea de lo que es futuro se ha perdido hace tres siglos y medio y el futuro ya no es sino la carcomida marronez que va tomando un cuerpo de buey puesto a secar y la carne vuelta mojama y gusta la mojama y hay hombres como yo, que se van acostumbrando poco a poco a tomar mojama con un vaso de vino y es mejor que el caviar y que el arenque y que el fuá ese de las landes. ¡Desdichados de los que no servimos para el éxtasis! ¿Quién nos auxiliará? ¿Cómo haremos para penetrar en las más avanzadas y recónditas y profundas de las Moradas donde nos es preciso habitar? Miraré las mozas castellanas, gruesas en las piernas como perdices cebadas y que, como ellas, pueden ser saboreadas con los dientes y con la boca o bien ser derribadas al suelo de un bastonazo donde se quedan quietas y no se retuercen como gusanos obscenos, sino que permanecen catatónicas, stelltotenreflex, reflejo de inmovilización, todo a lo largo de la escala animal, el insecto, el sapo, la gacela, la entamoeba haemolithica, todas quietas, vírgenes purulentas, esperando. ¿Pero yo, por qué no estoy más desesperado? ¿Por qué me estoy dejando capar? El hombre fálico de la gorra roja terminada en punta de cilindro rojo con su fecundidad inagotable para la producción de movimientos rectilíneos, ahí se está paseando orgulloso de su gran prepucio rojo cefálico, con su pito en la mano, con un palo enrollado, dotado de múltiples atributos que desencadenarán la marcha erecta del órgano gigante que se clavará en el vientre de las montañas mientras yo me estoy dejando capar. Hay algo que explica por qué me estoy dejando capar y por qué ni siquiera grito mientras me capan. Cuando castraban los turcos sus esclavos en las playas de Anatolia para fabricar eunucos de serrallo, es cosa sabida que se les dejaba enterrados en la arena de la playa y que a muchas millas de distancia, los navegantes en alta mar podían oír inininterrumpidamente, tanto de día como de noche, sus gritos de dolor o más bien quizá gritos de protesta o despedida de su virilidad. Sistema eficaz de asegurar la asepsia, enterrados hasta media cintura en la arena que es una sustancia limpia, absorbente, que no permite que se pudran las secreciones, que las elimina y que carece de gérmenes patógenos, impregnada en iodo y otras sales marinas de acción carminativa. Pero mejor esto de ahora en que —efectivamente— no sólo no se grita, sino que ni siquiera se siente dolor y por tanto no se puede servir de faro acústico a los incautos navegantes. Pero ahora no, estamos en el tiempo de la anestesia, estamos en el tiempo en que las cosas hacen poco ruido. La bomba no mata con el ruido, sino con la radiación alfa que es (en sí) silenciosa, o con los rayos de deutones, o con los rayos gamma o con los rayos cósmicos, todos los cuales son más silenciosos que un garrotazo. También castran como los rayos X. Pero yo, ya, total, para qué. Es un tiempo de silencio. La mejor máquina eficaz es la que no hace ruido. Este tren hace ruido. Va traqueteando y no es un avión supersónico, de los que van por la estratosfera, en los que se hace un castillo de naipes sin vibraciones a veinte mil metros de altura. Por aquí abajo nos arrastramos y nos vamos yendo hacia el sitio donde tenemos que ponernos silenciosamente a esperar silenciosamente que los años vayan pasando y que silenciosamente nos vayamos hacia donde se van todas las florecillas del mundo. Pero no me siento suficientemente desesperado, siento un placer muelle en este arcaico instrumento que galopa, galopa, galopa como un animal con su traqueteo ruidoso de efecto hipnótico que hace coincidir su ritmo con el del electroencefalograma y que por un sistema de acomodación idéntico al que emplean los negros en las tribus primitivas, con sus tamtam en las noches de fiestas bailando, bailando consiguen —ellos, sí, dichosos— llegar al famoso éxtasis, mientras que aquí ni aun el sueño se consigue. Si llegara al éxtasis, si cayera al suelo y pateara ante la misma cara del predicador viajero podría convertirme, atravesar el lavado necesario del cerebro prevaricador y quedar convertido en un cazador de perdices gordas y aldeanas sumisas. Pero no somos negros, no somos negros, los negros saltan, ríen, gritan y votan para elegir a sus representantes en la

ONU. Nosotros no somos negros, ni indios, ni países subdesarrollados. Somos mojamas tendidas al aire purísimo de la meseta que están colgadas de un alambre oxidado, hasta que hagan su pequeño éxtasis silencioso. Tracatracatracatracatracatracatraca traqueteo tracatracatracatracatracatraca: se puede formar un ritmo, es cuestión de darle una forma, una estructura gestáltica, puede conseguirse un ritmo distinto según la postura en que uno se ponga a escuchar un ritmo cada dos, un ritmo cada tres, un ritmo cada cuatro y luego repetir, o bien otro ritmo como en las figuras ópticas se puede ver una copa o el perfil de una cara. Racionalismo mórbido, qué me importan a mí los ritmos, las figuras y las gestalten si me están capando vivo. ¿Y por qué no estoy desesperado? Es cómodo ser eunuco, es tranquilo, estar desprovisto de testículos, es agradable a pesar de estar castrado tomar el aire y el sol mientras uno se amojama en silencio. ¿Por qué desesperarse si uno sigue amojamándose silenciosamente y las rosas siguen sien... las rosas?... ajjj. Podrás cazar perdices, podrás cazar perdices muy gordas cuando los sembrados estén ya... podrás jugar al ajedrez en el casino. A ti siempre te ha gustado el ajedrez. Si no has jugado al ajedrez más es porque no has tenido tiempo. Acuérdate que antes sabías la defensa Philidor. El ajedrez es muy agradable y además al no estar desesperado, qué facil será acostumbrarse si uno no está desesperado. Será muy fácil, no habrá más que estar quieto al principio porque, al moverse, puede rozarse la herida. Primero estar quieto. Entonces vendrá una mujer, una linda mujer a tu consulta y te dirá lo que padece, prurito de ano. Tú la diagnosticarás sin esfuerzo, le recetarás lo que necesita. Ella dirá, es simpático el nuevo. Por poco tiempo que tengas que esperar a que venga esa mujer tendrás tiempo para que se te pase. Se te habrá pasado todo. Entonces dirán, es mejor que el otro. El nuevo es mejor. Habrá algunos que todavía no, que todavía no, que todavía creerán que el viejo es mejor o que les dará vergüenza dejarlo. Mejor, porque si no, no tendrías tiempo suficiente para cazar perdices. Estarás así un tiempo esperando en silencio, sin hablar mal de nadie. Todo consiste en estar callado. No diciendo nunca nada de eso. Todo el mundo, poco a poco, verá cómo eres de bondadoso, de limpio, de sabio. Ahí está el páramo, el largo páramo igual que una piel aplicada directamente sobre el esqueleto. En esta época, donde hay árboles rojo-dorados de otoño, no hay nada más que tierra seca, paisaje masculino nunca castrado nunca, de donde quién sabe aún qué nuevas piedras pueden salir si se arranca la tierra. Granito redondo, acariciado por el aire durante tanto tiempo que se ha ido quedando redondo, piedras doradas, piedras negras, piedras rojas. Habrá un lagarto. No, ya no. En otoño se duermen. Allí la sierra azul acercándose, acercándose, esperando la perforación del tren, la sierra como si guardase un secreto. Allí está, es mejor que nada. Hay una esperanza. Al otro lado, todavía están los moros. Una cabalgada y los echamos, otra ca-

Francisco Algora, a la izquierda, y Francisco Rabal, en una escena de la versión cinematográfica de Tiempo de silencio. *Fue dirigida por Vicente Aranda en 1986.*

balgada y se van hasta la otra sierra, repoblar, repoblar, cargar la tierra de niños, de hombres, de mujeres que paren, henchirla hasta que se os vayan quedando delgados y cuando ya tengan tanta hambre que parezcan mojamas echarlos fuera y ya veréis, ya veréis lo que harán. Pero si ya no hay sitio donde echarlos qué hacemos nosotros. Aquí estoy. No sé para qué pienso. Podía dormirme. Soy risible. Estoy desesperado de no estar desesperado. Pero podría también no estar desesperado a causa de estar desesperado por no estar desesperado. A qué viene aquí ahora ese trabalenguas. Parece como si me gustaría decirlo a alguien. Alquien me tomaría todavía por ingenioso y no tendría que preguntarme de dónde viene mi ingenio, porque para qué iba a preguntarse de dónde viene mi ingenio. ¿Y qué demonios puede importarle a nadie si yo soy ingenioso o no soy ingenioso o si era ingeniosa la puta que me parió? ¡Imbécil! Otra vez estoy pensando y gozo en pensar como si estuviera orgulloso de que lo que pienso son cosas brillantes... ajj. El sol sigue tan tranquilo entrando en el departamento y allí se dibuja el Monasterio. Tiene todas sus cinco torres apuntando para arriba y ahí se las den todas. No se mueve. Tiene las piedras alumbradas por el sol o aplastadas por la nieve y ahí se las den todas. Está ahí aplastadito, achaparradete, imitando a la parrilla que dicen, donde se hizo vivisección a ese sanlorenzo de nuestros pecados, a ese sanlorenzaccio que sabes, a éste que soy yo, a ese lorenzo, lorenzo que me des la vuelta que ya estoy tostado por este lado, como las sardinas, lorenzo, como sardinitas pobres, humildes, ya me he tostado, el sol tuesta, va tostando, va amojamando, sanlorenzo era un macho, no gritaba, no gritaba, estaba en silencio mientras lo tostaban torquemadas paganos, estaba en silencio y sólo dijo —la historia sólo recuerda que dijo— dame la vuelta que por este lado ya estoy tostado... y el verdugo le dio la vuelta por una simple cuestión de simetría.

(Tiempo de silencio.)

JUAN GOYTISOLO

Nació en Barcelona en 1931, en el seno de una familia burguesa. Inició estudios de Derecho, que no terminó. En 1949 publica sus primeras narraciones cortas. En 1956 decide exiliarse y se instala en París. Años después confesará: «No tengo la menor duda de que si hubiese permanecido en España no hubiese podido escribir ni realizar lo que he hecho fuera. Por una razón muy simple: es tal la atmósfera de frustración que hay en el país, tales las cortapisas que impiden la circulación de un pensamiento libre, de contacto con las corrientes políticas, estéticas, que uno se encuentra ahogado por un conformismo espantoso en todos los dominios». Pronto obtiene un puesto de asesor literario en la Editorial Gallimard. Deslumbrado por la vitalidad que descubre en los pueblos del sur, desde hace algunos años pasa largas temporadas en Marrakech. En 1985 se le concedió el Premio Europalia.

En 1954 publica su primera novela, *Juegos de manos*. Siguieron: *Duelo en el paraíso* (1955), *El circo* (1957), *Fiestas* (1958), *La resaca* (1958), *La isla* (1961), *Fin de fiesta* (1962), y los volúmenes de carácter documental *Campos de Níjar* (1959) y *La Chanca* (1962). En todas estas obras se pone de relieve su actitud crítica y comprometida, social y políticamente, frente a la realidad española. Desde un punto de vista formal, es fácil observar una progresiva tendencia hacia el objetivismo, documental y fotográfico.

En sus siguientes novelas, **Señas de identidad** (1966), **Reivindicación del conde don Julián** (1970) y *Juan sin tierra* (1975), se intensifica la virulencia crítica, teñida ahora de subjetivismo, y la disconformidad con los más rancios valores

LA NOVELA DESDE 1939

de la España tradicional. Goytisolo abandona el neorrealismo de las obras anteriores y se sirve de técnicas narrativas innovadoras y mucho más complejas.

En sus últimas novelas, *Makbara* (1980) y *Paisajes después de la batalla* (1982), muestra, sin reservas, sus simpatías por el mundo árabe y defiende abiertamente lo heterodoxo y marginal. En fecha reciente ha publicado *Las virtudes del pájaro solitario* (1988).

Goytisolo es también autor de un libro de relatos, *Para vivir aquí* (1980); de dos tomos de memorias, **Coto vedado** (1985) y *En los reinos de Taifas* (1986), y de diversos ensayos: *Problemas de la novela* (1959), *El furgón de cola* (1967), *Disidencias* (1977), *Libertad, libertad, libertad* (1978) y *Crónicas sarracinas* (1982).

Ediciones

Obras completas, Madrid, Aguilar, (1977), con una introducción de Pere Gimferrer.

PARTE I

La inclinación a una u otra lengua por parte del escritor potencialmente bífido no es producto exclusivo de una libre elección personal, sino resultado más bien de una serie de coyunturas familiares y sociales posteriormente asumidas. La desaparición temprana de mi madre y el medio conservador, religioso y franquista en que me criara fueron sin duda elementos primordiales de mi inserción en una cultura que, cincuenta años atrás, el tío Ramón Vives había motejado de «opresora». Pero, más significativo que ese determinismo histórico en favor de una de las lenguas en liza es, en mi caso, la relación apasionada con ella a partir del día en que, lejos de Cataluña y de España, descubrí que era mi patria auténtica y objeto simultáneo de odio y amor. Mi pasión tardía por la lengua y cultura castellanas, sufrida antes que yo por una serie de escritores cuya obra genial se afirmó a contracorriente de ellas a costa de un desvivirse amargo, fue a la vez baño de identidad lustral y reacción de defensa contra el vacío de un largo destierro. Decir que no elegí la lengua, sino que fui elegido por ella, sería el modo más simple y correcto de ajustarme a la verdad [...] Castellano en Cataluña, afrancesado en España, español en Francia, latino en Norteamérica, nesrani en Marruecos y moro en todas partes, no tardaría en volverme a consecuencia de mi nomadeo y viajes en ese raro espécimen de escritor no reivindicado por nadie, ajeno y reacio a agrupaciones y categorías. El conflicto familiar entre dos culturas fue el primer indicativo, pienso ahora, de un proceso futuro de rupturas y tensiones dinámicas que me pondría extramuros de ideologías, sistemas o entidades abstractas caracterizados siempre por su autosuficiencia y circularidad.

(Coto vedado.)

CAPITULO VII

«Sobre este punto hay un acuerdo unánime el nivel de vida aumenta sensiblemente basta recorrer la Península de un extremo a otro sonora geografía de nombres imperiales Madrigal de las Altas Torres Puente del Arzobispo Villareal de los Infantes Egea de los Caballeros Motilla del Palancar como un Herr Schmidt o un Monsieur Dupont cualesquiera al volante de su Citroën o de su Volkswagen para advertir año tras año el lento pero firmísimo despegue de un país secularmente pobre lanzado hoy gracias a veinticinco años de paz y orden social por la esplendorosa y ancha vía de la industria y el progreso desde hace casi cinco lustros tenemos el privilegio de un orden bienhechor como no lo saborearon nuestros padres ni nuestros abuelos ni nuestros bisabuelos orden que resistió imperturbable una guerra mundial que rondando las fronteras asolaba todavía más en lo moral que en lo material media Europa y entregaba al cautiverio a la otra media paz que precisamente por lo absoluta ya nos parece natural y no es natural pues no es cosa que por sí misma espontáneamente regale la naturaleza como regala la lluvia o el sol el amanecer y el crepúsculo el día y la noche esta paz que disfrutamos origen y fuente del actual progreso y bienestar es obra de un hombre y de un Régimen que disciplinando ordenando superando purgando nuestra natural propensión a íntimas pugnas y desgarramientos intestinos la supieron inventar para gloria y ejemplo de las generaciones venideras y aunque para toda nación la paz es deseable y su organismo sufre cuando la paz se turba pueblos menos glandulados que el nuestro pueden soportar el alboroto y el desorden sin que eso les acarree consecuencias mortales pero no el pueblo español entre nosotros cuando la paz se altera las consecuencias son instantáneas y fulminantes y la amenazadora sombra de Caín oscurece como diría fray Luis la «espaciosa y triste España» así conforme se va alejando en el horizonte de lo pasado la invariable fecha del primero de abril más clara vemos su singular trascendencia como montaña ingente sólo susceptible de ser abarcada con la mirada desde lejos por eso aunque a muchos mocitos y caballeros emperejilados de hoy que no supieron de las penas de la guerra ni de los placeres de haberla vencido y se encontraron con la mesa puesta les parezca inútil recordar lo que quisieran olvidado para siempre nosotros los combatientes de entonces artífices del actual bienestar les diremos gracias a esa paz desmemoriados y olvidadizos señores son ustedes señores y potentados y están ustedes tranquilamente sentados en la calle y tienen ustedes buen color y conservan la piel la luz se hizo en un día primero de abril en la plenitud de una primavera que por cielo tierra y mar se esperaba anunciada en el propósito heroico y en la esperanza segura del himno liberador y desde entonces hemos vivido épocas de excepción y de sacrificio hemos atravesado un largo periodo de dificultades y combates hemos debido mantener con energía el rumbo frente a la incomprensión el odio y la ceguera de los Estados liberales de democracia desvertebrada e inorgánica pero después que aquellos años de hambre y privaciones fruto del bloqueo y las sequías esto que ya muchos llaman el milagro español ha sido nuestra obra común la de todos los españoles que colaboraron con sus esfuerzos y disciplina en vencer tan difícil y fundamental etapa y ahora que en el plano económico la evolución es patente la mejoría notable y los medios de que el país dispone infinitivamente superiores basta la mirada neutra y vacua de Herr Schmidt o Monsieur Dupont uno de los doce millones y pico que según estimaciones oficiales visitarán este año nuestra patria atraídos por el ardor del sol el garboso pisar de las mujeres el emboque de los vinos la emoción viril de la corrida la belleza monacal del paisaje el bajo índice de los precios para apreciar la mejora de las carreteras y los ferrocarriles la multiplicación de los hoteles y restaurantes la proliferación de vehículos y televisores signos claros rotundos del prodigioso y oportuno despegue nadie puede negar ya en público que el mercado de consumo aumenta y el país se industrializa entre 1935 y este año de gracia las producciones básicas se han incrementado de manera espectacular el 72 % de los españoles usan ropa interior de algodón contra un 37 % durante la época de la República los zapatos sustituyen poco a poco a las humildes alpargatas quienes iban a trabajar a pie lo hacen hoy día en bicicleta los ciclista de antes se pasean en moto los ex motoristas recorren triunfalmente el paisaje urbano con un Seat 600 o un Renault 4CV en lugar del incómodo y triste plato único los restaurantes exhiben copiosísimas minutas convenientemente traducidas a varios idiomas la población obrera consume leche y huevos y a veces hasta pollos los domingos en verano resulta imposible distinguir al trabajador de su patrono el contable de oficinas fuma tabaco rubio y se compra a plazos televisor y nevera la mujer del peón se pinta los labios y usa medias exactamente como la dama distinguida si los inevitables focos de miseria subsisten se trata por lo general de casos aislados a los que la innata generosidad racial del español pone remedio y si publicamos aún en nuestra prensa «Ayuda a familia vergonzante con un hijo menor la madre muy enferma el padre sin trabajo» «Alimentos y ayuda a familia peón enfermo con seis hijos menores de diez años la madre muerta de parto» o «Pierna ortopédica a soltera de 53 años sin familia ni recursos» lo hacemos porque estamos seguros de que merced a la pronta intervención de almas benéficas y caritativas los pequeñuelos podrán satisfacer cabalmente su hambre los parados hallarán el medio de agenciarse un billete para Alemania o Suiza y la soltera desamparada y pobre obtendrá la suspirada ortopédica la paz la prosperidad el radiante progreso en que hoy andamos embarcados son el fruto palmario de nuestra política al servicio de un hombre y una nación ante nosotros se levanta la voz de nuestros muertos la firmeza de los que nos mandaron el testamento de los que dieron su sangre la voluntad de los que no están entre nosotros y esa voluntad ese testamento y ese mandato tenemos que sostenerlos con las armas en la mano no basta que haya acabado la batalla acaba la batalla y nadie puede irse a descansar nosotros lo sabemos muy bien porque tenemos los pechos cubiertos de medallas los cuerpos llenos de cicatrices el corazón abrumado de dolores y sabemos que después de la batalla cuando parece que se va a recoger el fruto de la victoria todavía hay que velar las armas viene la parte más dura la guardia la centinela la imaginaria el servicio el cuidar unos el sueño de los otros y ésta es nuestra misión permanente de la que no abdicaremos jamás velar la paz el sueño el orden el trabajo avanzada que somos reconocida ya en el mundo libre áncora y guía del cándido y olvidadizo Occidente.»

Así se expresaban jubilosamente los portavoces oficiales mientras la incontenible ola turística, dispensadora de prodigalidades y mercedes, inyectaba sangre nueva y despreocupada en el vetusto país, recorría su absorto paisaje y sus ciudades muertas: rica transfusión de dólares que circulaba a través de ferrocarriles, aviones, buques, carreteras; inesperada plaga salvadora de un solar condenado y baldío, cubierto ahora, como por ensalmo, de paradores y hoteles, estaciones de servicio y restaurantes, boutiques de souvenirs y snak-bars, camareras y alcahuetes, prostitutos e intérpretes, flamencos y bailaoras. La modernización había llegado, ajena a la moral y la justicia y el despegue económico amenazaba anestesiar para siempre a un pueblo no repuesto todavía, al cabo de cinco lustros, del largo y denso sueño en que permaneciera aletargado desde su derrota militar durante la guerra. Las estadísticas no mentían sin embargo y, para quien hubiese conocido la atmósfera agobiadora de aquellos años de persecución y castigo, hambre y privaciones —el salvoconducto obligado entre Madrid y Getafe, la magra cartilla de racionamiento— la mejora palpable de los últimos tiempos o la simple posibilidad de obtener el ansiado pasaporte constituían para los más un cambio constitutivo que rompía, felizmente, con la anterior asfixia e inmovilismo. Poco a poco, gracias a la doble corriente de forasteros y emigrantes, expatriados y turistas, en España y fuera de ella, el español aprendía, por primera vez en la Historia, a trabajar, comer, viajar, explotar comercialmente sus virtudes y defectos, asimilar los valores crematísticos de las sociedades industriales, mercantilizarse, prostituirse y todo ello —paradoja extrema de una tierra singularmente fértil en burlas sangrientas y feroces contrastes— bajo un sistema primitiva y originariamente creado para impedirlo: bandera enarbolada un día para justificar la horrible matanza, abandonada luego como un traje usado o un zapato viejo; causa sagrada —éstas eran sus palabras— por la que falanges de jóvenes de pecho generoso y mente estrecha habían ofrendado la vida. Unos y otros muertos se pudrían ahora exactamente inútiles y absurdos, devorados, hasta en el recuerdo, por obra de una Historia caprichosa, no sólo indiferente, sino alérgica, a las virtudes de la inmolación y el sacrificio.

Pero si la prensa exhibía a diario los índices y gráficos de un despegue obtenido, entre otras razones, merced a la dura disciplina militar impuesta a la clase obrera y al mantenimiento de las arcaicas e inhumanas relaciones de producción en el sector agrario, ¿quién evocaba, en cambio, la existencia de aquellos que, a costa de su sangre, sudor y lágrimas, habían sido sus verdaderos artífices y sus víctimas, igualmente anónimos? La triste humanidad callada que había aguantado sobre sus hombros el peso de la necesaria acumulación, ¿quién se acordaba de ella? Bajo el barniz brillante de los números y el insolente despliegue de las comparaciones había un oscuro cauce de sufrimiento, un mar inmenso y sin fondo adonde jamás llegaba ni llegaría rayo de luz alguno: la vida descalza, manivacía y rota de millones y millones de paisanos frustrados en su propia y personal esencia, relegados, humillados, vencidos; doliente masa de seres venidos al mundo sin aparente lógica; instrumento de trabajo con figura de hombre, sujetos a las leyes de oferta y de demanda como pobre y gastada mercancía. Sumidero de injusticias, ofensas, enfermedades, muerte, su dolor destilado gota a gota en tosco y soterrado alambique, sus castillos de arena perpetuamente barridos por el tiempo, su recatada e invisible labor de madréporas, sostén y base de la vida ociosa y fútil de los otros, ¿servirían, cuando menos, de abono y fermento, alimento y sustancia? Aquellos de quienes el hijo de Dios había dicho: «vosotros sois la sal de la tierra», ¿fertilizarían alguna vez el árido e ingrato suelo de su severa e inmortal Madrastra?

Transcritas durante los preparativos de rodaje del fallido documental, las biografías de los emigrados —primera ola de un mar de movimiento perpetuo— se erguían en medio del panorama campestre tranquilo y placentero como una grave e imperecedera acusación, todo el lento aprendizaje en el dolor, la vergüenza y la astucia, la injusticia y humillaciones de estos años cifrados en páginas escuetas y breves, rigurosas y estrictas, que ningún progreso, ningún bienestar, ninguna modernización —y era una certeza consoladora para ti— conseguirán nunca borrar.

Esta silla y el cesto de mimbre que hay encima de ella valen para mí más que todos los amigos del mundo y han sido más fieles que ellos pues cuando este cesto pasaba las rejas de la cárcel siempre llevaba dentro algo de comida y esta silla es la misma en la que me hicieron sentar los falangistas antes de meterme en la cárcel

y cuando yo estaba dentro de la cárcel el cesto de mimbre que está sobre la silla me llevaba la miseria que podía y cada día me alegraba cuando me venía a ver

esta silla y este cesto no tienen que agradecer nada a nadie pues muchos republicanos de antes andaban por la calle y el cesto no recibía de ellos ni un miserable céntimo este cesto que iba a pedir limosna de puerta en puerta para llevarme de comer y esta silla a la que me ataron delante de mi mujer dicen que todo esto es verdad la silla en la que me pegaron con una fusta y el cesto con el que mi mujer pidió limosna

es una vergüenza dicen esta silla y este cesto que os echaran de la casa aprovechando que estaba yo en la cárcel el juez había enviado la convocatoria pero yo no podía salir de la cárcel así el propietario vino con el juez y los guardias municipales y el juez dijo los inquilinos a la calle

y echaron los muebles a la acera y mi mujer tenía el niño entre los brazos y no sabía adónde ir y cuando a los ocho días fueron a la cárcel a darme un beso y decirme dos

Arriba: Juan Goytisolo en Aguilas (Murcia), en 1962. Abajo: En Cuba, en 1961. Viajero incansable, en 1985 confesaba: «La Europa educadora y abierta me ha enseñado más: esa "independencia" intelectual, moral y cultural que me permitiría escapar a los esquemas de intolerancia y maniqueísmo tan arraigados en nuestra tierra, al cainismo de la guerra civil íntima, sañuda y pugnaz, interiorizada sin saberlo por la mayoría de mis coetáneos».

palabras las palabras que me dijo mi mujer me causaron gran pena diciendo nos han quitado la casa estoy en la calle y al enterarme de lo que pasaba yo no podía dormir y vomitaba lo poco que comía y esta silla y este cesto saben que cuanto digo es verdad verdadera pues ellos recuerdan los golpes que me dieron con la fusta y el poco pan que mi mujer recogía por las casas y al cabo de un año me pasaron de la cárcel al hospital y de allí me soltaron con un papel que decía José Bernabeu ha estado preso por rojo...

En uno de esos atardeceres brumosos del moroso e ingrato invierno parisiense, encerrado en tu estudio de la rue Vieille du Temple con una botella de Beaujolais y una cajetilla mediada de Gitanes-filtre sobre la mesita de noche habías pasado revista a tus veinticinco años de menguada existencia y la desolación y el vacío que hallaras en ellos te sobrecogieron de pavor. Alvaro, dijiste para tu sayo, esto no puede continuar así, te expatriaste a París con el pretexto de estudiar dirección de cine y, fuera de la frecuentación asidua de la cinemateca de la rue d'Ulm, no has pasado aún tus exámenes en el IDHEC, no has acabado el guión de tu futura genial película, no has hecho la menor gestión para ser admitido como asistente de alguno de los «monstruos sagrados». Te fuiste de España (abandonando a tus amigos en medio de una lucha política difícil e incierta) para realizar la obra que llevabas (o creías llevar) dentro de ti y, en estos dos años de bohemia parisiense, ¿qué has hecho?: dormir, comer, fumar, emborracharte, matar el tiempo en charlas y discusiones ociosas con compatriotas exiliados y rancios en el vetusto café de madame Berger. ¿Puedes enorgullecerte del resultado? Desertaste de la acción para ser un artista y, al fin de cuentas, ¿qué eres?: un desterrado voluntario que duerme (doce horas diarias), fuma (cajetilla y media de Gitanes-filtre), come (una sola vez al día, en el oscuro Foyer de Sainte-Geneviève), bebe (litro o litro y medio de tinto, según el caso), va al cine (Eisenstein, Pudovkin, Visconti, Lang, Wells; los de siempre).

Te asomaste a la ventana sobre la hermosa perspectiva de tejados y chimeneas en forma de cono truncado que inevitablemente te rememoraba los lejos de «Il miracolo della relliquia de la Santa Croce» que habías admirado en Venecia y contemplaste el cielo incierto y huidizo de París mientras los vecinos del patio repetían una vez más para ti (diríase) su escaramuza diaria acerca de las palomas (alimentadas por el viejo del primer piso y ahuyentadas por la viuda del tercero con cubos de agua).

VIEJO: Madame, Dieu vous regarde.
VIUDA: Moi aussi je suis croyante, Monsieur.
VIEJO: Vous faites une mauvaise action.
VIUDA: Ça, c'est ma conscience qui doit me le dire, cher Monsieur.
VIEJO: Ce sont de pauvres bêtes innocentes.
VIUDA: Innocentes peut-être, mais sales.
VIEJO: Ils ne font de mal à personne.
VIUDA: Ils font des saletés partout.
VIEJO: Vous aussi vous faites bien vos besoins, Madame.
VIUDA: En tout cas soyez certain que je ne les fais pas sur ma fenêtre, cher Monsieur.

Unas horas antes, en el andén helado de la gare d'Austerlitz, aguardando tú el tren de Barcelona en que debía venir Antonio, enviado a colectar fondos de ayuda para el recién creado movimiento estudiantil, habías asistido por primera vez a la llegada de una expedición de españoles contratados sin duda por alguna empresa fabril parisiense y, conforme examinabas el rostro perdido y como ahogado de tus paisanos ante el espectáculo para ellos insólito de la silenciosa y disciplinada multitud, tan distinta de la caótica y vocinglera muchedumbre española, experimentaste una acongojada sensación de estupor y lamentaste no haber traído contigo la cámara de 16 mm. Expulsados por el paro, el hambre, el subdesarrollo hacia países de civilización eficiente y fría, ¿qué sería más tarde, pensaste, de aquellos hombres apegados a unos valores y costumbres tribales, desaparecidos ya del resto del Continente? ¿Se adaptarían a la moderna civilización industrial urbana?, ¿o reaccionarían frente a ella con vuestra carpetovetónica y proverbial impermeabilidad indígena?

La idea de un documental sociológico sobre las razones de su emigración, la exposición filmada de su doloroso periplo (la lenta y penosa huida de la miseria a partir de sus orígenes campesinos) se impuso de pronto en tu conciencia como una empresa no sólo apasionante, sino (por la rebeldía que implicaba contra tu destino común de español heredero de la situación creada como resultado de la guerra civil) estrictamente necesaria. La imagen de los obreros arropados en sus viejas zamarras, tocados con sus boinas y calzados con alpargatas miserables se había asociado desde entonces en tu recuerdo a la panorámica de tejados y chimeneas de Carpaccio que la suscitara durante aquel vasto y melancólico atardecer.

VIEJO: Attention, Dieu vous punira un jour.

VIUDA: Il a d'autres choses à faire que de s'occuper de vos pigeons, le bon Dieu.

VIEJO: Ne soyez pas si sûre que ça, chère Madame.

Bebiste un trago de Beaujolais para frenar la sucesión vertiginosa de propósitos que acudían a tu mente. Desdibujada por la niebla distinguías a lo lejos la silueta desgarbada de la Tour Eiffel. Antonio debía venir a cenar contigo y, mientras los vecinos proseguían su metafísica guerrilla respecto a la bondad de las palomas, te tumbaste a descansar en el diván y observaste, abstraído, el reflejo mudable y el efímero de la luz sobre el techo abuhardillado de tu estudio.

(*Señas de identidad.*)

III

... convencido de la urgencia y necesidad de la traición, multiplicarás tus centros de aislamiento y banderines de enganche
a mí, guerreros del islam, beduinos del desierto, árabes instintivos y bruscos! : os ofrezco mi país, entrad en él a saco : sus campos, sus ciudades, sus tesoros, sus vírgenes os pertenecen : desmantelad el ruinoso bastión de su personalidad, barred los escombros de la metafísica : la faunesca agresión colectiva se impone : hay que perfilar los cuchillos y disponer los dientes : que vuestra sierpe sediciosa se yerga en toda su longitud y, cetro soberbio y real, ejerza el poder tirano con silenciosa, enigmática violencia : a tu mente acuden en tropel imágenes líricas, suntuosas : festones de estuco, calados de yeso, puzzles de estalactitas, quebradizas columnas, tacos de exquisita cerámica : alicatados, inscripciones cúficas, letras nesjís : mucharabis, aldabas de hierro, lámparas de mezquita : jardines secretos, corraladas de cal : palmeras, surtidores de hojas : dunas, paisaje familiar
rostros crueles, entrevistos o soñados, compondrán en adelante tus huestes : pastores de Tenira y Mulay Busselham, mineros de Laarara Fuara, fellahs de Suk-et-Tlata y Laguat, jayanes de Uxda y El Golea [1].
los cabos de vuestros turbantes ondean mientras avanzáis al galope : contemplad la cicatriz venenosa al otro lado del mar : la riqueza magnífica al alcance de vuestros corceles
nuestros símbolos vetustos, tediosos, yacen arrinconados en un polvoriento desván : leones de felpa, castillos de arena : cintajos, colgaduras, monedas efigiadas : banderas, escudos, charanga nacional
nuestras figuras gloriosas y efemérides patrias suscitan el bostezo pulcro y cortés, la amable, comedida sonrisa : Trajano, Teodosio, Adriano! : don Pelayo, Guzmán el Bueno, Ruy Díaz de Vivar!
el deslumbrante progreso industrial, la mirífica sociedad de consumo han desvirtuado los rancios valores : Agustina sirve hotdogs en un climatizado parador de turismo : el tambor del Bruch masca chicle y fuma Benson and Hedges
a fuerza de mantener el brazo en alto y extendido adelante, con la mano abierta y la palma hacia arriba, los huesos se nos han vuelto de plomo y lamentablemente han caído conforme a la ley de la gravedad
Alto de los Leones, epopeya del Alcázar, sitio de Oviedo, crucero Baleares, cárceles rojas, tercios de Montejurra se han esfumado para siempre tras un decorado muy urbano de estaciones de servicio, snacks, Bancos, anuncios, cafeterías : de chatas y débiles

---

[1]. *Tenira*: Argelia. *Mulay Busselham*: aldea costera del norte de Marruecos. *Laarara Fuara*: caserío cercano a Beni Drar, en la frontera argelino-marroquí. *Suk-et-Tlata*: pueblo argelino de la Wilaya (provincia) de Tremecen. *Laguat*: oasis de Argelia. *Uxda*: ciudad del noreste de Marruecos. *El Golea*: oasis de Argelia.

ideas políticas : de actitudes blandas, prudentes, insustanciales
los aguerridos y escandalosos gallos de marzo que anunciaran la gentil primavera de las Españas han muerto : en nuestro paraíso fácil y muelle, los ángeles que velaban con espadas junto a las jambas de la puerta digieren ahora penosamente su última juerga flamenca de whisky y de manzanilla
oídme bien : Meseta ancestral, espada invicta del Cid, caballo blanco de Santiago : nada os resistirá : la máscara nos pesa : el papel que representamos es falso : una imperiosa necesidad de aire agita nuestros pulmones : la sangre circula rápida, el corazón aletea, el cuerpo aguarda con ansia vuestra virilidad retenida : dudáis aún? : escuchadme : la baza es segura : mi felonía se prolongará ocho siglos : escrito está en el cielo y vuestros profetas y morabitos lo saben : un desorden sin fin, una corrupción general, una epidemia fulmínea, devastadora : los signos premonitorios se acumulan y el fiero mar del Estrecho deviene liso como una balsa : la travesía no ofrece riesgos : desembarcad!
y, desde la rauda embarcación de Tariq, pondrás pie en el funesto país y asumirás la dirección general de las operaciones
vestirás de carpeto a tus agrestes y montaraces guerreros y los infiltrarás en la futbolera tauromaquia multitud
ocuparás iglesias, bibliotecas, cuarteles, el monasterio de Yuste, San Lorenzo del Escorial, el Cerro de los Angeles
liberarás la mezquita de Córdoba, la Giralda, la Alhambra
arrasarás el granadino palacio de Carlos Quinto
sentarás tu harén en el jardín del Retiro
fomentarás la apostasía muladí y la propaganda alcoránica
cuando la cuitada Península presente varios focos de infección y la resistencia orgánica se derrumbe, procederás al asalto brutal y definitivo
con las armas agudas de la traición, al frente de los muslimes de tu harka

gracias a un puñado de hombres ilustres : maestros universalmente queridos, admirados y respetados : zahoríes y espeleólogos de los veneros, vetas y hontanares ocultos de vuestra alma : investigadores de milenarias esencias, espulgadores de remotos linajes : varones preclaros, de ejemplar conducta cívica : teóricos de la razón vital, adelantados y precursores de Heidegger : defensores de la noble civilización en lucha contra la barbarie : españolizadores de Europa, europeizadores de España : coetáneos de Proust e introductores de D'Annunzio y Maeterlinck : peregrinos al sepulcro de don Quijote, exegetas del viejo romancero : adalides del feroz particularismo ibero, del destino hispánico singular y

El escritor en 1982. Por esas fechas declaraba: «La escritura se ha vuelto para mí terriblemente difícil, me exige un esfuerzo de concentración imposible de mantener largo tiempo. Cuando trabajaba sobre una superficie lingüísticamente plana escribía mis novelas en unos pocos meses. Ahora me toman bastantes años de trabajo y el cansancio me obliga a interrumpirlas para viajar, mantener una relación viva con las personas que quiero, interesarme por experiencias literarias y áreas culturales para mí desconocidas. El ensayo o artículo periodístico son entonces un medio de distensión, que me mantiene en forma y no absorbe la totalidad de mis energías».

JUAN GOYTISOLO

privilegiado : denunciantes de intereses creados, creadores de intereses nuevos : grupo sin par de estilistas, orfebres y artífices del lenguaje : dueños de un bagaje cultural de modernidad intachable, arropado siempre en formas distinguidas, enjundiosas : autores de deleitables ensayos, impulsores de la erudición histórica, oráculos sutiles del Espíritu en los círculos quintaesenciados y elegantes : heraldos de ciencias arcanas y no accesibles a los profanos que convenía traer al buen pueblo para socorrer su penuria intelectual y asegurar de paso el consumo normal de todo el siglo académico : patriotas hoscos, severos, adustos, inexorables : guardianes celosos de la verdad, embalada por ellos en una nueva y patentada Arca de la Alianza : elevados a pedestales y estatuas, ceñidos de rectorales togas, coronados de esbeltos laureles : paladines del Cid, de Séneca, de Platero : del españolísimo vínculo existente entre el estoicismo y la tauromaquia : campeones de la evidente concatenación del gene, prueba de la perduración secular de ciertos caracteres étnicos imborrables : del espíritu atraído por sus raíces a lo eterno de la casta : de vuestra indudable filiación con Túbal, hijo de Jalet y nieto de Noé : de esa línea guadianesca y soterraña que va de Sagunto y Numancia a la epopeya del Alcázar de Toledo : restauradores de la continuidad celtibérica, visigótica y várdula : floresta de esclarecidos andariegos de llanuras, de cumbres y de valles: carpetovetónicamente opuestos al time is money, al sentido común, a la apestosa lógica : enemigos viscerales del Baedeker y el sleeping-car, de la almohada y el baño : del ferrocarril, del watercloset, del teléfono : enrolados bajo el lema aristócrata de fidelidad a las élites : de alma dermato-esquelética, crustácea, con la osamenta por de fuera y, dentro, la carne, ósea también : a ese puñado de taumaturgos impregnados de fina sensibilidad artística y hondo absolutismo conceptual : de un entrañable recelo platónico frente a la idea de la democracia : gracias a ellos y a sus fondosos epígonos, monopolistas y banqueros de la recia prosa de hoy, podrás identificar y recorrer el paisaje de la fatal Península, inmortalizado gloriosamente en sus páginas

(Reivindicación del Conde don Julián.)

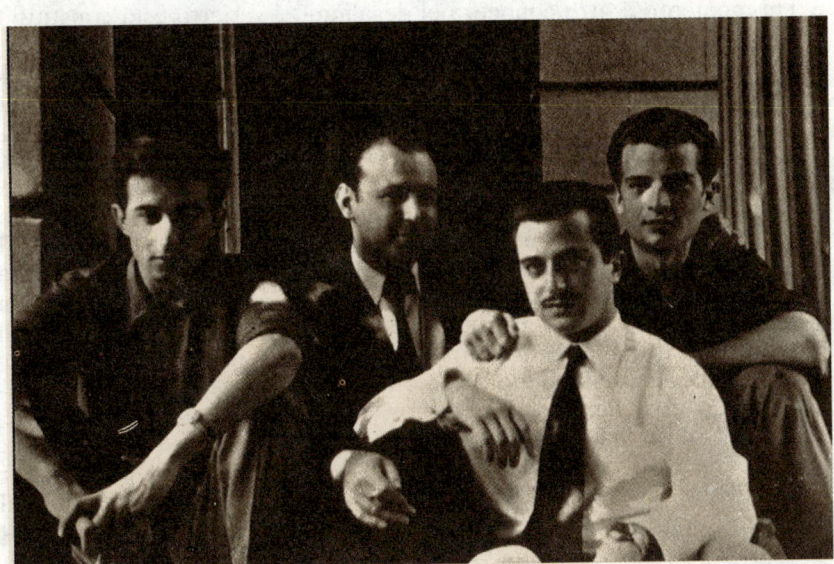

Juan Goytisolo, con sus hermanos José Agustín y Luis, también escritores, y con el filósofo y ensayista uruguayo Alberto del Campo, en 1954.

LA NOVELA DESDE 1939

JUAN BENET

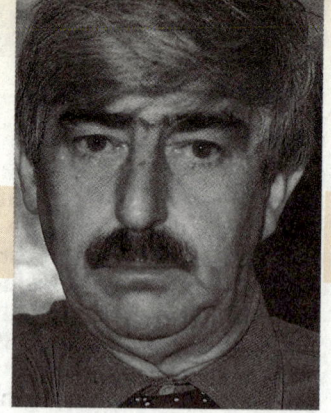

Nació en Madrid en 1927. Colaboró en *Revista Española* y mantuvo estrechas relaciones con algunos de los narradores de la Generación del medio siglo. Es ingeniero de Caminos, Canales y Puertos. Con frecuencia ha confesado que es ingeniero en plena dedicación y escritor sólo por horas. Pese a esto, es uno de los autores más prolíficos de estas dos últimas décadas.

Su primer libro de relatos, *Nunca llegarás a nada* (1961) pasó totalmente inadvertido. El éxito de crítica y de público, aunque minoritario, llegaría con **Volverás a Región** (1967) y con *Una meditación* (1970). A estas dos novelas siguieron: *Una tumba* (1971), *Un viaje de invierno* (1972), *La otra casa de Mazón* (1973), *Sub rosa* (1973), *Saúl ante Samuel* (1980), *El aire de un crimen* (1980) y la serie *Herrumbrosas lanzas,* que comenzó a publicar en 1983, y de la que han aparecido tres volúmenes.

Con excepción de algunos relatos de *Nunca llegarás a nada* y de *Sub rosa,* todas estas obras, escritas en una prosa de gran complejidad sintáctica, se desarrollan en un espacio mítico e imaginario, al que denomina Región. Sin embargo, todo lo que en él ocurre, aunque sea muchas veces de forma alegórica, está emparentado con la vida española de los años treinta (la república y la guerra) y siguientes. Los problemas existenciales de los personajes (la decadencia y la ruina, tanto física como moral, es común a todos ellos) son una consecuencia de la degradación del entorno, social y político, en que se mueven.

Benet siempre ha abominado del realismo tradicional y de la literatura social y comprometida (son famosos sus ataques a Galdós y a diversos escritores franceses y rusos del pasado siglo). Las laboriosas reconstrucciones del pasado, las técnicas perspectivísticas, al modo de Faulkner, con que a veces enfoca la realidad, las meditaciones sobre temas eternos (la razón, el tiempo, la historia, la muerte), las preguntas, siempre sin respuesta, y las disertaciones sobre la vida española confieren a sus obras un marcado aire intelectual, muchas veces más aparente que real.

Es cierto, el viajero que saliendo de Región pretende llegar a su sierra siguiendo el antiguo camino real —porque el moderno dejó de serlo— se ve obligado a atravesar un pequeño y elevado desierto que parece interminable.

Un momento u otro conocerá el desaliento al sentir que cada paso hacia adelante no hace sino alejarlo un poco más de aquellas desconocidas montañas. Y un día tendrá que abandonar el propósito y demorar aquella remota decisión de escalar su cima más alta, ese pico calizo con forma de mascarilla que conserva imperturbable su leyenda romántica y su penacho de ventisca. O bien —tranquilo, sin desesperación, invadido de una suerte de indiferencia que no deja lugar a los reproches— dejará transcurrir su último atardecer, tumbado en la arena de cara al crepúsculo, contemplando cómo en el cielo desnudo esos hermosos, extraños y negros pájaros que han de acabar con él, evolucionan en altos círculos.

Para llegar al desierto desde Región se necesita casi un día de coche. Las pocas carreteras que existen en la comarca son caminos de manada que siguen el curso de los ríos, sin enlace transversal, de forma que la comunicación entre dos valles paralelos ha de hacerse, durante los ocho meses fríos del año, a lo largo de las líneas de agua hasta su confluencia, y en sentido opuesto. El desierto está constituido por un escudo primario de 1.400 metros de altitud media, adosado por el norte a los terrenos más jóvenes de la cordillera, que con forma de vientre de violín originan el nacimiento y la divisoria de los ríos Torce y Formigoso. Segado al oeste por los contrafuertes dinantienses da lugar a esas depresiones monstruosas en cuyos fondos canta el Torce, después de haber serrado esos acantilados de color de elefante que formaron hasta el siglo pasado una muralla inexpugnable a la curiosidad ribereña; por el contrario, en la frontera meridional que mira al este el altiplano se resuelve en una serie de pliegues irregulares de enrevesada topografía que transforman toda la cabecera en un laberinto de pequeñas cuencas y que sólo a la altura de Ferrellan se resuelven en un valle primario de corte tradicional, el Formigoso.

Casi todos los exploradores de cincuenta años atrás, empujados más por la curiosidad que por la afición a la cuerda, eligieron el camino del Formigoso. Más arriba de la vega de Ferrellan el río, en un valle en artesa, se divide en una serie de pequeños brazos y venas de agua que corren en todas direcciones sobre terrenos pantanosos y yermos en los que, hasta ahora, no ha sido posible construir una calzada. El camino abandona el valle y, apoyándose en una ladera desnuda, va trepando hacia el desierto cruzando colinas rojas, cubiertas de carquesas y urces; a la altura de la venta de El Quintán la vegetación se hace rala y raquítica, montes bajos de roble y albares de formas atormentadas por los fuertes ventones de marzo, hasta el punto que en más de cinco kilómetros no existe otro lugar de sombra que un viejo pontón de sillería por donde —excepto los días torrenciales que pasa una tumultuosa, ensordecedora y roja riada— corre un hilo de agua que casi todo el año se puede detener con la mano. A medida que el camino se ondula y encrespa el paisaje cambia; al monte bajo suceden esas praderas amplias (por donde se dice que pasta una raza salvaje de caballos enanos) de peligroso aspecto, erizadas y atravesadas por las crestas azuladas y fétidas de la caliza carbonífera, semejantes al espinazo de un monstruo cuaternario que deja transcurrrir su letargo con la cabeza hundida en el pantano; surgen allí, espaciadas y delicadas de color, esas flores de montaña de complicada estructura, cólchicos y miosotis, cantuesos, azaleas de altura y espadañas diminutas, hasta que un desordenado e inesperado seto de salgueros y mirtos parece poner fin al viaje con un tronco atravesado a modo de barrera y un anacrónico y casi indescifrable letrero, sujeto a un palo torcido:

Se prohíbe el paso.
Propiedad privada

Es un lugar tan solitario que nadie —ni en Región ni en Bocentellas ni en el Puente de Doña Cautiva ni siquiera en la torre de la iglesia de El Salvador— habla de él aun cuando todos saben que raro es el año que el monte no cobra su tributo humano: ese excéntrico extranjero que llega a Región con un coche atestado de bultos y aparatos científicos o el desventurado e inconsciente cazador que por seguir un rastro o recuperar la gorra arrebatada por el viento va a toparse con esa tumbra recién abierta por el anciano guardián, que aún conserva el aroma de la tierra oreada y el fondo encharcado de agua.

El viaje, sin duda, no puede ser más desconsolador: una llanura sin encanto, una meseta pobre y seca cortada al norte por el farallón calizo —donde anidan unas águilas pequeñas como vencejos— que sólo puede coronarse con la cuerda; y por el este un desierto de ardiente yeso salpicado de rocas basálticas, descompuestas y afiladas, que al parecer la Sierra ha ido soltando con desgana para distraerse en sus largas y solitarias jornadas a lo largo de siglos y huracanes; tan sólo mitigado por pequeñas charcas de agua milenaria rodeadas de juncos y piornales de malsano aspecto y extensas llanadas cubiertas a lo más de matorral, la jara violenta y silbante y la mata del adviento, de formas leñosas, tenaces y concentradas, habitadas solamente por los pequeños reptiles, esa raza extraña (una estirpe no desesperada, que parece consciente de su próxima extinción) de hermosos, negros, hambrientos y silenciosos pájaros que ya sólo confían en la fosforescencia para su manutención, y una multitud de insectos tan abigarrados de corazas y erizados de armas que siempre parecen dirigirse a Tierra Santa. Cuando al fin —en un aroma inesperado, en el zumbido premonitorio de un insecto o en el susurro de las espadañas (el melancólico canto de su anhelante virginidad y de la lejana gloria del Monje, esa cima con forma de mascarilla que de tanto en tanto envía su soplo desdeñoso y esterilizador)— se adivina la proximidad del bosque prometido, el viajero se encuentra de pronto con un seto de espino, un palo torcido y un letrero semiborrado que le advierte de la antigua prohibición. Cabe pensar que el viajero decidido no se ha de volver con las manos vacías —después de tantos esfuerzos— porque así se le antoje a un aviso anacrónico, colocado allí hace más de cien años, y que se puede echar abajo de un solo puntapié sin que nadie se aperciba de ello. Sin embargo, la realidad debe ser algo distinta porque aun cuando a la gente le consta que un cierto número de personas ha tratado de subir allí, no se sabe de nadie que haya vuelto: se dice que es un país tan salvaje y desierto que sólo quien se prepare a una aventura arriesgada puede concebir esperanzas de llegar a él: porque los farallones infranqueables, los elevados e interminables desiertos donde silba el tártago, los cañones cortados a pico donde cantan los arroyos de montaña bajo el manto de una vegetación lujuriante y hostil (bosques de helecho gigante y fosos infranqueables rellenos de acebo, viburno y hierbabuena) no representan ni con mucho las mayores dificultades de la excursión. En Región apenas se habla de Mantua ni de su extraño guardián; no se habla de él en ninguno de los pueblos de la vega, ni en Región ni en Bocentellas ni en el Puente de Doña Cautiva ni siquiera en la torre de la iglesia abandonada de El Salvador esas pocas noches —tres o cuatro cada década— en que unos cuantos supervivientes de la comarca (menos de treinta vecinos que no se hablan ni se saludan y que a duras penas se recuerdan, reunidos por un instinto común de supervivencia, exagerado por la soledad, o por un viejo ritual cuyo significado se ha perdido y en el que se representan los misterios de su predestinación) se congregan allí para escuchar el eco de unos disparos que, no se afirma pero se cree, proceden de Mantua. Lo cierto es que nadie se atreve a negar la existencia del hombre, al que nadie ha visto pero al que nadie tampoco ha podido llegar a ver y cuya imagen parece presidir y proteger los días de decadencia de esa comarca abandonada y arruinada: un anciano guarda, astuto y cruel, cubierto de lanas crudas como un pastor tártaro y calzado con abarcas de cuero, dotado del don de la ubicuidad dentro de los límites de la propiedad que recorre día y noche con los ojos cerrados.

La gente de Región ha optado por olvidar su propia historia: muy pocos deben conservar una idea veraz de sus padres, de sus primeros pasos, de una edad dorada y adolescente que terminó de súbito en un momento de estupor y abandono. Tal vez la decadencia empieza una mañana de las postrimerías del verano con una reunión de militares, jinetes y rastreadores dispuestos a batir el monte en busca de un jugador de fortuna, el donjuán extranjero que una noche de casino se levantó con su honor y su dinero, la decadencia no es más que eso, la memoria y la polvareda de aquella cabalgata por el camino del Torce, el frenesí de una sociedad agotada y dispuesta a creer que iba a recobrar el honor ausente en una barranca de la sierra, un montón de piezas de nácar y una venganza de sangre. A partir de entonces la polvareda se transforma en pasado y el pasado en honor: la memoria es un dedo tembloroso que unos años más tarde descorrerá los estores agujereados de la ventana del comedor para señalar la silueta orgullosa, temible y lejana del Monje donde, al parecer, han ido a perderse y concentrarse todas las ilusiones adolescentes que huyeron con el ruido de los caballos y los carruajes, que resucitan enfermas con el sonido de los motores y el eco de los disparos, mezclado al silbido de las espadañas al igual que en los días finales de aquella edad sin razón quedó unido al sonido acerbo y evocativo de triángulos y xilófonos. Porque el conocimiento disimula al tiempo que el recuerdo arde: con el zumbido del motor todo el pasado, las figuras de una familia y una adolescencia inertes, momificadas en un gesto de dolor tras la desaparición de los jinetes, se agita de nuevo con un mortuorio temblor: un frailero rechina y una puerta vacila, introduciendo desde el jardín abandonado una brisa de olor medicinal que hincha otra vez los agujereados estores, mostrando el abandono de esa casa y el vacío de este presente en el que, de tanto en tanto, resuena el eco de las caballerías. Cuando la puerta se cerró —en silencio, sin unir el horror a la fatalidad ni el miedo a la resignación— se había disipado la polvareda; había salido el sol y el abandono de Región se hizo más patente; sopló un aire caliente como el aliento senil de aquel viejo y lanudo Numa, armado de una carabina, que en lo sucesivo guardará el bosque, velando noche y día por toda la extensión de la finca, disparando con inefable puntería cada vez que unos pasos en la hojarasca o los suspiros de un alma cansada turben la tranquilidad del lugar.

Medio centenar de personas, todo lo más: un par de veces cada década el vecino arruinado de Región, de Bocentellas o de El Salvador, despierta de su siesta y, sin esperar la orden del eco, descorre con inmutable indiferencia la persiana de canutos o los estores agujereados para observar la nube de polvo en el horizonte de un camino. Con los ojos cerrados su mano abre un cajón lleno de viejas fotografías amarillentas, borlones de seda y bandas de raso de una congregación desaparecida para extraer, de una vieja caja de frutas donde guarda los retazos, un pequeño trozo de cuerda satinado por el uso y anudado en varios puntos como un rosario, en el que, con un gesto diestro y rápido, hace una nueva cuenta cuando el sonido del motor alcanza sus oídos. Imperturbable reanuda la siesta que solamente suspende, dos o tres horas más tarde, para observar la maniobra que se ve obligado a hacer en una estrecha encrucijada del pueblo una tarde de cielo despejado, surcado de nubes hacia el oriente, un viejo, desvencijado y renqueante vehículo de motor, atestado de bultos cubiertos con lonas. En su mirada, a través del visillo, no hay curiosidad ni asombro ni esperanza, pero —al recostar de nuevo su cabeza en un respaldo comido por las ratas, al acariciar el brazo de terciopelo raído— no puede ocultar un destello de malicia y una cierta sonrisa de alivio cuando, al término de la calle y con el cambio de marcha, el sonido se sitúa en un indefinible descenso que parece preludiar su próxima desaparición y abrir el compás de silencio antes del redoble del destino. Nunca, ni en la ciudad abandonada ni en lugar alguno de la vega, se oye decir que ha pasado un coche en dirección a la sierra; no se propaga el hecho ni el rumor corre, pero acaso el presentimiento se extiende —ese estado polar del aire y ese súbito aroma a pólvora virgen, salitre y algas marinas, esa repentina vitrificación del silencio en una mañana de otoño preparada a recibir al viajero, empavesada de augurios y muecas y susurros funerales— antes y después de que el ronquido de un motor, tranquilo extratemporal, indiferente, incapaz de saber que en su propio jadear se acumulan sus últimos estertores, haya podido alterar la tranquilidad del valle.

Esa misma noche las gentes que lo sintieron pasar acuden con puntualidad a la solitaria torre de la iglesia de El Salvador, para esperar el momento de la confirmación. De noche refresca y en primavera y otoño llega el soplo de la sierra impregnado con el aroma de la luisa y el espliego en el que se mezclan, reviven y vuelven a huir las sombras descompuestas y viciosas de un ayer tantalizado: padres y carruajes y bailes y ríos y libros deshojados, todas las ilusiones y promesas rotas por la polvareda de los jinetes que con la distancia y el tiempo aumentarán de tamaño hasta convertir en grandeza y honor lo que no fue en su día sino ruindad y orgullo, pobreza y miedo. No hacen sino escuchar: la torre es tan chica que en el cuerpo de campanas no cabe más de media docena de personas, colgadas sobre el vacío: el resto se ve obligado a esperar en la escalera —y aun en el corral, en aquellas ocasiones en que ciertos hechos inusitados atraen una mayor concurrencia. No pronuncian una palabra, atentos tan sólo a la dirección del viento y al eco que ha de traer, desde los parajes prohibidos. La espera acostumbra a ser larga, tan larga como la noche, pero nadie se impacienta: unos minutos antes de que las primeras luces del día apunten en el horizonte —ese momento en el que los cautivos congregados para emprender un viaje común deciden, pasada la primera desazón, desentenderse de sus inquietudes para entregarse al descanso— el sonido del disparo llega envuelto, entre oleadas de menta y verbena, en la incertidumbre de un hecho que, por necesario e indemostrable, nunca puede ser evidente. La evidencia llega más tarde, con el alba, la memoria y la esperanza aunadas para repetir el eco de aquel único disparo que debía necesitar el Numa; que sus oídos habían esperado como la sentencia de la esfinge al sacrilegio y que, año tras año, aceptaban sin explicaciones ni perplejidad.

No quedó ningún resto ni explicación alguna. Ni siquiera el rumor, flotando entre el polvo ardiente del valle de Región en otoño, prorrogando para otro momento la respuesta al desafío permanente de sus montes; nadie ha vuelto ni nada parece haber quedado de aquellos viejos vehículos renqueantes que un día cruzaron el pueblo y se alejaron rugiendo por las colinas blancas para ir a violar el alambre de espino y la arcaica barrera que nadie ha logrado ver más que en su legítima posición. Sólo queda el silencio continental de la sierra testimonio del disparo que un día lo desgarró, y las huellas de unas cubiertas gastadas que, unos metros más allá del tronco, se pierden bajo un bosque de helechos gigantes y bromelias de color de sangre.

(Volverás a Región.)

La poesía desde 1939

Algunos de los nombres más destacados en el panorama poético de la inmediata posguerra, como Luis Rosales, Dionisio Ridruejo, Leopoldo Panero y Luis Felipe Vivanco, habían empezado a escribir y a publicar unos años antes. Si descontamos la etapa de la guerra, la mayor parte de ellos, a los que a veces se incluye en una hipotética Generación de 1936 (a la que también pertenecerían otros poetas que se exiliaron), habían expresado, valiéndose de un lenguaje depurado y de formas métricas clásicas y tradicionales, una visión optimista del mundo. Frente al compromiso político y a las «impurezas» que reclamaban Neruda y otros escritores del momento, Luis Rosales en Abril (1935) lanzaba un canto jubiloso y exaltado, muy en la línea de Jorge Guillén, al amor y a la vida. Los acentos religiosos y una honda espiritualidad caracterizaban también los Cantos de primavera (1936), de Vivanco, y los Versos al Guadarrama (escritos entre 1930 y 1939, y publicados en 1945), de Leopoldo Panero.

Digamos también que, aunque al comienzo de la década de los cuarenta se escriben numerosos textos en los que se alude a la victoria o a las glorias del pasado, la poesía de carácter propagandístico, defensora de unas propuestas sociales y políticas, que tanto proliferó durante los años precedentes (más en la zona republicana que en la nacional) no se cultivó en los años cuarenta con la intensidad que cabía esperar.

Poesía arraigada y poesía desarraigada: Por lo general, al referirse a la poesía de los primeros años de posguerra, los críticos suelen establecer dos líneas, que Dámaso Alonso denominó de «poesía arraigada» y «poesía desarraigada» (Texto I), por las que discurren actitudes vitales y concepciones del mundo contrapuestas.

En la línea de poesía arraigada están los poetas que se autodenominan «Juventud creadora» y que publican en la revista Garcilaso (1943-1946), fundada por Jesús Juan Garcés, Pedro de Lorenzo, Jesús Revuelta y José García Nieto. Este último fue quien, disconforme con la línea política que pretendían imprimir a esta publicación algunos de sus compañeros, impuso una orientación de carácter estético y formalista (Texto II).

Una visión optimista y esperanzada del mundo y de la vida, una notable voluntad de armonía, claridad y orden, un lenguaje depurado, y una predilección por las formas métricas clásicas (el número de sonetos, tan perfectos como impersonales, que se escriben por esos años es abrumador), constituyen las notas más destacadas de los que publican en Garcilaso.

Sin embargo, como señala Víctor G. de la Concha, los poetas de esta revista (Nieto, Salvador Pérez Valiente, Garcés) cultivaron también la poesía de corte intimista, en la que dominan los acentos religiosos, tan característicos del momento, los amorosos (la ausencia o la pérdida de una amada intemporal e imprecisa suele alternar con la exaltación del amor conyugal) e incluso los burlescos y satíricos. Además nos dejaron, con frecuencia, una visión subjetiva del campo castellano. Tampoco es difícil aislar una línea de poesía combativa, en la que dominan los ideales nacionalistas, vitalistas e historicistas. Por otra parte, no debe olvidarse que en las páginas de Garcilaso aparecen nombres (Ory, Valverde, Morales, Bousoño, Hierro) representativos de otras tendencias de la poesía del momento.

Recordemos también la importancia de otra publicación, Escorial, de ideario falangista, que, si bien dio preferencia a los poetas «arraigados», acogió en sus páginas a otros de diferente registro.

La corriente de poesía desarraigada, es decir, de aquella en la que se presenta la subjetividad del poeta en conflicto con el mundo exterior, está representada por los poetas que se agrupan en torno a la revista Espadaña. Fundada en León por Victoriano Crémer, Eugenio de Nora y Antonio G. de Lama, esta publicación ha sido considerada como la más importante continuación de la línea rehumanizadora que se había iniciado en la poesía de los años treinta.

Con un lenguaje agrio, violento y, muchas veces, grandilocuente y tremendista, estos poetas dan rienda suelta a sus angustias existenciales y a sus inquietudes históricas, muestran su solidaridad con los demás hombres y exigen a Dios, con el que entablan un diálogo exasperado o una lucha abierta, una respuestas al dolor del hombre. A todos los mueve un deseo de revitalizar la poesía mediante una vuelta a la expresión de las emociones humanas, aunque pocas veces encontraron un lenguaje innovador y adecuado para comunicarlas (Texto III).

Hay que decir también que, lo mismo que había ocurrido en Garcilaso, en Espadaña colaboraron García Nieto y poetas de otras tendencias (Rosales, Labordeta, Bousoño, entre otros).

En relación con las angustias existenciales y religiosas que traspasan la poesía del momento, no debe olvidarse la importancia que tuvo la publicación en 1944 de Hijos de la ira, de Dámaso Alonso, y de Sombra del paraíso, de V. Aleixandre. Tampoco debe extrañar que fueran Antonio Machado y Miguel Hernández, muertos, respectivamente, en 1939 y 1942, los poetas de antes de la guerra que gozaron en los años cuarenta y cincuenta de mayor popularidad.

Tenemos, por tanto, que a lo largo de la década de los cuarenta se va consolidando un nutrido grupo de poetas (algunos de los citados y otros que comienzan a darse a conocer en otras publicaciones o a través de sus libros) que siguen una línea personal, aunque, casi siempre, dentro de la corriente rehumanizadora a la que nos hemos referido. En mayor o menor grado conciben la poesía como un compromiso ético y político o, sin desdeñar la realidad, se enfrentan a problemas y conflictos individuales.

Francisco Ribes, en la Antología consultada que publica en 1952, incluye, con criterios acertados, a Victoriano Crémer, Eugenio de Nora, Blas de Otero, Carlos Bousoño, José

En la fila de arriba, de izquierda a derecha: Blas de Otero, José A. Goytisolo, Angel González y José Angel Valente. En la fila de abajo: Jaime Gil de Biedma, Alfonso Costafreda, Carlos Barral y Jose Manuel Caballero Bonald. La foto está tomada en Collioure, el 22 de febrero de 1959, veinte años después de la muerte de Antonio Machado.

La poesía desde 1939

Homenaje a Jorge Guillén en Madrid, en 1951. De pie, de izquierda a derecha: Germán Bleiberg, José M.ª Valverde, Luis Rosales, Dionisio Ridruejo, Carlos Bousoño y Luis Felipe Vivanco. Sentados: Gerardo Diego, Jorge Guillén, Vicente Aleixandre, Melchor Fernández Almagro y Dámaso Alonso.

Hierro, Rafael Morales, José M.ª Valverde, Vicente Gaos y Gabriel Celaya. Junto a ellos es obligado citar otros nombres de interés como Angela Figuera, José Luis Hidalgo, José Luis Cano, Ramón de Garciasol, Germán Bleiberg, Leopoldo de Luis, José Antonio Muñoz Rojas, Carmen Conde, Rafael Montesinos, Luis López Anglada y Gloria Fuertes.

Poesía social: La corriente de humanización que se produce en los años cuarenta va a derivar, a lo largo de la década siguiente, hacia una poesía de carácter testimonial y de intenso compromiso social y político.

Los poetas se solidarizan con los demás hombres y muestran una imperiosa necesidad de denunciar las injusticias sociales y de analizar los males de España (Texto IV). El tremendismo anterior, al que muchos de ellos habían contribuido, da paso a la aniquilación del yo lírico, de la intimidad y de los problemas individuales. Hay que advertir, sin embargo, que muchas veces dan a su denuncia un carácter abstracto y generalizador o se limitan a describir lo cotidiano.

El deseo de comunicación y de llegar a un público amplio llevó a estos poetas al cultivo de una estética realista y naturalista (la proscripción de lo imaginativo es común a todos ellos) y a la utilización de un lenguaje claro y directo, y, casi siempre, prosaico y desaliñado (Texto V).

Esta poesía, que puede justificarse por el contexto social y político en que se produce, tiene hoy un mero valor histórico. Debe precisarse, sin embargo, que algunos poetas, como Blas de Otero y Gabriel Celaya, a los que se vincula con esta corriente (ambos son responsables, respectivamente, de la difusión de dos expresiones muy populares en ese momento: «a la inmensa mayoría», en oposición a la «inmensa minoría» juanramoniana, y «la poesía es un arma cargada de futuro»), fueron capaces (y lo mismo puede decirse de un libro publicado en 1954: Historia del corazón, de Vicente Aleixandre) de dar a sus inquietudes sociales una envoltura más cuidada y de mayor eficacia comunicativa. No debe olvidarse tampoco que, en su obra posterior, ambos traspasaron con creces las barreras de la poesía social, infranqueables para otros poetas de la época.

Generación de los años sesenta: Hacia la segunda mitad de la década de los años cincuenta, un numeroso grupo de poetas comienza a oponerse abiertamente o, al menos, a desviarse, de las exageraciones y la grandilocuencia de la poesía tremendista de los años cuarenta, y del prosaísmo, del desaliño, de las simplificaciones e ingenuidades de las corrientes sociales posteriores. Sin renunciar a una actitud eminentemente ética, y, muchas veces, con una postura crítica e inconformista frente a la realidad, muestran una mayor preocupación por problemas humanos universales (el amor, la soledad, el paso del tiempo, y dan rienda suelta a su intimidad y a sus inquietudes individuales. La poesía sigue siendo un vehículo de comunicación, pero también, y de forma más acentuada, de conocimiento.

Por otra parte, aunque se mantienen alejados de los experimentos vanguardistas, los poemas de todos ellos revelan un mayor rigor estilístico y una notable depuración expresiva.

Entre los nombres más representativos de estos poetas de la Generación de los años sesenta (también se les han aplicado los calificativos de «Grupo poético de los años cincuenta» y «Poetas del medio siglo»), están Eladio Cabañero, Angel González, Claudio Rodríguez, José Angel Valente, Carlos Barral, Alfonso Costafreda, Jaime Gil de Biedma, Francisco Brines, José Manuel Caballero Bonald, José Agustín Goytisolo y Carlos Sahagún (Textos VI y VII).

Junto a ellos, pueden citarse los nombres de Julio Mariscal, Carlos Alvarez, Manuel Mantero, Joaquín Marco, Fernando Quiñones, Mariano Roldán, Rafael Soto Vergés, Miguel Fernández, Jesús López Pacheco, Antonio Gamoneda y Concha Lagos.

Sin embargo, pese a los rasgos comunes señalados, cada uno de estos poetas debe ser estudiado individualmente. Basta contrastar la obra de Angel González con la de Claudio Rodríguez o con la de Gil de Biedma, para advertir las diferencias que separan a algunos de los miembros de este grupo.

Recordemos que un poeta, Félix Grande, que, por su edad, podría ser incluido en este apartado, aunque no cultiva la poesía testimonial, prolonga, con voz desgarrada, la denuncia de las injusticias del mundo contemporáneo.

El Postismo y el Grupo Cántico: Paralelamente a las corrientes que hemos señalado, numerosos poetas, a los que la crítica de entonces prestó una escasa atención, se desentienden del compromiso social y de las angustias existenciales imperantes y se adentran por terrenos más audaces e innovadores.

En 1945, Carlos Edmundo de Ory, Eduardo Chicharro y Silvano Sernesi crean el Postismo (Texto VIII). El nuevo movimiento, al que aparecen también vinculados Angel Crespo y Gabino Alejandro Carriedo, contó con dos revistas, Postismo y La Cerbatana (sólo salió un número de cada una de ellas).

Con actitudes moderadamente irreverentes e iconoclastas, los postistas se enfrentaron a la poesía existencial y social (Ory, el más interesante del grupo, satirizará las grandes corrientes humanizadoras de la época) y mostraron una discreta voluntad de entroncar con las vanguardias de preguerra (con el surrealismo y el expresionismo, sobre todo). Reivindicaron así la libertad expresiva, lo subjetivo (la imaginación, el irracionalismo, lo onírico), y abrieron las puertas, traspasadas después por pocos poetas, a los tonos humorísticos y desenfadados.

En esta poesía marginal e imaginativa se inscriben también Manuel Alvarez Ortega, J. E. Cirlot y un poeta aragonés, Miguel Labordeta, al que incluimos en esta Antología.

La revista Cántico de Córdoba (1947-1949 y 1954-1957) constituye hoy el máximo exponente de las actitudes no comprometidas de posguerra. La defensa de la autonomía del lenguaje, junto a otras preocupaciones que resume con precisión Guillermo Carnero (Texto IX), llevaron a los poetas que en ella colaboraron a mirar hacia algunas corrientes literarias que van desde el Modernismo hasta la Generación del 27. Con ello se convirtieron también en un precedente de la renovación que se produce en la poesía española al final de la década de los sesenta.

La poesía desde 1939

Además de Pablo García Baena y de Ricardo Molina, de los que hemos seleccionado algunos poemas, ocupan un lugar destacado en este grupo Julio Aumente, Juan Bernier y Mario López.

Los Novísimos y la Generación del 70: A lo largo de la década de los sesenta es fácil advertir el desarrollo de una nueva sensibilidad en la poesía española. Desde 1966, en que aparece Arde el mar, de Pere Gimferrer, diferentes poetas, por caminos no siempre coincidentes, y sin un programa definido, muestran una decidida voluntad de renovación, al mismo tiempo que se alzan contra las más destacadas corrientes que hasta entonces habían imperado.

En 1970 publica José M.ª Castellet la Antología Nueve novísimos poetas españoles (Texto X). Los incluidos en ella (Manuel Vázquez Montalbán, Antonio Martínez Sarrión, José María Alvarez, Félix de Azúa, Pere Gimferrer, Vicente Molina Foix, Guillermo Carnero, Ana María Moix y Leopoldo Panero) habían nacido entre 1939 y 1948. Casi todos habían publicado muy poco, pero algunas de sus obras habían sorprendido por su novedad y audacia.

Aunque es notable la desigual valía de los citados (en la Antología faltan otros poetas que ya habían comenzado a publicar por esas fechas, como Colinas y Carvajal, que han demostrado con el tiempo una mayor solidez que algunos de los incluidos), el libro de Castellet tuvo una función provocadora. Como señala José María Alvarez, «Castellet olfateó un cambio de sensibilidad; vio no sólo que la poesía social había muerto, sino que había guías que estaban construyendo una obra distinta y apostó por ellas».

Hay que recordar también que José Batlló en la Antología de la nueva poesía española (1968), si bien atendió a los poetas de los años sesenta, incluyó a Gimferrer y a Vázquez Montalbán. También un libro de Angel Crespo, Docena florentina, anticipaba en 1966 la moda italianista y, más en concreto, veneciana, que siguieron después algunos poetas más jóvenes.

A los citados, se unirán, desde el comienzo de la década de los setenta, otros nombres que han ido consolidando su obra a lo largo de estos últimos quince años, y que han recibido las denominaciones de «Generación de la marginación», «Generación del mayo francés o de 1968», «Generación del lenguaje» y, la que parece más acertada, «Poetas o Generación de los años 70». En la Antología Joven poesía española, preparada por Concepción G. Moral y prologada por Rosa María Pereda en 1979 (Texto XI), figuraban los poetas seleccionados por Castellet, con la excepción de Ana M.ª Moix y Vázquez Montalbán, y los nombres, muy dispares y de tendencias estilísticas diversas, de Jesús Munárriz, José Luis G. Frontín, José Miguel Ullán, Marcos Ricardo Barnatán, Antonio Colinas, Jenaro Talens, José Luis Jover, Luis Alberto de Cuenca, Jaime Siles y Luis Antonio de Villena (este último y Luis A. de Cuenca ya aparecían en la Antología Espejo del amor y de la muerte, preparada por Antonio Prieto en 1971).

Con la excepción del grupo Cántico, de los postistas (A. Martínez Sarrión hasta escribe un soneto titulado «Homenaje al postismo»), y de algunos de la generación precedente (Bousoño, Valente, Brines, Gil de Biedma, Claudio Rodríguez), todos estos poetas se han mostrado indiferentes con respecto al resto de la poesía de posguerra. Su mirada se ha dirigido a los escritores barrocos, a los modernistas, a los de la Generación del 27 (Aleixandre, Cernuda y el Lorca de Poeta en Nueva York), y a diversos escritores extranjeros (Sade, Eliot, Saint-John Perse, Ezra Pound, Borges y Octavio Paz, entre otros muchos). Tradición y renovación, como ha ocurrido tantas veces en nuestra literatura, constituyen sus notas más destacadas.

Esteticismo, culturalismo, barroquismo, preciosismo, refinamiento, hermetismo, cosmopolitismo, son términos habituales a la hora de referirse a estos poetas. No falta tampoco el desarrollo de la metapoesía, cultivada por Jenaro Talens y Jorge Urrutia, y de una veta

IX

Reunión en casa de Vicente Aleixandre, en 1955. De izquierda a derecha, en la primera fila, sentados: Carlos Bousoño, Rafael Morales, José Angel Valente y Jesús López Pacheco. En la segunda fila, sentados: señora de Montale, Eugenio Montale, Aleixandre, señora de Gallo. En la tercera fila, de pie: profesor Gallo, Jaime Ferrán, Leopoldo de Luis, Alfonso Costafreda, José Luis Cano y Eduardo Cote.

experimental, en la que destacaron Fernando Millán, Jesús García Sánchez y, ocasionalmente, José Miguel Ullán, que incorpora a la expresión poética elementos visuales y el espacio gráfico.

Junto a los citados, otros poetas, como Antonio Hernández, Víctor Pozanco, Justo Jorge Padrón, Pedro J. de la Peña o Ana María Navales, cultivan por esos años una poesía de corte más tradicional.

Las últimas promociones: En estos últimos doce años ha surgido un abrumador número de poetas, nacidos en su mayor parte después de 1950, que hace imposible cualquier intento de clasificación. Las Antologías en las que figuran algunos de ellos, como Florilegium, de Elena de Jongh Rossel (1982), o Postnovísimos (1986), de Luis Antonio de Villena, tampoco contribuyen, por la parcialidad de los antólogos, a orientar al lector.

En todos estos poetas se advierten las más diversas tendencias (los temas y posibilidades estilísticas han aumentado considerablemente), aunque puede señalarse como rasgo común una gran preocupación por el lenguaje y una manifiesta aversión por la poesía comprometida y social. También es notorio el deseo de entroncar con otros autores y con otras corrientes precedentes (Juan Ramón Jiménez, las vanguardias, los poetas del 27, del 60 y de la década anterior). Como señala César Antonio Molina, «el profundo trabajo de renovación tuvo como manifestación colectiva (unida a otra serie de razones socioliterarias) el final de la década de los años sesenta. Desde entonces, yo creo que ese espíritu ha continuado». También se atenúa el barroquismo y el «culturalismo» y se tiende a interiorizar la experiencia poética.

Entre todos estos poetas, y no pretendemos con ello dar una lista exhaustiva, figuran nombres de interés como José Gutiérrez, Julio Alonso Llamazares, César A. Molina, Mario Hernández, Alejandro Amusco, Andrés Sánchez Robayna, Francisco Bejarano, Amparo Amorós, Blanca Andreu, José Lupiáñez, Julia Castillo, Javier Egea, Luis García Montero, Aníbal Núñez, Andrés Trapiello, Ana Rosetti, Felipe Benítez, José Carlón, Víctor Botas, Juan Luis Ramos, Fernando Ortiz y Eloy Sánchez Rosillo.

DOCUMENTOS

I. Dámaso Alonso

Poesía arraigada y poesía desarraigada

I

El panorama poético español actual nos ofrece unas cuantas imágenes del mundo, muy armónicas o bien centradas, o vinculadas a un ancla, a un fijo amarre: todo lo llamaré poesía arraigada. Es bien curioso que en nuestros tristísimos años hayan venido a coincidir, en España, unas cuantas voces poéticas todas con fe en algo, con una alegría, ya jubilosa, ya melancólica, con una luminosa y reglada creencia en la organización de la realidad contingente. Digo «hayan venido a coincidir», porque esas voces no pueden ser más distintas; y también lo son los tiempos y las procedencias.

Jorge Guillén contempla el mundo como un paraíso siempre virginal, siempre recién creado, y lleno de júbilo, prorrumpe en su cántico. Leopoldo Panero, unos quince años más joven, ve la realidad centrada, arborizada desde su tronco familiar y rural, desde su tierra astorgana, su Castrillo de las Piedras: también él, así, está en el centro de una creación perfecta en otro sentido, es decir, amada (porque el amor perfecciona), y se siente gozoso, o por lo menos resignado. Lo que para Jorge Guillén es una meditación del «yo» y el «no yo», una metafísica de la «cosa en sí», es una resultante histórica y providencial en Panero. El mundo se define y se aclara lo mismo desde una filosofía que desde una historia; lo mismo por su contenido de pensamiento que por el tironazo de la querencia humana. O por una fe religiosa: José María Valverde, quince años más joven que Panero, se siente «hombre de Dios» entre las manos omnipotentes: el universo se le centra en su fe, y en ella se explica con la precisión más luminosa. Todo es fe lo que liga, a través de estos tres poetas, a tres generaciones en un curso de treinta años: fe metafísica, fe histórica, fe teológica.

II

Para otros, el mundo nos es un caos y una angustia, y la poesía una frenética búsqueda de ordenación y de ancla. Sí, otros estamos muy lejos de toda armonía y toda serenidad. Hemos vuelto los ojos en torno, y nos hemos sentido como una monstruosa, una indescifrable apariencia, rodeada, sitiada por otras apariencias, tan incomprensibles, tan feroces, quizá tan desgraciadas como nosotros mismos: «monstruo entre monstruos», o nos hemos visto cadáveres entre otros millones de cadáveres vivientes, pudriéndonos todos, inmenso montón, para mantillo de no sabemos qué extrañas flores, o hemos contemplado el fin de este mundo, planeta ya desierto en el que el odio y la injusticia, monstruosas raíces invasoras, habrán ahogado, habrán extinguido todo amor, es decir, toda vida. Y hemos gemido largamente en la noche. Y no sabíamos hacia dónde vocear.

Yo gemía así. Y el contraste con toda poesía arraigada es violentísimo. Pero yo no estaba solo. ¿Cómo, si la mía no era sino una partícula de la doble angustia en que todos participábamos, la permanente y esencial en todo hombre, y la peculiar de estos tristes años de derrumbamiento, de catastrófico apocalipsis? Sí; el fenómeno se ha producido en todas partes, allí donde un hombre se sienta solidario del desnorte, de la desolación universal. Mi voz era sólo una entre muchas de fuera y dentro de España, coincidentes todas en un inmenso desconsuelo, en una búsqueda frenética: de centro o de amarre. ¡Cuántos poetas españoles han sentido esta llamada!

(Poetas españoles contemporáneos,
Madrid,
Gredos, 1969, págs. 345-349.)

DOCUMENTOS

Madrid, 1960. Reunión en casa de un famoso pelotari. De izquierda a derecha, y de pie: Manuel Sánchez Camargo, el anfitrión, José María Souvirón y Dionisio Ridruejo. Sentados: Eduardo Carranza, Leopoldo Panero y Luis Rosales.

II. Fanny Rubio

Garcilaso, «*Juventud creadora*»

Las tendencias fundamentales que confluyen en la revista, aun siendo distintas, no son en absoluto contradictorias. Podría hablarse incluso de iniciativas que se complementan para definir un estilo complejo pero coherente.

Dicha complejidad tiene su origen en el propio grupo fundador. José García Nieto (nacido en Oviedo en 1914), «crecido en el culto por la estrofa», influido por la poesía pura de Jorge Guillén. Pedro de Lorenzo (provincia de Cáceres, 1917), director en 1942 del *Diario Vasco,* de San Sebastián, codirector también desde 1942 de *Sí,* suplemento literario de *Arriba,* poeta y novelista, a quien habría que definir como vitalista, contrario a un arte demasiado intelectivo; quería haber aportado a *Garcilaso* como subtítulo el lema «La creación como patriotismo». Jesús Revuelta, partidario de una estética de combate, sustancialmente política, de un «nuevo estilo» político-heroico-re-ligioso en la línea preconizada por Giménez Caballero y plasmada por Alfaro o Ridruejo. Por último, Jesús Juan Garcés (Madrid, 1917), perteneciente desde 1944 al cuerpo jurídico de la Armada, autor de resonancias clásicas esteticistas, pero también puente hacia una estética más libre [...]

La elección del título de la revista se debía, en palabras de García Nieto, a que «estéticamente tocaba con nuestros antiguos postulados, emotivamente se unía a mis mejores años por Toledo, gráfica y eufónicamente también me satisfacía».

Garcilaso llevaba el lema en contraportada «Siempre ha llevado y lleva Garcilaso», que da también título al primer editorial, no firmado, pero que se debe a la pluma de uno de los fundadores: Jesús Revuelta. Este editorial responde además a la postura estética de su autor, la necesidad de un arte político, acomodado al momento histórico. Comenzaba así: «En el cuarto centenario de su muerte (1936) ha comenzado de nuevo la hegemonía de Garcilaso. Murió militarmente como ha comenzado nuestra presencia creadora. Y Toledo, su cuna, está ligada también a esta segunda reconquista, a ese segundo renacimiento hispánico, a esta segunda primavera del endecasílabo». Tras esta justificación de Garcilaso como santo y seña de un movimiento poético, no ignora que «el tiempo nos limita en un sistema de coordenadas, y que la actitud, la voz y el ritmo son siempre producto de la circunstancia nacional». Por último, se manifiesta antagónico de la estética encarnada por la revista *Caballo Verde para la Poesía,* revista que para Revuelta, en las páginas de *Informaciones,* era «una ganga heterogénea de sociología, demagogia y colectivismo, donde habían de amalgamarse el arte al servicio del pueblo, y [...] la consigna de la función estatal de las Bellas Artes».

Editorial éste en el que se advierte una tensión con el resto de la revista definida por su «apoliticismo». En la pugna latente que existió en *Garcilaso,* desde su gestación, entre la «Juventud creadora» y la «creación como patriotismo», triunfó la primera, es decir, la tendencia de García Nieto, a quien Revuelta achacaba que no terminase de «ver claramente el porvenir de la poesía heroica». Pese a que el grupo inicial de *Garcilaso* (José Fernando Aguirre, Revuelta, Romero Moliner y Jesús Juan Garcés), forjados en lecturas de Kierkegaard, Spengler, Ortega, Unamuno, Nietzsche, Max Scheler, D'Annunzio y Marinetti, congregados en torno a una experiencia política concreta —la estancia juvenil en el Madrid republicano durante la guerra civil y su actitud contraria al Frente Popular—, preconizaba una creación política, su línea no se adueñará de *Garcilaso*, y sí la de un agregado posterior al grupo: García Nieto.

> (Las revistas poéticas españolas (1939-1975),
> Madrid, Turner, 1976, págs. 108-117.)

III. Víctor García de la Concha

Espadaña *(1944-1951), biografía de una revista de poesía y crítica*

En el primer editorial de *Espadaña*, G. de Lama explica: «La poesía es algo que existe objetiva, independiente de ti que la contemplas y del otro que la creó. Que la reveló, porque aquí crear es revelar, desvelar» [...] En el mismo número, Crémer declara: «Va a ser necesario gritar nuestro verso actual contra las cuatro paredes o contra los catorce barrotes soneteriles con que jóvenes tan viejos como el mundo pretenden cercarle, estrangularle. Pero *nuestro* verso, desnudo y luminoso. Sin consignas. Y sin necesidad de colocarnos bajo la advocación de ningún santón literario, aunque se llame Góngora o Garcilaso» [...]

Paradójicamente, en la producción poética de los redactores publicada en los primeros números, hay una clara influencia del simbolismo de Alberti y Aleixandre, así como, más tarde, de Valéry, conocido a través de Guillén. Se diría que, pretendiendo evadirse de su influjo, no lo logran por faltarles un acervo propio de lenguaje poético que no se preocupan en adquirir. Ellos centran su atención de manera cada vez más intensa en la idea de la rehumanización de la poesía [...]

Quiero aludir, ante todo, a las divergencias entre el grupo fundacional. Aparecen palmarias en el campo de la crítica: comprensiva, flexible, rarísimas veces dura en la forma —quizá sólo en el caso de Ridruejo—, la de G. de Lama; radicalizada, combativa, socialmente dura e intransigente, la de Nora y Crémer. Pero no terminaban ahí las diferencias. Crémer y Nora llevaban mucho más allá que G. de Lama la tarea de rehumanización de la poesía, considerando que en aquellos momentos de España era ingrediente necesario del oficio poético un compromiso con la realidad ambiente, en su dimensión ideológica y social. Esto hace que, desde la mitad de la publicación, aproximadamente, G. de Lama se desentienda y se muestre mucho más remiso, aunque siga colaborando hasta el final, en la línea de sus convicciones, propugnando una *Espadaña* libre de implicaciones y adherencias [...]

Espadaña tuvo un decisivo valor ocasional. Dos poetas desarraigados y un crítico literario, lúcido e igualmente desarraigado, iniciaron un movimiento de reconsideración de la poesía. Porque, sin duda, fue esto lo más sustancial: el propósito de hacer una poesía *de* y *para* el pueblo español de los años cuarenta. Cometieron, también sin duda, el error de considerar que la poesía española contaba ya con suficientes recursos de lenguaje poético, renunciando así a la búsqueda de un medio de expresión adecuado al nuevo contenido. Se contentaron con vestirse del lenguaje lexical y figurativo ajeno, del 27, de Unamuno y Machado. Olvidando que en poesía nada válidamente nuevo se produce si no es encarnado en formas siempre vírgenes de un lenguaje renovado.

Pero, pese a todas las limitaciones, cuando se haga la historia definitiva de esa década surcada por movimientos poéticos coincidentes en la búsqueda de lo humano como objetivo temático, habrá que contar con cada una de las páginas de una revista de provincia que, sin hipérbole, puede ser considerada como «diario» de la «nueva

Claudio Rodríguez, José Hierro y Vicente Aleixandre. Poetas de diferentes promociones, pero unidos por la amistad y por unas comunes inquietudes.

guerra literaria» y cuyo interés excepcional revela suficientemente la lista de suscriptores, nacionales y extranjeros.

(Cuadernos Hispanoamericanos, números 236-237 [agosto de 1969], págs. 383-397.)

IV. Gabriel Celaya

Respuesta a una encuesta: ¿qué es la poesía social?

Si hoy día se habla tanto de «poesía social» es indudablemente porque la llamada cuestión social, en poesía como en cualquier otro orden de nuestra vida, y sobre todo en el insoslayable y urgente del «qué debo hacer», nos preocupa, remuerde y apremia a todos.

«Lo social» —término neutro y ya casi académico— no es en realidad más que un eufemismo para designar esa mezcla de indignación, asco y vergüenza ante la realidad en que uno vive. El poeta, como cualquier otro hombre de hoy, se encuentra inmerso en esa circunstancia que clama al cielo, y responde a ella —es «poeta social»— en la medida en que, por auténtico, desposa esa circunstancia y se hace cargo de ella con todas sus consecuencias.

«Lo social» entra en nuestra poesía con la misma natural necesidad con que entraron en ella, tiempo atrás, el amor platónico o el sentimiento del paisaje. La poesía en sí, si es que tal cosa existe, no tiene por qué ser social en principio. Pero ocurre —es un hecho— que quienes en verdad, en verdad cantan hoy entrañándose, son poetas sociales casi sin querer —es decir, por necesidad íntima, y no por obediencia a un programa impuesto desde fuera— y, desde luego, al margen de que sus temas sean o no propiamente sociales, ya que en poesía el tema es siempre algo adjetivo.

De un modo general, creo que el poeta es un hombre archiconsciente —«el vidente es un hombre enteramente consciente», decía Novalis— y entiendo por tanto que el dar voz y el hacer advenir así a vida histórica a aquellas capas sociales que hasta hoy han sido poco menos que mera naturaleza, incumbe a su típica función de vate, adelantado o profeta.

Pero, entiéndase: lo importante no es hablar del pueblo, sino hablar con el pueblo, en el pueblo y desde el pueblo. Hay que agarrar bien sus raíces y sentir hasta la muerte del yo el «nadie es nadie», para después seducir y levantar a ese pueblo, con ayuda de la retórica, del prosaísmo o de lo que se tercie, hasta lograr, no ciertamente la poesía absoluta, porque la poesía no es un fin en sí, sino un estado de conciencia que, es fatal, permitirá mirar nuestras obras de hoy por encima del hombro.

Me parece muy significativo, muy «social» en el amplio sentido que vengo declarando, el repeluzno —no creo exagerar— que los poetas de hoy experimentan ante cualquier invocación a la «inmensa minoría». La diferencia entre la «inmensa minoría» de Juan Ramón y la «inmensa mayoría» a que con claro sentido reivindicativo se apela hoy, no es cuantitativa. No estriba en si nos leen muchos o pocos, sino en quiénes pueden leernos. Cuando Juan Ramón se consagra a «la inmensa minoría», no sólo acepta una situación real —que son pocos quienes se interesan por la poesía—, sino que además se complace en esa situación y sólo sale de su torre de marfil para pasearse por un minúsculo jardincito que él mismo hace cada vez más preciosamente restringido. Cuando Blas de Otero clama, aunque clame en el desierto, habla para el hombre cualquiera: crea conciencia en el hombre cualquiera, le da a luz con las removidas entrañas de su conciencia universal.

Si se entiende así que poesía social no quiere decir exclusivamente poesía sobre temas sociales, y si se entiende además que apelar a la «inmensa mayoría» no es apelar al gran número, diré sin rebozos que toda poesía auténtica de hoy es —queriéndolo o sin querer— poesía social. Quienes por sequedad de corazón, por miedo a la santa realidad o simplemente porque su tiempo pasó, pretenden crear poesía al margen de la circunstancia, e invocan «lo puro», «lo bello» o «lo eterno», sacrifican a ídolos que —da risa decirlo— sólo son estéticos.

(El Correo Literario, Madrid, 1952. Reproducido en G. Celaya, *Poesía y verdad,* Barcelona, Planeta, 1979, págs. 67-69.)

V. Félix Grande

Paréntesis sobre poesía social

La poesía social es una necesidad de la cultura motivada por la presión de las hostilidades de la realidad. La fraternidad, la denuncia de lo real hostil, el coraje —acaso sean actitudes equivalentes— han constituido su principal proyecto. Su principal obstáculo, en nuestro país, ha sido su propia exasperación. La poesía social nació apresuradamente, de manera en cierto modo fugitiva. Fue mirada con adhesión pasional, o de reojo, o por encima del hombro. Se desarrolló como un hombre público: con amigos agobiantes y enemigos demoledores: asfixiándose entre aplausos, indiferencia y anatemas. Todo eso, si no justifica sus desfallecimientos, al menos explica su exasperación. Bajo el ruido de los aullidos de entusiasmo, las repulsas y los aristocráticos gestos de repugnancia, tenía que respirar como un buceador: a bocanadas y de modo poco elegante; luego se sumergía de nuevo para continuar su trabajo. Con esa exasperación a la espalda, debe señalarse que la poesía social ha soportado en sí misma una tensión subsidiaria: el combate entre la urgencia que la originaba y la serenidad que le reclamaba la ambición de una eficacia duradera. Hay que indicar que, en nombre de la poesía social, se han escrito algunos de los peores poemas del mundo: acaso mil, dos mil, cinco mil. Pero esto no invalida la existencia y la oportunidad del punto de vista sobre la realidad que fue motivo del desarrollo de la poesía social, ni invalida muchos poemas sociales que han nacido con la suficiente grandeza como para convalidar a la vez aquel punto de vista y éste, correlativo, género de poesía [...] Ha habido contra esta corriente lírica algún ataque más taimado, casi diría más inteligente: se ha repetido hasta el hartazgo que *toda* poesía es social, pretendiendo hacernos olvidar que no se trata únicamente del *resultado* de un poema (resultado no siempre social), sino también de su *propósito* (no siempre cumplido). Sería esclarecedor, en función de una correcta comprensión de este fenómeno cultural, investigar, además de su resultado, el propósito del poema. Después podríamos

Gabriel Celaya, Blas de Otero, José A. Goytisolo y Jaime Gil de Biedma en los «Encuentros de Formentor» (mayo de 1959).

argumentar en cada caso si ese propósito fue o no alcanzado. Pero, a mi modo de ver, para aproximarnos a la gran cantidad de libros sociales escritos en nuestro país (casi todos malos, desde luego) es incorrecto avanzar aseverando que toda poesía es social: eso es una trampa. Es poesía social, buena o mala, aquella que nace *con voluntad de serlo*. La restante puede también resultar social en ocasiones. Pero lo que define a un poema social no es únicamente su alcance, sino la posición en que el autor se sitúa. Resumo estas líneas en tres apartados: *a)* la poesía surgida con voluntad de ser social no nació por generación espontánea; tuvo causas: la situación nacional y europea al término de la segunda guerra mundial, las tensiones internas y el desarrollo de la guerra fría internacional, y el propósito de colaborar en la transformación de aquella situación (propósito, por otra parte, siempre presente en cualquier cultura que se desarrolle dentro de realidades demasiado contradictorias); *b)* las propias contradicciones de la poesía social española (ingenuidad al establecer un fantasmagórico predominio del tema sobre la forma, deliberado encarcelamiento en la «sencillez» —léase «pobreza»— expresiva, y en las formas más monótonas de estructura, hasta el punto de que se ha llegado a decir, con razón, que gran parte de la poesía social era reaccionaria o al menos regresiva en su estética) le hicieron desmoronarse muchas veces como obra estética y como obra social, pero también motivaron el deseo de investigación nacido de todo fracaso; y *c)* este haber adquirido «la experiencia de sus equivocaciones» (cito una frase de Julia Uceda) le permitió después investigar con mayor lucidez —y con la mayor serenidad que le consiente la lenta modificación de la realidad total del país— sobre las formas estructurales y expresivas que pueden hacerla más eficaz, más artística y, por lo mismo, más social. Cuál haya de ser la problemática poética del futuro, es presumible, de ningún modo verificable; pero en todo caso, no parece cuestionable la esperanza de que el nuevo humanismo que la poesía española persigue contendrá, de un modo decantado, y según la peculiar personalidad de cada buen poeta venidero, la preocupación que la poesía social viene agitando desde hace más de veinte años. Este «redoble de conciencia», unido a la reacción contra sus ocasionales fracasos y unido a la acción profunda de grandes obras como las de Machado y Vallejo, no tiene por menos que beneficiar el desarrollo de una lírica ambiciosa, verdaderamente solidaria y suficientemente fortalecida por la habilidad de la escritura.

(*Apuntes sobre poesía española de posguerra,* Madrid, Taurus, 1970, págs. 54-58.)

VI. Francisco Ribes

«Palabra en el tiempo». Ellos (Eladio Cabañero, Angel González, Claudio Rodríguez, Carlos Sahagún, José Angel Valente) narran el suyo y comienzan por contarnos su infancia —origen de su mundo— y su patria —centro vital de su circunstancia—: en suma, su biografía no ya espiritual, sino también histórica. Todos han cogido el mundo, lo han apretado contra su corazón y han dicho con palabras sencillas —cada uno según la propia sencillez— la verdad de su instante. En unos puede más la piedad y en otros la ilusión de una próxima alegría; pero a ninguno le falta la virilidad de una afirmación meditada y sentida, y todos creen en el imperativo de la solidaridad.

Podría decirse que el problema fundamental de esos cinco poetas de hoy, de esos hombres que han comenzado ya a madurar espíritu y oficio, está en el dilema conocimiento-comunicación. Y lo resuelven sin maniqueísmos, en fórmulas integradoras que casi siempre parten de la experiencia propia como un modo de más conocer para mejor comunicar. Su temática es un espejo de su tiempo. Pertenecen a generaciones cuya primera exigencia es la autenticidad: se rebotan contra todo prejuicio, disparan contra toda hipocresía, no quieren admitir el compromiso. Más de uno se apoya íntegramente en la conducta como máximo valor de tasación; nunca utilizan la doble máscara de hombre y de poeta. Se sienten, antes que nada y siempre, responsables.

¿Con una intención social...? Ellos lo dicen en sus meditaciones, que podrían resumirse a ese respecto en una frase: no poesía social, sino solidaria, del tú y del nosotros por encima del yo. Mejor dicho todavía, y empleando palabras de Eladio Cabañero, los deseos de verdad, de amor y solidaridad, son temas en marcha, asunto a cantar, hasta que esas categorías se convierten en humana conducta y en épica coral; mientras, el poeta es un piloto de prueba que vuela con los ojos vendados.

En cuanto a su forma de expresión, a pesar de tan variada, algo puede afirmarse que los empareja también: si en ellos se encuentra alguna reminiscencia, algún acento que recuerde a sus mayores, han logrado depurarlo por el mejor camino, el de la incorporación. Esa es la trama noble y continua a que aludió Dámaso Alonso, los elementos que ensamblan a una generación con otras. Quizá en esa trascendental misión de continuidad parcial —y no de contigüidad— resida la gracia del auténtico poeta, que carga dignamente su voz con un eco del mejor pasado y, al mismo tiempo, canta con palabras nuevas el futuro.

Pero esta vez, en su salto hacia las fuentes, nuestros poetas han ido más lejos que sus antecesores del 27 y quienes les sucedieron después, para beber cada vez más cerca de ellas. En su recorrido hacia atrás han pasado de largo ante el remanso retórico y preciosista donde se detuvieron Garcilaso, Góngora y Quevedo, y llegan a las cercanías del agua que apagó la sed de Berceo y del Arcipreste, de Manrique y los Anónimos, y del pueblo, creador o conservador de los romances y las coplas de nuestros más luminosos y transparentes siglos.

Si se quiere una apoyatura más técnica, vuélvase —vuélvase siempre, en toda ocasión— a Machado-Mairena, y léase lo que dice del barroco literario, río en donde viajan juntas la corriente culterana y la conceptista.

(*Poesía última.* Nota preliminar, Madrid, Taurus, 1963, págs. 12-13.)

VII. Juan García Hortelano

Analogías y diferencias

Todos ellos rompen la tradición romántica. Radicalmente. El corte con la concepción romántica, que ha persistido siglo y medio en nuestra poesía, tiene suma importancia, porque inaugura y alecciona. Aquí, sin olvidar la variedad, el grupo de los años 50 alcanza el mayor grado de cohesión. El tratamiento clarividente del amor, la ausencia de compulsión afectiva y el equilibrio moral son indicios de una visión inédita. Hasta con más rigor que cuando lloran los «males de la patria», cuando expresan la pasión amorosa, en un amplio espectro sentimental, jamás hallaremos un ápice de patetismo. En ese sentido, que no es ahora ocasión de desarrollar, deben entenderse términos como «sensibilidad contemporánea» u «originalidad moral».

El fenómeno de brusca interrupción de la visión romántica ni se produce, claro está, por voluntad consciente del grupo, ni su continuidad es previsible. ¿No resurge en poetas más jóvenes —los «venecianos»— una actitud romántica? La profecía también en negocios poéticos desemboca en alucinantes desmadres. Quizá sea más prudente atreverse a afirmar que una, al menos, de las causas de esa nueva sensibilidad proviene de una concepción irónica, que relativiza el mundo poético de todo el grupo.

Sí, además de ironía, se lee humor, sarcasmo, sátira, burla, incluso socarronería, manipulación chistosa (en Angel González o en Goytisolo, por ejemplo), se entenderá lo que aquí no se nombra con un solo término. Pero sí es comprobable, dentro de un mismo poeta y de un poeta a otro, la dilatada gama de matices en la que se ramifica una general entonación lúdica. Quizá sea la amistad el único de los sentimientos tratados a la manera clásica, ingenuamente. El resto de las instituciones sentimentales son sometidas a una minuciosa disección. Nos cansaremos buscando autocompasión o autocomplacencia. La dramatización de la fatalidad, la dramatización de la irreversibilidad del tiempo, la dramatización de la mortalidad del hombre, se alcanzan por medio de recursos expresivos, estructurales o conceptuales, absolutamente desdramatizadores [...]

La entonación sarcástica y la satírica predominan, cuando, como ya se ha anunciado, el poeta se enfrenta a las realidades sociales, a la tipología nacional, a las calamidades históricas, a los «males de la patria». Oigamos restallar diez látigos. Silban de cólera, se aflojan desalentados, perfilan figuras y figurones, el pensamiento crítico los convierte en lanzas. Pero apresurémonos a repetir que, abandonada la visión romántica, el grupo de los años 50 se sitúa, en este asunto —asunto de las cosas públicas—, en las antípodas de los noventaiochistas.

España ya no es una invocación. Ya no se clama a España, ni duele España y, con más conciencia de lo que una patria sea que muchos de sus antecesores, a España por lo general ya no la llaman España, perdiendo así, de paso, las comodidades de una rima fácil. El país es un espacio geográfico, una lección histórica, un pueblo, unas pervertidas herencias de una sociedad decaída, deleznablemente jactanciosa, una irrisión o «el país más hermoso de la tierra» (Goytisolo). En todo caso —y la innovación es decisiva—, la falacia metafísica está tan ausente que ni brilla. Al mismo tiempo ha sido sepultado el aldeanismo. Comparten una certidumbre: la nuestra es una tierra igual, en principio, a cualquier tierra del globo. Ni marcianos de Castilla, ni entelequias privilegiadas por alguna gracia de la que están excluidos el resto de los humanos [...]

La fobia al patetismo evita por concatenación el desgarro verbal, lo que es indicativo de una generalizada característica del grupo: ningún intento de quebrantar los usos estéticos convencionales. En el momento que otras plumas (más jóvenes por lo general), con todo lujo de riesgos luchan por una «estética de la fealdad», el grupo poético de los 50 desarrolla toda su obra desde y para la Belleza. Esta actitud es tajante. La obra toda lo proclama así y con tan incuestionable persistencia que desdeña ya desde sus primeros poemas el laboratorio experimental y la dinamita vanguardista.

Es muy posible que la obsesión por la obra bien hecha, tercamente mantenida verso a verso, provenga de una conciencia ilustrada sobre el estado de situación de la cultura en lengua castellana. En alguna medida esa conciencia ilustrada se manifestaría por una denodada conservación de los valores, contra el desguace de la lengua y aun a riesgo de ser acusada de conservadurista, anacrónica o superflua.

Aun a riesgo de sacrificar la comunicación. El esfuerzo de la obra bien hecha sacrifica gustosamente la gratificación, dudosa, estéril y corta, que la moral de circunstancias proporciona a los mantenedores de la «literatura de urgencia» (cuyo estilo es la prisa), y las pasajeras embriagueces de los apóstoles de una ruptura total de la lengua (cuyos escombros son, desde luego, sus propios versos). El conocimiento y el aprecio del único instrumento literario —la lengua— de que dispone el escritor se oponen tanto al desprecio como a la ignorancia lingüísticos.

(*El grupo poético de los años 50.* Prólogo, Madrid, Taurus, 1978, págs. 30-35.)

VIII. Manifiesto del postismo

(Fragmentos)

Los postistas lanzamos nuestro manifiesto no con insultos, pero sí con violencia; sentamos nuestro credo y consignamos nuestras afirmaciones más inmediatas. Empezamos así: todos los poetas postistas nos parecemos necesariamente; los pintores tendremos mayor amplitud de expresión; no escondemos tampoco; es decir, lo declaramos abiertamente (no, pues, como admisión u homenaje, sino como legítima defensa y demostración de no parentesco), que en poesía pisamos directamente sobre las pálidas cenizas de Lorca y Alberti, pero sin hollarlas y sin empolvarnos; que somos hijos adulterinos y rebeldes de Max Ernst, de Perico de los Palotes y de Tal y de Cual, y de mucho semen que anda por ahí perdido, aunque ya desecado y pulverizado en mónadas ingrávidas, pero levantiscas; que pisamos no sobre, sino el ultraísmo (esta vez hollándolo), lo mismo en poesía que en culinaria o balística; que nos sonreímos amablemente del jamás existido futurismo; que defendemos a brazo partido la memoria muy honorable de nuestro tío postizo el cubismo, y que tenemos sistema de calefacción en común con el surrealismo; que creemos en eso de que todo delito lleva en sí la esencia de su propio castigo, mientras preferimos ciento volando que pájaro en mano; que estamos convencidos de que no hay nada tan concreto como lo abstracto; que aseguramos que la imaginación lo es todo, siendo el primer atributo de la divinidad, pues sin ella no se hubiera crea-

De izquierda a derecha: Félix Grande, Hugo Gutiérrez Vega, Pere Gimferrer, Julián Ríos, Rosa Chacel, Octavio Paz, Luis Rosales y Jaime Gil de Biedma.

do, no bastando ni la sabiduría, ni la voluntad, ni el poder; que entre los hombres la imaginación no tiene más instrumento que la técnica y sin ella no puede fecundarse a sí misma (...este concepto —de filosofía o de no filosofía— es trascendental, y lo bastante profundo como para que casi nadie lo entienda si no se le explica pedantemente, cosa que nosotros haremos o no haremos) ni procrear; que no hay cosas bellas —a no ser las naturales— si no hay dificultad en la creación, y dificultad vencida con elegancia y estilo; que el estilo puede estar en la forma, pero también en la esencia, siendo tan cierto que el estilo es el hombre como que el hombre es el estilo; que la poesía puede ser la materia misma (naturaleza), pensamiento, y también material poético: lo que no podrá ser nunca es sólo forma; que lo romántico, lo débil, lo enfermizo, lo rosa, lo íntimo, lo secreto, lo doloroso, lo espantoso, lo tremendo, lo fuerte, lo sangriento, lo martirizante, lo obsesionante, lo emotivo, lo heroico, lo lascivo, lo amado, lo ambicionado, lo perdido, lo dormido, lo muerto, lo esotérico, lo anímico, lo profético, lo vago, así como el amor mismo, las flores, los crepúsculos, el cielo y las niñas, no son de *necesidad* material poético; que hay palabras como burro, churro y culo que pueden ser poéticas, entre otras cosas, porque son bellas fonéticamente, así como caca, vaca,

De izquierda a derecha: Fernando Quiñones, Carlos Sahagún, Francisco Brines, Claudio Rodríguez, José Manuel Caballero Bonald y José Agustín Goytisolo en unos «Encuentros sobre los años cincuenta», celebrados en Granada en diciembre de 1985.

nene y nata; que hay oídos terriblemente sensibles que con todo derecho rechazan algunas de ellas (a pesar de figurar con todas sus letras en el Diccionario de la Academia Española); que la poesía lo mismo nace de la idea que del sonido, de la imagen plástica o de la palabra, y que la palabra, manejada sabiamente, adquiere valores insospechados aún no estudiados [...]

El «juego» está en la espina dorsal de toda obra postista (y de toda obra humana que caiga —auténticamente— en esa banal palabra-definición *arte*), pero suele estar más patente y despierto aún en la técnica de toda obra postista (que en la mayoría de las obras humanas, por lo que a los medios expresivos se refiere —técnica—, eso que llamamos «juego» queda adormecido, difuso o sofocado por la necesidad de sentido vulgar —el sentido común— para su más fácil expansión, o por la ignorancia y ofuscación en que nos postra la cultura, o por la pereza que, poco a poco, se apodera de las facultades mentales cuando se ha mutilado o perdido el hábito de la imaginación). Y esta certidumbre se hace clarísima si pensamos que tan sólo la niñez se halla en estado de gracia (¡bendita niñez!), que nosotros defenderemos hasta el aburrimiento de quienes quieran escucharnos. La adolescencia posee el caudal de la fuerza ciega, pero ya semiconsciente y abastardada; mas, por desgracia, ya ha malgastado gran parte de su herencia imaginativa. Y el hombre maduro de nuestros **tiempos**, después de perder toda su imaginación, pierde también su espontaneidad: es en ese momento horrible cuando, lleno de falsa experiencia, es presa del egoísmo.)

(*Postismo*. Número único. Enero, 1945.)

IX. Guillermo Carnero

El grupo «Cántico»

En 1947, Ricardo Molina y Pablo García Baena se presentan al Premio Adonais con libros titulados, respectivamente, *La estrella de ajenjo* y *Junio* (distinto de la colección que con ese título se publica en 1957). El premio es obtenio por José Hierro, con *Alegría*, y esa falta de reconocimiento *oficial* impulsa la realización del proyecto de crear una revista propia como órgano de expresión. El mismo año sale a la calle; el número uno va fechado en el mes de octubre. En su página 12 se hace una breve reseña del libro de Hierro, y en ella están ya presentes algunos puntales teóricos de la estética y la ética que caracterizarán los mejores momentos de *Cántico*: humanismo vitalista, reconciliación con la naturaleza humana, rechazo de la retórica tremendista. Dice Ricardo Molina, autor de la reseña:

«¿Cómo es posible que Hierro haya caído en el tópico romántico de considerar al dolor camino de la alegría? ¿No se han dicho ya bastantes paradojas sobre el tema? El verdadero camino está presentado en el libro de Hierro, y es "comprenderlo todo, / ir a todo, ser / materia de todo". Alegría de Les Nourritures, alegría de las Briznas de Hierba, alegría terrestre, sumersión proteica en el seno de la naturaleza».

Cántico se funda, en palabras de Pablo García Baena, uno de sus creadores, en medio de la «monotonía» de *Juventud creadora* y del «tremendismo» de *Espadaña*. Deseando enlazar con la Generación del 27, toman como eslabón a Luis Cernuda, andaluz como ellos. En su primera época (1947-1949), *Cántico* es un grupo dotado de coherencia, reacio a abrir las páginas de su revista a poetas que no comulguen con su estética, a pesar de lo cual, y ya desde el primer momento, por obra del nato publicista que es Ricardo Molina, observamos voces discordantes entre el coro de poetas invitados: concretamente, algún poema encuadrable dentro del tremendismo, religioso o no, tales como «Momento» y «El tiempo doloroso», de Jacobo Meléndez (respectivamente, en número 3, p. 8; y número 4, p. 8); «Súplica», de José García Aparicio (número 4, p. 2); «Tierra final», de Leopoldo de Luis (número 6, p. 5). En la segunda época (1954-1957), *Cántico* se diluye y convierte en una publicación miscelánea.

En su primera época, la revista exhibe un cuadro de características que la individualizan por referencia al contexto poético en que se mueve:

— Presencia abrumadora de un intimismo de contenido culturalista, heredado del Modernismo y los poetas del 27.
— Refinamiento formal, búqueda de la palabra rica y justa. Potenciación del análisis introspectivo mediante la selección léxica. Barroquismo. Todos estos rasgos están singularmente presentes en las colaboraciones de Pablo García Baena.
— Tratamiento vitalista del tema amoroso, en clara continuidad con la actitud de la Generación del 27, contrastando marcadamente con el impersonalismo garcilasista o el agonismo existencial y religioso. Ausencia de formas de amor dentro del orden, como el conyugal. El poeta de *Cántico* que con más vigor, hedonismo y sinceridad trata del amor es Juan Bernier: véase su «Tierra de amor», en el número 5.
— Presencia de poesía de tipo religioso [...]

Acaso la característica más relevante de *Cántico* sea la abrumadora presencia de un intimismo que, si bien procede de las emociones y experiencias de la vida cotidiana, se expresa al margen de todo realismo y de todo descriptivismo directo de sensaciones o sucesos. Por esa razón puede aplicársele el calificativo de *culturalista*. Esta manera de expresar el yo lírico será uno de los elemento diferenciadores de la renovación de la poesía castellana a partir de 1960.

(El grupo «Cántico» de Córdoba, Editora Nacional, Madrid, 1976, págs. 39-42.)

X. José María Castellet

Nueve novísimos

(Fragmento de la introducción)

Lo menos que puede decirse es que, en un momento dado (que se sitúa alrededor de 1962), los postulados teóricos del «realismo» empiezan a convertirse en pesadilla para muchos, incluidos algunos miembros de la generación que con más virulencia los predicó: a partir de este año, más o menos, la generación del «realismo» entra en crisis y se producen abandonos y deserciones que coinciden, en general, con los casos de escritores menos valiosos, quizá aquellos que habían creído que escribir consistía en aplicar unos esquemas previos que, sea dicho de paso, algunos de nosotros habíamos trasladado bastante mecánicamente desde experiencias foráneas al empobrecido panorama español de la posguerra [...]

La «pesadilla estética» anunciaba un camino y éste se ha producido más como ruptura que como evolución. La evolución, en todo caso, se estaba produciendo dentro de la generación incriminada: en novela, por ejemplo, la publicación de *Tiempo de silen-*

cio, de Luis Martín Santos (1962), las últimas obras de Juan Goytisolo o la tardía aparición de Juan Benet, nos pueden dar la medida de cómo la «pesadilla» ha operado liberadoramente dentro de la misma generación. Y, en poesía, la «evolución» no era más que un proceso natural entre los mejores poetas.

La voluntad de ruptura, en cambio, procedía de gente muy joven, nombres que en los primeros años 60 eran totalmente desconocidos o que, quizá, nos sonaban como autores de algunos artículos, especialmente sobre cine, y a quienes avizorábamos en algunos actos culturales con una expresión entre tímida e irónicamente desafiante frente a sus mayores.

Ahora bien, es imposible comprender el sentido de la ruptura con la generación anterior si nos limitamos a las habituales consideraciones de conflicto generacional, de revuelta contra los padres o, incluso, simplemente, al cansancio producido por unos postulados estéticos cuyo ciclo histórico ha periclitado. En la Justificación, he mencionado dos hechos sociológico-políticos que ayudan a la configuración del grupo generacional más joven. Cabría ahora, además, mencionar el cambio de gusto literario sobre la base de la evolución de la *moda* en las lecturas, las resurrecciones de autores olvidados —hecho característico de cada generación—, el afán más o menos *snob* de novedad que exige la necesidad de afirmar una personalidad en agraz, etc. Pero aunque el análisis de cada uno de estos hechos nos acercaría a la comprensión de algunos aspectos del cambio, ninguno de ellos nos llevaría a la conclusión de la ruptura —bien es cierto que nunca absoluta— generacional.

Por ello, las bases de la ruptura hay que buscarlas, entre otros factores extraliterarios, en los supuestos socioculturales que intervienen en la formación —y en la educación sentimental— de la nueva generación. Porque, aunque algo desfasado respecto a los de otras sociedades occidentales, el grupo generacional al que nos estamos refiriendo es, en España, el primero que se forma íntegramente desde unos supuestos que no son los del «humanismo literario», básico en la formación de las generaciones precedentes, sino los de los *mass media*, aunque en un medio histórico, político y sociológico distinto del de los equivalentes extranjeros [...]

Por lo que se refiere a la relación entre poesía y *mass media* la actitud general de estos poetas es la de reconocer la fuerte influencia que aquéllos ejercen sobre su poesía: quizá el más radical sea Vázquez Montalbán cuando dice que «cine y canción se han alimentado de la literatura». Hora es ya de que la literatura se alimente de cine y canción. Los programadores de divorcio entre cultura de *élite* y cultura de masas morirán bajo el peso de la masificación de la cultura de *élite*. Pero en Vázquez Montalbán hay, todavía, detrás del poema una intención político-cultural y no creo que algunos de sus más aristocratizantes compañeros de generación crean en una efectiva «masificación de la cultura de *élite*».

En todo caso, donde todos están, probablemente, de acuerdo es que en su formación cultural la literatura no ha representado más que un porcentaje limitado, muy inferior al que representó para las generaciones anteriores. Por otra parte, su formación literaria es, fundamentalmente, extranjera y no sólo eso, sino que la mayor parte de ellos —en una actitud generacional muy extendida y no sólo entre los escritores— rechazan la tradición inmediata española, o mejor, la ignoran deliberadamente (con algunas excepciones y por motivos diversos: Aleixandre, Cernuda, Gil de Biedma, por ejemplo). Si acaso, les afecta más lo que Martínez Sarrión llama «el descubrimiento de los verdaderos malditos de nuestro idioma», en general latinoamericanos: Octavio Paz, Oliverio Girondo, Lezama Lima...

Así, resultan ser sus maestros Eliot, Pound, Saint-John Perse, Yeats, Wallace Stevens, los surrealistas franceses, etc. Y en ellos se inspira la que podríamos llamar su actitud de poetas y su concepción del oficio [...]

¿Cuál es la *forma* de esta nueva poesía, esa forma que, como hemos dicho, es, quizá, el verdadero contenido del mensaje poético de los jóvenes escritores?

En una interpretación elemental y directa encontramos una serie de coincidencias, de elementos comunes, junto con una serie de contradicciones: veámoslo:

1. *Despreocupación hacia las formas tradicionales.*—Esta es una característica obvia: la libertad formal es absoluta y, en lí-

neas generales, no hay ninguna preocupación preceptiva. De todos modos, hay que señalar —como excepción— el ritmo verbal basado en la tradición métrica castellana empleado por Gimferrer, especialmente, y por Carnero [...]

2. *Escritura automática, técnicas elípticas, de sincopación y de «collage».*—Estas son las técnicas habituales de esta generación del «cogito interruptus». En todo caso, se trata de evitar el discurso lógico, de romper la expresión silogística, para crear, en algunos casos, una «ilógica razonada» y, en otros, un «campo alógico» significante, cuya lectura exige un esfuerzo más visual que racional, una tentativa de aprehensión simultánea de los diversos elementos que componen ese universo sincrónico que es el poema [...]

3. *Introducción de elementos exóticos, artificiosidad.*—Esa es una característica de los poetas de la *coqueluche* [se refiere Castellet a los más jóvenes de los novísimos]. De pronto, aparecen en la poesía española —y como un elemento que no proviene de la formación *táctil* de los *mass media*, sino más bien de la elección de ciertas lecturas y de una actitud *snob* que enlaza con la sensibilidad *camp*— una serie de elementos exótico-literarios que encontramos en la poesía de Gimferrer y de Carnero, de Azúa y de Molina-Foix, especialmente. Son temas orientales, exaltaciones de ciudades desconocidas, nombres de lugar o de personas que atraen ante todo por su valor fonético, descripciones de vestidos, disfraces o fiestas, mitos clásicos o fábulas medievales, etc. Se trata del descubrimiento del gusto por una literatura gótica modernista, de la importante influencia de Pound y, no hay que olvidarlo, del horror por todo lo español, precisamente porque en los pocos casos en que se introducen temas españoles éstos son tratados como elementos exóticos. Finalmente, hay que considerar en este epígrafe la fuerte influencia de temas y mitos norteamericanos contemporáneos, producto más que de lecturas (y algunas han sido muy influyentes: Henry James o Scott Fitzgerald) del cine, la TV, la publicidad y los *comics*.

(*Nueve novísimos*, Barcelona, Barral, 1970. págs. 17-43.)

DOCUMENTOS

XI. Rosa María Pereda

Acerca de una poética nueva

1963. Aparece en Barcelona *El mensaje del tetrarca,* libro juvenil y brillante, el primero del que más tarde será considerado como *el delfín* de los jóvenes poetas. Pedro Gimferrer, que, al madurar hasta el indudable escritor que es hoy se irá apartando hacia su voz actual, inconfundible, presenta ya en esta edición, esa colección de síntomas, de elementos y, de alguna manera, el tono de la ruptura de que es primera señal. Es el primer libro temprano, el ensayo general. Pero, además de Saint-John Perse al que el libro está encomendado, aparecen, entre sus versos exteriores, modernistas, descriptivos, las sombras de esas lecturas insólitas entonces en el panorama poético español y que, en cambio, van a fructificar en esta generación de poetas, en estos quince años de poesía joven a que se refiere esta *antología*.

Efectivamente, y ya desde esta primera piedra, la generación se verá marcada y propiciada por el encuentro con los viejos maestros, la *Generación del 27.*

Una recuperación selectiva, que no trae, al menos al principio, el bloque de aquellos primeros poetas modernos españoles, sino que se ciñe a tres maestros: Vicente Aleixandre, fundamentalmente; un Lorca compartido con los inmediatamente anteriores, pero del que se selecciona sobre todo *Poeta en Nueva York,* y Luis Cernuda.

En los talleres principiantes, en sus estanterías de jóvenes ávidos, hay, además, traducciones francesas, inglesas, alemanas: es ésta una generación muy lectora, en contraste con la poesía imperante, con preferencias claras: Románticos, Metafísicos, Surrealistas. Y, en casi todos los nombres integrantes de esta colección de poemas, las lecturas coinciden con las fobias: se rechaza la Generación del 98, y no sólo en poesía; se abomina de la llamada *poesía social;* se huye de intimismos más o menos becquerianos, y, mientras se reivindica la limpidez verbal, los poetas desprecian el *lorquismo* de concurso [...]

Carente ya de finalidad o de utilidades, el autor debe refugiarse en la reflexión sobre el propio acto de la escritura o en el levantamiento de un mundo propio, de un puzle cultural en el que los préstamos, trabajados como el único material posible, ofrezcan una vista coherente del quehacer poético.

No es nada raro que estos poetas vuelvan cada vez con más frecuencia sus materiales a la génesis misma del poema: a hacer de él la reflexión sobre el hecho mismo de la escritura. De alguna manera —parecen decir— lo intransferible es yo escribiendo esto. El resto ya está dicho. Y algunas veces —piensan— bien dicho.

Lo que es válido para el arte contemporáneo: la necesidad de mostrar sus materiales desnudos y primitivos, purísimos; la necesidad de fragmentar y analizar lo real, hasta lograr la perspectiva distinta, augurada ya por todas las ciencias exactas; la necesidad de establecer las relaciones entre los elementos diversos, y mostrar precisamente su diversidad; la necesidad en fin de reproducir el modo en que se produce el mundo, más que de imitar el propio mundo, se da en poesía, en esta poesía. El lenguaje mismo —único material poético— pasará de un modo u otro al primer plano: a veces, el juego de palabras, la ruptura de los sistemas de comprensión con el lector previamente establecidos: a veces, la exageración culturalista o la selección minuciosísima; y otras, la selección de palabras aparentemente planas, transparentes, o de ritmos conocidos, respiratorios, producen idéntica función: señores, estamos ante el juego mismo de las voces, de las palabras: y otro no hay en poesía. El poema —piensan recuperando viejos maestros— se explica a sí mismo. Y en este proceso a la abstracción —paralelo, hay que insistir, y como quería Nathalie Sarraute, a todo el arte contemporáneo— tal vez lo único que tenga que contar sea el propio poema. Cada vez más, la literatura —como el arte— se deshace de sus ataduras con el mundo exterior. Y hasta esas deudas cultas, esos juegos cómplices con el lector son las banderas de su autonomía.

(Joven poesía española [fragmento de la introducción] Madrid, Cátedra, 1982. págs. 11-12 y 28-30.)

LEOPOLDO PANERO

Nació en Astorga (León) en 1909. Estudió Derecho. Fue director del Instituto de España en Londres (1945-1947) y secretario general del Museo de Arte Contemporáneo de Madrid. Estuvo vinculado a la revista *Escorial* y dirigió *Correo Literario*. Murió en Astorga en 1962.

Obra poética

La estancia vacía (1944), **Versos al Guadarrama** (1945), **Escrito a cada instante** (1949) y *Canto personal. Carta perdida a Pablo Neruda* (1953), con el que pretendió replicar al *Canto general* de Neruda. Las recopilaciones más importantes de su obra son: *Poesía (1932-1960),* con prólogo de Dámaso Alonso (Madrid, Instituto de Cultura Hispánica, 1963), *Obras completas. I: Poesías (1928-1962),* ed. de Juan Luis Panero (Madrid, Editora Nacional, 1973), *Obras completas. II: Prosa* (Madrid, Editora Nacional, 1973), *Antología* (Barcelona, Plaza-Janés, 1973).

LEOPOLDO PANERO

SOLA TU

Sola tú junto a mí, junto a mi pecho;
sólo tu corazón, tu mano sola
me lleva al caminar; tus ojos solos
traen un poco de luz hasta la sombra
del recuerdo; ¡qué dulce,
qué alegre nuestro adiós...! El cielo es rosa,
y es verde el encinar, y estamos muertos,
juntos los dos en mi memoria sola.
Sola tú junto a mí, junto al olvido,
allá donde la nieve, la sonora
nieve del Guadarrama, entre los pinos,
de rodillas te nombra;
allá donde el sigilo de mis manos;
allá donde la huella silenciosa
del ángel arrebata la pisada;
allá donde la borra...
Estamos solos para siempre; estamos
detrás del corazón, de la memoria,
del viento, de la luz, de las palabras,
juntos los dos en mi memoria sola.

(Versos al Guadarrama.)

ESCRITO A CADA INSTANTE

   Para inventar a Dios, nuestra palabra
busca, dentro del pecho,
su propia semejanza y no la encuentra,
como las olas de la mar tranquila,
una tras otra, iguales,
quieren la exactitud de lo infinito
medir, al par que cantan...
Y Su nombre sin letras,
escrito a cada instante por la espuma,
se borra a cada instante
mecido por la música del agua;
y un eco queda solo en las orillas.

¿Qué número infinito
nos cuenta el corazón?
                    Cada latido,
otra vez es más dulce, y otra y otra;
otra vez ciegamente desde dentro
va a pronunciar Su nombre.
Y otra vez se ensombrece el pensamiento,
y la voz no le encuentra.
Dentro del pecho está.
                    Tus hijos somos,
aunque jamás sepamos
decirte la palabra exacta y Tuya,
que repite en el alma el dulce y fijo
girar de las estrellas.

HIJO MIO

A Juan Luis

   Desde mi vieja orilla, desde la fe que
                    [siento,
hacia la luz primera que torna el alma pura,
voy contigo, hijo mío, por el camino lento
de este amor que me crece como mansa
                    [locura.

   Voy contigo, hijo mío, frenesí soñoliento
de mi carne, palabra de mi callada
                    [hondura,
música que alguien pulsa no sé dónde,
                    [en el viento,
no sé dónde, hijo mío, desde mi orilla
                    [oscura.

   Voy, me llevas, se torna crédula
                    [mi mirada,
me empujas levemente (ya casi siento
                    [el frío);
me invitas a la sombra que se hunde a
                    [mi pisada,
me arrastras de la mano... Y en tu
                    ignoracia fío,
y a tu amor me abandono sin que me
                    [quede nada,
terriblemente solo, no sé dónde, hijo mío

(Escrito a cada instante.)

LA POESIA DESDE 1939

LUIS ROSALES

Nació en Granada en 1910. Se licenció en Filosofía y Letras en Madrid, ciudad en la que vive desde entonces. En 1964 ingresó en la Real Academia Española. En 1983 recibió el Premio Cervantes.

Obra poética

Abril (1935), *Retablo Sacro del Nacimiento de Nuestro Señor* (1940), **La casa encendida** (1949): la 2.ª edición de 1967 está ampliada, **Rimas** (1951), *El contenido del corazón (elegía)* (1969), compuesto por poemas en prosa; *Segundo abril* (1972), *Canciones* (1973), *Como el corte hace sangre* (1974), *Diario de una resurrección* (1978), *La carta entera* (1980), *Un rostro en cada ola* (1982). La mayor parte de su obra ha sido recopilada en *Las puertas comunicantes. Primera antología poética* (Salamanca, 1976) y *Poesía reunida 1935-1974* (Barcelona, Seix Barral, 1981).
Luis Rosales es autor también de diversos ensayos literarios y de una obra de teatro, *La mejor reina de España* (1943), escrita en colaboración con Luis Felipe Vivanco.

AUTOBIOGRAFIA

Como el náufrago metódico que contase las olas que le bastan
                                                          [para morir;
y las contase, y las volviese a contar, para evitar errores,
hasta la última,
hasta aquella que tiene la estatura de un niño y le cubre la frente,
así he vivido yo con una vaga prudencia de caballo de cartón
                                                          [en el baño,
sabiendo que jamás me he equivocado en nada,
sino en las cosas que yo más quería.

(Rimas.)

IV. CUANDO A ESCUCHAR EL ALMA ME RETIRO

(Fragmento)

Ahora que estamos juntos,
ahora que ha vuelto la inocencia,
y la disposición visceral de estas paredes,
ahora que todo está en la mano,
quiero deciros algo, quiero deciros algo:
                                    El dolor es un largo viaje,
es un largo viaje que nos acerca siempre,
que nos conduce hacia el país donde todos los hombres son iguales;
lo mismo que la palabra de Dios, su acontecer no tiene
                                    [nacimiento, sino revelación,

LUIS ROSALES

lo mismo que la palabra de Dios, nos hace de madera para
                                                [quemarnos,
lo mismo que la palabra de Dios, corta los pies del rico
                                                [para igualarnos en su presencia;
y yo quiero deciros que el dolor es un don
porque nadie regresa del dolor y permanece siendo el mismo hombre.
Todo llega en la vida por sus pasos contados,
la primavera y el verano, la ignorancia y la lluvia,
porque no hay nada gratuito,
no hay alegría, por pequeña que sea,
que no tenga que conseguirse
como la hormiga testaruda lleva su carga tronco arriba;
no hay alegría, por importante que nos parezca,
que no termine convirtiéndose en ceniza o en llaga,
pero el dolor es como un don,
nadie puede evitarlo,
las esperanzas, el amor, el dinero,
todos los bienes terrenales
siempre están contenidos por él y son igual que pájaros que
                                                [vuelan sobre el mar,
y son igual que pájaros,
por más y más que vuelen nunca se apartan de su fin.

Ahora que estamos juntos
y siento la saliva clavándome alfileres en la boca,
ahora que estamos juntos
quiero deciros algo,
quiero deciros que el dolor es un largo viaje,
es un largo viaje que nos acerca siempre vayas a donde vayas,
es un largo viaje, con estaciones de regreso,
con estaciones que no volverás nunca a visitar,
donde nos encontramos con personas, improvisadas y casuales,
                                                [que no han sufrido todavía.
Las personas que no conocen el dolor son como iglesias sin bendecir,
y yo quisiera recordarte, padre mío, que hace unos años he
                                                [visitado Italia,
yo quisiera decirte que Pompeya es una ciudad exacta,
                                                [invariable y calcinada,
una ciudad que está en ruinas igual que una mujer está desnuda;
cuando la visité, sólo quedaba vivo en ella
lo más efímero y transitorio:
las rodadas que hicieron los carros sobre las losas del pavimento,
así ocurre en la vida;
y ahora debo decirte
que Pompeya está quemada por el Vesubio como hay personas que
                                                [están quemadas por el placer,
pero el dolor es la ley de gravedad del alma,
llega a nosotros iluminándonos,
deletreándonos los huesos,
y nos da la insatisfacción que es la fuerza con que el hombre
                                                [se origina a sí mismo,
y deja en nuestra carne la certidumbre de vivir
como han quedado las rodadas sobre las calles de Pompeya.

Es el miedo al dolor y no el dolor quien suele hacernos
                                                [pánicos y crueles,

Luis Rosales, de espaldas, recibiendo el Premio Cervantes de manos del Rey Juan Carlos.

LA POESIA DESDE 1939

quien socava las almas
como socavan la ribera las orillas del río,
y yo he sentido su calambre desde hace mucho tiempo,
y yo he sentido, desde hace mucho tiempo, que el curso de sus
                          [aguas nos arrastra,
nos mueve las raíces sin dejarnos crecer,
y nos empuja, y nos sigue empujando hasta juntarnos
en esta habitación que ya es sólo el rescoldo de la muerte,
en esta habitación en donde las baldosas se levantan un poco
y ya no vuelven a encajar en su sitio
como la tierra removida ya no cabe en su hoyo:
tal vez a nuestro cuerpo ocurra igual,
pero, ¡no importa!,
ahora que estoy en la estación y he regresado del viaje,
ahora que he regresado de vivir y llevo el equipaje a cuestas,
como se lleva el óleo para la extremaunción,
ahora que me he quedado huérfano como una galería donde suena
                          [un reloj que no está allí,
ahora que estoy cicatrizado, abierto y disponible,
dame la mano igual que yo saltaba el mostrador para llegar a ti,
dame la mano porque la sed es como un luto
y hace crecer en nuestra boca minutisas, silencios y claveles,
dame la mano, sí, dame la mano
hasta que sienta horadada su palma
y se vaya transfundiendo mi cuerpo por aquel sumidero;
dame la mano en la espesura de la noche y en las claras del día,
en la vejez con las venas cortadas que me acoge en su hastial,
en los largos paseos del verano donde suenan los pasos de
                          [los muertos junto a los pasos de los vivos,
y en el tren,
en la desolación que no se acaba y en la inocencia que capitula,
dame la mano, sí, dame la mano así en la vida como en la muerte,
así en la tierra como en el cielo.

Y ahora vamos a hablar, ¿sabéis?, vamos a hablar,
como si hubiera empezado el deshielo
y ya estuviese circulando la misma sangre en nuestros corazones,
y todo principiase como sube a los pechos de la madre la
                          [leche cuando la boca la solicita,
y todo hubiese ya empezado en un lugar distante,
en un lugar, sin minuciosidades, que Dios debe tener ya
                          [preparado para nosotros,
con un salón de costura y un despacho y unas estanterías
                          [con libros y con cuadros,
en un lugar en donde el tiempo se ha convertido, de repente,
                          [en la palabra ahora,
esta palabra misma:

        ahora,
que ayer era un latido perdiéndose en la lluvia,
y hoy ya junto a vosotros, crece y se agranda hasta borrar el mundo,
porque empieza el deshielo,
porque empieza el deshielo y yo he llegado a tener la
                          [estatura de una gota de agua,
porque soy como un niño que despierta en un túnel,

Luis Rosales en 1936.

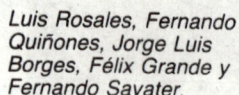

Luis Rosales, Fernando Quiñones, Jorge Luis Borges, Félix Grande y Fernando Savater.

y jamás he sentido la plenitud que estoy sintiendo en este instante,
la plenitud que no puede acabar si no es conmigo,
la plenitud que estoy besando en vuestras manos,
que estoy hablando en vuestras manos,
que estoy viviendo *junta*
                    porque ahora,
vamos a hablar, ¿sabéis? ¡vamos a hablar!,
hasta que puedan conocerse todos los hombres que han pisado
                                                           [la tierra
hasta que nadie viva con los ojos cerrados,
hasta que nadie duerma.

(La casa encendida.)

RAFAEL MORALES

Nació en Talavera de la Reina (Toledo) en 1919. Ha sido profesor de Literatura en la Universidad Complutense de Madrid. Algunos de sus libros están traducidos al alemán, al checo y a otras lenguas.

Obra poética

Poemas del toro (1943), **El corazón y la tierra** (1946), *Los desterrados* (1947), **Canción sobre el asfalto** (1954), por el que obtuvo el Premio Nacional de Literatura. Sus libros posteriores, *La máscara y los dientes* (1962) y *La rueda y el viento* (1971) son, en realidad, poemas extensos. Su última obra, **Prado de serpientes,** apareció por primera vez en el volumen *Obra poética* (Espasa-Calpe, selecciones Austral, 1982), con prólogo de Claudio Rodríguez.

CHOTO

Corre feliz el choto por el prado,
ajeno aún al dolor y a la tristeza,
sintiendo ya que brota en su cabeza
el cuerno temeroso y afilado.

Siente su corazón todo inundado
de un ansia nueva que a crecer empieza
y siente concentrarse su fiereza
en el joven testuz ensortijado.

No sabe cómo fue, cómo ha surgido
este imprevisto afán, este ardimiento,
y lanza loco un cálido mugido.

Siente un febril impulso, un gran contento,
mira y contempla todo sorprendido
y da el primer envite para el viento.

(Poemas del toro.)

LA POESIA DESDE 1939

A UN ESQUELETO DE MUCHACHA

Homenaje a Lope de Vega

En esta frente, Dios, en esta frente
hubo un clamor de sangre rumorosa,
y aquí, en esta oquedad, se abrió la rosa
de una fugaz mejilla adolescente.

Aquí el pecho sutil dio su naciente
gracia de flor incierta y venturosa,
y aquí surgió la mano, deliciosa
primicia de este brazo inexistente.

Aquí el cuello de garza sostenía
la alada soledad de la cabeza,
y aquí el cabello undoso se vertía.

Y aquí, en redonda y cálida pereza,
el cauce de la pierna se extendía
para hallar por el pie la ligereza.

(*El corazón y la tierra.*)

CANTICO DOLOROSO AL CUBO DE LA BASURA

Tu curva humilde, forma silenciosa,
le pone un triste anillo a la basura.
En ti se hizo redonda la ternura,
se hizo redonda, suave y dolorosa.

Cada cosa que encierras, cada cosa
tuvo esplendor, acaso hasta hermosura.
Aquí de una naranja se aventura
la herida piel silente y penumbrosa.

Aquí de una manzana verde y fría
un resto llora zumo delicado
entre un polvo que nubla su agonía.

Oh, viejo cubo sucio y resignado,
desde tu corazón la pena envía
el llanto de lo humilde y lo olvidado.

(*Canción sobre el asfalto.*)

OSCURO DESAMPARO

Qué tiernamente heridos marchamos por
                            [el tiempo,
golpeados por sueños que nunca se
                            [cumplieron
o que, al fin, se cumplieron para
                            [hacerse recuerdo,
nebulosa región de la melancolía.

Qué leve y largamente
vamos cayendo puros, solitarios, sombríos
como las tristes hojas del otoño
en los brazos de niebla que nos tiende el
                            [olvido.

Oh qué orfandad tan terca,
qué oscuro desamparo
este irse alejando beso a beso,
palabra tras palabra, sueño a sueño,
de la hora exacta en que vivir es cántico,
desplegada hermosura,
horizonte naciente de unos labios,
de un nombre,
de una piel sensitiva que llega como
                            [un alba hasta la sangre.

(*Prado de serpientes.*)

El poeta con Fernández Spencer, Rafael Montesinos y Blas de Otero, en la antigua sede de la Asociación Cultural Iberoamericana.

EUGENIO DE NORA

Nació en Zacos (León) en 1923. Estudió Filosofía y Letras. Fue uno de los fundadores de la revista *Espadaña*. Desde 1949 fue profesor de Literatura Española en la Universidad de Berna (Suiza).

Obra poética

Cantos al destino (1945), *Amor prometido* (1946), *Contemplación del tiempo* (1948), **Siempre (1948-1951)** (1953), **España, pasión de vida** (1954). Estos libros, con diversos poemas inéditos, se recogieron en *Poesía 1939-1964* (León, Institución fray Bernardino de Sahagún, C.S.I.C, 1975).

Eugenio de Nora es autor también del conocido ensayo *La novela española contemporánea*, en tres volúmenes (Madrid, Gredos, 1958-1962), por el que recibió el Premio de la Crítica.

CARMEN DEL EXTASIS

   Distraída del mundo; más, lejana
como un vuelo de pájaros, tú existes
donde el cielo empieza, donde el alma...

   Donde las avenidas, misteriosas
de árboles altos y de sombra extraña
nos llevan a la pena más hermosa;
donde la noche llora, constelada
frente a sí misma, porque todo es poco,
porque los mundos brillan en la nada,
como nosotros...; donde la belleza
suspende el tiempo; donde canta
mi voz más sola; en mi reducto último,
allí estás tú, silencio, alma.

   Alzas los ojos; tienes la cabeza
de una imposible luz aureolada;
quieres, querrías, pero no te sientes,
porque eres sólo noche, noche clara.

   ¡Ah, dame ese silencio; rompe
esta belleza que nos mata!
Y en tu infinita noche, álcese
un viento dulce, despertando ramas...

(*Siempre*.)

«POESIA CONTEMPORANEA»

   Medito a veces
en la triste materia de mi canto.

   Bien sé que hay muchos, soñadores,
(como yo rodeados de desgracia y caminos)
pero entre nubes blancas, con sus ángeles
abanicando tímidas
alas prerrafaelistas, lejos;
que quizá en el estío
cultivan la nostalgia de la lira imposible,
decoran las palabras, sumisas como rombos
de plaza pobre en farolillos
de verbena y papel colorín colorado...

   Oh Dios, cómo desamo,
cómo escupo y desprecio
a esos cobardes, envenenadores,
vendedores de sueños, mientras ponen
sedas sobre la lepra, ilusión sobre
                      [engaño, iris
donde no hay más que secas piedras.
Esclavos; menos
aún, bufones de esclavos.

   Malditos una y siete veces,
en nombre de la vida, aunque juren que
                                  [aumentan

la belleza del mundo; en verdad,
la belleza del mundo no precisa
ser aumentada ni disminuida
con sus telas. Lo que necesitamos
es una luz, es un desnudo brazo
que señale las cosas. La poesía es eso:
gesto, mirada, abrazo
de amor a la verdad profunda.
Ay, ay, lo que yo canto
miradlo en torno y despertad: alerta.

    Ahí están, reunidos
en sociedad devoratoria y número.
(Llamad bestia asesina
al que, como el pesado
elefante del sátrapa
hunde la pata hasta estrujar el rostro
que niega; ladrón vil
al emplumado grajo de cadáveres;
canalla al miserable...
acaso sepa a música
derrotada, a lamento
débil. A lo que no queremos.)
Pero nombrar no es sueño.

    No sigáis las palabras. Contra ellos
yo canto hombres que tienen las
                           [titánicas caras
talladas como a látigo: sonríen
al dolor, pero miran
al sol, y aprietan
los firmes dientes.
        Y ya acabo.
(Esto no es un poema; son palabras
apretadas también, con saña.) Adiós.
                              [Es tiempo,
de no plantar rosales. ¡Acordaos!

HONDA ES LA HERIDA

Honda es la herida del amor al verte
en mis ojos mortales reflejada;
pero la daga más apasionada
la hunde el recuerdo, España: poseerte

es mirarte en el alma, hecha ya suerte
entrañada y total frente a la nada;
pues en ti está mi vida sustentada,
y en ti mi sangre ha de vencer la muerte.

En el recuerdo y en el pensamiento
cumpliendo voy mi vida y tu memoria.
¡Roca inmortal, límite al mar y al viento:

hecha mi sangre verbo de tu gloria,
arrástreme tu cauce violento
hasta fundir mi sino con tu Historia!

(España, pasión de vida.)

VICTORIANO CREMER

Nació en 1908 en Burgos. Trabajó durante algunos años como tipógrafo. Más tarde se dedicó al periodismo y a la radio en León, en donde reside desde niño. Fundó y dirigió la revista *Espadaña*.

Tacto sonoro (1944), *Caminos de mi sangre* (1947), *La espada y la pared* (1949), **Las horas perdidas** (1949), **Nuevos cantos de vida y esperanza,** I y II (1952-53), *Libro de Santiago* (1954), *Furia y paloma* (1956), *Con la paz al hombro* (1959) y *Tiempo de soledad* (1962). En *Poesía total 1944-1966* (Barcelona, Plaza Janés, 1967) se recopiló toda su obra. Con posterioridad ha publicado *Nuevas canciones para Elisa* (1972), *Lejos de esta lluvia tan amarga* (1974) y *Los cercos* (1976).

VICTORIANO CREMER

MUCHACHA FEA ANTE EL ESPEJO

    Tímidamente pregunto
por mi carne de nardo
a los hondos espejos de la noche,
en la soledad de las alcobas.
    Como ríos inmóviles, naciendo de improviso,
la imagen desolada me devuelven,
en un oscuro grito sumergido:
    (Mi quebrada cintura, el amplio abrazo,
que sostienen mis hombros;
mis duros besos, la mirada
de doliente tigresa
y este mi vientre estéril
que soporta su brío de mar encadenado.)
    Los encajes marchitan sus frescas azucenas
entre olor de manzana;
y los oscuros cuencos que contendrán mis senos
se esparcen como rosas quemadas en la espera.
    ¿Qué tonos violentos, qué descrinados potros
romperán con sus cascos mis helados cristales,
mi azorado silencio,
mi soledad, poblada de nieblas y rubores?
    Me siento desvelada por manos de ceniza,
recorrida por tristes miradas compasivas,
evitada por sauces y ríos vigorosos
a quienes doy mi blanco desnudo palpitante.
    Lejanas voces claman.
Cuerpos, como montañas, se golpean, se funden,
y su lava se vierte
sobre la vida ávida, fecundando sus brotes...
    Rompen ríos de sangre sus oscuras cortezas,
y entre bosques, se buscan
y mezclan sus furiosos caudales enemigos
elevando a los cielos sus sangrientos despojos.
    Y yo, sola, me busco
entre espejos siniestros;
sin encajes ni lágrimas, con mi triste desnudo
—¡oh fealdad doliente!—,
saltándome a los labios
como un perro, en la triste soledad de mi alcoba.

(Las horas perdidas.)

FRISO CON OBREROS

Aparecen de pronto.
          ¡No están muertos!

Y si no hablan, es porque las palabras
no dicen sino cosas sin sentido,
por ejemplo: *Hace frío,* cuando tienen
pequeñas llamas rojas en la lengua.

¿Qué música lejana, qué resuelto
compás impone ritmo a su asombrado
despertar cada día?... ¡No están muertos!
Un corazón les nace con el alba.

Son —desteñido azul— agua profunda,
río de frescas márgenes que busca
su mar de cal y de ladrillo, su hondo
pozo de mineral que hierve y canta.

Cruzan por alamedas con rosales
y les llega un olor de noble tierra.

Los mármoles, al sol, recobran brillos
de recóndita rabia o sudor frío.

Pero no se detienen —¿Están muertos?—.
Indiferentes marchan, escuchando
dentro de sí lejanos ecos. ¿Miran
la evidencia total de la mañana?

Los muertos viven sin saber. Pero ellos
viven de su vivir, tan plenamente
que algo que no es la luz ni el aire tiene
concretas resonancias en su sangre.

Si quisieran gritar, lo harían, porque
no están muertos, conocen la palabra
que sólo se pronuncia desde el sueño
y es, como un toro, violenta y ácida.

Aparecen de pronto —¿De qué ocultos
manantiales de vida?— y permanecen
en la esperanza de los hombres. ¡Viven
soportando futuro a las espaldas...!

(Nuevos cantos de Vida y Esperanza.)

JOSE LUIS HIDALGO

Nació en Torres (Santander) en 1919. Estudió Bellas Artes en Valencia y Madrid. Fue uno de los animadores de las revistas *Corcel* y *Proel*. Murió en Chamartín de la Rosa (Madrid) en 1947.

Obra poética

Raíz (1943), *Los animales* (1945), **Los muertos** (1947). Póstumamente, se editó *Canciones para niños* (1951). En 1970, Julia Uceda hizo una *Antología poética* de su obra (Madrid, Aguilar). Su *Obra poética completa* se publicó en 1976 (Santander, Institución Cultural de Cantabria, edición de M.ª de Gracia Ifach).

ESPERA SIEMPRE

La muerte espera siempre, entre los años,
como un árbol secreto que ensombrece,
de pronto, la blancura de un sendero
y vamos caminando y nos sorprende.

Entonces, en la orilla de su sombra,
un temblor misterioso nos detiene:
miramos a lo alto y nuestros ojos
brillan, como la luna, extrañamente.

Y, como luna, entramos en la noche
sin saber dónde vamos, y la muerte
va creciendo en nosotros, sin remedio,
con un dulce terror de fría nieve.

La carne se deshace en la tristeza
de la tierra sin luz que la sostiene.
Sólo quedan los ojos que preguntan
en la noche total y nunca mueren.

MUERTE

Señor: lo tienes todo; una zona sombría
y otra de luz, celeste y clara.
Mas, dime Tú, Señor, ¿los que se han muerto,
es la noche o el día lo que alcanzan?

Somos tus hijos, sí, los que naciste,
los que desnudos en su carne humana
nos ofrecemos como tristes campos
al odio o al amor de tus dos garras.

JOSE LUIS HIDALGO

Un terrible fragor de lucha, siempre
nos suena oscuramente en las entrañas,
porque en ellas Tú luchas sin vencerte,
dejándonos su tierra ensangrentada.

Dime, dime, Señor: ¿por qué a nosotros
nos elegiste para tu batalla?
Y después, con la muerte, ¿qué ganamos,
la eterna paz o la eternal borrasca?

ESTOY MADURO

Me ha calentado el sol ya tantos años
que pienso que mi entraña está madura
y has de bajar, Señor, para arrancarme
con tus manos inmensas y desnudas.

Pleno y dorado estoy para tu sueño,
por él navegaré como una luna
que irá brillando silenciosamente,
astro frutal sobre tu noche pura.
Una nube vendrá y acaso borre
mi luz para los vivos y, entre lluvia,

zumo dulce de Ti, te irá cayendo
la savia de mi ser, como una música.

Será que estaré muerto y entregado
otra vez a la tierra de las tumbas.
Pero, sangre inmortal, mi roja entraña
de nuevo quemará tu luz futura.

(Los muertos.)

JOSE HIERRO

Nació en Madrid en 1922. Vivió en Valencia y Santander hasta 1952. Fue uno de los fundadores de la revista de poesía *Proel*, editada en esta última ciudad. Desde 1952 vive en Madrid.

Obra poética

Tierra sin nosotros (1947), *Alegría* (1947), libro por el que recibió el Premio Adonais; **Con las piedras, con el viento** (1950), **Quinta del 42** (1953), *Estatuas yacentes* (1955), *Cuanto sé de mí* (1957), *Libro de las alucinaciones* (1964), que obtuvo el Premio de la Crítica. El conjunto de su obra se ha recogido en: *Antología poética* (Santander, Beltrán de Heredia, 1953), *Poesías completas 1944-1962* (Madrid, Giner, 1962), *Cuanto sé de mí: Poesías completas* (Barcelona, Seix Barral, 1974). En la antología *Poemas de agenda* (Madrid, Visor, 1980) se incluyeron algunos textos inéditos.

CANCION DE CUNA PARA DORMIR A UN PRESO

La gaviota sobre el pinar.
(La mar resuena.)
Se acerca el sueño. Dormirás,
soñarás, aunque no lo quieras.
La gaviota sobre el pinar
goteado todo de estrellas.

Duerme. Ya tienes en tus manos
el azul de la noche inmensa.
No hay más que sombra. Arriba, luna.
Peter Pan por las alamedas.
Sobre ciervos de lomo verde
la niña ciega.

LA POESIA DESDE 1939

Ya tú eres hombre, ya te duermes,
mi amigo, ea...

Duerme, mi amigo. Vuela un cuervo
sobre la luna, y la degüella.
La mar está cerca de ti,
muerde tus piernas.
No es verdad que tú seas hombre;
eres un niño que no sueña.
No es verdad que tú hayas sufrido:
son cuentos tristes que te cuentan.
Duerme. La sombra toda es tuya,
mi amigo, ea...

Eres un niño que está serio.
Perdió la risa y no la encuentra.
Será que habrá caído al mar,
la habrá comido una ballena.
Duerme, mi amigo, que te acunen
campanillas y panderetas,
flautas de caña de son vago
amanecidas en la niebla.

No es verdad que te pese el alma.
El alma es aire y humo y seda.

La noche es vasta. Tiene espacios
para volar adonde quieras,
para llegar al alba y ver
las aguas frías que despiertan,
las rocas grises, como el casco
que tú llevabas a la guerra.
La noche es amplia, duerme, amigo,
mi amigo, ea...

La noche es bella, está desnuda,
no tiene límites ni rejas.
No es verdad que tú hayas sufrido,
son cuentos tristes que te cuentan.
Tú eres un niño que está triste,
eres un niño que no sueña.
Y la gaviota está esperando
para venir cuando te duermas.
Duerme, ya tienes en tus manos
el azul de la noche inmensa.
Duerme, mi amigo...
                        Ya se duerme
mi amigo, ea...

(Tierra sin nosotros.)

CANTO A ESPAÑA

*... tierras tristes,
tan tristes que tienen alma.*

Antonio Machado

Oh España, qué vieja y qué seca te veo.
Aún brilla tu entraña como una moneda de plata cubierta de polvo.
Clavel encendido de sueños de fuego.
He visto brillar tus estrellas, quebrarse tu luna en las aguas,
andar a tus hombres descalzos, hiriendo sus pies con tus piedras ar-
                                                            [dientes.

¿En dónde buscar tu latido: en tus ríos
que se llevan al mar, en sus aguas, murallas y torres de muertas ciu-
                                                        [dades?
¿En tus playas, con nieblas o sol, circundando de luz tu cintura?
¿En tus gentes errantes que pudren sus vidas por darles dulzor a tus
                                                        [frutos?

Oh, España, qué vieja y qué seca te veo.
Quisiera talar con mis manos tus bosques, sembrar de ceniza tus tie-
                                                    [rras resecas,
arrojar a una hoguera tus viejas hazañas,
dormir con tu sueño y erguirme después, con la aurora,
ya libre del peso que pone en mi espalda la sombra fatal de tu ruina.

En 1982, Hierro entregó a la poetisa Blanca Andréu, con la que aparece en la foto, uno de los premios Icaro. Por esas mismas fechas confesaba: «En la poesía de hoy no veo una línea, una corriente que rompa, una salida hacia algo. Están los "novísimos" y ese

JOSE HIERRO

José Hierro, que lleva muchos años sin publicar, declaraba recientemente: «El poema no es un arma decisiva para transformar el mundo. La poesía social nunca fue popular. Los poetas hablaban del pueblo, pero no al pueblo, y fracasaron. Carecieron de público y rebajaron la poesía».

Oh, España, qué vieja y qué seca te veo.
Quisiera asistir a tu sueño completo,
mirarte sin pena, lo mismo que a luna remota,
hachazo de luz que no hiende los troncos ni pone la llaga en la
[piedra.
Qué tristes he visto a tus hombres.
Los veo pasar a mi lado, mamar en tu pecho la leche,
comer en tus manos el pan, y sentarse después a soñar bajo un álamo,
dorar con el fuego que abrasa sus vidas tu dura corteza.
Les pides que pongan sus almas de fiesta.
No sabes que visten de duelo, que llevan a cuestas el peso de tu
[acabamiento,
que ven impasibles llegar a la muerte tocando sus graves guitarras.

Oh, España, qué triste pareces.
Quisiera asistir a tu muerte total, a tu sueño completo,
saber que te hundías de pronto en las aguas, igual que un navío mal-
[dito.
Y sobre la noche marina, borrada tu estela,
España, ni en ti pensaría. Ni en mí. Ya extranjero de tierras y días.
Ya libre y feliz, como viento que no halla ni rosa, ni mar, ni mo-
[lino.
Sin memoria, ni historia, ni edad, ni recuerdos, ni pena...
... en vez de saberte, oh España, clavel encendido de sueños de lla-
[ma,
cofre de dura corteza que guarda en su entraña caliente
la vieja moneda de plata, cubierta de olvido, de polvo y cansancio...

(Quinta del 42.)

arranque de culturalismo que procede directa y evidentemente de Gimferrer. Gimferrer es el que enlaza, sin conocerla, misteriosamente, con la línea —menospreciada en mis tiempos— de la rica poesía del grupo Cántico».

CAIDOS

Apagamos las manos. Dejamos encima del mar marchitarse la luna
y nos pusimos a andar por la tierra cumplida de sombra.
Ahora ya es tarde. Las albas vendrán a ofrecernos sus
[húmedas flores.
Ciegos iremos. Calados iremos, mirando algo nuestro que escapa
hacia su patria remota.
(Nuestro espíritu debe de ser, que cabalga
sobre las olas.)

Ahora ya es tarde. Apagamos las manos felices
y nos ponemos a andar por la tierra cumplida de sombra.
Hemos caído en un pozo que ahoga los sueños.
Hemos sentido la boca glacial de la muerte tocar nuestra boca.

Antes, entonces, con qué gozo ardiente,
con qué prodigioso encenderse de aurora

modelamos en nieblas efímeras, en pasto de brisas ligeras,
nuestra cálida hora.
Y cómo apretamos las ubres calientes. Y cómo era hermoso
pensar que no había ni ayer, ni mañana, ni historia.

Ahora ya es tarde: apagamos las manos felices
y nos ponemos a andar por la tierra cumplida de sombra.
Cómo errar por los años, como astros gemelos, sin fuego,
como astros sin luz que se ignoran.
Cómo andar, sin nostalgia, el camino, soñando dos sueños distintos
mientras en torno el amor se desploma.

Ahora ya es tarde. Sabemos. Pensamos. (Buscábamos almas.)
Ahora sabemos que el alma no es piedra, ni flor que se toca.
Como astros gemelos y ajenos pasamos, sabiendo
que el alma se niega si el cuerpo se niega.
Que nunca se logra si el cuerpo se logra.

Dejamos encima del mar marchitarse la luna.
Cómo errar, por los años, sin gloria.
Cómo aceptar que las almas son vagos ensueños
que en sueños tan sólo se dan, y despiertos se borran.
Que consuelo ha de haber, si lograr una gota de un alma
es pretender apresar el latir de la tierra, desnuda y redonda.

Estamos despiertos. Sabemos. Como astros soberbios, caídos,
sentimos la boca glacial de la muerte tocar nuestra boca.

(Con las piedras, con el viento.)

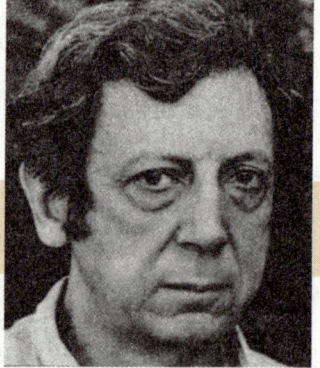

JOSE MARIA VALVERDE

Nació en Valencia de Alcántara (Cáceres) en 1926. Estudió Filosofía y Letras. Entre 1950 y 1955 fue lector de español en la Universidad de Roma. En 1955 se incorporó a la de Barcelona, como catedratico de Estética. En 1965, en solidaridad con otros compañeros expedientados por motivos políticos, abandonó voluntariamente su cátedra. Hasta 1977, en que se reintegró a la Universidad de Barcelona, fue profesor en universidades de Estados Unidos y Canadá.

Obra poética

Hombre de Dios: Salmos, elegías y oraciones (1945), *La espera* (1949) y *Versos del domingo* (1954). Estos tres libros, más otros dos inéditos, *Voces y acompañamientos para San Mateo* (1959) y **La conquista de este mundo** (1960), se recogieron en *Poesías reunidas hasta 1960* (Madrid, Giner, 1961). En la recopilación **Enseñanzas de la edad (poesía**

JOSE MARIA VALVERDE

1945-1970) (Barcelona, Seix Barral, 1971) incorporó otro libro inédito, **Años inciertos.** Publicó después *Ser de palabra (y otros poemas)* (Barcelona, Seix Barral, 1976). En la editorial Cátedra existe una *Antología de sus versos* (1983), preparada por el propio poeta.

José M.ª Valverde es también autor de diversas obras de crítica e historia literarias.

SALMO DE LAS ROSAS

José Hierro ha sido durante muchos años profesor de los cursos para extranjeros que organiza todos los veranos la Universidad Menéndez Pelayo de Santander. Aquí aparece en una clase, con un grupo de alumnos.

Oh rosas, fieles rosas de mi jardín en mayo;
ya venís, como siempre, a reposar mi angustia
con vuestro testimonio de que Dios no me olvida.

Hubo un tiempo en que yo creí perdido todo.
Pero vuestra constancia no se enteró siquiera
y seguisteis viniendo a acariciar mi frente
y a decirme que el mundo seguía estando intacto.

Surgís difícilmente lentas, de dentro a afuera,
como torres de nubes que, imitando dragones,
se alzan en el ocaso, saliendo de sí mismas;
o como un sentimiento, tan nuestro y tan profundo,
que al subirlo a la boca va espeso del esfuerzo,
arrastrando en su parto los más hondos aromas.
¿Qué decís, qué decís, bocas de Dios infantes?
¡Cuánto trabajo os cuesta pronunciar la palabra
oliente y no entendida! Os morís, fatigadas,
cuando acaba, al decirla, vuestro oficio en la tierra.

Vuestra belleza es eso: morir, pasar al vuelo.
Vuestro aroma es la muerte. Y por eso enloquece.
Mas ¡qué importa morir cuando se ha sido, y tanto!
Yo os doy la eternidad que os quitaba el ser bellas.
Os tengo en mi recuerdo lo mismo que en un libro,
evocándome mayos, muchachas y ciudades,
al hallaros de pronto, cuando paso las hojas.

Voy contando mis años por relevos de rosas.
De rosas repetidas, de eternidad de rosas
que me animan, diciéndome que el Señor sigue en pie.

(Hombre de Dios: Salmos, elegías y oraciones.)

HISTORIA DE LA FILOSOFIA

Entro en el aula, empiezo a hablar a un [ciento
de caras mal despiertas: por un rato
sobre sus vidas, rígido, desato,
cumpliendo mi deber, el frío viento

del Ser y de la Nada, de la Idea
y la Cosa; la horrible perspectiva
de vértigo que se ha hecho inofensiva,
espectáculo gris, vieja tarea.

Si alguno, casi inquieto, se remueve,
los más sueñan, o apuntan, o hacen ruido.
Pero basta: es la hora ya. De nueve

a diez, vieron el Ser, ese aguafiestas;
prosigan su vivir interrumpido:
yo vuelvo a mi silencio sin respuestas.

(La conquista de este mundo.)

LA POESIA DESDE 1939

TOMA DE CONCIENCIA

Primero, era un mandato de cruzada arcangélica
contra el hervor en marcha de puños en la calle:
entre un vago tufillo a iglesias incendiadas,
el miedo a que se hundiera el buen pasar modesto
nubiaba a la familia en torno a la camilla.

Luego... mejor callar de la lucha civil,
el cadáver que sigue creciéndome en la espalda,
más mío a cada vez, como muerto a mis manos.

Tras eso, años de hundirme en confuso vacío:
por un lado surgía el asco a los magnates,
mientras duraba el pánico a oír: ¡Ya están ahí!

Pero en medio de todo, dejando apocalipsis,
otra cosa apremiaba: el dolor silenciado
de la gente con hambre, del pisoteado pobre,
del injuriado oscuro, del invisible en mugre.

Eran las estadísticas crónicas de sudores,
en cada porcentaje resonaban gemidos,
y, al volver la mirada a la historia, los textos
de lisonjas heráldicas se borraban en llantos.

Por si no era bastante eso de ser poeta,
acechando en escucha la vida ajena y propia,
lo mismo que un espía, otra maldición vino
sobre mí: entre la charla bien educada, el té,
de pronto, me han mirado como un perro rabioso.

Y aún más; tampoco puedo cambiar de apocalipsis:
a cada cual le peso su porción de maldades
y su poco de méritos, según se desvanece.
Seré traidor para unos, blando para los otros,
abierto a un porvenir sin asiento ni gloria,
quizá colaborando, pero siempre mal visto,
progresista gruñón, mesurado extremista...

En lo de «amar al prójimo» entra este gris cansancio.

(Años inciertos.)

José María Valverde, en 1984. «Yo, después de lo religioso —confesaba en 1982—, he derivado a inquietudes sociales. Así, en Ser de Palabra, se da paso incluso a lo económico. Pero no veo necesidad de hablar de línea divisoria en mi poesía; es una evolución lógica en la que lo religioso lleva a lo social. Es claro que el Evangelio no tiene contenido político, pero sí social».

COLOFON

Compañeros, poetas del futuro,
sed buenos con nosotros; intentad
comprender cómo pudo ser tan duro
este inútil vivir en vaguedad
este fracaso, al fin debilidad.
Ahorcados nos veis, en vuestros días
hacia el olvido, ya en bibliografías,
sólo borroso haber tradicional,
huesos al viento en las antologías,
seco polvo de tesis doctoral.

Hermanos, los poetas del mañana:
si queda entonces imaginación,
pensad qué mal negocio es esta vana
conciencia nunca en paz de los que son
poetas de una «edad de transición».
Diréis: «No dieron una, pobre gente:
hechos a lo sublime, de repente
quisieron ser reales, y era tarde».
Y no sabréis que hoy damos por valiente
al que no es peor cosa que cobarde.

BLAS DE OTERO

Vosotros no andaréis tan divididos,
queriendo al mismo tiempo estar atentos
al yo en sus más recónditos latidos
y al dolor de los prójimos hambrientos
pisados por los ricos y violentos.
Nacidos en justicia y en cultura,
tal vez seréis voz lúcida y madura
del mundo, y en hermosa perspectiva,
ya ni recordaréis, desde la altura,
nuestro torpe tanteo, a la deriva.

Pero si sois benévolos, hermanos,
y encontramos merced en vuestras manos
por ese corazón os querrán bien
poetas de otros siglos más lejanos.
¡Y buena falta os puede hacer también!

(Enseñanza de la edad.)

BLAS DE OTERO

Nació en Bilbao en 1916. Estudió Filosofía y Letras y Derecho. Fue miembro del Partido Comunista de España. Vivió durante algunos años en Cuba y viajó por Europa y Asia. Murió en Madrid en 1979.

Obra poética

Cántico espiritual (1942), **Angel fieramente humano** (1950), **Redoble de conciencia** (1951), **Pido la paz y la palabra** (1955), Ancia, en donde se recogieron Angel fieramente humano, Redoble de conciencia y 48 nuevos poemas (1958); **En castellano** (1960), Esto no es un libro (1963), **Que trata de España** (1964), Expresión y reunión: A modo de Antología, 1941-1969, a cargo de Sabina de la Cruz (1969); Mientras (1970) y Viejo camarada (1978). Existen varias recopilaciones de su obra. Las más asequibles son: País: Antología (1955-1970), selección de José Luis Cano (Barcelona, Plaza-Janés, 1971), Verso y prosa, preparada por el propio Blas de Otero (Madrid Cátedra, 1974); Todos mis sonetos (Madrid, Turner, 1977) y Poesía con nombres (Madrid, Alianza, 1977).

También es autor de un libro en prosa: **Historias fingidas y verdaderas** (1970).

CANTO PRIMERO

DEFINITIVAMENTE, cantaré para el
 [hombre.
Algún día —después—, alguna noche,
me oirán. Hoy va —vamos— sin rumbo,
sordos de sed, famélicos de oscuro.

Yo os traigo un alba, hermanos. Surto un
 [agua,
eterna no, parada ante la casa.

Salid a ver. Venid, bebed. Dejadme
que os unja de agua y luz, bajo la carne.

De golpe, han muerto veintitrés millones
de cuerpos. Sobre Dios saltan de golpe
—sorda, sola trinchera de la muerte—
con el alma en la mano, entre los dientes
el ansia. Sin saber por qué mataban;
muerte son, sólo muerte. Entre alambradas

de infinito, sin sangre. Son hermanos
nuestros. Vengadlos, sin piedad, ¡vengad-
[los!

Solo está el hombre. ¿Es esto lo que os hace
gemir? Oh si supieseis que es bastante.
Si supieseis bastaros, ensamblaros.
Si supierais ser hombres, sólo humanos.

¿Os da miedo, verdad? Sé que es más
[cómodo
esperar que Otro —¿quién?— cualquiera,
[Otro,
os ayude a ser. Soy. Luego es bastante
ser, si procuro ser quien soy. ¡Quién sabe
si hay más! En cambio, hay menos: sois
[sentinas
de hipocresía. ¡Oh, sed, salid al día!
No sigáis siendo bestias disfrazadas
de ansia de Dios. Con ser hombres os basta.

(Angel fieramente humano.)

LASTIMA

Me haces daño, Señor. Quita tu mano
de encima. Déjame con mi vacío,
déjame. Para abismo, con el mío
tengo bastante. Oh Dios, si eres humano,

compadécete ya, quita esa mano
de encima. No me sirve. Me da frío
y miedo. Si eres Dios, yo soy tan mío
como tú. Y a soberbio, yo te gano.

Déjame. ¡Si pudiese yo matarte,
como haces tú, como haces tú! Nos coges
con las dos manos, nos ahogas. Matas

no se sabe por qué. Quiero cortarte
las manos. Esas manos que son trojes
del hambre, y de los hombres que arrebatas.

DIGO VIVIR

Porque vivir se ha puesto al rojo vivo.
(Siempre la sangre, oh Dios, fue colorada.)
Digo vivir, vivir como si nada
hubiese de quedar de lo que escribo.

Porque escribir es viento fugitivo,
y publicar, columna arrinconada.
Digo vivir, vivir a pulso, airada-
mente morir, citar desde el estribo.

Vuelvo a la vida con mi muerte al hombro,
abominando cuanto he escrito: escombro
del hombre aquel que fui cuando callaba.

Ahora vuelvo a mi ser, torno a mi obra
más inmortal: aquella fiesta brava
del vivir y el morir. Lo demás sobra.

(Redoble de conciencia.)

A LA INMENSA MAYORIA

Aquí tenéis, en canto y alma, al hombre
aquel que amó, vivió, murió por dentro
y un buen día bajó a la calle: entonces
comprendió: y rompió todos sus versos.

Así es, así fue. Salió una noche
echando espuma por los ojos, ebrio
de amor, huyendo sin saber adónde:
a donde el aire no apestase a muerto.

Tiendas de paz, brizados pabellones,
eran sus brazos, como llama al viento;

olas de sangre contra el pecho, enormes
olas de odio, ved, por todo el cuerpo.

¡Aquí! ¡Llegad! ¡Ay! Angeles atroces
en vuelo horizontal cruzan el cielo;
horribles peces de metal recorren
las espaldas del mar, de puerto a puerto.

Yo doy todos mis versos por un hombre
en paz. Aquí tenéis, en carne y hueso,
mi última voluntad. Bilbao, a once
de abril, cincuenta y uno.

BLAS DE OTERO

EN EL PRINCIPIO

Si he perdido la vida, el tiempo, todo
lo que tiré, como un anillo, al agua;
si he perdido la voz en la maleza,
me queda la palabra.

Si he sufrido la sed, el hambre, todo
lo que era mío y resultó ser nada,
si he segado las sombras en silencio,
me queda la palabra.

Si abrí los labios para ver el rostro
puro y terrible de mi patria,
si abrí los labios hasta desgarrármelos,
me queda la palabra.

(Pido la paz y la palabra.)

POETICA

Escribo hablando

EN CASTELLANO

Aquí tenéis mi voz
alzada contra el cielo de los dioses absurdos,
mi voz apedreando las puertas de la muerte
con cantos que son duras verdades como puños.

El ha muerto hace tiempo, antes de ayer. Ya hiede.
Aquí tenéis mi voz zarpando hacia el futuro.
Adelantando el paso a través de las ruinas,
hermosa como un viaje alrededor del mundo.

Mucho he sufrido: en este tiempo, todos
hemos sufrido mucho.
Yo levanto una copa de alegría en las manos,
en pie contra el crepúsculo.

Borradlo. Labraremos la paz, la paz, la paz,
a fuerza de caricias, a puñetazos puros.
Aquí os dejo mi voz escrita en castellano.
España, no te olvides que hemos sufrido juntos.

(En castellano.)

El poeta en Barcelona, en 1959. «Y ¿para qué seguir? s libros fluyen / a compás de vida. Mi palabra / a compás os años: va variando / por sí misma, sucediéndose / y revolucionándose» («Liberación», de Mientras).

DIEGO VELAZQUEZ

ENSEÑAME a escribir la verdad,
pintor de la verdad.

Ponme la luz de España entre renglones,
la impalpable luz que tiembla
en tus telas.

Dirígeme los ojos hacia abajo:
gente humillada y despreciada
de reyes, conde-duques e inocencios.

Que mi palabra golpee
con el martillo de la realidad.

Y, línea a línea, hile
el ritmo de los días venturosos
de mi patria.

(Que trata de España.)

Blas de Otero con Sabina de la Cruz, su mujer, y en la actualidad la más destacada especialista en su obra, en marzo de 1974.

TODO

Gracias doy a la vida por haberme nacido.
Gracias doy a la vida porque vi los árboles, y los ríos y el mar.
Gracias en la bonanza y en la procela.
Gracias por el camino y por la verdad.
Gracias por la contradicción y por la lucha.
Gracias por el aire y por la cárcel.
Gracias por el asombro y por la obra.
Gracias por morir; gracias por perdurar.

(*Historias fingidas y verdaderas.*)

GABRIEL CELAYA

Nació en Hernani (Guipúzcoa) en 1911. Su nombre completo es Rafael Gabriel Múgica Celaya. Estudió ingeniería industrial. Entre 1936 y 1956 trabajó en San Sebastián, en una empresa de su familia. En 1948 conoció a Amparo Gascó, que será su compañera desde entonces. Durante varios años militó en el Partido Comunista. En 1956 se trasladó a Madrid y se dedicó con exclusividad a la literatura. En 1986 recibió el Premio Nacional de las Letras Españolas.

Obra poética

Entre su vasta obra, que comprende casi cincuenta títulos, se encuentran: *Marea de silencio* (1935), *Movimientos elementales* (1947), *Tranquilamente hablando* (1947), *Las cosas como son* (1949), *Las cartas boca arriba* (1951), *Lo demás es silencio* (1952), *Paz y concierto* (1953), **Cantos iberos** (1955), **De claro en claro** (1956), *Las resistencias del diamante* (1957), *Cantata en Aleixandre* (1959), *Rapsodia euskera* (1961), *Episodios Nacionales* (1962), *La linterna sorda* (1964), *Baladas y decires vascos* (1965), *Lo que faltaba* (1967), *Los espejos transparentes* (1968), *Operaciones poéticas* (1971), *Campos semánticos* (1971), *Función de Uno, Equis, Ene* (1973), *El derecho y el revés* (1973), **Buenos días, buenas noches** (1976) e *Iberia sumergida* (1978).

Entre las recopilaciones y Antologías de su obra, destacan: *Poesías completas* (Madrid, Aguilar, 1969), *El hilo rojo* (Madrid, Visor, 1977), *Obras completas,* en varios volúmenes (el primero apareció en 1977: Barcelona, Laia); *Poesía,* selección de Angel González (Madrid, Alianza, 1977) e *Itinerario poético,* ed. del autor (Madrid, Cátedra, 1976, 2.ª edición).

Celaya es también autor de varios volúmenes de relatos, de una obra de teatro y de diversos ensayos sobre poesía.

LA POESIA ES UN ARMA CARGADA DE FUTURO

Cuando ya nada se espera personalmente exaltante,
mas se palpita y se sigue más acá de la conciencia,
fieramente existiendo, ciegamente afirmando,
como un pulso que golpea las tinieblas,

GABRIEL CELAYA

«A lo largo de la vida he pensado la poesía de muy diversas formas, pero la razón última y principal de mi trabajo ha consistido en intentar salir de la soledad y conseguir comunicarme con la gente. Poesía eres tú, el otro, un contacto ajeno al tacto. Tampoco vale explicar. Hay que evitar la maestría, la docencia. Sugerir, sólo eso, sugerir..., que el otro ponga tanto como tú».

cuando se miran de frente
los vertiginosos ojos claros de la muerte,
se dicen las verdades:
las bárbaras, terribles, amorosas crueldades.

Se dicen los poemas
que ensanchan los pulmones de cuantos, asfixiados,
piden ser, piden ritmo,
piden ley para aquello que sienten excesivo.

Con la velocidad del instinto,
con el rayo del prodigio,
como mágica evidencia, lo real se nos convierte
en lo idéntico a sí mismo.

Poesía para el pobre, poesía necesaria
como el pan de cada día,
como el aire que exigimos trece veces por minuto,
para ser y en tanto somos dar un sí que glorifica.

Porque vivimos a golpes, porque apenas si nos dejan
decir que somos quien somos,
nuestros cantares no pueden ser sin pecado un adorno.
Estamos tocando el fondo.

Maldigo la poesía concebida como un lujo
cultural por los neutrales
que, lavándose las manos, se desentienden y evaden.
Maldigo la poesía de quien no toma partido hasta mancharse.

Hago mías las faltas. Siento en mí a cuantos sufren
y canto respirando.
Canto, y canto, y cantando más allá de mis penas
personales, me ensancho.

Quisiera daros vida, provocar nuevos actos,
y calculo por eso con técnica, qué puedo.
Me siento un ingeniero del verso y un obrero
que trabaja con otros a España en sus aceros.

Tal es mi poesía: poesía-herramienta
a la vez que latido de lo unánime y ciego.
Tal es, arma cargada de futuro expansivo
con que te apunto al pecho.

No es una poesía gota a gota pensada.
No es un bello producto. No es un fruto perfecto.
Es algo como el aire que todos respiramos
y es el canto que espacia cuanto dentro llevamos.

Son palabras que todos repetimos sintiendo
como nuestras, y vuelan. Son más que lo mentado.
Son lo más necesario: lo que tiene nombre.
Son gritos en el cielo, y en la tierra, son actos.

(Cantos iberos.)

LA POESIA DESDE 1939

SE QUE EL AMOR EXISTE

Abres los ojos. Silencias. Es la noche
complicada de estrellas y conjuras mentales.
Cierras los ojos. Sonríes. Es el canto:
el día que transcurre por los labios indecisos.
Me matas. Es la vida.
Te mueres. Es un ala.
Cualquier palabra sirve para nombrar el prodigio.

En los magnéticos campos, vas y vienes sin moverte,
vienes y vas alternante, dando así a luz los misterios.
Abres los brazos. Me entrego.
Cierras el fruto. Lo muerdo.
Abres la música y vuelan entre palmas mis latidos
o te cierras, y son sierpes
en la aurora inacabable de las metamorfosis.

Abres. Cierras. Apretado
el fruto es comestible, y erótico, y violento,
y horrendamente arcaico. Y sagrado, por arcaico.
Cierras. Abres. Te declaro, por alegrías, variando,
con voz pública y escándalo.
Sé que nadie nos perdona. Que desafío, si canto.
Que la dicha es un pecado.

Vivir hacia adelante mientras la vida crece,
no pensar que te acechan, hipnóticos, los iris
de los céntricos ojos de la muerte,
creer que por feliz, limpio, alígero, indemne,
transcurres inocente,
es ignorar que nunca se perdona al dichoso,
que amar es siempre dolo.

¡Cómo brillan en la mina los tesoros,
las aéreas tormentas
contenidas en un grano de ira y oro!
¡Cómo acaban
en cabezas de muerto los espigados gozos
y las fúlgidas sumas del maquinal insomnio!
¡Cómo somos uno en otro, sin razón, corazonados!

No se debe (tiemblas, abres),
no se puede (cierras, dueles),
no se quiere luchar, sólo se quiere
conservar ese cuerpo felizmente evidente,
esos ojos, esos labios, esos brazos
secretamente envolventes,
sintiendo mansamente que allí acaba la muerte.

Puestos los guantes de llamas
se tocan limpiamente los turbios sentimientos.
Puesta en sí la mirada,
se ve sólo el amor: la vida clara;
otros ojos reales; un orden de distancias.
Y no se pide más.
Se piden simplemente las materiales magias.

G. Celaya, con Jorge Cela Trulock y Amparo Gascó, que ha compartido su vida durante muchos años, en enero de 1979. En esas fechas confesaba: «Cuando el franquismo, había un compromiso político. Hoy puede que el compromiso derivado hacia lo social sea más

El poeta, en el centro, el día de la presentación de Itinerario poético. «Resulta que las etapas de mi poesía están muy definidas. Podría decir: Surrealismo, existencialismo, poesía social y pesía personal, en la que estoy en este momento».

GABRIEL CELAYA

fuerte, pero ahora el camino está en el diálogo más que en la protesta. El hombre de la calle tiene que hablar, que decir, que mostrar su pensamiento. Todo esto es poesía social. Cuando se está en el tiempo y se explica y se discute todo lo que nos viene llegando».

Nada más (¿será mucho?),
nada menos que vivir lo total en el momento
como todos podemos vivir, como besamos,
como amamos y erramos luminosos,
como yo, por ti, contigo, puedo y hago,
pese al mundo que nos burla y nos desgarra,
pese a todos los que llaman cinismo a mi inocencia.

Abres los ojos. Te miro sin acabar de encontrarte.
Cierras los ojos. Te envuelvo, muriéndome por dentro.
Pones la noche. Te pienso.
Pones el día. Te espero.
Y en esta vida me cumplo, madurando con lo triste.
Y aunque todo parece mentira, yo te creo.
Sé que el amor existe.

(De claro en claro.)

TERRIBLE GLORIA DE LO REAL

No busquéis algo escondido. El ser sólo es presencia.
Lo vemos. Lo tocamos. Lo escuchamos
en cuanto tontamente llamamos apariencia.

Estamos inventando falsos paraísos
y aún teniéndolo todo no vemos el regalo:
El instante es lo eterno; lo real, el prodigio.

En un pelo cualquiera de tu pobre cabeza
metafísica y tonta, todo el ser está entero.
En tu nariz, tu dedo, y en cuanto nunca piensas.

Pues no es creíble, cierto, la impensable evidencia,
la tontería alegre sin causa y sin efecto
de ser, y sólo ser, un momento, existencia.

¡Oh momento perpetuo! No un momento en el tiempo.
Pues ¿qué hay más absoluto que el hoy cuando nos colma?
En él está mi ser viendo pasar los cuentos:

Los aburridos cuentos y las historias locas
que tanto nos alejan de lo único asombroso:
El ser que se revela, total, en cualquier cosa.

¡Oh ser, sí, de verdad, el ser, el ser completo
puesto que nada existe que no sea apariencia
y en cualquier existencia lo total se da entero!

(Buenos días, buenas noches.)

LA POESIA DESDE 1939

CARLOS BOUSOÑO

Nació en Boal (Asturias) en 1923. Estudió Filosofía y Letras. Es profesor de la Universidad de Madrid. En 1978 obtuvo el Premio Nacional de Literatura. En 1980 ingresó en la Real Academia Española.

Obra poética

Subida al amor (1945), **Primavera de la muerte** (1946), *Hacia otra luz* (1952), que incluía las dos obras anteriores y una tercera: *En vez del sueño;* **Noche del sentido** (1957), *Invasión de la realidad* (1962), **Oda en la ceniza** (1967), *La búsqueda* (1971), *Al mismo tiempo que la noche* (1971) y **Las monedas contra la losa** (1973). Existe una *Antología poética* de su obra (Barcelona, Plaza-Janés, 1976). Puede consultarse también la *Selección de mis versos,* del propio autor (Madrid, Cátedra, 1980).
Carlos Bousoño es también un conocido crítico literario.

ODA CELESTE

I

No cantaré, no, la tristeza.
No puedo, no. No he de cantarla,
sino alegría que me sube
en una ola dulce y casta.

Me desarraigo de la tierra.
Voy como un sueño sin mañana.
Vivo en el aire, transparente.
Rozo en los vientos las montañas.

¿Quién puede verme si deliro
como la suave luz del alba,
tocando leve el ancho cielo,
su ancha tersura delicada?

Vedme animar los bosques puros
y susurrar entre las cañas.
Sonido soy tan sólo, dicha
para las verdes, frescas ramas.

(*Primavera de la muerte.*)

CRISTO EN LA TARDE

«Yo soy la luz.» Miraba hacia la tarde.
Un polvo gris caía tenue, lento.
Era la vida un soplo, un dulce engaño;
sombra, suspiro, sueño.

Ya su figura por los olivares
se iba desvaneciendo
en soledad. Ni un pájaro existía.
... La tarde iba cediendo.

«Yo soy la luz.» Silencio. «Soy... Oídme...»
Espacio. Olivo. Cielo.

«Yo soy la luz.» Su voz era un susurro.
El aire, ceniciento.

«Yo soy... yo soy...» La sombra le envolvía.
Cayó la noche. Se escuchaba el viento.

(*Noche del sentido.*)

CARLOS BOUSOÑO

PRECIO DE LA VERDAD

A Ángel González

En el desván antiguo de raída memoria,
detrás de la cuchara de palo con carcoma,
tras el vestuario viejo ha de encontrarse, o junto al muro
desconchado, en el polvo
de siglos. Ha de encontrarse acaso más allá del pálido gesto de una
[mano
vieja de algún mendigo, o en la ruina del alma
cuando ha cesado todo.
Yo me pregunto si es preciso el camino
polvoriento de la duda tenaz, el desaliento súbito
en la llanura estéril, bajo el sol de justicia,
la ruina de toda esperanza, el raído harapo del miedo,
[la desazón invencible a mitad del sendero que conduce al torreón
[derruido.

Yo me pregunto si es preciso dejar el camino real
y tomar a la izquierda por el atajo y la trocha,
como si nada hubiera quedado atrás en la casa desierta.
Me pregunto si es preciso ir sin vacilación al horror de la noche
penetrar el abismo, la boca de lobo,
caminar hacia atrás, de espaldas hacia la negación,
o invertir la verdad, en el desolado camino.
O si más bien es preciso el sollozo de polvo en la confusión de un
[verano
terrible, o en el trastornado amanecer del alcohol con trompetas
[de sueño
saberse de pronto absolutamente desiertos, o mejor,
es quizá necesario haberse perdido en el sucio trato del amor,
haber contratado en la sombra un ensueño,
comprado por precio una reminiscencia de luz, un encanto
de amanecer tras la colina, hacia el río.
Admito la posibilidad de que sea absolutamente preciso
haber descendido, al menos alguna vez, hasta el fondo del edificio
[oscuro,
haber bajado a tientas el peligro de la desvencijada escalera,
[que amenaza ceder a cada paso nuestro,
y haber penetrado al fin con valentía en la indignidad, en el sótano
[oscuro.

Haber visitado el lugar de la sombra,
el territorio de la ceniza, donde toda vileza reposa
junto a la telaraña paciente. Haberse avecindado en el polvo,
haberlo masticado con tenacidad en largas horas de sed
o de sueño. Haber respondido con valor o temeridad
al silencio
o la pregunta postrera, y haberse allí percatado y rehecho.
Es necesario haberse entendido con la malhechora verdad
que nos asalta en plena noche y nos desvela de pronto y nos roba
hasta el último céntimo. Haber mendigado después largos días
por los barrios más bajos de uno mismo, sin esperanza de
[recuperar lo perdido,
y al fin, desposeídos, haber continuado el camino sincero y entrado
[en la noche absoluta con valor todavía.

(Oda en la ceniza.)

LA POESIA DESDE 1939

MIENTRAS EN TU OFICINA RESPIRAS

MIENTRAS en tu oficina respiras, bostezas, te abandonas, o
 [dictas en tu clase una lección
ante extraños alumnos que fijamente te contemplan, con sueño
 [aún en la temprana hora;
mientras hablas, mientras gesticulas en el café,
o inmóvil te concentras en la meditación
de tu escritorio, o echado en el hondo diván
repasas lentamente recuerdos de tu vida; mientras quieto te
 [abismas en la visión de la llanura interminable, o mientras
 [escribes una lenta palabra y te recreas en su dulce sonido,
 [en su amorosa realidad,
 caes, estás cayendo hacia atrás por una quebrada del monte,
estás rodando entre piedras y cardos por la abrupta pendiente
hacia un barranco en el que corre un río,
rápido como el viento un río corre,
estás herido en la boca, en las manos, el pecho,
sangras por un oído, te despeñas por el farallón
cabeza abajo,
con las piernas en abierto compás,
hacia el fondo, ya con los huesos rotos,
crispadas mano y boca, hacia el abismo, abajo,
súbitamente próximo,
escribes la palabra lentamente, te concentras, murmuras, en
 [el café discutes, muy despacio sonríes, adelantas una noble razón,
aduces un adorno, un tejido, un recamado oro,
hablando en la tarima de tu clase diserta,
 donde todos están cabeza abajo.

(Las monedas contra la losa.)

ANGEL GONZALEZ

Nació en Oviedo en 1925. Estudió Magisterio y Derecho. Durante algún tiempo ejerció de maestro en localidades de los montes de León. Se trasladó más tarde a Madrid y estudió Periodismo. Ganó por oposición una plaza en un Cuerpo de la Administración civil y vivió en Sevilla, Barcelona y, de nuevo, en Madrid. Ha sido profesor en diversas universidades norteamericanas. En 1984 se le concedió el Premio Príncipe de Asturias. En la actualidad vive en Oviedo.

ANGEL GONZALEZ

Obra poética

Aspero mundo (1956). **Sin esperanza, con convencimiento** (1961), **Grado elemental** (1962), *Palabra sobre palabra* (1965), **Tratado de urbanismo** (1967), *Breves acotaciones para una biografía* (1971), *Procedimientos narrativos* (1972), *Muestra de algunos procedimientos narrativos y de las actitudes sentimentales que habitualmente comportan* (1976: la 2.ª edición, de 1977, está corregida y aumentada) y *Prosemas o menos* (1985). Con el título de *Palabra sobre palabra* (Barcelona, Seix-Barral, 1968: la segunda edición, de 1972, está ampliada) se recogió toda su poesía. Existe una útil *Antología* de su obra, preparada por el propio A. González, en Alianza Editorial (1982).

Otro tiempo vendrá distinto a éste.
Y alguien dirá:
«Hablaste mal. Debiste haber contado
otras historias:
violines estirándose indolentes
en una noche densa de perfumes,
bellas palabras calificativas
para expresar amor ilimitado,
amor al fin sobre las cosas
todas».

Pero hoy,
cuando es la luz del alba
como la espuma sucia
de un día anticipadamente inútil,
estoy aquí,
insomne, fatigado, velando
mis armas derrotadas,
y canto
todo lo que perdí: por lo que muero.

(Sin esperanza, con convencimiento.)

INTRODUCCION A UNAS FABULAS PARA ANIMALES

Durante muchos siglos
la costumbre fue ésta:
aleccionar al hombre con historias
a cargo de animales de voz docta,
de solemne ademán o astutas tretas,
tercos en la maldad y en la codicia
o necios como el ser al que glosaban.
La humanidad les debe
parte de su virtud y su sapiencia
a asnos y leones, ratas, cuervos,
zorros, osos, cigarras y otros bichos
que sirvieron de ejemplo y moraleja,
de estímulo también y de escarmiento
en las ajenas testas animales,
al imaginativo y sutil griego,
al severo romano, al refinado
europeo,
al hombre occidental, sin ir más lejos.
Hoy quiero —y perdonad la petulancia—
compensar tantos bienes recibidos
del gremio irracional
describiendo algún hecho sintomático,
algún matiz de la conducta humana
que acaso pueda ser educativo
para las aves y para los peces,
para los celentéreos y mamíferos,
dirigido lo mismo a las amebas
más simples
como a cualquier especie vertebrada.
Ya nuestra sociedad está madura,
ya el hombre dejó atrás la adolescencia
y en la vejez occidental bien puede
servir de ejemplo al perro
para que el perro sea
más perro,
y el zorro más traidor,
y el león más feroz y sanguinario,
y el asno como dicen que es el asno,
y el buey más inhibido y menos toro.
A toda bestia que pretenda
perfeccionarse como tal
              —ya sea
con fines belicistas o pacíficos,
con miras financieras o teológicas,
o por amor al arte simplemente—
no cesaré de darle este consejo:
que observe al *homo sapiens*, y que
                              [aprenda.

(Grado elemental.)

LA POESIA DESDE 1939

A. Gonzalez, en 1984, declaraba: «Casi siempre he escrito movido por obsesiones personales. Si lo que ocurre a mi alrededor penetra en mí de una forma obsesiva, llega a ser lo mismo que escribir sobre una temática intimista. Se mezcla, en esos poemas míos, lo lírico con lo épico; son vivencias que se pueden generalizar y que por eso tal vez sean sociales. Y creo que toda vivencia de un poeta, por muy intimista que sea, si no se puede generalizar, no encuentra lector. Es esencial que el lector pueda compartir, descubrir algo en esa experiencia personal del poeta. Por eso, si sólo expresara emociones o intuiciones intransferibles, no habría posible lectura, con lo que el poema quedaría incompleto».

VALS DE ATARDECER

Los pianos golpean con sus colas
enjambres de violines y de violas.
Es el vals de las solas
y solteras,
el vals de las muchachas casaderas,
que arrebata por rachas
su corazón raído de muchachas.

A dónde llevará esa leve brisa,
a qué jardín con luna esa sumisa
corriente
que gira de repente
desatando en sus vueltas
doradas cabelleras, ahora sueltas,
borrosas, imprecisas
en el río de música y metralla
que es un vals cuando estalla
sus trompetas.

Todavía inquietas,
vuelan las flautas hacia el cordelaje
de las arpas ancladas en la orilla
donde los violoncelos se han dormido.
Los oboes apagan el paisaje.
Las muchachas se apean en sus sillas,
se arreglan el vestido
con manos presurosas y sencillas,
y van a los lavabos, como después de
                          [un viaje.

(Tratado de urbanismo.)

CLAUDIO RODRIGUEZ

Nació en Zamora, en 1934. Se licenció en Filosofía y Letras (sección de Filología Románica) en Madrid. Fue lector de español en las Universidades de Nottingham y Cambridge entre 1958 y 1964. Actualmente reside en Madrid y se dedica a la enseñanza universitaria.

CLAUDIO RODRIGUEZ

Obra poética

Don de la ebriedad (1953), **Conjuros** (1958), **Alianza y condena** (1965), por el que obtuvo el Premio de la Crítica. Estos tres libros se reunieron en *Poesía completa 1953-1966* (Barcelona, Plaza-Janés, 1971). En 1976, después de algunos años de silencio, publica *El vuelo de la celebración*. Pueden consultarse la *Antología poética* de su obra (Madrid, Alianza, 1981), con prólogo de Philip W. Silver, y, en especial, *Desde mis poemas* (Madrid, Cátedra, 1985), con una introducción del propio Claudio Rodríguez, y que reúne la totalidad de su obra hasta la fecha.

LIBRO PRIMERO

I

Siempre la claridad viene del cielo;
es un don: no se halla entre las cosas
sino muy por encima, y las ocupa
haciendo de ello vida y labor propias.
Así amanece el día; así la noche
cierra el gran aposento de sus sombras.
Y esto es un don. ¿Quién hace menos creados
cada vez a los seres? ¿Qué alta bóveda
los contiene en su amor? ¡Si ya nos llega
y es pronto aún, ya llega a la redonda
a la manera de los vuelos tuyos
y se cierne, y se aleja y, aún remota,
nada hay tan claro como sus impulsos!
Oh, claridad sedienta de una forma,
de una materia para deslumbrarla
quemándose a sí misma al cumplir su obra.
Como yo, como todo lo que espera.
Si tú la luz te la has llevado toda,
¿cómo voy a esperar nada del alba?
Y, sin embargo —esto es un don—, mi boca
espera, y mi alma espera, y tú me esperas,
ebria persecución, claridad sola
mortal como el abrazo de las hoces,
pero abrazo hasta el fin que nunca afloja.

Claudio Rodríguez con Francisco Brines, en julio de 1977. Un año antes declaraba: «Quizá la poesía no consiste en definiciones, sino en aventuras. En la aventura de la experiencia expresada. Lo que no quiere decir irracionalidad, sino investigación, invención, en el sentido etimológico de esta palabra, de descubrimiento, sorpresa». Diez años después afirmaba: «Lo decisivo es la vibración, la emoción, la vida de la palabra, no tan sólo su significación. El desarrollo de la sintaxis, el fluir de los verbos... Eso es lo que creo yo que es radical. La vivacidad del lenguaje, la vivacidad del estilo y de sus enormes complejidades en la expresión».

IX

Como si nunca hubiera sido mía,
dad al aire mi voz y que en el aire
sea de todos y la sepan todos
igual que una mañana o una tarde.
Ni a la rama tan sólo abril acude
ni el agua espera sólo el estiaje.
¿Quién podría decir que es suyo el viento,
suya la luz, el canto de las aves
en el que esplende la estación, más cuando
llega la noche y en los chopos arde
tan peligrosamente retenida?
¡Que todo acabe aquí, que todo acabe
de una vez para siempre! La flor vive
tan bella porque vive poco tiempo
y, sin embargo, cómo se da, unánime,
dejando de ser flor y convirtiéndose
en ímpetu de entrega. Invierno, aunque
no esté detrás de la primavera, saca
fuera de mí lo mío y hazme parte,
inútil polen que se pierde en tierra
pero ha sido de todos y de nadie.
Sobre el abierto páramo, el relente
es pinar en el pino, aire en el aire,
relente sólo para mi sequía.
Sobre la voz que va excavando un cauce
qué sacrilegio este del cuerpo, este
de no poder ser hostia para darse.

(Don de la ebriedad.)

LA POESIA DESDE 1939

PINAR AMANECIDO

Viajero, tú nunca
te olvidarás si pisas estas tierras
del pino.
Cuánta salud, cuánto aire
limpio nos da. ¿No sientes
junto al pinar la cura,
el claro respirar del pulmón nuevo,
el fresco riego de la vida? Eso
es lo que importa. ¡Pino piñonero,
que llegue a la ciudad y sólo vea
la cercanía hermosa
del hombre! ¡Todos juntos,
pared contra pared, todos del brazo
por las calles
esperando las bodas
de corazón!
¡Que vea, vea el corro
de los niños, y oiga
la alegría!
¡Todos cogidos de la mano, todos
cogidos de la vida
en torno
de la humildad del hombre!
Es solidaridad. Ah, tú, paloma
madre: mete el buen pico,
mete el buen grano hermoso
hasta el buche a tus crías.
Y ahora, viajero,
al cantar por segunda vez el gallo,
ve al pinar y allí espérame.
Bajo este coro eterno
de las doncellas de la amanecida,
de los fiesteros mozos del sol cárdeno,
tronco a tronco, hombre a hombre,
pinar, ciudad, cantemos:

que el amor nos ha unido
pino por pino, casa
por casa.
Nunca digamos la verdad en esta
sagrada hora del día.
Pobre de aquel que mire
y vea claro, vea
entrar a saco en el pinar la inmensa
justicia de la luz, esté en el sitio
que a la ciudad ha puesto la audaz horda
de las estrellas, la implacable hueste
del espacio.
Pobre de aquel que vea
que lo que une es la defensa, el miedo.
¡Un paso al frente el que ose
mirar la faz de la pureza, alzarle
la infantil falda casta
a la alegría!
Qué sutil añagaza, ruin chanchullo,
bien adobado cebo
de la apariencia.
¿Dónde el amor, dónde el valor, sí, dónde
la compañía? Viajero,
sigue cantando la amistad dichosa
en el pinar amaneciente. Nunca
creas esto que he dicho:
canta y canta. Tú, nunca
digas por estas tierras
que hay poco amor y mucho miedo siempre.

(Conjuros.)

COMO EL SON DE LAS HOJAS DEL ALAMO

El dolor verdadero no hace ruido:
deja un susurro como el de las hojas
de álamo mecidas por el viento,
un rumor entrañable, de tan honda
vibración, tan sensible al menor roce,
que puede hacerse soledad, discordia,
injusticia o despecho. Estoy oyendo
su murmurado son, que no alborota
sino que da armonía, tan buido
y sutil, tan timbrado de espaciosa
serenidad, en medio de esta tarde,
que casi es ya cordura dolorosa,
pura resignación. Traición que vino

de un ruin consejo de la seca boca
de la envidia. Es lo mismo. Estoy oyendo
lo que me obliga y me enriquece, a costa
de heridas que aún supuran. Dolor que oigo
muy recogidamente, como a fronda
mecida, sin buscar señas, palabras
o significación. Música sola,
sin enigmas, son solo que traspasa
mi corazón, dolor que es mi victoria.

(Alianza y condena.)

JOSE ANGEL VALENTE

Nació en Orense en 1929. Se licenció en Filosofía y Letras en Madrid. Fue lector de español en Oxford entre 1955 y 1958. Desde entonces reside en Ginebra, en donde es traductor de organismos internacionales.

Obra poética

A modo de esperanza (1955), por el que recibió el Premio Adonais; *Poemas a Lázaro* (1960), *Sobre el lugar del canto* (1963), **La memoria y los signos** (1963), *Siete representaciones* (1967), **Breve son** (1968), *Presentación y memorial para un monumento* (1970), *El inocente* (1970), *Interior con figuras* (1976), *Material memoria* (1979), *Tres lecciones de tinieblas* (1980), *Estancias* (1981), y *Mandorla* (1982). En *Punto cero* (Barcelona, Barral, 1972, y Seix Barral, 1980) se recogió toda su obra. Puede consultarse también *Noventa y nueve poemas*, selección de José Miguel Ullán (Madrid, 1981).
En dos libros, *Número trece* (1971) y *El fin de la edad de plata* (1973), recogió diversas narraciones y ensayos.

José Angel Valente en 1960. En 1976 declaraba: «La poesía ha de restablecer, desde la órbita irrenunciable (y no sólo para el lírico) de la experiencia personal, la validez de un lenguaje público corrupto o falso. Pues la poesía, cuando es tal, restituye al lenguaje su verdad. He ahí una función radicalmente social del arte. Y otra forma de dar un sentido más puro a las palabras de la tribu».

UNA INSCRIPCION

Fue en Roma,
donde había en aquella época
grandes concentraciones de capital
y masas obreras con escasas posibilidades de subsistir.

Los poetas no acusaron el problema,
porque Roma debió de ser una alegre ciudad
en tiempos de Nerón,
Aenobarbo, parricida,
poeta de ínfima calidad.

Algunos hombres sencillos
envenenaron las fuentes
y se opusieron al régimen oficial.

Acaso fueron hombres como éste
que yace en paz,
trabajador de humildes menesteres
o, tal vez, mercader. Un día
le fue comunicada
cierta posibilidad de sobrevivir.
(Se ignora si fue sacrificado
por semejante crimen).
Sin embargo murió; es decir, supo
la verdad. Piadosamente
repito las palabras
sobre la piedra escritas
con igual voluntad:

LA POESIA DESDE 1939

«Alegre permanece, Tacio,
amigo mío,
nadie es inmoral».

(A modo de esperanza.)

SOLO EL AMOR

Cuando el amor es gesto del amor y queda
vacío un signo sólo.
Cuando está el leño en el hogar
mas no la llama viva.
Cuando es el rito más que el hombre.
Cuando acaso empezamos
a repetir palabras que no pueden
conjurar lo perdido.

Cuando tú y yo estamos frente a frente
y una extensión desierta nos separa.
Cuando la noche cae.
               Cuando nos damos
desesperadamente a la esperanza
de que sólo el amor
abra tus labios a la luz del día.

LA CONCORDIA

Se reunió en concilio el hombre con sus
                            [dientes,
examinó su palidez, extrajo
un hueso de su pecho: —Nunca, dijo,
jamás la violencia.

Llegó un niño de pronto, alzó la mano,
pidió pan, rompió el hilo del discurso.
Reventó el orador, huyeron todos.
—Jamás la violencia, se dijeron.

Llovió el invierno a mares lodos, hambre.
Navegó la miseria a plena vela.
Se organizó el socorro en procesiones
de exhibición solemne. Hubo más muertos.
Pero nunca, jamás, la violencia.

Se fueron uno, cien, doscientos, muchos:
no daba el aire propio para tantos.

El año mejor fue que otros peores.
No están los que se han ido y nadie ha hecho
violento recurso a la justicia.

El concejal, el síndico, el sereno,
el solitario, el sordo, el guardia urbano,
el profesor de humanidades: todos
se reunieron bajo su cadáver
sonriente y pacífico y lloraron
por sus hijos más bien, que no por ellos.

Exhaló el aire putrefacto pétalos
de santidad y orden.
Quedó a salvo la Historia, los principios,
el gas del alumbrado, la fe pública.
—Jamás la violencia, cantó el coro,
unánime, feliz, perseverante.

(La memoria y los signos.)

PERDIMOS LAS PALABRAS

Perdimos las palabras
a la orilla del mar,
perdimos las palabras
de empezar a cantar.

Volvimos tierra adentro,
perdimos la verdad,
perdimos las palabras
y el cantor y el cantar.

LA ADOLESCENTE

Ya baja mucha luz por tus orillas,
nadie recuerda la invasión del frío.

Ya los sueños no bastan para darle
razón de ser a todos los suspiros.

Tú cantas por el aire.

Ya se ponen de verde los vestidos.
Ya nadie sabe nada.
               Nadie sabe
ni cómo ni por qué ni cuándo ha sido.

(Breve son.)

FRANCISCO BRINES

Nació en Oliva (Valencia) en 1932. Estudió Filosofía y Letras y Derecho. Fue lector de español en la Universidad de Oxford. En la actualidad vive en Madrid.

Obra poética

Las brasas (1960), *El Santo Inocente* (1965), **Palabras a la oscuridad** (1966), **Aún no** (1971) e **Insistencias en Luzbel** (1977). Con el título de *Ensayo de una despedida (Poesía 1960-1971)* (Barcelona, Plaza-Janés, 1974) se reunieron en un volumen los libros publicados hasta entonces. En *Poesía 1960-1981* (Madrid, 1984) se recogió toda su obra. Con posterioridad ha publicado *El otoño de las rosas* (1987).

OSCURECIENDO EL BOSQUE

Toda esta hermosa tarde, de poca luz,
caída sobre los grises bosques de Inglaterra,
es tiempo.
              Tiempo que está muriendo
dentro de mis tranquilos ojos,
mezclándose en el tiempo que se extingue.
Es en la vida todo
transcurrir natural hacia la muerte,
y el gratuito don que es ser, y respirar,
respira y es hacia la nada angosta.

Con sosegados ojos miro el bosque,
con tal gracia latiendo
que me parece un soplo de su espíritu
esa dicha invisible que a mi pecho ha venido.
Cual se cumple en el hombre
también se ha de cumplir la vida de la tierra;
la débil vecindad que es realidad ahora,
distancia tenebrosa será luego,
toda será negrura.

Miro, con estos ojos vivos, la oscuridad del bosque.
Y una dicha más honda llega al pecho
cuando, a la soledad que me enfriaba,
vienen borrados rostros, vacilantes
contornos de unos seres
que con amor me miran, compañía demandan,
me ofrecen, calurosos, su ceniza.
Cercado de tinieblas, yo he tocado mi cuerpo
y era apenas rescoldo de calor,
también casi ceniza.
Y he sentido después que mi figura se borraba.

Mirad con cuánto gozo os digo
que es hermoso vivir.

LA POESIA DESDE 1939

MUSEO DE LA ACADEMIA

(Pintor italiano)

Atan sus manos, con un lienzo de hilo
le cubren la cintura; torso de oro,
feliz, hermoso, para quienes miran.
Está flechado el cuerpo, huele a rosas
la sala, está la luz abierta al cielo,
y el pintor se recrea en el martirio
de las finas saetas. Envidió
la hermosura, con él no fue la vida
complaciente, fue inextinguible hoguera.
Perdura aquí su sueño, la fatiga
de tanto ardiente amor; y el santo asciende,
volando al cielo va, danzan sus piernas,
une su cuerpo al viento.

La sala se oscurece, la mirada
tarda más en llegar, pierden vigor
los hombros del desnudo, quedo solo.
Ya en la calle, la última luz del sol
se precipita en los tejados, pasan
conversando los vivos, las palomas
vuelan abiertas, y el verano deja
caer, desde un balcón, muchos geranios.
El cansancio se aleja, y en los ojos
se agrupan las estrellas con sus fuegos,
y en su misterio el pecho se conforta.

(Palabras a la oscuridad.)

PALABRAS PARA UNA DESPEDIDA

A Juan Gil-Albert

Está la luz despierta,
y se adentra en los ojos el contorno del monte,
y el grito de los pájaros desvanece el oído
al venir de los húmedos huertos.
Los blancos pueblos de la costa,
felices de lujuria y juventud,
alientan junto al mar, lejanos.
No estoy allí, mas lo que fui deseo:
la dicha viva, los sentidos borrados,
ahora que en el jardín el tiempo se arrincona en las sombras,
y el olor de las rosas sube al aire.
Hay humos blancos, y calladas palomas
en la altura, y voces que se alejan,
hay demasiada vida para una despedida.

Y un día habrá de ser,
sin que la grata luz, las voces de la casa,
los cultivos del huerto, los días recordados
de la remota y breve juventud,
ni tampoco el amor que me tenéis,
retrasen la obligada despedida.

Tendré que aposentarme en la aridez,
y perdida la imagen de este mundo
y perdido yo mismo,
siento que aquel reposo será estéril,
que la vida no fue, que el fervor
de cualquier despedida es un engaño.

Francisco Brines con Juan-Gil Albert, al que dedicó el poema «Palabras para una despedida». «Mis preferencias personales —precisará— son bastante precisables. Estimo particularmente, como poeta y lector, aquella poesía que se ejercita con afán de conocimiento, y aquella que hace revivir la pasión de la vida. La primera, nos hace más lúcidos; la segunda, más intensos».

FRANCISCO BRINES

SUEÑO PODEROSO

¿Cuál es la gloria de la vida, ahora
que no hay gloria ninguna,
sino la empobrecida realidad?
¿Acaso conocer que el desengaño
no te ha arrancado ese deseo hondo
de vivir más?

La gloria de la vida fue creer
que existía lo eterno;
o, acaso, fue la gloria de la vida
aquel poder sencillo
de crear, con el claro pensamiento,
la fiel eternidad.
La gloria de la vida, y su fracaso.

(Aún no.)

CONTINUIDAD DE LAS ROSAS

Donde viste la luz, sigue la luz,
y allí donde los cuerpos estuvieron
siguen las olas mojando las arenas;
donde oliste la flor, zumban abejas
nuevas, y otros veleros tiene el mar.
En el lugar donde absorto viviste
el engaño del mundo: tu inocencia,
los mismos astros permanecen.
                            Ciego,
miras la luz, las olas, las abejas,
los veleros, los astros. El camino
está lleno de rosas, y no hueles
sino la oscuridad desposeída.
Entra en la casa aún, cierra el postigo:
nadie te espera ya, y a nadie esperas.

CANCION DE LOS CUERPOS

La cama está dispuesta,
blancas las sábanas,
y un cuerpo se me ofrece
para el amor.
Abramos la ventana,
entren calor y noche,
y el ruido del mundo
sea sólo el ruido
del placer.
Que no hay felicidad
tan repetida y plena
como pasar la noche,
romper la madrugada,
con un ardiente cuerpo.
Con un oscuro cuerpo,
de quien nada conozco
sino su juventud.

(Insistencias en Luzbel.)

JAIME GIL DE BIEDMA

Nació en Barcelona en 1929. En 1951 se licenció en Derecho en la Universidad de Salamanca. Después de un intento frustrado de ingresar en el Cuerpo diplomático, trabajó como asesor literario en una editorial y, más tarde, desde 1955, en una empresa comercial. Aunque vive en Barcelona, ha pasado largas temporadas en Nava de la Asunción (Segovia) y en Manila.

LA POESIA DESDE 1939

Obra poética

Según sentencia del tiempo (1953), *Compañeros de viaje* (1959), **Moralidades** (1966) y **Poemas póstumos** (1968). Una edición que reunía la casi totalidad de su obra, *Colección particular* (1969), fue prohibida por la censura. Seis años más tarde, se publicó con el título de *Las personas del Verbo* (1975). Existe una útil *Antología* de su obra, publicada por Alianza Editorial en 1981. En 1986 la revista *Litoral* le dedicó un número de homenaje.

Gil de Biedma es también autor de una narración autobiográfica, *Diario del artista seriamente enfermo* (1974) y de diversos ensayos literarios, recogidos en el libro *Al pie de la letra* (1980).

APOLOGIA Y PETICION

Y qué decir de nuestra madre España,
este país de todos los demonios
en donde el mal gobierno, la pobreza
no son, sin más, pobreza y mal gobierno
sino un estado místico del hombre,
la absolución final de nuestra historia?

De todas las historias de la Historia
sin duda la más triste es la de España,
porque termina mal. Como si el hombre,
harto ya de luchar con sus demonios,
decidiese encargarles el gobierno
y la administración de su pobreza.

Nuestra famosa inmemorial pobreza,
cuyo origen se pierde en las historias
que dicen que no es culpa del gobierno
sino terrible maldición de España,
triste precio pagado a los demonios
con hambre y con trabajo de sus hombres.

A menudo he pensado en esos hombres,
a menudo he pensado en la pobreza
de este país de todos los demonios.

Y a menudo he pensado en otra historia
distinta y menos simple, en otra España
en donde sí que importa un mal gobierno.

Quiero creer que nuestro mal gobierno
es un vulgar negocio de los hombres
y no una metafísica, que España
debe y puede salir de la pobreza,
que es tiempo aún para cambiar su historia
antes que se la lleven los demonios.

Porque quiero creer que no hay demonios.
Son hombres los que pagan al gobierno,
los empresarios de la falsa historia,
son hombres quienes han vendido al hombre,
los que le han convertido a la pobreza
y secuestrado la salud de España.

Pido que España expulse a esos demonios.
Que la pobreza suba hasta el gobierno.
Que sea el hombre el dueño de su historia.

(Moralidades.)

CONTRA JAIME GIL DE BIEDMA

De qué sirve, quisiera yo saber, cambiar de piso,
dejar atrás un sótano más negro
que mi reputación —y ya es decir—,
poner visillos blancos
y tomar criada,
renunciar a la vida de bohemio,

JAIME GIL DE BIEDMA

Gil de Biedma en 1983. Ese mismo año declaraba: «Cada poema intenta crear un efecto estético específico. No existe ningún otro. Puede haber muchas cosas más en un poema, pero lo necesario, lo primordial, lo indispensable es que produzca un efecto estético. Dicho efecto no se sustenta sobre puntales definibles, sino que es diferente en cada poema. Es un resultante del ritmo, del tono y de los demás elementos formales. Es decir, no hay una fórmula, no hay una sustancia simple que sea la poesía y que se mezcla, en mayor o menor medida, con otras para producir el poema. La poesía es una resultante del poema en cuanto leído por el lector».

Carlos Barral, José María Castellet y Jaime Gil de Biedma en Barcelona, en 1978. En la Antología Nueve novísimos poetas, de Castellet, tres de los incluidos en la misma (Guillermo Carnero, Vicente Molina Foix y Antonio Martínez Sarrión) se refieren elogiosamente a la obra poética de Gil de Biedma.

si vienes luego tú, pelmazo,
embarazoso huésped, memo vestido con mis trajes,
zángano de colmena, inútil, cacaseno,
con tus manos lavadas,
a comer en mi plato y a ensuciar la casa?

Te acompañan las barras de los bares
últimos de la noche, los chulos, las floristas,
las calles muertas de la madrugada
y los ascensores de luz amarilla
cuando llegas, borracho,
y te paras a verte en el espejo
la cara destruida,
con ojos todavía violentos
que no quieres cerrar. Y si te increpo,
te ríes, me recuerdas el pasado
y dices que envejezco.

Podría recordarte que ya no tienes gracia.
Que tu estilo casual y que tu desenfado
resultan truculentos
cuando se tienen más de treinta años,
y que tu encantadora
sonrisa de muchacho soñoliento
—seguro de gustar— es un resto penoso,
un intento patético.
Mientras que tú me miras con tus ojos
de verdadero huérfano, y me lloras
y me prometes ya no hacerlo.

¡Si no fueses tan puta!
Y si yo no supiese, hace ya tiempo,
que tú eres fuerte cuando yo soy débil
y que eres débil cuando me enfurezco...
De tus regresos guardo una impresión confusa
de pánico, de pena y descontento,
y la desesperanza
y la impaciencia y el resentimiento
de volver a sufrir, otra vez más,
la humillación imperdonable
de la excesiva intimidad.

A duras penas te llevaré a la cama,
como quien va al infierno
para dormir contigo.
Muriendo a cada paso de impotencia,
tropezando con muebles
a tientas, cruzaremos el piso
torpemente abrazados, vacilando
de alcohol y de sollozos reprimidos.
¡Oh innoble servidumbre de amar seres humanos,
y la más innoble
que es amarse a sí mismo!

HIMNO A LA JUVENTUD

Heu! quantum per se candida forma valet!
(Propercio, II, 29, 30.)

A qué vienes ahora,
juventud,
encanto descarado de la vida?
Qué te trae a la playa?
Estábamos tranquilos los mayores
y tú vienes a herirnos, reviviendo
los más temibles sueños imposibles,
tú vienes para hurgarnos las imaginaciones.

De las ondas surgida,
toda brillos, fulgor, sensación pura
y ondulaciones de animal latente,
hacia la orilla avanzas
con sonrosados pechos diminutos,
con nalgas maliciosas lo mismo que sonrisas,
oh diosa esbelta de tobillos gruesos,
y con la insinuación
(tan propiamente tuya)
del vientre dando paso al nacimiento
de los muslos: belleza delicada,
precisa e indecisa,
donde posar la frente derramando lágrimas.

Y te vemos llegar: figuración
de un fabuloso espacio ribereño
con toros, caracolas y delfines,
sobre la arena blanca, entre la mar y el cielo,
aún trémula de gotas,
deslumbrada de sol y sonriendo.

Nos anuncias el reino de la vida,
el sueño de otra vida, más intensa y más libre,
sin deseo enconado como un remordimiento
—sin deseo de ti, sofisticada
bestezuela infantil, en quien coinciden
la directa belleza de la *starlet*
y la graciosa timidez del príncipe.

Aunque de pronto frunzas
la frente que atormenta un pensamiento
conmovedor y obtuso,
y volviendo hacia el mar tu rostro donde brilla
entre mojadas mechas rubias
la expresión malancólica de Antínoos,
oh bella indiferente,
por la playa caminas como si no supieses
que te siguen los hombres y los perros,
los dioses y los ángeles
y los arcángeles,
los tronos, las abominaciones...

DE VITA BEATA

En un viejo país ineficiente,
algo así como España entre dos guerras
civiles, en un pueblo junto al mar,
poseer una casa y poca hacienda
y memoria ninguna. No leer,
no sufrir, no escribir, no pagar cuentas,
y vivir como un noble arruinado
entre las ruinas de mi inteligencia.

(Poemas póstumos.)

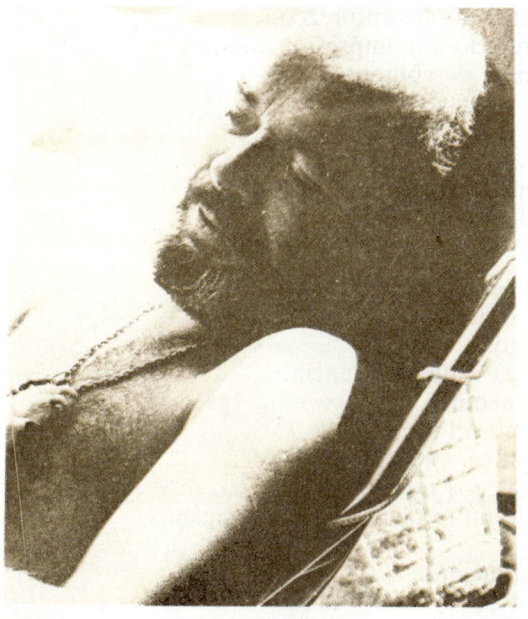

Gil de Biedma en Llofriú, en 1973. En su poema «No volveré a ser joven» declaraba: «Que la vida iba en serio / uno lo empieza a comprender más tarde / Como todos los jóvenes, yo vine / a llevarme la vida por delante / Dejar huella quería / y marcharme entre aplausos / envejecer, morir, eran tan sólo / las dimensiones del trato / Pero ha pasado el tiempo / y la verdad desagradable asoma: / envejecer, morir, es el único argumento de la obra».

CARLOS EDMUNDO DE ORY

Nació en Cádiz en 1923. Desde muy joven residió en Madrid. En 1955 se instaló en París. Desde 1967, y alternando con frecuentes viajes por Europa, América y Africa, vive en la ciudad francesa de Amiens, en donde dirige un centro experimental de arte: el «Atelier de Poésie Ouverte». Fue autor, con Eduardo Chicharro y Silvano Sernesi, del primer manifiesto del «Postismo».

Obra poética

Aunque había publicado numerosos poemas en revistas, su primer libro, *Los sonetos*, apareció en 1963. Siguieron: *Poemas* (1969), *Música de lobo* (1970), *Técnica y llanto* (1971), *Los poemas de 1944* (1973), *Poesía abierta* (1974), *Lee sin temor* (1976), *18 poemas* (1976), *Energía: 1940-1977* (1978). En 1970 se recopiló parte de su obra: **Poesía 1945-1969** (ed. de Félix Grande, Barcelona, Edhasa). Existe también una *Antología* de su obra en la editorial Cátedra (1978).
Carlos E. de Ory es autor también de numerosos relatos, de un volumen de aforismos *(Aerolithes)*, de una novela de corte autobiográfico *(Méphiboseth en Onou)* y de un *Diario (1944-1956)*.

EL REY DE LAS RUINAS

C. E. de Ory con su padre, el también poeta Eduardo de Ory. Este último, en «A mi hijo Carlos», después de mostrar su sorpresa por el carácter meditativo del niño («¿Qué te ocurre, dime / que a tus poco años / no veo la sonrisa / posarse en tus labios?») predecía su destino futuro: «Tú serás poeta / poeta preclaro / ¡serás... mi obra magna / y mi mejor lauro!».

Estoy en la miseria Dios mío qué te importa
Ya mi casa es un dulce terraplén de locura
Un vuelo de lechuzas un río con el fondo
lacrado en mi semblante... ¡Dios mío qué te importa
Mi casa es un relincho de muerto monocromo
cuna de remembranza gran rincón de dolor
Allí ya no se duerme si no es para gritar
con una boca hambrienta de espesas esperanzas
Flores ayer y hoy sus faldas son escombros
Mi rostro de color negro aguanta la puerta
y al fin no sé qué hacer con tanta fotocopia
¡Estoy en la miseria! Se dice la miseria
y nada es la miseria... ¡Dios mío qué miseria!
Por el resuelto abismo subo las escaleras
del torreón oculto para pedir limosna
Entro llamo ay ay ¡Señorito! ¡Ay! ¡Ay!
No puede ser así usted no se parece
¡Aparición! ¿Quién soy? Te pido yo una cama
para abrigar mis labios con un sueño anticuado
No te pongas así no te asustes de mí
¡Ay ay mi señorito usted ya no es el mismo!
Parece usted de veras un cansado harapiento
Me da pena su ombligo lleno de soledad
Ropa y candela diome y cené con la vieja
con la comadre atónita que mientras como reza
Riendo yo le explico: «Soy el rey de las ruinas»
Y ella plasma un quejido: «¿Qué es eso señorito?»

LA POESIA DESDE 1939

AMO A UNA MUJER DE LARGA CABELLERA

C. E. de Ory en Madrid, en 1949, y en Amiens, en 1973, respectivamente. En una entrevista reciente (1987) confesaba: «El postismo fue un episodio de mi juventud anarco-poética. Luego descubrí mi trabajo personal en el aislamiento. La obra que emprendí y la vida que llevé en adelante, no derivaron forzosamente de aquella aventura compartida. Pronto sentiría mi vocación de solitario. Ya puedes imaginarte: un mundo privado en el que se goza y se sufre [...] La realidad es sangrienta, de qué vale falsearla con idealismos que son vendas, vendas que se ensucian. Yo nunca fui un soñador diplomado.»

Amo a una mujer de larga cabellera
Como en un lago me hundo en su rostro suave
En su vientre mi frente boga con lentitud
Palpo muerdo acaricio volúmenes sedosos
Registro cavidades me esponjo de su zumo
Mujer pantano mío araña tenebrosa
Laberinto infinito tambor palacio extraño
Eres mi hermana única de olvido y abandono
Tus pechos y tus nalgas dobles montes gemelos
me brindan la blancura de paloma gigante
El amor que nos damos es de noche en la noche
En rotundas crudezas la cama nos reúne
Se levantan columnas de olor y de respiros.

Trituro masco sorbo me despeño
El deseo florece entre tumbas abiertas
Tumbas de besos bocas o moluscos
Estoy volando enfermo de venenos
Reinando en tus membranas errante y enviciado
Nada termina nada empieza todo es triunfo
de la ternura custodiada de silencio
El pensamiento ha huido de nosotros
Se juntan nuestras manos como piedras felices
Está la mente quieta como inmóvil palmípedo
Las horas se derriten los minutos se agotan
No existe nada más que agonía y placer.

Placer tu cara no habla sino que va a caballo
sobre un mundo de nubes en la cueva del ser
Somos mudos no estamos en la vida ridícula
Hemos llegado a ser terribles y divinos
Fabricantes secretos de miel en abundancia
Se oyen los gemidos de la carne insaciable
En un instante oí la mitad de mi nombre
saliendo repentino de tus dientes unidos
En la luz pude ver la expresión de tu faz
que parecías otra mujer en aquel éxtasis

La oscuridad me pone furioso no te veo
No encuentro tu cabeza y no sé lo que toco
Cuatro manos se van con sus dueños dormidos
y lejos de ellas vagan también los cuatro pies
Ya no hay dueños no hay más que suspenso y vacío
El barco del placer encalla en alta mar
¿Dónde estás? ¿Dónde estoy? ¿Quién soy? ¿Quién eres?
Para siempre abandono este interrogatorio
Ebrio hechizado loco a las puertas del morbo
grandiosa la pasión espero el turno fálico

De nuevo en una habitación estamos juntos
Desnudos estupendos cómplices de la Muerte.

(Poesía 1945-1969.)

MIGUEL LABORDETA

Nació en Zaragoza en 1921. Estudió Filosofía y Letras. Fundó y dirigió la revista *Despacho Literario*. En 1965 estrenó una obra teatral, *Oficina del horizonte*. Murió en 1969.

Obra poética

Sumido 25 (1948), **Violento idílico** (1949), **Transeúnte central** (1950), *Memorándum* (1960), *Epilírica* (1961) y *Los soliloquios* (1969). Póstumamente, aparecieron *Autopía* (1972) y *La escasa merienda de los tigres* (1975). En 1983 se publicó su *Obra completa*, ed. de C. Alonso Crespo, tres volúmenes, Barcelona, el Bardo (Los libros de la frontera).

Miguel Labordeta, de niño.

RETROSPECTIVO EXISTENTE

Me registro los bolsillos desiertos
para saber dónde fueron aquellos sueños.
Invado las estancias vacías
para recoger mis palabras tan lejanamente idas.
Saqueo aparadores antiguos,
viejos zapatos, amarillentas fotografías tiernas,
estilográficas desusadas y textos desgajados del Bachillerato,
pero nadie me dice quién fui yo.
Aquellas canciones que tanto amaba
no me explican dónde fueron mis minutos
y aunque torturo los espejos
con peinados de quince años,
con miradas podridas de cinco años
o quizá de muerto,
nadie,
nadie me dice dónde estuvo mi voz
ni de qué sirvió mi fuerte sombra mía
esculpida en presurosos desayunos,
en jolgorios de aulas y pelotas de trapo,
mientras los otoños sedimentaban
de pálidas sangres
las bodegas del Ebro.
¿En qué escondidos armarios
guardan los subterráneos ángeles
nuestros restos de nieve nocturna atormentada?
¿Por qué vertientes terribles se despeñan
los corazones de los viejos relojes parados?
¿Dónde encontraremos todo aquello
que éramos en las tardes de los sábados,

cuando el violento secreto de la Vida
era tan sólo
una dulce campana enamorada?
Pues yo registro los bolsillos desiertos
y no encuentro ni un solo minuto mío
ni una sola mirada en los espejos
que me diga quién fui yo.

(Violento idílico.)

DESASIMIENTO

Velo por los mendigos humanos
desde el fulgor de mis tristezas.
De mi pecho de toro brotan veintiocho años.
Una maravillosa puesta de Sol
hace morir a los pequeños pájaros
en el jardín de invierno
sobre la tierna escarcha.

Desprecio mi violencia. No quiero mi ternura.
¡Te escupo, estúpido Miguel Labordeta!
Eres como toda la gente
que va hacia los cementerios
camino del sábado o del cine.
Yo no solicité residir en el Mundo;
¡que nadie pues, oídlo bien,
me pida cuentas...!

En el jardín de invierno declina la maravillosa puesta de Sol.
Soy un perro de fuego,
una hiena con sangre de piedades inmensas.
¡Estoy odiando las ideas...!
¡Temblad ante mis fauces,
incendios del mañana...!
¡Tú, Madre Ilusión, eres mentira...!
Estoy solo y existo.
¡Orbitas de los soles perdidos...!
¿Qué hacéis aquí...?
Vosotros: gorilas hermosos, nubes azules,
mariposas celestes, rumiantes muchedumbres de embarazadas
                                                         [sagradas,
ciudades doradas, orondos funcionarios,
campesinos imbéciles, pedantes profesores,
bandidos industriales, fachas de comerciantes,
etcétera, etcétera, etcétera.
¿Qué diablos hacéis aquí
inmersos en el secreto espeluznante maravilloso?
Y yo, Bonzo caimán,
y tú, lector pugilista,
¿qué digestiones oscuras nos han traído
al hediondo planeta achatado
gloriosa tumba eterna
del reinado de las hormigas?

MIGUEL LABORDETA

Todos nosotros: átomo-vestigio-grito-vanidad-ángel, feroz
cocodrilo y duelo-velocidad,
¿qué hacemos aquí?
Ni arriba ni abajo. Ni cabeza ni pies. Ni norte ni sur.
¡Desapareced, malas bestias!
Olvido. Silencio. Inexistencia.
Total pavesa de un pensamiento impuro
que anheló un vuelo de semilla
y construyó su ruina
entre los fragores ahogados
de la baba de los ciudadanos venerables.

Se ha desvanecido ya
la maravillosa puesta de Sol
que hizo morir a los pequeños pájaros
en el jardín de invierno.

(Transeúnte central.)

PABLO GARCIA BAENA

Nació en Córdoba en 1923. Realizó estudios de Bellas Artes. En 1947, con Ricardo Molina y Juan Bernier, fundó la revista *Cántico*. Ha realizado numerosos viajes por Francia, Portugal, Italia, Grecia y Egipto. Es miembro de las Reales Academias de Córdoba y de Málaga.

Obra poética

Rumor oculto (1946), *Mientras cantan los pájaros* (1948), **Antiguo muchacho** (1950), *Junio* (1957), *Oleo* (1958), *Almoneda* (1971), **Antes que el tiempo acabe** (1978). Su obra se ha recogido en *Antología poética* (Córdoba, 1959), *Poemas 1946-1961* (Málaga, Ateneo, 1975) y *Poesías completas* (Madrid, Visor, 1982). En esta última recopilación incluyó poemas inéditos.

ANTIGUO MUCHACHO

Entre la noche era la madreselva como de música
y el sueño en nuestros párpados abejas que extraían
de las lluviosas arpas del otoño
un panal de violetas y silencio.

LA POESIA DESDE 1939

Con un escalofrío se presentía entonces el amor fugitivo
como un trovador, bello de lazos y de cintas,
que, junto a un cenador donde una tea alumbra,
bajara por la escala el desmayado cuerpo de la infanta
al par que entre la fronda el ruiseñor perfuma de armonía la noche.
Erraba en las almenas un vago suspirar de abandonados velos,
de cabelleras lánguidas flotando en los estanques
y un ajimez quedaba solo frente a la luna
adormecida por el laúd de los besos.
Revivo la mirada pálida de los espejos
y mi rostro preguntando en su oráculo,
y la mano que repasaba, lenta, mis mejillas, mis labios.
Había una ventana donde el mar convertía en espuma sus cisnes,
y en los aparadores bandejas con membrillos cocidos
y el tarro de las guindas,
y las cidras frías por el mármol de la madrugada,
y los dulces de piñonate en su estrella de papel rizado.
El domingo escalaba con su luz amarilla,
con su parra latiendo de áureos cimbalillos,
los álamos sombríos del invierno,
y las horas, veloces, agitaban sus pétalos
como rosal que deja su nieve por el aire.
Y la noche llegaba al campo reclinando su cabeza en los montes,
y un miedo suave bajaba con el ladrido de los perros por las
[cañadas,
y la última garza de la tarde dormía entre los juncos.
Decidme dónde tengo aquel niño con el cuello sujeto de bufandas
y la enorme mosca negra de la fiebre aleteando en mis sienes,
y en torno de mi lecho, Sandokán con la perla roja en su turbante
y Aramis perfumado de unción episcopal,
y Robinsón bajo el verde loro balanceante de los bambúes.
Aquel cerrado mirador, entre lutos,
donde paraba todos los años la Oración del Huerto
cuando el Jueves Santo gemía en su larga trompeta morada.
Y la Virgen Dormida, en un agosto de bengalas,
y los muertos contemplando desde su balaustrada de ausencias
[las débiles lamparillas de la noche de Todos los Santos.
Llovía en los cristales. Ahora, silenciosos, vuelven tristes perfiles,
voces que pálidas renacen,
como hojas arrastradas a un otoño de olvido.
Y como el nadador, dichosamente cansado,
deja escurrir los dedos del agua por su cuerpo desnudo
volviendo su mirada hacia la playa,
así a ti me vuelvo,
buscando tu sonrisa en mi sonrisa,
tu mirar en mis ojos
y tu honda voz pura, antiguo muchacho,
fluyendo como un agua fresquísima
del manantial cegado de los días.

(Antiguo muchacho.)

García Baena y Julio Aumente en Granada, en mayo de 1948. En 1985 Baena declaraba: «Creo que enlazamos muy bien [los del grupo Cántico] con la estética modernista del lujo y de la muerte, y también con los franceses,

PABLO GARCIA BAENA

VENECIA

Allí Venecia en el otoño adriático...
PGB: *Antiguo muchacho*

Allí Venecia en el otoño adriático
su varonés veneno verdeante,
su carnaval mojado desparrama,
reparte entre las manos del viajero
camisetas rayadas, bucentauros,
palomas ciprias hacia San Giorgio.
Llegan todos ansiosos: kodak, planos,
¡oh Venecia!
tarjetas del albergo Paganelli.
Oros líquidos caen de los bulbos hinchados,
de las cúpulas tensas,
la corrupción nos cerca entre tus brazos náyades.
Chorreantes caballos patalean agónicos
los desteñidos bronces. Suena el tiempo
y te hundes, Venecia,
erizadas de escamas como un reptil heráldico,
nos hundimos contigo en tu estancado páramo,
en ligeros pecados como música o lluvia,
frutales azafates donde bichean los vermes.
Se abrazan los tetrarcas en el pórfido,
presta la espada a la erosión del beso,
a la campana virgen del diácono.
Y te vuelves al mar, tu padre incestuoso
que te posee abierta, a la costumbre,
pintada actriz que sabe que el amor es moneda fugitiva
vieja opulenta que fuiste Serenísima,
madre de usuras y mercaderías,
en tu diván de légamo y recuerdo.
Vuelves al mar. Por la Laguna Muerta
el cementerio flota como un ahogado oscuro,
barcazas de difuntos al olvido,
riada de sollozos alejándose:
Lord Byron, corazón de cornalina,
indumentos gofrados de Fortuny,
laureles dannunzianos,
rojas gemas al cuello de Desdémona,
Ana Karenina y su pamela paja
—niebla al fragor de la locomotora—:
«Usted puede arrastrar mi nombre por el lodo.»
Arrástranos contigo, cortesana del agua,
sueltos los ceñidores, los secretos,
cloacas engullendo últimas resistencias,
carmíneas lumbrerías del deseo.
Rige la podredumbre carnal con tu tridente,
caduceo florido, muslo, armiño encharcado,
mientras tus muros caen al liquen de los labios,
góticas cresterías hacia el fondo,
hacia el silencio, lecho, adormidera,
a tu fango de hastío y de sabiduría,
a tu esplendente fin inexorable,
Venecia.

(Antes de que el tiempo acabe.)

con Mallarmé, con todos los que mantuvieron ese culto por la belleza, la palabra, la muerte, y, en el fondo, por la melancolía».

De izquierda a derecha: García Baena, Manuel Villegas, Juan Bernier, José de Miguel, Ramón Moreno y Ricardo Molina.

LA POESIA DESDE 1939

RICARDO MOLINA

Nació en Puente Genil (Córdoba) en 1917. Se licenció en Filosofía y Letras. Fue catedrático de Instituto. En 1947 fundó, con Pablo García Baena y con Juan Bernier, la revista *Cántico*, de la que fue director. Murió en Córdoba en 1968.

Obra poética

El río de los ángeles (1945), **Elegías de Sandua** (1948), *Tres poemas* (1948), *Corimbo* (1949), **Elegía de Medina Azahara** (1957), *La casa* (1966), *A la luz de cada día* (1967), *Dos libros inéditos (Regalo de amante, Cancionero)* (1975), con poemas escritos hacia 1947. Existen dos recopilaciones de su obra: *Poesía* (Madrid, Visor, 1973) y *Antología, 1945-1967* (Barcelona, Plaza-Janés, 1976).

ELEGIA VII

A Ginés Liébana

En Sandua aúlla el viento por los viejos tejados,
por los muros ruinosos y la negra veleta.
El avellano esfuma su contorno en la niebla
y el torrente ensordece los valles desolados.

Los nogales sacuden sus mil hojas de agua
anunciando el otoño en los campos aún verdes.
Las nubes se derrumban como un trono solemne
sobre la silenciosa calma de las montañas.

Los violentos despojos de la oscura tormenta
en las aguas salvajes se destiñen y flotan.
En los rosales queda todavía una rosa
y al aspirarla mi alma se inunda de tristeza.

Y no sé si esa rosa solitaria y tardía
es acaso la pena que quedó aquí una tarde
y que luego en silencio dio un aroma suave
y ahora me pone triste después de tantos días.

No lo sé... Sin embargo, me detengo en la puerta
de la casa en ruinas perdida entre los montes
y la sombra angustiosa de los próximos bosques
cae sobre mi vida cada vez más espesa.

He cruzado el umbral... La soledad recorre
el patio oscurecido con sus plantas de musgo.
El suelo está mojado. Los muros están húmedos.
En la ventana fulge un instante la tarde.

Oh abrir esa ventana al viento y a la lluvia,
a los fuegos del cielo y a las hojas marchitas
y sentir al pasar las largas galerías
seguirme mis pisadas pavorosas y oscuras.

RICARDO MOLINA

Oh llegar al lejano dormitorio que abre
al campo dos balcones con cortinas de nubes
y besar en la sombra los recuerdos más dulces,
los recuerdos aquellos que no sospecha nadie.

Oh Sandua en ruinas al borde del torrente
que en los avellanares se despeña estruendoso
¿qué busca en tus tejados y en tu veleta el viento?
¿por qué la lluvia azota tus rotas cristaleras
y se sienta en tus bancos, fatigado, el otoño?

Oh Sandua de muros negros y amarillentos
que un solo rosal tienes y una rosa tan sólo
¿por qué mi corazón lo mismo que un arroyo
quiere besar tus pobres paredes derruidas
como cuando la Sierra se desborda en otoño?

Oh Sandua a la sombra del nogal milenario
que da calma y frescura por las tardes al pozo
¿por qué está siempre el cielo nublado sobre ti?
¿por qué la soledad pasea por tu patio
y en tu torre suspira desolado el otoño?

¿Qué frases de otro tiempo se extinguen en tus salas,
qué recuerdos pesados y dulces como lágrimas,
qué dicha temblorosa, qué apagados sollozos,
qué risas como flores en los labios cansados,
qué esperanza amarilla como un cielo de otoño?

Oh Sandua que mueres un poco cada día,
conserva tus fantasmas: yo no he de despertarlos.
Conserva ese misterio que alienta en tus ruinas
que no he de profanar tampoco tu misterio
ni turbar tu silencio con mi melancolía.

No he de abrir a la vida tus ventanas cerradas,
no he de evocar tu historia junto a la chimenea
y no he de recorrer tus largas galerías,
pues algo que se siente y que nunca se explica
me detiene en el patio igual que en una tumba.

Y cuando vuelvo a Córdoba, que brilla en la llanura
entre los encinares, al fin de la cañada,
me digo que la vida es tan indiferente
como el valle desierto donde mueres, oh Sandua,
y me digo también que en un valle tan dulce
y sombrío, mi vida sería semejante
a tus grises ruinas ahogadas por las nubes.

Y al volver la cabeza para ver por vez última
tu torreón lejano bañado por la luna
me parece que mi alma es ese triste arcángel
que gira en la veleta al impulso del viento,
y mi vida una casa que ya no habita nadie
que invaden las malezas y las brumas de otoño,
una casa en ruinas perdida entre los montes,
olvidada en un valle salvaje y meláncolico.

(*Elegías de Sandua.*)

De izquierda a derecha: Juan Bernier, Ricardo Molina y García Baena. Este último reconocía en 1975: «Creo que sí, que le debo mucho a la revista Cántico, *por la amistad que nos unió a Ricardo y a mí. Fuimos tan amigos que hay versos que ya no sé a quién pertenecen. Esto es tan exacto, que en un libro de Ricardo hay un verso que se halla también en un poema mío: «El violento jacinto de la dicha». No puede ser casual, porque es un verso elaborado, pero no sé quién de los dos lo creó y quién lo copió».*

RUINAS

Poderosa es la fábrica de mármol,
el noble alcázar de almenados muros,
las metálicas puertas, cedro y bronce;
pero más poderoso que el mismo poderío
es el deseo de poder que inflama
con su voraz centella el pecho inerme.

Bella es la íntima cámara labrada
para el amor, la claricorde fuente
que llora y canta en un lugar secreto,
pero más bello aún que la misma belleza
es el amargo anhelo que despierta.

Del alminar, ¿qué queda? Del alcázar,
¿qué queda? Del amor, del poderío,
del deseo, ¿qué queda? Un son de piedra,
un nombre vago y falso, un aire triste.

Del fabuloso cielo las estrellas
cayeron en ceniza, una a una;
en ceniza el amor, el poder, el deseo;
ceniza que dispersa cualquier viento...

(Elegía de Medina Azahara.)

PERE GIMFERRER

Nació en Barcelona en 1945. Estudió Filosofía y Letras y Derecho. En la actualidad es asesor literario de una editorial. En 1985 ingresó en la Real Academia Española.

Obra poética

El mensaje del Tetrarca (1963), **Arde el mar** (1966), por el que recibió el Premio Nacional de Poesía, y **La muerte en Beverly Hills** (1968). Estas dos últimas obras, junto con otra inédita, *Extraña fruta y otros poemas,* fueron recogidas en *Poemas (1963-1969)* (Barcelona, 1969, y Madrid, 1979).

A partir de 1970 ha publicado, en catalán, *Els miralls* (1970), *Hora foscant* (1972), *Foc cec* (1973), *Tres poemas* (en la revista *Els Marges,* en 1974) y *L'espai desert* (1977). En 1978 apareció una edición bilingüe de todas estas obras (la traducción era del propio Gimferrer): *Poesía 1970-1977.* En 1981 reunió en un tomo, *Mirall, Espai, Aparicions. Poesía 1970-1980,* todos sus libros en catalán, a los que añadió las secciones *Homenatges* y *Aparicions.*

Es autor de una novela, *Fortuny,* y de un número considerable de artículos literarios, muchos de los cuales han sido recogidos en los volúmenes *Dietario* (1 y 2), *Los raros,* sobre escritores del pasado, y *Literatura y cine* (1985).

ODA A VENECIA ANTE EL MAR DE LOS TEATROS

> *Las copas falsas, el veneno y la calavera de los teatros.*
> García Lorca

Tiene el mar su mecánica como el amor sus símbolos.
Con qué trajín se alza una cortina roja
o en esta embocadura de escenario vacío
suena un rumor de estatuas, hojas de lirio, alfanjes,

PERE GIMFERRER

Pere Gimferrer, en 1966 y en 1984, respectivamente. En este último año declaraba: «Mi generación tiene ahora alrededor de los cuarenta. Hace algunos años, hace, digamos, diez años, era pesimista sobre esta generación. La veía bastante mal, es decir, veía que la cosa iba a quedarse en nada. Tampoco es que ahora piense que ha inventado la pólvora, pero algo ha hecho... Se ha cumplido un papel, no diría de cabeza de puente: a lo mejor, simplemente, de puente a secas... El mejor papel de una generación, de cualquiera, incluyendo a las mejores, es ser útil en alguna medida, o al menos no ser un estorbo, a las siguientes».

palomas que descienden y suavemente pósanse.
Componer con chalinas un ajedrez verdoso.
El moho en mi mejilla recuerda el tiempo ido
y una gota de plomo hierve en mi corazón.
Llevé la mano al pecho, y el reloj corrobora
la razón de las nubes y su velamen yerto.
Asciende una marea, rosas equilibristas
sobre el arco voltaico de la noche en Venecia
aquel año de mi adolescencia perdida,
mármol en la Dogana como observaba Pound,
y la masa de un féretro en los densos canales.
Id más allá, muy lejos aún, hondo en la noche,
sobre el tapiz del Dux, sombras entretejidas,
príncipes o nereidas que el tiempo destruyó.
Qué pureza un desnudo o adolescente muerto
en las inmensas salas del recuerdo en penumbra.
¿Estuve aquí? ¿Habré de creer que éste he sido
y éste fue el sufrimiento que punzaba mi piel?
Qué frágil era entonces, y por qué. ¿Es más verdad,
copos que os diferís en el parque nevado,
el que hoy así acoge vuestro amor en el rostro
o aquel que allá en Venecia de belleza murió?
Las piedras vivas hablan de un recuerdo presente.
Como la vena insiste sus conductos de sangre,
va, viene y se remonta nuevamente al planeta
y así la vida expande en batán silencioso,
el pasado se afirma en mí a esta hora incierta.
Tanto he escrito, y entonces tanto escribí. No sé
si valía la pena o la vale. Tú, por quien
es más cierta mi vida, y vosotros, que oís
en mi verso otra esfera, sabréis su signo o arte.
Dilo, pues, o decidlo, y dulcemente acaso
mintáis a mi tristeza. Noche, noche en Venecia
va para cinco años, ¿cómo tan lejos? Soy
el que fui entonces, sé tensarme y ser herido
por la pura belleza como entonces, violín
que parte en dos el aire de una noche de estío
cuando el mundo no puede soportar su ansiedad
de ser bello. Lloraba yo, acodado al balcón
como en un mal poema romántico, y el aire
promovía disturbios de humo azul y alcanfor.
Bogaba en las alcobas, bajo el granito húmedo,
un arcángel o sauce o cisne o corcel de llama
que las potencias últimas enviaban a mi sueño.
        Lloré, lloré, lloré.
¿Y cómo pudo ser tan hermoso y tan triste?
Agua y frío rubí, transparencia diabólica
grababan en mi carne un tatuaje de luz.
Helada noche, ardiente noche, noche mía
¡como si hoy la viviera! Es doloroso y dulce
haber dejado atrás la Venecia en que todos
para nuestro castigo fuimos adolescentes
y perseguirnos hoy por las salas vacías
en ronda de jinetes que disuelve un espejo
negando, con su doble, la realidad de este poema.

LA POESIA DESDE 1939

UNA SOLA NOTA MUSICAL PARA HÖLDERLIN

Si pierdo la memoria, qué pureza.
En la azul crestería la tarde se demora,
retiene su oro en mallas lejanísimas,
cuela la luz por un resquicio último, se extiende y me delata
como un arco que tiembla sobre el aire encendido.
¿Qué esperaba el silencio? Príncipes de la tarde, ¿qué palacios
holló mi pie, qué nubes o arrecifes, qué estrellado país?
Duró más que nosotros aquella rosa muerta.
Qué dulce es al oído el rumor con que giran los planetas del agua.

(Arde el mar.)

Gimferrer el día en que leyó su discurso de ingreso en la Real Academia Española. Va acompañado por Juan Rof Carballo y Valentín García Yebra. En dicho discurso, que versó sobre Vicente Aleixandre, dijo: «A pocos debo tanto; con pocos, a lo largo de casi veinte años, ha sido el trato tan asiduo y fecundo; y, sin embargo, ¿habré llegado a verle cara a cara diez veces en mi vida? Mucho dice de la capacidad de comunicación de Aleixandre, y más aún de su profunda autoridad moral. el hecho de que un comercio principalmente epistolar enriquezca en tal manera a quien se reconoce discípulo del poeta. Mi caso, por lo demás, está lejos de ser el único.

YO, QUE FUNDE TODOS MIS DESEOS

Yo, que fundé todos mis deseos
bajo especies de eternidad,
veo alargarse al sol mi sombra en julio
sobre el paseo de cristal y plata
mientras en una bocanada ardiente
la muerte ocupa un puesto bajo los parasoles.
Mimbre, bebidas de colores vivos, luces oxigenadas que
                                                    [chorrean despacio,
bañando en un oscuro esplendor las espaldas, acariciando con
                                             [fulgor de hierro blanco
unos hombros desnudos, unos ojos eléctricos, la dorada caída de una
                                             [mano en el aire sigiloso,
el resplandor de una cabellera deplomándose entre música suave
                                             [y luces indirectas,
todas las sombras de mi juventud, en una usual figuración poética.
A veces, en las tardes de tormenta, una araña rojiza se posa en
                                             [los cristales
y por sus ojos miran fijamente los bosques embrujados.
¡Salas de adentro, mágicas para los silenciosos guardianes de
                      [ébanos, felinos y nocturnos como senegaleses,
cuyos pasos no suenan casi en mi corazón!
No despertar de noche el sueño plateado de los mirlos.
Así son estas horas de juventud, pálidas como ondinas o heroínas
                                             [de ópera,
tan frágiles que mueren, no con vivir, no: sólo con soñar.
En su vaina de oscuro terciopelo duerme el príncipe.
Abandonados rizos en la mano se enlazan. Las pestañas caídas
                                        [hondamente han velado los ojos
como una gota de charol y amianto. La tibieza escondida de los
                              [muslos desliza su suspiro de halcón agonizante.
El pecho alienta como un arpa deshojada en invierno; bajo el
                                             [jersey azul
se para suave el corazón. Ojos que amo, dulces hoces de hierro
                                             [y fuego,
rosas de incandescente carnación delicada, fulgores de magnesio

que sorprendéis mi sombra en los bares nocturnos o saliendo
[del cine, ¡salvad
mi coirazón en agonía bajo la luz pesada y densa de los focos!
Como una fina lámina de acero cae la noche.
Es la hora en que el aire desordena las sillas, agita en los cubiertos,
tintinea en los vasos, quiebra alguno, besa, vuelve, suspira y de
[pronto
destroza a un hombre contra la pared, en un sordo chasquido
[resonante.
Bésame entre la niebla, mi amor. Se ha puesto fría
la noche en unas horas. Es un claro de luna borroso y húmedo
como una antigua película de amor y espionaje.
Déjame guardar una estrella de mar entre las manos.
Qué piel tan delicada rasgarás con tus dientes. Muerte, qué
[labios, qué respiración, qué pecho dulce y morbido
ahogas.

(*La muerte en Beverly Hills.*)

GUILLERMO CARNERO

Nació en Valencia en 1947. Estudió Ciencias Económicas y Filosofía y Letras. En la actualidad es profesor de la Universidad de Alicante.

Obra poética

Dibujo de la muerte (1967: ampliada en la edición de 1971), **Variaciones y figuras sobre un tema de La Bruyère** (1974) y *El azar objetivo* (1975). Todos ellos se recogieron en *Ensayo para una teoría de la visión. Poesía 1967-77* (Madrid, Hiperión, 1979), con un estudio preliminar de Carlos Bousoño.

CAPRICHO EN ARANJUEZ

Raso amarillo a cambio de mi vida.
Los bordados doseles, la nevada
palidez de las sedas. Amarillos
y azules y rosados terciopelos y tules
y ocultos por las telas recamadas
plata, jade y sutil marquetería.

LA POESIA DESDE 1939

Fuera breve vivir. Fuera una sombra
o una fugaz constelación alada.
Geométricos jardines. Aletea
el hondo transminar de las magnolias.
Difumine el balcón, ocúlteme
la bóveda de umbría enredadera.
Fuera hermoso morir. Inflorescencias
de mármol en la reja encadenada:
perpetua floración en las columnas
y un niño ciego juega con la muerte.
Fresquísimo silencio gorgotea
de las corolas de la balaustrada.
Cielo de plata gris. Frío granito
y un oculto arcaduz iluminado.

Deserten los bruñidos candelabros
entre calientes pétalos y plumas.
Trípodes de caoba, pebeteros
o delgado cristal. Doce relojes
tintinean las horas al unísono.
Juego de piedra y agua. Desenlacen
sus cendales los faunos. En la caja
de fragante peral están brotando
punzantes y argentinas pinceladas.
Músicas en la tarde. Crucería,
polícromo cristal. Dejad, dejadme
en la luz de esta cúpula que riegan
las transparentes brasas de la tarde.
Poblada soledad, raso amarilo
a cambio de mi vida.

BACANALES EN RIMINI PARA OLVIDAR A ISOTTA

En unas breves horas puede el vino, en la dulce demencia del festín,
y las arpas, laúdes, las delicadas sedas,
aplacar el amor, como la cólera. ¿Qué queda como presa a la
                                                                                               [vejez
qué peor enemigo que este arte
de conservar la vida? El brillo de los mármoles labrados
no ocultará tu muerte. No seremos
dentro de poco ya, ni estos dorados
cortinajes, las vívidas hogueras,
el carmesí arrugado tras la danza
ni el líquido destello de las gemas
en los rubios cabellos, tras el baño.
Proclaman en el llano azul los fresnos
el baño de las ninfas. Un tropel
de centauros te cerca. Todos estos brillantes candeleros y telas
han de prevalecer sobre nosotros, quizá será la muerte
la única certeza que nos ha sido dado alzar sobre la tierra,
escuchad cómo rasga una hoja lentísima los tapices del palio,
cómo se desvanecen esos versos unidos a la música, como la proa del
                                                                                                    [Buccentoro
sumergiendo en el agua los flecos amarillos
se acerca, con los rojos gallardetes al viento,
mientras flotan sin rumbo cadáveres y rosas.

(Dibujo de la muerte.)

PUISQUE REALISME IL Y A

Vuelve la vista atrás y busca esa evidencia
con que un objeto atrae a la palabra propia

y el uno al otro se revelan; en el mutuo contacto
experiencia y palabra cobran vida,
no existen de por sí, sino una en otra;
presentido, el poema que aún no es
vuela a clavarse firme en un punto preciso
del tiempo; y el que entonces fuimos ofrece
en las manos de entonces, alzadas, esa palabra justa.
No así; gravitan las palabras y su rotunda hipótesis
ensambla su arquitectura; más allá es el desierto
donde la palabra alucina hasta crear su doble:
creemos haber vivido porque el poema existe;
lo que parece origen es una nada, un eco.

(Variaciones y figuras sobre un tema
de La Bruyère.)

ANTONIO COLINAS

Nació en La Bañeza (León) en 1946. En la Universidad de Madrid realizó estudios Técnicos y de Historia. Fue lector de español en las Universidades de Milán y de Bérgamo. Ha traducido a diversos autores italianos. En la actualidad vive en Ibiza.

Obra poética

Poemas de la tierra y de la sangre (1969), *Preludios a una noche total* (1969), *Truenos y flautas en un templo* (1972), **Sepulcro en Tarquinia** (1975), por el que obtuvo el Premio de la Crítica; **Astrolabio** (1979). Todos estos libros se recogieron en *Poesía: 1967-1980* (Madrid, Visor, 1982). Con posterioridad, ha publicado **Noche más allá de la noche** (1982).
Es autor también de dos novelas, *Un año en el Sur* (1985) y *Larga carta a Francesca* (1986), y de dos libros de viajes: *Viaje a los monasterios de España* (1976) y *Por las orillas del Orbigo* (1980).

GIACOMO CASANOVA ACEPTA EL CARGO DE BIBLIOTECARIO QUE LE OFRECE, EN BOHEMIA, EL CONDE DE WALDSTEIN

Escuchadme, Señor, tengo los miembros tristes.
Con la Revolución Francesa van muriendo
mis escasos amigos. Miradme, he recorrido
los países del mundo, las cárceles del mundo,
los lechos, los jardines, los mares, los conventos,
y he visto que no aceptan mi buena voluntad.

LA POESIA DESDE 1939

Fui abad entre los muros de Roma y era hermoso
ser soldado en las noches ardientes de Corfú.
A veces he sonado un poco el violín
y vos sabéis, Señor, cómo trema Venecia
con la música y arden las islas y las cúpulas.
Escuchadme, Señor, de Madrid a Moscú
he viajado en vano, me persiguen los lobos
del Santo Oficio, llevo un huracán de lenguas
detrás de mí, de lenguas venenosas.
Y yo sólo deseo salvar mi claridad,
sonreír a la luz de cada nuevo día,
mostrar mi firme horror a todo lo que muere.
Señor, aquí me quedo en vuestra biblioteca,
traduzco a Homero, escribo de mis días de entonces,
sueño con los serrallos azules de Estambul.

(Sepulcro en Tarquinia.)

Portadas de los dos últimos libros de A. Colinas. Sobre ellos, comentará: «Creo que cada vez he ido más hacia una poesía esencial, más depurada en lo formal y más grave en los contenidos. Es curioso, porque yo comencé en Preludios un poco desde estos presupuestos. Pero los temas se han vuelto más y más complejos y la palabra va madurando con tensión. Se han dado constantes como la emoción y la pureza, pero los últimos poemas entreabren nuevas realidades, nuevos ahondamientos».

ISLA DE CIRCE

Isla mía, en ti muere la luz y, sobre ti,
como una perla negra, veo la noche.
Isla mía, el viento en tus terrazas
sabe a helechos y a sal en esta primavera,
y en los olivos se repiten
secos disparos
que no ahuyentan la paz de nuestras ruinas,
el abrazo en las yerbas,
la mirada de piedra, sobre el mar, de la estatua.

Desde el barco veías todo el monte Solaro
sin sospechar la noche
fragante y funeral que te esperaba:
faroles entre acacias, los pinares cargados
de luna nueva, de mordida plata;
la luna o la moneda melodiosa
bruñendo —¡tan antiguas!—
el más hermoso de los mares griegos.
Pero abre con la azada el cuerpo fértil
de esta tierra, su saludable aroma
de grutas y raíces,
mientras se extinguen las hogueras de hojas
y un humo violento, un vino violento,
nos escuece en los ojos,
ennegrece las parras, las veletas.

¿Por qué sentía el griego espanto en estas noches?
Geranios y cicutas bajan hasta las playas
con la roca volcánica.
Negras ovejas sienten
en su sangre la noche y las campanas.
Quedar en estos patios de labriegos,

ANTONIO COLINAS

de artesanos, cocheros y marineros,
con pozos, con mosaicos destrozados,
con los perros que ladran a los perros,
y los cerdos que hozan bajo las enramadas,
y la higuera que ahuyenta la muerte de los labios.
Ver pasar desde lejos, hacia Oriente,
—¡colonias de Crotona y Siracusa—,
sobre el cerro sagrado,
bajo los opulentos
cipreses de Materita,
los barcos coronados de fuego.

(Astrolabio.)

XIV

Las aguas del canal también se han vuelto de oro.
Sólo sobre las cúpulas quedan luces verdosas,
y en los soberbios árboles de algún jardín sonoro.
Navegas con la boca toda llena de rosas
hacia el mar de las músicas y el sacrílego ocaso.
Conciertos de la noche, pagana melodía
de tu nevada carne contra un cielo raso.
Y en la frente clavada húmeda estrella fría.
Perfección de los siglos en tu figura pura,
belleza coronada de saber y narcisos,
relámpago violeta entre la arquitectura
tus ojos victoriosos sobre ojos indecisos.
Cuerpo de la mujer, milagro de los dioses,
¿de dónde llega hoy tu mensaje de hoguera
y hacia dónde te vas con tus dulces adioses
convirtiendo en cenizas toda la primavera?
Todo brotó de ti, caverna o herida
amorosa, materia tan frágil y tan fuerte,
carne que al corromperse va sembrando más vida,
carne que al renacer va sembrando más muerte.
Madre Venus, adiós a Venecia, oración
y silencio. La ruina del Sueño, la ciudad
incendiada en su sed de belleza y pasión,
la gloria de la piedra, proclaman tu verdad.
Te devora la noche del mar con tus delfines,
con tu carro de oro, con la luz que destellas,
ese mar moribundo de tus besos, confines
donde al alba renaces entre un polvo de estrellas.

(Noche más allá de la noche.)

A. Colinas en 1982, año en el que precisaba: «Yo insistiría en el carácter personalísimo, fuertemente vocacional, enraizado en la vida, de la poesía. Esto y el carácter de libertad —la creación por encima de teorías, de grupos, de las nefastas imposiciones—. También el hecho de que creo más en los sentidos que el filosofía de la vida. Creo con Rimbaud que mi interés no va más allá del que siento por la tierra y por las piedras. La tierra y las piedras como expresión primera y llena de símbolos a la que dirigir nuestras preguntas. La imagen del poeta en un medio cósmico sigue siendo

para mí obsesiva y fundamental; aunque corrompidos el aire, la tierra y el agua, sólo nos quede el fuego, y, como Ícaro, sepamos de los riesgos que implica su proximidad».

LA POESIA DESDE 1939

ANTONIO CARVAJAL

Nació en Albolote (Granada) en 1943. Cursó estudios de Filosofía y Letras. Ejerció como profesor durante algun tiempo. En la actualidad vive en Granada.

Obra poética

Tigres en el jardín (1968), **Serenata y navaja** (1973), Casi una fantasía (1975, aunque escrito en 1963), Siesta en el mirador (1979), **Sitio de Ballesteros** (1981), Servidumbre de paso (1982), Noticia de setiembre (1984), **Del viento en los jazmines** (1984), «**Paralipómenos (o Crónicas)**» (en Pliegos de poesía Hiperión, n.º 3, 1986). En 1983 se recopiló en Extravagante jerarquía (Madrid, Hiperión) toda su producción desde 1968 hasta 1981.

XXIII

Les pieds dans les glaïeuls...
A. Rimbaud

    Los pies en los gladiolos. Y ¿dónde la sonrisa?
No estaba en los arroyos, ni tampoco en la brisa.
    Los pies en los gladiolos. Y el corazón clavado
en el trino feliz de un pájaro morado.
    Los pies en los gladiolos, tu mano por mi pecho,
un campo de amapolas y un oscuro barbecho.
    Los pies en los gladiolos. Y ¿dónde la alegría?
En el pájaro oscuro que la tarde cernía.
    No supieron los montes de aquella luz reciente,
ni secaron tus dedos el sudor de mi frente,
    pero la estrella vino, pero vino el amor,
pero vino la noche y un secreto sopor,
    y tú estabas tendida, con la mano en el viento,
los labios sin sonrisa, la voz sin movimiento,
    los pies en los gladiolos. Y ¿dónde tu agonía?
En mis ojos oscuros que la noche extinguía.

(Tigres en el jardín.)

ORACION UMBRIA

Este arcángel si alsófilo que tigre
lleva a su pecho un ala, tiene todas
en su huerto las amapolas;
        en su frente, jazmines.

Su espada es de rencor, sus labios tristes.
Generoso de celos, no de aromas,
vaga por las noches remotas
        entre el dragón y el cisne.

ANTONIO CARVAJAL

Si a tu puerta se acerca, no has de abrirle;
aunque te ofrezca un ramo de albas rosas
recién cortadas: las palomas
               mueren de amor, no fingen.

Desnudo me dejó. Buscaba herirme,
agresivo y hermoso, entre las frondas.
Su nombre es soledad; su sombra
               la duda más terrible.

No es ese Amor pagano que se exhibe,
sin velo de pudor, sobre la airosa
fuente de mármol; sino roza
               con sus alas la firme

serenidad del cielo, y allí escribe
con su pluma y mi sangre mi derrota:
Abren tu cuerpo y tu memoria
               al mar, y los delfines.

Sólo le vence el sol; sólo se rinde
al rumor veraniego de las tórtolas;
sólo huye cuando me otorgas
               tu candor, mis jardines.

Este alomorfo arcángel que me exige
tus labios cada noche o me los roba,
es todo de cristal de roca,
               una sierpe de sílice.

Oh ebriedad de la luz, tú que resides
en el vino, en los labios y en la copa,
¡líbrame de este ángel de sombras
               y de sus zarpas!
                         Líbrame.

(Serenata y navaja.)

    Dame, dame la noche del desnudo
para hundir mi mejilla en ese valle,
para que el corazón no salte, y calle:
hazme entregado, reposado y mudo.

    Dame, dame la aurora, rompe el nudo
con que ligué mis rosas a tu talle,
para que el corazón salte y estalle:
hazme violento, bullidor y rudo.

    Dame, dame la siesta de tu boca,
dame la tarde de tu piel, tu pelo:
sé lecho, sé volcán, sé desvarío.

    Que toda plenitud me sepa a poca,
como a la estrella es poco todo el cielo,
como la mar es poca para el río.

(Sitio de Ballesteros.)

PORQUE ES MENOR EL MAL COMUNICADO

Dime, dime, y no gimas
hacia dentro, hacia dentro.

Pájaros de la aurora
que rompan tu silencio;
arroyos de la siesta
que rompan en tu pecho
espuma en las orillas,
cristales en el eco.

Dime, dime, y no gimas
hacia dentro, hacia dentro.

El mal comunicado
siempre es menor. Yo tengo
pájaros que te canten,
arroyos sin secreto
y labios que suspiran
de sed por tu silencio.

Dime, dime, y no gimas
hacia dentro, hacia dentro.

(Del viento en los jazmines.)

TARPIA

Para Carmen Jiménez

A veces un instante, nube o pluma,
deja en el mar navegaciones puras:
no se busca el tesoro mercadante
sino el otro país —la luz, el sueño—
que apenas cabe bajo el ancho cielo.
Tiene nombre de prado, tiene un aire

Igneo, tiene un jazmín, no tiene espadas.
Allí caminan todos los piratas
con la belleza sola por tesoro;
para sus dulces playas me llamaste,
en sus volcanes ebrios, donde nadie
dejó de arder, me señalaste el gozo.

Pirata, para ti partí a Tapir:
la ruta fue desolación; el fin
de la aventura un iris sin poliedros.
Baladas de un ayer que no vivimos
y de un mañana afín que ya se ha ido
fueron los himnos que lanzó mi pecho

Roncos de no sumar tu voz ya más,
rotos de no tener sol que escalar,
rojos de un dios oscuro y ciego y sordo.
(¿Dije a Tapir? Diré a Tirap: Tal vez
tú me dijiste un rumbo y no escuché,
a Rapit, a Ripat...) Y el mundo, solo,

Alga neutra, carmín negado, esperma
sin mecha, a la deriva, sucia vela,
remos sin mano y corazón de hastío,
trazó cartas equívocas, mentiras
para consuelo: «Un hombre, mientras viva,
tiene derecho al sueño y al delirio».

Tal vez: Pero no estuve junto a ti.
Tal vez: No coincidimos al vivir:
Evoco un nombre, un eco, y un poco más:
La aventura, los sueños, el poema,
se olvidan, se despiertan o se queman
como tú te marchaste, Ignacio Prat [1].

(Paralipómenos [o Crónicas].)

---

[1]. Ignacio Prat fue un conocido poeta y crítico literario que murió en 1982, cuando tenía treinta y seis años. El poema está dedicado a Carmen Jiménez, su viuda.

Indice de primeros versos

¡A la gloria, a la gloria toreadores!: 552
A qué vienes ahora: 856
A todos nos han cantado: 54
A través de una niebla caporal de tabaco: 441
A veces un instante, nube o pluma: 875
Abierto está el piano...: 47
Abres los ojos. Silencias. Es la noche: 840
Acordaos: 439
Adolescente fui en días idénticos a nubes: 492
Adonde el viento, impávido, subleva: 436
¿Adónde va esa mujer: 520
¡Afán triste de niño, aquel: 285
Afirmación, que es hambre: mi instinto siempre diestro: 426
Agil, solo, alegre: 52
Agua en cestillo: 315
Ahora que estamos juntos: 820
Aire azul con sol azul: 288
Al mirar del paisaje la borrosa tristeza: 62
Ala de sombra, un cuervo —que crascita: 580
Albert Samain diría Vallejo dice: 403
Albor. El horizonte: 423
Algo se alzaba tierno, jugoso, frente a mí: 525
Alguna vez me angustia una certeza: 426
Alta, sutil catarata: 405
Allá, en las tierras altas: 176
Allí Venecia en el otoño adriático: 863
Amo a las mujeres con cara de chico: 535
Amo a una mujer de larga cabellera: 858
Amor de mis entrañas: 460
Angel de luz, ardiendo: 436
Anoche cuando dormía: 171
Anoche soñé que oía: 177
Ante mi estás, sí: 284
Antonio Torres Heredia: 452
Apagamos las manos. Dejamos encima del mar marchitarse la luna: 831
Aparecen de pronto: 827
Aquel aire cernido, transparente: 580
Aquel hombre no tuvo nunca historia: 428
Aquí estoy sobre mis montes: 578
Aquí te pongo, guitarra: 347
Aquí tenéis, en canto y alma, al hombre: 836
Aquí tenéis mi voz: 837
Arena del desierto: 555
Arrastraría mi alma: 511
Atan sus manos, con un lienzo de hilo: 852
¡Atlántico infinito, tú que mi canto ordenas: 68
Atrás quedan los muros: 497
Aunque se suele decir: 532
¡Ay! Siento que mi vida es como si no fuera: 532
Ay voz secreta del amor oscuro: 460
Ayer soñé que veía: 177

Bajo el Moisés del incienso: 450
Basta. No es insistir mirar el brillo largo: 485

INDICE

¡Beato sillón! La casa: 425
Blancos, rosas. Azules casi en veta: 425
Bohemios troveros, de gachos sombreros: 24
Busca a tu complementario: 178
Buscad, buscadlos: 438

Caminante, son tus huellas: 177
Carne de yugo, ha nacido: 554
¡Castellanos de Castilla: 434
¡Cima de la delicia: 423
Coches cerrados llegaban: 452
¡Colinas plateadas: 174
Como el náufrago metódico que contase las olas que le bastan para morir: 820
¿Cómo era, Dios mío, cómo era?: 281
Como leve sonido: 491
Cómo llenarte, soledad: 493
¿Cómo, muerte, tenerte...: 286
Como si nunca hubiera sido mía: 847
Como una flor clorótica el semblante: 54
Compañeros, poetas del futuro: 834
Con qué nobleza se revuelven: 427
Córdoba: 449
Corre feliz el choto por el prado: 823
¡Crearme, recrearme, vaciarme, hasta: 287
Crepúsculos: 64
¿Cuál es la gloria de la vida, ahora: 853
Cual si de pronto se entreabriera el día: 46
¡Cuán cerca todavía: 518
Cuando el amor es gesto del amor y queda: 850
Cuando el espacio sin perfil resume: 424
Cuando el lenguaje es llama: 531
Cuando me encuentro solo, y los aromas: 42
Cuando era primavera en España: 505
Cuando todos los siglos vuelven: 288
Cuando vuelvo cantando de los trigales: 46
Cuando ya nada se espera personalmente exaltante: 838
Cuando yo era el niñodiós, era Moguer, este pueblo: 290
Cuando yo me muera: 449
Cuerpo feliz que fluye entre mis manos: 474

Da doble luz a tu verso: 178
Dame, dame la noche del desnudo: 875
De mar a mar entre los dos la guerra: 180
De mirarte tanto y tanto: 415
De pronto, esta conciencia triste: 283
De qué sirve, quisiera yo saber, cambiar de piso: 854
De un cantar canalla: 53
Definitivamente, cantaré para el hombre: 835
Dejé por ti mis bosques, mi perdida: 443
Del grato corazón de los rosales: 70
Descuelgan sus saltos mortales: 65
Desde mayo y París, la flor del Sena: 575
Desde mi ventana: 177
Desde mi vieja orilla, desde la fe que siento: 819
Deshaced ese verso: 342
Desnudo campo terso: 510
Dicen que España está españolizada: 531
Dichoso el árbol que es apenas sensitivo: 39
Dije: Todo ya pleno: 426
Diligencia de Carmona: 394
Dime, dime el secreto de tu corazón virgen: 475

PRIMEROS VERSOS

Dime, dime, y no gimas: 875
Dios de mis soledades españolas: 581
Dios del venir, te siento entre mis manos: 288
Diré cómo nacisteis, placeres prohibidos: 489
Distraída del mundo; más, lejana: 825
¿Dónde estás, España? Por el mundo abierta: 594
Donde habite el olvido: 491
Donde viste la luz, sigue la luz: 853
Dulcenombre: 415
Durante muchos siglos: 845

El alma vuelve al cuerpo: 422
El ciego sol se estrella: 50
El decía palabras: 482
El día del triunfo del bolcheviquismo: 392
El dolor verdadero no hace ruido: 848
El gran suspiro, que es la tarde, crece: 52
El hombre desde que nace: 531
El honor de vivir con honor gloriosamente: 488
El jovencito se olvidaba: 450
El León de San Marcos, dorada la melena: 66
El mar. La mar: 433
El ojo que ves no es: 178
¡El placer!, ¡el placer! Sí, sí... Ya he conocido: 280
El querer que tú me tienes: 532
El ritmo de los mares inunda mis oídos: 514
El viento le dijo al río: 531
El río Guadalquivir: 448
El salón está a oscuras: 69
Embadúrnate el cuerpo: 513
En el desván antiguo de raída memoria: 843
En el salón amarillo: 71
En esta frente, Dios, en esta frente: 824
En fatigada niebla, en sombra errante: 582
«En fondo de aire» (dije) «estoy»: 289
En la alta noche. La ciudad fantástica: 43
En la luna negra: 449
En la ribera los álamos: 583
En Sandua aúlla el viento por los viejos tejados: 864
En soledad: No se siente: 488
En ti estás todo, mar, y sin embargo: 282
En tierra lejana: 61
En un jardín te he soñado: 179
En un viejo país ineficiente: 856
En unas breves horas puede el vino, en la dulce demencia del festín y las arpas, laúdes, las delicadas sedas: 870
Enhiesto surtidor de sombra y sueño: 402
Enséñame a escribir la verdad: 837
Entre cañones me miro: 504
Entre la noche era la madreselva como de música: 861
Entro en el aula, empiezo a hablar a un ciento: 833
Era de pino el mástil que atravesó los mares: 515
Era dueño de sí, dueño de nada: 510
Era el mes que aplicaba sus teorías: 400
Era en Numancia, al tiempo que declina: 404
Era mi dolor tan alto: 511
Era una vez un hombre que amaba a una mujer: 398
Eres hermosa como la piedra: 473
Es algo formidable que vio la vieja raza: 28
¡Es con voz de la Biblia, o verso de Walt Whitman: 35
Es el birrete púrpura severo: 66

INDICE

Es la luz misma, la que abrió mis ojos: 496
Es sangre, no granizo, lo que azota mis sienes: 557
Es una tarde cenicienta y mustia: 171
Es uno de esos días cálidos y angustiosos: 62
Esa Soria arbitraria, mía, ¿quién la conoce?: 403
Escuchadme, Señor, tengo los miembros tristes: 871
Eso es, bailaré con ella: 346
España de tiniebla y de amapola: 578
Esta es mi cara y esta es mi alma. Leed: 53
¡Esta es mi vida, la de arriba: 286
Está la luz despierta: 852
Estabais las tres hermanas: 398
Están todas: 400
¿Estás? ¿No estás? Lo ignoro; sí, lo ignoro: 527
Esa huella no es beso: 484
Este arcángel si alsófilo que tigre: 874
Este gran don Ramón, de las barbas de chivo: 41
Este jardín donde estoy: 512
Este viejo café de tertulias burguesas: 68
Estoy viviendo. Mi sangre: 287
Estos días azules y este sol de la infancia: 180
Estoy completo de naturaleza: 287
Estoy en la miseria Dios mío qué te importa: 857
Estribillo Estribillo Estribillo: 399

Francina es blanca y dulce, como una rosa blanca: 280
Fue en Roma: 849
Fue una clara tarde, triste y soñolienta: 169
Fue valiente, fue hermoso, fue artista: 51

Gimiendo por ver el mar: 433
Gozo de gozos: el alma en la piel: 424
¡Gracia, gracia, Señor, que el amor quiero: 58
Gracias doy a la vida por haberme nacido: 838
¡Granados en cielo azul!: 278

Hacia un ocaso radiante: 170
He vuelto a ver los álamos dorados: 175
¿Hay un amor español: 346
Hay voces libres: 503
He cerrado mi balcón: 459
He perdido el ritmo: 346
He poblado tu vientre de amor y sementera: 556
He viajado por la mitad del mundo: 524
Hembra. España. Prohibida. Se alza un muro: 406
Heme aquí frente a ti, mar, todavía: 480
Hemos vivido: 606
Hermanos, los que estáis en lejanía: 529
Hermoso es, hermosamente humilde y confiante: 482
—Hijo: para descansar: 57
¡Hojita verde con sol: 286
Hombre es amor. Hombres es un haz, un centro: 524
Hombre, no te desesperes: 531
Honda es la herida del amor al verte: 826
Hora de mi corazón: 178
Hoy es siempre todavía: 178
Hoy las nubes me trajeron: 443

Igual que este viento, quiero: 502
Inclitas razas ubérrimas, sangre de Hispania fecunda: 33
¡Infancia! ¡Campo verde, campanario, palmera: 278
Innúmeras son ya las vidas truncas: 429

PRIMEROS VERSOS

¡Intelijencia, dame: 284
Invitación al llanto. Esto es un llanto: 416
Isla mía, en ti muere la luz y, sobre ti: 872

Jamás hombre más nacido: 59
Junto a la orilla, el pinar: 582
Juventud, divino tesoro: 38

La aurora de Nueva York tiene: 454
La cama está dispuesta: 853
La campanada blanca de maitines: 54
La cebolla es escarcha: 555

La España de charanga y pandereta: 176
La gaviota sobre el pinar: 829
La luna, trotacalles de la noche: 576
La mirada perdida más allá del espacio: 585
La muerte espera siempre, entre los años: 828
La niebla a nuestros pies rasga sus velos: 407
La noche nos inventa. Sus amantes: 583
La noche, reina negra, desciende hasta sus mares: 65
La princesa está triste... ¿Qué tendrá la princesa?: 29
La rima verbal y pobre: 179
La soledad, en que hemos abierto los ojos: 483
La taberna del muelle tiene mis atracciones: 67
La tarde equivocada: 449
La tarde me está ofreciendo: 411
La verdadera verdad: 532
Las aguas del canal también se han vuelto de oro: 873
Las ausencias: 512
Las barcas de dos en dos: 510
Las monjas de San Francisco: 582
¿Las oyes cómo piden realidades: 413
Las piquetas de los gallos: 451
Las tierras, las tierras, las tierras de España: 440
Lejos Lejos: 391
Llegó con tres heridas: 557
Llegó la sangre al río: 427
Los días no me otorgan más que tránsito: 428
Los aviones tienen siempre: 391
Los olivos grises: 178
Los pianos golpean con sus colas: 846
Los pies en los gladiolos. Y ¿dónde la sonrisa?: 874

Madrid es una ciudad de más de un millón de cadáveres (según las últimas estadísticas): 519
¡Madrid, Madrid! ¡Qué bien tu nombre suena: 180
Manzanas levemente heridas: 454
«Mañana». La palabra: 412
Mañana... Yo no sé... Mañana, acaso: 584
Mas busca en tu espejo al otro: 178
Me estás enseñando a amar: 407
Me ha calentado el sol ya tantos años: 829
Me haces daño, Señor. Quita tu mano: 836
Me registro los bolsillos desiertos: 859
Me tiraste un limón, y tan amargo: 552
Mediaba el mes de julio. Era un hermoso día: 173
Medito a veces: 825
«Mi alma ha dejado su cuerpo: 277
Mi caballo se ha cansado: 395
Mi corbata, mis guantes: 436
Mi infancia son recuerdos de un patio de Sevilla: 172

INDICE

Mi sueño no tiene sitio: 511
Mientras en tu oficina respiras, bostezas, te abandonas, o dictas en tu clase una lección: 844
Mientras haya: 417
Moría la sonata y las rosas olían...: 280
Morir es... Una flor hay, en el sueño: 56
Muchachos: 497
Muerto se quedó en la calle: 448
Murió en mitad de un verso: 408

Nada será que no haya sido antes: 195
Ni el humo, ni el vapor, ni la neblina: 442
Ni mármol duro y eterno: 179
Ni un solo momento, viejo hermoso Walt Whitman: 456
Nieve y azul, bandera de diciembre: 405
No busquéis algo escondido. El ser sólo es presencia: 841
No cantaré, no, la tristeza: 842
¿No cesará este rayo que me habita: 552
No duerme nadie por el cielo. Nadie, nadie: 453
No es el amor quien muere: 492
No es el yo fundamental: 178
No está el aire propicio para estampar mejillas: 401
¡No estás en ti, belleza innúmera: 286
No estás tan sola sin mí: 513
No habían cumplido años ni la rosa ni el arcángel: 437
No he venido a cantar, podéis llevaros la guitarra: 344
No le toques ya más: 285
No me fío de la rosa: 411
—No me das más que palabras: 532
No me preguntéis cuántos pensamientos: 393
No, nunca está el amor: 415
No quiero el verbo raro: 342
No quiero que te vayas: 413
No sé si el alma debe: 532
No sé si el mar es, hoy: 284
No sé. Sólo me llega: 518
No sólo canta el que canta: 55
No te acerques. Tu frente, tu ardiente frente, tu encendida frente: 475
No vinimos acá, nos trajeron las ondas: 347
No tengo nada que decir, que nada: 580
¡Nostalgia, bajo el cielo azul con sol...: 279
Nunca pude beber junto al amigo: 629

Oh España, qué vieja y qué seca te veo: 830
¡Oh perfección! Dependo: 285
¡Oh pinos, oh hermanos en tierra y ambiente: 40
¡Oh poesía hermosa, fuerte y dulce: 441
Oh rosas, fieles rosas de mi jardín en mayo: 833
¡Oh, sí! Conmigo vais, campos de Soria: 175
Otra vez el río, amante: 435
Otra vez en la noche... Es el martillo: 180
Otro tiempo vendrá distinto a éste: 845

Padre y maestro mágico, liróforo celeste: 30
Pájaro errante y lírico, que en esta floreciente: 279
Palacio, buen amigo: 176
Panorama vibracionista: 390
Para inventar a Dios, nuestra palabra: 819
Para ti, que conoces cómo la piedra canta: 478
Para vivir no quiero: 412
Parece el mar sereno: 64

PRIMEROS VERSOS

Parece, mar, que luchas: 282
Pasada se halla ahora la mitad de mi vida: 495
Pensar en ti esta noche: 414
Perdimos las palabras: 850
Perdóname por ir así buscándote: 413
Pintada, no vacía: 557
Poderosa es la fábrica de mármol: 866
Poesía...: 342
Poned atención: 178
Por el aroma roto de un recuerdo: 579
Por la espaciosa frente, pálida y pensativa: 62
¿Por qué, decísme, hacia los altos llanos: 179
¿Por qué habéis dicho todos: 343
¿Por qué me miras tan serio, carretero: 434
Por un ventanal: 177
Perdonadme: he dormido: 485
Porque vivir se ha puesto al rojo vivo: 836
¿Por qué pones tanto empeño: 532
Prefiere la rima pobre: 179
Pronto, de prisa, mi reino: 503
Primero, era un mandato de cruzada arcangélica: 834
Puerto de Gran Canaria sobre el sonoro Atlántico: 67

Qué alegría, vivir: 412
¡Qué bonita es la princesa!: 51
¿Qué colofón pondré a mi vida?: 348
¡Qué golpe aquel de aldaba: 509
Qué hermosa eres, libertad. No hay nada: 525
¡Qué inmensa desgarradura: 285
¡Qué música del tacto: 511
¡Qué no quiero verla: 458
¡Qué pena ésta de hoy: 510
¿Qué signo haces, oh cisne, con tu encorvado cuello: 36
Qué tiernamente heridos marchamos por el tiempo: 824
¡Qué tristes almas en pena: 53
Quiero expresar mi angustia en versos que abolida: 37
Quizá mis lentos ojos no verán más el Sur: 488
¡Qué revuelo: 435
¡Qué sola estabas por dentro!: 511
Queda curvo el firmamento: 425
Quiero decirle al tren que no me espere: 577
Quiero dormir el sueño de las manzanas: 459
Quietas, dormidas están: 411

Raso amarillo a cambio de mi vida: 869
Respiro: 421
Retorcedme sobre el mar: 434
Río Duero, río Duero: 402
Romperemos, extáticos, la Luna: 518
Rosa de Alberti allá en el rodapié: 434
Rubios, pulidos senos de Amaranta: 436

Se equivocó la paloma: 440
Se querían: 477
Se reunió en concilio el hombre con sus dientes: 850
Sentado en el columpio: 399
Sentencia en duro mausoleo: 408
Sentirse solo en medio de la vida: 512
Señor: lo tienes todo; una zona sombría: 828
Señor, ya me arrancaste lo que yo más quería: 175
Ser en la vida: 343
¿Serás, amor: 414

INDICE

Si aquella voz del agua en la ribera: 582
Si dices que eres poeta: 532
Si el hombre pudiera decir lo que ama: 490
Siempre gustan del misterio: 56
Sí. Estás conmigo ¡ay!: 282
Si he perdido la vida, el tiempo, todo: 837
Si la palmera pudiera: 405
Si me llamaras, sí: 412
Si mi voz muriera en tierra: 434
Si pierdo la memoria, qué pureza: 868
¡Si pudiese dormir! Aun me extravío: 427
Sí, te he querido como nunca: 476
Si vais por la carrera del arrabal, apartaos, no os inficione mi pestilencia: 523
Si volviera a vivir por estos valles: 629
¡Si yo hubiera podido, oh Cádiz, a tu vera: 443
Siempre la claridad viene del cielo: 847
Sobre el olivar: 177
Sola tú junto a mí, junto a mi pecho: 819
¿Soledad, y está el pájaro en el árbol: 287
Solo, hidrópico, solo: 392
Sólo quien ama vuela: Pero, ¿quién ama tanto: 558
Sólo tu me acompañas, sol amigo: 281
¡Sólo un punto!: 282
Somos los hombres intranquilos: 426
Sonidos y perfumes, Claudio Aquiles: 404
Soñando, España, voy con tus caminos: 576
Soria fría, Soria pura: 174
Soy yo quien anda esta noche: 277

¡Tan! ¡Tan! ¡Tan! Canta el martillo: 196
¿Tanta luz? ¿Tanta muerte?: 502
Te llamé. Me llamaste: 503
«Te vas quedando atrás, España, entera: 574
Te vi muerta en la luna de un espejo encantado: 61
Tengo miedo a perder la maravilla: 459
Tengo un querer y una pena: 53
Tiempo en profundidad: está en jardines: 426
Tiene el mar su mecánica como el amor sus símbolo: 866
Tiene mi naturaleza: 45
Tímidamente pregunto: 827
Toda esta hermosa tarde, de poca luz: 851
Todas las rosas blancas de la luna caían: 279
Todo narcisismo: 178
Tu curva humilde, la forma silenciosa: 824
Tú me ofreces la vida con tu muerte: 531
¿Tu verdad? No, la verdad: 178
Tú y tu desnudo sueño. No lo sabes: 404
Tus ojos me están mintiendo: 531
Tus ojos oxigenan los rizos de la lluvia: 400
Todos vienen a darme consejos: 506
Tú le diste esa ardiente simetría: 519
Tú te confundes, sales, te unes —dentro o fuera de ti—: 507

Umbrío por la pena, casi bruno: 533
Un ave herida se aquietó en mi frente: 515
Un día estaba yo triste, muy tristemente: 41
Una sílaba: 583
Unos cuerpos son como flores: 490

Velo por los mendigos humanos: 860
Ven, pobre peregrino, que caminas en vano: 52
Verde que te quiero verde: 450

PRIMEROS VERSOS

Viajero, tú nunca: 848
Viendo volar a la cigüeña: 63
Vinieras y te fueras dulcemente: 472
Vino, primero, pura: 284
Vino, sentimiento, guitarra y poesía: 50
¿Volver? Vuelva el que tenga: 498
Vosotros conocisteis la generosa luz de la inocencia: 479
Vuela mi corazón: 514
Vuelve la vista atrás y busca esa evidencia: 871

...Y ahora estará la primavera alzando: 577
...Y las viejas familias cierran las ventanas: 439
...Y ya estarán los esteros: 433
...Y yo me iré. Y se quedarán los pájaros: 281
Y qué decir de nuestra madre España: 853
Ya baja mucha luz por tus orillas: 850
Ya hay un español que quiere: 177
Ya la distancia entre los dos abierta: 494
Ya sólo existe una palabra: tuya: 406
Yo adoro a una sonámbula con alma de Eloísa: 30
Yo no sé muchas cosas, es verdad: 345
Yo no soy yo: 284
Yo, que fundé todos mis deseos: 868
Yo quiero ser llorando el hortelano: 553
Yo sólo Dios y padre y madre míos: 284
Yo soy aquel que ayer no más decía: 31
Yo soy como las gentes que a mi tierra vinieron: 49
«Yo soy la luz». Miraba hacia la tarde: 842
Yo soy como un ciego: 55
Yo voy soñando caminos: 170

Indice de autores

(Se señalan en cursiva los autores y las obras que figuran en la parte documental)

Abellán, José Luis: 567
Alberti, Rafael: 430-443
Albornoz, Aurora de: 568-569
Aldecoa, Ignacio: 772-779
Aleixandre, Vicente: 470-485
Alonso, Dámaso: *365-366*, 516-527, *806*
Altolaguirre, Manuel: 508-513
Alvarez Quintero, Joaquín: 256-259
Alvarez Quintero, Serafín: 256-259
Andújar, Manuel: *566-567*, 602-606
Aparicio, Antonio: 577
Arconada, César M.: 547-549
Arniches, Carlos: 249-256
Arrabal, Fernando: 705-713
Aub, Max: 584-594
Ayala, Francisco: 606-616
Aznar Soler, Manuel: 22-24, 373-374
«Azorín»: *85-90*, 145-161, *272*.

«Barga, Corpus»: Véase García de la Barga
Baroja, Pío: *87-90*, 124-144
Bartra, Agustí: 563-564
Benavente, Jacinto: 235-243
Benet, Juan: 796-799
Benguerel, Xavier: 568
Bergamín, José: 528-532
Blanco Aguinaga, Carlos: 92-94
Blasco Ibañez, Vicente: 211-215
Bleiberg, Germán: 265-266
Bousoño, Carlos: *366-367*, 842-844
Breton, André: 367-371
Brines, Francisco: 851-854
Buckley, Ramón: 736-737
Buero Vallejo, Antonio: *653-655*, 663-674
Buñuel, Luis: 371-372

Candiz, Angel: 392
Carnero, Guillermo: *814-815*, 869-871
Carranque de Ríos, Andrés: 544-546
Carvajal, Antonio: 874-876
Carrere, Emilio: 24
Casona, Alejandro: 630-633
Castellet, José María: 376, 815-817
Castro, Américo: 634-637
Cela, Camilo José: 738-752
Celaya, Gabriel: *809*, 838-841
Cernuda, Luis: 486-500
Chacel, Rosa: 617-623
Chávarri, Eduardo L.: 16-17
Ciges Aparicio, Manuel: 218-220
Colinas, Antonio: 871-873
Costa, Joaquín: 78-80
Crémer, Victoriano: 826-828

Darío, Rubén: 25-41
Deleito y Piñuela, José: 17-18
Delibes, Miguel: 753-760
Díaz Fernández, José: *374-375*, 539-542
Díaz-Plaja, Guillermo: 272-273
Dicenta, Joaquín: 262-263
Diego, Gerardo: 396-408
Díez-Canedo, Enrique: *18-19*, 63-65
Domenchina, Juan José: 579-581
Domenech, Ricardo: 649-650
D'Ors, Eugenio: 327-330

Espina, Antonio: *363*, 533-535
Espinosa, Agustín: 542-544

Felipe, León: 342-345
Fernández Almagro, Melchor: 226-227
Fernández Flórez, Wenceslao: 338-341
Fortún, Fernando: 68-69

Gala, Antonio: 693-697
Ganivet, Angel: 99-103
García Baena, Pablo: 861-863
García de la Barga, Andrés: 564-566
García Cabrera, Pedro: 393
García de la Concha, Víctor: 808-809
García Hortelano, Juan: 812-813
García Lorca, Federico: 444-469
García Lorenzo, Luciano: 227-228, 645-649
García Pavón, Francisco: 230, 656-657
Garfias, Pedro: 578-579
Gil, Ricardo: 47
Gil-Albert, Juan: 623-629
Gil de Biedma, Jaime: 854-856
Gimferrer, Pere: 866-869
Giner de los Ríos, Francisco: 575-576
Gómez de la Serna, Ramón: *359*, 377-389
González, Angel: 844-846
Goytisolo, Juan: 787-795
Grande, Félix: 810-811
Grau, Jacinto: 266-268
Guillén, Jorge: *364, 372-373*, 419-428
Gullón, Ricardo: 20-21, 91-92
Gutiérrez Solana, José: 220-221

Hernández, Miguel: 549-558
Herrera Petere, José: 577
Hidalgo, José Luis: 828-829
Hierro, José: 829-830
Hinojosa, José María: 513-515

Jardiel Poncela, Enrique: 641-642
Jarnés, Benjamín: 535-539
Jiménez, Juan Ramón: 274-295

DE AUTORES

Labordeta, Miguel: 859-861
Laforet, Carmen: 726
Lapesa, Rafael: 98
Larrea, Juan: 355
Lasso de la Vega, Rafael: 70-71, 390
León, María Teresa: 573-574
Lloréns, Vicente: 562-563

Macías Picavea, Ricardo: 76-78
Machado, Antonio: 167-182
Machado, Manuel: *14-16,* 48-59
Maeztu, Ramiro: 162-166
Mainer, José Carlos: 13-14, 227
Mallada, Lucas: 75-76
Marañón, Gregorio: 330-332
Marinetti, Filippo: 359
Marquina, Eduardo: 244-249
Martín Recuerda, José: 689-693
Martín-Santos, Luis: 779-787
Martínez Ruiz, José: Véase «Azorín».
Martínez Sierra, Gregorio: 69-70
Marra-López, José Ramón: 571-572
Menéndez Pidal, Ramón: 333-337
Mihura, Miguel: 698-705
Miralles, Alberto: 657-658
Miró, Gabriel: 296-305
Molina, Ricardo: 864-866
Montes, Eugenio: 392
Morales, Rafael: 823-844
Morales, Tomás: 66-68
Moreno Villa, José: 345-348
Muñiz, Carlos: 655-656, 686-688
Muñoz Seca, Pedro: 260-261
Monleón, José: 227

Nieva, Francisco: *660-662,* 715-718
Noel, Eugenio: 216-217
Nora, Eugenio G. de: *733-735,* 825-826

Oliver, Federico: 264
Olmo, Lauro: 681-683
Ortega y Gasset, José: 316-326
Ory, Carlos Edmundo de: 857-858
Otero, Blas de: 835-838

Panero, Leopoldo: 818-819
Paso, Alfonso: 651-652
Pereda, Rosa María: 817-818

Pérez de Ayala, Ramón: *229-230,* 306-316
Pérez Galdos, Benito: 231-235
Prados, Emilio: 500-507

Quiroga Pla, José María: 576

Reina, Manuel: 42-44
Rejano, Juan: 581-585
Riaza, Luis: 659-660
Ribes, Francisco: 811-812
Risco, Antonio: 566-567
Rivas Panedas, José: 391
Rodríguez, Claudio: 846-848
Rodríguez Méndez, José María: 684-685
Romero Esteo, Miguel: 719-723
Rosales, Luis: 820-823
Rubio, Fanny: 807-808
Rueda, Salvador: 45-46
Ruibal, José: 713-715
Ruiz Ramón, Francisco: 228-229, 658-659

Salaün, Serge: 375-376
Salinas, Pedro: *90-91, 364-365,* 409-419
Sánchez Albornoz, Claudio: 637-640
Sánchez Ferlosio, Rafael: 768-772
Sanz Villanueva, Santos: 569-571, 735-736
Sastre, Alfonso: *652-653,* 674-680
Sawa, Alejandro: 21-22
Senador, Julio: 81
Sender, Ramón J.: 595-601
Serrano Plaja, Arturo: 574-575
Shaw, Donald: 96-98
Sobejano, Gonzalo: 94-96, 731-732

Torre, Guillermo de: *362-363,* 390
Torrente Ballester, Gonzalo: 761-767
Trigo, Felipe: 208-211
Tzara, Tristán: 360-361

Unamuno, Miguel de: 103-123

Valente, José Angel: 849-850
Valverde, José María: 832-834
Valle-Inclán, Ramón María del: *19-20,* 183-205
Villaespesa, Francisco: 60-62
Villalón, Fernando: 394-395

Zayas, Antonio de: 65-66

Indice general

	Pág.
NOTA PREVIA	6

I. LA CRISIS DE FIN DE SIGLO

	Pág.
1. EL MODERNISMO	10
DOCUMENTOS	13
I. José-Carlos Mainer	13
II. Manuel Machado	14
III. Eduardo L. Chávarri	16
IV. José Deleito y Piñuela	17
V. Enrique Díez-Canero	18
VI. Ramón María del Valle-Inclán	19
VII. Ricardo Gullón	20
VIII. Alejandro Sawa	21
IX. Manuel Aznar Soler	22
X. Emilio Carrere	24
Rubén Darío	25
de *Prosas profanas*	27
de *El canto errante*	28
de *Azul*	
Caupolicán	28
de *Prosas profanas*	
Sonatina	29
«Ite, Missa est»	30
Verlaine	30
de *Cantos de vida y esperanza*	
[s.t.]	31
Salutación del optimista	33
A Roosevelt	35
Los cisnes	36
Nocturno	37
Canción de otoño en primavera	38
Lo fatal	39
de *El canto errante*	
La canción de los pinos	40
Soneto	41
de *Poemas sueltos*	
Triste, muy tristemente	41
Manuel Reina	42
de *La vida inquieta*	
Sueños	42
Byron en la bacanal	43
Salvador Rueda	45
de *En tropel. Cantos españoles*	
Catalepsia	45
de *La Bacanal (desfile antiguo). Camafeos. Acuarelas*	
Los pavos reales. Acuarela americana	46
de *Fuente de la salud*	
La sandía	46
Ricardo Gil	47
de *La caja de música*	
Tristitiae rerum	47
Manuel Machado	48
de *Alma*	
Adelfos	49
Cantares	50
Castilla	50
Oliveretto de Fermo	51
Miniaturas	51
de *Caprichos*	
La voz que dice...	52
de *La Fiesta Nacional*	
IV	52
VII	52
de *El mal poema*	
Retrato	53
Nocturno madrileño	53
de *Apolo*	
Beato Angélico. La anunciación	54
Velázquez. La infanta Margarita	54
de *Cante hondo*	
Cante hondo	54
Soleares	55
Malagueñas	55
Seguiriyas gitanas	55
Tonás y livianas	56
de *Ars Moriendi*	
I a IX	56
Morir, dormir	57
de *Dedicatorias*	
A Alejandro Sawa	57
de *Phoenix*	
Nessun Maggior Dolore...	57
de *Horas de oro*	
«Domine, ut videam...»	58
de *El amor y la muerte*	
Alma parisién	58
Francisco Villaespesa	60
de *El alto de los bohemios*	
Ave, fémina	61
de *Rapsodias*	
La hermana	61
de *Tristitiae rerum*	
Animae rerum	62
La musa verde	62
de *El patio de arrayanes*	
Autorretrato	62

ENRIQUE DÍEZ-CANEDO 63
   de *Versos de las horas*
      Japonería 63
   de *Algunos versos*
      Watteau 64
   de *Epigramas americanos*
      Peces voladores 64
      Entrando en Río de Janeiro de noche 65
   de *Jardinillos de Navidad y Año Nuevo*
      Scherzo de los murciélagos 65

ANTONIO DE ZAYAS 65
   de *Retratos antiguos*
      El Cardenal de Ferrara 66
   de *Joyeles bizantinos*
      Venecia 66

TOMÁS MORALES 66
   de *Las rosas de Hércules*
      Poemas del mar 67
      Oda al Atlántico 68

FERNANDO FORTÚN 68
   de *Reliquias*
      Este viejo café 68

GREGORIO MARTÍNEZ SIERRA ....
   de *Flores de escarcha*
      La linterna mágica 69

RAFAEL LASSO DE LA VEGA ....
   de *El corazón iluminado*
      Castillo fantástico 70
   de *Prestigios*
      Idilio 71

2. EL REGENERACIONISMO 73

LUCAS MALLADA 75
   de *Los males de la patria*
      La inmoralidad pública 75

RICARDO MACÍAS PICAVEA 76
   de *El problema nacional* 76

JOAQUÍN COSTA 76
   de *Oligarquía y caciquismo*
      El gobierno de los peores 78
      Quiénes deben gobernar después de la catástrofe 79

JULIO SENADOR 81
   de *Castilla en escombros*
      Introducción 81

3. LA GENERACION DEL 98 82

DOCUMENTOS 85
   I.   AZORÍN 85
   II. PÍO BAROJA 87
   III. PÍO BAROJA, RAMIRO DE MAEZTU Y AZORÍN 88
   IV. PEDRO SALINAS 90

GENERAL

   V.   RICARDO GULLÓN 91
   VI. CARLOS BLANCO AGUINAGA 92
   VII. GONZALO SOBEJANO 94
   VIII. DONALD SHAW 96
   IX. RAFAEL LAPESA 98

ANGEL GANIVET 99
   de *Ideárium español* 100
   de *Los trabajos del infatigable creador Pío Cid*
      Trabajo Cuarto 102

MIGUEL DE UNAMUNO 103
   de *Recuerdos de niñez y de mocedad* 106
   de *Andanzas y visiones españolas*
      Salamanca 106
   de *Cómo se hace una novela* 107
   de *De mi vida*
      Pequeña confesión cínica 107
      El dolor de pensar 108
   de *Cómo se hace una novela* 108
   de *Mi religión y otros ensayos*
      Mi religión 108
   de *Del sentimiento trágico de la vida*
      El hambre de inmortalidad 109
   de *De mi vida*
      Macanas de Miguel 109
   de *Vida de Don Quijote y Sancho*
      El sepulcro de Don Quijote 110
   de *En torno al casticismo*
      La tradición eterna 111
   de *Niebla* 112
   de *San Manuel Bueno, mártir* 117
   de *Andanzas y visiones españolas*
      La torre de Monterrey a la luz de la helada 120
   de *Poesías*
      Castilla 122
      Credo poético 123
   de *Romancero del destierro*
      Vendrá de noche 123
   de *Cancionero*
      [s.t.] 123

PÍO BAROJA 124
   de *Juventud, egolatría*
      Dogmatofagia 126
      Ignoramus, ignorabimus 126
      La estupidez y la crueldad 126
      La política 126
   de *César o nada*
      Divagaciones casi trascendentales 127
   de *Divagaciones apasionadas*
      Desorientación 127
   de *Desde la última vuelta del camino*
      Reportajes. Lo que desaparece en España. 128
   de *Los amores tardíos*
      Prólogo 128

INDICE

	Pág.
de *Juventud, egolatría*	
La retórica del tono menor	129
de *Camino de perfección*	130
de *La busca*	
El corralón	132
de *El árbol de la ciencia*	
La crueldad universal	135
Plan filosófico	137
Alcolea del Campo	138
de *El mundo es ansí*	140
de *Las inquietudes de Shanti Andía*	
La herida	140
de *Paradox, rey*	
Elogio sentimental del acordeón	143
de *Canciones del suburbio*	
Final	144
AZORÍN	145
de *Las confesiones de un pequeño filósofo*	
La vida en el colegio	147
Yecla	148
de *La voluntad*	149
de *La ruta de Don Quijote*	
Los molinos de viento	152
de *Castilla*	
Las nubes	154
de *Una hora de España*	
El viejo inquisidor	157
de *Doña Inés*	
La espera	158
La carta	158
Segovia	159
de *Memorias inmemoriales*	161
de *Un pueblecito*	
Estilo oscuro, pensamiento oscuro	161
RAMIRO DE MAEZTU	162
de *Hacia otra España*	
Cómo se hará la nueva España	163
de *Don Quijote, don Juan y la Celestina*	
España y el «Quijote»	164
de *Defensa de la Hispanidad*	
La misión interrumpida	164
Un lema de caballeros	165
ANTONIO MACHADO	167
Poética	169
de *Soledades, Galerías y otros poemas*	
VI	169
XI	170
XIII	170
LIX	171
LXXVII	171

	Pág.
de *Campos de Castilla*	
XCVII. Retrato	172
XCVIII. A orillas del Duero	173
CXIII. Campos de Soria	174
CXIX	175
CXXI	176
CXXVI. A José María Palacio	176
CXXXV. El mañana efímero	176
CXXXVI. Proverbios y cantares	177
de *Nuevas canciones*	
CLIV. Apuntes	177
CLXI. Proverbios y cantares	178
CLXIV. Los sueños dialogados	179
De mi cartera	179
de *De un cancionero apócrifo*	
CLXXIII. Canciones a Guiomar	179
de *Poesías de la guerra*	
[s.t.]	180
[A Guiomar]	180
La muerte del niño herido	180
Ultimo verso de Machado	180
de *Juan de Mairena*	
Mairena en su clase de retórica y poética	181
Proverbios y consejos de Mairena	181
Sobre la filosofía guerrera de los alemanes	182
de *Una carta*	182
RAMÓN M.ª DEL VALLE-INCLÁN	183
de *Sonata de estío*	184
de *Sonata de otoño*	185
de *Romance de lobos*	188
de *La marquesa Rosalinda*	191
de *Farsa italiana de la enamorada del rey*	192
de *Farsa y licencia de la reina castiza*	192
de *Divinas palabras*	193
de *El pasajero*	
Rosa gnóstica	195
de *La pipa de Kif*	
Garrote vil	196
de *Luces de bohemia*	
Escena II	196
Escena XII	198
de *Los cuernos de Don Friolera*	199
de *Tirano Banderas*	
Icono del tirano	200
La recámara verde	201
Epílogo	202
de *La corte de los milagros*	
La rosa de oro	203
de *Viva mi dueño*	
Capítulo de esponsales	204

II. OTRAS TENDENCIAS DE LA PROSA

FELIPE TRIGO	208	de *Así paga el diablo*	
de *Las ingenuas*	208	A prueba	208

	Pág.
de *Cuentos ingenuos*	
La receta	209
de *El médico rural*	210
VICENTE BLASCO IBÁÑEZ	211
de *La barraca*	
Capítulo IV	212
de *Cañas y barro*	
Capítulo V	214
EUGENIO NOEL	216
Capeas pueblerinas	216
MANUEL CIGES APARICIO	218
de *El vicario*	
Capítulo IV	218
JOSÉ GUTIÉRREZ SOLANA	220
de *La España negra*	
La corrida de toros en Santoña	220
El osario de Zamora	221

III. EL TEATRO HASTA 1939

	Pág.
DOCUMENTOS	226
I. MELCHOR FERNÁNDEZ ALMAGRO	226
IIa. JOSÉ CARLOS MAINER	226
IIb. JOSÉ MONLEÓN	227
III. LUCIANO GARCÍA LORENZO	225
IV. FRANCISCO RUIZ RAMÓN	226
V. RAMÓN PÉREZ DE AYALA	229
VI. FRANCISCO GARCÍA PAVÓN	230
BENITO PÉREZ GALDÓS	231
de *Electra*	
Acto primero	231
de *Celia en los infiernos*	
Acto segundo	232
Acto cuarto	233
JACINTO BENAVENTE	235
de *Lo cursi*	
Acto I	236
de *Los intereses creados*	
Prólogo	237
Cuadro I	238
Cuadro II	239
Acto segundo	241
EDUARDO MARQUINA	244
de *Las hijas del Cid*	
Acto segundo	244
de *En Flandes se ha puesto el sol*	
Acto primero	246
CARLOS ARNICHES	249
de *Del Madrid castizo*	
Los culpables	250
de *La señorita de Trévelez*	
Acto tercero	253
SERAFÍN y JOAQUÍN ALVAREZ QUINTERO	256
de *La reja*	257
de *Abanicos y panderetas*	257
de *Amores y amoríos*	258
PEDRO MUÑOZ SECA	260
de *La venganza de Don Mendo*	
Acto primero	260
JOAQUÍN DICENTA	262
de *Juan José*	
Acto primero	262
de *El señor feudal*	
Acto primero	263
FEDERICO OLIVER	264
de *Los semidioses*	
Acto segundo	264
GERMÁN BLEIBERG	265
Amanecer (poema dramático en un acto)	265
JACINTO GRAU	266
de *El señor de Pigmalión*	267

IV. EL NOVECENTISMO

	Pág.
DOCUMENTOS	272
I. AZORÍN	272
II. GUILLERMO DÍAZ-PLAJA	272
JUAN RAMÓN JIMÉNEZ	274
Poética	277
Gozar de larga luz	277
de *Arias tristes*	
Nocturnos	277
de *Jardines lejanos*	
Jardines místicos	277
de *Pastorales*	
El valle	278
de *Elegías*	
Elegías lamentables	278
de *La soledad sonora*	
La soledad sonora	279
Rosas de cada día	279

INDICE

	Pág.
de *Poemas mágicos y dolientes*	
XIV. Nostalgia	279
Francina en el jardín	280
de *Melancolía*	
Tercetos melancólicos	280
Hoy	280
de *Poemas agrestes*	
El viaje definitivo	281
de *Sonetos espirituales*	
XV. Retorno fugaz	281
de *Estío*	
CIII. Convalecencia	281
de *Diario de un poeta recién casado*	
XXIX. Soledad	282
XL. Mar	282
XLI. Mar	282
LXXV	282
LXXXIX. La negra y la rosa	283
CLIV. Puerto	283
CLXXXIX. Ciego	283
CXC	284
de *Eternidades*	
Amor y poesía cada día	284
de *Piedra y cielo*	
Piedra y cielo: I	285
XXXIII. Cristales	285
Piedra y cielo: III	286
Mía	286
de *Poesía*	
Parte II	286
Sur	287
de *Belleza*	287
de *La estación total*	
El otoñado	287
Estoy viviendo	287
La compañía	287
de *En el otro costado*	
Réquiem de vivos y muertos	288
Sima extraña	288
de *Dios deseado y deseante*	
La transparencia, Dios, la transparencia	288
Soy animal de fondo	289
de *Leyenda*	
Cuando yo era el niñodiós	290
de *Espacio*	290
de *Platero y yo*	
I. Platero	294
XIX. Paisaje grana	294
LII. El pozo	294
CXXXV. Melancolía	295
GABRIEL MIRÓ	296
de *Las cerezas del cementerio*	
Hogar de Félix. Estrado de amor	297
de *Figuras de la Pasión del Señor*	
Sanhedritas amigos de Jesús	298
de *Libro de Sigüenza*	
El señor Cuenca y su sucesor	300
de *El obispo leproso*	
Monseñor Salom y su familia	305

	Pág.
RAMÓN PÉREZ DE AYALA	306
de *La pata de la raposa*	
La noche. La tarde	307
de *Troteras y danzaderas*	
Verónica y Desdémona	308
de *Belarmino y Apolonio*	
Rua Ruera, vista desde dos lados	310
El filósofo y el dramaturgo	311
de *Las máscaras*	
El liberalismo y la loca de la casa	313
de *El sendero andante*	
Filosofía	315
JOSÉ ORTEGA Y GASSET	316
de *El espectador*	
Tierras de Castilla	317
Democracia morbosa	318
Temas de viaje	319
de *Meditaciones del Quijote*	
Lector...	319
de *El tema de nuestro tiempo*	
La doctrina del punto de vista	320
de *La deshumanización del arte*	
Arte artístico	322
Comienza la deshumanización del arte	323
de *España invertebrada*	
La ausencia de los «mejores»	324
de *La rebelión de las masas*	
El hecho de las aglomeraciones	325
EUGENIO D'ORS	327
de *Glosario*	327
de *De la amistad y del diálogo*	
Decálogo para todo dialogante	328
III, IV, VII, XIII	328
de *Aprendizaje y heroísmo*	329
GREGORIO MARAÑÓN	330
de *Don Juan*	
El instinto indiferenciado	331
El escándalo. Las trampas	331
Errores en la interpretación de Don Juan	332
RAMÓN MENÉNDEZ PIDAL	333
de *Historia general de las literaturas hispánicas*	
Espontaneidad, improvisación	333
de *Los godos y la epopeya española*	
Densidad del ambiente germánico en la epopeya	334
de *Los españoles en la historia*	
Las dos Españas en guerra civil	334
La España única	336
WENCESLAO FERNÁNDEZ FLÓREZ	338
de *Visiones de neurastenia*	
Los esqueletos	338
de *El malvado Carabel*	
En el que se asiste a la terrible lucha entre Carabel y una caja de caudales	340

	Pág.
León Felipe	342
de *Versos y oraciones del caminante*	
Prologuillos	342
Romero solo	343
de *Español del éxodo y del llanto*	
El hacha. Elegía española	343
de *El poeta prometeico*	
No he venido a cantar	344
de *Llamadme publicano*	
Sé todos los cuentos	345

	Pág.
José Moreno Villa	345
de *Evoluciones*	
Ritmo roto	346
de *Jacinta la pelirroja*	
Bailaré con Jacinta la pelirroja	346
Dos amores, Jacinta	346
Cuadro cubista	347
de *La noche del verbo*	
Nos trajeron las ondas	347
de *Voz en vuelo a su cuna*	
Colofón	348

V. MOVIMIENTOS DE VANGUARDIA Y GENERACION DEL 27

Documentos		359
I.	Marinetti	359
II.	Tristán (Ramón Gómez de la Serna)	359
III.	Tristán Tzara	360
IV.	Ultra	361
V.	*Manifiesto del ultra*	362
VI.	Guillermo de Torre	362
VII.	Antonio Espina	363
VIII.	Jorge Guillén	364
IX.	Pedro Salinas	364
X.	Dámaso Alonso	365
XI.	Carlos Bousoño	366
XII.	André Breton	367
XIII.	Luis Buñuel	371
XIV.	Jorge Guillén	372
XV.	Manuel Aznar Soler	373
XVI.	José Díaz Fernández	374
XVII.	*Caballo verde para la poesía*	375
XVIII.	Serge Salaün	375
XIX.	José María Castellet	376

Ramón Gómez de la Serna	377
de *Automoribundia*	379
Greguerías	380
de *Senos*	382
de *El chalet de las rosas*	
La reconstrucción del crimen	382
de *El torero Caracho*	385
de *Cinelandia*	
El idilio de Mary	386
de *El incongruente*	
Huida hacia el pueblo de las muñecas de cera	386
de *Los medios seres*	
Prólogo del apuntador	388

Textos vanguardistas	390
Guillermo de Torre	390
Rafael Lasso de la Vega	390
José Rivas Panedas	391
Eugenio Montes	392
Angel Candiz	392

Pedro García Cabrera	393
Fernando Villalón	394
de *Romances del 800*	
825	394
Garrochistas	395
Gerardo Diego	396
de *Primera antología de sus versos*	
Poética	398
de *El romancero de la novia*	
Las tres hermanas	398
de *Iniciales*	
Era una vez	398
de *Imagen*	
Angelus	399
Estética	399
de *Manual de espumas*	
Rima	400
Nocturno	400
de *Fábula de Equis y Zeda*	
Amor	400
de *Poemas adrede*	
No está el aire propicio	401
de *Versos humanos*	
El ciprés de Silos	402
de *Soria*	
Romance del Duero	402
Esa Soria arbitraria	403
de *Biografía incompleta*	
Valle Vallejo	403
de *Alondra de verdad*	
Insomnio	404
Revelación	404
A C. A. Debussy	404
de *La suerte o la muerte*	
El espontáneo	405
Verónicas gitanas	405
de *Versos divinos*	
La palmera	405
A la Inmaculada Concepción de Nuestra Señora	405
de *Amor solo*	
Tuya	406

INDICE

                         Pág.

de *Paisaje con figuras*
    Hembra o España 406
de *Mi Santander, mi cuna, mi palabra*
    Castro de Valnera 407
de *Canciones a Violante*
    Me estás enseñando 407
de *Cementerio civil*
    En mitad del verso 408
    Nada 408

PEDRO SALINAS 409
    Poética 410
de *Seguro azar*
    Mirar lo invisible 411
    Fe mía 411
de *Fábula y signo*
    Underwood girls 411
de *La voz a ti debida* 412
de *Razón de amor* 414
de *El contemplado*
    El contemplado 415
    Variación III 415
de *Todo más claro*
    Cero 416
de *Confianza*
    Confianza 417
de *El defensor*
    Defensa del lenguaje 418

JORGE GUILLÉN 419
de *Aire nuestro: Cántico-Clamor-Homenaje*
    Mientras el aire es nuestro 421
de *Cántico*
    Más allá 422
    Los nombres 423
    Cima de la delicia 423
    Primavera delgada 424
    Anillo 424
    Desnudo 425
    Beato Sillón 425
    Perfección 425
    Afirmación 426
    Muerte a lo lejos 426
    Los jardines 426
    Las doce en el reloj 426
de *Clamor: Maremágnum*
    Los intranquilos 426
    El engaño a los ojos 427
de *Clamor: Que van a dar en la mar*
    El descaminado 427
de *Clamor: A la altura de las circunstancias*
    La sangre al río 427
de *Homenaje*
    Una prisión 428
    Esperanza 428
de *Y otros poemas*
    Guirnalda civil 429
    Arte rupestre 429
de *Final*
    Vida de la expresión 429

                         Pág.

    Le temps retrouvé 429
RAFAEL ALBERTI 430
    Palabras preliminares a *Marinero en tierra* .. 431
    La arboleda perdida 431
de *Marinero en tierra*
    (s.t.) 433
    A Rosa de Alberti, que tocaba, pensativa, el arpa 434
de *La amante*
    De Aranda de Duero a Peñaranda de Duero 434
    Peñaranda de Duero 434
    Roa de Duero 435
de *Yo era un tonto y lo que he visto me ha hecho dos tontos*
    Cita triste de Charlot 436
de *Sobre los ángeles*
    Los dos ángeles 436
    Huésped de las nieblas 437
    Los ángeles muertos 438
    El ángel superviviente 439
de *El poeta en la calle*
    Un fantasma recorre Europa 439
de *De un momento a otro*
    Galope 440
de *Entre el clavel y la espada*
    Muelle del reloj 441
de *Retornos de lo vivo lejano*
    Retornos de la invariable poesía 441
de *A la pintura*
    Zurbarán 442
de *Ora marítima*
    Por encima del mar, desde la orilla americana del Atlántico 443
de *Baladas y canciones del Paraná*
    Baladas y canciones de la quinta del mayor loco 443
de *Roma, peligro para caminantes*
    Lo que dejé por ti 443

FEDERICO GARCÍA LORCA 444
    Sobre el romancero gitano 447
    Un poeta en Nueva York 447
    Discurso a los actores madrileños 448
de *Poema del Cante Jondo*
    Baladilla de los tres ríos 448
    Sorpresa 448
    Memento 449
de *Canciones*
    Paisaje 449
    Canción de jinete (1860) 449
    Canción de jinete 449
    La soltera en misa 450
    Suicidio 450
de *Romancero gitano*
    Romance sonámbulo 450
    Romance de la pena negra 451
    San Rafael 452

GENERAL

	Pág.
Prendimiento de Antoñito el Camborio en el camino de Sevilla	452
de *Poeta en Nueva York*	
Ciudad sin sueño	453
La aurora	454
Grito hacia Roma	454
Oda a Walt Whitman	456
de *Llanto por la muerte de Ignacio Sánchez Mejías*	
La sangre derramada	458
de *Diván del Tamarit*	
Gacela de la muerte oscura	459
Casida del llanto	459
de *Sonetos del amor oscuro*	
Soneto de la dulce queja	459
El poeta pide a su amor que le escriba	460
Ay voz secreta del amor oscuro	460
de *Así que pasen cinco años*	461
de *Tragicomedia de don Cristóbal y la señá Rosita*	
Advertencia	461
de *Bodas de sangre*	
Acto III	462
de *Yerma*	
Acto II	464
de *Doña Rosita la soltera*	
Actos I y III	466
de *La casa de Bernarda Alba*	
Actos I y III	467
VICENTE ALEIXANDRE	470
De una carta dirigida a Dámaso Alonso en 1940	472
de *Ambito*	
Adolescencia	472
de *Pasión de la tierra*	
La forma y no el infinito	472
de *Espadas como labios*	
El vals	473
de *La destrucción o el amor*	
Unidad en ella	474
Ven siempre, ven	475
Canción a una muchacha muerta	475
Soy el destino	476
Se querían	477
de *Sombra del paraíso*	
El poeta	478
Criaturas en la aurora	479
Mar del paraíso	480
de *Nacimiento último*	
El moribundo	482
de *Historia del corazón*	
En la plaza	482
Mirada final	483
de *En un vasto dominio*	
Pisada humana	484
de *Poemas de la consumación*	
El poeta se acuerda de su vida	485
El límite	485

	Pág.
LUIS CERNUDA	486
Poética	488
de *Primeras poesías*	
XXII	488
de *Un río, un amor*	
Quisiera estar sólo en el sur	488
¿Son todos felices?	488
de *Los placeres prohibidos*	
Diré cómo nacisteis	489
Si el hombre pudiera decir	490
Unos cuerpos son como flores	490
Como leve sonido	491
de *Donde habite el olvido*	
Donde habite el olvido	491
de *Invocaciones*	
Soliloquio del farero	493
de *Las nubes*	
Elegía española [II]	494
La visita de Dios	495
de *Como quien espera el alba*	
Tierra nativa	496
de *Vivir sin estar viviendo*	
El prisionero	497
de *Desolación de la quimera*	
Despedida	497
Peregrino	498
de *Ocnos*	
El tiempo	498
El poeta y los mitos	498
La soledad	499
de *Variaciones sobre tema mexicano*	
La lengua	499
EMILIO PRADOS	500
de *Diario íntimo*	502
de *Memoria de poesía*	
Cita hacia dentro	502
de *Cuerpo perseguido*	
Posesión luminosa	502
Alba rápida	503
Sueño	503
de *Andando, andando por el mundo*	
Hay voces libres	503
de *Destino fiel*	
Ciudad situada. Romance de la defensa de Madrid	504
de *Penumbras*	
Cuando era primavera en España	505
de *Jardín cerrado*	
Dormido en la yerba	506
de *Cita sin límites*	507
MANUEL ALTOLAGUIRRE	508
Poética	509
de *Las islas invitadas y otros poemas*	
Su muerte	509
Playa	510
de *Ejemplo*	
Dominio	510

INDICE

	Pág.
de *Poesía: 1930-1931*	510
de *Soledades juntas*	
Beso	511
Las caricias	511
Vida exterior	511
de *Las islas invitadas*	
Nunca más	512
de *Nube temporal*	
Cuando te sueño	512
de *Fin de un amor*	
Mis prisiones	512
de *Ultimos poemas*	
Eternidad	512
Contigo	513
JOSÉ MARÍA HINOJOSA	513
de *Poesía de perfil*	
Sueños	513
de *Orillas de la luz*	
Hacia la libertad	514
Prisión sin límites	514
de *La flor de California*	
Textos oníricos	514
de *La sangre en libertad*	
¿Qué es la libertad?	515
Vinieron aves heridas	515
DÁMASO ALONSO	516
de *Duda y amor sobre el Ser Supremo*	518
de *Poemas puros, poemillas de la ciudad*	
Romanza sentimental	518
de *Oscura noticia*	
Ciencia de amor	518
A los que van a nacer	518
Oración por la belleza de una muchacha	519
de *Hijos de la ira*	
Insomnio	519
Mujer con alcuza	520
De profundis	523
de *Hombre y Dios*	
Segunda palinodia: La sangre	524
Hombre y Dios	524
Cuatro sonetos sobre la libertad humana. II	525
de *Gozos de la vista*	
Descubrimiento de la maravilla	525
de *Tres sonetos a la lengua castellana*	
Hermanos	527
de *Duda y amor sobre el Ser Supremo*	
¿Existes? ¿No existes?	527

OTROS AUTORES

	Pág.
JOSÉ BERGAMÍN	528
de *El cohete y la estrella*	529
de *La cabeza a pájaros*	530
de *Rimas y sonetos rezagados*	
A Cristo crucificado	530
Ecce España	531
de *Duendecillos y coplas*	531
de *La claridad desierta*	532
ANTONIO ESPINA	533
de *Pájaro pinto*	533
Inciso	535
BENJAMÍN JARNÉS	535
de *Locura y muerte de nadie*	
Las dos muchedumbres	535
de *El convidado de papel*	536
de *Su línea del fuego*	
La invención diabólica	537
JOSÉ DÍAZ FERNÁNDEZ	539
de *El Blocao*	
Magdalena Roja	540
AGUSTÍN ESPINOSA	542
de *Crimen*	
Luna de miel	542
¡No! ¡No!	543
ANDRÉS CARRANQUE DE RÍOS	544
de *La vida difícil*	545
CÉSAR M. ARCONADA	546
de *Vida de Greta Garbo*	
Primer plano lírico	547
de *Río Tajo*	549
MIGUEL HERNÁNDEZ	550
de *Viento del pueblo*	551
de *Teatro en la guerra*	552
de *Perito en lunas*	552
de *El rayo que no cesa*	
[s.t.]	552
[s.t.]	552
[s.t.]	553
Elegía	553
de *Viento del pueblo*	
El niño yuntero	554
de *Cancionero y romancero de ausencias*	
Nanas de la cebolla	555
Casida del sediento	555
de *Viento del pueblo*	
Canción del esposo soldado	556
de *El hombre acecha*	
18 de julio de 1936-18 de julio de 1938	557
Canción última	557
de *Poemas últimos*	
Vuelo	558

GENERAL

VI. LA LITERATURA DEL EXILIO

	Pág.
DOCUMENTOS	562
I. VICENTE LLORÉNS	562
II. AGUSTÍ BARTRA	563
III. CORPUS BARGA	564
IV. MANUEL ANDÚJAR-ANTONIO RISCO	566
V. JOSÉ LUIS ABELLÁN	567
VI. XAVIER BENGUEREL	568
VII. AURORA DE ALBORNOZ	568
VIII. SANTOS SANZ VILLANUEVA	569
IX. JOSÉ RAMÓN MARRA-LÓPEZ	571

MARÍA TERESA LEÓN ... 573
   de *Memoria de la melancolía* ... 573

ARTURO SERRANO PLAJA ... 574
   [s.t.] ... 575

FRANCISCO GINER DE LOS RÍOS ... 575
   de *Jornada hecha*
      Los tercetos del Sena ... 575

JOSÉ MARÍA QUIROGA PLA ... 576
   de *Morir al día*
      Nocturno del desterrado ... 576
      Soñando voy, España ... 576

JOSÉ HERRERA PETERE ... 577
   de *Hacia el sur se fue el domingo*
      El viaje secreto ... 577

ANTONIO APARICIO ... 577
   de *Fábula del pez y la estrella*
      Recuerdo de España ... 577

PEDRO GARFIAS ... 578
   de *El ala del sur*
      Romance de la soledad ... 578
   de *Poesías de la guerra española*
      Cruzando la frontera ... 578
   de *De soledad y otros pesares*
      Por el aroma roto de un recuerdo ... 579

JUAN JOSÉ DOMENCHINA ... 579
   de *Pasión de sombra*
      Nevermore ... 580
   de *Exul Umbra*
      Vida desterrada ... 580
      Remembranza ... 580
   de *La sombra desterrada*
      Oración ... 581

JUAN REJANO ... 581
   de *Fidelidad* ño
      Sone. ... 582
   de *El Genil*
      Canciones ... 582
   de *Constelación*
      Canciones de España ... 582
   de *Libro de los homenajes*
      A Pablo Picasso que me envió una paloma (1953) ... 583

	Pág.

de *El jazmín y la llama*
   En el fuego ... 583
   Final ... 584
de *La tarde*
   XXIV ... 585

MAX AUB ... 585
   de *Campo cerrado*
      Viver de las aguas ... 586
   de *Campo del Moro*
      6 de marzo de 1939 ... 589
   de *Campo francés*
      Cataluña, 30 de enero de 1939. Noche. El campo ... 590
   de *La gallina ciega*
      12 de septiembre ... 592
   de *Algunas prosas*
      La uña ... 592
      El fin ... 593
   de *Historias de mala muerte*
      La llamada ... 593
   de *Yo vivo*
      De la casa a la playa ... 594
   de *Diario de Djelfa*
      ¿Dónde estás, España? ... 594

RAMÓN J. SENDER ... 595
   de *Imán*
      Annual. La catástrofe ... 595
   de *Réquiem por un campesino español* ... 596
   de *Crónica del alba*
      Crónica del alba ... 599
      Hipogrifo violento ... 600

MANUEL ANDÚJAR ... 602
   de *Cita de fantasmas*
      Capítulo 2 ... 602
   de *Fechas de un retorno*
      Nadie y muchos ... 606

FRANCISCO AYALA ... 606
   [s.t.] ... 607
   de *Los usurpadores*
      Diálogo de los muertos ... 607
   de *Muertes de perro*
      Dos ... 608
   de *Los usurpadores*
      El hechizado ... 610

ROSA CHACEL ... 617
   de *Desde el amanecer* ... 617
   de *Memorias de Leticia Valle* ... 618
   de *Barrio de Maravillas* ... 620

JUAN GIL-ALBERT ... 623
   de *Crónica general* ... 624
   de *Breviarium vitae* ... 625

INDICE

	Pág.
de *Heraclés*	627
de *El vivo exponente de la nada*	628
ALEJANDRO CASONA	630
de *Prohibido suicidarse en primavera*	630
de *La casa de los siete balcones*	633

	Pág.
AMÉRICO CASTRO	634
de *La realidad histórica de España* «Seamos dueños y no siervos de nuestra historia»	634
CLAUDIO SÁNCHEZ ALBORNOZ	637
de *España, un enigma histórico* Prefacio	637

VII. EL TEATRO DESDE 1939

DOCUMENTOS	645
I. LUCIANO GARCÍA LORENZO	645
II. RICARDO DOMENECH	649
III. ALFONSO SASTRE Y JOSÉ MARÍA DE QUINTO	650
IV. ALFONSO PASO	651
V. ALFONSO SASTRE	652
VI. ANTONIO BUERO VALLEJO	653
VII. CARLOS MUÑIZ	655
VIII. FRANCISCO GARCÍA PAVÓN	656
(En *Cuadernos para el diálogo*)	
IX. ALBERTO MIRALLES	657
X. FRANCISCO RUIZ RAMÓN	658
(*Historia del teatro español. Siglo XX*)	
XI. LUIS RIAZA	659
XII. FRANCISCO NIEVA	660
ANTONIO BUERO VALLEJO	663
de *Historia de una escalera* Acto I	664
de *En la ardiente oscuridad* Actos I, II y III	666
de *Las Meninas* Actos I y II	668
de *El concierto de San Ovidio* Actos II y III	671
ALFONSO SASTRE	674
de *Prólogo patético*	675
de *Escuadra hacia la muerte*	677
de *Tierra roja*	679
LAURO OLMO	681
de *La camisa* Acto segundo	681
JOSÉ MARÍA RODRÍGUEZ MÉNDEZ	684

de *Los inocentes de la Moncloa* Acto primero	684
CARLOS MUÑIZ	686
de *El tintero*	686
JOSÉ MARTÍN RECUERDA	689
de *Las arrecogías del Beaterio de Santa María Egipciaca* Primera parte	689
ANTONIO GALA	693
de *La vieja señorita del paraíso* Actos I y II	693
MIGUEL MIHURA	698
de *Tres sombreros de copa* Actos primero, segundo y tercero	698
de *Sublime decisión* Acto primero	702
FERNANDO ARRABAL	705
de *Pic-nic*	706
de *Oración*	710
de *El arquitecto y el emperador de Asiria* Acto segundo. Primer cuadro	711
JOSÉ RUIBAL	713
de *Los mutantes*	713
FRANCISCO NIEVA	715
de *La carroza de plomo candente*	716
MIGUEL ROMERO ESTEO	719
de *El vodevil de la pálida, pálida, pálida, pálida rosa* Parte I	719
de *Pizzicato irrisorio y gran pavana de lechuzos*	721

VIII. LA NOVELA DESDE 1939

DOCUMENTOS	731
I. GONZALO SOBEJANO	731
II. EUGENIO G. DE NORA	732
III. SANTOS SANZ VILLANUEVA	735
IV. RAMÓN BUCKLEY	736
CAMILO JOSÉ CELA	738
de *La rosa*	739

de *La familia de Pascual Duarte*	740
de *La colmena*	746
de *San Camilo, 1936* Epílogo	747
de *Oficio de tinieblas*	748
de *Viaje a la Alcarria* V. Del Tajuña al Cifuentes	749

	Pág.
de *El gallego y su cuadrilla*	
Baile en la plaza	751
MIGUEL DELIBES	753
de *El camino*	753
de *Las ratas*	754
de *Cinco horas con Mario*	755
de *Los santos inocentes*	757
GONZALO TORRENTE BALLESTER	761
de *Los gozos y las sombras*	
La Pascua triste	761
de *La saga fuga de J.B.*	
¡Guárdate de los idus de marzo!	763
Scherzo y fuga	767
RAFAEL SÁNCHEZ FERLOSIO	768
de *Alfanhuí*	
De cómo llegó Alfanhuí a ser oficial disecador y el maravilloso experimento que a	
continuación se narra	768
de *El Jarama*	769
IGNACIO ALDECOA	772
de *Espera de tercera clase*	
«Chico de Madrid»	772
de *Caballo de pica*	
Balada del Manzanares	777
LUIS MARTÍN-SANTOS	779
de *Tiempo de silencio*	780
JUAN GOYTISOLO	787
de *Coto vedado*	788
de *Señas de identidad*	
Capítulo VII	788
de *Reivindicación del Conde don Julián*	795
JUAN BENET	796
de *Volverás a Región*	796

IX. LA POESIA DESDE 1939

	Pág.
DOCUMENTOS	806
I. DÁMASO ALONSO	806
II. FANNY RUBIO	807
III. VÍCTOR GARCÍA DE LA CONCHA	808
IV. GABRIEL CELAYA	809
V. FÉLIX GRANDE	810
VI. FRANCISCO RIBES	811
VII. JUAN GARCÍA HORTELANO	812
VIII. MANIFIESTO DEL POSTISMO	813
IX. GUILLERMO CARNERO	814
X. JOSÉ MARÍA CASTELLET	815
XI. ROSA MARÍA PEREDA	817
LEOPOLDO PANERO	818
de *Versos al Guadarrama*	
Sola tú	819
de *Escrito a cada instante*	
Escrito a cada instante	819
Hijo mío	819
LUIS ROSALES	820
de *Rimas*	
Autobiografía	820
de *La casa encendida*	
Cuando a escuchar el alma me retiro	820
RAFAEL MORALES	823
de *Poemas del toro*	
Choto	823
de *El corazón y la tierra*	
A un esqueleto de muchacha	824
de *Canción sobre el asfalto*	
Cántico doloroso al cubo de la basura	824
de *Prado de serpientes*	
Oscuro desamparo	824
EUGENIO DE NORA	825
de *Siempre*	
Carmen del éxtasis	825
de *España, pasión de vida*	
«Poesía contemporánea»	825
Honda es la herida	826
VICTORIANO CRÉMER	826
de *Las horas perdidas*	
Muchacha fea ante el espejo	827
de *Nuevos cantos de vida y esperanza*	
Friso con obreros	827
JOSÉ LUIS HIDALGO	828
de *Los muertos*	
Espera siempre	828
Muerte	828
Estoy maduro	829
JOSÉ HIERRO	829
de *Tierra sin nosotros*	
Canción de cuna para dormir a un preso	829
de *Quinta del 42*	
Canto a España	830
de *Con las piedras, con el viento*	
Caídos	831
JOSÉ MARÍA VALVERDE	832
de *Hombre de Dios: Salmos, elegías y oraciones*	
Salmo de las rosas	833
de *La conquista de este mundo*	
Historia de la filosofía	833
de *Años inciertos*	
Toma de conciencia	834
de *Enseñanza de la edad*	
Colofón	834

INDICE

Blas de Otero 835
de *Angel fieramente humano*
Canto primero 835
de *Redoble de conciencia*
Lástima 836
Digo vivir 836
de *Pido la paz y la palabra*
A la inmensa mayoría 836
En el principio 837
de *En castellano*
Poética 837
de *Que trata de España*
Diego Velázquez 837
de *Historia fingidas y verdaderas*
Todo 838

Gabriel Cela 838
de *Cantos iberos*
La poesía es un arma cargada de futuro .. 838
de *De claro en claro*
Sé que el amor existe 840
de *Buenos días, buenas noches*
Terrible gloria de lo real 841

Carlos Bousoño 842
de *Primavera de la muerte*
Oda celeste 842
de *Noche del sentido*
Cristo en la tarde 842
de *Oda en la ceniza*
Precio de la verdad 843
de *Las monedas contra la losa*
Mientras en tu oficina respiras 844

Angel González 844
de *Sin esperanza, con convencimiento*
[s.t.] 845
de *Grado elemental*
Introducción a unas fábulas para animales. 845
de *Tratado de urbanismo*
Vals de atardecer 846

Claudio Rodríguez 846
de *Don de la ebriedad* 847
de *Conjuros*
Pinar amanecido 848
de *Alianza y condena*
Como el son de las hojas del álamo 848

José Angel Valente 849
de *A modo de esperanza*
Una inscripción 849
de *La memoria y los signos*
Sólo el amor 850
La concordia 850
de *Breve son*
Perdimos las palabras 850
La adolescente 850

Francisco Brines 851
de *Palabras a la oscuridad*
Oscureciendo el bosque 851
Museo de la academia 852
de *Aún no*
Palabras para una despedida 852
Sueño poderoso 853
de *Insistencias en Luzbel*
Continuidad de las rosas 853
Canción de los cuerpos 853

Jaime Gil de Biedma 853
de *Moralidades*
Apología y petición 854
de *Poemas póstumos*
Contra Jaime Gil de Biedma 854
Himno a la juventud 856
De vita beata 856

Carlos Edmundo de Ory 857
de *Poesía 1945-1959*
El rey de las ruinas 857
Amo a una mujer de larga cabellera 858

Miguel Labordeta 859
de *Violento idílico*
Retrospectivo existente 859
de *Transeúnte central*
Desasimiento 860

Pablo García Baena 861
de *Antiguo muchacho*
Antiguo muchacho 861
de *Antes de que el tiempo acabe*
Venecia 863

Ricardo Molina 864
de *Elegías de Sandua*
Elegía VII 864
de *Elegía de Medina Azahara*
Ruinas 866

Pere Gimferrer 866
de *Arde el mar*
Oda a Venecia ante el mar de los teatros 867
Una sola nota musical para Hölderlin 868
de *La muerte en Beverly Hills*
Yo, que fundé todos mis deseos 868

Guillermo Carnero 869
de *Dibujo de la muerte*
Capricho en Aranjuez 869
Bacanales en Rimini para olvidar a Isotta. 870
de *Variaciones y figuras sobre un tema de La Bruyère*
Puisque réalisme il y a 870

Antonio Colinas 870
de *Sepulcro en Tarquinia*
Giacomo Casanova acepta el encargo de bibliotecario que le ofrece, en Bohemia, el conde de Waldstein 871

	Pág.
de *Astrolabio*	
Isla de Circe	872
de *Noche*	
XIV. Más allá de la noche	873
ANTONIO CARVAJAL	874
de *Tigres en el jardín*	
XXIII	874

	Pág.
de *Serenata y navaja*	
Oración umbría	875
de *Sitio de Ballesteros*	
[s.t.]	875
de *Del viento en los jazmines*	
Porque es menor el mal comunicado	875
de *Paralipómenos (o Crónicas)*	
Tarpia	875